OMA'S Koch & Back Bibliothek

OMA'S Koch & Back Bibliothek

Nach-speisen

Weltbild Verlag

Genehmigte Lizenausgabe für
Weltbild Verlag GmbH, Augsburg 1993

Einbandgestaltung: Peter Engel, München
Gesamtherstellung: Presse-Druck Augsburg
Printed in Germany

ISBN 3-89350-196-7

VORWORT

Die vorliegende Rezeptsammlung wurde aus einer der größten Privatsammlungen von Kochbüchern des 17. bis 19. Jahrhunderts zusammengestellt und sprachlich behutsam dem heutigen Gebrauch angepaßt.
Um eine auch in modernen Zeiten nachvollziehbare Kochbarkeit zu ermöglichen, bildet Bauers Kochbuch, das zuletzt in den 70er Jahren mit einer Auflage von weit über 100000 Exemplaren erschienen ist, die Grundlage unserer Koch- und Backbibliothek.
Die Rezepte wurden von der Autorin und der Hauswirtschaftsfachschule Stuttgart aus alten Überlieferungen gesammelt und nachgekocht.
Im Anhang findet sich am Schluß eines jeden Bandes ein alphabetisches Register.

Ambrosia

½ l sauren Rahm, 200 g Zucker, 5 Blatt rote Gelatine, 4 EL Wasser, 1 Päckchen Vanille, 3 EL Rum oder Arrak, ⅛ l Schlagrahm, 1 Vanille

Die Gelatine wird mit kochendem Wasser aufgelöst, etwas verkühlt, der Rum zugegeben. Der saure Rahm wird schaumig geschlagen, Zucker, Gelatine und Rum langsam zugeschlagen, in eine Glasschale oder in Weingläser gefüllt und kaltgestellt. Vor dem Anrichten gibt man den Schlagrahm obenauf.

Ananasbombe

½ Ananas, ¼ l Wasser, 125 g Zucker, 4 Eigelb, ½ l süßen Rahm

Frische Ananasscheiben werden mit dem aufgekochten Zucker und Wasser übergossen, man läßt sie einige Stunden ziehen. Den Saft und die Eigelb schlägt man auf dem Feuer, bis die Creme einmal aufkocht und läßt sie erkalten. Die Ananas schneidet man in kleine Würfel und zieht sie, nebst der Creme, unter den steifgeschlagenen Rahm. Einfüllen, fertigmachen.
Hat man Büchsenananas, nimmt man zur Creme diesen Saft; sollte er nicht reichen, nimmt man auf ⅛ l Wasser 60 g Zucker.

Aufgezogener Brei

Zu einer halben Maß Milch werden 2 starke Kochlöffel Mehl, 2 Eßlöffelvoll gestoßener Zucker mit ein wenig Milch glattgerührt, und 6 Eier hineingeschlagen. Nun wird die halbe Maß Milch heiß gemacht, schnell an das Angerührte gegossen, ein Blech mit Butter bestrichen, die Masse hineingefüllt und im Ofen oder auf Feuer aufgezogen.

Anisküchlein

Bereitet man wie Zitronenküchlein, nur werden keine Zitronen am Zucker abgerieben, und dafür mit dem Mehl ein Eßlöffel ausgelesener Anis hineingemengt.

Äpfel à la Suisse

Von 2 altgebackenen Kreuzerwecken reibt man die Rinde ab, schneidet das übrige zu runden dünnen Schnitten, bestreicht eine Kasserolle fingerdick mit Butter und legt die Weckenschnitten dicht nebeneinander. Der ganze Rand muß mit dem Wecken belegt werden. Wo die Weckenschnitten nicht dicht genug liegen, werden kleine Stücklein hingelegt, 6 bis 7 große Äpfel geschält, zu ganz kleinen Schnitzen geschnitten, in eine Schüssel gegeben und stark mit Zucker und Zimt vermischt. Alsdann wird eine starke Handvoll von den Schnitzen fest auf die Wecken gedrückt, ein wenig frische Butter daraufgeschnitten, wieder eine Handvoll von den Äpfeln, und wieder Butter daraufgegeben, und so fort gemacht, bis die Äpfel dem Wecken gleich sind.

Äpfel, Borsdorffer, mit Zuckerkandel

Die Äpfel werden geschält, die kleinen ausgehöhlt, die großen aber entzwei- und ausgeschnitten und die ausgehöhlten Äpfel mit gestoßenem Zuckerkandel gefüllt. In eine Porzellanplatte oder Kasserolle gießt man nun ein Glas guten Wein, stellt die mit Zuckerkandel gefüllten Äpfel hinein, streut etwas gestoßenen Zucker darüber, und setzt sie in einen nicht allzuheißen Backofen. Wenn sie gelblich und zusammengesulzt sind, werden sie kalt gegeben. Sie sind hauptsächlich gut für die Brust und bei Husten.

Äpfel, Borsdorffer, gefüllt

Diese schält man, schneidet oben einen Deckel ab, höhlt die Äpfel rein aus und macht die Fülle dazu auf folgende Art: Man stößt ein Viertel geschälte Mandeln zart und rührt sie nebst 4 Lot Zucker mit 2 ganzen Eiern an, das Weiße von einem Ei kann auch wegbleiben. Wenn es eine Viertelstunde wohl gerührt ist, schneidet man ein wenig Zitronat und Zitronenschalen hinein, füllt dann die Äpfel damit, gibt einen halben Schoppen, oder auch etwas mehr Wein, nebst einem Stück Zucker in eine Schüssel oder in ein Potageblech und setzt die gefüllten Äpfel hinein; der Wein muß bis an die Hälfte der Äpfel gehen. In einem nicht allzuheißen Ofen werden sie nun gelb gebacken und auf eine Platte gesetzt. An den Wein, der in der Schüssel von den Äpfeln übriggeblieben ist, gibt man ein paar Löffelvoll Himbeer- oder Kirschensaft, in deren Ermanglung aber noch einen halben Schoppen Wein nebst einem Stücklein Zucker hinein, läßt es aufkochen und gießt es an die Äpfel. Sie können warm oder kalt aufgetragen werden.

Äpfel, gebacken, in einer Rosinen-Sauce

Hierzu sind die sogenannten Bachäpfel oder Fleiner am besten. Sie werden geschält, voneinandergeschnitten, die geschälten halben Äpfel in Weißmehl umgekehrt und im heißen Schmalz gebacken. Wenn sie alle fertig sind, legt man sie auf eine Platte, macht eine Rosinen-Sauce darüber und läßt sie auf der Platte ein wenig aufkochen: Die Sauce dazu wird auf folgende Art gefertigt: Man nimmt ein Viertel große (Zubeben) und ein Viertel kleine Rosinen, verliest und wäscht sie sauber und setzt sie mit einem halben Maß Wasser und einem halben Maß Wein zu. Wenn es zur Hälfte eingekocht ist, wird ein Kochlöffel Mehl in Butter braungeröstet, und nebst Zucker, Zimt, Zitronenschalen, 2 Lot Zitronat, 4 Lot geschälten und zartgeschnittenen Mandeln an die Rosinen gegeben. Dies alles läßt man noch ein wenig an den Rosinen aufkochen und gießt es dann über die Äpfel.

Äpfel, gebratene, mit Butter

Man schält Borsdorffer Äpfel, Reinetten oder sonstige kleine feste Äpfel schön ab, reiht sie, nachdem das Kernhaus vorsichtig ausgestochen ist, in ein dick mit Butter ausgestrichenes, aufgeschlagenes Kuchenblech oder in ein anderes passendes, mit einem zweifingerhohen Rand versehenes Geschirr nebeneinander, bratet sie langsam im Ofen, begießt und bestreut sie während dieser Zeit öfters mit zerlassener Butter und gestoßenem Zucker (im ganzen mit 100 g Butter und ebensoviel Zucker), und gibt, wenn sie anfangen gelb zu werden, ein Gläschen Wein daran. Sobald sie fertig sind, werden sie zierlich auf die bestimmte Platte angerichtet, der zurückgebliebene Saft mit ein wenig Wasser aufgelöst und aufgekocht, den Ausstich der Äpfel mit beliebigen eingemachten Früchten gefüllt, und die Sauce unter die Äpfel gegeben.

Äpfel, gedünstete, mit Butter

Acht bis zehn Äpfel werden geschält und in Schnitze geteilt, und diese in 70 g Butter und ¼ l Wasser mit 70 g Zucker und einer Zitronenschale zugedeckt auf schwachem Feuer weich und leicht eingedünstet, doch ohne sie umzurühren. Sie sollen ganz kurze Sauce und gelbliche Farbe haben, werden alsdann heiß angerichtet, und sogleich mit Koteletts, Geflügel und dgl. zu Tisch gegeben. – Kochen sich die Schnitze nicht schnell weich, so gießt man etwas Wasser nach. Süße, nicht zu harte Äpfel kann man, nachdem sie vom Kernhaus befreit, auch *ungeschält*, ohne irgendeine Zutat, in einem Stückchen Butter weichdämpfen.

Äpfel, gefüllte

10 schöne Äpfel, Rosinen, Zucker, Zimt, ¼ l Wein, 50 g Butter

Die Äpfel schälen, das Kernhaus entfernen, mit Zucker, Zimt, Rosinen füllen, in eine bestrichene Auflaufform oder Kasserolle setzen. Den Wein, Zucker, Zimt, Butterstückchen obenauf geben, im Backofen weichdämpfen. Zum Füllen kann man auch Marmelade verwenden.

Äpfel, gestürzte, mit Butter

Zwanzig Reinetten werden abgeschält, gespalten und vom Kernhaus befreit, dann die Hälfte je nach der Größe in vier bis sechs Teile verschnitten und sogleich in kaltes Wasser, worin der Saft einer halben Zitrone gedrückt wurde, gelegt. Nun setzt man in einer Pfanne ½ l Wasser mit 140 g Zucker, 70 g Butter, einem Gläschen gutem alten Wein und einer Zitronenschale zum Feuer und kocht darin die Äpfelschnitze zugedeckt langsam weich, was jedoch sorgfältig geschehen muß, damit sie nicht zerfallen; sind alle weich, so hebt man sie mit einem Schaumlöffel auf eine Platte heraus und stellt sie zugedeckt warm. In den zurückgebliebenen Saft gibt man alsdann noch 70 g Zucker, ebensoviel Butter und hierauf die andere Hälfte der Äpfel, zuvor in feine Blättchen verschnitten, kocht diese darin weich und verrührt sie zu Marmelade. Eine dick mit Butter ausgestrichene Form wird jetzt mit den gekochten Schnitzen schneckenartig so passend wie möglich sowohl am Boden, als auch an den Wänden ausgefüttert, die leere Mitte mit Marmelade ausgefüllt, solche ziemlich fest eingedrückt und sodann die Form noch kurze Zeit in den heißen Ofen gestellt, damit die Äpfel durchaus heiß werden. Nachdem man sie dann mit der Form herausgenommen, stürzt man sie vorsichtig auf die Platte um, läßt die Form noch einige Augenblicke darauf liegen, damit die Äpfel vollständig herausfallen, streicht hernach auf letztere einige Eßlöffel Himbeersaft oder ebensoviel von einer beliebigen dünnen Marmelade und gibt sie sogleich zu Tisch. – Hierbei muß man ganz besonders darauf sehen, daß die Äpfelmarmelade ganz dick und trocken eingekocht ist, da im anderen Fall beim Umstürzen der Form auf die Platte die Äpfel auseinanderrutschen würden.

Äpfel, getrocknete, zu kochen

Getrocknete (gedörrte) Äpfelschnitze werden reinlich gewaschen und mit zwei Teilen Wasser, einem Teil Wein, einem Stückchen Zucker und Zimt bedeckt langsam weichgekocht, dann ein Kochlöffel Mehl in heißem Schmalz gelb geröstet, und mit der noch vorhandenen Brühe der Äpfel abgerührt, dies nun an letztere gegeben, nötigenfalls noch Wasser dazugegeben, und das Ganze noch gut eingekocht. – Bei gutem süßem Obst kann Zucker und Wein *wegbleiben.*

Äpfel, halbe, mit Zitronensaft

Man mache Wasser mit Zitronensaft recht säuerlich, füge reichlich Zucker, auch Zitronen oder Apfelsinenschale und ganzen Zimt hinzu und koche die Äpfel nach vorhergehender Angabe darin weich.

Äpfel, halbe, mit Gelee bedeckt

Die Äpfel werden wie im vorhergehenden recht sauber geschält, halb durchgeteilt, vom Kerngehäuse befreit, fein eingekerbt, abgespült und wie oben gekocht, wobei zuerst die runde Seite in den Wein gelegt wird. Dann lasse man Apfelgelee flüssig werden, auf einem naßgemachten flachen Teller erkalten, stürze es kurz vor dem Gebrauch auf die zierlich angerichtete Assiette und mache, wenn das Gelee endet, rundherum eine Verzierung von feinen eingemachten Früchten.

Äpfel, süße, zu kochen

Man setze die Äpfel, nachdem sie geschält, in 4 Teile geschnitten und abgespült sind, mit Wasser, Anissamen, einem Stückchen Butter und nach Verhältnis ½ bis 1 Tasse Essig aufs Feuer und lasse sie weichkochen. Der Essig befördert ein schnelles Weichwerden und nimmt den Äpfeln das Weichliche.

Äpfel, süße, rot zu kochen

Man nehme zu 2 Teilen geschälter und halb durchgeschnittener Äpfel 1 Teil ausgesuchter und gewaschener Preiselbeeren, koche zu 1 l Beeren 130 bis 160 g Zucker mit 2 Tassen Wasser, schütte die Beeren hinein und nehme sie, nachdem sie weich geworden, mit einem Schaumlöffel aus dem Saft. Zu diesem Saft gebe man 8 bis 10 Nelken, einige Stücke ganzen Zimt und koche die Äpfel darin langsam und fest zugedeckt weich. Sollte Brühe fehlen, da süße Äpfel eines viel längeren Kochens bedürfen, so gieße man etwas Wasser hinzu. Die Äpfel werden nachher mit dem dicklichen Saft und den Preiselbeeren durchgerührt und angerichtet.

Äpfel mit Anissamen

Man nimmt dazu kleine säuerliche und mürbe Äpfel mit der Schale, wäscht sie rein und läßt sie ohne Wasser, mit einem Stück Butter und Anissamen durchstreut, fest zugedeckt langsam weich werden, während man sie zuweilen umschwenkt. Zuletzt gibt man etwas Zucker hinzu.

Äpfel mit Butter

Es werden von sechzehn abgeschälten Reinetten oder Borsdorffern elf Stück genommen, aus diesen sorgfältig, da sie *ganz* bleiben müssen, mit einem fingerdicken Ausstecher das Kernhaus ausgestochen und die Äpfel sogleich in kaltes, mit dem Saft einer halben Zitrone vermischtes Wasser gelegt, damit sie *weiß* bleiben. Nun setzt man in einer Pfanne ½ l Wasser, 140 g Zucker, 70 g Butter, ein Gläschen alten Wein und eine Zitronenschale zum Feuer, gibt die ausgestochenen Äpfel hinein und kocht sie zugedeckt langsam weich. Sollten sie nicht auf einmal gekocht werden können, so kann man die fertige Hälfte in einer Schüssel zur Wärme bringen bis auch die andere Hälfte weichgekocht ist, worauf man sämtliche elf Äpfel warmstellt. Die noch übrigen fünf, in feine Blättchen verschnittenen Äpfel kocht man mit 70 g Butter und ebensoviel Zucker weich und verrührt sie zu Marmelade oder streicht sie durch ein Sieb. In der Mitte der zum Anrichten bestimmten Kompottschüssel werden nun sieben von obigen Äpfeln im Kranz nebeneinandergestellt, und deren Ausstich mit einer großen eingemachten Kirsche bedeckt, über diese sieben dann weitere drei und deren Ausstich ebenso bedeckt, auf diese dann der letzte, welcher der größte sein sollte, gestellt und dessen Ausstich gleichfalls mit einer Kirsche bedeckt und von der Marmelade jetzt ein Kranz um die Äpfel gezogen. Alles dies muß jedoch sehr schnell geschehen, damit das Ganze noch heiß zu Tisch kommt.

Äpfel mit Reis

200 g Reis wird mit kochendem Wasser angebrüht, nach Abgießen des letzteren in kochender Milch langsam weich und dick eingekocht, inzwischen 70 g Butter und ebensoviel an einer Zitrone abgeriebener Zucker dazugegeben und mitgekocht, worauf man den Reis vom Feuer nimmt und sogleich vier Eigelb hineinrührt. Währenddem schält man acht gute Kochäpfel, befreit sie vom Kernhaus, schneidet je nach der Größe jeden in vier bis sechs Teile, setzt diese in einer Kasserolle mit 70 g Butter, 100 g Zucker, einer Zitronenschale und ½ l Wasser aufs Feuer, kocht sie weich, doch dürfen sie nicht zerfallen, hebt sie dann mit dem Schaumlöffel heraus, stellt sie warm, und kocht den zurückgebliebenen Saft dick ein. Nun wird in der Mitte des Bodens einer runden, dick mit Butter ausgestrichenen und dicht mit Semmelbröseln bestreuten Form von ungefähr sechs Äpfelschnitzen ein kleiner Stern oder ein Kränzchen angebracht und darüber die Hälfte des dick eingekochten Reis und auf diesen eine Lage Äpfel gegeben, welche man mit der anderen Hälfte Reis bedeckt, wodurch die Form dann voll sein wird. Sind noch weitere Äpfelschnitze vorhanden, so legt man solche oben darüber, drückt das Ganze mittels eines verkehrten Eßlöffels fest ein, stellt es eine Viertelstunde in einen heißen Ofen, damit es durchaus heiß werde, stürzt dasselbe sodann auf eine warme Platte um verziert es um den Rand mit eingemachten Kirschen und gibt es, nachdem der dick eingekochte Saft der Äpfel durch das Sieb darübergegossen, sogleich zu Tisch.

Äpfel mit Roggenbrot

Man schneidet zehn gute, abgeschälte Kochäpfel in dünne Blättchen und mengt unter 280 g geriebenes altgebackenes Roggenbrot 140 g gestoßenen Zucker und zwei Kaffeelöffel Zimt. Nun wird eine dick mit Butter ausgestrichene Form dicht mit dem Brot ausgestreut und solches an den Wänden und am Boden der Form angedrückt, das noch übrige Brot gut unter die Äpfel gemengt, die Form mit letzteren vollgefüllt, solche mit einem Tuch fest eingedrückt und 70 g Butter darübergeschnitten. Das Ganze wird jetzt im Ofen eine Stunde gebakken, hernach auf eine Platte umgestürzt und mit Zucker bestreut sofort aufgetragen.

Äpfel im Schlafrock

250 g Blätterteig, 10–12 mittelgroße Äpfel, Zucker, Zimt, Rosinen, Eigelb zum Streichen

Die Äpfel schälen, aushöhlen, mit Zucker, Zimt, Rosinen füllen. *Oder:* Man füllt mit geschälten, geriebenen Mandeln mit Zucker gemischt. Der fertige Teig wird messerrückendick ausgewellt, größere Vierecke ausgerädelt, ein Apfel in die Mitte gesetzt, die 4 Zipfel über die Apfelmitte mit Ei bestrichen, festgeklebt, auf ein Blech gesetzt. Vor dem Backen mit Eigelb bestreichen, mit Hagelzucker, nach Belieben mit geschälten, geschnittenen Mandeln bestreuen, in guter Hitze etwa ½ Stunde backen.

Apfelberg mit Birnen

500 g Äpfel, 250 g Birnen, Zucker, 8 Blatt Gelatine (vier rot, vier weiß), Vanillezucker, Rum, Arrak, Zimt, Zitronenschale, Mandelstifte, Milch oder süße Sahne

Von den Äpfeln bereitet man ein steifes Apfelmus, unter das man, mit Rum, Arrak, Vanillezucker und etwas Zucker abgeschmeckt, 8 Blatt aufgelöste Gelatine mischt.
Inzwischen hat man die Birnen mit Zimt und Zitronenschale gut gesüßt weichgeschmort, die man abgetropft unter das Apfelmus gibt, das man zum Erkalten in eine Form oder Glasschüssel füllt.
Am nächsten Tag wird gestürzt, die Süßspeise mit in Zucker gerösteten Mandelstiften gespickt und Milch oder süße Sahne dazugegeben.

Apfelbrei

750 g Äpfel, 40–60 g Zucker, etwas ganzen Zimt oder Zitronenschale, 1/4 l Wasser

Die gewaschenen Äpfel werden mit der Schale in Stücke geschnitten, Wasser, Zimt zugegeben, zugedeckt weichgekocht. Man streicht die Äpfel durch ein Sieb, gibt den Zucker zu, nach Belieben auch etwas Wein und richtet das Kompott in einer Glasschale an.

Apfelbrei, aufgezogener, mit Mandeln

Man schält 6 bis 7 Stück saure Äpfel, schneidet sie kleingewürfelt, dämpft sie in einem Stücklein heißen Schmalz oder Butter weich, rührt ein Viertel Zucker nebst einer Handvoll zartgestoßener Mandeln mit 6 Eiern in einer Schüssel gut zusammen und 2 Kochlöffel feines Mehl mit einem starken halben Schoppen süßem Rahm glatt an. Alsdann nimmt man die abgedämpften Äpfel, wenn sie kalt sind, nebst dem angerührten Mehl zu den gerührten Mandeln und Zucker, macht in einem tiefen Blech oder Kasserolle ungefähr ein Viertel Schmalz heiß, füllt die Masse hinein, setzt sie aufs Feuer, einen Deckel mit Feuer darauf und läßt sie langsam aufziehen.

Apfelklöße

1 Suppenteller in kleine Würfel geschnittene gute Äpfel, 2 Obertassen Milch, Zucker, Zitronenschale und so viel geriebenes Weißbrot, etwa 375 g, daß es einen guten Teig gibt, nebst 5 bis 6 Eiern, das Weiße zu Schaum geschlagen und eidick Butter

Wenn alles tüchtig untereinandergemischt ist, werden Klöße davon in Wasser und Salz gekocht, mit Zucker bestreut und eine Weinsauce dazugegeben.

Apfelkompott I

750 g Äpfel, 1/2 l Wasser, 100 g Zucker, etwas ganzen Zimt, Zitronenschale

Die Äpfel werden geschält, nach Belieben mit dem Buntmesser, halbiert oder in Schnitze geschnitten, in leichtes Zitronen- oder Essigwasser gelegt. Die Äpfel, Wasser, Zucker, Zitrone, Zimt kocht man, je nach Art der Äpfel, zugedeckt 15–20 Minuten.

Apfelkompott II

750 g Äpfel, 1 l Wasser, 200 g Zucker, Zitronenschale, nach Belieben etwas Wein

Die Äpfel werden geschält, halbiert, das Kernhaus entfernt, in leichtes Essig- oder Zitronenwasser gelegt, damit sie weiß bleiben. Die Schalen setzt man mit Zitrone und Wasser auf, kocht sie aus, seiht die Brühe ab in eine Messingpfanne, gibt den Zucker zu, kocht dies zusammen einige Minuten, setzt die Äpfel nebeneinander ein und dämpft sie langsam weich (mit einem Hölzchen probieren). Vorsichtig herausnehmen, erkaltet in einer Glasschale bergig anrichten. Den Saft dicker kochen, abseihen, erkaltet über die Äpfel geben. Man garniert auch mit gedünsteten Früchten oder Gelee.

Apfelkompott, gestürztes

Man richtet die Äpfel her, verschneidet sie jedoch in je vier gleiche Teile und kocht sie dann wie dort angegeben weich. Sind sie erkaltet, so wird Boden und Rand einer beliebigen Form in schöner Ordnung gedrängt damit ausgefüttert, der leere innere Raum mit den übrigen, minder schönen Äpfelschnitzen dicht eingefüllt, obenüber ein Papier gelegt, und so das Ganze fest eingedrückt. Nachdem das Papier abgenommen, legt man die bestimmte Kompottschüssel über das Eingedrückte, stürzt das Kompott um und stellt es an einen kalten Ort. Vor dem Auftragen wird der unterdessen dick eingekochte und wieder ziemlich erkaltete Saft der Äpfel darübergegossen. – *Verzierung:* Es wird in der Form ein beliebiger Kranz gebildet, in welchem größere, einigemal in Zuckerwasser aufgekochte Weinbeeren, auch eingemachte Hagebutten, die *Blümchen,* und in Zucker eingemachte, gehörig zugeschnittene grüne Bohnen oder in deren Ermangelung grünes Zitronat das *Laubwerk* darstellen. Auf diesen Kranz werden alsdann die Äpfel, wie oben beschrieben, gleichmäßig geordnet.

Apfelkompott, gestürztes, von gedörrten Äpfeln

Gute gedörrte, halbierte Äpfel werden in Wein und Wasser mit Zucker, ganzem Zimt und Zitronenschale weichgekocht, dann auf das Sieb gelegt, und der zurückgebliebene Saft derart eingekocht, daß er dick vom Löffel läuft. Unterdessen werden die Äpfel in eine Kompottschale möglichst dicht eingelegt, und der Sirup darübergegossen, das Kompott nun kaltgestellt, umgestürzt und mit eingemachten Kirschen verziert.

Apfelkompott, gesulztes

Zehn bis zwölf große Borsdorffer Äpfel oder Reinetten werden abgeschält, in der Mitte gespalten, mit einem kleinen runden Löffelchen vom Kernhaus befreit und in kaltes Wasser gelegt, worin einige Tropfen Zitronensaft gedrückt wurden, dann wieder herausgenommen und in einer Kasserolle oder einer Messingpfanne mit 1 l Wasser, 200 g Zucker, einer Zitronenschale und dem Saft einer halben Zitrone langsam weichgekocht, wobei man sehr achtgeben muß, daß sie nicht zerfallen. Nun nimmt man mit einem Eßlöffel sorgfältig Stück für Stück heraus, legt sie auf ein Sieb zum Ablaufen, und richtet sie nach Erkalten pyramidenartig, alle auf die innere Seite gelegt, auf der bestimmten Schüssel oder Kompottschale an. Den zurückgebliebenen Saft schüttet man durchs Sieb, kocht ihn hernach mit 70 g grobgestoßenem Zucker noch dicker ein, läßt ihn halb erkalten, so, daß er anfängt zu sulzen, aber doch noch läuft, und gießt jetzt diese Sulz über die angerichteten Äpfel, indem man zugleich auf jeden der oberen eine eingemachte Johannisbeere oder eine gewaschene Rosine setzt. – Läßt man den Apfelsaft nicht so stark, d. h. nicht bis zum Sulzen einkochen, so sieht das Kompott nicht so schön aus, ist aber angenehmer zu essen.

Apfelkuchen, kleine

Man schäle große gute Äpfel, schneide sie in fingerdicke Scheiben, das Kerngehäuse heraus. Dann lasse man sie mit etwas Arrak und Zucker durchziehen, oder man gebe folgendem Teig von ⅛ l guter Milch, 125 g feinem Mehl, 4 Eidottern und etwas Salz eine Beimischung von etwas Muskatblüte oder Zimt. Dies wird tüchtig geschlagen und erst, wenn zu backen angefangen wird, mit dem steifen Eiweißschaum vermischt.
Vorher werden die Apfelscheiben auf schwachem Feuer in einer zugedeckten Kuchenpfanne weichgedämpft (doch dürfen sie nicht im geringsten zerbröckeln), in dem dicken, schäumigen Teig umgedreht und in offener Kuchenpfanne, worin Butter recht heiß gemacht, auf beiden Seiten schön gelb gebacken.
Auch können die gedämpften Apfelscheiben in eine Hefen-Klare getunkt und gebacken werden.

Apfelküchlein, gewöhnliche Art

Acht bis zehn gute Kochäpfel werden abgeschält, wie vorige in Scheiben geschnitten und vom Kernhaus befreit, dann sechs Kochlöffel Mehl mit vier Eiern, Salz, zwei Eßlöffel zerlassener Butter, ebensoviel Bier, sowie Milch zu einem Teig angerührt, der die Dicke eines Pfannkuchenteiges hat, so daß er gut an den Apfelscheiben hängen bleibt, letztere nun darin umgekehrt und die Küchlein wie vorige beendet.

Apfelkrapfen

Zehn bis zwölf gute Kochäpfel werden abgeschält und in sehr feine Schnitzchen geschnitten, diese in einem irdenen Tiegel auf schwaches Feuer gesetzt und mit einem kleinen Gläschen Wein, Zucker, Zimt, feinverwiegter Zitronenschale und 140 g großen und ebensoviel kleinen, gewaschenen Weinbeeren auf Feuer oder im Ofen zugedeckt weichgedünstet. Das Umrühren sollte man womöglich unterlassen, damit die Schnitzchen *ganz* bleiben. Von zweimesserrückendick ausgewelltem Blätterteig wird nun ein beliebig großer runder Boden mit dem Backrädchen abgerädelt, auf ein Backblech gebracht, rings um den Rand ein abgerädelter Streifen von Blätterteig gezogen und der innere Raum mit den erkalteten Äpfeln, worunter nach Belieben abgezogene, feinverwiegte Mandeln, feinverschnittenes Zitronat und Pomeranzenschale gemengt wurden, überall gleichdick belegt. Alsdann rädelt man von demselben Teig einen Deckel ab, der fingerbreit größer sein muß als der Boden, legt solchen auf Papier und rädelt ihn zu zweifingerbreiten Streifen, dabei jedoch immer fingerbreit vom Rand entfernt bleibend, so daß der Deckel ringsum noch zusammenhält, hebt ihn nun mit dem Papier auf und läßt ihn von diesem passend auf den Krapfen gleiten, wo man ihn sorgfältig mit Ei bestreicht und das Ganze in gutem Ofen schön gelb bäckt. – Oft wird der Deckel auch *nicht* durchgerädelt, sondern sofort über den Krapfen gelegt, wo dann die so fein wie möglich geschnittenen Äpfel nicht mit Wein gedünstet, sondern sogleich roh mit Zucker, Zimt, Weinbeeren, Zitronenschale und Zitronat untereinandergemengt und auf den Teigboden verteilt werden. Nach dem Bestreichen mit Ei macht man dann mit einem spitzigen Messer einige Verzierungen in den Deckel und drückt den Rand ringsum, in zweifingerbreiten Zwischenräumen, mit dem schneidigen Teil eines Messers ein, so daß dadurch kleine Bögen entstehen. – *Schöner* läuft der Teig auf, wenn statt des Backrädchens ein Messer angewendet wird.

Apfelmus

Gute Kochäpfel werden abgeschält, gespalten, vom Kernhaus befreit und gewaschen, dann mit einem Glas Wasser, einem Stück Zucker und einem Stengelchen Zimt aufs Feuer gesetzt, und zugedeckt weichgekocht. Wenn sie hernach verrührt und nach Belieben durch einen Durchschlag oder ein Sieb getrieben, werden sie in der bestimmten Schüssel angerichtet, dick mit Zucker überstreut, und mit einer glühenden Schaufel glasiert. – Kann man auch *kalt* geben.

Apfelmus, gewöhnliche Art

Die hergerichteten Äpfel setzt man mit so viel Wasser, daß es bis zur Hälfte an ihnen heraufgeht, und einer Zitronenschale aufs Feuer, kocht sie zugedeckt weich und verrührt sie sodann. Nun werden zwei Kochlöffel Mehl mit ¼ l Milch glatt angerührt, dies unter beständigem Rühren an die Äpfel gegossen, letztere damit noch eine Viertelstunde langsam gekocht und dann angerichtet. Man gibt jetzt zwei Eßlöffel geriebenes, in einem Stückchen Butter schön gelb geröstetes Weißbrot gleichmäßig darüber, und versüßt beliebig mit Zucker. – Auf diese Art kocht man die Äpfel gewöhnlich im *Herbst*, wenn sie noch rauh sind; sind sie schon *abgelegen*, so läßt man das Mehl und die Milch fort.

Apfelmus, gebackenes, mit Mandelguß

Es wird ein fein zubereitetes dickes Apfelmus gekocht, auf dem Feuer zu einer Kompottière 2 zu Schaum geschlagene Eiweiß durchgerührt und solches glatt angerichtet. Dann wird dasselbe mit einer Handvoll geriebenen Mandeln, Zucker, Zimt, etwas Zitronensaft bestrichen, gelb gebacken und, wenn es beliebt, mit Gelee verziert.

Apfelpudding

Ein Suppenteller nicht steifes Apfelmus, welches in einem irdenen Geschirr mit Wein, Zucker, Zitronenschale gekocht und durch ein Sieb gerührt wird, Saft von 2 Zitronen, ⅔ Stange Agar-Agar oder 30 g Gelatine, das eine oder andere aufgelöst, 4 Eiweiß und Zucker nach Geschmack.
Das Apfelmus wird mit dem Zitronensaft und Zucker zum Kochen gebracht, die bemerkte Auflösung mit 1 Eßlöffel zerrührter Stärke gut durchgekocht, vom Feuer genommen, der steife Eiweißschaum durchgemischt und in eine umgespülte Form geschüttet.
Für 8 bis 10 Personen.

Apfelpudding, englischer

500 g feines Mehl, 250 g feingeschabtes Nierenfett, 2 gehäufte Teelöffelvoll pulverisierten Ingwer reibt man gut untereinander und macht dann mit kaltem Wasser einen Teig daraus, der wie Weißbrotteig nicht an den Händen klebt und tüchtig verarbeitet werden muß. Man braucht dazu ungefähr ⅛ l Wasser. Dann rollt man den Teig rund aus, legt eine Serviette in eine tiefe Schüssel, stäubt etwas Mehl darüber, legt das ausgerollte Blatt hinein, füllt es mit in Viertel geschnittenen sauren Äpfeln und einigen ganzen Nelken, drückt den Teig oben fest zusammen, bindet das Tuch zu und kocht den Pudding in kochendem Wasser und 2 Eßlöffel Salz, je nachdem die Äpfel mehr oder weniger mürbe sind, 1½ bis 2 Stunden stark und ununterbrochen, ohne welches der Pudding einen dichten Streifen erhält. Man serviert ihn mit Zucker.
Als einzelnes Gericht nach einer etwas sättigenden Suppe für 6 Personen.

Apfelsalat (ein feines Kompott von rohen Äpfeln und Zitronen)

Gut abgeschälte Borsdorffer Äpfel, woraus das Kerngehäuse entfernt, auch Zitronen, welche jedoch nicht bitter sein dürfen, werden beim Wegnehmen der Kerne in ganz feine Scheiben geschnitten und abwechselnd lagenweise mit feingestoßenem Zucker und etwas Wein in eine Schale gelegt. Der Wein dient dazu, das Kompott zu durchziehen, es darf aber keine Brühe entstehen und muß die letzte Lage Zitronen und Zucker sein.
Das Kompott wird einige Stunden vor dem Gebrauch gemacht und zu feinem Braten gegeben.

Apfelschalotte

Acht bis zehn gute, abgeschälte, vom Kernhaus befreite Kochäpfel werden in feine Blättchen geschnitten, diese mit einem Gläschen Wein, 100 g Zucker, 70 g Butter und einer Zitronenschale aufs Feuer gesetzt, zugedeckt langsam weich und kurz eingekocht, so daß sie ohne Saft sind, in ein irdenes Geschirr geleert und beiseite gestellt. Nun schneidet man vier abgeriebene Milchbrote in halbfingerdicke Scheiben, taucht solche von beiden Seiten in zerlassene Butter, und füttert damit eine dick mit Butter ausgestrichene Form dicht aus; auf daß Boden und Rand genau und passend bedeckt sind, werden die Semmelscheiben, soweit es notwendig, übereinandergelegt. In diese ausgefütterte Form gibt man jetzt eine Lage von den gekochten Äpfeln, streut hierauf kleine gewaschene Weinbeeren, bedeckt diese wieder mit einer Lage Äpfel und fährt so abwechslungsweise fort, bis die Form voll ist; im ganzen verwendet man 70–100 g kleine Weinbeeren dazu. Das über die Form hervorstehende Brot wird abgeschnitten, die Äpfel mit den noch übrigen Semmelschnitten genau bedeckt, einige dünne Scheiben Butter darübergegeben und die Schalotte in heißem Ofen binnen ungefähr einer halben Stunde schön gelb gebacken, worauf man sie herausnimmt, behutsam, damit sie nicht zerfalle, auf eine Platte umstürzt und die Form erst nach einigen Minuten von ihr abnimmt. Sie soll eine schöne gelbe Kruste haben und muß, sobald sie aus dem Ofen kommt, serviert werden. – Die verschnittenen Äpfel kann man auch mit allen obigen Zutaten roh in die ausgefüllte Form geben, doch müssen sie dann vorher wenigstens eine Stunde lang in den genannten Zutaten *einmariniert* werden. Zuletzt drückt man sie mit einem Tuch fest ein und schneidet 35 g Butter darauf. – *Sehr fein* schmeckt die Schalotte, wenn sie nach dem Umstürzen mit etwas Arrak übergossen, dann dick mit Zucker bestreut und mit einem glühenden Eisen aufgebrannt wird. Statt Weißbrot kann man auch 280 g geriebenes, altgebackenes *Schwarzbrot* verwenden; dieses wird mit Rotwein befeuchtet, mit Weinbeeren, Zimt, Zucker, und nach Belieben mit 140 g feingewiegten Mandeln vermischt. Von dieser Masse gibt man eine Lage in die gutbestrichene Form, dann eine Lage von den gekochten Äpfeln, nun wieder Brotmasse und so fort; obenauf von *letzterer* Masse. Das Ganze wird dann 5/4 Stunden gebacken.

Apfelschaum, überbacken

Apfelmus, 1 kleiner Apfel, etwas Zitronenschale, 3–4 EL geriebene Haselnüsse, 2–3 Eiweiß, 2 EL Puderzucker

Übriggebliebenes Apfelmus vermischt man mit einem geschälten, in kleine Stücke geschnittenen Apfel, etwas abgeriebener Zitronenschale und den Haselnüssen. Das Eiweiß schlagen und mit dem Puderzucker mischen. Den Eischnee hebt man unter die Apfelmasse, füllt sie in eine gefettete Auflaufform und bäckt den Apfelschaum bei mittlerer Hitze etwa 12 Minuten.

Apfelscheiben mit Butter oder Schmalz zu kochen

Große saftige und recht mürbe Äpfel, Arrak und Zucker, eine Klare, zum Bestreuen Zucker und Zimt

Man schält und schneidet die Äpfel in fingerdicke Scheiben, entfernt das Kerngehäuse, läßt sie mit Arrak und Zucker durchziehen, taucht sie in die Klare, backt sie in Schmelzbutter dunkelgelb und bestreut sie sogleich mit Zucker und Zimt.
Damit die Äpfel bald nach oben kommen und also weniger Fett aufnehmen, lege man nicht über 6 Stück zugleich ins Fett.

Apfelschnitten mit Korinthen und Mandeln

Die Äpfel werden in 4 Teile, dann in Scheiben geschnitten, mit gut gewaschenen Korinthen, Zucker und ganzem Zimt, der Länge nach feingeschnittenen Mandeln, halb Wasser, halb Wein, oder statt des letzteren mit Zitronensaft weichgekocht. Die Äpfel, welche nicht im geringsten zerkochen dürfen, werden mit dem dicklichen Saft angerichtet.

Apfelspeise, dänische

300 g frisches Apfelmus, 3/8 l süße Sahne

Krokant von 250 g Zucker, 200 g gehackten Mandeln oder 150 g Haferflocken und 1 TL Butter bräunen und abkühlen. Das Apfelmus schichtweise mit geschlagener Sahne und Krokant in Portionsschälchen füllen, kühl servieren.

Apfelsinen-Überraschung

4 Apfelsinen, 2 Eiweiß, Vanille- oder beliebiges Fruchteis

Man schneidet von den Apfelsinen Kappen ab, hebt das Fruchtfleisch vorsichtig aus der Schale, kratzt die Schalen vollkommen aus und schneidet sie am Rand zackig ein. Dann werden sie bis zum Gebrauch in den Kühlschrank gestellt.

Kurz vor dem Auftragen werden die Schalen mit Eis gefüllt, das Eiweiß sehr steifgeschlagen und über das Eis gegeben. Bei starker Hitze werden die Überraschungs-Apfelsinen kurz überbacken und dann sofort serviert.

Apfelsineneis

250 g Zucker wird mit einer mittelgroßen Tasse Wasser gekocht und ausgeschäumt, hinzugegeben die auf Zucker abgeriebene Schale von 1 Apfelsine, der Saft von 8 Apfelsinen und 2 Zitronen, ½ Flasche Malaga und 24 g gute Hausenblase oder eine Stange Agar-Agar, beides mit ¼ l Wein aufgelöst.

Apfelsinenkörbchen, mit Gelee gefüllt

Man schneide ansehnliche Apfelsinen mit einem Messer in der Mitte glatt durch und nehme mit einem silbernen Eßlöffel das Inwendige bis zur Schale heraus. Dann durchschneide man an der Schnittseite gleichmäßig die Schale, so daß ein Rändchen von der Breite eines Strohhalms entsteht, das gleichfalls in Strohhalmbreite an beiden Seiten der Apfelsine fest bleiben muß. Dies Rändchen wird zusammengefaßt und oben mit einem ganz schmalen grünseidenden Bändchen so zusammengebunden, daß eine kleine niedliche Schleife entsteht.

Zugleich mache man ein beliebiges Weingelee, mit dem Saft der Apfelsinen vermischt, fülle damit die Körbchen und stelle sie zum Kaltwerden auf die bestimmte Schüssel.

Da die Körbchen nur eine geringe Quantität fassen und vielleicht manche eine größere Portion nehmen möchten, so halte man eine Geleeschüssel bereit, damit die Gäste nach Gefallen ihre Körbchen nochmals füllen können.

Aprikosenbome

Wie Himbeerbome.

Aprikoseneis, Pfirsicheis

Ganz reife Aprikosen oder Pfirsiche werden gespalten, ausgesteint, möglichst abgeschält und durchs Sieb getrieben. Nun werden 560 g davon mit 280 g verstoßenem Zucker, der mit ⅛ l Wasser verkocht und hernach wieder gänzlich erkaltet ist, dann mit ⅛ l weißem altem Rheinwein und ebensoviel Wasser übergossen, dies zusammen gut verrührt und in die Gefrierdose eingefüllt. Die Steine der Aprikosen werden aufgeklopft, die Kerne gleich den Mandeln gebrüht und abgezogen, hernach ganz fein gestoßen, und so vor dem Einfüllen in die Gefrierdose unter die Masse gerührt.
Im Winter wird das Obsteis von *Marmelade* bereitet, alsdann bleibt der Zucker weg. So wird z.B. 280 g Marmelade mit ½ l Wasser und ⅛ l Wein verdünnt, dies gut verrührt und in die Gefrierdose eingefüllt. – Eis von Obst braucht, wie schon erwähnt, immer längere Zeit zum Gefrieren, als das von Rahm; sollte jedoch die Masse durchaus nicht gefrieren wollen, so wird noch ⅛ l Wasser daruntergemischt, was dann das Gefrieren ganz sicher erzweckt.

Aprikosen- oder Pfirsichkompott

750 g Früchte, ½ l Wasser, 200 g Zucker

Die Früchte werden mit einem Tuch abgerieben, auf einem Sieb in kochendes Wasser gehalten, bis die Haut abgeht, dann geschält, halbiert, entsteint. Zucker und Wasser kocht man zum Faden, gibt die Früchte nebeneinander hinein und läßt sie mehr ziehen wie kochen. Vorsichtig herausnehmen, nach dem Erkalten in einer Glasschale bergig anrichten. Den Saft, wenn nötig, dicker kochen, durchsieben und über die Früchte geben.

Aprikosenkompott, andere Art

Zwanzig bis vierundzwanzig noch etwas harte Aprikosen werden gespalten und ausgesteint, und solche, nachdem die Haut abgezogen oder fein abgeschält mit ½ l Wasser, ⅛ l Wein und dem nötigen Zucker behutsam eine Viertelstunde langsam weichgekocht, doch so, daß sie *ganz* bleiben. Nun werden sie mit einem Löffel sorgfältig herausgehoben, zierlich in die bestimmte Schüssel angerichtet, und der zurückgebliebene Saft, nachdem er zuvor noch dicker eingekocht wurde, nach einigem Erkalten darübergegossen. – Bisweilen werden die *Kerne* gebrüht und abgeschält, und gröblich verschnitten über die Aprikosen gestreut.
Die Kompotte dürfen nie stark kochen, sondern müssen immer eher nur *ziehen*, weil die feinen Obstgattungen sonst verkochen.

Aprikosenpudding

50 g süße Mandeln, 5 g bittere Mandeln, 2 harte Eier (nur Eigelb), Milch, 3 Eier, 45 g Butter, 70 g Aprikosenmarmelade, 50 g Zucker, 50 g Makronen, Salz

Mandeln schälen und reiben. Die harten Eigelb mit etwas Milch zu einem Teig verrühren. Geschmolzene Butter, Aprikosenmarmelade, Zucker, zerstoßene Makronen, etwas Salz und drei rohe Eigelb zugeben. Alles schaumig rühren und schließlich den steifgeschlagenen Schnee von drei Eiweiß unterziehen. Die Masse in eine gefettete Puddingform geben, Pergamentpapier darüberlegen und gut verschließen. Im Wasserbad eine Stunde kochen, stürzen und mit Aprikosenmarmelade servieren.

Aprikosenschalotte

Vier abgeschälte Milchbrote werden in halbfingerdicke Scheiben geschnitten und diese in Butter umgekehrt, dann achtzehn bis zwanzig Pfirsiche oder Aprikosen abgeschält, ausgesteint, mit 70 g Butter und 140 g gestoßenem Zucker aufs Feuer gesetzt, und unter öfterem Umschwingen so lange daraufgelassen, bis Butter und Zucker daran geschmolzen sind. Nun wird eine dick mit Butter ausgestrichene Form so dicht als möglich mit den Semmelscheiben ausgefüttert, die gekochten Pfirsiche oder Aprikosen hineingefüllt, das über die Form hervorstehende Brot abgeschnitten, und die Schalotte mit den noch übrigen Semmelscheiben bedeckt und eine halbe Stunde in mittelheißem Ofen gebacken, worauf man sie umstürzt und sogleich zu Tisch gibt. – Sollte vom Kochen der Pfirsiche oder Aprikosen zu viel Saft bleiben, so wird derselbe zurückbehalten und während des Backens der Schalotte dick eingekocht, wo man dann letztere nach dem Umstürzen damit überstreicht. Die gleichen Dienste leistet Himbeersaft oder eine dünne, durchsichtige Marmelade.

Statt die Brotscheiben, womit man die bestrichene Form ausfüttert,in *Butter* umzukehren, kann man sie auch aus heißem *Schmalz* backen; dann kann aber nur Obst, das schon *gekocht* ist, eingefüllt werden, während man sonst die Aprikosen und Pfirsiche, gleich den Äpfeln, auch *roh* einfüllen kann.

Bananen, gebratene

Schöne, große Bananen werden halbiert, mit verrührtem Eidotter bestrichen und in Bröseln gewälzt. Man bratet sie in der Pfanne ringsum goldbraun und gibt sie mit Zucker bestreut warm zu Tisch.

Bananen in Rotwein

4–6 Bananen schälen und in dicke Scheiben schneiden. ¼ l Rotwein mit 100 g Zucker, 1 Stück Ingwer, 1 Nelke und 1 Stange Zimt bis zum Sieden erhitzen (nicht kochen) und durch ein Sieb gießen.
Die Bananenscheiben in den heißen Rotwein geben und ca. 1 Stunde kühlstellen. Nach Belieben mit gesüßter Schlagsahne sowie gehackten Pistazien oder Mandelsplittern garnieren.

Berliner Fruchtpudding

Auf dem Feuer verrührt man 125 g Butter und ebensoviel Weizenmehl zu Schaum, ohne es bräunen zu lassen, gießt unter beständigem Rühren noch ¼ l Milch an, rührt auf dem Feuer die Masse weiter, bis sich der Teig von der Kasserolle löst, und läßt ihn dann auskühlen. Verschiedene eingemachte Früchte läßt man unterdessen gut abtropfen, vermengt darauf 8 Eidotter und 70 g Zucker mit der ausgekühlten Masse, zieht den Schnee von 7 Eiweiß darunter und gibt zuletzt die abgetropften Früchte dazwischen. In der ausgebutterten Form kocht man den Pudding 1½ Stunden und garniert ihn, wenn er gestürzt ist, mit verschiedenen Früchten und gibt eine beliebige Fruchtsauce nebenbei.

Bratäpfel mit Eisauce

4 mittelgroße Äpfel, 50 g gemahlene Mandeln, 3 EL Sauerkirschkonfitüre, 2 EL Kirschwasser, 1/2 Paket Vanilleeis, 2 EL Kirschwasser

Äpfel ausstechen; Mandeln, Sauerkirschkonfitüre und Kirschwasser verrühren und die Äpfel damit füllen. Nun die Äpfel in eine Auflaufform setzen und im vorgeheizten Backofen bei 220 ° 30–35 Min backen. Für die Sauce das Eis etwas antauen und mit Kirschwasser cremig rühren. Vor dem Servieren über die Bratäpfel geben.

Birnen, gekochte

Gute geschälte Kochbirnen werden je nach ihrer Größe ganz oder gespalten mit einem Stengelchen Zimt aufs Feuer gesetzt, so viel Wasser darangegossen, daß es die Höhe der Birnen hat, und diese darin, zugedeckt, halb weichgekocht. Unterdessen röstet man in einem Stückchen Butter einen Kochlöffel Mehl und einen Eßlöffel Brotbrösel schön gelb, rührt dies mit der Birnenbrühe ab, kocht es damit auf, gießt diese Sauce nun an die Birnen, und kocht letztere, nachdem ein Stückchen Zucker darangegeben, vollends darin weich. – Zucker und Zimt kann auch *wegbleiben.*

Birnenkompott

Man schält die Birnen recht rund, sticht die Blume heraus, schneidet die Stiele zur Hälfte ab, wäscht sie und kocht sie in reichlichem Wasser und einem Glas Rotwein, Zucker, Zimt und einigen Nelken oder Brühe von eingemachten Zwetschgen, oder eingekochtem Johannisbeersaft, womöglich in einem gut verzinnten, sonst in einem Bunzlauer oder glasierten Topf – in ersterem werden sie schön rot – zugedeckt so lange, bis sie ganz rot und weich sind. Ein langes Kochen erhöht Ansehen und Geschmack. Dann richtet man sie an und gibt die dicklich eingekochte Sauce durch ein Siebchen darüber.

Birnen in Rotwein

4 feste Birnen, 1½ Gläser Rotwein, 1½ Tassen Wasser, ¾ Tasse Zucker, 1 Nelke, 1 Stück Zimt, 1 Zitrone ungespritzt

Die Birnen werden geschält und in Wein, Wasser, mit dem Zucker, der Nelke, dem Zimt und der in Scheiben geschnittenen Zitrone auf kleiner Flamme weichgedünstet. Anschließend nimmt man die Birnen heraus und setzt sie auf eine flache Schüssel. Der Saft wird indessen auf die Hälfte eingekocht, über die Birnen gegossen und diese kaltgestellt. Vor dem Servieren häuft man geschlagene Sahne über das Dessert.

Biskuitpudding

5–6 Eier, 125 g Zucker, 125 g Mehl, Saft und Schale 1/4 Zitrone

Eigelb, Zucker, Zitrone schaumig rühren, Mehl und Schnee abwechselnd lose unterziehen. Die Puddingform mit Butter und Mehl vorrichten, die Masse einfüllen, 3/4–1 Stunde im Wasserbad kochen. Kurz vor Gebrauch stürzen, mit Fruchtsauce oder Chaudeau geben.

Biskuitpudding, warm und kalt zu geben

375 g Biskuit oder Scheiben von einem Biskuitkuchen, 10 Eier, 3/4 l frische Sahne oder Milch, etwas mit Zucker gestoßene Vanille

Man legt das Biskuit in eine zugerichtete Form, schlägt die ganzen Eier ein, gibt Vanille und Sahne hinzu und gießt es darüber. Der Pudding wird zwei Stunden gekocht, die Form geöffnet und an einem zugfreien Ort auf eine warme Schüssel gestürzt. Soll er kalt gegeben werden, so läßt man ihn in der Form, bis größtenteils die Hitze verdampft ist, weil er dann weniger zusammensinkt. Hierzu ist eine Vanillesauce üblich; da sie indes den Pudding sehr weichlich macht, so ist zu Schaumsauce zu raten. Bei letzterer würze man die Puddingmasse mit Vanille statt Zitronenschale.
Für 12 bis 14 Personen.

Bomballen

In den steifgeschlagenen Schnee von sechzehn Eiweiß gibt man 420 g feinen Zucker und die sechzehn Eigelb, setzt dies in einem Schneekessel oder Kasserolle auf ganz schwaches Feuer und schlägt es mit dem Schneebesen so lange, bis die Masse dick geworden, was man daran sieht, wenn sie mit dem Schneebesen in die Höhe gehoben, in der Form, wie sie herunterfällt, einige Augenblicke stehen bleibt. Nun wird die Masse vom Feuer genommen, noch eine Viertelstunde kaltgeschlagen und solche, nachdem 420 g trockenes feingesiebtes Mehl daruntergemengt, durch eine Dressierspitze oder durch eine Tüte in Häufchen auf ein Papier gesetzt, die Häufchen samt dem Papier auf ein Backblech gezogen, durchs Sieb mit Zucker bestreut und in mittelheißem Ofen gebacken. Hernach löst man sie mit einem dünnen Messer vom Papier ab, überstreicht den Boden jedes derselben mit beliebiger Marmelade und klebt immer zwei und zwei solche Böden aufeinander, dann rührt man 140 g feinen Zucker mit vier Eßlöffel Johannisbeer- oder Himbeergelee oder Johannisbeer- oder Himbeersaft glatt an, glasiert damit, oder auch mit einer beliebigen anderen Zuckerglasur, die Bomballen auf der oberen Seite und legt alle wieder auf ein Papier, um sie in ganz abgekühlte Ofen zu trocknen. – Werden gewöhnlich als *Dessert* gegeben.

Brombeerkompott

Die großen Beeren werden ausgesucht, die kleinen durchgepreßt, deren Saft, Zucker, einige Nelken, Stückchen Zimt und Zitronenscheiben, aus welchen die Kerne entfernt sind, zum Kochen gebracht, die Beeren hinzugegeben, langsam einige Minuten gekocht, dann herausgenommen und, nachdem der Saft etwas eingekocht, darübergefüllt. Als Kompott zu Mehlspeisen, wobei für eine reichliche Sauce gesorgt werden muß, kann man dieselbe mit einem Zusatz von Wasser und etwas Kartoffelmehl verlängern.

Brotpudding, Holsteiner Art

1 knappe Tüte Zwieback oder entsprechende Menge altes Weißbrot oder Brötchen, gut 1/2 l Milch, 125 g Margarine, 250 g Zucker, 4–5 Eier, 1 Vanillezucker, Zimt, Saft von 1 Zitrone, 200 g Grieß, knapp 1/2 Päckchen Backpulver, 1 Pfund Äpfel, 200 g Rosinen

Zwieback kurz in Milch einweichen (nicht zu matschig!). Margarine, Zucker, Eier verrühren, Gewürze dazugeben, den mit dem Backpulver vermischten Grieß unterrühren. Rosinen und Äpfel in den Teig mischen. Eine Wasserbadform einfetten und mit Paniermehl ausstreuen, den Teig einfüllen und die Form gut schließen. Das Ganze 2 Stunden im Wasserbad kochen lassen.

Butteräpfel, braungedünstete

Sechzehn kleine, feste Äpfel, die im Kochen nicht zerfallen, werden geschält, und solche, nachdem das Kernhaus sorgsam ausgeschnitten oder mit einem Ausstecher ausgestochen, nebeneinander in ein breites, etwas tiefes Geschirr gestellt. Nun wird 100 g Butter, 140 g Zucker, eine Zitronenschale, ein Glas Wein und ebensoviel Wasser dazugegeben, und das Ganze im Ofen oder auf dem Herd weich und kurz eingedünstet, bis der Zucker anfängt sich zu färben, wo man dann noch etwas Wasser nachgießt, damit sich der Saft wieder auflöse. Sind die Äpfel weich und braun, so werden sie mit dem Backschäufelchen in der Kompottschale angerichtet, der Saft darübergegeben, und beim Anrichten kleine Butterteigblümchen oder andere kleines Backwerk zwischen sie und um sie herum gestellt.

Chaudeaupudding

Man rühre sechs Eigelb mit fünf Eßlöffel feinem gesiebten Zucker und einem Eßlöffel Zitronenzucker eine Viertelstunde dick und recht schaumig, mische dann drei Eßlöffel durchgesiebtes feines Mehl, den Saft einer halben Zitrone und das zu festem Schnee geschlagene Weiß der sechs Eier langsam darunter, und fülle die Masse sogleich in eine mit zerlassener Butter bestrichene Puddingform. Diese verschließe man gut mit ihrem gleichfalls butterbestrichenen Deckel, stelle sie in eine tiefe Pfanne oder eine Kasserolle, welche oder welches bis zur Hälfte der Form mit kochendem Wasser gefüllt und dann mit einem passenden Deckel zugedeckt ist, und koche nun den Pudding langsam, aber ununterbrochen, drei Viertelstunden. Nach dieser Zeit wird nachgesehen: läßt sich der Pudding fest anfühlen, so ist er fertig, ist er aber von oben noch weich, so wird er sofort wieder verschlossen, noch einmal ins siedende Wasser zurückgebracht, mit dem Deckel fest bedeckt und vollends fertiggekocht. Er wird alsdann behutsam aus der Form auf die bestimmte Platte gestürzt und eine Chaudeausauce darübergeschüttet, oder ein Teil der Sauce von der Seite darangegossen, die übrige in einer Sauciere extra gegeben. Zu beachten ist, daß das Wasser nicht zu stark koche, weil sonst der Pudding überkocht, die Masse herausdrängt und dadurch rauh wird. – In den inneren Rand des Bodens der Form kann man, vor dem Einfüllen der Masse, einen Kranz (nämlich eine an die andere geordnet) von rein gewaschenen großen Weinbeeren eindrücken, was beim Umstürzen sehr schön aussieht.
Bei allen Mehlspeisen ist zu beachten, daß man die Masse stets von der gleichen Seite rühre, weil dabei immer Luft eingerührt wird. Ferner soll der Schnee recht steif und trocken geschlagen sein; falls nun die Eier nicht ganz frisch wären, so daß der Schnee nicht steif würde, gebe man einige Körnchen Salz dazu.

Charlotte, russische

12–15 Löffelbiskuits, 3 EL Rum, 3 EL Wein, Vanillecreme

Die Biskuits zuschneiden, mit Rum und Wein anfeuchten. In eine mit Öl bestrichene Cremeform legt man auf den Boden einen Stern, den Rand belegt man dicht mit dem Biskuit. In die Creme 2 Eßlöffel Rum geben, in die Form einfüllen, einige Stunden kaltstellen, dann stürzen. Mit Schlagrahm spritzen. Man kann auch Karamel- oder Schokoladencreme dazu nehmen.

Croutonen mit Reis

140 g Reis wird mit kochendem Wasser angebrüht, letzteres dann abgegossen, und der Reis in ¾ l kochender Milch weich eingekocht. Nun gibt man 35 g Butter hinein, läßt ihn noch so lange auf dem Feuer, bis er kurz und dick eingekocht ist, nimmt ihn sodann in ein anderes Geschirr, rührt vier Eigelb, die feingewiegte Schale einer halben Zitrone, 70 g Zucker und eine Messerspitze Salz hinein und stellt ihn beiseite. Hernach werden aus altgebackenen abgeriebenen Semmeln Scheiben geschnitten, diese auf einer Seite mit Ei bestrichen, dann die Reisfülle ganz so wie die Fülle bei vorigen daraufgegeben, und die Croutonen auch den vorigen gleich beendet. Man begießt sie nun mit kochender dünner Kirschen- oder einer anderen Obstsauce und bringt sie, nachdem sie so eine halbe Viertelstunde zugedeckt gestanden, zu Tisch.

Dauphin

Auf dem Feuer verrührt man 200 g Butter mit 250 g Zucker und 12 Eidottern zu einer dicken Creme, durch die man den Eiweißschnee von 8 Eiern zieht und das Abgeriebene einer Zitrone hinzufügt. Nachdem man diesen Teig in einer Auflaufform, welche gut gebuttert sein muß, eine Stunde lang gebacken und gestürzt hat, schneidet man ihn nach dem Erkalten in 2 cm dicke Scheiben, bestreicht diese mit verschiedenen Fruchtmarmeladen, gibt sie abermals in die Form, indem man die Scheiben fest zusammendrückt; dann übergießt man das Ganze mit dem Schnee von 4 Eiweiß, dem man etwas Zucker, Zitronensaft und einen Eßlöffel feinen Likör zugesetzt hat, und backt die Speise noch so lange im Ofen, bis sie oben goldbraun wird. Man serviert diesen feinen Gesellschaftsauflauf mit Weinschaumsauce.

Dörrobst

375 g gemischtes, getrocknetes Obst, 1/2 l Wasser, 1 Stückchen Zimt, Zitronenschale, 50 g Zucker

Das gewaschene Obst wird am Abend vor Gebrauch eingeweicht, mit dem Einweichwasser aufgesetzt, die anderen Zutaten zugegeben und zugedeckt weichgekocht.

Eis und Bomben

Man unterscheidet drei Grundarten, Cremeeis, Fruchteis und Rahmeis. Zu Cremeeis werden die Zutaten kalt angerührt, auf dem Feuer mit dem Schneebesen geschlagen, bis die Masse einmal aufkocht, kaltgestellt, nach dem Erkalten Schnee oder Schlagrahm untergezogen. Zu Fruchteis werden im Sommer frische Früchte durch ein Haarsieb gestrichen, mit Wasser und Zucker gemischt, wie in den Rezepten angegeben. Im Winter verwendet man eingemachtes Fruchtmark. Fruchteis darf nicht zu süß gemacht werden, da es sonst nicht gefriert. Mit der Zuckerwaage gemessen, soll es 18 Grad haben. Zeigt die Masse weniger wie 18 Grad, muß noch Zucker zugegeben werden. Am besten gibt man gekochte Zuckerlösung zu, weil sich roher Zucker schwerer auflöst. Zuckerlösung macht das Eis geschmeidiger. Außerdem kann man auf etwa 1 l Eismasse 2 Eischnee oder ¼ l Schlagrahm geben. Zur Eisbereitung verwendet man meistens die Eismaschine. Das Roheis wird in einem Sack geklopft, auf 1½–2 Kilo Eis, 500 g Viehsalz abgewogen. Die Gefrierdose wird gefüllt, in den Holzkübel eingesetzt, der Zwischenraum mit Eis und Salz ausgefüllt, die Maschine gedreht, bis die Eismasse fest ist. Nach Belieben kann das fertige Eis in Formen ausgefüllt werden, diese werden bis zum Gebrauch in Eis und Salz vergraben. Einfüllen, stürzen (siehe Bombe).

Cremeeis kann auch ohne Maschine hergestellt werden, wird eingefüllt und fertiggemacht wie Bombe.

Bomben. Die Masse zur Bombe wird gleich in die ausgeschwenkte Form eingefüllt, ein nasses Papier obenauf gelegt, die Form gut geschlossen, wenn nötig, der Verschluß mit Fett bestrichen, damit kein Salzwasser eindringen kann. Der Boden eines Eimers wird etwa 10 cm hoch mit geklopftem Eis und Salz bedeckt (1½-2 Kilo Eis, 500 g Salz), die Form eingesetzt, ringsum mit Eis und Salz umgeben, obenauf 10 cm hoch bedecken, ein Tuch darübergeben, etwa 1 Stunde stehen lassen. Wenn nötig, das Eiswasser abschütten, mit Eis und Salz nachfüllen, weitere 1½–2 Stunden stehen lassen. Vor dem Stürzen die Form mit kaltem Wasser abspülen, schnell in heißes Wasser eintauchen, den Deckel abklopfen, das Eis am Rand mit dem Messer lösen, auf eine mit einer Serviette oder Papier belegte Platte stürzen.

Eis, gebacken

Biskuittorte schneidet man in dünne Scheiben. Vanilleeis wird in eine runde, flache Form eingefüllt und 1–2 Stunden in Eis und Salz vergraben. Auf eine Glasplatte legt man eine Scheibe Biskuit, stürzt darauf das Eis, gibt eine Scheibe Biskuit als Deckel darauf und paßt diesen dem Eis an. Das Ganze überzieht man rasch mit einer festen Merinkenmasse, spritzt auch damit, stellt die Platte auf warmes Wasser, dann in einen gut heißen Backofen und überbackt die Masse hellgelb. Gleich zu Tisch geben.

Eisbecher mit Apfelsinen

Die Eisbecher werden zur Hälfte mit Apfelsineneis gefüllt, eine Lage gezuckerte Apfelsinenstückchen daraufgegeben, mit Schlagrahm bedeckt und gespritzt.

Eisbecher mit Biskuit

Löffelbiskuite werden in Stückchen geschnitten, mit Rum, Arrak oder Sherry angefeuchtet, die Becher ⅓ damit gefüllt. Darauf gibt man Haselnußeis und spritzt obenauf mit Schlagrahm.

Eisbecher mit Erdbeeren

Die Erdbeeren 2 Stunden vor Gebrauch mit Zucker, nach Belieben mit Kirschwasser durchziehen lassen. Die Eisbecher ⅓ mit Vanilleeis füllen, drauf Erdbeeren, obenauf mit Schlagrahme spritzen.

Eisbecher mit Pfirsichen

Die Pfirsiche werden nach dem Schälen in Läuterzucker vorsichtig weichgekocht, nach Belieben etwas Vanille mitkochen oder nach dem Kochen etwas Kirschwasser zugeben, im Zuckersaft erkalten lassen. Die Becher halb mit Vanilleeis füllen, die Pfirsiche darauflegen, mit Himbeermark überziehen, mit Schlagrahm spritzen.

Eispudding, Nesselroder

500 g von Schale und Haut befreite Kastanien kocht man in ½ l süßer Milch zu dickem Brei, stampft sie noch ganz fein, verquirlt sie mit 1½ l süßer Sahne, 3 Eigelb, 250 g Zucker und ½ Stange gestoßener Vanille und läßt sie unter beständigem Umrühren bis vors Kochen kommen. Dann treibt man die Masse durch ein feines Sieb, läßt sie unter andauerndem Schlagen erkalten, füllt sie in die Gefrierdose und verarbeitet danach unter die halberstarrte Creme noch 125 g Sultaninen, 125 g Korinthen, 60 g feinstiftlig geschnittenes Zitronat und einen Eßlöffelvoll Maraschino. Nachdem man alles gut untermengt hat, gibt man die Masse in eine hübsche Eisform und vergräbt diese 2 Stunden lang in Eis und Salz. Geschlagene und mit Vanillezucker versüßte Sahne reicht man nebenher.

Eispudding von Reis

500 g Reis, 500 g Zucker, 6 Zitronen, 2 EL Rum und Fruchtgelee

Man reibt die Schale zweier Zitronen auf Zucker ab und stellt den abgeschabten Zitronenzucker erst hin. Unterdessen wird 500 g Reis gut abgebrüht, in einem höchst sauberen, glasierten oder irdenen Kochgeschirr mit 5 l Wasser und dem Zucker 3 Stunden langsam und zugedeckt gekocht. Dann rührt man die abgeriebene Zitronenschale mit dem Saft von 6 Zitronen und dem bemerkten Rum durch, gibt die Masse, nicht völlig erkaltet, lagenweise, hin und wieder mit einem Teelöffel Fruchtgelee durchgelegt, in eine naßgemachte Porzellanform und stürzt sie, erkaltet, auf eine Schüssel.

Zur Sauce wird dicke süße Sahne an einem kalten Ort mit einem Schneebesen geschlagen und diese kurz vor dem Anrichten mit Zucker und Vanille, welche mit Zucker feingestoßen ist, durchgerührt.

Für 24 Personen.

Dessertpastetchen, englische

250 g Rinderbraten und 250 g Nierentalg werden feingewiegt, ebenso 250 g geschälte und ausgekernte Borsdorffer Äpfel, 250 g Sultaninen und 250 g Korinthen sauber gewaschen. Zu alledem gibt man 250 g klaren Zucker, 65 g würflig geschnittenes Zitronat oder kandierte Orangenschale, die feingewiegte Schale von ¼ Zitrone, etwas gestoßenen Zimt, ½ geriebene Muskatnuß und eine halbe Flasche feinen Kognak. Hat man alles gut vermischt, so gibt man eine Lage dieser Fülle auf den Boden der Pastetchen und darauf direkt einen Deckel – der Rand wird bei diesen Pastetchen weggelassen – und backt sie bei mäßiger Hitze.

Englischer Pudding

Man rührt 100 g Butter leicht ab, darunter dann sieben Eigelb, 140 g an einer Zitrone abgeriebenen, hernach feingestoßenen Zucker, 70 g länglich geschnittene Mandeln, 140 g frisches, abgehäutetes, feingehacktes Ochsenmark oder Nierenfett, und vier abgeschälte, neugebakkene, in kleine Würfel geschnittene Semmeln. Wenn die Masse schaumig gerührt ist, werden 100 g ausgekernte große und ebensoviel kleine gewaschene Weinbeeren, 35 g feingeschnittenes Zitronat, ebensoviel Zimt und eine Messerspitze geschabte Muskatnuß noch gut damit durchgerührt, vier Eßlöffel Roussillon oder anderer starker roter Wein daruntergegeben und gut damit abgerührt, und zuletzt der feste Schnee der sieben Eiweiß daruntergemengt. Nun wird die Masse in eine gut mit Butter bestrichene Form oder Serviette gefüllt, anderthalb Stunden gekocht, und der Pudding mit einer weißen Weinsauce zu Tisch gegeben.

Englischer Pudding, andere Art

65 g Butter, 65 g Zucker, 4 Eier, 30 g geschälte, geriebene Mandeln, 60 g gebrühte Sultaninen, Saft und Schale 1/4 Zitrone, 1 EL Kirschwasser, 3 abgeriebene Brötchen, 1/4 l Milch

Die schaumig gerührte Butter rührt man mit Zucker und Eigelb nochmals schaumig, gibt die abgeriebenen, in Milch eingeweichten, ausgedrückten, verzupften Brötchen, sowie die Sultaninen, Mandeln, Zitrone, Kirschwasser und zuletzt den steifen Eischnee leicht darunter und füllt die Masse in die mit Butter bestrichene, mit Weckmehl bestreute Form. Nun kocht man den Pudding im Wasserbad 1 1/4 Std. Beim Gebrauch wird er vorsichtig gestürzt und mit einer Chaudeausauce serviert.

Englischer Pudding, neuer aufgerollter

500 g feines Mehl, 250 g feingeschabtes Nierenfett, 1 Ei, 1 kleine Tasse kaltes Wasser, 1 EL Zucker

Dies alles wird zu einem Teig zusammengerührt, tüchtig verarbeitet, länglich zweimesserrückendick ausgerollt, mit feinen Johannisbeeren oder sauren ausgesteinten Kirschen oder Pflaumen belegt, die dann mit dem nötigen Zucker bestreut werden. Oder man bestreicht den Teig mit jedem beliebigen Eingemachten oder mit gutem Kompott, rollt ihn der Länge nach auf, drückt den Teig an beiden Seiten zu, rollt ihn in eine Serviette, die man an beiden Seiten zuschlägt, und kocht ihn in kochendem Wasser ununterbrochen 2 volle Stunden.
Dieser Pudding wird ohne Sauce mit geriebenem Zucker gegeben. Kalt kann er als Kuchen serviert werden und ist als solcher sehr zu empfehlen; doch muß dann zum Teig statt Nierenfett Butter genommen werden. – Für 16 Personen.

Erdbeerkompott

Schöne ausgelesene Erdbeeren werden in die bestimmte Schüssel oder Kompottschale gebracht, mit Zucker dick überstreut, ein Gläschen Wein darangegossen und eine Stunde so stehen gelassen. Vor dem Auftragen kann man sie mit feingestoßenem Zimt bestreuen. – Der Wein kann wegbleiben und dafür der Zucker, mit etwas Waser dicklich eingekocht, nach Erkalten über die Erdbeeren gegossen werden.

Erdbeer-Johannisbeer-Kompott

Zu 500 g Erdbeeren nehme man 500 g geriebenen Zucker, streue die Hälfte in eine Schüssel lagenweise über die Erdbeeren und lasse sie über Nacht stehen. Am anderen Tag koche man die andere Hälfte des Zuckers mit ¼ l rotem Johannisbeersaft zu Sirup, gebe die Erdbeeren mit ihrem Saft hinein und koche sie, bis sich eine Gallert bildet.
Man gibt dieses Kompott mit junger Sahne.

Erdbeerbome

Wie Himbeerbombe.

Erdbeereis

(Siehe Fruchteis).

Erdbeer- oder Himbeerfladen

1 Eigelb, 1 EL heißes Wasser und 1 EL Honig schaumig schlagen, mit dem Eigelb zu steifer Creme schlagen.
1 Eiweiß, 3 EL Weizen, eventuell 1 EL Rum steifschlagen, zu feinem Mehl mahlen und vorsichtig mit den anderen Zutaten vermischen.
Auf einem mit Butter gefetteten Backblech 15 cm große Fladen bakken.
Backzeit 10–15 Min. bei 180° C. Nach dem Backen sofort zusammenklappen und nach dem Erkalten mit Himbeer- oder Erdbeersahne füllen.

Erdbeerschale mit Apfelsinensaft

Apfelsinen werden ausgepreßt, gute reife Erdbeeren vorsichtig gewaschen, mit Zucker bestreut, in eine Schale gelegt, der Apfelsinensaft darübergegeben und der Rand der Schüssel mit Apfelsinenscheiben garniert.

Erdbeerschnee, aufgezogener

100 g Erdbeermarmelade, 100 g Zucker, Saft einer halben Zitrone, 1 EL Kirschwasser oder Arrak, 5 Eiweiß

Die Marmelade wird ganz oder durchgetrieben mit Zucker, Zitronensaft, Arrak und 2 Eiweiß ½ Std. gerührt, der steife Eischnee leicht daruntergemengt, die Masse in eine mit Butter bestrichene Creme- oder Puddingform gefüllt und im Wasserbad ½ Std. in mittlerer Hitze aufgezogen. Beim Gebrauch wird die Speise gestürzt und mit Vanillebeiguß serviert.

Erdbeeren à la Sarah Bernhardt

Große, runde Makronen mit Maraschino tränken, den Boden mit Erdbeerkonfitüre bestreichen, in die Mitte einen kleinen Löffel Vanilleeis geben, schöne Ananaserdbeeren, welche in Sirup und Chartreuse maceriert sind, darumsetzen, mit einem schönen Erdbeerpüree nappieren und das Ganze mit Vanillerahm und kandierten Veilchen garnieren.

Erdbeeren und Paradiesäpfel

Paradiesäpfelchen oder auch eine recht gute Sorte anderer Äpfel, die man zur Erdbeerzeit noch auftreiben kann, schält, entkernt und wäscht man sauber und teilt sie, je nach der Größe der Frucht, in Viertel oder Achtel. Halb Wasser, halb Wein und Zucker nach Geschmack läßt man zum Kochen kommen und dämpft dann die Äpfel weich, gibt noch sauber verlesene, abgespülte Erdbeeren hinzu; nach 5 Minuten weiteren Kochens füllt man das Kompott aus. Beim Umrühren muß man recht vorsichtig sein, damit die Früchte möglichst ganz bleiben. Statt des Weines kann man auch Zitronensaft verwenden, braucht dann aber etwas mehr Zucker zur Speise.

Erdbeeren mit Schlagsahne

Garten- oder Walderdbeeren werden sauber verlesen, im Durchschlag gewaschen und abgetropft. Portionenweise füllt man sie auf Glastellerchen, überstreut sie mit Puderzucker und bedeckt sie vollständig mit Schlagsahne, die man je nach Belieben versüßen kann.

Feigenpudding

250 g Feigen, 100 g Kalbsnierenfett, 125 g Mehl, 3 Eier,
60 g Paniermehl, etwas Rum, etwas Milch, Zitronenschale

Feigen in Wasser quellen lassen und feinwiegen. Fett auslassen und abgekühlt mit Mehl, Paniermehl, Rum, Milch, Eigelb, abgeriebener Zitronenschale und den gewiegten Feigen vermischen. Zuletzt den steifgeschlagenen Eischnee unterziehen. Den Teig in eine gut gefettete Puddingform füllen und 1–1½ Stunden im Wasserbad kochen lassen.

Figaropudding

375 g gemahlener Reis, ¾ l Milch, 130 g Butter, 14 Eier, 175 g durchgesiebter Zucker

Den Reis kocht man mit der Milch und der Hälfte der Butter gar und recht steif, rührt die übrige Butter zu Sahne und dann nach und nach Eidotter, Zucker und die ausgedampfte Reismasse hinzu. Diese wird nun in 4 gleiche Teile geteilt, ein Teil mit Schokolade gefärbt und mit Vanille gewürzt, welche mit Zucker feingestoßen ist. Der zweite Teil wird mit Spinatsaft gefärbt und mit Orangeblütenwasser gewürzt. Der dritte Teil wird mit 50 g Krebsbutter oder auch mit etwas Cochenille rot gefärbt, zu letzterer gibt man ein wenig abgeriebene Zitronenschale oder feinen Zimt; wählt man Krebsbutter, so kommt weiter kein Gewürz dazu. Der vierte Teil bleibt weiß und wird mit 30 g feingestoßenen Mandeln, worunter 4 Stück bittere sind, gewürzt. Zugleich wird von 12 Eiern das Weiße zu einem recht steifen Schaum geschlagen, derselbe in 4 Teile geteilt und schnell durch die verschieden gefärbten Massen gezogen. Unterdessen werden in einer ausgestrichenen Puddingform 4 Felder gemacht, indem man Oblaten als Scheidelinien hineinsetzt und die Masse hineingegeben. Oder es werden diese ohne Oblaten lagenweise in die Form gebracht.
Der Pudding muß 2½ Stunden kochen und wird mit einer Weinsauce zur Tafel gegeben. – Für 15 bis 18 Personen.

Fliedermus

500 g Fliederbeeren, 75–100 g Zucker, 2 Semmeln in Scheiben geschnitten

Die gewaschenen, reifen Beeren werden von den Stengeln gepflückt, im eigenen Saft gekocht, bis Mus daraus entsteht. Dieses wird gesüßt und über die in eine Schüssel gelegten Semmelscheiben gegossen.

Fruchteis

500 g Früchte, 1/4 l Wasser, 175 g Zucker, Saft einer halben Zitrone, 1 Eiweiß

Die Frucht wird durch ein Haarsieb gestrichen, Zucker, Wasser, Eiweiß, Zitrone zugegeben und in die Maschine gefüllt. Besser ist es, wenn man Zucker und Wasser aufkocht. Will man das Eis feiner haben, kann man 2 Eischnee oder 1/4 l ungesüßten Schlagrahm unterziehen. Bei roter Frucht gibt man einige Tropfen rote Zuckerfarbe zu. Fertigmachen (siehe Allgemeines).

Fruchteispudding

Mit einem Vanilleeis, wie dies beim »Gebackenen Eis« angegeben ist, füllt man, abwechselnd mit eingemachten, gut abgetropften Früchten, eine hohe Zylinderform – doch achte man beim Füllen darauf, daß am Rand stets etwas Eis ist, die Früchte also beim Stürzen der Speise nicht gesehen werden können – und läßt sie, gut verschlossen, bis zum Gebrauch in Eis stehen. Aprikosen, Erdbeeren, Weinbeeren, Kirschen eignen sich am besten zum Füllen. Nun bereitet man Schlagsahne mit Zucker und Vanille vor und richtet diese dann wellenförmig über dem Fruchteis an. – Auch diese Form muß vor dem Stürzen einen Augenblick in heißes Wasser gehalten werden.

Fruchtpudding

2 Tassen frische Johannisbeeren, Brombeeren oder Himbeeren, 8 dicke Scheiben entrindetes Weißbrot, Zucker, Schlagrahm

Man legt eine Puddingform mit Weißbrotscheiben aus und füllt die leicht angedünsteten Beeren darauf, preßt sie fest an, bestreut reichlich mit Zucker und deckt nochmals eine Lage Weißbrotscheiben darüber. 12 Stunden kaltstellen, stürzen und mit geschlagener Sahne garnieren.

Früchtebombe

60 g kandierte Früchte, nach Belieben 40 g Zitronat und Orangeat, 4–6 Makronen in kleine Würfel schneiden, mit 3 Eßlöffel Rum oder Maraschino anfeuchten. Diese Zutaten zieht man unter die Rahmbombe und macht sie ebenso fertig.

Fürst-Pückler-Bombe

¾ l süßen Rahm steifschlagen, in 3 Teile teilen. In den 1. Teil gibt man 40 g Zucker, ½ Päckchen Vanille, 50 g mit wenig Milch gelöste Schokolade und füllt dies ⅓ voll in die Bombenform. In den 2. Teil 50 g Zucker, ½ Päckchen Vanille und füllt dies auf die schwarze Masse. In den 3. Teil 50 g Zucker, 3 Eßlöffel Himbeer- oder Erdbeermark, einige Tropfen rote Farbe, obenaufgeben. Zwischen die einzelnen Farben kann man in Würfel geschnittene, mit Rum angefeuchtete Makronen geben. Die Form schließen, fertigmachen. Jede Farbe muß für sich gefrieren, bevor die nächste daraufgegeben wird.

Gelbes Eis

Etwas feiner Safran wird mit ein paar Eßlöffel Wasser angebrüht oder eingeweicht, und nebst einem Viertel Zucker mit ein wenig Eiweiß abgerührt.

Geleeäpfel

8 kleine, süße Äpfel, 150 g Zucker, Saft von einer halben Zitrone, 1/8–1/4 l Wasser, Johannisbeergelee, wenn nötig, Wasser zum Nachgießen

Das Kerngehäuse wird aus den gewaschenen Äpfeln entfernt und die Äpfel geschält. Zucker, Zitronensaft und Wasser werden in einem flachen Topf zum Kochen gebracht. Die Äpfel nebeneinanderstehend, wenn notwendig unter einmaligem Umdrehen, in der Lösung glasig gekocht. Beim Anrichten werden die Öffnungen mit Johannisbeergelee gefüllt, der Saft wird darübergegossen.

Gleichschwerpudding

160 g Mehl wird mit 1/4 l Milch glatt angerührt, 80 g Zucker und ebensoviel Butter hineingegeben und dies zusammen so lange gerührt, bis es sich als Teig von der Pfanne ablöst, den man zum Erkalten stellt und inzwischen öfters rührt, damit er keine Haut bekomme. Unterdessen werden weitere 80 g Butter schaumig abgerührt, weitere 80 g Zucker und neun Eigelb dazugegeben und gut damit gerührt, dann 160 g abgezogene, feingewiegte süße und sechs Stück bittere Mandeln, die feingewiegte Schale einer Zitrone, einige Körnchen Salz und die obige Masse beigefügt. Nachdem damit noch der festgeschlagene Schnee der neun Eiweiß gut vermengt, wird das Ganze in eine butterbestrichene, mit Zucker besäte Puddingform eingefüllt und eine Stunde im Dunst gekocht, der Pudding dann angerichtet, und mit einer beliebigen süßen Sauce oder mit Chaudeau serviert.

Grieß, gestürzter

140 g Grieß und ebensoviel Zucker wird in ½ l guter Milch oder Rahm eine Viertelstunde langsam gekocht, wobei, wenn der Grieß zu dick werden sollte, nocht etwas Milch nachgegossen werden müßte. Nun rührt man 70 g süße und vier Stück bittere, feingestoßene Mandeln darunter, und füllt dann die Masse in eine butterbestrichene, mit feinem Zucker besäte Form. Nach gänzlichem Erkalten wird der Grieß auf eine Platte umgestürzt und mit Himbeersaft übergossen.

Grießpudding, einfach I

250 g Grieß, ⅜ l Milch, 2 Eier, 100 g Zucker, Zitronenschale oder Vanille, 80 g Butter, 1 Prise Salz, 1 Päckchen Backpulver

Die Butter schaumig rühren, Grieß, die ganzen Eier, alle anderen Zutaten zurühren, zuletzt das Backpulver. Die Form mit Butter und Grieß vorrichten, die Masse einfüllen, 1¼ Stunden im Wasserbad kochen. Frucht- oder Karamelsauce dazugeben.

Grießpudding, feiner II

½ l Milch, 180 g Grieß, 60 g Butter, 100 g Zucker, 4 Eier, 30 g geschälte, geriebene Mandeln, Zitronenschale, 1 Prise Salz

Milch, 20 g Butter, Salz zum Kochen bringen, unter Rühren den Grieß einstreuen, zu einem Kloß abrühren, 1 Eigelb zugeben, kaltstellen. 40 g Butter, Zucker, Eigelb, Zitrone schaumig rühren, Mandeln, den Kloß, zuletzt den Schnee unterziehen, die Form mit Butter und Grieß vorrichten, die Masse einfüllen, 1 Stunde im Wasserbad kochen.

Grießpudding III

4/10 l Milch, 30 g Butter, 120 g Grieß, 60 g Zucker, 4 Eier, 1/4 Zitrone, 30 g Korinthen, 30 g Sultaninen, 30 g Zitronat, 30 g Orangeat

Die Milch wird mit der Butter in nicht zu großer Messingpfanne zum Kochen gebracht, der Grieß langsam eingerührt und gekocht, bis sich die Masse vom Topf löst. Alsdann nimmt man den Teig vom Feuer weg, rührt sofort ein Ei darunter und läßt ihn erkalten. Während dieser Zeit schneidet man Zitronat und Orangeat in kleine Würfel, wäscht und brüht Korinthen und Sultaninen und gibt sie zuletzt nebst den anderen Eigelb, Zitrone und Zucker unter den Grießteig. Die 3 Eiweiß werden zu steifem Schnee geschlagen, unter den Teig gezogen und die Masse in die mit Butter bestrichene, mit Weckmehl bestreute Form gefüllt. Man kocht den Pudding im Wasserbad auf dem Herd oder in offener Form im Backofen ungefähr 1 Stunde. Der Pudding muß nach dem Stürzen sofort serviert werden und zwar am besten mit einem Wein-, Karamel- oder Fruchtbeiguß. (Wird der Pudding für ein Krankes gekocht, läßt man die Gewürze, Sultaninen und dgl. weg.)

Haselnußeis

60–80 g geröstete, geschälte, feingeriebene Haselnüsse, die anderen Zutaten und Zubereitung wie bei Vanilleeis. Nach Belieben kann man die Haselnüsse mit der Milch aufkochen, 1/4 Stunde ziehen lassen, abseihen, dann die Creme abschlagen.

Haselnußbombe

80 g Haselnüsse rösten, schälen, fein reiben, die anderen Zutaten, wie bei Vanillebombe und ebenso fertigmachen.

Haselnußpudding

120 g Zucker, 3 Eier, 3 EL Wasser, Salz, abgeriebene Schale einer Orange, Saft einer Orange, 50 g Mehl, 50 g Stärkemehl, 1 gestrichener TL Backpulver, 150 g gemahlene Haselnüsse

Die Eigelb und das warme Wasser rührt man cremig, gibt die Hälfte des Zuckers, eine Prise Salz, den Saft und die abgeriebene Schale einer Orange dazu und schlägt in einem anderen Gefäß das Eiweiß zu Schnee. Den restlichen Zucker läßt man nach und nach einlaufen und gibt den Eischnee auf die Eigelbmasse. Dazu kommt das Gemisch aus mit Backpulver vermischtem Mehl, Stärkemehl und den gemahlenen Haselnüssen. Alles wird locker untergehoben und der Teig in eine gefettete, mit Semmelbröseln ausgestreute Puddingform gefüllt. Die geschlossene Form wird ins heiße Wasserbad gestellt und bei mäßiger Hitze in ca. 60 Minuten gegart. Danach die Form unter kaltem Wasser abkühlen, öffnen und den Pudding stürzen.

Haselnußpudding

200 g geriebene Haselnüsse, 4–5 Eier, 150 g Zucker, Zitronenschale

Eigelb, Zucker, Zitrone schaumig rühren, Haselnüsse und Schnee lose unterziehen. Die Form mit Butter und Weckmehl vorrichten, die Masse einfüllen, 1 Stunde im Wasserbad kochen. Vanille- oder Schokoladensauce dazugeben.

Hagebuttenkompott

750 g reife Hagebutten, 1/2 Zitrone, 0,2 l Wasser, 1/2 Stange Zimt, 125 g Zucker

Die Hagebutten vierteln, von Stiel und Kernen befreien, gut waschen, mit Wasser, Zucker, Zitronensaft und Zimt bei geringer Wärmezufuhr rasch weichkochen und durchpassieren. Das Mark, wenn es zu dick ist, noch mit etwas Wasser aufkochen. Das Kompott sofort servieren.

Hägenmus

Zwei Händevoll geputzte Hagebutten, ein Viertel große (Zubeben) und ein Viertel kleine Rosinen, eine Handvoll dürre Kirschen, eine Handvoll Brunellen oder geschälte Zwetschgen, alles dies wäscht man etliche Mal sauber aus warmem Wasser, setzt es hierauf mit einem Schoppen Wasser und einem Schoppen Wein zu, gibt etwas Zitronenschalen, ein Stücklein Zucker und etwas Zimt dazu, schneidet von einem halben Kreuzerwecken Bröcklein, röstet sie im Schmalz gelb, richtet das Gemüse an, sobald es nämlich kurz (bis auf wenig Brühe) eingekocht ist, und streut das geröstete Brot darauf.

Hefepudding

350 g Mehl, 15 g Hefe, 1/8 l Milch, 50 g Butter, Salz, 50 g Zucker, Zitronenschale 1–2 Eier

Von Hefe und Milch macht man in die Mitte des Mehles einen Vorteig und läßt ihn gehen. Dann gibt man die zerlassene Butter und alle anderen Zutaten zu (Teig muß die Dicke eines Spatzenteiges haben), schlägt den Teig, bis er Blasen hat, füllt ihn in eine vorgerichtete Puddingform, läßt ihn gehen, bis die Form 2/3 voll ist. Man kocht den Pudding 1 Stunde im Wasserbad und gibt Fruchtsauce zu.

Heidelbeerkompott

Die Beeren werden, nachdem sie ausgesucht, gewaschen und auf einem Durchschlag abgelaufen sind, mit nicht zu wenig Zucker und etwas Zimt gekocht, doch nicht länger, als bis sie weich sind, weil sonst zu viel Saft entsteht. Dann legt man entweder einige Zwiebäcke in eine Assiette, richtet die Heidelbeeren mit dem Saft darauf an, oder man nimmt die Heidelbeeren heraus und läßt den Saft noch etwas einkochen, oder man kocht die Heidelbeeren mit Zucker und Zimt und rührt beim Anrichten einen Löffel dicker Sahne durch.

Heidelbeerkompott, englische Art

Nachdem die Heidelbeeren gewaschen und auf einem Sieb abgelaufen sind, schüttet man sie in einen Steintopf, worin noch nichts Fettiges gewesen ist, streut gehörig Zucker und etwas guten Zimt lagenweise durch, deckt sie mit Porzellan fest zu und setzt den Topf in kochendes Wasser, welches fortwährend am Kochen bleiben muß, bis die Heidelbeeren weich sind. Dann werden sie ohne alles Weitere angerichtet. Die auf diese Weise zubereiteten Heidelbeeren erhalten einen ungleich feineren Geschmack. Guter Farin zum Versüßen dieses Kompotts ist sehr vorzuziehen.

Himbeerbome

500 g Himbeeren, 150 g Zucker, 1/2 l süßen Rahm

Die Himbeeren werden durch ein Haarsieb gestrichen, mit dem Zucker verrührt, unter den steifgeschlagenen Rahm gezogen, nach Belieben etwas gefärbt. Einfüllen, fertigmachen.

Himbeereis

Saft von 1000 g ausgepreßten Himbeeren, 375 g mit etwas Wasser geklärter Zucker, ½ l weißer Wein und einige Stücke Zimt. Dies alles läßt man zusammen aufkochen und gefrieren.

Himbeerkompott

840 g ausgelesene Himbeeren werden mit 200 g verstoßenem Zucker, worüber vier Eßlöffel Wasser gegossen wurde, einigemal aufgekocht, dann mit dem Schaumlöffel in die bestimmte Schüssel gelegt, der zurückgebliebene Saft, mit einem Kaffeelöffel Kirschwasser zur gehörigen Dicke eingekocht, über die Himbeeren gegossen und das Kompott zum Erkalten gestellt.

Holderküchle

Die Blütendolden des Holunders werden leicht gewaschen und abgetrocknet, in Pfannkuchenteig getaucht und anschließend in die Bratpfanne gegeben. Während die eine Seite backt, werden die darüberstehenden Stiele mit einer Schere abgeschnitten. Anschließend werden die Holunderküchle gewendet.

Holländischer Pudding

Man rührt 140 g Mehl mit ¼ l Wasser glatt an, gibt 70 g Butter dazu und kocht solches auf dem Feuer unter beständigem Rühren zu einem glatten, dicken Brei, den man in eine Schüssel nimmt. Nach einigem Abkühlen wird dann 140 g Zucker, ebensoviel Butter, 70 g feingestoßene Mandeln, sieben Eigelb, ein halber Kaffeelöffel feingewiegte Zitronenschale, wenig Salz und 35 g feingeschnittenes Zitronat dazugegeben, beides recht schaumig zusammen abgerührt, und sodann mit zwei Eßlöffel Rum und dem zu festen Schnee geschlagenen Weißen der sieben Eier vermengt. Diese Masse füllt man nun in eine gut mit Butter bestrichene Form, beendet den Pudding ganz wie bei Chaudeaupudding beschrieben, kocht ihn eine Stunde, und serviert ihn mit einer Weinschokoladensauce.

Indischer Pudding

Den abgeschälten Kern einer Kokosnuß reibt man in ¼ l Milch und läßt ihn darin ¼ Stunde kochen. Nun gibt man in 150 g schaumig gerührte Butter nach und nach 6 Eidotter, gießt die Kokosnußmilch daran, fügt noch 100 g geriebenes Biskuit, 125 g Zucker, eine Prise Ingwer, ein wenig Salz dazu, verrührt alles gut und füllt es in eine mit Butterteig ausgelegte Form und backt die Speise in einer Stunde bei mittlerer Hitze im Ofen gar. Rotweinsauce reicht man nebenbei.

Johannisbeereis

140 g schöne, schwarze, abgestielte Kirschen werden mit den Steinen feingestoßen, dann mit 420 g Johannisbeeren vermengt, und diese durchs Sieb getrieben. Nun wird 350 g verstoßener Zucker mit ¼ l Wasser verkocht, solcher nach gänzlichem Erkalten nebst ⅛ l weißem altem Rheinwein und ebensoviel Wasser an die Johannisbeeren gerührt, und dies in die Gefrierdose eingefüllt. Die fernere Behandlung sehe man unter Vanilleeis.

Johannisbeerkompott

750 g Johannisbeeren, 150–200 g Zucker, Zimt

Die Beeren waschen, mit einer Gabel abstreifen, mit dem Zucker in eine Messingpfanne geben und unter Schütteln 6–8 Minuten kochen.

Kabinettpudding

Eine Puddingform, welche aber ohne Vertiefungen und ganz glatt sein muß, oder eine runde Auflaufform, wird leicht mit zerlassener Butter bestrichen, am Boden mit einem genau danach zugeschnittenen, butterbestrichenen Papier belegt, das man beim Anrichten wieder entfernt, und dann dicht mit Biskuitschnitten ausgefüttert, so daß nirgends eine Öffnung bleibt. Nun nimmt man 35 g gewaschene kleine Weinbeeren und ebensoviel Sultaninen oder in deren Ermangelung große ausgekernte Weinbeeren, dann vier ganze Eier, vier Eigelb, ⅛ l süßen Rahm, ebensoviel Malaga oder sonstigen süßen Wein, 100 g Zucker, 35 g feingeschnittenes Zitronat und einen halben Kaffeelöffel Zimt zusammen in ein Geschirr, sprudelt dies mit dem Schokoladensprudel gut untereinander, und gießt es in die ausgelegte Form, während man die Biskuitabfälle noch in die Mitte derselben nimmt und unter das Eingegossene mittels eines Löffels leicht, doch behutsam mengt, damit die in die Form geordneten Biskuitschnitten sich nicht verrücken. Die Form wird sodann in eine Kasserolle, worin zweifingerhoch kochendes Wasser, gebracht, die mit einem passenden Deckel bedeckte Kasserolle auf sehr schwaches Feuer, am besten auf eine heiße Herdplatte oder in einen nicht zu heißen Ofen gestellt, und so das Ganze anderthalb bis zwei Stunden langsam gedämpft; kochen darf es jedoch nicht, denn durch ein einziges Überkochen würde der Pudding nicht so fein werden, als er soll und demnach mißraten. Unterdessen wird in einem Pfännchen ein kleiner Kochlöffel Mehl mit ⅛ l Wasser glatt angerührt, zwei Eigelb, 70 g Zucker, ⅛ l Malaga oder sonstiger süßer Wein und 35 g frische Butter beigefügt, und solches auf dem Feuer unter fortwährendem schnellen Rühren bereits ans Kochen gebracht. Von dieser Sauce wird dann die Hälfte über den Pudding angerichtet, die andere Hälfte extra dazu aufgestellt. – Statt Malaga kann man auch Rum verwenden, sowohl beim Pudding als bei der Sauce. – Nach Belieben kann man statt obiger Sauce eine *Chaudeausauce* geben. Auch können zum Auslegen der Form statt Biskuit *Milchbrotscheiben* genommen werden.

Kabinettpudding, einfach

375 g Biskuit oder sonstige Backwerkreste, ½ l Milch, 3–4 Eier, Schale ¾ Zitrone, 50 g Zucker, 50 g Rosinen

Das Backwerk schneidet man in Würfel. Milch, Eier, Zucker, Zitrone werden verrührt, über das Backwerk gegeben, ½ Stunde stehenlassen. Die Form mit Butter und Weckmehl vorrichten, die Masse einfüllen, 1 Stunde im Wasserbad kochen. Man kann auch halb Backwerk, halb Milchbrote nehmen, wenn nötig, etwas mehr Zucker. Fruchtsauce dazugeben.

Kabinettpudding, fürstliche Art

Aus 200 g Mehl, ebensoviel Zucker, 12 Eiern und etwas abgeriebener Zitronenschale bereitet man einen Teig, teilt ihn in 4 Teile und backt aus jedem auf dem Tortenblech einen Boden, knapp so groß wie der der Puddingform. Diese wird gut ausgebuttert und mit einem weißen butterbestrichenen Papier ausgelegt. 100 g Korinthen und 200 g entkernte Rosinen dünstet man mit 1 Kaffelöffel Zucker, einem Eßlöffel Maraschino und etwas Wasser weich. Nun bereitet man aus 200 g Zucker, ½ l Sahne, 2 ganzen Eiern und 6 Eigelb eine feine Creme, gibt noch 2 Eßlöffel Maraschino darunter und treibt die Masse durch ein feines Sieb. Zuerst gibt man eine Lage Rosinen auf den Boden der Puddingform, dann kommt ein gebackener Biskuitboden darauf, darüber gießt man den dritten Teil der Eiersauce, füllt den dritten Teil der Rosinen und Kirschen auf, gibt den zweiten gebackenen Boden und dann wieder Rosinen und Kirschen darüber usw. Den Abschluß bildet ein Biskuitboden, auf den man ein butterbestrichenes Papier legt. In 1½ Stunden kocht man den Pudding gar und übergießt ihn nach dem Stürzen mit Maraschinosauce.

Kaffeebombe

60 g Kaffeee mahlen, mit ⅜ l kochender Milch übergießen, 10 Minuten ziehen lassen, abseihen. Übrige Zutaten wie Vanillebombe, fertigmachen.

Kaffeeis

60 g Kaffee, gemahlen, mit 1/4 l kochendem Wasser übergießen, zugedeckt ziehen lassen, dann abseihen. Die anderen Zutaten wie bei Vanilleeis, 3/8 l Milch nehmen und ebenso fertigmachen.

Karamelpudding

150 g Zucker zum Bräunen. Grießpudding I und II

Die Puddingform warmstellen. Den Zucker in einem kleineren Töpfchen bräunen, in die Form gießen und ringsherum laufen lassen. Die Mitte, und wo Zucker fehlen sollte, mit Fett bestreichen. Die Puddingmasse einfüllen und kochen. Karamelsauce dazugeben.

Karameleis

70 g Zucker bräunen, mit 1/8 l Wasser ablöschen. Die übrigen Zutaten wie bei Vanilleeis, 3/8 l Milch nehmen und fertigmachen wie Vanilleeis.

Karamelbome

100 g Zucker bräunen, mit 1/8 l Wasser ablöschen, 1/8 l Milch, 4 Eigelb, 1 Päckchen Vanille, 1/2 l süßen Rahm, 4 Makronen, 2 EL Rum

Wie Vanillebombe machen. Die Makronen in Würfel schneiden, mit dem Rum anfeuchten, unter die Creme ziehen, fertigmachen.

Kartoffelpudding

Man rühre 420 g gestoßene oder geriebene, mit zwei Eßlöffel feinem Mehl vermengte Kartoffeln mit 70 g feingestoßenen Mandeln, sechs Eigelb, 100 g leicht gerührter Butter und vier Eßlöffel Zucker schaumig ab, menge dann 70 g kleine Weinbeeren, die feingewiegte Schale einer halben Zitrone, ein wenig Salz und zuletzt den festgeschlagenen Schnee der sechs Eiweiß darunter, fülle diese Masse in eine gut bestrichene Form ein, und beende den Pudding. Er wird eine Stunde gekocht, und mit einer Kirschen- oder Vanillesauce zu Tisch gegeben. – Nur ganz gute mehlige Kartoffeln sind hierzu verwendbar. Im übrigen sollte man dieselben, sobald sie gekocht sind, schnell abschälen und im Mörser mit ein wenig Butter feinstoßen; gerieben werden sie stets etwas rauher sein.

Kastanienpudding

¾ kg große Kastanien werden leicht eingeschnitten und über schwachem Feuer mit einigen Händen voll Salz so lange geröstet, bis sie sich schälen lassen. Nachdem die Kastanien geschält sind, werden sie voneinander gebrochen und die schönste Hälfte davon zurückgestellt, von der anderen Hälfte werden 120 g, mit ebensoviel frischer Butter, in einem Mörser sehr fein gestoßen und in einem passenden Geschirr mit 90 g Reismehl, 4 ganzen und 4 gelben Eiern glattgerührt und dann mit 370 g feingehacktem Ochsenmark oder Nierenfett, den anderen in kleine Würfel geschnittenen Kastanien mit 120 g Zucker, ebensoviel ausgekernten, großen Rosinen, 1 Glas Rum, ebensoviel kalter Milch oder süßem Rahm und dem vierten Teil einer geriebenen Muskatnuß genau untereinandergemischt. Nach einigem Ruhen an einem kühlen Ort wird diese Masse in eine mit Butter bestrichene Serviette eingebunden und gekocht. Dazu gibt man eine Puddingsauce auf englische Art: 60 g Butter, 1 Eßlöffelvoll feines Mehl, 60 g Zucker, unbedeutend wenig Salz, etwas Muskatnuß, 1 Glas kaltes Wasser, ebensoviel Madeirawein oder Franzbranntwein werden auf dem Feuer zu einer Sauce abgerührt. Sie darf nicht kochen, sondern nur ans Kochen kommen.

Kastanienpudding, englische Art

Bei einem Pfund Kastanien schneidet man kreuzweise die braune harte Schale ein, röstet sie darauf in der Röhre so lange, bis man mit Leichtigkeit die Schale und die innere Haut ablösen kann und reibt die Hälfte der Kastanien recht fein. In 100 g Butter verrührt man 4 ganze Eier und 3 Eigelb, 200 g gewiegtes Nierenfett und die geriebenen Kastanien recht gut, gibt noch 150 g Zucker, ebensoviel sauber gewaschene große Rosinen, Rum und süße Sahne, je einen Tassenkopf voll, eine Prise Salz und etwas Muskat. Hat man alles gut vermengt, kommen noch die geviertelten Kastanien, 100 g gestoßene Makronen und 70 g Mehl darunter. In einer recht gleichmäßig ausgebutterten Puddingform kocht man die Speise 2½ Stunden im Wasserbad und gibt, wenn sie gestürzt ist, etwas von folgender Sauce darüber: 2 Tassenköpfe Apfelgelee, ebensoviel süßer Rahm und eine Tasse Rum oder Kognak werden auf dem Feuer geschlagen, bis sie ans Kochen kommen. Den Rest der Sauce reicht man nebenher.

Kastanien-Gefrorenes mit Maraschino-Creme

½ kg von ihren Schalen befreite Maronen werden mit einem Liter kochender Milch begossen und langsam weichgekocht, dann durch ein Haarsieb getrieben und mit 60 g Zucker versüßt. Unterdessen muß von einem Liter süßem Rahm eine Creme zubereitet werden, die mit den durchgetriebenen Maronen vermengt und nochmals durch ein feines Haarsieb oder ein Haartuch passiert, in die Gefrierdose gefüllt und gefroren wird. Während dem Gefrieren wird ein Glas feiner Maraschino nach und nach daruntergearbeitet, sowie auch zuletzt noch 120 g fein gelesene Sultaninen, ebensoviel abgetrocknete kleine Rosinen und 30 g feingeschnittenes Zitronat mit dem Gefrorenen vermischt werden. Wenn alles gut untereinander verarbeitet ist, wird die Dose noch eine Zeitlang gedreht und dann das Gefrorene in glatte, runde, mit Papier ausgelegte Formen fest eingedrückt, mit genau schließendem Deckel zugedeckt und in feingestampftes Eis eingegraben. Beim Anrichten wird die Form mit einem Tuch sorgfältig abgetrocknet, das Gefrorene über die zur Tafel bestimmte Schüssel gestürzt, das Papier davon genommen und ringsum mit Rahmschnee, der mit Maraschino vermischt ist, begossen.
Die Sultaninen und das Zitronat, sowie der Maraschino müssen von ihrem Vermischen gleichfalls auf Eis gestanden haben, damit alles ganz kalt ist. Statt der Milch können die Maronen auch mit Malaga weichgekocht werden. Auch kann man dies Gefrorene in gut gereinigte Kalbs- oder Schweinsblasen – anstatt in Formen – einfüllen.
Die Blasen werden dann fest zugebunden und in fein gestampftes Eis eingegraben. Beim Anrichten wird die Blase mit einem reinen Tuch sorgfältig abgetrocknet, aufgeschnitten und vom Gefrorenen abgezogen.

Kastanienkompott

Nachdem die Kastanien einige Minuten gekocht, werden sie geschält, doch muß man achtgeben, daß sie *ganz* bleiben. Nun wird 140 g in einem Pfännchen etwas gelb gebrannter, mit einem Glas Wein aufgekochter Zucker darangegossen, die Kastanien darin noch weichgekocht, hernach in die Kompottschale angerichtet und kaltgestellt.

Kirschen, gebackene

6 bis 7 schwarze Kirschen werden in ein Büschel gebunden und die Stiele oben gleich abgeschnitten. Wenn alle Büschel beisammen sind, rührt man ein Viertel oder eine Handvoll Weißmehl mit einem Ei und mit kaltem Wein glatt an, läßt 3 Lot Butter mit einem halben Glas Wein warm werden, rührt dies an den angemachten Teig, der nur ein wenig dicker als ein Flädleinsteig sein darf, damit nicht zuviel an den Kirschen hängenbleibt. Nun werden die gebundenen Kirschenbüschlein eingetunkt, in heißem Schmalz gelbgebacken, aus diesem auf geschnittenes Brot gelegt, und sobald sie abgeflossen sind, warm mit Zucker bestreut.

Kirschen, gekochte

1 kg von den Stielen abgezupfte Kirschen werden mit einem Gläschen Wasser, ebensoviel Wein, einem Stückchen Zucker und etwas Zimt eine halbe Viertelstunde gekocht, dann in die Schüssel angerichtet und die Sauce darübergegossen: Ist zu viel Sauce vorhanden, so wird solche nach dem Anrichten der Kirschen noch dicker eingekocht. – Sind besonders zu *Rohrnudeln* sehr gut.

Kirschen, saure, mit geschlagener Sahne (ein angenehmes Schweizer Essen)

Saure, ausgesteinte Kirschen legt man in eine tiefe Glasschüssel, streut den nötigen Zucker nebst Zimt darüber und legt einen Sahneschaum darauf.

Kirschkompott

Es können hierzu sowohl saure als süße Kirschen genommen werden. Man entferne die Stiele und Steine durch Herausstoßen mit einer Gänsespule. Dann zerstoße man einige Steine, koche sie ¼ bis ½ Stunde mit etwas Wasser, ganzem Zimt und einigen Nelken, schütte dieses auf ein Sieb, setze die durchgelaufene Flüssigkeit mit Zucker aufs Feuer und gebe, wenn sie kocht, die Kirschen hinein. Sind es Glaskirschen, so lasse man sie langsam ¼ Stunde kochen, saure einige Minuten mehr ziehen als kochen, wobei man zuweilen den Topf etwas schüttelt und die Kirschen vorsichtig umschwenkt. Nachdem sie weich geworden, nehme man sie mit einem Schaumlöffel aus dem Saft, lasse diesen sirupähnlich einkochen und richte sie damit an.
Zu 500 g sauren Kirschen kann man etwa 125 g Zucker, bei süßen die Hälfte des Zuckers rechnen. Zu einem Gesellschaftsessen wird auf 4 Personen 500 g Kirschen hinreichend sein.

Kirschkompott für Kranke

2 kg halb süße, halb saure entsteinte und entstielte Kirschen, 500 g Zucker, etwas Zimt und Nelken

Man taucht den Zucker in Wasser, schäumt ihn gut und läßt die süßen Kirschen nebst Zimt und Nelken darin kochen; dann gibt man die sauren Kirschen dazu, kocht alles weich, nimmt sie aus dem Saft, schüttet von letzterem in kleine Flaschen, läßt den übrigen Saft noch etwas nachkochen und füllt ihn über die Kirschen. Zu dem Kirschensaft füge man noch in jede halbe Flasche einige Stückchen Zimt, auch 2 bis 3 Nelken.

Kirschpudding

500 g Kirschen mischt man mit dem Eischnee unter die Masse von Grieß-, Reis-, Weck- oder Brotpudding und kocht den Pudding 1½ Stunden.

Knuspereis

50 g Zitronat, 5 kandierte Kirschen, 50 g Zartbitter-Schokolade, 50 g Haselnußkrokant, 1 EL flüssiger Vanilleextrakt, 500 g Schlagsahne

Zitronat, kandierte Kirschen und Schokolade sehr fein hacken. Mit Krokant und Vanilleextrakt mischen. 1 Eßlöffel Krokant zurückbehalten. Sahne steifschlagen und die Krokantmischung unterheben. In eine Schüssel füllen und mit Folie abdecken. 3–4 Stunden gefrieren lassen. Danach in Würfel schneiden und mit Krokant bestreut sofort servieren.

Komorenreis

250 g Reis, 1/2 l Wasser, 1 Stück Zimt, 4 Nelken, 3 EL Rum, Schlagsahne, 1/2 l Weißwein, 175 g Zucker, 1 Stück Ingwer, 5 Blatt Gelatine, 1 Kiwi

Gewaschenen Reis in Wasser mit Gewürzen körnig ausquellen, abkühlen lassen und die Gewürze entfernen. Wein mit Zucker und Ingwer erhitzen, geweichte Gelatine darin lösen, abkühlen lassen und Ingwer entfernen. Kurz vor dem Stocken Reis und Rum unterrühren und in Gläser füllen. Nach dem Erkalten mit Schlagsahne und Kiwischeiben verzieren.

Kompottschale

verschiedene, gekochte oder gedünstete Kompottfrüchte, wie Äpfel, Birnen, Pfirsiche, Aprikosen, Mirabellen, Stachelbeeren werden abwechselnd bergig in eine Glasschale gelegt. Obenauf legt man einen Kranz der schönsten Früchte. Der Saft der Früchte kann mit etwas Weißwein, Rum, Arrak oder Vanille, wenn nötig, Zucker, verbessert werden und wird über die Früchte gegeben. Die Früchte läßt man mit dem Saft einige Stunden durchziehen.

Kompott von unreifen Stachelbeeren

Hierzu nimmt man die Stachelbeeren, wenn sie die Hälfte ihrer Größe erreicht haben, schneidet die Stiele und Blüten davon ab, setzt sie mit viel kaltem Wasser auf schwaches Feuer und gießt sie vor dem Kochen auf ein Sieb, wodurch ihnen viel von ihrer Säure entzogen wird. Alsdann kocht man sie mit Wein und viel Zucker weich, doch dürfen sie nicht zerkochen, und rührt beim Absetzen des Topfes einen frischen Eidotter oder 1 bis 2 Eßlöffel dicke, süße Sahne durch.

Kompott von Zwieback und Fruchsaft oder Rotwein

Man nehme hierzu ganz leichte Zwiebäcke und frisch ausgepreßten Johannisbeer- oder Himbeersaft oder Saft von sauren Kirschen, gehörig mit Zucker versüßt. In Zeiten, wo die frischen Früchte fehlen, nehme man eingekochten Saft, mit etwas Wein oder Wasser vermischt, oder Rotwein mit Zucker, welchen man in kochendem Wasser auflöst. Dahinein lege man einige Minuten lang Zwiebäcke, ordne davon eine Lage in eine Assiette, gebe auf jeden Zwieback noch so viel Saft, als nötig ist, um sie völlig zu durchweichen, fahre so fort, bis alle Zwiebäcke angerichtet sind und verziere das Kompott mit steifem Apfelgelee.

Korinthenpudding

125 g Butter, 250 g feines Mehl, ½ l Milch, 8 vollkommene Eier, 3 gehäufte Eßlöffel durchgesiebten Zucker, das Abgeriebene einer Zitrone oder eine große halbe Muskatnuß, 250 g gute, gewaschene und wieder angetrocknete Korinthen, 175 g altes geriebenes Weißbrot und reichlich ein halbes Weinglas voll Rum oder Arrak.
Nach einem neuen, zu empfehlenden Verfahren beim Abrühren der Puddingmasse über Feuer wird, während man die Milch zum Kochen bringt, das Mehl mit der Butter zum Teig geknetet und dieser nach und nach stückchenweise hineingetan, wodurch sich das Mehl völlig auflöst und sich zu einer ganz feinen Masse bildet, welche man so lange rührt, bis sie sich gänzlich vom Topf löst. Ist dieselbe etwas abgekühlt, so werden allmählich Eidotter, Zucker, Gewürz, Korinthen und Weißbrot hinzugerührt, danach wird der feste Eiweißschaum mit dem Rum leicht durchgemischt, die Masse sofort in die vorher zugerichtete Form gefüllt und, gut verschlossen, 2½ bis 3 Stunden gekocht. Eine Schaumsauce dazu. – Für 14 bis 16 Personen.

Korinthenpudding, englischer

Es wird 500 g feines Mehl mit 250 g ganz feingehacktem Nierenfett und etwas Salz vermengt, dann werden 3 schaumig geschlagene Eier, ¼ l fette Milch, 65 g Zucker, 175 g Korinthen, 175 g ausgesteinte Rosinen und Gewürz nach Belieben dazugerührt, zuletzt 1 Glas Rum durchgemischt und diese Masse in einer Form 4 bis 6 Stunden gekocht. Es kann eine Wein- oder Rumsauce dazu gegeben werden. Für den täglichen Tisch ist folgende zu empfehlen: Man läßt etwas feines Mehl mit Butter anziehen rührt kochendes Wasser dazu, läßt dies mit Zucker, Zimt und etwas Salz kochen, nimmt die Sauce vom Feuer und rührt weißen Wein, nach Belieben auch 1 Eßlöffel Rum durch. – Für 15 Personen.
Das vom Pudding übriggebliebene kann in der Form wieder gekocht werden, und soll dieses durch nochmaliges Kochen selbst dem Pudding vorzuziehen sein.

Kürbiskompott, süß-sauer

1 Kürbis, 500 g Zucker, ¼ l Wasser, ⅛ l Weinessig, Saft und abgeriebene Schale einer Zitrone, 1 Stückchen Ingwer, 3 Nelken, ½ Zimtstange

Der Kürbis wird geschält, die Kerne entfernt und das Fruchtfleisch in Würfel geschnitten. Man kocht Wasser, Weinessig, Zitronensaft, -schale und Zucker auf, gibt die Kürbiswürfel zusammen mit dem Ingwer, den Nelken und der Zimtstange hinein und läßt den Kürbis garen. Abkühlen lassen.

Löffelbiskuit mit Mokkacreme

150 g Löffelbiskuit. Zur Creme: 150 g Butter, 150 g gesiebten Staubzucker, 3 Eigelb, 4 EL Kaffeextrakt (40 g Kaffee, 1/4 l Wasser)

Die Eigelb und Kaffee in einer Tasse anrühren, in warmes Wasser stellen. Die Butter schaumig rühren, abwechselnd Staubzucker, Kaffee und Ei langsam zurühren. 5 Biskuit bestreicht man mit Creme und setzt diese, die Creme nach unten, dicht nebeneinander auf einen Glasteller. Dann bestreicht man sie obenauf mit Creme, legt im ganzen 3 Lagen. Man überzieht das Ganze, auch an den Seiten, mit Creme und stellt die Masse über Nacht kalt. In feine Scheiben aufschneiden.

Löffelbiskuit mit Schokoladencreme

150 g Löffelbiskuit, 125 g Schokolade, 1/4 l Milch, 200 g Butter, 200 g Staubzucker, 3 Eigelb – 1/4 l Schlagrahm

Die Schokolade mit der Milch aufkochen, erkalten lassen. Die Butter schaumig rühren, Zucker, Eigelb, die Schokolade langsam zurühren. Eine Puddingform mit der Creme bestreichen, den Rand mit Biskuit belegen, die Mitte mit Creme und Biskuit lagenweise ausfüllen, obenauf Creme geben. Über Nacht gut kaltstellen, die Form einen Augenblick in warmes Wasser halten, stürzen, mit Schlagrahm spritzen.

Lot- oder Schwammpudding

200 g ganz feines Mehl, 12 Eier, 130 g Butter, 130 g Zucker, die abgeriebene Schale einer Zitrone, reichlich 1/4 l Milch

Zum vorzüglichen Geraten dieses Puddings richte man sich beim Abrühren der Masse ganz nach der Bereitungsweise des Korinthenpuddings, koche ihn alsdann 2 bis 2½ Stunden stark und ohne Unterbrechung und serviere ihn mit einer guten Schaum-, Rotwein- oder Fruchtsauce. Eine weichliche Sauce paßt nicht dazu.
Für 12 bis 14 Personen.
So wie überhaupt, muß besonders dieser Pudding sogleich in die Form und ins kochende Wasser gesetzt werden.

Lotpudding, schwäbischer

150 g feines Mehl, 150 g feingestoßene Mandeln, 150 g Butter, 150 g Zucker, 9 Eier, 1/4 l Milch und die abgeriebene Schale einer Zitrone

Der Pudding wird wie der vorhergehende zubereitet, 2 Stunden gekocht und mit einer der bemerkten Saucen gegeben.

Lotpudding, rheinischer

1/4 l Milch, 300 g Butter, 300 g Zucker, abgeriebene Schale von 1 Zitrone, 300 g Mehl, 12 Eigelb, 12 Eiweiß

Auf eine große Tasse Milch (1/4 l) 20 Lot Butter (1 Lot = 15 Gramm), ebensoviel Zucker, die abgeriebene Schale einer Zitrone. Man bringt dies aufs Feuer und wenn es anfängt warm zu werden, gibt man 20 Lot feines Mehl hinein und rührt nun tüchtig so lange, bis sich die Masse vom Topf löst. Dann läßt man den Teig auskühlen. Mit einem Löffel sticht man ein Stück davon ab, verrührt es in einer Reibesatte gründlich mit einem Eidotter und fährt so fort, bis 12 Eidotter und aller Teig verbraucht sind. Zuletzt wird der feste Eischnee sowie eine Prise Salz daruntergezogen, die Masse in eine gut gebutterte Form gefüllt und 1½–2 Stunden im Wasserbad gekocht. Zu diesem vorzüglichen Pudding reicht man eine Fruchtsauce.

Luisenpudding

3 Milchbrötchen, ¼ l Wein, 90 g Butter, 90 g Zucker, 65 g gemahlene Mandeln, 4 Eier, ¼ Pfund Früchte, 2 EL Arrak

Die Brötchen werden in 1 cm große Würfel geschnitten und auf dem Feuer mit Wein, Butter und Zucker zu einem dicken Kloß abgerührt, der sich von der Pfanne lösen muß. Man läßt den Teig erkalten, gibt hierauf Eigelb, Früchte, Arrak, Mandeln, sowie den steifen Eischnee darunter, füllt die Masse in eine vorbereitete Form und kocht den Pudding im Backofen 1 Std. Selbstverständlich muß die Form im Wasser stehen und darf nicht mit dem Deckel geschlossen werden. Man serviert Weinbeiguß dazu. (Formgröße 1¼ l Inhalt)

Mändi-Schnitten, Bühler

Mürbeteigstreifen werden in der Länge des Backbleches 8–9 cm breit mit einem aufgesetzten Rand versehen und angebacken. Anschließend werden die Streifen mit Aprikosenmarmelade bestrichen und etwa 1 cm hoch mit gekochter Weincreme übergossen.

Nun werden schöne, vollreife Zwetschgen in kleine Würfel geschnitten, mit Biskuitwürfeln und etwas Zimtzucker vermischt, gewölbt und gefüllt.

Vom restlichen Mürbeteig werden ganz schmale Streifen geschnitten, die als engmaschiges Netz über den Teig gelegt und vor dem Backen mit Ei bestrichen werden.

Anschließend werden sie nochmals mit heißer Aprikosenmarmelade bestrichen, über die eine dünne Zitronenglasur gelegt wird. Ist der Teig erkaltet, wird er in 3–4 cm breite Streifen geschnitten.

Makronenpudding

125 g Butter werden recht schaumig gerührt, dann 125 g Zucker und 8 Eidotter daruntergegeben. Man muß so lange rühren, bis alles zu Schaum geworden ist, dann gibt man 4 Eßlöffel Orangenmarmelade, 125 g geviertelte Makronen und einen Teelöffel Kartoffelmehl oder Gustin dazu, vermengt alles gut und zieht zuletzt den Schnee von 7 Eiweiß unter die Masse. In einer ausgebutterten, mit geriebenem Zwieback bestreuten Form kocht man den Pudding 2 Stunden und gibt Weinschaumsauce dazu.

Mandeleis

60–80 g geschälte, geriebene Mandeln, die anderen Zutaten wie bei Vanilleeis und ebenso fertigmachen.

Mandelpudding I

6 Eier, 125 g Zucker, 125 g Mehl, Saft und Schale 1/4 Zitrone, 60 g geschälte, geriebene Mandeln

Eigelb, Zucker, Zitrone schaumig rühren, Mehl, Mandeln, abwechselnd mit dem Schnee lose unterziehen, in eine mit Butter und Mehl vorgerichtete Puddingform geben, 1 Stunde im Wasserbad kochen. Anstatt Mandeln kann man auch geröstete, geschälte, geriebene Haselnüsse nehmen.

Mandelpudding II

Wie Haselnußpudding, anstatt Haselnüsse 200 g geschälte, geriebene Mandeln nehmen.

Mandelpudding, warm und kalt zu geben

100 g Butter, 10 Eidotter, 200 g Zucker, Saft und die abgeriebene Schale einer Zitrone, 250 g mit etwas Wasser feingestoßene, besser geriebene Mandeln und 375 g altes Semmelbrot.
Letzteres wird abgeschält, in Milch eingeweicht und ausgedrückt, die Butter weichgerührt und die bemerkten Teile nacheinander hinzugefügt; nachdem die Masse gut gerührt, wird der feste Eiweißschaum leicht daruntergemischt und der Pudding sogleich aufs Feuer gesetzt. Das Weißbrot wird abgeschält, gerieben, über Feuer mit der Hälfte der Butter gerührt, bis es recht heiß geworden, die Rinde mit Milch zu einem dicken Brei gekocht und feingerührt. Dann reibt man die übrige Butter weich, rührt nach und nach Eidotter, Zucker, Gewürz, Korinthen, das etwas abgekühlte Weißbrot hinzu, sowie nachdem den festen Schaum der Eier und zuletzt den Rum. – Der Pudding wird 2 bis 2½ Stunden gekocht und eine Schaum- oder Rumsauce dazu gegeben. – Für 16 bis 18 Personen.

Maulbeerkompott

Man setze Wein, Zucker und etwas abgeriebene Zitronenschale aufs Feuer, lege die gut ausgesuchten Maulbeeren hinein und verfahre übrigens, wie es bei Johannisbeeren bemerkt worden.

Mehlmus

5 gestrichene EL Mehl, etwa 3/4 l Milch, Zucker, Zimt

Etwa 5 gestrichene Eßlöffel Mehl werden mit 2 Eßlöffeln Milch in einer Kasserolle oder einer tiefen Pfanne glatt verrührt, mit ½ l Milch verdünnt, etwas gesalzen und unter beständigem Umrühren bei mäßigem Feuer zu einem dicken Brei gekocht. Man kann das Mus mit Zucker oder Zimt bestreuen.

Mehl-Püht

350 g Mehl, 125 g Butter, 2 Eier, Salz, Zucker, 20 g Hefe, 1/4 l Milch, Semmelbrösel

Einen derben Hefeteig bereiten, kräftig durchschlagen, in eine gefettete Form geben und bedeckt an warmem Ort 1 Stunde gehen lassen. Dann schiebt man das Püht in den Herd und backt es in 45–55 Minuten dunkelbraun. Noch heiß stürzen, mit gerösteten Semmelbrösel bestreuen, braune Butter darüber laufen lassen und recht heiß mit Backobst oder Kompott servieren.

Melonenkompott

Ist die Melone hart, oder wünscht man sie nicht roh zu gebrauchen, so kann man ein gutes Kompott davon bereiten. Sie wird geschält, in lange Stücke geschnitten, in Wasser, Wein, Zucker und reichlich Zitronenscheiben weichgekocht und mit dem kurz eingekochten Saft angerichtet.

Melonenpudding

2 Scheiben Melone, 50 g geriebene Pistazien, ½ Becher süße Sahne, 60 g Zucker, 4 Eier, 1 Vanillezucker, 4 EL Paniermehl, 35 g Butter

Zucker und Eigelb schaumig rühren, geriebene Pistazien und feinwürfelig geschnittene Melone beifügen, Vanillezucker, Sahne und die heiße Butter untermischen. Das zu festem Schnee geschlagene Eiweiß vorsichtig unterziehen und zuletzt das Paniermehl dazugeben. In gefetteter Form gut verschlossen im Wasserbad 1 Stunde garen.

Milchreis

200 g Reis wird angebrüht, aufgekocht und dann abgegossen, hernach in 1½ l kochender guter Milch mit einer kleinen Messerspitze Salz und einem Stückchen Vanille auf schwaches Feuer gesetzt, eine Stunde langsam gekocht, und im Fall er zu dick werden sollte, noch ¼ l kochende Milch nachgegossen. Ist er nun weich, so wird 70–100 g Zucker leicht daruntergerührt, das Ganze in eine tiefe Schüssel locker angerichtet, mit gestoßenem Biskuit oder geriebenen Makronen dick bestreut, und heiß aufgetragen. – Der Reis muß beim Anrichten noch *ganz* aber doch *weich* und *saftig* sein. Hierzu gibt man vorzugsweise eine Vanillesauce.

Milchreis, englische Art

Man kocht 140 g Reis, und zwar mit denselben Zutaten ganz nach voriger Art, nur etwas dicker. Alsdann werden zwei bis drei verrührte Eigelb daruntergerührt, der Reis in eine butterbestrichene, mit gestoßenem Biskuit oder sonstigem gestoßenem oder getriebenem altgebackenem Backwerk oder mit Milchbrotbröseln dick bestreute Form eingefüllt und in den warmen Ofen gestellt, bis er durchaus heiß geworden, gebacken darf er jedoch *nicht* sein. Man stürzt ihn nun auf eine Platte um, übergießt ihn mit kalter Aprikosensauce, einer kalten oder warmen Milchsauce, oder serviert ein beliebiges Kompott dazu. Wenn der Reis eingefüllt ist, muß die Form einigemal auf den mit einem Tuch belegten Tisch aufgestoßen werden, damit er sich gleichmäßig setze. – *Sehr hübsch* nimmt sich dieses Gericht aus, wenn es in einer *Schnecken-* oder *Bundform* bereitet ist.

Mince-Pie – englische Pastetchen zum Dessert

250 g Rosinen, 250 g Korinthen, beides gut gewaschen und wieder angetrocknet, aus ersteren die Steine gemacht, mit 150 g Nierenfett ganz fein gehackt. Dies wird mit ½ Muskatnuß und 1 Tasse Rum vermischt auf die Unterblätter der Pastetchen gelegt, welche, statt eines Randes, mit einem Oberblatt bedeckt und gleich danach gebakken werden.

Man legt sie kranzförmig, eins zur Hälfte auf dem anderen liegend, auf eine Schüssel, gießt Rum darüber, zündet ihn an und gibt die Pastetchen flammend zur Tafel.

Aus dieser Portion werden ungefähr 18 Stück.

Mince-Pies, andere Art

Aus 250 g Mehl, 1 gestrichenem Teelöffel Backpulver, 125 g Fett und 1 Ei einen Mürbteig kneten und messerrückendick auswellen. Kreisrunde Plätzchen (ungefähr 5 cm Durchmesser) ausstechen. Jeweils einen Kreis mit einem Teelöffel Mince meat-Füllung (Rezept siehe unten) belegen und mit einem zweiten Kreis zudecken, am Rand gut zusammendrücken, mit Zucker bestreuen und auf einem gefetteten Blech goldgelb backen. Die Mince-Pies werden üblicherweise heiß mit einer dicken Vanillesauce serviert.

Mince meat-Füllung

450 g Rosinen, 450 g Korinthen, 350 g brauner Zucker, 225 g Orangeat und Zitronat gemischt, 1 gestrichener Teelöffel Zimt, 450 g gehacktes Nierenfett, 120 g gehackte Mandeln (einige eventuell bitter), 450 g vom Kernhaus befreite, geschälte, in kleine Stücke geschnittene Äpfel

Rosinen hacken, mit allen Zutaten mischen und in Marmeladengläser füllen. Zubinden. Mischung geht etwas auf; hält wochenlang.

Neckarpudding

6 große Möhren und einen Kopf Sellerie putzt und wäscht man sauber ab und kocht beides in Salzwasser gar. In 200 g zu Schaum geriebener Butter verrührt man nach und nach 12 Eidotter, 200 g Zucker, Möhren und Sellerie, beides feingerieben, ein in Milch geweichtes und ausgedrücktes Weißbrot, 15 g geriebene Mandeln und 250 g sauber zugeputzte Korinthen. Dann würzt man das Ganze noch mit etwas Salz, dem Saft einer ganzen und dem Abgeriebenen einer halben Zitrone, zieht den Eiweißschnee der 12 Eier durch die Masse und kocht diese in der Form in 1½ Stunden im Wasserbad gar. Rum- oder Weinsauce kann man nach Belieben dazu geben.

Neunlotpudding

¼ l Milch, 100 g Butter, 120 g Mehl, 4–5 Eier, 1 Prise Salz, 100 g Zucker, 30 g geschälte, geriebene Mandeln, Zitronenschale

Milch, 20 g Butter, Salz zum Kochen bringen, das Mehl zugeben, zu einem Kloß abrühren, 1 Eigelb zurühren, kaltstellen. Die übrige Butter, Zucker, Eigelb, Zitrone schaumig rühren, den Kloß zurühren, zuletzt den Eischnee leicht unterziehen. Die Form mit Butter und Mehl vorrichten, die Masse einfüllen, 1¼ Stunden im Wasserbad kochen. Chaudeau, Zitronen- oder Apfelsinensauce dazugeben.

Nudelpudding

200 g feine Nudeln, 1 l Milch, 50 g Butter, 60 g Zucker, 3 Eier, 50 g geschälte, geriebene Mandeln, Zitronenschale

Die Milch und 20 g Butter bringt man zum Kochen, streut die gebrochenen Nudeln ein, kocht sie zu einem Kloß und stellt diesen kalt. Butter wird schaumig gerührt, Zucker, Eigelb mit schaumig gerührt, die anderen Zutaten, zuletzt Nudeln und Schnee lose untergemischt. Die Form mit Butter und Mehl vorrichten, die Masse einfüllen, 1 Stunde im Wasserbad kochen. Fruchtsauce oder Chaudeau dazugeben.

Nudelpudding mit Mandeln

Von zwei Eiern werden Nudeln gemacht. Wenn sie abgetrocknet und gröblich geschnitten, läßt man sie in kochendem Wasser mit ein wenig Salz etlichemal überwallen, nimmt sie dann mit einem Schaumlöffel heraus, legt sie einen Augenblick in kaltes Wasser, und läßt sie hernach in einem Durchschlag gut ablaufen. Unterdessen rührt man 140 g Butter leicht ab, gibt sechs Eigelb, 70 g gestoßene Mandeln und 100 g Zucker dazu, und rührt dies zusammen so lange, bis die Masse flaumig ist. Nun mengt man die feingewiegte Schale einer halben Zitrone, die abgekühlten Nudeln, 35 g Zitronat, ebensoviel Pomeranzenschale und zuletzt den festgeschlagenen Schnee der sechs Eiweiß darunter, füllt die Masse in eine dick mit Butter bestrichene Form, und beendigt den Pudding. Er wird eine Stunde gekocht und mit einer beliebigen Milchsauce zu Tisch gebracht. – Vor dem Einfüllen der Masse kann man auf den bestrichenen Boden der Form ein Kränzchen von zierlich in Blättchen geschnittenem, schön grünem Zitronat oder von in Zucker eingemachten Bohnen einlegen und solches stellenweise mit kleinen Weinbeeren besetzen, was dem Pudding beim Umstürzen ein sehr hübsches Aussehen gibt. – Da sich dieser Pudding gern ansetzt, so ist es gut, wenn man auf den Boden der bestrichenen Form ein genau passendes, gleichfalls mit Butter bestrichenes Papier legt, auf dieses dann die eventuelle Verzierung und hernach die Masse einfüllt. Beim Ausstürzen wird solches natürlich weggenommen.

Obst, getrocknetes, zu kochen

Man nimmt getrocknete Äpfel und Birnen, getrocknete Zwetschgen und getrocknete Kirschen oder Weichseln, reinlich in warmem Wasser gewaschen und zwar von jedem gleichviel, und kocht dieses zusammen. – Gut ist es, wenn man die Birnen eine Stunde vor dem übrigen Obst zusetzt, da sie nicht so schnell weich werden.

Obstpudding

1065 g zwei Tage altes Weißbrot, ¾ l Milch, 125 g Butter, 10 Eier, 200 bis 250 g geriebener Zucker (je nachdem das Obst viel oder weniger Säure hat), Zitronenschale und Zimt, auch nach Gefallen 125 g Korinthen

Das Weißbrot wird dünn abgeschält, in kleine Stücke gebrochen, mit der Milch und Butter so lange über Feuer gerührt, bis es sich vom Topf löst, und zum Abdampfen hingestellt. Dann rührt man obige Teile – den steifen Eiweißschaum zuletzt – hinzu, gibt die Masse abwechselnd lagenweise mit in Scheiben geschnittenen sauren Äpfeln oder mit Kirschen in die Form und kocht den Pudding zwei Stunden. Derselbe kann ohne Sauce mit Zucker gegeben werden.
Für 12 bis 15 Personen.

Orangen, gefüllte

Vier schöne, gleichgroße Orangen werden mit einem kleinen Messerchen da, wo der Stiel gesessen, so weit ausgelöst, daß man, ohne die Frucht zu beschädigen, mit dem kleinen Finger leicht durch die Öffnung eindringen kann, um das Mark herauszulösen, sowie das inwendige weiße Häutchen, welches sich an der Schale befindet, worauf man die Orangen, damit sie fest werden, eine Stunde in frisches Wasser legt, dann auswäscht und verkehrt auf ein Tuch zum Ablaufen legt. Nun wird in folgender Weise eine *Orangensulz* und eine *Mandelsulz* bereitet: Man preßt das ausgelöste Mark der Orangen leicht durch ein dünnes Tüchlein, rührt an das Durchgepreßte ¼ l alten Rheinwein und 100 g feinen Zucker, setzt das Ganze, welches ⅜ l betragen muß, aufs Feuer und schäumt es während des Aufkochens ab, wo es dann in ein reines Geschirr gegossen wird. Ebenso wird von 100 g abgezogenen Mandeln, worunter vier Stück bittere sind, ⅜ l Mandelmilch gemacht, und diese mit 100 g feinem Zucker versüßt. Hernach werden 50 g Hausenblase mit ⅜ l Wasser langsam aufgelöst, so daß am Ende noch ¼ l bleibt, oder 70 g Gelatine, welche zuletzt ebenfalls ¼ l betragen muß, von welcher Hausenblase oder Gelatine man dann die Hälfte in den Orangensaft, die andere Hälfte in die Mandelmilch rührt. Solange sie noch lau ist, wird nun die Orangensulz mit etwas aufgelöster

Cochenille schön rot gefärbt und dann zum Erkalten gestellt. Jetzt stellt man die Orangen aufrecht auf eine Platte nebeneinander, füllt in eine jede einen Eßlöffelvoll von der Mandelsulz ein, und läßt solche fest sulzen, darauf gibt man dann anderthalb Eßlöffelvoll von der kaum noch laufenden roten Orangensulz, und sobald diese gleichfalls fest geworden, gießt man zwei Eßlöffelvoll von der auch kaum noch laufenden Mandelsulz darüber. So wird abwechslungsweise fortgefahren, bis die Orangen zur Hälfte gefüllt sind, und dabei jedesmal mit dem kleinen Finger untersucht, ob der eine Aufguß gut bestanden, bevor der andere daraufkommt. Alsdann nimmt man auf diese Art wieder ab, bis jede Orange ganz voll ist. Durch dieses Mehr- und dann Wenigernehmen der Sulz wird bezweckt, daß die Streifen immer gleich breit sind, da die Orangen in der Mitte den größten Umfang haben. Zuletzt läßt man die Orangen noch drei bis vier Stunden, oft auch über Nacht stehen, damit sich ganz fest sulzen. Nach dieser Zeit werden sie rein abgewischt, und jede mit einem scharfen dünnen Messer in vier Teile verschnitten, welche man zierlich auf eine mit Orangenblättern bedeckte Glasschale legt. – Während des Einfüllens in die Früchte müssen die Sulzen, damit sie nicht stocken, sondern fortwährend laufend bleiben, immer wieder in ein Geschirr, worin laues Wasser ist, gestellt werden, da das Sulzen der Orangen nur an einem kalten Ort geschehen kann; auch dürfen letztere während des Sulzens nicht von der Stelle gerückt werden. Sollte eine Orange beim Auslösen des Markes einen Riß bekommen, so wird solcher von außen mit Mehlkleister vermacht, den man vor dem Verschneiden der Orange rein abwischt.

Orangenkompott

Vier schöne Orangen werden in zweimesserrückendicke Scheiben geschnitten, diese, nachdem sie ausgekernt sind, in die Kompottschale gelegt, mit feinem Zucker überstreut und an einen kalten Ort gestellt, nach einer halben Stunde dann wieder bestreut, und nach einer weiteren halben Stunde nochmals. Sind die Orangen bitter, so müssen sie abgeschält werden, so, daß auch nicht das geringste Weiße von der Schale daranbleibt.

Orangenblüteneis

In ½ l kochenden Rahm wird so viel Orangenblüte gegeben, als man zwischen drei Finger nehmen kann, und dies dann eine halbe Stunde beiseite gestellt, in welcher Zeit sich der Geruch der Blüte in die Milch zieht. Die übrige Behandlung ist wie bei Vanilleeis.

Pfaffen-Mocken

Zwei Weißbrote oder Kreuzerwecken werden zu fingerdicken Scheiben geschnitten, aus einer Schnitte drei überkreuzte Stücklein gemacht, sechs Eier mit nicht gar einem Schoppen Wein stark verrührt, die Stücklein darin eingeweicht, einmal umgekehrt, sobald sie durchaus weich sind, in Schmalz gelb gebacken, und noch warm stark mit Zucker und Zimt überstreut.

Pflaumenkompott

Man übergießt ungefähr vierzig schöne, reife, doch noch etwas feste Zwetschgen oder Pflaumen mit kochendem Wasser, stellt sie eine Viertelstunde zugedeckt beiseite und zieht dann die Haut davon ab; sind sie nicht vollständig reif, so muß man sie mit einem feinen scharfen Messer abschälen, weil die Haut nicht gern heruntergeht. Unterdessen werden 140–180 g Zucker mit ½ l Wasser und ⅛ l Wein aufs Feuer gesetzt, nach Abschäumen die Zwetschgen oder Pflaumen hineingegeben, und nachdem man sie einige Zeit darin mehr hat ziehen als kochen lassen, legt man solche mit dem Schaumlöffel auf ein Sieb zum Ablaufen. Der zurückgebliebene und von ihnen abgelaufene Saft wird noch dicker eingekocht, und hernach über das auf einer Platte angerichtete Kompott gegossen.

Pflaumenkompott, winterliches

In einem neuen irdenen Topf schichtet man frisch gepflückte, abgeriebene große Pflaumen, schlägt darauf das Gefäß in einen Brotteig ein, so daß es von allen Seiten verdeckt ist, und läßt es so im Backofen beim Bäcker stehen, bis der Teig ausgebacken und die Pflaumen im eigenen Saft gedünstet sind. Direkt nach dem Backen an einem kühlen, luftigen Ort aufbewahrt, sollen die Pflaumen zur Winterszeit einen köstlichen Geschmack haben.

Pfirsicheis

(siehe Fruchteis).

Pfirsich- oder Aprikosen-Charlotte

15 Löffelbiskuite, Vanillecreme, 4 EL Fruchtmark, Pfirsichstückchen mit etwas Rum oder Maraschino angefeuchtet

Die Form vorrichten und einfüllen wie oben. Unter die fertige Vanillecreme das Fruchtmark geben, beim Einfüllen die Stückchen dazwischenlegen. Einige Stunden kaltstellen, vor Gebrauch stürzen, mit Schlagrahm spritzen.

Pfirsichküchlein

Die Aprikosen, wie die Pfirsiche, werden gespalten, ausgesteint, nach Belieben abgeschält, in eine Schüssel gelegt, mit Zucker bestreut, mit zwei Eßlöffel Rum oder Kirschwaser begossen, so eine halbe Stunde liegengelassen, dann in Backteig von Wein umgekehrt, und wie Äpfelküchlein beendet.

Pfirsichkompott

Man schält sie, schneidet sie in 2 Teile, läutert ein Viertel Zucker mit einem Glas Wasser und dem Saft von einer halben Zitrone, gibt nach dem Abschaumen kleingeschnittene Zitronenschalen hinein, dann die Pfirsiche nebst ihren geschälten und gehackten Kernen dazu. Sobald sie weich sind, werden sie auf einen Saladier gelegt. Sollte die Sulz noch nicht genug eingekocht sein, weil die Pfirsiche wässrig sind, so wird sie noch ein wenig gekocht, und dann erst über das Kompott gegossen.

Pfirsich-Aprikosenkompott

Die Früchte werden abgezogen, durchgeschnitten, die Steine herausgenommen, mit Zucker, etwas weißem Wein, einigen der abgezogenen Kerne nur 5 bis 10 Minuten gekocht, damit sie nicht zu weich werden. Dann legt man sie in eine Assiette, die runde Seite nach oben, kocht den Saft noch ein wenig ein und füllt ihn darüber hin.

Pralinenbome

50 g geschälte, geriebene Mandeln, 50 g Zucker, 3 Eigelb, 1/8 l Milch, 100 g Zucker, 1 Päckchen Vanille, 50 g Schokolade, 1/2 l süßen Rahm

Die Schokolade wird erwärmt. Eigelb, Zucker, Milch, Vanille kalt anrühren, unter Schlagen einmal aufkochen, die Schokolade damit glattrühren, kaltstellen. Mandeln und Zucker zusammen hellbraun rösten, womöglich im Mörser fein verstoßen. Unter den steifgeschlagenen Rahm mischt man die Creme, die Mandeln, nach Belieben 4 in kleine Würfel geschnittene Makronen, füllt die Masse in eine Bombenform und vergräbt sie etwa 3 Stunden in Eis und Salz.

Pralineneis

60 g Pralinen, feingehackt, mischt man unter die fertige Creme von Vanilleeis und macht fertig wie Vanilleeis.

Plumpudding mit Weißbrot

6 ganze Eier und 6 Eidotter werden zerrührt, abwechselnd – damit das Mehl nicht klumpig werde – hinzugerührt: 250 g feines Mehl, reichlich 1/2 l Milch, 500 g geriebenes, feines, 2 Tage altes Weißbrot, 375 g feingehacktes Nierenfett, 250 g ausgesteinte Rosinen, 250 g Korinthen und etwas Salz

Dies wird in eine große Form gefüllt, oder man legt eine Serviette in eine tiefe Schüssel, bestreicht sie in der Mitte mit Butter, stäubt Mehl darüber hin, gibt das Angerührte hinein und bindet, indem man ein wenig Raum zum Aufgehen läßt, einen Bindfaden darum und kocht diesen Pudding in kochendem Wasser ununterbrochen 3 bis 4 Stunden. – Für 24 Personen.

Sollte es sich machen, daß man ihn länger müßte kochen lassen, so schadet es sowohl diesem als dem vorhergehenden Pudding nicht.

Plumpudding, einfacher

125 g Nierenfett feingewiegt, 125 g geriebene Mandeln, 125 g Rosinen, 125 g Sultaninen, 125 g geriebenes Schwarzbrot, 125 g Zucker, 125 g feingeschnittenes Zitronat und Orangeat, 1 TL Zimt, 1 Messerspitze Nelken, 1 Prise Salz, Zitronenschale, 6 Eier

Alle Zutaten rührt man ¼ Stunde, läßt sie ½ Stunde stehen zum Aufquellen. Eine gebrühte Serviette wird gut tellergroß mit Butter bestrichen, die Masse daraufgegeben, zugebunden, etwas Raum lassen zum Aufgehen. Man hängt den Kloß an einem Kochlöffel in kochendes Wasser und kocht ihn 3 Stunden. Wasser, wenn nötig, nachfüllen. Man stürzt den Pudding auf eine größere Platte, bestreut ihn dick mit Zucker, gießt ⅛ l Rum oder Arrak darüber, zündet an und bringt den Pudding brennend zu Tisch. Man gibt Rum- oder Arraksauce oder Glühwein dazu.

Plumpudding, englischer I

4 Eier, das Weiße zu Schaum geschlagen, reichlich ¼ l frische Sahne, 250 g feines Mehl, 250 g feingehacktes Nierenfett, 250 g gut gewaschene Korinthen, 375 g ausgekernte, gröblich gehackte Rosinen, 65 g Zucker, 30 g geschnittene Sukkade, 30 g Orangenschale, ½ Muskatnuß, ein halbes Weinglas Rum und etwas Salz

Dies alles wird gehörig untereinander gerührt, in eine Form gefüllt und 4 Stunden gekocht. Beim Anrichten wird der Pudding mit Arrak übergossen, angezündet und flammend zur Tafel gebracht. Eine weiße Schaumsauce ist am passendsten dazu. Zugleich aber werden auf einem Präsentierteller Arrak, Zucker, kleine Fidibusse und Licht herumgereicht, damit die Gäste nach Belieben statt Sauce zu ihrer Portion Arrak und Zucker nehmen und dies anzünden können. – Für 12 bis 14 Personen.
Dieser Pudding kann am vorhergehenden Tag angerührt werden, ohne daß es dem Geraten desselben hinderlich wäre.

Plumpudding, englischer II

250 g Rosinen, 250 g Korinthen, 250 g gehacktes Nierenfett, 250 g gestoßener Zwieback, 250 g Zucker, 125 g Zitronat, 65 g gestoßene süße Mandeln, 65 g Orangenschale, ½ Muskatnuß, 1 Weinglas Rum und 4 ganze Eier (wovon das Weiße nicht zu Schaum geschlagen wird)

Die Bestandteile werden gehörig miteinander verbunden und in einer Serviette *sechs* Stunden gekocht. – Für 12 bis 14 Personen.

Prinz Berthold-Pudding

75 g Ochsenmark, 75 g Butter, 150 g Zucker, 4 Eier, 100 g Korinthen, 40 g Zitronat, 40 g Orangeat, 150 g Mehl, etwas Zitrone

Das gewässerte Ochsenmark wird mit Wasser ausgeknetet und mit der Butter schaumig gerührt. Sodann gibt man nach und nach die Eigelb und den Zucker zu und mengt das geschnittene Zitronat und Orangeat, Zitrone und die gewaschenen, gebrühten Korinthen darunter. Man schlägt die Eiweiß zu steifem Schnee, gibt ihn nebst dem gesiebten Mehl leicht unter den Teig und füllt ihn in die vorgerichtete Puddingform. Der Pudding wird im Wasserbad 1¼ Stunden gekocht und mit Arrakbeiguß serviert.

Prinz-Friedrich-Halbeis

Je 100 g Himbeer- und Aprikosenmarmelade, 100 g gesiebter Zucker und 125 g feingewürfelte Ananasstückchen werden mit ½ l steifgeschlagener süßer Sahne tüchtig verrührt und in einer verschlossenen Eisform 2½ bis 3 Stunden in Eis und Salz vergraben. Sobald die Speise gestürzt ist, trägt man sie, mit Mandelröllchen umgeben und mit Fruchtgelee besprengt, auf.

Prünellen

Diese dürfen nur leicht und nicht im heißem Wasser gewaschen werden. Man setzt sie mit Wein und Wasser oder auch bloß mit Wasser, Zucker und einigen Stückchen feinem Zimt in einem Bunzlauer Geschirr aufs Feuer und läßt sie gar, doch nicht zu weich kochen.

Pudding (Allgemeines)

Pudding wird in einer Form gekocht, die Form nebst Deckel wird mit Butter bestrichen, mit Mehl oder Weckmehl bestreut. Die Puddingform darf nicht ganz voll gefüllt sein. Die gut geschlossene Form stellt man in kochendes Wasser, das bis ⅔ der Höhe der Form gehen darf, schließt den Topf, läßt langsam weiterkochen und füllt, wenn nötig, heißes Wasser nach. Pudding kann auch im Wasserbad, im Backofen, ohne Deckel, gebacken werden, wenn nötig, ein Papier darüberdecken; das Wasser muß ebenfalls weiterkochen. Der Pudding ist auf diese Weise schneller fertig. Vor dem Stürzen am Rand lösen, etwas verdampfen lassen, damit der Pudding nicht zerfällt; gleich zu Tisch geben. Die Puddingrezepte sind für Formen mit 1¼ l Inhalt und reichen für 8 Personen.

Pudding, einfacher, mit Nierenfett

250 g Nierenfett werden feingewiegt, mit 500 g Weizenmehl, 3 Eiern, ½ l Milch, 60 g Zucker, einer Prise Salz und geriebenen Mandeln und Zitronenschale nach Geschmack gut gemischt. Dann läßt man die Masse in einer gut ausgebutterten, mit Zwiebackbröseln bestreuten Puddingform volle zwei Stunden kochen und serviert die Speise mit Kompott, bei welchem man für reichlich Sauce sorgt.

Pudding aus Baden-Baden

125 g Reis, 125 g Zucker, Milch, Vanille, 15 g Hausenblase oder Gelatine, zu steifem Schaum geschlagene Sahne

Der Reis wird gut abgebrüht, in Milch, Vanille und Zucker weich und dickgekocht. Dann wird die aufgelöste Hausenblase oder Gelatine mit dem Reis durchgekocht, nach dem Erkalten die zu steifem Schaum geschlagene Sahne durchgerührt, in eine naßgemachte Form geschüttet und auf Eis oder kaltes Brunnenwasser gestellt. Letzteres muß einigemale erneuert werden.
Für 10 Personen.

Pudding von Fadenmakkaroni

½ l Milch, 130 g Butter, 130 g Zucker, 200 g Fadenmakkaroni, abgeriebene Schale einer halben Zitrone, 65 g gestoßene Mandeln, worunter 6 Stück bittere sind, 2 Messerspitzen Muskatblüte, 12 Eier

Milch, Zucker und die Hälfte der Butter werden zum Kochen gebracht, die Fadenmakkaroni hineingegeben und gerührt, bis die Masse steif ist und sich vom Topf ablöst. Dann wird die übrige Butter zu Sahne gerieben, hinzugerührt: Mandeln, Gewürz, Eidotter, die etwas abgekühlte Masse und dann der steife Eiweißschaum leicht durchgemischt. Man lasse diesen Pudding 2½ Stunden kochen und gebe eine warme Sauce von saurem Kirsch- oder Johannisbeersaft oder Weinsauce dazu. – Für 15 bis 18 Personen.

Pudding, portugiesischer

750 g altes Weißbrot, 65 g Butter, 65 g kleingerührtes Mark, in Ermanglung 125 g Butter, 10 Eier, 100 g durchgesiebter Zucker, Saft und Schale einer Zitrone, 100 g ausgekernte Rosinen, ebensoviel gewaschene Korinthen, 1 Weinglas Rum

Das Weißbrot wird dünn abgeschält, in Milch etwas geweicht und ausgedrückt, mit Mark und Butter auf dem Feuer abgerührt. Nachdem es ausgedampft, rührt man Eidotter, Zucker, Saft und Schale einer Zitrone, Rosinen und Korinthen nach und nach hinzu, dann wird der steife Schaum von 8 Eiweiß mit dem Rum leicht durch die Masse gezogen und sogleich in der zugerichteten Form aufs Feuer gebracht. Man kocht diesen Pudding 2 Stunden und gibt eine Schaumsauce dazu. – Für 16 bis 18 Personen.

Punscheis

¾ l Wasser, ¾ l Wein, 500 g Zucker, ein Stück Vanille, Zimt und die an Zucker abgeriebene Schale einer Zitrone, der Saft von 4 Zitronen und 12 Eidotter

Dies läßt man unter starkem Rühren bis vors Kochen kommen und gießt es, des sehr leichten Gerinnens halber, schnell in eine Schüssel (siehe Vanilleeis). Während des Gefrierens rührt man beim Öffnen der Dose nach und nach 4 Tassen Arrak durch die Masse.

Punschreis

150 g Reis, 70 g Zucker, 1 Glas Weißwein, 1 Weinglas Rum, Saft einer halben Zitrone, 1 Orange, Schlagsahne, 1 Prise Salz

Den gewaschenen Reis körnig garen, abgießen und auf einem Sieb auskühlen lassen. Den Zucker mit Weißwein, Saft einer halben Zitrone und der abgeriebenen Orangenschale dick einkochen und dann den abgekühlten Reis und Rum dazugeben. In einer ausgespülten Form erkalten lassen und mit Orangenscheiben und Schlagsahne verzieren.

Quark-Spitzen

250 g Speisequark, 3 Eier, 30 g Butter, 100 g Mehl, 100 g Grieß, Salz, Saft und Schale ½ Zitrone

Quark mit Eier, Butter und Zucker glattrühren. Gesiebtes Mehl und Grieß unterheben und mit Salz, abgeriebener Zitronenschale sowie Zitronensaft abschmecken. Kurz ruhen lassen. Die Quarkmasse mit einem in Wasser getauchten Eßlöffel abstechen und in heißem Butterfett langsam garen und goldgelb bräunen.

Quitten, gebratene zum Dessert

Man legt die Quitten in eine irdene Schüssel, brät sie im Backofen ganz weich und gibt sie, kalt geworden, mit Zucker zur Tafel.

Quitteneis

Die Quitten, welche vorher geschält sind, werden mit Wasser und einigen Stückchen Zimt ganz weichgekocht, zerdrückt, durch ein feines Sieb gerieben, mit Zucker vermischt und in die Gefrierdose gefüllt.
Zu jedem Pfund durchgerührter Quitten nimmt man 250 g Zucker.

Quittenkompott

Dieselben werden dünn geschält, mitten durchgeschnitten, das Kerngehäuse herausgemacht und solches mit den Quitten in Wasser mit Zucker und etwas ganzem Zimt weichgekocht. Dann gibt man 1 Glas Wein dazu, richte die Quitten an, läßt den Saft, wenn es nötig ist, noch etwas einkochen und gießt ihn durch ein Sieb darüber.
Das Gehäuse macht den Saft schneller dicklich, und die Kerne geben eine schöne rote Färbung.

Quittenkompott, andere Art

1 kg vollreife Quitten, 1 Zitrone, 0,25 l Wasser, 150 g Zucker

Die Quitten dick abschälen, in Achtel teilen, die Kerne sorgfältig entfernen und die Quittenstücke mit Wasser, Zucker und Zitronensaft ca. 1 Stunde weichkochen. Sobald sie sich mürbe anstechen lassen, herausnehmen und zugedeckt beiseite stellen; den Zuckersaft noch etwas einkochen und nach dem Erkalten über die Quitten gießen.

Rahmbombe

½ l süßen Rahm, 100 g Zucker, 1 Päckchen Vanille

Der Rahm wird steifgeschlagen, Zucker, Vanille untergezogen, in eine ausgeschwenkte Bombenform gefüllt, gut geschlossen. Fertigmachen. Unter den Rahm kann man in kleine Würfel geschnittene Makronen mischen, nach Belieben die Makronen mit Rum oder Arrak anfeuchten.

Rahmpudding

4 Eier, ¾ l sauren Rahm, 80 g Zucker, 60 g Rosinen, 60 g geriebene Mandeln, 200 g Zwiebackmehl oder Weckmehl, Zitronenschale

Eigelb, Zucker, Zitrone schaumig rühren, alle Zutaten, zuletzt den Eischnee unterziehen. Die Masse in eine vorgerichtete Form füllen, 1 Stunde im Wasserbad kochen. Fruchtsauce oder Glühwein dazugeben.

Reineclaudenkompott

Diese werden abgeputzt, mit den Schalen und den Stielen in etwas Wasser und Zucker nicht zu weich gekocht und angerichtet. Der Saft wird noch etwas eingekocht und darüber gefüllt. Auch kann man 1 bis 2 Teelöffel Arrak mit dem Saft vermischen.
Hierbei wird bemerkt, daß Reineclauden sehr viel Zucker bedürfen.

Rhabarberkompott

1 kg Rhabarber, 150 g Zucker, 1 EL Zitronensaft

Rhabarber schälen, in halbfingerlange Stücke schneiden und auf einem Sieb mit heißem Wasser überbrühen. Dann mit Wasser, Zucker und Zitronensaft kurz aufkochen und kaltstellen.

Rhabarberkompott, andere Art

Die Rhabarberstaude, in England fast allgemein beliebt, wird in einigen Gegenden Deutschlands in den Gärten gezogen. Die Blattadern und die dicken Stengel, soweit und solange sie weich sind, was bis Anfang Juli der Fall ist, werden zu Kompotte und Pasteten gebraucht. Man zieht von den genannten Teilen dieser Staude die Haut ab, schneidet sie in 1 cm lange Stücke, setzt sie mit Wein, oder halb Wasser, halb Wein, Zucker, abgeriebener Zitronenschale und Stückchen Zimt aufs Feuer und läßt sie in kurzer Zeit weichkochen. Dann macht man das Kompott mit etwas feingestoßenem Zwieback sämig, oder man nimmt den Rhabarber mit einem Schaumlöffel aus der Brühe, läßt diese mit noch einem Stück Zucker dicklich einkochen und gibt ihn über das Kompott, zu welchem in Butter geröstete Semmelscheiben angerichtet werden.
Der Rhabarber hat einen etwas säuerlichen Geschmack und einige Ähnlichkeit mit Stachelbeeren. Statt Zitronenschale kann in Zucker eingelegte Apfelsinenschale gebraucht werden.

Rosinenmus

16 Lot (ein halbes Pfund) kleine Rosinen werden sauber gewaschen, mit halb Wasser und halb Wein nebst einem Stücklein Zucker und Zimt zugesetzt, von einem halben Kreuzerwecken runde Schnitten in Butter oder Schmalz gelb geröstet, die gerösteten Schnitten, sobald die Rosinen recht eingekocht sind, auf eine Platte gelegt, und die letztere darunter angerichtet. Auf diese Art werden auch die Brunellen oder geschälten Zwetschgen gekocht.

Rumpudding

3/4 l süße Sahne, 250 bis 375 g Zucker, 20 frische Eidotter, Schale von 2 Zitronen, 1/4 l feiner Arrak und eine Stange Agar-Agar oder 40 g Gelatine

Die Zitronen werden auf Zucker abgerieben, Zucker, Sahne und Gelatine, welche aufgelöst worden, zum Kochen gebracht, die Eidotter mit etwas zurückgelassener Sahne zerrührt und, indem man den Topf vom Feuer genommen, diese behutsam durchgerührt. Danach wird die Masse mit dem Arrak vermischt, in einer Schale noch ein wenig gerührt, dann in eine mit feinem Öl bestrichene Form gefüllt und, völlig erkaltet, gestürzt.
Dazu eine Rotwein- oder frische Johannisbeersauce oder auch eingekochter Fruchtsaft.
Für 20 Personen.

Reisbällchen

125 g Reis, 40 g Zucker, 1 Prise Zimt, 1 Päckchen Vanillezucker, 40 g Butter, Salz, 1/4 l Wasser, 1/2 l Milch, 2 Eier, Semmelbrösel, Butter oder Margarine

Milch und Wasser werden mit einer Prise Salz aufgekocht, der Reis, Zucker und Vanillezucker hineingegeben. Man läßt das Ganze zu einem festen Brei ausquellen, rührt die Butter, die Prise Zimt und die Eigelb hinein, zieht den steifgeschlagenen Eischnee unter und formt aus der Masse kleine Bällchen. Diese wendet man in Semmelbrösel und bäckt sie rasch in reichlich Butter oder Margarine goldgelb. Dazu gibt es Kompott.

Reisbeignets

280 g gewaschener Karolinenreis wird in kochendes Wasser gegeben, einmal aufgekocht und sodann in ein Sieb geschüttet, hernach bringt man ihn mit 140 g Zucker und einem Stengelchen Vanille in 1½ l gut kochende Milch und kocht ihn darin sehr weich und dick. Nachdem dann die Vanille herausgenommen, streicht man den Reis auf ein butterbestrichenes Blech gut fingerdick auf und stellt ihn kalt. Nach gänzlichem Erkalten wird er mit einem Weinglas oder einem runden Ausstecher zu Küchlein ausgestochen, welche man in drei bis vier gut mit zwei Eßlöffel Milch verrührten Eiern umkehrt und mit feinen Semmelbröseln bestreut. Kurz vor dem Anrichten werden die Küchlein aus heißem Schmalz lichtgelb gebacken und dann stark mit Zucker bestäubt zu Tisch gegeben. – Das Blech muß man vor dem Ausstechen leicht erwärmen, sonst lösen sich die Stückchen nicht ab.

Reis, gepreßter

Ein halbes Pfund Karolinenreis wird sauber verlesen und mit einem Tuch abgerieben, dann gestoßen und durch ein feines Haarsieb wie der Zucker gesiebt. Hierauf stößt man ein Viertel abgezogene Mandeln mit 6 Eßlöffelvoll süßem Rahm ganz fein, nimmt das Reismehl, die gestoßenen Mandeln und eine am Zucker abgeriebene Zitrone in eine Kasserolle, rührt dies alles zuerst mit einem Schoppen kalter Milch glatt an, füllt es nachher noch mit 3 Schoppen kochender Milch auf, läßt es auf dem Feuer unter beständigem Rühren eine Viertelstunde recht durchkochen, und gibt noch soviel Zucker hinein, bis er süß genug ist. Nun wird die Masse in obere oder auch in breite Tassen gefüllt, und so lange stehengelassen, bis sie ganz kalt ist, dann auf eine Platte gestürzt, mit gestoßenem Zucker überstreut, und mit einem glühenden Eisen gebrannt. – Dieser gepreßte Reis wird kalt gegeben, es kann auch eine Kirschen- oder Zitronen-Sauce warm dazu aufgestellt werden. Mit der Sauce gibt man es als eine Zwischenplatte, ohne Sauce aber zum Dessert wie eine kalte Creme.

Reis, gestürzter, mit Orangen

420 g Karolinenreis wird gewaschen und abgeschüttet, dann in siedendem Wasser zwanzig Minuten gekocht und wiederholt abgegossen. Nun kocht man 420 g Zucker mit ¼ l Wasser, dem Saft von zwei Orangen und zwei Eßlöffel Rum oder Arrak acht Minuten lang, so daß der Zucker zur Perle eingekocht ist, und vermengt solchen dann mit dem Reis. Nachdem jetzt eine glatte Form mit Butter bestrichen und mit feinem Zucker bestreut, werden drei schöne, abgeschälte Orangen in Scheiben geschnitten und der Boden der Form hübsch damit belegt, hierauf dann fingerdick Reis gegeben und auf diesen wieder eine Lage Orangenscheiben, und so fortgefahren, bis die Masse verbraucht ist; die oberste Lage muß Reis sein. Die Form wird hernach kaltgestellt, und das Gericht bei Gebrauch auf die Platte gestürzt.

Reis, kalter

200 g Reis, Blanchierwassser. Zum Kochen: 3/4 l Milch, 60 g mit Vanille gewürzten Zucker, 2 EL Arrak oder Kirschwasser, 3 Blatt Gelatine. Zum Auflösen: 1/8 l Wasser, 1 Stückchen Zucker, von 1/8 l süßem Rahm den Schlagrahm

Der Reis, am besten Karolinenreis, wird gewaschen, zweimal mit kochendem Wasser überbrüht und mit der Milch vorsichtig weichgekocht (Kochkiste). Sodann zieht man vorsichtig, damit die Körner ganz bleiben, Zucker, Gelatine, Arrak und Schlagrahm darunter, füllt die Masse in eine vorbereitete Cremeform und läßt sie auf Eis steif werden. Beim Gebrauch wird der Reis gestürzt und mit Himbeersaft serviert.

Reiskompott mit Zitronensaft

250 g Reis, 250 g Zucker, eine abgeriebene Zitronenschale, Saft von 4 recht frischen Zitronen

Die Zubereitung dieses sehr angenehmen Kompotts ist bei der Zitronentorte mit Reis (siehe Torten und Kuchen) zu finden.

Reiskopf von Borsdorffer Äpfeln

So viel Personen, soviel große Borsdorffer Äpfel schält man, schneidet oben einen Deckel ab, höhlt sie aus, wäscht 4 Lot große und kleine Rosinen, läßt sie in ein wenig Wasser aufquellen, gießt das Wasser wieder davon, mengt etwas Zucker und Zimt, ein wenig Zitronenschalen und Zitronat unter die Rosinen, füllt die Äpfel damit, bestreicht ein rundes Blech mit Butter, setzt die Äpfel hinein, kocht ein Viertel Reis dick in der Milch, läßt ihn erkalten, rührt dann ein Viertel Butter leicht, schlägt 5 ganze Eier hinein, den kalten Reis nebst 6 Lot Zucker und einer halben kleingeschnittenen Zitronenschale darunter und rührt alles wohl untereinander, gießt die Masse über die gefüllten Äpfel und läßt sie in einem nicht zu heißen Ofen aufziehen.

Reismehlpudding I

200 g Reismehl, 1/2 l Milch, 130 g Butter, 8 Eier, 130 g Zucker, 65 g bittere Makronen, 30 g Zitronat, Schale einer Zitrone, etwas Salz

Man richte sich bei der Zubereitung nach Grießmehlpudding, fülle die Masse lagenweise mit den Makronen in die Form, lasse den Pudding 2 1/2 Stunden ununterbrochen kochen und gebe eine Schaum- oder Rotweinsauce dazu.
Für 8 bis 10 Personen.

Reismehlpudding II

200 g Reismehl, 1/2 l Milch, 130 g gewaschene Korinthen, 100 g Butter, 100 g Zucker, 6 Eier, 1 TL Zimt

Im übrigen nach vorhergehender Anweisung. – Für 8 bis 10 Personen.

Reismehlpudding, roter

1/2 l Johannisbeer- oder Himbeersaft, 1/2 l Rotwein, 150 g Reismehl und Zucker nach Geschmack

Wein, Saft und Zucker lasse man kochen, streue das Reismehl hinein, lasse es gar, doch nicht breiig und nicht zu steif werden, fülle es in ein naßgemachtes Geschirr und stürze es, erkaltet, auf eine Schüssel.
Eine wohlschmeckende Sauce zu diesem und dem nächstfolgenden roten Pudding ist geschlagene Sahne mit Vanille und Zucker, auch kann man eine kalte Vanillesauce, sowie auch dicke Sahne, mit Rotwein, Zucker und etwas Rum geschlagen, dazu geben.
Für 10 Personen.

Reis mit Äpfeln

Man nehme hierzu den besten Reis, brühe ihn gut ab, lasse in einem Topf einen Stich Butter zergehen, gebe den Reis mit kochendem Wasser, einem Stück Zimt und etwas Salz hinein und lasse ihn langsam kochen. Wenn er beinahe weich geworden ist, gebe man die Äpfel nebst einem reichlichen Stück Zucker dazu, koche ihn vollends gar, aber nicht zu dick, und rühre ihn vorsichtig durch, damit der Reis ganz bleibe. Auch kann man ein Glas Weißwein durchrühren. Alsdann richte man ihn an und streue Zucker darüber.
Zu 125 g Reis sind 6 mittelmäßig große geschälte und in 8 Teile geschnittene saure Äpfel ein gutes Verhältnis, und gibt dies als ein zweites Gericht eine Portion für 3 Personen.
Man kann die Äpfel auch zu Mus kochen und mit dem Reis vermischen. Wird spät im Frühjahr dies Gericht von Paradiesäpfeln zubereitet, so lasse man sie zur Hälfte weichkochen und gebe dann erst den abgebrühten Reis hinzu.

Reis mit Milchsauce

175–200 g Reis wird mit kochendem Wasser angebrüht und eine Viertelstunde stehengelassen, dann das Wasser abgegossen, und den Reis mit einer kleinen Messerspitze Salz und 70 g Butter in 2 l kochender Milch eine halbe Stunde gekocht, wobei er durchaus nicht gerührt werden darf. Ist er nun völlig weich, doch noch *ganz*, so wird er mit einem Schaumlöffel herausgenommen, erhöht auf die Platte angerichtet, mit 70–100 g an einer Zitrone abgeriebenem, feingestoßenem Zucker während des Anrichtens bestreut und mit einer warmen oder kalten Milchsauce zu Tisch gegeben.

Reis mit Pfirsichen, Aprikosen und Orangen

200 g Reis wird mit kochendem Wasser angebrüht und nach dem Abgießen des letzteren in kochender Milch langsam weich und dick eingekocht. Hierunter wird das zu Schnee geschlagene Weiße von drei Eiern gemengt, das Ganze in eine Ringform gefüllt und an einen kalten Ort gestellt. Nun werden 250 g Zucker geläutert, dazu 12 halbierte, ausgesteinte Pfirsiche oder Aprikosen gegeben und behutsam gekocht, doch so, daß sie ganz bleiben. Dann werden sie auf ein Sieb gelegt, der zurückgebliebene Saft ein wenig eingekocht, angerichtet und kaltgestellt. Kurz vor dem Gebrauch wird der Reis auf eine Platte gestürzt, die Pfirsiche oder Aprikosen darauf gelegt und der Saft in die Mitte gegossen. Verwendet man Orangen, werden solche zerteilt, die Schnitze mit gestoßenem Zucker bestäubt eine Stunde stehengelassen, dann auf den Reis im Kranz herumgelegt und der Saft darübergegossen.

Reismus

280 g Reis wird mit kochendem Wasser angebrüht und, nachdem es einigemal aufgekocht, eine Viertelstunde stehengelassen, dann wird das Wasser abgegossen, und der Reis mit 2 l kochender Milch auf schwaches Feuer oder auf Kohlen gebracht. Je länger und langsamer er kocht, desto schöner quillt er auf. Ist er weich und gehörig dick, wird eine Messerspitze Salz hineingegeben, der Reis nun verrührt, in die Schüssel angerichtet und mit Zucker und Zimt bestreut aufgetragen. – Statt es anzurichten, kann man das Mus auch in dem Geschirr, worin es gekocht wurde, auf den Tisch bringen.

Reispudding

250 g Reis, ¾ l Milch, 20 g Butter – 100 g Zucker, 50 g Butter, 3–4 Eier, Zitronenschale oder Vanille, 1 Prise Salz, nach Belieben 50 g geschälte, geriebene Mandeln

Den gewaschenen Reis mit der Milch und 20 g Butter zugedeckt langsam weichkochen (Körner müssen ganz bleiben), kaltstellen. 50 g Butter, Zucker, Eigelb, Zitrone schaumig rühren, Reis und Schnee unterziehen. Die Form mit Butter und Mehl vorrichten, die Masse einfüllen, 1–1¼ Stunden im Wasserbad kochen. Die Form öffnen, etwas verkühlen lassen, dann stürzen. Frucht-, Schokoladensauce oder Chaudeau dazugeben.

Reispudding mit Makronen

250 g Reis, 1 l Milch, etwas ganzer Zimt und Zitronenschale, 125 g Butter, 125 g Zucker, 10 Eier und 125 (besser 250) g bittere Makronen

Der Reis wird abgebrüht, in Milch mit etwas ganzem Zimt und Zitronenschale langsam gar und steif, nicht breiig gekocht. Nachdem derselbe ein wenig abgekühlt ist, rührt man die Butter zu Sahne, gibt Zucker, abgeriebene Zitronenschale, Eidotter und den etwas abgekühlten Reis hinzu und mischt zuletzt den ganz festen Schaum der Eier leicht durch. Dann gibt man die Masse mit den Makronen lagenweise in eine gut ausgestrichene Form und kocht sie 2½ Stunden. – Es wird eine Schaummasse dazugegeben.
Für 12 bis 14 Personen.

Reispudding mit Obstlagen

250 g Reis, Milch, Zucker und ganzer Zimt, ferner Mandeln, Wein, Zitronen, Korinthen, in Scheiben geschnittene Äpfel

Man kocht den Reis, nachdem er abgebrüht ist, in Milch, Zucker und Zimt weich und nicht zu steif. Zugleich koche man langgeschnittene Mandeln in etwas Wasser halbweich, gebe ein paar Tassen Wein, Zucker, Zitronensaft und Schale, Korinthen und die Apfelscheiben hinzu, lasse sie weich werden und mache die Sauce mit etwas Kartoffelmehl oder Stärke sämig. Dann gebe man in eine umgespülte Form eine Lage Reis, eine Lage Äpfel und so fort, bis der Reis den Schluß macht. Kalt stürze man den Pudding auf eine Schüssel und gebe eine Wein- oder Vanillesauce dazu. – Für 12 Personen.

Reispudding mit Rosinen

250 g Reis, etwas Zimt und Zitronenschale, 6 Eier, 100 g Butter, 100 g Zucker, 125 g gut gewaschene und angetrocknete Rosinen

Man bereite diesen Pudding nach vorhergehender Vorschrift. Die Rosinen werden durch die Masse gerührt, ehe der Eierschaum durchgemischt wird. Statt der Rosinen kann man auch 50 g feingestoßene Mandeln, worunter 9 Stück bittere sind, anfangs zu der Butter rühren. Der Pudding wird 2½ Stunden gekocht und eine Rumsauce dazu gegeben. – Für 10 bis 12 Personen.

Reispudding mit Zitronen

375 g bester Reis, 375 g Zucker, 1/2 l Wein, 4 Zitronen

Der Reis wird gut abgebrüht, in Wasser gar und dick, nicht steifgekocht, die Körner aber dürfen nicht zerkochen. Unterdessen reibt man eine Zitrone auf dem Zucker ab, schält 2 Zitronen bis an die Haut, welche den Saft umschließt, kocht die Schale in Wasser weich und schneidet sie in dünne Streifchen. Dann setzt man etwas in Wasser getauchten Zucker aufs Feuer, kocht ihn klar, gibt die Zitronenstreifen hinein und läßt sie bei öfterem Umrühren so lange kochen, bis sie den Zucker aufgenommen haben oder kandiert sind und legt sie zum Trocknen hin.

Der Zitronensaft wird mit Wein und Zucker gekocht und der heiße Reis nebst der kandierten Schale vorsichtig durchgerührt und in eine umgespülte Form gefüllt. Erkaltet, stürzt man den Pudding auf eine Schüssel und legt zierliche Figuren von feinen eingemachten Früchten darauf.

Man serviere ihn mit einer Schaum- oder Rotweinsauce. – Für 14 Personen.

Reisrouletten

Man kocht 140 g Reis in guter Milch weich und dick ein, und mengt darunter dann ein kleines Stückchen gut mit drei Eigelb und etwas Zitronenzucker abgerührte Butter. Nun wird ein von 140 g Butter bereiteter Butterteig messerrrückendick ausgewellt, solcher in gut fingerlange und dreifingerbreite Stückchen geschnitten, und auf jedes derselben der Länge nach ein Eßlöffel Reis gelegt, der Reig dann am Rand mit verrührtem Ei bestrichen, und das Ganze wurstähnlich zusammengerollt, indem man den Teig an den Enden etwas andrückt. Man bäckt jetzt die Rouletten in heißem Schmalz schön gelb, bestreut sie hernach mit Zucker, und serviert sie mit Kompott oder einer beliebigen Milchsauce.

Reis, russischer

280 g Karolinenreis wird in kochendes Wasser gegeben und so lange gekocht, bis die Körner weich sind, dann wird er abgegossen, mit kaltem Wasser abgekühlt, und ist er hernach recht gut abgelaufen, so kommt etwas Arrak, beliebig Zucker, der Saft einer Zitrone und ein halbes Gläschen weißer Wein daran. Nachdem alles leicht untereinandergemengt, wird der Reis in eine Glasschale gefüllt, und von Himbeer-, Johannisbeer- und Aprikosen-Gelée ein Kranz oder Carreau daraufgeordnet, bei welch' letzterem man auf die Kreuze je eine eingemachte Kirsche legt. Die Glasschale wird dann auf eine flache Platte, welche mit schönen grünen Blättern bis über den Rand heraus belegt ist, gestellt und der Reis so serviert.

Reis, spanischer

1 Flasche weißer Wein, 250 g bester Reis, 290 g Zucker, woran 1 Zitrone abgerieben wird, Saft von 2 Zitronen und $\frac{1}{4}$ l Arrak

Der Reis wird gewaschen und gut abgebrüht, in einem glasierten oder Bunzlauer Geschirr mit Wasser langsam weich und dick, aber nicht breiig gekocht; die Körner müssen ganz und ansehnlich bleiben. Am besten wird der Reis und am schnellsten gar, wenn man ihn nach dem Abbrühen über Nacht in kaltes Wasser stellt und ihn anderentags weichkochen läßt. Ist dies geschehen, so lasse man Wein, Zucker und Zitronensaft heiß werden, den Reis darin durchkochen, rühre den Arrak hinzu, stelle das Geschirr zum Kaltwerden hin und sei unbesorgt, wenn die Speise zu dünn scheinen möchte; sie wird während des Kaltwerdens dicker und darf, auch erkaltet, nicht steif sein. Vor dem Anrichten rühre man dieselbe mit einer Salatgabel durch, fülle sie in Assietten und verziere sie mit Gelee.
Es wird eine gekochte, kaltgewordene Rotweinsauce oder Fruchtsaft dazu gegeben.

Reis, spanischer, andere Art

250 g Reis, 200 g Zucker, 2 Zitronen, ½ l Weißwein, 1 Glas Früchte

Der Reis wird mit Wasser halb weichgekocht, abgeschüttet. Zucker mit wenig Wasser dick einkochen, Saft von zwei, Schale von einer halben Zitrone, Wein, Reis, zugeben, zugedeckt vollends weichdämpfen. In eine Glasschale gibt man eine Lage Reis, eine Lage Früchte, darauf bergig den Rest vom Reis, außen herum einen Kranz Früchte. Man kann auch eingezuckerte Apfelsinenscheiben, Himbeeren oder Erdbeeren nehmen. Der Reis kann auch ohne Wein, nur mit Wasser gekocht werden.

Reisspinat, süßer

Halb Weißwein, halb Wasser, die Schale einer halben Zitrone, eine halbe Schote kleingeschnittene Vanille und etwas Zucker werden zum Kochen gebracht und blanchierter Reis darin zu einem steifen Brei gekocht. Dann gibt man 2 Obertassen gekochten und gewiegten Spinat dazu und verrührt 4 Eidotter und das zu Schnee geschlagene Eiweiß darin. In eine mit kaltem Wasser ausgespülte Form gefüllt, wird die Speise nach dem Erkalten gestürzt und mit geschlagener Sahne garniert.

Reis, Trauttmansdorff

In die Reiscreme gibt man ¼ l Schlagrahm und 5 Eßlöffel Rum und füllt die Creme in eine Ringform. Nach dem Stürzen garniert man den Ring obenauf und am Rand mit gedünsteten Aprikosen, Pfirsichen oder Sauerkirschen. *Oder:* Man übergießt den gestürzten Ring mit einer Himbeersauce.

Sagopudding

160 g echter Sago, 6 große Eier, 100 g Zucker, 30 g aufgelöste Gelatine, Zitronenschale und Zimt

Der Sago wird behutsam abgebrüht, mit Milch, Zitronenschale und ganzem Zimt langsam weich und steif gekocht. Dann läßt man unter stetem Rühren die aufgelöste Gelatine gut durchkochen, nimmt den Topf vom Feuer, rührt die Eidotter mit etwas Milch zum kochenden Sago, mischt danach sogleich den festen Eiweißschaum durch und füllt damit eine umgespülte Form. Eine Stunde im Dunst kochen.
Völlig erkaltet, wird der Pudding umgestürzt und mit einer Frucht- oder Rotweinsauce serviert. – Für 10 Personen.

Sagopudding, brauner

125 g Sago wird einigemal kalt, dann warm gewaschen, mit halb Rotwein, halb Waser gar und dick gekocht: 90 g Butter zu Sahne gerührt, dazu 6 Eidotter, 65 g gestoßener Zwieback, ½ Tasse Sahne, 125 g Zucker, Zimt und Zitronenschale und das zu Schaum geschlagene Weiße.
Man kocht den Pudding 2 Stunden und gibt eine Schaumsauce dazu. – Für 12 Personen.

Sagopudding, weißer

200 g gereinigter Sago, mit Milch gar und dick gekocht, 10 Eier, 125 g Butter, 125 g Zucker, Zimt und Schale einer Zitrone, 150 g gestoßener Zwieback, 1 Tasse Sahne. Wie Reispudding zubereitet und gekocht; auch dieselbe Sauce. – Für 14 Personen.

Sahnepudding

30 g Butter, 4 Eier, 4 EL Zucker, 1 Päckchen Vanillezucker, 4 EL Sahne, 4 EL Mehl

Die Butter und die Eigelb werden schaumig gerührt, Zucker und Vanillezucker untergerührt und nach und nach die Sahne und das Mehl dazugegeben. Die Eiweiß werden steifgeschlagen und vorsichtig untergezogen. Man fettet eine Puddingform mit Butter, stäubt sie mit Mehl und füllt die Masse ein. Die Puddingform wird geschlossen und der Pudding etwa 45 Minuten im Wasserbad gekocht. Danach die Form unter kaltem Wasser abschrecken, öffnen und den Pudding stürzen.

Sauerbronnen-Mus

Drei kleine Kochlöffel Mehl rührt man mit etwas von einem Schoppen Milch glatt an, schlägt 2 ganze und von 2 anderen Eiern das Gelbe hinein, und nimmt da übrige von dem Schoppen Milch dazu. Alsdenn wird ein Schoppen Milch mit 6 Lot frischer Butter kochend gemacht, ein Stücklein Zucker hineingegeben, die kochende Milch an die angerührte Masse gegossen, unter beständigem Rühren über dem Feuer gekocht, ein wenig Butter in ein Blech gegeben, das Mus hineingegossen, und vollends so auf dem Feuer gekocht, daß es eine Scharre bekommt.

Sauermilch-Pudding

8 g rote Gelatine wird mit wenig kaltem Wasser aufgelöst, dann klar gekocht und nach dem Erkalten mit einem Eierbecher voll Rum und ¼ l dicker saurer Milch, in der man 100 g kalten Zucker aufgelöst hat und die man mit ein wenig Zitronensaft und abgeriebener Schale abschmeckte, tüchtig verrührt und in eine mit kaltem Wasser ausgespülte Form gefüllt. Ist die Speise vollständig erstarrt, wird sie gestürzt und mit Vanillesauce oder Himbeersaft aufgetragen.

Schaumpudding, roter

1 l mit Rotwein oder Wasser vermischter Johannisbeer- oder Kirschsaft, 115 g Stärke, 6 bis 9 Eiweiß, nach Belieben auch einige Stückchen Zimt

Nachdem die Flüssigkeit zum Kochen gebracht, wird die mit etwas Wasser aufgelöste Stärke hinzugerührt und gut durchgekocht. Dann nimmt man den Topf vom Feuer, mischt den steifen Eiweißschaum leicht durch, läßt die Masse noch einmal aufkochen und schüttet sie in eine umgespülte, mit Zucker bestreute Porzellanform.
Kalt gestürzt wird der Pudding mit einer Vanillesauce serviert. – Für 12 bis 14 Personen.

Schneeball in Vanillesauce

1 l Milch, je nachdem man den Schneeball groß zu haben wünscht, 8 bis 12 recht frische Eier, 100 g Zucker, 1 Obertasse Mandeln, ein Stück Vanille und einige Stücke Zimt

Die Mandeln werden gerieben oder feingestoßen, mit Milch, Zucker und Gewürz langsam zum Kochen gebracht, damit letzteres gut ausziehe. Unterdessen wird das Eiweiß zu festem Schaum geschlagen, auf einer flachen Schüssel mit einem Messer glatt, rund und bergartig geformt, auf die kochende Milch geschoben und vorsichtig und langsam zuweilen 1 Löffelvoll darübergegeben, bis der Schnee gar ist, was nur einige Minuten dauert. Dann nimmt man ihn behutsam mit 2 flachen Löffeln heraus, legt ihn in eine tiefe Schale, zerrührt die Eidotter mit kalter Milch und gibt sie nebst walnußdick Butter, indem man den Topf vom Feuer genommen hat und stark rührt, allmählich zu der kochend heißen Vanillemilch, füllt danach die Sauce, welche zuvor noch eine Weile gerührt werden muß, um den Schneeball, jedoch so, daß derselbe ganz weiß bleibe, und nicht durch die Sauce befleckt werde.

Mit feinem Zucker bestreut und niedlich verziert, macht dies Gericht eine hübsche Mittelschüssel.

Eine schöne halbe aufgeblühte Rose, mit einigen kleinen Rosenblättern zusammengebunden, oben in der Mitte hineingesteckt, macht sich hübsch.

Falls 8 Eidotter zur Sauce angewendet werden, kann man vorher ½ Eßlöffel Stärke in der Milch durchkochen lassen.

Schneebälle für den gewöhnlichen Tisch

1 l Milch, 6 Eier, 2 EL voll Zucker, 1 EL Stärke, 4 Stück feingestoßene bittere Mandeln oder frische Pfirsichblätter

Nach vorhergehender Angabe gekocht, ebenso angerichtet, mit Zucker und Zimt bestreut.

Schneeberg mit Orangengeruch

Von sechs Eiweiß wird ein fester Schnee geschlagen und zuletzt ein Eßlöffel Zucker daruntergerührt. Nun macht man in einer Pfanne 1 l Milch mit einem Stückchen Zucker kochend und wirft hinein einige Orangenschalen, die man, wenn sie zwei Minuten damit gekocht haben, wieder herausnimmt. Der Eischnee wird jetzt zu vier Kugeln geformt, diese in der Milch einigemal überkocht, doch immer eine nach der anderen, und dann in eine tiefe Cremeschüssel gelegt. Nun rührt man einen Eßlöffel Mehl mit ⅛ l kalter Milch glatt an, gibt die sechs Eigelb dazu und schwingt dies mittels des Schneebesens mit der gekochten Orangenmilch und einigen Körnchen Salz auf dem Feuer schnell zu einer dicklichen Sauce. Diese richtet man hernach über die aufgehäuften Schneekugeln an und besteckt das Ganze nach Belieben mit eingemachten Bohnen oder Pistazien.

Schnee-Eier, aufgezogene

Von acht Eiweiß wird ein fester Schnee geschlagen und zwei Eßlöffel feiner Zucker daruntergemengt, dann in ein etwas weites, flaches Geschirr ½ l gute Milch, drei Eßlöffel Zucker und eine Zitronenschale gegeben und dies zusammen auf dem Feuer einigemal aufgekocht. Nun werden von dem Eischnee eiähnliche Klöße in die Milch eingesetzt, einigemal damit aufgekocht, stark mit Zucker überstreut und samt der Milch eine halbe Stunde in den Ofen gestellt, auf daß sie Farbe bekommen. Unterdessen bereitet man von den acht Eigelb eine Zitronensauce, richtet diese in die Cremeschüssel an, gibt hinein mit dem Backschäufelchen die aus dem Ofen genommenen Schnee-Eier, so daß die gelbgewordene Seite nach oben kommt und stellt sodann das Ganze kalt.

Schnee-Eier, maskierte, von Milch

Acht Eiweiß werden zu steifem Schnee geschlagen und hierunter zwei Eßlöffel Vanille- oder Zitronenzucker nebst vier Eßlöffel feinem gewöhnlichen Zucker gemengt. Nun wird von 1 l Milch der Rahm abgenommen, so, daß es ½ l gibt, die zurückgebliebene Milch mit einem Stückchen Zucker aufs Feuer gesetzt, und bei beginnendem Kochen der steife Eischnee, in vier eiähnliche Teile geformt, hineingelegt, welche man, genau bedeckt, ungefähr eine halbe Viertelstunde ziehen (ja nicht kochen) läßt, dann behutsam umwendet und, nachdem sie noch eine halbe Viertelstunde am Feuer gestanden, mit einem Schaumlöffel heraushebt und zum Ablaufen auf ein Sieb legt. Hernach rührt man einen Eßlöffel Reismehl oder in dessen Ermangelung gewöhnliches Mehl mit zwei Eßlöffel kaltem Rahm glatt an, gibt sechs Eigelb, ein Stengelchen Vanille oder die Schale einer halben Zitrone, sechs Eßlöffel feinen Zucker und einige Körnchen Salz hinein, verschlägt dies gut mit obigem ½ l Rahm und setzt es aufs Feuer, wo man es unter beständigem Schlagen mit einem hölzernen Schneebesen oder, wenn ein solcher nicht vorrätig, unter Rühren mit einem Kochlöffel so lange läßt, bis das Ganze kochend heiß geworden, doch nicht zum Kochen gekommen ist und ein dickliches Aussehen hat. Jetzt wird die Creme in eine Schüssel geleert, hier während des Erkaltens einigemal, damit sie keine Haut bekommen, umgerührt, die erkalteten Schnee-Eier sodann in die bestimmte tiefe Schüssel übereinander angerichtet und mit der gleichfalls erkalteten Creme mittels eines Eßlöffels überall sorgfältig bedeckt. – Nimmt sich besonders gut aus, wenn sie mit abgezogenen, feingeschnittenen Pistazien oder mit grünen, in Zucker eingemachten, zu Laubwerk geschnittenen Bohnen bestreut und am Rand mit kleinem Biskuit oder mit Makronen besetzt ist.

Schnee-Eier, maskierte von Wein

Bereitet man wie Grundrezept mit Milch, nur daß zur Creme, statt Rahm, 3/8 l Rheinwein und 1/16 l Wasser genommen wird. Beim Anrichten kann man unter die erkaltete Creme einen Eßlöffel Rum, Arrak oder Malaga mengen.

Schnee-Eier mit Vanillesauce

4 Eier, 1/2 l Milch, 120 g Zucker, 1 Päckchen Vanille, 1/2 TL Mondamin, 1/8 l Milch, Schale 1/2 Zitrone

Die Milch, 40 g Zucker, Vanille bringt man zum Kochen. Die Eiweiß schlägt man zu sehr steifem Schnee, zieht 80 g Zucker, Zitronenschale mit dem Löffel leicht unter. Mit 2 Eßlöffeln formt man Eier, setzt diese in die Milch und läßt sie 2 Minuten ziehen. Dann setzt man die Klöße auf eine Platte. Mondamin, Eigelb und 1/8 l Milch rührt man an, gibt dies unter Schlagen in die kochende Milch, läßt die Sauce einmal aufkochen und gibt sie, nachdem sie verkühlt ist, in eine Glasschale. Die Eier setzt man obenauf und garniert sie nach Belieben mit Geleestückchen.

Schokoladenbiskuit

Sechs Eigelb werden mit fünf Eßlöffel Zucker eine halbe Stunde fein abgerührt, darunter dann langsam zwei Eßlöffel feines Mehl, 100 g feingeriebene Schokolade und das zu Schnee geschlagene Weiße der sechs Eier gemengt, und diese Masse nun sogleich in eine gut mit Butter bestrichene Puddingform eingefüllt. Im übrigen verfährt man wie bei vorhergehender Art, und gibt den Pudding mit einer beliebigen süßen Sauce, besonders mit Vanille- oder Hagebuttensauce zu Tisch. – Kann man auch *reicher* machen, indem man unter die Masse, vor dem Vermischen des Schnees, 35 g feingewiegtes Zitronat, ebensoviel Pomeranzenschale, die feingewiegte Schale einer halben Zitrone und 70 g gewaschene kleine Weinbeeren mengt.

Schokoladenbombe

60 g geriebene Schokolade, die anderen Zutaten wie Vanillebombe. Die Schokolade mit der Milch anrühren und fertigmachen.

Schokoladeneis

Man reibt 4 Lot Schokolade auf dem Reibeisen, nimmt ein halbes Viertel gesiebten Zucker dazu, schlägt 1 oder 2 Eiweiß zu Schaum, rührt mit dem Schaum das Vorgemeldete an, und ein Zuckerlöffelein gestoßenen Zimt dazu.
Dieses Eis ist hauptsächlich zu Anisschnitten in Kapseln gut. Diese werden damit stark messerrrückendick geeist und dann getrocknet.

Schokoladeneis, andere Art

Die gleichen Zutaten wie Vanilleeis, beim Anrühren 80–100 g geriebene Schokolade oder 30 g Kakao zugeben.

Schokoladengrieß

1 l Milch, 40 g Butter, 80 g Zucker, 80 g geriebene Schokolade oder 2 EL Kakao, 150 g Grieß, 1 Vanille

Milch, Schokolade, Butter, Zucker aufkochen, den Grieß einstreuen, dickkochen, in eine mit Öl bestrichene Form füllen, kaltstellen und stürzen. Vanillesauce dazugeben oder mit ¼ l Schlagrahm spritzen.

Schokoladenpudding I

Es wird 50 g Mehl mit ¼ l Milch glatt angerührt, 140 g feingeriebene Schokolade, 100 g Butter, ebensoviel Zucker und einige Körnchen Salz hineingegeben, dies unter fortwährendem Rühren aufgekocht und hernach in eine irdene Schüssel geleert. Nach ziemlichem Erkalten werden sechs Eigelb dazugegeben, die Masse vollends kalt und leicht damit abgerührt, zuletzt der festgeschlagene Schnee der sechs Eiweiß damit vermischt, und das Ganze in eine gut mit Butter bestrichene Form eingefüllt. Im übrigen wird dann wie beim Chaudeaupudding verfahren, der Pudding eine Stunde gekocht, und mit einer Vanille- oder Zitronensauce zu Tisch gebracht. – Kann, wenn der Boden der dazu verwendeten Kapsel mit Vertiefungen versehen ist, auf folgende Art *verziert* werden: Man nehme einen Kochlöffel Mehl, ein Eigelb, einen halben Eßlöffel Zucker und nußgroß Butter, rühre dies mit ⅛ l Milch glatt an, bringe es aufs Feuer, und koche es unter beständigem Rühren auf, bis es sich verdickt. Mit dieser weißen Masse fülle man die Vertiefungen der Form mittels eines Kaffeelöffels sorgfältig ein, doch so, daß nichts über dieselben herausgeht, und gebe hierauf dann die andere Masse.

Schokoladenpudding II

3/8 l Milch, 125 g geriebene Schokolade, 1 EL Kakao, 60 g Butter, 125 g Mehl, 4–5 Eier, 1 Päckchen Vanille, 100 g Zucker

Milch, Schokolade, Kakao, 20 g Butter zum Kochen bringen, das Mehl zugeben, zu einem Kloß abrühren, 1 Eigelb zugeben, kaltstellen. Die übrige Butter, Zucker, Eigelb, Vanille schaumig rühren, den Kloß zurühren, zuletzt den Eischnee unterziehen. Die Form mit Butter und Mehl vorrichten, die Masse einfüllen, 1 1/4 Stunden im Waserbad kochen, Vanillesauce dazugeben. Der Pudding kann auch ohne Schokolade mit 30 g Kakao gemacht werden.

Schokoladenpudding III

1/4 l Milch, 100 g geriebene Schokolade oder 2 EL Kakao, 120 g Butter, 120 g Zucker, 1 Prise Salz, 150 g Mehl, 6 Eier

Milch und Schokolade aufkochen. Butter, Zucker schaumig rühren, Salz, Mehl zugeben, die kochende Milch zurühren, aufs Feuer nehmen, wie eine dicke Buttersauce kochen, 1 Eigelb zugeben, kaltstellen. Nach dem Abkühlen die übrigen Eigelb, zuletzt Eischnee unterziehen. In eine mit Butter und Mehl vorgerichtete Puddingform geben, am besten im Wasserbad im Backofen, ohne Deckel, etwa 3/4 bis 1 Stunde in mäßiger Hitze backen. Vor dem Stürzen etwas ruhig stehen lassen. Vanillesauce dazugeben.

Schokoladenpudding, glasierter

60 g Butter, 60 g Zucker, 4 Eier, 60 g geriebene Schokolade, 60 g Mandeln. Zum Guß: 2 Eiweiß, 60 g Zucker, 2 EL Himbeer- oder Aprikosenmarmelade

Unter die schaumige Butter rührt man Zucker und Eigelb und nach ½ Std. den steifen Eischnee nebst Schokolade und gemahlenen Mandeln. Die so vorbereitete Masse kommt in eine bestrichene, bestreute Puddingform und wird im Wasserbad 1¼ Std. gekocht. 10 Min. vor dem Gebrauch wird der Pudding gestürzt, mit dem Guß überzogen und auf einem mit Salz bestreuten Blech in den Backofen gestellt; der Guß muß sich leicht färben. *Guß:* Das Eiweiß wird zu steifem Schnee geschlagen, Zucker und Marmelade leicht daruntergezogen.

Schokoladenpudding ohne Eier

Man verkocht ½ l Wasser mit 50 g grobem Grieß, 40 g geriebener Schokolade, 100 g Zucker und 1 Prise Salz, gibt alles in eine mit kaltem Wasser ausgespülte Steingutschüssel und stürzt nach dem Erkalten die Speise, die man mit einem Berg Schlagsahne verdeckt oder mit kalter Vanillesauce serviert. – Will man zum Steifen keinen Grieß nehmen, so verwende man 45 g in kaltem Wasser aufgelöste Reisstärke und gebe anstelle der Schokolade 30 g Kakao und etwas Vanille dazu.

Schokoladenschnee, aufgezogener

100 g Schokolade, 1 Eiweiß, 60 g Zucker, 5 Eiweiß

Die geriebene Schokolade wird mit 1 Eiweiß und dem Zucker ¼ Std. gerührt, der Schnee der übrigen Eiweiße daruntergezogen und wie aufgezogener Erdbeerschnee weiter zubereitet.

Schokoladenzwetschgen auf andere Art

560 g schöne, gedörrte, gewaschene Zwetschgen werden in heißes Wasser gegeben und über Nacht in den abgekühlten Ofen gestellt, so daß sie aufschwellen, aber nicht kochen, dann nimmt man die Steine heraus und steckt Mandelkerne an deren Stelle. Nun werden sechs Eiweiß mit so viel Zucker, als sechs Eier schwer sind, zu steifem Schnee geschlagen, und darunter 70 g feingeriebene Schokolade gemengt. Mit dieser Masse übergießt man jetzt die hübsch auf eine butterbestrichene Porzellanplatte geordneten Zwetschgen und bäckt solche eine Viertelstunde in nicht zu heißem Ofen.

Schwarzbrot-Mus

2 bis 3 Händevoll Schwarzbrot werden gerieben, in einem irdenen Geschirr gelb in Butter geröstet, ein Schoppen Wein und ein halber Schoppen Wasser darangegossen, die kleingeschnittene Schale von einer Zitrone, ein Stücklein Zucker, etwas gestoßener Zimt und 4 gestoßene Nelken dazugegeben. Es muß fleißig gerührt werden, bis es zu kochen anfängt, weil es sich gern anhängt. Würde das Mus zu dick, so wird etwas Wasser und Wein nachgegossen.

Schwarzbrotpudding I

140 g Butter wird leicht abgerührt, dann sieben Eigelb und 175 g altgebackenes, geriebenes, nicht zu saures Schwarzbrot abwechslungsweise, nämlich mit jedem Eßlöffel Brot ein Ei darangerührt, ein kleiner Kaffeelöffel Nelken, 140 g abgeschälte gestoßene Mandeln worunter sechs Stück bittere sein müssen, 100 g geriebene Schokolade und ebensoviel Zucker beigefügt und dies zusammen gut abgerührt. Hernach wird der steife Schnee der sieben Eiweiß behutsam daruntergemengt, die Masse in die gut mit Butter bestrichene, am Boden mit halbierten Mandeln ausgelegte Puddingform eingefüllt und eine leichte Stunde im Dunst gekocht, wo man den Pudding umstürzt, und eine Chaudeausauce, in welche ein kleines Gläschen Rum gegossen wurde, dazu serviert.

Schwarzbrotpudding II

100 g geriebenes, geröstetes Schwarzbrot, 1/8 l Wein, 2 EL Rum,
100 g Zucker, 4–5 Eier, 60 g geriebene Mandeln,
40 g feingeschnittenes Zitronat und Orangeat, 1/2 TL Zimt,
Zitronenschale, nach Belieben 50 g Rosinen

Das Brot wird mit dem Wein und Rum angefeuchtet. Eigelb, Zucker, Zitrone schaumig rühren, die übrigen Zutaten, zuletzt Brot und Schnee abwechselnd unterziehen, die Form mit Butter und Weckmehl vorrichten, die Masse einfüllen, 1 Stunde im Wasserbad kochen. Frucht- oder Rotweinsauce dazugeben.

Schwammpudding

100 g in einer Pfanne zerlassene Butter wird mit 70 g Mehl und ¼ l Milch glatt angerührt, und dies auf dem Feuer unter beständigem Rühren so lange gelassen, bis der Teig glatt ist und sich von der Kasserolle ablöst, wo man ihn sodann in eine Schüssel nimmt, und nach ziemlichem Erkalten sechs Eier, 100 g Zucker, eine kleine Messerspitze Salz und einen Kaffeelöffel feingewiegte Zitronenschale hineinrührt. Zuletzt wird die Masse, mit dem festgeschlagenen Schnee der sechs Eiweiß vermengt, in eine gut mit Butter bestrichene Form eingefüllt, der Pudding beendet, eine Stunde gekocht und mit Saucen nach Wahl zu Tisch gebracht. – *Verzierungen:* Sehr hübsch ist dieser Pudding, wenn vor dem Einfüllen der Masse der innere Rand des Bodens der Form mit großen Weinbeeren, und die äußersten Rändchen der Vertiefungen mit reinen, trockenen Rosinen (kleine Weinbeeren) belegt werden. Auch kann man fein zu Blättchen geschnittene eingemachte grüne Bohnen und eingemachte Hagebutten oder andere kleine eingemachte Früchte einlegen. Ferner kann man ihn in der Art verzieren, daß man einen kleinen Teil der Masse mit 20 g geriebener Schokolade vermengt und damit, bevor man das übrige hineingibt, die Vertiefungen der butterbestrichenen Form behutsam glatt einfüllt.

Schwammpudding mit Mandeln

In die Puddingmasse gebe man vor dem Vermischen des Schnees 70 g abgeschälte, feingeschnittene oder mit einem Eiweiß gestoßene, süße, und sechs Stück geschälte, ebenfalls gestoßene bittere Mandeln, beende den Pudding dann wie vorigen, und gebe eine beliebige Milch- oder Weinsauce dazu.

Semmelbrot, gebackenes

Ein großes, frisches Semmelbrot, zum Einweichen 1/2 l Milch, 4 Eier, 2 EL Zucker, Zimt, Muskatblüte und zum Eintauchen eine beliebige Klare

Nachdem von dem Brot die Kruste abgeschnitten, lasse man es in der angegebenen Masse völlig durchweichen, tauche es in die bemerkte Klare, backe es in Schmelzbutter gelbbraun und bestreue es heiß mit Zucker und Zimt.
Diese Schüssel wird als Nachgericht mit einer Schaum- oder Fruchtsauce zur Tafel gegeben.
Auch kann man das Brot nach dem Einweichen mit geschnittenen Mandeln bestecken und in einem recht heißen Ofen gelbbraun backen, wobei man es zuweilen mit gelbbrauner Butter begießt.

Semmelgericht, Schweizer

Milchbrötchen, Milch, Zucker und Zimt

Die kleinen Semmel- oder Milchbrötchen werden der Breite nach einmal durchgeschnitten, in Milch eingeweicht, so daß sie durch und durch weich werden, und zum Abtröpfeln auf schräggestellte Schüsseln gelegt. Dann werden sie in kochender Schmelzbutter gelbbraun gebacken, sogleich mit Zucker und Zimt bestreut und womöglich warm zur Tafel gegeben. Sie passen mit einer Weinsauce als Nachgericht.

Semmelpudding

Vier gestrige Semmeln werden leicht abgeschält oder abgerieben und in halb Milch, halb Wasser eingeweicht, doch nur so lange, bis sie durch und durch weich sind (was in einer halben Viertelstunde der Fall sein wird), worauf man sie sogleich fest ausdrückt. Nun wird 140 g Butter leicht gerührt, hierzu dann sieben Eigelb, das ausgedrückte Brot, 100 g feiner Zucker, ein kleiner Kaffeelöffel feingewiegte Zitronenschale, 70 g gewaschene kleine Weinbeeren und ebensoviel abgeschälte gestoßene Mandeln gegeben, und dies zusammen noch eine Viertelstunde gerührt, bis die Masse leicht und schaumig aussieht. Alsdann gibt man nach Belieben zwei Eßlöffel Rum dazu, mischt das zu festem Schnee geschlagene Weiße der sieben Eier sorgfältig darunter, füllt hernach die Masse in eine gut mit Butter bestrichene Form und beendigt den Pudding wie bei Chaudeaupudding beschrieben. Er wird eine gute Stunde gekocht, und mit einer weißen Weinsauce oder Hagebuttensauce zu Tisch gebracht. – Eine Hauptsache ist, daß das Brot nicht zu weich wird, weil der Pudding sonst nicht schön aufgehen und netzig bleiben würde.

Semmelpudding, andere Art

6 Semmeln, 3/4 l kochende Milch, 60 g Butter, 120 g Zucker, 4–5 Eier, 50 g geriebene Mandeln, 50 g feingeschnittenes Zitronat und Orangeat, 1/2 TL Zimt, 50 g Rosinen, Zitronenschale

Die Brötchen in feine Scheiben schneiden, mit der kochenden Milch übergießen, zudecken, durchziehen lassen, dann fein verzupfen. Butter schaumig rühren, Zucker, Eigelb mit schaumig rühren, die anderen Zutaten, zuletzt Brötchen und Schnee lose unterziehen. Die Form mit Butter und Weckmehl vorrichten, den Pudding 1 Stunde im Wasserbad kochen. Frucht- oder Weinsauce dazu geben. Will man den Pudding einfacher haben, läßt man Mandeln und Zitronat weg.

Semmelpudding mit Kirschen

Dazu braucht man: 1½ Pfund Semmeln, 140 g Butter, 150 g Zucker, 8 Eier und zwei Pfund Kirschen. Zuerst schäle man die Semmeln ab, schneide sie in Scheiben und weiche sie in ¾ l Milch auf; dann rühre man sie mit der Butter und dem Zucker auf dem Feuer zu einem dicken Teig ab. So lange der Teig noch heiß ist, gibt man 2 ganze Eier hinzu, wenn er schon kalt geworden ist, vermische man ihn mit 6 Eidottern. Nachdem man noch abgeriebene Zitronenschale, etwas gestoßenen Zimt und bittere Mandeln, sowie die entsteinten Kirschen und den Schnee von 6 Eiern hinzugefügt, lasse man den Pudding 1½ Stunden kochen und gebe dann eine Kirschsauce dazu.

Souffle au riz in einer Kruste

5 zu steifem Schnee geschlagene Eier werden mit 250 g Puderzucker vorsichtig gemengt und die Hälfte dieser Masse in eine ausgebutterte Porzellanschüssel gestrichen. In mäßig heißer Röhre läßt man die Masse zu einer hellen aber festen Kruste backen. Unterdessen kocht man 50 g Javareis in 1 l süßer Milch zu steifem Brei, gibt Zucker nach Geschmack und die abgeriebene Schale einer Zitrone dazu und verrührt zuletzt den Brei mit 4 Eidottern. Nachdem man diesen in die Kruste eingefüllt hat, verschließt man die Breischicht mit der zweiten Hälfte der Schaummasse und läßt die Speise in der Röhre bei mäßiger Hitze aufgehen und den Deckel schön goldgelb backen.

Stachelbeerkompott

560 g noch etwas harte, von den Butzen und Stielen befreite Stachelbeeren werden mit 200 g Zucker, einem Glas Wasser und einem halben Glas Wein aufs Feuer gesetzt und einigemal leicht aufgekocht, dann mit dem Schaumlöffel in die bestimmte Schüssel angerichtet, und der zurückgebliebene, noch dicker eingekochte Saft darübergegossen.

Stachelbeerkompott, andere Art

Man gibt die geputzten Stachelbeeren in kochendes Wasser und stellt sie zugedeckt so lange neben das Feuer, bis sie in die Höhe kommen, wo man sie dann mit dem Schaumlöffel herausnimmt und in ein Sieb legt. Nun kocht man 200 g Zucker mit einem Glas Wasser bis er anfängt dick zu werden, legt sodann die Stachelbeeren hinein und läßt sie, wie oben, zugedeckt auf dem heißen Herd wenigstens eine Stunde lang ziehen, doch dabei achtgebend, daß sie nicht kochen, da sie in diesem Fall gleich zerplatzen würden. Sie werden jetzt herausgehoben und in die Kompottschale gelegt, und der zurückgebliebene Saft mit 100 g Zukker so lange eingekocht, bis er anfängt Blasen zu werfen und, in die Höhe gehoben, langsam vom Löffel abläuft, worauf dieser schöne, rötliche Saft über die Stachelbeeren gegossen, und das Ganze mit fein länglich geschnittener Zitronenschale, doch nur sparsam, bestreut wird.

Süßäpfel-Kompott

Die Süßäpfel werden geschält, wenn sie nicht groß sind, nur in 2 Teile, im Gegenteil aber in 4 Stücke geschnitten und mit einem Schoppen Wein und einem Schoppen Wasser zugesetzt. Von einer halben Zitrone gibt man die kleingeschnittene Schale nebst dem Saft auch an die Äpfel, ein paar Stücklein ganzen Zimt, 4 Lot Zucker und ein Viertel sauber gewaschene kleine Rosinen auch dazu und kocht dies alles zusammen so lange, bis die Äpfel weich sind, und die Sauce ganz kurz (wenig) ist.
Sie können kalt oder warm gegeben werden.

Süßäpfelbrei

Süße Äpfel werden mit Wasser, einem Stückchen Butter und Anissamen gekocht; ehe sie ganz weich geworden, gibt man einige saure Äpfel hinzu, oder es wird den süßen Äpfeln sogleich etwas Essig zugesetzt. Nachdem sie völlig weich geworden, fügt man etwas geriebenes Schwarzbrot und nach Verhältnis auch 1 bis 2 Eßlöffel Mehl, mit Milch angerührt, und eine Kleinigkeit Salz dazu, läßt den Brei unter stetem Rühren gut durchkochen und richtet ihn zu Pfannkuchen an.

Süße Flädlein

Einen starken Kochlöffel Mehl, 4 Lot geschälte und zartgestoßene Mandeln, 2 Lot gestoßenen Zucker und ein wenig Zimt, dies alles rührt man mit ein wenig süßem Rahm glatt, schlägt 6 Eier hinein und gießt noch soviel Milch daran, daß der Teig in der Dicke etwas geringer als ein gewöhnlicher Flädleinsteig wird. Die Flädlein werden auf beiden Seiten gelb gebacken. Wenn sie alle beisammen sind, schneidet man jedes Flädlein in 3 Teile, und stellt sie aufrecht auf ein Zinn, macht dann eine halbe Maß gute Milch mit etwas Zucker kochend, gießt den halben Teil über die Flädlein, läßt solche auf dem Feuer aufkochen, zieht die andere Hälfte mit 3 Eigelb ab, schüttet dieses, kurz vor dem Auftragen der Platte daran, und läßt sie noch ein wenig anziehen.

Tag- und Nachtpudding

¼ l Milch, 120 g Mehl, 100 g Butter, 100 g Zucker, Zitrone, 60 g geriebene Schokolade, 30 g geschälte, geriebene Mandeln, 4–5 Eier

Milch, 50 g Butter bringt man zum Kochen, gibt das Mehl zu, rührt es zu einem Kloß ab, gibt 1 Eigelb zu und stellt die Masse kalt. Die übrige Butter, Zucker, Eigelb rührt man schaumig, gibt den Kloß, die Mandeln und zuletzt den Eischnee zu. Man teilt die Masse, gibt in die eine Hälfte die Schokolade. Die Form mit Butter und Mehl vorrichten, die dunkle Masse, dann die helle einfüllen, den Pudding 1¼ Stunden im Wasserbad kochen. Anstatt Schokolade kann man auch 1 Eßlöffel Kakao nehmen. Schokoladensauce oder Chaudeau dazugeben.

Tee-Eis

1 EL Tee mit ¼ l kochendem Wasser übergießen, 4 Minuten ziehen lassen, abgießen. Die anderen Zutaten wie Vanilleeis, ⅜ l Milch nehmen, fertigmachen wie Vanilleeis.

Teig-Zwetschgen, Affentaler

Schöne große Zwetschgen werden an einer Seite vorsichtig aufgeschnitten, der Stein entfernt und an einer Stelle ein Stückchen Marzipan in die Frucht eingelegt. Nun wird die Zwetschge wieder zugedrückt und in die alte Form gebracht.
Der Ausbackteig wird so zubereitet: gemischt werden etwa 300 g Mehl, 2 EL Öl, 1 Prise Salz, 2 EL Zucker, 2 Eigelb und etwas Mineralwasser, bis ein dickflüssiger Teig entsteht. Die Eiweiß werden zu Schnee geschlagen und der Schnee unter den Teig gezogen. In diese Masse werden die Zwetschgen getaucht und mit einer Gabel wieder herausgezogen. Anschließend werden sie in schwimmendem Fett (Fritüre) gebacken und dann in Zimtzucker gewälzt. Die Zwetschgen können warm und kalt gegessen werden.
Dazu schmeckt ein Affentaler Rotwein ganz vorzüglich.

Tutti- frutti

15 Löffelbiskuit oder Reste von Biskuittorte in Streifen geschnitten, 1/16 l Rum oder Arrak, 1/8 l Wein oder Wasser, Vanillecreme oder Wackelpeter, Himbeer- oder Erdbeermarmelade oder gedünstete Früchte

In eine Glasschale gibt man eine Lage Biskuit, befeuchtet diese mit Rum und Wein, darauf Früchte, etwas Creme, wieder Backwerk, anfeuchten, Früchte und Creme, als Abschluß Creme. *Oder:* Man gibt Biskuit und Früchte lagenweise in die Schale und alle Creme obenauf. Bis zum Gebrauch kaltstellen.

Vanillebombe

4 Eigelb, 100 g Zucker, 1/4 l Milch, 1 Päckchen Vanille, 1/2 l süßen Rahm

Eigelb, Zucker, Milch unter Schlagen einmal aufkochen, Vanille zugeben, kaltstellen. Den Rahm steifschlagen, die erkaltete Creme leicht unterziehen, einfüllen, fertigmachen.

Vanilleeis

3 Eigelb, 100 g Zucker, 1/2 l Milch, 1 Päckchen Vanille, 1/2 Tl Mondamin, Schnee der Eiweiß oder 1/4 l Schlagrahm

Mondamin, Zucker, Eigelb mit der Milch anrühren, auf dem Feuer schlagen, bis die Masse einmal aufkocht, Vanille zugeben, kaltstellen. Nach dem Erkalten den Eischnee oder Schlagrahm unterziehen, mit oder ohne Maschine fertigmachen.

Vanilleeis mit Früchten

Aprikosen oder Pfirsiche werden geschält, halbiert, in dickem Zuckersirup vorsichtig weichgekocht und kaltgestellt. Vanilleeis wird in Gläser eingefüllt, die Früchte daraufgelegt, mit Himbeermark überzogen oder mit Schlagrahm gespritzt. *Oder:* Man gibt das Eis bergig auf eine Platte, garniert mit den Früchten und spritzt mit Schlagrahm.

Veilcheneis

250 g Zucker, 1¼ l dicke süße Sahne, ¼ l Veilchensaft, 12 Eidotter

Dies wird unter beständigem Rühren bis vors Kochen gebracht, erkaltet in eine Gefrierdose gegossen.

Viktoriapudding

1½ Stange Agar-Agar, in Ermangelung 65 g Gelatine, 65 g Biskuitchen, 130 g halb Sultanrosinen, halb Korinthen oder anstatt derselben eingemachte, in Stückchen geschnittene Aprikosen, Schale einer und Saft von 2 Zitronen, ½ Flasche Weißwein, 125 g Zucker, 10 Eidotter und 2 ganze Eier

Agar-Agar wird mit Wein, Gelatine mit Wasser aufgelöst. Der Wein wird mit dem gestoßenen Zucker, Eiern und Zitronen unter stetem Schlagen mit dem Schaumbesen aufgekocht, vom Feuer genommen und das aufgelöste Bindungsmittel nebst dem Eiweißschaum gut durchgerührt. Dann füllt man in die mit feinem Öl ausgestrichene Porzellanform die Hälfte der Creme, legt die Biskuitchen, in Maraschino getunkt, darüber hin, streut die Rosinen und Korinthen oder Aprikosen darauf, bedeckt solches mit der übrigen Creme, stellt es zum Erstarren auf Eis oder an einen kalten Ort und gibt die Speise umgestürzt ohne Sauce zur Tafel.

Walderdbeeren, frische

Die Erdbeeren werden eine Stunde vor dem Servieren gewaschen, recht reichlich mit gestoßenem Zucker bestreut und etwas Wasser (kein Wein, wie man dies so häufig findet, wodurch die Erdbeeren ihr schönes Aroma fast ganz verlieren) darübergegeben, womit man sie eine Stunde zugedeckt stehen läßt.

Wecken, gefüllte

Von 2 oder 3 Kreuzerwecken schneidet man eben eine Schnitte ab, nimmt das Innere sauber heraus, weicht es in süße Milch ein, drückt es wieder aus, rührt 4 Lot abgezogene und gestoßene Mandeln nebst dem ausgedrückten Wecken und einer Handvoll Zucker mit 3 Eiern eine Viertelstunde, gibt ein wenig Zimt und 4 Lot große und kleine Rosinen hinein, füllt die ausgehöhlten Wecken damit, legt die Schnitten wieder oben darauf, umbindet sie mit einem Faden, verrührt 4 Eier mit einem halben Schoppen süßem Rahm, legt die gefüllten Wecken hinein, kehrt solche ein paarmal um, bis sie weich sind, backt sie dann im Schmalz gelb, und macht eine süße Sauce darüber, worin sie noch ein wenig aufkochen müssen. Sie können trocken mit Zucker und Zimt bestreut oder mit Zwetschgen gegeben werden.

Weckpudding

4½ trockene Brötchen, ¼ l heiße Milch, 70 g Butter, 80 g Zucker, 4 Eier, die abgeriebene Schale ¼ Zitrone, 30 g Korinthen, 40 g feingeschnittene Mandeln

Die Brötchen werden abgerieben, in Scheiben geschnitten, mit der heißen Milch begossen und zugedeckt. Sodann rührt man Butter schaumig, gibt Zucker, Eigelb, etwas Zitrone und nach ½ Std. die gewaschenen, gebrühten Korinthen, die feingeschnittenen Mandeln und die fein verzupften Brötchen zu. Zuletzt mengt man den Eischnee darunter, füllt die Masse in eine gut bestrichene Form und kocht sie 1 Std. im Wasserbad. Der Pudding wird mit Karamel- oder Weinbeiguß serviert.

Weihnachtspudding, englisch

250 g geriebenes Weißbrot, 60 g Mehl, 250 g Margarine oder Butter, 250 g brauner Zucker, 350 g Sultaninen, 400 g Korinthen, je 30 g Zitronat und Orangeat (gehackt), 60 g geschälte, geriebene Mandeln, 1 gehäufter TL Zimt und Nelken (gemischt), 1 Zitrone (abgeriebene Schale und Saft), 1 Apfel (geschält und gerieben), 4 Eier, 3 EL Sherry, Rum oder Weinbrand

Zweimal ½ l und einmal ¼ l fassende feuerfeste Gefäße oder Schüsseln einfetten, ebenso doppelt dicke Pergamentpapierstücke zum Zubinden der Gefäße. In der genannten Reihenfolge alle vorbereiteten Zutaten in eine große Schüssel geben und gut miteinander vermischen. Die Masse in die gefetteten Gefäße füllen, mit dem Papier bedecken und mit Schnur gut zubinden. 6 Stunden im Wasserbad kochen, wobei das Wasser die Gefäße bedecken muß und nicht aufhören darf zu kochen. Danach die Papierdeckel durch saubere Tücher ersetzen, wieder gut zubinden und etwa 6 Wochen kühl aufbewahren. Weihnachten noch einmal etwa 3 Stunden im Wasserbad erhitzen, auf einen heißen Teller stürzen, mit etwas Rum begießen und brennend zu Tisch bringen. Dazu gehört Vanillesauce.
6 Wochen vor Verzehr zuzubereiten, für 10–12 Personen.

Weinpudding

1 Flasche guter Rheinwein, 12 Eidotter, 250 g Zucker, Stand von Kalbsfüßen, Saft und abgeriebene Schale einer Zitrone, ganzer Zimt. Statt Kalbsstand kann man auch eine Stange Agar-Agar oder 40 g Gelatine nehmen. Wünscht man diese Speisen nicht zu stürzen, sondern in Assietten zu servieren, so ist etwas weniger hinreichend

Wein, Zucker, und Gewürze setzt man, fest zugedeckt, aufs Feuer, lasse es bis vors Kochen kommen, gebe das Gelee hinzu, lasse es durchkochen, nehme den Topf vom Feuer, das Gewürz heraus und rühre die Eidotter, mit etwas kaltem Wasser zerrührt, gut durch die Masse, damit sie nicht gerinnen, gieße dieselbe schnell in eine Schüssel, rühre sie

noch einige Minuten und gebe sie in eine mit Mandelöl bestrichene Porzellanform.
Erkaltet wird dieser Pudding, ebenso fein wie angenehm von Geschmack, gestürzt und mit einer Vanillesauce zur Tafel gegeben. – Für 24 Personen.

Weintraubenpudding

125 g Butter, 8 Eier, 125 g feingestoßene Mandeln, 200 bis 500 g durchgesiebter Zucker, Zimt, auch nach Belieben etwas Zitronenschale, 375 g abgeschältes Weißbrot, 1 Suppenteller voll abgepflückter Trauben

Man weicht das Weißbrot in kalter Milch ein, drückt es aus, rührt die Butter zur Sahne, gibt Eidotter, Zucker, Gewürz, das Weißbrot dazu, und mischt, nachdem die Masse stark verrührt ist, die Trauben nebst dem Eiweißschaum durch.
Man lasse diesen Pudding 2 Stunden kochen. Eine Schaumsauce ist am angenehmsten dazu. – Für 8 bis 10 Personen.

Wiener Mus

Man rührt ein halbes Pfund Butter leicht, schlägt 12 Eigelb langsam hinein und nimmt anderthalb Viertel abgezogene und ganz fein gestoßene Mandeln, und 3 Eßlöffel feingesiebtes Stärkemehl dazu. Wenn diese Masse recht gerührt ist, gibt man noch 4 Lot gewaschene und auf einem Tuch wohl abgetrocknete Rosinen, einen halben Schoppen guten süßen Rahm, ein Quint Zimt und 6 Lot gestoßenen Zucker hinein, bestreicht eine blechene Schüssel oder Potageblech mit Butter, füllt die Masse hinein, und läßt sie im Backofen oder auf dem Feuer langsam aufziehen. Wird es mittags als ein Zwischen-Gemüse gegeben, so ist der halbe Teil von der hier angegebenen Portion genug.

Weißes Eis

Von einem Ei wird das Weiße zu Schaum geschlagen, der Saft von einer halben Zitrone dazugegeben, und ein Viertel gesiebter Zucker eine Viertelstunde damit gerührt, sobald es recht weiß ist, kann es gebraucht werden.

Westfälischer Pudding, gefroren

300 g Zucker läßt man mit einer Stange Vanille in $^{9}/_{10}$ l süßer Milch aufkochen und rührt 9 in ein wenig kalter Milch verquirlte Eigelb dazu, läßt die Masse unter anhaltendem Rühren auf dem Feuer dick werden und dann erkalten. Dann gießt man die Masse durch ein Sieb in die Gefrierdose, setzt diese in Eis und Salz und bearbeitet die Masse tüchtig mit dem Stichel oder Spatel. Am bequemsten ist es, hat man eine Eismaschine der Alexanderwerke. Man arbeitet nach und nach noch $1^{1}/_{5}$ l süße Sahne, die man mit etwas Zucker versüßt hat, 70 g süße, 25 g bittere, grobgewiegte Mandeln und 40 g geriebenen Pumpernickel darunter und zuletzt ein Likörglas Maraschino. Ist die Masse allmählich ziemlich steif geworden, füllt man sie in eine Puddingform um, verschließt diese gut und vergräbt sie 3 Stunden lang in haselnußgroßen Eisstückchen und ebensoviel Viehsalz. Vor dem Stürzen schlägt man heiße Tücher um die Form oder taucht sie in warmes Wasser. Man arrangiert einen Kranz aus Waffeln und Biskuits rings um die Speise.

Zimtäpfel

500 g Äpfel, 50 g Butter, 3 EL Weißwein, 100 g Zucker, 1–2 TL gemahlener Zimt

Die Äpfel werden geschält, in Viertel geteilt und in die heiße Butter gegeben. Dazu gießt man den Weißwein und dünstet die Äpfel etwa 10 Minuten. Inzwischen vermischt man Zucker und Zimt und streut die Mischung über die Äpfel. Die Zimtäpfel schmecken am besten warm und passen gut zu Wild.

Zimteis

In ½ l Rahm koche man ein fingerlanges Stückchen Zimt, das in kleinere zerbrochen wurde, und beende das Eis wie Vanilleeis. – Feiner im Geschmack wird dieses Eis, wenn unter die Creme vor dem Einfüllen in die Gefrierdose einige Tropfen *Zimtessenz* gemengt wird. In diesem Fall bleibt dann der Zimt weg.

Zimteis, einfaches

Ein Viertel gesiebter Zucker wird mit dem Schaum von einem Eiweiß eine Viertelstunde gerührt, ein Lot Zimt gestoßen, durch ein Haarsieb gestäubt, dann an die gerührte Masse gegeben. Ist dieselbe zu dick, so wird ihr mit ein wenig Eiweiß geholfen.

Zitroneneis

4 Zitronen, 1/2 l Wasser, 300 g Zucker, 1 Eiweiß

Das Gelbe von 2 Zitronen, dünn geschält, kocht man mit dem Zucker und Wasser auf und läßt es erkalten. Dazu gibt man den Saft von 4 Zitronen, seiht die Masse durch, gibt sie in die Maschine und macht sie fertig wie Fruchteis. Nach Belieben 2 Eischnee zugeben.

Zitronenbrei

Eine Zitrone wird am Zucker abgerieben, zwei Kochlöffel Mehl nebst der abgeriebenen Zitrone in einer Messingpfanne oder Kasserolle mit ein wenig Wein glatt gerührt, das Gelbe von 6 Eiern darangegeben und mit einem Schoppen alten Wein nebst dem Saft von der Zitrone vollends angerührt, dann etwas Safran mit einem Glas kochendem Wasser abgebrüht, damit es die Farbe herauszieht, durch einen Schaumlöffel in den Brei gegossen, unter beständigem Rühren aufgekocht, und dann angerichtet. Will man den Brei süßer haben, so kann bei dem Anrichten noch mehr Zucker darangegeben werden.

Zitronenküchlein

Zwei Zitronen werden an 560 g Zucker abgerieben, letzterer dann feingestoßen und gesiebt, mit fünf Eiern eine halbe Stunde schaumig gerührt, und 560 g gesiebtes Mehl daruntergemengt. Von dieser Masse setzt man jetzt mit einem Eßlöffel auf ein mit Butter bestrichenes Blech runde Küchlein, und stößt das Blech mehrmals auf den Tisch auf, wodurch die Küchlein ein glattes, glänzendes Aussehen bekommen. So bleiben sie eine Stunde stehen, und werden dann im abgekühlten Ofen langsam gelb gebacken.

Zitronenpudding

1 Flasche Weißwein, 11 frische Eier, 250 g Zucker, 3 frische Zitronen, knapp 30 g Hausenblase oder eine Stange Agar-Agar oder 30 g Gelatine, 1 EL Stärke

Nachdem das eine oder andere aufgelöst, lasse man es durch ein Mulläppchen fließen. Dann reibe man 2 Zitronen auf dem Zucker ab, presse aus 3 Zitronen den Saft, zerrühre die Eidotter und lasse solches nebst Wein und der mit etwas Wasser aufgelösten Stärke unter fortwährendem Rühren bis vors Kochen kommen. Schnell den Topf vom Feuer genommen, rühre man den steifen Schnee gut durch und schütte die Masse in eine mit feinem Öl bestrichene Form. – Für 24 Personen.

Zwetschgen in Zucker

Sie werden geschält und aufgeschnitten, nur daß die Steine herausgenommen werden können. Zu einem Pfund ausgesteinter Zwetschgen läutert man 3 Viertel Zucker, schneidet die Schale von einer Zitrone, 2 Lot Zitronat und ebensoviel Pomeranzenschalen klein, gibt das Geschnittene auch in den Zucker und die Zwetschgen dazu. Sobald sie zu kochen anfangen, werden sie fleißig abgeschäumt und, wenn sie eine Zeitlang gekocht haben, mit einem Löffel pünktlich in die Schüssel gelegt, am anderen Tag wieder etwas stärker gekocht, und dann in Gläsern oder Porzellan-Gefäßen aufbewahrt. Sie können zur Fülle in Torten gebraucht werden.

Zwetschgen, gebackene

Ein Pfund Zwetschgen setzt man mit halb Wasser und halb Wein, einem Stücklein Zucker, etwas Zitronenschalen und ein wenig gestoßenem Zimt zu, kocht die Zwetschgen so lange, sie sie weich sind, gibt sie dann auf eine Platte, läßt sie kalt werden, nimmt die Steine heraus, steckt dagegen in jede eine geschälte Mandel hinein, rührt einen dünnen Teig, wie solcher bei den Kirschen angezeigt ist, an, kehrt die Zwetschgen darin um, backt sie gelb und überstreut sie nach diesem mit Zucker und Zimt.

Zwetschgen, gekochte

Die Zwetschgen werden ausgesteint und gewaschen, mit 70 g Butter, einem halben Gläschen Wasser, einem Stück Zucker und einem Stengelchen Zimt aufs Feuer gesetzt und zugedeckt weichgedünstet, dann in einer Schüssel angerichtet und der Saft darübergegossen. – Kann man auch ganz nach *voriger* Nummer kochen.

Zwetschgen, gekochte, getrocknete

560 g Zwetschgen werden in warmem Wasser gewaschen, dann mit einem Glas Wein, $\frac{3}{4}$ l Wasser, einem Stück Zucker und einem Stengelchen Zimt zum Feuer gesetzt und zugedeckt langsam weichgekocht. Nachdem sie mit einem Schaumlöffel in die bestimmte Schüssel angerichtet, wird der zurückgebliebene Saft noch ein wenig eingekocht und sodann darübergegossen.

Zwetschgen, gekochte, getrocknete, gewöhnliche Art

Nachdem die Zwetschgen in warmem Wasser gewaschen, werden sie mit Wasser zum Feuer gesetzt und langsam weichgekocht, unterdessen ein Kochlöffel Mehl und ein Eßlöffel Semmelbröseln in einem Stückchen Butter gelb geröstet, dies mit dem Absud der Zwetschgen abgerührt, und letztere dann noch eine Viertelstunde darin aufgekocht.

Zwetschgen, geröstete mit Schokolade

560 g schöne, gedörrte Zwetschen werden gewaschen, in Wasser weichgekocht und hernach abgeschüttet und ausgesteint. Nun macht man 140 g Butter oder gutes Schmalz heiß, gibt die Zwetschgen hinein und röstet sie einigemal darin um, wohl achtgebend, daß dieselben nicht anbrennen. Dann bringt man sie zum Ablaufen auf ein Sieb, legt solche, während sie noch warm sind, in 140 g geriebene, mit 100 g Zucker vermengte Schokolade, und kehrt sie darin um, so daß sie ganz damit überzogen sind. Hernach werden sie aufgehäuft auf die bestimmte Platte angerichtet, und der Rand der letzteren mit Butterteigblümchen bekränzt, welche vor dem Backen mit Ei bestrichen und mit Zucker und Zimt bestreut wurden.

Zwetschgenberg, Windecker

Mit einem etwas größeren Keksausstecher werden aus Mürbeteig kleine Böden ausgestochen. Auf sie wird kuppelförmig mit Kirschwasser abgeschmeckte und mit Gelatine gesteifte Schlagsahne aufgespritzt. Die kleinen Kuppeln werden mit halbierten rohen Zwetschgenhälften umstellt und mit etwas Gelee abgeglänzt. Den Abschluß bildet eine mit einer abgezogenen Mandel gefüllte, ungeschälte und abgeglänzte Zwetschge, in die als Stiel ein Stift aus Schokolade gestellt wird.

Zwetschgenkompott

Man zieht den Zwetschgen, nachdem man sie in einem Siebchen einige Minuten in kochendes Wasser gehalten, die Haut ab. Ist dies geschehen und sind die Steine herausgekommen, so setze man sie ohne Flüssigkeit mit gestoßenem Zucker und etwas Zimt aufs Feuer, lasse sie eine Weile kochen, doch nicht zu weich werden, und richte sie mit dem Saft an.

Auch kann man den Saft mit 1 bis 2 Teelöffeln Rum vermischen.

Zwetschgenkompott, feines

Hierzu gehören gute Zwetschgen, ganz frei von Rauchgeschmack. Sie werden, wie das immer geschehen muß, mit heißem Wasser zwischen den Händen gerieben, gewaschen, mit kaltem Wasser rasch zum Kochen gebracht und abgegossen. Ist das geschehen, so werden sie 2 bis 3 Tage vor dem Gebrauch in einem Bunzlauer Geschirr mit weißem Wein bedeckt und mit dem nötigen Zucker, einigen Stückchen Zimt und Zitronenschale, fest verschlossen, langsam zum Kochen gebracht, bis zum bestimmten Tag hingestellt und angerichtet; jedoch müssen sie in dieser Zeit oftmals umgeschüttelt werden.

Auf diese Art zubereitet, sind die Zwetschgen an angenehmem Geschmack den eingemachten vollkommen gleich.

Zwetschgenkompott zu Mehlspeisen

Die Zwetschgen werden gut gewaschen, ausgesteint, ohne Wasser mit Zucker und etwas Zimt weichgekocht und mit dem Saft angerichtet. Es ist dies ein angenehmes Essen zu Klößen oder Pfannkuchen.

Zwetschgenkompott, besonders angenehm zu Mehl- und Grießmehlpudding, sowie auch zu Klößen

Gute Zwetschgen werden abgekocht und zeitig in einem Bunzlauer Geschirr mit Wasser bedeckt und mit etwas Gewürz auf ein nicht zu starkes Feuer gestellt, wo sie mehr weichen als kochen. Nachdem sie halbgar geworden sind, gibt man zu 1000 g Zwetschgen 500 g ausgesuchte und gut gewaschene Rosinen, kocht beides weich und richtet es an.

Zwetschgenkompott von rohen Zwetschgen

Recht reife abgezogene Zwetschgen mit den Steinen 1 Stunde vor dem Anrichten in geriebenem Zucker gewälzt und in eine Assiette gelegt, geben ein angenehmes Kompott.

Zwetschgenmus

Gute Zwetschgen werden nach dem Abbrühen in einem Bunzlauer Geschirr mit halb Wasser, halb Wein weichgekocht und durch ein Sieb gerührt. Dann wird das Mus mit geriebenem und in Butter geröstetem Brot, Zucker, kleingeschnittener Zitronenschale und Zimt noch ein wenig gekocht und in einer Kompottiere angerichtet.

Zwetschgenmus, andere Art

Die Zwetschgen werden gewaschen, ausgesteint, in ihrem eigenen Saft weichgekocht, durch ein Sieb gerührt, mit geriebenem, in Butter geröstetem Brot, Zucker, Zimt, Zitronen- oder Apfelsinenschale gut durchgekocht und angerichtet.

Zwetschgenpastetchen, Bühlerhöher

In Blätterteigpastetchen mit einer möglichst großen Öffnung und schmalem Rand wird zunächst ein Teelöffel Johannisbeergelee eingefüllt. Darauf kommen kleine, zu Würfeln geschnittene Zwetschgenstückchen, die mit Schlagsahne vermischt und mit einem Spritzer Rum »parfümiert« sind. Die Pastetchen werden so weit aufgefüllt, daß noch 4–5 halbe geschälte und etwas weichgezogene Zwetschgenhälften kranzförmig daraufgesetzt werden können. Sie werden mit Gelee und Pektin abgeglänzt. Eine »Belegkirsche« in der Mitte ist ein besonderer Blickfang. Das Pastetchen wird außen bis zur halben Höhe mit Johannisbeergelee eingepinselt und mit gehackten oder gehobelten, leicht hellbraun gerösteten Mandeln angestreut.

Zwetschgensalat »Bühlertäler Art«

Die Zwetschgen werden entsteint und der Länge nach halbiert. Aus ihnen werden Viertel geschnitten, die quergeschnitten Dreiecke ergeben. Diese werden mit Zucker, Zitronen- oder Orangensaft und einigen Tropfen Bühler Zwetschgenwasser mariniert. Nun geben Sie mit Likör »parfümierte« Schlagsahne in ein Sektglas oder in eine Sektschale. Im Wechsel wird mit Sahne und »Zwetschgensalat« aufgefüllt. Als Abschluß wird ein Rand aus Zwetschgendreiecken angelegt. Die Schlagsahne-Deckschicht wird mit Zimt bestreut.

Zwetschgentaschen, Baden-Badener

Aus der Teigplatte eines gezogenen Hefeteigs werden 10 cm große Quadrate ausgeschnitten und an den Rändern mit Ei bestrichen. In der Mitte der kleinen Quadrate wird Vanille-Creme gehäufelt, auf die ein Löffel kleingeschnittener Zwetschgen und Makronenwürfel gesetzt werden.

Die Quadrate werden nun zu gut schließenden Taschen umgeklappt, die – ungestrichen – eine Zeitlang stehen müssen. Anschließend werden sie gebacken. Auf die noch heißen Taschen wird dann zunächst zerlassene Butter gepinselt, anschließend wälzt man sie in grobem Zucker.

Zwetschgentaschen werden zum Kaffe gereicht.

Inhaltsverzeichnis

A

B

N

O

P

S

Z

OMA'S Koch & Back Bibliothek

OMA'S Koch & Back Bibliothek

Aufläufe
Eierspeisen
Eintöpfe

Weltbild Verlag

Genehmigte Lizenausgabe für
Weltbild Verlag GmbH, Augsburg 1993

Einbandgestaltung: Peter Engel, München
Gesamtherstellung: Presse-Druck Augsburg
Printed in Germany

ISBN 3-89350-196-7

VORWORT

Die vorliegende Rezeptsammlung wurde aus einer der größten Privatsammlungen von Kochbüchern des 17. bis 19. Jahrhunderts zusammengestellt und sprachlich behutsam dem heutigen Gebrauch angepaßt.
Um eine auch in modernen Zeiten nachvollziehbare Kochbarkeit zu ermöglichen, bildet Bauers Kochbuch, das zuletzt in den 70er Jahren mit einer Auflage von weit über 100000 Exemplaren erschienen ist, die Grundlage unserer Koch- und Backbibliothek.
Die Rezepte wurden von der Autorin und der Hauswirtschaftsfachschule Stuttgart aus alten Überlieferungen gesammelt und nachgekocht.
Im Anhang findet sich am Schluß eines jeden Bandes ein alphabetisches Register.

Allgemeines:

Auflauf wird in der Form, in der er gebacken wird, zu Tisch gegeben. Die Form wird mit Butter bestrichen. Auflauf muß gleich nach dem Backen zu Tisch gegeben werden, da er leicht zusammenfällt. Ist der Ofen zu heiß, stellt man die Form in ein Wasserbad. Die Form kann man in einem Nickelring zu Tisch geben oder man umgibt sie mit einer Serviette. Die Auflaufrezepte sind durchschnittlich für acht Personen und für Formen mit 1½ l Inhalt.

Eintopfgerichte

Das Geheimnis eines guten Eintopfgerichts liegt in der langen Kochzeit auf kleiner Flamme bei geschlossenem Deckel.
Auch heute noch gilt die Küchenregel, daß ein Eintopf desto besser im Geschmack wird, je länger er kocht.
Es ist jedoch wichtig, auf geringe Wärmezufuhr zu achten, damit die Köstlichkeiten nicht zu einem ausdruckslosen Brei zerkocht werden. Eine Ausnahme bildet die Zubereitung im Dampfdrucktopf. Hier erzielt man bei wesentlich kürzeren Garzeiten schon den besten Wohlgeschmack. Frische Kräuter erst zuletzt zugeben, damit sie nicht bitter schmecken. Eintöpfe, die Hülsenfrüchte enthalten, werden kalt und ohne Salz aufgesetzt. Dies verkürzt die Garzeit. Bei vorbehandelten Linsen erübrigt sich das Einweichen. Die Kochzeit ändert sich nur unwesentlich. Servierkasserollen aus Gußeisen, flammfestem Porzellan oder Jenaer Glas eignen sich für Eintopfgericht sehr gut. Das Kochgut bewahrt seinen Charakter, muß nicht mehr umgefüllt werden und kommt ohne Umwege kochendheiß auf den Tisch.

Ananasauflauf für Kranke

6 Eidotter werden mit 85 g Zucker zu Schaum gerührt, der Saft einer halben Zitrone und einer Obertasse voll kleinwürflig geschnittener Ananas dazugegeben, der Schnee der 6 Eiweiß durchgezogen und die Speise in der Form in 20 Minuten bei gelinder Wärme gebacken.

Äpfel, gebacken

1000 g Äpfel, etwas Zitronenschale, Zucker, 1 Stange Zimt, Rosinen, 1 Päckchen Puddingpulver Vanille- oder Schokoladegeschmack, 1/2 l Milch, 2 Eiweiß, 1 EL Puderzucker

Die Äpfel werden geschält, geviertelt, das Kerngehäuse entfernt und mit Zimt, Zitronenschale, Zucker und wenig Wasser halbweich gegart. Dann nimmt man die Zimtstange und die Zitronenschale heraus und gibt die Hälfte der abgetropften Äpfel in eine gefettete Auflaufform. Die Rosinen streut man dazwischen. Unter den in der Zwischenzeit bereiteten Pudding zieht man die Hälfte des steifgeschlagenen Eiweiß darunter und verteilt die Masse über die Äpfel. Darauf gibt man die restlichen Apfelviertel und verteilt zum Schluß das restliche, mit Puderzucker vermischte Eiweiß darüber. Der Auflauf wird bei mittlerer Hitze ca. 10 Minuten goldgelb gebacken.

Apfel-Bettelmann, bergischer

Rheinisches Schwarzbrot, Zucker, Zimt, Zitronenschale, Butter, Äpfel, saurer Rahm

Rheinisches Schwarzbrot, wie man es heute überall in Deutschland bekommt, wird gerieben und mit Zucker, etwa im Verhältnis vier zu eins, mit geriebener Zitronenschale und Zimt vermengt. Mit einer dicken Schicht dieser Masse wird der Boden einer gebutterten Auflaufform bedeckt. Darauf kommt eine weitere Lage von dünnen Apfelscheiben, die ebenfalls gezuckert und gewürzt werden. Auf diese Schicht wird etwas saurer Rahm gegossen, nun kommt wieder eine Lage Brotgemisch usw. Auf die oberste Brotschicht setzt man einige Butterflöckchen und füllt dann die Form mit saurem Rahm. In mäßig heißem Rohr wird der Auflauf etwa eine Stunde gebacken.

Apfelauflauf

4 bis 5 Äpfel werden geschält, zu kleinen runden Bröckelein geschnitten, und nebst einem Glas Wein in einer Kastrol oder Messingpfanne schnell gekocht. Wenn sie weich sind, läßt man sie auf einer Schüssel kalt werden, rührt aber nicht darin, damit die Bröckelein ganz bleiben. Alsdann rührt man ein Viertel Butter leicht, schlägt 3 ganze Eier, und von 3 andern das gelbe dazu, und nimmt 2 kleine Kochlöffel feines Mehl, eine Hand voll gestoßenen Zucker, ein wenig Zimt, und die klein geschnittene Schale von einer halben Zitrone dazu. Wenn dies alles untereinander gerührt ist; gibt man die Äpfel ganz langsam dazu, bestreicht eine Schüssel oder Blech mit Butter, füllt die Masse hinein, stößt eine Handvoll ungeschälte Mandeln klein, vermischt solche mit Zimt und Zucker, streut sie dick über den Auflauf, schneidet ein wenig frische Butter darauf, und läßt ihn im Backofen langsam aufziehen.

Apfelauflauf, andere Art

Es werden ebensoviel Äpfel wie vorher geschält, zu Schnitzen geschnitten, mit einem halben Schoppen Wein, Zucker, Zimt, und einer halb abgeriebenen Zitrone zugesetzt, zu einem dicken Mus gekocht, und 4 Lot gewaschene kleine Rosinen dazugegeben. Hierauf wird ein Weißbrot oder Kreuzerwecken abgerieben, das innere in süßen Rahm eingeweicht, ein Viertel Butter zuerst leicht gerührt, dann das gelbe von 6 Eiern daran, der eingeweichte Wecken fest ausgedrückt, die Butter eine Viertelstunde gerührt, alsdann das gekochte Mus dazugenommen, das Weiße der 6 Eier zu einem Schnee geschlagen, schnell an die Masse gerührt, in ein mit Butter bestrichenes Blech gegossen, und langsam aufgezogen.

Apfelauflauf von Borsdorffer Äpfeln

Es werden deren 8 bis 9 geschält, und bis auf den Butzen auf dem Reibeisen gerieben. Soviel Äpfel es sind, soviel schlägt man Eigelb daran, nimmt einen Eßlöffel voll Kirschengeist, die abgeriebene Schale und den Saft von einer Zitrone, 4 Lot Zucker und ein wenig Zimt dazu, rührt dies alles eine halbe Stunde, schlägt das Weiße von den Eiern zu einem Schaum, rührt es auch an die Masse, gibt ein gutes (etwas großes) Stück Butter in ein Aufzugblech, die Masse hinein, und läßt sie langsam aufziehen.

Apfelauflauf mit Kartoffeln

½ Kilo geschälte und geriebene Äpfel, ½ Kilo geschälte und geriebene Kartoffeln, 600 g Rosinen, 600 g Zucker und die Schale von einer Zitrone werden mit 4 Eidotter und ¼ Liter Rahm untereinander gerührt, zuletzt wird der Schnee von den 4 Eiklar daruntergemengt, in ein mit Butter bestrichenes Aufzugsblech gefüllt und im Ofen schön aufgezogen.

Apfelauflauf, feiner

Feine mürbe Äpfel, Eingemachtes zum Füllen derselben, 125 g Butter, 125 g Mehl, 125 g Zucker, 6 Eier, nicht ganz ¼ l Milch und die Hälfte der Schale einer Zitrone

Die Äpfel werden geschält und so ausgebohrt, daß sie an der Stielseite unverletzt bleiben, die Höhlung wird mit etwas Eingemachtem gefüllt und in eine mit Butter bestrichene Schüssel, in welcher man backen kann, nebeneinandergesetzt. Dann wird die Hälfte der Butter geschmolzen, Mehl und Milch angerührt, hinzugefügt und über Feuer gerührt, bis es sich vom Topfe ablöst. Unterdes rührt man die übrige Butter weich, gibt Eidotter, Zucker, Zitronenschale und die etwas abgekühlte Masse dazu und mischt, wenn alles gut gerührt ist, den festen Schaum der Eier leicht durch und gibt dies über die Äpfel. Der Auflauf wird sogleich in den Ofen gestellt, in mittelmäßiger Hitze 1 Stunde gebacken und in derselben Schüssel aufgetragen.

Auch kann man die Äpfel in 4 Teile schneiden, statt des Eingemachten 65 g gewaschene Korinthen zwischenstreuen und jene Masse darüber verteilen. – Für 8 bis 10 Personen.

Apfelauflauf, gewöhnlicher, der jedoch von allen Früchten gemacht werden kann

250 g Mehl, 65 g Butter, reichlich 1/4 l Milch, 2 EL Zucker, 6 Eier, Zitronenschale oder 8 Stück gestoßene bittere Mandeln und 1 TL Salz

Nachdem die bemerkten Teile nach vorhergehender Angabe zusammengesetzt sind, gebe man davon den vierten Teil in eine gut zugerichtete Form oder Schüssel, lege zwei gehäufte Suppenteller in 4 Teile geschnittener, mürber, säuerlicher Äpfel darüber hin, bestreue sie mit Zucker und Zimt, bedecke sie mit der übrigen Masse und backe den Auflauf 1 1/4 Stunde.
Derselbe kann, wie oben bemerkt, von allen Früchten gebacken werden. Zwetschgen, sowohl frische als getrocknete, werden ausgesteint, letztere aber vor dem Aussteinen weichgekocht; bei saftigen Früchten, als: sauren Kirschen, Heidelbeeren, (Bickbeeren), Johannisbeeren usw., wird, des Saftes wegen, gestoßener Zwieback mit dem Obst vermischt und, je nachdem solches viel oder wenig Säure hat, mehr oder weniger versüßt. – Für 10 bis 12 Personen.

Apfelauflauf, Wiener

30 Stück kleine Reinetten werden geschält, entkernt und in gleichmäßige Stückchen geschnitten. In einer Kasserolle läßt man 130 g Butter zergehen, gibt 200 g Aprikosenmarmelade dazu, weiter 180 g Zucker, 200 g sauber gewaschene Sultaninen und die Apfelschnitten und läßt alles durchdämpfen und dann auskühlen. Darauf legt man eine glatte, gut ausgebutterte Form mit altbackenen, in zerlassener Butter geweichten Semmelscheiben aus und füllt dann die Apfelmasse hinein, gibt obenauf wieder eine Lage Semmelscheiben, zerpflückt etwas Butter darüber und backt die Speise während 30 Minuten in der Röhre. Die Speise wird dann vorsichtig gestürzt und heiß auf den Tisch gebracht.

Apfel-Aprikosen-Auflauf

1000 g Äpfel, 60 g Zucker, Zimt, 3 EL Aprikosenmarmelade, 3 Eier, Mehl, ½ l Milch, blättrig geschnittene Mandeln

Die Äpfel werden geschält, geviertelt, vom Kerngehäuse befreit und in eine gefettete Auflaufform gelegt. Man bestreicht sie mit der Aprikosenmarmelade und streut 2 Eßlöffel Zucker mit Zimt gemischt darüber. Das Eigelb verrührt man mit dem restlichen Zucker und vermischt es mit soviel Mehl und der Milch, daß ein glatter Teig entsteht. Dann zieht man den steifgeschlagenen Eischnee unter und verteilt den Guß über die Äpfel. Die Mandeln werden darüber gestreut und der Auflauf bei mittlerer Hitze etwa 35 Minuten gebacken. Nach Belieben kann Vanillesauce zu dem Auflauf gereicht werden.

Apfel-Brot-Auflauf

Ein gehäufter Suppenteller in Scheiben geschnittener Apfel, ebensoviel geriebenes halb Schwarz-, halb Weißbrot, 130 g Zucker, 65 g Korinthen, 2 Ei dick frische Butter, etwas gestoßene Nelken und Zimt

Das Brot wird mit der Hälfte des Zuckers, Zimt und Nelken vermischt, hiervon eine Lage in eine zugerichtete Form gestreut, mit Stückchen Butter belegt, eine Lage Apfel, Korinthen, Zucker und Zimt daraufgelegt und so abwechselnd fortgefahren, bis Brot den Schluß macht. Dann wird der Auflauf mit reichlich Stückchen Butter belegt und bei starker Hitze 1¼ Stunde gebacken.
Für 6 bis 8 Personen.

Apfel-Mandel-Auflauf

750 g Äpfel, 5 Brötchen (1–2 Tage alt), 3/8 l Sahne, 150 g Butter, 150 g Zucker, 5 Eigelb, 1 TL Zimt, 150 g gehackte Mandeln, 5 Eiweiß, etwas Butter für die Form

Brötchen in Scheiben schneiden, mit der warmgemachten Sahne übergießen. Butter, Zucker und Eigelb schaumig rühren, den Zimt hinzufügen. Diese Masse unter die eingeweichten Brötchen rühren, die Mandeln, die geschälten und in Scheiben geschnittenen Äpfel sowie das steifgeschlagene Eiweiß unterheben. Die Masse in eine gefettete feuerfeste Form füllen und im vorgeheizten Ofen bei 200 Grad etwa 1 Stunde backen.

Apfel-Reis-Auflauf

Im Verhältnis zu der Form 250 bis 375 g Reis, Milch, 130 bis 200 g Zucker, 100 bis 150 g Butter, 3 bis 6 Eier, 12 bis 14 Borsdorfer Äpfel, Wein, Zitrone, Apfelsine

Man kocht den abgebrühten Reis in Milch und einem Stück frischer Butter gar, aber nicht zu weich. Zugleich kocht man geschälte und halb durchgeschnittene Borsdorfer Äpfel in Wasser, Wein, Zucker, Zitronensaft und Schale gar, doch müssen sie ganz bleiben, nimmt sie aus der Brühe, gibt zu derselben noch so viel Zucker, daß sie geleeartig wird, und drückt den Saft einer Apfelsine dazu. Nun reibt man die übrige Butter weich, rührt Eidotter, Zucker, den Reis hinzu und mischt den steifen Eiweißschaum leicht durch. Danach legt man in eine gut zugerichtete Form eine Lage Reis, eine Lage Äpfel und bedeckt diese wieder mit Reis. Die Äpfel dürfen die Seiten der Form nicht berühren und auch nicht aus dem Reis hervorstehen. Dann streut man gestoßenen Zwieback darüber und legt kleine Stückchen Butter darauf, läßt den Auflauf etwa eine Stunde backen, aber so lange, bis er eine schöne gelbe Farbe bekommen hat, stürzt ihn dann auf eine Schüssel und gibt die geleeartige Sauce darüber.
Für 15 bis 18 Personen.

Apfel-Zwetschgen-Auflauf

2 Suppenteller geschälte, in Teile geschnittene Äpfel, 1 Glas Wein, Zucker und Zimt, 580 g zwei Tage alte Semmel, 125 g Butter, 8 Eier, 6 bis 8 Stück feingestoßene bittere Mandeln oder Zitronenschale

Die Äpfel lasse man mit Wein, Zucker und Zimt in einem Bunzlauer Geschirr langsam weich werden. Frische Zwetschgen putze man ab, entferne die Steine und koche sie ohne weitere Flüssigkeit in ihrem eigenen Saft mit Zucker und Zimt. Beide Obstsorten dürfen nicht zerkochen. Beim Kochen der getrockneten Zwetschgen richte man sich nach Zwetschgenkompott. Unterdes weicht man die Semmel in Milch, macht die Hälfte der Butter heiß, rührt die Semmel darin trocken ab und stellt sie zum Ausdampfen hin. Nachdem werden Eidotter nebst dem Genannten hinzugerührt, die Masse gut geschlagen, mit dem Schaum der Eier vermischt und die Hälfte in die ausgestrichene, mit Zwieback bestreute Schüssel ausgebreitet, das gekochte Obst darübergestrichen und mit der andern Hälfte der Masse bedeckt. Wenn der Auflauf halbgar ist, wird, ohne die Form aus dem Ofen zu nehmen, rasch etwas grobgestoßener Zucker, mit Zimt vermischt, darübergestreut und vollends gar und dunkelgelb gebacken, was in etwa 1¼ Stunde der Fall ist.
Für 10 Personen.

Apfelmus-Auflauf

Man nimmt zwei Suppenteller steifes Apfelmus, vermengt es mit 675 g 2 Tage altem geriebenen Weißbrot, 125 g zergangener Butter, 8 Eidottern, Zucker und Zimt, rührt den Schaum der Eier durch und backt den Auflauf in einer Form 1¼ Stunde.
Für 10 Personen.

Apfelberg

Kleine gleichmäßige Äpfel werden geschält, das Kernhaus ausgestochen und die Stelle mit Obstgelee oder eingelegten Früchten gefüllt und die Äpfel dann in eine Schüssel kuppelartig angerichtet. Nun überzieht man den Berg recht gleichmäßig und dick mit Eiweißschnee, den man mit Vanillezucker versüßt hat, und läßt die Speise knapp ½ Stunde bei mäßiger Hitze im Ofen backen.

Apfelmerinken

1½ kg Äpfel, 50 g Zucker, 30 g Zitronat fein geschnitten, 30 g Rosinen, ⅛ l Wasser oder Wein, 30 g Butter, 3–4 Eiweiß, 100 g Zucker, Zitronenschale, 30 g geschälte, geschnittene Mandeln

Die geschälten Äpfel halbieren, das Kernhaus entfernen, bergig in eine Auflaufform setzen, dazwischen 50 g Zucker, Zitronat, Rosinen streuen, den Wein zugeben, obenauf Butterstückchen, in den Backofen stellen, weichbraten. Nach dem Verkühlen die Eiweiß zu steifem Schnee schlagen, Zucker, Zitrone unterziehen, über die Äpfel geben, mit den Mandeln spicken, in den Backofen stellen, hellgelb überbacken. Kann warm oder kalt gegeben werden.

Apfelfleisch

1000 g Äpfel, 500 g Suppenfleisch, 50 g Rindertalg, 1 Tasse Fleischbrühe, Zucker, Salz

Durchwachsenes, gekochtes Suppenfleisch wird in Würfel geschnitten und mit 50 Gramm Rindertalg in einen Schmortopf gegeben. Darüber gießt man eine Tasse Fleischbrühe, geschnittene Äpfel sowie Zucker und Salz nach Geschmack. Alles wird gut durchgeschmort und mit Kartoffeln zu Tisch gegeben.

Apfelreis, gebacken

500 g säuerliche Äpfel, Rum, Arrak, Zucker, 200 g Reis, 1 Tasse Milch, 1 Ei, Vanillezucker, 1 Prise Salz, 1 gehäufter TL Kartoffelmehl, etwas Butter

Die geschälten Äpfel läßt man, mit Rum oder Arrak und Zucker bestreut, zugedeckt stehen. Inzwischen hat man den Reis in Milch dick ausgequollen, den man lagenweise abwechselnd mit den Äpfeln in eine gebutterte Auflaufform füllt, oben mit Reis abschließend.
Die Milch wird mit dem Ei, Vanillezucker, Prise Salz und dem Kartoffelmehl verquirlt und darübergegossen. Man setzt Butterflöckchen obenauf und bäckt den Apfelreis in ca. 30 bis 40 Minuten.

Aprikosenauflauf

Man schält 8 bis 9 Aprikosen, läutert ein starkes Viertel Zucker mit einem Glas Wasser, schneidet die Aprikosen voneinander, kocht sie in dem geläuterten Zucker weich, und gibt sie in ein tiefes Geschirr. Sobald sie kalt sind, rührt man sie, reibt von einer halben Zitrone die Schalen dazu, schlägt 8 Eiweiß zu einem Schaum, rührt solchen nach und nach an die Aprikosen, füllt die Masse, wenn sie leicht gerührt ist, auf eine mit Butter bestrichene Porzellan- oder Zinnplatte, und läßt sie langsam aufziehen.

Auberginenauflauf

1 Pfund gemischtes Hackfleisch (je nach Geschmack auch Lamm- oder Hammelfleisch), 1 Pfund Kartoffeln, 4 Auberginen, 2 Zwiebeln, 2 EL Tomatenmark, ⅛ l Öl, ⅛ l Fleischbrühe, Salz, Pfeffer, Paprika, etwas Thymian, Rosmarin, Salbei. Überzug: 1 Becher Joghurt, 3 Eier, 1 Messerspitze Backpulver, 2 EL Mehl, Salz

Auberginen halbieren, salzen und 30 Minuten stehen lassen. In der Zwischenzeit Kartoffeln schälen, in Scheiben schneiden und einzeln in heißem Öl anbraten, nur leicht salzen. Aus der Pfanne nehmen und in eine Schüssel geben. Die halbierten Auberginen in heißem Öl braten bis sich das Fruchtfleisch herauslösen läßt.

Zwiebeln fein schneiden, mit dem Hackfleisch in Öl anbraten, Auberginenfleisch untermischen, mit den angegebenen Gewürzen abschmecken und unter Umrühren einige Zeit schmoren lassen. Tomatenmark dazugeben, mit etwas Fleischbrühe ablöschen, aufkochen lassen. Abwechselnd Kartoffeln und Hackfleischmasse in eine gefettete feuerfeste Form schichten. Restliche Brühe angießen. 40 Minuten im Ofen bis 200° C garen. Den Überzug herstellen (Joghurt mit den übrigen Zutaten verrühren), über den Auberginenauflauf gießen, nochmals 10 Min. backen, bis sich eine Kruste bildet.

Aufgezogenes von gebackenen Erbsen

Drei Eßlöffel Mehl wird mit ½ l Milch oder Rahm glatt angerührt, 140 g Zucker, sechs Eigelb und 100 g zerlassene Butter dazugeben, und dies zusammen auf dem Feuer so lange gerührt oder mit dem Schneebesen geschlagen, bis es dicklich geworden und bereits zu kochen anfängt, worauf man es beiseite stellt. Nun werden die sechs Eiweiß zu steifem Schnee geschlagen, solcher nebst einem Gläschen Maraschino oder einem Eßlöffel Vanille- oder Zitronenzucker, einigen Körnchen Salz und ½ l gebackenen Erbsen unter obige Masse gemengt, und das Ganze, in eine gut mit Butter ausgestrichene Form oder Cremeschüssel, welche die Hitze vertragen kann, eingefüllt, in schwacher Hitze aufgezogen. Binnen einer kleinen halben Stunde ist das Gericht fertig und muß augenblicklich auf den Tisch kommen.

Aufgezogenes von Kirschen

Von einem Pfund dürren Weichseln oder sonst von dürren fleischigen Kirschen setzt man, wenn sie zuvor gewaschen sind, die Hälfte mit einer halben Maß Wasser zu, und kocht sie, bis sie ganz weich sind, nimmt sie dann aus der Brühe, die Steine heraus, stößt das andere halbe Pfund samt den ausgenommenen Steinen, kocht dies nebst einem Glas Wein in der zurückgebliebenen Brühe so lange, bis noch ein halber Schoppen Brühe übrig bleibt, preßt es durch ein Tuch oder Haarsieb, und läßt es kalt werden. Alsdann weicht man ein halbes Milch-, oder anderes mürbes Brot in die durchgetriebene Brühe ein, stößt anderthalb Viertel geschälte Mandeln zart, die ausgesteinten Kirschen auch fein, gibt beide Teile in eine Schüssel, ein Viertel gestoßenen Zucker nebst Zimt, und der abgeriebenen Schale von einer Zitrone dazu, rührt die Masse mit dem Gelben von 8 Eiern eine Viertelstunde, schlägt das Weiße derselben zu einem Schnee, bestreicht ein tiefes Aufzugblech mit Butter, rührt, ehe es eingefüllt wird, die übriggelassene Kirschenbrühe, einen halben Schoppen süßen Rahm nebst dem Schnee schnell an die Masse, füllt solche in das Blech ein, und läßt sie langsam aufziehen. In einer Viertelstunde ist es fertig. Diese Portion ist für 7 bis 8 Personen.

Aufgezogenes von Rosinen

Von 6 Eiern schlägt man das Weiße zu einem Schnee, verrührt einen halben Schoppen süßen und einen halben Schoppen sauren Rahm wohl mit dem Schokolade-Spriegel (Querl), kocht ein Viertel sauber gewaschene große und kleine Rosinen zusammen in einem halben Schoppen Wein, und läßt sie, wenn sie fertig sind, auf einer Serviette trocken werden. Hierauf rührt man 4 Lot zartgestoßene Mandeln, 4 Lot gestoßenen Zucker und die abgeriebene Schale von einer Zitrone mit einem Teil des geschlagenen Schaums eine Viertelstunde, gibt dann den Schaum und den Rahm vollends daran, bestreicht eine Porzellanplatte mit Butter, streut die gekochten Rosinen darauf, füllt die Masse darüber, setzt sie auf heiße Asche, einen Deckel mit heißer Asche darüber, zieht es langsam auf, und bringt es warm zu Tisch.

Aufgezogenes von Semmeln mit Äpfeln

Man schneidet vier bis fünf gute, geschälte Kochäpfel in feine Schnitzchen, gibt nach Belieben ein Spitzgläschen Kirschwasser, dann etwas Zucker und Zimt darüber, und läßt sie so eine Stunde liegen. Unterdes schält man drei Semmeln oder Milchbrote ab, schneidet sie in Scheiben, und bringt sodann in eine gut mit Butter bestrichene Form lagenweise einmal Semmeln, einmal Äpfel. Nun wird ½ l Milch, sechs Eier und 100 g Zucker gut miteinander verrührt, über das Eingelegte gegossen, 70 g Butter in kleinen Blättchen darübergeschnitten, und das Ganze in gutem Ofen eine Stunde aufgezogen, bis es von oben eine gelbe Farbe hat.

Auflauf von Reis, Midder und Krebsbutter

250 g Reis, Bouillon, Muskatblüte, Krebsbutter, 1 Glas Madeira, 250 g Kalbsmidder

Der Reis wird gut abgebrüht, mit Bouillon, etwas Muskatblüte, dem nötigen Salz und mit Krebsbutter gar und dick gekocht, zuletzt 1 Glas Madeira durchgerührt. Zugleich wird Kalbsmidder (Socht) in Bouillon gar gekocht und fein gehackt und beides, jedoch mit Reis angefangen, abwechselnd lagenweise in eine Auflaufform gegeben und 1 Stunde gebacken.
Für 12 bis 15 Personen.

Auflauf von Reis, Pudding- und Kompottresten

Man legt den Reis oder Scheiben von einem Rest Pudding in die Form, streicht Reste von Kompott oder Gelee dazwischen, nimmt zu 4 geschlagenen Eiern 2 Obertassen Milch und 2 Löffel Zucker und Zimt, gießt dies darüber und backt den Auflauf ¾ Stunde.

Auflauf von saurer Sahne

1 l dicke saure Sahne, 8 Eier, 4 EL Mehl, Zucker, Zimt, Vanille oder in Ermanglung derselben abgeriebene Zitronenschale und eine Messerspitze Salz

Die Sahne wird gut geschlagen, Eidotter nebst dem übrigen nach und nach dazugerührt, das zu Schaum geschlagene Eiweiß durchgemischt und in einer Form ¾ Stunde gebacken.
Für 6 bis 8 Personen.

Auflauf von Brieslein oder Kälbermilchen

Zwei Kreuzerwecken oder Weißbrote werden ein wenig abgerieben, in Wasser eingeweicht, fest ausgedrückt, und in einem Stück Butter abgedämpft. Dann rührt man ein Viertel Butter leicht, nimmt den gedämpften Wecken dazu, rührt es mit 8 Eigelb eine Viertelstunde, schlägt das Weiße zu einem Schaum, und rührt ihn nebst etwas Muskat und Salz auch an die Masse. Hierauf wäscht man 3 bis 4 Brieslein, siedet sie im Salzwasser, häutet sie sauber, schneidet sie klein gewürfelt, dämpft sie in einem Stücklein Butter ab, streut eine Messerspitze voll Mehl darüber, gibt ein wenig geschnittene Schalotten, Petersilie und Zitronenschalen dazu, füllt sie mit etwas Fleischbrühe auf, und läßt sie stark einkochen, stellt sie dann auf die Seite zum Abkühlen, drückt Zitronensaft darauf, bestreicht ein Blech mit Butter, bestreut es mit Semmelmehl, füllt die gerührte Masse halb hinein, den Ragout darauf, die übrige Masse vollends darüber, und läßt sie langsam backen.

Auflauf, süßer, von Semmel- oder Mutschelmehl

Von einer halben Maß Milch und Mutschel- oder Semmelmehl kocht man einen dicken Brei, läßt ihn wieder kalt werden, rührt anderthalb Viertel Butter leicht, das Gelbe von 7 Eiern dazu, und den kalten Brei nebst einer abgeriebenen Zitrone und 4 Lot Zukker darunter, schlägt das Weiße der 7 Eier zu einem Schnee, gibt es auch dazu, gießt die Masse in ein bestrichenes Blech, und läßt sie aufziehen.

Man kann auch von feinem weißen Mehl oder Kernengries einen solchen Brei auf dieselbe Art verfertigen, nur daß man den von Kernengries länger kochen lassen muß, und zu einer halben Maß Milch nur 6 bis 7 Lot Griesmehl nehmen darf.

Auflauf von saurer Sahne und Obst

Obige Masse, jedoch statt der 4 Eßlöffel Mehl nur 1 Eßlöffel Stärke genommen, über feines ungekochtes Obst gegossen und gebacken, gibt einen sehr feinen und wohlschmeckenden Auflauf. Für 5 bis 6 Personen.

Bacon-Soufflée, Schweizer

2 mittelgroße Zwiebeln, 1 EL Fett z. Braten, 4 Portionen Kartoffelpüree, Muskatnuß, 2 Eier, Pfeffer, 4 EL geriebenen Emmentaler, 2 EL gehackten Schnittlauch, Fett für die Form, 4 dünne Scheiben Frühstücksspeck à 25 g

Die Zwiebeln fein hacken und in heißem Fett glasig dünsten. Püree mit Zwiebeln, Gewürzen, Eigelb und ger. Emmentaler mischen und zum Schluß die steifgeschlagenen Eiweiß sowie den Schnittlauch unterziehen. In eine feuerfeste, gefettete Auflaufform geben, Röllchen aus Frühstücksspeck darauflegen und im vorgeheizten Ofen bei 175–180° 15–20 Minuten überbacken.

Bäckeofe, Straßburger

250 g Schweinefleisch (Hals), 250 g Hammelfleisch (Schulter), 250 g Rindfleisch (Schulter), 4 Zwiebeln, 2 Knoblauchzehen, Petersilie, Thymian, 2 Lorbeerblätter, Pfefferkörner, Salz, 750 g Kartoffeln, Weißwein

Die Fleischstücke waschen, mit den in Scheiben geschnittenen Zwiebeln, den zerdrückten Knoblauchzehen und Gewürzen in eine Schüssel geben. Soviel Weißwein darübergießen, daß alles gerade bedeckt ist, und 24 Stunden durchziehen lassen. Die Hälfte der geschälten, in Scheiben geschnittenen Kartoffeln in eine gefettete

Auflaufform legen und darüber das in Würfel geschnittene Fleisch mit den Zwiebeln und Gewürzen schichten. Mit den restlichen Kartoffeln abdecken. Den Wein darübergießen und das Gericht im vorgeheizten Backofen ca. 2 Stunden garen.

Bauernfleisch

1 Pfund Schweinefleisch, 200 g durchwachsener Speck, 3 große Möhren, 2 Pfund Kartoffeln, 3 mittelgr. Zwiebeln, Salz, Pfeffer, ¾ l Fleischbrühe

Das Fleisch in größere Würfel schneiden, den Speck feinwürflig und ausbraten. Die Fleischwürfel hineingeben, auch die in Scheiben geschn. Zwiebeln u. alles zusammen anbraten. Dann fügt man die geschälten, in Scheiben geschnittenen Möhren u. Kartoffeln dazu, gieße die Fleischbrühe darüber, Salz u. Pfeffer zugeben, deckt fest zu u. läßt auf kleinem Feuer gardämpfen.

Birnenauflauf

4 dicke reife Birnen, ½ l Milch, ½ l saure Sahne, 1 Päckchen Vanillinzucker, 275 g Zucker, 6 Eier, 2 Eigelb

Die Birnen schälen, in Scheiben schneiden und in eine eingefettete Auflaufform geben. Die Milch mit Zucker und Vanillinzucker aufkochen, 5 Minuten abkühlen lassen, dann die geschlagenen Eier und Eigelb, zuletzt die Sahne dazugeben. Diese Masse über die Birnen gießen. Im Backofen bei ca. 180° stocken lassen. Die Eiermilch darf nicht mehr kochen.

Blindhuhn

250 g weiße Bohnen, 250 g durchwachsener Speck oder Schinken, 500 g grüne Bohnen, 375 g Mohrrüben, 1000 g Kartoffeln, 1 bis 2 Zwiebeln, Salz, Pfeffer, nach Belieben je 250 g geschälte, geviertelte Birnen und Äpfel

Den Speck und die über Nacht eingeweichten weißen Bohnen in dem Einweichwasser kochen. Nach ca. 90 Minuten nimmt man den Speck oder Schinken heraus. In den Topf kommen nun die fein geschnippelten grünen Bohnen und die gewürfelten Mohrrüben und zuletzt, wenn das Gemüse beinahe gar ist, die in Stücke geschnittenen Kartoffeln sowie die Birnen und Äpfel. Mit Salz und Pfeffer abschmecken, den gekochten Speck dann nochmal heiß werden lassen.

Blumenkohl-Auflauf

1 Blumenkohl, 75 g Reis, 200 g Rindfleisch, 2 Eier, Reis, Salz, Muskat, Mehl, Butter, 1 Eigelb, Semmelbrösel, geriebener Käse, Paprika

Ein Blumenkohl wird gedünstet und in Röschen zerteilt. Gleichzeitig gart man den Reis, brät 200 g durch den Fleischwolf gedrehtes Rindfleisch kräftig an und kocht die Eier hart. Dann fettet man eine Auflaufform, füllt den abgetropften Reis ein, darauf den Blumenkohl, darüber die in Scheiben geschnittenen Eier und das mit Salz und Muskat abgeschmeckte Fleisch. Darüber gießt man eine Sauce, die man aus einer hellen Mehlschwitze und einem Teil Blumenkohlwasser bereitet und mit Eigelb legiert hat. Nun streut man noch Semmelbrösel und geriebenen Käse über den Auflauf, setzt ein paar Butterflöckchen darauf und bäckt ihn bei mittlerer Hitze ca. 30 Minuten. Vor dem Anrichten wird der Blumenkohl-Auflauf mit Paprika bestreut.

Blumenkohl gefüllt

1 großer Blumenkohl, 125 g Schinken, 1/4 l süßen Rahm, 4 verlorene Eier, 1 EL Käse

Den geputzten Blumenkohl in Salzwasser weich kochen, in eine bestrichene Auflaufform legen, mit einem Glas die Mitte ausstechen, den gewiegten Schinken einlegen und zudecken. Dann legt man die Eier im Kranz außen herum, gibt den Rahm darüber, streut den Käse obenauf und stellt die Form etwa 1/4 Stunde in den Backofen. Anstatt Rahm kann man auch eine Buttersauce darüber geben.

Bremer bunter Finken

250 g weiße Bohnen, 500 g frischer Schweinebauch, 500 g Salzbohnen, 1 Stange Lauch, 2 Zwiebeln, 2 weiße Rüben, 500 g in Stücke geschnittene rohe Kartoffeln, 2 Mohrrüben, Salz, Pfeffer, Petersilie

Die über Nacht eingeweichten weißen Bohnen werden zusammen mit dem Schweinebauch in kaltem Salzwasser aufgesetzt. Dazu gibt man die gewässerten Salzbohnen, den kleingeschnittenen Lauch, die weißen Rüben und die Mohrrüben. In den letzten 30 Minuten kommen die Kartoffelstücke hinzu. Wenn das Fleisch weich ist, nimmt man es heraus, schneidet es in mundgerechte Stücke und tut es in den Topf zurück. Abschmecken und reichlich mit Petersilie bestreuen.

Brieschenauflauf

1 Brieschen – Zum Abkochen: 1 l Wasser, 1 kleinen EL Salz, 60 g Butter, 3 Eier, Prise Salz

Das 2 Stunden gewässerte Brieschen wird blanchiert, gehäutet und in kochendem Salzwasser weichgekocht. Sodann wird es im Mörser fein gestoßen, nebst dem Eigelb und Salz unter die schaumig gerührte Butter gegeben und zuletzt der steife Eierschnee darunter gezogen. Man füllt die Masse in eine bestrichene Auflaufform oder in kleine Porzellanförmchen und läßt sie in heißem Backofen etwa 10 Min. aufziehen. Eine große Form braucht 15–20 Min.

Brieschenauflauf neue Art

Vom weichgekochten Brieschen werden 1 cm große Würfel geschnitten, mit diesen wird eine kleine Auflaufform halb gefüllt. Anschließend wird ein Ei aufgeschlagen, mit 2 Eßl. Greyerzer-Käse und 5 Teel. süßem Rahm angerührt sowie eine Prise Salz und Pfeffer zugegeben. Das Ganze wird über das Bries gegossen und gegart, bis die Oberfläche gebräunt ist.

Brotauflauf

750 g Schwarzbrotreste, 1 l Milch, 750 g Äpfel, 100 g Butter, 3 Eier, 5 EL Zucker, 100 g Rosinen, Zimtzuckermischung

In die Milch werden Zucker und Eier gequirlt und das kleingeschnittene Schwarzbrot darin eingeweicht. Eine Auflaufform wird gefettet und das Brot und die kleingeschnitzelten Äpfel schichtweise eingefüllt, Rosinen dazwischen gestreut und mit Zimt bestreut. Die letzte Schicht muß eine Brotschicht sein, auf die Butterflöckchen gesetzt werden. Bei mittlerer Hitze bäckt man den Brotauflauf in ca. 45 Minuten. Er wird dann mit Zucker und Zimt bestreut und mit Kompott zu Tisch gegeben.

Bückelpfannkuchen

2–3 Bücklinge, 2 Eier, Mehl, Milch, Fett

Die Bücklinge werden sauber entgrätet und zerkleinert. Von zwei Eiern, Mehl und Milch wird ein Pfannkuchenteig bereitet, dem das Bücklingsfleisch zugefügt wird. In reichlich Fett brät man hieraus braune Eierkuchen.

Butterauflauf

Ein halbes Pfund frische Butter wird ganz leicht gerührt, das Gelbe von 16 Eiern langsam hineingeschlagen, von einer halben Zitrone das Gelbe abgerieben, recht unter die Masse gerührt, eine Porzellanplatte mit Butter bestrichen, die Masse hineingefüllt, und im Backofen oder auf Kohlen langsam aufgezogen. Wenn mans zu Tische gibt, wird ein Saladier mit gestoßenem Zucker dazu aufgestellt. Es darf kein Zucker in die Masse kommen, weil sie sonst nicht so hübsch aussieht.

Eier auf Bücklingen auf andere Art

Die Bücklinge werden hergerichtet. Sind sie umgekehrt, so klopft man die Eier darüber auf, stellt das Ganze so lange in den warmen Ofen oder zugedeckt auf schwaches Feuer bis die Eier gestockt sind, (doch dürfen sie nicht hart werden) und richtet dann an.

Eier auf Fleisch

Übriggebliebenes gebratenes oder gesottenes Rindfleisch schneidet man in so viele dünne, handgroße Scheiben, als Eier nötig sind. Die Scheiben werden nun mit Salz und Pfeffer bestreut, und in einem Stückchen Butter mit wenigen feingeschnittenen Zwiebeln schnell auf beiden Seiten gelb, aber nicht hart gebraten, hernach auf eine warme Platte angerichtet, mit Zitronensaft beträufelt und warmgestellt. Alsdann bäckt man Spiegeleier, legt je eines auf eine Fleischscheibe, und gibt das Ganze sogleich zu Tisch. – Man kann auch, wenn die Fleischschnitten in der Pfanne umgekehrt sind, gleich die Eier darauf ausschlagen, welche man nun leicht mit Salz und Pfeffer bestreut, so lange bedeckt, bis sie hinlänglich gestockt sind, und das Ganze dann mit Hilfe eines Backschäufelchens auf eine warme Platte gleiten läßt.

Eierauflauf

4 Eier, 4 EL Zucker, Saft und Schale 1/4 Zitrone, 1 EL Mondamin

Eigelb, Zucker, Zitrone schaumig rühren, Mondamin und Eischnee lose unterziehen. Die Masse in eine mit Butter bestrichene Auflaufform geben, etwa 25–30 Minuten im Backofen aufziehen. Die Masse kann auch in einer flachen Pfanne im Backofen gebacken werden. Nach Belieben bestreicht man die eine Hälfte mit Marmelade und schlägt die andere darüber. In die Masse kann man auch Vanille, 1 Teelöffel Rum oder Arrak nehmen. Gleich zu Tisch geben.

Eier auf Schinken

Von einem rohen oder gekochten Schinken werden so viel hübsche messerrückendicke, handgroße Scheiben heruntergeschnitten, als es Eier geben soll, dann in einer flachen Pfanne ein Stückchen Butter zerlassen, die Schinkenscheiben dazugegeben, einige Minuten auf beiden Seiten leicht gelb gebraten, hernach auf eine warme Platte gedrängt nebeneinandergelegt und warmgestellt. Nun bäckt man Spiegeleier, nimmt solche mit dem Blechlöffel sorgfältig heraus, setzt jedes auf eine Scheibe Schinken und gibt das Ganze sofort zu Tisch. – Nach Belieben kann verdünnte, jedoch nicht scharfe Bratensauce von der Seite darangegossen werden.

Eier auf Schinken, andere Art

In einer flachen Bratpfanne wird ein kleines Stückchen Butter zerlassen und der nach voriger Nummer hergerichtete Schinken dareingelegt, auf jede Schinkenschnitte nun ein frisches Ei behutsam aufgemacht, mit wenigem Salz und Pfeffer bestreut, und das Ganze in den Ofen gestellt, aber nur so lang bis das Weiße des Eies ein wenig gestockt ist, das Gelbe muß noch weich sein. Die Schnitten werden alsdann mit dem Backschäufelchen voneinander gelöst und auf die gewärmte Platte angerichtet.

Eier auf Semmelschnitten

Man schneidet altgebackene, abgeschälte Semmeln in runde Scheiben und bäckt sie aus heißem Schmalz leicht gelb, so daß sie nicht rösch werden. Nun werden Spiegeleier gebacken, je eines auf eine Semmelscheibe gesetzt, von der Seite verdünnte, mit etwas Zitronensaft abgeschärfte Bratensauce durchs Sieb darangegossen und das Ganze dann zugedeckt eine Viertelstunde an einen warmen Ort gestellt, damit das Brot etwas erweiche.

Andere Art. In eine dick mit Butter bestrichene Bratkachel legt man Semmelscheiben nebeneinander, und läßt sie im Ofen ein wenig anbacken, dann bäckt man Spiegeleier, legt je eines auf eine Schnitte, stellt die Eier nun noch einige Augenblicke in den warmen Ofen, damit sie von oben etwas anziehen, sticht sie hernach mit einem Backschäufelchen aus, legt sie auf eine warme Platte und beendet sie wie vorige.

Eier auf geröstetem Speck

Frischer Speck wird in feine Scheiben geschnitten, gelb geröstet und das Fett abgegossen. Dann werden auf die Speckscheiben ganze Eier geschlagen, diese mit Pfeffer und Salz gewürzt, das Ganze einige Minuten gebacken und behutsam angerichtet.

Eierblotz

3 bis 4 alte Wecken, 1/4 l Milch, 80 g Butter, 1 Zwiebel, Petersilie, 4 Eier, Salz, Muskat

Die Wecken werden in dünne Streifen geschnitten, mit heißer Milch übergossen und müssen ca. 30 Minuten durchziehen. Kleingehackte Zwiebel und Petersilie dünstet man in etwas Butter an und mischt sie zusammen mit der restlichen Butter, den Eigelb und Salz und Muskat unter die Semmelmischung. Das Eiweiß wird steifgeschlagen und vorsichtig untergezogen. Auf beiden Seiten wird die Masse in heißem Schmalz goldgelb gebacken. Im Hohenlohischen ißt man dazu eine Tomatensauce und Salat.

Eierfrikassee

5 Eier, 30 g Margarine, 1 Zwiebel, 40 g Mehl 1/4 Fleischbrühe (Würfel), 1/4 l Milch, Salz, 2 Tomaten, 300 g Spargel (Dose), 300 g Champignon (Dose)

Eier hartkochen, Tomaten häuten. Für die Sauce: Margarine erhitzen, die Zwiebel fein hacken und darin kurz dünsten, Mehl drüberstäuben, gut durchschwitzen lassen, Fleischbrühe und Milch mischen, unter Rühren an die Mehlschwitze geben, gut durchkochen lassen. Eier, Spargel, Champignons und Tomaten zerschneiden, in die Sauce geben und abschmecken.

Eier, gebackene, Ochsenaugen

Hierzu hat man eigene Pfannen, welche mit kleinen runden Vertiefungen versehen sind. In jede der letzteren wird ein Stückchen frische Butter oder Schmalz in der Größe einer kleinen Nuß gegeben, dieses heiß gemacht, dann je ein Ei in jede Vertiefung geschlagen, die Eier mit Salz und Pfeffer bestreut, so lang gebakken, bis das Weiße fest und rösch, das Gelbe jedoch noch weich ist, und solche nun mit einem blechernen Eßlöffel behutsam herausgenommen und auf eine warme Platte nebeneinandergereiht, um sie zu Tisch zu geben. – Können auch in einer flachen gewöhnlichen Bratpfanne bereitet werden, in diesem Fall muß man sie jedoch auf einem flachen Teller aufbrechen, und von diesem erst ins heiße Schmalz gleiten lassen. Nach dem Backen werden sie mit einem Backschäufelchen behutsam auf einen warmen Teller oder eine warme Platte angerichtet, und um ihnen eine schönere Form zu geben, kann man mit einem Glas oder runden Ausstecher dann jedes Ei ausstechen.

Eier, gefüllte warme

8 hartgekochte Eier, 50 g Schinken, 50 g Butter, 2 rohe Eigelb, 1 gewiegte Sardelle, Salz, Pfeffer, 1/2 TL Senf, Zwiebel, Petersilie, 2 EL sauren Rahm, 1 EL Weckmehl

Die Eier werden halbiert, das Gelbe durch ein Sieb gestrichen. Die Butter wird schaumig gerührt, gedämpfte Zwiebel und Petersilie, der gewiegte Schinken, die gekochten und rohen Eigelb, Salz, Pfeffer, Senf zugegeben. Die Eier bergig damit gefüllt. Den Rest streicht man auf eine Platte, setzt die Eier darauf, gibt auf jedes Ei ein kleines Butterstückchen und etwas Rahm, streut ein wenig Weckmehl darüber, stellt die Platte auf heißes Wasser in den Backofen und läßt die Eier gut heiß werden und leicht überbakken.

Eier, gefüllte mit Sauerampfer

Man siedet die Eier hart, schneidet sie voneinander, nimmt das Gelbe heraus, weicht ein Stück Milchbrot oder das Weiße von einem Wecken in süßem Rahm ein, verrührt inzwischen das herausgenommene Gelbe, drückt das eingeweichte Milchbrot nicht gar zu fest aus, gibt an die verdrückten Eier ein wenig Schnittlauch, Muskatblüte und Salz dazu, rührt es mit 3 Eigelb und 3 Eßlöffel voll süßem Rahm an, füllt die ausgehöhlten weißen Eier damit, überstreicht sie mit zerlassener Butter, streut ein wenig Semmelmehl darauf, hackt eine Handvoll Sauerampfer zart, röstet ein paar Messerspitzen voll Mehl in Butter gelb, drückt den Sauerampfer aus, dämpft ihn in der Butter, gibt einen halben Schoppen sauren Rahm, halb soviel Fleischbrühe, Muskatblüte und Salz dazu. Wenn die Sauce ein wenig gekocht hat, richtet man sie auf die Platte an, setzt die gefüllten Eier darauf, stellt sie aufs Feuer und einen Deckel mit schwachem Feuer darauf, und läßt sie langsam anziehen. In einer kleinen Viertelstunde sind sie fertig.

Eier, gefüllte süße

Zu 12 Eiern, welche hart gesotten und voneinander geschnitten werden, stößt man 6 Lot geschälte Mandeln zart, weicht die Brosamen von einem Kreuzerwecken in Milch ein, verdrückt das herausgenommene Gelbe, gibt die gestoßenen Mandeln, den ausgedrückten Wecken, ein Stücklein zerlassene Butter, ein wenig Zitronenschalen, etwas Zucker, und eine Handvoll kleine Rosinen dazu, rührt dies zusammen mit einem ganzen Ei und dem Gelben von 3 andern an, füllt die weißen Eier mit dieser Masse, richtet die unten folgende Rosinensauce auf eine Platte an, setzt die gefüllten Eier darauf, und gibt ihr unten und oben schwaches Feuer, daß die Eier langsam aufziehen. Die Sauce dazu, ein Viertel große Rosinen und ebensoviel kleine Rosinen verliest man, wäscht sie sauber, setzt sie mit einem Schoppen Wein und einem halben Schoppen Wasser zu, nimmt ein Stücklein Zucker, und ein wenig Zitronenschalen dazu, röstet 3 Messerspitzen voll Mehl in einem Stücklein Butter gelb, und gibt sie an die Rosinensauce. Wenn sie eine Zeitlang gekocht hat, wird sie auf die Platte angerichtet, und Zimt darüber gestreut.

Eiergelee

1 l Milch, 4 geschlagene Eier und 5 Eidotter, 1 abgeriebene Zitrone, Zucker und Zimt gebe man in eine tiefe Schüssel, setze sie, zugedeckt, auf kochendes Wasser und lasse sie so lange stehen, bis das Gericht dick geworden ist. Kalt bestreut man es mit Zucker und gibt eingemachte Preiselbeeren dazu.

Eier, gestockte

In eine Schüssel werden sechs Eier eingeschlagen, mit Salz, Pfeffer und feingeschnittener Petersilie oder Schnittlauch gut verrührt, und dann in eine flache Pfanne, worin 70 g Schmalz heiß gemacht wurde, gegossen. Während sie von unten einem Kuchen gleich backen, wird von oben mit dem Backschäufelchen einigemal hineingestochen, damit das Flüssige wieder auf den Boden komme. Ehe sie gänzlich fertig sind, werden sie auf gutem Feuer, unter fortwährendem Bewegen der Pfanne, noch gebacken, bis sie unten eine gelbe Kruste haben, dabei dürfen sie aber von oben nicht hart und trocken sein. Nun wird die zum Servieren bestimmte Platte über die Pfanne gelegt, und die Eier darauf umgestürzt, so daß die gelbe Kruste oben liegt und der untere Teil weich ist.

Eier, gestockte mit Speck

150 g frischer Speck wird klein würflig geschnitten und in einer flachen Pfanne so lange langsam geröstet, bis er gelblich geworden ist und so viel Fett gegeben hat, daß man sechs Eier ganz wie die vorhergehenden gehörig darin backen kann, welche man dann auch auf dieselbe Art anrichtet.

Eierhaber

4–6 Eier, etwas Milch, Salz nach Geschmack, Fett

Man bereitet sie aus einem guten, dickflüssigen Eierkuchenteig, an dem mit Eiern nicht gespart wurde. Man gießt ihn in eine Pfanne mit reichlich Fett, läßt den Teig von einer Seite bräunen, wendet ihn und zersticht ihn während des Weiterbackens mit der Backschaufel in kleine Stücke, die man von allen Seiten recht knusprig bäckt. Mit Schnittlauch paßt er zu Salat, mit Zucker und Zimt bestreut zu Obst.

Eier, hartgesottene

Die Eier werden mit frischem Wasser aufs Feuer gesetzt und eine Viertelstunde gekocht, alsdann in kaltes Wasser gelegt, darin abgeschält und beliebig verwendet.

Eier, hartgesottene mit Sauce

Die Eier werden zu Scheiben geschnitten, diese zierlich auf einen Teller gelegt, mit nachstehender Sauce übergossen, und sodann mit feingehackter Petersilie und Schnittlauch überstreut. *Sauce:* Man verklopft vier Eßlöffel Provenceöl mit zwei Eßlöffel Senf so lange, bis es ganz dick ist, und rührt sodann etwas Salz, Pfeffer und ein halbes Gläschen Essig darunter.

Eier im Becher

6 Eier, 60 g Butter, 60 g Mehl, ⅓ l Milch, ¼ l Rahm, 10 g Käse, 1 TL Salz, Prise Pfeffer – Zum Abrühren: 20 g Butter – Zum Bestreuen: 10 g Käse

6 kleine Portionenauflaufförmchen in Steingut oder feuerfestem Porzellan werden mit Butter bestrichen und in jedes Förmchen ein rohes frisches Ei geschlagen. Mit Butter, Mehl, Milch und Rahm wird ein dickflüssiger Bechamelbeiguß bereitet, den man mindestens 1 Std. gut durchkochen läßt. Sodann rührt man ein Stückchen Butter und die Hälfte des geriebenen Käses darunter, verteilt den Beiguß über die 6 Eier, streut Käse darüber und stellt die Förmchen auf einem mit Salz oder Sand bestreuten Blech in den gut heißen Ofen, wo sie etwa 15–20 Min. zum Garwerden brauchen. Will man die Speise sparsam zubereiten, dann unterläßt man das Abrühren mit Butter und Käse.

Eier in Fasten-Bechamelle

Es wird ein Stück Butter zerlassen, und darin sechs bis acht verschnittene Zwiebeln zugedeckt eine halbe Viertelstunde weichgedünstet, dann zwei Kochlöffel Mehl dazugerührt, mit ½ l guter heißer Milch oder Rahm angefüllt, und mit Salz und Muskatnuß gewürzt. Nachdem dies eine halbe Stunde gekocht, wird es durchs Sieb getrieben und dann wieder in das Kastrol zurückgebracht. Nun schneidet man sechs hartgekochte, abgeschälte Eier in Scheiben, legt diese in eine Schüssel, und gießt sodann die kochende Sauce darüber, worauf man das Ganze mit feingeschnittener Petersilie oder Schnittlauch überstreut, und den Rand der Platte mit nicht zu stark gebackenen Croutonen bedeckt.

Eier, italienische

So viel Personen es sind, so viel Eier werden hartgesotten, solche geschält, in der Mitte geteilt, und unten ein wenig glatt zugeschnitten. Nun richtet man Sardellen her, schneidet sie in feine Streifchen, und legt diese gitterartig über die verschnittenen Eier. Alsdann wiegt man etwas Schalotte fein mit Petersilie, röstet dies ein wenig in einem Stückchen zerlassener Butter, und gibt von dieser Masse auf jedes Ei einen halben Kaffeelöffel voll. Jetzt wird ein flaches Kastrol oder eine Omlettepfanne mit Butter bestrichen, die Eier hineingesetzt und einige Eßlöffel saurer Rahm dazugegeben und solche in der heißen Röhre oder auf Feuer aufgezogen. In 5 bis 6 Minuten sind die Eier fertig, werden dann bergartig auf einer heißen Platte angerichtet, und sogleich zu Tisch gegeben.

Eier im Nest oder Weingelee mit Eiern

Ausgeblasene Eierschalen werden mit Hilfe eines kleinen Trichters mit folgendem Gelee gefüllt: 16 g weiße Gelatine oder 1 Stange Agar-agar löst oder kocht man in ¼ l Wasser klar. Unterdessen läßt man in ¾ l süßem Rahm eine Stange gestoßene Vanille, ein wenig Zucker und 50 g süße geriebene Mandeln aufkochen und gießt, wenn die Sahne vollständig erkaltet ist, unter beständigem Umrühren die lauwarme Gelatine oder Agar-agar darunter. Diese Masse, in 3 Teile geteilt, färbt man je mit Schokolade, Kochenille oder Spinatmasse, füllt damit die Eierschalen und läßt das Gelee darin erstarren. Aus gebranntem Zucker bereitet man ein Nest und kocht zu diesem Zwecke 1 Pfund Zucker mit ¼ l Wasser so lange in einer Kasserolle, bis er, spritzt man etwas davon in kaltes Wasser, kleine Kugeln bildet. Man bedeckt damit Boden und Wände einer mit Mandelöl ausgestrichenen Schüssel, indem man den Zucker mit der Gabel in langen Fäden aus der Kasserolle hebt und diese in der Schüssel rundherum zieht. Ist der Zucker erkaltet, hebt man das Nest heraus und legt die Eier hinein.

Eier in Rahm

Man schält sechs hartgekochte Eier, halbiert sie, nimmt das Gelbe heraus, und schneidet das Weiße in feine Blättchen. Nun wird in einem Kastrol ein Stückchen Butter zerlassen, das Weiße der Eier darin einigemal umgeröstet, hernach mit einem Kochlöffel Mehl eingestäubt, mit ³/₈ l süßem Rahm abgerührt, mit Salz, weißem Pfeffer und Muskatnuß gewürzt, und alles so lange gekocht, bis die Sauce dicklich geworden, wo man es dann auf der Platte erhöht anrichtet. Die inzwischen mit nicht zu harter Butter und ein wenig Salz abgerührten Eigelb werden jetzt mit dem Kochlöffel durchs Sieb auf das angerichtete Weiß der Eier gedrückt, das Ganze noch eine Viertelstunde in einen warmen Ofen gestellt und alsdann zu Tisch gegeben.

Eier in Rahmsauce, andere Art

8 verlorene Eier kochen. Zur Sauce 30 g Butter, 40 g Mehl, ³/₈ l Milch oder halb Milch, halb Rahm, Salz

Die Sauce auskochen, über die warmen Eier geben, nach Belieben mit geriebenem Käse bestreuen. Anstatt Rahmsauce kann man auch Tomaten-, Sardellen-, Kapern- oder Senfsauce nehmen.

Eier im Schlafrock

Aufgeschlagene Eier kocht man in Salzwasser und gibt sie, wenn die Dotter noch weich sind, mit einem Löffel in kaltes Wasser. Dann bestreicht man Stückchen von Oblaten mit Eiklar, und gibt auf jedes 1 Löffel voll kaltes Ragout nach Belieben und ein Ei, schlägt die Ecken über dieser Fülle zusammen, paniert und bäckt sie im Schmalz. (Anstelle von Oblaten können auch hauchdünne Eierkuchen genommen werden).

Eierkäse I

10 bis 12 Eier, je nach der Größe, schlägt man gut durcheinander, rührt sie mit 1 l Milch und etwas Salz so lange über schwachem Feuer, bis es gerinnt (zu heiß darf es nicht werden), und gießt es dann zum Ablaufen schnell in die Form, damit die Eier recht weich bleiben. Auch kann man einige Korinthen, welche man vorher im Wasser hat aufquillen lassen, lagenweise durchstreuen. Hat man indes etwas länger Zeit, bis der Eierkäse gebraucht werden soll, so wird er jedenfalls milder, wenn man das Abgerührte in einen Steintopf gießt, solchen in kochendes Wasser stellt und dasselbe so lange fortwährend kochen läßt, bis die Eiermilch gerinnt.
Eine angenehme Sauce dazu ist Sahne von saurer Milch, mit Zucker und Zimt schaumig geschlagen. Auch paßt eine Wein- oder Fruchtsauce dazu, sowie auch Milch, mit Zucker und Zimt gekocht und mit einigen Eidottern abgerührt; doch müssen alle diese Saucen ganz kalt sein.

Eierkäse II

10 Eier, 1 l Milch, 1/4 l Sahne, 1/4 l Buttermilch, nach Belieben Salz und Zucker

Alle Zutaten gut schlagen, in eine Schüssel über Wasserdampf stellen und stocken lassen. Ab und zu mit einem Löffel leicht hin und her rühren. Wenn alles gestockt ist in eine Eierform schütten.

Eierkäse III

9 Eier, 1 Prise Salz, 1 l Milch, 75 g Zucker

Die Eier verquirlen und in die Milch einrühren. Salz und Zucker hinzufügen. Die Eiermilch in einem Steinguttopf im Wasserbad kochen, bis sie gerinnt bzw. die abgesetzte Milchbrühe klar ist. – Zum Abkühlen in eine Eierkäseform oder ein Sieb geben. Nach ca. 2 Stunden kann der Eierkäse gestürzt werden. Mit Zimt und Zucker bestreuen.

Eierkäse mit Mandeln

Eine Handvoll geschälte und zart gestoßene Mandeln rührt man in einem Geschirr mit ein wenig Milch glatt, schlägt 6 Eier daran, gibt eine halbe Maß Milch oder Rahm, ein wenig Rosen- oder Pomeranzenblutwasser, und ein halbes Viertel Zucker dazu, läßt dies zusammen in einer Kastrol unter beständigem Rühren aufkochen, drückt, wenn es siedet, den Saft von einer Zitrone hinein, erhält es noch ein wenig über dem Feuer, bis es gerinnt, gießt es in ein Tuch, läßt es rein ablaufen, nimmt es dann in einen Seiher, schneidet 3 bis 4 Lot ganz frische Butter hinein, rührt es wohl untereinander, treibt es hernach mit einem neuen Kochlöffel auf einen Teller oder auf eine kleine Platte durch, es wird wie kleine Würmer, streut Zucker und Zimt darüber, und gibt es kalt.

Eierklöße

Eine Stunde vor dem Anrichten wird 1/4 l Fleischbrühe oder Milch mit 4 Eiern gut geschlagen und nebst feingehackter Petersilie, Muskatblüte und Salz in einen mit Butter bestrichenen Topf gefüllt. Man läßt es in kochendem Wasser dick, nicht hart werden und sticht Klößchen davon in die angerichtete Suppe.

Eierkoteletts

12 hartgekochte Eier, etwa 180 g Schinken, 1/2 Pfund feingeschnittene Zwiebel, 50 g Butter, 1/2 TL Salz – Zur Herstellung des Bechamelbeigusses: 70 g Butter, 70 g Mehl, 3/4 l Rahm oder Milch, 1 TL Salz, Prise Pfeffer – Zum Panieren: 1–2 Eier, Weckmehl, 3 Makkaronistengel – Zum Backen: 80–100 g Butter oder Fett – Zum Abrühren des Beigusses: 30 g Butter, 1/4 l Rahm

Hartgekochte Eier werden geschält, das Eiweiß losgelöst und in 1/2 cm große Würfel geschnitten. Das Eigelb wird mit der gleichen Menge Schinken fein verwiegt. In einem gut glasierten Topf läßt man die Butter zergehen, gibt die gebrühten, in einem Tuch abgetrockneten Zwiebeln dazu und läßt sie 15–20 Min. dünsten; doch dürfen sie nicht gelb werden. Nun gibt man einen dick eingekochten Bechamelbeiguß darunter, würzt mit Salz, Pfeffer und läßt die Speise auf der Seite des Herdes ½ Std. dünsten. Die Hälfte des Beigusses wird nun mit dem Schinken, Eigelb und Eiweiß gut vermengt. Nach dem Erkalten formt man Koteletts, steckt einen Stiel von Makkaroni ein und paniert mit Ei und Weckmehl. Kurz vor Gebrauch werden die Koteletts in heißer Butter im Zeitraum von 6–8 Min. gebacken. Die zweite Hälfte des Beigusses treibt man durch ein feines Sieb, rührt ihn mit Butter und Rahm ab, läßt ihn einmal aufkochen und serviert ihn zu den Koteletts. (Stückzahl 12.)

Eierkraut

Ein Viertel Butter zerläßt man in einer Kastrol oder Messingpfanne, röstet 2 starke Hände voll Semmelmehl und 2 Eßlöffel fein Mehl darin, aber nicht gelb, verrührt dann 6 Eier stark mit 3 Schoppen guter Milch, gießt dies an das geröstete Mehl, und läßt es unter beständigem Rühren aufkochen. Ehe es auf den Tisch kommt, wird es mit Zucker und Zimt bestreut.

Eierkuchen

Für 1 Person nimmt man 2 Eier, 1 EL Milch, Salz, nach Belieben Muskat, 20 g Butter

Eier, Salz, Milch gut verschlagen. Die Butter in einer kleineren Pfanne erhitzen, die Masse zugeben, unter Schütteln backen, umdrehen, fertigbacken, zusammenschlagen, sofort zu Tisch geben.

Eierkuchen, doppelt gebackener

Man rührt einen kleinen Kochlöffel Mehl mit Milch glatt, etwas Schnittlauch oder eine fein geschnittene Zwiebel nebst etwas Speck dazu, 3 bis 4 Eier daran, verdünnt es noch mit etwas Milch, und backt 2 Kuchen heraus. Sobald solche kalt sind, hackt man sie auf einem Brett klein, rührt es in einer Schüssel wieder mit 4 Eiern an, gibt noch einen Kochlöffel Mehl und etwas Salz dazu, zerläßt in der Eierkuchenpfanne Butter oder Schmalz, füllt die Masse hinein, setzt die Pfanne auf Feuer, einen Deckel mit Feuer darüber, und backt es langsam. Der Kuchen ist in einer Viertelstunde fertig, er wird entweder ganz gelassen, oder zu Stücklein geschnitten, und auf ein grünes Gemüse gelegt.

Eierkuchen mit Käse

Unter die Eierkuchenmasse gibt man 30 g in kleine Würfel geschnittenen Emmentaler Käse oder einen Eßlöffel geriebenen Parmesankäse.

Eierkuchen, grüner

Eine starke Handvoll gewaschenen Spinat stößt man klein, preßt ihn aus, verrührt 6 Eier stark mit dem ausgepreßten Saft, gibt etwas Salz und Muskat dazu, nimmt auf eine Zinnplatte ein Stücklein Butter, gießt das Angerührte darauf, stellt es auf einen siedenden Wassertopf, und läßt es solang darauf, bis es fest beisammen ist. Wenn es gestanden ist, gibt mans in eine Schüssel, verrührt es stark mit einem Kochlöffel feinem Mehl, schlägt noch 5 Eier dazu, und backt nun erst einen Kuchen daraus. Ist die Masse zu dick, so kann ein wenig Milch dazu genommen werden.

Eierkuchen, grüner, andere Art

Eine kleine Handvoll zarten Spinat, ein wenig Petersilie, ebensoviel Kerbel, etliche Blätter Sauerampfer, eine Handvoll Zwiebelrohr, und ein klein wenig Majoran, dies alles hackt man zusammen klein, drückt es zwischen 2 hölzernen Tellern fest aus, kehrt einen Kochlöffel Weißmehl in einem Stücklein zerlassene Butter ein paarmal um, nimmt die ausgedrückten Kräuter dazu, und dämpft es zusammen, gibt es dann in eine Schüssel, bis es kalt ist, Salz und Muskat dazu, rührt es mit 6 Eiern eine Weile, macht in der Eierkuchenpfanne Schmalz heiß, füllt die Masse hinein, stellt sie auf Feuer, einen Deckel mit ein wenig Feuer darüber, und backt den Kuchen langsam.

Eierkuchen mit Leberwurstfüllung

1 feingewiegte Zwiebel, 20 g Fett, 200 g Kalbsleberwurst, 2 EL Weißwein

Die Zwiebelstückchen im heißen Fett hell bräunen, die zerkleinerte Kalbsleberwurst mit Weißwein oder Fleischbrühe dazugeben und bei geringer Hitze unter Rühren erhitzen.
Eierkuchen zubereiten, mit Leberwurstgemisch bestreichen und zusammenrollen.

Eierkuchen mit Möhren

Man nehme zwei rein abgeputzte Möhren, reibe sie auf dem Reibeisen bis auf den Kern ab, reibe ferner drei Semmeln und die Schale von einer Zitrone dazu, quirle fünf Eier nebst einem Löffel Mehl recht klar und rühre es mit dem Obigen gut untereinander; zuvor muß man noch etwas zergangene Butter darunter gegeben haben. Nunmehr setzt man Butter in einem Eierkuchentiegel übers Feuer, schüttet das Eingerührte dazu und läßt den Kuchen zugleich auf beiden Seiten backen. Beim Auftragen bestreut man ihn noch mit Zucker und Zimt.

Eierkuchen mit Nieren oder Leber

100 g Leber oder Nieren schneidet man in feine Scheibchen, dämpft sie in Butter mit etwas Zwiebel etwa 6 Minuten; gibt Salz, 1 Eßlöffel Wein zu. Ein Eierkuchen wird dreifach zusammengelegt, die Enden nach unten auf eine heiße Platte, obenauf der Länge nach ein Einschnitt gemacht, die Nieren eingefüllt, sofort zu Tisch gegeben.

Eierkuchen mit Pilzen

Wird zubereitet wie Eierkuchen mit Nieren. Anstatt Nieren Champignons, Steinpilze oder Pfifferlinge nehmen. Den Wein weglassen.

Eierkuchen mit Schinken

Unter die vorhergehende Masse gibt man 20 g gewiegten Schinken.

Eierkuchen mit Reis

Man läßt ein halbes Viertelpfund Reis in einem Nößel Milch gut ausquellen und dann wieder etwas abkühlen. Hierauf werden sieben Eidotter zu vier Lot Butter gequirlt, oder in einem Reibeasch gut abgerührt, eine Zitrone auf Zucker abgerieben, und zwei geriebene Semmel dazugegeben. Das Weiße von sechs Eiern wird zu Schnee geschlagen und auch dazu gerührt. Wenn alles gut untereinander gequirlt ist, so gibt man endlich den Reis nebst ein wenig Salz dazu, rührt es nur ganz behutsam untereinander (damit der Reis nicht zerrührt wird), und bäckt den Eierkuchen, wie die ersten, in einem Tiegel oder einer Pfanne. (Man nehme 65 g Reis auf ½ l Milch. Der Reibeasch ist eine einfache, meist irdene Schüssel).

Eierkuchen mit Tomaten

Unter die Eierkuchenmasse gibt man anstelle der Milch 1 Eßlöffel Tomatenmark, 1 Prise Pfeffer, nach Belieben geriebene Zwiebel.

Eierkuchen, ungarisch

100 g Salami, 1 rote Paprikaschote, 1 grüne Paprikaschote, 1 Zwiebel, 2 EL Öl, 3 Eier, gut 1/4 l Milch, 200 g Mehl, 1/2 TL Salz, etwas Paprikapulver

Salami enthäuten und in sehr dünne Scheiben oder in Streifen teilen. Die Paprikaschoten von Stielen und Kernen befreien, waschen und in feine Streifen schneiden. Die Zwiebel schälen, in dünne Ringe hobeln. Zunächst die Salamischeiben in heißem Öl etwas anbraten, dann Paprikastreifen und Zwiebelringe zufügen und unter Rühren 5 Minuten braten. Inzwischen den Eierkuchenteig zubereiten. Dafür die Eier mit Milch, Mehl, Salz und Paprikapulver in eine Schüssel geben und gut verschlagen. Dann die abgekühlten Salamischeiben, Paprikastreifen und Zwiebelringe unter den Teig rühren. Eierkuchen wie gewohnt braten.

Eierkuchen mit Zucchini

3 Eier, 200 g Mehl, 1/4 l Milch, 1/2 TL Salz, 1 TL getrocknetes Basilikum, 100 g durchwachsener, geräucherter Speck, 4 Zucchini, 50 g geriebener Parmesankäse

Die Eier mit Mehl, Milch, Salz und Basilikum verschlagen, so daß ein dickflüssiger Eierkuchenteig entsteht. Diesen mindestens 15 Minuten quellen lassen. Den Speck von Schwarten befreien und in sehr dünne Scheiben schneiden. Die Zucchini waschen, Stielansätze entfernen, dann in Scheiben schneiden.
In einer Pfanne etwas Fett erhitzen, den Speck portionsweise darin glasig werden lassen. Dann einen Teil der Zucchini darin anbraten. Mit der Schöpfkelle portionsweise Eierkuchenteig auffüllen. Eierkuchen braten, einmal wenden. Zum Schluß mit etwas Parmesan überstreuen.

Eierkuchen mit Zwiebeln

3 sehr große Zwiebeln, 2 EL Öl, 3 Eier, 1/4 l Milch, 250 g Mehl, Salz, Pfeffer, Rosenpaprika, einige Tropfen Tabasco

Die Zwiebeln schälen und in sehr dünne Ringe schneiden. In heißem Öl glasig braten und abkühlen lassen. Für den Teig die Eier mit Milch und Mehl sowie Salz, Pfeffer, Paprika und Tabasco in eine Schüssel geben und rasch vermengen. Zum Schluß mit einem Löffel die abgekühlten Zwiebeln unterrühren. Der Teig muß etwas dicker als sonst üblich sein. Nun portionsweise Eierkuchen backen.

Eierkuchen, andere Art

Drei altgebackene Semmeln werden fein eingeschnitten, dann 1/4 l mit sechs Eiern gut verrührte Milch darangegossen, und dies eine Stunde stehengelassen, wo man es etwas salzt und locker untereinandermengt. Nun macht man in einer Pfanne Schmalz heiß, gießt die Masse hinein, und läßt den Kuchen zugedeckt schön gelb backen. Ist er auf einer Seite gelb, so stürzt man ihn behutsam auf eine Platte um, gibt wieder etwas Schmalz in die Pfanne, läßt den Kuchen von der Platte in die Pfanne gleiten, und bäckt ihn auf der ungebackenen Seite zugedeckt ebenfalls schön gelb. – Eine Hauptsache bei diesem Kuchen ist langsames Backen auf schwachem Feuer.

Eierkuchen, andere Art, mit Schnittlauch

Man schneide drei Milchbrote zu dünnen Suppenschnitten, gieße 1/4 l Milch darüber, und lasse dies eine Weile stehen. Nun verrührt man sechs Eier mit etwas Salz gieße sie an die Schnitten, gebe eine halbe Handvoll feingeschnittenen Schnittlauch dazu, rühre alles recht locker durcheinander, backe den Kuchen ganz wie vorhergehenden, und serviere ihn mit grünem Salat.

Eierkuchen, dritte Art

Zu einem Kuchen von mittlerer Größe schneidet man 2 Kreuzerwecken ganz fein ein, gießt einen Schoppen süße Milch darüber, schneidet ziemlich Schnittlauch und etwas Petersilie klein, gibt das Grüne nebst dem benötigten Salz, und etwas Muskatnuß an den Wecken, rührt es mit 6 Eiern an, macht in einer eisernen Pfanne Schmalz heiß, füllt die Masse hinein, streut ein wenig Mutschel- oder Semmelmehl unten hin, und backt sie unten und oben langsam. Der Kuchen kann zum Salat oder auch zu einem Gemüse aufgestellt werden.

Eierkuchen, vierfarbiger

8 Eßlöffel Mehl, $\frac{2}{3}$ l saure Sahne, 8 Eidotter und eine Prise Salz werden gut verquirlt und dann das zu Schnee geschlagene Weiße der 8 Eier daruntergezogen. Dann teilt man den Teig in 4 ganz gleiche Teile, mischt unter den einen etwas Schokoladenpulver, den andern färbt man mit gewiegtem Spinat, den dritten mit Kochenille zu schöner roter Farbe und den vierten läßt man gelb. Nun bereitet man aus 1 Löffel Kartoffelmehl, 2 Löffeln gestoßenem Zucker, einer Stange geriebener Vanille, 2 Eidottern und $\frac{1}{8}$ l Milch eine Vanillecreme; aus $\frac{1}{8}$ l Milch, 50 g geriebener Schokolade, Schnee von 2 Eiweiß, $\frac{1}{2}$ Löffel Kartoffelmehl, etwas Zucker und Salz wird eine steife Schokoladencreme hergestellt. Nachdem man dann jeden Eierkuchen einzeln gebacken, bestreicht man den braunen mit hellem Apfelgelee, den gelben mit Johannisbeermarmelade, den roten mit Vanillecreme, den grünen mit Schokoladencreme. Nun rollt man die vier Kuchen zusammen, bestreut sie mit Puderzucker und glasiert sie mit glühendem Eisen. Mit Früchten garniert, gibt man die Speise zur Tafel.

Eierküchle

6 Brötchen, Zwiebel, Petersilie, 30 g Butter, 6 Eier, Salz, Pfeffer, Muskat 2 Eier – Fett zum Backen

6 Eier werden mit Salz, Muskat verrührt. Die eingeweichten, ausgedrückten Brötchen werden mit Zwiebel, Petersilie in Butter trocken abgedämpft, mit den Eiern abgelöscht, diese zum Stocken gebracht, verkühlen lassen. Dann gibt man die 2 rohen Eier zu, formt runde Küchle und bratet diese in heißem Fett auf beiden Seiten. Sollte die Masse zu weich sein, gibt man etwas Weckmehl zu.

Eiermus

Zwei Kochlöffel Mehl wird mit $^3/_8$ l Rahm oder guter Milch glatt angerührt, ein Stücken Vanille, Zitrone oder Zimt beigefügt, und dies gekocht. Dann verrührt man vier Eier gut mit weniger kalter Milch, rührt darunter das Mus nebst einigen Eßlöffeln Zucker, und vermischt zuletzt den festgeschlagenen Schnee der vier Eiweiß damit. Nun richtet man das Ganze in die bestimmte Schüssel an, bestreut es dick mit Zucker und brennt es mit einer glühenden Schaufel auf, welches Aufbrennen in dem Augenblick, wo der Zucker daraufgestreut wird, geschehen muß.

Eier nach Königinart

8 verlorene Eier. Zur Buttersauce: 40 g Butter, 50 g Mehl, Fleischbrühe, Salz, Muskat, Zitronensaft, 1 Eigelb, 2 EL Rahm, 250 g Kalbsbraten, Hühnerfleisch oder Schinken

Die Buttersauce läßt man gut auskochen und zieht sie ab. Das Fleisch gibt man durch die feine Einlage, gibt die Hälfte der Sauce zu, gibt in kleine Förmchen eine Lage Fülle, darauf 1 Ei, obenauf Buttersauce und garniert mit Trüffel. Man kann die Fleischfülle auch bergig auf eine Platte geben, die Eier außen herumlegen und mit der Buttersauce übergießen, im Backofen aufziehen.

Eier nach Metternich

400 g Kalbfleisch, 5–6 EL süßen Rahm, 1 TL Salz, 6 Eier – zum Bearnaisebeiguß: 80 g Butter, 3 Eigelb, 1 EL verwiegte Kräuter, 2 EL Essig, Prise Salz – Zum Backen: 50 g Butter

Das Kalbfleisch wird 3–4 mal durch die Fleischhackmaschine getrieben und mit dem Salz und Rahm gut vermengt. Sodann formt man auf einem naß gemachten Porzellanteller mit naß gemachten Händen Küchlein von 1½ cm Dicke und 6 cm Durchmesser, und läßt sie gut zugedeckt auf Eis 1–2 Std. ruhen. 6 frische Eier werden pochiert und bis zum Gebrauch in kaltes Wasser gelegt. Kurz vor Gebrauch bereitet man einen Bearnaisebeiguß von Eigelb, Butter und Gewürz. 10 Min. vor dem Auftragen werden die Kalbfleischküchlein in heißer Butter unter Begießen 8 Min. gebraten, die in heißem Wasser wieder erhitzten Eier daraufgegeben und das Ganze mit Bearnaisebeiguß begossen.

Eieromelett, aufgezogenes

6 Eier, 30 g Mehl, 6 EL Milch, 1 TL Salz, 20 g Butter

Das Mehl wird mit Milch und den Eigelb schaumig gerührt, mit Salz gewürzt und der sehr steife Eierschnee daruntergezogen. In zwei Pfannkuchenpfannen erhitzt man die Butter, gibt die Eiermasse hinein, läßt sie auf der heißen Herdplatte 3 Min. anziehen und stellt sie zum Fertigbacken 3–5 Min. in den heißen Backofen. Man legt die fertigen Eierkuchen einmal zusammen und serviert sie zu Spargeln u. dgl.

Eier, panierte

4 verlorene Eier, Salz, Pfeffer, Mehl, 1 Ei, 6 EL Semmelbrösel, Bratfett, gewaschene, abgetropfte Salatblätter, 4 Weißbrotscheiben, 4 EL Remouladensauce

Die verlorenen Eier etwas salzen und pfeffern, in Mehl, verquirltem Ei und soviel Semmelbröseln wenden, bis sie eine dicke Kruste haben. Die panierten Eier in reichlich heißem Fett in ca. 5 Minuten rundum braten. Auf mit Salatblättern belegten Weißbrotscheiben anrichten. Über jedes Ei etwas Remouladensauce verteilen.

Eier-Ragout

Auf einer kleinen Platte siedet man 8 Eier hart, schält solche, schneidet sie der Länge nach entzwei, nimmt das Gelbe in ein kleines Geschirr, und zerdrückt es mit einem Löffel, soviel Eier, soviel von mittlerer Größe schneidet man zu dünnen Rädlein, dämpft sie in einem guten (großen) Stück Butter weich, läßt sie aber ja nicht braun werden, nimmt die verdrückten gelben Eier, Muskatnuß, Ingwer, Pfeffer und Salz dazu, verrührt alles zusammen recht gut, gießt ein kleines Glas süßen Rahm daran, läßt es auf Feuer langsam aufkochen, und richtet das Ragout an. Das Weiße von den Eiern wird auf das Ragout gelegt, die ausgehöhlte Seite unter sich gerichtet, und eine Form wie ein Stern oder Herz davon gemacht. Auch kann es nur als eine Einfassung um die Platte herum gelegt werden.

Eier-Ragout, andere Art

Soviel Personen, soviel ein oder 2 Eier werden gerechnet, hart gesotten, geschält, und voneinander geschnitten. Das Gelbe derselben nimmt man in eine Schüssel, zerdrückt es mit ein paar Löffeln voll süßem Rahm, gibt ein wenig fein geschnittenen Schnittlauch, Muskatblüte und Salz dazu, rührt es mit einem Stücklein zerlassenen Butter und 2 Eigelb vollends an, füllt die ausgehöhlten Eiweiß damit, gießt einen Schoppen süßen Rahm auf eine Zinnplatte, setzt die Eier hinein, gibt ihnen unten und oben schwaches Feuer, und kocht sie langsam, erfordern sie noch mehr Sauce, so wird ihr mit süßem Rahm nachgeholfen, und vor dem Auftragen ein wenig Muskat und Ingwer in die Sauce gegeben.

Eier-Rose (Baden-Württemberg)

150 g Mehl, ¼ l Milch, 2 Eier, Salz, 1 Semmel, 60 g Rosinen, abgeriebene Schale ½ Zitrone, 3 Eier, 2 Eigelb, Zucker, Zimt, Hagebuttenmark

Aus Mehl, Milch, 2 Eiern und einer Prise Salz wird ein Flädleteig gerührt und in heißem Fett dünne Flädle gebacken. Man reibt die Semmel ab, weicht sie in Milch ein, drückt sie aus und vermengt sie mit den Rosinen, der Zitronenschale, beliebig Zucker und Zimt und rührt 3 Eier und 2 Eigelb darunter. Eine gefettete Auflaufform streut man mit etwas Semmelmehl aus und füllt abwechselnd die Flädle und die Semmelmischung ein. Bei mittlerer Hitze etwa 15 Minuten backen. Danach schneidet man den Auflauf wie eine Rose auf und verteilt verdünntes Hagebuttenmark darüber.

Eier, saure

8 verlorene Eier kochen. Zur braunen Grundsauce 40 g Fett, 60 g Mehl, Wasser, Nelke, Lorbeerblatt, Salz, Pfeffer

Die Sauce gut auskochen, 2–3 Eßlöffel Rotwein oder Madeira zugeben, über die warmen Eier gießen, mit Blätterteigstückchen garnieren.

Eier in saurem Rahm

Acht Stück hartgekochte Eier werden geschält, dann der Länge nach geteilt, auf eine Platte geordnet, und mit 70 g gewaschenen, ausgegräteten, nudlig geschnittenen Sardellen belegt, hernach ¼ l guter saurer Rahm, zwei Eßlöffel feingehackte Petersilie, etwas Kerbelkraut, wenig Salz, Pfeffer und Muskatnuß einige Minuten aufgekocht, daran der Saft einer halben Zitrone gedrückt, und dies über die Eier angerichtet.

Eierschnee, aufgezogener

4 Eiweiß, 150 g Zucker, das Mark einer Vanilleschote

Unter den steifen Eierschnee zieht man den mit Vanille gewürzten Zucker und füllt dies in eine mit Butter bestrichene, mit Zucker bestreute Cremeform. Man bindet diese mit naßgemachtem Pergamentpapier zu, stellt den Schnee ins Wasserbad und läßt ihn langsam etwa 20 Min. kochen. Beim Gebrauch stürzt man ihn auf eine Platte und gießt einen Vanillebeiguß darüber.

Eierschnitten, gebackene

Wenn zu den vorgedachten gerührten Eiern nur halb soviel Rahm genommen wird, und nichts von Fleisch dabei sein darf, so gibt man die gerührten Eier, wenn sie bis zum Anrichten fertig sind, in eine Schüssel, vermengt sie mit einem geriebenen Milchbrot oder einer Handvoll Mutschelmehl, rührt es mit einem ganzen Ei an, nimmt die Masse auf ein mit Mutschelmehl bestreutes Brett, drückt sie in die Breite, bis die Masse fingerdick ist, schneidet dann fingerlange und fingerbreite Stücklein daraus, und hackt sie im Schmalz. Haben sie noch mehr Salz nötig, so wird es dazugegeben, ehe sie gebacken werden. Man kann sie zu jedem Gemüse geben.

Eierspeise mit Trüffeln und Lachs

Eine Trüffel und zehn Deka geräuchterten Lachs, würfelig geschnitten, dünstet man mit Butter und gibt Fleischextrakt dazu, sprudelt dann 5 Eier, 2 Dotter, 2 Löffel voll Obers, Salz und Pfeffer ab, rührt es in 5 Deka heiße Butter und mischt, wenn es dicklich wird, das Geschnittene dazu. Man häuft die Speise in Muscheln auf und serviert sie schnell. (5 Deka = 50 g Butter, 10 Deka = 100 g Räucherlachs. Fleischextrakt erhalten Sie im Feinkostgeschäft.)

Eierstich

5 Eier, 3 Eigelb, 1 Prise Salz, Muskatnuß, 1/4 l Milch

Die Zutaten werden gut verquirlt und in eine gebutterte Form gefüllt. Man läßt die Masse im Wasserbad stocken. Nachdem sie etwas abgekühlt ist, wird vorsichtig gestürzt, der Eierstich in Streifen oder Würfel geschnitten und in der Terrine mit Fleischbrühe übergossen.

Eier, überzogene mit Zucker

Von 8 hartgesottenen Eiern nimmt man das Gelbe heraus, gibt ein Viertel gestoßenen Zucker in eine Messingpfanne, nimmt etliche Tropfen Pomeranzenblütenwasser dazu, reibt eine Zitrone halb ab, mengt dies und das Gelbe von den 8 Eiern recht untereinander, trocknet es auf schwachem Feuer im Zucker ein wenig, macht die Masse aus der Pfanne zu kleinen Kugeln, die nicht gar so groß als ein gesottenes Eigelb sein dürfen, siedet ein halbes Pfund Zucker mit einem Trinkglas Wasser nach langer Fäden Art, steckt die gemachten Eigelb an eine Gabel, kehrt sie in dem gekochten Zucker um, legt sie dann auf einen von weißem Draht verfertigten Rost und trocknet sie darauf. Sie werden als Konfekt gegeben.

Eier, verlorene

Eine tiefe, mittelgroße Pfanne wird mit 2 l (2 Maß) Wasser, in welches zwei Eßlöffel Salz und vier Eßlöffel Essig gegeben, in der Art aufs Feuer gestellt, daß das Wasser nur von *einer* Seite zu kochen anfängt. Sobald letzteres der Fall, schlägt man je drei bis vier ganz frische Eier, jedes auf einem andern Punkt, behutsam darein, und rüttelt die Pfanne, damit die Eier sich nicht an den Boden setzen. Hat sich das Weiße um den Dotter, welcher sehr weich und *ganz* bleiben muß, leicht und fest zusammengezogen, was nur anderthalb Minuten braucht, so werden die Eier vorsichtig mit dem Schaumlöffel eines um das andere herausgehoben und in kaltes Wasser gelegt, wodurch sich das Ei augenblicklich zusammenzieht. Es wird sodann jedes einzeln mit der Hohlen Hand herausgenommen, das anhängende faserige Eiweiß rundherum mit dem Messer glatt abgeschnitten und die Eier nun wieder in warmes gesalzenes Wasser gebracht, um sie darin bis zum Anrichten warm zu erhalten. So wird fortgefahren, bis die bestimmte Anzahl Eier fertig ist. Zur Anrichtzeit werden dann sämtliche Eier sorgfältig auf ein Sieb oder Tuch gelegt, damit das Wasser gut ablaufe, von da in die Schüssel geordnet, auf welche zuvor verdünnte Jus oder mit etwas Zitronensaft abgeschärfte Bratensauce durchs Sieb gegossen wurde, und die Platte nun mit nicht zu hart gebackenen Semmelschnitten besteckt. – So gibt man sie als *selbständiges* Gericht; man verwendet sie aber auch oft als Beleg von *Sauerampfer, Spinat, gekochtem Salat,* dann auf *Fleischhaschee* und in *Schwarzbrotsuppen.*

Eier, weichgesottene

Man reibt frisch gelegte Eier, um sie ganz rein zu haben, mit Salz und Wasser ab, wäscht sie, und setzt sie mit frischem Wasser auf schnelles Feuer. Nachdem man sie zweimal hat überkochen lassen, werden sie sorgfältig herausgehoben und in eine tiefe Platte gelegt, nun mit heißem Wasser übergossen, damit sie nicht so schnell erkalten, und nebst den Eierbechern zu Tisch gegeben. – Man kann die Eier auch ins siedende Wasser geben, wo sie in drei Minuten fertig sind.

Eierwürstlein in einer Sauce

5 bis 6 Eier mit ein wenig Zucker verrührt man, wie sonst die gerührten Eier, in einem Stücklein zerlassener Butter auf dem Feuer, gibt solche in eine Schüssel, ein Viertel abgezogene und grob gestoßene Mandeln, 2 Lot gewaschene und wohl abgetrocknete kleine Rosinen, ein wenig geschnittene Zitronenschalen und Zitronat, 2 Eßlöffel voll Semmelmehl oder die Brosamen von einem Wecken, dies alles dazu, rührt die Masse mit einem ganzen und einem gelben Ei an, nimmt Weißmehl auf ein Brett, würgt die Masse leicht darauf, macht fingerlange und fingerdicke Würstlein daraus, backt solche, wenn sie alle beisammen sind, gelb im Schmalz, verfertigt eine Wein- oder Kirschensauce daran, und läßt die Würstlein noch ein wenig darin aufkochen.

Eintopf, Dalmatiner

250 g Gulaschfleisch gemischt, 1 Markknochen, 200 g Zwiebeln, Fett, 200 g Paprikaschoten, 250 Reis, 500 g Tomaten, 1 Knoblauchzehe, 1 Bund Suppengrün, 1 Glas Joghurt, 5 Tassen Fleischbrühe, Pfeffer, Salz

Fleisch würfeln, Tomaten häuten und in Scheiben schneiden, Zwiebeln zerkleinern, Paprikaschoten in Streifen schneiden, Suppengrün zerkleinern. Fleisch und Zwiebeln in etwas Fett anbraten, Knochen, Gemüse, Suppengrün und zerdrückte Knoblauchzehe beigeben. Inzwischen in einem zweiten Topf Reis in etwas Fett goldbraun anbraten, mit Brühe aufgießen, 5 Min. kochen lassen, über Fleisch und Gemüse geben. Joghurt darüber gießen, salzen, pfeffern, zugedeckt bei mittlerer Hitze 2 Stunden garen lassen (auch im Backofen möglich). Knochen herausnehmen, nachwürzen.

Polnischer Eintopf

3 gewiegte Zwiebeln, 100 g geräucherter Schinkenspeck, 50 g Fett, 2 Äpfel, 750 g Sauerkraut, Wacholderbeeren, 350 g Krakauer Wurst, 250 g Weißkraut, 1 EL getrocknete Pilze, 1 Tomate, ½ l Wasser, Salz, Pfeffer, Zucker, 1 Becher saure Sahne

Die Zwiebelstückchen und den kleingewürfelten Speck im heißen Fett hell bräunen. Die geschälten Äpfel in kleine Stückchen schneiden, dazugeben und bei geringer Hitze musig kochen. Dann das gelockerte Sauerkraut mit den Wacholderbeeren daruntermischen und ca. 20 Minuten bei geringer Hitze dünsten. Dazu etwas Wasser gießen. Die in Scheiben geschnittene Wurst dazugeben. Inzwischen in einem anderen Topf das kleingeschnittene Weißkraut mit den Pilzen in wenig Wasser weichkochen. Unter das Sauerkraut mengen, die enthäutete und in Würfel geschnittene Tomate zufügen, aufkochen lassen und mit Salz, Pfeffer und evtl. etwas Zucker abschmecken und 30 Minuten fertig garen. Wenn notwendig, noch etwas mehr Wasser dazugeben. Das Gericht abschmecken und mit Sahne darüber anrichten.

Eintopf, serbischer

500 g Schlachtbraten, in Würfel geschnitten, 40 g Butter, 1 Zwiebel, 1 kleingehackte Knoblauchzehe, 80 g durchwachsener Räucherspeck, 125 g Reis, Fleischbrühe, etwas Bratensauce, Salz, 1 Prise Paprika, 4 EL Tomatenmark, 30 g geriebener Käse

Nur gut abgelagertes, zartes Fleisch, evtl. auch Schlegel- oder Nierenbraten vom Kalb oder Hammel, eignet sich für dieses Gericht. Im heißen Fett zuerst die feingeschnittene Zwiebel, Knoblauchzehe und die Speckwürfel dämpfen, dann die Fleischwürfel bei starker Hitze darin anbraten. Den gewaschenen, abgetropften Reis zufügen und mit so viel Fleischbrühe ablöschen, daß die Flüssigkeit doppelt so hoch im Topf steht wie der Reis. Etwas Bratensauce zugießen, würzen, nach dem ersten Aufwallen die Hitze vermindern und das Gericht ca. 30 Minuten garen. Vor dem Anrichten das Tomatenmark, den Käse und evtl. noch etwas Bratensauce unterrühren.

Eiweißaufgezogenes

140 g Mehl wird mit 1 l Milch glatt angerührt, 70 g Zucker, ein Eßlöffel Vanillezucker und etwas Salz dazugegeben, dies auf dem Feuer unter beständigem Rühren aufgekocht, 50 g Butter beigefügt, und das Ganze auf glühendem Feuer eine halbe Stunde langsam gekocht. Nun wird es vom Feuer genommen, in eine Schüssel geleert, wenn es etwas abgekühlt ist, der steife Schnee von sechs Eiweiß daruntergemengt, die Masse in eine gut mit Butter ausgestrichene Form eingefüllt, eine Viertelstunde langsam aufgezogen, und das Gericht sodann augenblicklich zu Tisch gegeben.

Eiweißschaum-Klöße, zu Wein-, Bier- und Milchsuppen

Man schlägt Eiweiß mit Zucker zu steifem Schaum, sticht mit dem Löffel Klöße ab, legt sie auf die kochend heiß angerichtete Suppe, bestreut sie stark mit Zucker und Zimt und deckt sie schnell zu, wodurch sie gar werden.

Eiweiß, rohes, für Kranke

Nachdem man das Eiweiß zu festem Schaum geschlagen hat, verrührt man noch ein Teelöffelchen Cognak, einen Eßlöffel süße Sahne und ein wenig Zucker nach Geschmack darunter und reicht es so nach und nach mit einem Einnehmelöffel.

Eiweiß zu Schnee zu schlagen

Hierbei können nur *frische* Eier dienen. Nachdem sie leicht aufgeklopft sind, wird das Weiße sorgfältig auf einen tiefen Teller oder in eine Schüssel gegeben, und mit einem Schneebesen oder in dessen Ermangelung mit einer, gewöhnlich *hölzernen*, Gabel so lange, ohne inzwischen auszusetzen, geschwungen, bis es ganz steif (zu Schnee) geworden ist, wo es gleich verbraucht werden muß, denn bei längerem Stehen gerinnt solches. – Das Geschirr, worin Schnee geschlagen werden soll, darf durchaus kein Fett enthalten, weil man sonst keinen Schnee zustande bringen könnte. – Gut ist es, wenn einige Tropfen Zitronensaft oder ein Eßlöffel feiner Zucker zu dem Eiweiß gegeben und damit geschwungen wird, weil der Schnee dann weniger schnell gerinnt.

Erdbeerauflauf

Mit sechs Eigelb wird 70 g Butter gut abgerührt, dann 100 g feiner Zucker und vier Eßlöffel Semmel-, besser Milchbrotbröseln daruntergegeben, und dies an ½ l durchs Sieb getriebene Erdbeeren gerührt. Nun wird der feste Schnee der sechs Eiweiß hineingerührt, das Ganze in eine butterbestrichene tiefe Porzellanschüssel eingefüllt, langsam im Ofen aufgezogen, und schnell zu Tisch gegeben.

Erdbeerauflauf, andere Art

175 g Mehl wird mit ⅜ l guter Milch glatt angerührt, dann 140 g feingestoßener Zucker, ebensoviel gute Butter und ganz wenig Salz dazugegeben, und solches auf dem Feuer zu einem dicken, etwas glatten Teig abgerührt. Diesen rührt man nach einigem Erkalten mit acht Eigelb fein ab, mengt hernach das zu festem Schnee geschlagene Weiße der Eier nebst 280 g Erdbeeren in die Masse, und füllt letztere nun in eine butterbestrichene Auflaufform oder Cremeschüssel, welche die Ofenhitze verträgt. So wird der Auflauf in nicht zu heißem Ofen drei Viertelstunden gebacken, wo er dann hoch aufgegangen und gelb sein wird, und augenblicklich auf den Tisch kommen muß.

Erdbeerauflauf für Kranke

Hat man 250 g frische, sauber gewaschene Erdbeeren durchgeschlagen, so wird das Mus mit 125 g feinem Zucker, 2 Kaffeelöffeln Zitronensaft und Eiweißschnee von 3 Eiern gut verrührt und in ¼ Stunde bei mäßiger Hitze in der Form gebacken. – Zu dieser Speise lassen sich alle Arten Fruchtmus verwenden; ebenso kann man eine gute Speise mit 65 g geriebener Schokolade anstelle der Erdbeeren herstellen.

Erdbeer-Quark-Auflauf

500 g Erdbeeren, 80 g Zucker, 4 Eier, 1 Päckchen Vanillezucker, 50 g Zucker, abgeriebene Schale einer Zitrone, 350 g Quark

Die Erdbeeren werden gewaschen, entstielt, abgetropft und mit Zucker vermischt.
Die Eigelb rührt man mit dem Zucker, Vanillezucker und Zitronenschale schaumig und gibt nach und nach den Quark dazu. 2 Eiweiß werden steifgeschlagen und untergezogen.
Man fettet eine Auflaufform und bestreut sie mit Semmelbröseln. Nun werden abwechselnd Quark und Erdbeeren eingefüllt, die letzte Lage sind Erdbeeren. Von den restlichen 2 Eiweiß wird Schnee geschlagen und über den Auflauf verteilt. Bei mittlerer Hitze wird der Erdbeer-Quark-Auflauf ca. 40 Minuten gebacken.

Fischauflauf I

3 Pfund Schellfisch, 3 trockene Brötchen, 1/8 l Milch, 1/4 Pfund geräucherten Speck, 100 g Sardellen, 65 g geriebenen Käse, 4 Eier, 1/3 l sauren Rahm, 1 EL Kapern, 1 EL fein verwiegte Zwiebel und Petersilie und 1 TL Salz – Zum Belegen: 1 EL Käse, 20 g Butter

Fischreste oder abgekochter Fisch wird gehäutet, entgrätet und in kleine Blättchen geteilt. Die Brötchen werden abgerieben, in Milch eingeweicht, ausgedrückt und verzupft. Der Speck wird fein geschabt, die Sardellen geputzt und verwiegt. Nun vermengt man die Fischblättchen möglichst leicht mit den vorgerichteten Brötchen, Speck, Sardellen, Käse, Eigelb, Rahm, Zwiebel, Petersilie, Kapern, Salz und zieht zuletzt den steifen Eierschnee darunter. Eine Auflaufform wird mit Butter bestrichen, mit Weckmehl bestreut, die Masse eingefüllt, mit Käse bestreut, mit Butterwürfel belegt und in gut heißem Backofen etwa 3/4 Std. aufgezogen.

Fischauflauf II

1 kg Fisch, gleich welcher Art, Fischsud. Zur Sauce: 50 g Butter, 60 g Mehl, Fischsud, 1/8 süßer Rahm oder 1/4 l Milch, 3 Eier, 2 EL geriebenen Käse

Von Butter, Mehl, Fischsud, Milch kocht man eine dicke Buttersauce und stellt sie kalt. Der gekochte Fisch wird gehäutet, entgrätet, in Blättchen geteilt. In die kalte Sauce rührt man Eigelb, 1 Eßlöffel geriebenen Käse, Salz, Muskat, zieht den Fisch und Eischnee leicht darunter, füllt die Masse in eine bestrichene Auflaufform, streut 1 Eßlöffel Käse darüber, stellt die Form in den Backofen und läßt die Masse 1/2 Stunde aufziehen. Kann auch in Muscheln eingefüllt werden.

Fischauflauf III

1000 g Kabeljaufilet oder Rotbarsch, Butter, 1 EL Senf, 1 kleine Sellerieknolle, 2 Stangen Porree, 3 Mohrrüben, Salz, 1 EL Stärkemehl, 1 EL Tomatenmark, 4 EL saure Sahne

1000 g Kabeljaufilet oder Rotbarsch schneidet man in Stücke und bestreicht diese mit einer Mischung aus schaumig gerührter Butter und einem Eßlöffel Senf. Man legt die Filets übereinander und läßt sie gut durchziehen. Inzwischen hat man eine kleine Sellerieknolle, 2 Stangen Porree und 3 Mohrrüben kleingeschnitten und mit Butter, einer Prise Salz und wenig Wasser im Rohr gegart. Der Fisch wird nun daraufgelegt und 10 Minuten mitgedünstet. Man verrührt 1 Eßlöffel Stärkemehl, 1 Eßlöffel Tomatenmark und 4 Eßlöffel saure Sahne, gießt das über den Fisch und läßt vollends garen.

Fischeintopf

Saft von 1 Zitrone, Salz und Pfeffer über 600 g Fischfilet (kann auch TK-Fisch sein) geben und stehen lassen.
100 g gewürfelten, durchwachsenen Speck in 3 Eßl. Öl dünsten.
4 Zwiebeln, 1 Knoblauchzehe und 2 Möhren in Würfel, 1 Stange Porree in Ringe schneiden, dazugeben und dünsten.
3 Halbliter-Würfel Knorr klare Fleischbrühe und 400 g Kartoffelwürfel dazugeben und 20 Min. dünsten.
Danach 1 Lorbeerblatt, ½ Kaffeelöffel Basilikum und Fischfilet hinzufügen und noch 5 Min. garen lassen. Evtl. mit Salz und Pfeffer abschmecken.
Der Eintopf wird auch von Kindern gern gegessen!

Fleischauflauf

4 trockene Brötchen, ½ l Milch, 20 g Butter, 1 EL Salz, Prise Muskat, 4 Eier, 30 g Speck, 1 EL Zwiebel, Petersilie, 1 Pfund Fleisch, 2 Sardellen, 1 TL Kapern, 4 EL Rahm – Zum Bestreuen: 2 EL Weckmehl, 20 g Butterwürfel

Die Brötchen schneidet man in dünne Scheiben, würzt mit Salz, Muskat, legt die Butter darauf, gießt die kochende Milch darüber und läßt sie gut zugedeckt 1 Std. stehen. Unterdessen schneidet man den Speck in ½ cm große Würfel, bratet ihn in einer Backpfanne gelblich, gibt die feingewiegte Zwiebel und Petersilie und nach 5 Min. das feingewiegte Fleisch, Sardellen und Kapern zu und dämpft die Masse zusammen 5–10 Min. Nun rührt man unter die Brötchen die Eier, füllt die Hälfte der Brotmasse in eine vorbereitete Auflaufform, gibt die mit Rahm abgerührte Fleischmasse darauf und deckt die zweite Brotmenge darüber. Die Form wird mit Weckmehl bestreut, mit Butterwürfeln belegt und in gut heißem Backofen 1 Std. aufgezogen. Man serviert das Gericht mit Salat oder Gemüse, oder allein als Vorspeise.

Gaisburger Marsch

Spätzle, Kartoffeln, Fleischbrühe, Salz, Muskatnuß, 1 Zwiebel, etwas Butter

Spätzle sind bei diesem Gericht ein wichtiger Bestandteil. Es wird eine gute Fleischbrühe gekocht, in der man in Würfel geschnittene Kartoffeln gart. Etwa die gleiche Menge Spätzle kommt dann dazu; es wird mit Salz und Muskatnuß abgeschmeckt und alles noch einmal aufgekocht. Vor dem Auftragen werden in Butter goldgelb geröstete Zwiebeln darüber gegossen.

Gebrühter Auflauf

In einer Pfanne wird 50 g Mehl mit ¼ l Milch glatt angerührt, 100 g Butter dazugegeben, und solches auf dem Feuer so lange gerührt, bis es sich als ein glatter Teig von der Pfanne loslöst. Dieser wird sodann in eine Schüssel geleert, und nach halbem Erkalten sechs Eigelb, 80 g Zucker und einige Körnchen Salz hineingerührt. Ist dies zusammen leicht und schaumig, so wird ein Eßlöffel Zitronenzucker und zuletzt das zu steifem Schnee geschlagene Eiweiß daruntergemengt, die Masse in eine gut mit Butter bestrichene Form eingefüllt, in mittelheißem Ofen drei Viertelstunden aufgezogen, dann mit feinem Zucker bestreut, und der Auflauf sogleich zu Tisch gegeben.

Gesellschaftsgemüse von Allerlei

Tauben oder Hähnchen werden in vier Teile geschnitten, in Wasser und Salz ausgeschäumt, dann gibt man ein Stück Butter, Muskatblüte, etwas geschwitztes Mehl dazu und läßt sie langsam kochen. Unterdes wird recht viel Spargel abgeschält, 2 mal durchgeschnitten, auch Blumenkohl abgezogen, in Stücke geschnitten und beides in Wasser und Salz halb gar gekocht. Dann schüttet man solches auf ein Sieb und gibt es zum völligen Garwerden zu den Tauben, nur muß man sorgen, daß die Stücke ganz und ansehnlich bleiben. Darauf kocht man Krebse in kochendem Wasser ¼ Stunde, bricht sie aus den Schalen und macht von den Scheren Krebsbutter. Das Fleisch schneidet man an der Stelle, wo der Darm

vor dem Kochen ausgezogen worden ist, glatt und hackt den Abfall nebst dem Fleisch aus den Scheren recht fein, gibt hinzu ein Stück zerrührte Butter, in Wasser eingeweichtes und ausgedrücktes Weißbrot, ein paar Eier, Muskat und Salz. Hiermit füllt man einige Krebsnasen und kocht diese mit kleinen Fleisch- oder Weißbrotklößen, während das Fleisch nebst dem Blumenkohl in eine heiße Schüssel geordnet wird. Dann rührt man die Sauce mit einigen Eidottern ab, gibt ein wenig Zitronensaft, die Krebsschwänze und Klöße hinein, richtet solches zierlich über die Tauben an, garniert die Schüssel rundherum mit den Krebsnasen und gibt die Krebsbutter darüber hin.
Dieses Gemüse ist auch ohne Krebse, welche dasselbe zwar feiner, aber umständlicher machen, sehr zu empfehlen. Man kann zur Bereitung reichlich 2 Stunden rechnen.

Geflügeleintopf, chinesischer

1 junges Hähnchen, 1 Knoblauchzehe, Salz, Pfeffer, 50 g Butter, 1 Zwiebel, 1/2 l Fleischbrühe, 2 Tassen Reis, 125 g frische Champignons, 1 kleine Dose grüne Erbsen, 4 Tassen Wasser, 1 Glas Sojasauce

Das vorbereitete Hähnchen in 4 Stücke teilen und mit der Knoblauchzehe, Pfeffer und Salz einreiben. Die fein geschnittene Zwiebel im heißen Fett gelb dämpfen, die Geflügelstücke zugeben, kurz anbraten; Fleischbrühe zugießen und das Geflügel darin ca. 30 Minuten halbweich dünsten. Dann den gewaschenen, überbrühten, gut abgetropften Reis, die blättrig geschnittenen, frischen Pilze, die Erbsen und und 4 Tassen Wasser zufügen. Sojasauce unterrühren und alles zusammen ca. 20 Minuten zugedeckt kochen, vor dem Anrichten das Hühnerfleisch von den Knochen lösen, etwas zerteilen und unter den Reis mischen.

Geflügelreste als Auflauf, mit Reis

250 g Reis, 20 g Butter oder Margarine, 1 kleine Zwiebel, 1 l Fleischbrühe, 2 Eier, 250 g Geflügelreste

In der zerlassenen Butter oder Margarine wird die kleingewiegte Zwiebel angedünstet, dann kommt der Reis hinein, wird kurz mitgedünstet und dann mit Fleischbrühe aufgegossen. Wenn der Reis weich ist, gibt man ihn lagenweise mit dem Geflügel in eine gefettete Auflaufform, gießt die verquirlten Eier darüber, setzt Butterflöckchen obenauf und bäckt den Auflauf bei mittlerer Hitze ca. 30 Minuten. Man kann den Geflügelauflauf mit Tomatensauce und Salat servieren.

Gemüseeintopf, Französischer (Ratatouille)

2 Auberginen, Salz, 2–3 Zucchini, 2 rote oder grüne Paprikaschoten, 3–4 Tomaten, 3 EL Olivenöl, 2 Zwiebeln, 2 Knoblauchzehen, Salz, frisch gemahlener Pfeffer, Basilikum, Rosmarin, Thymian

Auberginen waschen, dünn schälen, in Scheiben schneiden, leicht salzen und ziegelförmig auf einen Teller schichten, damit der bittere Saft abfließen kann. Ca. 20–30 Minuten stehen lassen.
Junge Zucchini nur waschen und würfelig schneiden, ältere Früchte schälen. Paprikaschoten in einer Pfanne ohne Fett anrösten und dann die Haut abziehen. Tomaten heiß überbrühen und ebenfalls enthäuten.
Öl erhitzen, die in Scheiben geschnittenen Zwiebeln und Knoblauchzehen darin anbraten, Gemüse, bis auf die Tomaten, zugeben und ca. 20 Minuten auf kleiner Flamme köcheln lassen. Dann die in Scheiben geschnittenen Tomaten und die Gewürze zufügen (Thymian zwischen den Fingern zerreiben) und umrühren. Weitere 10–20 Minuten köcheln lassen; bis der Eintopf schön sämig ist.

Grießauflauf

1 l Milch, 200 g Grieß, 50 g Butter, 1 Prise Salz, 80 g Zucker, Zitronenschale, 2–3 Eier

Milch, Salz, Butter bringt man zum Kochen, streut den Grieß ein, läßt ihn unter Rühren dick kochen und stellt ihn kalt; Eigelb, Zucker, Zitrone werden schaumig gerührt, der Grießbrei zugeführt, zuletzt der Eischnee untergezogen. Die Masse wird in eine mit Butter bestrichene Auflaufform eingefüllt. ½–⅔ Stunden im Backofen aufgezogen.

Grießauflauf, Wiener

1 l Milch, 250 g Grieß, 100 g Butter, Salz, 4 Eier, 150 g Zucker, Zitronenschale – 250 g Marmelade

Milch, Salz zum Kochen bringen, den Grieß einstreuen, dickkochen, verkühlen lassen. Butter, Zucker, Eigelb schaumig rühren, die Grießmasse, Zitrone zugeben und kurz vor dem Einfüllen den steifen Eischnee unterziehen. In eine bestrichene Auflaufform gibt man eine Lage Grießmasse, darauf Marmelade, obenauf Grießmasse. Der Auflauf wird etwa ½–¾ Stunden im Backofen aufgezogen.

Grießauflauf, gesalzen

200 g Grieß, 1 l Milch, 50 g Butter, 2 Eier, 50 g geriebenen Käse, ⅛ l Rahm, 1 EL Weckmehl

Milch, Butter, Salz aufkochen, den Grieß einstreuen, zu einem dicken Brei kochen, verkühlen lassen. 2 Eßlöffel Käse, Eigelb, zuletzt Eischnee zugeben, in eine bestrichene Auflaufform füllen, obenauf den Rest Käse, Rahm, Weckmehl, in den Backofen stellen und überbacken.

Gros-Eier

Soviel man machen will, soviel Eier werden hart gesotten, geschält, in gebrühtem Teig umgekehrt, im Schmalz gelb gebacken, wieder in dem Teig umgekehrt, wieder gelb gebacken, und so 3 bis 4mal. Sie können mit einer süßen Sauce gegeben werden. Kirschen-, Hägen- und Rosinen-Saucen sind die besten dazu. Drei Groseier geben eine schöne Platte.

Grundbirnenauflauf, süßer

Für 4 bis 5 Personen werden einige Grundbirnen roh geschält, und nicht zu weich gesotten, dann, wenn sie kalt sind, auf dem Reibeisen fein gerieben, anderthalb Viertel Butter leicht gerührt, das Gelbe von 6 Eiern dazu, hierauf wird erst ein halbes Pfund geriebene Grundbirnen nebst 6 Lot gestoßenem Zucker dazugenommen, die Schale von einer halben Zitrone hineingerieben, ein Kochlöffel feines Mehl mit einem Trinkglas süßem Rahm glatt angerührt, auch an die Grundbirnenmasse gegeben, das Weiße von 6 Eiern zu Schaum geschlagen, kurz vor dem Einfüllen in die Masse gerührt, und ebenfalls in einem bestrichenen Aufzugblech oder Porzellanplatte aufgezogen.

Grundbirnenauflauf, andere Art mit Käse

6 bis 8 Grundbirnen werden roh geschält, und im Wasser so gesotten, daß sie nicht verfallen. Wenn sie weich sind, läßt man sie erkalten, reibt sie auf dem Reibeisen, rührt 6 Lot frische Butter in einer Schüssel schaumig, schlägt 6 Eigelb hinein, und nimmt ein Viertel von den feingeriebenen Grundbirnen dazu. Hierauf wird ein halbes Viertel (4 Lot) Schweizer- oder Parmesankäse gerieben, ein halber Schoppen süßer Rahm heiß gemacht, und über den geriebenen Käse, ohne darin zu rühren, gegossen. Wenn er ein wenig abgekühlt ist, wird er an die Grundbirnen gegeben, das Weiße von den 6 Eiern zu Schaum geschlagen, und langsam hinein gerührt, in ein mit Butter bestrichenes rundes Aufzugblech oder in eine dazu verfertigte Papierform, wie man solche schon öfters zu machen angewiesen hat, etwa auch auf eine kleine Porzellanplatte eingefüllt, und auf Feuer langsam aufgezogen. Es kann auch in einen Backofen gesetzt werden.

Grundbirnenauflauf mit Heringen

Man siedet einen kleinen Topf voll roh geschälten Grundbirnen, so daß sie nicht verfallen, und legt sie auf eine Platte, um sie kalt werden zu lassen. Dann rührt man ein halbes Pfund Butter leicht, schlägt das Gelbe von 8 Eiern hinein, reibt einen Teil von den gesottenen Grundbirnen auf dem Reibeisen, wiegt 3 Viertel davon, rührt sie an die Butter, einen Kochlöffel Weißmehl aber mit einem Trinkglas süßem Rahm besonders glatt an, dies auch an die Masse, schlägt das Weiße von den 8 Eiern zu Schaum, putzt 2 Heringe sauber, schneidet sie zu kleinen Bröckelein, dämpft eine mittelmäßige, auch ganz klein geschnittene Zwiebel in einem Stücklein Butter, nimmt dann die Zwiebel und die Heringe in ein Geschirr, rührt von einer Maß saurer Milch den Rahm daran, schneidet von den zurückgebliebenen Grundbirnen dünne Rädlein, bestreicht ein Potageblech stark mit Butter, belegt den Boden von den geschnittenen Grundbirnen, gibt auf die Grundbirnen die angemachten Heringe, rührt nach diesem den geschlagenen Schnee an die Masse, Salz und Muskatnuß dazu, gießt die Masse über die Heringe, und läßt es im Backofen oder auf Feuer aufziehen. Die angegebene Portion zu dieser Speise ist für 8 bis 9 Personen hinlänglich. Sie kann mittags als ein Zwischengenuß oder als ein Nachtgenuß gegeben werden.

Gulasch, Szegediner

2 Zwiebeln, 50 g Schweineschmalz, 2 TL Paprika, 500 g würfelig geschnittenes Schweinefleisch, 500 g Sauerkraut, 1 rohe, geriebene Kartoffel, 1/4 l Brühe, 1/8 l saure Sahne, 2 EL Tomatenketchup, Salz

Die feingewiegten Zwiebeln im heißen Schmalz dünsten. Das gewaschene Fleisch mit Paprika bestäubt zugeben, anbraten und mit dem Sauerkraut und der Kartoffel sowie Brühe und Sahne 50–60 Minuten garen. Mit Tomatenketchup und Salz abschmekken.

Hägenmarkauflauf

Zu eben einer solchen Platte schlägt man 6 Eiweiß zu einem Schaum, nimmt 6 Lot Hägenmark und 6 Lot gesiebten Zucker in eine Schüssel, und rührt von dem geschlagenen Schnee daran, die Masse muß aber immer wieder gerührt werden, bis wieder Schnee dazu darf. Wenn der ganze Schaum darin, und die Masse leicht gerührt ist, wird die Schale von einer Zitrone dazugerieben, die ganze Masse auf eine mit Butter bestrichene Platte von Porzellan oder Zinn gefüllt, und mit einem Deckel mit Feuer oder im Ofen langsam aufgezogen.

Haferflockenauflauf

150 g Haferflocken, ¾ l Milch, 1 Prise Salz, 40 g Butter, 80 g Zucker, Zitronenschale oder Vanille, 3 Eier

Die Haferflocken werden mit Milch und Salz zu einem dicken Brei gekocht, kaltgestellt. Butter, Zucker, Eigelb, Zitrone schaumig rühren, die Haferflocken, zuletzt den Eischnee zugeben. In eine bestrichene Auflaufform füllen, ¾ Stunde im Backofen aufziehen.

Hammelfleisch-Gemüse-Eintopf

500 g in Würfel geschnittenes Hammelfleisch, 1 l Wasser, Salz, 6 Pfefferkörner, 1 Lorbeerblatt, Majoran, Thymian, 1 Glas Weißwein, 2 EL Weinessig, 750 g verschiedene Gemüse (Karotten, Bohnen, Sellerie, Blumenkohl), 500 g rohe Kartoffeln

Das Fleisch waschen und in einem Liter Wasser mit Salz und den Gewürzen zum Kochen bringen. Wein und Essig zufügen und das Fleisch etwa 30 Minuten schmoren. Gewaschenes, kleingeschnittenes Gemüse und geschälte, in Würfel geschnittene Kartoffeln dazugeben und alles zusammen weitere 25 Minuten bei geringer Hitze kochen. Würzig abgeschmeckt anrichten.

Hammelfleisch-Bohnen-Eintopf I

500 g Hammelfleisch, 500 g grüne Bohnen, 1 TL Bohnenkraut oder 2 Zweige frisches Bohnenkraut, 10 kleine Kochbirnen, Salz, Fleischbrühe, Petersilie

Das Hammelfleisch mit heißem Wasser aufsetzen (das Fleisch knapp damit bedecken), die vorbereiteten, halbierten Bohnen, Bohnenkraut und Birnen (zuvor waschen, Blüte und Stiel entfernen) zufügen und zusammen ca. 75 Minuten dick einkochen. Während der Kochzeit mehrmals mit Wasser oder Fleischbrühe nachfüllen und mit Salz abschmecken. Das Fleisch in der Mitte einer Platte anrichten, die Bohnen und Birnen ringsum legen, mit Petersilie bestreuen und Salzkartoffeln dazu reichen.

Hammelfleisch-Bohnen-Eintopf II

375 g in Würfel geschnittenes Hammelfleisch, 1 gewiegte Zwiebel, 50 g Schweineschmalz, $\frac{1}{2}$–$\frac{3}{4}$ l Wasser, 500 g grüne Bohnen, 250 g geschälte Tomaten, 2 rote Paprikaschoten, Salz, 1 EL Mondamin, $\frac{1}{10}$ l saure Sahne

Die Fleischwürfel mit den Zwiebelstückchen im heißen Fett anbraten, Wasser zugießen und bei geringer Hitze 30 Minuten kochen. Dann die vorbereiteten Bohnen, Tomaten und die entkernten, in Streifen geschnittenen Paprikaschoten zufügen. Wenn notwendig, noch etwas Wasser zugießen, wenig salzen und zugedeckt 30–40 Minuten fertig garen. Mondamin mit der Sahne verquirlen, das Gericht binden und würzig abschmecken.

Helgoländer Auflauf

500 g Fischfilet, Zitronensaft, Salz, Pfeffer, 750 g Spinat, 75 g Butter, 30 g Räucherspeck, 1 Zwiebel, Salz, 4 Tomaten, 50 g Reibkäse

Fischfilet waschen, mit Zitronensaft beträufeln, salzen, pfeffern. 25 g Butter im Topf zerlassen, Speck und Zwiebel (beides kleingeschnitten) beigeben. Gewaschenen, abgetropften Spinat in trockenem Kochtopf einige Minuten dünsten, grob hacken, mit Speck und Zwiebel mischen, in gefettete Auflaufform geben. Fischfilets auflegen. Tomaten häuten, in Scheiben schneiden, auflegen. Obenauf Butterflöckchen und Reibkäse, bei mittlerer Hitze 30 Min. überbacken.

Heidelbeerauflauf

500 g Heidelbeeren, 6 Semmeln, ½ l Milch, 50–100 g Butter, 3–6 Eier, 150 g Zucker, abgeriebene Schale einer halben Zitrone, getriebene bittere Mandeln

Die Semmeln mit der kochenden Milch übergießen und zudecken. Sind sie ganz weich, die Masse zu einem glatten Brei kneten. Die Butter schaumig rühren, mit den Eidottern, Zucker und Zitronenschale, den Mandeln und schließlich dem Semmelbrei vermischen; zuletzt die Heidelbeeren und den Eischnee daruntermengen. In eine gut ausgebutterte Form geben und bei mäßiger Hitze ¾ Stunden backen.

Heringsauflauf

Man richte sich nach dem Kartoffelauflauf, lasse selbstredend Mandeln, Zucker und die darin benannten Gewürze weg und rühre reichlich Muskatnuß und das in feine Würfel geschnittene Fleisch von 2 bis 3 gut gewässerten und ausgegräteten Heringen nebst einer Untertasse voll in Butter braun gebratenen Zwiebeln, etwas Pfeffer und Nelkenpfeffer durch.
Für 10 Personen.

Hirnauflauf

1 Hirn, – Zum Beiguß: 50 g Butter, 50 g Mehl, ½ l Rahm oder rahmige Milch, 1 TL Salz, 3 Eier

Das Hirn wird gewässert, in warmem Wasser gehäutet und blanchiert, d.h. man stellt es mit kaltem Wasser bei, läßt es bis zum Kochen kommen und schüttet es sodann ab. Sollte das Hirn noch nicht schön hell sein, so wird dieses Verfahren wiederholt. Hierauf treibt man es durch ein feines Sieb. In die kochende Butter gibt man das Mehl, dünstet es auf schwacher Hitze 25–30 Min., löscht mit dem Rahm ab und läßt den Bechamelbeiguß ¾–1 Std. kochen. Auf der Seite des Herdes rührt man nun das vorbereitete Hirn und die 3 Eigelb gut darunter, vermischt die Masse mit dem steifen Schnee der Eiweiß und füllt sie in mit Butter bestrichene kleine Förmchen oder in eine große Form. Zum Aufziehen rechnet man 20–25 Min. Der Auflauf braucht gute Hitze und wird sofort serviert.

Hirse-Gemüse-Eintopf

½ Tasse Hirse, 2 Tassen Wasser, 2 Blatt Lorbeer, 1 Eßl. Tellofix oder Frugola, 1 dicke Zwiebel ankochen und auf klein 15 Minuten ausquellen lassen.
1 Blumenkohl, 250 g Tiefkühlerbsen, 250 g Tiefkühlmais, 1 dicke Möhre ganz kurz in der suppigen Hirse etwas kochen (Gemüse soll noch knackig sein).
Salz, Pfeffer, Tellofix, Soja-Sauce, Steak-Gewürz abschmecken.
Zum Schluß, wenn alles vom Herd genommen ist, 1 Stück Butter, frische Kräuter, saure Sahne zugeben.

Holunderküchlein

Holunderblüten, Pfannkuchenteig, der statt mit Milch mit dunklem Bier angerührt ist, Fett, Puderzucker

Man schneidet die Blüten ca. 15 bis 20 cm lang ab, wäscht sie gründlich und schüttelt sie aus. Man faßt die Blüten am Stiel und taucht sie in einen recht festen Pfannkuchenteig, der statt mit Milch mit dunklem Bier angerührt worden ist. In heißem Fett schwimmend werden die Hollunderküchlein herausgebacken. Nach dem Abtropfen werden sie mit Puderzucker bestäubt und heiß gegessen.

Husarenessen

Um diese Speise recht gut zu bekommen, braucht man 2 Teile Kalbsbratenreste und 1 Teil Pökelzunge, einen schönen Blumenkohl und Käsereste. Der Blumenkohl wird ganz gelassen, von den Blättern so viel als möglich gesäubert, ½ Stunde in kaltes Wasser gelegt und dann in leicht gesalzenem Wasser halbweich gekocht. Nachdem man ihn vorsichtig herausgenommen, legt man ihn in eine tiefe, irdene oder Steingutschüssel und deckt diese bis zum Gebrauch zu. Die Kalbsbratenreste und die Zunge wiegt man fein, gibt 2 bis 3 Eier, gewiegte Kräuter, geriebene Semmel und Pfeffer und Salz darunter und vermischt alles recht gut. Aus der Farce legt man einen Kranz um den Blumenkohl, verquirlt einige Eigelb und 1 Eßlöffel Weizenmehl, 1 Kaffeelöffel Kartoffelmehl und 2 Obertassen voll Blumenkohlwasser, gießt alles über die Farce und den Kohl, bestreut alles dick mit geriebenem Käse (hierzu kann man Parmesan-, Schweizer-, Holländer- und Kräuterkäse nehmen), zerpflückt ein wenig Butter darüber und läßt die Speise bei guter Oberhitze in 15 Minuten bräunen.

Johannisbeerauflauf

Von 3 bis 4 altgebackenen Kreuzerwecken zupft man die Brosamen, nimmt sie in eine tiefe Schüssel, schneidet ein halbes Pfund frische Butter darauf, macht einen knapp (klein) gemessenen Schoppen Milch siedend, gießt ihn über die Butter und Wecken, und läßt es eine Stunde stehen, alsdann wird es mit 10 bis 12 Eigelb ganz leicht abgerührt, das Weiße derselben zu einem Schnee geschlagen, ein Potageblech mit Butter bestrichen, der geschlagene Schaum schnell in die Masse gerührt, die Schale von einer halben Zitrone abgerieben, nebst gestoßenem Zucker auch hinein gegeben, der halbe Teil von der Masse in das bestrichene Blech gegossen, dieses ganz mit eingemachten Johannisbeeren belegt, die andere Hälfte von der Masse darüber gegeben, in des Bäckers Ofen oder auf Feuer gelb aufgezogen, und gleich aufgetragen. Dieses gibt ein Blech für 8 oder 9 Personen.

Kaffee-Auflauf

½ l Milch, 30 g Kaffee, 70 g Mehl, 70 g Butter, 70 g Zucker, 4 bis 5 Eier

Man lasse die gute Milch in einer Kasserolle aufkochen, dann werden 30 g gebrannter und gemahlener Kaffee an die kochende Milch geschüttet. Die Kasserolle wird gut zugedeckt und der Kaffee ½ Stunde darin gelassen, daß er sein Aroma der Milch mitteilen kann. Hierauf wird der Kaffee durch ein Tuch passiert. Das Mehl wird nun mit diesem Kaffee auf dem Feuer glatt abgerührt, bis es ein dicker Teig (Brei) wird.
Dieser Teig wird nun in ein anderes Gefäß umgeleert, frische Butter und feiner Zucker darunter gegeben.
Wenn der Teig ausgekühlt ist, werden nach und nach die Eier daran geschlagen und verrührt und hierauf das zum steifen Schnee geschlagene Eiweiß leicht darunter gemengt.
Diese Masse wird nun in eine mit Butter bestrichene Auflaufform gegeben und in einer ¾ Stunde gebacken. Der Auflauf wird mit feinem Zucker bestreut und muß sogleich serviert werden. Hierzu eine Vanillesauce.

Käseauflauf I

Zu 70 g schaumig abgerührter Butter werden vier Eigelb gegeben, und dies gut zusammen abgerührt. Nun fügt man vier Eßlöffel Parmesankäse und etwas Salz bei und mengt langsam das zu Schnee geschlagene Weiße der Eier darunter. Diese Masse wird sodann hoch aufgerichtet in eine butterbestrichene Platte gegeben, und diese auf einem mit Salz bestreutem Blech in den heißen Ofen gebracht, wo der Auflauf in zehn bis fünfzehn Minuten fertig ist.

Käseauflauf II

Man verrührt in einem kleinen Tiegel auf dem Feuer 125 g geriebenen Parmesankäse mit 3 Eßlöffeln Milch, bis der Käse zergangen ist, gibt ihn dann unter anhaltendem Umrühren in eine zweite Kasserolle, in der man 4 Eidotter mit ein wenig Cayennepfeffer und Salz gut vermengt. Auf dem Feuer wird nun die Masse so lange mit dem Schneebesen geschlagen, bis sie dick und recht glatt ist. Zuletzt gibt man einen Eßlöffel Butter und den Schnee der 4 Eiweiß daran.

Käseauflauf III

¼ l saurer Schlagrahm (ohne Zucker), 4 Eier, 20 g Butter, 1 TL Salz, 1 Messerspitze Paprika, ½ TL Zucker, 100 g Schweizerkäse

Unter den steifgeschlagenen Rahm gibt man die Butter, den in ½ cm Würfel geschnittenen Käse, Salz, Zucker, Paprika, Eigelb, schlägt die Masse auf der Seite des Herdes zu einer dicklichen Creme und nachdem diese wieder kalt geworden, zieht man den steifen Eierschnee darunter. Man füllt die Masse in 6 kleine Porzellanauflaufförmchen und läßt sie im heißen Backofen 6–8 Minuten aufziehen. Sie müssen sofort serviert werden.

Käseauflauf, süßer

Eine halbe Maß gute Milch macht man siedend, verrührt 6 Eier mit 6 Löffel voll saurer Milch, rührt dies in die gesottene Milch, macht es unter ständigem Rühren zu einem zarten Käse, schüttet denselben in eine Serviette, läßt ihn ablaufen, rührt ein Viertel frische Butter nebst dem abgelaufenen Käse wohl in einer Schüssel ab, weicht die Brosamen von einem Weißbrot oder Kreuzerwecken in Milch ein, drückt sie fest aus, nimmt sie nebst einem kleinen Kochlöffel Weißmehl zu dem Käse, rührt alles mit dem Gelben von 8 Eiern ab, gibt klein geschnittene Zitronenschalen, 2 Lot Zitronat, 4 Lot Zucker, und einen Schoppen dicken süßen Rahm daran, bestreicht ein Aufzugblech mit Butter, füllt die Masse hinein und läßt sie langsam aufziehen.

Kapaunfleischreste als Auflauf

400 g gebratenes Kapaunfleisch, 1 l Fleischbrühe, 1/4 l helle Sauce aus 1 EL Butter, 1 EL Mehl, 1/8 l Fleischbrühe, 1/8 l Milch, 1/8 l Sahne, 60 g Butter, Salz, 4 Eiweiß

Das von den Knochen gelöste Fleisch dreht man zweimal durch den Fleischwolf, kocht die Knochen in der Fleischbrühe aus, gießt sie durch ein Sieb und verrührt die gewonnene Brühe mit der hellen Sauce und Sahne. Abschmecken und etwas einkochen lassen. In die Sauce rührt man das durchgedrehte Kapaunfleisch, schlägt die Eiweiß steif und zieht den Schnee unter.
Die Masse wird in eine gefettete Auflaufform gefüllt und bei mittlerer Hitze ca. 30 bis 35 Minuten gebacken.

Kapuziner-Auflauf

Von 2 Weißbroten oder Wecken reibt man die Rinde ab, schneidet das Innere zu dünnen Schnitten, gibt sie in eine Kastrol, schüttet einen halben Schoppen süßen Rahm darüber, setzt es auf Feuer, läßt es kochen, bis es ganz trocken ist, und dann kalt werden. Hierauf rührt man ein Viertel Butter leicht, nimmt das abgekühlte Brot dazu, schlägt 6 Eier daran, reibt die Schalen von einer halben Zitrone dazu, gibt 1 Quint gestoßenen Zimt, 4 Lot Zucker und einen Vierling große und kleine Rosinen dazu; die Rosinen müssen, wenn sie gewaschen sind, wieder auf Feuer getrocknet, und dann erst an die Masse gegeben werden. – Nun wird ein Aufzugblech mit Butter bestrichen, die gerührte Masse hineingefüllt, und langsam aufgezogen.

Karamelauflauf

90 g Zucker, 1/4 l Sahne, 140 g Butter, 4 EL Mehl, 7 Eier

Den Zucker röstet man schön gelb, füllt mit Rahm auf und läßt es kochen. Dann wird die Butter zerlassen, das Mehl eingerührt und der Zuckerrahm unter Rühren dazugegeben. Gut durchkochen. Die Eigelb werden verquirlt und eingerührt, das Eiweiß zu steifem Schnee geschlagen und untergezogen.
Die Masse füllt man in eine gefettete Auflaufform und bäckt sie bei mittlerer Hitze ca. 45 Minuten.

Kuchenmichel auf feinere Art

Unter 140 g leichtgerührte Butter werden fünf große Eßlöffel Mehl, acht Eigelb und etwas Salz gerührt, dies mit Milch zu einem Teig abgerührt, der etwas dicker als ein Flädleinteig ist, und hernach der festgschlagene Schnee der acht Eiweiß behutsam daruntergemischt. Nun füllt man den Teig in eine gut mit Butter bestrichene glatte Auflaufform oder in eine Bratkachel zweifingerhoch ein und bäckt ihn sofort in heißem Ofen.

Kartoffelauflauf

1 kg rohe Kartoffeln, 3/8 l Milch, Salz, Muskat, 2 Eier, 50 g Butter

Die geschälten Kartoffeln im Dampftopf weichkochen, durch die Presse geben. Milch, Butter aufkochen, die Kartoffeln, Salz, Muskat zugeben, mit dem Schneebesen auf dem Herd schaumig schlagen, die Eigelb zugeben, nach dem Verkühlen den Schnee unterziehen. In eine bestrichene Auflaufform geben, wenig Weckmehl, kleine Butterstückchen obenauf, im Backofen etwa ½ Stunde überbacken.

Kartoffelauflauf, süßer

280 g gesottene, abgeschälte Kartoffeln werden heiß mit nußgroß Butter und wenigem Salz im Mörser fein gestoßen, hernach durchs Sieb getrieben, und sechs Eigelb, 100 g Butter, sechs Eßlöffel Zucker und 70 g feingewiegte Mandeln hineingerührt. Ist die Masse ganz leicht und schaumig, wird die feingewiegte Schale einer halben Zitrone und das zu festem Schnee geschlagene Eiweiß daruntergemengt, die Hälfte in eine dick mit Butter bestrichene Auflaufform gefüllt, nun vier bis sechs Kaffeelöffel eingemachte Johannisbeeren daraufgestrichen, diese mit der andern Hälfte der Kartoffelmasse bedeckt, und das ganze dann in etwas abgekühltem Ofen aufgezogen.

Kartoffelauflauf, andere Art

8 große Kartoffeln, Butter, Sahne, Pfeffer, Salz, 4 Eiweiß

Man röste acht Kartoffeln im Ofen; wenn sie gar sind, höhle man das Innre aus und zerrühre es mit ein wenig Butter und Sahne, etwas Pfeffer und Salz und mische diese Masse wohl durcheinander. Man schlage nun das Weiße von vier Eiern zu Schaum und füge es zu der Kartoffelmasse, fülle sie in die Schalen, denen man beim Aushöhlen eine gute Form bewahren muß, setze sie acht Minuten in den Ofen und serviere sie dann so frisch wie möglich. Man muß große, ebenmäßige Kartoffeln aussuchen.

Kartoffelauflauf mit Schinken

1000 g Kartoffeln, Salz, 200 g Schinkenspeck, 1 Zwiebel, 2 EL Mehl, 1/2 l saure Sahne, 2 Eier, 1 EL Semmelbrösel, 50 g gerieb. Käse, 30 g Butter

Pellkartoffeln kochen, abziehen, erkalten lassen u. in Scheiben schneiden. Schinkenspeck u. Zwiebel würfeln u. mischen. Feuerfeste Form fetten, Hälfte der Kartoffeln reinfüllen. Speck-Zwiebel-Gemisch draufgeben. Darüber die restlichen Kartoffeln. Mehl mit etwas Sahne glattrühren, mit restlicher Sahne u. Eiern verquirlen, salzen, über die Kartoffeln gießen. Mit Bröseln u. Käse bestreuen. Butter in Flöckchen draufsetzen.
220°, mittlere Schiene, 40 Min.

Kastanien-Auflauf I

750 g Kastanien, 100 g Zucker, 1/2 l Sahne, 1/4 Vanillestange, 100 g Butter, 6 Eigelb, 6 Eiweiß

Die Kastanien werden geschält, weichgesotten und passiert, Zucker geröstet und mit der Sahne aufgefüllt. Dann werden die Kastanien und die Vanille hineingegeben, ganz weich und dick gekocht und durch ein feines Sieb gestrichen. Die Butter wird mit den Eigelb schaumig gerührt, unter die Kastanien gemengt und zuletzt die steif geschlagenen Eiweiß untergezogen. In einer gefetteten Auflaufform wird die Masse in ca. 45 Minuten bei mittlerer Hitze gebacken.

Kastanien-Auflauf II

Nachdem man 400 g Kastanien geschält, gedämpft und zu Brei gestoßen hat, verrührt man 60 g Butter zu Schaum, gibt nach und nach 7 Eidotter, 100 g Zucker, den Kastanienbrei, etwas feingewiegte Zitronenschale und 3 Eßlöffel süße Sahne dazu, verrührt alles noch eine geraume Zeit, zieht den Schnee der 7 Eiweiß darunter, füllt die Masse in eine gebutterte Form und backt sie in 3/4 Stunde. Heiß kommt der gestürzte Auflauf mit Zitronensauce zur Tafel.

Kiebitzeier

Diese werden hart gekocht und größtenteils mit Butterbrot zum Frühstück und abends zum Tee oder Wein gegeben. Ihrer Kleinheit und feinen Schale wegen bedürfen sie nur 2½ Minuten Kochens. In Beziehung auf letzteres ist beim Einlegen ins Wasser Vorsicht zu empfehlen.

Kirsch- oder Zwetschgenauflauf

Wie Ofenschlupfer, 1 Kilo Früchte nehmen.

Kirschauflauf mit Grieß

¾ l Milch, 150 g Grieß, 20 g Butter, 120 g Zucker, 50 g Butter, etwas Zimt, Zitronenschale, 3 Eier, 1 Prise Salz, 30 g geriebene Mandeln, 500 g Kirschen

Milch, 20 g Butter, Salz aufkochen, den Grieß unter Rühren einstreuen, dickkochen, kalt stellen. 50 g Butter, Zucker, Eigelb schaumig rühren, Zimt, Mandeln, Zitrone. Grießbrei, die gewaschenen, abgetropften Kirschen, zuletzt den Eischnee zugeben. In eine bestrichene Auflaufform füllen, ¾ Stunden aufziehen.

Kirschauflauf mit Zwieback

500 g Kirschen, 100 g Zucker, 200 g Zwieback, ¼ l Milch, 75 g Zucker, 1 Ei, 100 g Quark, ½ Tasse Milch

Zwieback mit heißer Milch beträufeln, die entsteinten Kirschen mit Zucker mischen. Zwieback und Kirschen lagenweise in eine gut gebutterte, feuerfeste Form schichten. Zucker und Eidotter schaumig rühren. Quark und Milch und zuletzt den steif geschlagenen Eischnee unterziehen und das Ganze über den Zwieback und die Kirschen geben. Etwa 20 Minuten überbacken.

Kirschauflauf, verdeckter

60 g Butter, 1/2 l Milch, 3 Eier, 60 g Zucker, 500 g Kirschen, 150 g Zucker, Zwieback zum Auslegen

Zwieback mit Butter bestreichen, in eine ausgebutterte Auflaufform legen, mit Zucker überstreuen. Die mit dem Eigelb verschlagene Milch darübergeben und alles etwa 30 Minuten im Wasserbad kochen, bis die Eiermilch stockt. Dann das Eiweiß mit 50 g Zucker steifschlagen, die entsteinten Kirschen mit der Eiweißmasse mischen, auf den Zwieback geben und alles 45 Minuten bei mäßiger Wärme backen.

Kraftomelette

Man verquirlt in 2 Weingläsern voll starker Fleischbrühe 8 ganze Eier und 3 reichliche Eßlöffel Mehl, würzt mit Pfeffer und Salz und gibt noch etwas gehackten Schnittlauch, Petersilie, Kerbel und Sauerampfer darunter und backt aus der Masse dünne Eierkuchen, bestreut diese mit Kapern und rollt sie zusammen. Aus 2 Löffeln in Butter dunkel verschwitztem Mehl, das man mit je einem Glas Bouillon und Madeira auffüllt, bereitet man eine Sauce, die man über die angerichteten Omeletten gießt.

Krautbraten

1–2 kleine Kohlköpfe, etwas Speck, 3 Milchbrötchen, 400 g gehacktes Schweinefleisch, 3–4 Eier, 1–2 Löffel Rahm, Salz, Pfeffer, etwas Semmelmehl, Butter

Die Kohlköpfe feinschneiden und mit etwas ausgelassenem Speck dämpfen. Die Milchbrötchen werden eingeweicht und wieder ausgedrückt, mit dem gehackten Schweinefleisch, den ganzen Eiern und Rahm, Salz und Pfeffer gut vermischt. Zuletzt kommt der inzwischen gedämpfte Weißkohl dazu. Ist alles gut verrührt, füllt man es in eine vorbereitete Auflaufform, streicht die Masse oben glatt, streut ein wenig Semmelmehl darüber, macht mit einem Messer kreuzweise Einkerbungen auf der Oberfläche, gibt Butterflöckchen und noch ein wenig Rahm darauf und läßt das Gericht, das schön saftig sein muß, im Rohr 45 Minuten backen. Dazu gibt es Pell- oder Bratkartoffeln und saure Gurken.

Krautauflauf

Ein Krautkopf, etwa 2 Pfund wiegend, 3 l Wasser, 2 EL Salz, 40 g Butter, 1 EL gewiegte Zwiebel – Zur Fleischfarce: 3/4 Pfund Schweinefleisch, 2 Brötchen, 2 Eier, 1 EL Salz – Zum Belegen: 1 EL Weckmehl, 20 g Butterwürfel

Das Kraut wird von den äußeren, grünen Blättern befreit. Alsdann löst man die nachfolgenden Blätter vorsichtig ab, schneidet von der dicken Rippe etwas weg und kocht die Blätter 3 Min. in kochendem Salzwasser. Nun nimmt man sie mit dem Schaumlöffel vorsichtig heraus und legt sie zum Abtropfen auf ein Wellbrett. Das übrige Kraut wird nun ebenfalls geputzt, gewaschen und im Salzwasser weich gekocht. In der heißen Butter dämpft man feingeschnittene Zwiebel gelblich, gibt das etwas zerschnittene Kraut zu und läßt es 5 Min. mitdämpfen. Sodann gibt man die aus den angegebenen Zutaten bereitete Fleischfarce darunter, würzt mit Salz und gibt diese Masse in eine mit Butter bestrichene, mit Krautblättern ausgelegte Auflaufform. Oben darauf legt man ein Krautblatt, wenig Weckmehl und Butterstückchen und stellt den Auflauf 1 Std. in den gut heißen Backofen. Man gibt einen Butter- oder holländischen Beiguß dazu.

Kratzete, Eierhaber oder Eierschmarren

Hier wird der Pfannkuchenteig während des Backnes mit der Bratschaufel oder zwei Gabeln zerrissen und in der Pfanne weiter gebacken. Im Badischen ist das Gericht vor allem als Beilage zu Spargeln beliebt.

Krebsauflauf

Man siedet anderthalb Viertel (38) Krebse ohne Salz, nimmt die Schwänze nebst den Gallen davon, stößt die Schalen fein, gibt anderthalb Viertel Butter in ein Geschirr, dämpft die gestoßenen Krebse ein wenig darin, gießt eine halbe Maß siedende Milch daran, preßt es, wenn es aufgekocht hat, durch ein Tuch, und läßt die Milch samt der Butter kalt werden. Hierauf schöpft man die Butter davon in eine Schüssel, weicht das Innere von 2 Kreuzerwecken in die abgekühlte Milch ein, rührt dann die Krebsbutter ein wenig, und gibt das Gelbe von 6 Eiern, ein Viertel abgezogene und zart gestoßene Mandeln nebst dem ausgedrückten Wecken hinein. Wenn dies zusammen leicht gerührt ist, reibt man die Schale von einer halben Zitrone hinein, nimmt eine Handvoll gestoßenen Zucker und die kleingeschnittenen Krebsschwänze dazu, schlägt das Weiße von den 6 Eiern zu Schaum, rührt denselben kurz vor dem Einfüllen hinein, füllt die Masse in eine mit Butter bestrichene Platte von Porzellan, oder in ein Aufzugblech, läßt es langsam aufziehen, besteckt den Rand daneben, mit langgeschnittenen Pistazien, bestreut den Auflauf mit Zucker, und gibt ihn warm auf den Tisch.

Knödelauflauf, Bayerischer

Kartoffelknödel, 375 g Hackfleisch, 2 Zwiebeln, Petersilie, 2–3 Eier, Butter, geriebener Käse

Knödel in Scheiben schneiden, mit den kleingeschnittenen Zwiebeln und Petersilie vermischtem Hackfleisch im Wechsel in eine gut gefettete Auflaufform legen. Eier darüberschlagen, nach Belieben Käse darüberstreuen.
Butterflöckchen darauf verteilen und ca. ½ Stunde bei mäßiger Hitze backen.
Krautsalat schmeckt dazu!

Laucheintopf, japanischer

250 g Nudeln (Hörnchen), Salz, 1 EL Öl, 2 l Wasser, 1 EL Margarine, 250 g Hackfleisch, Salz, Pfeffer, 3–4 Stangen Lauch, 1 Würfel klare Fleischbrühe

Nudeln in 2 l Wasser kochen und abgießen. Das Hackfleisch in dem heißen Fett andünsten. Mit Salz und Pfeffer abschmecken. Den Lauch von den Wurzeln befreien und allen schlechten Blättern. Mit einem Küchenmesser die Lauchstange von oben nach unten einschneiden. Der obere Teil der Lauchstange bleibt dabei geschlossen. Unter fließendem Wasser von oben die einzelnen Hüllen säubern. Auf einem Küchenbrett, von unten beginnend, die

Lauchstange in 2 cm breite Stücke schneiden. Diese auf das Hackfleisch füllen, zur Hälfte mit Brühe bedecken, 20 Min. garen. Die Nudeln zugeben und abschmecken.

Lammfleisch-Eintopf

375 g in Würfel geschnittenes Lammfleisch, 1 gewiegte Zwiebel, 50 g Fett, 1 EL Tomatenmark, 1/2 l Wasser, 250 g grüne Bohnen, 3 Zucchini, 2 Auberginen, 1 zerdrückte Knoblauchzehe, Salz, Cayennepfeffer, 1 1/2 Tassen Reis, 2 EL gewiegte Petersilie

Die gewaschenen und abgetrockneten Fleischwürfel mit der Zwiebel im heißen Fett anbraten. Tomatenmark und Wasser dazugeben und ca. 50 Minuten bei geringer Hitze kochen. Dann das vorbereitete, zerkleinerte Gemüse mit der Knoblauchzehe, den Gewürzen und dem gewaschenen Reis dazugeben und ca. 20 Minuten fertig garen. Das Gericht würzig abschmecken und mit Petersilie bestreuen.

Lammfleisch-Kartoffeltopf

Zutaten für 4 Personen: 1 kg Lammfleisch ohne Knochen, 250 g Zwiebeln, 50 g Margarine, 2 EL Tomatenmark, 1 kg festkochende Kartoffel, Salz, Pfeffer, Edelsüß-Paprika

Das Lammfleisch und die Zwiebeln in große Würfel schneiden. 50 g Margarine in einem Bräter erhitzen. Das Fleisch gut anbraten, Zwiebeln zufügen und glasig dünsten lassen. Nun würzen Sie mit Salz, Pfeffer und Paprika gut durch. Tomatenmark mit 1/4 Liter warmem Wasser auflösen und zum Fleisch geben. Alles bei geschlossenem Topf 30 Min. kochen lassen.
Inzwischen Ofen auf 250 Grad vorheizen.
Nun Kartoffelscheiben zufügen und bei Bedarf nochmals nachwürzen. Den Topf in den Ofen auf unterer Schiene geben und 1 Stunde kochen lassen.

Linseneintopf, pikanter

250–300 g Linsen, 1 Stange Lauch, 1 Karotte, 1 Zwiebel, besteckt mit 3 Nelken, 1 getrocknete Chilischote, 1½–2 l Brühe, 500–750 g Kartoffeln, 4 Debrecziner Würstchen, Salz, Pfeffer, 2 kleingehackte Essiggurken

Die Linsen verlesen, waschen und zusammen mit dem in Scheiben geschnittenen Lauch, der kleingeschnittenen Karotte, der geschälten, mit Nelken besteckten Zwiebel und der Chilischote in der Brühe 40 Minuten zugedeckt bei geringer Hitze kochen. Die geschälten, in Würfel geschnittenen Kartoffeln und die in kleine Stücke geschnittenen Debrecziner Würste dazugeben und weitere 25 Minuten kochen. Die Zwiebel entfernen und den Linsentopf pikant mit Gewürzen und Essiggurken abschmecken.

Linseneintopf mit Pilzen

125 g Linsen, 125 g beliebige Pilze, 1 EL Essig, 1 EL Honig, 1 EL getrocknete Pfefferminzblätter, 2 TL Sardellenpaste, Pfeffer, Kümmel, Koriander

Die Linsen werden am Vorabend eingeweicht und zusammen mit dem Einweichwasser weichgekocht. Die Pfefferminzblätter weicht man in ganz wenig Wasser ein. Die Pilze werden geputzt und zerkleinert. Wenn die Linsen weich sind, gibt man die Pilze hinzu, läßt alles noch ca. 10 Minuten kochen und mengt dann die übrigen Zutaten unter.

Madeiraauflauf

Vier gestrige Semmeln werden abgeschält und in dünne Scheiben geschnitten, diese übereinander in eine flache Schüssel gelegt, mit ¼ l Madeira übergossen, und bedeckt eine Stunde beiseite gestellt. Nun macht man 100 g gestoßenen Zucker, einen Kaffeelöffel Zimt, die feingewiegte Schale einer halben Zitrone, 70 g Zitronat und 35 g Pomeranzenschale, beides fein geschnitten, und etwas geriebene Muskatnuß gut untereinander, und streut damit eine dick mit Butter bestrichene Auflaufform sorgfältig aus. Hier-

auf kommt sodann eine Lage von den geweichten Schnitten, auf diese wieder eine Lage von den Gewürzen, und so wird abwechslungsweise eingefüllt, bis beide Teile aufgebraucht und die Form voll ist. Hernach werden sieben mit ¼ l süßem Rahm gut verrührte Eigelb über das Eingefüllte gegossen, darauf noch 70 g frische Butter geschnitten, die Form jetzt in ein Geschirr gestellt und so viel kochendes Wasser an der Seite zwischen ihr und dem Geschirr behutsam eingegossen, daß sie nicht ganz zur Hälfte darinsteht. Nachdem solche genau bedeckt ist, stellt man das ganze in den Ofen, läßt es hier eine Stunde langsam dämpfen, und sieht dann nach, ob sich der Auflauf fest anfühlen läßt, in welchem Fall die Form aus dem Wasser genommen, der Auflauf sofort in derselben zu Tisch gegeben, und die Sauce extra dazu serviert wird. Soll er *ohne* die Form auf den Tisch, so muß man letztere vor dem Einfüllen mit dünn ausgewargeltem Butterteig auslegen.
Statt Madeira kann man auch sonstigen feinen süßen Wein zu vorstehendem Auflauf verwenden, wo sich dann natürlich der Name entsprechend ändert.

Makkaroniauflauf

Wie Nudelauflauf.

Makkaroni mit Käse

Die gekochten Makkaroni nimmt man, nachdem sie eine Viertelstunde beiseite gestellt waren, mit dem Schaumlöffel heraus. Nun wird eine Form oder Schüssel mit Butter bestrichen, eine Lage Makkaroni dareingegeben, und solche mit geriebenem Parmesankäse und etwas weißem Pfeffer überstreut, dann kommt wieder eine Lage Makkaroni, darauf wieder Parmesankäse und weißer Pfeffer, und so wird fortgefahren, bis die Form voll und mit Makkaroni bedeckt ist. Dabei gibt man zwischen jede Lage Makkaroni einige Stückchen Butter. Parmesankäse darf im Ganzen 100 g verbraucht werden. Alsdann schneidet man 140 g Butter darüber, und bäckt das ganze im Ofen zu schön gelber Farbe.
Serviert man die Makkaroni in der Form, so bindet man um letztere eine reine Serviette.

Makkaroni, Schinken und Parmesankäse zu gleichen Teilen

250 g Makkaroni, 250 g feingehackter Schinken, 250 g Parmesankäse

Die Makkaroni werden in Wasser, besser noch in Fleischbrühe, weichgekocht. Nachdem sie erkaltet und in 2½ cm lange Stücke geschnitten worden, schmort man einige feingehackte Schalotten in etwas Butter, gibt den Schinken, danach die Makkaroni, den Käse, zuletzt noch stark ¼ l saure Sahne dazu und backt dies in einer vorgerichteten Form oder Schüssel ¾ Stunde.

Makkaroniauflauf mit Schinken und Parmesankäse

250 g Makkaroni, 500 g gekochter und feingehackter Schinken, 65 g geriebener Parmesankäse, 4 Eier, 65 Butter, ¾ l Milch und Muskat

Die Makkaroni werden in reichlichem Wasser mit Salz weich, aber nicht breiig gekocht, abgegossen, in 2½ cm lange Stücke geschnitten, mit dem Schinken und Käse nebst Muskatnuß lagenweise in die Form gelegt und mit Milch, geschmolzener Butter und den gerührten Eiern übergossen. Man lasse den Auflauf bei starker Hitze 1 Stunde backen.

Makronenauflauf

¼ l Milch, 125 g bittere Makronen, 125 g Zwieback, 8 Eier, 100 bis 130 g Zucker, beliebiges feines Obst oder eingemachte Früchte

Man kocht in der Milch Makronen und Zwieback so lange, bis solche ganz dick ist. Etwas abgekühlt, rührt man Eidotter und Zucker hinzu, sowie auch zuletzt das zu steifem Schaum geschlagene Weiße der Eier. Dann gibt man diese Masse mit beliebigem feinem Obst, welches vorher mit Zucker und Zimt bestreut ist, oder auch mit eingemachten Früchten lagenweise in die mit Butter bestrichene und mit gestoßenem Zwieback bestreute Auflaufform und backt sie ¾ Stunde.
Für 8 Personen.

Mandelklößchen

In 100 g schaumig geriebener Butter verrührt man 4 ganze Eier, ein wenig Zucker und 120 g feingeriebene oder gestoßene süße Mandeln und gibt geriebenen Zwieback zu, bis die Masse Halt bekommt. Ist die Menge zu dick geraten, gibt man ein wenig sauren Rahm darunter. Die Klößchen können als Einlagen zu süßen Suppen verwendet werden.

Mandelauflauf

5 Eier, 125 g Zucker, Saft und Schale 1/4 Zitrone, 125 g Mehl, 50 g geschälte, geriebene Mandeln

Eigelb, Zucker, Zitrone schaumig rühren, Mandeln, Mehl und Schnee abwechselnd lose unterziehen. In eine mit Butter bestrichene Auflaufform geben, ½–¾ Stunden im Backofen aufziehen.

Mandelmus, aufgezogenes

Man rührt zwei Eßlöffel Mehl mit ½ l Milch oder Rahm glatt an, fügt 140 g Zucker, sechs Eigelb, einige Körnchen Salz, 100 g feingewiegte Mandeln und 140 g Butter bei und rührt dies zusammen auf dem Feuer, oder schlägt es mit einem Schneebesen so lang, bis es dicklich ist und bereits zu kochen anfängt. Nun stellt man die Masse ein wenig beiseite, mengt dann die sechs zu festem Schnee geschlagenen Eiweiß und einen Eßlöffel Zitronenzucker darunter, füllt das Ganze in eine gut mit Butter ausgestrichene Form oder Cremeschüssel, und zieht es in schwacher Hitze eine gute Viertelstunde auf. Sobald es in der Höhe und gelb ist, muß es seiner Feinheit halber augenblicklich aufgetragen werden.

Markauflauf

Zwei Weißbrote oder Kreuzerwecken reibt man ab, weicht das Innere in gute Milch ein, hackt ein Viertel frisch verlesenes Ochsenmark mit dem ausgedrückten Wecken, stößt 8 Lot geschälte Mandeln zart, rührt ein Viertel gestoßenen Zucker mit 8 Eigelb eine Viertelstunde, nimmt das Gehackte und die Mandeln dazu, schlägt das Weiße von den 8 Eiern zu einem Schaum, gibt denselben, wenn die Masse recht zusammengerührt ist, dazu, gießt solche in ein mit Butter bestrichenes Blech, reibt ein ganzes Milchbrot auf dem Reibeisen, vermengt eine Handvoll gestoßenen Zucker und ziemlich Zimt damit, streut dieses auf den Auflauf, belegt die Kruste mit dünnen Schnitten Butter und läßt es langsam aufziehen.

Marmeladeauflauf

Man nehme 250 g Aprikosen- oder Pfirsichmus, rühre den Saft einer Zitrone durch und mische den recht festen Schaum von 12 Eiern darunter. Dann fülle man es in eine bereitstehende, mit Butter bestrichene porzellanene Schüssel, streiche es mit einem Messer glatt, streue etwas feingestoßene Mandeln, die mit Zucker vermischt sind, oder gröblich gestoßene Makronen darüber, steche mit einem Messer einigemal durch bis auf den Grund und stelle die Schüssel sogleich in einen sehr stark geheizten Ofen. Dieser Auflauf darf nur 10 bis 15 Minuten backen und muß sogleich gegessen werden, weil der Schaum wieder sinkt. – Für 8 bis 10 Personen.
Man kann statt Marmelade auch ¼ l gut und sehr steif gekochtes Apfelmus, auch 125 g etwas zergangenes Himbeergelee nehmen.

Maultaschenauflauf

10 abgekochte Maultaschen, 300 g Cornedbeef, 1/8 l Fleischbrühe, 5 EL Tomatenmark, 1/4 l saure Sahne, 4 EL geriebener Käse

Die Maultaschen in eine gefettete Auflaufform schichten. Cornedbeef zerkleinern und mit der Brühe erhitzen. Tomatenmark mit der Sahne verquirlen und darüber verteilen. Den Käse darüberstreuen und den Auflauf im vorgeheizten Backofen ca. 15 Minuten überbacken.

Mehlauflauf

Dieselbe Masse wie zu Lot- oder Schwammpudding wird 1 Stunde gebacken. Man lege 125 g bittere Makronen lagenweise in die Form oder rühre vor dem Hineingeben des Eiweißschaumes 125 g altes geriebenes Weißbrot durch.
Für 12 bis 14 Personen.

Milchbrot-Aufgezogenes

Sechs Eßlöffel geriebenes und gesiebtes Milchbrot wird in 140 g Butter gelb geröstet, dann mit 3/8 l Wasser eine halbe Stunde zu einem dicklichen feinen Mus eingekocht und zum Erkalten gestellt. Hernach werden 100 g Butter und sechs Eigelb eine Viertelstunde leicht gerührt, die erkalteten Semmelbröseln, ein Kaffeelöffel Zimt und der festgeschlagene Schnee der sechs Eiweiß hineingemengt, die Masse in eine gut mit Butter ausgestrichene Form oder Cremeschüssel eingefüllt und eine halbe Stunde im Ofen aufgezogen.

Mischgemüse mit Hammelfleisch, auf englische Art

Eine in Ragoutstücke zerschlagene Hammelbrust wird sauber gewaschen, in Salzwasser zum Kochen gebracht und häufig abgeschäumt. Man zieht von Salatbohnen die Fasern ab, schneidet sie in 5 cm lange Stücke, spült einen Wirsingkohl ab, teilt ihn in Walnußgröße, putzt und wäscht Möhren und schneidet sie würfelförmig. Das Hammelfleisch wird mit letzteren zusammen gekocht. Die Salatbohnen und den Wirsing setzt man erst für sich ans Feuer und gibt beides dann zu dem Hammelfleisch und den Möhren. Nach Bedarf wird Pfeffer und Salz dem Gericht zugefügt und dieses darauf 1½–2 Stunden, gut zugedeckt, gekocht. Durch häufiges Rütteln wird ein Anbrennen der Speise verhütet, und das Gemüse bleibt schön ganz, weil kein Löffel zum Umrühren verwendet wird.

Mischgemüse, spanisches

500 g derbes Rindfleisch und ebensoviel Lammfleisch schneidet man würflig, 5 Kohlrabi werden in Scheiben geschnitten und ein großer Wirsingkohl in einzelne Blättchen zerteilt, die großen Blätter zerschneidet man und nimmt die starken Rippen heraus. Eine tiefe Kasserolle belegt man mit Speckscheiben, schichtet abwechselnd Fleisch und Gemüse darauf, streut auf jede Lage etwas Pfeffer und Salz und gibt zerpflückte Butter und eine Obertasse Bouillon über das Ganze. Obenauf legt man einige Brühwürstchen, verdeckt die Kasserolle recht fest und dämpft das Gericht in 2 Stunden langsam gar. Als Beilage dient ein Kranz gebratener Kartoffeln um den Rand der Schüssel.

Mus, aufgelaufenes

Vier Eßlöffel Mehl wird mit weniger kalter Milch glatt angerührt, so viel warme hinzugegossen, daß es im ganzen ½ l ausmacht, dazu dann vier Eier sowie etwas Salz gegeben und damit abgerührt. Dies wird nun in das dazu bestimmte, dick mit Butter ausgestrichene Geschirr gebracht, 35 g Butter daraufgebröckelt, das Mus im Ofen langsam aufgezogen, und sodann mit Zucker bestreut zu Tisch gegeben. – Will man das Mus auf dem *Herd* aufziehen, so macht man in einem tiefen Pfännchen 35 g Schmalz heiß, gibt obige Masse darein, stellt das Pfännchen auf schwaches Feuer, deckt auf dasselbe einen Aufzugdeckel mit gutem Feuer, und läßt das Mus aufziehen. Nach einer guten Viertelstunde wird nachgesehen; wenn es eine schöne gelbbraune Farbe hat, wird es auf einen daraufgedeckten Teller behutsam umgestürzt und aufgetragen.

Nonnenauflauf

175 g feines Weizen- oder Kartoffelmehl, 175 g Zucker, 125 g Butter, 65 g gestoßene Mandeln, 4 Eier, stark ¼ l mit Vanille oder Zitronenschale gewürzte Milch. Dies alles setzt man aufs Feuer und rührt es zu einer dicken Creme ab. Dann reibt man noch 30 g Butter weich, fügt 5 Eidotter hinzu, rührt es mit der Masse tüchtig durch, vermischt diese mit dem zu starkem Schaum geschlagenen Eiweiß und backt sie in einer Form oder Randschüssel 1 Stunde in mäßiger Hitze.
Es wird Eingemachtes oder feines Kompott dazu gereicht.
Für 6 bis 7 Personen.

Nudelauflauf mit Pilzen

350 g breite Nudeln, 350 g beliebige Pilze, gehackte Petersilie, etwas Fleischbrühe, 2 EL Butter, 50 g geriebener Käse, 1 Eigelb, ¼ l saure Sahne, 1 Zwiebel

Die Nudeln werden in Salzwasser gekocht, abgeschreckt und zum Abtropfen zur Seite gestellt. In heißer Butter dünstet man die feingehackte Zwiebel und dann die geputzten, zerkleinerten Pilze. Mit etwas Fleischbrühe gar dünsten. Nun vermischt man die Nudeln mit den Pilzen und füllt alles in eine gefettete Auflaufform, verquirlt das Eigelb mit saurer Sahne und der Hälfte vom Käse und übergießt damit die Nudelpilzmischung. Der restliche Käse wird darübergestreut und das Ganze mit Butterflöckchen belegt. Bei mittlerer Hitze wird der Nudelauflauf ca. 25–30 Minuten gebakken.

Nudelauflauf, italienischer

200 g Nudeln (kochen), 500 g Hackfleisch (kochen), Käsescheiben zum Überbacken, Ketchup, 200 g süße Sahne, Salz

Nudeln und Hackfleisch abwechselnd in eine feuerfeste Form geben. Sahne mit Salz und Ketchup verrühren und über die Nudeln gießen. Das Ganze mit Käsescheiben belegen und im Backofen ca. 20 Min. überbacken.

Nudeln, aufgezogen

350 g Mehl, ⅛ l Wasser, 80 g Schmalz, ½ l Milch, 3 Eier, etwas Butter, Zucker, Zimt

Aus 350 g Mehl, etwas Salz und ⅛ l heißem Wasser knetet man einen Nudelteig, arbeitet ihn gut durch, rollt ihn auf einem bemehlten Brett aus, schneidet ihn in breite Streifen, die man übereinanderlegt und dann in Stücke schneidet.
In einer Bratreine läßt man 80 g Schmalz zergehen, legt die Nudeln hinein, schüttet ½ l Milch mit 3 Eiern und 1 Prise Salz verquirlt darüber und läßt sie im heißen Ofen ca. 40 Minuten aufziehen. Dann setzt man Butterflöckchen auf die Nudeln und überbäckt sie nochmals kurz. Vor dem Servieren werden sie mit Zucker und Zimt bestreut. Dazu reicht man beliebiges Kompott.

Nudeln, italienische

Ein Viertel derselben gibt eine Platte für 4 bis 5 Personen. Die Nudeln gibt man in eine Kachel oder Kastrol, heißes Wasser daran, bis es stark darüber geht, und läßt sie mit 6 Lot frischer Butter, ein klein wenig Salz, und etwas Muskatblüte eine Stunde kochen. Sind sie früher dick eingekocht, so gießt man ein wenig Wasser daran, streut die Platte, welche zu den Nudeln gerichtet ist, mit geriebenem Parmesankäse, richtet die Nudeln darauf an, und bestreut sie oben wieder stark mit Parmesankäse. Auf Feuer darf die Speise nicht mehr kommen.

Nudelkuchen

In die bei Nudelpudding mit Mandeln beschriebene Masse werden vor dem Vermischen des Schnees 70 g kleine Weinbeeren gegeben, das Ganze in eine gut mit Butter bestrichene und mit Semmelbröseln ausgestreute Auflaufform oder ein Kuchenblech eingefüllt, im Ofen gebacken, nach Belieben umgestürzt, und mit einer der Milchsaucen zu Tisch gegeben.

Nudelauflauf

250 g Nudeln, Salzwasser, 1/4 l Milch oder süßen Rahm, 2 EL geriebenen Käse, Salz, Muskat, 2 Eier – 20 g Butter, 1 TL Weckmehl

Die Nudeln im Salzwasser abkochen, auf einen Seiher abschütten, abtropfen, in eine bestrichene Auflaufform geben. Eier, Milch, Salz, Muskat verrühren, über die Nudeln geben, darauf Käse, Weckmehl, Butterstückchen, in den Backofen stellen, 1/2 Stunde aufziehen.

Nudelauflauf, süßer

Man bereite aus zwei Eiern, etwas Salz und so viel Mehl, als die Eier annehmen, einen Teig, walke ihn aus und schneide Nudeln davon, die man darauf in 1½ l Milch kocht und in einer Schüssel erkalten läßt. 35 g geschälte Mandeln werden grob gewiegt, etwas klarer Zucker und Zimt vermischt, beides zu 70 g schaumiggerührter Butter gegeben und noch mit zwei ganzen Eiern und 3 Eigelb verrührt. Dies mengt man mit den Nudeln recht gut und zieht zuletzt den Schnee von 3 Eiweiß darunter. In einer ausgebutterten Form wird die Masse ¾ Stunde bei guter Hitze gebacken.

Ofenschlupfer oder Scheiterhaufen

750 g Äpfel, 4 Brötchen, 1 EL Mehl, ½ TL Zimt, 80 g Zucker, Zitronenschale, 2 Eier, ¾ l Milch, 1 Prise Salz, nach Belieben 30 g Rosinen und 30 g geriebene Mandeln

Die geschälten Äpfel in feine Scheibchen schneiden, ebenso die Brötchen, dann abwechselnd lagenweise in eine bestrichene Auflaufform legen, obenauf Brötchen, Rosinen und Mandeln dazwischenstreuen. Die andern Zutaten anrühren, über die Brötchen geben, ½ Stunde durchziehen lassen. Obenauf einige Butterstückchen, in den Backofen stellen, ¾ Stunden aufziehen.

Ohrfeige

4 große frische Eier, 1 gehäufter Eßlöffel Kartoffelmehl oder Stärke, ⅛ l *lauwarme* Milch mit etwas Wasser vermischt, eine reichliche Messerspitze Muskatblüte oder abgeriebene Zitronenschale und etwas Salz, ferner beliebiges Eingemachtes.

Das Weiße der Eier wird von den Dottern sorgfältig getrennt, damit ersteres zu recht festem Schnee geschlagen werden kann, der erst in dem Augenblick durch den zuvor stark geschlagenen Teig gemischt wird, wenn man zu backen anfängt. *Das Feuer muß gleichmäßig und sehr schwach, die Pfanne glatt sein.* In derselben lasse man wenig Butter *zergehen*, gebe die Schaummasse hinein, lege einen vorher heißgemachten blechernen Kuchendeckel darauf und backe die Ohrfeige nur auf einer Seite, ohne die Pfanne zu

schütteln, und zwar so lange, etwa 10 Minuten, bis sie oben trocken und die untere Seite gelb geworden ist, während man die Pfanne zuweilen dreht. Danach bestreiche man dieselbe mit beliebigem Eingemachten, Mus oder Gelee, schlage sie zusammen, schiebe sie auf eine längliche Schüssel und streue Zucker und Zimt darüber. Auch kann man die Ohrfeige inwendig und oben mit Zucker und Zimt bestreuen und mit einer Wein-, Frucht- oder Rumsauce zur Tafel geben. Sehr angenehm ist dazu ein gutes Kompott von frischen Johannisbeeren, welches auch zum Zwischenstreichen angewandt werden kann, nur bleibt dann die Sauce weg.
Eine große Messerspitze pulverisiertes Hirschhornsalz, mit dem Eiweißschaum durchgemischt, bewirkt ein noch stärkeres Aufgehen.

Omelette

Man verrühre sechs Eier gut mit einem Eßlöffel Rahm und ein wenig Salz, setze dann eine Omelettepfanne mit einem Eßlöffel guter Butter oder Schmalz zum Feuer, gebe, wenn die Butter oder das Schmalz heiß geworden, die Masse hinein, und lasse sie unter fortwährendem Bewegen der Pfanne und Nachhelfen mit dem Backschäufelchen, so daß das Flüssige immer wieder nach untenhin kommt, zu einem Kuchen backen. Sobald auf der Oberfläche des Kuchens wenig Flüssigkeit mehr vorhanden ist, fasse man mit Backschäufelchen von zwei Seiten unter denselben, schlage ihn über sich zusammen, so daß er eine längliche vierfingerbreite Wurst bildet, stürze ihn auf eine längliche Platte, und bringe ihn sogleich zu Tisch. – Diese Omelette muß, wenn sie angerichtet ist, innen weich sein und außen eine gelbbraune Kruste haben.

Omelette (Eierkuchen)

8 frische Eier, 1 gehäufter EL Stärke oder feinstes Mehl, 1/4 l warme mit etwas Wasser vermischte Milch, etwas Muskatblüte und Salz

Dies wird tüchtig geschlagen, auf schwachem Feuer Butter in der Pfanne zum Stehen gebracht, das Eingerührte hineingegeben und die Flüssigkeit mit dem Löffel untergelassen. Sobald die Omelette oben trocken geworden ist und sich von der Pfanne gelöst hat – sie muß ganz weich bleiben und wird nicht umgewandt –, streue man Zucker und Zimt darüber und schiebe sie, zusammengeschlagen, auf eine längliche Schüssel.

Besonders angenehm sind eingemachte Preiselbeeren dazu, auch kann man die Omelette mit Sommerwurst, Rauchfleisch und geräucherter Zunge geben, wo dann beim Einrühren feingehackter Schnittlauch durchgemischt werden kann; Zucker und Zimt bleiben weg.

Omelette mit Äpfeln

Zwei gute Kochäpfel werden geschält, in vier Teile verschnitten, die Kernhäuser herausgenommen, und jedes Viertel in feine Scheibchen geschnitten. Diese gibt man in die Pfanne, worin das zu der Omelette bestimmte Schmalz heiß gemacht ist, röstet sie in solchem einigemal um, damit sie schneller weich werden, gibt hernach die unter Omelette mit Kirschwasser beschriebene Masse darüber, und bäckt die Omelette ganz nach dieser Art, nur bleibt das Kirschwasser weg, sowie das Bestreuen mit Zucker während des Backens; erst nach dem Anrichten wird sie mit Zucker bestreut. – Diese Omelette kann man nicht gut mit dem Backschäufelchen umkehren, weil sie schwerer als die andern ist; man verfahre daher hierbei wie am Schluß von Pfannkuchen angegeben.

Omelette mit Konfitüre

Bereitet man ganz wie Omelette mit Kirschwasser, nur unterläßt man das Besprengen mit Kirschwasser, und bestreicht sie stattdessen gleich in der Pfanne mit jedem beliebigen Eingemachten (Konfitüre), womit man sie dann sofort übereinanderrollt. – *Feiner* wird die Omelette, wenn man, statt obiger Masse, einen Kochlöffel Mehl mit ⅛ l Rahm, vier Eiern und etwas Salz glatt anrührt, dies in eine flache kleine Pfanne, worin ein Stückchen Butter zerlassen wurde, gibt, und unter öfterem Einstechen mit dem Backschäufelchen auf einer Seite bäckt. Ist oben nichts Flüssiges mehr, so wird Konfitüre daraufgestrichen, der Kuchen zusammengeschlagen, und die Omelette wie obige angerichtet. – Man kann solche auch, nachdem sie angerichtet, dick mit Zucker bestreuen, und mit einem glühenden Backschäufelchen aufbrennen.

Omelette mit Kirschwasser

Zwei Kochlöffel Mehl wird mit ¼ l Milch oder Rahm, vier Eiern und etwas Salz glatt angerührt, nun zwei Eßlöffel Schmalz oder Butter in einer breiten, flachen Pfanne, am besten in einer Omelettenpfanne, heiß gemacht, der angerührte Teig auf einmal hineingegossen, und während des Backens mit dem Backschäufelchen derart nachgeholfen, daß man an der Seite den Kuchen in die Höhe hebt, das obenstehende Flüssige zwischen ihm und der Pfanne hinunterziehen läßt, und sodann auch in der Mitte hineinsticht, damit das Flüssige von dort ebenfalls herunterlaufe. Ist derselbe auf einer Seite gelb gebacken, so wird er mit Zucker bestäubt, dann umgekehrt, auch auf der andern Seite gelb gebacken, mit zwei Eßlöffel Kirschwasser besprengt, und gleichermaßen mit Zucker bestäubt. Nun wird die Omelette mit dem Backschäufelchen von zwei Seiten untergriffen, über sich zu einer länglichen, vierfingerbreiten Wurst zusammengeschlagen, dann auf eine warme Platte umgestürzt, und ein beliebiges Kompott oder Eingemachtes (Konfitüre) dazugegeben. – Nach dem Umkehren muß die Omelette *schnell* zusammengeschlagen werden, damit der Zucker nicht braun werde. – Ist die Pfanne nur in der Größe eines Tellers, so muß man aus obiger Masse *zwei* Kuchen backen.

Die Omeletten sind oft schwierig *umzukehren.* In diesem Falle verfahre man nach der am Schluß von Pfannkuchen gegebenen Vorschrift.

Omelette mit Kartoffeln

In die Masse von Omelette mit Kirschwasser rühre man vier Eßlöffel geriebene Kartoffeln, und backe die Omelette ganz nach dieser Nummer, nur wird kein Kirschwasser dazu verbraucht. Nach Belieben können eingemachte Johannisbeeren, Himbeeren usw. daraufgestrichen werden. Die Omelette wird zusammengeschlagen und umgestürzt, und mit Zucker bestreut heiß zu Tisch gebracht.

Omelettes mit Kartoffeln und Speck

Man rührt zwei Kochlöffel Mehl mit ¼ l Milch glatt an, und mengt darunter vier Eier, zwei Schöpflöffel gesottene, geriebene Kartoffeln und das gehörige Salz. Nun wird 35 g fein würflig geschnittener Speck in einer großen flachen Pfanne geröstet, bis er leicht gelb geworden, dann eine kleinverschnittene halbe Zwiebel ein wenig darin abgedämpft, die Hälfte der abgerührten Masse dazugegeben, und dies unter öfterem Aufheben mit dem Backschäufelchen auf beiden Seiten gelb gebacken. Mit der andern Hälfte der Masse verfährt man auf gleiche Weise, und trägt die beiden Kuchen dann sofort heiß auf.

Omelette mit Rum

6 Eier werden mit 2 Eßlöffel süßem Rahm, oder auch mit 3 Eßlöffel Milch und etwas Salz gut verrührt; dann in frischer Butter oder reinem Schmalz auf einer Seite, unter öfterem Bewegen am Rand, gelbbraun gebacken, in die Hälfte gelegt, dick mit Zucker bestreut und mit einem glühenden Eisen gebrannt. Die Omelette wird nun auf einer Platte angerichtet, einige Eßlöffel Rum darum gegossen, dieser angezündet und die Omelette brennend aufgetragen.

Omelette, aufgelaufene (Omelette soufflée)

Man rühre vier Eigelb und vier Eßlöffel feinen Zucker zusammen schaumig ab und mische das zu festem Schnee geschlagene Eiweiß nebst zwei Eßlöffel Mehl und einem Kaffeelöffel Zitronensaft behutsam darunter, bestreiche dann eine Auflaufform oder eine Cremeschüssel mit frischer Butter, gebe die vorbeschriebene Masse darein, backe sie eine Viertelstunde im abgekühlten Ofen, wo sie nun hoch aufgestiegen sein und obenüber eine rotgelbe Farbe haben wird, und bringe die Omelette schnell zu Tisch, weil sie sich sonst zusammensetzt.
Andere Art: 140 g Zucker wird mit sieben Eigelb sehr schaumig gerührt, dann mit einem Eßlöffel voll Zitronen- oder Orangenzukker und mit etwas Zitronensaft gewürzt, und das zu Schnee geschlagene Eiweiß behutsam daruntergemengt. Die Masse wird in die mit Butter bestrichene Form eingefüllt und zwanzig bis dreißig Minuten gebacken.

Omelette, aufgelaufene mit Konfitüre

Fünf Eigelb werden mit fünf Eßlöffel feinem Zucker dick abgerührt, und hierunter das zu festem Schnee geschlagene Weiße der Eier, nebst drei Eßlöffel Mehl, behutsam gemengt. Nun wird in einer Omelettenpfanne zwei Eßlöffel Schmalz heiß gemacht, hierein ein kleiner Schöpflöffel voll von der Masse gegossen und gleichgestrichen, der Kuchen auf einer Seite auf ganz schwachem Feuer, weil die Masse leicht anbrennt, unter fortwährendem Lüften mit dem Backschäufelchen und Rütteln der Pfanne gelb gebacken, dann auf eine butterbestrichene Platte gestürzt, und ein Eßlöffel Eingemachtes, wie Himbeeren, Johannisbeeren etc., daraufgestrichen. Auf gleiche Weise wird ein zweiter Kuchen gebakken, dieser auf ersteren gestürzt, so, daß das Eingemachte zwischen beiden liegt, auf diesen Kuchen nun wieder ein Eßlöffel Eingemachtes gestrichen, darauf wieder ein Kuchen gegeben, und so fortgefahren, bis die Masse zu Ende ist. Die Platte wird jetzt noch eine Viertelstunde in einen mittelheißen Ofen gestellt, wo die Omelette um einen Teil höher werden wird, und man sie dann augenblicklich zu Tisch gibt. – Das Backen, wie überhaupt die ganze Zubereitung, muß so rasch als möglich geschehen.

Omelette, aufgelaufene mit Sauce

Wird von derselben Masse und ganz auf dieselbe Weise gebacken und dann übereinandergelegt, wie vorhergehende, doch ohne Konfitüre. Sind die Kuchen alle aufeinandergelegt und eine tiefe Schüssel hinlänglich damit angefüllt, so wird diese eine Viertelstunde in den Ofen gestellt, unterdes eine dickliche Vanillesauce oder eine Chaudeausauce bereitet, die Omelette aus dem Ofen genommen, und sogleich, mit der Sauce übergossen, aufgetragen.

Omelette, chinesisches

Für 4 Personen: 1 Lauch quer zur Faser dünn geschnitten, 1 Zwiebel in Scheiben geschnitten, 1–2 Knoblauchzehen, 125 g Bambussprossen in dünne Scheiben geschnitten, 2 EL Speiseöl, 100 g Hackfleisch, 2 EL Krabben, 4 Eier, ¼ TL Glutamat, Salz und Pfeffer, 1 rote Paprikaschote, 3–4 Karotten fein in Scheiben geschnitten, 2 Knoblauchzehen, 1 kl. Flasche Tomatenketchup, ca. ½ l Wasser, Speisestärke zum Binden

Zwiebel und Knoblauch in 2 Eßl. Öl etwas dünsten, dann das Hackfleisch dazugeben. Wenn das Fleisch gut durchgebraten ist, dann Lauch, Bambussprossen und Krabben hinzufügen. Mit Salz und Pfeffer, Glutamat würzen. 4 Eier gut verrühren. Die oben gekochten Zutaten zu den Eiern geben, gut durchmischen, nochmals kräftig abschmecken. Aus diesem Eiergemisch Omeletts bak-

ken und warmhalten. Für die Sauce roten Paprika und Karotten fein schneiden. Knoblauchzehe im Öl dünsten, Tomatenketchup und Wasser hinzufügen, einmal aufkochen. Dann das Gemüse hineingeben. Mit etwas Salz und Glutamat würzen. Wenn die Sauce zu dünnflüssig ist, mit etwas Speisestärke binden. Vor dem Auftragen die Omeletts in eine gewärmte Schüssel geben und die Sauce darüber gießen.
Dazu serviert man Reis.

Omelette, einfache, I

3 ganze Eier und 2 Eidotter, etwas Pfeffer, Salz und gehackte Petersilie werden tüchtig verrührt und zuletzt der Schnee von 2 Eiweiß daruntergezogen. Diese Masse gießt man in eine Omelettepfanne in heiße Butter und läßt sie auf beiden Seiten bräunen.

Omelette, einfache, II

Ein reichlicher Eßlöffel Mehl wird mit Milch zu einem dickflüssigen Teig verquirlt, dem man drei ganze Eier und eine Prise Salz beifügt. In halb Fett, halb Butter wird die Masse erst von der unteren Seite bei mäßiger Hitze gebacken, indem man einmal nur am Rande zwischen Teig und Pfanne mit dem Messer entlangfährt; dann wendet man den Kuchen und backt ihn von der zweiten Seite lichtbraun.

Omelette von Erdbeeren

50 g Erdbeeren, 1 EL Zucker, 3 Eiweiß, 60 g Zucker, 2 Eigelb

Die gewaschenen, halbierten Erdbeeren werden mit einem Eßlöffel Zucker vermischt und beiseite gestellt. Man schlägt die Eiweiß zu steifem Schnee, mischt die Hälfte des Zuckers unter und rührt die andere Hälfte mit den Eigelb schaumig und zieht sie vorsichtig unter den Eischnee. In einer Pfanne mit heißer Butter läßt man das Schaumomelett ca. 8 Minuten bei kleinster Hitze stocken, läßt es dann auf einen vorgewärmten Teller gleiten, belegt eine Hälfte mit den Erdbeeren und schlägt die andere Hälfte darüber. Mit Puderzucker bestäuben.

Omelette, französisches

2–3 Eier, 1 EL Milch, 1 Prise Salz, 20 g Butter (Für 1 Person)

Die Eier werden mit dem Salz und der Milch tüchtig verquirlt und die Eiermasse in eine Backpfanne gegeben, in welcher man die Butter erhitzt hat. Man läßt die Masse auf der heißen Herdplatte 3 Min. backen, stellt sie dann in den heißen Backofen, wo sich das Omelette im Zeitraum von weiteren 3–4 Min. goldgelb bräunen soll. Man schlägt es zusammen und serviert es so schnell wie möglich.

Omeletten, gefüllt mit Konfitüre

Drei Eßlöffel Mehl wird mit ⅜ l guter Milch oder Rahm glatt angerührt, sechs Eier, 70 g Zucker und etwas Salz beigefügt, und dies zusammen gut abgerührt. Nun setze man eine Omelettepfanne mit zwei Eßlöffel Schmalz aufs Feuer, gieße, wenn das Schmalz heiß ist, einen Teil obiger Masse hinein, und backe solchen, unter fortwährendem Lüften mit dem Backschäufelchen, schön gelb zu einem Kuchen, den man dann behutsam umwendet, und auch von der anderen Seite schön gelb bäckt. Hernach wird auf einen Tisch ein Bogen Papier gelegt, der Kuchen darauf umgestürzt, und messerrückendick mit Aprikosenmarmelade, Himbeeren oder einem beliebigen andern Eingemachten leicht überstrichen, jetzt wurstähnlich zusammengerollt, und in drei bis vier Teile verschnitten, welche man aufrecht in eine etwas tiefe Platte stellt, und so an die Wärme bringt. Auf gleiche Weise bäckt man noch zwei Kuchen, und überstreicht und verschneidet sie wie den ersten. Wenn sämtliche Omeletten so verschnitten in der Platte stehen, werden sie mit feinem Zucker bestäubt, nach Belieben mit einem glühenden Backschäufelchen oder Eisen leicht überfahren, damit der Zucker schmilzt, und sogleich zu Tisch gebracht. – Werden auch öfters, nachdem sie mit Zucker bestäubt sind, noch eine Viertelstunde in den Ofen gestellt.

Omeletten, gefüllt mit Schokoladecreme

Zwei Eßlöffel feines Mehl, 100 g geriebene Schokolade, fünf bis sechs Eigelb und 70 g Zucker werden mit ¼–⅜ l (1–1½ Schoppen) Rahm oder guter Milch angerührt, auf dem Feuer unter fortwährendem Rühren aufgekocht und 70 g Butter daruntergerührt. Dann werden aus dem nämlichen Teig, wie er in voriger Art bemerkt ist, Kuchen gebacken, solche, wie dort beschrieben, mit obiger Schokoladecreme überstrichen und zusammengerollt, und die Omeletten auch in derselben Weise verschnitten und beendet.

Omelette, gestürzte

Sechs Eigelb und sechs Eßlöffel Zucker werden zusammen dick gerührt, und sodann drei Eßlöffel feines Mehl und der Schnee der sechs Eiweiß leicht daruntergemengt. Nun wird in einem fingerhohen, etwas weiten Kastrol oder besser in einer Pfanne von Gußeisen, (denn in einer gewöhnlichen Pfanne würde diese feine Mehlspeise leicht anbrennen) vier Eßlöffel gutes Schmalz heiß gemacht, die Masse hineingeleert, das Kastrol oder die Pfanne zugedeckt auf eine heiße Herdplatte oder auf Feuer gestellt, und auf den Deckel wenige schwache Glut gegeben. So wird die Omelette eine gute Viertelstunde aufgezogen, und hernach über eine Platte umgestürzt. – Kann man auch, und zwar am leichtesten, in einem nicht zu heißen *Bratrohr* aufziehen.

Omelette von Weißbrotschnitten

Man rühre eine Omelette, lasse Weißbrotschnitten in kalter Milch weich werden, mache sie in einer Pfanne mit Butter an beiden Seiten gelb, lege Stückchen Butter dazwischen und gebe die Omelette darüber hin. Durch Hineinstechen mit einem Messer lasse man das Flüssige hineinziehen, schiebe die Omelette, sobald sie sich von der Pfanne löst, auf eine Schüssel und bestreue sie mit Zucker und Zimt. Eingemachte Preiselbeeren sind hierzu sehr passend.

Orangenauflauf

2 Orangen, $^3/_8$ l Milch, 120 g Mehl, 120 g Zucker, 6 Eier, 60 g Butter

Die Schale der Orangen ganz dünn abschneiden und 10 Minuten in Milch kochen. Schale herausnehmen, Milch abkühlen lassen. Butter und Zucker schaumig rühren, langsam die Milch und das Mehl zugeben. Unter ständigem Rühren die Masse so lange kochen, bis sie sich vom Topf löst. Nach dem Abkühlen den Apfelsinensaft, das Eigelb und den steifen Eischnee hinzufügen, alles in eine gut gefettete und ausgestreute Auflaufform geben und im Backofen 35–40 Minuten garen.

Ostercreme

Zu den Eiern: $^1/_2$ l Milch, 100 g mit Vanille gewürzten Zucker, 20 Blatt Gelatine, 6 ausgeblasene Eierschalen – Zur Weincreme: $^1/_4$ l Wein, 125 g Zucker, 13 Blatt Gelatine, Saft von 2 Zitronen

Die Milch wird mit dem Zucker aufgestellt, die 2 Std. in kaltem Wasser eingeweichte, ausgedrückte Gelatine zugegeben und alles zusammen 20 Min. gekocht. Wenn die Masse etwas erkaltet ist, füllt man sie in ausgeblasene Eierschalen, welche man in Eierbecher gestellt hat. (Um die Eier ausblasen zu können, bohrt man an beiden Spitzen erbsengroße Öffnungen und bläst nun den Inhalt vorsichtig aus.) Während man die wieder gefüllten Eierschalen steif werden läßt, bringt man die Hälfte der vorgeschriebenen Weinmenge mit dem Zucker und der 2 Std. eingeweichten Gelatine zum Kochen, zieht sie vom Feuer weg und gibt den zurückbehaltenen Wein, Zitronensaft und nach Belieben einige Tropfen rote Bretonfarbe zu. Man füllt die Creme in eine Kristallschale und setzt nun die von den Schalen befreiten Eier hübsch geordnet hinein. Wenn die Creme steif ist, wird sie serviert. (Gibt eine große oder zwei kleine Schalen mit 6 Eiern.)

Ostereier

Die Eier werden in frischem Wasser mit einem beliebigen Farbstoff hartgesotten, und zwar nimmt man, wenn man sie *gelb* haben will, dunkle Zwiebelschalen, wünscht man sie *violett*, Brasilienspäne, zum *Rotfärben* aber Fernambukholz oder, wenn man ein schönes *Rosenrot* wünscht, Kugellack. Hernach werden die Eier in Wasser abgewaschen, abgetrocknet, noch heiß in aufgelösten Gummi arabicum (zu vierundzwanzig Eiern wird für zehn Pfennig mit einem Viertelliter lauem Wasser in einem tiefen Gefäß aufgelöst) getaucht, und nun auf ein ölbestrichenes Blech gelegt, damit sie von unten nicht ankleben. – Man kann auf diese Eier, nachdem sie erkaltet sind, mit Scheidewasser Namen, Devisen usw. schreiben. – In neuerer Zeit sind die verschiedensten Eierfarben nebst Gebrauchsanweisung käuflich zu haben, ebenso Papiere, welche den Eiern beim Sieden die verschiedensten Farben, Marmorierungen u. dgl. mitteilen.

Ostereier mit Blumen

Es werden wie in voriger Art in Stückchen Papier oder auch in Leinwandläppchen natürliche Blümchen oder Blättchen geordnet, darüber die Eier und auf diese wieder dergleichen Blümchen oder Blätter gelegt, die Eier damit eingebunden, und sodann mit kaltem Wasser nebst Zwiebelschalen, oder ganz wenig Brasilienspänen, oder Fernambukholz, oder Kugellack zum Feuer gesetzt, wo man sie eine Viertelstunde siedet. Beendet werden die Eier ganz nach voriger Art.

Ostereier mit Figuren

Es wird etwas Gummi zerstoßen, in ein Geschirr gegeben, und mit ⅛ l lauem Wasser übergossen, so lange beiseite gestellt, bis er gänzlich aufgelöst ist, was sechs bis acht Stunden Zeit erfordert. Nun werden reine, frische Eier in kaltem Wasser aufs Feuer gebracht und hartgekocht, der Gummi dann umgerührt, damit kleine, farbige Bildchen etc. auf der Rückseite mittels eines Pinselchens überstrichen, und nun ein Ei ums andere aus dem heißen Wasser genommen, schnell mit einem Tuch abgetrocknet, und augenblicklich mit einigen Bildchen etc. in hübscher Zusammenstellung belegt. Auf diese Art wird fortgefahren, bis die bestimmte Anzahl Eier verziert ist. – Man gebe acht, daß das Ei beim Auflegen der Bildchen gut abgewischt und noch ganz heiß ist, weil solche dann besser ankleben.

Ostereier, marmorierte

So viel man Eier zum Marmorieren bestimmt, so viel werden Stücke Papier hergerichtet, diese müssen aber stets so groß sein, um das Ei gut hineinbinden zu können. Dann werden dunkle Zwiebelschalen in feine Streifchen geschnitten, ebensoviel Brasilienspäne in kleine Stückchen zerbrochen oder zerrieben, und dazwischen noch ein wenig geschabter Kugellack gestreut. Nun zieht man je eines der Papierstücke schnell durchs Wasser und legt es auf ein Brett oder einen Tisch, dann wird ein reines Ei in Wasser getaucht, mit obigen untereinandergemengten Farbstoffen ringsum leicht übersät, und hernach auf das hergerichtete Papier gelegt, dieses sorgfältig um das Ei gewickelt, mit Faden oder Spagat überbunden, und das Ei nun beiseite gelegt. Sind alle Eier auf diese Art eingemacht, so werden sie mit kaltem Wasser auf nicht zu starkes Feuer gesetzt und hartgekocht, was in einer Viertelstunde geschieht, dann eines um das andere behutsam herausgenommen, in kaltes Wasser gelegt, aufgebunden, abgewaschen, und nachdem das Ei abgelaufen, solches, während es noch heiß ist, in dünn aufgelösten Gummi getunkt, und auf ein leicht mit Öl überstrichenes Brett oder Blech zum Abtrocknen gelegt. – Man darf nie mehr als *ein* Ei nach dem Absud in das kalte Wasser legen; denn nur dadurch, daß die Eier noch ganz heiß sind, wenn man sie in Gummi taucht, werden sie schnell trocken. – Noch schöner werden die Ostereier, wenn man unter obige hergerichtete Farbstoffe noch um einige Pfennige getrocknete feinverschnittene Pappelknospen, die man in der Apotheke bekommt, mengt. Dadurch erscheint auch noch *grüne* Farbe auf den Eiern.

Parmesanauflauf

Man läßt einen Schoppen (Quart) süßen Rahm aufkochen, und reibt ein Viertel Parmesankäse und ein halbes Pfund Schweizerkäse beides auf dem Reibeisen. Wenn der Rahm siedet, gibt man den Käse nebst einem halben Viertel Butter hinein, gießt es schnell, ohne darin zu rühren, in eine Schüssel, läßt es kalt werden, rührt dann 8 Eigelb darunter, schlägt das Weiße von 6 Eiern zu einem Schnee, macht hierauf von einem Quartblatt weißem Papier Kapseln, an welchen der Rand ringsherum 3 Finger hoch sein muß, bestreicht die Kapseln mit Butter, mischt, ehe die Masse eingefüllt wird, den geschlagenen Schnee schnell dazu, füllt alsdann die Kapseln von der Masse halbvoll, und läßt sie bei mittelmäßiger Hitze backen oder langsam aufziehen. In einer Viertelstunde sind sie fertig, und müssen wie alle Auflaufspeisen schnell im Papier auf den Tisch gegeben werden.

Pickelsteinerfleisch

Man nimmt zu gleichen Teilen Rindfleisch, Kalbfleisch und Schweinefleisch, nach Belieben auch Schaffleisch; ersteres soll ein von Fett und Haut befreites Lendenstück sein. Es wird dann alles über den Faden in große Würfel geschnitten, ferner Kartoffeln, Sellerie, gelbe Rübe, Petersilie, Porree und Zwiebel fein würflig. Nun wird der Boden eines gut schließenden Kastrols, am besten eines *Doppel-Kastrols*, mit Ochsenmark belegt, darauf eine Lage der Kartoffeln und Wurzeln gegeben, hierauf je eine Lage von den verschiedenen Fleischsorten, und so wird fortgefahren bis Kartoffeln, Wurzeln und sämtliches Fleisch verbraucht ist. Zwischen jede Lage und obenauf kommt Ochsenmark, Salz und etwas Paprika oder spanischer Pfeffer. Das Kastrol wird alsdann gut verschlossen und das Ganze ungefähr eine Stunde auf mittelstarkem Feuer gedämpft; wird ein Doppel-Kastrol benützt, so wendet man solches von Zeit zu Zeit um.

Pilzauflauf

500 g Pilze, 30 g Butter, 6 Eier, Salz, Muskat, 2 EL Milch, nach Belieben Schnittlauch oder Petersilie

Die geputzten Pilze fein wiegen, in heißer Butter weichdämpfen. Die Eier mit 2 Eßlöffel Milch, Salz, Muskat, Schnittlauch verrühren, über die Pilze geben, unter Rühren fest werden lassen. Nach Belieben verrührt man die gedämpften, verkühlten Pilze mit den Eiern, Gewürzen und 4 Eßlöffel Milch, gibt die Masse in eine bestrichene Auflaufform, stellt diese in heißes Wasser in den Backofen und läßt die Masse fest werden. Man gibt sie in der Form zu Tisch oder sticht mit einem Eßlöffel Klöße ab und bestreut diese mit gewiegter Petersilie oder Schnittlauch. Nach Belieben kann man mit den Pilzen 50 g in kleine Würfel geschnittenen Speck dämpfen.

Pomeranzenauflauf

Ein halbes Pfund Butter wird ganz leicht gerührt, ein halber Schoppen Milch siedend gemacht, und soviel Mehl hineingerührt, bis es ein gebrühter Teig ist, dieser wird ganz glatt geschafft, mit einer nußgroßen Butter abgetrocknet, in eine Schüssel gegeben, mit 4 bis 5 Eiern eines um das andere angerührt, von einer Pomeranze die Schale abgerieben, und eine starke Handvoll Zucker dazugenommen. Wenn dies alles rechtschaffen gerührt ist, wird von 8 Eiweiß ein Schnee geschlagen, an die gerührte Masse gegeben, diese in ein bestrichenes Potageblech gegossen, und langsam aufgezogen.
Auf diese Art kann man Aufläufe von Zitronen, Zitronat, und Zimt verfertigen, je nachdem man den Geschmack verlangt. Die angezeigte Portion gibt ein Blech für 8 bis 9 Personen.

Punschauflauf

70 g Mehl wird mit 3/8 l Milch glatt angerührt und auf dem Feuer mit 140 g Butter so lang umgerührt und abgedämpft, bis sich der Teig leicht von dem Kastrol loslöst. Letzterer wird sodann in eine irdene Schüssel geleert, nach völligem Erkalten 140 g Zucker, sieben bis acht Eigelb und einige Körnchen Salz schaumig damit gerührt, und hernach die feingewiegte Schale einer halben Zitrone, sowie ein Eßlöffel Zitronensaft, vier Eßlöffel Rum und der feste Schnee der Eiweiß daruntergemengt. Das Ganze wird nun in eine butterbestrichene Form oder einen Teigrand gefüllt, und im Ofen drei Viertelstunden langsam aufgezogen.

Punschauflauf, Leipziger

12 Eier, 160 g durchgesiebter Zucker, Zitrone, 1 Glas Rum

Man rührt die Eidotter mit dem Zucker schaumig, fügt dann den Zitronensaft, nach Belieben auch die abgeriebene Schale nebst dem Rum hinzu, mischt den ganzen festen Schaum dieser Eier leicht durch, backt den Auflauf in einem stark geheizten Ofen in 10 Minuten gar und gibt ihn sogleich zur Tafel. Derselbe muß von allen Seiten gelb gebacken, in der Mitte aber noch weich – einer Schaumsauce ähnlich sein. – Für 8 Personen.

Quark-Auflauf

100 g Butter oder Margarine, 125 g Zucker, 6 Eier, 1 Päckchen Vanillezucker, Saft von einer Zitrone, ½–1 Fl. Zitronenaroma, 375 g Quark, ¾ Tasse Grieß

Fett, Zucker, Vanillezucker und Eigelb schaumig rühren, Zitronensaft und -aroma zugeben, ebenso Quark und Grieß; alles schaumig rühren. Zum Schluß hebt man das steifgeschlagene Eiweiß unter die Masse und füllt die Hälfte in eine gebutterte Auflaufform. Darauf verteilt man ca. eine Dose Mandarinenstückchen und deckt diese mit dem Rest der Masse zu. Nun werden Semmelbrösel darübergestreut und im vorgeheizten Backofen bei 200° ca. eine Stunde gebacken.
Man kann diesen Auflauf auch kalt, als Kuchen, essen.

Quarkspeise

1 Pfund Magerquark, ½ l Milch, ½–1 Pfund Erdbeeren (frisch oder gefroren), Saft einer Zitrone, 6 EL Zucker, 2 Vanillezucker, 1 P. Vanillefertigpulver (4–6 Personen)

Den Quark mit Zucker, Vanillezucker und Zitronensaft und etwas Milch mit dem Schneebesen schaumig rühren. Die restliche Milch und das Vanillefertigpulver hinzugeben und schlagen, bis die Creme dicklich wird. Nun noch die Erdbeeren dabei und alles in Schälchen füllen. ½ Std. kühlstellen.

Quarkauflauf, gesalzen

60 g Butter, 100 g Mehl, ¼ l Milch, 4 Eigelb, 500 g durchgestrichenen Quark, Salz, Pfeffer, Eischnee

Butter und Mehl dämpfen, mit der Milch ablöschen, aufkochen, verkühlen lassen. Quark, Eigelb, Gewürze und kurz vor dem Einfüllen den Eischnee leicht unterziehen. In eine vorgerichtete Auflaufform füllen, etwa ½ Stunde in mittlerer Hitze backen.

Quark-Schinken-Auflauf

1000 g Quark, 1/4 l Milch, 6 Eigelb, 50 g Stärkemehl, 250 g gekochter Schinken, 1 kleine Zwiebel, Salz, Pfeffer, Thymian, 3 Eiweiß, Semmelbrösel, Butterflöckchen

Quark, Milch, Eigelb, Speisestärke, Salz, Pfeffer und Thymian werden gut vermischt, die kleingewürfelte Zwiebel und der feingewürfelte Schinken daruntergemengt. Eiweiß schlägt man zu steifem Schnee und zieht ihn unter den Auflauf. Die Masse wird in eine gefettete Auflaufform gefüllt, glattgestrichen, mit Semmelbröseln bestreut und Butterflöckchen obenauf gesetzt. Bei mittlerer Hitze wird der Auflauf in 45 bis 55 Minuten gebacken.

Quittenaufgezogenes, Quittenauflauf

Man siedet Quitten in Wasser weich, zieht die Haut davon ab, und rührt das Mark so lange, bis es ganz weiß ist. Zu je 280 g Mark wird nun ebensoviel feingestoßener Zucker genommen, solcher nebst vier Eigelb nach und nach an das Mark gerührt, und die am Zucker abgeriebene Schale einer Zitrone und der Saft einer halben Zitrone dazugegeben. Alsdann schlägt man acht Eiweiß zu steifem Schnee, und rührt diesen langsam unter obige Masse, füllt das Ganze in eine butterbestrichene porzellanene Auflaufform, und läßt es in einem nicht gar heißen Ofen eine Viertelstunde backen.

Rahmauflauf

1/2 l sauren Rahm, 120 g Mehl, 75 g Zucker, Vanille oder Zitrone, 6 Eier

Eigelb, Zucker schaumig rühren, Mehl und Rahm abwechselnd zugeben, zuletzt Vanille und Eischnee. In eine bestrichene Auflaufform geben, 3/4 Stunden im Backofen aufziehen.

Rahmauflauf, gesalzen

½ l sauren Rahm, 125 Mehl, 6 Eigelb, Salz, Muskat, Schnee der Eiweiß

Alle Zutaten werden glatt angerührt, kurz vor dem Einfüllen der Eischnee leicht untergezogen, die Masse in eine bestrichene Auflaufform gefüllt, im Wasserbad im Backofen ½ Stunde aufgezogen.

Rahmeier

Kleine geröstete Brotschnitten legt man auf eine erwärmte Schüssel und gießt etwas heiße Rahmsauce darüber. Jede Schnitte wird dann mit in Streifchen geschnittenem hartgekochten Eiweiß belegt und mit zerkrümeltem Eigelb überstreut. So füllt man die Schüssel mit 3 bis 4 Lagen, indem man stets Röstbrot, Sauce und Ei wiederholt, stellt sie noch einige Minuten in die heiße Röhre und richtet sie mit in Butter gebackenen Petersiliensträußchen an.

Reisauflauf

140 g Karolinenreis wird mit kochendem Wasser angebrüht und eine Viertelstunde stehengelassen, dann das Wasser abgegossen, der Reis in 1 l kochende Milch gegeben, und solcher auf schwachem Feuer oder Glut zugedeckt eine Stunde langsam gedämpft, in welcher Zeit er kernig weich und trocken sein soll. Nun leert man ihn in ein irdenes Geschirr, gießt ein paar Eßlöffel zerlassene Butter darüber, und läßt ihn erkalten, ihn inzwischen einigemal umrührend. Unterdes werden 140 g Butter leicht gerührt, sechs Eigelb, 100 g Zucker, etwas Salz, zwei Eßlöffel Semmelbröseln und der erkaltete Reis dazugegeben, dies zusammen schaumig abgerührt, die feingewiegte Schale einer halben Zitrone und zuletzt das zu festem Schnee geschlagene Weiße der sechs Eier leicht daruntergemengt, das Ganze in eine gut mit Butter bestrichene Auflaufform oder in einen Teigrand (s. Anmerkung) eingefüllt, und in einem mittelheißen Ofen dreiviertel bis eine Stunde gebacken. Die Aufläufe werden entweder in runde, etwas tiefe, butterbestrichene blecherne Formen, oder in porzellanene Auflaufschüsseln,

welche die Hitze vertragen können, oder in einen aufgesetzten Rand von Teig eingefüllt, und so im Ofen aufgezogen. Wird der Auflauf in der *Form* aufgezogen, so wird, ehe man ihn serviert, eine reine Serviette um die Form gewickelt; soll er in einem *Teigrand* aufgezogen werden, so bereitet man letzteren auf folgende Weise: 140 g Butter oder Schmalz wird mit ¼ l Wasser aufgekocht, 420 g Mehl damit angerührt, ein Kaffeelöffel Salz beigefügt, und hieraus ein fester Teig gearbeitet. Dieser wird auf das Nudelbrett genommen, eine lange Wurst daraus geformt, und solche zu einem dreifingerbreiten Streifen ausgewargelt, welchen man von beiden Seiten hübsch glatt schneidet, und im Kranz aufrecht auf eine tiefe, porzellanene, am Rand mit Eiweiß bestrichene Platte stellt. Die beiden Enden des Streifens werden schief zugeschnitten, mit Ei bestrichen, übereinandergelegt und zusammengepreßt, der Teig nun unten an den Rand der Platte fest angedrückt, und der ganze Teigrand von der äußern Seite mit verrührtem Ei bestrichen. Aus den dünn ausgewargelten Teigabfällen sticht man kleine Blümchen aus, welche man an der Außenseite in hübscher Ordnung andrückt, und sodann gleichfalls mit verrührtem Ei bestreicht. Ebenso kann der ganze Rand vor dem Bestreichen mit dem Pastetenzwicker eingezwickt, und dann erst bestrichen werden. Aus einer Serviette oder einem Papier wird jetzt nach der Größe des Teigrandes ein Ballen geformt, dieser in den innern leeren Raum eingelegt, damit der Rand nicht aus seiner Form kommen kann, und das ganze über Nacht an einen trocknen Ort oder in den ganz abgekühlten Ofen gestellt, auf daß der Teig abtrockne und etwas steif werde. Alsdann wird die Serviette oder das Papier herausgenommen, in den leeren Raum jede beliebige Auflaufmasse gefüllt, und solche im Ofen aufgezogen. Durch das Backen steigt die Masse fingerbreit über den Teigrand, was dem Auflauf ein schönes, leichtes, höchst appetitliches Aussehen gibt. – Der Teigrand kann, wenn er vom Tisch kommt, in der Art wieder verwendet werden, daß man ihn, nachdem die Auflaufmasse gänzlich herausgenommen ist, trocknet und zu Brotbröseln stößt; man kann ihn aber auch noch ein paarmal in oben angegebener Weise benützen, falls die einzufüllende Masse keinen zu heißen Ofen verlangt. – Statt der Serviette oder des Papiers kann man in den Teigrand auch *Erbsen* einlegen. Nachdem der Teig trocken geworden, entfernt man diese und füllt dagegen die fertige Auflaufmasse ein.

Reisauflauf, andere Art

250 g Reis, 125 Butter, 8 Eier, 125 g Zucker, Zitronenschale und Zimt, einige Zwiebäcke, 125 g gewaschene und ausgesteinte Rosinen und die zum Kochen des Reis erforderliche Milch

Der Reis wird in Wasser einige Minuten gekocht, abgegossen und mit kochender Milch aufs Feuer gesetzt, ohne ihn zu rühren, gar und steif gekocht; dann rührt man die Butter weich, gibt Eidotter, Zucker, Gewürz, den etwas abgekühlten Reis, einige gestoßene Zwiebäcke, Rosinen hinzu, mischt den Schaum durch und backt den Auflauf 1 Stunde.
Für 10 bis 12 Personen.

Reisauflauf, gesalzen

200 g Reis, ¾ l Milch, Salz, Muskat, 2 EL geriebenen Käse, 40 g Butter, 2–3 Eier

Den unpolierten, gewaschenen Reis in der Milch, zugedeckt, langsam weichkochen, kalt stellen. Die Butter schaumig rühren, Reis, Gewürze, Eigelb, zuletzt den Eischnee unterziehen, in eine bestrichene Auflaufform geben, wenig Weckmehl, einige Butterstückchen obenauf, im Backofen etwa ½ Stunde aufziehen. Nach Belieben kann man unter den Reis etwas geschnittenen Schinken, Zunge oder Briesle geben. Die Masse kann auch in der Puddingform 1 Stunde im Wasserbad gekocht werden.

Reisauflauf, italienischer, zu Geflügel und Fischragout

375 g Reis, Bouillon, Butter, 250 g gekochter und feingehackter Schinken, 125 g Parmesankäse

Man kocht den Reis nach dem Aufbrühen mit guter Bouillon, Salz und Butter gar und dick, doch so, daß die Körner ganz bleiben. Alsdann gibt man den Reis mit dem Schinken und Parmesankäse abewechselnd lagenweise in eine Auflaufform und backt dies Gericht langsam 1 bis 1¼ Stunde.
Für 15 bis 18 Personen.

Reisauflauf mit Äpfeln

140 g Karolinenreis wird angebrüht und abgegossen, in 1 l Milch dick und trocken weichgekocht und zum Erkalten gestellt. Unterdes schält man sechs gute Kochäpfel, schneidet sie in kleine Schnitzchen, und dämpft diese in einem halben Gläschen Wasser mit 35 g Butter, Zucker und Zimt auf schwachem Feuer weich, sorgfältig sich hütend, daß sie nicht zerfallen. Bis die Äpfel erkaltet sind, werden 100 g Butter leicht gerührt, sechs Eigelb, 100 g Zucker, einige Körnchen Salz und der abgekühlte Reis hineingegeben, dies zusammen schaumig abgerührt, die feinverwiegte Schale einer halben Zitrone und etwas Zimt beigefügt, und zuletzt der festgeschlagene Schnee der sechs Eier daruntergemengt. Ein Teil dieser Masse wird nun als Boden in eine dick mit Butter bestrichene Auflaufform eingefüllt, darauf eine Lage der erkalteten Äpfel und auf diese eine Lage Reis, und so abwechslungsweise fortgefahren, bis die Form voll und mit der Reismasse bedeckt ist, wo man dann das ganze eine Stunde in mittelheißem Ofen aufzieht.

Reisauflauf mit Ananas auf fürstliche Art

50 g Reis werden in 1 L Milch mit etwas Zucker und geriebener Zitronenschale zu dickem Brei verkocht, mit 4 Eidottern durchzogen und mit eingemachter, in kleine Würfel geschnittener Ananas vermengt. Eine Auflaufform wird gut ausgebuttert und mit geriebenen bitteren Makronen bestreut, dann die Masse eineingefüllt und eine Stunde gebacken. Aus Äpfelgelee, Weißwein und Zucker bereitet man eine gallertartige Sauce, mit der man den gestürzten Auflauf überzieht. – Will man frische Ananas zur Speise verwenden, so dünstet man die Fruchtwürfelchen erst in reichlich Zucker und etwas Wasser weich.

Reisauflauf mit Aprikosen

375 g Reis, 125 g Butter, 125 g Zucker, Vanille, etwa 1½ l Milch, 8 Eier, in Zucker eingekochte Aprikosen, Aprikosenmus und Vanille

Der Reis wird zum Kochen gebracht, abgegossen und nachher mit Butter, Zucker, einem Stück Vanille und der Milch langsam steif- und weichgekocht; die Körner müssen ganz bleiben. Alsdann läßt man ihn ausdampfen, rührt die Eidotter und das zu steifem Schnee geschlagene Weiße leicht durch, gibt eine Lage Reis und eine Lage in Zucker eingekochte Aprikosen abwechselnd in die Form und läßt dies eine Stunde backen. Es muß gleich anfangs etwas weniger Feuer daruntergelegt werden. Beim Herausnehmen des Auflaufs wird Aprikosenmus in die Mitte rundherum gelegt. Für 12 bis 14 Personen.

Reisauflauf mit Briesle

(Für 6 Personen) 1 Briesle, 250 g Reis, Zwiebel, Petersilie, 100 g Butter, Salz, Muskat, Eier

Der Reis wird gewaschen, mit 1 l Salzwasser oder Fleischbrühe und 30 g Butter zugesetzt, zugedeckt, langsam weich- und dickgekocht und kaltgestellt. Das Briesle wird zweimal kalt zugesetzt, zum Kochen gebracht, gehäutet und in Würfel geschnitten. Zwiebel und Petersilie dämpft man in 20 g Butter. 50 g Butter rührt man schaumig, gibt Reis, Eigelb, Gewürz, zuletzt Briesle und den Eischnee zu, füllt die Masse in eine bestrichene Auflaufform und läßt sie ½ Stunde im Backofen aufziehen. Buttersauce dazugeben.

Reisauflauf mit Pilzen

200 g Reis, ⅜ l Milch, ⅜ l Wasser, 50 g Butter, 500 g Pilze, Zwiebel, Petersilie, Salz, Muskat, 2–3 Eier

Der Reis wird mit Wasser und Milch zugesetzt, zugedeckt, langsam weich- und dickgekocht. Die geputzten, in Scheibchen geschnittenen Pilze werden mit Zwiebel und Petersilie 10 Minuten gedämpft. In den verkühlten Reis gibt man die Gewürze, Eigelb, zuletzt Eischnee. In eine bestrichene Auflaufform gibt man abwechselnd eine Lage Reis, eine Lage abgeschmeckte Pilze, obenauf Reis, wenig Weckmehl und Butterstückchen und backt den Auflauf etwa ½ Stunde im Backofen.

Reisauflauf mit Schokolade

250 g Reis, 1 l Milch, 40 g Butter, 1 Prise Salz, 60 g Zucker, 4 Eiweiß, 100 g geriebene Schokolade, 1 Päckchen Vanille, 60 g Zucker

Der unpolierte, gewaschene Reis wird mit Milch und Butter weichgekocht, Salz, Zucker zugegeben und kalt gestellt. Unter den steifen Schnee zieht man Zucker, Schokolade, Vanille. In eine bestrichene Auflaufform gibt man die Hälfte Reis, darauf die halbe Schokoladenmasse, den Rest Reis und obenauf Schokoladenmasse. Im Backofen ½ Stunde aufziehen.

Reisberg mit Äpfel

200 g Reis, ¾ l Milch, 1 Prise Salz, 50 Butter, 40 g Zucker, Zitronenschale, 2 Eigelb – 750 g Äpfel, 80 g Zucker, ⅛ l Wasser, Zimt – 3 Eiweiß, 80 g Zucker, 1 Päckchen Vanille – 30 g geschälte, geschnittene Mandeln

Der unpolierte, gewaschene Reis wird mit der Milch weich- und dickgekocht und kaltgestellt. Die Äpfel werden geschält, in feine Scheibchen geschnitten, mit Zucker, Zimt, Wasser weichgekocht (müssen ganz bleiben). Butter, Zucker, Eigelb rührt man schaumig, zieht den Reis und Zitrone darunter. Auf eine größere, runde Platte gibt man lagenweise bergig Reis und Äpfel, zuletzt Reis, streicht den Berg glatt. Die Eiweiß schlägt man zu steifem Schnee, zieht Zucker und Vanille leicht unter und überzieht damit den Berg. Zuletzt spickt man mit den Mandeln, stellt die Platte auf heißes Wasser und überbackt den Berg im Backofen hellgelb.

Reisberg mit Aprikosen

Dieselben Zutaten wie oben, anstatt Äpfel Aprikosen

Den fertigen Reis bergig anrichten, mit den in Zuckerlösung vorsichtig gekochten oder gedünsteten Aprikosen belegen, mit der Schneemasse überziehen oder spritzen und backen. Der Saft wird dickgekocht und nach dem Backen darübergegeben.

Reisbirnen

250 g guten blanchierten Reis quellt man in ¾ l kochender Sahne, etwas Zimt und Salz und 65 g Zucker zu einem steifen Brei aus. Ist er vollständig erkaltet, formt man mit mehlbestäubten Händen Klößchen in Birnenform, wendet sie in Ei und Reibebrot und backt sie in steigender Butter goldbraun aus. Dunkel geröstete Mandelstiftchen werden als Stiel angebracht und eine Gewürznelke als Blüte. Zu dieser Speise, die man auch aus grobem Grieß herrichten kann, reicht man eine Weinschaum- oder Fruchtsauce.

Reisfleisch, serbisches

1 Zwiebel, 50 g Fett, 1 Paprika, 500 g in Würfel geschnittenes Kalbfleisch vom Bug, 2 EL Mehl, 4 EL saure Sahne, ½ l Fleischbrühe, Salz, 2 Tassen Weißkornreis, 4 Tassen Wasser, 2 EL geriebener Parmesan

Die gewiegte Zwiebel im heißen Fett hellgelb rösten, Paprikapulver zufügen, 1 Tasse Wasser zugießen und kurz durchkochen. Fleisch zufügen und so lange zugedeckt darin schmoren, bis alle Flüssigkeit verdunstet ist. Mehl darüberstäuben, mit Sahne und Fleischbrühe ablöschen und das Fleisch ca. 20 Minuten gar dämpfen. Mit Salz würzen.

Inzwischen den Reis ca. 12 Minuten körnig kochen, beim Anrichten locker mit den Fleischwürfeln vermischen und den geriebenen Käse obenauf streuen.

Reismehlauflauf

50 g Reismehl wird mit ½ l Milch in einem Kastrol glatt angerührt, dies auf schwaches Feuer gesetzt und eine halbe Stunde dicklich eingekocht. Ehe der Brei vom Feuer genommen wird, fügt man dann 100 g Butter, ebensoviel Zucker, zwei Eßlöffel Vanillezucker und eine halbe Messerspitze Salz bei und läßt alles noch einmal zusammen aufkochen. Nun wird es in eine irdene Schüssel geleert, nach fast gänzlichem Erkalten sechs bis sieben Eigelb dazugegeben, dies so lange gerührt, bis die Masse ganz kalt und schaumig ist, zuletzt das zu festem Schnee geschlagene Weiße der sechs oder sieben Eier daruntergemischt, das Ganze in eine gut bestrichene Auflaufform oder in einen *Teigrand* eingefüllt, und eine Stunde langsam aufgezogen. – Wenn kein Reismehl vorrätig ist, so kann trockener schöner Reis fein gestoßen und gesiebt werden.

Rhabarberauflauf

Hierzu ein Kompott von Rhabarber und die Hälfte der Masse des Lot- oder Schwammpuddings. Von letzterer gebe man einen Teil in eine zugerichtete Form, streiche das Kompott darüber, bedecke es mit der übrigen Masse und backe den Auflauf ¾ Stunde bei guter Mittelhitze.
Für 6 bis 8 Personen.

Rhabarber-Auflauf mit Streuseln

750 g Rhabarber, 170 g Zucker, abgeriebene Zitronenschale – Für die Streusel: 200 g Mehl, 1 Prise Salz, 1 Prise Zimt, 100 g Butter, 130 g Zucker

Der Rhabarber wird gewaschen, abgezogen, in Stücke geschnitten und mit dem Zucker vermischt. Man fettet eine Auflaufform und füllt den Rhabarber ein.
Mehl, Salz, Zucker und Zimt werden vermischt, die Butter läßt man zerlaufen, gibt sie dazu und vermengt alles schnell zu Streuseln. Man setzt die Streusel auf den Rhabarber und bäckt den Auflauf bei mittlerer Hitze ca. 35 bis 40 Minuten.

Rheinischer Bund

1 l Weißwein, 120 g Mondamin, 200 g Zucker, Saft und Schale einer halben Zitrone, 4 Eigelb – 30 g fein geschnittenes Zitronat – 4 Eischnee, 120 g Zucker, 30 g geschälte, geschnittene Mandeln

Mondamin, Eigelb, Zucker, Zitrone, Wein anrühren, unter Rühren aufkochen, in eine bestrichene Auflaufform geben, Zitronat überstreuen, kalt stellen. Die Eiweiß zu steifem Schnee schlagen, Zucker, Zitronenschale unterziehen, bergig obenauf geben, mit den Mandeln spicken, im Backofen hellgelb überbacken.

Rissolen von Omeletten

Es wird von drei bis vier Eiern ein dünner Teig (Flädleinteig) angerührt, und daraus dünne Omeletten gebacken, welche man gleichmäßig mit Hascheefarce dünn überstreicht, dann übereinanderrollt, gut andrückt, und zu fingerlangen Stückchen schneidet. Nun werden einige Eier gut verrührt und die Stückchen darin umgekehrt, worauf man sie gut ablaufen läßt, hernach in Brotbröseln umkehrt und aus heißem Schmalz schnell bäckt. Man belegt sie mit gebackener Petersilie, und gibt sie als Gemüseauflage oder als hors-d'œvres, wo sie dann auf einer länglichen Platte erhöht angerichtet werden.

Rosenkohl-Auflauf

750 g Rosenkohl, Salz, 125 g Schinkenspeck, 250 g gehacktes Rindfleisch, 1 Zwiebel, 1 Ei, 50 g Butter, 50 g Semmelbrösel, geh. Petersilie, Pfeffer, Muskat, 1–2 Semmeln, ⅛ l Fleischbrühe

Die geputzten Rosenkohlröschen werden mit heißem Salzwasser überbrüht und abgetropft. Den Schinkenspeck und die Zwiebel hackt man fein und vermischt sie mit dem gehackten Rindfleisch, einem Eßlöffel Butter, 2 Eßlöffeln Semmelbrösel, dem Ei und der gehackten Petersilie. Mit Salz, Pfeffer und Muskat abschmecken. Die Semmeln werden in dünne Scheiben geschnitten und eine gefettete Auflaufform damit ausgelegt. Darauf wird die Farce gefüllt, obenauf kommen die Röschen. Heiße Fleischbrühe darübergießen, mit Semmelbröseln bestreuen und Butterflöckchen obenauf setzen. Der Rosenkohl-Auflauf wird bei mittlerer Hitze ca. 20 Minuten im Rohr gebacken.

Rote Bete-Eintopf

500 g rote Bete, 350 g Rindfleisch, 1 geschälte, halbierte Zwiebel, 1 Lorbeerblatt, einige Pfefferkörner, 1 EL Mehl, 1/8 l saure Sahne, 750 g gekochte Kartoffeln, 1 Prise Zucker, Weinessig

Die rote Bete waschen, gut bürsten, in kochendem Salzwasser etwa 80 Minuten garen, dann schälen, pürieren. Das gewaschene Rindfleisch mit der Zwiebel, mit Lorbeerblatt und Pfefferkörnern in kochendes Salzwasser geben, garen und in kleine Stückchen schneiden. Die Brühe durchsieben. Das Mehl mit der sauren Sahne verrühren und die Brühe leicht damit binden. Die pürierten roten Bete und die Fleischstückchen sowie die geschälten und in Würfel geschnittenen Kartoffeln daruntermischen. Den Eintopf zuletzt mit Zucker und auch einem Schuß Weinessig nach Geschmack würzen.

Rührei

In eine Pfanne werden sechs Eier eingeschlagen, 50 g Butter dazugebröckelt, zwei Eßlöffel süßer Rahm, Salz und Muskatnuß darangegeben, und solches auf dem Feuer so lange abgerührt, bis die Eier anfangen zu stocken, dann wird nochmals 50 g Butter dazugebröckelt, und das ganze noch so lange gerührt, bis sich eine breiähnliche, leichte, lockere Masse gebildet hat. Diese wird nun in eine warme Schüssel angerichtet, sogleich mit zwei Eßlöffel aus dem Schmalz gebackenen kleinen Brotwürfeln bestreut und augenblicklich aufgetragen.
Das Rührei muß mehr weich und musig, als hart und fest sein. Wenn man statt Rahm zwei Eßlöffel Wasser nimmt, wird es weniger hart.

Rührei mit Käse

Unter die Rühreimasse gibt man 50 g geriebenen Parmesankäse und 50 g in kleine Würfel geschnittenen Schweizerkäse.

Rührei mit Zwiebeln, mit Champignons, mit Spargeln, mit Blumenkohl

Alle diese Rühreier sind nur kleine Veränderungen der vorhergehenden. Zu dem Rührei mit Zwiebeln werden feingeschnittene *Zwiebeln* in der Butter, welche zu dem Rührei verwendet wird, weichgedämpft. Von *Champignons* schneidet man vier Eßlöffel in Würfel, und dünstet solche. Die *Spargeln* werden in kleine Würfel geschnitten, und ein Schöpflöffel voll davon weichgedämpft. Den *Blumenkohl* zerteilt man in kleine Röschen, und kocht einen Schöpflöffel voll ab. Eine dieser Zutaten wird dann vor dem Anrichten unter das fertige Rührei (siehe Grundrezept) gemischt.
Die Rühreier kann man auch auf *gewöhnlichere* Art bereiten: es wird in diesem Fall weniger Butter dazugenommen. Bis sie zu stocken anfangen, müssen sie jedoch dann mit dem Backschäufelchen öfters gelüftet werden.

Rührei mit Pilzen

8 Eier, 3 EL Butter, Salz, Pfeffer, gehackte Petersilie, 1–2 EL Milch, 150 g beliebige Pilze

Die Pilze werden geputzt, kleingeschnitten, in der Hälfte der Butter kurz gebraten, mit Salz und Pfeffer bestreut. In einer Pfanne läßt man die restliche Butter zerlaufen, verquirlt die Eier mit der Milch und etwas Salz, gießt sie in die Pfanne, läßt kurz stocken und zieht die Masse mit einer Gabel vorsichtig immer zur Mitte hin. Wenn die Eier noch nicht ganz fest sind, gibt man die Pilze darauf. Mit gehackter Petersilie bestreut gibt man die Rühreier mit Pilzen zusammen mit neuen Kartoffeln und Salat zu Tisch.

Rührei mit Schinken

Unter die vorhergehend beschriebene, jedoch weniger gesalzene Masse gibt man noch 70 g feingehackten Schinken, vermengt ihn gut damit, richtet das Rührei dann an, und bestreut es sofort mit zwei Eßlöffel kleinen gebackenen Brotwürfeln.

Rührei mit Speck

100 g Speck wird in feine Würfel geschnitten und diese gelb ausgebraten, unterdes sechs Eier mit zwei Eßlöffel Jus oder auch Rahm verrührt, solches zu dem Speck gegeben und gebraten.

Sagoauflauf

Man brüht 140 g Sago mit kochendem Wasser an, läßt ihn eine Viertelstunde stehen, gießt dann das Wasser ab, und dämpft ihn in 1 l siedender Milch auf schwachem Feuer, mit einem Stengelchen Vanille, zugedeckt, langsam eine Stunde. Hernach bringt man ihn in ein irdenes Geschirr, gießt ein paar Eßlöffel zerlassene Butter darüber, damit er keine Kruste bekomme und läßt ihn erkalten. Nun wird 140 g Butter leicht gerührt, sechs Eigelb, 100 g Zucker, einige Körnchen Salz und der erkaltete Sago dazugegeben, dies zusammen schaumig abgerührt, und der festgeschlagene Schnee der sechs Eiweiß daruntergemengt, das Ganze dann in eine gut bestrichene Form oder einen Teigrand eingefüllt, und drei Viertelstunden bis eine Stunde in einem mittelheißen Ofen aufgezogen, bis sich oben eine schöne gelbe Kruste zeigt. – Statt der Vanille kann man auch einen Eßlöffel voll *Zitronenzucker* verwenden.

Sagoauflauf, andere Art

250 g Sago, Milch, 6 Eier, 100 g Butter, 100 g Zucker, Zitronenschale nach Belieben, 65 g feingestoßene Mandeln, worunter 6 Stück bittere sein können.

Der Sago wird abgebrüht, in Milch gar und so steif gekocht, daß er sich vom Topf ablöst. Dann rührt man Butter zu Sahne, gibt nach und nach Eidotter, Zucker, Zitronenschale, Mandeln, den etwas abgekühlten Sago und zuletzt das zu Schaum geschlagene Weiße dazu.
Für 10 Personen.

Sarma

1 Kopf Weißkohl, 2 Zwiebeln, 40 g Butter oder Margarine, 1 Knoblauchzehe, 50 g Reis, 350 g gemischtes Hackfleisch, 75 g Rosinen, Salz, Pfeffer, gehackte Petersilie, 1 Ei, Semmelmehl, etwas Fett

Weißkohl unzerteilt in Salzwasser fast gar kochen. 8 große Blätter ablösen, dickere Rippen flach schneiden. Gehackte Zwiebeln in Fett anrösten, zerdrückte Knoblauchzehe und den mit Hackfleisch vermengten Reis dazugeben und rösten, Rosinen dazugeben, würzen und abkühlen lassen. Petersilie und Ei mit der Masse vermengen, die Krautblätter damit belegen und zusammenrollen. In einer gefetteten feuerfesten Form mit etwas Wasser begießen und garen.

Sauerkirschenauflauf

375 g Weißbrot ohne Kruste wird in Milch geweicht und über Feuer abgerührt. Dann rührt man 1 Ei dick Butter zu Sahne, gibt hinzu: 9 Eidotter, etwas gestoßene Mandeln, auch einige bittere Zitronenschalen, 2 bis 3 Löffel Zucker, das Weißbrot, den Eierschaum, 1 Pfund saure, ausgesteinte Kirschen, die man mit Zucker vermischt hat, und läßt dies 1 Stunde backen. – Für 9 bis 10 Personen.

Sauerkrautauflauf

500 g gekochte Kartoffeln in der Schale, 200 g Fleischwurst, 80 g Edamer Käse, 1 Apfel, 500 g Sauerkraut, 1 Zwiebel, 4 Eier, ½ l Milch, Salz, Pfeffer, Muskat

Die Fleischwurst, den Käse und den geschälten Apfel schneidet man in Würfel. Die Kartoffeln werden geschält und in Scheiben geschnitten, das Sauerkraut zerpflückt.
Eine Auflaufform wird gefettet und abwechselnd Sauerkraut, Kartoffelscheiben und Fleischwurst-Käse-Apfelmischung eingeschichtet. Zuletzt gibt man eine Lage Sauerkraut hinein. Die Zwiebel wird gerieben und mit den Eiern, Milch, Salz, Pfeffer und Muskat gut verquirlt. Man begießt den Auflauf damit und bäckt ihn bei mittlerer Hitze etwa 25 bis 30 Minuten.

Sauerkrautauflauf, andere Art

500 750 g Sauerkraut, 50 g Schweinefett, 1 Zwiebel, Wasser, 2 Äpfel, 1 TL Zucker. Zur Fülle: 375 g gehacktes Schweinefleisch, 2 Brötchen, Petersilie, 30 g Fett, Salz, Pfeffer, Muskat, 1 Ei

Sauerkraut kochen. Zur Fülle die eingeweichten, ausgedrückten Brötchen mit Zwiebel und Petersilie in Fett dämpfen, mit dem Fleisch und den übrigen Zutaten mischen. In eine bestrichene Auflaufform gibt man lagenweise Kraut und Fleischfülle, obenauf Kraut und bäckt den Auflauf ¾–1 Stunde. Wenn nötig, während des Backens mit Krautbrühe übergießen. Salzkartoffeln oder Kartoffelbrei dazugeben.

Schaumaufgelaufenes von Äpfeln

Acht bis zehn gute Kochäpfel werden geschält und in feine Blättchen geschnitten, dann mit einem halben Gläschen Wasser, 50 g Butter und 70 g Zucker weichgedünstet, und, nachdem die Sauce gänzlich eingekocht ist, durchs Sieb getrieben. Diese Marmelade, welche wie ein dicker Brei sein muß, wird nun mit sechs bis sieben Eßlöffel Zucker und drei Eßlöffel geriebenem Milchbrot oder altgebackenem gestoßenem Bisquit verrührt, hernach sieben zu festem Schnee geschlagene Eiweiß daruntergemengt, und das Ganze in einer butterbestrichenen Cremeschüssel oder Auflaufform in nicht zu heißem Ofen aufgezogen, bis es noch einmal so hoch gestiegen ist und eine gelbliche Oberfläche hat, was ungefähr eine kleine halbe Stunde Zeit braucht. In dem Augenblick, wo der Auflauf aus dem Ofen kommt, wird er auch auf den Tisch gegeben.

Schaumaufgelaufenes von Aprikosen
Schaumaufgelaufenes von Pfirsichen

Zehn Stück Pfirsiche oder Aprikosen werden ausgesteint und mit vier Eßlöffel Zucker weichgedünstet, während welcher Zeit man immer umrühren muß, damit sie nicht anbrennen. Nachdem sie durchs Sieb getrieben, werden sie wieder aufs Feuer gesetzt und noch dicker eingekocht, dann 50 g Butter dazugegeben, und die Marmelade vom Feuer gestellt. Ist sie etwas erkaltet, werden sechs Eßlöffel Zucker und drei Eßlöffel geriebenes Milchbrot oder altgebackenes gestoßenes Bisquit dazugerührt, der feste Schnee von sechs Eiweiß daruntergemengt, und im übrigen wie bei Schaumaufgelaufenem von Äpfeln verfahren.

Schaumaufgelaufenes von Erdbeeren

½ l durchs Sieb getriebene Erdbeeren werden mit 100 g feinem Zucker und drei Eßlöffel geriebenem Milchbrot oder altgebackenem geriebenem Bisquit verrührt, und darunter sieben zu festem Schnee geschlagene Eiweiß gemengt. Die übrige Behandlung ist wie bei Schaumaufgelaufenem von Äpfeln.

Schaumauflauf

2 Eierbecher voll dicke saure Sahne verrührt man tüchtig mit 12 Eidottern, gibt 2 Eßlöffel Zucker und 1 Kaffeelöffel gestoßene Vanille dazu, verquirlt alles gut, zieht den Eiweißschnee der 12 Eier leicht darunter und backt die Speise bei guter Hitze in der ausgebutterten Auflaufform.

Schaumgericht

Kaffeebrot oder feiner Zwiebel wird in Milch, Eidottern und Zucker eingeweicht und nebeneinander in eine Schüssel gelegt. Dann wird ein mit Wein und etwas Rum gekochtes Kompott von Äpfeln oder beliebigen Früchten darübergestrichen, solches stellenweise mit Gelee belegt und mit dem zu Schaum geschlagenem Eiweiß bedeckt. Man bestreut die Schüssel mit Zucker und Zimt und stellt sie so lange in einen Ofen oder zugedeckt auf kochendes Wasser, bis der Schaum fest geworden ist. Wünscht man die Speise besonders fein zu machen, so nehme man statt Zwieback zum Belegen der Schüssel Zuckerplätzchen, sogenannte Schuhsohlen, und bestreue sie mit gröblich gestoßenen Makronen.

Schaumomelette

6 Eier, 30 g Stärke, ¼ l Mischung aus 2 Teilen Milch und einem Teil kochendem Wasser, nach Belieben etwas Muskatblüte und reichlich eine Messerspitze Salz.

Das Eiweiß wird zu steifem Schnee geschlagen, das übrige zusammen stark gerührt und nach vorhergehender Angabe auf schwachem Feuer gebacken. Sobald die Omelette anfängt oben trocken zu werden, wird der Schaum darübergestrichen, mit einem heißgemachten Kuchendeckel so lange zugedeckt, bis derselbe nicht mehr weich ist, mit Zucker und Zimt bestreut, nach Gefallen offen oder zusammengeschlagen angerichtet.

Auch kann der Schaum vor dem Backen durch den Teig gerührt werden.

Schildkröteneier, falsche (Suppeneinlage)

4 Eier, 1/2 TL Salz, Prise Pfeffer, Muskat, 10 g Käse

3 Eier werden hart gekocht, in kaltem Wasser abgeschreckt und nach dem Erkalten das Eigelb herausgelöst. Dieses treibt man durch ein feines Sieb, gibt ein rohes Eigelb, den geriebenen Parmesankäse, sowie das Gewürz zu und rollt mit der nassen Hand erbsengroße Kugeln. 5 Min. vor dem Gebrauch kocht man sie in kochender Fleischbrühe, bis sie an die Oberfläche kommen und gibt sie in die falsche Schildkrötensuppe. (Gibt 60 Eier.)

Schinkenfleckchen

Von zwei Eiern wird ein gewöhnlicher Nudelteig bereitet, den man zu papierdünnem Kuchen auswargelt. Nachdem solche abgetrocknet, werden sie in kleine viereckige Fleckchen geschnitten, diese in Salzwasser schnell gekocht, in einen Durchschlag geschüttet, mit kaltem Wasser abgekühlt, und inzwischen 150 g Schinken fein gewiegt. Nun wird eine Auflaufform innen dick mit Butter bestrichen, darauf eine Lage Fleckchen gegeben, diese mit Schinken und nach Belieben ganz wenig Muskatnuß überstreut, und hierüber dann wieder Fleckchen gelegt. So fährt man abwechslungsweise fort, bis beides zu Ende und mit Fleckchen darauf, und bäckt das ganze in heißem Ofen leicht gelb, worauf man es in der Form zu Tische gibt. – Ist der Schinken nicht ohnehin schon stark mit Salz versehen, so werden die Fleckchen beim Einlegen noch etwas gesalzen.

Schinkenfleckchen, mit Rahm

Die zubereiteten Fleckchen werden, wenn sie abgekühlt sind, auf einem Brett auseinandergelegt, unterdes 100 g Butter leicht gerührt, fünf Eier, 1/8 l saurer Rahm, ganz wenig Salz, nach Belieben Muskatnuß, 140 g feingewiegter Schinken und zuletzt die Fleckchen dareingegeben, alles gut untereinandergerührt in eine butterbestrichene Form oder in eine Schüssel, welche die Hitze verträgt, gefüllt, und im Ofen schön gelb gebacken, wo man es dann in der Form serviert.

Schinkenkrauttopf

750 g Sauerkraut, 75 g Speck, 1 gewiegte Zwiebel, 1 kg Kartoffeln, 3/4 l Brühe oder Apfelsaft, Salz, edelsüßes Paprikapulver, 150 g gekochter Vorderschinken

Den Speck in Würfel schneiden, auslassen, die Zwiebelstückchen darin hell bräunen, das aufgelockerte Sauerkraut und die geschälten, in Scheiben geschnittenen rohen Kartoffeln dazugeben. Mit Brühe oder Saft auffüllen, würzen, den in dünne Scheiben geschnittenen Vorderschinken daruntermischen und das ganze ca. 45 Minuten garen.

Schinkennudeln

Man verrührt ein ganzes und ein gelbes Ei, einen Eßlöffel voll sauren Rahm, 2 Lot Butter, nebst ein wenig Salz in einer Schüssel, nimmt feines Mehl dazu, macht einen Nudelteig davon, wellt ganz dünne kleine Kuchen aus, schneidet sie zu viereckigen kleinen Stücken oder Blättlein so groß und so lang wie ein Glaich, und läßt solche trocken werden. Dann wird ein Viertel Schinken, wovon aber der Speck weg sein muß, klein gehackt, mit 4 Eiern angerührt, eine fein geschnittene Zwiebel in Butter gedämpft, und wenn sie weich ist, auch an den Schinken nebst einer halben Maß guten sauren Rahm gerührt. Hierauf bestreicht man ein Potage-Blech mit Butter, mengt eine Viertelstunde vor dem Anrichten die geschnittenen Blättlein mit einer Gabel langsam unter den Schinken, füllt sie in das Blech ein, und läßt sie gemach aufziehen.

Schinkennudeln, andere Art

Für 8 Personen wird von 2 ganzen Eiern und dem Gelben von 2 andern ein fester Nudelteig gemacht, und derselbe ganz dünn ausgewellt. Wenn die Kuchen trocken sind, schneidet man kleine fingerbreite Nudeln, siedet solche im Salzwasser und gießt sie durch einen Seiher, dämpft darauf eine kleingehackte Zwiebel und ein wenig fein geschnittene Petersilie in einem Stücklein Butter, schneidet ein Pfund gesottenen Schinken, der aber kein Fett haben darf, klein, verrührt in einer Schüssel 6 ganze Eier und das

Gelbe von 6 andern mit anderthalb Schoppen guten sauren Rahm, gibt das Gedämpfte nebst dem Schinken dazu, einen halben Kaffeelöffel Muskatblüte daran, dann erst die gesottenen Nudeln hinein, rührt dies alles recht untereinander, zerläßt ein Stücklein Butter in einem Potage-Blech, füllt die Masse hinein, setzt einen Deckel darauf, und läßt es im Ofen langsam aufziehen. In einer Viertelstunde ist es fertig.

Schinkennudeln, dritte Art

3/4 Pfund Nudeln, 3 l Abkochwasser, 3 EL Salz, 1/2 Pfund Schinken, 3 EL geriebenen Käse, 1/2 TL Salz, 1/4 l dicken, sauren Rahm, 30 g Butterstückchen, 2 EL Weckmehl

Die gut trockenen Nudeln werden in Salzwasser abgekocht und auf ein Sieb geschüttet. Sodann legt man in eine vorbereitete Auflaufform eine fingerdicke Lage Nudeln, belegt diese mit feinverwiegtem Schinken, geriebenem Käse, Rahm und Salz und bedeckt die Einlagen wieder mit Nudeln. Nun folgt wieder Schinken, Käse, Rahm und Salz usw., bis man die vorgeschriebene Menge eingelegt hat. Die letzte Lage müssen Nudeln sein. Nachdem man die Form noch mit Weckmehl und Butterstückchen belegt hat, stellt man sie in den gut heißen Ofen und läßt den Auflauf 3/4 Std. aufziehen. Will man den Auflauf besonders kräftig herstellen, rührt man unter den Rahm drei Eier. In letzterem Falle kann man den Auflauf gestürzt zu Tisch bringen. Man serviert die Speise mit grünem Salat oder Tomatenbeiguß.

Schokoladenauflauf

1/4 l Milch, 100 g Mehl, 60 g Schokolade, 50 g mit Vanille gewürzten Zucker, 50 g Butter, 4 Eier

Man bringt die Milch mit der Butter zum Kochen, rührt das Mehl und die geriebene Schokolade ein und kocht dies zu einem Kloß ab. Wenn die Masse etwas erkaltet ist, mengt man die Eigelb, den Zucker und zuletzt den steifen Eierschnee darunter, füllt die Masse in eine bestrichene Auflaufform und stellt die Form zum Aufziehen 3/4–1 Std. in den heißen Backofen. Man serviert einen Vanillebeiguß dazu. Es ist zu bemerken, daß der Auflauf sofort aufgetragen werden muß, da er leicht zusammenfällt.

Schokoladenauflauf, andere Art

65 g Butter werden weichgerieben, mit 5 bis 6 Eidottern, 100 g Zucker, 65 g geriebener Schokolade, etwas Vanille und 200 g in Milch geweichtem und ausgedrücktem Weißbrot gerührt, der Schaum der Eier durchgemischt und ¾ Stunde gebacken. – Für 8 bis 10 Personen.

Schokoladenauflauf, falscher

⅜ l Milch, 75 g Butter, 150 g Mehl, 20 g Kakao, 80 g Zucker, 5 Eier, 1 Päckchen Vanille

Milch, Butter, Zucker, Kakao zum Kochen bringen, das Mehl auf einmal zuschütten, zu einem Kloß abrühren, 1 Eigelb zugeben. Nachdem die Masse verkühlt ist, gibt man die übrigen Eigelb und kurz vor dem Einfüllen den Eischnee darunter. Die Form mit Butter bestreichen, die Masse einfüllen, ¾ Stunden im Backofen aufziehen.

Schwammauflauf

1 EL voll dicker saurer Sahne, 6 Eier, Zucker und Vanille

Man rührt die Sahne mit Eidottern, Zucker und Vanille eine gute Weile, mischt das zu steifem Schaum geschlagene Eiweiß durch und läßt den Auflauf schnell backen.
Für 4 bis 5 Personen.

Schwarzbrotauflauf

500 g Schwarzbrot, 100 g Zucker, 2 Eier, 50 g Fett, 1/4 l Apfelsaft, 100 g Orangeat, 50 g Mandeln

Brot in kleine Würfel schneiden und mit Apfelsaft anfeuchten. Eier mit Fett und Zucker schaumig rühren, die Masse mit dem Brot vermischen und gehackte Mandeln und Orangeat hinzufügen. Dann alles in eine gefettete Auflaufform geben, mit Fettflöckchen garnieren und eine halbe Stunde backen.

Schwarzbrotauflauf, alte Art

Nachdem man 200 g Butter zu Sahne gerieben, werden nach und nach hinzugerührt 10 Eidotter, 150 g Zucker, etwas Nelken, Zimt, Kardamom und Zitronenschale, 200 g geriebenes und durchgesiebtes Schwarzbrot, 100 g Korinthen, auch nach Belieben 30 g Mandeln, und zuletzt der feste Schaum leicht durch die Masse gemischt. Es wird eine Stunde gebacken.
Für 9 Personen.

Schwarzer Magister

375 g Weißbrot wird in Scheiben geschnitten und in Butter gebraten, 500 g Pflaumen, die am vorhergehenden Tage gewaschen, abgekocht und nachdem eingeweicht sind (man kann sie über Nacht in den Bratofen setzen), werden ausgesteint und mit dem Weißbrot lagenweise in eine Springform gelegt, dann wird ½ l Milch, die mit Pflaumenbrühe vermischt wird, mit 2 Eiern verrührt, darübergegossen, etwa 65 g Butter, in Stückchen zerteilt, darübergelegt und im Backofen 1 Stunde gebacken. Für 6 bis 7 Personen.

Schweizer Charlotte

Es wird ein gutes Apfelmus mit Wein, Zucker und Zitronen recht steif gekocht. Dann schneidet man Weißbrot, von dem die Kruste geschnitten, in feine Schnitten, tunkt diese von beiden Seiten in geschmolzene Butter, belegt damit eine glatte Form, so daß keine Zwischenräume zu sehen sind, und füllt das Apfelmus hinein. Man kann auch eine Lage Konfitüren oder Gelee dazwischenmachen oder davon 1 bis 2 Löffel in die Mitte legen. Dann deckt man in Butter getunkte Weißbrotscheiben darüber, backt diese Speise bei einer oben und unten gleichmäßigen Hitze und gibt sie umgestürzt, mit Hagebutten verziert, zur Tafel.

Sellerie-Auflauf mit Käse

500 g Mehl, 30 g Butter, 2 Eigelb, Salz, Selleriemus, geriebener Parmesankäse, etwas Schweizer oder anderer scharfer Käse

Man bereit einen Ziehteig; der selbe besteht aus ½ Pfund Mehl, 30 Gramm Butter, 2 Eigelb, Salz und lauwarmem Wasser, bearbeitet denselben tüchtig, bis er blasig wird, lasse ihn an einem warmen Ort ruhen und rolle ihn zu einer Platte aus. Darauf lege man den Teig auf eine Serviette, ziehe ihn mit den Fingern ganz egal dünn aus, teile ihn in zwei Hälften, bestreiche die eine Hälfte mit Wasser, spritze oder lege darauf kleine Häufchen von kräftigem Selleriemus, welches etwas steif gehalten ist, bringe dann die andere Hälfte des Teiges darauf, steche mittels eines runden Ausstechers kleine Knöpfchen aus, lege sie auf ein mehlbestaubtes Blech, damit sie nicht aneinander haften; alsdann blanchiere man sie im kochenden Salzwasser, lege sie behutsam auf ein Sieb, bringe sie dann mittels eines flachen Schaumlöffels schichtenweise mit geriebenem Parmesankäse, den man mit Schweizer und anderem scharfen Käse vermengt hat, und viel zerlassener Butter in mehrere kleine oder in große Krustaden, stelle diese noch eine kurze Zeit in den heißen Ofen und serviere diese dann schnell.

Semmelauflauf mit Äpfeln

4 alte Semmeln, 4 Äpfel, 50 g Zucker, 50 g Butter, 50 g Rosinen

Die Rinde der Semmeln mit einer Küchenreibe abraspeln. Semmeln in Scheiben schneiden, mit zerlassener Butter betropfen und in eine Auflaufform legen. Die Äpfel schälen, fein schneiden und mit etwas Zucker weichdünsten. Abwechselnd Semmelscheiben, Äpfel und die gewaschenen, in Cognac geweichten Rosinen in die gefettete Auflaufform legen. Als letzte Schicht nochmals Semmeln. Etwa 30 Minuten backen.

Spanisch-Fricco

Man nimmt zu diesem beliebten und kräftigen Gericht den Filetbraten, klopft ihn langsam weich, schneidet ihn in Würfel, welche ungefähr die Größe von 15 g Gewicht erhalten, und mischt sie mit feinem Salz und etwas Cayennepfeffer. Unterdes werden Kartoffeln mit gehörigem Salz gar gekocht, in etwas stärkere Scheiben als zu Salat geschnitten und recht heiß gehalten. Zu einem Drittel Fleisch werden zwei Drittel Kartoffeln genommen. Dann legt man auf den Boden eines Topfes mit gut schließendem Deckel reichlich Stückchen Butter, darauf eine Lage Kartoffeln, wieder etwas Butter, danach eine Lage Fleisch und eine Lage kleingeschnittene Zwiebeln, welche zuvor in Butter geschmort – nicht gebraten – sind, und fährt so lagenweise fort. Alsdann wird der Topf fest zugedeckt und anfangs auf ein gelindes Feuer gesetzt. Sobald die Speise zu braten anfängt, wird sie recht vorsichtig umgerührt und derselben etwas mehr Hitze gegeben. Unterdes zerrührt man 1 Eßlöffel feine Stärke mit ¼ l französischem Rotwein und ⅛ l dicker saurer Sahne (Rahm) und stellt es zur Seite, bis man nach mehrmaligem behutsamen Umrühren bemerkt, daß das Fleisch eine graue Farbe erhalten hat, wo man alsdann die Sauce darübergießt. Nachdem diese gut durchgekocht, wird das Gericht in einer erwärmten Schüssel ohne Beilage zur Tafel gebracht.

Spanisch-Fricco, andere Art

Es wird dies Gericht von gutem Rindfleisch (ein Stück wie zu Beefsteaks), von magerem Schweinefleisch, auch von jungem Hammelfleisch gemacht; besonders gut ist Rindfleisch und Schweinefleisch zu gleichen Teilen. Zwei Pfund Fleisch ist hinreichend für 6–8 Personen. Es wird das Stück mit einem runden Klopfholz so lange langsam geklopft, bis es sich weich anfühlen läßt, und dann in kleine, aber nicht zu dünne Scheiben geschnitten. Zugleich schält man gute Kartoffeln, wäscht und spült sie ganz rein, schneidet sie in dünne Scheiben und nimmt etwa 2 Suppenteller voll, die nach dem Schneiden nicht wieder abgespült werden, um die Sauce durch das darin enthaltene Mehl etwas sämig zu machen. Auch gehören zu dieser Portion 2 Untertassen in Scheiben geschnittene Zwiebeln. Man nimmt nun ein verschließbares Gefäß, welches sich in kochendes Wasser stellen läßt, wozu eine Puddingform sich besonders eignet, legt Kartoffeln und Fleisch lagenweise hinein, streut über jede Schicht einige Pfeffer- und Nelkenpfefferkörner, ein Lorbeerblatt und das nötige Salz; auf eine jede Schicht Kartoffeln, mit welcher man den Anfang und den Schluß macht, legt man kleine Stückchen Butter, gibt zuletzt 3 bis 4 Eßlöffel dicke saure Sahne, ein wenig zerrührt, darüber hin, verschließt die Form gut, stellt sie in kochendes Wasser und läßt sie 1½ Stunden ununterbrochen kochen. Es wird dieses Gericht, bei welchem man eine reichliche und kräftige Sauce findet, in der Form mit einer Serviette umlegt als Mittags- und Abendgericht zur Tafel gegeben.

Spargelauflauf

1 kg Spargel, Salzwasser, 500 g Tomaten, 50 g Butter, 80 g Mehl, Spargelwasser, Zitronensaft, 2 EL Rahm, 3 Eigelb, 1 TL Weckmehl, 2 EL Käse

Die Spargel schälen, in halbfingerlange Stücke schneiden, in kochendes Salzwasser geben, weichkochen. Die Tomaten werden in Scheiben geschnitten. Aus Butter, Mehl und Spargelwasser kocht man eine dicke Buttersauce (Kochzeit 20 Minuten) und zieht diese mit dem Eigelb, Rahm und Zitronensaft ab. In eine mit Butter bestrichene Auflaufform gibt man abwechselnd lagenweise Spargel und Tomaten, gibt die Sauce darüber, streut Käse und Weckmehl obenauf und bäckt den Auflauf ½ Stunde.

Spargelauflauf, badischer

1000 g Spargel, 80 g Butter, 2 EL Mehl, 4 Eier, Salz, Paprika, Zitronensaft, 80 g geriebener Käse

Man schält die Spargelstangen von oben nach unten, schneidet sie in ca. 5 cm lange Stücke und gart sie in Salzwasser. Aus der Butter und dem Mehl bereitet man eine helle Mehlschwitze, gießt mit ¾ l Spargelbrühe auf und schmeckt mit Zitronensaft ab. Ein Teil der Sauce kommt über die Spargelstücke. Eine Auflaufform wird gefettet und der Spargel eingefüllt. Den Rest der Sauce legiert man mit dem verquirlten Eigelb, würzt und zieht den Käse und den steifgeschlagenen Eischnee unter. Diese Masse streicht man auf den Spargel und bäckt den Auflauf bei mäßiger Hitze ca. 30 Minuten.

Spargelauflauf mit Schinken und Zunge

Zubereitung wie Grundrezept. Anstatt Tomaten nimmt man 250–500 g in kleine Würfel geschnittenen, gekochten Schinken oder gekochte Zunge.

Speck und Eier

Man nehme zu jedem Ei einen großen Eßlöffel Milch, einige Körnchen Salz und verrühre sie gehörig. Dann schneide man guten Speck von der Größe eines halben Kartenblattes in Scheiben, lasse sie in der Kuchenpfanne an beiden Seiten etwas gelb werden und gieße die Eiermilch darüber hin. Nachdem die Flüssigkeit durch Hineinstechen mit einem Messer verdampft ist, schiebe man den Kuchen möglichst schnell auf eine bereitstehende Schüssel, damit die Eier recht weich bleiben.
Nach Gefallen kann auch feingehackter Schnittlauch mit den Eiern vermischt werden.

Spiegel- oder verlorene Eier

Eine Handbreit hoch Wasser wird in einem Topf mit Salz gekocht, frische Eier, eins nach dem andern, rasch hineingeschlagen, doch müssen sie nebeneinander liegen können. Sobald das Weiße gut zusammenhält (hart dürfen sie nicht gekocht sein), werden sie herausgenommen und, wenn man sie säuerlich wünscht, mit etwas Essig besprengt. Dann schneidet man sie ringsum glatt, streut etwas feingestoßenes Salz darüber und gibt sie, auf Spinat gelegt oder dazu angerichtet, zur Tafel. Auch geben sie, mit einer Sardellen- oder Heringssauce angerichtet und mit geröstetem Brot serviert, ein Gericht nach der Suppe.
So auch ergeben halbhart gekochte verlorene Eier in dicklicher Sauerampfersauce, mit in Butter gebratenen Weißbrotschnittchen garniert, eine angenehme Abendspeise. Falls gerade etwas Kalbsbraten oder Kalbskopf vorrätig wäre, so können Stückchen davon zu den Eiern gelegt werden.

Spiegeleier, gebackene

In einer Pfanne läßt man Butter heiß werden, schlägt die Eier behutsam hinein, so daß jedes Ei ganz bleibt, streut etwas feingemachtes Salz darüber und schiebt sie, wenn das Weiße dicklich geworden ist, ohne sie umzuwenden, auf eine Schüssel, schneidet den Rand glatt und richtet sie zum Spinat oder zu ähnlichen Gemüsen an.

Spiegeleier, russische

4 Eier, 150 g Tatar, 1 Zwiebel, 40 g Butter, 1/8 l saure Sahne, 4 EL gehackter Dill, Muskatnuß, Pfeffer, Salz

Das Tatar mit der gehackten Zwiebel, 20 g Butter, frisch geriebener Muskatnuß, Pfeffer und Salz vermengen. In einer feuerfesten Form die restliche Butter zergehen lassen und das Tatar dünn über den ganzen Boden verteilen. Die Sahne darübergießen, mit Dill bestreuen, die Eier darüberschlagen und sechs Minuten auf dem Herd anbraten. Dann für vier Minuten in den heißen Ofen stellen.

Spiegeleier mit saurer Sahne

Man richte eine Schüssel mit gebackenen Spiegeleiern an und fülle folgende Sauce darüber:
Auf 4 Personen etwa 2 Eier, 1 Teelöffel Mehl, 1 große Obertasse Wasser, Essig nach Geschmack, so viel Zucker, daß der Essig gemildert wird und ½ Ei dick Butter. Dies alles wird bis zum Aufkochen gerührt, über die heißen Eier angerichtet und die Schüssel einige Minuten, zugedeckt, auf eine heiße Platte gestellt.

Spinatauflauf mit Reis

1 Pfund übriges Spinatgemüse, 200 g Reis, 3 l Wasser, 2 EL Salz, 2 Eier, 30 g Butter, 1 EL Weckmehl

Der Reis wird gewaschen, in kochendem Salzwasser 25 Min. gekocht, auf ein Sieb gegossen und zum Abdämpfen einige Minuten in den heißen Backofen gestellt. Unter das übrige Gemüse mengt man Eigelb und den steifen Eierschnee. In eine vorbereitete Auflaufform gibt man eine Lage Reis, darauf eine Lage Spinat und wieder Reis bis beide Gemüse eingefüllt sind. Die oberste Lage muß Spinat sein. Darüber streut man Weckmehl, legt Butterstückchen darauf und zieht den Auflauf im Backofen 1 Std. auf.

Spinat-Fisch-Auflauf

1000 g Spinat, Salz, 2 EL Grieß, 2 Eier, 2 EL Sahne, 4 Sardellenfilets, 500 g Schellfisch, Semmelbrösel, 50 g Reibekäse, etwas Butter, Pfeffer, Muskat

Der Spinat wird verlesen, gewaschen, mit kochendem Salzwasser überbrüht, abgetropft und fein gehackt. Der Grieß, die Eigelb und die Sahne werden verquirlt und zu dem Spinat gegeben. Man hackt die Sardellenfilets klein, mischt sie unter den Spinat und zieht am Schluß das steifgeschlagene Eiweiß unter. Abschmecken mit Salz, Pfeffer und Muskat. Der Fisch wird kurz abgespült, trockengetupft und in Stücke zerpflückt.
Eine Auflaufform streicht man mit Butter aus, füllt die Hälfte des Spinats ein, gibt darauf die Fischstücke und deckt mit dem rest-

lichen Spinat ab. Die Oberfläche wird mit einem Gemisch aus Semmelbröseln und Reibekäse bestreut und mit Butterflöckchen besetzt. Bei mittlerer Hitze bäckt man den Auflauf etwa 20 bis 25 Minuten.

Spinatpudding mit Fleisch

375–500 g Spinat, Zwiebel, Petersilie, 30 g Fett, 4 Brötchen, 2 Eier, Salz, Pfeffer, Muskat, 250 g Bratenreste oder 375 g frisches Schweinefleisch ohne Knochen, nach Belieben 1–2 gewiegte Sardellen

Den Spinat verlesen, waschen, mit Zwiebel, Petersilie und 2 eingeweichten, ausgedrückten Brötchen in Fett dämpfen, mit dem Fleisch durch die Maschine geben. 2 Brötchen in kleine Würfel schneiden, mit den Eigelb und Gewürzen gut mischen, den Eischnee unterziehen, in eine mit Fett und Weckmehl vorgerichtete Puddingform füllen und 1–1¼ Stunde im Wasserbad kochen. Butter-, Tomaten-, Kapern- oder Holländische Sauce dazugeben.

Spinat-Reis-Auflauf

250 g guter Javareis wird blanchiert und in Milch oder Rahm dick eingekcoht. 1½ kg Spinat werden nach dem Putzen, Waschen und Kochen fein gewiegt und mit etwas geriebenem Kräuterkäse, Pfeffer und geriebener Semmel vermischt. Danach streicht man eine Form mit Butter aus, bestreut sie mit geriebener Semmel, gibt abwechselnd Spinat und Reis hinein und bäckt die Masse während einer halben Stunde im Ofen. Nachdem der Reis gestürzt ist, wird er mit Sardellensauce serviert.

Stachelbeer-Auflauf

Es werden halb ausgewachsene Stachelbeeren gebrochen. Die beste Zeit dazu ist acht Tage vor Pfingsten, und die Stiele und Butzen weggenommen. Zu einem Pfund solcher Beeren wird ein halbes Pfund Zucker gestoßen, in eine Kastrol oder in ein reines irdenes Geschirr genommen, eine Handvoll von dem gestoßenen Zucker hineingegeben, von den Beeren darauf, wieder Zucker und so weitergemacht, bis alles im Geschirr ist, dann auf schwaches Feuer gesetzt, und solang gekocht, bis die Beeren weich sind. Man läßt sie hierauf kalt werden, schlägt das Weiße von 10 Eiern zu Schaum, rührt die gekochten Beeren damit an, reibt das Gelbe von einer Zitrone am Zucker ab, gibt es nebst dem Saft dazu, bestreicht eine Porzellanplatte oder ein Aufzugblech mit frischer Butter, nimmt das Angerührte hinein, und läßt es langsam aufziehen.

Steckrüben, gedämpft, mit Pökelfleisch

Steckrüben und Kartoffeln nach Belieben, aber gleiche Mengen, 1 Stück Pökelfleisch, Salz, Pfeffer, etwas Zucker, Fleischbrühe

Steckrüben und Kartoffeln, in gleicher Menge in dicke Scheiben geschnitten, werden gekocht und in verschiedenen Lagen mit einem Stück Pökelfleisch in eine feuerfeste Form gelegt, dann gewürzt mit Salz, Pfeffer und etwas Zucker und mit Fleischbrühe begossen, daß sie gerade bedeckt sind. So werden sie im Ofen weich gedämpft.

Steckrübeneintopf

1 kg Steckrüben, 3 große Möhren, 500 g mageren Schweinebauch, 1½ l Wasser, Salz, 1 kg Kartoffeln

Die Steckrüben und Möhren putzen und würfeln. Zusammen mit dem Schweinebauch in Salzwasser etwa 40 Minuten garen, den Schweinebauch herausnehmen, die gewürfelten Kartoffeln dazugeben und weitere 20 Min. garen. Den Eintopf abschmecken und mit dem Kartoffelstampfer etwas zerdrücken. Den Schweinebauch in der Pfanne anbräunen und in Würfel oder Scheiben zu dem Eintopf geben.

Stockfischauflauf

Zum Kochen: 3 Pfund Fisch, 5 l Wasser, 1/4 l Milch, 2 EL Salz – Zum Beiguß: 50 g Butter, 60 g Mehl, 3/4 l Rahm oder Milch, 1 EL Salz – Zum Aufziehen: 40 g Butter, 2 EL feinverwiegte Zwiebeln, 2 EL geriebener Käse

In der heißen Butter dämpft man das Mehl auf der Seite des Herdes langsam 20 Min., löscht mit Rahm oder Milch ab und kocht den Beiguß gut durch. Während dieser Zeit wird der weichgekochte Stockfisch – man kann auch Reste verwenden – in kleine Blättchen geteilt, sowie die vorgerichtete Zwiebel in heißer Butter gelblich gedämpft. In eine mit Butter bestrichene Auflaufform gibt man eine dünne Schicht dick eingekochten Rahmbeiguß, legt Stockfischblättchen und gedämpfte Zwiebel darauf, streut Käse darüber und bedeckt dies mit Rahmbeiguß. Nun folgen wieder Fischblättchen usw., bis alle Zutaten eingefüllt sind. Die letzte Lage muß Rahmbeiguß sein. Man belegt die Speise mit Butterstückchen, schiebt sie in den heißen Backofen und zieht sie 20–30 Min. auf.

Tomatenauflauf

1 kg Tomaten, Zwiebel, 2 Eier, Salz, 1/8 l sauren Rahm, 2 EL geriebenen Käse

Die Tomaten in Scheiben schneiden, die Zwiebel fein wiegen, abwechselnd in eine fette Auflaufform geben. Rahm, Eier, Salz und Käse miteinander verrühren, über die Tomaten gießen, im Backofen die Eier zum Stocken kommen lassen.

Tomatenomelette, aufgezogenes

2 Eier, 1/2 TL Salz, 10 g Mehl, 1 EL Tomatenmark, 1/2 TL feingeriebene Zwiebel, Prise Pfeffer, 10 g Butter (Für 1 Person)

Feingeriebene Zwiebel, Tomatenmark, Mehl, Salz, Pfeffer und Eigelb werden gut verquirlt, der steife Eierschnee daruntergezogen und die Eiermasse in die Pfanne gegeben, in welcher man vorher die Butter erhitzt hat. Man läßt es auf der heißen Herdplatte 2 Min. anziehen, stellt die Pfanne 3–5 Min. in den heißen Backofen, schlägt das Omelett beim Anrichten übereinander und bringt es sofort zu Tisch.

Türkischer Auflauf

2 Zwiebeln, 200 g Reis, 2 EL Pinienkerne, 2 EL Korinthen, 1 TL Zimt, Salz und Pfeffer, 150 g Hammel- oder Hühnerleber, 150 g Butter, 2 TL Hühnerbrühe Instant, Dill

Zwiebeln und kleingeschnittene Leber in Butter gut anbraten. Pinienkerne und Korinthen einige Minuten mitbraten lassen. Reis zugeben und alles gut mischen und würzen. Mit soviel heißem Wasser löschen, so daß der Reis gut bedeckt ist. Bei mittlerer Hitze solange kochen lassen, bis keine Flüssigkeit mehr vorhanden ist. Auf einer vorgewärmten Platte mit Dill bestreut servieren.

Türkischer Eintopf

2 Dosen Weinblätter, 65 g Patnareis, 2 Zwiebeln, 1 Bund Petersilie, 1 Bund Dill, 600 g Beefsteakhack, 1 EL Tomatenmark, Salz, Pfeffer, 1 TL Edelsüß-Paprika, 1 unbehandelte Zitrone

Weinblätter mit kochendem Wasser übergießen und eine halbe Stunde stehenlassen. Zwischendurch das Wasser öfter erneuern, dann schmecken die Blätter milder. Inzwischen Reis gut waschen. Abgezogene Zwiebeln würfeln. Petersilie und Dill hacken. Reis, Hack, Zwiebeln, Kräuter und Tomatenmark verkneten. Mit Salz, Pfeffer und Paprika würzen. Je einen Teelöffel Hackmasse in ein Weinblatt rollen. Die Rollen in einen Topf schichten. Mit einem passend großen umgedrehten Teller abdecken. Soviel heißes Wasser langsam über den Teller dazulaufen lassen, bis die Weinblätter gut bedeckt sind. Die gefüllten Weinblätter im geschlossenen Topf bei kleiner Hitze etwa eine Stunde kochen lassen. Mit hauchdünnen Zitronenscheiben anrichten.

Vanilleauflauf I

¾ l Milch, 150 g Mehl, 50 g Butter, 80 g Zucker, 1 Päckchen Vanille, 4–5 Eier

½ l Milch und die Butter bringt man zum Kochen. Das Mehl wird mit ¼ l Milch angerührt, in die kochende Milch unter Rühren gegeben, etwas mitgekocht und kalt gestellt. Eigelb, Zucker wird schaumig gerührt, die verkühlte Masse, Vanille und Eischnee untergezogen. In eine mit Butter bestrichene Auflaufform geben, ¾ Stunden im Backofen aufziehen. Anstatt Vanille kann man auch Zitrone nehmen.

Vanilleauflauf II

¼ l Milch, 1 Päckchen Vanille, 120 g Butter, 120 g Zucker, 1 Prise Salz, 150 g Mehl, 6 Eier

Milch, Vanille aufkochen. Butter, Zucker schaumig rühren, Salz, Mehl zugeben, die kochende Milch zurühren, aufs Feuer nehmen, unter Rühren kochen wie eine dicke Buttersauce, 1 Eigelb zugeben, kalt stellen. Nach dem Erkalten die übrigen Eigelb, zuletzt den Eischnee unterziehen. In eine mit Butter bestrichene Auflaufform geben. ¾–1 Stunde im Wasserbad bei mäßiger Hitze aufziehen. Fruchtsauce dazugeben.

Vanilleauflauf mit Früchten

1 l Milch, 100 g Mondamin, 80 g Zucker, 3 Eigelb, 1 Päckchen Vanille, 6 EL Himbeermarmelade, 3 Eischnee, 100 g Zucker, Zitronenschale, 30 g geschälte, geschnittene Mandeln

Milch, Mondamin, Zucker, Eigelb anrühren, unter Rühren einmal aufkochen, Vanille untermischen, als Kranz in eine bestrichene Auflaufform geben. Die Mitte mit der Marmelade ausfüllen. Die Eiweiß zu Schnee schlagen, Zucker, Zitrone leicht unterziehen, auf den Ring geben (die Marmelade in der Mitte frei lassen), mit den Mandeln spicken, im Backofen hellgelb überbacken.

Weinauflauf

Sechs Eigelb werden mit sechs Eßlöffel Zucker gut gerührt, dann 105 g feingestoßene Mandeln, 35 g feingeschnittener Zitronat, ein halber Kaffeelöffel Zimt, eine halbe Messerspitze Nelken und zwei Eßlöffel Maraschino oder Rossoli daruntergerührt, und hernach sechs Eßlöffel feine Semmelbröseln und der feste Schnee von vier Eiweiß leicht hineingemengt. Dies füllt man dann in eine butterbestrichene Form, bäckt es langsam im Ofen, und stürzt es auf eine Platte um. Inzwischen werden ½ l alter Rheinwein oder Zypernwein mit einem Stengelchen Zimt, einigen Nelken und 100 g Zucker gesotten, dann über den Auflauf geschüttet, wieder abgegossen und nochmals darübergegeben, und so fortgefahren, bis der Auflauf den Wein gänzlich eingesogen hat. Nun wird die Schale einer Orange an 70 g Zucker abgerieben, letztere samt dem Saft einer Orange in einem Pfännchen so lang gekocht, bis er dick ist und sich ziehen läßt, dann auf den festgeschlagenen Schnee von drei Eiweiß gegossen, dies behutsam untereinandergemengt, und damit der Auflauf von außen auf der Platte herum belegt und verziert.

Weinküchleauflauf

6 Eier, 190 g Zucker, 90 g Weckmehl – Zum Begießen: ⅓ l Weißwein, 70 g Zucker, 80 g Sultaninen, 1 Stückchen Zimt, 1 Scheibe Zitrone

Die Eigelb werden mit dem Zucker ½ Std. gerührt. Alsdann gibt man den steifen Schnee von drei Eiweiß, sowie das Weckmehl zu und rührt die Masse nochmals 10 Min. Zuletzt mengt man den Schnee der übrigen Eiweiß darunter, füllt die Masse in eine gut bestrichene Auflaufform und bäckt sie in mäßig heißem Ofen gelb. (Backzeit: ¾ Std) Unterdessen stellt man Weißwein mit Zucker, etwas ganzem Zimt, Zitrone und den gewaschenen, gebrühten Sultaninen auf das Feuer, läßt dies zusammen bis vor das Kochen kommen und gießt den Wein vor dem Auftragen über den Auflauf.

Weißbrotauflauf, guter

Man läßt 6 bis 8 Zwiebäcke, mit kochender Milch übergossen, weichen und rührt die Masse, so lange sie noch heiß ist, mit einem Stich Butter ganz fein (sie darf nicht zu dünn sein), gibt 65 g geriebene Mandeln, 8 bis 10 Eigelb, Zucker, Zitrone nach Geschmack, eine Obertasse vorher gequellter Rosinen und schließlich das zu Schaum geschlagene Eiweiß hinzu und backt es in der Auflaufform 1 Stunde. Wenn der Auflauf gar ist, überstreicht man ihn mit Johannisbeer- oder einem anderen Gelee und gibt darüber das von vier bis fünf Eiern zu steifem Schnee geschlagene und mit Zucker vermengte Eiweiß, läßt es im Ofen eben fest werden und gibt es zur Tafel.
Für 10 bis 12 Personen.

Weißbrotauflauf mit Walnüssen

30 ganz vollkommene und frische Walnüsse, falls sie nicht frisch wären, so nehme man zur Hälfte gute Mandeln, 200 g abgeschältes Weißbrot, 125 g Butter, 125 g Zucker, 6 Eier, reichlich ½ Tasse süße Sahne

Nachdem die Nüsse mit ihrer gelblichen Haut feingestoßen oder gerieben sind, wird das Weißbrot in Milch eingeweicht und ausgedrückt, die Butter zu Sahne gerieben, ein Eidotter nach dem andern hinzugefügt sowie auch Zucker, Weißbrot, Sahne und Nüsse, und die Masse tüchtig gerührt, die man nachdem mit dem steifen Schaum der Eier leicht vermischt. Der Auflauf wird in einer vorgerichteten Form 1 Stunde gebacken und nach Belieben mit einer Vanille- oder Schaumsauce heiß zur Tafel gegeben; erstere aber macht diese Speise etwas weichlich. Für 8 bis 10 Personen.

Weißkraut-Eintopf

1 Zwiebel, 250 g kleinwürfelig geschnittenes Schweinefleisch, 40 g Fett, 2 Stangen Lauch, 750 g Weißkraut, 3/4 l Brühe, Piment, Pfeffer, Salz, 2 Tassen Reis, 2 EL eingelegte Paprikastreifen, 2 EL geröstete Semmelbrösel oder geriebener Käse

Die Zwiebel fein wiegen und mit den Fleischwürfelchen im heißen Fett kurz anbraten. Den in Scheiben geschnittenen Lauch und das in feine Streifen geschnittene Weißkraut dazugeben, mit Brühe auffüllen, 40 Minuten bei geringer Hitze kochen und würzen. Dann den gewaschenen Reis untermischen und das Ganze noch ca. 12 Minuten kochen, bis der Reis gar ist. Die Paprikastreifen darunterrühren und den Eintopf mit Semmelbröseln oder Käse bestreut anrichten.

Wirsingeintopf

250 g Zwiebeln, 250 g Möhren, 1 Stange Porree, 500 g Kartoffeln, 500 g Hackfleisch, 3 EL Öl, Salz, Pfeffer, 1 TL Thymian, 1/4 TL gem. Piment, 1/4 l Fleischbrühe (Würfel), 1 kg Wirsingkohl, etw. Petersilie

Zwiebeln, Möhren, Porree und Kartoffeln putzen, in Scheiben schneiden. Hackfleisch in heißem Öl kräftig anbraten. Gemüse zugeben, andünsten, würzen, Brühe zugießen. Kohl vierteln, Strunk entfernen, in Streifen schneiden, dazugeben. In geschlossenem Topf 30 Min. garen. Abschmecken, gehackte Petersilie darüberstreuen.

Wurstauflauf

150 g Blutwurst, 150 g Mettwurst, 2 Zwiebeln, 750 g Kartoffeln, 1 Ei – 1 Apfel, 2 EL Butter, 1/8 l Fleischbrühe, Salz, Pfeffer, Majoran

Kartoffeln reiben und mit Salz, Pfeffer und etwas Majoran würzen. Wurst und Apfel in kleine Stückchen und Zwiebel in feine Würfel schneiden. Alles mit dem Ei zu der Kartoffelmasse geben und gut vermischen. In eine gebutterte Auflaufform geben, etwas Brühe aufgießen und mit Butterflöckchen belegen. Im vorgeheizten Backofen garen.

Wurst-Käse-Auflauf

1 Pfund grobe Bratwurst, 3 Zwiebeln, 2 Eier, 3–4 Tassen Cornflakes, 300 g Gouda, 6 Scheiben Gouda, 1 Bund Petersilie, 4 EL Semmelbrösel, 3 EL Margarine (für 3 Personen)

Zwiebeln würfeln, dünsten; ausgepellte Bratwurst, Zwiebelwürfel, Eier, Cornflakes, gewürfelten Käse u. feingehackte Petersilie in eine Schüssel geben u. mit dem Mixgerät gut durchrühren. Den Teig in eine gefettete Auflaufform geben u. im vorgeheizten Backofen bei 175° C backen. Nach 30 Min. den Auflauf mit Käse schei ben abdecken, mit Semmelbrösel bestreuen u. Margarine in Flokken daraufsetzen; nochmals 15 Min. backen.

Zitronat-Auflauf

Man macht einen Schoppen Milch siedend, rührt 2 Händevoll feines Mehl darein, schafft den Teig über dem Feuer so lang, bis er ganz glatt ist, nimmt ihn weg, und ein Ei groß Butter daran, läßt dann den Teig erkalten, rührt ein Viertel Butter leicht, das Gelbe von 7 Eiern daran, die Mehlmasse dazu, mischt eine mit Zucker abgeriebene Zitrone, 2 Lot kleingeschnittenes Zitronat und eine Handvoll gesiebten Zucker darunter, schlägt das Weiße von 4 Eiern zu Schaum, rührt diesen auch in die Masse, bestreicht ein Aufzugblech mit Butter, füllt die Masse hinein, und läßt sie langsam aufziehen. In einer kleinen Viertelstunde ist er fertig.

Zitronenauflauf

140 g feingesiebter Zucker wird mit sieben Eigelb schaumig abgerührt, dann vier Eßlöffel feines Mehl, ein Eßlöffel Zitronenzucker und ein kleiner Kaffeelöffel Zitronensaft, sowie das zu festem Schnee geschlagene Eiweiß daruntergemengt, die Masse in eine gut mit Butter bestrichene Form eingefüllt, und eine leichte halbe Stunde im Ofen langsam aufgezogen.

Zitronenauflauf

250 g Zucker, 4 Eier, Saft und abgeriebene Schale von 2 Zitronen, 150 g geriebene Nüsse, 1 EL Speisestärke, 2 EL Semmelbrösel

Der Zucker und die Eigelb werden schaumig gerührt, nach und nach die abgeriebene Zitronenschale und der Zitronensaft dazugegeben. Die Nüsse werden mit der Speisestärke und den Semmelbröseln vermischt und löffelweise in die Creme gerührt. Das Eiweiß wird steifgeschlagen und vorsichtig untergezogen. In einer mit Butter ausgestrichenen Auflaufform wird der Zitronenauflauf bei mittlerer Hitze goldgelb gebacken.

Zwetschgenauflauf

Von 2 Kreuzerwecken reibt man die Rinde ab, schneidet das Innere ganz fein, gießt einen halben Schoppen siedend gemachten Rahm oder gute Milch darüber, und läßt es stehen. Inzwischen rührt man anderthalb Viertel Butter leicht, schlägt das Gelbe von 8 Eiern hinein, nimmt den eingeweichten Wecken nebst vier Lot geschälten und fein gestoßenen Mandeln dazu. Wenn es noch eine Viertelstunde gerührt worden ist, gibt man die kleingeschnittene Schale von einer halben Zitrone, 1 Quint gestoßenen Zimt, eine starke Handvoll Zucker nebst dem zuvor geschlagenen Schaum von sechs Eiweiß dazu. Die Zwetschgen werden geschält, die Steine herausgenommen, mit 4 Lot auch etwas mehr Zucker und einem Glas Wein gekocht, und die Schalen von einer halben Zitrone hineingerieben. Wenn sie kurz eingekocht sind, läßt man sie kalt werden, bestreicht dann ein rundes Blech mit Butter, bestreut es, füllt die Hälfte von der gerührten Masse hinein, die gekochten Zwetschgen darauf, die übrige Masse darüber, läßt sie langsam auf Feuer aufziehen, oder stellt sie in eines Bäckers Ofen.
Die geschälten Zwetschgen sind auf nachstehende Art einzumachen, damit man außer der Zetschgenzeit Aufläufe davon machen kann. Zu einem Pfund geschälten Zwetschgen läutert man 3 Viertel Zucker mit Wasser, gibt von einer Zitrone die klein geschnittene Schale darein, die Zwetschgen dazu, und läßt sie ganz langsam einkochen. Man muß dabei sehr behutsam sein, weil sie gerne anbrennen. Wenn sie kalt sind, werden sie in einem Glas- oder Porzellangefäß aufbewahrt.

Zwiebelauflauf

750 g Zwiebel, 40 g Butter, 1/8 l Milch, 1/8 l Rahm, Salz, Kümmel, 2 Eier

Die Zwiebel fein schneiden, in der Butter etwa halbweich dämpfen. Nach dem Verkühlen alle andern Zutaten zugeben, in eine bestrichene Auflaufform einfüllen, im Backofen etwa ½ Stunde aufziehen.

Inhaltsverzeichnis

A

N

O

P

Q

R

Z

OMA'S Koch & Back Bibliothek

OMA'S Koch & Back Bibliothek

Brot
Kartoffeln
Nudeln
Reis

Weltbild Verlag

Genehmigte Lizenausgabe für
Weltbild Verlag GmbH, Augsburg 1993

Einbandgestaltung: Peter Engel, München
Gesamtherstellung: Presse-Druck Augsburg
Printed in Germany

ISBN 3-89350-196-7

VORWORT

Die vorliegende Rezeptsammlung wurde aus einer der größten Privatsammlungen von Kochbüchern des 17. bis 19. Jahrhunderts zusammengestellt und sprachlich behutsam dem heutigen Gebrauch angepaßt.
Um eine auch in modernen Zeiten nachvollziehbare Kochbarkeit zu ermöglichen, bildet Bauers Kochbuch, das zuletzt in den 70er Jahren mit einer Auflage von weit über 100000 Exemplaren erschienen ist, die Grundlage unserer Koch- und Backbibliothek.
Die Rezepte wurden von der Autorin und der Hauswirtschaftsfachschule Stuttgart aus alten Überlieferungen gesammelt und nachgekocht.
Im Anhang findet sich am Schluß eines jeden Bandes ein alphabetisches Register.

Aalener Schneiderfleck

1000 g mehlige, gekochte Kartoffeln vom Vortag, 250 g Mehl, Salz, Muskat, 2 Eier

Die Kartoffen werden gerieben und mit Mehl, Eiern, Salz und Muskat zu einem glatten Teig geknetet, den man dünn ausrollt und kleinere Stücke abschneidet oder reißt. Man legt diese in eine gefettete Auflaufform, bestreicht sie mit Rahm, bestreut mit Petersilie und setzt Butterflöckchen obenauf. Bei mittlerer Hitze werden die Fleck zu schöner Farbe gebacken.

Anisbrot mit Hefe

Drei Pfund schönes Mehl gibt man in eine Schüssel, in das innere Mehl 3 bis 4 Eßlöffel Bierhefe, rührt mit einem Schoppen warmer Milch einen Teig an, läßt ihn gehen, verliest für 1 Kreuzer Anis und für 1 Kreuzer Fenchel, und schneidet die Schale von einer Zitrone grob. Sobald der Teig reif ist, rührt man dies nebst einem halben Pfund gesiebten Zucker hinein, schlägt 6 Eier daran, nimmt noch laue Milch und einige Korianderkerne dazu, und läßt ihn wieder gehen, knetet dann den Teig so lang auf einem Brett, bis Fenchel und Koriander herausfallen, streut 2 Bleche mit Mehl, macht 4 lange Laibchen aus dem Teig, läßt sie auf dem Blech noch einmal gehen, macht mit dem Messerrücken Risse hinein, und backt sie gleich in frischer Hitze, läßt sie kalt werden, schneidet sie zu Schnitten, und röstet sie wieder im Ofen.

Anna-Kartoffeln

1000 g Kartoffeln, Salz und Pfeffer, 150 g Butter

Die gewaschenen Kartoffeln werden geschält und in dünne Scheiben geschnitten. Man fettet eine feuerfeste Form mit Butter und schichtet die Kartoffeln hinein. Zwischen jede Lage streut man etwas Salz und Pfeffer. Inzwischen hat man die Butter zerlassen und übergießt die Kartoffeln damit. Die Anna-Kartoffeln werden in ca. 40 Minuten bei mittlerer Hitze gebacken. Sie passen gut zu kurz gebratenem Fisch oder Fleisch oder auch zu Spiegelei mit Salat.

Apfelbrot aus Vollkornteig

650 g Vollkornmehl-Weizen mit 100 g Leinsamen – frisch gemahlen in der elektr. Kaffeemühle, 1 Würfel Hefe mit knapp ³/₄ l Flüssigkeit (halb Milch, halb Wasser) zu einem Vorteig anrühren und gehen lassen. Dann Teig machen und noch 125 g Vollmehl oder Weißmehl dazugeben, 150 g Rosinen, 150 g ganze Haselnüsse (oder 200 g), 1 EL Honig, 2 EL Sojamehl oder 1 Ei, 5–6 EL Öl, 2 TL Salz, 1 schw. EL Anis, 1 schw. EL Fenchel mitmahlen, 1 TL Zimt, 1 Messersp. gem. Nelken, 600–700 g kleingeschnittene Äpfel mit Schale, nach Belieben auch Trockenfrüchte, z.B. 4 Feigen und ein paar Aprikosen und Zwetschgen.

Alles zusammen kneten, kurz gehen lassen, dann mit nassen Händen kleine Laibchen aufs Blech formen und nochmals gehen lassen – etwa 10 Min. Mit 1 Ei und 2 EL Milch bestreichen. Ca. 50–60 Min. bei 220° C backen.

Arnheimer Käse-Pfanne

1 kg gek. Pellkartoffeln, grob geraffelt, 50 g Butter, 100–150 g durchw. Speck, in Streifen, 150–200 g frischer Gouda, in Streifen

Den Speck in der Butter anbraten, die Kartoffeln darübergeben und fest andrücken, bei leichter Hitze braten, bis sich ein goldener Boden bildet. Wenden, den Käse dazugeben und gut untermischen. Die Pfanne zudecken u. bei leichter Hitze etwa 15 Min. weiterbraten. Zum Servieren auf eine vorgewärmte Platte stürzen.

Artischockentorte

250 g Mehl, 150 g Butter, 1 Ei, Salz, 2 EL geriebener Parmesan; 2 Dosen Artischockenherzen, 20 g Butter, 30 g Mehl, knapp ¼ l Milch, 2 TL Hühnerbrüheextrakt, Salz, Pfeffer, Muskat, 2 EL geriebener Parmesan, 2 Eigelb

Mehl, Butter, Ei, Salz und 2 Eßlöffel Parmesan zu einem glatten Teig kneten. Zu einer Kugel formen und 30 Minuten im Kühlschrank ruhen lassen. Abgetropfte Artischockenherzen (Flüssigkeit auffangen) in Scheiben schneiden. Aus Butter und Mehl eine Schwitze bereiten. Die Artischockenflüssigkeit mit Milch auf ¼ l auffüllen. Unter Rühren zu der Mehlschwitze geben. Aufkochen und 7 Minuten köcheln lassen. Mit Hühnerbrüheextrakt, Salz, Pfeffer und Muskat würzen, Parmesan unterrühren. Etwas von der Sauce mit Eigelb verquirlen und zusammen mit den Artischocken in die Sauce geben. Umrühren und erkalten lassen. Die Hälfte des Teiges aus dem Kühlschrank nehmen und ausrollen. Mit einem kleinen, gezackten Förmchen Plätzchen ausstechen. Diese dachziegelartig in eine gefettete Springform legen. Die Hälfte des übrigen Teiges in Springformgröße ausrollen und darüberlegen. Jetzt Artischockenmasse einfüllen und glattstreichen. Aus restlichem Teig die Abschlußplatte bilden. 45 Minuten bei 180 Grad backen. Kurz vor dem Anrichten ein verquirltes Ei auf der Torte verstreichen und nochmals 10 Minuten in den Backofen schieben.

Bauernhackbrot

Je 300 g gehacktes Rind- und Schweinefleisch, 2 abgeriebene, in Milch geweichte Brötchen, 1 geh. Zwiebel, 1 Büschel geh. Kräuter, ½ abger. Zitrone, 1 Ei, Salz, Pfeffer, Muskat, wenig Mehl, 100 g ger. Greyerzer-Käse, 1 dl Sauerrahm

Alle Zutaten mit dem Fleisch gut verkneten, kräftig würzen. Mit wenig Mehl zu einem langen Brot formen. Im heißen Fett bei 250° C im Ofen braten, oft begießen. Nach 50 Min. den Käse mit dem Rahm mischen und damit den Braten einstreichen. Nochmals 10 Min. braten. Vor dem Aufschneiden kurz stehen lassen.

Bechamelkartoffeln

2 EL Butter, 1 gehäufter EL Mehl, ½ l Milch, Salz, Pfeffer, Muskat, 1000 g gekochte Kartoffeln

Aus Butter und Mehl bereitet man eine helle Mehlschwitze, die man unter beständigem Rühren mit Milch aufgießt und gut durchkocht. Abgeschmeckt wird mit Salz, Pfeffer und Muskat. In diese Sauce gibt man in Scheiben geschnittene Kartoffeln und läßt sie heiß werden, nicht mehr kochen. Man kann zur Verfeinerung noch ein Stück Butter dazugeben oder in Sahne verquirltes Eigelb darunterrühren.

Beignets von Gries

In 1 l gute Milch, worin 100 g Zucker, ein Stückchen ganzer Zimt, 70 g Butter und ein wenig Salz gegeben, läßt man unter beständigem Rühren 280 g Gries einlaufen und darin kochen, bis er so dick ist, daß er sich von der Pfanne ablöst. Fertig gemacht werden die Küchlein dann wie Beignets vom Reis, nur mischt man unter den Zucker, womit sie zuletzt bestäubt werden, etwas Zimt.

Berliner Hoppel-Poppel

600 g Kartoffeln, 350 g gekochte oder gebratene Fleischreste, 1 große Zwiebel, 4 Eier, 60 g Butter, Salz, Pfeffer, 2 EL Milch

Dies ist ein vorzügliches Resteessen.
Kartoffeln in der Schale kochen, noch besser sind übrig gebliebene Pellkartoffeln vom Vortag, in Scheiben schneiden, das Fleisch klein würfeln. Die Hälfte der Butter in einer Pfanne heiß werden lassen, das Fleisch darin unter Rühren bräunen, nach 5 Minuten die Zwiebelscheiben zugeben, noch ca. 10 Minuten braten, aus der Pfanne nehmen und warmstellen. Restliche Butter in der Pfanne erhitzen, Kartoffelscheiben darin goldgelb braten, Fleisch und Zwiebeln daruntermischen, salzen und pfeffern. Die mit etwas Milch verquirlten Eier darübergeben und stocken lassen.
Dazu paßt grüner Salat.

Bierstengel

190 g Mehl, 5 g Hefe, schwach 1/8 l Wasser, 1/4 Pfund Butter, Prise Salz. – Zum Bestreichen: Eigelb. – Zum Bestreuen: 1/2 TL Salz, 1/2 TL Kümmel

Mit der Hälfte des Mehles, 2/3 des Wassers und der aufgelösten Hefe wird ein kleiner Vorteig gemacht. Nach dem Gehen gibt man den Rest des Mehles und den Vorteig auf das Wellbrett, schneidet Butter, Salz und Wasser mit dem Messer darunter und arbeitet den Teig mit Hilfe des Wellholzes glatt zusammen. Sodann wellt man ihn wie einen Blätterteig mit 2 Touren aus und schneidet 1 cm breite und 10 cm lange Stengelchen, welche man mit der Hand zu 14 cm langen Röllchen ausrollt. Sie werden auf ein bestrichenes, bestäubtes Blech gesetzt, nach 15 Min. mit Eigelb bestrichen, mit Salz und Kümmel bestreut und in heißem Ofen zu goldbrauner Farbe gebacken. (Stückzahl: 50).

Blätterteig mit Schafskäse

Blätterteig, 200 g Schafskäse, 3 EL Zitronensaft, Majoran, schwarzer Pfeffer, Eigelb zum Bestreichen

Blätterteig zu einem Rechteck ausrollen. (Größe des Backblechs). In Quadrate schneiden und in die Mitte jedes Quadrates ein Stück Schafskäse setzen. Den Käse mit Zitronensaft beträufeln, pfeffern und mit Majoran bestreuen. Die Ecken des Teiges diagonal über den Käse klappen. Mit Eigelb bestreichen und 10–15 Minuten bei 200 Grad backen.

Blätterteigrolle pikant

1 Pfund Blätterteig, ½ Pfund Hackfleisch, Zwiebeln, ½ Pfund Edamer, 1 EL Tomatenmark, Pfeffer, Salz, Majoran

Zwiebeln glasig dünsten, Hackfleisch dazugeben, erkalten lassen und geriebenen Edamer zugeben. Mit Tomatenmark, Salz, Pfeffer und Majoran abschmecken.
Blätterteig ausrollen, Gemenge ausstreichen, drei Ränder freilassen, aufrollen und Ränder einschlagen. Oben mit Eigelb bestreichen und mit Gabel einstechen. Backblech mit Wasser einspritzen, 20 Minuten bei 200° C backen. (1 Pfund Hackfleisch ergibt 3–4 Rollen).

Boudin von Reis

Ein Viertel verlesenen und gewaschenen Reis brüht man mit siedendem Wasser und läßt es eine Weile stehen, schabt dann 2 Selleriewurzeln, wäscht sie, und gibt sie in eine Kachel, gießt den Reis ab, gibt ihn auch zu dem Sellerie, ein paar Löffel voll siedendes Wasser daran, und läßt es langsam auf Feuer kochen, es darf aber ja nicht darin gerührt werden. Wenn der Reis weich ist, nimmt man den Sellerie heraus, gießt den Reis in ein Haarsieb, daß es abläuft, reibt 2 Milchbrote, macht 6 Lot Butter und 6 Löffel süßen Rahm warm, und gießt es über das Milchbrot. Sobald solches kalt ist, wird es mit 6 Eigelb abgerührt, etwas Muskatblüte und Salz nebst dem abgegossenen Reis dazu genommen, von 6 Eiweiß ein Schaum geschlagen, und auch daran gegeben, alsdann wird eine Serviette mit Butter bestrichen, dick mit geriebenem Milchbrot bestreut, die Masse dazu gefüllt, Daumen breit eingelassen, in siedendes Wasser gehängt und gesotten. Die Sauce dazu macht man auf folgende Art: Ein verwelltes Brieslein wird nebst Petersilie klein gehackt, ein Kochlöffel Mehl in einem Stücklein Butter lichtgelb geröstet, das Gehackte darin gedämpft, und gute Fleischbrühe daran gegossen, bis man Sauce genug hat, und solche nicht zu dünn wird. Ehe sie über den Boudin angerichtet wird, zieht man mit 1 Eigelb ab, und gibt Muskat und Salz dazu.

Andere Art Boudin von Reis

Ein Viertel Reis wird ebenfalls verlesen, gewaschen, und mit siedendem Wasser abgebrüht, dann eine halbe Maß Milch siedend gemacht. Wenn der Reis ein wenig gestanden ist, wird das Wasser ab- und die siedende Milch daran gegossen, daß es abläuft, alsdann zupft man von 2 Kreuzerwecken die Brosamen, schüttet ein kleines Trinkglas siedende Milch darüber, daß der gezupfte Wecken kaum angefeuchtet wird, brüht ein Viertel Butter leicht, nimmt den Wecken, wenn er abgekühlt ist, zu der Butter, schlägt 6 ganze Eier dazu, gibt eine Handvoll gestoßene Mandeln nebst dem abgelaufenen Reis in die Masse, ein wenig abgeriebene Zitronen, Zucker und Zimt dazu, bestreicht eine Serviette mit Butter, bestreut sie stark mit geschnittenen Mandeln, füllt die Masse hinein, bindet sie wie gewöhnlich zu, und hängt sie in's siedende Wasser, aber ohne Salz. – Die Sauce dazu wird auf nachstehende Weise gefertigt: Man schält 4 Lot Mandeln, stößt sie ganz fein und feuchtet sie mit ein wenig Milch an, daß sie nicht ölig werden, nimmt sie hierauf in eine Kastrol oder Messingpfanne, einen kleinen halben Kochlöffel Mehl dazu, rührt dies mit ein wenig Milch ganz glatt an, 4 Eigelb auch dazu, gießt eine halbe Maß Milch langsam daran, läßt die Sauce unter beständigem Rühren auf dem Feuer aufkochen, gibt ein kleines Stück Zucker dazu, und richtet sie über den Boudin an.

Bouillonkartoffeln

1000 g Kartoffeln, 1½ l Fleischbrühe, 1 Stange Lauch, 1 gelbe Rübe, 1 Stück Sellerie, Salz, Pfeffer, Majoran, 500 g Rinderbrust, Petersilie

Die Kartoffeln werden gewaschen, geschält und gewürfelt. Lauch, gelbe Rübe und Sellerie schneidet man in Scheiben und kocht sie mit den Kartoffelwürfeln in der Fleischbrühe, in der das Rindfleisch gegart wurde, weich. Abschmecken. Das in Würfel geschnittene Fleisch dazugeben, erhitzen und mit Petersilie bestreuen.

Brandteig-Kartoffeln

¼ l Milch, Salz, Muskat, 1 TL Butter, 150 g Mehl, 2 bis 3 Eier, 250 g geriebene Kartoffeln

Die Milch wird mit Salz, Muskat und Butter zum Kochen gebracht. Man gibt das Mehl auf einmal hinein und rührt so lange, bis sich der Teig vom Topf löst. Vom Feuer nehmen und erkalten lassen. Dann rührt man nach und nach die Eier und zum Schluß die Kartoffeln hinein. Mit einem Löffel sticht man kleine Nocken ab und bäckt diese in heißem Schmalz schwimmend goldgelb. Gut abtropfen lassen. Die Brandteigkartoffeln eignen sich als Beilage zu Gemüsen.

Bratkartoffeln

1 kg Kartoffeln, 50 g Fett, Salz

Rohe Kartoffeln schälen, kleine ganz lassen, größere in Würfel schneiden. Das Fett in einem eisernen Topf gut heiß werden lassen, die abgetropften Kartoffeln und Salz zugeben, gut zudecken, unter öfterem Wenden hellbraun und weich braten. Gleich zu Tisch geben. 20–30 Minuten Bratezeit.

Bratwurst-Kuchen

Zu einem mittleren Kuchen rührt man ein Viertel Butter leicht, schlägt 2 ganze Eier und von 2 andern das Gelbe hinein, nimmt ein halbes Pfund feines Mehl, 2 große Eßlöffel voll Bierhefe, 6 Löffel warme Milch, das benötigte Salz und etwas Muskatnuß dazu. Wenn der Teig wohl gerührt ist, läßt man ihn gehen, bratet 3 Bratwürste auf dem Rost, läßt sie ein wenig erkalten, bestreicht ein Kuchenblech mit Butter, bestreut es mit Mutschelmehl, breitet die Hälfte des gegangenen Teiges darin aus, schneidet die Bratwürste zu dicken Rädlein, legt sie auf dem Kuchen dicht zusammen, den übrigen Teig darüber, schlägt den untern Teil mit dem Messer aufwärts, läßt den Teig noch einmal gehen, stupft ihn ein wenig, und backt ihn in frischer Hitze. Dieser Kuchen kann zu Gemüsen als: Braunkohl, grünen oder eingemachten Bohnen, auch zu Sommerkohl oder Weißkraut gegeben werden.

Brot, böhmisches

Zu einem Viertel feinem Mehl, welches zwei große Kuchen gibt, gehört der Satz von einem Schoppen Bierhefe, anderthalb Lot Salz, fünf Viertel Butter, ein halbes Pfund Zucker, 8 ganze Eier und von 8 andern nur das Gelbe, 1 Quint gestoßene Muskat-Blüte, 1 Pfund große und kleine Rosinen, die fein geschnittene Schalen von einer Zitrone, 1 Viertel geschälte und feingestoßene Mandeln und ein halbes Lot Zimt

Das Mehl wird in eine Schüssel genommen, das innere Mehl mit der Bierhefe und einem Schoppen lauer Milch angerührt. Sobald der Teig gegangen ist, verrührt man die bestimmten Eier recht, macht die Butter ein wenig an dem Feuer oder auf dem Ofen weich, rührt beides nebst dem Salz an den reifen Teig, und arbeitet ihn recht zusammen. Er muß in der Dicke wie ein Brotteig sein. Alsdann nimmt man erst den Zucker, Rosinen, Mandeln, Zitronenschalen und Muskatblüte dazu, und bearbeitet es so lang, bis sich der Teig von der Hand abschält. Sollte er noch zu trocken sein, so wird mit lauer Milch geholfen. Hierauf bestreicht man 2 Bögen Papier mit Butter, macht die Kuchen in die Runde darauf, läßt sie wieder recht gehen, bestreicht sie oben mit zerlassener Butter, legt geschälte halbe Mandeln einen Zoll breit darauf auseinander, nimmt dann das halbe Lot Zimt, mischt noch 4 Lot gestoßenen Zucker darunter, und bestreut die Kuchen damit.

Brot, von gekeimtem Roggen zu backen

Zu 1 l Milch, welche etwas mehr als lauwarm gemacht sein muß, rechnet man etwa 3 bis 4 kg gebeuteltes Roggenmehl und 100 g gute Hefe.

Abends vor dem Backtag wird die Milch mit etwas Mehl, Salz und der Hälfte Hefe gleich einem Pfannkuchenteig angerührt und im Winter über Nacht in eine warme Stube gestellt. Anderntags wird der Teig mit der übrigen Hefe und Mehl ausgeknetet, verarbeitet und zu länglichen Broten geformt, die, gut aufgegangen, in einem passend geheizten Ofen 2 Stunden gebacken werden.
Durch Anrühren des Teiges am vorhergehenden Tage erhält derselbe einen Anflug von Säure, welche die Ursache sein muß, daß das Brot gut gerät.

Brot, sächsisches

Man nimmt ein halbes Viertel (4 Lot) feines Mehl in eine große Schüssel, läßt es durchaus warm werden, rührt von dem innern Mehl ein Teiglein von 4 Eßlöffel voll guter Bierhefe und einen Schoppen warmer Milch an, läßt es gehen und macht 3 Viertel frischen Butter in einem reinen Geschirr warm. Sobald der Teig gegangen ist, gibt man 2 ganze Eier und von 2 andern das Gelbe, 4 Lot gesiebten Zucker, und zuletzt noch ein halbes Lot Salz in den reifen Teig, knetet denselben solang bis er sich von dem Löffel schält. Noch besser ist es, wenn der Teig mit der Hand geschafft wird, und sich davon losschält. Hierauf nimmt man ein Viertel große und ebensoviel kleine Rosinen, beide Sorten zuvor gehörig verlesen und sauber gewaschen, nebst einem Viertel geschälter und länglich grob geschnittener Mandeln auch zu dem Teig, schafft dies voll hinein, bestreicht 2 Bögen Papier mit Butter, macht 2 lange Laibchen von dem Teig, und läßt sie bei gelinder Wärme gehen. Wenn sie reif sind werden sie mit einem Ei bestrichen, und in frischer Ofenhitze gebacken.

Brot aus Weizenmehl und Reis

Mit 1000 g feinem Weizenmehl wird 500 g in Milch völlig gar gekochter Reis noch warm vermischt, 25 g in Wasser oder Milch aufgelöste Hefe und ein halber Eßlöffel Salz dazugegeben und nach und nach so viel lauwarmes Wasser, daß man einen geschmeidigen Teig bekommt. Diesen bearbeitet man noch tüchtig, bis er Blasen wirft, läßt ihn dann an warmem Orte ½ Stunde aufgehen, formt danach ein längliches Brot, das man mit verquirltem Eidotter bestreicht und backt es bei guter Mittelhitze im Backofen aus. – Dieses Brot ist sehr empfehlenswert für Magenkranke und Genesende.

Buchweizenklöße

1000 g gekochte Kartoffeln, 100 g gewürfelter, ausgebratener Speck, 250 g Buchweizenmehl oder Weizen- und Roggenmehl gemischt, 4 Eier, Milch, Salz

Die Kartoffeln werden gerieben und mit den übrigen Zutaten zu einem festen Teig geknetet, der für mindestens 30 Minuten zum Ruhen beiseite gestellt wird. Dann formt man mit bemehlten Händen Klöße, legt sie in leicht siedendes Salzwasser und läßt sie kochen, bis sie an der Oberfläche schwimmen.

Butterspätzchen

560 g feines Mehl wird mit lauer Milch, 100 g zerlassener Butter, vier Eiern und etwas Salz zu einem ziemlich starken Teig angerührt und abgeschlagen, dann ein hölzernes Brettchen in Wasser getaucht, der Teig daraufgeleert, das Ende des Brettchens auf den Rand des Kochgeschirrs gelegt, und mit einem hölzernen oder auch andern Messer kleine Spätzchen in kochendes Salzwasser abgeschnitten. Man kann den Teig aber auch durch den Spatzenmodel treiben. Nachdem die Spätzchen einigemal überwallt sind, werden sie mit dem Schaumlöffel herausgehoben, und gewöhnlich im Kranz um gebratenes Fleisch gelegt. – Können auch *geröstet* werden.

Buntes Kartoffelgemüse

750 g rohe, geschälte Kartoffeln, 250 g Gelbrüben, 1 kleine Sellerie, 1 kleine Stange Lauch, 50 g Butter, 1 Zwiebel, Salz, 1 EL gewiegte Petersilie

Die Kartoffeln und Gemüse vorrichten, in Scheiben schneiden, in der heißen Butter andämpfen, ablöschen, weichkochen, durch ein Sieb streichen oder durch die Hackmaschine geben, nochmal aufkochen, beim Anrichten mit Petersilie bestreuen.

Butterhörnchen

500 g Mehl, 40–50 g Hefe, knapp 1/4 l Milch, 1 EL Zucker, 1 Prise Salz, 200 g Butter oder Margarine, Ei oder Eigelb zum Bepinseln

Der aufgegangene Vorteig wird mit Salz und Zucker vermischt, geknetet, die flüssige, abgekühlte Butter oder Margarine wird dazugegeben und unter den Teig geknetet bis dieser glatt ist. Nachdem er eine Viertelstunde geruht hat, werden Hörnchen daraus geformt, die nach dem Aufgehen mit Ei oder Eigelb bepinselt in 8–10 Minuten bei mittelstarker Hitze gebacken werden.

Champignonreis

250 g Reis, 1 kleine feingeschnittene Zwiebel, 50 g Butter, 1/2 l Fleischbrühe, 100 g Champignons

Die Zwiebel röstet man in der Butter hellgelb, gibt den Reis dazu und röstet ihn unter Umrühren glasig. Nun wird die Fleischbrühe dazugegossen und der Reis im offenen Topf aufgekocht. Umrühren nicht vergessen. Mit geschlossenem Deckel muß er noch ca. 15 Minuten auf kleiner Flamme quellen. Inzwischen die feinblättrig geschnittenen Champignons in Butter andünsten und dann unter den Reis mischen. Nach Belieben mit frischen Kräutern bestreuen.

Currykrapfen

300 g Mehl, 30 g Speisestärke, 1/2 TL Salz, 150 g Butter, kaltes Wasser. Zur Füllung 1 Zwiebel, 30 g Butter, 20 g Mehl, 1/8 l heiße Fleischbrühe, 6 EL Sahne, 1 EL Curry, Salz, 150 g kalter Braten, 100 g Champignons, 1 Bund Petersilie, 1 Eigelb zum Bestreichen

Mehl, Speisestärke und Salz in einer Schüssel mischen. Die gut gekühlte Butter in Flocken darauf verteilen. Alle Zutaten gut vermischen. Dann nach und nach so viel Wasser unterkneten, bis ein fester, aber geschmeidiger Teig entsteht. Den Teig noch einmal schnell durchkneten und zugedeckt für mindestens 3 Stunden in den Kühlschrank stellen. Für die Füllung Zwiebel fein hacken. Butter in einem Topf erhitzen. Zwiebel darin in 3 Minuten glasig braten. Mehl auf einmal reinschütten und 3 Minuten unter Rühren durchschwitzen lassen. Fleischbrühe und Sahne reinrühren. Sauce 5 Minuten kochen lassen. Dabei häufig umrühren, damit sie nicht ansetzt. Topf vom Herd nehmen. Sauce mit Zucker, Curry und Salz pikant abschmecken. Braten fein würfeln. Dabei vorhandenes Fett abschneiden. Champignons abtropfen lassen und fein hacken. Petersilie abbrausen, trocknen und auch hacken. Alles in die Sauce geben. Teig auf einem bemehlten Backbrett ausrollen. Kreise von 12 cm Durchmesser ausstechen. Jeweils einen Eßlöffel Füllung draufgeben. Teigränder dünn mit Wasser bestreichen. Kreise zu Taschen zusammenklappen. Ränder mit einer Gabel festdrücken. Teigtaschen mit verquirltem Eigelb bestreichen. Auf ein ungefettetes Backblech setzen und 20 Minuten bei 200 Grad backen.

Dibbedotz (hessisches Kartoffelgericht)

Kartoffeln reiben, etwas ablaufen lassen. 3 EL Mehl, 2 Eier, etwas Salz

In einem Tiegel oder in hoher Pfanne Fett oder Öl heiß werden lassen. Einen Teil der Kartoffeln hineingeben und hellbraun braten. Dann umdrehen, wieder eine Lage Kartoffeln dazugeben und braten. Abermals umdrehen und so fortfahren. Man kann bestimmen wie hoch man den »Dibbe-Dotz« haben will. Auf flachem Teller servieren.

Dippelappes

Kartoffeln, Salz, Pfeffer, Muskat, Zwiebel, Petersilie, 1–2 Eier, Fett, Rauchfleischscheiben

Rohe Kartoffeln werden gerieben, mit Salz, Pfeffer, Muskat, geriebener Zwiebel und Petersilie sowie 1 bis 2 Eiern vermischt. Eine Bratpfanne wird gut gefettet und mit Rauchfleischscheiben ausgelegt. Darauf kommt eine Schicht Kartoffelteig, eine Lage Rauchfleisch und wieder eine Schicht Kartoffeln. Im heißen Backofen ca. 30 Minuten backen, danach wenden und fertig backen. Dazu wird Apfelmus gegessen.

Dippekuchen

1500 g Kartoffeln und 300 g Zwiebeln reiben, 1–2 Knoblauchzehen, 2 Eier, 1 geh. EL Mehl, Salz, Pfeffer, Majoran, Kerbel, 150 g mag. Speck, 4–5 Bratwürste, Margarine zum Einfetten, Backzeit: 2–2½ Stunden

Mit dem in Scheiben geschnittenen Speck eine feuerfeste, nicht zu hohe Form auslegen. Alle Zutaten – außer den Bratwürsten – mit den geschlagenen Eiern verrühren. Gut die Hälfte der Masse in die vorbereitete Form füllen. Die in Scheiben geschnittenen Würste – eine zurücklassen – darauf verteilen. Die restliche Kartoffelmasse einfüllen. Backen bei guter Mittelhitze. Nach 1 Stunde die restlichen Wurstscheiben auf der Oberfläche verteilen. Der »Dippekuchen« sollte beim Servieren eine braune Kruste haben!

Döppekooke I

1½ kg Kartoffeln, 3 Zwiebeln, 3 TL Salz, ½ TL Pfeffer, 3 Eier, 6 EL Öl, 100 g durchwachsener Speck

Die geschälten Kartoffeln pürieren und einige Minuten stehen lassen, dann in ein feines Sieb geben, um das Wasser ablaufen zu lassen. Nach etwa 5 Minuten das Wasser vorsichtig abgießen und die unten abgesetzte Kartoffelstärke zu der Kartoffelmasse geben. Die Zwiebeln fein reiben, Salz, Pfeffer und Eier zugeben und alles gut verrühren. In eine feuerfeste Form 4 Eßlöffel Öl geben und mit dem in dünne Scheiben geschnittenen Speck auslegen. Die Kartoffelmasse in die Form geben und mit 2 Eßlöffel Öl beträufeln. Bei 200° C etwa 2 Stunden backen lassen. Dazu serviert man Apfelkompott und einen »Klaren«.
Nach Belieben kann man auch noch vor dem Servieren fetten Speck und Zwiebel auslassen und darübergeben!

Döbbekooke II

2 kg Kartoffeln, 2 Zwiebeln, 1 Brötchen, 250 g Fleischwurst, Salz, Pfeffer, Muskat

Die geschälten Kartoffeln und Zwiebeln reiben, die Fleischwurst würfeln, das Brötchen in Milch weichen. Alles zu einem Teig verkneten und mit Salz, Pfeffer und Muskat abschmecken.
In gut gefettetem Keramiktopf bei 220° C ca. $2\frac{1}{2}$–3 Stunden im Backofen backen.

Eiernudeln und Makkaronireste

sind gut zu verwenden, wenn man sie in flacher Pfanne in steigender Butter von beiden Seiten goldbraun ausbackt. Es ist geraten, jedesmal nur eine ganz dünne Schicht Nudeln in die Pfanne zu legen. Man kann sie zu verschiedenen grünen Gemüsen und Kompott reichen.

Eingehüllte Kartoffelklöße

$1\frac{1}{2}$ Pfund geriebene Kartoffeln, $\frac{3}{4}$ EL Salz, 1 EL in 20 g Butter gedämpfte Zwiebel und Petersilie, $1\frac{1}{2}$ große Eier, $1\frac{1}{2}$ trockene Brötchen, 30 g Butter. – Zum Nudelteig: 2 große Eier, etwa 160–180 g Mehl, 3 Tropfen Essig. – Zum Abkochen: 4 l Wasser, 3 EL Salz. – Zum Abschmälzen: 30 g Butter, 1 EL Weckmehl

Die am Tag zuvor gekochten, geschälten Kartoffeln werden gerieben und mit den $\frac{1}{2}$ cm großen, in Butter gerösteten Weckwürfeln, gedämpfter Zwiebel und Petersilie und Salz gut verarbeitet. Sodann bereitet man mit Mehl, Eiern und Essig einen Nudelteig, den man dünn auswellt und in etwa 12 cm große Quadrate schneidet. In jedes Quadrat setzt man 1 Eßlöffel Kartoffelfülle, faßt die 4 Ecken des Nudelteiges, drückt sie fest zusammen und gibt die so vorbereiteten Klöße in kochendes Salzwasser. Nach 15 Min. Kochzeit setzt man sie mit einem Schaumlöffel auf die heiße Platte und schmälzt sie mit den in Butter gerösteten Weckkrumen. (Stückzahl: 15.)

Eingekrustete Kartoffeln

Recht gleichmäßig große Kartoffeln, die man erst lauwarm, dann kalt tüchtig abgewaschen hat, werden in der Schale mit Salzwasser dreiviertel gar gekocht. Nachdem sie geschält sind, werden sie in 1 cm dicke Scheiben geschnitten, in verquirltem Ei, dem man ein paar gestoßene Kümmelkerne beigibt, und in Semmelbrösel gewälzt. In einer flachen Pfanne bäckt man die Kartoffelscheiben, in halb Butter, halb Fett von beiden Seiten schön braun und gibt sie recht heiß zu Tisch. Sie passen zu jedem Kohl- oder Spinatgericht und eignen sich gut zum Garnieren verschiedener Fleischspeisen.

Englisches Kapselbrot

750 g Mehl, 10 g Hefe, 8 g Salz, 60–80 g Butter, Milch

Man macht einen Vorteig und Hauptteig. Nachdem der Teig gegangen ist, gibt man ihn in eine bestrichene Kapsel, drückt ihn gleichmäßig ein, läßt ihn nochmal gehen, bestreicht nach Belieben mit Eigelb und backt das Brot ¾ Stunden. Eignet sich gut zu belegten Brötchen.

Fränkische Backes

1500 g Kartoffeln, 250 g Quark, 2 Eier, etwas Mehl, Salz

Die rohen Kartoffeln werden geschält, gerieben, leicht ausgedrückt und mit dem Quark, den Eiern, Mehl und Salz gut vermischt. Aus dieser Masse werden pfannengroße, kleinfingerdicke Fladen gebacken, die meist zu Bohnengemüse gereicht werden.

Französisches Teebrot

560 g Mehl wird auf das Backbrett gesiebt und auseinandergestrichen, in die Mitte desselben 140 g Butter geschnitten, sieben Eier, zwei Eßlöffel Zucker, ein Eßlöffel Vanillezucker oder ein Kaffeelöffel feingewiegte Zitronenschale und ein Kaffeelöffel Salz dazugegeben, und dieses zusammen zu einem Teig angemacht, den man so lang abknetet, bis er ein feines Aussehen hat, worauf man ihn auf ein mit Mehl bestäubtes Backbrett bringt, mit einer Serviette bedeckt, und einige Stunden an einen kalten Ort stellt. Nach dieser Zeit wird er zu einer langen, zweidaumendicken Wurst gerollt, und daraus überzwerch stark daumendicke Stücke abgeschnitten, welche mit der abgeschnittenen Seite auf das bemehlte Backbrett gelegt und dann der Länge nach mit dem Finger eingedrückt werden. Nun macht man mit dem Messer über's Kreuz leichte Einschnitte, legt die Stücke in kochendes Wasser (doch so, daß nicht zu viele auf einmal darin sind, weil sie sonst zusammenkleben würden), und bewegt die Pfanne fortwährend, um das Aufsteigen zu erleichtern. Da sie nicht kochen dürfen, so werden sie, sobald sie sich auf der Oberfläche zeigen, mit dem Schaumlöffel herausgenommen, in viel kaltes Wasser gelegt, und drei Stunden darin stehen gelassen, alsdann herausgenommen, auf ein Sieb oder Tuch zum Ablaufen gelegt, nach einigem Abtrocknen auf ein butterbestrichenes Backblech weitläufig verteilt, und in ziemlich heißem Ofen gebacken, wobei dann letzterer nicht geöffnet werden darf, denn der kleinste Luftzug würde das Aufgehen der Stücke verhindern. Ihr Fertigsein erkennt man daran, wenn sie außerordentlich leicht und sehr groß geworden sind und eine blaßgelbe Farbe angenommen haben. – Sollten Mehl, Butter und Eier sich nicht gern vermengen, kann man ein paar Eßlöffel Milch oder Wasser dazugeben, damit der Teig nicht zu fest wird.

Fleischkrapfen

Blätterteig von 250 g Mehl wird ausgewellt, mit einer runden Form ausgestochen, in die Mitte 1 Kaffeelöffel Fleisch- oder Schinkenfülle gegeben, der Rand zur Hälfte mit Ei bestrichen, zusammengeschlagen, auf ein nasses Blech gesetzt. Vor dem Backen mit Eigelb bestreichen. Die Krapfen können auch schwimmend in heißem Fett gebacken werden. (Gibt etwa 16 Stück).

Fleischfülle: 125 g Schweinehackfleisch, 1 Brötchen, feingehackte Zwiebel, Petersilie, 30 g Fett zum Dämpfen, 1 Eigelb, Salz, Pfeffer, Muskat.

Fleischkuchen

350 Mehl, 150 g Butter, 1 Eigelb, 0,1 l Wasser, 1 TL Salz, 1 Brötchen, 0,1 l Milch, 1 Zwiebel, 50 g durchwachsener Speck, 600 g Hackfleisch halb und halb, 0,1 l Sahne, Salz, Pfeffer, Muskat, 1 Ei

Mehl, Butter, Wasser, Eigelb und Salz zu einem glatten Teig rühren. Mit einem Tuch bedecken und 30 Minuten im Kühlschrank ruhen lassen. Brötchen würfeln, mit heißer Milch übergießen und weichen lassen. Zwiebel und Speck fein würfeln. Speck in einer Pfanne auslassen, Zwiebel hinzufügen und 10 Minuten glasig braten. Dann mit dem ausgedrückten Brötchen, dem Hackfleisch und der Sahne in eine Schüssel geben und gut mischen. Mit Pfeffer, Salz und Muskat würzen. Eine Springform mit zwei Dritteln des Teiges auslegen und einen hohen Rand arbeiten. Füllung auf den Teig geben und glattstreichen. Aus dem restlichen Teig eine runde Fläche rollen, auf die Füllung legen und gut andrücken. Rand darüberklappen. Mit dem verquirlten Ei bestreichen und 55 Minuten bei großer Hitze backen.

Fischkartoffeln

Große Kartoffeln schälen, mit dem Kartoffelbohrer ausstechen, wie Salzkartoffeln kochen. Beim Anrichten mit gewiegter Petersilie bestreuen. Können auch nach dem Kochen in Butter leicht gedämpft werden.

Fischtorte

Blätterteig, 500 g Kabeljau, Saft einer Zitrone, Salz, 1/4 l Wasser, 1/8 l Weißwein, 1 Zwiebel, 1 Lorbeerblatt, 4 Nelken, 6 Pfefferkörner, 3 Wacholderbeeren, 100 g Champignons, 1 Zwiebel, 20 g Butter, weißer Pfeffer, 1 Bund Petersilie, 3 hartgekochte Eier, Semmelbrösel, 1 Eigelb zum Bestreichen

Blätterteig zubereiten. Für die Fülle Fisch kurz unter kaltem Wasser abspülen und abtrocknen. Auf eine Platte legen. Mit der Hälfte des Zitronensaftes beträufeln und mit Salz bestreuen. 10 Minuten ziehen lassen. Wasser und Wein in einem großen flachen Topf zum Kochen bringen. Schwach salzen.

Die geschälte, mit Lorbeerblatt und Nelken gespickte Zwiebel, Pfefferkörner und die zerdrückten Wacholderbeeren mitkochen. Den Fisch in den Sud legen und 10 Minuten ziehen (nicht kochen) lassen. Im Sud erkalten lassen. Champignons putzen, waschen und abtropfen lassen. Dann in feine Scheiben schneiden. Zwiebel schälen und fein hacken. Butter erhitzen. Champignons und Zwiebel darin 5 Minuten anbraten und dünsten. Mit Salz und Pfeffer würzen. Petersilie abbrausen, trokkentupfen und hacken. Eier schälen und in Scheiben schneiden. Fisch aus dem Sud nehmen, häuten, in Filets teilen und entgräten. In mundgerechte Würfel schneiden. Mit dem restlichen Zitronensaft beträufeln. Mit Salz und reichlich Pfeffer bestreuen. Blätterteig auf einer bemehlten Fläche dünn ausrollen. Zwei Kreise in Größe einer Pastetenform von 22 cm Durchmesser ausschneiden. Teigreste zu Belegstreifen für den Tortenrand zuschneiden. Pastetenform kalt ausspülen. Eine Teigplatte reinlegen. Teigränder an Rand und Boden drücken. Die Form mit Semmelbröseln ausstreuen. Fischstücke auf den Teig geben. Mit der Champignon-Zwiebel-Mischung bedecken und mit Petersilie bestreuen. Die Eischeiben darüber verteilen und schwach salzen.

Die zweite Teigplatte draufheben und an die Randstreifen drücken. Wenn noch Teigreste vorhanden sind, daraus kleine Sterne ausschneiden und als Verzierung auf die Torte legen. Tortenoberfläche mit einer Gabel mehrmals einstechen und mit verquirltem Eigelb bestreichen. 35 Minuten bei 230 Grad backen.

Florenzer Reis. Kroketten von Reis

150 g Karolinenreis wird mit kochendem Wasser angebrüht, dieses wieder abgeschüttet, und dagegen so viel kochende Milch darangegossen, daß der Reis handhoch damit überdeckt ist. So läßt man ihn nun langsam weich und dick einkochen. Dann werden vier Eigelb, 70 g geriebener Parmesankäse, Salz und 70 g Butter daruntergemengt, der Reis in eine Form, wie sie in voriger Art beschrieben ist, eingefüllt, und einen Augenblick in den Ofen gebracht, hernach auf eine warme Platte angerichtet, mit gebratenen Koteletts oder gebratenen kleinen Vögeln belegt, und in einer Sauciere heiße, mit etwas Fleischbrühe verdünnte Bratensauce, in welcher nußgroß Butter verrührt wurde, extra dazugegeben.
Von obiger werden nach gänzlichem Erkalten *Kroketten* (Küchlein) geformt, dieselben gebacken und zu gebratenem Fleisch gegeben.

Gewürzbrot

200 g Roggenmehl, 250 g Weizenmehl, 40 g Hefe, Zucker, 1/4 l lauwarmes Wasser, je 1 Bund Dill und Petersilie, 2 Bund Schnittlauch, je 1 TL Salz, Kümmel, Fenchelsamen und Basilikum, 75 g Butter, 50 g zerlassene Butter

Mehl in einer Schüssel mischen. In die Mitte eine Mulde drücken. Hefe reinbröckeln. Mit Zucker, 4 Eßlöffel Wasser und etwas Mehl verrühren. Zugedeckt an einem warmen Ort 20 Minuten gehen lassen. In der Zwischenzeit Dill, Petersilie und Schnittlauch unter kaltem Wasser abbrausen und trockentupfen. Dill und Schnittlauch fein schneiden. Petersilie hacken. Mit dem restlichen Wasser, Salz, Gewürzen und dem weichen Fett zum Vorteig geben.
Alles zu einem geschmeidigen Teig kneten. Mit bemehlten Händen aus dem Teig einen großen Brotlaib formen. Mit einem Messer schräge Einschnitte in die Oberseite machen. Ein Backblech mit gefetteter Alufolie auslegen. Brot auf dem Blech 30 Minuten an einem warmen Ort gehen lassen. Dann mit der Hälfte der zerlassenen Butter bestreichen und 55 Minuten bei 220 Grad backen. 10 Minuten vor Ende der Backzeit das Brot nochmals mit Butter bestreichen.

Gebackene Kartoffeln

1 kg rohe Kartoffeln schälen, waschen, nicht in Wasser legen, in etwa halbfingerlange Stifte schneiden. Man gibt kleine Mengen in heißes, schwimmendes Backfett, backt, bis sie glasig sind, und gibt sie auf ein Sieb. (Kann schon einige Stunden vor Gebrauch gemacht werden.) Kurz vor dem Anrichten gibt man sie nochmals in heißes Fett (nicht zu viel auf einmal), backt sie hellbraun, bestreut sie mit feinem Salz und gibt sie gleich zu Tisch.

Gebackene Kartoffeln mit Bratwurst

Die Bratwurst wird in Butter mit feingeschnittenen Zwiebeln gelblich gebraten, ein Löffel Mehl hineingerührt, danach gute Fleischbrühe, etwas Bratenschmalz, Salz und Pfeffer hinzugefügt.
Dann gibt man die vorher in der Schale gekochten, heiß in Scheiben geschnittenen Kartoffeln hinein und läßt sie ein wenig durchschmoren. Von diesen Kartoffeln gibt man eine Lage in eine mit Butter bestrichene und mit geriebenem Weißbrot bestreute Form, legt die in fingerlange Stücke geschnittene Bratwurst darüber hin und gibt wieder eine Lage Kartoffeln darauf, bestreut solche mit geriebenem Weißbrot, gibt etwas geschmolzene Butter darüber und läßt dieses Gericht in einem Ofen etwa ¾ Stunde oder so lange backen, bis es eine gelbe Kruste bekommen hat, stürzt es alsdann auf eine Schüssel und gibt es zur Tafel.

Gebackene Kartoffeln mit Parmesankäse

1 kg gekochte und abgepellte Kartoffeln werden in Scheiben geschnitten, ½ l saure Sahne mit 5 Eiern verquirlt und 125 g Parmesankäse gerieben. In eine dick mit Butter ausgestrichene Form gibt man zuunterst eine Lage Kartoffeln, gießt etwas Rahm darüber und streut Käse darauf, nun kommt wieder eine Lage Kartoffeln, dann Rahm und Käse. So fährt man fort, bis alles aufgebraucht ist – zuoberst müssen Rahm und Käse kommen – und bäckt die Speise während ½ Stunde bei guter Oberhitze gar. Es ist eine gute Beigabe zu Schinken, Koteletts, Fleischklößchen usw.

Gebratene Kartoffeln in der Schale

Recht gute Kartoffeln von mittlerer Größe werden sehr rein gewaschen, in einem eisernen Topf mit Wasser bedeckt, halb gar gekocht, trocken abgegossen, mit etwas Salz bestreut und, fest zugedeckt, auf mittelmäßig starkem Feuer so lange gebraten, bis sie ganz weich geworden und Krüstchen erhalten haben. Sie werden mit kalter Butter gegessen.

Gebratene Kartoffeln, zum Gemüse

Ganz kleine, recht runde Kartoffeln von gleicher Größe werden geschält, gut gewaschen, in Wasser und Salz nur zur Hälfte gar gekocht und trocken abgegossen. Dann macht man sofort halb Butter und halb gutes Fett in einer oder zwei Pfannen, die vorher mit Salz gehörig ausgescheuert worden sind, auf mäßigem Feuer gelblich, legt die dampfenden Kartoffeln nebeneinander hinein, deckt die Pfanne fest zu, wendet die Kartoffeln, wenn die untere Seite gelb geworden, um, und deckt sie so lange wieder zu, bis sie ganz weich sind, dann werden sie in offener Pfanne ringsum dunkelgelb gemacht; brenzlig aber dürfen sie nicht sein. Um die Kartoffeln glatt und ansehnlich zur Tafel zu bringen, darf man sie während des Bratens nicht mit einer Gabel umrühren und zerbröckeln; das Umwenden geschieht am besten mit einem Pfannenmesser. Beim Braten etwas Zucker über die Kartoffeln gestreut, gibt ihnen Glanz.
Sollten aus Versehen die Kartoffeln statt halbgar weich gekocht sein, so lege man nur die ganzen, ja nicht die zerkochten Kartoffeln in die gelb gewordene Butter und brate sie in offener Pfanne gelb.
Wünscht man in der Schale gekochte Kartoffeln zu braten, die indes längst nicht so milde und wohlschmeckend sind, so werden diese in Wasser und Salz ganz gar gekocht, heiß abgezogen und möglichst heiß in offener Pfanne bei öfterem Umrühren dunkelgelb gemacht. Werden die Kartoffeln zur beliebigen Zeit gekocht und abgezogen bis zur Zeit des Bratens hingestellt, wie es häufig in Gasthäusern vorkommt, so wird man sie hart, fast ungenießbar finden.

Gebratene Kartoffelscheiben

Die Kartoffeln werden geschält, tüchtig gewaschen und in dünne Scheiben geschnitten. Dann gibt man nach Belieben nicht zu wenig halb Schweineschmalz, halb Butter in die Pfanne, oder man läßt gewürfelten Speck darin gelb werden, schüttet die Kartoffeln etwa 2 Finger dick hinein, streut das nötige Salz darüber, gibt eine Tasse Wasser dazu und deckt die Pfanne fest zu. Wenn die Kartoffeln gar und gelb geworden sind, kann man sie nach Belieben anrichten oder mit einem Pfannenmesser umwenden und auch auf der andern Seite gelb werden lassen.

Gebratene Kartoffelscheiben mit Äpfeln

Nachdem eine saubere Pfanne mit Butter oder gutem Bratenfett versehen, schneidet man übriggebliebene gekochte Kartoffeln in dünne Scheiben hinein, legt darüber halb so viel oder ein Drittel in Scheiben geschnittene säuerliche Äpfel, deckt die Pfanne fest zu und stellt sie auf ein mäßiges Feuer. Sind die Kartoffeln gelb gebraten, wo dann auch die Äpfel weich sind, so gießt man im Verhältnis zur Portion 1 bis 3 Eßlöffel Wasser seitwärts in die Pfanne, wodurch die Kartoffeln sich lösen und in eine Schüssel geschoben werden können.

Gefüllte Brötchen

4 Brötchen, 6 Eier, 125 g Schinken, Salz, ⅛ l saure Sahne, Schnittlauch, Butter, Käsescheiben

Die Brötchen durchschneiden und das Weiche herausnehmen.
Die Hälften in eine feuerfeste Form setzen. Eier mit gewiegtem Schinken vermischen, salzen und in Butter braten. Schnittlauch zufügen und die Eimasse in die Brötchenhälften geben. Mit Käse überbacken.

Gefüllte Kartoffeln

Nicht sehr große, doch möglichst gleiche Kartoffeln werden rund geschält, oben und unten glattgeschnitten, gewaschen und mit einem scharfen Blechlöffel gleichmäßig ausgehöhlt, (doch so, daß die Wände nicht zu dünn werden), dann mit Kalbfleischfarce gefüllt, jede nach Belieben mit einem der abgeschnittenen Scheibchen zugedeckt, und so eine an die andere in ein flaches Kastrol gestellt. Hierin werden sie, bedeckt, in guter, fetter Fleischbrühe langsam weichgedämpft, hernach mit einem Backschäufelchen behutsam angerichtet, und der zurückgebliebene Saft mit etwas saurem Rahm oder in dessen Ermangelung mit Braten- oder Fleischbrühe aufgelöst, durch ein Sieb daruntergegossen. Die Kartoffeln können auch mit einer beliebigen anderen Farce gefüllt werden, so an Fasttagen mit Fischfarce, wo man dann, statt Fleischbrühe, Wasser mit wenigem Salz und einem Stückchen Butter nimmt und eine Butter- oder weiße Einmachsauce dazugibt. – Man kann die Kartoffeln auch nur mit feingehacktem übriggebliebenen Braten, der dann noch etwas gesalzen wird, füllen und die allenfalls noch vorhandene Bratensauce in das Kastrol geben.

Gefüllte Kartoffeln, andere Art

4 große Kartoffeln, 1 Becher Hüttenkäse, 4 EL geriebener Käse, 2 Eier, 2 EL Butter, ¼ Tasse saure Sahne, Salz, Pfeffer

Die ungeschälten Kartoffeln in sprudelndem Salzwasser etwa 15 Minuten kochen lassen, dann pellen. Vorsichtig das Innere herausschaben, damit die Kartoffeln nicht zerbrechen. Mit einer Füllung aus Hüttenkäse, mit geriebenem Käse und den Eiern vermischt, füllen.

Butter in einer feuerfesten Form schmelzen lassen; die gefüllten Kartoffeln hineinsetzen, würzen, saure Sahne angießen und etwa 20 Minuten bei mittlerer Hitze backen.

Gefüllte Kartoffeln, dritte Art

Pro Person 2–3 dicke Kartoffeln als Pellkartoffeln garen, pellen, leicht aushöhlen, die Kartoffelmasse würzen und zum Schluß wieder einfüllen. Gouda-Käse am Stück, saure Sahne, Paprikapulver, Muskat, Petersilie, Knoblauch fein raspeln, alles in die Kartoffelmasse einarbeiten, Kartoffeln füllen und überbacken bei 200° C. Pro Person 2 Zwiebeln in Ringe schneiden, in der Pfanne glasig dünsten, mit Frugola, Knoblauch, Basilikum und Steakgewürz würzen und zu den Kartoffeln reichen. Es ist weniger Arbeit, wenn alles schichtweise in eine Auflaufform gefüllt wird. Dann schmeckt es gut, wenn zu den Zwiebeln noch 2–3 Stangen Lauch mitgedünstet werden.

Geriebene Kartoffeln, geröstet

Gänzlich erkaltete gesottene Kartoffeln werden gerieben, und nun ein Stück gutes Fett in einer Pfanne heiß gemacht, worein ein Eßlöffel geschnittene Zwiebel, und nebst Salz und Pfeffer die geriebenen Kartoffeln kommen. Man kehrt dieselben öfters mit dem Backschäufelchen um, bis sie eine gelbe Kruste haben, hernach werden einige verrührte Eier darübergegeben. Alles noch kurze Zeit unter öfterem Umkehren geröstet, eine Platte darübergedeckt, die Kartoffeln darauf umgestürzt, und dann zu Rindfleisch, Kalbskoteletts, Kalbsschnitzchen etc. serviert. – Die Eier können auch *wegbleiben*, und es wird dann vor dem Umstürzen an den Seiten etwas *Butter* in die Pfanne gegeben, wodurch die Kartoffeln besser herauszustürzen und auch zu einem schöneren Kuchen zu braten sind.

Geröstete Kartoffeln

1 kg gekochte Kartoffeln, Salz, 40 g Fett, Zwiebel

Die Kartoffeln schälen, in Scheiben schneiden. In einer eisernen Pfanne läßt man das Fett heiß werden, gibt die in feine Scheiben geschnittene Zwiebel zu, dämpft sie glasig, gibt die Kartoffeln und Salz zu und röstet sie unter öfterem Wenden hellbraun. Nach Belieben kann man auch rohe Kartoffeln in Scheiben schneiden und sie ebenso rösten, die Pfanne zudecken.

Geschwungene Kartoffeln mit Petersilie

Die frischgesottenen Kartoffeln werden geschält, heiß in Scheiben geschnitten, mit 140 g Butter in einem passenden Geschirr auf's Feuer gesetzt, und, nachdem Salz, Pfeffer und zwei Eßlöffel feingewiegte Petersilie darangegeben, zugedeckt langsam durchwärmt, dann etliche Mal übereinandergeschwungen, und angerichtet.

Gesottene Kartoffeln

Reingewaschene, unbeschädigte, möglichst gleichgroße Kartoffeln werden in einem Topf oder einer Pfanne mit so viel Wasser, daß es über die Hälfte an denselben heraufgeht, auf's Feuer gesetzt, mit einem passenden Deckel zugedeckt, und schnell gesotten. Sind sie weich, so gießt man das Wasser ab, läßt sie noch einige Minuten zugedeckt im Dampf stehen, und gibt sie dann mit süßer Butter zu Tisch. – Werden öfters auch mit Salz und Kümmel abgesotten. – Bei einem feineren Tisch belegt man die Platte, auf welche sie angerichtet werden, mit einer Serviette, richtet die Kartoffeln darin an und überschlägt sie mit derselben.

Gestürzte Kartoffeln

Man schält mittelgroße, gute, rohe Kartoffeln, und schneidet sie in halbfingerdicke Scheiben. Nun wird ein Auflaufblech oder ein anderes rundes Geschirr messerrückendick mit Butter bestrichen, Boden und Wände mit schneckenförmig übereinandergestellten Kartoffelscheiben belegt, und die übrigen in die Mitte fest eingedrückt, inzwischen jedoch mit etwas Salz und Pfeffer bestreut. Nachdem dann obenauf ein gutes Stück Butter geschnitten, bäckt man die Kartoffeln, fest zugedeckt, eine gute Stunde in nicht zu heißem Ofen, läßt sie hernach bedeckt einige Minuten stehen, stürzt sie nun auf eine Platte um und trägt sie auf.

Gestürzte Kartoffeln mit Püree

Die Kartoffeln werden gesotten, geschält, und ein kleiner Teil in gleichmäßige Scheiben geschnitten und leicht gesalzen, die übrigen so heiß als möglich durch ein Sieb gedrückt, und mit vier Eiern, etwas Salz, ein wenig Pfeffer und ⅛ l saurem Rahm gut abgerührt. Nun bestreicht man ein Auflaufblech dick mit Butter, belegt Boden und Wände schneckenartig übereinander mit den feingeschnittenen Kartoffelscheiben, gießt in die Mitte die abgerührte Masse, schneidet 35 g Butter darauf, und bäckt das Ganze im Backofen oder nicht zu heißem Rohr, bis obenüber sich eine schöne gelbe Farbe zeigt, was in ungefähr einer Stunde der Fall sein wird. Es wird dann umgestürzt und aufgetragen.

Gestürzter Reis mit Schinken und mit Geflügel

300 g Reis wird mit kochendem Wasser angebrüht, letzteres wieder davon abgegossen, und der Reis nun mit so viel Fleischbrühe auf's Feuer gesetzt, daß er handhoch damit bedeckt ist. So läßt man ihn nebst einer mit Nelken gespickten Zwiebel, einer gelben Rübe, etwas Safranblüte, die mit einem Eßlöffel heißem Wasser abgebrüht ist, und ein klein wenig Salz eine bis anderthalb Stunden bedeckt langsam kochen, wo er nun weich sein soll, doch noch ganz und trocken.

Nachdem dann 150 g feingewiegter Schinken, 100 g Butter und fünf Eier daruntergemengt, wird der Reis in eine dick mit Butter bestrichene, mit Brotbröseln ausgestreute Auflaufform fest eingedrückt, in den heißen Ofen gestellt bis er durchaus heiß geworden, dann auf eine warme Platte umgestürzt und mit einer Frikasseesauce zu Tisch gegeben.
Mit *Geflügel*. Wenn der Reis wie vorhergehender gekocht, wird der Boden einer dick mit Butter bestrichenen und mit Semmelbröseln ausgestreuten Auflaufform dicht damit bedeckt, dann eine Lage in Stückchen geschnittene gedünstete junge Hühner oder Enten daraufgegeben, diese wieder mit Reis bedeckt, und so abwechslungsweise fortgefahren, bis die Form voll und zuletzt mit Reis bedeckt ist. Nun läßt man das Ganze im Ofen heiß werden, stürzt solches dann auf eine warme Platte um, und gibt es mit einer weißen Einmachsauce, oder mit einer frikassierten Buttersauce, auch mit Jus, die mit Bratenbrühe, einem Stückchen Butter und etwas Zitronensaft aufgekocht, zu Tisch, nachdem in die betreffende Sauce der Saft, worin das Geflügel gedünstet wurde, gegeben ist.

Glacierte Kartoffeln

Dazu gehören runde, weiße Kartoffeln. Diese werden in Salzwasser abgekocht, geschält, nach Erkalten mittels eines Messers oder Kartoffelausstechers gleichrund gedreht, und sodann in zerlassener Butter mit Salz und Pfeffer unter fortwährendem Umrütteln gelblich gebraten. Nun gießt man etwas Bratenbrühe darüber, wodurch sie eine schön braungelbe Farbe annehmen, schwingt sie noch einigemal um, und gibt sie als Garnierung um gebratenes Fleisch.

Gratinierte Kartoffeln

1 kg rohe Kartoffeln, 5 große Zwiebeln, Salz, Pfeffer, 1/4 l süße Sahne, 1/4 l Milch, ca. 150 g Butter

Kartoffeln schälen und auf der Hahel in hauchdünne Scheiben schneiden, ebenso die Zwiebeln. Eine große feuerfeste Form gut mit Butter auspinseln. Nun die Kartoffel- und Zwiebelscheiben schichtweise mit Salz und frisch gemahlenem Pfeffer bestreuen. Die Sahne und die Milch verquirlen und über die Kartoffeln gießen. Reichlich Butterflöckchen darauf geben und in die Backröhre schieben. Bei ca. 200° gut 70 Min. garen lassen.

Göttinger Speckkuchen

Auf ein mit Speck gut abgeriebenes Kuchenblech legt man einen dünn ausgewalkten Brotteig, übergießt ihn mit dickem, saurem Rahm, in dem man einige Eier verquirlt hat, streut ein Gemenge von feingeschnittenem geräucherten Speck, ebenso zubereiteter Zwiebel, Salz und Kümmel und feingeschnitzelten Äpfeln darüber und backt den Kuchen bei starker Hitze in kurzer Zeit gar.

Grahambrot

125 g Weizenmehl, 35 g Hefe, 1/8 l Wasser, 500 g Weizenschrot, 1 EL Salz, 1/4 l kochendes Wasser

Aus Mehl, Hefe und Wasser wird der Vorteig angesetzt, der aufgehen muß. Das mit Salz vermischte Weizenschrot wird mit dem kochenden Wasser gebrüht. Abgekühlt wird es mit dem Vorteig vermischt und geknetet. Man gibt den Teig in eine gefettete Kastenform oder formt ihn zum Brot. Nach dem Aufgehen wird er in 30 bis 45 Minuten gebacken.

Grahambrot, andere Art

$\frac{1}{4}$ l lauwarme Milch, $\frac{1}{8}$ l Öl, 1 EL Salz, 1 TL gemahlener Kümmel, je $\frac{1}{2}$ TL gemahlener Anis, gemahlener Fenchel, 200 g Weizenmehl, 200 g Weizenvollkornmehl, 100 g Weizenschrot, 20 g Hefe

Milch mit Öl, Zucker, Salz und Gewürzen in einer Schüssel verschlagen, dann das vorher gemischte Mehl dazugeben, die Hefe darüberbröckeln und alles gut miteinander vermengen. Solange kneten und schlagen, bis er sich von der Schüssel löst. Mit einem Tuch bedecken und 30 Minuten an einer warmen Stelle stehen lassen. Nochmals durchkneten und dann in eine lange, gefettete Kastenform geben. Die Oberfläche mit Wasser besprühen, Kümmel und Sesamsamen darüberstreuen. Mit einem scharfen Messer die Oberfläche 3–4 mal einritzen. An warmer Stelle gehen lassen, bis er knapp doppelt so hoch ist. Dann bei 200 Grad 60 Minuten backen.

Graubrot

500 g Roggenmehl, 500 g Weizenmehl, $\frac{1}{2}$ l lauwarmes Wasser, 100 g Sauerteig oder 50 g Sauerteig und 50 g Hefe, 1 TL Salz

Der Vorteig für Brot wird am Abend vor dem Backtag angesetzt. Der aufgegangene Vorteig wird mit Salz geknetet bis er glatt ist. Er muß 1½–2 Stunden gehen, ehe ein längliches oder rundes Brot daraus geformt wird, dessen Oberfläche man einschneidet. Der geformte Teig muß zum drittenmal aufgehen, bis die Oberfläche rissig wird. Das Brot wird bei mittelstarker Hitze in 1–1½ Stunden gebacken. Während des Backens bestreicht man das Brot mehrere Male mit kaltem Wasser.

Graupen mit saurer Sahne

Hat man die Graupen erst kalt übergossen, dann mit kochendem Wasser überbrüht, so läßt man sie danach rein abtropfen und röstet sie dann in Butter 10 Minuten lang zu blaßgelber Farbe, füllt sie mit Milch auf und kocht sie langsam weich. Dann füllt man die Graupen in eine gut ausgebutterte irdene Schüssel, gießt reichlich dicke saure Sahne, in der man einige Eier und etwas Salz verquirlt hat, darüber, gibt etwas zerpflückte Butter daran und backt die Speise bei mäßiger Hitze in 30 Minuten durch. Süße Sahne, die man nach Belieben mit einigen Eidottern verquirlen kann, reicht man nebenher.

Graupen, grobe, mit Zwetschgen

Man rechne als Gemüse auf 3 Personen 250 g Graupen, setze sie mit einem Stück Butter und wenig Wasser aufs Feuer und koche sie in kurzer Brühe bei öfterem Nachgießen und Durchrühren langsam recht weich und kurz ein und füge etwas Salz hinzu. Unterdes brühe man 250 g Zwetschgen ab, koche sie in reichlichem Wasser langsam weich, schütte sie mit der Brühe zu der weichgekochten Gerste, rühre dies mit 1 bis 2 Eßlöffeln Zucker oder Sirup untereinander und lasse es noch ein wenig kochen.

Es wird dies Gericht zwar mit der Gabel gegessen, darf jedoch nicht zu dick gekocht sein. Man gebe kaltes Rauchfleisch oder eingeschnittenen Braten dazu.

Beim Anrichten braune Butter, Zucker und Zimt darübergeben, macht das Gericht noch wohlschmeckender. Dann aber kann man beim Kochen Butter und Zucker weglassen.

Graupen mit Fleisch

375–500 g Hammel- oder Rindfleisch oder 250–375 g durchwachsener Speck, 1½ l kochendes Wasser, 1 EL Salz, 1 Stück Sellerie, 375–500 g Graupen, Wasser zum Nachgießen, 1 EL Butter, Salz nach Geschmack

Das vorbereitete Fleisch oder der Speck werden in Wasser mit Salz und Sellerie 10 Minuten gekocht, dann kommen die gewaschenen Graupen dazu und werden unter Nachgießen von Wasser weichgekocht. Das Fleisch wird nach 1–1½stündigem Kochen herausgenommen. Nun gibt man das Stück Butter dazu und schmeckt mit Salz ab. Grobe Graupen (Kälberzähne) weicht man besser am Vorabend des Kochtages ein.

Grießklöße

¾ l Milch, Salz, 30 g Butter, 200 g Grieß, Muskat, 2 Eier, ½ Brötchen, nach Belieben gedämpfte Zwiebel und Petersilie

Milch, Butter, Salz läßt man aufkochen, streut den Grieß ein, kocht einen Kloß, gibt 1 Ei zu und stellt die Masse kalt. Das Brötchen wird in kleine Würfel geschnitten, in Butter geröstet. Nach dem Erkalten gibt man das zweite Ei zu, formt mit Mehl runde Klöße, gibt die Weckwürfel in die Mitte und dreht sie fest zu. Die Klöße kocht man in Salzwasser, offen, 8 Minuten und schmelzt sie beim Anrichten ab.

Grießklöße, ausgestochen

¾ l Milch, Salz, Muskat, 200 g Grieß, 50 g Butter, nach Belieben 1–2 Eier

Die Milch wird mit Salz zum Kochen gebracht, der Grieß eingestreut, unter Rühren dickgekocht. Einen Eßlöffel taucht man in die heiße Butter, sticht längliche Klöße ab, setzt sie auf eine Platte und gibt Weckmehlschmelze darüber.

Grießklöße gekochte

1 l Milch, 1 EL Salz, 300 g Grieß, 1½ Brötchen, 30 g Butter, Muskat, 4 Eier. – Zum Abkochen: 3 l Wasser, 2 EL Salz. – Zum Abschmälzen: 40 g Butter, 1 EL Weckbrosamen

Man bringt die Milch mit dem Salz zum Kochen, rührt den Grieß ein und kocht ihn zu einem Brei. Sobald er sich vom Topf löst, nimmt man ihn vom Herd weg, rührt ein Ei darunter und läßt ihn erkalten. Währenddem wird das in ¼ cm große Würfel geschnittene Brötchen der heißen Butter zugegeben, im Backofen gelb geröstet und nebst den Eiern und dem Muskat unter die Grießmasse gemengt. Nun formt man mit den mehlbestäubten Händen runde Klöße, welche keine Sprünge haben dürfen, gibt sie in strudelndes Salzwasser und läßt sie in geschlossenem Topf langsam 10 Min. mehr ziehen als kochen. Beim Anrichten schmälzt man sie mit in Butter gerösteten Weckbrosamen. (Gibt 15 Klöße.)

Grießklöße, rohe

¼ Pfund schaumig gerührte Butter, 4 ganze Eier, 100 g Grieß, etwas Salz und Muskat. Die schaumig gerührte Butter mit dem Grieß und mit dem Eigelb vermischen. Unter diese Masse das steif geschlagene Eiweiß unterziehen. Das Ganze wird zugedeckt. Nachdem es eine Stunde gestanden hat, werden mit einem kleinen Löffel Klößchen geformt, ins kochende Salzwasser gelegt und mindestens ½ Stunde leicht gekocht. Sie werden dadurch 3–4mal so groß und wesentlich zarter als gekochte Grießklöße.

Grießkuchen

In ¾ l kochende Milch wird ¼ l Semmelgrieß eingestreut und darin dickgekocht, worauf man ihn vom Feuer stellt und zwei Eßlöffel zerlassene Butter darübergibt, damit keine Kruste entstehe. Bis er etwas erkaltet ist wird 140 g Butter leicht gerührt, ebensoviel Zucker, sieben Eigelb, 70 g feingewiegte Mandeln, die feingewiegte Schale einer halben Zitrone, einige Körnchen Salz und nach Belieben 100 g gewaschene kleine Weinbeeren beigefügt, dies zusammen schaumig abgerührt und zu dem Grieß gebracht, damit gut untereinandergemengt, nun der feste Schnee der sieben Eiweiß daruntergegeben, und der Kuchen wie vorhergehender beendet. Eine Obst- oder Milchsauce, besonders Vanille- oder Zitronensauce serviert man extra dazu.

Grießmehlklöße

Man rühre 65 g Grießmehl mit ⅛ l halb Wasser, halb Milch und einer Walnuß dick Butter über Feuer so lange, bis die Masse ganz steif ist. Dann reibe man noch reichlich ebensoviel Butter weich, gebe Muskatblüte, Salz, 3 Eidotter hinzu, das etwas abgekühlte Grießmehl und zuletzt das zu Schaum geschlagene Weiße von 2 Eiern. Dies wird teelöffelweise in die kochende Suppe gegeben und 10 Minuten langsam gekocht. – Für 8 Personen.

Grießknödel

350 g Grieß, 1 Prise Salz, 1 l Milch, 4 Eier, 40 g Butter, 4 Semmeln

Grieß mit 1 Prise Salz wird in der Milch weichgekocht, etwas abgekühlt. Eier und Butter rührt man schaumig, vermischt mit Semmelbröseln von den Semmeln und gibt den Grießbrei dazu. Aus der Masse werden Knödel geformt, die man in kochendem Salzwasser gart. Dazu reicht man Kompott.

Grießknödel, gewöhnliche

Man überbrüht ½ l nicht zu feinen Grieß mit ½ l kochendem Wasser, schneidet 140 g Butter daran, und läßt ihn zugedeckt etwas erkalten. Unterdes werden vier in feine Würfel geschnittene Semmeln in 140 g gutem Fett gelb geröstet, zwei Eßlöffel feingeschnittene Zwiebel noch einigemal damit umgerührt, und nun das Ganze mit fünf Eiern, Salz und einem Kaffeelöffel Zucker zu einem Teig angemacht. Hiervon setzt man dann beliebig große Knödel in strudelndes, leicht gesalzenes Wasser ein, und siedet sie eine halbe Stunde. – Sind zu saurem Fleisch und gekochtem Obst gut.

Grießknödel, abgetriebene

Man rührt 70 g Butter recht flaumig ab, schlägt vier Eier, eines nach dem andern, hinein, rührt damit nicht ganz ¼ l Grieß, einen halben Kaffeelöffel Salz und ebensoviel Zucker eine Viertelstunde gut ab, und läßt die Masse eine kleine halbe Stunde stehen. Nun werden mit einem Eßlöffel Knödel davon abgestochen, diese hübsch geformt, und in siedendem Salzwasser eine gute Viertelstunde bedeckt gekocht, worauf man sie anrichtet, und mit in Butter gelbgerösteten Brotbröseln abschmälzt. – Zu eingemachtem Kalbfleisch, zu saurem Fleisch, zu Fischen mit Sauce, namentlich zu schwarzem Karpfen.

Grießknödel, andere Art

Man gebe in eine Pfanne ½ l Milch, 140 g Butter, vierzehn Eßlöffel Grieß, etwas Salz und einen kleinen Kaffeelöffel Zucker, lasse dies unter fortwährendem Rühren so lang kochen, bis es sich von der Pfanne ablöst, nehme es dann in eine Schüssel, und rühre es mit sechs bis sieben Eiern an. Nun schneide man eine Semmel in Würfel, röste letztere in heißem Schmalz gelb, menge solche unter obige Masse, und lasse das Ganze eine Viertelstunde stehen. Alsdann forme man Knödel, koche sie in siedendem Salzwasser eine gute Viertelstunde, richte sie hernach in eine tiefe Schüssel erhöht an, und schmälze sie mit in Butter gelbgerösteten Zwiebeln oder Brotbröseln.

Grießküchle

Siehe Grießschnitten.

Grießschmarren

1/2 l Milch, 250 g Grieß, Salz, nach Belieben 2 Eier – Fett zum Backen

Zu dem Grieß gibt man unter Rühren die kochende Milch und läßt die Masse zugedeckt 1/2 Stunde stehen. Dann gibt man Salz, nach Belieben die Eier zu. In einer Pfanne läßt man Fett heiß werden, gibt die Masse zu, läßt sie anbacken, dreht um, zerstößt den Teig und läßt die Stückchen fertig backen. Zu Kompott gibt man in die Milch 2 Eßlöffel Zucker und bestreut nach dem Backen mit Zucker und Zimt.

Grießschnitten, gesalzen

1 l Milch, 1 TL Salz, 50 g Fett, 250 g Grieß, 50 g Mehl – Fett zum Backen

Milch, Butter, Salz aufkochen, den Grieß, dann Mehl einstreuen, dickkochen. Runde Küchle formen, in heißem Fett auf beiden Seiten backen.
Oder: Man formt einen Stollen, schneidet diesen nach dem Erkalten in Scheiben und backt diese. Nach Belieben rührt man unter die fertiggekochte Masse 1–2 Eier und formt die Masse sofort.

Grießschnitten, süddeutsche

250 g Grieß, 1 l Milch, 3 EL Zucker, Butter, Salz, abgeriebene Schale einer halben Zitrone, 2 mittelgroße Eier, Zucker, Zimt, Semmelbrösel, 1 Ei

Der Grieß wird in die kochende Milch mit Salz und einem Stück Butter eingerührt. Es muß so lange gerührt werden, bis sich der Grieß vom Topf löst. Nun wird der Topf vom Feuer genommen, die verquirlten Eier und die Zitronenschale eingerührt und die Masse etwa 2 cm dick auf eine kalt abgespülte Platte gestrichen. Nach dem Erkalten schneidet man die Masse in Schnitten, wälzt diese zuerst in Ei und dann in Semmelbröseln und bäckt sie in heißem Schmalz von beiden Seiten goldgelb. Mit Zucker und Zimt bestreut werden sie mit Kompott zu Tisch gegeben.

Grießschnitten, süß

1 l Milch, 50 g Butter, 250 g Grieß, 30–50 g Zucker, ½ TL Salz, 1–2 Eier, Zitronenschale oder Vanille – Backfett

Milch, Butter, Zucker, Salz aufkochen, den Grieß unter Rühren einstreuen, dickkochen, 1 Ei und Zitrone zugeben. Man streicht die Masse auf ein nasses Brett, wellt mit einem nassen Wellholz fingerdick aus und stellt sie kalt. Nach dem Erkalten schneidet man verschobene Vierecke und backt sie in heißem Fett. Die Schnitten können nach Belieben in Ei und Weckmehl umgedreht werden. Nach dem Backen mit Zucker und Zimt bestreuen.

Grünkernbratlinge, Küchle

100 g Grünkern (geschrotet), knapp ½ l Wasser, Meersalz, 1 Zwiebel, 1 Handvoll zerkleinerte Kräuter aus dem Garten (Petersilie, Schnittlauch, Porree), 1–2 Eier, 30–50 g Vollkornbrösel, 10–20 g Weizenkeime, Majoran, Hefewürze, Pflanzenfett

Grünkernschrot mit Gewürzen in Wasser aufkochen, aufquellen lassen, ab und zu umrühren. Alle anderen Zutaten unterrühren.
Den Teig löffelweise in heißes Fett geben und zu Bratlingen backen (ähnlich wie Reibekuchen).
Dazu schmeckt ein Rohkostsalat.

Grünkernküchle (Bratlinge)

250 g Grünkerngrütze, ¾ l Wasser, 2 Brötchen, Zwiebel, Petersilie, 20 g Fett, 1–2 Eier, Salz, Pfeffer, Muskat – Fett zum Backen

Die Grütze wird mit Wasser und Salz dickgekocht und kalt gestellt. Die eingeweichten Brötchen werden mit Zwiebel und Petersilie gut abgedämpft, mit allen anderen Zutaten gemischt, wenn nötig, etwas Weckmehl zugegeben. Man formt runde Küchle und bratet diese in heißem Fett auf beiden Seiten.

Grüne Klöße

Man wäscht und hackt eine Handvoll Spinat, drückt solchen wohl aus, dämpft ihn in einem halben Viertel Butter nebst einer Handvoll Zwiebel und Petersilie, schneidet 2 Weißbrote oder Kreuzerwecken zu Bröcklein, gießt einen Schoppen (Quart) Milch darüber, gibt ein Viertel klein geschnittenen Speck, 3 bis 4 Hände voll Mehl, nebst Salz, ein wenig Pfeffer und Muskat dazu, rührt es mit 3 Eiern an, und legt die Klöße in Wasser oder Fleischbrühe ein. Sind sie im Wasser gekocht, so müssen sie geschmälzt werden.

Gruyèreschleifen

Blätterteig, 100 g Gruyère, 1 Eigelb, 1 EL Milch

Blätterteig dritteln und dicke Platten wellen. Arbeitsfläche mit 25 g Gruyère bestreuen. Die erste Platte darauflegen. Jetzt abwechselnd je 25 g Gruyère und je 1 Platte darüberlegen. Als letzte Schicht mit Gruyère abschließen. Gut festdrücken und den Teig 3 mm dick ausrollen. In 8 cm breite Streifen schneiden. Je 4 Streifen übereinanderlegen. Eigelb mit Milch verquirlen und die Oberfläche der Streifen damit bestreichen. Von den Streifen ½ cm dicke Scheiben abschneiden. Die Scheiben so verdrehen, daß Schleifen entstehen. Backblech mit kaltem Wasser abspülen und die Schleifen daraufsetzen. 10 Minuten bei 220 Grad backen.

Hackbrötchen, gefüllte

500 g Hackfleisch, 2 Zwiebeln, 1 Ei, 200 g Edamer, Salz, Pfeffer, Paprika, 4 Brötchen, 1 grüne, 1 rote Paprikaschote

Aus Hackfleisch, feingehackten Zwiebeln, gewürfeltem Käse, gewürfelten Paprikaschoten, Ei und Gewürzen einen Teig kneten. Die Brötchen halbieren und etwas aushöhlen. Mit dem Teig füllen und 20 Min. bei 175° C backen.

Haferflockenküchle (Bratlinge)

200 g Haferflocken, etwa ¾ l Milch oder Wasser, Salz, Pfeffer, Muskat, 30 g Fett, Zwiebel, Petersilie, 1 Ei, 2 EL Weckmehl – Fett zum Backen

Zwiebel und Petersilie in Fett dämpfen, ablöschen, aufkochen, die Haferflocken einstreuen, dickkochen, verkühlt, Ei, Gewürze und Weckmehl zugeben. Man formt runde Küchle, legt diese in heißes Fett und backt sie auf beiden Seiten.

Halbseidene Klöße (Thüringen)

1000 g in der Schale gekochte Kartoffeln, 3/8 l Milch, 200 g Stärkemehl, Salz, 2 Semmeln, 40 g Butter oder Margarine

Die Halbseidenen sind in Thüringen beheimatet. Man preßt die frisch gekochten noch heißen, geschälten Kartoffeln durch. Die Milch wird aufgekocht und zusammen mit dem Stärkemehl und Salz zu der Kartoffelmasse gegeben.
Man knetet einen glatten Teig und läßt ihn ca. 20 Minuten stehen. Inzwischen schneidet man die Semmeln in Würfel und röstet sie goldgelb. Mit nassen Händen werden nun die Klöße geformt und in jeden ein paar Semmelbröckchen getan. In siedendem Salzwasser werden die Halbseidenen in ca. 20 Minuten gegart. Man reicht sie zu Braten und Wildgerichten.

Hausmachernudeln zur Suppe

3 Eier, Salz, Mehl

Man schlägt 3 Eier in eine Schüssel, verkleppert sie gut, gibt eine Messerspitze Salz dazu und rührt so viel Mehl ein, bis ein fester Teig entsteht. Diesen legt man auf ein Nudelbrett und knetet ihn tüchtig. Man trennt ihn in 3 Teile, formt darauf runde Laibchen und werkelt diese sehr dünn aus. Auf einem Tuch läßt man sie etwas abtrocknen, der Teig muß biegsam bleiben. Nun macht man daraus 4 Teile, wickelt sie einzeln zusammen und schneidet mit scharfem Messer ganz feine Nudeln, die man in Hühner- oder Fleischbrühe aufkocht.

Hefebrot

Acht Lot feines Mehl rührt man in einer Schüssel mit 2 Eßlöffel Hefe und lauer Milch nicht gar wie einen Flädlesteig an, läßt ihn gehen, nimmt 3 Viertel (24 Lot) Mehl, ein Viertel zerlassene Butter, 3 Eier und ein wenig Salz dazu, schafft dies untereinander, läßt es wieder gehen, streut ein Blech mit Mehl, setzt von dem Teig kleine runde Kugeln in der Größe eines Balls darauf, läßt sie gehen, bestreicht sie mit einem verklepperten Ei, streut etwas Kümmel und Salz nebst klein geschnittenen Speckbröcklein darauf, und backt sie in frischer Hitze.

Hefebrot, andere Art

Man nimmt 4 Pfund Mehl in eine Schüssel, macht das innere Mehl mit 3 bis 4 Löffel Bierhefe und einem halben Schoppen warmer Milch zu einem Teig, läßt ihn gehen, gibt ein halbes Lot verlesenen Anis, ebensoviel Fenchel, ein halbes Pfund gesiebten Zucker, anderthalb Viertel Butter, 4 Eßlöffel Rosenwasser, die klein geschnittenen Schalen von einer Zitrone, 4 Eier und als übriges guten alten Wein daran, schafft dies zusammen, läßt den Teig wieder gehen, nimmt ihn auf ein Brett, knetet ihn so lang, bis Fenchel und Anis anfangen herauszufallen, macht 3 bis 4 lange Laibchen daraus, und legt solche auf ein mit Mehl besätes Blech. Wenn sie noch einmal gegangen sind, macht man einen Riß der Länge nach mit dem Messerrücken hinein und backt sie in frischer Hitze. Sie müssen über Nacht liegen bleiben, dann werden sie zu Schnitten geschnitten und geröstet.

Hefebrot, süß

Der Teig wird ebenso wie der vorbeschriebene verfertigt, nur nimmt man statt dem Salz 2 Eßlöffel Zucker, ein paar Eßlöffel voll Rosenwasser, oder ein wenig geriebene Zitronenschalen dazu, besteckt die Kugeln nach dem Aufsetzen und Bestreichen mit geschälten und lang geschnittenen Mandeln, und streut Zucker und Zimt darüber.

Hefetaschen mit Fleisch

500 g Mehl, 40 g Hefe, Zucker, 1/4 l lauwarmes Wasser, 1/2 TL Salz, 4 EL Olivenöl, 3 Zwiebel, 1 TL Salz, 2 EL Olivenöl, 25 g Pinienkerne, 1 Bund Petersilie, 5 Blatt frische Minze, 400 g gehacktes Hammelfleisch, 1 EL Tomatenmark, 1 EL Paprikamark, Saft einer Zitrone, 1 TL gemahlener Piment, 1 TL Chilipulver

Mehl in eine Schüssel geben. Eine Mulde in die Mitte drücken und die Hefe reinbröckeln. Mit Zucker und knapp der Hälfte des Wassers verrühren. Mit etwas Mehl bestäuben und zugedeckt 15 Minuten gehen lassen. Das restliche Wasser, Salz und Olivenöl dazugeben. Alles zu einem glatten Teig kneten. Eine Kugel formen und zugedeckt nochmals eine Stunde gehen lassen. Kugeln von etwa 4 cm Durchmesser formen. 30 Minuten gehen lassen.

Für die Füllung die feingehackten Zwiebeln mit dem Salz mischen und etwa 30 Minuten ziehen lassen. Dann das gezogene Wasser abgießen. Öl in einer Pfanne erhitzen. Pinien- oder Sonnenblumenkerne darin leicht bräunen. Mit dem Öl zu den Zwiebeln geben. Die gewaschene Petersilie und Minze hacken. Mit Hammelfleisch, Tomaten- und Paprikamark, Zitronensaft und den Gewürzen gut mischen.

Die Teigkugeln auf bemehlter Arbeitsfläche im Durchmesser von 10 cm ausrollen. Jeweils einen Eßlöffel Füllung draufgeben. Teig über der Füllung hochziehen und wie einen Dreispitz zusammendrücken. Auf gefetteten Backblechen bei sehr starker Hitze 25 Minuten backen.

Henneberger Waldklöße

Rohe Kartoffeln werden geschält und in eine Schüssel mit Wasser gerieben, dann durch ein Leinensäckchen mit viel kaltem Wasser überspült und recht fest ausgepreßt; dicker kochender Milchbrei von Grieß oder auch nur kochende Milch und abgekochte geriebene Kartoffeln werden mit Salz und gerösteten Semmelwürfeln daruntergemischt, das Kartoffelmehl, welches sich in dem Spülwasser gesetzt hat, mit vermengt, so daß alles ein lockerer haltbarer Teig wird. Aus diesem formt man große Klöße, die man in stark wallendes Salzwasser gleiten läßt und unverdeckt 30 Minuten lang kocht.

Heringskartoffeln

Die Kartoffeln werden hierzu in der Schale mit Salz gar gekocht, abgezogen und in Scheiben geschnitten, jedoch so heiß als möglich gehalten. Unterdes läßt man einige Zwiebeln mit nicht zu wenig Butter oder Speck gelb werden, gibt etwas Mehl hinzu, dann Wasser, etwas Salz, gestoßenen Pfeffer, wenig Essig, auch einige Lorbeerblätter, wenn man sie gerade hat, und wenn dies kocht, die ausgegräteten, kleingeschnittenen Heringe und zuletzt die Kartoffeln. Solche sind gehörig durchgekocht und recht heiß, dann wird etwas Sahne durchgerührt. Es muß dies Gericht recht saftig und nicht steif gekocht sein, wie das bei allen Kartoffelspeisen zu empfehlen ist.

Heringskartoffeln, andere Art

3 Pfund Kartoffeln. – Zum Kochen: 1 l Wasser, 2 Heringe, 2 Eier, 1/3 l Rahm, 1 TL Salz, 20 g Butter, 2 EL Weckmehl

Die gekochten Kartoffeln werden geschält, in dünne Blättchen geteilt und mit dem gewässerten, in kleine Würfel geschnittenen Hering in eine mit Butter bestrichene, mit Weckmehl bestreute Auflaufform geschichtet. Zwischen die einzelnen Lagen gießt man den mit den Eiern verquirlten Rahm und Salz, belegt den Auflauf mit Weckmehl und Butterstückchen und zieht ihn in heißem Backofen 3/4–1 Std. auf.

Hessischer Speckkuchen

500 g Brotteig vom Bäcker, 150 g Speck, Salz, 1 TL Kümmel, 1/8 l saure Sahne, 2 Eier

Man besorgt sich beim Bäcker 500 g Brotteig. Diesen rollt man auf einem Blech aus, belegt ihn mit kleingeschnittenem Speck, salzt, streut Kümmel darüber, verrührt die saure Sahne mit den Eiern und gießt das auf den Teig. Bei mittlerer Hitze backen.

Himmel und Erde

Kartoffeln, Salz, säuerliche Äpfel, etwas Butter, Zucker, Zitrone

Man kocht geschälte, in Stücke geschnittene Kartoffeln in leicht gesalzenem Wasser weich, gießt sie ab und verarbeitet sie zu Püree. Gleichzeitig hat man aus säuerlichen Äpfeln ein Mus gekocht. Beides wird nun in einem Topf zusammengemischt und mit dem Schneebesen kräftig durchgerührt. Man gibt noch ein Stück Butter hinein und schmeckt mit Salz und Zucker, gegebenenfalls mit etwas Zitronensaft ab.

Jan im Sack (Pottgebeutel, Reisbeutel)

750 g Reis oder 375 g Reis und 375 g mittelfeine Graupen mit 500 g guten Zwetschgen, oder 320 g guten Zwetschgen und 160 g Rosinen. Anstatt der Graupen ist auch eine Mischung von Reis und geschältem Spelz zu gleichen Teilen zu empfehlen

Reis, Rosinen und Zwetschgen werden gut gewaschen, letztere, falls sie Rauchgeschmack haben sollten (was möglichst zu vermeiden ist), offen abgekocht. Dann legt man ein ganz sauberes, in heißem Wasser stark ausgedrücktes Tuch in eine tiefe Schüssel, streut das Bemerkte nebst Salz lagenweise hinein, bindet das Tuch derartig zu, daß Raum zum Ausquellen bleibt, stellt es, mit einem alten Teller darunter und mit reichlich kochendem Wasser bedeckt, aufs Feuer und läßt das Gericht 2 Stunden kochen. Beim Anrichten kann braune Butter und Zucker oder Fruchtsauce darübergegeben und Braten mit Bratensauce dazu gegessen werden. Bei sparsamer Einrichtung ist ohne weiteres folgende Sauce passend und Rauchfleisch eine angenehme Beilage: Zur angegebenen Portion ein Eßlöffel Mehl, hinreichende Milch, 1 bis 2 Eidotter, ein Stück Butter, Zucker und etwas Salz. Dies alles wird gut gerührt bis zum Aufkochen. Die Sauce darf nur mäßig gebunden sein. Diese Portion, als einzelnes Gericht, paßt für 6, andernfalls für 10 Personen. Das Geraten dieses Gerichtes hängt hauptsächlich vom Binden ab. Läßt man zum Ausquellen zu wenig Raum, so wird es fest, zu viel Raum macht es weich, weshalb zum ersten Male zu raten ist, während des Kochens einmal nachzusehen, um nötigenfalls das Band loser zu binden.

Kaffeebrot

Man gibt einen Schoppen süße Milch in eine Messingpfanne, anderthalb Viertel frische Butter und 4 Lot Zucker dazu. Wenn dies zusammen siedet, rührt man ein halbes Pfund feines Mehl dazu, und bearbeitet den Teig so lang, bis er glatt ist, nimmt ihn hierauf in eine Schüssel, läßt ihn kalt werden, schlägt dann 6 bis 7 Eier langsam hinein, bestreut ein Blech mit Mehl, setzt die Masse mit einem Löffel darauf, schlägt von 3 Eiweiß einen Schaum, überstreicht das Brot damit, bestreut es mit grob gestoßenem Zucker, und backt es in mittelmäßiger Hitze. – Statt der Milch kann auch nur ein halber Schoppen Wasser genommen werden, der übrige Zusatz bleibt wie bei der Milch.

Kaffeebrot, andere Art

Wenn der nämliche Teig gemacht ist, und die Eier hineingeschlagen sind, werden 8 Lot kleine Rosinen verlesen, 2 Lot Zitronat, die Schale von einer halben Zitrone und 4 Lot geschälte Mandeln länglich zart geschnitten, und nebst den Rosinen nach den Eiern in die Masse gerührt, dann kleine Brote aufgesetzt, mit einem Ei überstrichen, und mit grob gestoßenem Zucker bestreut.

Käsebiskuits

6 Eigelb, 50 ccm Sahne, 80 g Mehl, 1 Prise Muskat,
125 g geriebener Emmentaler, 6 Eiweiß, 1 TL Salz

Eigelb und Sahne verquirlen, Mehl, Muskat und Käse einrühren. Eiweiß zu festem Schnee schlagen, Salz drunterschlagen und unter die Eigelb-Käse-Masse heben. Backblech mit gefettetem Pergamentpapier auslegen. Die Biskuitmasse auf eine Fläche von 30 × 35 cm streichen. 20 Minuten bei 200 Grad backen.
Danach Biskuit stürzen, das Papier vorsichtig abziehen und die Masse noch warm in 10 × 3,5 cm große Streifen schneiden.

Käsegebäck I

250 g Mehl, 250 g Butter, 250 g Käse (Greyezer, Schweizer), ½ Tasse Sahne, gut ½ TL Salz, gut 1 gestr. TL edelsüßes Paprikapulver, gut ½ TL Backpulver, zum Bestreichen: Mohn, Kümmel, grobes Salz

Butter mit dem Käse gut verrühren, Sahne, Salz und Paprikapulver zugeben und das mit dem Backpulver gesiebte Mehl rasch unterkneten. Dieser Käsemürbeteig muß mindestens 2 Stunden im Kühlschrank ruhen. Den Teig danach 5–6 mm dick ausrollen und beliebig kleine Formen ausstechen. Die Plätzchen auf das leicht gefettete Backblech legen. Die Oberfläche mit verquirlten Eigelb bestreichen, mit Mohn, Kümmel etc. bestreuen und hellbraun backen.
Käsegebäck sollte nicht zu dunkel gebacken werden, da es sonst durch den hohen Käseanteil leicht bitter schmecken kann.

Käsegebäck II

70 g Roquefort, 50 g Butter, 50 ccm Sahne, 1 EL Cognac, 100 g Mehl, 1 Prise Salz, schwarzer Pfeffer, 3 EL Milch

Käse mit der Gabel zerdrücken und mit den Zutaten zu einem glatten Teig kneten. Teig zugedeckt 30 Minuten in den Kühlschrank stellen. Auf einer bemehlten Arbeitsfläche den Teig 1 mm dick ausrollen. Mit einem Glas oder gezackten Förmchen Plätzchen von etwa 4 cm Durchmesser ausstechen. Die Menge reicht für zwei Bleche. Plätzchen auf ein gefettetes Backblech legen. Mit Milch bestreichen.
10 Minuten bei 180 Grad backen.

Käsekrapfen

Brandteig, 200 g Butter, 150 g Roquefort, 1/8 l Sahne

Teig in einen Spritzbeutel mit Sterntülle füllen. Auf ein eingefettetes, bemehltes Backblech spritzen. Genügend Abstand lassen: Der Teig geht etwa um die Hälfte auf.
25 Minuten bei 220 Grad backen. Danach die Krapfen mit einer Küchenschere oder einem Messer in der Mitte halb durchschneiden. Abkühlen lassen. Für die Füllung Butter in einer Schüssel schaumig rühren. Käse auf einem Teller zerdrücken. Mit der Butter verrühren. Sahne steif schlagen und unter die Käsecreme ziehen. Käsecreme in die Krapfen spritzen.

Käseküchle

1 kg gekochte Kartoffeln, 500 g weißen Käse, Salz, Muskat, 1 Ei, etwas Mehl – Fett zum Backen

Die am Tag zuvor gekochten Kartoffeln werden gerieben, mit dem durchgestrichenen Käse und den übrigen Zutaten gut gemischt. Man formt runde Küchle und bratet diese in heißem Fett auf beiden Seiten.

Käseröhrchen oder Strohhalme

Man rollt hierzu den bei den »Käsestangen« erwähnten Blätterteig ganz dünn aus, rollt über eine starke Stricknadel ungefähr 20 cm lange Streifchen, legt sie auf ein gut gebuttertes Backblech, bestreicht sie mit geschlagenem Ei, bestreut sie mit frisch geriebenem Parmesankäse und backt die Röhrchen rasch aus. Dann legt man sie in ein aus Käsestrohhalmen gebackenes Körbchen und serviert sie recht heiß.

Käserollen

125 g fertigen Blätterteig etwas länger wie breit auswellen, mit Eigelb bestreichen, mit geriebenem Käse bestreuen, aufrollen. Mit einem scharfen Messer halbfingerbreite Scheiben schneiden, auf ein nasses Blech setzen, in guter Hitze backen.

Käseschnitzel

Für 4 Personen braucht man: 500 g Gouda, 1 Ei, Mehl, Paniermehl, wenig Salz, 300–400 g Joghurtmayonnaise, Pfeffer, Essig, Milch, Zwiebeln, Gurken, Petersilie, Dill

Käse in 1,5–2 cm dicke Scheiben schneiden, leicht salzen, erst mit Mehl, dann mit Paniermehl panieren. Von beiden Seiten knusprig, goldbraun braten. Mayonnaise mit Salz, Pfeffer, Essig würzen, mit Milch verdünnen. Zwiebel, Gurken, Petersilie, Dill feinhacken, zufügen und verführen.
Über die Käseschnitzel geben und mit grünem Salat und Salzkartoffeln servieren.

Käsespatzen

500 g Mehl, etwa 1/4 l Wasser, 1 EL Salz, 2–3 Eier, 125 g geriebenen Schweizer- oder Parmesankäse, 50 g Butter

Spatzenteig zubereiten. Die fertiggekochten, geschwenkten Spätzle gut abtropfen, lagenweise mit dem Käse in eine bestrichene Auflaufform oder Kasserolle geben, obenauf Butterstückchen im Backofen hellgelb überbacken.
Oder: Man gibt unter den Spatzenteig die Hälfte vom Käse. Den Rest Käse streut man beim Anrichten über die Spätzle und gibt heiße Butter darüber.

Käsestangen I

125 g Butter, 125 g Mehl, 1 Prise Paprika, 125 g geriebenen Parmesankäse, wenn nötig, etwas Rahm

Alle Zutaten auf dem Brett zusammenhacken, schnell kneten, wenn nötig, etwas kalt stellen; den Teig halbfingerdick auswellen, 1 cm breite, 10 cm lange Streifen rädeln, auf ein bestrichenes Blech setzen, mit Eigelb bestreichen und backen.

Käsestangen II

Blätterteig von 125 g Butter, 125 g Mehl, ½ TL Salz, 1/16 l Wasser. – 100 g geriebenen Parmesankäse mit 1 Prise Paprika mischen

Bei der Zubereitung des Blätterteiges streut man, nachdem die Butter eingewellt ist, den Käse darüber, schlägt den Teig zusammen und behandelt ihn weiter wie Blätterteig. Die Stangen fertigmachen wie I.

Käsestangen III

250 g Mehl, 125 g Butter, eine Prise Salz, ½ TL Cayennepfeffer, 1 Eidotter und den Saft einer halben Zitrone wirkt man zu glattem Teig aus. Weitere 125 g Butter vermischt man gut mit 100 g geriebenem Parmesankäse, gibt die Käsebutter in den ausgerollten Teig, klappt diesen über, walkt aus und fährt so fort, bis man 6 Touren bekommt, dann läßt man den Teig bis zum Gebrauch auf Eis ruhen. Der Käseblätterteig wird dann messerrückendick ausgerollt, in 10 cm lange, 1 cm breite Streifen geschnitten, die man auf ein gut gebuttertes Backblech legt. Die Stangen bestreicht man mit zerlassener Butter, bestreut sie mit Paprika, Salz und geriebenem Parmesankäse und backt sie im Ofen bei guter Hitze kurz vor dem Gebrauch schnell aus.

Kirschenjockele

300 g Grieß, 1 l Milch, 100 g Zucker, 4 Eigelb, 500 g Kirschen, Zitronenschale, 4 Eiweiß

Grieß in der Milch dick einkochen. Während dieses auskühlt, verrührt man den Zucker mit den Eigelb schaumig, gibt dies zu dem Grießbrei, ebenso die Kirschen, abgeriebene Zitronenschale und den steifen Eierschnee. In eine Form füllen und 60 Minuten bei mittlerer Hitze backen.

Kirschenknödel

750 g Kartoffeln, 1–2 Eier, etwas Salz, 1 EL Grieß, etwas Mehl, 500 g Kirschen, Semmelbrösel, Zucker, Zimt

Die geschälten, gekochten Kartoffeln werden durchgepreßt. Wenn sie erkaltet sind, verarbeitet man sie mit Ei, Salz, Grieß und Mehl zu einem festen Teig. Der Teig muß einige Zeit ruhen. Danach wird er ausgerollt und in Vierecke geschnitten. In die Mitte legt man drei bis vier Kirschen. Dann formt man Knödel, legt sie in kochendes Salzwasser ein und läßt sie 10 Minuten ziehen. Wenn sie oben schwimmen, hebt man die Knödel mit dem Schaumlöffel aus dem Wasser, wendet sie in goldgelb gerösteten Semmelbröseln und bestreut sie mit Zucker und Zimt.

Kartoffeln und Äpfel

Die Kartoffeln werden eine kleine Weile abgekocht, dann mit frischem kochenden Wasser und Salz beinahe gar gekocht und saure Äpfel, welche geschält, in Viertel geschnitten, vom Kernhaus befreit und gut gewaschen sind, nebst reichlich Butter hinzugegeben. Nachdem die Kartoffeln ganz weich geworden, werden sie fein gestampft und, sollte das Mus zu trocken sein, mit Milch gut durchgekocht. Es gehört hierzu mehr Butter, als zu jeder andern Kartoffelspeise. Wünscht man dies Gericht aber besonders schmackhaft zu bereiten, so koche man die Kartoffeln allein weich, stampfe sie nach dem Abgießen ganz fein, rühre kochendes Wasser, Apfelmus und reichlich Butter hinzu und

lasse es gut durchkochen. Bei sehr sauren Äpfeln wird etwas Zucker zugesetzt. Die Schüssel mit feingestoßenem, in Butter gelb gebratenem Zwieback dicht bestreut, macht dies Gericht noch wohlschmekkender und feiner.
Beilagen: Hasenbraten, Sauerbraten, gebratene Enten, frische Rindfleischwurst, frische Schweinswurst, gebratene Rollen, Panhas, Grilladen von Suppenfleisch, gebratene Leber, Haschee usw. Pfeffer-Potthast, welcher häufig dazu gegeben wird, ist der Zwiebelsauce wegen höchst unpassend.

Kartoffeln und Backpflaumen

Backpflaumen, Kartoffeln, Zucker, Speck

Hier handelt es sich um ein ländliches Gericht von der Waterkant. Vorbereitete Backpflaumen werden fast weich gekocht. In Salzwasser kocht man gewürfelte Kartoffeln halbweich. Dann gibt man die Pflaumen zu den Kartoffeln. Die Brühe muß schön sämig sein. Alles zusammen wird nun gar gekocht, man schmeckt mit Zucker ab und gibt das Gericht mit braungerösteten Speckwürfelchen bestreut zu Tisch.

Kartoffeln mit Bechamelle von saurem Rahm

Man schneide in der Schale abgekochte, geschälte Kartoffeln in Scheiben, 70 g ausgegrätete Sardellen in kleine Stückchen, und vier hartgekochte Eier ebenfalls in Scheiben, gebe nun eine Lage Kartoffeln nebst Salz und Pfeffer in eine starke, tiefe Porzellanschüssel, darauf etwas von den Sardellen und Eiern, wiederhole dies abwechselnd so lange, bis die Schüssel voll ist, und schneide dann 70 g Butter darüber. Unterdes rühre man einen Kochlöffel Mehl, ein Ei und zwei Eigelb mit Salz, wenigem Pfeffer und ¼ l (einem schwachen Schoppen) saurem Rahm glatt an, lasse dies auf dem Feuer unter beständigem Rühren dicklich werden oder bereits ans Kochen kommen, übergieße sodann mit dieser Bechamelle das Ganze, und backe es schön gelb in nicht zu heißem Ofen. – Statt in einer Prozellanschüssel kann man dieses Gericht auch in einem butterbestrichenen Auflaufblech zubereiten und zu Tisch geben.

Kartoffeln und frische Birnen

Dies Gericht wird wie »Kartoffeln mit Äpfel« mit Speck und Butter gekocht, die Birnen müssen beinahe gar sein, ehe man die Kartoffeln hinzugibt; beim Anrichten wird etwas Essig durchgerührt, doch so, daß die Kartoffeln nicht zu breiig werden. Anstatt Essig kann man auch einige saure Äpfel nach den Kartoffeln zu den Birnen geben. Dies Gericht muß, wie alle Kartoffelspeisen dieser Art, schlank sein. Falls kein Speck darin gekocht ist, gebe man dazu, was man hat; säuerliches Fleisch ist dann am passendsten.

Kartoffeln und getrocknete Birnen

Hierzu sind Birnen mit der Schale passend. Sie werden einigemal mit warmem Wasser zwischen den Händen gerieben, abgewaschen, mit einem Stück Speck, reichlich mit Wasser bedeckt, aufs Feuer gebracht, beinahe weichgekocht, dann streut man etwas Hafergrütze darüber, gibt Kartoffeln und Salz hinzu und läßt das alles recht weich, sämig und schlank kochen.

Kartoffeln mit Buttermilch

Man kocht die Kartoffeln mit Salz ganz weich, gießt alsdann das Wasser davon ab, reichlich Buttermilch hinzu und läßt die Kartoffeln mit feingewürfeltem, gelbgebratenem Speck noch eine Weile bei öfterem Umrühren kochen. In Zeiten, wo sie nicht zerkochen, kann etwas Mehl, mit Buttermilch angerührt, hinzugefügt werden.

Kartoffeln mit Einmachsauce

Gewaschene Kartoffeln werden geschält und in kleinere Stücke verschnitten. Nun zerläßt man in einem Kastrol 70–100 g Butter oder sonstiges gutes Fett, dünstet darin zwei Eßlöffel geschnittene Zwiebeln, gibt zwei Kochlöffel Mehl und die Kartoffeln hinein, rührt einigemal um, füllt mit guter Fleischbrühe auf, und läßt das Ganze, nachdem noch Salz und Muskatnuß dazugegeben, zugedeckt langsam weichkochen, inzwischen zwei Eßlöffel feingeschnittene Petersilie dazugebend. Die Sauce darf nicht zu kurz eingekocht sein. – Werden gewöhnlich zum Rindfleisch serviert.

Kartoffeln mit Hammelfleisch auf ostfriesische Art

Aus recht mageren Hammelkoteletts schält man die Knochen aus, klopft das Fleisch tüchtig und bestreut es mit Pfeffer und Salz. Rohe, geschälte Kartoffeln schneidet man in Scheiben und füllt diese, immer abwechselnd mit einer Lage Fleisch, die man dann mit gewiegter Zwiebel und mit Kümmel würzt, in einen tiefen Topf, gießt so viel Bouillon darauf, daß sie mit der Speise gleich zu stehen kommt und kocht nun das Ganze in 1½ bis 2 Stunden unter fleißigem Rütteln gar.

Kartoffeln mit Käse

Frischgesottene Kartoffeln werden geschält und in Scheiben geschnitten, dann ein Auflaufblech oder ein anderes passendes Geschirr, das die Ofenhitze verträgt, mit Butter dick ausgestrichen, eine Lage von obigen Kartoffeln und etwas Salz dazugegeben, und darauf ein Eßlöffel Parmesankäse gestreut. Nachdem noch zwei solche Lagen hineingekommen, wird die Form voll sein. Nun wird auf das Eingefüllte dick Butter geschnitten, solches noch mit Parmesankäse bestreut, und alsdann in den ziemlich heißen Ofen gestellt, bis die Kartoffeln obenüber eine schöne gelbliche Farbe gewonnen haben. Zu beachten ist, daß sie nicht zu lange braten, es ginge sonst ihr feiner Geschmack verloren. – Statt Parmesankäse kann auch guter, feiner Emmentaler genommen werden, wovon man dann 100 g verwendet, also etwas mehr als vom Parmesankäse.

Kartoffeln mit Knoblauch

Die Kartoffeln werden gesotten, geschält und nach einigem Erkalten in Scheiben geschnitten, dann in 70 g zerlassener Butter oder gutem Fett zwei kleine Kochlöffel Mehl weiß geröstet, eine feinzerdrückte Knoblauchzehe dazugegeben und noch einige Minuten darin gedämpft, hernach mit Fleischbrühe glatt angerührt und nach Bedarf damit aufgefüllt, dazu nun die geschnittenen Kartoffeln nebst Salz und Muskatnuß gegeben, und das Ganze noch eine Viertelstunde gekocht.

Kartoffeln mit Sardellen im Ofen

6–8 Kartoffeln, 2 große Heringe, 6 Eier, Butter, saurer Rahm, Sardellen, braunes, geriebenes Brot

Die Kartoffeln werden gewaschen, gesotten und geschält, in Scheiben geschnitten, zugedeckt und warm gestellt. Zwei schöne, große Heringe werden gewaschen, halbiert, von den feinen Gräten befreit und jede Hälfte in zwei Teile geteilt. Dann werden sechs Eier hart gesotten, abgeschält und jedes in vier Teile geschnitten. Eine tiefe Schale wird stark mit Butter ausgestrichen, mit Kartoffeln am Boden belegt, diese gesalzen, darüber guter, saurer Rahm gestrichen, darüber Sardellen und Eier gelegt, dann wieder Kartoffeln, saurer Rahm, Sardellen und Eier, zuletzt Kartoffeln, welche gesalzen und mit saurem Rahm überstrichen werden. Sodann wird braunes, geriebenes Brot darüber gesät. Sie werden noch eine Viertelstunde im Ofenrohr gebraten und sogleich zu Tisch gegeben.

Kartoffeln mit verschiedenen Saucen

Sind die Kartoffeln wie im vorhergehenden gekocht, so wird eine beliebige Sauce von Zwiebeln oder Sahne oder Petersilie usw. darüber angerichtet und die Schüssel, fest zugedeckt, zur Tafel gebracht, oder es wird die Sauce dazu gegeben. Es passen dazu besonders Rollen, Grilladen, Wurst, Frikadellen, Gar, gebratene Leber, Sauerbraten, Preßkopf, Sülze, Panhas, Haschee, Nierenschnitten, Würstchen von kaltem Kalbsbraten, kurz was man hat.

Kartoffeln mit Speck und Eiern

100 g feingewürfelter Speck wird nebst einem Eßlöffel feingeschnittener Zwiebel geröstet bis diese hellgelb geworden, dann kommen gesottene, in Scheiben geschnittene, mit Salz und Pfeffer gewürzte Kartoffeln dazu. Solche röstet man schön gelb, gibt ein paar verrührte Eier darüber, wendet das Ganze einigemal schnell um, damit die Eier nicht zu hart werden, und richtet dann wie in voriger Nummer beschrieben an. – Ist der Speck gesalzen, so darf nicht mehr viel Salz an dieses Gericht kommen.

Kartoffeln, Schweinsrippe und saure Äpfel zusammen gebraten

Man setzt in einer etwas flachen Bratpfanne ein Stück Schweinsrippe, zur Hälfte mit Wasser bedeckt, mit etwas Salz auf nicht zu starkes Feuer, deckt die Pfanne fest zu und läßt das Fleisch 1 bis 1¼ Stunde mäßig kochen und gelblich braten. Alsdann nimmt man es heraus, belegt die Pfanne mit kleinen, rund geschälten Kartoffeln, streut ein wenig Salz darüber, legt die Rippe darauf, und zwar die offene Seite nach oben, füllt die Höhlung derselben mit geschälten, in 4 Teile zerschnittenen sauren Äpfeln, gibt eine Tasse Wasser dazu, deckt die Pfanne wieder zu und läßt die Kartoffeln darin langsam weich und gelb braten, während man sie einmal umdreht. Dann legt man die Rippe mit den Äpfeln in eine tiefe Schüssel und garniert sie mit den Kartoffeln.

Kartoffeln und frische Zwetschgen

Man kocht die Kartoffeln mit einem Stück Butter oder Fett und Salz gar, gibt dann gut gewaschene, entsteinte Zwetschgen hinzu, doch nur so viel, daß die Kartoffeln eine angenehme Säure erhalten, läßt diese weichkochen und rührt die Kartoffeln gut durch.
Beilagen: Was man gerade hat.

Kartoffeln und getrocknete Zwetschgen

Man rechne auf die Person 70 bis 80 g Zwetschgen. Sie werden gut gewaschen, in reichlichem Wasser langsam weichgekocht und zu den mit Butter oder Fett völlig gar gekochten Kartoffeln geschüttet. Dann werden verhältnismäßig 1 bis 2 Eier und 1 bis 2 Eßlöffel Mehl, mit Milch dünn angerührt, hinzugegeben und das Ganze unter starkem Umrühren noch eben durchgekocht. Es muß diese Kartoffelspeise besonders schlank gekocht werden. Als Beilage kann ein Stückchen Speck oder geräucherte Mettwurst mit den Zwetschgen gekocht werden; übrigens paßt Schinken sowie jedes andere Fleisch dazu.

Kartoffeln mit Zwiebeln gestovt auf holländische Art

Man nimmt dazu ganz kleine Kartoffeln von gleicher Größe, schält und wäscht sie recht rein. Zu einer Schüssel von mittlerer Größe rechnet man einen Teller voll Zwiebeln, legt diese lagenweise mit den Kartoffeln, reichlich Butter, Salz und etwas Pfeffer in einen Topf, gibt so viel Wasser dazu, daß die Kartoffeln nicht ganz bedeckt sind, und läßt sie, fest zugedeckt, weichkochen. Nach Belieben kann man auch etwas Essig dazugeben. – Zeit des Kochens ¾ Stunde.
Beilagen wie zu Kartoffeln mit verschiedenen Saucen.

Kartoffelbällchen, gewöhnliche

Die gekochten Kartoffeln werden fein gestampft, mit etwas Milch durchgeknetet, runde Bällchen davon geformt und diese mit heißgemachtem Fett an beiden Seiten schön gelb gebraten.
Als Beilage zum Salat oder am Sonnabendabend zur Tasse Tee.

Kartoffelbällchen, gebratene

Die Kartoffeln werden mit dem nötigen Salz weichgekocht, ganz trocken abgegossen und sehr fein gestampft, einige Eier, ein Stück Butter und ein wenig gute Milch, auch Muskatnuß durchgerührt, runde oder längliche Bällchen davon aufgerollt, mit gestoßenem Zwieback bestreut und in Butter gelb gebraten.
Eine angenehme Schüssel zu feinen grünen Blättergemüsen, auch abends zum Salat.

Kartoffelbällchen, geriebene

250 g gekochte, geriebene Kartoffeln, 30 g Butter, 1 EL Mehl, 1–2 Eier, Salz, Muskat, 1–2 EL geriebenen Parmesankäse, Fett zum Backen

Die Butter schaumig rühren, alle Zutaten zugeben, nußgroße Kugeln formen, schwimmend in heißem Fett backen. Man kann auch kleine Karotten formen und beim Anrichten oben etwas Petersilie einstecken.
Oder: Man wellt den Teig aus, sticht beliebige Formen aus und backt diese in Fett. Wird auch als Garnitur zu Braten verwendet.

Kartoffelberg von Überresten

Aus Fleischresten aller Art bereitet man ein Ragout, indem man das Fleisch würflig schneidet und in folgender Sauce vermengt: in Butter oder Schweineschmalz verrührt man 2 Eßlöffel Mehl und eine würflig geschnittene Zwiebel, läßt das Mehl tief anbräunen und füllt nach und nach Bouillon auf, gibt Pfeffer, Salz und etwas Majoran, 3 Lorbeeblätter, gewiegte Champignons oder Sardellen und eine saure in Streifen geschnittene Gurke dazu, kocht alles kurz ein und dünstet das Fleisch noch ein paar Minuten darin. – Übriggebliebene, recht mehlige Salzkartoffeln werden gerieben, mit ein paar Eiern, etwas Butter und ein wenig Bouillon verrührt, mit Salz und Pfeffer gewürzt und auf dem Feuer 2 bis 3 mal aufgequellt. In einer ausgebutterten Steingutschüssel richtet man den Brei bergförmig an, hebt mit einem Löffel etwas Mus aus der Mitte, gibt das dick eingekochte Ragout hinein und streicht den Rest des Kartoffelmuses glatt darüber. Man begießt alles mit verquirltem Ei, gibt geriebenen Schweizerkäse darüber, zerpflückt ein Stückchen Butter darauf und bäckt das Ganze in der Röhre.

Kartoffelbällchen, saure

3 Pfund Kartoffeln. – Zum Kochen: 3/4 l Wasser, 1 EL Salz. – Zum Beiguß: 50 g Fett, 75 g Mehl, 3/4 l Fleisch- oder Knochenbrühe, 1 EL Salz, 1 EL Essig, 1/2 Zwiebel, 2 Nelken, 1/2 Lorbeerblatt

Das Mehl wird in dem heißen Fett hellbraun geröstet, mit Brühe abgelöscht und aufgefüllt und nach Zugabe der angegebenen Gewürze zum mindesten 1 Std. durchgekocht. Während dieser Zeit werden die Kartoffeln geschält, in messerrückendicke Scheiben geschnitten, mit kaltem Wasser und Salz beigestellt und halb weich gekocht. Sodann werden sie abgeschüttet, auf der heißen Herdplatte 5 Min. durchgedämpft und nach Entfernung von Zwiebel, Lorbeerblatt und Zitrone dem braunen Beiguß zugegeben.

Kartoffelbögen

100 g gekochte, geriebene Kartoffeln, 100 g Mehl, 100 g Butter, Salz, Muskat, 1 Eigelb zum Streichen

Alle Zutaten auf dem Wellbrett zusammenhacken, schnell kneten, auswellen, etwa 1 cm breite und 10 cm lange Streifen abrädeln, über ein bestrichenes Kapselblech legen, mit Eigelb bestreichen, in guter Hitze backen. Der Teig kann auch zweimal wie Blätterteig ausgewellt werden. Nach Belieben können auch Halbmonde ausgestochen werden.

Kartoffelbrei

1 kg rohe Kartoffeln, Salz, $1/3$–$1/2$ l Milch, 40 g Butter

Die geschälten Kartoffeln in Schnitze schneiden, wie Salzkartoffeln kochen, heiß durch die Presse geben oder durch ein Sieb streichen. Die Milch läßt man aufkochen und gibt so viel als nötig zu den Kartoffeln, außerdem die Butter und Salz, schlägt mit dem Schneebesen auf der Herdplatte, bis der Brei schaumig und weiß ist. Bergig anrichten, glattstreichen, mit dem Messer einkerben.

Kartoffelbrot

500 g Mehl, 30 g Hefe, 40 g Zucker, knapp $1/4$ l Milch, 1 gestr. TL Salz, 200 g gekochte geriebene Kartoffeln, 30 g Butter, 2 Eier

Daraus einen Hefeteig bereiten, 30–40 Min. gehen lassen, einen Brotlaib formen und nochmals gehen lassen. Backzeit: 55–65 Min. bei 210–220° C.

Kartoffeldatschi

Kartoffeln, etwas Mehl, Salz, Milch

Man schält die Kartoffeln, reibt sie und drückt sie in einem Tuch gut aus. Dann gibt man etwas Mehl, Salz und Milch hinzu. Der Teig muß ziemlich dick sein. Er wird in die Bratreine gefüllt und im Rohr schön gelb gebacken.

Kartoffelgulasch

Kartoffeln, 125 g Räucherspeck, 250 g Zwiebeln, 40 g Mehl, etwas Paprika, gestoßener Kümmel, Zitronenschale, Fleischbrühe

Man kocht die Kartoffeln in der Schale oder verwendet übriggebliebene vom Vortag.
Der Räucherspeck wird gewürfelt und ausgebraten, darin röstet man die Zwiebeln in Würfeln hellgelb, schwitzt darin das Mehl und eine Prise Paprika an und gibt gestoßenen Kümmel und nach Belieben etwas abgeriebene Zitronenschale dazu. Nun wird mit Fleischbrühe aufgefüllt. Alles gut durchkochen lassen und zum Schluß die gepellten, in Scheiben geschnittenen Kartoffeln darin heiß werden lassen. Abschmecken.

Kartoffelgulasch, ungarisch

3–4 Zwiebeln, 3–4 EL Öl, ca. 2 EL Rosenpaprika, ca. 2–3 EL Obstessig, 1 kg rohe Kartoffeln, ca. ½ l Frugola-Brühe, Kräutersalz, Pfeffer, ⅛ l süße Sahne, Petersilie

Die Zwiebeln fein hacken und in dem Öl golden dünsten. Mit Paprika bestäuben, mit Obstessig ablöschen und die in Scheiben geschn. Kartoffeln dazugeben. Die Brühe zugießen, sämig kochen (ca. 30 Min.). Mit Kräutersalz und frisch gemahlenem Pfeffer abschmekken, die Sahne unterziehen. Mit gehackter Petersilie bestreuen.
Variante: Von Anfang an einen Teelöffel Majoran mitkochen.

Kartoffelhörnchen

250 g Mehl, 15 g Hefe, 2 EL Milch, 250 g gekochte Kartoffeln, 75 g Zucker, 35 g Butter oder Margarine, 1 Ei, 1 Prise Salz, 250–375 g Marmelade zum Füllen, Zuckerguß von 150 g Puderzucker, 3–4 EL Wasser

Mehl, Hefe und Milch werden zum Vorteig angesetzt, der aufgehen muß. Die als Salzkartoffeln gekochten, abgedampften, heiß durch die Presse gegebenen Kartoffeln werden hinzugefügt, ebenso Zucker, zerlassenes Fett, Ei und Salz. Der Teig wird geschlagen, bis er glatt ist. Nach dem Aufgehen wird er dünn ausgerollt. Es werden Quadrate daraus geschnitten, die nochmals schräg durchschnitten werden. Etwas Marmelade wird daraufgegeben, der Teig zusammengerollt, zum Hörnchen gebogen. Nach nochmaligem Aufgehen werden diese in 8–10 Minuten gebacken, noch heiß mit Zuckerguß bepinselt. Das Gebäck muß möglichst frisch verzehrt werden.

Kartoffelklöße I

1 kg gekochte Kartoffeln, 1–2 Eier, Zwiebel, Petersilie, 20 g Fett, 2 EL Mehl, Salz, Muskat, ½ Brötchen, 20 g Fett, Weckmehlschmelze

Die kalten Kartoffeln reiben, Zwiebel, Petersilie dämpfen, mit den andern Zutaten mischen. Das Brötchen in kleine Würfel schneiden, in Butter rösten. Kleinen Probekloß machen. Beim Formen die Weckwürfel in die Mitte der Klöße geben und fest zudrehen. Die Klöße in kochendem Salzwasser 8 Minuten kochen, nicht zudecken, mit geröstetem Weckmehl abschmelzen.

Kartoffelklöße II

Eine dicke Walnuß groß Butter wird zu Sahne gerieben, dann rührt man 2 Eidotter, 1 Untertasse voll geriebenes Weißbrot, ebensoviel gekochte und geriebene Kartoffeln, welche jedoch nicht wässerig sein dürfen, Zitronenschale, Muskat und Salz allgemach dazu und zuletzt den steifen Eierschaum eben durch. Von dieser Masse rollt man kleine Klößchen und läßt sie 10 Minuten in der Suppe kochen.

Kartoffelklöße III

2 Suppenteller geriebene Kartoffeln, die am Tage vorher mit der Schale gekocht sind, 4 hölzerne Rührlöffel Mehl, Muskat, Salz, 1 Obertasse geschmolzene Butter und 6 Eier, das Weiße zu Schnee geschlagen. Dies alles wird wohl untereinandergerührt, mit dem Löffel zu Klößen abgestochen, in kochendes Wasser mit Salz gegeben und ¼ Stunde gekocht. Man gibt braune Butter dazu.
Hierzu mehlige Kartoffeln, wässerige machen die Klöße klebrig.

Kartoffelklöße, billigere Art

Zu 6 etwas gehäuften Suppentellern voll geriebener Kartoffeln nehme man 1 Teller voll geriebenes Weißbrot, die Krusten gewürfelt und in Speck gebraten, 3 gehäufte hölzerne Rührlöffel voll Mehl, 6 Eier, von denen das Weiße zu Schaum geschlagen wird, und 125 g in feine Würfel geschnittenen und ausgebratenen Speck. Die Klöße werden geformt und gekocht wie im vorhergehenden Rezept und mit brauner Butter, worin man 1 Löffel Kloßwasser rührt, und mit gekochtem Obst zur Tafel gegeben.

Kartoffelklöße, große

Die mit der Schale in Wasser und Salz nicht ganz weich gekochten Kartoffeln werden abgeschält und, nachdem sie völlig kalt geworden, gerieben. Dann nimmt man zu 3 Teilen Kartoffeln 1 Teil geriebenes Weißbrot, brät die in kleine Würfel geschnittenen Krusten in Butter oder Speck gelb und nimmt von diesem allen auf jeden Suppenteller voll 2 Eier, das Weiße zu Schaum geschlagen, 30 g Butter, welche braun gemacht wird, auch nach Belieben etwas Muskatnuß, und arbeitet dies alles gut durcheinander. Hiervon werden handdicke Klöße aufgerollt, mit Mehl bestreut und in kochendem Wasser und Salz gekocht, bis sie inwendig trocken sind, etwa 10 bis 15 Minuten. Es wird braune Butter darüber angerichtet und gekochtes Obst dazugegeben. Eine Hauptbedingung zum Geraten dieser Klöße sind, wie schon im vorhergehenden Rezept bemerkt worden, mehlige Kartoffeln.

Kartoffelklöße, rohe

1 kg rohe Kartoffeln, 375 g gekochte Kartoffeln, 1 Brötchen in kleine Würfel geschnitten, 30 g Fett, ⅛ l Milch, Salz

Die rohen, geschälten Kartoffeln in reichlich kaltes Wasser reiben. Die gekochten Kartoffeln ebenfalls reiben, heiß durch die Presse drücken. Die rohen Kartoffeln auf ein Tuch schütten, fest auspressen, das Wasser einige Minuten ruhig stehen lassen, abschütten, die rohen Kartoffeln zu dem zurückgebliebenen Stärkemehl geben, Salz, die kochende Milch zugeben, gut durchrühren, zuletzt die gekochten Kartoffeln. Klöße formen, in die Mitte eines jeden Kloßes geröstete Weckwürfel geben. In kochendem Salzwasser ½ Stunde kochen und gleich zu Tisch geben.

Kartoffelklöße, gefüllt

1000 g rohe Kartoffeln, 500 g gekochte Kartoffeln, Salz, 1 Semmel, etwas Mehl, 250 g Bratwurstfülle, 1 Ei

Die rohen Kartoffeln werden gerieben und gut ausgedrückt, die gekochten Kartoffeln ebenfalls gerieben und dazu gegeben. Aus dieser Masse, der eingeweichten, ausgedrückten Semmel, einem Ei, Salz und etwas Mehl knetet man einen Kloßteig.
Nun formt man daraus die Klöße und gibt in die Mitte jeweils etwas von der Bratwurstfülle. Klöße in kochendes Salzwasser einlegen und ca. 15 Minuten ziehen lassen. Über die fertigen Klöße kommen ausgebratene Speckwürfel. Dazu gibt es Salat.

Kartoffelklöße, gefüllt, andere Art

(4 Personen) 2–3 kg rohe Kartoffeln, 6–7 große Pellkartoffeln, Salz, 2–3 mittlere Stangen Lauch (Porree), viel Schnittlauch, viel Petersilie, 2 eingeweichte Brötchen, Salz, Pfeffer. – 250 g Butter, 1/4 l süße Sahne, 1 TL Klare Brühe

Rohe Kartoffeln in etwas Wasser reiben, in Tuch kräftig auspressen, Wasser auffangen und stehenlassen (am Boden setzt sich Stärke ab!), Pellkartoffeln durch Fleischwolf drehen. Beide Kartoffelmassen in Schüssel geben, Wasser vorsichtig abgießen, Stärke zu den Kartoffeln, salzen und gut durchkneten!
Zur Füllung den Lauch putzen, in Stückchen schneiden, gut waschen, abtropfen lassen. Etwas Fett in Pfanne erhitzen, Lauch dazugeben und 15 Min. dünsten (ohne Wasser!), dann eingeweichtes Brötchen ausdrücken, zerpflücken und in die Pfanne geben. 5 Min.' mitrösten. Ebenso Schnittlauch und Petersilie. Kräftig würzen und etwas abkühlen lassen. Jeweils 1–2 Eßlöffel Füllung 1 cm dick mit Kartoffelmasse umhüllen. Klöße werden etwa faustgroß. In siedendes Wasser geben, nicht kochen!, ziehen lassen (20–30 Min.) bis sie hochkommen.
Für die Sauce inzwischen Butter zerlassen, Sahne dazugeben, erhitzen und mit Klarer Brühe würzen.

Kartoffelklöße mit Grieß

1 kg rohe Kartoffeln, ¼ l Milch, 60 g Grieß, 1 Brötchen, 30 g Fett, Salz

Die Kartoffeln werden vorgerichtet wie oben. Milch, Salz aufkochen, den Grieß einstreuen, einige Minuten kochen, heiß zu den Kartoffeln und dem abgesetzten Stärkemehl geben, fertigmachen wie oben, 25 Minuten kochen. Nach Belieben kann man auch 750 g rohe, 250 g gekochte Kartoffeln nehmen, Milch und Grieß wie oben angegeben.

Kartoffelklöße, abgerührte, mit Grieß

Man reibt so viel gesottene erkaltete Kartoffeln, daß es ein Quantum von 1½ l gibt, dann röstet man drei gewürfelte Semmeln, und rührt drei Eier und 85 g Schmalz schaumig ab. Nachdem die Kartoffeln gesalzen, mengt man das Abgerührte darunter, und hierein nun ¼ l Grieß und das Brot. Aus dieser Masse formt man hernach beliebig große Klöße, und siedet sie eine Viertelstunde in Salzwasser.

Kartoffelklöße, holsteinisch

1000 g gekochte Kartoffeln, 200 g Speck, 100 g Mehl, 100 g Grieß, 50 g Speisestärke, Salz, Muskat, 4 Eier, braune Butter

Die Kartoffeln werden geschält und noch heiß durch die Presse gedrückt. Mit dem ausgelassenen, gewürfelten Speck, Mehl, Grieß, Speisestärke, Salz, Muskat und Eiern knetet man sie zu einem festen Teig. Daraus formt man mit bemehlten Händen nicht zu große Klöße und läßt diese in kochendem Salzwasser in ca. 15 Minuten garziehen. Mit brauner Butter übergossen gibt man die Klöße zu Tisch.

Kartoffelkloßteig, gebacken als Auflauf oder Ring

60 g Butter oder Margarine, 1–2 Eigelb, 50 g geriebener Käse, halb Schweizer-, halb Parmesankäse, 1 kg Kartoffeln, 30–40 g Mehl, 1 EL Salz, 1–2 Eiweiß zu Schnee, (1/8 l saure Sahne), Butter, Semmelbrösel

Zu der schaumig gerührten Butter oder Margarine werden Eigelb, Käse, die geschälten, gekochten, heiß durch die Presse gedrückten Kartoffeln, Mehl und Salz gegeben. Wird die Masse als Auflauf gebakken, mischt man die saure Sahne darunter, beim Backen als Ring im Rand muß sie fortgelassen werden. Der Eierschnee wird daruntergezogen und die Masse in der gebutterten Auflaufform oder in der gebutterten, mit Semmelbrösel ausgestreuten Ringform ¾– 1 Stunde gebakken. Der Ring kann auch durch Kochen im Wasserbad in ¾–1 Stunde gegart werden.

Kartoffelknödel, bayerische

2 große Semmeln, 1 Tasse Milch, 1500 g rohe Kartoffeln

Zwei große Semmeln werden in Scheiben geschnitten und mit einer großen Tasse kochender Milch übergossen. Dann zugedeckt stehengelassen. Die Kartoffeln werden in kaltes Wasser gerieben, fest ausgedrückt und mit dem inzwischen kaltgewordenen Semmelbrei, der glatt verrührt wurde, vermischt. Man formt faustgroße Knödel aus der Masse. Sie müssen etwa 30 Minuten kochen, und zwar im zugedeckten Topf.

Kartoffelkroketten

750 g Kartoffeln, 60 g Butter, 1 Eigelb, etwas Mehl, Muskatnuß, Salz, Semmelmehl, Fett

Die Kartoffeln schälen, waschen, in Stücke schneiden und in leicht gesalzenem Wasser gar kochen. Die abgegossenen, abgedämpften Kartoffeln werden durch die Presse gedrückt. Man läßt sie etwas abkühlen und gibt dann die Butter, ein Eigelb, etwas Mehl, Muskatnuß und Salz dazu und verarbeitet alles zu einem geschmeidigen Teig. Daraus formt man nun mit bemehlten Händen 3 cm dicke und 6 bis 7 cm lange Rollen. Man zieht diese Rollen durch verquirltes Ei und wälzt sie dann in Semmelmehl. Sie werden in heißem Fett schwimmend goldgelb gebacken.

Kartoffelküchle

Siehe Kartoffelwürstchen

Aus der Masse formt man runde Küchle und backt sie in heißem Fett auf flacher Pfanne.

Kartoffelkuchen II

6 Pfund Kartoffeln, 2 Pfund Mehl, 80 g Hefe, Salz

Kartoffeln reiben, in das Geriebene Hefe bröckeln, mit Mehl bestäuben und durcharbeiten. Mit Salz den Teig kräftig abschmecken. 1 Stunde warm stellen. Kuchenform mit Butter einfetten, Teig einfüllen und nochmals 10 Min. gehen lassen. Backzeit 75 Minuten.
250 Grad vorheizen, 15 Min. backen, 200 Grad 40 Min. backen dann 20 Minuten ohne Form zu Ende backen.

Kartoffelkuchen, schlesisch

500 g Mehl, 1 Tasse Milch, 30 g Hefe, Salz, 1 EL Zucker, 500 g Kartoffeln

Für den Kartoffelkuchen bereitet man einen einfachen Hefeteig. Man knetet die gekochten, in der Schale erkalteten, dann geriebenen Kartoffeln unter den Teig und läßt ihn aufgehen. Dann rollt man ihn auf einem Blech aus, läßt ihn wieder aufgehen, bestreut ihn mit Zucker und Zimt, teilt den Kuchen auf dem Blech in gleichmäßige Stücke und bäckt ihn in etwa 25 Minuten zu schöner Farbe. In manchen ländlichen Gegenden Schlesiens wird dieser Kuchen zur Vesperzeit frisch aus dem Ofen aufgetragen. Dazu wird eine Schüssel voll frisch ausgebratenem Speckfett aufgestellt, worein die Kuchenstücke gestippt werden.

Kartoffelkuchen mit Hering

140 g Butter wird mit acht Eigelb schaumig gerührt, 420 g gesottene, feingeriebene Kartoffeln und etwas Salz dazugegeben, und dies, wenn es zusammen vier Minuten fort und fort gerührt worden, mit dem Schnee der acht Eiweiß vermischt. Inzwischen wird eine glatte Pudding- oder Auflaufform gut mit Butter ausgestrichen und mit geriebenem Brot ausgestreut, dann drei hergerichtete und ausgegrätete Heringe in kleine Würfel geschnitten und mit etwas saurem Rahm untereinandergemacht. Nun gibt man in die Form eine Lage von obiger Kartoffelmasse, hernach vom Hering, und so abwechslungsweise fort, bis alles verbraucht ist. Der Kuchen wird jetzt langsam eine Stunde gebacken, sodann auf eine Platte umgestürzt und serviert.

Kartoffelmehl

Vierundzwanzig bis dreißig Stück große gewaschene und geschälte Kartoffeln werden auf dem Reibeisen gerieben, in eine große Schüssel gegeben, viel kaltes Wasser darübergegossen, und das Ganze mit einem reinen Kochlöffel durchgerührt. Alsdann breitet man ein Tuch über eine zweite Schüssel, schüttet die Kartoffeln samt dem Wasser darein, nimmt das Tuch an beiden Enden und windet es mit einer zweiten Person fest aus, worauf man die Kartoffeln wieder in die Schüssel bringt, noch einmal durchwindet und das Durchgewundene neuerdings zu dem Wasser gibt. Nach zwei Stunden wird sich das Mehl als Satz am Boden gesetzt haben. Das Wasser wird jetzt abgegossen und frisches darübergeschüttet, dies, nachdem das Mehl sich wieder gesetzt hat, neuerdings abgegossen, und so fortgefahren bis das Wasser klar ist. Beim letzten Abgießen bringt man das Kartoffelmehl mit einem Schäufelchen in eine reine, breite, flache Schüssel, stellt es zum Trocknen an einen warmen Ort und wühlt es während des Trocknens öfters auf. Ist es durchaus trocken, wird es in Papier eingewickelt und in Schachteln zum Gebrauch aufbewahrt.

Kartoffelmasse, gespritzt

500 g rohe Kartoffeln, 30 g Butter, 1 Ei, Salz, Muskat, 2 EL Mehl

Die Kartoffeln im Dampftopf kochen, durch die Presse geben. In die heiße Butter gibt man auf dem Feuer alle Zutaten, rührt die Masse dick und schaumig, nimmt sie in den Spritzsack, spritzt auf ein bestrichenes Blech beliebige Formen, bestreicht sie mit Eigelb und backt sie im Ofen hellbraun.

Kartoffelmus

Recht mehlige Kartoffeln werden geschält, gewaschen, mit kaltem Wasser und etwas Salz aufgesetzt und darin weichgekocht. Hat man sie darauf sorgfältig abgegossen, so schlägt man sie durch, gibt heiße Milch oder auch halb Milch, halb Wasser daran, bis man einen steifen Brei erhält, verrührt noch ein Stückchen Butter und etwas Salz darunter und richtet das Mus in der Schüssel recht glatt an. Ehe man es zu Tisch gibt, kann man braune Butter darübergießen oder auch in Butter gebratene Zwiebelstreifchen oder kleinwürflig geschnittenen, angebräunten Speck. Statt der Milch läßt sich auch Buttermilch oder Fleischbrühe verwenden. Sehr gut schmeckt das Kartoffelmus mit Hammelfleischbrühe vermengt; dazu reicht man grobgeschnittene Zwiebel, die in der Brühe mit Kümmelkernen gedünstet wurde. Ein Zusatz von Aleuronat gibt der Speise besondere Nährkraft und sollte deshalb in der Küche mehr verwendet werden, als dies bisher der Fall war. – Will man das Kartoffelmus backen, so verrühre man noch einige Eidotter darunter, fülle es in eine gut gebutterte Form, gebe obenauf geriebenen Parmesan- oder auch nur Kräuterkäse und den Eiweißschnee und stelle es in die heiße Röhre, bis sich eine dunkle Kruste bildet.

Kartoffelmus mit Buttermilch

Die Kartoffeln werden nach vorheriger Angabe weichgekocht und fein gestampft, dann wird ein Stück Butter und so viel Buttermilch hinzugerührt, daß es einen schlanken Brei gibt, der gut durchgekocht, glatt angerichtet und mit brauner Butter oder gelben Speckwürfeln versehen wird.

Kartoffelmuscheln zum Verzieren verschiedener Gerichte

Salz- oder Pellkartoffeln vom Tage vorher reibt man und vermengt sie mit Mehl und Eiern zu einem Teig, der nicht mehr an der Hand haften bleibt. Man rollt aus ihm fingerdicke Würstchen, schneidet diese in Scheibchen und formt aus ihnen kleine Muscheln, indem man die Blättchen über einen Fingerhut oder gegen die Rückwand des Reibeisens drückt. Sind die Muschelchen abgetrocknet, so backt man sie schwimmend in Schmalz aus oder kocht sie in Salzwasser zur Suppeneinlage.

Kartoffelnestchen

2–3 rohe Kartoffeln schälen, nicht in Wasser legen, in feine Scheiben schneiden, dann in nudelfeine Streifen. Ein Nestchenlöffel wird in heißes Fett gegeben, das Fett muß über die Form gehen, wenn er heiß ist, mit den Kartoffeln kreuz und quer belegen, den Löffel geschlossen in das Fett halten und hellbraun backen. Gleich aus der Form nehmen, wenn nötig, mit der Schere den Rand zuschneiden. Die Nestchen werden mit Gemüse gefüllt und können zu garniertem Braten verwendet werden.

Kartoffelnudeln

Schnell abgesottene Kartoffeln werden geschält und noch recht heiß durch's Sieb getrieben, oder mit einem Wellholz auf dem Backbrett fein zerdrückt. Nun wird ein Teil Mehl nebst zwei Eiern und etwas Salz unter drei Teile durchgetriebene Kartoffeln gearbeitet, doch so, daß der Teig gut beisammenbleibt, und mit der glatten Hand fingerlange und fingerdicke Nudeln geformt. Diese legt man nebeneinander in ein Stückchen heißgemachtes Schmalz in eine Bratpfanne, bratet sie auf beiden Seiten schön gelb, richtet sie dann auf eine warme Platte an, und gibt sie sogleich zu Tisch. – Werden *besser,* wenn man sie aus *schwimmendem* Schmalz bäckt.

Kartoffelnudeln, andere Art

Zwei Suppenteller gesottene, abgeschälte, nach Erkalten geriebene Kartoffeln werden mit zwei Handvoll Mehl, zwei Eiern und etwas Salz zu einem festen Teig gearbeitet, und hieraus fingerlange und gut fingerdicke Nudeln geformt. In einer Bratkachel oder einem Kastrol läßt man dann ungefähr fingerhoch Milch mit einem Stück Butter oder Schmalz siedend werden, gibt die Nudeln nicht zu nahe aneinander hinein, bringt sie in ein Bratrohr, und läßt sie dünsten, bis keine Sauce mehr vorhanden und sie unten eine Kruste haben. Während des Dünstens müssen sie einmal mit Butter bestrichen werden. Man sticht sie hernach mit dem Backschäufelchen aus, und richtet sie aufgehäuft an.

Kartoffelpastetchen

Gute mehlige Kartoffeln werden schnell weichgekocht, am besten in Dunst, dann abgeschält, und heiß durch's Sieb gedrückt oder im Mörser verstoßen, hernach nimmt man sie in eine Schüssel, rührt sie mit zwei Eiern, einem Kaffeelöffel Salz und zwei Eßlöffel Mehl ab, stürzt sie auf das Backbrett, und formt davon in der Größe oberer Kaffeetassen Pastetchen, die man aufrecht nebeneinander stellt. Solche werden nun in mit wenigem Wasser verrührten Eiern und sodann in Semmelbröseln leicht umgewendet, in jedes mit einem kleinen Ausstecher oder Glas oben ein Deckelchen eingedrückt oder vielmehr bezeichnet, und die Pastetchen aus heißem Schmalz gelb gebacken. Sind sie etwas erkaltet, so werden die Deckelchen abgenommen, die Pastetchen so viel wie möglich ausgehöhlt, und mit feinem Kartoffelpüree von Milch oder Wasser, worunter 35 g Sardellenbutter gemengt wurde, eingefüllt, dann wieder mit den Deckelchen bedeckt, übereinander auf die Plättchen gestellt und augenblicklich serviert.

Kartoffelpfannkuchen

Gekochte Kartoffeln, Salz, Mehl, Fett

Gekochte Kartoffeln vom Vortag werden gerieben, mit etwas Salz und Mehl zu einem leichten Teig vermengt. In einer Pfanne erhitzt man Fett oder läßt Speck aus und streicht den Kartoffelteig etwa 2 cm hoch hinein, drückt ihn leicht an und bäckt die untere Seite braun, danach wendet man den Pfannkuchen und bäckt die zweite Seite unter erneuter Zugabe von Fett schön braun.

Kartoffelplätzchen, andere Art

140 g Mehl wird mit Milch zu einem dicken Teig angerührt, und diesem fünf Eigelb, drei Eßlöffel saurer Rahm, sowie Salz und 140 g geriebene gesottene Kartoffeln beigefügt. Nachdem der feste Schnee der fünf Eiweiß daruntergemengt, formt man daraus kleine Plätzchen (Küchlein), und bäckt dieselben aus heißem Schmalz. – Werden gewöhnlich zu saurem Fleisch gegeben.

Kartoffelpudding

750 g gekochte, geriebene Kartoffeln, 40 g Butter, Zwiebel, Petersilie, 20 g Fett zum Dämpfen, Salz, Pfeffer, Muskat, 1–2 EL geriebenen Käse, 1–2 EL Mehl, 3–4 Eier

Zwiebel, Petersilie dämpfen. Die Butter schaumig rühren, alle Zutaten, die Eigelb zurühren, zuletzt den Schnee leicht unterziehen. In eine mit Butter und Mehl vorgerichtete Form einfüllen, 1 Stunde im Wasserbad kochen.

Kartoffelpudding mit Hering oder Schinken

Nachdem die Kartoffeln weichgesotten, geschält und gleich heiß durch's Sieb getrieben sind, stellt man sie zum Erkalten. Hiervon wird dann 850 g nebst sechs bis sieben Eiern, Muskatnuß und drei Eßlöffel Mehl unter 100 g leicht gerührte Butter gerührt bis die Masse schaumig ist. Inzwischen wird ein geputzter, ausgegräteter, einige Stunden in halb Wasser, halb Milch gelegter, dann gut gewaschener, abgetrockneter und in kleine Würfel geschnittener Hering oder 100 g feingewiegter Schinken mit einem Eßlöffel feingewiegter Zwiebel und ebensoviel Petersilie in 35 g feingeschnittenem, halbzerlassenem, frischem Speck gedämpft, nach einigem Erkalten unter die Masse gerührt, und diese in eine dick mit Butter bestrichene Puddingform gefüllt, doch so, daß noch handbreit Raum bleibt, hierauf die Form gut verschlossen, und eine gute Stunde in Wasser gesotten. Nach dieser Zeit wird der Pudding herausgenommen, auf eine Platte umgestürzt, und von der Seite eine mit Zitronensaft abgeschärfte weiße Einmachsauce oder verdünnte, gleichfalls mit Zitronensaft abgeschärfte Bratensauce oder Jus darangegossen. – Hierzu kann man auch *erkaltete* gesottene Kartoffeln verwenden, welche dann *gerieben* werden. – Man gibt diesen Pudding zu eingemachtem Kalbfleisch oder beliebigem andern Ragout, auch zu Boeuf à la mode und dergleichen.

Bei allen in einer Form gekochten Puddings muß man, nachdem sie eingefüllt sind, die Form mit ihrem Deckel gut verschließen, in das Kastrol oder die Pfanne, worein sie gestellt werden, dreifingerhoch kochendes Wasser geben, und sowohl jenes als diese mit einem passenden Deckel gut zudecken, damit kein Dampf herausgehe, weil die Puddings mehr gedämpft als gesotten werden müssen; auch ist es von Vorteil, wenn etwas Glut auf dem Deckel der Pfanne ist, doch ist dies nicht wesentlich notwendig, wenn nur der Deckel recht gut schließt. – Das Wasser soll fortwährend langsam sieden, keinenfalls aber zu stark, indem sonst die Masse zu schnell aufsteigt und herausdrängt. Sollte es geschehen, daß das Wasser am Pudding einkocht, ehe er fertig ist, so muß man siedendes Wasser nachgießen, damit die Form nicht trocken stehe, und es muß hierbei das Geschirr jedesmal gleich wieder bedeckt werden. – Beim Umstürzen untersuche man zuerst, ob der betreffende Pudding nirgends an der Form anhängt. Befürchtet man letzteres, so wird mit einem dünnen Messer rings in der Form umhergefahren, doch so, daß die Schneide des Messers der *Form* zugekehrt ist, und der Pudding nicht zerschnitten wird. Man stürzt dann denselben auf die zum Servieren bestimmte Platte, und läßt die Form einige Minuten ruhig darüber stehen, damit er Zeit hat, sich überall von derselben loszulösen. – Man kann die Puddings auch in einer *Serviette* (oder einem Tuch) kochen. Dieselbe wird, nachdem sie durch frisches Wasser gezogen und dann gut ausgewunden ist, ausgebreitet, in der Mitte mit Butter bestrichen, sowie mit wenigem Mehl bestreut, die Masse daraufgefüllt, und die Serviette dann derart zugebunden, daß die Masse noch handbreit Raum zum Aufgehen hat. Nun wird das Ganze in ein tiefes Kastrol oder einen Topf in vieles kochendes Salzwasser gehängt, und mit einem Deckel so gut wie möglich bedeckt, anderthalb bis zwei Stunden gekocht. Alsdann nimmt man es auf ein Sieb oder einen Seiher heraus, bindet die Serviette auf, und sticht mit einem Messer in die Mitte des Puddings, um zu sehen, ob derselbe fertig ist. Wenn am Messer beim Herausziehen keine Masse hängt, so ist er fertig, im andern Fall muß er wieder zugebunden und noch länger gekocht werden. Er wird dann neuerdings in das Sieb oder den Seiher herausgenommen, aufgebunden, die Platte oder Schüssel daraufgedeckt, und er auf solche umgestürzt.

Kartoffelpüree – Abgeschmälzte Kartoffelschnitze

Die Kartoffeln werden roh geschält, in Schnitze oder Scheiben geschnitten, gewaschen, und in so viel gesalzenem Wasser, daß es zur Hälfte an ihnen heraufgeht, und 70 g Butter fest zugedeckt langsam weich und kurz eingekocht, hernach ganz fein verrührt. Nun bringt man sie nebst weiteren 70 g Butter, dann Salz und weißem Pfeffer wieder in das Kastrol zurück, verdünnt sie mit wenigem heißem Wasser, läßt sie unter beständigem Umrühren einigemal aufkochen, richtet das Püree an, und trägt es sogleich auf. – *Feiner* wird dasselbe, wenn man es vor dem Anrichten durch ein *Sieb* treibt. – Gewöhnlich werden feingeschnittene Zwiebeln in Butter oder heißem Fett gelb geröstet, und das Püree vor dem Auftragen damit abgeschmälzt, in welchem Falle die zweiten 70 g Butter beim Kochen wegbleiben. Kocht man es mit Fleischbrühe, so fällt die Butter beim Kochen ganz weg, das Abschmälzen mit Zwiebeln bleibt jedoch dasselbe. – Die oben erwähnten *Kartoffelschnitze* kann man, sobald sie weichgekocht sind, mit dem Schaumlöffel auf eine Platte anrichten, und mit in Butter gerösteten Zwiebeln *abgeschmälzt* als *eigenes* Gericht servieren.

Kartoffelpüree, gestürztes

Geschälte rohe Kartoffeln werden fein blätterig geschnitten, mit so viel Fleischbrühe oder Wasser, daß es zur Hälfte an ihnen heraufgeht, gut weichgekocht, und alsdann mit einem Stückchen Butter, etwas Salz, wenigem Pfeffer und zwei verklopften Eiern gut und zart zu einem etwas dicken Mus verrührt. Dies wird nun in kleine, mit Butter bestrichene und mit Semmelbröseln bestreute Förmchen gefüllt, damit etwas auf einem Tuch aufgestoßen, auf daß es sich gut setze, dann im Ofen noch heiß gemacht, und beim Anrichten umgestürzt. – Man gibt es zu jeder Art Fleisch.

Kartoffelpüree mit Milch

Rohe Kartoffeln werden geschält, in feine Blätter geschnitten, gewaschen, mit so viel Milch, daß sie zur Hälfte an denselben heraufgeht, auf schwaches Feuer gesetzt, und weichgedämpft. Nun werden sie fein verrührt oder durch's Sieb getrieben, hernach in das Kastrol zurückgebracht, etwas Salz, weißer Pfeffer und 140 g Butter darangegeben, und mit guter kochender Milch oder Rahm unter beständigem Umrühren auf langsamem Feuer zur gehörigen Musdicke aufgefüllt. Nachdem das Püree dann einmal aufgekocht hat, richtet man es an und gibt es augenblicklich zu Tisch. – Eignet sich vorzüglich zu Koteletts und gebratenem Fleisch. – Bei diesem Gericht muß sehr achtgegeben werden, daß es nicht anbrenne. – Das Bessere ist, die Milch nach und nach zuzugeben, als gleich alle auf einmal, weil in letzterem Falle leicht Überlaufen entsteht.

Kartoffelpuffer

1 kg rohe Kartoffeln, 1/8–1/4 l Milch, Salz, Muskat, 2 Eier, 30 g Stärkemehl oder Mehl – Backfett

Die rohen, geschälten Kartoffeln in eine Schüssel mit Wasser reiben, auf ein Tuch schütten, fest auspressen. Zu den Kartoffeln die andern Zutaten geben. Mit einem Eßlöffel legt man kleinere Küchle in heißes Fett, streicht die Masse dünn aus, backt die Puffer auf beiden Seiten schön braun und gibt sie gleich zu Tisch. Nach Belieben kann man 2/3 rohe, 1/3 gekochte Kartoffeln nehmen.

Kartoffelpuffer, würzige

1 kg Kartoffeln, 200 g Mehl, Salz, 2 Zwiebeln, 5–6 Knoblauchzehen, Pfeffer, Majoran, 1 Ei

Kartoffeln reiben, mit Mehl und Salz mischen, Zwiebeln hacken und mit wenig Öl anbraten, Knoblauchzehen passieren, Majoran und Ei dazugegen und alles zu einem Teig vermischen. In heißem Fett backen.

Kartoffelpuffer mit Preiselbeeren oder Apfelmus (Berlin)

1 1/2 kg große Kartoffeln, 1–2 EL Mehl, 2 Eier, Salz, Schmalz, Streuzucker, Preiselbeeren oder Apfelmus

Die Kartoffeln waschen, schälen und reiben. Die Masse durch ein Tuch drücken, mit dem Mehl und den Eiern verrühren und salzen. Schweineschmalz in einer Stielpfanne heiß werden lassen und genügend Kartoffelmasse in die Pfanne geben, um einen großen Puffer zu machen oder, was empfehlenswert ist, jeweils kleine Puffer von reichlich einem Eßlöffel in die Pfanne geben und zu länglichen oder runden Fladen dünn ausstreichen. Die Puffer bei mäßiger Hitze in ca. 3 Minuten auf beiden Seiten braun und knusprig backen und mit Streuzucker, Preiselbeeren oder Apfelmus zu Tisch geben.
So mögen die Berliner die Kartoffelpuffer und behaupten, daß ihre die

besten sind. Der gleichen Meinung sind die Rheinländer, wenn es um ihre Reibekuchen geht. Sie geben zwei geriebene Zwiebeln in die Kartoffelmasse und brutzeln die Puffer in Öl.

Kartoffelring

Die Masse von Kartoffelpudding wird in eine mit Butter bestrichene Ringform gefüllt. ½ Stunde in mittlerer Hitze gebacken. Der Ring wird auf eine runde Platte gestürzt, die Mitte mit Gemüse oder Ragout gefüllt.

Kartoffelschmarrn

10–12 kalte Kartoffeln, Mehl, Salz, Fett

Gekochte, kalte Kartoffeln werden gerieben, mit etwas Mehl und Salz vermischt und in heißem Fett gebacken. Mit der Backschaufel reißt man den Teig auseinander. Wenn man statt des Mehles 3 bis 4 Löffel Grieß und ebenso viel Milch nimmt, wird der Schmarrn lockerer.

Kartoffelschnee

1 kg rohe Kartoffeln, Salz

Die Kartoffeln wie Salzkartoffeln weichkochen, durch eine Presse gleich auf die Porzellanplatte geben und gleich zu Tisch geben.

Kartoffelspätzle

Unter den fertigen Spatzenteig gibt man 125–250 g gekochte, geriebene Kartoffeln.

Kartoffelspeck-Kuchen

8–10 Salatkartoffeln am Vortag kochen, kalt schälen, in grobe Scheiben schneiden, salzen und pfeffern und in Butter anbraten, jedoch nicht bräunen. 1 Pfund mageren Räucherspeck in schmale Streifen schneiden. ¼ l saure Sahne mit 4 Eigelb, Pfeffer, Salz, Muskat und 1 Eßlöffel Petersilie verquirlen. In gut gebutterte Auflaufform schichtweise Kartoffeln und Speckstreifen legen, Sahnemischung darüber gießen und ca. 40 Minuten im Ofen backen. Mit Bohnensalat servieren.

Kartoffelspeise von Fleischresten

Fleischreste von Round of Beef, oder von Rauchfleisch, oder von Schinken werden mit etwas daran befindlichem Fett oder gutem Speck fein gehackt und mit etwas Nelkenpfeffer und feingehacktem Schnittlauch oder mit einigen feingeschnittenen, in Butter gedämpften oder rohen Zwiebeln gewürzt. Dann werden in der Schale gekochte und kaltgewordene Kartoffeln gerieben und diese nebst etwas Salz und Stückchen Butter mit dem Fleisch lagenweise in eine dick mit Butter bestrichene Schüssel gegeben, wobei Kartoffeln den Schluß machen. Darüber wird eine Omelette, auf jede Person 1 Ei gerechnet (siehe Abschnitt Pfannkuchen), verteilt und in einem heißen Ofen 1 Stunde gebacken.

Kartoffelstückchen auf Seemannsart

In gutem Schweinefett verschwitzt man eine große zerschnittene Zwiebel und 2 Eßlöffel Mehl. Ist das Mehl dunkel angebräunt, so gibt man gute Fleischbrühe dazu, würzt mit Pfeffer, Salz, ein wenig Ingwer und 2 gestoßenen Wacholderbeeren und verrührt zuletzt einen reichlichen Eßlöffel Salz darunter. In Salzwasser abgekochte und dann abgegossene Kartoffelstückchen vermengt man mit der Sauce und läßt sie noch eine Weile darin durchschmoren. Ist die Sauce zu dick, gießt man noch etwas kochendes Wasser daran und schmeckt mit Maggiwürze ab. Das Gericht wird mit Fleischklößchen und sauren oder Pfeffergurken serviert.

Kartoffelwürstchen

1 kg gekochte Kartoffeln, 1–2 EL Mehl, Salz, Muskat, 1–2 Eier, Backfett

Die am Tage zuvor gekochten Kartoffeln werden geschält und gerieben, mit den anderen Zutaten auf dem Wellbrett gemischt. Man formt mit etwas Mehl knapp fingerlange und fingerdicke Rollen und backt diese in reichlich heißem Fett auf der Pfanne hellbraun. Nach Belieben kann man in die Masse 30 g schaumig gerührte Butter geben. Die Würstchen können auch vor dem Backen in Ei und Weckmehl umgedreht werden.

Kartoffelwürstchen, andere Art

1 Pfund Salzfleisch, 1 Pfund gekochte, durchgetriebene Kartoffeln, ½ EL Salz, Prise Pfeffer, Prise Majoran, ½ Zwiebel, 20 g Fett. – Zum Füllen: 1½ m Därme. – Zum Braten: Fett

Mageres Salzfleisch wird in ½ cm große Würfel geschnitten und mit der feingeschnittenen Zwiebel in heißem Fett 10 Min. gedämpft. Die gekochten, geschälten Kartoffeln werden durchgetrieben und mit dem Fleisch und dem Gewürz gut gemengt. Nun wäscht man den Darm gut durch, legt ihn ½ Std. in warmes Wasser und füllt den Teig mit Hilfe eines Wursthörnchens ein. Man bindet die Würstchen in gewünschter Länge ab, legt sie einige Minuten in heißes Wasser, trocknet sie ab und bratet sie wie Bratwürstchen etwa 8–10 Min. (12 Würstchen.)

Kastenpickert, westfälisch

1000 g Mehl, 40 g Hefe, 60 g Zucker, Milch, 1200 g Kartoffeln, 2 Eier, Salz, 250 g Rosinen

Kartoffeln schälen und reiben. Man gibt sie in ein Tuch und drückt sie aus, gibt nach und nach Eier, etwas Salz und das Mehl und die mit etwas Zucker in lauwarmer Milch aufgelöste Hefe dazu und verarbeitet das Ganze zu einem geschmeidigen Teig. Ca. 30 Minuten gehen lassen. Danach mengt man die heiß abgewaschenen, getrockneten Rosinen unter und füllt den Teig in eine gefettete, mit Semmelmehl ausgestreute Kastenform und läßt ihn nochmals ca. 1 Stunde gehen. In ca. 90 Minuten bei mittlerer Hitze backen. Wenn der Kastenpickert abgekühlt ist, schneidet man ihn in fingerdicke Scheiben und brät diese vor dem Anrichten auf jeder Seite in reichlich Butter goldbraun. Kastenpickert wird zum Frühstück oder zum Kaffee am Nachmittag gereicht.

Kräuterbrot

500 g Weizenmehl, 30 g Hefe, 1 TL Zucker, 1/4 l lauwarme Milch, je 1 Bund Petersilie, Schnittlauch und Dill, 30 g Butter, 1/2 TL Pfeffer, etwas Milch

Mehl in eine Schüssel geben. In die Mitte eine Vertiefung drücken. Hefe reinbröckeln. Mit Zucker und Milch und etwas Mehl vom Rand her verrühren. Mit einem Küchentuch bedeckt 15 Minuten aufgehen lassen.

Petersilie, Dill und Schnittlauch unter fließendem Wasser abspülen, trockentupfen und fein hacken. Butter in einem Topf schmelzen lassen. In einer Schüssel Eier mit den Kärutern verquirlen. Die Mischung zum Vorteig gießen. Alles zu einem festen Teig kneten. Teig so lange schlagen, bis er Blasen wirft und sich vom Schüsselrand löst. Nochmals 15 Minuten gehen lassen. Eine Kastenform von 30 cm Länge gut einfetten. Teig reinfüllen. Oberfläche glattstreichen. Teig

noch mal 15 Minuten gehen lassen. Dann mit Milch bestreichen. Mit einer Küchenschere Zacken in den Teig schneiden.
35 Minuten bei 200 Grad backen.

Kräuterkäsestückchen

Blätterteig, 1/4 l Milch, 1/4 l Sahne, 4 Eier, 350 g geriebener Emmentaler, 3 EL gehackter Schnittlauch, 1 1/2 EL gehackter Dill, 40 g Mehl, 1 EL Selleriesalz, Pfeffer, Muskat

Blätterteig zu einem Rechteck ausrollen. Auf ein kalt abgespültes Backblech legen, den Teigboden mehrmals einstechen. Alle anderen Zutaten miteinander verrühren und auf den Teig streichen. Die offene Seite des Backblechs mit einer Alufolie abgrenzen. Kuchen 10 Minuten ruhen lassen. Danach 40 Minuten bei 200 Grad backen. Sofort in Rechtecke schneiden und servieren.

Kräuterplätzchen

200 g Mehl, 1 TL Backpulver, 3 EL Öl, Salz, 4 EL Wasser, 2 EL gehackte Kräuter (Petersilie, Schnittlauch, Borretsch, Kresse, Dill)

Mehl und Backpulver mischen. In die Mitte eine Mulde machen und Salz, Öl, Wasser und die Kräuter hineingeben. Zu einem glatten Teig verarbeiten. Arbeitsfläche mit Mehl bestreuen und den Teig 2 cm dick ausrollen. Runde Plätzchen ausstechen. Auf einem gefettetem Backblech 15 Minuten bei 200 Grad backen.

Kräutersahnekartoffeln

1000 g gekochte Kartoffeln, 50 g Schinken, 2 kleine Zwiebeln, 1 kleine Stange Lauch, 2 EL Mehl, 40 g Butter, ½ l Fleischbrühe, Salz, Pfeffer, Zitronensaft, ⅛ l Sahne, reichlich Petersilie und Schnittlauch, Kresse, etwas Dill, Thymian

In Butter dünstet man den gewürfelten Schinken, die feingehackte Zwiebel und den in Ringe geschnittenen Lauch an. Dann stäubt man das Mehl darüber und gießt mit Fleischbrühe auf. Salzen, pfeffern und gut durchkochen. Nun gibt man Zitronensaft nach Geschmack und die Sahne hinein, gut die Hälfte der Kräuter und die in Scheiben geschnittenen Kartoffeln. Heiß werden lassen und die restlichen Kräuter darüberstreuen.

Kroketten von Kartoffeln.

Frischgesottene Kartoffeln werden schnell abgeschält und heiß durch's Sieb getrieben, in 560 g durchgetriebene Kartoffeln dann drei gute Eßlöffel Mehl, zwei Eier und etwas Salz gerührt, und das Ganze auf dem Backbrett zu einem Teig gearbeitet, aus welchem man beliebige Kroketten formt. Diese werden in verklopftem Ei und Brotbröseln umgekehrt, und aus heißem Schmalz gelb gebacken. – Aus dieser Masse kleine Kügelchen geformt, und, ohne sie in Ei und Brotbröseln umzukehren, alle auf einmal aus heißem Schmalz gebacken, gibt die sogenannten *kleinen gebackenen Kartöffelchen* zu gebratenem Fleisch.

Kroketten, gefüllte

Nachdem man kleine, kartoffelähnliche Förmchen durch's Wasser gezogen und hernach hat auslaufen lassen, füllt man sie mit der in voriger Nummer beschriebenen Kartoffelmasse. Nun wird in die Mitte mittels eines Eies eine Vertiefung eingedrückt, von einer Krokettenmasse nach Wahl ein guter Kaffeelöffel voll in die Vertiefungen gegeben, und die hervorstehende Kartoffelmasse als Verschluß darüber gedeckt oder gestrichen. Alsdann stürzt man die Kroketten heraus, kehrt sie in verklopftem Ei und Brotbröseln um, und bäckt sie aus heißem Schmalz. – In Ermangelung der erwähnten Förmchen kann die Masse in der flachen Hand zu eigroßen Kugeln geformt, und hinein dann je eine entsprechende Vertiefung eingedrückt werden. Die übrige Behandlung ist wie oben.

Kroketten von Kartoffeln auf andere Art

300 g durchgetriebene Kartoffeln werden mit 200 g schaumig gerührter Butter, zwei ganzen Eiern, zwei Eigelb, Salz und Muskatnuß gut verrührt und einige Zeit an einen kalten Ort gestellt. Aus dieser Masse werden daumendicke, fingerlange Würstchen geformt, und diese entweder in verrührtem Ei und geriebenem Brot, oder auch nur in Mehl umgekehrt und aus heißem Schmalz gebacken. Sie dienen meistens als Einfassung von Braten und Gemüsen. – Sollten die Kartoffeln nicht mehlig sein, wird unter die Masse ein oder zwei Löffel Mehl gegeben. Aus dieser Masse können auch *Klößchen* gemacht und in Fleischbrühe oder gezuckerter Milch gekocht werden.

Kümmelbrot

500 g Mehl, 30 g Hefe, 5 EL lauwarmes Wasser, $^1/_8$ l lauwarme Milch, 1–2 Eier, 125 g Butter, 2 EL Zucker, 2 EL Kümmel, 1 EL Salz

Hefe, 1 Teelöffel Zucker und Wasser wird mit Mehl zum Vorteig verrührt. Mit etwas Mehl bestäuben und etwa 20 Minuten gehen lassen. Dann knetet man Eier, Butter und Milch in den Teig, formt ihn zu einer Kugel und läßt ihn in einer Schüssel mit kaltem Wasser bedeckt ca. 20 Minuten stehen. Der Teig geht in dieser Zeit über die Wasseroberfläche hinaus. Nun wird der Teig abgetrocknet und mit Salz, Kümmel und Zucker verknetet. Auf einem bemehlten Backblech läßt man ihn nochmals ca. 30 bis 40 Minuten gehen und bäckt das Brot bei mittlerer Hitze ca. 45 bis 50 Minuten.

Lauchkuchen

375 g Mehl, 20 g Hefe, Zucker, 6 EL lauwarme Milch, 75 g Butter, 1 Ei, 1 Eigelb, Salz, 1 kg Lauch, 2 l Wasser, 1 EL Salz, $1/4$ l saure Sahne, 20 g Speisestärke, 1 TL Kümmel, 1 TL Salz, schwarzer Pfeffer, 1 Bund Petersilie

Mehl in eine Schüssel geben. In die Mitte eine Mulde drücken und Hefe hineinbröckeln. Mit Zucker, 3 Eßlöffel Milch und etwas Mehl vom Rand zum Vorteig verrühren. Mit einem Tuch bedecken und 15 Minuten gehenlassen. Restliche Milch, Eigelb, Ei, Butter und Salz dazugeben. Alles kräftig durchkneten. Teig so lange schlagen, bis er sich vom Rand der Schüssel löst. 20 Minuten gehenlassen. In eine gefettete Springform geben und festdrücken. Nochmals 20 Minuten gehen lassen. Inzwischen Lauch putzen, waschen und in Ringe schneiden. Lauch in kochendem Salzwasser 3 Minuten blanchieren. Rausnehmen und gut abtropfen lassen. Auf dem Teig verteilen. Saure Sahne, Eigelb und Speisestärke verquirlen, mit Kümmel, Salz und Pfeffer herzhaft würzen. Über den Lauch gießen. 65 Minuten bei mittlerer Hitze backen. Mit gehackter Petersilie bestreut servieren.

Lauch- oder Selleriekartoffeln

1 kg rohe Kartoffeln, 2 Stangen Lauch, 40 g Fett, Salz, Wasser, $1/8$ l Milch

Die geschälten Kartoffeln in Scheiben schneiden. Das Gelbe vom Lauch in Rädchen schneiden, in heißem Fett andämpfen, die Kartoffeln etwas mitdämpfen, halb mit Wasser auffüllen, Salz und Milch zugeben und zugedeckt langsam weichdämpfen. Anstatt Lauch kann man auch Selleriescheibchen nehmen.

Laugenbrezeln

500 g Mehl, 20 g Hefe, 1 TL Salz, etwa 3/8 l Milch, 1 1/2 l Wasser, 50 g Laugenstein oder auf 1 l Wasser 125 g Soda

Mehl, die aufgelöste Hefe, Salz und Milch hackt man auf dem Wellbrett zusammen, knetet einen festen Teig und läßt ihn über Nacht gehen. Am nächsten Morgen formt man Brezeln und läßt sie gehen. Wasser und Laugenstein läßt man kochen, gibt eine Brezel zu, nimmt sie, sowie sie hochkommt, heraus, setzt sie auf ein bestrichenes Blech und bestreut sie sofort mit Salz. Man backt die Brezeln in guter Hitze. Will man sie etwas mürber haben, gibt man in den Teig 30 bis 60 g Butter.

Leineweber

600 g gekochte Kartoffeln in der Schale, gehackte Petersilie, 125 g Mehl, 4 Eier, 1/4 l Milch, Salz, Pfeffer, Muskat, Margarine

Man rührt einen Eierkuchenteig, schmeckt ihn mit Salz, Pfeffer und Muskat ab, schält die Kartoffeln, schneidet sie in Scheiben und hackt die Petersilie klein. In einer Pfanne wird portionsweise Margarine erhitzt, eine Portion Kartoffelscheiben angebraten, ein Viertel der Teigmasse darübergegossen und die erste Seite ca. 5, die zweite ca. 3 Minuten gebraten. So werden nach und nach 4 Leineweber gebraten und mit Petersilie bestreut zu Tisch gegeben. Dazu schmeckt Salat.

Linsen mit Spätzle und Rauchfleisch

Linsen unter Beigabe von 250 g Rauchfleisch zubereiten. Spätzle schaben, abtropfen und sofort mit den Linsen vermischen. Nach Belieben können in Rädchen geschnittene Saitenwürstchen daruntergemischt werden. Dazu die Saiten die letzten 5 Minuten bei den Linsen mitkochen.

Lorbeerkartoffeln

Die Kartoffeln werden gehörig gewaschen, gespült, mit Wasser nicht ganz bedeckt aufs Feuer gesetzt, das nötige Salz, Butter oder gutes Bratenfett, geschnittene Zwiebeln, Pfeffer und einige Lorbeerblätter gleich dazugegeben und so lange gekocht, bis die Kartoffeln auseinanderfallen. Dann rührt man ein wenig Essig durch und richtet die ganz schlank gekochten Kartoffeln an.
Zeit des Kochens und Beilagen wie im vorhergehenden.

Mailänder Reis

Von 840 g Rindfleisch wird eine kräftige Jus bereitet. Ferner wird ein flachgestrichener Suppenteller voll Mailänder Reis abgebrüht und in einem Teil dieser Jus weichgekocht; ebenso kocht man grüne Erbsen und geschnittene grüne Bohnen, jedes für sich, in der Jus weich. Gleichzeitig macht man ein Ragout von Kalbsmilchlein mit möglichst kurzer Sauce. Nun wird eine Auflaufform dick mit Butter bestrichen, mit Parmesankäse gut bestreut, und Reis, Gemüse und Ragout lagenweise eingefüllt. Zwischen jede Lage kommt eine Handvoll Parmesankäse, auch obenüber; zuletzt wird das Ganze mit Butterscheibchen belegt und eine halbe Stunde in gutem Ofen gebacken.

Makkaroni

250–300 g Makkaroni, Wasser, Salz, 30 g Butter, 2 EL Käse

Die Makkaroni in fingerlange Stückchen brechen, in kochendes Salzwasser geben, weichkochen, etwa ½ Stunde. Auf einen Seiher schütten, auf einer heißen Platte anrichten, mit Käse bestreuen, mit der gebräunten Butter übergießen.

Makkaroni mit Schinken

Wie Nudeln mit Schinken.

Makkaroni mit Tomaten

Wie aufgezogene Makkaroni, 3–4 Eßlöffel Tomatenmark zugeben. *Oder:* Man mischt unter die abgekochten Makkaroni eine dünnere Tomatensauce von 40 g Mehl und läßt sie damit aufziehen.

Makkaroni, aufgezogen

250 g Makkaroni, Salzwasser, 30 g Butter, 1/8 l Milch oder Rahm, Salz, Muskat, 2 EL geriebenen Käse, nach Belieben 1–2 Eier

In die zerlassene Butter gibt man die abgekochten Makkaroni, dann die anderen Zutaten, mischt alles gut, deckt die Kasserolle zu und läßt sie 10 Minuten an der Seite vom Herd oder im Backofen durchziehen. Kann auch in der Auflaufform gemacht werden.

Makkaroni, gebackene mit Bankingsauce

Man bereitet aus 3/4 l Milch, 60 g Mehl und 50 g Butter auf dem Feuer in einer Kasserolle bei beständigem Rühren eine dicke Sauce, die man, nachdem sie erkaltet ist, mit 4 Eidottern, Pfeffer und Salz und 30 g geriebenem Parmesankäse verrührt. Dann mengt man 250 g in Salzwasser weichgekochte Makkaroni darunter und backt die Speise in einer ausgebutterten Steingutschüssel 30 Minuten lang im Rohr.

Makkaroni auf Feinschmeckerart

Zu 250 g in Salzwasser gar gekochten Makkaroni braucht man 60 g geriebenen Parmesankäse, ebensoviel Butter, eine Obertasse Tomatenbrei, ebensoviel kräftige Fleischbrühe, etwas Pfeffer und Salz und 3 bis 4 gedünstete, in Streifchen geschnittene Trüffel. Dies alles vermengt man recht gut, läßt es recht heiß werden und gibt es bergartig in eine Schüssel, deren Rand man mit kleinen Koteletten, Leber- oder Zungenscheiben usw. umlegt.

Makkaroni mit Parmesankäse

250 g Makkaroni, 65 g Butter, 65 g geriebener Käse

Man koche die Makkaroni in kochendem Wasser und Salz weich, schütte sie auf einen Durchschlag, lege sie schichtweise mit Butter, Käse und vielleicht noch fehlendem Salz in eine vorgerichtete Form oder Schüssel und lasse sie in nicht zu heißem Ofen gelb backen. Dann schiebe man die Makkaroni auf eine Schüssel und gebe sie zu Braten, Kotelette, Frikadellen und dergleichen. Auch werden sie zu feingekochtem Sauerkraut gereicht.
Man kann das Gericht statt mit Käse auch mit Zucker zubereiten und jedes beliebige Kompott dazu geben.

Makkaroni mit saurem Rahm

Die wie vorige weichgekochten Makkaroni werden in dem Wasser, worin man sie gekocht, eine Viertelstunde beiseite gestellt und dann in einen Durchschlag geschüttet. Unterdes wird in 100 g Butter ein Kochlöffel Mehl langsam weiß geröstet, mit ¼ l saurem Rahm abgerührt und aufgekocht, hernach die abgelaufenen Makkaroni nebst 100 g geriebenem Parmesankäse gut daruntergemengt, mit Salz und Muskatnuß gewürzt, und das Ganze in eine warme, tiefe Schüssel oder in eine offene Butterpastete angerichtet.

Malakoff (Russisches Brot)

375 g Mehl, 15 g Hefe, 1/8 l Milch, 1 EL Salz, 1 EL Kümmel, 2 EL Rahm

Mit der aufgelösten Hefe und den erwärmten übrigen Zutaten macht man einen ziemlich festen Hefeteig. Eine Malakoffbüchse wird mit Butter bestrichen, der Teig fest eingedrückt, gehen lassen, bis die Büchse 3/4 voll ist. Die Form schließen, etwa 3/4–1 Stunde backen. Das Brot muß am Tag vor Gebrauch gebacken werden. Das Brot wird in feine Scheiben geschnitten, die einzelnen Scheiben mit Sardellenbutter bestrichen oder mit Butter bestrichen, mit Schinken belegt und halbiert. Nach Belieben kann man die belegten Scheiben wieder aufeinanderlegen und so zu Tisch geben.

Maultaschen

Zum Nudelteig: 3 Eier, 240 g Mehl, einige Tropfen Essig. – Zur Fülle: 1/3–1/2 Pfund Fleischreste, etwa 1/3 l Spinatgemüse, 2 Brötchen, 1 Ei, 1 TL in 20 g Butter gedämpfte Zwiebel und Petersilie, 1 TL Salz, Prise Pfeffer. – Zum Abkochen: 3 l Wasser, 2 EL Salz. – Zum Abschmälzen: 40 g Butter, 2 EL Weckmehl

Von Eiern, Mehl und Essig bereitet man einen Nudelteig, den man zu vier großen Kuchen auswellt. Sodann bereitet man eine Fülle von übrig gebliebenem Spinat, welchem man die verwiegten Fleischreste, die eingeweichten, ausgedrückten, verzupften Brötchen, Ei, Zwiebel, Petersilie, Salz und Pfeffer zugegeben hat. Von dieser Fülle setzt man in gleichmäßiger Entfernung 8–9 Häufchen auf die Kuchen, streicht letztere um die Häufchen herum mit Eiweiß, legt einen zweiten Kuchen darauf und drückt ihn mit einem Kochlöffel fest an. Dann teilt man die Kuchen mit einem Rädchen, und zwar so, daß sich die Fülle in der Mitte einer jeden Maultasche befindet. Hierauf kocht man dieselben in Salzwasser zugedeckt etwa 10 Min. und überschmälzt sie beim Anrichten mit in Butter geröstetem Weckmehl. Man kann die Maultaschen auch schwimmend in heißem Fett backen. (Stückzahl: 18).

Maultaschen mit Brät

Zum Nudelteig 2 Eier, 200–220 g Mehl. Fülle: 200 g Bratwurstbrät, 1–2 Brötchen, 1 Ei, Salz, Pfeffer, Muskat, Zwiebel, Petersilie, 125 g Spinat, 30 g Butter, nach Belieben etwas Speck, Schinken oder Rauchfleisch

Den verlesenen, gewaschenen Spinat mit Zwiebel und Petersilie dämpfen, die eingeweichten, ausgedrückten Brötchen mitdämpfen, dann mit dem Fleisch durch die Maschine geben. Dazu gibt man Ei, Gewürze, wenn nötig, etwas Bratensauce. Fülle zuerst machen. Von dem Teig wellt man 3 Nudelkuchen, bis der letzte gewellt ist, kann der erste gefüllt werden. Man bestreicht den Nudelkuchen mit ⅓ der Fülle, den äußeren Rand bestreicht man mit Ei, rollt den Kuchen auf, drückt mit dem Messerrücken die Stücke ein und schneidet sie mit der scharfen Seite in verschobene Vierecke. Diese kocht man 8–10 Minuten in Salzwasser und gibt beim Anrichten Weckmehlschmelze darüber. Anstatt Bratenreste kann man auch 250 g frisches Schweinefleisch ohne Knochen nehmen.

Maultaschen mit Pilzfülle

Fülle: 50 g Fett, Zwiebel, Petersilie, 500 g Pilze, 2–3 Brötchen, 2 Eier, Salz, Pfeffer, Muskat, Weckmehlschmelze

Die Pilze waschen, putzen, wiegen, mit Zwiebel und Petersilie im Fett dämpfen, die eingeweichten, ausgedrückten Brötchen mitdämpfen, Eier und Gewürze zugeben.

Maultaschen mit Spinatfülle

Fülle: 50 g Fett, Zwiebel, Petersilie, 500 g Spinat, 3–4 Brötchen, 2 Eier, Salz, Pfeffer, Muskat, Weckmehlschmelze

Zubereitung der Fülle und der Maultaschen siehe »Maultaschen mit Brät«.

Maultaschen, vegetarische

Kerbelkraut, Sauerampfer, Zwiebelröhrchen, Schnittlauch, etwas Butter, 1 Ei, 2 EL saure Sahne, Nudelteig, Eiweiß

Kerbelkraut, Sauerampfer, Zwiebelröhrchen und Schnittlauch wiegt man fein und röstet in etwas Butter Semmelbrösel goldgelb. Das gehackte Grünzeug gibt man dazu und dämpft es kurz ab. Die Masse läßt man etwas erkalten und rührt dann 1 Ei und 2 Eßlöffel saure Sahne dazu. Von dünn ausgewalktem Nudelteig werden Quadrate ausgeschnitten, darauf die Füllung gehäuft, die Teigränder mit Eiweiß bestrichen und zusammengeschlagen. Ränder gut andrücken. Man kann die Maultaschen in Salzwasser garen und dann aufschmalzen oder in Fleischbrühe zu Tisch geben.

Mehlgräupchen, zu kochen

Derselbe ebenso fein ausgerollte Teig wie zu Nudeln wird in kleine Würfel geschnitten, die man mit dem Wiege- oder Hackmesser so fein wie Graupen macht. Ist der Teig vorzüglich schön und fest, so kann man ihn auch auf einer Reibe reiben. Diese Mehlgräupchen werden besonders zu Milchsuppen gebraucht.

Niedernauer Kartoffeln

3 Pfund Kartoffeln. – Zum Kochen: 40 g Butter, 1 l Wasser, 2 Eier, 1/4 l Rahm, 1/2 l Milch, 1 EL Salz, Prise Pfeffer

Die Kartoffeln werden gewaschen, in der Schale gekocht, geschält und in 2–3 cm große Würfel geschnitten. Eine breite Bratpfanne wird mit Butter bestrichen, die Kartoffeln eingeschichtet und die mit Rahm, Milch, Salz und Pfeffer verquirlten Eier darübergegossen. Die Bratpfanne kommt in den heißen Bratofen, wo man die Kartoffeln etwa 20–25 Min. dämpfen läßt. Die Kartoffeln dürfen nicht zu hoch übereinander in der Pfanne liegen. Man gibt sie zu gekochtem Ochsenfleisch.

Nudeln

3 Eier, etwa 400 g Mehl, Salzwasser, 30 g Butter, 1 EL Weckmehl oder feine Nudeln

Das Mehl aufs Wellbrett geben, in der Mitte eine Vertiefung machen. Auf jedes Ei nimmt man 1/2 Eierschale Wasser, verrührt dies zusammen, nach Belieben mit einigen Tropfen Essig, gibt die angerührten Eier in die Mitte und mischt alles mit dem Mehl. Den Teig kneten, bis er beim Durchschneiden kleine Löcher hat. Dann teilt man den Teig in 5 Teile, formt diese rund und deckt sie zu. Zum Auswellen nimmt man etwas Mehl auf das Brett, wellt, ohne umzudrehen, so dünne Kuchen, bis man gut die Holzfaser durchsieht und legt die Kuchen zum Abtrocknen auf ein Tuch. Nachdem sie beinahe trocken sind, schneidet man die Kuchen in der Mitte durch, legt sie aufeinander, rollt sie auf und schneidet etwa 1 cm breite Streifen, die man aufschüttelt, auseinanderlegt und trocknen läßt. Vor Gebrauch gibt man die Nudeln 8–10 Minuten in kochendes Salzwasser, schüttet sie auf einen Seiher, läßt sie gut abtropfen und überschmelzt sie beim Anrichten mit in Butter geröstetem Weckmehl oder feinen Nudeln.

Nudeln, geröstet

Wie Spätzle, geröstet.

Nudeln, abgeschmälzte, Hosenbändel

Von Nudelteig werden möglichst dünne Flecke ausgewargelt, solche auf ein ausgebreitetes Tuch gelegt, und nachdem sie etwas abgetrocknet, auf einem Backbrett zu halbfingerbreiten Nudeln geschnitten oder mit einem Backrädchen abgerädelt. Diese überkocht man einigemal in vielem siedendem Salzwasser, hebt sie hernach mit einem großgelöcherten Schaumlöffel heraus, und richtet sie so trocken als möglich, doch noch ganz heiß, auf der Platte an. Unterdes werden eine Handvoll ganz fein geschnittene, ungekochte Nudeln oder ebensoviel geriebenes Brot in einem Stück Butter oder Schmalz gelb geröstet und die Nudeln damit abgeschmälzt, welche man nun gleich zu Tisch geben muß, damit sie nicht stocken. – Zu jedem Ragout passend, besonders zu sauren Fischen.

Nudeln, abgeschmälzte, mit Käse

Werden wie Hosenbändel bereitet und angerichtet. Nach dem Anrichten gibt man dann ungefähr 100 g geriebenen Parmesan- oder Emmentaler-Käse darüber, und wenn sie nun noch mit 70–100 g zerlassener Butter übergossen, werden sie heiß aufgetragen.

Nudeln, badische

250 g Mehl, 2 Eigelb, 125 g Quark, Salz, 1 EL gehackter Estragon oder Schnittlauch

Aus Mehl, Eigelb, Quark, Salz und Kräutern knetet man einen glatten Teig, aus dem man fingerlange Nudeln oder kleine runde Fladen formt. Die Nudeln werden in heißem Fett schwimmend ausgebacken und zu Salaten serviert.

Nudeln à la Palfi

Von 2 bis 3 Eiern macht man ganz feine Nudeln, backt sie im Schmalz gelb, kocht dann von feinem Mehl, oder 2 oder 3 Schoppen guter Milch, einem Viertel frischer Butter und einem Viertel Zucker einen dicken Kindsbrei, welcher aber lang kochen muß. Alsdann backt man von einem Ei ein einziges Flädlein, legt solches in ein Geschirr von Porzellan oder Zinn, das auf die Tafel gegeben werden kann, von dem gekochten Brei darauf, von den gebackenen Nudeln darüber, bestreut es stark mit Zucker und Zimt, gibt dann wieder Brei und wieder Nudeln, Zucker und Zimt darauf, bis das Geschirr voll ist. Von den übrigenk gebackenen Nudeln macht man einen Kranz darum, gibt die Scharre von dem gekochten Brei auf ein Brett, hackt sie mit Zucker und Zimt, streut sie in die Mitte der Nudeln, und läßt sie in einem gelinden Ofen nur warm werden.

Nudelkuchen

Die gekochten Nudeln werden in einen Durchschlag gebracht und mit frischem Wasser abgekühlt, wenn sie gehörig abgelaufen sind in eine Schüssel genommen, und fünf bis sechs gut verrührte Eier nebst dem gehörigen Salz darangerührt. Nun wird ein Stück Schmalz in einer flachen Pfanne heißgemacht, die Nudeln hineingegeben, glattgestrichen, und sodann, bedeckt, von einer Seite schön gelb gebacken. Hernach legt man eine Platte über die Pfanne, stürzt den Kuchen darauf um, läßt denselben in ein neuerdings heißgemachtes Stückchen Schmalz gleiten, und bäckt ihn auch auf der ungebackenen Seite bedeckt schön gelb, worauf die Platte wiederholt auf den Kuchen gedeckt, festgehalten, dieser zum zweitenmal umgestürzt und sofort zu Tisch gegeben wird. – Wird gern zu grünem Salat gegessen, paßt aber auch zu eingemachtem Fleisch, dann zu Fischen in brauner Sauce, desgleichen zu gekochtem Obst.

Nudeln mit Schinken

250 g Nudeln, 150–200 g Schinken, 2 EL geriebenen Käse, Salz, 1/4 l Rahm oder Milch, 20 g Butter, 1 EL Weckmehl

In eine bestrichene Auflaufform gibt man eine Lage in Salzwasser abgekochte Nudeln, dann die Hälfte gewiegten Schinken, Rahm und Käse, Nudeln, den Rest Schinken, Rahm und Käse, zuletzt Nudeln. Obenauf das Weckmehl, die Butterstückchen, in den Backofen stellen, 1/2 Stunde aufziehen. Nach Belieben kann man den Rahm mit 1–2 Eiern verrühren. Man kann auch alle Zutaten zusammen leicht mischen, dann einfüllen.

Nudel- oder Makkaronipastete mit Pilzen

1 kg Pilze, 50 g Fett, Zwiebel, Petersilie, Salz, 1/8 l Rahm

Die Pilze waschen, putzen, in Scheibchen schneiden, mit Zwiebel und Petersilie in Fett dämpfen, Salz und Rahm zugeben.

Nudelpudding

250 g Nudeln, Salzwasser, 1/4 l Milch, 2 Eier, Salz, Muskat, 2 EL geriebenen Käse, nach Belieben 60 g in Würfel geschnittenen Schinken

Die Nudeln in Salzwasser abkochen, abschütten. Milch, Eier, Gewürz, Schinken zusammen verrühren, die Nudeln untermischen. Die Form mit Butter und Weckmehl vorrichten, die Masse einfüllen, 1 Stunde im Wasserbad kochen. Stürzen, mit einer Tomatensauce überziehen.

Nudelpudding mit Fleisch

250 g Nudeln, 250 g Fleischreste gewiegt, Zwiebel, Petersilie, 30 g Butter, Salz, Pfeffer, Muskat, 1–2 Eier oder 1/8 l Milch, 1–2 EL Käse

Die Nudeln in Salzwasser weichkochen, auf dem Sieb abtropfen. Zwiebel, Petersilie in Butter dämpfen, mit allen andern Zutaten unter die Nudeln mischen. Die Puddingform mit Butter und Weckmehl vorrichten, die Masse einfüllen, 1 Stunde im Wasserbad kochen.

Nudelpudding mit Kalbsmilchlein

Von zwei Eiern wird ein Nudelteig bereitet, welchen man dünn auswargelt, und nach dem Abtrocknen nicht zu fein schneidet. Die Nudeln werden nun in Salzwasser abgekocht, abgeschüttet, einige Minuten in kaltes Wasser gelegt, und dann in einen Seiher gegossen, wo man sie ablaufen läßt. Unterdes kocht man zwei Kalbsmilchlein in Salzwasser ab, legt sie in kaltes Wasser, häutet sie wie gewöhnlich, schneidet sie in kleine Würfel, und dämpft sie mit einem Eßlöffel feingewiegter Zwiebel und ebensoviel Petersilie in einem Stückchen Butter. Jetzt wird 140 g Butter leicht gerührt, worin dann sechs Eigelb, ein halber Kaffeelöffel feingewiegte Zitronenschale, Salz, Muskatnuß, der festgeschlagene Schnee der sechs Eiweiß, und zuletzt die erkalteten Milchlein und die Nudeln kommen. Dies alles gibt man, gut untereinandergemengt, in eine dick mit Butter bestrichene Puddingform oder in eine Serviette, und siedet es fünf Viertelstunden langsam in kochendem

Wasser. Nach dieser Zeit wird der Pudding fertig sein, was man daran erkennt, wenn die Masse sich fest anfühlen läßt; ist er noch weich, so wird er sofort wieder verschlossen, und noch eine Viertelstunde gesotten. Alsdann wird er auf die Platte umgestürzt, mit weißer Einmachsauce, worin etwas Zitronensaft und ein halber Schöpflöffel verschnittene Kalbsmilchlein gegeben, von der Seite begossen, und gleich aufgetragen.
Da dieser Pudding beim Umstürzen oft nicht gern aus der Form geht, ist es gut, ein zugeschnittenes butterbestrichenes Stück Papier auf den Boden der Form einzulegen.

Nudelteig, Kranz von

Von drei Eigelb, oder auch nur von Eiweiß wird ein fester Nudelteig gemacht, solcher in einen schmal handbreiten, messerrückendicken, nach dem Umfang der zu verzierenden Platte bemessenen Streifen ausgewargelt, und dieser von beiden Seiten glatt zugeschnitten, so, daß er, aufrechtgestellt, 5 cm hoch ist. Jetzt wird er nochmals auf das Backbrett genommen, mit beliebigen kleinen Ausstechern ausgestochen und auf ein Tuch zum Abtrocknen gelegt; doch darf er nicht zu sehr trocknen und muß sich noch leicht biegen lassen, wie er im Gegenteil auch nicht zu weich sein darf, indem er sich sonst nicht aufstellen ließe. Beim Aufstellen desselben um die Platte ist es gut, wenn man eine zusammengeballte Serviette in diese legt, damit er sich nicht einbiegen kann. Nun bestreicht man den Rand der zuvor gewärmten Platte sowie den des Streifens mit Eiweiß, bringt letzteren dann auf die Platte, drückt ihn mit dem bestrichenen Rand auf deren Rand fest an, so daß er aufrecht dasteht, und klebt dessen gleichfalls mit Ei bestrichene Enden genau zusammen, worauf man ihn mehrere Stunden, oder besser über Nacht, beiseite stellt, damit er vollständig trockne. – Hierin werden *feinere Gemüse*, auch *Ragouts* angerichtet, wobei der Kranz zur Verzierung der Schüsseln dient.

Nußbraten

200 g Vollkornbrot, saure Sahne und Wasser zerbröckeln, einweichen und 30 Min. ziehen lassen. 1 EL Buchweizenmehl, 1 EL Sojamehl zugeben. 200 g Zwiebeln dünsten und 1 TL Margarine oder Butter zugeben. 200 g Haselnüsse, 50 g Weizenschrot gemahlen zugeben. Mit 1 Msp. Majoran, 1 Msp. Curry, 1 gestr. TL Frugola und 1 gr. Prise Muskat würzen.
Eine Kastenform ausfetten und mit Paniermehl ausbröseln, in den kalten Ofen schieben, bei 180–200° C ca. 60–80 Min. lang backen und frisch aus dem Ofen zu Rohkostsalaten servieren. Schmeckt auch kalt ausgezeichnet als Abendmahlzeit.

Paella

5 EL Öl, 2 Zwiebeln, je 1 grüne und rote Paprikaschote, 350 g Reis, 2 EL Tomatenmark, Salz, Pfeffer, Paprika, 1 l Fleischbrühe, 200 g geschnetzeltes Schweinefleisch, 250 g gekochtes, kleingeschnittenes Hühnerfleisch, 40 g Fett, 1 Tasse grüne Erbsen, 100 g Krabben, 100 g Tintenfinsch, schwarze Oliven

Öl in einer großen Pfanne erhitzen und die Zwiebelwürfel hell rösten. Paprika entkernen und in Streifen geschnitten zufügen. Reis daruntermischen und andünsten. Tomatenmark unterrühren, kräftig würzen und Fleischbrühe zugeben. Ca. 20 Minuten köcheln lassen. Schweinefleisch in heißem Fett anbraten und bei geringer Hitze garen. Kleingeschnittenes Hühnerfleisch, Krabben und Tintenfisch dazugeben. Alles unter den Reis mischen und mit Oliven garnieren.
Nach Belieben kann der Reis mit Safran gefärbt werden.

Pellkartoffeln oder Kartoffeln in der Schale

Mittelgroße Kartoffeln werden 2 bis 3 mal tüchtig gewaschen, wozu man eine kleine Bürste gut verwenden kann. Dann kocht man sie in Salzwasser weich. Entweder macht man vor dem Kochen einen kreuzweisen Einschnitt in die Kartoffel, wodurch sie nach dem Kochen schön aufgeplatzt aussieht, oder man serviert sie als »Bandkartoffeln «. Dazu schneidet man rings um die Kartoffel einen 2 cm breiten Streifen, schält dieses Band ab, überspült sie noch einmal leicht und gibt sie in eine erwärmte Schale. Dampfend werden sie zu Matjeshering und saurer Gurke gereicht. Ein paar Petersilienblättchen zwischen den Kartoffeln geben dem Ganzen ein appetitliches Aussehen.

Petersilienkartoffeln zu gekochtem Fisch

Kleine Salatkartoffeln werden geschält und in Salzwasser gekocht, wobei man darauf achten muß, daß sie nicht zerfallen. Dann gießt man das Wasser bis zum letzten Tropfen ab, setzt frische Butter und kleingewiegte Petersilie hinzu und schwenkt die Kartoffeln damit so lange, bis die Butter vollständig in die Kartoffeln eingedrungen ist und serviert das Gericht möglichst heiß zu gekochtem Fisch. – Einfachere Petersilienkartoffeln stellt man her, indem man die gekochten Kartoffeln quetscht, und ihnen 30 g Butter und reichlich gewiegte Petersilie hinzufügt und so viel gute Bouillon darauf gießt, bis man ein steifes glattes Mus erhält. Dieses Gericht paßt nicht nur als Beigabe zu Fisch, sondern auch als Beigabe zu jeder Art Gemüse oder Fleisch.

Pfälzer Kartoffeln

Wie Petersilienkartoffeln, beim Zusetzen 1 Lorbeerblatt, einige Pfefferkörner und 2–3 Nelken zugeben.

Pfannhas

1 l Brühe, Salz, Pfeffer, Majoran, Muskat, 50 g Fett oder 125 g Grieben, Zwiebel, Petersilie, 250 g Grieß, Fett zum Backen

Zwiebel, Petersilie in Fett oder mit den Grieben dämpfen, Brühe, Gewürze zugeben, aufkochen, den Grieß einstreuen, 10–15 Minuten kochen, in eine ausgeschwenkte Kapselform geben, kaltstellen. Nach dem Erkalten in Scheiben schneiden, in Fett braten.

Pflaumenklöße, sächsische

350 g in der Schale gekochte Kartoffeln, 125 g Mehl, 20 g Butter, Salz, 1 Ei, 800 g blaue Pflaumen, Würfelzucker, Zucker, Zimt

Die Kartoffeln werden noch heiß geschält und durch die Kartoffelpresse gedrückt. Man läßt sie abkühlen und knetet sie dann mit Mehl, Salz, Butter und Ei zu einem festen Teig, den man abdeckt und eine Weile ruhen läßt.

Die gewaschenen Pflaumen werden entsteint und jede mit einem Stück Würfelzucker gefüllt. Aus der Teigmasse werden nun Klöße geformt. In jeden gibt man eine mit Zucker gefüllte Pflaume. Die Klöße läßt man in siedendes Salzwasser gleiten und läßt sie in 10 bis 12 Minuten garziehen. Man serviert die Pflaumenklöße mit brauner Butter begossen und mit Zucker und Zimt bestreut.

Pillekuchen

750 g Kartoffeln, 3 Eier, Salz, 3 EL Mehl, nach Belieben Muskat und 1 kleine Zwiebel, Bratfett, 1 Brühwurst

Die Kartoffeln in ganz feine Stäbchen schneiden. Mit den Zutaten vermengen. Die Hälfte vom Teig in eine Pfanne mit heißem Fett geben. Hierauf die kleingeschnittene Wurst verteilen und den Rest des Teiges draufgeben. Die Pfanne mit einem Deckel schließen. Wenn die untere Seite schön braun ist, den Kuchen wenden. Hierzu schmeckt gut ein grüner Salat.

Pilzkuchen

250 g Mehl, 1 Ei, 1 TL Salz, 3 EL Sahne, 150 g Butter, 500 g Champignons, 30 g Butter, 100 g Emmentaler, 100 g Gruyère, 50 g Mehl, 0,2 l Milch, 0,2 l Sahne, 3 Eier, Pfeffer, Muskat, Paprika

Mehl, Ei, Salz, Sahne und zerlassene Butter zu einem Teig kneten. Zugedeckt 1 Stunde im Kühlschrank ruhen lassen. Champignons putzen, waschen und in Scheiben schneiden. In Butter 8 Minuten dünsten. Abkühlen lassen. Eier verquirlen, Emmentaler und Gruyère reiben, Mehl, Milch, Sahne, Eier und Käse vermengen und mit Pfeffer, Muskat und Paprika kräftig würzen.
Den Teig ausrollen und in ein gefettetes Blech geben. Pilze darauf verteilen und mit dem Käsegemisch überziehen. Bei großer Hitze 30 Minuten backen.

Pilzkuchen, andere Art

Aus 500 g Mehl, 1 P. Hefe, ¼ l Milch, 80 g Butter, 2 Eier, 1 TL Salz, Majoran, Thymian, ½ TL Zucker einen Hefeteig machen und auf gefettetem Backblech ausrollen.
250 g Champignons, 2 Zwiebeln dämpfen und abkühlen lassen. 250 g Edamer und 250 g Schinken würfeln, mit ¼ l saurem Rahm, 2 Eiern, Muskat, Salz, den Zwiebeln und Pilzen vermischen und auf den Teig geben. Ca. 30 Minuten backen.

Piroggen

250 g Quark, 250 g Butter, 300 g Mehl, ½ TL Salz, 250 g geräucherter Speck, 150 g Zwiebeln, Salz, Pfeffer, Milch zum Bestreichen

Quark gut auspressen. Dann mit Fett, Mehl und Salz zu einem festen Teig kneten. Teig zugedeckt 30 Minuten im Kühlschrank ruhen lassen.
Für die Füllung Speck und die geschälten Zwiebeln fein würfeln. Mischen. Mit wenig Salz und reichlich Pfeffer würzen. Teig auf der

bemehlten Arbeitsfläche 3 mm dick ausrollen. In 6 cm große Quadrate schneiden. Jeweils einen Teelöffel Füllung draufgeben. Ränder mit Milch bestreichen. Quadrate zu Dreiecken zusammenklappen. Ränder mit einer Gabel zusammendrücken. Piroggen nicht zu dicht nebeneinander auf ein gefettetes Backblech setzen und auf der untersten Schiene 35 Minuten bei 230 Grad backen.

Pizza

200 g Mehl, $1/2$ Würfel Hefe, $1/8$ l Wasser, 2 EL Olivenöl, 1 Prise Salz, 500 g Tomaten, 200 g Salami, Sardellenfilets, Oliven, Majoran, Oregano, Thymian, Pfeffer, Knoblauch, Olivenöl, geriebener Parmesan

Mit den Zutaten einen Hefeteig nach Grundrezept bereiten und gehen lassen. Auswellen und in eine gefettete Kuchenform geben. Mit Olivenöl beträufeln. Tomaten waschen und schälen, in Scheiben schneiden und mit den Salamirädchen auf dem Pizzaboden verteilen. Mit Oliven und Sardellen garnieren, Gewürze und zuletzt den Käse darüberstreuen. Nochmals mit etwas Olivenöl beträufeln. Bei sehr großer Hitze ca. 20 Minuten backen.

Pizza Napolitana

125 g Quark (ausgepreßt), 4 EL Milch, 7 EL Öl, 1 Eigelb, $1/2$ Eiweiß, Salz, 250 g Mehl, 1 Pckg. Backpulver, 500 g Goudakäse, 10 Tomaten, Paprika, gefüllte Oliven, Sardellenfilets oder Kapern

Quark durch ein Sieb streichen, mit Milch, Eigelb, Eiweiß, 4 Eßlöffel Öl und Salz vermengen. Backpulver mit Mehl mischen, Mehl eßlöffelweise zum Quark geben, zu Teig verkneten. Diesen dünn ausrollen, gefettetes Backblech auslegen, Rand hochdrücken. Teigplatte mit Öl bestreichen, Käsescheiben, enthäutete Tomaten in Scheiben, Oliven, Sardellenfilets auflegen, wieder dünn mit Öl bestreichen, im vorgeheizten Backofen bei 200 Grad 20 Minuten backen.

Pizza Venezia

Aus 250 g Quark, 4 Eßlöffel Milch, 6 Eßlöffel Öl, 1 Teelöffel Salz, 200 g Mehl, 1 Backpulver Knetteig zubereiten und auf ein Backblech geben.
8 Eßlöffel Tomatenketchup, 6 Scheiben Salami in Würfel, 1 Glas Paprikaschnitzel, 4 Zwiebeln in Würfel, 8 Tomaten in Scheiben, 6 Scheiben rohen Schinken in Würfeln auf dem Teig verteilen. Mit Salz, Pfeffer und Paprika würzen. Bei 200° C 20 Minuten backen.

Pizza-Waffeln

Rezept ergibt ca. 6 Waffeln.
125 g Margarine sahnig rühren, 4 Eier nacheinander zugeben. 125 g Mehl und ⅛ l lauwarmes Wasser abwechselnd unterrühren.
100 g gek. Schinken in feine Streifen geschnitten, 2 Äpfel gewürfelt, 1 Päckchen Haselnüsse gerieben, 1–2 Eßlöffel Tomatenmark, 1–2 Teelöffel Senf, Pfeffer, Salz, Pizzagewürz dazugeben.

Polenta

Man bringe ein gutes Huhn, sauber vorgerichtet, mit Salz wie zur Suppe, doch mit weniger Wasser aufs Feuer, schäume es gut ab, gebe ein Stück Butter, einige Stück Muskatblüte hinzu und lasse es, zugedeckt, langsam kochen. Unterdes koche man Perlgraupen mit der Hühnerbrühe, welche nach und nach hinzugefüllt wird, recht weich und zuletzt so schlank, daß man zum Essen des Gerichts einen Eßlöffel der Gabel vorziehen möchte. Das weichgekochte Huhn wird danach ganz oder sauber tranchiert in die Mitte einer Schüssel gelegt und die Perlgraupen um dasselbe angerichtet. Es kann braune Butter darüber gegeben werden, doch ist es eben nicht notwendig.
Diese kräftige, leicht zu verdauende und wohlschmeckende Speise, welche auch mit Rindfleisch gekocht werden kann, wird als Gemüse und Fleisch, auch als Mittelschüssel gegeben.

Prinzeßkartoffeln mit Heringen

Bei diesem Gericht werden statt des Schinkens reichlich Heringe genommen, diese gewässert, entgrätet, würflig geschnitten und zugleich reichlich gute Butter angewandt. Der Guß bleibt weg, im übrigen ist die Zubereitung dieselbe wie im vorhergehenden Rezept.
Diese Speise erfordert, damit sie nicht trocken werde, sehr viel Butter, jedoch kann nach Belieben ein mäßiger Gebrauch davon gemacht und ein Guß wie bei Schinkenkartoffeln darüber verteilt werden.

Pumpernickelbrötchen

Der Pumpernickel wird so fein als möglich geschnitten, mit Butter bestrichen und mit feingeschnittenem Emmentalerkäse belegt. Mit einiger Geschicklichkeit kann man sich hübsche Brötchen herstellen, indem man aus dem Käse hübsche Formen schneidet, diese auf das bestrichene Brötchen gibt und die übrige leere Fläche wieder mit Pumpernickel ausfüllt. Oder man belegt den bestrichenen Pumpernikkel mit Käse- und Pumpernickelquadraten in Form von Domino.

Quarkbrötchen

500 g Magerquark, 3–4 Eier, 1/2 TL Salz, 2 Backpulver

Alle Zutaten werden in einer Schüssel zu einem Teig verknetet. Aus diesem Teig mit feuchten Händen 16–20 Brötchen formen und 15 Minuten auf einem Backblech stehen lassen. Danach 30 Minuten bei 200° C backen.
Man kann diese Brötchen auch nach Belieben mit Sesam oder Mohn würzen.

Quarktorte, pikant

200 g Mehl, 1 Ei, Salz, 100 g Butter. Zur Fülle 3 Eier, 500 g Quark, 1/8 l saure Sahne, 4 TL weißer Pfeffer, 2 Bund Dill, 25 g Semmelbrösel

Mehl in eine Schüssel geben, eine Mulde formen und Ei und Salz hineingeben. Butter in Flöckchen auf den Rand setzen und alles zu einem glatten Teig verarbeiten. Zugedeckt 30 Minuten im Kühlschrank ruhen lassen. Eigelb, Quark, saure Sahne und Pfeffer gut verrühren. Den gewaschenen und gehackten Dill dazugeben. Steifgeschlagener Eischnee darunterheben. Ausgerollten Teig in eine gefettete Springform geben, am Rand hochziehen und gut andrücken. Teigboden mehrmals einstechen und mit Semmelbröseln bestreuen. Quarkcreme darauf verteilen und glattstreichen. 70 Minuten bei 180 Grad backen.

Quiche Lorraine

200 g Mehl, 3 EL Wasser, 1/2 TL Salz, 150 g Butter, etwas Semmelmehl, 150 g Schinkenspeck, 250 g Emmentaler Schmelzkäse, 4 Eier, 1/2 l saure Sahne, gehackte Petersilie, 1 TL Paprika

Ein berühmter Lothringischer Käsekuchen. Seine Bezeichnung ist wahrscheinlich als mundartliche Entstellung von ›Küche‹ zu deuten. Mehl in eine Backschüssel geben, das Wasser mit etwas Mehl verrühren. Fett darauf verteilen, salzen und alles zu glattem Teig verkneten. 1 Stunde ruhen lassen, Springform damit belegen und einen Rand bilden, Semmelmehl aufstreuen. Speck und Käse fein würfeln. Sahne mit Eiern verquirlen, die Würfel, Petersilie und Paprika damit verrühren. Masse auf den Teigboden geben und glätten, 35–45 Minuten bei 210 bis 225° C backen, heiß reichen

Rahmkartoffeln

1 kg rohe Kartoffeln, Salz, 40 g Butter, 50 g Mehl, 1/4 l Milch, Fleischbrühe, 1/8 l Rahm

Die geschälten Kartoffeln in Scheiben schneiden, im Dampftopf nicht zu weich kochen. Butter und Mehl dämpfen, mit Milch und Brühe ablöschen, Salz zugeben, 20 Minuten kochen. Dann Rahm und die Kartoffeln zugeben, einmal aufkochen. Nach Belieben kann man zuerst die Sauce machen, einmal aufkochen, die rohen Kartoffeln zugeben und darin zugedeckt an der Seite weiterkochen.

Reibekuchen

1 kg Kartoffeln schälen und reiben 2 Eier, 1 Zwiebel (gewürfelt), Salz, Pfeffer, Curry zufügen und in heißem Öl knusprig braun braten.

Riewekoche

5 dicke Kartoffeln, gut 1/2 Tasse Milch, 1 Pfund Mehl, 1 Prise Zucker, 1 Ei, 20 g Hefe, 1 EL Salz

Kartoffeln schälen und reiben. Kartoffelbrei mit kochender Milch abbrühen. Ein Päckchen Hefe in die lauwarme Masse einstreuen. 1/2 Pfund Mehl einrühren und den Teig gehen lassen. Danach den Teig mit 1 Ei und dem restlichen Mehl gut verrühren und in eine gut gefettete Kastenform geben. Den Teig nochmals gehen lassen, dann in den Backofen schieben.
Backzeit: 1/2 Stunde bei 220° auf dem Boden des Backofens.

Reibe- oder Kartoffelpfannküchle, kleine, mit Hefe

Man nehme hierzu, sowie auch zu den nachstehenden Vorschriften, recht gute, wohlschmeckende Kartoffeln, wasche sie vor und nach dem Schälen recht sauber und reibe sie roh auf einem Reibeisen. Zu folgender Vorschrift: 10 bis 12 große Kartoffeln, etwa ¼ l Milch, 125 g Weißbrot und 3 kleine Zwiebäcke, 4 Eier, 30 g Hefe, 2 Eßlöffel voll dicke saure Sahne und etwas Salz.

Der Teig darf nicht dünn sein, damit sich nicht die wässrigen Teile scheiden. Das Geriebene wird 1 Stunde mit kaltem Wasser bedeckt und in einem Tuch ausgepreßt. Dann werden Milch, Weißbrot und Zwieback heiß gemacht, zerrührt, Kartoffeln, Eier, Hefe, Sahne und Salz tüchtig durchgerührt und an einen warmen Ort zum Aufgehen hingestellt. Der Teig muß so lange aufgehen, bis noch einmal so viel entstanden ist, erst dann wird mit dem Backen angefangen. Das Feuer darf hierbei weder zu stark noch zu schwach sein, weil im ersten Fall die Kuchen nicht gar, im letzten austrocknen würden. Es gehört zu Reibekuchen überhaupt reichlich Fett; halb abgeklärte Butter, halb Schmalz eignet sich vorzüglich dazu. Es wird dieses recht heiß gemacht und der Teig zu kleinen Kuchen gebacken, welche bis zum Umwenden zugedeckt und gelbbraun gebacken werden.

Reibeküchle ohne Hefe

½ l rohe geriebene Kartoffeln nach vorhergehender Angabe, doch nicht ausgepreßt, 6 Eier, 3 EL dicke saure Sahne, 2 gestrichene EL Mehl und etwas Salz

Das Geriebene wird zum Abtröpfeln 5 Minuten auf einen Durchschlag gelegt, danach mit Eidotter, Sahne, Mehl und Salz vermischt und der Eierschaum durchgemengt. Zum Backen kann nach Belieben geschmolzene und vom Bodensatz abgeklärte Butter, Schweineschmalz, langsam ausgebratener Speck, auch gut ausgeglühtes Rüböl genommen werden; indes ist eine Mischung von Butter und Schmalz besonders zu empfehlen. Jedenfalls muß das Fett bereitstehen, wenn die Kuchen eingerührt sind, damit man nicht genötigt wäre, den Teig hinzustellen, sondern sogleich zu backen anfangen kann, wovon der gute Geschmack aller Reibekuchen sehr abhängt. Die Masse wird

löffelweise in die mit reichlich heißem Fett versehene Pfanne gegeben und offen während einiger Minuten dunkelgelb gebacken, wobei die Kuchen mit dem Messer einmal umgewendet und, nachdem die ersten herausgenommen, bei Hinzugeben von Fett andere hineingelegt werden.
Alle Reibepfannkuchen gewinnen dadurch sehr an Geschmack, daß sie nach dem Reiben der Kartoffeln so rasch als möglich gebacken werden.

Reis, gekochter, amerikanische Art

Man verwendet dazu kurz- und dickkörnigen Reis, übergießt diesen mit sprudelndem Wasser, das man nach ungefähr 10 Minuten wieder abgießt. Dies Verfahren wird noch zweimal wiederholt, und dann erst wird der Reis in Salzwasser weichgekocht. Nachdem auch das Salzwasser abgegossen ist, läßt man ihn, unverdeckt, 10 Minuten lang in der Röhre abdämpfen und verrührt ihn zuletzt mit etwas frischer Butter. Auf diese Art zubereitet, kann der Reis stets körnig serviert werden.

Reisberg mit Kalbfleischfülle

Nachdem man 250 g Javareis blanchiert und gut ausgequellt hat, läßt man ihn noch 15 Minuten in Fleischbrühe dick einkochen und vermischt ihn mit 3 Eiern und einem eigroßen Stück Butter, gibt etwas davon in eine Schüssel, legt Kalbsbratenreste und gekochten Schinken, beides fein gehackt, in die Mitte der Schüssel auf den Reis, und füllt den übrigen Reis darüber, so daß das Fleisch davon eingehüllt wird, gießt etwas in Sahne verquirltes Ei darüber, streut gestoßene Muskatblüte und geriebenen Parmesankäse darauf. Mit einigen Butterklümpchen zuoberst gegeben, läßt man das Gericht 20 bis 30 Minuten backen. Man kann Bratensauce oder braune Butter dazu geben.

Reisgemüse

250 g Reis, 4 l kochendes Wasser, Salz, 30–50 g zerlassene Butter, 2 EL geriebenen Käse

Den unpolierten, gewaschenen Reis gibt man in das kochende Salzwasser, läßt 15–20 Minuten kochen (nicht zu weich) und schüttet ihn auf einen Seiher. Der Reis wird sofort angerichtet, mit Käse überstreut, die gebräunte Butter darüber gegeben.

Reis als Gemüse

300 g Karolinenreis wird rein gewaschen und auf ein Sieb zum Ablaufen gebracht, dann läßt man in einem Kastrol ein Stück Butter oder Abschöpffett zergehen, und eine fein geschnittene Zwiebel etwas anlaufen. Hierin wird nun der Reis unter beständigem Rühren etwas abgedämpft, hernach klare Fleischbrühe aufgegossen, und der Reis weichgekocht. – Nach Belieben kann man einige Tropfen Safranwasser dazugeben.

Reis, indischer

300 g gekochtes Hühnerfleisch, etwas Zitronensaft, 250 g Reis, 1 TL kleingeschnittenes Mangochutney, 1 Stange Lauch, 250 g Champignons, 40 g Butter, ¼ l Hühnerbrühe, 1 EL Zitronensaft, 2 kleingeschnittene Bambussprossen

Hühnerfleisch in kleine Stücke schneiden. Reis in Salzwasser mit etwas Zitronensaft in 10 Minuten körnig kochen. Abgießen und kurz mit kaltem Wasser abschrecken. Mangochutney untermischen. Das Weiße der Lauchstange in dünne Ringe, die gewaschenen und geputzten Champignons blättrig schneiden. Das Gemüse im Fett dünsten, Hühnerbrühe zugießen und 10 Minuten köcheln lassen. Mit Zitronensaft würzig abschmecken. Hühnerfleisch und Bambussprossen untermischen und heiß werden lassen. Zuletzt den Reis zufügen und sofort servieren.

Reisküchle

Siehe Reiswürstchen

Aus der Masse formt man runde Küchle und bratet sie, auf flacher Pfanne, in heißem Fett.

Reismeridon

280 g ausgelesener Reis wird mit kochendem Wasser angebrüht, letzteres wieder davon abgeschüttet, und jetzt so viel siedende Milch an den Reis gegossen, daß dieselbe zweifingerbreit über ihn hinsteht, worauf man ihn ganz langsam eine halbe bis dreiviertel Stunde darin weichdämpft, so zwar, daß das Ganze trocken geworden, die Körner aber noch ganz sind. Nun wird 70 g Butter, Salz, Muskatnuß und fünf bis sechs Eier daruntergemengt, auf dem Feuer so lang hierin gerührt, bis der Reis dadurch verdickt und gebunden ist, und damit dann eine dick mit Butter ausgestrichene und mit Semmelbröseln ausgestreute Auflaufform in der Art ausgefüttert, daß der Boden und die Wände zweifingerdick mit Reis bedeckt sind, in der Mitte aber ein leerer Raum bleibt, welchen man mit Eingemachten mit dicker Sauce, z.B. eingeschnittenem Fleisch, eingemachten Hühnern oder Tauben, ausfüllt. Alsdann gießt man über das eingefüllte Ragout ein paar Eßlöffel von dessen Sauce, bedeckt alles mit Reis, bäckt das Ganze in nicht zu heißem Ofen schön gelb, stürzt es auf eine Platte um, und gibt solches sofort zu Tisch. Die von dem Ragout übrige Sauce serviert man extra. – Eine Hauptsache ist, daß der Reis sehr trocken und fest eingekocht, weil er sonst beim Umstürzen zerfallen würde. – Sehr zweckmäßig bedient man sich hierbei auch einer *Ringform*, wo das Ragout dann erst, wenn der Reis aus der Form auf die Platte gestürzt ist, in die leere Mitte eingefüllt wird.

Reis mit Fleisch

250 g Reis, 40 g Butter, 1 l Fleischbrühe oder Wasser, 250 g in kleine Würfel geschnittene oder gewiegte Fleischreste, Zwiebel, Petersilie, Salz, Pfeffer, Muskat, etwas Bratensauce oder Rahm, 2 EL Käse

Den Reis mit Butter und Fleischbrühe weichkochen, Salz und Käse zugeben. Zwiebel, Petersilie dämpfen, nebst den Gewürzen, Sauce oder Rahm zu dem Fleisch geben. Reis und Fleisch lagenweise in eine Auflaufform füllen, letzte Lage Reis, obenauf etwas Weckmehl und Butterstückchen, ½ Stunde im Backofen aufziehen.

Reispfannkuchen

200 g Reis, 30 g Butter, Zwiebel, ½ l Wasser, 3 EL Tomatenmark, 60 g Mehl, 3 Eier, Salz, Muskat, nach Belieben 2 EL geriebenen Käse, Backfett

Den unpolierten, gewaschenen Reis in der Butter mit Zwiebel dämpfen, mit Tomatenmark, Wasser oder Fleischbrühe ablöschen, zugedeckt weichkochen, erkalten lassen. Dann gibt man das Mehl, Eigelb, Gewürze und zuletzt den Eischnee zu. Mit einem Eßlöffel legt man kleine, runde Küchle in heißes Fett, streicht sie dünn aus und backt sie auf beiden Seiten hellbraun.

Reis zu Ragout

Man nimmt zu 2 Schüsseln 500 g Reis, brüht ihn ab und kocht ihn in Bouillon gar, rührt dann ein Glas Madeira und 1 Tasse Sahne, 2 Eidotter, 125 g Parmesankäse hinzu und legt ihn als Rand um ein angerichtetes Ragout von Geflügel und Kalbfleisch.

Reisring

250 g Reis, 40 g Butter, 1 Zwiebel, nach Belieben 1 Nelke, 1 Lorbeerblatt, Salz, 1 l Fleischbrühe oder Wasser, 2 EL geriebenen Käse

Der unpolierte, gewaschene Reis wird in Butter gedämpft, mit der heißen Brühe abgelöscht, die mit der Nelke besteckte Zwiebel, Lorbeerblatt zugegeben, zugedeckt, langsam weichgekocht. Die Zwiebel kann auch fein gewiegt werden, wird dann mitgedämpft. Den fertigen Reis füllt man in eine mit Butter bestrichene Ringform, stellt diese etwa ½ Stunde in heißes Wasser und stürzt den Ring vor Gebrauch. Käse wird unter den Reis gemischt oder nach dem Stürzen über den Ring gestreut. In die Mitte kann Ragout oder Gemüse angerichtet werden.

Reis in Rotwein für Kranke

125 g Reis quellt man zweimal gut ab und kocht ihn dann in ¼ l Wasser, ½ l Rotwein, mit einem Stückchen Zimt, einem knappen Eßlöffel Zucker und etwas Zitronensaft völlig gar und bringt ihn mit einer Sauce von warmer süßer Sahne, die man mit einem Eidotter abgezogen hat, zu Tisch.

Reiswürstchen

200 g Reis, ¾ l Wasser oder Fleischbrühe, 3 EL dicke Buttersauce von 40 g Mehl, 2 EL geriebenen Käse, 1 Ei, Salz, Muskat, 1 Ei und Weckmehl, Backfett

Den Reis in der Fleischbrühe dickkochen, die dicke Buttersauce und die andern Zutaten zugeben, kalt stellen. Dann formt man mit etwas Mehl knapp fingerlange Würstchen, wendet diese in Ei und Weckmehl und backt sie schwimmend in heißem Fett. Anstatt Buttersauce kann man auch 2 Eier nehmen.

Risotto

300 g Reis werden mit 70 g Butter in einem Kastrol mit feingewiegter Zwiebel geröstet bis der Reis trocken und gelblich ist. Dann wird derselbe mit ungefähr ¾ l kräftiger, kochender Fleischbrühe überschüttet, gedämpft, mit Pfeffer und Salz gewürzt, und geriebener Parmesankäse nach Geschmack darangegeben, nach Belieben auch etwas Tomatensauce. In 15 Minuten soll der Reis weich, die Körner aber noch ganz sein. – Statt Butter wird besser gewiegtes Ochsenmark verwendet.
Sehr kräftig wird der Risotto, wenn man zuvor 300 g in kleine Würfel geschnittenes Kalbfleisch oder Kalbsmilchlein in 100 g Butter gelb anbraten läßt, dann den Reis noch kurz damit röstet und im übrigen wie oben beendet.

Roggenbrötchen

Zutaten für 20 Brötchen: 500 g Roggenmehl, 250 g Weizenmehl, 40 g Hefe, ⅜ l lauwarmes Wasser, 1 TL Salz, 1 TL gemahlener Kümmel, 60 g Butter. Zum Bestreichen: 1 Eigelb, 2 EL Wasser.
Für das Backblech: Butter und Mehl. Backzeit: 20 Minuten.
Pro Brötchen etwa 670 Joule – 160 kcal.

Das Mehl in eine Schüssel sieben und in die Mitte eine Vertiefung drücken. Die Hefe in die Mulde bröckeln und mit dem lauwarmen Wasser und etwas Mehl zu einem Hefevorteig verrühren. Diesen Teig etwa 30 Min. zugedeckt gehen lassen.
Das Salz, den Kümmel und die Butter in Flöckchen auf dem Mehlrand verteilen. Das gesamte Mehl mit dem Hefevorteig und allen Zutaten zu einem Hefeteig kneten und schlagen bis er Blasen wirft und sich von dem Schüsselrand löst. Nochmals 30 Min. gehen lassen. – Ein Backblech mit Butter bestreichen und mit Mehl bestäuben. Den Teig noch einmal kurz durchkneten und in 20 gleichgroße Stücke teilen. Jedes Stück zu einer Kugel formen und aufs Backblech legen. Die Brötchen 20–30 Min. gehen lassen. Den Backofen auf 220° vorheizen. Die aufgegangenen Kugeln mit einem Messer kreuzweise einschneiden. Das Eigelb mit Wasser verquirlen, die Brötchen damit bepinseln und auf der mittleren Schiebeleiste 20 Min. backen. Auf einem Küchengitter abkühlen lassen.

Roggenbrot, feines, gesäuertes

Zu 1 l Wasser nimmt man 2½ kg Roggenmehl und etwas Sauerteig von der Größe eines kleinen Apfels.
Des Abends vor dem Backtag mengt man, nachdem das Wasser gehörig warm gemacht ist, einen Teil des Mehls mit dem Wasser und dem Sauerteig zu einem Brei, bestäubt ihn gut mit Mehl und stellt ihn bis zum andern Morgen an einen warmen Ort. Darauf knetet man ihn mit etwas Salz und dem übrigen Mehl gut aus, macht ein langes Brot davon, legt es zum Aufgehen auf ein mit Mehl bestäubtes Backbrett und läßt es in einem gut geheizten Ofen 2 Stunden backen.
Sollte der Teig am Morgen noch nicht genug aufgegangen sein, so kann man beim Auskneten etwas Hefe zusetzen. Mengt man den Teig mit guter Buttermilch statt Wasser, so wird das Brot noch besser; man nimmt dann nur die Hälfte Sauerteig.

Rosinenbrötchen

¼ l lauwarme Milch, 5 EL Öl, 1 EL Zucker, Salz, 500 g Mehl, 25 g Hefe, 250 g Rosinen

Alle Zutaten mit Ausnahme der Korinthen zu einem Teig kneten. Erst wenn sich der Teig vom Schüsselrand löst, Rosinen zugeben darunterkneten. Zugedeckt stehen lassen, bis er sich verdoppelt hat. Abermals durchkneten, eine Rolle formen und in 12 Stücke schneiden. Runde Brötchen ausrollen, auf ein gefettetes Blech legen, mit Milch bepinseln und in der Mitte einkerben. Jetzt den Teig nochmals gehen lassen. 45 Minuten bei 200 Grad backen.

Salzmandeln

250 g Mandeln, 20 g Butter oder 1 EL Öl, Salz

Große Mandeln werden geschält, am besten über Nacht getrocknet. In einem eisernen Topf röstet man die Mandeln in der Butter hellbraun, bestreut sie reichlich mit feinem Salz, legt sie auseinander auf Lösch- oder Seidenpapier und läßt sie abtrocknen. Oder man legt die Mandeln über Nacht in Salzwasser oder kocht sie in Salzwasser auf und röstet sie, auf einem Blech im Backofen, hellbraun.

Salzstangen

10 g Hefe, 3 EL Milch, 1 TL Zucker, 350 g Mehl, 150 g Butter, ½ TL Salz, 2 Eier. Zum Bestreichen 1 Eigelb, zum Bestreuen grobes Salz, Kümmel und Mohn

Hefe mit Milch und Zucker verrühren und gehen lassen.In der Zwischenzeit das Mehl auf die Arbeitsfläche geben. Die Butter in Flöckchen darauf verteilen und mit Mehl zerbröseln. Dann in die Mitte eine Mulde drücken. Salz drüberstreuen. Eier und die aufgegangene Hefe in die Mulde geben und alles zu einem glatten Teig verkneten. Den Teig mit einem Küchentuch zugedeckt 15 bis 20 Minuten gehen lassen. Teig auf der bemehlten Arbeitsfläche zu 1 cm dicken, 35 cm langen Stangen rollen und zu Spiralen drehen. Die Teigspiralen noch mal mit einem Küchentuch zugedeckt 10 bis 15 Minuten gehen lassen. Dann mit verquirltem Ei bestreichen und nach Wunsch je einen Teil der Stangen mit grobem Salz, Kümmel und Mohn bestreuen. Auf einem gefetteten Backblech 8–12 Minuten bei starker Hitze backen.

Salzstengel

90 g Schmalz, ebensoviel Butter und etwas Salz wird zusammen schaumig gerührt, und mit 280 g Mehl und einer kleinen Kaffeetasse Milch zu einem Teig angemacht. Nachdem dieser gut verarbeitet, macht man Stengel in Dicke und Länge eines Bleistiftes daraus, welche man mit Ei bestreicht, mit Kümmel und ein klein wenig Salz überstreut, und auf butterbestrichenem und wieder abgeriebenem Blech schön bäckt.

Salzkartoffeln

1 kg Kartoffeln, 1 EL Salz, Wasser

Die Kartoffeln werden dünn geschält, in kaltes Wasser gelegt. Kurz vor dem Zusetzen in Schnitze geschnitten, mit kaltem Wasser und Salz aufgesetzt, rasch zum Kochen gebracht. Wenn sie beinahe weich sind, schüttet man das Wasser ab, stellt sie halboffen auf die heiße Herdplatte, bis sie vollends gar sind. *Oder*: Man kocht die Kartoffeln im Dampftopf wie die Schalenkartoffen. Beim Anrichten streut man gewiegte Petersilie oder feingeschnittenen Schnittlauch darüber. Man kann auch Zwiebel in feine, runde Scheiben schneiden, in Butter gelbdämpfen und über die Kartoffeln geben.

Sauerkraut-Torte

Zuerst nimmt man Sauerkraut aus der Stande, verliest es und sucht nur das lange zarte heraus, wässert es acht Tage lang und nimmt es jeden Tag mit der Hand heraus, wenn man's in ein anderes Wasser legt. Es muß eine irdene Schüssel und ja kein Geschirr von Holz sein, damit es keinen Holzgeruch gibt. Wenn es nun die gemeldete Zeit über gewässert ist, so wird es in einer Pfanne mit kaltem Wasser aufs Feuer gesetzt, daß es schnell in's Kochen kommt, und nur solang wie ein hartes Ei gekocht. Wenn es wieder erkaltet ist, wird das Sauerkraut auf ein reines Tuch gelegt, und abgetrocknet. Auf 3 Viertel Sauerkraut rechnet man ein Pfund Zucker, schält 6 schöne Zitronen, nimmt das abgeschälte in einer Kastrol mit Wasser über das Feuer, und läßt es halb weich kochen, daß man das Weiße von dem Gelben rein abschaben kann. Hierauf schneidet man das Gelbe ganz fein länglich wie das Sauerkraut, und behandelt übrigens die abgeschälten Zitronen, wie man es bei den Zitronentorten angezeigt findet. Das Pfund Zucker wird nun in einer Messingpfanne mit nicht ganz einem Schoppen Wasser geläutert und abgeschäumt, dann das Zitronenmark dazugegeben, und noch ein wenig mitgekocht, nach diesem das Kraut mit den geschnittenen Zitronen so lang auf Kohlen gekocht, bis es ganz kurz eingekocht ist. Hierauf gibt man's in ein sauberes Geschirr, läßt es darin kalt werden, braucht es entweder gleich, oder hebt es in einem Zuckerglas oder Porzellangeschirr auf. Die Torte wird von einem Weinbachesteig verfertigt, und dabei sonst alles wie bei einer andern Torte gemacht.

Saure Kartoffeln

In 70 g Fett werden zwei Kochlöffel Mehl gelb geröstet, und dazu zwei Eßlöffel Zwiebeln gegeben und so lange damit umgerührt, bis die Zwiebeln gelb und das Mehl braun, hernach wird mit Fleischbrühe glatt angerührt, und etwas Essig, Salz, Pfeffer, eine Nelke, ein Lorbeerblatt und eine Zitronenschale dazugegeben. Hat diese Sauce einige Zeit langsam gekocht, so wird sie durchgeschüttet, wieder auf's Feuer gebracht, und man kocht dann die gesottenen, in Scheiben geschnittenen Kartoffeln eine Viertelstunde darin auf. – Man kann die Kartoffeln auch in die Sauce geben, *ohne* letztere vorher durchzuschütten. Ebenso gut können sie *roh in Scheiben* geschnitten darin weichgekocht werden.

Saure Rahmnudeln

Einen halben Schoppen dicken sauren Rahm, 4 Eier nebst ein wenig Salz rührt man wohl in einer Schüssel, und schafft soviel Mehl hinein, bis sich der Teig von der Schüssel losschält, er muß wie ein Spatzenteig sein. Alsdann macht man in einer Messingpfanne eine Maß Milch siedend, gibt ein kleines Stück frische Butter dazu, nimmt den Teig, wenn die Milch siedet, auf ein Brett, verfertigt mit einem Messer lange Würstlein, legt sie in die Milch, läßt sie solang wie ein paar harte Eier kochen, und gibt sie schnell auf den Tisch. Diese Portion gibt eine große Platte. – Nach dem Sieden können diese Nudeln auch in einem Blech aufgezogen werden.

Saure Spätzle

Mehl, Zwiebeln, Butter, saurer Rahm, Essig, Lorbeerblatt, Nelken, Spätzle

Mehl und gehackte Zwiebel werden in Butter schön goldgelb gedünstet und Fleischbrühe, etwas saurer Rahm und feiner Essig nebst einem Lorbeerblatt und einer Nelke zugegeben. Das Ganze läßt man kochen, bis eine sämige Sauce daraus geworden ist, die man durch ein Sieb auf die Spätzle gießt. Dann noch einmal aufkochen. Dünne Scheiben von frischen Gurken erhöhen den Wohlgeschmack. Der Schwabe ißt diese Spätzle mit dem Löffel.

Schalenkartoffeln

1 kg Kartoffeln, 1 EL Salz, Wasser

Zu Schalenkartoffeln nimmt man mittelgroße, mehlige Kartoffeln. Diese werden abgebürstet, mit kaltem Wasser und Salz aufgesetzt, zugedeckt weichgekocht. Dann schüttet man das Wasser ab, stellt den Topf halboffen auf die heiße Herdplatte, bis die Kartoffeln trocken sind. Neue Kartoffeln kocht man mit etwas Kümmel. Man rechnet ½–¾ Stunde Kochzeit. Besser sind die Kartoffeln im Dampftopf gekocht. Das Wasser im Untersatz wird mit Salz zum Kochen gebracht, der Aufsatz mit den Kartoffeln daraufgegeben und zugedeckt gekocht. Neue Kartoffeln können auch auf einem Blech im Backofen gar gebraten werden.

Scheibenkartoffeln, gestovte

Die Kartoffeln werden hierzu mit der Schale gekocht, abgezogen, noch heiß in talerdicke Scheiben geschnitten und zugedeckt. Unterdes wird ein reichliches Stück Butter geschmolzen, feingeschnittene Zwiebeln darin durchgeschmort, Pfeffer, Salz, auch nach Belieben Petersilie und so viel kochendes Wasser hinzugegeben, daß es eine nicht zu kurze Brühe wird, in welcher man die Kartoffeln gut durchstovt. Dann werden einige Eidotter mit etwas Essig und Wasser angerührt und die Kartoffeln damit eben durchgekocht.
Beilagen: Kotelette, Fikadellen, gebratene Rollen, Bratwurst, Panhas, heißgemachter Braten, Klops.

Schinkenbrot

500 g Weizenmehl, 40 g Hefe, 1 Prise Zucker, 1/8 l lauwarme Milch, 150 g roher Schinken, 2 TL Basilikum, 1/2 TL Salz, 40 g Butter, 1 Ei, 1 Eigelb, Milch zum Bestreichen

Mehl in eine Schüssel geben. In die Mitte eine Mulde drücken und die Hefe reinbröckeln. Mit Zucker und 4 Eßlöffel Milch verrühren. 15 Minuten gehen lassen.
Schinken (mit Fett) ganz fein würfeln. Basilikum hacken. Restliche Milch, Schinken, Basilikum, Salz, die weiche Butter oder Margarine, Ei und Eigelb zum Vorteig geben. Alles zu einem glatten Teig kneten. 30 Minuten gehen lassen. Mit bemehlten Händen einen etwa 30 cm langen, ovalen Laib formen. Auf ein mit gefetteter Alufolie belegtes Backblech setzen. Kerben reindrücken. Laib 20 Minuten gehen lassen. Dann mit Milch bestreichen und 25 Minuten bei 220 Grad backen. Nach jeweils 5 Minuten Backzeit nochmals mit Milch bestreichen.

Schinkenhörnchen

Quarkblätterteig mit Salz zubereitet, 200 g gekochter Schinken, 1 Eigelb, Kümmel

Quarkblätterteig auswellen und in kleine Dreiecke schneiden. In die Mitte kleingeschnittenen Schinken geben und zu Hörnchen aufwikkeln. Mit Eigelb bestreichen und mit Kümmel bestreuen. Im Backofen bei 200 Grad 20 Minuten backen.

Schinkenkartoffeln

Hierzu nimmt man das, was von einem gekochten Schinken nicht mehr in ordentliche Stücke geschnitten werden kann, setzt es mit wenig Wasser aufs Feuer, kocht es ganz weich und hackt es fein. Nach Belieben kann man mit dem Schinken auch einen Hering kleinhacken. Unterdes hat man Kartoffeln in der Schale mit Salz gekocht und abgezogen, wobei sie jedoch recht heiß gehalten werden müssen. Nun wird in eine Auflaufform oder Schüssel, welche dick mit Butter bestrichen ist, eine Lage Kartoffelscheiben gelegt, darüber Stückchen Butter, dann eine Lage Schinken nebst in Butter gebratenen Zwiebelscheiben, wieder Kartoffeln und so fortgefahren, bis letztere mit Butter den Schluß machen. Sollte den Kartoffeln noch Salz fehlen, so wird unter Berücksichtigung des gesalzenen Schinkens beim Einschichten das fehlende durchgestreut. Bei Mangel an Butter kann feinwürflig geschnittener, langsam ausgebratener Speck recht gut angewandt werden. Darauf wird die Form in einen heißen Ofen gesetzt und, wenn die Kartoffeln ganz heiß geworden sind, folgender Guß darüber verteilt und etwas gestoßener Zwieback darauf gestreut: für 4 Personen 3 bis 4 Eier, gut geschlagen, dazu etwa 3 Tassen Milch, Muskatnuß und etwas Salz. Man läßt die Form etwa ¾ Stunde im Ofen.

Schinkenkartoffeln, einfache Art

Zubereitung wie Rahmkartoffeln. 60 g fein geschnittenen Schinken mit der Butter und Mehl dämpfen.

Schinkenkuchen

(für 4 Personen) Teig: 250 g Mehl, 1 TL Salz, 150 g Butter, 1 Ei, ½ Tasse saure Sahne, ½ TL Backpulver. Füllung: 300 g gekochter Schinken, je 1 Bund Petersilie und Dill, 250 g Champignons (Dose), 200 g mittelalter Gouda, 200 g saure Sahne, 2 Eier, 1 EL Gustin, Salz, Pfeffer, Tabasco, Zwiebelpulver

Für den Teig Mehl mit Salz, Butter, Ei, Sahne und Backpulver verkneten. Teig 30 Min. kalt stellen. Zur Füllung Schinkenwürfel mit gehackten Kräutern, Champignonscheiben, geriebenem Käse, Sahne, Gustin und Eiern mischen. Mit Salz, Pfeffer, Tabasco und Zwiebelpulver würzen. Springform mit ausgerolltem Teig auslegen (mit Rand). Füllung darauf verteilen. Im vorgeheizten Backofen bei 225 Grad 30 Min. backen.

Schinkennudeln

Man macht für etwa 8 Personen von 2 ganzen Eiern und 2 Dottern einen festen Nudelteig und rollt ihn ganz dünn aus. Sobald die Teile trocken geworden sind, schneidet man sie in Streifen und diese zu Nudeln von der Breite eines kleinen Fingers, kocht sie in kochendem, gesalzenem Wasser und schüttet sie auf einen Durchschlag. Dann wird eine kleingehackte Zwiebel und etwas feingehackte Petersilie mit einem Stückchen Butter gedämpft, 500 g gedämpfter Schinken, ohne Fett, kleingeschnitten, 6 ganze Eier und 6 Eidotter werden mit ⅜ l dicker saurer Sahne, einem halben Teelöffel Muskatblüte und der gedämpften Zwiebel und Petersilie tüchtig gerührt, und dann wird der Schinken durchgemischt und dies alles mit den Nudeln gehörig untereinandergerührt. Danach bestreicht man eine Form mit Butter, füllt die Masse hinein, bestreut sie mit Zwieback und stellt sie etwa ½ Stunde in einen heißen Ofen.

Schinkenrolle

5 Eier, 1 EL Zucker, 75 g Speisestärke, 1 TL Backpulver, 75 g Mehl, 1/2 Bund Petersilie, 190 g Butter, 150 g Schinken, 1 Gewürzgurke, 1 EL eingelegte Tomatenpaprika, 6 gefüllte grüne Oliven, 40 g Mehl, 1/4 l heiße Milch, Salz, weißer Pfeffer, Muskat, Paprika, 1/2 Bund Petersilie zum Garnieren

Eigelb und Zucker in einer Schüssel schaumig schlagen. Eiweiß in einer anderen Schüssel steif schlagen. Eischnee über den Eigelbschaum gleiten lassen. Darüber das mit Speisestärke und Backpulver gemischte Mehl geben. Alles locker mischen.
Petersilie abspülen, trockentupfen und fein hacken. Unter die Teigmasse heben. Backblech mit Pergamentpapier belegen. Papier einfetten und am unteren Ende hochfalzen. Den Teig draufstreichen. 15 Minuten bei 200 Grad backen. Ein sauberes Küchentuch mit Mehl bestäuben. Biskuit darauf stürzen. Pergamentpapier mit kaltem Wasser bestreichen und abziehen. Biskuitplatte mit dem Tuch aufrollen. Auskühlen lassen. Inzwischen 150 g Butter in einer Schüssel schaumig rühren. Schinken fein würfeln, dabei die Fettränder abschneiden. Gurke, Tomatenpaprika und Oliven abtropfen lassen und auch fein würfeln. Unter die Butter heben. Die restliche Butter erhitzen, Mehl darin anschwitzen und mit der Milch ablöschen. 5 Minuten kochen lassen. Mit Salz, Pfeffer, Muskat und Paprika pikant würzen. Abkühlen lassen. Dann löffelweise zur Buttermischung geben. Biskuitrolle vorsichtig auseinanderrollen. Zwei Drittel der Füllung auf den Biskuit streichen und der Länge nach aufrollen. Die Rolle mit restlicher Schinkencreme bestreichen. Petersilie abspülen, trocknen und fein hacken. Die Schinkenroulade der Länge nach damit bestreuen.

Schmorkartoffeln

1 kg gekochte Kartoffeln, 50 g Fett, Salz

Die Kartoffeln (auch Rest von Salzkartoffeln) werden in Würfel geschnitten, in das heiße Fett gegeben und unter öfterem Wenden hellbraun gebraten.

Schupfnudeln

1000 g gekochte Kartoffeln vom Vortag in der Schale, Muskat, 1 Ei, 150 g Mehl, Salz, Butter, Majoran

Kartoffeln schälen, reiben. Man knetet sie mit Mehl und Ei sowie mit Majoran, Muskatnuß und Salz zu einem festen Teig, von dem man 1 cm dicke und ca. 4 cm lange Röllchen formt. Man gibt die Schupfnudeln in kochendes Salzwasser und läßt sie ca. 10 Minuten ziehen.
Dann läßt man die Nudeln abtropfen und bräunt sie in weiteren 10 Minuten in einer Pfanne mit Butter oder Margarine.
Man kann die Schupfnudeln als Beilage zu Braten essen, sie schmekken aber auch mit Käse überbacken und einer Schüssel Salat.

Schupfnudeln, schwäbisch (»Bubenspitzle«)

500 g Mehl, 1 EL Salz, 3/8–1/2 l Wasser, 50 g Fett, 1 Zwiebel

Von Mehl, Salz und kochendem Wasser macht man einen nicht zu festen Nudelteig und knetet ihn gut. Auf dem Nudelbrett dreht man mit dem Handballen kleine längliche Nudeln und kocht diese etwa 8–10 Minuten in Salzwasser. Dann läßt man sie auf einem Seiher gut abtropfen und gibt beim Anrichten eine Zwiebelschmelze darüber. Man gibt die Nudeln gerne als Beilage zu Sauerkraut.
Oder: Man gibt in eine mit Butter bestrichene Kasserolle lagenweise die abgetropften Nudeln mit 100 g geriebenem Käse, obenauf 50 g Butterstückchen und überbäckt das Ganze im Ofen hellgelb. Mit gerösteten Zwiebeln bestreuen.

Schustergericht

3 Pfund Kartoffeln, 250 g Zwiebeln, 700 g Blutwurst, 150 g Äpfel, 1 EL Zitronensaft, 100 g Bratfett, 15 Tropfen Maggi-Würze

Die Kartoffeln in der Schale kochen, abziehen, in Scheiben schneiden, mit den fein geschnittenen Zwiebeln vermischt in dem heißen Bratfett gut anbraten. Die grobwürfelig geschnittene Blutwurst und die säuerlichen Apfelscheiben gibt man zu den angebratenen Kartoffeln, schmort sie 10 Minuten damit durch und gibt zuletzt den Zitronensaft und Maggi-Würze an das Gericht, was man sofort zu Tisch bringen muß.

Schusterjungs

400 g Roggenmehl, 200 g Weizenmehl, 30 g Hefe, 3/8 l Wasser, 1 TL Salz

Wasser, Salz, Mehl und zerbröckelte Hefe nacheinander in eine Schüssel geben und gut miteinander verkneten. Wenn sich der Teig von der Schüssel löst, 30 Minuten gut gehen lassen. Eine Rolle formen, in 16 Stücke schneiden und zu Kugeln drehen. Backblech mit einer Speckschwarte einfetten und mit Mehl bestäuben. Die Schusterjungs darauflegen. Leicht mit Salz bestreuen, zudecken und gut gehen lassen. Kurz vor dem Backen mit Roggenmehl überstäuben. 15–20 Minuten bei 200 Grad backen. Nach 10 Minuten mit Wasser überpinseln.

Schwarzbrot

2½ kg Schwarzmehl, 50 g Sauerteig, 20 g Hefe, 50 g Salz, 20 g Kümmel, etwa 1½ l Wasser. Hat man keinen Sauerteig, nimmt man 40 g Hefe

Die Hefe wird mit 1 Teelöffel Zucker bestreut, glattgerührt, mit ½ l Wasser verdünnt. In der Mitte des erwärmten Mehles rührt man einen Vorteig an, den man über Nacht gehen läßt. Am nächsten Morgen gibt man den Sauerteig, Salz, Kümmel, lauwarmes Wasser zu, knetet den Teig, bis er sich von der Schüssel löst und Blasen hat. Man bestäubt den Teig mit etwas Mehl und läßt ihn an einem warmen Ort gehen, bis er sich etwa um das Doppelte vermehrt hat. Dann formt man Stollen, setzt diese auf ein bestrichenes Blech oder in Kapseln, läßt den Teig nochmal gehen, etwa 20 Minuten, bestreicht mit Wasser und backt das Brot in gut heißem Ofen etwa 1 Stunde. Wenn man das Brot aus dem Ofen nimmt, wird es nochmal mit Wasser bestrichen.

Schwemmklöße

140 g Schmalz oder Butter wird schaumig abgerührt, fünf oder sechs Eier, eines um das andere, gut hineingerührt, dazu gut $^3/_8$ l nicht zu feiner Grieß und das gehörige Salz gemengt und eine halbe Stunde stehen gelassen. Hiervon setzt man dann mit einem Löffel beliebig große Knödel in siedende Fleischbrühe oder leicht gesalzenes Wasser schnell ein und läßt dieselben eine halbe Stunde kochen, sie dabei einigemal mit kaltem Wasser abschreckend. Wenn sich beim Auseinanderbrechen in der Mitte ein kleines gelbes Pünktchen zeigt, sind sie fertig, und man richtet sie sofort mit einem Schaumlöffel an. – Gibt man zu Petersilie, eingemachtem Fleisch etc.

Selleriekuchen

200 g Mehl, 60 g Schweineschmalz, $^1/_8$ l Wasser, Salz,
600 g Staudensellerie, Salz, 2 Zwiebeln, 6 Eier, 100 g geriebener Parmesan, Pfeffer

Mehl, Schmalz, Wasser und Salz zu einem geschmeidigen Teig kneten. In eine Form geben und so lange flach auseinanderdrücken, bis der Boden ausgefüllt und der Rand mit Teig bedeckt ist. Sellerie putzen und in Stangen teilen. Wurzelansatz und grüne Blätter entfernen. Stangen waschen und in kleine Würfel schneiden. In kochendem Salzwasser 5 Minuten blanchieren, gut abtropfen lassen. Zwiebeln schälen und hacken. Eier mit Parmesan verquirlen, Sellerie- und Zwiebelwürfel untermischen, mit Salz und Pfeffer würzen. Masse auf den Teigboden geben und glattstreichen. 30–35 Minuten bei großer Hitze backen.

Semmel- oder Milchbrötchen

Zu 1 l frischer Milch 1 gk Mehl, 50 g trockne, frische Hefe und etwas Salz

Nachdem das Mehl einige Stunden vorher an einem warmen Ort gestanden und die Milch lauwarm gemacht ist, wird die aufgelöste Hefe zu letzterer gegossen und so viel Mehl hineingerührt, daß es eine breiartige Masse wird, die man mit Mehl überstäubt und zugedeckt zum Gären an einen warmen Ort stellt. Das übrige Mehl belibt zum Auskneten zurück, welches aber erst geschehen darf, wenn der Teig stark geht und auf der Oberfläche Risse entstehen, wo dann das Salz hinzukommt und derselbe mit dem übrigen Mehl so lange verarbeitet wird, bis er nicht mehr an den Händen klebt. Wenn dies geschehen, schlage oder werfe man den Teig nach Nr. 1, forme ihn zu Brötchen von beliebiger Form, welche von außen ganz glatt sein müssen und keine Risse haben dürfen, lasse sie auf der Platte nochmals ein wenig aufgehen, mache dann einen Einschnitt darin, bestreiche sie auch nach Belieben mit verdünntem Ei, schiebe sie in einen gut geheizten Ofen und lasse sie nicht über das Garsein hinaus backen.

Semmelnudeln, gebackene

Vier bis fünf gestrige Semmeln werden abgerieben, und jede in zwei Teile zerschnitten, die Teile nebeneinander in ein breites Geschirr gelegt, und sodann vier bis fünf mit einem ½ l Milch und einer kleinen Prise Salz gut verrührte Eier darübergegossen. Sind sie eine halbe Stunde gestanden, so kehrt man sie um, damit sie die Sauce vollends in sich ziehen. Nun wird ein gutes Stück Butter oder Schmalz in einer breiten Pfanne zerlassen, hinein nebeneinander die Semmeln gelegt, und auf schwachem Feuer gelb angebacken, worauf man sie umkehrt, und, falls es nötig ist, noch etwas Butter oder Schmalz dazugibt. Wenn so die Nudeln auf beiden Seiten gelb gebacken, werden sie angerichtet und zu gekochtem Obst, auch als Auflage zu Gemüsen, gegeben. Will man sie saftiger, so wird vor dem Anrichten noch ein wenig Milch daruntergegossen, womit man sie noch etwas anziehen läßt. – Sind besonders für *gewöhnlichen* Tisch vorteilhaft, weil sie nicht aus schwimmendem Schmalz gebacken werden.

Sesambrot

20 g Hefe, 1 TL braunen Zucker, 1/4 l lauwarme Buttermilch, 500 g Mehl, 3 EL Sesamsaat, 2 gestr. TL Vollmeersalz, Milch, Sesam

Aus den angegebenen Zutaten einen Hefeteig herstellen und ausreichend gehen lassen. Dann den Teig zu einem Brot formen, mit Milch bestreichen und mit Sesam bestreuen, nochmals gehen lassen. Vor dem Backen die Oberfläche schräg einschneiden.
Temperatur: 200° Zeit: ca. 40 Min.

Spätzle

500 g Mehl, etwa 1/4 l Wasser, 1 EL Salz, 2–3 Eier, 30 g Butter, Weckmehl

Mehl und die übrigen Zutaten werden angerührt, der Teig geschlagen, bis er Blasen hat und sich vom Löffel ablöst. Das Spatzenbrett wird mit kaltem Wasser abgeschwenkt, wenig Teig daraufgegeben, mit dem Spatzenschaber dünn ausgestrichen und lange, feine Spätzle in kochendes Salzwasser geschabt. Wenn sie oben schwimmen, werden sie mit einem Schaumlöffel herausgenommen, durch ein frisches, heißes Salzwasser gezogen und sofort angerichtet. Man gibt eine Weckmehlschmelze darüber. Oder man röstet etwas feine Nudeln in der Butter hellbraun.

Spätzle, geröstet

Spatzenteig zubereiten. Die fertigen Spätzle durch kaltes Wasser ziehen, gut abtropfen, auf ein Wellbrett legen, abtrocknen lassen. Auf einer flachen Pfanne unter öfterem Wenden hellbraun backen. Nach Belieben gibt man über die fertiggerösteten Spätzle 2 Eier mit etwas Milch und Salz verrührt, läßt dies fest werden und stürzt den Kuchen auf die Platte.

Spätzle mit Gurken

375 g Mehl, gut 1/8 l Wasser, Salz, 2 Eier, 1–2 Gurken, 40 g Fett, 40 g Mehl, Salz, Zwiebel, 2 EL Essig, 2 Nelken, 1 Lorbeerblatt, Pfeffer

Spätzle-Zubereitung siehe Grundrezept. Gurkengemüse. Unter das fertige Gurkengemüse mischt man die gut abgetropften Spätzle und läßt sie einmal aufkochen.

Spätzle mit Kartoffelschnitzen

375 g Mehl, gut 1/8 l Wasser, Salz, 2 Eier, 500 g Kartoffeln, 30 g Butter, 1 Zwiebel, nach Belieben 500 g Siedfleisch, Suppengrün

Die roh geschälten Kartoffeln in Schnitze schneiden, in Salzwasser oder Fleischbrühe weichkochen. Spätzle herstellen. In die fertiggekochten Kartoffeln gibt man die angetropften Spätzle (muß wie eine dicke Suppe sein), nach Belieben das in Würfel geschnittene Fleisch. Das fertige Gericht wird mit in Butter gerösteten Zwiebelscheiben abgeschmelzt.
Oder: Man kocht die Kartoffeln im Dampftopf weich, gibt sie auf eine Platte, gibt die fertigen Spätzle darüber und übergießt sie mit in Butter gerösteten Zwiebelscheiben.

Spätzle mit Pilzen

Pfifferlinge oder andere Pilze, Speck, Zwiebeln, Zitronensaft, Rahm, Spätzle

Sauber geputzte Pfifferlinge oder beliebige Pilze werden mit fein geschnittenem Speck und Zwiebeln, die vorher miteinander leicht geröstet wurden, unter Zugabe von Zitronensaft gekocht. Die Brühe wird mit Rahm gebunden. In einem Nest von Spätzle, das auf einer runden, tiefen Platte ausgelegt wird, werden die Pilze angerichtet und mit der Sauce übergossen. Eine schmackhafte Variante ist es, die Pilze mit Speckwürfeln, Zwiebeln und Spätzle in der Pfanne zu rösten und sie dann wie eine Omelette mit Salat zu servieren.

Spätzle mit Sauerkraut

500 g Mehl, 1/4 l Wasser, 1 EL Salz, 2–3 Eier, 500 g Sauerkraut, 50 g Schweinefett, Zwiebel, Wasser, 1 TL Zucker, 1 Apfel. – Wurst, Sauerkraut zubereiten. Spätzle zubereiten.

Auf eine größere Platte gibt man eine Lage Sauerkraut, darauf die Spätzle, obenauf Sauerkraut. Grieben-, Leber- oder Bratwurst wird nach dem Braten in Scheiben geschnitten, im Kranz auf das Sauerkraut gelegt. Anstatt Wurst kann man auch gekochten Speck nehmen.

Spätzle mit Schinken und Sauerkraut

Schinkenwürfel oder Wurstscheiben, Sauerkraut, saurer Rahm, Ei, Butter, Brotbrösel, geriebener Käse

Leicht angebratene Schinkenwürfel oder dünne Wurstscheiben werden unter ein Gemisch von Spätzle und gekochtem Sauerkraut gemengt. Man gibt sauren Rahm und ein Ei dazu, um den Auflauf feucht zu erhalten. Das Ganze wird in eine gebutterte Form gefüllt, mit Brotbrösel oder geriebenem Käse bestreut und mit einigen Stückchen Butter belegt und im heißen Ofen überkrustet.

Speckkartoffeln

1 kg rohe Kartoffeln, 100 g Speck, Zwiebel, 20 g Fett, 20 g Mehl, Pfeffer, Salz, 1/2 l Brühe, Petersilie

Den Speck in kleine Würfel schneiden, in Fett mit Zwiebel und Mehl leicht andämpfen, die in Würfel geschnittenen Kartoffeln etwas mitdämpfen, mit der Brühe ablöschen. Zugedeckt an der Seite weichdämpfen. Beim Anrichten mit gewiegter Petersilie bestreuen.

Speckkuchen

375 g Mehl, 25 g Hefe, 1 TL Zucker, 1/8 l lauwarme Milch, 40 g Margarine, 1 Ei, 1 TL Salz, 250 g Frühstücksspeck, 2 Zwiebeln, 1 Bund Petersilie, 1 Eigelb, 3 EL Milch

Mehl in eine Schüssel geben. In die Mitte eine Mulde drücken, Hefe hineinbröckeln. Mit Zucker, Milch, etwas Mehl vom Rand zum Vorteig verrühren. Mit einem Tuch abdecken und an einem warmen Platz 15 Minuten gehen lassen. Margarine in Flöckchen, Ei und Salz auf dem Mehlrand verteilen. Alles zu einem glatten Teig rühren. Teig so lange schlagen, bis er Blasen wirft und sich von der Schüssel löst. Nochmals 30 Minuten gehen lassen. Frühstücksspeck und Zwiebeln fein würfeln, Petersilie kleinhacken und alles miteinander vermischen. Teig auf einer bemehlten Fläche zu einem Quadrat von ca. 45 cm Größe ausrollen. 10 Quadrate von 14 cm Größe schneiden. (Das 10. Quadrat aus den Resten bilden). Auf jedes Quadrat in die Mitte einen Eßlöffel Speckzwiebelgemisch geben. Eigelb und Milch verrühren, Teigränder damit bestreichen. Quadrate zu Dreiecken zusammenklappen, dabei die Ränder gut festdrücken. Dreiecke mit dem restlichen Milch-Eigemisch bestreichen. Zugedeckt nochmals 15 Minuten gehen lassen. Auf einem gefetteten Backblech bei mittlerer Hitze 25 Minuten backen.

Speckkuchen, sächsischer

Zum Teig 357 g Mehl, 125 g geschmolzene Butter, stark 1/8 l lauwarme Milch, 30 g Zucker, 25 bis 30 g Hefe, 2 Eidotter, 1/2 TL Salz; zum Überstreuen 125 g kleinwürfelig geschnittener Speck, Kümmel und Zucker

Man mache den Teig wie beim Wickelkuchen, lasse ihn gut aufgehen, drücke ihn in eine flache Kuchenpfanne, forme einen Rand und lasse ihn nochmals aufgehen. Dann bestreue man ihn mit Speck, Kümmel und Zucker und backe ihn bei guter Hitze etwa 3/4 Stunde.

Spinatkuchen

Blätterteig, 1 kg Spinat, 40 g Butter, 40 g Mehl, 1/2 l Sahne, 4 Eier, 1 Zwiebel, 150 g gekochter Schinken, Salz, Pfeffer, Muskat

Spinat verlesen, waschen und kurz dämpfen. Butter erhitzen, Mehl darin unter Rühren durchschwitzen. Sahne zugeben und ca. 5 Minuten einkochen unter Rühren. Vom Herd nehmen und die verquirlten Eier unterrühren. Ein Drittel der Masse zur Seite stellen. Die restliche Masse mit dem abgetropften Spinat, der kleingehackten Zwiebel und dem fein gewürfeltem Schinken verrühren. Herzhaft mit Salz, Pfeffer und Muskat abschmecken. Blätterteig ausrollen und in eine kalt ausgespülte Springform legen. Einen Teigrand überstehen lassen. Teig mehrmals einstechen und die Spinatmischung darübergeben. Den Rest der Sahnemischung würzen und auf dem Spinat verteilen. Bei mittlerer Hitze ca. 35–40 Minuten backen.

Strohkartoffeln

Rohe, geschälte Kartoffeln in lange, feine Streifen schneiden (Streichholzdicke), nicht in Wasser legen. Kurz vor Gebrauch in schwimmendem, heißem Fett backen, mit Salz bestreuen.

Tiroler Brot

400 g Weizenmehl, 200 g Roggenmehl, 40 g Hefe, 1 TL Zucker, 1/4 l lauwarme Milch, 1 Ei, 1 TL Salz, 1/2 TL gestoßener Koriander, 1 EL Leinsamen, Milch zum Bestreichen, 1 EL gehackter Koriander zum Bestreuen

Mehl in eine Schüssel geben. Hefe in die Mitte bröckeln. Mit Zucker und Milch verrühren. 15 Minuten aufgehen lassen. Ei, Salz, Koriander und Leinsamen zum Teig geben. Alles gut durchkneten und kräftig schlagen. Noch mal 15 Minuten gehen lassen. Aus dem Teig mit bemehlten Händen 5 Kugeln formen. Backblech einfetten. Mit Mehl bestreuen. Teigkugeln aufs Blech legen. Zu etwa 1 cm dicken Fladen ausrollen. Nochmals 20 Minuten gehen lassen, dann mit Milch bestreichen und mit Koriander überstreuen. 20 Minuten bei 220 Grad backen.

Tomatenkartoffeln

Wie Rahmkartoffeln, beim Dämpfen 3–4 Eßlöffel Tomatenmark zugeben. Den Rahm weglassen.

Tomatenreis

Den Reis vorrichten wie unter »Reisring« beschrieben, beim Ablöschen 4 Eßlöffel Tomatenmark zugeben. Nach dem Stürzen mit Tomatensauce überziehen.

Tomatenreis, andere Art

250 g blanchierten Reis läßt man ganz langsam in Bouillon weich und dick einkochen. Große, reife Tomaten werden in Scheiben geschnitten und mit ein wenig Bouillon, gehackter Zwiebel und Petersilie weichgedämpft, durchgeschlagen und dann durchgeschwenkt. Diesen Brei vermischt man mit dem Reis und schwenkt zuletzt mit etwas Salz und Fleischextrakt ab.

Türkischer Reis

Man putzt ein junges Huhn, schneidet ihm hierauf Hals und Füße ab, und schneidet es auf. Nun wird ein Viertel Karoliner Reis verlesen und sauber gewaschen, mit siedendem Wasser abgebrüht, der Reis nach einer Viertelstunde in ein Haarsieb geschüttet, damit er sauber abläuft, dann ein Geschirr genommen, das auf den Tisch gegeben werden kann, ein Viertel frische Butter darauf geschnitten, in der Mitte das junge Huhn, und der Reis nebenhingelegt, das nötige Salz darüber gestreut, ein passender Deckel darauf getan, daß ja kein Dampf heraus kann, und das Geschirr auf schwaches Feuer gesetzt, in 3 Viertelstunden ist der Reis fertig. Er muß aber immerfort dämpfen, ohne daß man darin rührt, und der Reis muß ganz bleiben. Eine Porzellan-Platte taugt am besten dazu, es darf aber auch eine Zinnplatte oder Kastrol sein.

Turiner Reis

Nachdem man 220 g guten Reis mit kaltem Wasser überspült und ihn abgetrocknet hat, durchschwenkt man ihn auf dem Feuer mit 60 g Butter und einer geriebenen großen Zwiebel, füllt ihn, wenn er gelb geröstet ist, mit einem Glas Madeira und ⅛ l Fleischbrühe auf, läßt ihn weich dämpfen, gibt noch etliche in Butter gedünstete, kleingeschnittene Trüffel darunter und schmeckt zuletzt mit Pfeffer, Salz und Maggi-Würze ab.

Vegetarisches Hirn

250 g Makkaroni oder breite Nudeln, Salzwasser, 2 hartgekochte Eier, 1–2 rohe Eier, 50 g geriebenen Käse, Salz, Pfeffer, 1 Ei, Weckmehl, Backfett

Die Makkaroni in Stückchen brechen, in kochendes Salzwasser geben, weichkochen, abschrecken, gut abtropfen. Mit den gekochten Eiern durch die Maschine geben, die rohen Eier, Käse, Gewürze zugeben. Man formt runde Küchle, wendet diese in Ei und Weckmehl und bäckt sie, auf der Pfanne, in sehr heißem Fett auf beiden Seiten.

Vogtländer grüne Klöße

10 große Kartoffeln, 2 Tassen Milch, Salz, geröstete Semmelwürfel, 3 große, gekochte Kartoffeln

Etwa zehn große Kartoffeln einer mehligen Sorte reibt man in eine Schüssel mit kaltem Wasser, wo sie mindestens zwei Stunden stehen müssen. Das Wasser ist ab und zu durch frisches zu ersetzen. Drei große, gekochte Kartoffeln werden gerieben, mit zwei Obertassen kochender Milch verrührt und dieser Brei kochendheiß über die sehr trocken ausgepreßte Kartoffelmasse geschüttet. Salzen. Mit nassen Händen werden nun Klöße geformt, man drückt in jeden eine Vertiefung, in die man einige vorher geröstete Semmelwürfel legt, drückt wieder genügend Kartoffelmasse darüber und formt die Klöße rund. Jeden Kloß legt man sofort in kochendes Salzwasser. Vom Zeitpunkt des Aufkochens an müssen die Klöße noch zwanzig Minuten langsam weiterkochen. Sie müssen sofort serviert werden, da sie durch langes Stehen hart werden. Sie sehen nicht so weiß aus wie die Thüringer; wenn sie gut gelungen sind, sind sie hellgrau. Man ißt die Vogtländer Klöße zu allen Braten, am liebsten zu Sauerbraten.
Reste schmecken sehr gut, wenn man die Klöße in Scheiben schneidet und in Fett schön hellgelb brät.

Wasserschnitten

Diese sättigende und reizvolle Mehlspeise gilt als echte Schwarzwälder Besonderheit: In Scheiben geschnittene trockene Brötchen werden mit etwas Milch angefeuchtet und stückweise in einen Spätzleteig eingelegt. Sie werden dann in kochendem Salzwasser gekocht und anschließend gut gebuttert.

Weißbrot

1000 g Mehl, 40 g Hefe, 1 TL Zucker, 1/2 l Milch, 40 g Butter, Salz

Aus Mehl, Hefe und etwas lauwarmer Milch bereitet man einen Vorteig, den man, mit Zucker bestreut, 30 Minuten aufgehen läßt. Dann gibt man die restliche Milch, Butter und Salz dazu und schlägt den Teig kräftig, bis er sich von der Schüssel löst und Blasen wirft. An einem warmen Ort läßt man ihn noch einmal 30 Minuten aufgehen. Dann formt man ein längliches Brot daraus, kerbt es mit dem Messerrücken schräg ein und läßt es auf einem gefetteten Blech mit einem Tuch bedeckt abermals 20 Minuten gehen. Man bäckt das Weißbrot bei mittlerer Hitze etwa 55 bis 60 Minuten und bestreicht es nach dem Backen sofort mit etwas kalter Milch.

Weißbrot, leichtes

500 g feines Weizenmehl wird mit 2 Eiern, 100 g frischer Butter, 50 g klarem Zucker, 15 g Backpulver, 1/3 l kalter, süßer Milch, reichlich 1 Teelöffel Kardamon und einer Prise Salz tüchtig verarbeitet und zu einem lockeren Teig geknetet, aus dem man auf einem mehlbestreuten Brett mit mehlbestäubten Händen ein längliches Brot formt. Auf einem mit Speckschwarten gut abgeriebenen Blech wird das Brot, welches man mit Wasser auf der oberen Seite bestreicht, in der Röhre während einer Stunde bei mittlerer Hitze ausgebacken.

Wiener-Nudeln

Von 2 Eiern verfertigt man einen Nudelteig, schneidet sie ganz fein, kocht dann von anderthalb Schoppen süßem Rahm einen Kindsbrei, nimmt das Gelbe von 4 Eiern, 2 Hände voll gesiebten Zucker und ein halbes Lot gestoßenen Zimt in eine Schüssel, rührt den gekochten Kindsbrei daran, läßt das Mus erkalten, bestreicht ein Aufzugblech oder Kastrol fingerdick mit Butter, streut von den geschnittenen Nudeln einen halben fingerdick hinein, gibt von dem gekochten Brei darüber, wieder halb fingerdick Nudeln darauf, bis beide Stücke zu

Ende sind, die Nudeln kommen zuletzt, gießt sodann ein Viertel zerlassene Butter darüber, backt sie stark auf Feuer oder im Backofen, und trägt sie in dem Aufzugblech oder in einer Schüssel auf.

Zerzauste Nocken

300 g Kartoffeln, 200 g Mehl, 1 Glas Milch, 1 Ei, Salz, 150 g geräucherten Speck, 250 g Sauerkraut

Kartoffeln reiben, mit Mehl, Milch und Ei mischen, salzen, gut verrühren. Mit dem Messer viele kleine »Nocken« abstechen und in Salzwasser kochen. Dann Wasser abgießen.
Den Speck in kleine Würfel schneiden und in Schmalz braten, Sauerkraut erhitzen. Dann die »Nocken« mit Speck und Sauerkraut mischen.

Zwetschgenknödel

1 Pfund durchgepreßte Salzkartoffeln mit 65 g Butter und 2 Eiern vermengen und kalt stellen. Dann mit 175 g Mehl und 35 g Kartoffelmehl vermengen. Pflaumen mit einem in Rum getränkten Würfelzukker füllen, in Teig einhüllen und sofort in kochendem Salzwasser 20 Minuten ziehen lassen.
Die Knödel werden mit etwas brauner Butter, Zucker und Zimt angerichtet.

Zwetschgenknödel, bayerische

500 g gekochte, ausgekühlte Kartoffeln, Salz, 1 Ei, 50 g Mehl, 8 entsteinte Zwetschgen, 8 Zuckerwürfel, 50 g Butter, Semmelbrösel, Zucker, Zimt

Aus den durchgepreßten Kartoffeln, dem Mehl und Ei wird ein Teig gearbeitet, der ca. 1 cm dick ausgerollt wird. Man schneidet 8 viereckige Teigplatten aus und legt je eine mit einem Zuckerwürfel gefüllte Zwetschge darauf. Knödel formen und in kochendem Salzwasser ca. 15 Minuten garziehen lassen.
Man röstet die Semmelbrösel in der Butter goldgelb und gibt zum Schluß Zucker und Zimt nach Belieben dazu. Damit werden die abgetropften Zwetschgenknödel übergossen.

Zwiebelbrot

250 g Weizenmehl, 250 g Roggenvollkornmehl, 125 g Weizenkeime, 40 g Hefe, 1/4 l lauwarmes Wasser, 3 Zwiebeln, 50 g Butter, Salz, Milch zum Bestreichen

Mehl und Weizenkeime in einer Schüssel mischen. In die Mitte eine Mulde drücken. Hefe reinbröckeln und mit dem Wasser verrühren. 15 Minuten gehen lassen.
Zwiebeln schälen, hacken. Fett in einer Pfanne erhitzen. Zwiebeln drin rösten. Erkalten lassen. Mit Salz in den Teig kneten. Wieder gehen lassen. Einen kastenbrotähnlichen Laib formen. Ein Backblech mit Alufolie belegen. Laib draufsetzen. 30 Minuten gehen lassen. Mit Milch bestreichen und 80 Minuten bei 180 Grad backen.

Zwiebelkuchen I

Von 560 g Mehl, 70 g zerlassener Butter, einem Ei, etwas Salz, zwei Eßlöffel Hefe und 3/8 l Milch wird ein Teig angemacht, dieser gut abgeschlagen, dann auf dem Nudelbrett glatt gearbeitet, und zu einem Laib geformt, welchen man an einem warmen Ort um die Hälfte höher werden läßt. Unterdes schneidet man zwei aufgehäufte Teller voll Zwiebeln ganz fein, dämpft solche ein wenig in 140 g kleingeschnittenem Speck, und nimmt sie sodann in eine Schüssel, um sie hier mit 1/8 l saurem Rahm, sechs Eiern, einem Eßlöffel Kümmel und dem nötigen Salz anzurühren. (Falls der Speck *gesalzen*, ist nur ganz wenig anderes Salz noch nötig.) Der aufgegangene Teig wird nun halbfingerdick ausgewargelt, und ein butterbestrichenes Back- oder Kuchenblech damit ausgelegt, dies kann an einen warmen Ort gebracht, damit der Teig nochmals etwas aufgehe, hernach die angerührte Zwiebelmasse auf letzteren gegeben, solche glattgestrichen, so daß der Teig gut fingerdick bedeckt ist und der Kuchen in gutem Ofen gebacken. – Wird ein *Backblech* hierbei verwendet, so muß man den Rand des Teiges *aufbiegen*, weil sonst das Daraufgegebene herunterlaufen würde.

Zwiebelkuchen II

Mürbteig gesalzen, 1 kg Zwiebel, 50 g Butter, 60 g Speck, 3–4 Eier, 1/4 l sauren Rahm, Salz, Kümmel, 50 g Mehl

Die vorgerichtete Form mit dem Teig belegen. Die Zwiebeln fein schneiden, in der Butter weichdämpfen (dürfen nicht gelb werden), abkühlen lassen. Dann gibt man die anderen Zutaten zu, füllt die Masse auf den Boden, gibt obenauf die Speckwürfel und backt den Kuchen 1/2–3/4 Stunden.

Zwiebelkuchen, andere Art

Blätterteig, 1½ Pfund Zwiebeln, 200 g Schinkenspeck, 4 Eier, ¼ l süße Sahne, 300 g Allgäuer Emmentaler

Mit dem Blätterteig Springform auslegen. Zwiebeln in Scheiben schneiden und den Schinkenspeck in Würfel schneiden. Beides zusammen andünsten und dann auf den Teig legen.
Sahne, Eier, kleingeschnittener Käse verquirlen und über Zwiebel und Speck gießen.
Im Backofen bei 200° 25–30 Min. aufgehen lassen.

Zwiebelkuchen, schwäbischer

Teig: 125 g Mehl, 30 g Hefe, 350 g Mehl, 2 Eier, 125 g Butter oder Margarine, Salz, etwas Milch
Belag: 2000–2500 g Zwiebeln, Butter, Mehl, Milch, 2 Eier, Speck, Kümmel
Guß:3 Eigelb, ¼ l Sahne, Salz

Der schwäbische Zwiebelkuchen, der warm gegessen wird, schmeckt am besten in fröhlicher Runde. Das folgende Rezept ist deshalb für 12 bis 15 Personen berechnet.
Aus Mehl und 30 g Hefe, die man in lauwarmem Wasser aufgelöst hat, macht man einen Vorteig, der, nachdem er um das Doppelte aufgegangen ist, weiter verarbeitet wird mit Mehl, 2 Eiern, Butter oder Margarine, 1 Prise Salz und etwas Milch.
Der Teig wird ausgewellt und auf ein gefettetes Blech gelegt.
Die Zwiebeln werden in Scheiben geschnitten und in Butter goldgelb gedünstet. Man bindet mit Mehl, Milch und 2 verklepperten Eiern. Die Masse wird auf dem Teig verteilt und gewürfelter Speck und Kümmel darüber gestreut. Vor Ende der Garzeit gibt man folgenden Guß auf den Kuchen: 3 Eigelb, ¼ l Rahm und eine Prise Salz. Man schiebt den Zwiebelkuchen wieder ins Rohr und läßt den Guß fest werden.
Zum Zwiebelkuchen gehört unbedingt neuer Wein.
Nach demselben Rezept backen die Franken ihren »Plootz« auf runden Blechen. Dazu trinken sie den noch in Gärung befindlichen, frischen Traubenmost, genannt Federweißer oder Bremser.

Zwiebelkrapfen

Blätterteig von 250 g Mehl, 1 Ei zum Streichen. –
Fülle: 250 g Zwiebel, 30 g Butter, Salz, Kümmel, 1 Ei

Die fein geschnittenen Zwiebeln in der Butter weichdämpfen (dürfen keine Farbe bekommen), zuletzt das Ei zugeben, etwas mitdämpfen, bis das Ei fest geworden ist, die Gewürze zugeben, erkalten lassen. Die Krapfen fertigmachen wie Fleischkrapfen.

Inhaltsverzeichnis

D

E

F

G

H

L

M

N

P

OMA'S
Koch & Back Bibliothek

OMA'S Koch & Back Bibliothek

Kalb
Lamm

Weltbild Verlag

Genehmigte Lizenausgabe für
Weltbild Verlag GmbH, Augsburg 1993

Einbandgestaltung: Peter Engel, München
Gesamtherstellung: Presse-Druck Augsburg
Printed in Germany

ISBN 3-89350-196-7

VORWORT

Die vorliegende Rezeptsammlung wurde aus einer der größten Privatsammlungen von Kochbüchern des 17. bis 19. Jahrhunderts zusammengestellt und sprachlich behutsam dem heutigen Gebrauch angepaßt.
Um eine auch in modernen Zeiten nachvollziehbare Kochbarkeit zu ermöglichen, bildet Bauers Kochbuch, das zuletzt in den 70er Jahren mit einer Auflage von weit über 100000 Exemplaren erschienen ist, die Grundlage unserer Koch- und Backbibliothek.
Die Rezepte wurden von der Autorin und der Hauswirtschaftsfachschule Stuttgart aus alten Überlieferungen gesammelt und nachgekocht.
Im Anhang findet sich am Schluß eines jeden Bandes ein alphabetisches Register.

Allgemeine Regeln und Hinweise für die Zubreitung und Haltbarmachung von Fleisch

Beim Einkauf achte man darauf, daß man Fleisch gutgenährter Tiere bekommt, daß das Fleisch nicht zu frisch, sondern gut abgelagert ist. Das Fleisch wird rasch gewaschen, abgetrocknet, geklopft, damit die Fasern gelockert werden. Kleine Fleischstücke, wie Kotelett, Schnitzel, werden nicht gewaschen, sondern mit einem Tuch abgerieben, oder mit einem Messer leicht abgeschabt. Fleisch darf erst kurz vor der Zubereitung gesalzen, ebenso in Ei und Weckmehl gedreht werden, da beides den Saft auszieht. Fleisch darf nicht auf Holz gelegt werden, da dies ebenfalls Saft anzieht. Das Fleisch gibt man beim Zusetzen nur in kochende Flüssigkeit oder in sehr heißes Fett, damit sich die Poren schnell schließen und der Saft nicht austreten kann. Zu einem Braten wird die Zwiebel in 2–4 Stücke geschnitten, die letzte Schale bleibt, damit die Sauce eine schönere Farbe bekommt. Die Zwiebel gibt man erst zu, wenn der Braten auf einer Seite Farbe hat und gedreht ist. Zum Ablöschen nimmt man heißes Wasser oder Fleischbrühe, schüttet die Brühe nicht über den Braten, da die Farbe abgespült wird, und gibt nicht zuviel Flüssigkeit zu. Im Backofen wird das Fleisch mit der Sauce öfter begossen, damit es nicht austrocknet. Auf dem Herd wird das Fleisch zugedeckt. Die Bratensauce wird geseiht, wenn nötig abgefettet. Will man die Sauce dicker haben, gibt man mit der Zwiebel 1 Eßlöffel Mehl zu, oder man rührt 1 Teelöffel Stärkemehl mit Wasser an, gibt dies in die fertige, geseihte, kochende Sauce und kocht es auf. Das Fleisch von alten Tieren verwendet man zum Kochen, dasselbe gibt eine gute Brühe, will man diese besonders gut haben, setzt man das Fleisch mit kaltem Wasser zu. Gekochtes und gebratenes Fleisch muß einige Minuten verkühlen, bevor es aufgeschnitten wird, damit der Saft zum Stocken kommt und nicht ausläuft. Beim Aufschneiden die Fleischfaser quer durchschneiden. Wird der Braten in der Kasserolle zubereitet, legt man, um das Anbrennen zu verhüten, die Knochen unter das Fleisch.

Ausbeinen der Kalbsbrust

Es werden die Rippen unter den Knorpeln quer überschnitten, und mit einem spitzigen Messer die Haut über ersteren der Länge nach durchgeschnitten, worauf man die Brust auf das Ende der Rippen stellt, die Brustknorpeln rückwärts drückt, und die Rippen, welche sich von selbst herausschieben, vollends herauszieht. Dann wird die Brust, nämlich der sogenannte Deckel, zwischen den Rippen und dem dicken Fleischigen der Länge nach durchgelöst, und mit der Hand derart nachgeholfen, daß eine weite Öffnung und Höhlung entsteht, in welche hernach die Fülle kommt.

Ausbeinen des Kalbsschlegels

Der Schlegel wird zwischen dem unteren Stotzen (der sogenannten Nuß) der Länge nach aufgeschnitten, das Rohrbein bis zum ersten Gelenk ausgelöst, das Knie abgehauen und handbreit das Fleisch vom Rohrbein rundum abgeschnitten. So hergerichtet kann er gefüllt, oder auf jede beliebige andere Art zubereitet werden.

Ausbeinen des Schweinskopfes

Der rein geputzte Schweinskopf wird auf die Hirnschale gelegt, unten bei der Kinnlade vom Halse nach dem Rüssel hin genau in der Mitte aufgeschnitten, und rund um sein Knochengestell behutsam, so daß es kein Loch gibt, losgelöst. Bei der Stirn, wo die Haut ganz flach auf dem Knochen liegt, muß beim Ablösen derselben mit einem feinen Messerchen nachgeholfen werden, damit kein Loch entsteht; sollte es trotzdem eines geben, so muß man solches, bevor der Kopf gefüllt wird, zunähen. Das an den Knochen noch befindliche Fleisch wird abgelöst und zur Farce verwendet.
In gleicher Weise wird der *Kalbskopf* ausgebeint.

Besondere Merkmale der verschiedenen Fleischarten

Oft kann man die Güte des Fleisches an der Farbe erkennen; es gelten folgende Regeln dafür:
Rindfleich muß eine frische rote Farbe haben; das Fett muß fest und gelblich-weiß sein. Kalbfleisch soll mehr blaßrötlich sesin, es muß aber fett und kernig sein. Hammelfleisch muß hellrot aussehen, darf aber keine fahle Farben haben, sein Fett muß weiß und fest sein. Schweinefleisch soll ebenfalls hellrot sein, die Schwarte sei dünn und nicht zu dunkel.

Braten auf dem Rost und Grill

Unter Rost- und Grillbraten versteht man Fleisch, das auf dem Rost oder Grill mit starker Oberhitze gebraten wird. Dazu eignet sich am besten der Gasherd. Die direkte Oberhitze schließt sofort die Poren, wodurch der Saft unbedingt erhalten bleibt. Da beim Grillen kein Fett benötigt wird, ist das Fleisch bekömmlicher und die Zubereitung sparsamer. Das Fleisch muß gut abgelagert sein, frisch geschlachtetes Fleisch bleibt zäh. Das Fleisch wird trocken auf den ebenfalls trockenen heißen Rost gelegt, je nach Dicke des Stückes, möglichst hoch in den Ofen gestellt, mit voller Flamme etwa 10–15 Minuten bestrahlt, wobei es sich bräunt, dann umdrehen (nicht mit der Gabel einstechen), nachdem die zweite Seite gebräunt, stellt man die Schüssel etwas tiefer und dreht die Flamme kleiner. Der Braten wird um so besser, je milder die Bratezeit verläuft. Bei voller Flamme würde die Kruste zu hart werden. Nachdem das Fleisch auf beiden Seiten gebräunt, gießt man etwas Wasser über das Fleisch, damit sich eine Sauce bildet. Fettes Fleisch, wie Schweinefleisch, Gänsebraten, wird schon, nachdem die erste Seite gebräunt, übergossen, da das abgetropfte Fett in der Schüssel verbrennen würde. Die Bratezeit richtet sich nach der Dicke des Stückes; dicke Stücke brauchen länger wie dünne. Fertiggebratenes Fleisch muß sich fest, nicht schwammig anfühlen. Man rechnet durchschnittlich ⅔ der gewöhnlichen Bratezeit. Eine Gans von 5 kg braucht etwa 2 Stunden. Roastbeef, mitteldick, 2 kg, 40 Minuten. Größere Knochen werden vor dem Braten ausgelöst. Nach Belieben kann man Zwiebel, Tomaten, Knochen mit in die Schüssel geben, auch kann man über mageres Fleisch nach dem Bräunen eine dünne Speckscheibe legen, nicht spicken, da der Saft ausläuft (auch Wild nicht spicken). Das Braten auf dem Rost bleibt sich für alle Fleischarten ziemlich gleich.

Einbeizung

Das zum Einbeizen bestimmte Fleisch wird mit nur wenigem Salz eingerieben, und kleinere Stücke in ein steinernes oder irdenes Geschirr gelegt, große in eine Kufe. Dann werden auf ungefähr 3 kg einige in Scheiben geschnittene Zwiebeln, etliche verschnittene gelbe Rüben, eine halbe Selleriewurzel, mehrere Lorbeerblätter, einige fein abgeschälte Zitronenschalen, sechs bis acht Gewürznelken, ebensoviel Pfefferkörner, ein Sträußchen Estragon und nach Belieben eine oder zwei zerdrückte Knoblauchzehen, und, was sehr gut ist, ein Zweiglein frisches Tannenreis dazugegeben, und das Ganze mit gutem Weinessig derartig übergossen, daß solcher bis an die Oberfläche des Fleisches geht. Nun deckt man ein Brettchen darüber, beschwert dies, damit das Fleisch niedergedrückt wird, und kehrt letzteres täglich um. In einigen Tagen ist es verwendbar.
Eine sehr gute, *feinere Beize* ist auch folgende: Einige Zwiebeln, eine verschnittene gelbe Rübe, ein Stengelchen Lauch, einige Zitronenschalen und Lorbeerblätter, zerdrückte Wacholderbeeren, klein wenig Muskatblüte, eine Messerspitze Kardamomen und ebensoviel Nelken werden in dem erforderlichen Quantum halb Wein halb Essig gesotten. Diese Beize läßt man dann einige Zeit stehen und schüttet sie lauwarm über das Fleisch. – Man verwendet sie besonders gern für Wildbret.

Luftspeck. Spickspeck

Es wird von einem nicht zu fetten Schwein die ganze Speckseite abgelöst, ohne irgend Fleisch daran zu lassen, dann der Speck ganz stark mit Salz, worunter 10 g Salpeter ist, eingerieben, und so die Speckseite ein bis zwei Stunden liegen gelassen, hernach wird sie in ein Tuch eingeschlagen, zwischen zwei Bretter gelegt, und an einem kalten Ort drei bis vier Wochen aufbewahrt, nach welcher Zeit man dieselbe an einem tockenen luftigen Ort, im Sommer, wo möglich, in einer nicht zu warmen Kammer, wo Luft durchzieht, aufhängt. – Dieser Speck ist weitaus dem geräucherten beim Spicken vorzuziehen.

Nicht ganz frisches Fleisch zu verbessern

Es werden drei Körnchen doppelt übermangansaures Kali (in der Apotheke zu bekommen) in frisches Wasser getan und darin gelassen bis das Wasser rosa gefärbt ist. Darin wird das Fleisch gewaschen, und verliert dadurch den unangenehmen Geruch. – Sehr gut ist auch, beim Sieden eine Holzkohle glühend einzuwerfen und mitzukochen.

Rauchfleisch

Das einzusalzende Fleisch muß vor allem frisch geschlachtet und völlig ausgekühlt sein. Man reibt es von allen Seiten mit Salz und etwas Salpeter gut ein und rechnet dabei auf 25 kg Fleisch 2 kg Salz und 90 g Salpeter. Nun wird der Boden des Geschirrs, worin das Fleisch kommt, mit Salz bestreut, das Fleisch dann dicht hineingelegt, so daß inzwischen kein leerer Raum bleibt (zu welchem Zweck man die großen Stücke immer unten hinlegt und mit den kleineren die leeren Zwischenräume ausfüllt) und hernach das Ganze mit Salz bestreut, mit Brettern bedeckt und gut beschwert. Nach einigen Tagen wird nachgesehen, ob das Fleisch Brühe gezogen hat, ist dies nicht der Fall, so wird von 2 l Wasser und 560 g Salz ein Salzwasser gekocht, solches ganz erkaltet über das Fleisch gegossen, und letzteres noch mehr beschwert, denn es muß von seiner Brühe überdeckt sein und darf durchaus nicht trocken liegen. Ein Schinken von 7–9 kg Schwere oder ein Brustkern braucht vier Wochen Zeit, bis er gehörig durchsalzen ist, größere Stücke noch länger; kleine sind in zehn bis zwölf Tagen schon gut. Sollte das Fleisch länger in seiner Brühe liegen müssen, als notwendig ist, so muß beim Kochen das Wasser einmal abgegossen und durch frisches ersetzt werden, um dem Fleisch seine zu große Schärfe zu nehmen. Beim Einsalzen streuen manche auch verschiedene Gewürze, wie Lorbeerblätter, Thymian, Zwiebeln, Knoblauch, Nelken, Pfeffer und Wacholderbeeren dazwischen, was jedoch nicht sehr ratsam ist, das das Fleisch dadurch zwar einen angenehmen Geschmack erhält, die Brühe aber leicht verdirbt. Das zum Räuchern bestimmte Fleisch wird alsdann aus der Brühe genommen, mit starkem Bindfaden durchzogen und im gewöhnlichen Kamin oder in einer dazu bestimmten Rauchkammer nicht zu nahe aneinander aufgehängt. Der beste Rauch ist der von Wacholderreis. Kleinere Stücke dürfen nicht länger als vier bis fünf Tage im Rauch hängen. Ein mittelgroßer Schinken ist in zwei bis drei Wochen fertig, wenn ununterbrochen geräuchert wird;

er soll dann etwas fest sein. – Das geräucherte Fleisch kann man in Holzasche stecken, oder an einem trockenen Ort aufhängen. Man hüte sich vor *zu starkem* Räuchern; es wird dadurch das Fleisch rauh und bekommt einen unangenehmen Beigeschmack.

Rauchgeschmack

Das Fleisch wird wie gewöhnlich eingesalzen, dann abgewischt und ringsum mit brenzliger Holzsäure (Essenz, welche einen Rauchgeschmack bewirkt) bepinselt, in der Luft angetrocknet, und dies Verfahren bis zu dreimal wiederholt. Würste bedürfen nur eines einmaligen Überstreichens. Darauf wird das Fleisch an einem luftigen Ort aufgehängt, kann sofort gebraucht werden und hält sich recht gut, jedoch hat das Räuchern, sowie auch das Einreiben mit Holzkohlen den Vorzug. – Man verwechsle die Holzsäure nicht mit Holzessig.

Salzfleisch

Hierzu dient jedes beliebige Stück Ochsenfleisch, dann Zungen und Schweinefleisch, welch' letzteres man nach Belieben abfetten kann. Alles muß ganz rein und frisch, jedoch völlig erkaltet sein. Das Fleisch wird mit Salz und wenig Salpeter, auch feinverwiegten Kräutern, als Lorbeerblättern, Salbei, abgestreiftem Majoran, Thymian, Basilikum, Zitronenkraut, Zwiebeln, Knoblauch, Nelken, Pfeffer und Wacholderbeeren, von allen Seiten eingerieben, dann dicht in ein Geschirr eingelegt, mit Salz bestreut, beschwert und im weiteren nach voriger Art behandelt, doch muß man es alle zwei Tage umkehren. Ist es gehörig durchsalzen, so wird es aus der Brühe genommen, in Wasser, worin man gewöhnlich ein Glas Essig gießt, abgekocht und warm oder kalt serviert.

Salzfleisch, andere Art

Auf 30 Kilo Fleisch wird 2½ Kilo Salz, worin 18 g feinzerstoßener Salpeter gemengt ist, eine Handvoll abgestreifter Rosmarin, ebensoviel Lorbeerblätter und 30 g gestoßene Nelken gerechnet. Nachdem Fleisch mit diesem Salz gut eingerieben, wird es in eine Kufe, die am Boden mit einem durch einen Zapfen verschließbaren Loch versehen ist, eingelegt und zwischen jede Lage Fleisch etwas Gewürz und von den Kräutern eingestreut, das Ganze mit einem passenden Deckel bedeckt und gut beschwert. Die Brühe, welche sich hierbei am Boden sammelt, zapft man von Tag zu Tag ab, und gießt sie wieder über das Fleisch, es dabei wenigstens alle zwei Tage umwendend. Den hierbei abgenommenen beschwerten Deckel deckt man immer sorgfältig wieder darauf. Nach vierzehn Tagen bis drei Wochen sind die kleineren Stücke gut, allenfalls dabei befindliche Schinken brauchen vier Wochen. Geräuchert wird das Fleisch dann wie jedes andere Rauchfleisch.

Salzfleisch, holländische Art

Man kocht 3 kg Kochsalz, 500 g Zucker, 100 g Salpeter und 10 l Wasser auf dem Feuer auf, und stellt es dann zu gänzlichem Erkalten bei Seite. Nun wird 20–30 kg von den gröbsten Beinen befreites Rind- oder Schweinefleisch in eine reine Fleischkufe so dicht wie möglich eingelegt, hier mit der kalten Brühe überschüttet, mit einem passenden Brett bedeckt und beschwert, und so vierzehn Tage liegen gelassen; doch muß es von Tag zu Tag umgewendet werden, und gänzlich von der Brühe abgespült sein. Alsdann kann man das Fleisch in Wasser mit einem kleinen Büschelchen gutem Heu oder einem Bündelchen Heublumen abkochen, und warm oder kalt genießen. – Soll es *geräuchert* werden, so ist das Beste, es mit Wachholderholz zu räuchern. Man gibt dann nur acht, daß es in nicht zu warmen Rauch kommt, weil es dadurch seinen Saft verliert und hart wird. Zu warm ist der Rauch, wenn das Fett an dem Fleisch zu schmelzen beginnt, und muß man in diesem Fall letzteres höher hängen, damit der Rauch etwas kälter an dasselbe kommt.

Sauerbraten beim Einschlachten

Hat man Sauerbraten zum Aufbewahren einschneiden lassen, so halten sich diese besonders gut, wenn man sie einige Minuten lang in das kochende Nierenfett legt, dann auf einer Schüssel kalt werden läßt und sie darauf in einem steinernen Topf mit Essig bedeckt.
Die Fettdecke hält das Fleisch lange frisch und läßt auch nicht so viel Säure eindringen.
Zu Sauerbraten ist scharfer Bieressig jedem anderen Essig vorzuziehen.

Sauerbraten beim Einschlachten, ein halbes Jahr lang aufzubewahren

Hierzu werden diejenigen Stücke genommen, die sich zu Braten eignen, und solche etwas gesalzen. Nach Verlauf von 2 bis 3 Tagen setzt man sie in einem großen Topf mit halb Weinessig, halb Rollenbrühe reichlich bedeckt aufs Feuer, schäumt sie gut ab und gibt einige Lorbeerblätter, grobgestoßene Pfefferkörner und Nelken hinzu. Nach einer Stunde Kochens legt man sie in große, gut gewärmte Steintöpfe oder in ein recht sauberes Fäßchen, nimmt das Fett von der Brühe, weil dies wie Butter zum Kochen der Gemüse gebraucht werden kann, und gießt die Brühe über das Fleisch, welches völlig damit bedeckt sein muß. Wenn solches ganz kalt geworden ist, schmilzt man es mit gutem Rinderfett 2½ cm hoch zu. Beim Herausnehmen eines jeden Stückes muß das Fett geschmolzen und das Fleisch wieder damit bedeckt werden.
Beim Gebrauch wird der Sauerbraten wie gewöhnlich zubereitet, doch gibt man, nachdem er gelb gebraten ist, einige Löffelchen von der Brühe, in welcher er gelegen hat, sowie eine Tasse Sahne hinzu und läßt ihn nur 1 Stunde schmoren.

Schweinefleisch, zum Räuchern einzupökeln

Auf 50 kg Fleisch (Schinken, Schulterstücke, halbe Köpfe, Speckseiten und Kleinigkeiten) rechne man 2½ kg geriebenes Salz und 50 g Salpeter. (Zu einem einzelnen Schinken von 10 kg kann 500 g Salz und 15 g Salpeter genommen werden.) Man bestreue den Boden des Fasses dünn mit Salz, reibe die Speckseiten gehörig damit ein und vermische dann das übrige Salz mit dem Salpeter. Hiermit reibe man nun die Schinken so stark ein, daß sie kein Salz mehr aufnehmen, auch die übrigen Stücke, lege die Schinken unten ins Faß, fülle jeden Raum, auch den kleinsten, mit kleinen Stückchen Fleisch oder Knochen aus und packe alles so, daß es fest ineinander schließt, streue das übriggebliebene Salz lagenweise auf das Fleisch und lege die Seiten, auch mit Salz bestreut, oben auf. Von diesem festen Zusammenpacken hängt viel der reine Geschmack des Fleisches ab. Auch ist hierbei zu bemerken, daß es zum Erhalten des Fleisches besser ist, den auf der Fleischseite hervorstehenden Knochen *nicht* abzusägen; es kann dies, falls der Schinken zum Kochen bestimmt ist, vor dem Gebrauch geschehen. Ebenso ist es zu raten, das Fleisch nicht vom Knochen los zu machen, um die Lücke mit Pfeffer und Salz zu füllen, wie es häufig geschieht. Über die Zeitdauer des Einpökelns ist man verschiedener Ansicht. Meiner Erfahrung nach können 14 Tage angenommen werden; aufmerksame und erfahrene Ökonomen halten es für besser, das Fleisch nicht über 8 Tage in dem Pökel liegen zu lassen. Man hänge es danach zum Räuchern an einen luftigen Ort und räuchere womöglich mit Wacholder, wozu man auf folgende Weise leicht eine Einrichtung treffen kann: Es wird an den Ort, wo geräuchert werden soll, ein alter Ofen ohne Deckel und Röhre hingestellt, mit einigen Wacholderzweigen gefüllt, die angezündet werden. Dies wird wenigstens 8 Tage täglich wiederholt, während auch dem Fleisch durch Öffnen des Fensters häufig Luft gegeben werden muß, weil nicht Rauch allein, sondern Rauch mit Luft verbunden dem Fleisch einen guten Geschmack gibt.

Vom Spicken

Zweck des Spickens ist, ein hübsches Aussehen zu geben und das Fleisch saftiger und wohlschmeckender zu machen. Um zweckentsprechend zu spicken, bedarf man einer Spicknadel von Messing oder Stahl und schönen weißen geräucherten Specks, der etwas zäh sein soll, damit er beim Durchziehen durch das Fleisch nicht zerreißt. Ist er dreifingerbreit in beliebiger Länge abgeschnitten, macht man in ihn mit einem scharfen, dünnen Messer der Länge nach, in entsprechender Entfernung voneinander, zwei messerrückentiefe Einschnitte, setzt das Messer nun am einen Ende des Specks so tief an, als die Einschnitte sind und fährt mit demselben durch den ganzen Speck, so daß man gleich dicke längliche Streifchen herunterbringt, welche sich in die Spicknadel einschieben lassen. Diese Manipulation wird so oft wiederholt, bis der Speck bis auf die Schwarte verschnitten ist, wo man ihn dann mit Salz überstreut und vermengt, was bewirkt, daß er fest bleibt. Auf einem zu spickenden größeren Stück Fleisch, z.B. von einem Hirsch, Reh etc. werden nun mit einem Messer drei gerade Linien gezogen, oder gleichsam vorgezeichnet, zwischen welchen man zwei Reihen Speck durchzieht und auf diese Art das ganze Stück spickt. Bei Fasanen, Kalbsmilchlein, jungen Hasen usw. muß der Speck feiner und schmäler geschnitten werden, und ist dann auch eine feinere Spicknadel nötig.

Trockene Beize

Eine Handvoll abgestreifte Petersilie, ein Sträußchen Thymian, eine zerdrückte Knoblauchzehe, eine verschnittene Zwiebel, einige Nelken und eine Messerspitze womöglich *weißer* Pfeffer wird in einer Schüssel untereinandergemengt. Nun legt man das zum Beizen Bestimmte (Fleisch, Leber, Geflügel, Kalbsmilchlein) auf die Hälfte dieser Kräuter, gibt die andere Hälfte darüber, und stellt das Ganze, mit einem Deckel bedeckt, an einen kühlen Ort. Nach acht bis zwölf Stunden ist das Dazwischengelegte gebeizt und verwendbar, und man bereitet daraus dann Ragouts, Pasteten u.dgl.

Cordon bleu

4 Kalbsschnitzel, Salz, Pfeffer, 4 Scheiben roher Schinken, 4 Scheiben Emmentaler Käse, 1 EL Mehl, 2 Eier, 4 EL Semmelbrösel, 50 g Fett

Die Schnitzel breit drücken, salzen, pfeffern und mit je 1 Scheibe Schinken und Emmentaler Käse belegen. Das Schnitzel zur Hälfte zusammenklappen und mit Stäbchen zusammenstecken. Die Schnitzel in Mehl, verquirltem Ei und zuletzt in Semmelbröseln wenden. Danach im heißen Fett auf beiden Seiten ca. 10 Minuten goldbraun braten.

Eingeschnittener Braten, wie frischer

Den in Scheiben geschnittenen Braten legt man in eine abgenutzte tiefe porzellanene Schüssel, gibt die Bratensauce mit Fett darüber hin und nötigenfalls auch etwas Salz. Dann deckt man die Schüssel fest zu und stellt sie in einen heißen Ofen oder über kochendes Wasser. Je nach der Hitze gehört zum Heißwerden ½ bis 1 Stunde. Das Fleisch muß unterdes oft mit der Sauce begossen werden, darf aber nicht kochen.

Fleisch-Klöße

Auf eine Platte für 6 Personen nimmt man 2 Pfund Kalbfleisch vom Schlegel oder Bug, schält das Häutige davon, schneidet das Fleisch zu kleinen Bröcklein, hackt 4 Lot Mark, ein wenig Petersilie, eine Zwiebel, ein Stücklein Zitronenschale zusammen klein, weicht 2 Weißbrote oder Kreuzerwecken in Wasser ein, nimmt das Gehackte in eine Schüssel, drückt den eingeweichten Wecken fest dazu aus, gibt Salz und Muskat daran, macht es wohl untereinander, rührt es mit 5 bis 6 Eiern, und legt runde Klösse in Fleischbrühe ein. Wenn sie fertig sind, wird eine dünne Butter-Sauce daran gemacht, oder nur das Gelbe von 3 Eiern mit etwas Fleischbrühe abgezogen und über die Klöße angerichtet.

Fleisch-Klöße, andere Art

Man häutet ein Pfund Kalbfleisch, schneidet es klein, nimmt 4 Lot frisches Nieren-Fett, 4 gebackene oder verrührte Eier, ein wenig Petersilie, ein wenig Thymian oder Majoran, eine klein geschnittene Zwiebel, und hackt dieses zusammen klein, weicht hierauf einen Kreuzerwecken in Wasser ein, nimmt das Gehackte in eine Schüssel, drückt den Wecken fest aus, dämpft ihn in einem Stückchen Butter, gibt ihn zu dem gehackten Fleisch, einen Eßlöffel voll Mehl dazu, Salz und Muskatblüte hinein, rührt den Teig mit 3 Eiern an, und legt kleine Klöße in Fleischbrühe ein, man darf sie aber nicht zu lang kochen lassen, daß sie nicht zerfallen. Sie können auch im Schmalz gebacken und auf Suppen gegeben werden.

Fleisch-Vögel

Von einem Kalbsschlegel macht man dünne Stückchen, klopft sie wohl, schneidet kleinen Speck wie zu einem Fricandeau, legt ihn in ein Geschirr, nimmt ein halbes Glas guten Essig daran, ferner eine große Zwiebel, etwas Petersilie, ein Stückchen Rokambole oder Knoblauch und etwas Zitronenschale, schneidet dies alles klein, gibt es zu dem gebeizten Speck, Salz, Muskatnuß, Pfeffer und Nelken dazu. Wenn dies eine Viertelstunde gebeizt ist, wird das geklopfte Fleisch mit dem Speck gespickt, ein Stückchen Butter in eine Kastrol oder Pfanne getan, das gespickte Fleisch darin gedämpft, sobald es gelb ist, die Beize nebst einem halben Löffel Fleischbrühe darüber gegossen, das Fleisch zugedeckt, und so lang gekocht, bis es ganz wenig Sauce mehr hat, dann angerichtet.

Frikandeau, gebraten

3 Pfund Fleisch, 50 g Spickspeck, 15 g Salz, Prise Pfeffer, 60 g Fett, 1 Zwiebel, 1 Gelbrübe, 1/8 l saurer Rahm, 1/4 l Fleischbrühe

Man verwende dazu die einzelnen Muskeln, die sogenannten Frikandeaus eines gut abgehängten Kalbsschlegels. Das Fleisch und zwar jedes größere Frikandeau besonders, wird vorsichtig gehäutet, mit feinen Speckstreifen durchzogen, wobei man darauf achtet, daß die Fleischfasern aufgefaßt werden. Kurz vor dem Braten wird das Fleisch mit Salz und Pfeffer bestreut und nebst den angegebenen Zutaten in heißem Fett auf starkem Feuer braun angebraten. Sodann stellt man die Bratenpfanne in den heißen Ofen, woselbst das Fleisch unter fleißigem Begießen 50 Min. gebraten wird. Man gießt sauren Rahm darüber und läßt das Fleisch noch weitere 10–15 Min. darin dämpfen. Beim Anichten wird der Beiguß entfettet, mit etwas Wein gewürzt und das Fleisch, mit Zitronenschnitzen garniert, zu Nudeln, Blumenkohl und dgl. serviert.

Frikandeau, andere Art

Von einem Schlegel oder Schäle werden ebenfalls Stücke geschnitten, gehäutet, geklopft, und mit fein geschnittenem Speck gespickt. Hierauf zerläßt man in einer breiten Pfanne Butter, macht die gespickten Stücke auf beiden Seiten gelb darin, gießt das Fett davon ab, ein Glas Wein und einen Löffel Fleischbrühe darüber, deckt ihn zu, und kocht ihn langsam auf Feuer. Zum Hachis (Haschi) nimmt man ein zuvor auf dem Reibeisen geriebenes Stücklein Brot von der oberen Rinde, das Mark von einer Zitrone nebst ein wenig von der Schale, 3 Charlotten-Zwiebel, ein Stücklein Rokambole oder Knoblauch, 4 Lot Sardellen und ein Stücklein Speck, hackt dies alles zusammen klein, zerläßt in einer Kasserolle ein Stücklein Butter, röstet einen halben Kochlöffel Mehl darin gelb, gibt den gehackten Hachis und eine Hand voll verwellte Morcheln oder Trüffel dazu, dies alles zusammen an den Frikandeau und etwas Muskatnuß, Nelken und Salz dazu. Wenn es noch wenig zusammen gekocht hat, wird der Frikandeau angerichtet, und mit geschnittenen Pistazien und Zitronenschalen belegt.

Frikandeau, andere Art in Rahm-Sauce

Ein fleischiges Stück von 4 bis 5 Pfund Kalbfleisch gibt eine Platte für 8 bis 9 Personen. Von diesem Fleisch schneidet man ebenfalls zweifingerbreite und fingerlange Stücklein, häutet sie, klopft sie ein wenig, spickt sie mit kleingeschnittenem Speck, legt die Stücklein alle auf ein Brett, streut Salz, Pfeffer, Nelken und so viel Mehl, als zwischen 4 Fingern gefaßt werden kann, darüber, zerläßt in einer breiten Pfanne Butter, legt die Stücklein so hinein, daß keines auf das andere kommt, und bestreut sie oben wieder mit den schon zuvor angezeigten Dingen. Wenn sie auf beiden Seiten gelb sind, gießt man die Butter davon ab, einen Schoppen sauren Rahm darüber, gibt ein Lorbeerblatt und eine halbe zu Scheiben geschnittene Zitrone hinein, deckt den Frikandeau zu, läßt ihn langsam kochen, bräunt kurz vor dem Anrichten 2 Lot Zucker in ein wenig Wasser, und gibt ihn an die Sauce, damit sie mehr Farbe bekommt.

Frikandeau mit Bechamelle

Nachdem das Frikandeau geklopft, abgehäutet, gespickt und mit Salz und Pfeffer bestreut, wird es in einer Kasserolle mit einem Stück Butter, einem Stückchen oder Abfällen von Schinken, einer zerschnittenen gelben Rübe, einem halben Selleriekopf, einer Petersilienwurzel, einer mit drei Nelken gespickten Zwiebel, einem Lorbeerblatt, ein wenig Muskatblüte und einem Schöpflöffel leichtgesalzener Fleischbrühe zugedeckt langsam weichgedämpft. Ist die Sauce ganz kurz eingekocht und das Fleisch weich, so wird letzteres herausgenommen und warm gestellt, in den zurückgebliebenen Saft, der nicht braun sein darf, zwei Kochlöffel Mehl gemengt, und dies mit ½ l kochendem süßem Rahm abgerührt. Die Sauce wird, nachdem sie einige Zeit gekocht hat, ein wenig abgefettet und durch das Sieb teils auf die Platte, teils in eine Sauciere gegossen, das weiche Frikandeau dann auf der Platte angerichtet, mit Glace überstrichen, und mit der Sauce zu Tisch gegeben. – Es werden öfters Geigen- oder Brotklößchen um das Frikandeau herum gelegt.

Frikandeaus auf Jägerart

Die langen Muskeln aus der Kalbskeule, auch unter dem Namen Nuß bekannt, werden gehäutet und mit dem Hackmesser breit geklopft. Nun bereitet man aus 6 Eiern und ebensoviel Löffeln süßen Rahms und etwas Salz ein Rührei, gibt 75 g geschabten Speck darunter und 5 bis 6 große feingewiegte Champignons, würzt mit Muskatblüte, gibt noch 50–75 g in kleine Streifchen geschnittenen, gekochten Schinken dazu und vermengt alles gut zu einer Fülle, mit der man die Frikandeaus dick und gleichmäßig belegt. Dann rollt man sie wie Rouladen zusammen und bindet sie, ringsum mit in dünne Scheiben geschnittenem Speck eingehüllt, zusammen und brät sie während 30 bis 40 Minuten in Butter gar, wobei man für gute Oberhitze sorgen muß. Die Sauce verdickt man mit etwas Kartoffelmehl, würzt sie mit Maggi und Zitronensaft und gießt zuletzt noch ½ Glas guten Rotwein dazu. – Am besten passen als Beilage kleine gebackene Zuckerkartöffelchen oder auch Kartoffelmus. – Liebt man das Gericht nicht so fett, kann man den Speck zur Farce weglassen und dafür nur Schinken verwenden. –

Frikandeau mit einer Glace

Zu diesem schneidet man handgroße Stücke aus einem Schlegel, 3, 4 oder 5 Stücke, und zwar soviel wie möglich in die Rundung, häutet und klopft sie, spickt sie dicht mit feingeschnittenem Speck, daß es wie ein Igel aussieht, zerschneidet das übrige von dem Schlegel, wo das Fleisch nicht zu großen Stücken tauglich ist, zu kleinen Stücklein, gibt diese in eine tiefe Kasserolle oder Pfanne, eine ganze Zwiebel, ein paar Lorbeerblätter, etliche Zitronenscheiben, ganze Nelken und Muskatblüte oder ein Büschlein Kräuter dazu, legt das gespickte Fleisch darauf, gießt eine halbe Maß Wein und noch soviel Wasser dazu, bis es darübergeht, deckt es zu, läßt es über Nacht stehen, setzt den anderen Tag das Geschirr auf Feuer, und kocht es solange, bis der Frikandeau ganz weich ist. Anfangs muß es fleißig abgeschäumt werden, daß sich das unreine nicht an das Fleisch anhängt. Wenn dasselbe nun weich ist, wird es mit dem Schaumlöffel auf eine Platte gelegt, zugedeckt, und bei der Wärme erhalten, die Sauce aber noch eine Zeitlang gekocht und durch ein Haarsieb gegossen, das Fett ein wenig abgenommen, die Sauce wieder in ein Geschirr getan, und so lang gekocht, bis noch ein Glas voll davon übrig bleibt, dann der Frikandeau darin umgekehrt, auf eine warme Platte gelegt, und gleich zu Tisch gebracht. Er kann als eine Zwischen-Platte oder auch zu einem Spinat gegeben werden. Wird er trocken aufgetragen, so streut man klein geschnittene Zitronenschalen darüber, und garniert (ziert) ihn mit Laubwerk oder Petersilie.

Frikandeau, gefülltes

Nachdem man das Kalbsfrikandeau mit Wurzelwerk, etwas Thymian, 1 Nelke und Pfeffer- und Gewürzkörnern langsam fast weichgekocht hat, läßt man es in der Brühe erkalten. Danach nimmt man das Fleisch heraus, schneidet eine 2 bis 3 cm dicke Scheibe ab und höhlt die Kalbsnuß so aus, daß eine 2 cm dicke Wand verbleibt. Nun bereitet man eine feine Füllung, indem man das ausgehobene Kalbfleisch mit Trüffel, Champignons und Steinpilzen fein wiegt, etwas entfettete Brühe und etwas Tomatensauce dazu gibt und alles ungefähr 5 Minuten lang aufkochen läßt. Nachdem die Farce etwas verkühlt ist, verrührt man 3 Eigelb und 75 g frische Butter damit und gibt die Fülle in das ausgehöhlte Frikandeau, legt die vorher abgeschnittene Fleischscheibe als Deckel darüber, gießt etwas Bratensauce über die Kalbsnuß und garniert sie mit Butterklößchen, Champignons und glasierten Kastanien.

Frikandeau mit Makkaroni

Man bereitet das Frikandeau vor. Unterdessen werden 290 g Makkaroni eine Viertelstunde in Salzwasser (doch in keinem eisernen Geschirr, da sie hierin blau würden) gekocht, und dann zugedeckt ebensolang beiseite gestellt, hernach werden sie abgeschüttet, noch heiß in einer tiefen Schüssel angerichtet und mit 70 g geriebenem Parmesankäse, Salz, Muskatnuß und 100 g zerlassener Butter untereinandergemengt. Nachdem nun der Rand der Schüssel rein abgeputzt, wird das Frikandeau in die Mitte auf die Makkaroni gelegt, und die Sauce extra dazugegeben. *Oder:* Man zerläßt in einer Kasserolle 140 g Butter, gibt die abgekochten, abgeschütteten Makkaroni hinein, bestreut sie mit dem noch nötigen Salz und Muskatnuß und läßt sie eine Viertelstunde dünsten, unter welcher Zeit man sie öfters umschwingt, damit sie sich nicht anlegen. Angerichtet werden sie dann wie vorige.
Die Frikandeaus können als Auflage von gedämpftem Reis, von Kartoffelpüree und jedem feinen Gemüse gegeben werden. Bei ersterem wird

die Sauce extra serviert, bei den Gemüsen *keine* Sauce dazugegeben, in beiden Fällen aber das Frikandeau, nachdem es bereits auf das Gemüse angerichtet ist, mit Glace oder dick eingekochter Bratenbrühe überstrichen (glaciert).

Frikandeau in der Sauce

Das Frikandeau wird hergerichtet und gedämpft, sodann in einem Geschirr warm gestellt. In die zurückgebliebene Sauce rührt man jetzt einen Kochlöffel Mehl, legt eine mit vier Nelken gespickte Zwiebel, ein Sträußchen Estragon und ein Lorbeerblatt hinein, gießt ein Gläschen Wein und, nach Bedarf, etwas Fleischbrühe oder Wasser dazu, und läßt das Ganze eine gute Viertelstunde durchkochen. Dann wird die Sauce abgefettet, durch das Sieb auf eine am Rand gewöhnlich mit Butterteigblümchen besetzte Platte gegossen, das Frikandeau mit Glace oder dick eingekochter Bratenbrühe überstrichen, hineingelegt und sogleich zu Tisch gegeben.

Frikandeau mit Sauerampfer

Von einem Kalbsschlegel schneidet man zwei starke, fingerdicke und handbreite Stücklein, häutet sie, klopft sie mit einem Messer wohl, nimmt etwas gewürfelt geschnittenen Speck nebst einem Stücklein Butter in eine Pfanne oder Kasserolle, läßt es heiß werden, und röstet das geklopfte Fleisch darinnen. Sobald es gelb ist, gibt man es in ein anderes Geschirr, einen Löffel gute Fleischbrühe darüber, bindet nachstehende Kräuter in ein sauberes Tüchlein: etwas Thymian, Rosmarin, Petersilie, ein wenig Estragon, Zitronenkraut, Basilikum, einige Lorbeerblätter, und eine verschnittene Zwiebel, gibt das Tüchlein zu dem Fleisch, soviel Fleischbrühe dazu, bis sie dem Fleisch gleich ist und deckt es zu. Sobald das Fleisch weich ist, wird es auf eine Platte gelegt, und an einem warmen Ort aufbehalten, die Sauce aber so an den Kräutern gekocht, bis noch ein Glas voll übrig ist. Die Kräuter in dem Tuch drückt man fest aus, gibt sie weg und erhält die Sauce auf heißer Platte warm. Hierauf wird eine große Hand voll Sauerampfer gewaschen, zart geschnitten, so lang in einem warm gemachten Stücklein Butter gedämpft, bis er weich ist, und die Hälfte von der zurückgebliebenen Sauce daran getan, dann der gekochte Sauerampfer um das

Fleisch gegossen, und die übrige Sauce mit einem Eßlöffel auf dem Fleisch herum verteilt.

Frikandeau mit Spargeln

Das Fleisch wird vom Schlegel genommen, soviel Personen, soviel fingerdicke Stücke werden geschnitten, gehäutet, wohl geklopft und mit + kleingeschnittenem Speck gespickt. Man legt hierauf in eine Pfanne ein Pfund oder auch mehr Kalbsknochen, eine große mit Nelken besteckte Zwiebel, ein paar Lorbeerblätter, ein Stücklein Zitronenschale, und ein wenig Muskatblüte, das gespickte Fleisch darauf, gießt einen Schoppen, auch etwas mehr, frisches Wasser daran, deckt es zu, setzt es auf Feuer und kocht es solange, bis das gespickte Fleisch mürb ist. Dann wird es herausgenommen, zugedeckt und aufbehalten, damit es warm bleibt, die Brühe durch ein Haarsieb gegossen und wieder auf Kohlen gesetzt, bis sie kurz eingekocht ist. Die Spargeln schneidet man klein, kocht sie im Salzwasser weich, legt in eine Kasserolle oder Pfanne ein Stücklein frische Butter, die gekocht Spargeln mit dem Schaumlöffel hinein, streut ein wenig Semmelmehl und Muskatblüte darauf, gießt, wenn es gedämpft hat, etwas gute Fleischbrühe darüber, zieht vor dem Anrichten der Spargeln 2 bis 3 Eigelb mit der Spargel-Sauce ab und richtet sie gleich an. Wenn die bei dem Fleisch gewesene Sauce recht dick eingekocht ist, wird das aufbehaltene Fleisch darin umgekehrt, auf die Spargeln gelegt und eine glühend gemachte Schippe darüber gehalten. Diese Speise kann als ein Nacht-Gemüse gegeben oder mittags als eine Zwischen-Schüssel auch als Ragout aufgetragen werden.

Frikandeau mit Trüffelsauce

Wird bereitet wie vorhergehendes, nur verwendet man roten Wein dabei; es wird eine Viertelstunde vor dem Anrichten dann aus der Kasserolle genommen und warm gestellt. Nachdem nun die abgefettete Sauce durch das Sieb getrieben, wird sie nebst drei gewaschenen, geschälten, klein würfelig geschnittenen Trüffel in die Kasserolle zurückgebracht und mit denselben langsam gut durchgekocht, kurz vor dem Anrichten dann das Frikandeau hineingelegt und damit noch einige Male aufgekocht. Die Hälfte der zuvor abgefetten Sauce richtet man hernach auf der Platte an und legt das Frikandeau hinein, die andere Hälfte serviert man extra in einer Sauciere.

Frikadellen von gekochtem Kalbsfleisch in Schmalz ausgebacken

Gekochtes Kalbfleisch wird in feine Würfel geschnitten, Butter und Mehl geschwitzt, etwas Bouillon oder Wasser (doch nicht zu viel, da die Sauce dick sein muß), Salz und Zitronenschale dazugegeben, mit einem Eigelb abgerührt, das Fleisch darin durchgekocht und zum Kaltwerden auf eine Schüssel gelegt. Sodann wird ein Ei mit etwas Salz geschlagen und mit viel gestoßenem Zwieback vermischt. Demnächst werden die von der kalten Masse geformten kleinen Bällchen in dem Zwieback umgedreht, in heißem Schmalz hellbraun gebacken und angerichtet. Die Schüssel wird mit Zweigen von Petersilie, welche zuvor in dem Schmalz abgebacken sind, garniert.

Frikadellen von Kalbfleisch

Zu einer mittleren Platte für 6 Personen wird ein Pfund fleischiges Kalb- und ein Pfund Schweine-Fleisch genommen, rein gehäutet, mit 4 Lot frischem Ochsen-Mark, der Schale von einer halben Zitrone, ein paar Charlotten-Zwiebeln, 4 Blättern Basilikum, ein wenig Thymian und Petersilie ganz klein gehackt, das Gehackte nebst einem zuvor im Wasser eingeweichten und wieder fest ausgedrückten halben Kreuzerwecken, Salz, Muskatblüte und ein wenig Pfeffer in eine Schüssel getan, und mit 3 bis 4 Eiern verarbeitet. Die Masse muß wie ein Klöße-(Knöpfleins-)Teig sein. Hierauf bestreicht man eine Kasserolle oder Potageblech stark mit Butter, bestreut sie mit Semmelmehl, füllt die

Masse hinein, formt einen Stern oder Mond daraus, setzt sie auch schwaches Feuer, oben schwache Hitze darauf, bis die Frikadellen ein wenig angezogen haben, gibt ein Glas Wein, einen Löffel gute Fleischbrühe, etliche Zitronenscheiben und ein Lorbeerblatt daran und läßt es gemach kochen bis die Frikadellen fertig ist. Vor dem Anrichten wird das Gelbe von 2 bis 3 Eiern verrührt, mit der Sauce abgezogen und wenn es angerichtet ist, darüber gegossen.

Frikassee, feines, oder Ragout mit Reisring

250 g Karolinenreis werden mit kaltem Wasser aufs Feuer gesetzt, wenn er anfängt zu kochen, abgegossen und nochmals mit kaltem Wasser zum Kochen gebracht. Nachdem auch dieses abgegossen, wird der Reis mit kaltem Wasser abgeflößt, mit ½ l Fleischbrühe, 100 g frischer Butter, dem nötigen Salz, einigen in Scheiben geschnittenen weißen Zwiebeln und 12 weißen Pfefferkörnern weich und dick eingekocht. Danach streicht man einen Blechring mit Butter aus, drückt den Reis darin fest, stellt ihn 10 Minuten in einen heißen Ofen und stürzt ihn dann auf eine flache Schüssel; indes kann das Umstürzen auch geschehen, ohne die Form in den Ofen zu stellen. In diesen Ring wird ein feines Ragout, Frikassee oder auch ein Haschee gefüllt und heiß zur Tafel gegeben.

Gaislein, gebraten

1 Gaislein, 1½ EL Salz, Prise Pfeffer, 125 g Fett, 1 Zwiebel, 1 Gelbrübe, ¼ l sauren Rahm, ¼ l Fleischbrühe

2–3 Wochen alte, mit Milch aufgezogene Ziegen, auch Gaislein genannt, geben leicht verdauliche Braten, welche im Frühjahr, da man arm an Wildbret und Geflügel ist, etwas Abwechslung in unsere Speisezettel bringen. Man achte beim Einkauf darauf, daß sie Gaislein nicht mager sind; solche die 6–8 Pfund wiegen, sind die besten. Sie werden meistens ganz verkauft. Man verwendet den Kopf, Hals, die beiden Vorderfüße sowie Herz und Leber zu Ragout. Der Rücken, an welchem man Bauchlappen und Hinterfüße stehen läßt, wird wenig gehäutet, gesalzen, mit Pfeffer eingerieben und die Bauchlappen nach innen gedrückt, wobei man die Rippen leicht einknickt. Nun umschnürt man den Braten mit einem Bindfaden, gibt ihn nebst Zwiebel und Gelbrübe in das heiße Fett und bratet ihn unter fleißigem Begießen etwa 30 Min. Alsdann gibt man den dicken, sauren Rahm darüber und bratet das Fleisch weitere 15–20 Min. Kurz vor dem Anrichten wird der Beiguß entfettet, mit Fleischbrühe aufgekocht und durchgeseiht. Das Gaislein wird beim Anrichten wie ein Hase tranchiert und mit einem Gemüse oder grünem Salat serviert. Bei der Zubereitung des Ragout wird der Kopf aufgehackt, das Hirn und die Zunge herausgeholt und ersteres gebacken dem fertigen Gericht, das wie Hasenpfeffer hergestellt wird, beigegeben.

Hackelmus

1 Kalbskopf, Herz, Leber, Lunge, Fleischbrühe, etwas Mehl, etwas Essig, Sirup, Salz, Pfeffer, Rosinen

Das bei niedersächsischen Hochzeiten stehende Gericht wurde bereitet, indem man das Fleisch eines gesottenen Kalbskopfs ablöste und in Stücke schnitt nebst Herz, Leber, Lunge. An die Fleischbrühe wurde etwas Mehl geschwitzt, etwas Essig und Sirup angetan und Salz, Pfeffer und Rosinen beigefügt. In dieser Sauce wird das gewürfelte Fleisch nochmals aufgekocht und angerichtet.

Hammelbraten

750 g Hammelfleisch, Schlegel oder Bug, 40 g Fett, Salz, Pfeffer, Zwiebel, Gelbrübe, nach Belieben etwas Knoblauch, 1 EL Mehl

Das Fleisch wird gewaschen, geklopft, mit Salz und Pfeffer eingerieben, in heißem Fett angebraten, gedreht, Zwiebel, Gelbrübe, Knoblauch, Mehl zugegeben, gebräunt und abgelöscht. Man stellt den Braten in den Backofen, etwa 1½–2 Stunden und übergießt ihn öfter. Die Sauce wird geseiht, wenn nötig, entfettet. Der starke Geschmack kann gemildert werden, wenn man beim Vorrichten das Fett und die Haut wegschneidet.

Hammelbraten, andere Art

750 g Hammelfeisch von Bug oder Keule, Salz, Pfeffer, abgeriebene Schale einer halben Zitrone, 2 Teelöffel Senf, Schweineschmalz, 1 Bund Suppengrün, 1 Zwiebel, 1 Knoblauchzehe, Thymian, einige Wacholderbeeren, 100 g saure Sahne

Salz, Pfeffer und Zitronenschale werden gemischt und das Fleisch damit eingerieben. Dann bestreicht man es mit Senf und brät es in heißem Schweineschmalz von allen Seiten kräftig an. Die feingehackte Zwiebel und die Knoblauchzehe gibt man dazu, ebenso das zerkleinerte Suppengrün. Nach und nach wird ca. ¼ l heißes Wasser angegossen. Nun kommen die Wacholderbeeren und der Thymian hinein, und bei mittlerer Hitze wird der Braten in ca. 90 bis 100 Minuten gegart. Den Bratenfond kocht man los und rührt die Sahne ein. Der Hammelbraten muß möglichst heiß zu Tisch kommen.

Hammelbraten und Gurken

Ein Stück Bollen (1–1½ Pfund) anbraten, 2 dicke Zwiebeln dran, Salz, ein paar Pfefferkörner, 1 Nelke, 1 kl. Lorbeerblatt. Etwas Wasser dazu und garen (ca. 1½ Std.) Frische Gurken schälen, aufschneiden und vom Kerninneren befreien. In fingerdicke und -lange Stücke schneiden. Den fertigen Braten herausnehmen und warmstellen. Die Gurkenstücke im Fleischsud dünsten, ca. 20 Min., mit Zucker und Essig abschmecken.

Hammelbraten mit Weißbier (à la royal)

1 kg Hammelschlegel, Salz, Pfeffer, 50 g Butter, Zwiebel, 1 Flasche Weißbier, 1 EL Kümmel, 1 EL Stärkemehl

Das gut abgelagerte Fleisch wird gewaschen, geklopft, das Fett entfernt, mit Salz und Pfeffer eingerieben. Dann wird es in heißer Butter mit Zwiebel angebraten, wenn es Farbe hat, mit Bier abgelöscht, mit Kümmel bestreut, in den Backofen gestellt, unter öfterem Begießen etwa 1½ Stunden gebraten. Die Sauce wird entfettet, mit dem angerührten Stärkemehl aufgekocht.

Hammelfleisch, eingemacht mit Kümmel

Hierzu dient jedes beliebige Stück, doch ist die Brust am geeignetsten. Sie wird in beliebige kleine Stückchen verschnitten, diese gewaschen, und in kaltem Wasser auf das Feuer gesetzt. Sobald sie zu kochen anfangen, muß man sie rein abschäumen, dann sogleich herausnehmen, in kaltes Wasser legen und abwaschen. In 70 g zerlassener Butter werden inzwischen drei Kochlöffel Mehl weiß geröstet, mit Fleischbrühe oder Wasser zur gehörigen Dicke abgerührt, das Fleisch hineingelegt, und mit einem halben Eßlöffel Kümmel, einer mit vier Nelken besteckten Zwiebel, Pfeffer, etwas Salz, einer Zitronenschale, einem halben Gliedchen zerriebenem Knoblauch und dem Saft einer halben Zitrone oder zwei Eßlöffel Essig langsam weichgekocht. Die Fleischstückchen werden sodann mit dem daranhängenden Kümmel in einer tiefen Platte angerichtet, die zurückgebliebene Sauce, nachdem Zwiebel und Zitronenschale herausgenommen ist, darübergegossen und das Ganze mit gerösteten Kartoffeln oder mit Kartoffelknödeln zu Tisch gegeben.

Hammelfeisch, eingeschnittes mit Kartoffeln

In zerlassener Butter oder gutem Fett wird zwei Kochlöffel Mehl gelbbraun geröstet, dies mit Fleischbrühe zur gehörigen Dicke abgerührt, und mit einem Lorbeerblatt, einer mit Nelken gespickten Zwiebel, einem halben Gläschen Essig, Pfeffer, ein wenig Salz, einem kleinen Sträußchen Estragon und einem halben Gliedchen Knoblauch eine halbe Stunde langsam gekocht, worauf man das Fett abnimmt und die Sauce durch das Sieb in eine Schüssel gießt. Nun werden rohe, zweimesserrückendicke Kartoffelscheiben gebacken, von übriggebliebenem Hammelfleisch fingerlange und fingerdicke Streifen geschnitten, diese mit den Kartoffeln in der durchgegossenen Sauce auf's Feuer gesetzt, einigemal damit aufgekocht, und das Ganze sodann in einer tiefen Platte angerichtet.

Hammelfleisch, eingeschnittes, mit Zwiebeln

Vier bis sechs mittelgroße, in Scheiben geschnittene Zwiebeln werden in 150 g gutem Fett gelb geröstet, dann mittels eines Schaumlöffels herausgenommen. In dem zurückgebliebenem Fett röstet man nun zwei Kochlöffel Mehl gelbbraun, rührt dies mit Fleischbrühe saucenflüssig ab, und kocht es mit einem Lorbeerblatt, einem halben Gläschen Essig, Pfeffer und ein wenig Salz langsam eine halbe Stunde. Nachdem dann das durch das langsame Kochen obenaufschwimmende Fett abgenommen ist, wird übriggebliebenes, in längliche Scheiben geschnittenes Hammelfleisch in die Sauce getan, solches einigemal damit aufgekocht, zuletzt das Ganze in eine tiefe Platte oder in eine offene Butterpastete angerichtet und die gerösteten Zwiebeln oben darübergelegt.

Hammelfleischfrikassee

Schulter und Hals eines jungen Tieres zerteilt man, wenn es sauber gewaschen, in Stückchen von 5 × 7 cm, gibt sie in eine Kasserolle mit zerlassenem Schweinefett und läßt sie hell anbraten, wobei man sie oft umrühren muß, da sie leicht anbrennen. Dann stäubt man etwas Mehl darüber, gibt Salz zu und gießt gute Bouillon auf. Nun fügt man noch eine große Zwiebel, in die man 4 Gewürznelken gesteckt hat, etwas Lorbeer, Pfefferkörner nach Belieben, eine Zehe Knoblauch, Petersilie und Thymian hinzu und läßt alles ¾ Stunde langsam kochen. Dann hebt man das Fleisch heraus, schlägt die Sauce durch und würzt sie mild mit Weißwein oder Zitronensaft. Ist das Frikassee zu dick, füllt man noch etwas Fleischbrühe auf, ist es zu dünn, gibt man in Butter hellverschwitztes Mehl dazu. Man reicht kleine in Butter und Zucker glasierte Zwiebelchen zu diesem wohlschmeckenden Gericht.

Hammelfleisch, gedämpft mit Rotwein

Aus einer mageren Hammelkeule schneidet man 1½ cm dicke Scheiben, lößt in einer Kasserolle reichlich Butter zergehen und gibt die Scheiben, nachdem man sie tüchtig geklopft unbd leicht gesalzen hat, hinein. Man gibt noch einige Pfeffer- und Neuwürzkörner, feingeschnittene Zwiebel und ein paar Nelken hinzu, füllt, wenn die Hammelfleischscheiben leicht angeschmort sind, kochenden Rotwein darüber, so daß er mit dem Fleisch fast gleichsteht, und läßt nun das Fleisch weich dämpfen, quirlt zuletzt noch etwas Kartoffelmehl an und streicht die Sauce durch ein Sieb über das Fleisch.

Hammelfleisch in einer Kümmel-Sauce

Hierzu ist ein Stück von der Brust oder Rippen das beste, zu 2 bis 3 Pfund nimmt man soviel Kümmel, als zwischen 3 Fingern gefaßt werden kann, gibt das Fleisch nebst dem Kümmel in eine Kasserolle oder Pfanne, halb Wasser und halb Fleischbrühe, kleingeschnittener Petersilie, Muskat, ein wenig Pfeffer und ein paar Zitronenscheiben dazu. Wenn das Fleisch halb weich ist, wird das Fett davon abgeschöpft, ein kleiner Löffel Mehl in einem Stücklein Butter verknetet, an das Fleisch gerührt und dasselbe vollends ganz weich gekocht. Ist es beim Anrichten noch zu fett, so wird das Fett abgeschöpft, auch kann die Sauce mit 2 Eigelb abgezogen werden.

Hammelfleisch mit Bohnen

1 Hammelschulter, Bohnen, Zwiebeln, Sellerie, Karotten, Lauch, Kartoffeln

Die Hammelschulter, die ausgebeint in kaltem Wasser aufgesetzt und einmal aufgekocht wurde, wird zusammen mit den in Stücke gebrochenen Bohnen in Wasser gekocht. Eine Schwitze von Zwiebeln, Sellerie, Karotten und Lauch kommt dazu. Ehe das Fleisch weich ist, gibt man in Würfel geschnittene Kartoffeln dazu.

Hammelfleisch mit Curry und Reis

1 Pfund mageres Hammelfleisch reinigt man von den Sehnen und zerschneidet es in kleine Würfel, schmort es mit 2 feingeschnittenen Zwiebeln in 75 g Butter leicht an, bis die Zwiebeln braun werden und würzt alles mit Pfeffer, Salz und ¾ Eßlöffel Currypulver. Dann gießt man Rinds- oder Hammelbrühe auf und läßt das Gericht in 1¼ Stunden kurz einkochen. 250 g gequellten Javareis kocht man in Salzwasser halbweich, gießt ihn ab und schwenkt ihn in Butter 10 Minuten lang durch. Fleisch und Reis werden in tiefen Schüsseln gesondert aufgetragen.

Hammelfleischnocken in Brühe

Hammelbrühe, Salz, 1 Glas Madeira. Für die Nocken: 100 g gekochtes oder gebratenes Hammelfleisch, 60 g Butter, 1 Eigelb, 2 Eier, 80 g Mehl, Salz, Rosmarin

In die schaumig gerührte Butter arbeitet man nach und nach das Eigelb, die ganzen Eier, das Mehl, das durch den Fleischwolf gedrehte Hammelfleisch ein und würzt mit Salz und einer Messerspitze Rosmarin. Mit dem Teelöffel sticht man kleine Nocken ab und legt diese in die kochende Brühe ein, wo man sie gar ziehen läßt.

Hammelfleischreste mit Gurken

In zwei Eßlöffeln Butter verschwitzt man einen Eßlöffel Mehl und eine geriebene Zwiebel, gießt mit etwas Bouillon auf, gibt 3 Kaffeelöffel Zuckercouleur und eine Prise gemahlenen Ingwer hinzu, kräftigt mit Maggiwürze und fügt, wenn man Bratensauce übrig hat, auch diese hinzu, läßt alles gut durchkochen, schmeckt mit Pfeffer und Salz ab, gibt kleinwürflig geschnittene, vom Fett befreite Hammelfleischreste hinein und zuletzt eine kleingeschnittene saure Gurke. Ist das Gericht nicht sauer genug, gießt man einen Schuß Essig zu.

Hammelfleischtopf

750 Hammelkeule, etwas Öl, 500 g Schinken- oder Kasslerknochen, 1 Zwiebel, Salz, Pfeffer, Majoran, Liebstöckl, Bohnenkraut, Beifuß, Minze, Kümmel, Rosenpaprika, Knoblauch, Suppengrün, 600 g Kartoffeln, saure Sahne

Die Hammelkeule wird in Würfel geschnitten, das Fett abgelöst, kleingeschnitten und in etwas Öl ausgelassen. Man röstet darin 500 g zerkleinerte Schinken- oder Kasslerknochen an und gibt kleingeschnittene Zwiebel dazu. Die erforderliche Menge Wasser wird aufgegossen und gewürzt mit Salz, Pfeffer, Majoran, Liebstöckl, Bohnenkraut, Beifuß, Minze, Kümmel, Rosenpaprika und zerdrücktem Knoblauch nach Belieben. 30 Minuten vor Ende der Garzeit gibt man noch ein Suppengrün dazu. Dann gießt man die Brühe ab und gart darin die in Würfel geschnittenen Kartoffeln, gibt das Fleisch und das zerkleinerte Suppengrün dazu und läßt alles 15 Minuten durchziehen. Saure Sahne darunterrühren und abschmecken.

Hammelgulasch, ägyptisches

500 g mageres Hammelfleisch, 0,3 l Essig, Öl, 1/2 l Wasser, 6 EL Tomatenmark

Die gewaschenen, abgetropften Fleischwürfel mit dem kochendheißen Essig übergießen und über Nacht darin stehen lassen. Am Tag darauf die abgetropften Fleischwürfel in reichlich Öl anbraten, mit Essig und Wasser ablöschen, Tomatenmark unterrühren und bei geringer Hitze ca. 60 Minuten gar schmoren.

Hammelkeule, andere Art

Wird das Hammelfleisch nicht in Essig gelegt, so muß es in bezug auf die Witterung 2 bis 3 Tage geschlachtet sein, weil es sonst weniger mürbe wird. Der Ziemer wird gut geklopft, enthäutet, das Fett abgelöst, wie Hase gespickt, mit Nelken und Nelkenpfeffer eingerieben, in Speck und Butter gelb gemacht, dann etwas Salz darüber gestreut und mit süßer Milch zubereitet.

Hammelkeule, gebraten

Sie soll von einem jungen Tier und ein paar Tage abgelegen sein. Nachdem dieselbe geklopft und mit Salz, Pfeffer und einem verriebenen Gliedchen Knoblauch eingewürzt ist, wird sie mit zwei verschnittenen Zwiebeln und etwas Fett in eine Bratpfanne gelegt und, nachdem zwei Schöpflöffel Wasser darangegossen, im Ofen unter öfterem Begießen weich und gelb gebraten. Ist sie angerichtet, so wird die Sauce etwas abgefettet, dann durch's Sieb gegossen und mit dem Braten zu Tisch gegeben.

Hammelkeule, gebraten, mit Kartoffeln

Die Keule wird hergerichtet und gebraten. Wenn sie nahezu fertig ist, ungefähr eine halbe Stunde vor dem Anrichten, werden roh abgeschälte, rundgedrehte Kartoffeln damit in der Sauce weichgebraten, und solche während dieser Zeit mit dem Backschäufelchen unter öfterem Begießen gelüftet und umgekehrt. Der Braten muß beim Anrichten auf eine heiße Platte kommen, die Kartoffeln werden dann im Kranz darum gelegt und das Ganze mit der durch's Sieb gegossenen, etwas abgefetteten, mit ein wenig Fleischbrühe verdünnten Sauce zu Tisch gegeben.
Auf diese Art kann man auch jedes beliebige *andere* Stück Hammelfleisch braten.

Hammelkeule, gedünstet, mit Gemüse

Die abgelegene Hammelkeule wird geklopft, der Knochen vorn abgehackt und eine handbreit Fleisch vorn abgeschnitten, so daß das reine Rohrbein hervorsteht. Alsdann setzt man den Schlegel mit so viel kaltem Wasser, daß es darübergeht, zum Feuer, schäumt ihn bei beginnendem Kochen rein ab, salzt ihn gehörig, gibt zwei verschnittene Knoblauchzehen, ein Salbeiblatt, einen halben Selleriekopf, Petersilienwurzel, eine halbe gelbe Rübe, eine mit vier Nelken besteckte Zwiebel und acht Pfefferkörner dazu und kocht ihn damit weich. Nun wird er herausgehoben, in ein tiefes Geschirr gelegt, und nachdem ein Schöpflöffel von dem Absud darübergegossen, zugedeckt warmgestellt. Die übrige Brühe wird durchgeschüttet, wieder in das Geschirr zurückgebracht und darin folgendes hergerichtetes *Gemüse* abgekocht: Man formt gelbe Rüben zu fingerlangen Rübchen, gleichermaße weiße Rüben, dann teilt man einen geputzten Selleriekopf in vier bis sechs Schnitze und formt diese glatt, endlich werden Schwarzwurzeln geputzt und fingerlang zugeschnitten. Wenn vorstehende Gemüse eine halbe Stunde gekocht haben, gibt man acht mittlere, abgeschälte, gewaschene, eiförmig zugeschnittene Kartoffeln dazu und kocht sie damit halb weich, worauf dann noch Blumenkohl in kleinere Stücke zerteilt, zu diesen Gemüsen gegeben und mit denselben weichgekocht wird; doch ist sehr darauf zu sehen, daß die Gemüse nicht verkochen. Der Schlegel wird sodann auf einer Platte angerichtet, die mit dem Schaumlöffel behutsam herausgenommenen Gemüse um denselben herum geordnet, und ein Teil der zurückgebliebenen Brühe extra in einer Sauciere dazu aufgestellt.

Hammelkeule, gefüllt

Wenn von einem gebratenen Hammelschlegel etwas übrig ist, es darf nicht ganz die Hälfte sein, so schneidet man das Fleisch von dem Rohr rein ab, das Bein aber muß ganz bleiben, nimmt dann das Fleisch auf ein Brett, 4 Lot gewaschene Sardellen, einen Löffel Kapern, ein paar Zwiebeln, ein wenig Rokambole oder Knoblauch, etwas Petersilie und Zitronenschalen nebst 4 Lot Rindsmark dazu, hackt dies alles klein untereinander, weicht einen Kreuzerwecken im Wasser ein, gibt das Gehackte in eine Schüssel, Salz, Muskatnuß und Pfeffer nebst dem fest ausgedrückten Wecken dazu, rührt dies mit 4 Eigelb an, schlägt das Weiße von 4 Eiern zu Schaum, rührt diesen auch an die Masse, überstreicht den abgeschälten Knochen mit einem verrührten Ei, bestreicht eine breite Schüssel oder ein Blech, worauf der Knochen Platz hat, stark mit Butter, bestreut sie mit Semmel- oder Mutschel-Mehl, legt den Knochen darauf, schlägt das angerührte Fleisch an den Knochen, daß es die Gestalt eines Schlegels bekommt, überstreicht ihn wieder mit einem Ei, vermengt eine Handvoll Brosamen von einem Wecken oder abgeriebenen Milchbrot mit Pfeffer, Salz und ein wenig Nelken, streut dies auf den angeschlagenen Schlegel, überlegt ihn mit einem Stücklein Butter, bäckt ihn langsam auf dem Herd, oder stellt ihn in den Backofen. In einer kleinen halben Stunde muß man ihn herausnehmen, damit er nicht ausdorrt. Wenn er fertig ist, wird er behutsam auf einer Platte angerichtet. Er kann trocken zu einem Gemüse aufgestellt, oder abends zu einem Salat gegeben werden. Mann kann auch eine Zwiebel- oder Kukumer-Sauce dazu machen.

Hammelkeule, geschmorte

Man setzt die Keule, wie oben, nicht zu frisch und gut geklopft mit Wasser und Weißbier (welches nicht bitter sein darf) aufs Feuer, schäumt sie, gibt Nelken, Pfefferkörner, 3 Lorbeerblätter, einige ganze Zwiebeln und ein Bündchen grüner Kräuter, wie: Estragon, Weinraute, Majoran und Basilikum hinzu, und läßt sie 2 Stunden langsam kochen. Dann gießt man die Brühe ab, bestreut die Keule mit nicht zu viel feingemachtem Salz, dann mit einem Löffel Mehl, gibt Butter darunter, macht sie auf beiden Seiten braun, während sie oft hin und her geschoben wird, um das Anbrennen zu verhüten. Darauf füllt man von der Brühe ohne Fett, die durch ein Sieb gerührt worden ist, hinzu, gibt Zitronenscheiben ohne Kerne, eingemachte Gurken, welche man der Länge nach mehrere Male durchschneidet, oder auch frische mit einer Obertasse Essig und eine Handvoll Perlzwiebeln dazu, läßt die Keule vollends gar schmoren, wozu ungefähr 2½ Stunden gehören, richtet sie mit etwas Sauce an und gibt die übrige mit den Gurken und Zwiebeln dazu.

Hammelkeule, gespickt

Man klopft sie recht stark, häutet die oberen Teile, wo kein Fett ist, und spickt sie fein, macht mit einem Messer hin und her Öffnungen, streut Pfeffer, Nelken und Salz hinein, gibt auch in jede Öffnung etwas von einem Lorbeerblatt oder ein Blättlein Estragon, reibt den Schlegel mit Salz ein und legt ihn etliche Tage in den Essig. Wenn er gebraten werden soll, wird er an einen Spieß gesteckt, mit Pfeffer, Salz, Nelken und Mutschelmehl überstreut, die Beize in die Bratpfanne oder Maschine getan, der Schlegel langsam gebraten, zuerst mit Butter, dann immer mit seiner eigenen Sauce begossen, daß er recht saftig wird. Eine halbe Stunde vor dem Abnehmen kann ein halber Schoppen saurer Rahm darüber gegossen werden. Man kann diesen Braten ebenso gut im Backofen fertig machen: nach dem Streuen legt man nämlich ein paar Stücklein Speck darauf, umwickelt ihn mit einem mit Butter bestrichenen Bogen Papier, gießt die Beize nebst einem halben Schoppen sauren Rahm in das Geschirr, nimmt auch ein kleines Stück Brotrinde hinein und läßt ihn so 2 Stunden im Ofen. Er wird hier noch mürber, als am Spieß gebraten.

Hammelkeule, gespickt und gebeizt

Nachdem die Keule mürbe geklopft, wird sie zwei bis drei Tage in die Beize gelegt, dann abgehäutet, gespickt mit Salz und Pfeffer bestreut, nebst verschnittenen Zwiebeln, einer gelben Rübe, zwei Salbeiblättern, etwas verschnittenem Speck, einem Gliedchen zerriebenem Knoblauch und einigen zerdrückten Wacholderbeeren in eine Bratpfanne gelegt, etwas Beize und Wasser darangegossen, und im Ofen unter öfterem Begießen und Nachgießen von Wasser weich und gelb gebraten. Eine Viertelstunde vor dem Anrichten rührt man einen Eßlöffel Mehl an die Sauce und läßt sie noch einigemal damit aufkochen. Alsdann richtet man den Schlegel auf der Platte an und serviert ihn mit der abgefetteten, durch's Sieb gegossenen Sauce, an welche nach Belieben zuvor einige Eßlöffel saurer Rahm gerührt werden kann.

Hammelkeule, gewöhnliche Art

Man gebrauche die Keule nicht vor der bemerkten Zeit, klopfe sie, ohne das Fett zu entfernen, gehörig wasche und trockne sie mit einem Tuch ab, lege sie dann in kochendes Fett: Butter und Speck, mache sie gelbbraun, gieße kochendes Wasser – wenn man das Fleisch säuerlich wünscht, den vierten Teil Essig – hinzu, würze sie mit Schalotten oder Zwiebeln, etwas Lorbeerblättern, Nelken, Pfeffer, Estragon und streue feingemachtes Salz darüber, auch kann man nach Belieben schwarzen Kümmel hinzufügen. Hat man frische Gurken, so kann man einen halben Teller voll in Würfel schneiden und solche sogleich mit in die Bratenpfanne geben, wodurch die Sauce an Geschmack und Ansehen sehr gewinnt. Die Keule wird unter häufigem Begießen drei Stunden, am besten fest zugedeckt, gebraten. Eine halbe Stunde vorher gebe man zwei Tassen Sahne, in Ermangelung Milch, zur Sauce, auch kann man, wenn kein Essig angewandt wurde, zuletzt einen Eßlöffel Senf damit verbinden.

Hammelkeule mit Gurkensauce

Die Hammelkeule wird geklopft, die Haut abgezogen, mit Pfeffer und Piment gewürzt und einen bis zwei Tage in Essig gelegt. Dann wird dieselbe mit Salz eingerieben, in einem tiefen Tiegel nebst einigen Zwiebeln, einer gelben Rübe, einem Stück Suppenfett, einem Löffel Fleischbrühe und etwas Essig von der Beize weichgedünstet. Hierauf nimmt man die Keule heraus, stäubt zwei Löffel Mehl an die Sauce, gießt eine Obertasse sauren Rahm daran, schneidet eine frische, rohe Gurke in Scheiben hinein und läßt alles gut auskochen; sollte es zu dick sein, gibt man noch einen Löffel Fleischbrühe dazu, passiert es dann durch ein Sieb, legt die Keule hinein und läßt sie noch bis zum Anrichten kochen. Die Keule wird hierauf in dünne Scheiben geschnitten und die Sauce außen herum gegossen. Dazu gibt man ganze oder geröstete Kartoffeln.

Hammelkeule wie Wild zubereitet

Zu einem Gesellschaftsessen wird meistens der Ziemer genommen; wählt man die Keule, so wird das Bein zur Hälfte glatt abgehauen, nicht wie Kalbsbraten im Gelenk durchgeschnitten. Fett und Haut werden vom Braten abgelöst und entfernt, derselbe gehörig geklopft, in eine Mulde gelegt nebst recht vielen Schalotten oder kleinen Zwiebeln, Lorbeerblättern, ganzen Nelken, Nelkenpfeffer und Pfefferkörnern, Estragon, Weinsauce, Majoran, einer Flasche Essig und, wenn man trüben Rotwein hat, ebensoviel dazu, wodurch das Fleisch erst die bräunliche Wildfarbe erhält. Mit dieser Brühe wird das Stück dreimal täglich begossen und jeden Morgen umgelegt, während man es 5 Tage darin liegen läßt. Dann wird der Braten wie Hase gespickt, in eine Bratpfanne gelegt, worin man zuvor ziemlich viel Speck und Butter zum Kochen gebracht, und auf beiden Seiten gelb gemacht. Danach gießt man allmählich von dem Essig, worin die Keule gelegen, nebst den Kräutern hinzu, doch darf man nicht mehr davon nehmen, als es die Schärfe des Essigs erlaubt, und setzt im übrigen kochendes Wasser zu. So läßt man den Braten unter fleißigem Begießen mürbe werden, wozu ungefähr 2½ Stunden gehören. In der letzten halben Stunde rühre man 2 Tassen dickliche Sahne in die Sauce, lasse den Braten, damit er gelb-bräunlich werden, jetzt offen braten, wobei das Begießen nicht versäumt werden darf. Beim Anrichten rühre man einen Eßlöffel trockenes Mehl einige Minuten lang in die Sauce, gebe so viel Wasser hinzu, daß sie flüssig wird, und reibe sie dann durch ein Sieb. Der Braten kann mit kleinen Kartoffelklößchen garniert oder mit einem Kranz von geschmorten Zwiebeln versehen werden. Zur Zubereitung nimmt man am besten eine irdene Bratpfanne, weil die Säure leicht einen Eisengeschamck entwickelt.

Hammelkoteletts

Diese werden wie Kalbskoteletts behandelt, wobei alles Fett entfernt wird. Beim Anrichten kann auf jedes Kotelett ein Stückchen Sardellenbutter oder Kräuterbutter gelegt werden.

Hammelkoteletts

Wenn die Koteletts geklopft sind, würzt man sie mit Salz und wenigem Pfeffer, kehrt sie dann in zerlassener Butter und hernach in Brotbröseln um, und bratet sie auf dem Rost oder in der Pfanne. Sie können aber auch naturel (d.i. ohne sie in Brotbröseln umzuwenden) gebraten werden. – man kann nur die Koteletts *junger* Tiere brauchen.

Hammelkoteletts à la Provençale

In 125 g zerlassener Butter dämpft man 10 mittelgroße, feingehackte Zwiebeln und ein wenig Knoblauch langsam weich, doch ohne daß dieselben sich bräunen dürfen; sobald sie weich sind, fügt man Pfeffer und Salz, den Saft einer Zitrone und 4 rohe Eidotter hinzu und verrührt die Masse, bis sie wie ein dicker Teig geworden ist. Dann streicht man sie mit einem Messer dick auf die obere Seite der mit Pfeffer und Salz bestreuten Koteletts, taucht diese in geschlagenes Ei, geriebenen Parmesankäse und geriebenes Weißbrot und bäckt sie in reichlich Butter hellbraun, richtet sie kranzförmig auf einer Schüssel an und füllt die Mitte mit geschmorten Kartöffelchen aus.

Hammelkoteletts à la Soubise

Hierzu schneidet man die Koteletts entweder aus der Keule oder man nimmt 2 Rippen zu 1 Kotelette und beseitigt einen der Knochen nebst allem Fett, klopft das Fleisch etwas und dämpft es in kräftiger Kalbs- oder Hühnerbrühe. Sobald die Koteletts ziemlich weich sind, preßt man sie zwischen 2 Schüsseln und läßt sie abtropfen, während man die Sauce bereitet. 10 bis 12 Zwiebeln werden geschält, in kochendem Wasser blanchiert, in Scheiben geschnitten, mit frischer Butter und etwas würflig geschnittenem, mageren Schinken weichgedünstet und mit ein wenig Mehl bestäubt, worauf man ¼ l weiße Coulis und ebensoviel Rahm hinzugießt, die Sauce mit noch etwas Coulis verdünnt, die Koteletts darin heiß werden läßt und so, mit Semmel-Croutons garniert, aufgibt.

Hammelkoteletts, auf dem Rost zu braten

(Aus einer fürstlichen Küche). Die Koteletts werden nett zugeschnitten, selbstredend alles Fett entfernt, wohl geklopft, in zerlassene Butter getaucht, mit Salz und Pfeffer und danach mit gestoßenem Zwieback bestreut. Dann werden sie 8 Minuten auf dem Rost gebraten, 4 Minuten auf jeder Seite, und so rasch als möglich zur Tafel gebracht. Der Rost wird über das Loch des Sprungherdes oder über das Loch, wo sich die Feuerung befindet, gelegt, wobei aber nicht kurz vorher Steinkohlen oder Torf aufgelegt sein dürfen, nötigenfalls kann jedoch das Feuer vorher etwas aufgestocht werden.
Bei einem offenen Kamin der Küche verursacht das Braten auf dem Rost etwas Dampf, doch unbedeuten und kommt nicht in Betracht gegen die Vorzüglichkeit dieser Bereitung.

Hammelkoteletts auf Gurken

Die hergerichteten Kotelettes werden in derselben Kräuterbutter mit ganz wenig Fleischbrühe in einer Kasserolle langsam gelb, doch nicht ganz weich gedünstet, und zu gleicher Zeit drei mittelgroße, geschälte Gurken in längliche Stückchen geschnitten und diese in 50 g Butter halb weichgedämpft. Nun nimmt man die Koteletts heraus, rührt in die zurückgebliebene Sauce zwei Kochlöffel Mehl und etwas Fleischbrühe, gibt die Kotelettes wieder hinein und kocht sie hierin noch vollends weich. Hernach werden sie herausgehoben und warmgestellt, in die zurückgebliebene abgefettete Sauce zwei Eßlöffel Essig und die Gurken gegeben, diese eine Viertelstunde damit gekocht, dann in einer tiefen Platte angerichtet, und die Koteletts zierlich draufgelegt.
In ähnlicher Weise kann jedes andere Hammelfleisch zubereitet werden, indem man es dann in passende Stücke schneidet.

Hammelkoteletts, gespickt und glasiert

Eine Zwiebel, eine kleine Hand voll abgezupfte Petersilie und ein Sträußchen abgestreifter Thymian oder Estragon wird zusammen fein verwiegt, und dies in Butter gegeben, welche unterdessen in einer Kasserolle zerlassen wurde. Darin bratet man nun die hergerichteten, mit feinem Speck gespickten Koteletts auf der ungespickten Seite bedeckt leicht gelb (wobei man achtzugeben hat, daß sie von unten nicht hart werden und deshalb etwas Fleischbrühe nachgießen muß), nimmt sie alsdann heraus, rührt in die zurückgebliebene Sauce einen Kochlöffel Mehl und etwas Fleischbrühe, und kocht die hernach wieder hineingegebenen Koteletts hierin noch vollends weich. Sie werden jetzt herausgenommen, auf der gespickten Seite mit Glace oder dick eingekochter Bratenbrühe überstrichen und im Kranz auf eine Platte gelegt, die Sauce, nachdem 35 g Knoblauch- oder Sardellenbutter hineingerührt, dann sogleich durch's Sieb in die Mitte der Platte gegossen und das Ganze gewöhnlich mit aus dem Schmalz gebackenen oder gerösteten Kartoffeln serviert.

Hammelkoteletts, in der Form gebacken

Es werden 12 schöne Hammelkoteletts vorbereitet. Die Kartoffeln werden in Salzwasser gar gekocht, abgegossen und durch ein Drahtsieb getrieben. Die Koteletts werden in brauner Butter 2 Minuten unter Umwenden gebraten. In der Butter bratet man, nachdem die Koteletts herausgenommen sind, die Zwiebeln durch. Man gibt dieselben durch ein Sieb, fügt die andere Butter dazu und rührt Kartoffeln, 5 Gramm Salz, etwas Maggiwürze, Sahne, Eigelb und etwas Parmesankäse zu einer dicken Sauce. Die Häfte der Sauce schüttet man in eine Form, legt die mit Pfeffer und Salz bestreuten Koteletts hinein, füllt die andere Hälfte der Sauce darüber und backt das Gericht ½ Stunde im Ofen. Man richtet es in der Form an und kann auch braune Kräutersauce dazu geben.

Hammelkoteletts nach Seemannsart

Die dick zugeschnittenen Koteletts werden bloß geklopft, mit Salz und Pfeffer bestreut und in einer Pfanne mit einem Stück Butter über dem Feuer geschwungen oder 1 Minute auf jeder Seite gebraten, dann mit 1 Glas Weißwein und ebensoviel Kraftbrühe übergossen, 1 Dutzend sehr kleine, geschälte Zwiebelchen hinzugefügt und die Koteletts damit bei gelindem Feuer in einer verdeckten Kasserolle ½ Stunde gedämpft. Nach Verlauf dieser Zeit gibt man noch ein großes Stück Speck, 1 Möhre, 1 Petersilienwurzel, etwas Pfefferkraut und Petersilie, alles sehr fein geschnitten, mit in die Kasserolle, würzt das Ganze mit Salz, Pfeffer und 1 Löffel voll Estragon-Essig, schmort die Sauce sehr kurz an, bis die Koteletts weich sind und serviert sie mit den Zwiebeln und der Sauce.

Hammelkoteletts mit Zwiebelfülle

4 Koteletts, 2 große Zwiebeln, 30 g Butter, 30 g Mehl, ¼ l Milch, Salz, Pfeffer, Muskat, 1 Ei, 1 EL Parmesankäse, 1 EL Weckmehl, 40 g Butter. Statt Hammelkoteletts kann man Kalbs- oder Schweinekoteletts nehmen.

Die Zwiebeln in Scheiben schneiden, in Butter leicht andämpfen, Mehl überstreuen, mitdämpfen, mit Milch ablöschen, 20–30 Minuten kochen, durch ein Sieb streichen. Nach dem Erkalten Gewürze und Ei zugeben, auf die vorgerichteten Koteletts streichen, mit Käse und wenig Weckmehl bestreuen. In heißem Fett auf der unteren Seite anbraten, wenig ablöschen, in den Backofen stellen und fertigbraten, etwa ¾ Stunden. Die Sauce mit etwas Stärkemehl aufkochen oder die Koteletts mit einer Madeirasauce zu Tisch geben.

Hammelragout mit Gemüse

750 g Hammelfleisch, Hals oder Bug, Salz, Pfeffer, 40 g Fett, Zwiebel, 1 EL Mehl, 2 EL Tomatenmark, 1 EL Essig, 375 g Gelbrüben, 15 ausgebohrte Kartöffelchen, 3 EL Wein, Erbsen, 20 g Butter

Das Fleisch wird in Portionenstücke geschnitten, in heißem Fett mit Zwiebel angebraten, wenn es Farbe hat, herausgenommen, das Mehl zugegeben, gebräunt, mit Wasser, Essig, Tomaten abgelöscht, aufgekocht, das Fleisch nebst Salz und Pfeffer zugegeben, zugedeckt etwa 1 Stunde gekocht. Dann gibt man die in Streifen geschnittenen Gelbrüben, nach ¼ Stunde die Kartoffeln zu und läßt alles weichkochen. Die Erbsen werden in Butter gedämpft, Salz, 1 Prise Zucker zugegeben. Das Hammelfeisch wird erhöht angerichtet, die Sauce darüber gegeben, die Kartoffeln außen herum gelegt, die Erbsen darüber gestreut. Etwa 2 Stunden Kochzeit.

Hammelrippen

Diese sind viel härter und zäher, als andere Rippen. Auf dem Rost sind sie noch am besten zu braten, in der Pfanne hingegen muß man immer ein wenig Wasser daran gießen, und die Pfanne zugedeckt lassen, bis sie mürb, doch ohne Sauce gelb werden, und saftig bleiben. Sie können dann auf jedes Gemüse gelegt, und sonst wie alle Rippen gemacht werden.

Hammelrippen, gefüllt

Soviel es Personen sind, soviel Hammelsrippen klopft man stark, daß sie breit werden, nimmt ein Pfund mageres Kalbfleisch, 4 Lot Ochsenmark, einige Charlotten-Zwiebel, ein wenig Petersilie, Schnittlauch, etwas Zitronenschale, einen Eßlöffel voll Kapern und einen halben Hering auf ein Hackbrett, hackt es ganz klein, dämpft es in einem Stücklein Butter, gibt es in eine Schüssel, 2 Eßlöffel voll Semmelmehl, Muskatnuß, Pfeffer, ein paar gestoßene Nelken und Salz daran, rührt es mit 2 ganzen und mit 2 gelben Eiern, legt die geklopften Rippen auf das Semmelmehl und auf jedes Ripplein 4 Kapern, streicht die gerührte Masse fingerdick darauf, bestreut sie oben auch mit Semmelmehl, bestreicht eine Kasserolle oder ein anderes Geschirr, worauf ein Deckel paßt, stark mit Butter, legt die gefüllten Rippen hinein, setzt sie auf schwaches Feuer und dem Deckel mit dergleichen darauf. Wenn sie fertig sind, werden sie ganz warm auf einer Platte angerichtet, mit Petersilie und grünem Lorbeerlaub garniert, klein geschnittene Zitronenschalen darüber gestreut und ganze Zitronen dazu aufgestellt.

Hammelsrippen in einer Sauce

Man klopft die Hammelsrippen stark, schabt sie mit einem Messer sauber ab, kehrt sie in Mutschelmehl, Salz, Pfeffer und Nelken um, zerläßt in einem breiten Geschirr Butter, und bratet die Rippen auf beiden Seiten gelb darin, schneidet eine Zwiebel, ein paar Stücklein Knoblauch, eine halbe Zitrone nebst Mark und Schale klein, nimmt das Fett von den Rippen ab, das geschnittene an das Fleisch, läßt es ein wenig dämpfen, gibt ein Glas Wein, einen Löffel Fleischbrühe und ein Lorbeerblatt daran, deckt das Fleisch zu, und kocht es langsam auf Feuer. Wenn es weich ist, und noch zuviel Fett hat, so wird solches abgeschöpft und dann angerichtet. Auf die nämliche Art können auch Kalbsrippen zubereitet werden.

Hammelrisotto

850 g Hammel- oder Lammfleisch von der Brust oder dem Bug wird in zweifingerbreite längliche Stückchen geschnitten, und in 40 g Butter oder gutem Fett und etwas Wasser mit Zwiebel und gelber Rübe braun gedünstet bis es halbweich ist, wo man dann Zwiebel und gelbe Rübe herausnimmt. Jetzt wird ¾ l fette Fleischbrühe an das Fleisch gegossen, solches zum Feuer gesetzt, bei beginnendem Kochen 400 g Reis und etwas Salz beigefügt, das Ganze zugedeckt auf der heißen Herdplatte oder im Rohr drei Viertelstunden gedämpft und alsdann erhöht angerichtet, nachdem zuvor eine Messerspitze Cayennepfeffer daruntergerührt wurde.

Hammelrücken

Hammelrücken wird nach Belieben etwa 4 Tage in saure Milch eingelegt. Zubereitung wie Hammelschlegel, gespickt. Bratezeit 1½ Stunden. Zerlegen wie Kalbsrücken.

Hammelrücken, schottische Art

Man salze 1 Hammelrücken von 4 Pfund ein und lege ihn in eine Bratpfanne, in welcher man Speckscheiben, Wurzelwerk, Zwiebeln, Pfefferkörner mit 250 Gramm Butter gebraten hat. Dann gieße man ½ l Fleischbrühe über den Braten und lasse ihn 2½ Stunden darin schmoren. Nach und nach gieße man noch ¼ l saure Sahne daran. Nun nimmt man den Braten heraus, macht die Sauce mit ein wenig Mehl sämig, seiht sie durch und gießt sie über den Braten. Darauf häuft man schaumig geschlagenes Kartoffelpüree um den Rand und bäckt das Gericht ¼ Stunde in der Bratröhre, bis das Kartoffelpüree knusprig ist. Die Sauce wird in einer Sauciere dazu gegeben.

Hammelbug, gebraten

Der Bug wird, nachdem er ausgebeint, mit einem Tuch abgerieben, auseinandergelegt und mit Salz und Pfeffer bestreut, dann der Länge nach zusammengerollt, und, mit Bindfaden überbunden, in eine Kasserolle eingelegt. Hier kommen zwei Zwiebeln und eine gelbe Rübe, beides verschnitten, etwas gutes Bratenfett, ⅛ l Wasser und einige Pfefferkörner dazu, und so wird der Bug, gut zugedeckt, auf dem heißen Herd oder im Bratrohr zwei Stunden gedämpft, nach welcher Zeit die Sauce schön braun eingekocht sein wird. Man kehrt denselben nun noch darin um, wodurch er glaciert wird, nimmt ihn dann auf eine Platte heraus, und befreit ihn vom Bindfaden. Unterdessen wird ein Kochlöffel Mehl in gutem Fett schön braun geröstet, mit etwas Fleischbrühe saucenflüssig abgerührt, und nach Belieben ein Gliedchen Knoblauch beigefügt. Dies wird nun an die zurückgebliebene Sauce geschüttet, die Sauce noch einigemal aufgekocht, durch ein Sieb gegossen und abgefettet, dann ein Schöpflöffel voll über den Bug gegossen, die übrige extra dazu serviert.

Hammelschale, gedämpfte, mit Kukumern

Diese wird stark geklopft. Überhaupt ist bei dem Hammelfeisch zu bemerken, daß es mehr als anderes Fleisch geklopft weden muß. Hierauf wird sie mit Pfeffer und Salz eingerieben, in eine tiefe Pfanne gelegt, eine halbe Maß Wasser daran gegossen, und so lang gekocht, bis das Wasser beinahe eingekocht ist, dann auf Feuer langsam gelb gemacht. Inzwischen schält man 2 bis 3 Kukumern, schneidet sie zu Bröckelein, salzt sie ein wenig ein, und schneidet eine Zwiebel fein. Wenn das Fleisch auf beiden Seiten gelb ist, wird das herausgebratene Fett bis auf ein wenig abgegossen und so viel Mehl darüber gestreut, als zwischen 3 Fingern gefaßt werden kann. Die Kukumern drückt man fest aus, gibt sie nebst der geschnittenen Zwiebel an das Fleisch und dämpft sie gelb, gießt nach diesem 2 Eßlöffel voll Essig und einen Schöpflöffel Fleischbrühe daran, deckt die Schale zu, und dämpft sie vollends aus. Wenn sie mürb, und die Sauce kurz eingekocht ist, wird sie angerichtet. Hat sich wieder Fett herausgekocht, so wird sie beim Anrichten abgeschöpft, und wenn die Sauce rezenter sein sollte, ihr mit ein paar Eßlöffel voll Essig geholfen.

Hammelschlegel, gespickt

(Für 10–12 Personen). 2½–3 kg Schlegel, 60 g Speck, Salz, Pfeffer, 60 g Butter, 2 EL Mehl, Gelbrübe, Zwiebel, ¼ l sauren Rahm, Wasser oder Fleischbrühe

Der gut abgelagerte Schlegel wird gehäutet, alles Fett entfernt, mit feinen Speckstreifen gespickt, mit Salz und Pfeffer eingerieben. Nun gibt man das Fleisch in die heiße Butter, übergießt es damit, gibt Zwiebel, Gelbrübe, Mehl zu, läßt es etwas anbraten, stellt das Ganze in den Backofen und löscht, wenn das Mehl gebräunt ist, ab. Man übergießt den Braten öfter, auch mit dem Rahm, und läßt ihn 2–2½ Stunden braten.

Hammelschnitten (Steaks)

750 g Hammelschlegel, 50 g Butter, Salz, Pfeffer, 2 EL Madeira

Gut gelagerter Schlegel wird entfettet, in Scheiben geschnitten, geklopft, mit Salz und Pfeffer bestreut, in der heißen Butter 8 bis 10 Minuten gebraten. Nach Belieben nach 4 Minuten Zwiebelscheiben zugeben. Den Bodensatz mit Sauce ablöschen, Madeira zugeben. Oder wie Rostbraten zubereiten.

Hascheefarce

Von übrigem Kalbsbraten oder anderem fetten, gekochten, erkalteten Kalbfleisch wird 560 g fein gewiegt. Unterdessen weicht man zwei abgeschälte Semmeln in Wasser ein, drückt sie nach Durchweichtsein fest aus, und dämpft sie mit einem Eßlöffel feingeschnittener Zwiebel und ebensoviel Petersilie in 70 g Butter. Sie werden hernach in eine Schüssel geleert und hier mit dem Fleisch, Salz, Muskatnuß, feingewiegter Zitronenschale und vier Eiern gut abgerührt.

Hirtengulasch

250 g Rindfleisch, 250 g Hammelfleisch, 250 g Schweinefleisch, 80 g Butter, 3 Zwiebeln, 1 Knoblauchzehe, 1 EL Rosenpaprika, Salz, 1 TL Kümmel, 350 g Tomaten, 4 Paprikaschoten, 1/8 l saure Sahne

Gewürfeltes Fleisch in Butter anrösten, gehackte Zwiebeln und Knoblauch dazugeben, Paprika aufstreuen, kurz weiterrösten, wenig Wasser angießen und mit Salz und Kümmel bestreuen. Das Fleisch 40–50 Min. schmoren, dann geschnittene Tomaten und Paprikaschoten dazugeben, alles miteinander im geschlossenen Topf garen. Abschmecken, vom Feuer nehmen und die Sahne hineinrühren. Mit Reis und frischen Salaten zu Tisch geben.

Hodge-Podge

Man zerhackt 1 bis 1½ Kilogramm Lammfleisch (Rippenstück) in zierliche Stücke, klopft dieselben, bestreut sie mit Salz und gestoßenem Pfeffer, wendet sie in Mehl um, bratet sie in Butter schön gelbbraun und legt sie in eine Kasserolle. Zu der Butter, die vom Braten zurückbleibt, gießt man ½ bis ¾ l Bouillon, läßt alles zusammen aufkochen und gießt sie durch ein Haarsieb über das Fleisch. Dann fügt man 1 Liter gereinigte Teltower Rübchen dazu, sowie 2 gereinigte in Scheiben geschnittene Zwiebeln und das etwa noch fehlende Salz. Man läßt alles aufkochen, bis es weich ist und macht dann von ½ Eßlöffel Butter und ½ Eßlöffel Mehl ein braunes Schwitzmehl, fügt dasselbe zur Sauce, legt beim Anrichten das Fleisch in die Mitte der Gemüse und füllt die Sauce darüber.

Irisches Fleisch I

500 g Hammelfleisch, 500 g Kartoffeln, 500 g Weißkraut oder Wirsing, 250 g Gelbrüben, Zwiebel, Petersilie, etwas Lauch, Sellerie, Salz, Pfeffer

Das Fleisch wird in Würfel geschnitten, das Gemüse, die Kartoffeln in dickere Scheiben. In einen gut schließenden Topf gibt man eine Lage Gelbrüben, darauf abwechselnd Fleisch, gewiegte Zwiebel, Petersilie, Gewürze, die übrigen Gemüse, obenauf etwas Wasser oder Fleischbrühe, schließt den Topf gut, bringt das Ganze schnell zum Kochen und läßt es an der Seite vom Herd etwa 2 Stunden langsam weichdämpfen.

Irisches Fleisch II

500 Hammel- oder Schweinefleisch, 500 Kartoffeln, 1 kleiner Kopf Weißkraut, Zwiebel, Petersilie, Salz, Pfeffer

6 große Krautblätter leicht abwellen, eine Puddingform damit auslegen. Den Rest vom Kraut halb weichkochen, grob wiegen. Die in Würfel geschnittenen Kartoffeln mit kaltem Wasser zusetzen, einmal aufkochen, das Fleisch in Würfel schneiden. In die Puddingform gibt man lagenweise Fleisch, darauf Salz, Pfeffer, gewiegte Zwiebel, Petersilie, Kraut, Kartoffeln, obenauf etwas Fleischbrühe oder Gemüsewasser, schließt die Form gut und kocht den Pudding 1½–2 Stunden im Wasserbad. Beim Anrichten stürzen, mit Butter- oder Tomatensauce übergießen.

Jägerschnitzel

4 Kalbsschnitzel, Zwiebel, Petersilie, Salz, Pfeffer, 2 EL Mehl, 40 g Butter, Fleischbrühe, 4 EL Rahm

Dazu nimmt man dicke Schnitzel, klopft sie, macht in jedes Schnitzel mit einem scharfen Messer drei schräge Einschnitte, füllt diese mit gewiegter Zwiebel und Petersilie, legt das Fleisch darüber und streicht das Schnitzel mit dem Messer glatt. Kurz vor dem Braten bestreut man sie mit Salz und Pfeffer, wendet sie in Mehl, bratet sie in heißem Fett auf beiden Seiten, dreht die gefüllte Seite nach oben, löscht mit Rahm etwas Brühe ab und läßt zugedeckt etwa 20 Minuten dämpfen.

Jägerschnitzel, andere Art

4 Kalbsschnitzel, 1 kleine Zwiebel, Petersilie, Salz, Pfeffer, 250 g Pfifferlinge, ¼ l saure Sahne, ⅛ l Fleischbrühe, Stärkemehl

Die Schnitzel werden eingeschnitten und mit der geriebenen Zwiebel und feingehackten Petersilie gefüllt, mit Salz und Pfeffer gewürzt. In heißer Butter oder Margarine brät man die Schnitzel von beiden Seiten braun, nimmt sie aus der Pfanne und stellt sie warm. Die geputzten Pfifferlinge werden im Bratfett kurz gebraten und dann mit der Fleischbrühe aufgegossen. Bei schwacher Hitze dünstet man sie etwa 12 Minuten. Das mit wenig Wasser angerührte Stärkemehl und die

Sahne einrühren. Die Schnitzel werden in der Soße angerichtet und mit Spätzle und Salat serviert.

Jägerschnitzel, schwäbische

4 Kalbs- oder Schweineschnitzel, Salz, Pfeffer, Mehl, Fett, süße Sahne, 250 g frische Pfifferlinge, 1/2 Zwiebel, Petersilie.

Die Schnitzel salzen und pfeffern, in Mehl wenden und in heißem Fett kurz anbraten, wenden und bei geringer Hitze etwa 5 Minuten braten. Zwiebel in Butter dämpfen, geputzte Pfifferlinge hinzugeben, zu den Schnitzeln geben und mit Sahne übergießen. Mit Petersilie überstreut servieren.

Kaiserschnitzchen

Aus einem Kalbsschlegel werden handgroße, gut fingerdicke Stückchen geschnitten, diese mit stiftartig geschnittenen Trüffeln rundum gespickt und in die Mitte ein Champignon gelegt. Nun wird in eine Kasserolle Butter geschnitten, die Stückchen hineingesetzt, etwas Zitronensaft, ein Eßlöffel Madeira, ein kleiner Eßlöffel Vorratsauce oder Paradiesäpfelsauce beigefügt, und die Schnitzchen gut zugedeckt im Rohr weichgedämpft. – Werden mit Kompott oder Salat serviert.

Kalbfleisch, braunes

625–750 g Kalbfleisch, Bug, 40 g Fett, 50 g Mehl, Zwiebel, Salz, Pfeffer, 1 Nelke, 1/2 Lorbeerblatt, 2 EL Essig, 3 EL Wein, nach Belieben Tomatenmark

Das vorgerichtete Fleisch in 4–6 Scheiben schneiden, in heißem Fett anbraten, herausnehmen. In dem Fett das Mehl bräunen, Zwiebel zugeben, mit Wasser ablöschen, Essig, die Gewürze, Tomaten zugeben, aufkochen, das Fleisch zugeben, zugedeckt etwa 1 Stunde weichdämpfen. Beim Anrichten den Wein zugeben. Das Fleisch kann auch ganz bleiben.

Kalbfleisch-Brouillade

Man schneidet zweifingerbreite und etwas mehr als fingerlange Stücklein, klopft solche wohl, hackt 4 Lot gewaschene Sardellen, das Gelbe von 2 hartgesottenen Eiern, ein halbes Viertel grünen Speck oder in dessen Ermanglung soviel Rindsmark, etwas Petersilie und ein kleines Stück Brotbrosamen klein untereinander, nimmt es nebst Salz und Muskat in ein Geschirr, rührt es mit 3 Eigelb und dem Saft von einer Zitrone an, überstreicht die geklopften Stücklein damit, rollt sie alle zusammen, steckt sie an einen kleinen Spieß, bestreut sie mit Salz, wickelt ein Netz darüber und begießt sie fleißig mit Butter, daß sie langsam braten. Wenn sie fertig sind, wird das Netz abgenommen, die Brouillade auf eine Platte gelegt, eine Butter-Sauce mit Zitronensaft und Eigelb abgezogen und darüber angerichtet. Sie kann auch trocken als eine Neben-Platte zu großen Braten aufgestellt und mit Zitronen gegeben werden.

Kalbfleisch, eingemachtes

2 Pfund Kalbsbrust oder auch Bug, 2 l kochendes Wasser, 2 EL Salz, 1 Sträußchen Petersilie, 1 kleine Zwiebel mit 2 Nelken besteckt, 1 Lorbeerblatt, 1 Zitronenscheibe, 3–4 EL Wein, 1 TL Essig. – Zum Butterbeiguß: 40 g Butter, 60 g Mehl, ¾ l Kochbrühe, 1 Eigelb, 2 EL Rahm

Die Kalbsbrust wird gewaschen, mit kochendem Wasser übergossen und mit kochendem Wasser, dem man vorher zur Würze Salz, Petersilie, Zwiebel, Lorbeerblatt, Zitronenscheiben, Wein und Essig zugegeben hat, beigestellt und weichgekocht. (1 Std.) Unterdessen bereitet man von den angegebenen Zutaten einen weißen Butterbeiguß und läßt diesen mindestens ½ Std. kochen. Hierauf nimmt man die weichgekochte Kalbsbrust auf ein Fleischbrett, schneidet sie in handflächengroße Stücke, gibt sie dem Butterbeiguß bei und rührt das Gericht vor dem Anrichten mit Eigelb und Rahm ab.

Kalbfleisch, eingemachtes, andere Art

2 Pfund Kalbfleisch. Zum Dämpfen: 40 g Butter, 1 EL Salz, Prise Pfeffer, ½ l Fleischbrühe, 1 Sträußchen Petersilie, 1 Zitronenscheibe, 1 mit Nelken besteckte Zwiebel, ¼ Lorbeerblatt, 2–3 EL Wein. Zum Beiguß: 50 g Butter, 80 g Mehl, ¾ l Dämpf- und Fleischbrühe. Zum Abrühren: 2 Eigelb, 4 EL Rahm, 4 EL Wein

Kalbfleisch von der Brust wird in handflächengroße Stücke geschnitten und mit kochendem Wasser übergossen, damit es schön weiß wird. In einem gut glasierten Topf läßt man die Butter heiß werden, gibt das Fleisch nebst dem Salz, Pfeffer zu, dämpft es ¼ Std., gießt die Fleischbrühe darüber, würzt mit den angegebenen Zutaten und läßt das Fleisch weich dämpfen. (1 Std.) Von Butter, Mehl und der Dämpf- und Fleischbrühe bereitet man einen weißen Butterbeiguß, läßt diesen 1 Std. kochen, würzt mit Wein und rührt ihn mit Eigelb und Rahm ab. Sodann gibt man das Fleisch zu und bringt es im Beiguß bis vor das Kochen. Nach Belieben kann man zu eingemachtem Kalbfleisch auch Bug oder Schlegel verwenden.

Kalbfleisch, eingemachtes, mit Kapern

Ein Nierenbraten wird in handgroße Stücke zerhauen und davon jedes mit Salz und Pfeffer bestreut und in Mehl umgekehrt, dann in einer Kasserolle 70 g Speck oder Schmalz zerlassen, und die bestreuten Stücke nebst einer in Scheiben geschnittenen Zwiebel von beiden Seiten darin gelb gebraten. Nun werden zwei bis drei Schöpflöffel Fleischbrühe, ein Gläschen Wein, ein Lorbeerblatt, Zitronenschale, etwas geriebene Muskatnuß und zwei Eßlöffel Bratenbrühe darangegeben, und das Fleisch damit weichgekocht, welch' letzteres man dann auf der Platte anrichtet, die Sauce durchs Sieb darübergießt, und zuletzt zwei Eßlöffel Kapern samt ihren Saft darübergibt.

Kalbfleisch, eingemachtes, mit Petersilie

Es wird ein Stück Butter zerlassen, hierin zwei Eßlöffel feingeschnittene Petersilie und ein Eßlöffel feingeschnittene Zwiebel kurze Zeit geröstet, zwei bis drei Kochlöffel Mehl dazugetan, und dies mit Fleischbrühe saucenflüssig abgerührt. Darin gibt man sodann das in Stücke geschnittene und gewaschene Fleisch nebst einem Lorbeerblatt, etwas Muskatblüte oder Muskatnuß, Salz und einem Gläschen Wein oder einem Eßlöffel Essig und kocht es zugedeckt langsam weich.

Kalbfleisch, eingemachtes, mit Sardellen

Hierzu wird das Carré genommen, welches man in sogenannte Rippchen teilt, diese dann in eine Kasserolle oder einen Tiegel nimmt, ein Stück Butter nebst einer halben Zwiebel, etwas wenig Salz und Muskatnuß dazugibt und sie so zugedeckt, halbweich dünsten läßt, indem man etwas Fleischbrühe nachgießt. Nun werden 70 g gewaschene, ausgegrätete und fein verwiegte Sardellen dazugegeben und so das Ganze noch eine halbe Stunde gedünstet, dann streut man einige Eßlöffel Brotbröseln darüber, gibt noch etwas Fleischbrühe daran und läßt es noch so lange kochen, bis das Fleisch weich, doch nicht zu weich ist, alsdann wird es samt der Sauce angerichtet und mit kleinen Kartoffelkroketten oder Kartoffelnudeln zu Tisch gegeben.

Kalbfleischfarce

560 g Kalbfleisch, am besten vom Schlegel, wird gut geklopft, nach Abhäuten recht fein gehackt und inzwischen mit ⅛ l (½ Schoppen) Wasser bespritzt und darunter dann eine abgeriebene, in Milch geweichte und wieder ausgedrückte Semmel, 140 g feingewiegtes Nierenfett, zwei Eier, drei Eßlöffel Milch, Salz, Muskatnuß und feingewiegte Zitronenschale gerührt. – Auf *gewöhnlichere* Art bereitet man die Farce, indem man zwei Semmeln mehr und statt des Nierenfetts ebensoviel Butter oder sonstiges gutes Bratenfett nimmt, worin man das ausgedrückte Brot dann abdämpft.

Kalbfleisch, gebackenes

Vom Schlegel oder Bug ist dies am besten. Es werden fingerlange und dreifingerbreite Stücke geschnitten, mit dem Messerrücken wohl geklopft, in untereinander gemengtem Weißmehl, Pfeffer und Salz umgekehrt, und in heißem Schmalz saftig gebacken. Sobald sie ein wenig gelb aussehen, sind sie schon fertig, sonst werden sie hart. Aus dem Schmalz legt man sie auf eingeschnittenes Brot. Sie sind zu jedem Gemüse tauglich.

Kalbfleisch, gebraten

Ein beliebiges Stück Kalbfleisch wird mit einem Tuch abgewischt oder nötigenfalls schnell abgewaschen und hernach mit einem Tuch abgetrocknet, dann mit Salz und wenigem Pfeffer eingerieben und in eine Bratpfanne gelegt. Nachdem eine verschnittene Zwiebel und ein Stückchen Butter oder gutes Fett beigefügt, läßt man es im Ofen gelb anbraten, gießt alsdann etwas Wasser daran, und bratet das Fleisch unter öfterem Begießen mit seiner Sauce schön gelb und weich. Die Sauce wird durchgegossen und mit dem Braten zu Tisch gegeben. – Kann man auch auf diese Art in der *Pfanne* oder in der *Kasserolle* braten.

Kalbfleisch, geklopft

Von einer unteren Kalbsschale macht man dünne zweifingerbreite Stücklein, häutet sie rein, klopft sie breit, schneidet etwas Petersilie nebst einem Stückchen Zitronenschalen fein, legt auf eine Zinnplatte dünne Schnitten Butter, streut so viel Mutschelmehl, als zwischen 4 Fingern gefaßt werden kann, darauf, von der geschnittenen Petersilie und Zitronenschalen darüber, gibt Muskatblüte, ein wenig Salz und den Saft von einer halben Zitrone dazu, legt das geklopfte Fleisch darauf, bestreut es wieder mit dem oben angezeigten, schüttet einen kleinen Schöpflöffel Fleischbrühe daran, deckt es zu und stellt es auf die Kohl-Pfanne. In einer Viertelstunde ist es fertig. Ehe man die Platte zu Tisch bringt, wird die Sauce mit 2 Eigelb abgezogen, darüber gegossen, aber nicht mehr gekocht.

Kalbfleisch, geschmort

Eine Kalbskeule, Brust oder ein Stückchen von der Keule wird geklopft, blanchiert mit einem Stück Butter, einigen Lorbeerblättern, Zitronenschale nebst Zitronenscheiben und etwas Salz in einen weißkochenden Topf gelegt, Wasser und Wein darauf gegossen und, fest verschlossen, auf ein nicht zu rasches Feuer gesetzt. Sollte die Brühe zu früh abkochen, so muß etwas kochendes Wasser dazugefügt werden. Darauf wird sie kurz und gelblich braun eingekocht, während man durch häufiges Rütteln das Fleisch vor Anbrennen schützt und mit der Sauce so lange begießt, bis sie sämig geworden ist.

Kalbfleisch, gewickelt

Von einem Kalbsschlegel sschneidet man dreifingerbreite und etwas längere Stücklein, klopft sie, überstreicht jedes Stücklein mit zerlassener Butter, reibt ein kleines Stück schwarze Brotbrosamen auf dem Reibeisen, mengt eine kleingehackte Zwiebel, etwas Petersilie, Salz, Pfeffer, Muskat und Nelken darunter, bestreut die bestrichenen Stücklein von dem Vermengten, rollt jedes Stücklein gleich einer Wurst auf, legt sie in eine breite Pfanne, worin zerlassene Butter ist, streut das übrige Vermengte darüber, deckt es eine Viertelstunde zu, läßt es dämpfen, deckt es wieder auf und läßt die Würste erst gelb werden. Hierauf legt man sie auf eine Platte, gießt das Fett davon ab, einen halben Schoppen sauren Rahm daran und gibt ein paar Scheiben Zitronen hinein. Wenn dies ein wenig gekocht hat, wird es über die Würste angerichtet.

Kalbfleisch in Gelee

Man schneide das Vorderteil eines guten Kalbes in kleine viereckige Stückchen, wasche sie mit heißem Wasser und bringe sie mit 2 blanchierten Kalbsfüßen und Salz zum Kochen, gebe nach dem Abschäumen reichlich Weinessig, groben Pfeffer, Nelken, Nelkenpfeffer, einige Lorbeerblätter, auch, wenn man sie gerade hat, etwas Zitronenschale oder einige Stücke Muskatblüte hinzu und lasse das Fleisch langsam weichkochen, dann nehme man es heraus, koche die Brühe, wenn sie noch zu reichlich ist, mit den Kalbsfüßen etwas ein, doch nicht länger, bis sie kalt zu Gelee wird, rühre das schäumig geschlagene Weiße einiger Eier durch und lasse die Brühe durch einen Geleebeutel fließen. Das Fleisch wird nun in einige naßgemachte Geschirre gelegt und die Brühe darübergegossen.
Beim Anrichten wird eine Schale umgestürzt und die Sauce à la diable dazu gegeben. Zum längeren Erhalten des übrigen Geleefleisches dient, solches mit etwas Essig zu versehen und kühl und offenstehend aufzubewahren.

Kalbfleisch in Gelee à la Küstelberg

Man nimmt ansehnlich geschnittene Stückchen Kalbfleisch wie zum Frikassee, legt solche in einen hohen Steintopf, dazwischen Zitronenschale und ein wenig Nelkenpfeffer. Wenn der Topf gefüllt ist, streue man das nötige Salz darauf, übergieße das Fleisch mit einer Mischung von ⅔ Bieressig (braunem) und ⅓ Wasser und binde den Topf mit einer Blase fest zu. Darauf setze man denselben in ein mit Wasser gefülltes eisernes Gefäß und lasse es 3 Stunden kochen.
Es müssen sich zwischen dem Fleisch viele Knochenstückchen befinden und muß das Ganze nur lose in den Topf gelegt werden, damit sich Gelee bilden kann. Man gebe die Sauce à la diable oder Senf mit Zucker dazu. Als Beilagen sind Kopf- und Endiviensalat vorzüglich.

Kalbfleisch mit frischen Gurken

Man schneidet das Fleisch in kleine Stücke, wäscht es, legt es in eine Kasserolle, wirft etwas Salz, ein Stück Butter, etwas Muskatblumen und einige Zitronenscheiben dazu, gießt Fleischbrühe oder Wasser daran, worauf noch frisch geschälte und zerschnittene Gurken, die aber noch keine Kerne haben dürfen, hinzu kommen, und läßt es langsam schmoren, bis es weich ist. Dann gibt man noch etwas geriebene Semmel dazu und richtet es an.

Kalbfleisch mit Kapern und Rosinen

Sobald das Kalbfleisch rein abgewaschen worden ist, wird es mit kochendem Wasser zugesetzt, im Topf anfangs immer umgewendet; denn es legt sich sonst leicht an; und, ehe es anfängt recht zu kochen, gut abgeschäumt. Wenn es, gehörig gesalzen, eine Stunde gekocht hat, so ist es weich. Nun nimmt man zu einer Brühe für vier Personen ein halbes Pfund kleine Rosinen und 100 g Kapern. Wenn die Rosinen rein gewaschen und gelesen worden sind, so werden sie in einem kleinen Töpfchen mit ein wenig kaltem Wasser ans Feuer gesetzt und angequirlt; alsdann läßt man Fett oder Butter in einem Tiegel heiß werden und schmort geriebene Semmel darin. Sobald sie gelb ist, gießt man Kalbfleischbrühe daran, schüttet die Rosinen dazu und läßt es noch eine Weile zusammen kochen. Kurz vor dem Anrichten gibt man erst die Kapern dazu. Will man die Brühe herzhafter haben, so gießt man ein wenig Weinessig dazu oder drückt den Saft von einer halben Zitrone hinein, versüßt sie noch ein wenig mit grobem Zucker und richtet sie über dem Kalbfleisch an.

Kalbfleisch mit Wacholder

Man nimmt dazu ein Stück von der Brust, klopft und läßt es nach Gutdünken ganz, oder zerteilt es in Ragoutstücke, spült es ab und legt es einige Augenblicke in kaltes Wasser. Unterdessen setzt man in einem irdenen Geschirr auf 1 kg Kalbfleisch 1 Hühnerei dick frische Butter und 18 frische, zerschnittene Wacholderbeeren aufs Feuer, läßt die Butter gelb werden und legt das Kalbfleisch, ohne es abzutrocknen, mit etwas Salz bestreut in die Butter, deckt das Töpfchen fest zu und läßt das Fleisch 1¼ Stunden langsam darin schmoren, während es in dieser Zeit nur einmal umgelegt, aber oft gehoben werden muß, um es vor Ansetzen zu bewahren.
Hat man gerade eine angeschnittene Zitrone, so kann man beim Umlegen des Fleisches einige Scheiben dazugeben; übrigens wird man kein Gewürz vermissen und das Gericht wohlschmeckend finden.

Kalbfleisch, zu marinieren

Hierzu nimmt man einen Kalbsschlegel, häutet ihn rein, schneidet das Fleisch zu dreifingerbreiten und fingerlangen Stücklein stark messerrückendick, klopft die Stücklein, doch so, daß sie ganz bleiben, dämpft sie in einem breiten Geschirr ein wenig in Butter, sie dürfen aber ja nicht hart werden, legt sie dann auf eine Platte, spickt sie, wenn sie kalt sind, mit feingeschnittenem Speck wie einen Frikandeau, legt nach diesem alles in eine Kasserolle, gießt einen halben Schoppen Provence- oder sonst gutes Baum-Öl darüber, kocht das Fleisch ein wenig daran, aber ja nicht lang, damit es nicht hart wird, nimmt dasselbe aus dem Öl und läßt es erkalten. Es sind kleine Fäßlein in der Größe wie die Kukumern-Fäßlein dazu erforderlich. Man nimmt folgende geschnittene Kräuter: Basilikum, Rosmarin, Estragon, Lorbeerblätter, eine zu Scheiben geschnittene Zitrone, etwas verschnittene Muskatblüte, etlich grob geschnittene Zwiebel, welche zuvor in Provence-Öl gekocht werden müssen, etlich verstossene Nelken und etwas, nur wenig gestossenen Pfeffer, mengt dies alles nebst einem Eßlöffel voll Salz wohl untereinander, streut in den Boden des Fäßleins ein Geleg davon, gibt von dem Fleisch eine doppelte Lage darüber, wieder von dem untereinander gemengten darauf, drückt es so fest als möglich aufeinander und fährt damit fort, bis das Fäßchen voll ist, gießt dann guten Essig darüber, schlägt das Fäßchen fest zu, daß keine Luft hinein kann, und stellt es in den Keller. Es hält sich im heißesten Sommer 3 bis 4 Wochen. Sobald aber einmal ein Fäßchen aufgemacht ist, muß es nacheinander gebraucht werden, daher müssen es kleine Fäßlein sein. Man gibt es zu Rotkraut, Bohnen und zu allen Winter-Gemüsen. Auch wird auf großen Tafeln als eine Zwischenplatte oder als Saladier aufgesetzt.

Kalbfleischklops, Rundstückchen oder Eskalopps

2 Pfund schönes derbes Kalbfleisch, am besten aus der Keule, wird mit 250 g Speck oder 125 g Rindsmark und ebensoviel Nierenfett recht feingewiegt. Ebenso verfährt man mit einer Zwiebel, Schnittlauch, Petersilie, einem Kaffeelöffel voll Kapern, etwas Zitronenschale und ein wenig Estragon, läßt alles gut in Butter verschwitzen und gibt es zum gehackten Fleisch. Dann mischt man noch 2 Eier, einige eingeweichte und wieder gut ausgedrückte Semmeln und etwas Pfeffer und Salz darunter und formt aus der Masse 1 bis 2 cm dicke, runde oder längliche Koteletts, die man in Butter braun bratet. Die Buttersauce verdickt man mit etwas saurem Rahm und serviert die Koteletts zu verschiedenem frischen Gemüse. – Man kann die Eskalopps auch aus halb Kalb- halb Rindfleisch bereiten. Man wiegt das Fleisch mit dem Speck fein, gibt in Milch geweichte, gut ausgedrückte Semmel, 2 bis 3 Eigelb dazu und würzt mit Pfeffer, Salz und etwas Maggi. Die aus dieser Masse geformten und breitgedrückten Klößchen bäckt man in kochendem Fett schnell von beiden Seiten aus und gibt sie in eine flache Schüssel. Gewiegte Kräuter werden mit etwas dicken Rahm und Bouillon in die Buttersauce gegeben. Nachdem alles nochmals zusammen aufgekocht hat, füllt man die Sauce über die unterdessen heiß gestellten Klopse.

Kalbsfleischklößchen zu Frikassee

125 g Kalbfleisch, Salz, Pfeffer, 3 EL Sahne

Das Kalbfleisch dreht man zweimal durch den Fleischwolf, würzt es mit Salz und Pfeffer und mischt es mit der Sahne gut durch. Mit einem Teelöffel sticht man kleine Klößchen ab, läßt diese in kochendes Salzwasser gleiten und ca. 6 bis 8 Minuten gar ziehen.

Kalbfleischklößchen, feinere

125 g Kalbfleisch (ohne Knochen), 65 g Kalbsnierenfett, 1/20 l Wasser, 30 g Kartoffelmehl, 1/2 Ei und 1 Eigelb, 1/2 TL Salz, Prise Pfeffer, Muskat

Das mit 1 Teel. Wasser angerührte Kartoffelmehl gibt man in das kochende Wasser, kocht das Teiglein dick und glatt, streicht es auf einen Teller und gibt obendarauf ein wenig Butter, damit sich keine Kruste bildet. Nun treibt man das Fleisch, Nierenfett und Gewürz 3mal durch die Fleischmaschine, mengt den Mehlteig gut darunter, formt kleine Klößchen, die man 15 Min. in kochender Fleischbrühe ziehen läßt. Man kann diesen Teig auch in einen Spritzsack, der mit großer platter Tülle versehen ist, füllen und die Klößchen in eine mit Wasser ausgeschwenkte Kasserolle spritzen. Vor dem Anrichten übergießt man die so vorgerichteten Klöße mit kochender Fleischbrühe, läßt sie 15 Min. ziehen und verwendet sie zu Ragout, das man sich zum Füllen von Vol-au-vent u.dgl. zubereitet hat.

Kalbfleischragout von gefülltem Kalbfleisch

Man schneit aus einer Kalbskeule ungefähr 8 Pfund Fleisch, klopft es mürbe und schneidet es in handgroße Scheiben. Das Fleisch, welches abfällt, wird gebraten, mit Zitronenschale kleingehackt, mit 125 g Sardellen gewürzt und mit 3 bis 4 Eiern, etwas Weißbrot, zu einer Farce gemacht. Dann werden die Fleischstücke damit gefüllt, mit einem Bindfaden umbunden und langsam gebraten.

Zur Sauce nimmt man die Bratenbrühe, 30 g Morcheln, Kartoffelmehl oder Stärke und läßt das Fleisch darin noch einige Minuten dämpfen.

Kalbfleischrollen mit Schinken

4 Kalbsschnitzel, Salz, Pfeffer, 4 Schinkenscheiben, Zwiebel, Petersilie, 20 g Fett, hartgekochtes Ei, 1 EL Mehl, 40 g Fett, 4 EL Rahm, Wasser oder Fleischbrühe, nach Belieben 2 EL Wein

Schöne, dünne Kalbsschnitzel mit Salz und Pfeffer einreiben, Zwiebel, Petersilie dämpfen. Die Schnitzel mit dem Schinken belegen, darauf Zwiebel und Petersilie, dann ein Viertel der Länge nach geschnittenes Ei; aufrollen, umbinden, in Mehl wenden. Dann bratet man die Rollen in heißer Butter an, löscht mit Wasser etwas ab, stellt sie etwa 1 Stunde in den Backofen, übergießt öfters, auch mit dem Rahm. Beim Anrichten in Scheiben aufschneiden.

Kalbfleisch in einer Speck-Sauce

Hierzu werden Ripplein genommen, wohl geklopft, mit zerlassener Butter überstrichen, mit Pfeffer, Salz und Nelken bestreut, auf dem Rost gelb gebraten und während dem Braten öfters mit zerlassener Butter bestrichen, daß sie saftig bleiben. Hierauf hackt man ein Stücklein Speck und eine Zwiebel klein, röstet einen halben Löffel Mehl in einem Stücklein gelb, dämpft den geschnittenen Speck und Zwiebel wohl hinein, löscht ihn mit einem Löffel voll Fleischbrühe ab, gibt ein paar Scheiben Zitronen, ein Lorbeerblatt, ein wenig Muskat und das gebratene Fleisch dazu. Wenn es eine Weile gekocht und wenig Sauce mehr hat, wird es angerichtet.

Kalbsbraten

1000 g Kalbsschlegel, Salz, Pfeffer, 1 Zwiebel, Suppengrün, 1/8 l Sahne, Stärkemehl

Das Fleisch wird kurz gewaschen, trocken getupft und leicht geklopft, mit Salz und Pfeffer eingerieben. In heißem Schmalz brät man das Fleisch rundherum an, dann gibt man das zerkleinerte Suppengrün und die in Würfel geschnittene Zwiebel dazu und läßt sie mitrösten. Man gießt etwas heißes Wasser an und läßt das Fleisch im geschlossenen Topf garen. Hin und wieder muß mit heißem Wasser oder Fleischbrühe aufgegossen werden.

Die Sauce wird mit dem in der Sahne angerührten Stärkemehl gebunden und mit Salz und Pfeffer abgeschmeckt. Zum Kalbsbraten passen Salzkartoffeln, Teigwaren, Reis und Salat.

Kalbsbraten, aufgewärmter, auf Feinschmeckerart

Eine gut augebutterte Form legt man zuunterst mit dünnen Kalbsbratenscheiben aus, gibt darauf gehackte Petersilie und ebensolche Sardellen, dann kommt wieder eine Bratenschicht, wobei man auch etwas Rinderbraten mit verwenden kann, darauf legt man gereinigten Schnittlauch und Kapern und fährt auf diese Weise fort, bis alles zu Ende ist. Obenauf müssen Fleischscheiben zu liegen kommen. Man zerpflückt noch etwas Butter über dem ganzen Gericht, deckt es gut zu und läßt es im Wasserbad ¾ Stunde kochen. Dann tropft man den Saft einer Zitrone darüber, legt hartgekochte Eierviertelchen ringsum und in die Mitte einen Berg von Rührei; von außen schlägt man eine Serviette um die Form und bringt das Gericht in derselben recht heiß auf den Tisch.

Kalbsbraten in Buttermilch

Der Braten, zu dem sich sowohl Keule als Rücken eignen, wird 4 bis 6 Tage in Buttermilch gelegt, doch muß er ganz damit bedeckt sein und die Milch muß einmal erneuert werden, wodurch er sich frisch erhält; er darf aber nicht eher herausgenommen werden, bis man ihn aufs Feuer bringt. Er wird dann schnell abgespült, getrocknet, mit Salz eingerieben und auf Speckscheiben in die Bratpfanne gelegt. Dann gibt man hinzu: die nötige Butter, Abfälle von rohem Schinken und Kalbfleisch, einige Zwiebeln, Petersilienwurzeln, Möhren, Lorbeerblätter, etwas Basilikum und etwas kochendes Wasser und läßt ihn unter fleißigem Begießen 1 Stunde braten. Dann bestreut man ihn mit 1 Eßlöffel Mehl und bratet ihn völlig gar, während man ¼ l Sahne nach und nach hinzu gießt. Beim Anrichten wird die Sauce durch ein Sieb gerührt. Diese Zubereitung ist besonders auf dem Land zu empfehlen, wo man nicht immer gutes Fleisch haben oder bei einem selbstgemästeten Kalb das Fleisch in der Hitze nicht anders vor dem Verderben schützen kann. Auch kann man statt Buttermilch dicke saure Milch verwenden, obschon jene bei weitem den Vorzug hat.

Kalbsbraten, gebeizter

Hierzu kann man jedes beliebige Stück Kalbfleisch verwenden. Nachdem dasselbe über Nacht in der Beize gewesen, wird es mit Salz und Pfeffer bestreut in eine Bratpfanne gelegt, mit einem Stück Butter, wenigem verschnittenem Speck, einer verschnittenen Zwiebel und gelben Rübe und zwei Lorbeerblättern im Ofen gelb angebraten, hernach etwas Beize und Wasser darangegossen und das Stück unter öfterem Begießen gelb und weich gebraten. Kurz vor dem Anrichten rührt man einige Eßlöffel sauren Rahm an die Sauce, gießt diese dann durchs Sieb und gibt sie mit dem Braten zu Tisch.

Kalbsbraten, gespickter

750 g Kalbsfleisch, 30–40 g Speck, Salz, Pfeffer, 40 g Fett, Zwiebel, Gelbrübe, Wasser oder Fleischbrühe, 1/8 l sauren Rahm

Kalbfleisch vom Schlegel wird abgerieben, gehäutet, mit feinen Speckstreifen gespickt, mit Salz und Pfeffer eingerieben. In heißem Fett bratet man das Fleisch, unter öfterem Begießen, mit Zwiebel und Gelbrübe auf der unteren Seite braun an, übergießt mit Rahm und stellt den Braten in den Backofen. Ist der Rahm eingekocht, gibt man etwas Wasser oder Fleischbrühe zu und läßt den Braten, unter öfterem Begießen, etwa 1¼ Stunden weichbraten. Nach Belieben kann man auch das Fleisch wie Sauerbraten in eine Essigbeize legen. Oder man legt ihn einige Tage in saure Milch. Zubereitung wie gespickter Braten. Das Fleisch kann auch abwechselnd mit Speck, Sardellen und Essiggurkenstreifen gespickt werden.

Kalbsbraten, Grilladen von kaltem

Es werden vom Kalbsbraten fingerdicke Scheiben geschnitten, diese in Eier und Muskat getunkt, in gestoßenem Zwieback umgekehrt und in reichlich gelb gewordener Butter, indem man einige Körnchen Salz darüber streut, möglichst schnell auf beiden Seiten gelb gebraten und sogleich angerichtet.
Geschieht das Braten langsam, so werden die Grilladen trocken und hart, sonst aber, falls der Braten zart und saftig war, sehr wohlschmekkend.

Kalbsbraten im Ofen

Nachdem der Braten nach vorhergehender Art vorgerichtet ist, läßt man in einer Bratpfanne reichlich Butter, womit auch gutes Fett verbunden werden kann, zum Kochen kommen, legt, wenn man guten Speck hat, einige Scheiben hinein und den Braten, die runde Seite nach oben, darauf, stellt ihn in einen heißen Ofen und läßt ihn anfangs bei starker, dann bei mäßiger Hitze unter fleißigem Begießen, ohne ihn umzulegen, 1½ Stunden braten. Ein kleiner Braten aber darf nicht über 1¼ Stunden im Ofen bleiben, weil er sonst zu weich und trocken würde. Um zu verhüten, daß die Sauce nicht zu braun, gar brenzlig werden, kann nötigenfalls ein Stückchen Butter oder eine halbe Tasse kochendes Wasser seitwärts hinzugefügt werden.
Auch kann der Sauce durch 1 bis 2 Tassen guter süßer Sahne ein angenehmer Geschmack und schöne gelbbraune Färbung gegeben werden; man gieße sie ¼ Stunde vor dem Herausnehmen des Bratens hinzu. Ist derselbe angerichtet, so nimmt man etwas Fett von der Sauce, rührt das in der Pfanne Angesetzte mit etwas kaltem Wasser zusammen, wendet nötigenfalls etwas Stärke oder Kartoffelmehl an, versucht, ob Salz fehlt und läßt die Sauce gut durchkochen.

Kalbsbratenragout

Ein reichlicher Stich Butter oder Bratenfett wird mit einigen geschnittenen Zwiebeln gelbbraun gemacht, ein Küchenlöffel voll Mehl hinzugegeben und so lange gerührt, bis es gebräunt ist, sodann kommt hinzu: etwas Wasser und weißer Essig, einige Lorbeerblätter, etwas Nelkenpfeffer, in Stücke geschnittene saure Gurken, Zucker und Salz und zuletzt der in Stücke geschnittene Braten, die Knochen, ebenfalls in Stücke gehauen, dürfen nicht fehlen. – Zeit des Kochens ½ bis ¾ Stunde.

Kalbsbraten am Spieß

Man läßt den Braten in Beziehung auf die Hitze oder Kälte 1, 2 bis 4 Tage alt werden, schneidet die Rippen, falls derselbe 7½ bis 8 kg schwer ist, ganz weg, das Bein im Gelenk ab, doch so, daß von unten das Beinfleisch hängen bleibt, welches man über den Knochen biegt und dasselbe mit einem hölzernen Pfriem feststicht. Dann klopft man ihn gehörig, wäscht und trocknet ihn mit einem reinen Tuch ab. Wenn man den Braten zu füllen wünscht, so wird der Beinknochen herausgelöst, die Farce hineingefüllt und die Öffnung zugenäht. Dann reibt man ihn ringsumher mit feingemachtem Salz ein, bringt ihn an den Spieß und brät ihn nicht zu stark mit geschmolzener Butter unter fleißigem Begießen 1½ bis 2 Stunden.

Kalbsbraten im Topf

Man richte denselben vor wie Kalbsbraten am Spieß, mache in einem Topf Butter und Fett kochend heiß, füge nach Belieben auch einige Speckscheiben hinzu, lege den Braten hinein und lasse ihn offen an beiden Seiten gehörig gelb werden, während man ihn öfter hin und her schiebt, ohne hinein zu stechen. Dann gieße man ein paar Tassen kochendes Waser seitwärts hinein, decke den Topf fest zu und verfahre übrigens gleichfalls unter häufigem Begießen wie beim Ofenbraten, auch muß wie bei diesem die runde Seite im Topf nach oben ligen.

In Gegenden, wo zum Garwerden des Bratens Bratpfannen mit Glut üblich sind, wird derselbe vorher nicht gelb gemacht, sondern sogleich ein Deckel mit ausgebrannten Holz- oder Torfkohlen daraufgedeckt, von Zeit zu Zeit etwas Glut nachgelegt und dafür gesorgt, daß die untere Hitze nicht zu stark werde und die Sauce einen feinen Geschmack erhalte.

Kalbsbraten, in Würfel geschnitten mit Rosinen

Man schneide Kalbsbraten in kleine Würfel, lasse Butter gelb werden, etwas geriebenes Weißbrot oder Mehl darin gelb schwitzen, gebe Bouillon oder Wasser, Bratenbrühe, 1 Glas Wein, etwas Zitronenschale, Muskatblüte und Salz nebst reichlich Rosinen hinzu, lasse sie in kurzer Brühe weichkochen und den Braten nur darin heiß werden.

Kalbsbrust, Ausbeinen der

Es werden die Rippen unter den Knorpeln quer überschnitten und mit einem spitzigen Messer die Haut über ersteren der Länge nach durchgeschnitten, worauf man die Brust auf das Ende der Rippen stellt, die Brustknorpeln rückwärts drückt, und die Rippen, welche sich von selbst herausschieben, vollends herauszieht. Dann wird die Brust, nämlich der sogenannte Deckel, zwischen den Rippen und dem dicken Fleischigen der Länge nach durchgelöst und mit der Hand derart nachgeholfen, daß eine weite Öffnung und Höhlung entsteht, in welche hernach die Fülle kommt.

Kalbsbrust, gebacken

2½ Pfund Kalbsbrust. Zum Kochen: 3 l Wasser, 2 EL Salz, 1 Sträußchen Suppengrün, 1 Zwiebel, 1 Gelbrübe. Zum Backen: 1 TL Zitronensaft, 1 TL Salz, Prise Pfeffer, 3 Eiweiß, Weckmehl, Backfett, 1 Zitrone

Die Kalbsbrust wird gewaschen, entbeint und in die kochende Brühe gegeben, welche man vorher mit Salz, Suppengrün, Gelbrübe und Zwiebel gewürzt hat. Nach etwa ¾ Std., sobald das Fleisch fast weich ist, wird es herausgenommen, in handflächengroße, 1½ cm dicke Scheiben geschnitten und kalt gestellt. Kurz vor Gebrauch wird es mit Zitronensaft beträufelt, gesalzen und gepfeffert und mit Eiweiß und Weckmehl paniert. In einer Bratpfanne läßt man Fett heiß werden, gibt die Kalbsbrustscheiben hinein und läßt sie auf beiden Seiten goldbraun backen. Backzeit 8 Min. Beim Anrichten belegt man sie mit Zitronenschnitzen und serviert Salat oder auch ein Gemüse wie Gelbrüben, Kohlrabi und dgl. dazu.

Kalbsbrust, gefüllte

2 Pfund Kalbsbrust, 1 EL Salz, Prise Pfeffer. Zur Fülle: 2 trockene Brötchen, 2 Eier, ⅛ l Milch, 1 TL Salz, Prise Pfeffer, Muskat, 1 EL fein verwiegte Petersilie und Zwiebel, 20 g Butter. – Zum Braten: 60 g Fett, 1 Zwiebel, 1 Gelbrübe, ¼ l Fleischbrühe, ⅛ l Rahm

Die Kalbsbrust wird gut abgerieben, durch vorsichtiges Herauslösen von Knochen und Knorpeln befreit und zwischen der ganzen Brust entlang eine Öffnung zum Füllen gerichtet, welche man mit Salz und Pfeffer ausreibt. Sodann werden die trockenen Brötchen in 1 cm große, gleichmäßige Würfel geschnitten, mit Salz bestreut, mit der kochenden Milch begossen und gut zugedeckt. Nach ½ Std. gibt man möglichst vorsichtig, damit die Würfel ganz bleiben, die verquirlten Eier, sowie in Butter gedämpfte Zwiebeln und Petersilie darunter, füllt die Masse in die Kalbsbrust und näht sie gut zu. In einer Bratpfanne läßt man das Fett heiß werden, gibt Gelbrübe, Zwiebel und die mit Salz und Pfeffer eingeriebene Brust hinein und brät sie auf allen Seiten braun an. Sodann stellt man sie in den Backofen, gibt, wenn nötig von Zeit zu Zeit wenig Fleischbrühe zu und läßt den Braten unter fleißigem Begießen ¼ Std. braten. Man muß sehr darauf achten, daß die Hitze nicht zu stark auf die Brust wirkt, da diese leicht berstet. Beim

Anrichten wird der Beiguß entfettet und mit angerührtem Mehl oder Rahm sämig gemacht. Als Gemüsezugabe eignen sich Gelbrüben, Schwarzwurzeln, Kohlrabi und dgl.

Kalbsbrust, gefüllt (Bayerische Art)

1 kg Kalbsbrust, Salz, Pfeffer, Zitronensaft. Fülle: 2 Brötchen, 1/8 l Milch, 2 Eier, Zwiebel, Petersilie, 30 g Fett, Salz, Pfeffer, Muskat, 125 g gehacktes Kalbfleisch, 50 g gekochten, in kleine Würfel geschnittenen Schinken, Zwiebel, Gelbrübe, Lauch, Sellerie. Die Fülle wird gemacht wie im Grundrezept, außerdem Kalbfleisch und Schinken zugegeben

Die vollständig ausgebeinte Brust wird mit Salz, Pfeffer, Zitrone eingerieben, die Fülle daraufgegeben, von der Mitte aus zugenäht. Dann wickelt man die Rolle fest in ein gebrühtes Tuch und bindet dies oben und unten zu. Die Knochen werden zum Kochen gebracht, Salz, das Suppengrün, die Rolle zugegeben, zugedeckt etwa 1½ Stunden gekocht. Die Rolle läßt man im Tuch etwa 10 Minuten verkühlen. Die Rolle wird in schöne Scheiben aufgeschnitten, mit etwas Fleischbrühe übergossen und mit Meerettich-, Gurken-, Tomaten-, Kapern-, Sardellensauce zu Tisch gegeben.

Kalbsbrust, gestovte, als Voressen

Die Kalbsbrust wird gut geklopft, gewaschen, mit einem Tuch abgetrocknet, mit Salz eingerieben, mit etwas Mehl bestäubt und in kochendheißer Butter an beiden Seiten langsam gelb gemacht, während der Topf fest zugedeckt wird. Dann gieße man seitwärts so viel kochendes Wasser hinzu, daß das Fleisch zur Hälfte bedeckt wird und fügt eine kleingeschnittene Petersilienwurzel, auch nach Belieben eine Handvoll gut gereinigter Champignons oder 1 bis 2 Untertassen voll Skorzonere hinzu. Man lasse dies etwa 1½ Stunden langsam schmoren, gebe ¼ Stunde vorher etwas gestoßene Muskatblüte, einige Zitronenscheiben an die Sauce, auch, wenn sie nicht sämig genug sein möchte, etwas gestoßenen Zwieback, rühre beim Anrichten 1 bis 2 Eidotter mit etwas kaltem Wasser hinzu und garniere die Schüssel mit Klößchen.

Kalbsbrust mit grüner Fülle

Wenn die Brust hergerichtet, füllt man sie mit folgender *Fülle*: Es wird zwei Handvoll von den starken Stielen abgestreifter Spinat, eine Handvoll Petersilie und ebensoviel junges Zwiebelrohr gewaschen und ganz fein verwiegt, dann 70 g Butter zerlassen und darin das verwiegte Grüne, nachdem zuvor der Saft mit den Händen ausgedrückt wurde, abgedämpft. Unterdes werden drei gestrige, abgeriebene Semmeln in halb Wasser, halb Milch geweicht, nach einigen Minuten wieder ausgedrückt und mit dem abgedämpften Grünen auf dem Feuer noch etwas abgerührt, dies nun in eine Schüssel genommen, Salz, Muskatnuß und vier Eier beigefügt, das Ganze, wenn es zuvor noch ein wenig abgerührt, dann in die Brust eingefüllt und diese gebraten. Schönere Farbe erhält die Fülle, wenn man die wie oben behandelten Semmeln allein in Butter dämpft und dann erst das angegebene, feingewiegte Grüne nebst Salz, Muskatnuß und Eiern beifügt. – Nach Belieben kann man auch ein Stückchen feinverwiegten *Braten* unter die Fülle mengen.

Kalbsbrust mit süßer Fülle

Bereitet man wie Kalbsbrust, nur gibt man unter die Fülle 35 g große und ebensoviel kleine gewaschene Weinbeeren, einen halben Kaffeelöffel Zitronenschale und einen Eßlöffel Zucker, und läßt dafür Muskatnuß und Schnittlauch oder Petersilie weg, auch wird die Brust nicht zu stark gesalzen.

Kalbsbrust, gespickt und gedämpft

Eine schöne Kalbsbrust wird ausgebeint, einige Minuten in siedendes Wasser gelegt, damit sich das Fleisch zusammenziehe und dann eine Viertelstunde in kaltem Wasser abgekühlt. Nachdem sie aus diesem herausgenommen und abgetrocknet, wird sie etwas gehäutet, mit ein wenig Salz und Pfeffer bestreut und auf der oberen glatten Seite mit feingeschnittenem Speck schön gespickt. Hernach gibt man 70 g Butter, einige Speckscheiben, eine halbe zerschnittene gelbe Rübe, einen halben Selleriekopf, eine mit drei Nelken gespickte Zwiebel, ein Lorbeerblatt und einen halben Schöpflöffel Fleischbrühe in eine Kasserolle, legt die Brust darauf und läßt sie gelb anbraten, nimmt sie sodann heraus und rührt zwei mit einem Schöpflöffel Fleischbrühe und ¼ l Wein abgerührte Kochlöffel Mehl in den zurückgebliebenen Saft. Die Brust wird jetzt in diese Sauce gegeben und zugedeckt darin weichgekocht, letztere dann etwas abgefettet, und ein kleiner Teil durchs Sieb auf die Platte gegossen, die Brust hineingelegt, mittels eines Pinsels oder Löffels mit warmer Glace oder dick eingekochter Bratensauce überstrichen, so zu Tisch gebracht, und die übrige Sauce in einer Sauciere extra dazu aufgestellt. – Nach Belieben kann man einen Kranz von Butterteig über den Plattenrand legen oder Butterteigblümchen darauf ordnen, und die Brust mit fein länglich geschnittener Zitronenschale überstreuen. Auch kann man jede Art Klößchen hierzu entweder besonders servieren oder den Rand der Platte damit belegen.

Kalbsbrust, gespickt mit Reis

Die Kalbsbrust wird, nachdem sie ausgebeint ist, mit vielem kaltem Wasser zum Feuer gesetzt, bei beginnendem Kochen abgeschäumt und nun eine halbe Viertelstunde gekocht, hernach ins kalte Wasser gelegt, gewaschen und abgetrocknet. Dann häutet man sie etwas ab, spickt sie auf der oberen Seite, legt sie in eine Kasserolle, worin eine Speckscheibe, eine zerschnittene Zwiebel, eine Scheibe von einer gelben Rübe, ebensoviel Sellerie, ein Lorbeerblatt, eine Zitronenschale, ein wenig Knoblauch oder Thymian, etwas Salz und Pfeffer, ein Glas Wein und ein Schöpflöffel Fleischbrühe gegeben wurde, und läßt sie zugedeckt eine Stunde langsam weichdünsten, worauf man sie herausnimmt und zugedeckt warmstellt. Der zurückgebliebene Saft wird dick bis zur Glace eingekocht, dann abgefettet, mit einem halben Schöpflöffel Fleischbrühe oder Wasser wieder aufgelöst, und die Brust mit dieser aufgelösten Sauce auf der gespickten Seite glasiert. Unterdes dämpft man Reis, legt zwei bis drei Schöpflöffel davon auf eine tiefe Platte und auf diesen Reis dann die glasierte Brust. Die übrige Sauce, mit etwas Fleischbrühe verdünnt, wird durch ein Sieb gegossen und extra dazu serviert.

Kalbsbrustknorpeln, gebacken, in Paradiesäpfelsauce

Man verwendet hierzu auch das sofort mit den Knorpeln weichgekochte, ausgebeinte Fleischige der Brust, welches in Stücke geschnitten wird, die in Größe denen der Knorpeln gleich sind. Letztere und die Fleischstückchen werden nun mit Salz und Pfeffer bestreut, in Mehl und hierauf in verklopftem Ei umgekehrt, mit Semmelbröseln bestreut, und aus heißem Schmalz gelb gebacken. Dann wird eine Paradiesäpfelsauce auf die Platte gegossen, die gebackenen Knorpeln und Fleischstückchen im Kranz hineingelegt und das Ganze sogleich aufgetragen. – Werden, nachdem sie gebacken sind, bisweilen mit gebakkener Petersilie verziert und als Gemüsebeilage gegeben.

Kalbsbrustknorpeln, weißeingemacht, mit abgekochtem Blumenkohl

Die Knorpeln werden hergerichtet und in der Einmachsauce gekocht wie vorige, dann im Kranz auf die Platte angerichtet, und der abgekochte Blumenkohl so in die Mitte geordnet, daß er einen ganzen Kopf bildet, worauf man noch zwei Eigelb, die mit etwas zerlassener Butter und etwas Zitronensaft verrührt wurden, unter die Sauce rührt, diese durch ein Sieb über das Ganze gießt und solches dann an der Seite mit Butterteigblümchen oder Fleisch- oder Brotklößchen besetzt.

Kalbsbrustknorpeln, weißeingemacht, mit gebackenem Blumenkohl

Nachdem die Brust ausgebeint, wird sie gewaschen und in kaltem Wasser zum Feuer gesetzt, hier gelassen bis sie gehörig abgeschäumt ist, dann herausgenommen, mit kaltem Wasser abgewaschen, und in Fleischbrühe oder Salzwasser mit einer gelben Rübe, einer Sellerie, einem Lorbeerblatt und einer mit drei Nelken gespickten Zwiebel weichgekocht, worauf man sie aus dem Sud nimmt, mit einem Tuch abtrocknet und zum Erkalten stellt. Nun schneidet man mit einem scharfen Messer der Länge nach den Brustkern oder die Brustknorpeln ab, so daß dieselben gut fingerlang sind, und zwar hält man dabei das Messer schief gegen die innere Seite der Brust, damit so wenig als möglich von den Knorpeln zurückbleibt. Diese werden jetzt schief in schöne fingerdicke Scheiben geschnitten, welche man noch in einer weißen Einmachsauce kocht, dann schneckenartig auf der Platte anrichtet, die Sauce durchs Sieb darübergießt und in die Mitte gebackenen Blumenkohl legt.

Kalbsfrikassee

500 g Kalbfleisch von Hals und Brust, 1 Nelke, 1 Lorbeerblatt, ½ Glas Weißwein, 3 EL Sahne, Suppengrün, einige Pfefferkörner, 2 EL Mehl, 40 g Butter oder Margarine, Pfeffer, Zitronensaft, 1 Prise Zucker, 1 Eigelb

Das Kalbfleisch schneidet man in Würfel und läßt es zusammen mit den Gewürzen etwa 35 Minuten in kochendem Salzwasser ziehen. Nach dieser Zeit fügt man das geputzte, zerkleinerte Suppengrün dazu und gart weitere ca. 30 Minuten.
Aus Butter oder Margarine und Mehl bereitet man eine helle Mehlschwitze, die man mit etwas Kochbrühe und dem Wein aufgießt. Wenn die Sauce gründlich durchgekocht ist, gibt man das Fleisch hinein und läßt es heiß werden. Abschmecken und mit dem mit Sahne verquirlten Eigelb legieren.
Nach Belieben kann man das Frikassee mit Spargelstückchen, Pilzen oder Fleischklößchen verfeinern. Dazu paßt körnig gekochter Reis und Salat.

Kalbsfrikassee, andere Art

Eine feingehackte Zwiebel wird in reichlich Butter gelb geschwitzt, das in kleine Stücke geschnittene Fleisch nebst etwas Mehl eine Weile darin geschmort, mit kochendem Wasser zur Hälfte bedeckt, Salz, ganzer Pfeffer, Nelkenpfeffer, 1–2 Lorbeerblätter und etwas wenig in Würfel geschnittene Senfgurken, in Ermanglung einige Zitronenscheiben, hinzugefügt (das Frikassee darf davon nicht sauer werden) und das Fleisch gar, aber nicht zu weich gekocht.

Kalbsfrikassee, Berliner

1,2 kg Kalbsbrust, 1 Mohrrübe, 1 Zwiebel, 1 kleines Stück Sellerieknolle, 6 Pfefferkörner, 1 kleine Kalbsmilch; ½ kleiner Blumenkohl, 200 g Morcheln, 2 EL Butter, 1 großer EL Mehl, 2 Eigelb, ¼ Tasse Sahne, 1 kleines Glas Weißwein, ½ Zitrone, Spargelstücke, 2 EL Kapern

Die Brust von den Knochen befreien oder gleich vom Schlachter auslösen lassen. In Stücke von 50–60 g schneiden, in heißem Wasser ansetzen, nach dem Aufkochen abschäumen, das Wurzelwerk und die Pfefferkörner hinzugeben, leicht salzen und bei kleiner Hitze garkochen. Die Kalbsmilch wässern, überbrühen und gesondert dünsten. Die Morcheln, den in Röschen geteilten Blumenkohl, einige Spargelstücke dünsten, abgießen und warm stellen. Sobald das Fleisch gar ist, von der Butter und dem Mehl eine helle Schwitze bereiten, den größten Teil der passierten Brühe unter Rühren hinzugießen, mit Weißwein und der dünn abgeschnittenen Zitronenschale zu einer schmackhaften Sauce verkochen. Den Topf vom Feuer nehmen und die Sauce mit dem mit der Sahne verquirlten Eigelb binden und mit Zitronensaft abschmecken. Das abgetropfte Fleisch in einer tiefen Schüssel anrichten und mit der in Scheiben geschnittenen Kalbsmilch belegen. Darüber die Morcheln, den Spargel und die Blumenkohlröschen geben, mit der Sauce übergießen und mit Kapern bestreuen.
Man kann die Kalbsmilch und die Gemüse weglassen, dann ist das Frikassee aber nicht mehr nach alter Berliner Art.

Kalbsfrikassee mit Blumenkohl

Man bereitet ein Kalbsfrikassee. Zugleich kocht man in kleine Stücke geschnittenen Blumenkohl in Wasser und Salz *langsam* gar und legt ihn behutsam auf ein Sieb, damit das Wasser abfließe und derselbe ein schönes Ansehen behalte. Dann richtet man das Fleisch in der Mitte der Schüssel an, legt den Blumenkohl zugleich ringsherum, die Blumen nach oben und gibt über die angerichtete Schüssel die reichlich lange, kräftige und recht sämige Frikasseesauce.

Kalbsfrikassee mit Midderklößchen

Man kocht ein feines Kalbfleischfrikassee ohne Midder und Saucischen, macht Midderklößchen, kocht sie in Fleischbrühe und legt sie in das fertige Frikassee.

Kalbsfrikassee mit Sellerieknollen

Nachdem das Fleisch (die Brust- und Rippenstücke eignen sich am besten dazu) in passende Stücke zerlegt und blanchiert ist, wird ein reichlicher Stich Butter mit einigen Zwiebeln durchgeschwitzt, sodann das Fleisch hinzugegeben und eine Weile geschmort, darauf zur Hälfte mit kochendem Wasser bedeckt, gesalzen und langsam gekocht, nachdem zuvor noch eine in 4 Teile geschnittene Sellerieknolle oder in Stücke geschnittener Spargel hinzugegeben worden sind. Vor dem Anrichten wird die Sauce mit einigen feingestoßenen Zwiebäcken recht sämig gemacht. – Zeit des Kochens 2 Stunden.

Kalbsfrikassee mit Schwarzwurzeln oder Spargel

Man schneide aus der Brust oder dem Rippenstück kleine passende Stücke, schwitze sie mit etwas Mehl in heißgemachter Butter bei einmaligem Umlegen ¼ Stunde und gieße so viel kochendes Wasser hinzu, daß das Fleisch zur Hälfte bedeckt wird. Dann gebe man ebensoviel gereinigte und in Stücke geschnittene Schwarzwurzeln, als man Fleisch hat, mit etwas Salz, Muskatblüte und einem Stück Butter hinzu, oder etwas später vorher abgekochten Spargel und lasse beides miteinander mürbe werden. Zuletzt schneide man einige Zitronenscheiben nach Entfernen der Kerne in die Sauce und rühre sie mit 1 bis 2 Eidottern ab. Dieselbe muß reichlich und sämig sein.

Kalbsfrikassee, Stettiner, mit Krebsen

Man koche das Frikassee nach vorhergehender Vorschrift, gebe aber statt der bemerkten Zutaten 1/4 Stunde vor dem Anrichten Morcheln, Muskatblüte und in Butter gelb geschwitztes Mehl hinzu, nehme alles Fett von der Sauce und lasse sie beim Hinzutun von reichlich Krebsbutter noch ein wenig kochen. Beim Anrichten lege man vorgerichtete Krebsschwänze in die Sauce und rühre sie nach Belieben mit 1–2 Eidottern ab.

Kalbsfuß, andere Art in einer Butter-Sauce

Wenn sie im Wasser weich gesotten, und die Beine davon sind, verkleppert man 3 bis 4 Eier, kehrt die Füße darin um, bäckt sie gelb im Schmalz, gibt einen Schöpflöffel voll gute Fleischbrühe in eine Pfanne, ziemlich zart gehackte Petersilie, Muskatblüte und den Saft von einer halben Zitrone dazu, verknetet 4 Lot frische Butter mit einem kleinen Löffel Mehl und rührt es langsam an die Fleischbrühe. Sobald es ein wenig egekocht hat, verrührt man 3 bis 4 Eigelb, gießt die gekochte Sauce unter beständigem Rühren langsam daran, kehrt die Kalbsfüße schnell darin um und richtet sie an.

Kalbsfußfrikassee

Sind sie weich gesotten und die Beine davon, so schneidet man das Fleisch der Länge nach ganz klein, eine Zwiebel, ein wenig Petersilie und etwas Zitronenschalen ebenfalls fein, gibt ein Stücklein Butter in eine Pfanne, das Geschnittene hinein, streut so viel Mehl, als zwischen 4 Fingern gefaßt werden kann, nebst Muskat und Salz darüber, rüttelt es ein wenig, schüttet einen Löffel voll gute Fleischbrühe daran und verrührt 2 Eigelb nebst dem Saft von einer halben Zitrone. Wenn die Füße vom Feuer weg sind und nicht mehr kochen, gießt man die Eigelb daran und richtet gleich an.

Kalbsfußragout

Wenn sie im Salzwasser weich gesotten sind, gibt man die größten Beine davon, macht ein kleines Stück frisches Rindschmalz in einer Pfanne heiß, röstet eine Handvoll Brotbrosamen und ein wenig kleingeschnittenen Rokambole oder Knoblauch gelb darin, gibt einen Löffel Fleischbrühe daran, ein wenig Pfeffer, Ingwer, Muskat und Salz dazu, die ausgebeinten Füße dazu und kocht sie eine halbe Stunde. Nach diesem streut man noch eine Handvoll zart gehackte Petersilie darauf und richtet sie gleich an.

Kalbsfüße, andere Art

Von einem halben Schoppen oder etwas mehr süßer Milch kocht man einen gebrühten Teig, trocknet ihn mit einem Stücklein Butter auf, läßt ihn ein wenig in einer Schüssel erkalten und rührt 5 bis 6 Eier, eines nach dem anderen, hinein. Der Teig muß in der Dicke wie ein Strauben-Teig sein und ein wenig gesalzen werden. Wenn die Kalbsfüße im Salzwasser recht weichgekocht, und die stärkste Beine davon sind, werden sie in dem Teig umgekehrt und im Schmalz langsam gebacken. Man muß sie fleißig im Schmalz rütteln, daß sie auflaufen und sich nicht an der Pfanne anhängen. Sobald sie auf beiden Seiten gelb sind, werden sie auf geschnittenes Brot gelegt und warm aufgestellt.

Kalbsfüße, eingemachte

Man siedet die gespaltenen, von den Rohrbeinen abgezogenen Kalbsfüße in Salzwasser weich, beint sie dann so viel als möglich aus, und schneidet jeden halben Fuß in zwei Teile. Nun wird in 70 g zerlassener Butter zwei bis drei Kochlöffel Mehl weiß geröstet, ein Eßlöffel verschnittene Zwiebel und ebensoviel Petersilie beigegeben, dies mit Fleischbrühe saucenflüssig abgerührt, Salz, Muskatnuß, eine Zitronenschale, ein wenig Safran und dann die Füße dazugetan, und das Ganze noch eine Viertelstunde aufgekocht. Vor dem Anrichten schärft man mit dem Saft einer halben Zitrone oder einem Eßlöffel Essig ab.

Kalbsfüße, eingemachte, bessere Art

Die wie vorige hergerichteten Kalbsfüße werden in Salzwasser mit einem Lorbeerblatt, einer mit drei Nelken besteckten Zwiebel, einer halben Sellerie, einer halben gelben Rübe und einem Stückchen Butter kernig weichgekocht, dann ausgebeint, jeder halbe Fuß in der Mitte geteilt, die Teile beliebig geformt, hernach in einer weißen Einmachsause, welche mit etwas Zitronensaft oder Essig, am besten Estragonessig, abgeschärft wurde, aufgekocht und auf eine Platte oder in eine offene Butterpastete angerichtet.
Ein Stückchen fettes Fleisch mit den Kalbsfüßen im Salzwasser gekocht, macht diese sehr mild.

Kalbsfüße, gebackene

3 Kalbsfüße, 1/8 l Wein, 1 TL Salz, Prise Paprika, 2 Eiweiß, Weckmehl, Backfett

Die nach dem Kochen des Fleischgelees von den Kalbsfüßen gelöste Haut wird einige Stunden zwischen nassen Brettern gepreßt. Sodann schneidet man verschobene Vierecke davon, etwa 5–6 cm groß, mariniert dieselben etwa 2 Stunden in Rotwein, Salz und Paprika, wendet sie in Eiweiß und Weckmehl um und bäckt sie schwimmend in heißem Fett auf beiden Seiten goldbraun. Beim Anrichten garniert man mit Zitronenschnitzen und Petersilie und serviert sie mit Salat. (Backzeit: 10 Min.)

Kalbsfüße, gebackene, andere Art

Nachdem die gespaltenen, von den Rohrbeinen abgezogenen Kalbsfüße in Salzwasser mit einem Lorbeerblatt, einer mit einigen Nelken besteckten Zwiebel und einer Sellerie weichgekocht, werden sie herausgenommen und so viel als möglich ausgebeint, dann in halbfingerlange Stückchen geschnitten, mit Salz und Pfeffer bestreut, in verrührtem Ei und einer Mischung von Brot- und anderem Mehl oder in einem Backteig oder einem leichten gebrühten Teig umgekehrt, und aus schwimmendem heißem Schmalz gelb gebacken.

Kalbsfüße, gebacken (Bayern)

Kalbsfüße, Salz, Essig, Suppengrün, Lorbeerblatt, Nelke, 1 Ei, Brotbrösel, Schmalz

Die Kalbsfüße werden in kaltem Wasser aufgesetzt, etwa fünf Minuten gekocht und dann wieder in kaltem Wasser abgekühlt. Nun muß jeder Kalbsfuß ausgebeint werden, wozu man ihn auf beiden Seiten bis auf die Knochen durchschneidet. In Wasser, das etwas gesalzen und mit einem Zusatz von Essig versehen ist, werden sie nun zusammen mit Suppengrün, einem Lorbeerblatt und einer Nelke gekocht, bis sie weich sind. Da sie gerne einschrumpfen und dann sehr unansehnlich werden, preßt man die Füße leicht zwischen zwei Brettchen. Sobald sie erkaltet sind, werden sie, soweit nötig, gesalzen und gepfeffert, in Mehl und nachher in Ei und Brotbrösel umgedreht und in Schmalz goldgelb gebacken.

Kalbsfüße, gebacken à la Geistensterz

Die Kalbsfüße werden in Wasser, Essig nebst Salz, Zitrone, Pfefferkörnern, Nelken, gelben Rüben, Sellerie und Lorbeerblättern weichgekocht, von den Knochen abgelöst, in Ei und geriebenem Weißbrot umgedreht und in heißer Butter gelb gebacken. Mehl und Butter wird dann mit Zwiebeln braun geröstet, von der Brühe, worin die Füße gekocht sind, sowie auch etwas Essig, roter Wein, Senf, geschnittene Gurken oder Kapern hinzugegeben und dies zusammen 1 Stunde gekocht. Beim Anrichten werden die Kalbsfüße auf der Schüssel in die Sauce gelegt.

Kalbsgeschnetzeltes

500 g geschnetzeltes Kalbfleisch von der Keule, 1 EL Mehl, 1 Zwiebel, 40 g Butter, 1/8 l Weißwein, 3/8 l Sahne, Salz, Pfeffer

Die feingewürfelten Zwiebelstückchen im heißen Fett glasig dünsten, die mit Mehl bestäubten Fleischscheiben zufügen und kurz anbraten. Weißwein und Sahne darübergießen und das Fleisch bei geringer Hitze ca. 10 Minuten garen. Vor dem Anrichten mit Salz und Pfeffer würzen.

Kalbsgulasch

625 g Kalbfleisch, Bug, 40 g Butter, Zwiebel, Knoblauch, 30 g Mehl, Salz, Pfeffer, 1 EL Essig, 2 EL Wein, Bratensauce, 1 Nelke, 1 Lorbeerblatt

Das Fleisch in Würfel schneiden. In heißem Fett dämpft man die Zwiebel, die kleingehackte Knoblauchzehe und das Fleisch leicht braun, streut das Mehl darüber, röstet etwas mit, löscht mit Bratensauce oder Wasser ab, gibt Salz, Pfeffer oder Paprika, Essig, nach Belieben auch 2 Eßlöffel Rahm zu und läßt, zugedeckt, ½–¾ Stunde dämpfen. Kurz vor dem Anrichten den Wein zugeben.

Kalbshaxe

Die Haxen, das untere Bein des Bugs, werden mit halb Wasser, halb Essig zum Feuer gesetzt, wo man sie nach Hinzufügung von etwas Salz, Petersilie, Zwiebel, Lorbeerblatt, Nelken, Zitronenschale und gelber Rübe weichkochen läßt. Alsdann werden sie in einer tiefen Schüssel angerichtet, und, nachdem ein Teil des Absuds durchs Sieb darübergegossen, zu Tisch gegeben.

Kalbshaxe, bayerische Art

1 Kalbshaxe von ca. 1000 g, Suppengrün, Salz, Pfeffer, 1 Zwiebel, Mehl, 1 Ei, Semmelbrösel, Butter oder Margarine

Die Kalbshaxe wird in kochendem Salzwasser weich gegart. Das zerkleinerte Suppengrün und die Zwiebel gibt man dazu.
Man nimmt die Kalbshaxe heraus, läßt sie abtropfen, bestreut sie mit Pfeffer und wendet sie in Mehl, dann im verquirlten Ei und zum Schluß in Semmelbröseln. In heißer Butter oder Margarine brät man die Haxe rundherum knusprig braun. Dazu gibt's in Bayern Kartoffelsalat.

Kalbshaxen, gebratene

Nachdem die Kalbshaxen gut gesalzen, läßt man in einer nicht zu hohen Kasserolle ein Stück Butter zergehen, und gibt die Haxen hinein, so daß das Bein nach oben kommt. Nun fügt man Petersilienwurzel, etwas Grünes, dann Zwiebel, Lauch und einige Scheiben gelbe Rübe bei, und läßt das Ganze langsam anbraten. Wenn jetzt noch etwas Fleischbrühe hinzugegossen, werden die Haxen ganz langsam gedämpft und währenddem mehrmals geschüttelt, damit sie nicht ansitzen.

Kalbshaxe in der Sauce. Kalbshaxe gespickt

In eine Kasserolle wird ein Stück Butter gegeben, sowie etwas Zwiebel, Lauch, Petersilienwurzel, gelbe Rübe, drei Nelken, ein klein wenig Kardamomen und etwas Zitronensaft. Hierauf werden die eingesalzenen und gut in Mehl umgekehrten Haxen gelegt und unter langsamen Zugießen von Fleischbrühe weichgedämpft. – Der fleischige Teil der Haxen kann abgehäutet und mit feinem Speck *gespickt* werden. die übrige Behandlung ist dann wie oben, nur kommt an die Sauce etwas Madeira.

Kalbshaxe, gekocht

1 große Kalbshaxe, 1 Zwiebel, 1 Nelke, 1 Lorbeerblatt, 2 EL Essig, Pfefferkörner, 2 gelbe Rüben, Sellerie, Porree

In kochendes, gesalzenes Wasser legt man die Haxe ein, läßt aufkochen und schäumt ab. Dann gibt man den Essig und die Gewürze hinein und läßt das Ganze ca. 2 Stunden kochen. Die Gemüse hat man inzwischen in Streifen geschnitten und kocht sie gegen Ende der Garzeit noch etwas mit.
Wenn die Haxe weich ist, nimmt man sie aus dem Sud und schneidet sie in Scheiben, die man mit den Gemüsestreifen belegt. Dazu reicht man Petersilienkartoffeln und Gemüse nach Belieben.

Kalbshaxe, sauer

2 Kalbshaxen, 2 kleine Stangen Lauch, ½ Sellerieknolle, 2 gelbe Rüben, 2 große Zwiebeln, 2 Lorbeerblätter, 3 Nelken, ein paar Pfefferkörner, einige Senfkörner, ein paar Wacholderbeeren, Salz, ¼ l Weißwein, 2 EL Essig, 1½ l Wasser

Man gibt Salz ins Wasser, kocht es auf und fügt den Essig, Weißwein, Lorbeerblätter, Nelken, Pfefferkörner, Senfkörner, Wacholderbeeren und die in Scheiben geschnittenen Zwiebeln hinzu. Nach etwa 10 Minuten kommen die Kalbshaxen ins kochende Wasser. Man läßt sie 2 Stunden bedeckt kochen. Etwa 40 Minuten vor Ende der Kochzeit kommen die in Streifen geschnittenen gelben Rüben, gewürfelte Sellerieknolle und der in Ringe geschnittene Lauch dazu.
Saure Kalbshaxe zusammen mit dem Gemüse zu Kartoffelpüree auftragen.

Kalbskarrée, marconiert

Dies ist das Rippenstück, es kann keines schwerer gehauen werden als zu 4 Pfund, weil das, was über die Rippen hinausgeht, nicht tauglich ist. Man klopft die Karree, haut die unteren Beine ab, häutet sie dann sauber und spickt sie mit kleingeschnittenem Speck. Zur Marconat wird eine große Zwiebel zu halben Rädlein geschnitten, in einem Stücklein Butter weich gedämpft, ein halber Schoppen Essig daran gegossen, und zuletzt noch ein Lorbeerblatt, Pfeffer, Nelken, ein wenig Salz nebst etlichen Zitronenscheiben dazu getan. Sobald dies recht gekocht ist, gießt man's über die Karree und läßt es über Nacht stehen. Am folgenden Tag wird das Fleisch am Spieß saftig gebraten, die Marconate in einem besonderen Geschirr aufgekocht, und ehe es auf den Tisch kommt, nebst der Bratenbrühe über die Karree gegossen.

Kalbskopf

Zuerst werden die Ohren abgeschnitten, dann die Haut mit dem Fleisch an den Backen, und zuletzt die übrige Haut. Nun schneidet man alle Haut und das Fleisch in dreifingerlange und ebenso breite Stücke, die Zunge aber in kleine Stückchen, und gibt das Ganze im Kranz auf der Platte. In die Mitte legt man das Hirn, welches in der Küche, nachdem das andere tranchiert ist, aus der Hirnschale gelöst wird.

Kalbskopf, abgebräunt

Ein Kalbskopf ohne Haut wird gespalten, nach Auslösung des Hirns gewaschen, und in Salzwasser weichgekocht, worauf man ihn herausnimmt, die Zunge ausschneidet und die Haut von letzterer abzieht. Das Hirn wird jetzt in lauem Wasser abgehäutet, und in leichtem Salzwasser nebst einer verschnittenen Zwiebel und einem Lorbeerblatt zehn Minuten langsam gekocht, dann herausgenommen, mit wenigem Salz und Pfeffer bestreut, in mit etwas Wasser verklopftem Ei umgekehrt, mit Semmelbröseln überstreut, und von beiden Seiten in heißem Schmalz gelb gebraten, ebenso die gespaltene Zunge. Der Kopf wird ebenfalls mit wenigem Salz und Pfeffer bestreut, in Semmelbröseln umgekehrt und in heißem Schmalz gelb und rösch gebraten, hernach auf die Platte angerichtet, das Hirn in seine Höhlung und die Zunge in die Mitte gelegt, derselbe mit dem Saft einer halben Zitrone beträufelt oder besser, mit verschnittenen Zitronen serviert, und mit einer Zwiebelsauce oder als Gemüsebeilage zu Tisch gegeben. – Kann auch, nachdem er wie oben abgesotten ist, in *zwei* Hälften gebraten, und Hirn und Zunge dann *auf* ihn gelegt werden. – *Röscher* wird er, wenn man ihn, nachdem er mit Salz und Pfeffer bestreut ist, mit verklopftem Ei bestreicht und *dann* erst in Semmelbröseln umkehrt.

Kalbskopf, abgezogener

Wenn derselbe gespalten ist, wird er wohl ausgewässert, das Hirn besonders in eine Kasserolle getan, der Kopf im Salzwasser mit Kräutern weich gesotten, das zurückgebliebene Hirn gehäutet und mit Zitronensaft, Fleischbrühe, Muskat und Salz ein wenig gekocht. Dann der Kopf auf eine Platte genommen, die leere Hirnschale auf die Seite gelegt, die Zunge davon sauber geputzt, der Länge nach voneinander geschnitten, der Kopf und die Zunge mit zerlassener Butter bestrichen, Semmelmehl mit Ingwer, Pfeffer, Salz und kleingeschnittener Petersilie vermengt, der Kopf und die Zunge stark damit bestreut, und auf einen mit Butter bestrichenen Rost gelegt. Wenn es gelb gebraten ist, wird der Kopf in einer Gleichheit auf eine Platte, und die Zunge oben darüber gelegt, das gekochte Hirn wieder in die Hirnschale gefüllt, solche auf beide Seiten des Kopfes gestellt, geriebenes oder kleingeschnittenes Brot in Butter gelb geröstet, dasselbe über den Kopf und das Hirn gegossen und noch ein wenig Zitronensaft auf das Hirn gedrückt. Eine kurze Speck-Sauce kann auch über das Hirn gemacht werden.

Kalbskopf (ganzer) mit brauner Sauce

Hierzu muß ein Kalbskopf mit der Haut genommen werden, den man auf Verlangen vom Metzger gleich gebrüht und geputzt erhält. Er wird über Nacht in kaltes Wasser gelegt, vor dem Zusetzen von unten aufgeschnitten und die Zunge ausgelöst, dann in ein Tuch gebunden, und samt letzterer in eine mit Wasser gefüllte Kasserolle gebracht. Hierin kocht man ihn mit einem Lorbeerblatt, einer mit Nelken gespickten Zwiebel, einer geputzten Sellerie und gelben Rübe, Salz, 1 l weißem Wein und einem Stückchen Butter zwei Stunden langsam weich, nimmt ihn dann heraus, bindet ihn auf und legt ihn auf eine Platte, wo über denselben in Sieb gehalten und durch solches ein hartgekochtes Eigelb getrieben wird. Nun wird die gleichfalls weichgekochte Zunge abgeschält, in der Mitte derart gespalten, daß sie an der Spitze zusammenhält, hernach über den Kopf herzförmig wie ein Kranz gelegt und mit warmer Glace oder dick eingekochter Bratenbrühe überstrichen. Der Kopf wird sodann mit sechs bis acht abgekochten Krebsen und abgezupfter Petersilie garniert, und von einer Madeirasauce von der Seite so viel auf auf die Platte gegossen, daß der Boden bedeckt ist, die übrige in der Sauciere extra dazugegeben. – Solche zwei Köpfe mit den Hälsen auf einer großen Platte gegeneinandergestellt, nehmen sich sehr schön auf einer großen Tafel aus.

Kalbskopf mit Frikasseesauce

Nachdem der gebrühte und geputzte Kopf über Nacht in kaltem Wasser gewesen, wird er ausgebeint und eine gute Viertelstunde in Salzwasser gekocht, dann abgewaschen, neuerdings in kaltes Wasser gelegt, und aus diesem zwischen zwei Bretter gebracht und beschwert. Wenn er so gänzlich erkaltet ist, schneidet man die Kopfhaut in dreifingerbreite viereckige Stückchen und kocht diese in klarer Fleischbrühe mit einem Lorbeerblatt, einem halben, geputzten Sellerieknopf, einer gelben Rübe, Petersilienwurzel, einer mit Nelken gespickten Zwiebel und einem Stückchen Butter langsam vollends weich. Nun bereitet man eine Frikasseesauce, bei welcher die weiße Einbrenn mit nur weniger Fleischbrühe, dafür mit ¼ l altem weißem Rheinwein abgerührt wird, und gibt eine halbe Messerspitze spanischen Pfeffer und einen Eßlöffel Safranwasser (wird bereitet, indem man sechs bis acht Safranblüten mit ein paar Eßlöffel kochend heißem Wasser angießt) daran. Die Kalbskopfstückchen werden jetzt, jedes einzeln, mit der Gabel herausgenommen, zum Ablaufen auf ein Sieb gelegt, dann zierlich auf der Platte angeordnet, die kochend heiße Sauce durchs Sieb darübergegossen, das Ganze mit zwei Eßlöffel feingeschnittenen, aus dem Schmalz gebackenen Brotwürfeln überstreut, und mit Butterteigblümchen belegt, aufgetragen.

Kalbskopf, gebacken

Der gekochte Kalbskopf wird in gleichmäßige, etwa 4 cm seitenlange große Stücke geschnitten, mit Salz, Pfeffer, gehackter Petersilie und Zitronensaft gewürzt und anschließend mit Mehl, Ei und Weckmehl paniert. In heißem Fett wieder braun gebacken. Die Stücke können auch durch einen Bierteig gezogen und gebacken werden. Dazu werden Remouladensauce und gemischter Salat gereicht.

Kalbskopf gebacken, andere Art

Wenn ein frischer Kalbskopf gekocht ist, schneidet man das Fleisch in feine Scheiben, legt diese in eine mit Butter bestrichene Schüssel, streut etwas Salz dazwischen und gießt folgendes darüber hin: ¼ l saure Sahne, Muskatnuß, 4 Eidotter, das vielleicht fehlende Salz und geriebenen Parmesan- oder in Ermanglung desselben grünen Käse. Man läßt dies Gericht im Ofen backen.

Kalbskopf, gebrühter, in einer Speck-Sauce

Nach dem Brühen setzt man ihn mit 1 Teil Wein, 1 Teil Essig und 1 Teil Wasser zu, und gibt Salz, ein paar Lorbeerblätter, eine ganze Zwiebel und Rosmarin dazu, schäumt ihn während dem Sieden fleißig ab, und kocht ihn solang bis er weich ist. Zur Sauce schneidet man 4 Lot Speck klein gewürfelt, und eine große Zwiebel, röstet einen starken Kochlöffel Mehl gelb in einem Stücklein Butter, dämpft die geschnittene Zwiebel und Speck wohl darin ab, gießt einen Löffel voll von der Kalbskopf-Brühe und einen Löffel Fleischbrühe daran, gibt ein paar frische Zitronenscheiben, einen Eßlöffel voll Kapern und 2 Lot zuvor in ein wenig Wasser gebräunten Zucker auch an die Sauce, daß sie mehr Farbe bekommt. Wenn der Kopf angerichtet ist, wird die Sauce darüber gegossen, oder besonders dazu aufgestellt.

Kalbskopf, gekocht

Man wässert den zum Kochen wohlzubereiteten Kopf ein, setzt ihn mit kochendem Wasser, mit Salz, einer Zwiebel, einem Stückchen ganzem Ingwer und etlichen Pfefferkörnern zu und läßt ihn gehörig weichkochen. Man muß aber wohl achtgeben, daß er nicht anbrennt. Nun bereitet man dazu eine säuerliche Brühe auf folgende Art: Man nimmt einen Kannentopf, gießt ein halb Nößel Essig hinein, quirlt zwei Eier, einen kleinen Eßlöffel Mehl und etwas geriebene Semmel dazu, gießt von der Kalbskopfbrühe soviel hinzu, bis der Topf bald voll ist, und läßt alles, unter beständigem Umrühren, noch ein wenig anziehen. Nunmehr legt man den Kopf auf eine Schüssel, putzt ihn noch gehörig ab, richtet die Brühe darüber an, streut zuletzt noch kleinwürflig geschnittenen Speck und Semmel, in Butter geschmort, darüber und trägt ihn auf. Ist die Brühe zu dick, so gießt man noch Essig oder Fleischbrühe nach.

Kalbskopf, gekocht, mit Sauce

Man wässert den ganz frischen Kopf von einem großen, gut gemästeten Kalb, putzt ihn rein, schneidet die Oberlefzen, Ohren und Augen aus, bricht die unteren Kinnbacken ab, nimmt die Zunge heraus, weil sie dann besser weich wird, wäscht den Kopf, spaltet ihn und bindet denselben wieder fest zusammen. Darauf bedeckt man ihn mit Wasser, gibt Salz dazu, schäumt und läßt ihn mit ganzem Gewürz, grünen Kräutern, Zwiebeln und Lorbeerblättern weichkochen, welches ungefähr 2 Stunden dauert. Man kann ihn bis zum Anrichten in der Brühe liegen lassen. Dann legt man ihn auf eine Schüssel, nimmt den Bindfaden davon ab, biegt den Kopf auseinander, legt auf das Gehirn geriebenes, in Butter braun gebratenes Weißbrot, die gespaltene Zunge zu beiden Seiten, gibt etwas Sauce darüber und die übrige dazu. Es gehört die Holländische Sauce oder Sauce zum Kalbskopf dazu.

Kalbskopfragout, braunes, für den täglichen Tisch

Man kocht einen Kalbskopf, das Herz und, wenn man will, auch die Lunge recht weich und schneidet dies alles in kleine Stücke. Dann bräunt man 2 gehackte Zwiebeln in Butter, gibt 2 EL Mehl dazu, rührt es so lange, bis es gleichfalls bräunlich ist, füllt von der Brühe, worin der Kopf gekocht ist, dazu, gibt Rosinen oder Korinthen, Pfeffer, Nelken und Salz, 1 bis 2 Löffel Birnenmus oder Sirup und etwas Essig an die Sauce und läßt das Fleisch darin gut durchkochen. Die Sauce muß recht rund sein und einen säuerlichen, recht pikanten Geschmack haben.

Kalbskopfragout, englisches oder Rockturtleragout

Ein ganz frischer, abgebrannter und gewässerter Kalbskopf und zwei Ochsengaumen werden in Wasser und Salz abgeschäumt, mit Schalotten oder Zwiebeln, Nelken, Pfefferkörnern und einigen Lorbeerblättern während 2 bis 2½ Stunden gar gekocht. Darauf wird das Fleisch in passende Stückchen geschnitten, 250 g Midder, Fleischklöße und 250 g Saucischen, beides vorher angebraten, und womöglich die Hälfte eines gebratenen Hasen hinzugeben. Dann schwitzt man Butter mit Mehl braun, rührt eine gute mit Wurzelwerk und einigen Schalotten gekochte Rindfleischbouillon hinzu, gibt das Fleischwerk hinein nebst Morcheln, Champignons, Kapern, Zitronenscheiben, gestoßenem Pfeffer, Nelken und Nelkenpfeffer, eine Prise Cayennepfeffer und beim Anrichten ¼ Flasche Madeira. Mit Schnitten von Blätterteig serviert, vertritt dies Ragout die Stelle einer Pastete.
Diese Angabe reicht hin für eine Gesellschaft von 20 Personen.

Kalbskopfsülze

Kopf und Herz eines gut gemästeten, frisch geschlachteten Kalbes wird rein gewaschen, 1 bis 2 Stunden gewässert, damit das Blut herausziehe, in einem glasierten Topf reichlich zur Hälfte mit Wasser bedeckt und mit etwas Salz klar abgeschäumt. Dann gibt man zwei Teelöffel Pfefferkörner, ebensoviel Nelkenpfeffer hinzu, sowie auch zwei Lorbeerblätter, 3–4 Zwiebeln mittlerer Größe und so viel Essig, daß das Wasser säuerlich schmeckt. So lasse man den Kopf auf nicht zu grellem Feuer ganz weich kochen, mache das Fleisch von den Knochen und gieße die Brühe durch ein Sieb. Ganz erkaltet, wird das Fleisch in dünne Streifchen geschnitten, mit einem reichlichen Teil der vom Bodensatz klar abgegossenen Brühe und einer in Scheiben geschnittenen, nicht bitteren Zitrone ohne Kerne noch ¼ bis ½ Stunde gekocht. Die Sülze muß einen stark säuerlich würzigen Geschmack und, kalt geworden, so viel Konsistenz haben, daß man dünne, glatte Scheiben davon abschneiden kann; zu fest darf sie jedoch nicht sein. Kocht man mit Kopf und Herz einen Kalbsfuß, so kann man die sämtliche Brühe zur Sülze nehmen, wodurch man eine größere Portion erhält. Ist dieselbe nun zum Ausfüllen fertig, so spüle man eine Porzellanform oder verschiedene kleine Geschirre mit kaltem Wasser aus, schöpfe die Sülzenbrühe mit dem Fleisch gleichmäßig verteilt hinein und stelle solche an den kältesten Ort. Beim Gebrauch wird das Fett von der Sülze mit einem Messer abgenommen, solche mit demselben an den Seiten gelöst und auf ein passendes Schüsselchen umgestürzt. Es ist dies eine sehr profitable und angenehme Beilage zum Butterbrot, Salat, Kartoffelspeisen und Wurzelgemüsen, auch mit einer Sülzensauce eine selbständige Schüssel.

Sollte man genötigt sein, die Sülze in einem eisernen Topf zu kochen, so lasse man anfangs, um den Eisengeschmack zu verhüten, den Essig weg und denselben etwa 5 bis 10 Minuten durchkochen, ebenso auch die Zitronenscheiben.

Kalbskopf-Ragout

$^1/_2$ Kalbskopf (2$^3/_4$ Pfund ohne Knochen). Zum Kochen: 5 l Wasser, 3 EL Salz, 3 EL Essig, 3 Nelken, 1 Gelbrübe, 1 Zwiebel, 4 Pfefferkörner, 1 Zitronenscheibchen, 1 Sträußchen Suppengrün. Zum Beiguß: 100 g Fett, 200 g Mehl, 2$^1/_2$ l Kalbskopfbrühe, $^1/_4$ l Tomatenmark, 2 EL Madeira. Zum Marinieren: 1 TL Salz, Prise Paprika, $^1/_5$ l Rotwein. Zur Garnitur: Blätterteighalbmonde von 50 g Mehl, 10 Stück Essiggurken, 2 hartgekochte Eier. Zum Backen des Hirns: 1 Eiweiß, Weckmehl, Prise Salz, 50 g Butter

Am Tage vor dem Gebrauch wird der entbeinte, gewässerte Kalbskopf gerollt, mit Schnur umbunden, in den kochenden, aus Wasser und den angegebenen Gewürzen hergestellten Sud gegeben und langsam gekocht, bis er so weich ist, daß man mit einem Strohhalm einstechen kann. (3 Std.) Sodann breitet man ihn auseinander, entfernt die weiße Gaumenhaut und preßt den Kalbskopf zwischen zwei nassen Brettern einige Stunden. Von Fett, Mehl und der Kalbskopfbrühe bereitet man einen braunen Beiguß, der mindestens 4–5 Std. gut durchkochen soll. Der Kalbskopf wird in verschobene Rechtecke geschnitten, in einer Schüssel mit Salz, Rotwein und Paprika 1 Std. mariniert und nebst der aufgeschnittenen Zunge in den durchgeseihten Beiguß gegeben. Man läßt das Ragout nochmals aufkochen und würzt beim Anrichten mit Madeira. Man richtet das Gericht auf einer runden Platte an, nach Belieben auch in einen Kranz von gekochtem Reis und garniert mit den erhitzten, ausgezackten Ohren, Fächern von Essiggurken, in 4 Teile geschnittenen, gekochten Eiern, dem gebackenen Hirn und Blätterteighalbmonden.

Kalbskopf en tortue

Der gebrühte, reingeputzte, ausgebeinte, noch mit der Haut versehene Kalbskopf wird, damit das Blut sich herausziehe, vier bis sechs Stunden in laues, mehrmals zu wechselndes Wasser gelegt, mit kaltem Wasser zugesetzt und wenn er anfängt zu kochen, nochmals in kaltes Wasser gelegt. Alsdann wird der Kopf mit Sellerie, gelber Rübe, Petersilienwurzel, zwei Lorbeerblättern und einer mit sechs Nelken besteckten Zwiebel in guter weißer Fleischbrühe langsam weichgekocht, in ein breites Geschirr gelegt, mit einem Brettchen beschwert und nach gänzlichem Erkalten in zweifingerbreite und eben so lange Stückchen geschnitten und diese bedeckt beiseite gestellt. Nun läßt man in einer Kaseerolle 140 g Butter zergehen, röstet darin drei Kochlöffel Mehl bis es aufsteigen will, rührt dies mit einer halben Flasche Rheinwein an, verdünnt es mit einem Schöpflöffel von dem Absud, fügt den Saft einer halben Zitrone und eine Zitronenschale, den Saft einer süßen Pomeranze, zwei Blättchen Muskatblüte, ein Lorbeerblatt, ein Zweiglein Thymian, eine Messerspitze spanischen Pfeffer, ebensoviel weißen Pfeffer und das nötige Salz hinzu, und kocht diese Sauce unter fortwährendem Rühren schnell auf. Unterdessen werden in einer Schüssel vier Eigelb mit 35 g Butter und einem Eßlöffel kaltem Wasser verrührt, obige Sauce darangegossen und hernach alles durch ein Sieb in eine andere Kasserolle geschüttet, wo man nun die Kalbskopfstückchen hineingibt und solche damit noch durchaus heiß macht, doch nicht mehr kocht. Alsdann wird das Ganze heiß in einer tiefen Platte angerichtet und am Rand herum mit gebackenen Semmelscheiben besteckt. Dann aus vier Eiern und nußgroß Butter ein Rührei und aus diesem ganz kleine Klößchen gemacht, solche über das angerichtete Ragout gelegt und dieses sofort serviert.

Kalbskopf-Vinaigrette I

Nachdem der Kalbskopf wie oben behandelt und mit obigen Zutaten nebst ½ l weißem Kochwein, ¼ l Essig und Zitronenschale weichgekocht wurde, wird das Fleisch noch warm schnell in Streifen geschnitten und mit einigen Löffeln seiner Brühe übergossen. Nun legt man die in Scheiben geschnittene Zunge und das in kleinere Stücke abgestochene Gehirn um das Fleisch und bringt die Schüssel sofort zu Tisch. Dazu wird eine Sauce (vinaigrette) bestehend aus gutem Essig, feinem Olivenöl, verschiedenen gewiegten Kräutern, Zwiebeln und Salz, gut gemischt, extra serviert.

Kalbskopf-Vinaigrette II

Der ausgebeinte Kalbskopf wird halbiert, jede Hälfte zu einer Rolle geformt und weichgekocht. Der Kopf wird in fingerdicke Scheiben geschnitten und mit einer echten Sauce Vinaigrette übergossen. Die zur Sauce gehörenden Tomaten, Champignons, Delikateßgurken und Eier werden geschnitten und als Garnitur aufgelegt. Dazu kommen einige Oliven und Petersilie.

Kalbskoteletts oder Carbonaden

Die Koteletts (Rippenstücke), wozu man den Kalbsrücken verwendet, werden von demselben in Scheiben, jede mit einer Rippe versehen, heruntergeschnitten, das Beinchen des Rückgrats entfernt, dann das Häutige am Rippenknochen zurückgeschabt und gleichfalls abgeschnitten, und ebenso das am Kotelett befindliche feine Häutchen, damit nur noch das rein Fleischige daranbleibt und der Knochen schön weiß, von allem Fleisch entblößt hervorsteht. Nun werden die letzten drei Rippen, welche dem Nierenstück zunächst liegen und die schönsten sind, in kaltes Wasser getaucht, auf den Hackstock gelegt, mit einer Hand die Rippe gehalten und mit der anderen mittels eines breiten Hackmessers oder Holzschlegels das Fleisch durch einen oder höchstens zwei Schläge etwas in die Breite geklopft. Von den übrigen, weniger schön fleischigen, gleichfalls in kaltes Wasser getauchten Rippen, deren dicke Haut man nach Belieben lassen oder entfernen kann, wird das Fleisch mit dem Rücken eines Hackmessers messerrükkendick auseinandergeklopft, dann wieder zusammengeschoben, nochmals geklopft, mit dem schneidigen Teil eines schweren Messers (es gibt eigene Kotelettmesser) gehäckelt, und jede Rippe sodann zu einem schönen ovalen Kotelett geformt. Sind auf diese Art alle Koteletts hergerichtet, so werden sie auf beiden Seiten leicht gesalzen und nach Belieben etwas gepfeffert, in verrührtem Ei umgekehrt, mit Semmelbrösen bestreut und in einer Pfanne in heißem Schmalz saftig gebraten. Sie können auch auf einem zurvor mit Speck abgeriebenen Rost, der über Glut gestellt ist, gebraten werden, in diesem Fall kehrt man sie dann nicht in verklopftem Ei, sondern in zerlassener Butter und hierauf in Semmelbröseln um; hierbei kann man aber in der Regel nur die schönsten Koteletts, jene, welche nicht gehäckelt wurden, verwenden, weil die gehäckelten nicht so gerne zusammenhalten. Nach Anrichten der Koteletts auf der Platte wird etwas Zitronensaft darübergedrückt und einige Eßlöffel Bratensauce daruntergegeben. – Man kann die Koteletts auch *spicken*. Das Spicken geschieht, nachdem sie geklopft, mit feingeschnittenem Speck. Sie werden dann, gut gesalzen und gepfeffert in Mehl umgewendet und in zerlassener Butter im Rohr gebraten. Beim Anrichten verziert man sie mit Papiermanschetten. Die Sauce wird daruntergegeben; ist sie eingekocht, so ersetzt man sie mit Fleischbrühe.

Kalbskotelett, andere Art

Nachdem aus dem Kalbfleisch Haut, Sehnen und Adern gelöst, wird das Fleisch mit Salz möglichst fein gehackt, in gleiche Teile von der Größe wie Koteletts geformt, mit dem Messer rund und glatt gestrichen, dann werden die Koteletts in geschlagenen Eiern und Muskatnuß umgedreht, dick mit gestoßenem Zwieback bestreut, in gelb gewordene Butter gelegt und bei einmaligem Umwenden etwa 10 bis 15 Minuten gelb gebraten. Sobald das Fleisch inwendig nicht mehr rot ist, müssen sie rasch aus der Pfanne genommen werden.

Kalbskoteletts in Butterteig

Die Koteletts werden in Butterteig gewickelt. Der Butterteig wird hierfür messerrückendick ausgewargelt, davon dann den Koteletts ähnliche Stücke abgeschnitten, auf je eines derselben ein Kotelett gelegt und dies mit einem zweiten Stück bedeckt, die beiden Enden des Teiges zusammengenommen, und um das Kotelett ein Rand eingewunden, wodurch solches eingeschlossen ist; das Rippchen muß jedoch wie bei vorigen herausstehen. Nun werden aus dem übrigen Butterteig kleine Blümchen ausgestochen, und die obere Seite der eingewickelten Koteletts damit belegt, letztere dann, mit verklopftem Ei bestrichen, auf ein Backblech gebracht und gegen drei Viertelstunden in nicht zu heißem Ofen gelb gebacken, worauf man sie übereinander geordnet heiß aufträgt, nachdem an jedes Rippchen eine Papiermanschette gesteckt ist.

Kalbskoteletts mit Kräutern

4 Kalbskoteletts, Salz, Pfeffer, etwas Mehl, 100 g Butter, 1/8 l Weißwein, reichlich gehackte Petersilie, etwas Kerbel und Estragon 1/8 l Fleischbrühe

Man drückt die Koteletts leicht mit dem Handrücken flach, bestreut sie mit Salz und Pfeffer und wendet sie in Mehl. Dann erhitzt man die Hälfte der Butter und brät die Koteletts darin von jeder Seite ca. 4 bis 5 Minuten. Herausnehmen und warm stellen. Den Bratensatz kocht man mit Weißwein los, gibt die feingehackten Kräuter hinein und gießt die Fleischbrühe dazu. Man läßt das Ganze ca. 12 Minuten einkochen und schlägt dann mit dem Schneebesen die restliche Butter ein. Sauce über die Koteletts gießen und sofort servieren.

Kalbs-Koteletts in Papier

Man besprengt die ganz nach voriger Art hergerichteten Koteletts mit etwas Salz und Pfeffer und legt sie übereinander. Nun wird 100 g fein verwiegter frischer Speck mit zwei Eßlöffel Zwiebel und ebensoviel Petersilie auf dem Feuer ein wenig gedünstet, dann vom Feuer fortgenommen, zwei Eßlöffel verschnittene Kapern und ein halber Kaffeelöffel feingewiegte Zitronenschale daruntergemengt, die Koteletts darin umgewendet, damit die Kräuter etc. daran hängen bleiben, hernach übereinandergelegt und zwei Stunden so liegen gelassen. Alsdann faltet man einen Viertelbogen Papier in der Mitte zusammen, schneidet ihn zu einer Herzform, bestreicht diese mit Butter oder feinem Öl, legt ein Kotelett auf die Hälfte von dem Herz, schlägt die andere Hälfte darüber, nimmt nun die zwei Enden des Papiers zusammen, faltet sie gut ein und verschließt so das ganze Kotelett dergestalt, daß kein Saft entgehen kann; das Rippchen muß jedoch herausstehen. Nachdem alle Koteletts auf diese Art hergerichtet, wird jedes nochmals in Papier eingemacht, auf einen Rost gelegt, worunter nicht zu starke Glut ist und dann von beiden Seiten gebraten, was ungefähr eine halbe Stunde Zeit erfordert. Hierauf nimmt man das äußere Papier fort, richtet die Koteletts auf die Platte an und serviert zerlassene Butter nebenbei, worin einige Eßlöffel Jus oder Bratenbrühe gegeben und etwas Zitronensaft gedrückt wurde. – Können auch auf einem in eine Bratpfanne gestellten Rost im heißen *Rohr* oder *Ofen* gebraten werden.

Andere Art. Statt die Koteletts in den oben schriebenen Kräutern etc.

umzuwenden, können sie auch auf *beiden* Seiten mit folgender Masse bestrichen, im übrigen aber ganz wie oben behandelt und beendet werden: Zwei Eßlöffel Champignons oder Trüffel, etwas Petersilie und Schalotten alles fein geschnitten, wird mit etwas Salz, Pfeffer und Muskatnuß in 100 g Butter, besser Sardellenbutter, langsam gedämpft, dann kalt gestellt und auf die Koteletts gestrichen.

Kalbskoteletts Feinschmecker Art

4 Kalbskoteletts, Salz, Pfeffer, Mehl, 50 g Fett, 8 EL Ragout fin, 4 EL geriebener Käse

Die Kalbskoteletts etwas breit drücken, salzen und pfeffern, in Mehl wenden und im heißen Fett auf beiden Seiten je ca. 5 Minuten schön braun braten. Die Koteletts in eine flache Auflaufform legen, darauf reichlich erhitztes Ragout fin verteilen, den Käse darüberstreuen und im vorgeheizten Backofen bei starker Hitze überbacken.

Kalbskoteletts, gebraten mit Sauce

Die Koteletts werden hergerichtet und gebraten, dann im Kranz auf die Platte angerichtet, mit Zitronensaft beträufelt und in die leere Mitte jede beliebige Sauce, wie: Pfeffer-, Zwiebel-, Paradiesäpfelsauce etc. gegossen oder der zurückgebliebene Saft mit ein wenig Fleischbrühe aufgelöst und, nachdem etwas Zitronensaft hineingedrückt, unter die Koteletts gegossen. – Werden gewöhnlich mit rundgedrehten, leicht abgebratenen Kartöffelchen zu Tisch gegeben.

Kalbskoteletts, gespickt, in der Sauce

Die vier dem Nierenstück zunächstliegenden Rippchen werden hergerichtet, mit einem oder höchstens zwei Schlägen breitgeklopft, sodann mit feinem Speck gespickt, und mit Salz bestreut. Nun gibt man in eine Kasserolle ein Stückchen Butter, einige Speckscheiben, eine geputzte zerschnittene gelbe Rübe, einen halben Selleriekopf, einen Eßlöffel feingeschnittene Zwiebel, ein Lorbeerblatt und ein Sträußchen Thymian oder Estragon, legt die Koteletts mit der ungespickten Seite darauf, gießt einen halben Schöpflöffel Fleischbrühe daran, und läßt sie schnell gelb anbraten, dabei achtgeben, daß sie von unten nicht hart werden. Hernach werden sie herausgenommen, in die zurückgebliebene Sauce zwei Kochlöffel Mehl gerührt, dies mit zwei Schöpflöffel Fleischbrühe und einem Glas Wein abgerührt und aufgekocht, die Koteletts wieder in diese Sauce gelegt, bedeckt und noch vollends weich darin gekocht, was in einer halben Stunde geschehen kann. Die etwas dickliche Sauce wird nun abgefettet, mit wenigem Zitronensaft abgeschärft und ein Teil davon durchs Sieb auf die Platte gegossen, die Koteletts auf der gespickten Seite mit Glace oder dick eingekochter Bratensauce überstrichen (glaciert), im Kranz, die gespickte Seite nach oben, auf der Platte angerichtet und die noch übrige Sauce extra dazugegeben. – Da sich nur die dem Nierenstück zunächstliegenden Rippchen hierzu eignen, indem die anderen häutiger sind, so muß man, wenn das Gericht für sechs bis acht Personen bestimmt ist, von einem zweiten Nierenstück noch dazu nehmen.

Kalbskoteletts mit Kräutern

4 Koteletts, Salz, Pfeffer, Zitronensaft, 2 EL Mehl, 40 g Fett,
2 EL gewiegte Kräuter (Zwiebel, Petersilie, Estragon, Dill usw.),
4 EL Rahm, nach Belieben etwas Champignons

Die vorgerichteten Koteletts mit Salz und Pfeffer bestreuen, in Mehl wenden, in heißem Fett auf beiden Seiten anbraten, mit Bratensauce oder Wasser etwas ablöschen. Dann verteilt man die Kräuter, Champignons und den Rahm darauf und läßt sie im Backofen etwa 20 Minuten abziehen. Schweinekoteletts können ebenso zubereitet werden.

Kalbskoteletts, Mailänder Art

Nachdem die Kalbskoteletts ansehnlich hergerichtet sind, werden sie dünn geklopft, mit verrührtem, gesalzenem Ei, Zwiebel und geriebenem Parmesankäse paniert, in reichlich Butter von beiden Seiten hellbraun gebraten und auf in Salzwasser abgekochten Makkaroni angerichtet.

Kalbskoteletts, natur

Hierzu können nur die schönsten Rippchen dienen. Dieselben werden hergerichtet und ebenso durch einen oder höchstens zwei Schläge breit geklopft, dann mit Salz und etwas weißem Pfeffer bestreut, in Mehl umgekehrt und in zerlassener Butter schön gelb gebraten. Währenddem wird ein Eßlöffel saurer Rahm und ebensoviel Jus oder Bratenbrühe sowie einige Tropfen Harvceysauce (in Delikatessenhandlungen zu haben) dazugegeben und zuletzt jedes Kotelett mit Zitronensaft beträufelt.

Kalbskoteletts Nelson

4 Kalbskoteletts. Fülle: 125 g gehacktes Schweinefleisch,
1 Brötchen, Zwiebel, Petersilie, 30 g Fett, Salz, Pfeffer, Muskat,
1 Eigelb, 40 g Fett, 2 EL Käse, 4 EL sauren Rahm.

Die Koteletts leicht drücken und dabei etwas rund formen, mit Salz und Pfeffer bestreuen. Das eingeweichte Brötchen wird mit Zwiebel und Petersilie gedämpft, mit dem Fleisch, Gewürze, Ei, gemischt, bergig auf das Fleisch gestrichen und mit Käse bestreut. Man bratet das Fleisch in heißem Fett auf der unteren Seite an, löst wenig ab, stellt es in den Backofen, übergießt öfter, wenn es Farbe hat, auch mit Rahm und brät die Koteletts etwa ¾ Stunden.

Kalbskoteletts, paniert

4 Koteletts, Salz, Pfeffer, 1 Ei, Weckmehl, 50 g Fett

Die Koteletts vorrichten wie oben. Kurz vor dem Zersetzen bestreut man sie mit Salz und Pfeffer, wendet sie in Ei und Weckmehl und brät die Koteletts in heißem Fett auf beiden Seiten 15 Minuten.

Kalbskotelett, Schweizer Art

4 Kalbskoteletts, 4 TL mit Butter vermischter Kräuterkäse, 1 EL Tomatenketchup, Salz, Pfeffer, 50 g Fett

In die Kalbskoteletts vom Fleischer eine Tasche schneiden lassen, dann die Koteletts gut waschen und abtrocknen. Den Kräuterkäse mit Tomatenketchup zu einer Creme rühren und in die Taschen füllen. Die Tasche mit einem Hölzchen zusammenhalten. Die Koteletts salzen und pfeffern und in dem heißen Fett beidseitig in 10–15 Minuten knusprig braten. Hölzchen entfernen und servieren.

Kalbslende oder Filet, garniert

2 Lenden (etwa 500 g ohne Knochen in 4 Scheiben schneiden), 40 g Butter, Salz, Pfeffer, 1 EL Mehl, 4 Tomaten, 50 g Schinken, 200 g Makkaronihörnchen, 2 EL Parmesankäse

Die Lenden werden leicht gedrückt, mit Salz und Pfeffer bestreut, im Mehl gewendet, in heißer Butter goldbraun gebraten, etwa 10 Minuten und warm gestellt. Die Tomaten werden in Scheiben geschnitten, in der zurückgebliebenen Butter gebraten, mit Salz und Pfeffer bestreut. Die Makkaroni werden in Salzwasser weichgekocht. Auf eine runde Platte gibt man in die Mitte etwas bergig die Tomaten, streut den gewiegten Schinken darüber, setzt die Lenden darauf, gibt die Makkaroni außen herum und bestreut diese mit dem geriebenen Parmesankäse.

Kalbsnierenbraten (Für 8 Personen)

1¼ kg Nierenbraten, Salz, Pfeffer, 50 g Fett, Zwiebel, Gelbrübe, 1 EL Mehl, Wasser oder Fleischbrühe

Das ausgebeinte Fleisch wird abgerieben, mit Salz und Pfeffer eingerieben, mit der Niere fest gerollt und geschnürt. In heißem Fett brät man das Fleisch an, dreht um, gibt Zwiebel, Gelbrübe, Mehl zu, läßt dies bräunen, löscht wenig ab, stellt den Braten in den Backofen, übergießt ihn öfter und läßt ihn etwa 2 Stunden braten.

Kalbsnierenbraten, alte Art

Das Rückgrat muß schon roh durchgehackt sein. Man schneidet nun zuerst die Niere heraus und teilt sie in schöne Scheiben, dann löst man das lappige Stück Fleisch ab und schneidet es in kleinere Stücke, sowie die Rippen nach ihrer Einteilung. Wenn die Reihe an die großen Rippen kommt, *teilt* man solche. Beim Servieren legt man zu jeder Schnitte Braten ein Stück Niere.

Kalbsnierenbraten, gespickter

Die daran befindlichen größeren Rippen werden ausgelöst, der obere, fleischige Teil abgehäutet und mit feingeschnittenem Speck in zwei bis drei Reihen gespickt, der Braten dann von innen mit Salz, Pfeffer und feingewiegter Petersilie überstreut, an dem fleischigen Lappen zusammengerollt und mit Bindfaden leicht umwunden. So hergerichtet legt man ihn nebst einer verschnittenen Zwiebel, einer gelben Rübe und einem Stück Butter oder gutem Fett in eine Bratpfanne, bestreut ihn mit Salz und stellt ihn eine Viertelstunde in den Ofen. Nun nimmt man ihn heraus, begießt denselben mit der in der Bratpfanne befindlichen Sauce, bringt ihn hernach aufs neue in den Ofen, gibt etwas Wasser oder Fleischbrühe daran, und brät ihn unter öfterem Begießen binnen anderthalb bis zwei Stunden weich und schön gelb. Die Sauce wird nun abgefettet, durchs Sieb gegossen und mit dem Braten, nachdem derselbe vom Bindfaden befreit, zu Tisch gegeben.

Kalbsnuß mit Steinpilzen

750 g Kalbsnuß, 50 g geräucherter Speck, 50 g Fett, 1 Zwiebel, Salz, Pfeffer, Thymian, 1/4 l Fleischbrühe, 1 EL Tomatenketchup, 250 g Steinpilze, 30 g Butter, 4 Schalotten, 0,2 l Rotwein

Das Fleisch mit Speckstreifen spicken. Im heißen Fett mit der kleingeschnittenen Zwiebel von allen Seiten anbraten. Gewürze und Fleischbrühe zufügen, ebenso Tomatenketchup, dann aufkochen lassen und zugedeckt unter öfterem Begießen bei geringer Hitze ca. 90 Minuten gar schmoren.

Die Steinpilze vorbereiten, in Scheiben schneiden, in der heißen Butter mit den feingeschnittenen Schalotten dämpfen und mit Rotwein ablöschen. Die Bratensauce durchsieben und zu den Pilzen geben. Das Fleisch in Scheiben schneiden, mit den Steinpilzen umlegen und die Sauce darübergießen.

Kalbsnuß, gespickte

Wird wie vorhergehender Braten zubereitet. Die Kalbsnuß ist ein rundes, schönes Stück aus dem Schlegel.

Kalbs-Ohren, gefüllte

Wenn sie gebrüht und geputzt sind, werden sie alle aufrecht in ein mit Butter bestrichenes breites Geschirr, worauf ein Deckel paßt, gesetzt. Alsdann verfertigt man die Farce (Fülle) von einem halben Pfund Kalbfleisch, einem Stücklein frischen Speck, ein wenig Zitronenschalen, etwas Kapern und ein klein wenig Petersilie, hackt dieses ganz fein zusammen, rührt es in einem Geschirr mit 4 Eigelb untereinander, Muskat und Salz dazu, bestreicht die Ohren inwendig mit einem verrührten Ei, gibt von der angemachten Fülle hinein, bestreicht sie oben wieder mit einem Ei, bestreut sie mit Semmel- oder weißem Mehl und legt auf jedes Ohr ein wenig Butter. In das Geschirr, worin die Ohren sind, gibt man ein Glas Wein, und ein wenig Fleischbrühe, aber nur soviel, daß nichts in die Fülle kommt, noch ein Lorbeerblatt und ein paar Zitronenscheiben dazu, setzt das Geschirr auf Feuer, und einen Deckel mit schwacher Hitze darauf, kocht es solang, bis die Ohren weich sind und sieht zuweilen danach, weil die Ohren zusammenschrumpfen und die Fülle herausweicht, um es wieder in Ordnung zu bringen. Wenn sie fertig sind, macht man etliche Messerspitzen voll Mehl im Butter gelb, dämpft eine kleine feingeschnittenen Zwiebel darin und gibt es an die Kalbsohren-Sauce, nach welcher immer gesehen werden muß, daß sie mit Fleischbrühe erhalten wird. Wenn die Ohren angerichtet sind, wird die Sauce mit 2 Eigelb abgezogen und darüber gegossen.

Kalbsohren-Ragout

Zu einer Zwischenplatte gibt man ein Dutzend gebrühte Kalbsohren in eine Kasserolle, ein Glas Wein und einen Schöpflöffel voll Fleischbrühe daran, ein Lorbeerblatt, 2 Scheiben Zitronen und Muskatnuß dazu. Wenn die Ohren halb weich sind, schneidet man sie klein, röstet einen kleinen Löffel Mehl in einem Stücklein Butter zimtbraun, schneidet ein Stücklein Speck und eine halbe Zwiebel fein, dämpft beides in dem Mehl ab, gießt die Sauce von den Ohren durch einen Schaumlöffel daran und gibt die geschnittene Ohren nebst einer Handvoll gebrühten und kleingeschnittenen Morcheln dazu. Wenn das Ragout weich, schmackhaft und nicht zu dick ist, wird es angerichtet.

Kalbsohren mit Parmesankäse

Die Kalbsohren werden in einer Presse vorbereitet: 2 in Scheiben geschnittene Zwiebeln, ebensoviel gelbe Rüben, ½ Selleriekopf, 1 Lorbeerblatt, 3 bis 4 Zitronenscheiben, 1 Eßlöffel voll weißer, ganzer Pfeffer, und die Hälfte soviel Gewürznelken werden mit ½ kg Rindsnierenfett oder Mark ungefähr eine Viertelstunde langsam weiß geröstet, dann mit nicht ganz 2 Liter leichter Fleischbrühe aufgefüllt, die Kalbsohren hineingelegt, das gehörige Salz dazu getan, fest zugedeckt und langsam kochen lassen. Eine solche Presse kann mehrmals benutzt werden, wenn sie nach jedesmaligem Gebrauch an einem kühlen Ort aufbewahrt wird. Wenn diese Presse 4- oder 5mal gebraucht ist, kann die Brühe davon zu einer braunen Sauce oder zu saurem Gelee verwendet werden. In diesem Fall wird die Presse durch ein Haarsieb in ein irdenes Geschirr geseiht und kaltgestellt, damit man das Fett bequem davon abnehmen kann. Alles, was in der Presse gekocht ist und weiß bleiben soll, darf nicht kochend herausgenommen werden, sondern muß noch einige Zeit darin zum Abkühlen stehen bleiben.
Sodann rühre ¼ l sauren Rahm, 60 g geriebenes Weißbrot, ebensoviel

geriebenen Parmesankäse, 30 g Butter, etwas Muskatnuß, weißen Pfeffer, mit dem nötigen Salz, auf dem Feuer zu einem dicken Brei ab und legiere ihn mit 4 Eigelb. Die vorher schon in der Presse weichgekochten Ohren werden alsdann aus ihrem Sud auf ein Tuch gelegt und nach einigem Abkühlen mit dem Brei angefüllt, in Mehl paniert, dann in gut zerschlagene Eier, worin etwas fein gehackte Petersilie ist, getaucht und nochmals in geriebenem Weißbrot paniert. Hierauf werden die Ohren auf einen tiefen kupfernen Deckel oder eine eiserne Pfanne gelegt, mit zerlassener Butter bespritzt und im heißen Ofen zu dunkelgelber Farbe gebacken. Sie werden ohne weitere Zutat, nur mit Zitronenschnitten belegt, zu Tisch gegeben.

Kalbsragout, badische Art

750 g Kalbsschulter oder -hals, Salz, Pfeffer, ½ l Weißwein, 2 Zwiebeln, 2 Nelken, einige Pfefferkörner, Thymian, 1 Lorbeerblatt, 200 g Sellerie, 2 EL Mehl, 50 g Butter oder Margarine, Zitronensaft, 200 g Champignons in etwas Butter gedünstet, ⅛ l saure Sahne, 1 Prise Zucker, 1 Eßlöffel Kapern, Kerbel

Das Fleisch schneidet man in Würfel und stellt es, begossen mit dem Weißwein, zusammen mit einer Zwiebel, Nelken, zerdrückten Pfefferkörnern, Thymian und Lorbeerblatt zugedeckt mindestens 24 Stunden an einen kühlen Ort. Dann nimmt man es heraus und brät es in der heißen Butter oder Margarine von allen Seiten kräftig an. Die Sellerie und die Zwiebel hat man in Würfel geschnitten und läßt sie kurz mitrösten. Mit Mehl bestäuben und mit heißer Marinade aufgießen. Die Zwiebel, das Lorbeerblatt und die Nelken gibt man mit dazu, würzt mit etwas Zitronensaft und dünstet das Ganze weich. Dann nimmt man Zwiebel, Lorbeerblatt und Nelken heraus, fügt die Champignons hinzu und rührt die Sahne ein. Abschmecken, abgetropfte Kapern und Kerbel unterheben. Dazu gibt's Nudeln oder Spätzle und Salat.

Kalbsrippen

Soviel Personen, soviel Rippen nimmt man, klopft sie wohl, schabt sie mit dem Messer ab, streift das Fleisch von den Rippen zurück, daß es besser anzurühren ist, vermengt eine Handvoll Semmelmehl mit Pfeffer und Salz, zerläßt in einem breiten Geschirr Butter, kehrt die geklopften Rippen in dem Semmelmehl um, legt eines an das andere in die Butter, und brät sie auf beiden Seiten gelb.

Kalbsrippen, andere Art

Die Rippen werden ebenfalls wohl geklopft, in Mutschelmehl, Salz und Pfeffer umgekehrt, und in zerlassener Butter, mit welcher überhaupt bei den Rippen nicht gespart werden darf, gelblich aber ja nicht hart gebraten. Zu 2 Pfund Rippen verrührt man 4 bis 5 Eier mit ziemlich geschnittenem Schnittlauch, kehrt die Rippen darin um und läßt sie noch einen Augenblick auf beiden Seiten anziehen. Dann können sie zu jedem Gemüse gegeben werden.

Kalbsrippen, andere Art, in Papier aufzustellen

Von einem Bogen weißem Papier wird nach Beschaffenheit des Rosts eine ovale oder runde Form gemacht, dieselbe an den 4 Ecken des Papiers, wo es zusammengelegt ist, mit 4 starken Stecknadeln befestigt, und das Papier stark mit Butter bestrichen. Die Kalbsrippen klopft man wohl, reibt eine Handvoll weiches Brot zart auf dem Reibeisen, vermengt ziemlich gehackte Petersilie, etwas Pfeffer und Salz darunter, bestreicht die geklopften Rippen auf beiden Seiten mit zerlassener Butter, kehrt solche in dem untereinander Gemengten um, legt sie in das bestrichene Papier, und brät sie langsam auf dem Rost. Das Papier darf man nicht verbrennen lassen. Sobald sie fertig sind, nimmt man die Stecknadeln heraus und legt sie samt dem Papier auf eine Platte. Sie sind saftiger als die vorhergehende und zu jedem Gemüse gut.

Kalbsrippen, französische Art

Die Kalbsrippen werden wohl geklopft, mit einem Messer sauber abgeschabt und ein paar Charlotten-Zwiebel, ein Stücklein Speck nebst ein wenig Petersilie zusammen kleingehackt. Zu 2 Pfund Rippen weicht man einen halben Kreuzerwecken ein, nimmt das Gehackte und den ausgedrückten Wecken in eine Schüssel, geriebenen oder fein geschnittenen Thymian, etwas Basilikum, Salz und ein wenig Pfeffer dazu, rührt solches mit 3 bis 4 Eigelb untereinander, schneidet zu jedem Ripplein weißes Papier, streift das Fleisch von den Rippen zurück, daß das Bein leer bleibt, bestreicht jedes Papier mit Butter, legt ein Stücklein frischen Speck darauf, überstreicht die Rippen auf beiden Seiten mit der angerührten Farce, wickelt sie in das Papier, umbindet sie mit einem Faden und brät sie langsam auf dem Rost. Hierauf werden die Fäden abgeschnitten, die Rippen samt dem Papier auf die Platte gelegt und mit Petersilie garniert. Sie taugen zu jedem Gemüse.

Kalbsrippchen, ausgebeinte

Von einem Kalbsrücken werden die starken Rückgratknochen weggehauen, das Fleisch der Länge nach an den Rippen mit einem scharfen Messer einer dicken Wurst ähnlich abgelöst, dann abgehäutet und über den Faden in fingerdicke Stückchen geschnitten, deren jedes man in ein wenig Salzwasser taucht, sogleich mit einem hölzernen Fleischschlegel oder dem flachen Hackmesser mit einem oder zwei Schlägen breitschlägt, mit Pfeffer, feingewiegter Zitronenschale, Zwiebel und Petersilie eingewürzt und dann alle eine Stunde übereinanderlegt. nach dieser Zeit wird Butter oder Schmalz heiß gemacht, die Stückchen in Mehl umgekehrt, nebeneinander in das Schmalz gelegt und von beiden Seiten schnell gelb gebraten, alsdann ein bis zwei Schöpflöffel Fleischbrühe darangegossen, ein Eßlöffel Kapern und etwas Muskatnuß hingetan, und die Karrées eine halbe Stunde zugedeckt langsam darin gedämpft. Die unterdessen etwas dicklich gewordene Sauce verdünnt man mit ein wenig Fleischbrühe oder Wasser, richtet die Karrées sodann hübsch an, gießt die Sauce darüber, und gibt gewöhnlich abgetriebene Grieß- oder Kartoffelknödel dazu.

Kalbsrippen, glacierte

Die vier dem Nierenstück zunächst liegenden Rippchen werden mit einem flachen Hackmesser kleinfingerdick plattgeschlagen, dann schön oval geformt, mit Salz und weißem Pfeffer bestreut und in frischer Butter von beiden Seiten acht Minuten schön hellgelb gebraten. Nun entfernt man die Butter, gibt dafür ein Stückchen Glace oder gute Bratensauce und etwas Zitronensaft daran, und nachdem man dies kurz hat einkochen lassen, glasiert man die Rippchen damit. Sie werden jetzt im Kranz auf einer warmen Platte angerichtet, und der zurückgebliebene Saft, mit etwas Fleischbrühe aufgelöst, heiß darübergegossen. – Sehr gern wird Reis dazu serviert. Oder der Reis wird in eine Ringform eingefüllt, und die Kalbsrippchen, nachdem er auf die Platte gestürzt ist, in die leere Mitte eingelegt.

Kalbsrippchen, gedämpfte

Es gehört hierzu sehr gutes Fleisch. Man schneidet die Rippen glatt ab, klopft sie gehörig, aber nicht auseinander, so daß sie 1½ cm dick bleiben, und hackt die Knochen zur Hälfte ab. Dann legt man sie in eine dick mit Butter bestrichene Schüssel, bestreut sie mit Salz, Muskat und gibt noch Butter, Zitronenscheiben, etwas gestoßenen Zwieback und etwa zu 3 Pfund Fleisch nicht ganz ¼ l halb Wasser und halb Wein hinzu. Darauf wird die Schüssel fest zugedeckt, ein feuchtes Tuch darüber hingelegt und auf Feuer ¼ Stunde geschmort.

Kalbsrippchen auf Ministerart

Die Rippchen werden in gleiche Form gebracht. Die Knochen und die Fleischabfälle, eine gut ausgewässerte Kalbsmilch und kleingeschnittenes Wurzelwerk kocht man in Salzwasser weich. Nun verschwitzt man 2 Eßlöffel Mehl in 1 Eßlöffel Butter und füllt etwas von der Brühe auf, würzt mit Pfeffer und Salz, gibt etwas Maggiwürze und den Saft einer Zitrone daran und läßt die Sauce recht sämig werden. In Butter hat man Champignons oder Steinpilze gedünstet, diese und die Kalbsmilch in Streifen geschnitten und zum Heißwerden in die Sauce gelegt. Nachdem man die Rippchen, mit Pfeffer und Salz bestreut, in Butter während 3 Minuten scharf angebraten hat, legt man sie in einer Pfanne, die man auf den Tisch bringen kann, dicht nebeneinander, gibt auf jedes derselben etwas von dem Ragout, träufelt Krebsbutter darüber oder zerpflückt etwas Sardellenbutter und bäckt die Rippchen in der Röhre schön braun. Wer es liebt, streut vor dem Backen Parmesankäse darüber. Unter das Ragout kann man auch noch kleinwürflig geschnittene Kalbszunge, ausgebrochene Krebsschwänze und gehacktes Geflügelfleisch mischen. Man reicht Petersilienkartoffeln dazu.

Kalbsröllchen mit Pilzen

4 dünne Kalbsschnitzel, 100 g roher Schinken, 150 g beliebige frische Pilze, feingehackte Petersilie, 2 Eier, 100 g Butter, Salz, Pfeffer

Die Kalbsschnitzel werden leicht geklopft, mit Salz und Pfeffer bestreut. Den rohen Schinken hackt man fein und dünstet ihn in einem Stück Butter zusammen mit der gehackten Petersilie und den geputzten, feingewiegten Pilzen an. Wenn die Masse etwas abgekühlt ist, rührt man die Eier hinein, schmeckt ab und bestreicht die Schnitzel damit. Sie werden aufgerollt, zusammengebunden oder mit einer Rouladenklammer festgehalten und in der restlichen Butter gebraten.

Kalbsrollbraten

1000 g ausgelöste Kalbskeule, Salz, Pfeffer, Thymian, Salbei nach Geschmack, 50 g Speck, 1 EL Butter oder Margarine, 1/8 l Fleischbrühe, 1/8 l Weißwein, 1/8 l saure Sahne, 1 EL Stärkemehl

Das Fleisch wird mit Salz, Pfeffer, Thymian und Salbei bestreut, der Speck in feine Würfel geschnitten und darauf gegeben. Nun rollt man den Braten auf und umwickelt ihn mit einem gebrühten Faden. Die Butter läßt man zergehen und pinselt sie auf den mit Salz und Pfeffer eingeriebenen Rollbraten. Bei mittlerer Hitze wird der Kalbsrollbraten ca. 85 bis 90 Minuten im Rohr gebraten. Sobald er Farbe angenommen hat, gießt man die heiße Fleischbrühe auf und nach und nach den Wein.
Die Sauce wird mit in Sahne angerührtem Stärkemehl gebunden und aufgekocht.

Kalbsroulade I

2 Pfund Kalbsbrust. Zur Fülle: 1/2 Pfund Schweinefleisch, 1 Brötchen, 1 Ei, 1 TL Salz, Prise Pfeffer, Muskat, 1 EL Kapern, 1 TL Zitronensaft, 1 EL fein verwiegte, in 20 g Butter gedämpfte Zwiebel und Petersilie, 2 verwiegte Sardellen, 2 EL sauren Rahm. Zum Braten: 60 g Fett, 1 EL Salz, 1 Gelbrübe, 1 Zwiebel, 1 Stückchen Weißbrot, 1/4 l Fleischbrühe, 1/8 l Rahm, 2 EL Wein

Die entbeinte, abgeriebene Kalbsbrust wird gesalzen, gepfeffert, mit Zitronensaft beträufelt und die innere Fläche mit Eiweiß bestrichen. Nun füllt man die Fleischfülle ein, näht die Roulade der Länge nach gut zu, und brät das Fleisch nach dem Salzen in heißem Fett, welchem man die Bratenzutaten zugegeben hat, auf allen Seiten schön braun an. Von Zeit zu Zeit gibt man etwas Fleischbrühe zu und läßt die Roulade unter fleißigem Begießen 1 Std. braten. 1/4 Std. vor dem Garsein gießt man den sauren Rahm darüber. Vor dem Anrichten wird der Beiguß entfettet, die Gelbrübe, sowie die Zwiebel herausgenommen und der Beiguß samt dem Brot durch ein Sieb getrieben, aufgekocht und mit Wein gewürzt.

Kalbsroulade II

Eine Kalbsbrust wird ausgebeint, durch die Mitte gespalten, auseinandergelegt und mit Salz und Pfeffer bestreut. Nun wird dieselbe mit Kalbfleischfarce, unter welche der Saft einer halben Zitrone, ein halbes Gläschen Wein und zwei Eßlöffel Kapern gerührt wurden, halbfingerdick überstrichen, dann fest zusammengerollt, an den Enden sowie an eventuellen schadhaften Stellen zugenäht, mit Bindfaden dicht umwunden und gebraten. Man befreit die Roulade hernach vom Faden, richtet sie auf einer Platte an und serviert sie mit der abgefetteten Sauce.

Kalbsroulade III

(Für 6–8 Personen) 1 kg ausgebeinte Kalbsbrust, Salz, Pfeffer, Zitronensaft. Fülle: 250 g Schweinefleisch, 1 Brötchen, 1 Ei, Zwiebel, Petersilie, 30–50 g Fett, Zwiebel, Gelbrübe

Die gewaschene Kalbsbrust wird geklopft, mit Salz, Pfeffer, Zitrone eingerieben. Das eingeweichte Brötchen wird mit Zwiebel und Petersilie gedämpft, mit dem Fleisch durch die Maschine gegeben, mit Salz, Pfeffer, Muskat, Ei gut gemischt. Die Fülle wird auf die Kalbsbrust gegeben, der Länge nach zusammengeschlagen und zugenäht. Zusetzen wie gefüllte Kalbsbrust. Nach Belieben mit etwas saurem Rahm begießen, die Sauce mit etwas Stärkemehl, mit Wein angerührt, aufkochen. Bratzeit 1½ Stunden.

Kalbsroulade, andere Art

Eine schöne, große, fette Kalbsbrust wird ausgebeint und die Knorpeln mit einem scharfen Messer schief davon abgeschnitten, wobei aber kein Loch in der Brust entstehen darf. Nun schneidet man sie auseinander, breitet sie als viereckiges Blatt auf einem Brett aus und bestreut sie mit Salz und weißem Pfeffer. Inzwischen kocht man zwei schöne, zuvor in lauem Wasser ausgewässerte Kalbsmilchlein in Fleischbrühe kernig weich ab, nimmt sie dann heraus, befreit sie von allem Häutigen und Unreinen und schneidet sie zu groben Würfeln, ebenso wird 280 g weichgekochte Rauchzunge und ebensoviel Speck grob würflig geschnitten, dies zusammen in eine Schüssel genommen und die feingewiegte Schale einer halben Zitrone, ein Eßlöffel gedämpfte Zwiebel, ebensoviel feingewiegte, gedämpfte Petersilie, etwas Muskatnuß, sechs Stück ganz kleine, schön grüne, in feine Blättchen geschnittene Essiggurken, 280 g geschlagenes Kalbsbrät und etwas Salz und Pfeffer beigefügt. Nachdem alles gut vermengt, legt man es auf die auseinandergebreitete Kalbsbrust, rollt solche nach voriger Art zusammen, näht und bindet sie zu, wickelt dieselbe in ein Tuch, und setzt sie mit den nämlichen Zutaten zum Feuer, nur werden noch acht bis zehn zerkleinerte Kalbsfüße dazugegeben. Hat die Roulade zwei Stunden langsam gekocht, wird sie vom Feuer gestellt, nach halbem Erkalten herausgenommen und wie vorige beschwert, nach gänzlichem Erkalten aber dann aufgebunden und von den Fäden befreit. Unterdessen wird der Absud durch ein Sieb gegossen, wenn das Durchgegossene gänzlich bestanden ist, solches abgefettet, mit Eiern geklärt und kaltgestellt. Beim Servieren schneidet man die Roulade in feine Scheiben, schiebt diese wieder in ihre vorige Lage zusammen und garniert das Ganze mit der bestandenen Sulz. – *Schöner* sieht die Roulade aus, wenn sie vor dem Servieren mit lauer, abgefetteter Jus oder dick eingekochter Bratensauce mittels eines Pinsels überstrichen wird. – Sollte die Sulz nicht pikant genug sein, so hilft man beim Klären mit einigen Eßlöffeln scharfem Essig. – Diese Roulade kann auch wie vorige *übersulzt* werden.

Kalbsrouladen, kleine

Vor dem inneren Teil eines Kalbschlegels, wie er zum Frikandeau benützt wird, schneidet man handgroße und halbfingerdicke Stückchen ab, klopft solche und bestreut sie mit Salz und Pfeffer. Nun wird vier Eßlöffel geriebenes Weißbrot, ein halber Kaffeelöffel feingewiegte Zitronenschale und 50 g feingewiegter Speck mit einem Ei angerührt, mit dieser Farce die Stückchen überstrichen, dann jedes zusammengerollt, mit feinem Bindfaden leicht umbunden, und sämtliche mit einem Stückchen Butter oder sonstigem guten Fett und einer verschnittenen Zwiebel in eine Kasserolle gebracht, worin man sie im Ofen oder auf dem Herd gelb anbraten läßt, hernach ein Glas Wein und etwas Fleischbrühe darangießt, und die Rouladen ungefähr eine halbe Stunde mehr weich dämpft, als brät. Eine Viertelstunde vor dem Anrichten werden sie herausgenommen, ein kleiner Kochlöffel Mehl an die Sauce gestäubt und diese mit Fleischbrühe gehörig verdünnt, die Rouladen dann wieder hineingelegt, bedeckt, noch einigemal darin aufgekocht, nun aufgebunden, auf eine warme Platte angerichtet und die abgefettete, durchs Sieb getriebene Sauce über sie gegossen. – Können als selbständiges Gericht, als Braten, auch als Gemüsebeilage gegeben werden, in letzterem Fall bleibt dann die Sauce fort.

Kalbsroulade, Schweizer Art

Fleisch aus der Keule wird nach seinen Muskeln aufgelöst, gehörig geklopft, daraus 1½ cm dicke, glatte Stücke geschnitten, die ungefähr 10 cm breit und 6 cm lang sind. Von dem Abfall macht man eine Farce, spickt die Streifen auf einer Seite mit Speck, die andere bestreicht man mit Ei, setzt von der Farce ½ cm dick darauf, rollte sie auf, umbindet sie mit einem Faden und läßt sie, fest zugedeckt, in Butter 1 Stunde langsam braten. Die Sauce wird mit etwas saurer Sahne abgerührt.

Kalbsrücken

(Für 10–12 Personen) 3–4 kg Kalbsrücken, 60 g Speck, Salz, Pfeffer, Zitronensaft, Zwiebel, Gelbrübe, 100 g Butter, ¼ l Rahm, Waser oder Fleischbrühe, 1 EL Stärkemehl

Das Fleisch wird mit abgerieben, gehäutet, mit feinen Speckstreifen belegt, mit Salz, Pfeffer, Zitronensaft eingerieben. In einer Bratpfanne übergießt man das Fleisch mit heißem Fett, läßt es mit Zwiebel und Gelbrübe anbraten, löscht wenig ab, stellt den Braten in den Backofen, übergießt ihn öfter, auch mit dem Rahm, und brät ihn etwa 2 Stunden. Danach die Speckstreifen entfernen. Die Sauce wird geseiht und mit dem angerührten Stärkemehl, das man auch mit Wein anrühren kann, aufgekocht. Die Nieren werden ausgelöst, in Scheiben geschnitten. Dann löst man die beiden Filets ab, schneidet sie in schräge Scheiben und setzt sie wieder auf das Knochengerüst. Die Nierenscheiben legt man schuppenförmig auf die Mitte des Rückens. Man garniert die Platte mit Zitronenscheiben und Petersilie, oder man verwendet dazu verschiedene Gemüse wie bei garniertem Schlachtbraten.

Kalbsrücken, gespickter

Der Kalbsrücken wird an der Wirbelsäule etwas eingehauen und dann auseinander gebogen. Zu beiden Seiten schlägt man die Rippen bis zur Hälfte ab, häutet ihn und spickt ihn recht zierlich. In der Pfanne läßt man 125–250 g Butter, je nach der Größe des Bratens, zergehen und legt den Braten, sobald die Butter steigt, mit der gespickten Seite nach unten in die Pfanne. Man läßt ihn nun bei starkem Feuer gut anbräunen, salzt ihn jetzt erst, wendet ihn und streut auch auf die Oberseite etwas Salz. Unter fleißigem Begießen mit Butter brät man ihn eine Stunde lang, gießt etwas dicken, sauren Rahm darüber und läßt ihn weitere 30 Minuten braten. Dann hebt man den Braten aus der Pfanne, schabt den Bodensatz locker, gießt noch etwas sauren Rahm dazu oder verquirlt etwas Weizenmehl an die Sauce, läßt diese nochmals aufkochen und gibt sie zuletzt durch ein Sieb. Gute Beilagen zu diesem Braten sind Spinat oder Rosenkohl und eingekrustete Kartoffeln; auch Blumenkohl und Spargel in Holländischer Sauce werden gern dazu gereicht.

Kalbsschale, gedämpfte

Diese wird wohl geklopft, rein abgeschabt oder gewaschen und mit einem Tuch wieder abgetrocknet, mit Pfeffer, Nelken und Salz eingerieben, in einem breiten Geschirr Butter zerlassen, und die Schale auf beiden Seiten gelb darin gedämpft. Nach diesem streut man erst einen halben Eßlöffel Mehl darüber, läßt es ein wenig braun daran werden, gibt ein Glas Wein, einen Schöpflöffel Fleischbrühe oder Wasser, ein Lorbeerblatt und etliche Zitronenscheiben daran, deckt es zu und dämpft es langsam auf Feuer. Ist das Fleisch weich und die Sauce kurz eingekocht, so wird es angerichtet.

Kalbsschale gedämpfte, andere Art mit Kräutern

Wenn die Schale geklopft und gewaschen ist, wird ein Lorbeerblatt, ein wenig Rosmarin, Basilikum und Estragon klein verschnitten, mit einem Eßlöffel Salz und 6 verdrückten Wacholderbeeren vermengt, das Fleisch damit eingerieben, in eine Schüssel gelegt, ein halber Schoppen Essig darüber gegossen und alle Tage umgekehrt, damit die Kraft aus den Kräutern herauskommt. Man läßt das Fleisch in der Beize so lang es sein kann. Will man's zusetzen, so wird es mit einem Messer abgeschabt, in einem Geschirr ein Stücklein Butter zerlassen, die Schale hineingelegt, zugedeckt, wohl gedämpft und eine Rinde Brot darauf gelegt. Bekommt das Fleisch nicht Sauce genug, so gießt man etwas Fleischbrühe daran. Wenn das Fleisch weich, und von der Sauce noch etwas vorhanden ist, so wird die Schale auf eine Platte gelegt, die Sauce mit dem Brot durchgetrieben, das Gelbe von 3 Eiern mit einem halben Schoppen sauren Rahm verrührt, dies und die zurückgebliebene Sauce in eine Pfanne genommen und unter beständigem Rühren solang auf Kohlen gelassen, bis die Sauce dicklich ist, dann über die Schale angerichtet.

Kalbsschale, gespickte, in einer Rahm-Sauce

Die Schale wird wohl geklopft, gehäutet, ein Glas Essig mit Salz, Pfeffer, Nelken, einem Lorbeerblatt und ein paar Zitronenscheiben eine Viertelstunde gesotten, dann über die Schale gegossen. Wenn sie eine Stunde gestanden ist, wird sie gespickt, in einem breiten Geschirr Butter zerlassen, die gespickte Schale darin gelb gedämpft, die Hälfte von dem Essig, worin sie gebeizt worden ist, nebst etwas Fleischbrühe dazugetan und wenn es wieder eingekocht ist, ein Schoppen saurer Rahm daran gegossen, ein halber Kochlöffel Mehl in Butter gelb geröstet, eine kleingeschnittene Zwiebel darin abgedämpft, an die Sauce getan und so lange gekocht, bis sie zum Anrichten fertig ist. Alsdann nimmt man die Zitronenscheiben nebst dem Lorbeerlaub von der Beize dazu, bräunt vor dem Anrichten ein Stücklein Zucker im Wasser und gibt es an die Sauce, damit sie Farbe bekommt.

Kalbsschinken

(Für 15 Personen) Etwa 3 kg ausgebeinter Kalbsschlegel, etwa 200 g Salz, 10 g Salpeter, 20 g Zucker, ½–¾ l Wasser, Lorbeerblatt, einige Wacholderbeeren, Pfefferkörner, etwas Knoblauch, 1 TL Koriander zerdrückt, 1 Zwiebel, nach Belieben 2 Nelken

Das Fleisch wird gewaschen, mit der Hälfte des Salzes, dem Salpeter, Knoblauch, Koriander gut eingerieben und in einen Steintopf gelegt. Die übrigen Zutaten werden mit dem Wasser aufgekocht, kalt über das Fleisch gegeben. Man legt ein Brettchen darauf und beschwert mit einem Stein. Das Fleisch muß täglich gewendet werden. Nach etwa 14 Tagen kann das Fleisch wie Salzfleisch gekocht werden oder das Fleisch wird gut abgetropft und etwa 2 Tage geräuchert. Der Schlegel wird in hießes Wasser gegeben und mit Suppengrün, Zwiebel langsam 1½–2 Stunden gekocht. Das Fleisch kann kalt oder warm gegeben werden und ist feiner im Geschmack wie Schweineschinken.

Kalbsschlegel à la Béchamel

Man beseitige alle lappigen Teil der unteren Seite eines Kalbsschlegels, schlage das Bein ganz oder nur den unteren Teil desselben ab, schneide das Gelenk des Beines ein, damit es sich zurückschieben läßt, klopfe den Schlegel tüchtig und schneide, wenn man ihn spicken will, die Haut von der oberen Seite des Schlegels glatt ab oder man stecke ihn ungehäutet in kochendes Wasser und lasse ihn so lange darin kochen, bis die Haut steif geworden ist, kühle ihn in kaltem Wasser ab und spicke ihn gut. Dann mache man in einer Pfanne Butter gelb, lege den Schlegel so hinein, daß die gespickte Seite oben liegt, begieße ihn mit der Butter, bestreue ihn mit Salz und brate ihn unter wiederholtem Begießen und öfterem Zugießen von etwas leichter Bouillon oder Wasser in einem heißen Ofen zu schöner Farbe und weich. Ein Schlegel von 8 bis 10 kg kann 2 bis 2½ Stunden braten. Wenn man den Schlegel recht schön glasiert haben will, so koche man vorher die Abfälle des Schlegels und ein paar zerkleinerte Kalbsfüße mit ein wenig Wurzelwerk und Wasser aus, verkoche diese Brühe mit einem Löffel voll Weißmehl, daß sie schwach sämig wird, und gieße sie nach und nach an Stelle der Bouillon oder des Wassers zu dem Schlegel und begieße diesen fleißig damit.

Kalbsschlegel, gebratener (Kalbsstotzen, Kalbskeule)

Man hackt am Schlegel das Rohrbein so weit ab, daß es noch handbreit über das Fleisch hervorsteht und auf diese Art noch gut zu halten ist. Der Schlegel wird nun geklopft, mit Salz und Pfeffer eingerieben und mit feinem Speck schön gespickt, dann nebst einem Stück Butter, 70 g verschnittenem Speck, zwei in Scheiben geschnittenen Zwiebeln, einer ebenso verschnittenen gelben Rübe, einem Lorbeereblatt und einem halben Selleriekopf in eine Bratpfanne gelegt und im Ofen gelb angebraten, hernach ein Glas Wein und etwas Wasser oder Fleischbrühe darangegossen, und der Schlegel unter öfterem Begießen mit seiner Sauce zwei Stunden langsam gebraten. Gewöhnlich bedeckt man ihn währenddem mit butterbestrichenem Papier, welches man eine halbe Stunde vor dem Anrichten wegnimmt, damit derselbe eine schöne Farbe bekommt. Zuletzt wird in die Sauce ein Eßlöffel Mehl eingestäubt, solche mit Wasser verdünnt und noch damit aufgekocht, dann durchgegossen, abgefettet und mit dem Braten zu Tisch gegeben. – Sehr gut schmeckt es, wenn eine Viertelstunde vor dem Anrichten zwei bis drei Eßlöffel saurer Rahm an die Sauce gegeben und noch damit gekocht wird.

Kalbsschlegel, gedämpft mit Provence-Öl

Nach dem Klopfen häutet man ihn rein, legt ihn 3 bis 4 Tage in Essig, nimmt dann Salz, Pfeffer, Nelken, etliche Blätter Rosmarin, ein wenig Thymian und Basilikum, schneidet die Kräuter klein, mischt diese und das Gewürz untereinander, schneidet gleichlange Speckbröcklein, kehrt sie in dem untereinander Gemengten um, macht hin und her Löcher in den Schlegel, reibt ihn mit dem übrigen vermischten ein, steckt den Speck tief hinein, legt etliche Stücklein Speck in ein Geschirr, worin der Schlegel Platz hat, denselben darauf, gießt anderthalb Schoppen Fleischbrühe und ebensoviel Wein darüber, 6 Eßlöffel Provence-Öl oder recht gutes Baumöl daran, legt 3 bis 4 Bögen Papier über das Geschirr, und auf das Papier einen festen Deckel, daß kein Dampf daraus kann, stellt das Geschirr über Nacht auf Feuer, daß es langsam kocht. Viel darf nicht danach gesehen werden. Ein- oder zweimal wird es aufgedeckt, um zu sehen, ob der Schlegel mürb ist. Er kann warm oder kalt aufgestellt werden, kalt mit Senf oder Essig und

Öl, warm hingegen wird die Sauce kurz eingekocht und dazu aufgestellt.

Kalbsschlegel, gefüllter

Der Schlegel wird geklopft, dann ausgebeint, auseinandergelegt, mit Salz und Pfeffer bestreut und mit 280 g Kalbfleischfarce, unter welche der Saft einer halben Zitrone und zwei Eßlöffel Kapern gerührt wurden, gefüllt. Hernach wird er zusammengerollt, mit Bindfaden umwunden und an der oberen Seite zugenäht, nun etwas abgehäutet, mit feinem Speck gespickt, wie voriger angebraten und angerichtet, wobei man den Bindfaden entfernt.

Kalbsschlegel, gefüllter, auf andere Art

140 g Nierenfett wird mit etwas Petersilie, Zitronenschale und einer Zwiebel fein gewiegt und darunter vier Eier, Salz, Pfeffer und Muskatnuß, der Saft einer halben Zitrone und acht Eßlöffel Semmelbröseln gerührt. Damit füllt man nun den wie vorigen hergerichteten Schlegel, legt solchen, fest zugenäht und mit Bindfaden umwunden, in eine Bratpfanne, gibt ein Stückchen Butter und etwas Wasser dazu und brät denselben unter öfterem Begießen zwei Stunden. Inzwischen wird eine weiße Einmachsauce bereitet, ein Schöpflöffel voll davon, wenn der Schlegel angerichtet, aufgebunden und vom Faden befreit ist, mit der abgefetteten Bratensauce einigemal aufgekocht, die ganze Sauce hernach durchs Sieb unter den Braten gegossen und letzterer damit zu Tisch gegeben.

Kalbsschlegel, gesulzter, gefüllter

Den bis an das letzte Gelenk ausgebeinten Kalbsschlegel bereitet und beendet man ganz wie gefüllter Kalbsschlegel, nur muß er mehr gedämpft als gebraten, und obenüber mit Glace oder rein abgefetteter, dick eingekochter Bratensauce überstrichen werden. Nach gänzlichem Erkalten wird eine Papiermanschette um das Bein gebunden, und auf die obere Mitte des Schlegels mit ausgestochener, in verschobene Vierecke verschnittener Fleischsulz ein Stern geordnet; da jedoch die so stark bestandene Sulz auf dem Schlegel nicht gut halten würde, so bestreiche man die Stelle, wo der Stern hinkommt mittels eines Pinsels mit bereits bestandener Fleischsulz. Der Rand des Schlegels, sowie die leeren Zwischenräume der Platte werden mit feingehackter Sulz belegt.

Kalbsschlegel, gespickter

Er wird geklopft, rein gehäutet und die Seite zum Spicken auf den Rost gelegt, daß das Fleisch nur ein wenig zusammenschrumpft, und besser zum Spicken ist. Wenn der Schlegel wieder kalt ist, wird er erst gespickt. Kann man ihn einen Tag in den Essig legen, so ist es gut, im Gegenteil aber wird ein halber Schoppen Essig mit Salz, Lorbeerlaub, etlichen Zitronenscheiben und 6 verknirschten Wacholderbeeren siedend gemacht, hat man Kräuter, so nimmt man von jeder Art einige Blätter oder statt derselben Pfeffer und Nelken dazu und gießt es über den Essig. Auf diese Weise wird der Essig noch ein paarmal ab- und immer wieder siedend darangegossen, und der Schlegel erhält dadurch die nämliche Güte, als wenn er gebeizt wäre. Dann wird er mit Salz, Nelken und Peffer eingerieben, an den Spieß gesteckt, langsam daran gebraten, der Essig nebst ein wenig Fleischbrühe in die Bratpfanne getan, zuerst mit Butter und dann mit der Sauce fleißig begossen. In die Bratpfanne kann man auch etwas sauren Rahm nehmen.

Kalbsschnitzel, garnierte, alte Art

Die garnierten Schnitzel sind nicht zu dünne, aus der Kalbskeule geschnittene Scheiben, die man gut klopft, dann salzt und in Mehl wälzt. Dann wendet man sie in geschlagenem Ei und Paniermehl oder geriebener Semmel und bäckt sie in steigender Butter von beiden Seiten goldgelb aus. Man garniert sie mit kleinen Sardellenröllchen, Kapern und Zitronenvierteln. – Will man **Paprikaschnitzel** bereiten, verfährt man auf dieselbe Weise, gibt aber in die Butter etwas gewiegte Zwiebel und ½ Kaffeelöffel Paprika und zuletzt, wenn die Schnitzel schon aus der Pfanne sind, etwas Sahne, läßt die Sauce noch einmal aufkochen und gießt sie durch ein Sieb über die Schnitzel. Bei diesem Gericht läßt man die Sardellen und Zitrone weg. – **Holsteiner Schnitzel** bereitet man auf die nämliche Art, nur gibt man statt Paprika und Zwiebel einige fein gewiegte Pilze in die Sauce, macht sie mit Blumenkohl sämig, gibt etwas Madeira dazu und würzt sie mit Zitronensaft. Die Sauce gießt man über die Schnitzel und legt auf jedes noch ein Spiegelei. Man gibt gebratene Kartoffeln dazu. – Um **Naturschnitzel** zu braten, nimmt man am besten dünne Scheiben aus der Kalbsnuß, die gegen die Faser des Fleisches geschnitten werden. Nachdem man alles Sehnige und Fette abgeschnitten, klopft man sie tüchtig, salzt sie und gibt sie in steigende Butter, gießt gleich ½ Obertasse gute Fleischbrühe auf, deckt die Kasserolle zu und dünstet sie so weich. Ist es nötig, so füllt man nochmals etwas Fleischbrühe auf. Sie werden zu verschiedenem Gemüse gereicht. – Die **Kaiserschnitzel** werden genauso bereitet wie die Naturschnitzel, nur gibt man zuletzt noch ⅛ l süße Sahne, einige Kapern und etwas Zitronensaft in die Sauce. – Ein schmackhaftes Gericht sind auch die **Sardellenschnitzel**. Nachdem man die Schnitzel gut geklopft und gesalzen hat, läßt man in einem Tiegel reichlich Butter zergehen, gibt eine gewiegte Zwiebel dazu und legt, sobald die Butter zum Kochen kommt, die Schnitzel hinein. Wenn alle Flüssigkeit verdunstet ist, gießt man nach und nach etwas gute Bouillon zu und läßt die Schnitzel weich dämpfen. Dann gibt man eigroßes Stück Sardellenbutter dazu, schmeckt mit Pfeffer, Salz und Muskat ab, läßt alles zusammen noch 3 bis 4 Minuten dünsten und serviert die Schnitzel mit Petersiliensträußchen und Zitronenscheiben garniert.

Kalbsschnitzel, andere Art

Man richtet die Schnitzel ganz nach voriger Art her. Wenn sie geklopft sind, werden sie gesalzen, in Mehl umgekehrt, in Butter schnell von beiden Seiten gelblich gebraten und alsdann auf eine Platte gelegt. Nun kocht man etwas wenig Fleischbrühe in der Pfanne, worin die Kalbsschnitzchen gebraten wurden, auf, gibt die Sauce dann durchs Sieb in die zum Auftragen bestimmte Schüssel und legt darin die Kalbsschnitzchen, indem man Zitronensaft darüberdrückt. – Nach Belieben kann auch vor dem Anrichten einige Eßlöffel *saurer Rahm* in die Pfanne zur Sauce gegeben werden. – *Mürber* werden die Kalbsschnitzchen, wenn man sie eine Stunde vor dem Braten in zerlassener Butter oder feinem Öl umkehrt und dann übereinanderlegt.

Kalbsschnitzel, gespickt

Werden wie vorige geschnitten, nur etwas dicker, dann ein wenig breitgeklopft, schön mit feinem gesalzenem Speck gespickt, und über Nacht in die Beize gelegt. Hernach werden sie gesalzen und mit einem Stückchen Butter, einer feinzerschnittenen Zwiebel, einem Lorbeerblatt, einer halben Selleriewurzel und einer gelben Rübe in einer breiten Kasserolle auf das Feuer gesetzt, wo man sie gelb anbraten läßt, dann ein Gläschen Wein darangießt und sie damit eine halbe Stunde dämpft. Nach dieser Zeit werden sie herausgenommen, in die zurückgebliebene Sauce ein Kochlöffel Mehl gerührt, etwas Fleischbrühe oder Waser darangegossen, die Schnitzchen wieder hineingelegt und noch so lang darin gedämpft bis sie gänzlich weich sind, was in ungefähr einer halben Stunde der Fall sein wird, nun angerichtet, und die etwas abgefettete Sauce durchs Sieb darübergegossen.

Kalbsschnitzel, gespickt in Rahmsauce

Vom Kalbsschlegel, namentlich vom unteren Stotzen, wo das Euter sitzt, werden halbhandgroße und kleinfingerdicke Stücke über den Faden abgeschnitten, mit einem Holzschlegel oder breiten Hackmesser etwas breitgeklopft, und mit feingeschnittenem Speck gespickt. Nun legt man in eine Kasserolle, worin ein Stück Butter zerlassen wurde, die gespickten Kalbsschnitzchen nebst einer kleinen Handvoll Zwiebelscheiben und einem Lorbeerblatt dicht nebeneinander, überstreut sie mit Salz und Pfeffer, gießt ein halbes Glas weißen Wein und einen Schöpflöffel Fleischbrühe daran und dämpft dieselben zugedeckt halb weich, wo man sie dann herausnimmt. In die zurückgebliebene, kurz eingekochte Sauce wird sodann ein mit ¼ l (1 Schoppen) saurem Rahm glatt angerührter großer Kochlöffel Mehl samt etwas Fleischbrühe gegossen, die Schnitzchen wieder hineingelegt und vollends weichgekocht, hernach zierlich auf die Platte angerichtet, und die Sauce durchs Sieb darübergegossen. – Gibt man gewöhnlich mit Reis, oder man bekränzt sie mit ausgestochenem gebackenem Butterteig.

Kalbsschnitzel, glacierte, als Krankenkost

Aus dem zartesten Stück der Kalbskeule schneidet man 2 cm dicke Scheiben, häutet, klopft und spickt sie fein und brät sie in in steigender Butter von beiden Seiten in 10 bis 15 Minuten und richtet sie in einer Schüssel an. In Kalbfleischbouillon, die man aus Fleischabfällen und Knochen bereitete, verquirlt man etwas Kartoffelmehl, würzt mit Zitronensaft, gibt ein Gläschen Madeira dzau und richtet die Sauce über die Schnitzel an, zu denen man Kartoffelschnee reicht.

Kalbsschnitzel, eingefüllte

4 Kalbsschnitzel, 1/4 Sträußchen Petersilie, 3 EL Mehl, 2 Eier, 2 EL Milch, Salz, Pfeffer und Muskat, 80 g Fett zum Braten, Paprikapulver, Thymian, 4 Scheiben gekochter Schinken

Die Petersilie waschen, abtrocknen und fein hacken. Das Mehl mit den Eiern, der Petersilie und je einer Prise Salz, Pfeffer und Muskat zu einem dünnen Teig verquirlen. Einen Teil des Fettes nach und nach in einer Pfanne erhitzen, 4 kleine Eierkuchen backen und warm halten. Die Schnitzel mit Küchenkrepp abtupfen. Das restliche Fett erhitzen und die Schnitzel auf jeder Seite braten. Anschließend nach Geschmack etwas salzen und mit Paprikapulver und Thymian bestreuen. Mit je einer Scheibe Schinken und einem Eierkuchen umhüllen und auf einer erwärmten Platte anrichten.

Schnitzel, neuere Holsteiner Art

4 Kalbsschnitzel (500 g ohne Knochen), Salz, Pfeffer, 2 EL Mehl, 50 g Fett, 4 Eier, 30 g Butter, 4 Sardellen, 8 Essiggurken

Die vorgerichteten Schnitzel mit Salz und Pfeffer einreiben, in Mehl wenden, in heißem Fett auf beiden Seiten schön anbraten, ablöschen, nach Belieben mit etwas Rahm, zudecken, weich dämpfen, etwa 15 bis 20 Minuten. Beim Anrichten legt man auf jedes Schnitzel ein Spiegelei und garniert dieses mit Sardellenstreifen und Essiggurkenfächern. Als Garnitur kann man auch in Muschel angerichteten Tomaten- und Gurkensalat verwenden.

Kalbsschnitzel, Münchner Art

4 dünne Kalbsschnitzel, Salz, Pfeffer, 2 EL Mehl, 1 Ei, 50 g Butter

Die Schnitzel klopfen, kurz vor dem Zusetzen mit Salz und Pfeffer einreiben. Dann wendet man sie in Mehl, zuletzt in Ei und brät sie in der heißen Butter auf beiden Seiten auf mäßigem Feuer 15 Min.

Kalbsschnitzel, naturell

4 Kalbsschnitzel, Salz, Pfeffer, 40 g Butter, nach Belieben Zitronensaft, Zwiebel, 2 EL Mehl

Die Schnitzel abreiben, wenn nötig häuten, klopfen, kurz vor dem Braten mit Salz, Pfeffer und Zitronensaft einreiben. In Mehl gewendet, brät man sie in heißem Fett, nach Belieben mit Zwiebelscheiben, auf beiden Seiten an, löscht mit etwas Wasser oder Fleischbrühe ab, deckt die Pfanne zu und läßt die Schnitzel etwa 15 Minuten an der Seite dämpfen.

Kalbsschnitzel, panierte

Der innere untere Teil des Kalbsschlegels, die sogenannte Schale oder Nuß, wird herausgeschnitten, auf dem Brett oder Stock abgehäutet, und über den Faden in handgroße, fingerdicke Stückchen geschnitten, diese in Wasser getaucht, dann mit dem flachen Hackmesser, indem man damit ein oder zwei Schläge gibt, etwas breitgeklopft, hernach gesalzen, in Semmelbröseln oder Mehl umgekehrt, und in heißem Schmalz von beiden Seiten schnell gelb gebraten. Sie brauchen zum Fertigwerden sechs bis acht Minuten. – Man belegt das Gemüse damit, oder gibt sie extra, wo man sie dann mit Zitronensaft beträufelt, etwas Jus daruntergießt, und geröstete oder kleine glasierte Kartoffeln dazu serviert.

Kalbsschnitzel, süß-sauer

8 kleine Kalbsschnitzel, Salz und Pfeffer, 2 Zwiebeln, 2 gelbe Rüben, 80 g Butter oder Margarine, 3 EL Weinessig, 100 g Tomatenmark, 1/8 l Fleischbrühe, 3 EL Zucker, gehackte Petersilie

Zwiebeln und gelbe Rüben werden feingehackt und in der heißen Butter oder Margarine kurz geröstet. Die Kalbsschnitzel werden mit Salz und Pfeffer gewürzt und kommen für 5 bis 7 Minuten dazu. Wenn sie von beiden Seiten goldbraun gebraten sind, gießt man den Weinessig darüber, verrührt das Tomatenmark mit der heißen Fleischbrühe und dem Zucker und gießt es ebenfalls an das Gericht. Das Ganze läßt man ca. 10 Minuten auf kleiner Flamme köcheln und bestreut die süßsauren Kalbsschnitzel mit reichlich Petersilie.

Kalbsschnitzel, Wiener Art

6 Kalbsschnitzel, etwa 2 Pfund wiegend, 1 EL Salz, Prise Pfeffer, 2 Eiweiß oder 1 Ei, Weckmehl, Backfett, 30 g frische Butter

Von einem gut abgehängten Kalbsschlegel schneidet man fingerdicke und handbreite Stücke. Diese werden gehäutet, geklopft, gehackt und kurz vor dem braten mit Salz und Pfeffer bestreut. Alsdann wendet man sie in verrührtem Ei und Weckmehl um und brät sie unter fleißigem Begießen in Fett schön braun. (Bratzeit 10 Min.) Sobald sie fertig sind, gießt man das Fett ab, gibt etwas frische Butter zu und läßt diese noch gut einziehen. Nach Belieben belegt man die Schnitzel beim Anrichten mit Zitronenscheiben.

Kalbsschulter, gebratene

Ein schöner Kalbsbug wird ausgebeint, nämlich die Schaufel und der Rohrknochen davon ausgelöst, und die Haut ringsum mittels einer großen Dressiernadel mit Bindfaden umschlungen und zusammengezogen, so daß das Fleischstück einem Ballen ähnlich sieht. Letzteres wird hernach fünf Minuten in kochendes Salzwasser oder kochende Fleischbrühe gelegt, nach Herausnehmen und gänzlichem Erkalten auf der runden Seite mit feinem Speck gespickt, mit Salz und Pfeffer eingewürzt, und sodann mit einem Stück Butter und feingeschnittener Zwiebel im Bratofen oder auf dem Herd während öfteren Begießens langsam gelb gebraten.

Kalbsschulter, gefüllte

Nachdem die Kalbsschulter wie vorige ausgebeint und hergerichtet, wird ein bis zwei Schöpflöffel Kalbfleisch- oder Rindfleischfarce hineingefüllt, die Haut nach voriger Art umschlungen, der Bindfaden zusammengezogen, die Schulter, mit wenig Salz bestreut, in eine Kasserolle mit einem Stück gutem Fett, etwas zerschnittenem Speck, einer zerschnittenen Zwiebel, einer halben gelben Rübe und einem Lorbeerblatt im Bratofen gelb- und durchgebraten, und alsdann in ein Geschirr gelegt. Nun stäubt man die Sauce mit einem Kochlöffel Mehl ein, gießt ein Gläschen Wein und einen Schöpflöffel Fleischbrühe daran, und kocht darin die Schulter bedeckt noch eine Viertelstunde, wo die Sauce dann seimig sein wird. Die Schulter wird alsdann auf einer Platte angerichtet, vom Faden befreit, die zuvor abgefettete Sauce durchs Sieb darübergegossen und das Ganze mit feingeschnittener Zitronenschale überstreut.

Kalbsstück für Kranke

Man nimmt hierzu mit Vorliebe die flache Kalbsnuß, die man häutet und mit der breiten Seite des Hackmessers breitklopft. In steigender Butter brät man sie in ¼ Stunde gut durch, indem man sie dabei oft wendet. Man salzt das Fleisch ganz leicht, verdickt die Bratbutter mit süßem Rahm und reicht beides zu Blumenkohl-, Spargel- oder Artischockenpüree.

Kalbsschwänze, gebackene

So viel Personen, so viel Kalbsschwänze werden gebrüht, in einer Kasserolle mit halb Wein, halb Fleischbrühe, 2 ganzen Zwiebeln, etlichen Zitronenscheiben, einem Lorbeerblatt, Rosmarin, etwas Pfeffer, Muskatnuß, Nelken, Salz und einer Rinde schwarzes Brot zugesetzt und gekocht. Sobald die Schwänze weich sind, legt man sie auf eine Platte, vermengt halb Mutschel- und halb Weißmehl mit ein wenig Salz, kehrt die Schwänze darin um und backt sie im Schmalz gelb.

Kalbsvögel

Vom Kalbsschlegel werden fingerdicke Stückchen geschnitten, ebenso geklopft und unterdessen zwei gewaschene, ausgegrätete Sardellen mit Zwiebeln, Petersilienkraut, Zitronenschale und einem Kaffeelöffel Kapern fein verwiegt. Nun wird ein Stückchen Butter zerlassen, das Verwiegte hineingegeben und alles gut untereinandergerührt. Mit dieser Fülle werden hernach die Fleischstückchen überstrichen, jedes fest zusammengerollt und alsdann mit fein länglich geschnittenem Speck gespickt, so daß sie dadurch fest geschlossen sind. Nachdem sie etwas gesalzen, werden sie in einer Bratkachel mit Butter, unter Zugießen von einigen Eßlöffeln Wein und etwas Bratensauce, sowie unter öfterem Begießen mit der eigenen Sauce, schön braun gebraten.

Kalbsvögel, andere Art

625 g Kalbfleisch oder 4 Schnitzel, Salz, Pfeffer, Zitronensaft.
Fülle: 125 g Schweine- oder Geflügelfleisch, ½ Brötchen, Zwiebel, Petersilie, 20 g Fett, 1 Eigelb, Salz, Pfeffer, 1 EL Mehl, 40 g Fett, 2 EL Rahm, Wasser oder Fleischbrühe

Das Fleisch vom Schlegel wird in 4 Scheiben geschnitten, leicht gedrückt, mit Salz, Pfeffer, Zitrone eingerieben. Das eingeweichte Brötchen wird mit Zwiebel, Petersilie gedämpft, mit dem Fleisch, Ei, Gewürze gemischt. Die Schnitzel mit der Fülle bestreichen, aufrollen, umbinden, in Mehl wenden, in heißem Fett anbraten, wenn sie Farbe haben, ablöschen, mit Rahm begießen, nach Belieben etwas Wein zugeben, zugedeckt oder im Backofen etwa ¾ Stunden weichdämpfen. Man kann anstatt mit der Fleischfülle auch mit Speck, Zwiebel und Petersilie füllen.

Kalbsvögel, gespickt

750 g Kalbfleisch, Hals, 50 g Speck, Beize wie bei Sauerbraten, 40 g Fett, 30 g Mehl, ¼ l sauren Rahm

Das Fleisch waschen, in 4 Würfel schneiden, mit den Speckstreifen spicken, 2 Tage in die Beize legen. Abtrocknen, in Mehl wenden, in heißem Fett anbraten, das übrige Mehl mitbraten, mit Beize ablöschen, ½ Stunde dämpfen, den Rahm zugeben und weichdämpfen.

Kaninchenbraten

Von einem ausgewachsenen, aber noch jungen Kaninchen schneidet man den Kopf, die Brustrippen, die Bauchhaut und die Vorderläufe ab – alles dies läßt sich zu Ragout und Frikassee und Suppe gut verwenden –, wäscht dann das Fleisch recht sauber und spickt Rücken und Keulen gut. Dann legt man den Braten, den man leicht salzt, in die Bratpfanne, worin man ½ l Wasser kochend werden ließ, zerpflückt 125 g Butter über dem Fleisch und läßt es in stark erhitzter Röhre anschmoren, begießt den Braten nach 10 Minuten recht fleißig, gießt, wenn er anfängt sich zu bräunen, ½ l sauren dicken Rahm dazu und brät das Fleisch unter fleißigem Beschöpfen und unter häufigem Abschaben des Bratensatzes in einer Stunde weich. Zum Verdicken der Sauce verquirlt man etwas Kartoffelmehl darin. Um den Geschmack des Ganzen zu kräftigen, kann man die Sauce zuletzt mit etwas Senf verrühren und über den Braten gießen.

Kaninchenbraten, andere Art

(Für 8 Personen) 1 Rücken, 2 Schlegel, Salz, Pfeffer, 80 g Butter, Zwiebel, Gelbrübe, 1 EL Mehl, 1/4 l sauren Rahm

Das Fleisch wird gehäutet, nach Belieben auch gespickt, mit Salz und Pfeffer eingerieben, in heißer Butter mit Zwiebel, Gelbrübe, Mehl angebraten, etwas abgelöscht, in den Bratofen gestellt, öfter übergossen, sobald es sich bräunt, auch mit Rahm. nach Belieben kann man etwas Wein zugeben. Bratenzeit etwa 1 Stunde.

Kaninchenbraten wie Wild

Man bereitet zu diesem Gericht eine Marinade aus halb Essig, halb Rotwein, 2 bis 3 geriebenen Zwiebeln, Lorbeerblättern, gestoßenem Pfeffer, etwa Thymian und 5 g Wacholderbeeren, in diese legt man das zum Braten vorgerichtete Kaninchen 3 Tage vor der Zubereitung und wendet es einmal. Danach spickt und salzt man das Fleisch, gibt es in die Pfanne mit zerlassener Butter, brät es recht scharf an und gießt nach und nach etwas von der Beize zu, verdickt die Sauce mit Kartoffelmehl und reicht sie extra zum Braten. Kartoffelmus und verschiedenes Kompott sind passende Beilagen zu diesem Gericht. – Liebt man die Sauce nicht so würzig, kann man die Marinade durch Zugießen von saurem Rahm zur Sauce ergänzen.

Kaninchen, in Buttermilch

In Stücke zerlegen, 24 Stunden in Buttermilch legen. Abwaschen, abtropfen lassen. Inzwischen wird Räucherspeck gebraten. Das vorbereitete Fleisch wird gesalzen und kommt in das heiße Fett, gebratener Speck nach oben. Die Bratpfanne mit Deckel versehen und in den Bratofen schieben. Bratenzeit 2 Stunden. In der letzten halben Stunde gießt man nach Belieben ½ l saure Sahne oder Buttermilch zu. Dickt mit 2 Eßlöffel Mehl an und gießt über den Braten. Läßt weiterbraten bis die Sauce hellbräunlich und sämig ist.

Kaninchen in Buttersauce

750 g Fleisch, 40 g Butter, Zwiebel, Gelbrübe, ½ Lorbeerblatt, 2 Nelken, Salz, Zitronenscheibe, 30 g Mehl, 1 Eigelb, 2 EL Rahm oder Milch

Das Fleisch, Schlegel, Hals, Bug, wird in Portionsstücke geschnitten, in der Butter dämpft man Zwiebel und Mehl, löscht mit Wasser oder Fleischbrühe ab, gibt die Gewürze, Zitrone, Gelbrübe, das Fleisch zu und läßt es zugedeckt etwa 1 Stunde dämpfen. Das Fleisch herausnehmen, die Sauce seihen, mit Ei, Rahm, nach Belieben etwas Wein, abziehen.

Kaninchen-Frikassee

In einer tiefen Kasserolle läßt man geschabten Speck und Butter zu gleichen Teilen zergehen, gibt das Kaninchenfleisch in zierlichen Stücken hinein und würzt mit Pfeffer und Salz. Ist das Fleisch angeschmort, doch ohne zu bräunen, stäubt man etwas Mehl darauf und kocht es mit Fleischbrühe und einer feingewiegten Zwiebel fast weich. Nun kann man je nach Geschmack entweder feine Pilze oder gewiegte Sardellen und Kapern in die Sauce geben, läßt alles noch vollends gar dämpfen, verquirlt noch 2 Eidotter in etwas Bouillon, zieht die Sauce damit ab und gibt zuletzt noch den Saft einer Zitrone dazu. Nach Belieben kann man Mark- oder Semmelklößchen, die man vorher in Salzwasser abgekocht hat, in das Frikassee legen.

Kaninchen, gebacken

1 junges Kaninchen, Salz, Pfeffer, 2 Eier, Mehl, Semmelbrösel

Das junge Kaninchen wird gehäutet und in Stücke zerteilt. Diese bestreut man mit Salz und Pfeffer, wendet sie zuerst in Mehl, dann in verquirltem Ei und zum Schluß in Semmelbröseln. In reichlich Butter oder Margarine werden die panierten Kaninchenstücke goldgelb gebacken.

Kaninchen, gefüllt

1 Kaninchen, Salz, Pfeffer, 80 g Kalbfleisch, 80 g Rindfleisch, einige getrocknete Pilze, 1 Eigelb, Petersilie, Semmelbrösel, Speck, 1 Stück Sellerie, 1/2 Zwiebel, 1 Petersilienwurzel, Fleischbrühe, Rotwein, Zitronensaft, Sahne

Ein bratfertiges Kaninchen wird innen und außen mit Salz und Pfeffer eingerieben.
Man dreht je 80 g Kalb- und Rindfleisch sowie einige getrocknete Pilze durch den Fleischwolf und gibt 1 Eigelb, Salz, Pfeffer, gehackte Petersilie und Semmelbrösel dazu. Das Kaninchen wird mit dieser Farce gefüllt, zugenäht und mit Speckscheiben belegt in eine Bratpfanne gesetzt. Hinzu kommen noch ein Stück Sellerie, eine halbe Zwiebel und eine Petersilienwurzel, alles kleingeschnitten. Bei mittlerer Hitze wird das Kaninchen unter Begießen mit Fleischbrühe und Rotwein im Rohr gegart.
Die Sauce schmeckt man mit Zitronensaft und Pfeffer ab und gießt zum Schluß einen Schuß Sahne dazu.

Kaninchenrippen, gebacken

Die reichlich gespickten Kaninchenrücken werden in Butter recht scharf angebraten, dann in gleichmäßige Stückchen geteilt, wenn das Fett genügend abgetropft ist, mit Pfeffer und Salz bestreut, in Ei und geriebener Semmel gewälzt, schön goldbraun gebacken und mit Zitronenvierteln, Sardellenröllchen und in Butter ausgebackenen Petersiliensträußchen garniert zum Abendbrot gereicht. Selleriesalat oder Kompott gibt man, je nach Belieben, dazu.

Kaninchen in Paprikasauce

1 Kaninchen von ca. 1500 g, 125 g Butter oder Margarine, 1 Zwiebel, Salz, Paprika, Knoblauch nach Geschmack, $1/8$ l Fleischbrühe, $1/8$ l Sahne, 1 TL Speisestärke

Das vorbereitete Kaninchen wird gehäutet und in Portionsstücke zerteilt. In heißer Butter oder Margarine werden diese angebraten, gesalzen und die gehackte Zwiebel dazugeben. Mit Paprika würzen, Knoblauch dazugeben und mit Fleischbrühe aufgießen. Wenn das Fleisch weich ist, dickt man die Sauce mit der in Sahne angerührten Speisestärke an.

Kaninchenpfeffer

Zu diesem Gericht werden Kopf, Rippchen, Bauchhaut, Vorderläufe, Herz, Leber und Lunge recht rein gewaschen und ausgeputzt und 3 Tage vor dem Gebrauch mit kochendem Essig, in dem man Nelken, Lorbeer und Pfefferkörner mitkochen ließ, übergossen. Nun bereitet man eine dicke, braune Mehlschwitze, gießt sie unter beständigem Rühren mit kochendem Wasser auf, gibt etwas von der Beize und 2 Kaffeelöffel Zucker dazu, teilt das Fleisch in kleine Stücke, gibt es mit in die Sauce und läßt alles zusammen $3/4$ Stunde kochen. Zuletzt verquirlt man das in Essig aufgefangene Blut des Kaninchens darunter und läßt die Sauce heiß werden, ohne sie nochmals zu kochen, da sonst das Blut gerinnen würde. Soll das Gericht für mehr als zwei Personen ausreichen, so muß man das ganze Kaninchen dazu verwenden, während es, wie hier das Rezept angegeben ist, am nächsten Tag als Braten gereicht wird.

Kaninchenragout

750 g Fleisch, 1/8 l Essig, 1 l Wasser, Zwiebel, Gelbrübe, 2 Nelken, 1/2 Lorbeerblatt, Pfefferkörner, Zitronenscheibe, Salz, 50 g Fett, 40 g Mehl, 4 EL Wein

Das Fleisch, wie Bug, Bauchlappen, Hals, in Stücke schneiden, Essig, Wasser, Salz, die Gewürze, Zwiebel, Gelbrübe zugeben, 2–3 Tage stehen lassen. Die Stücke gut abtropfen lassen, in heißem Fett anbraten mit Zwiebel, das Fleisch herausnehmen, Mehl zugeben, bräunen, mit Beize ablöschen, aufkochen. Das Fleisch zugeben, zugedeckt weichdämpfen, etwa 1 Stunde, den Wein zugeben, die Sauce seihen.

Kitzbraten

1 Kitz von ca. 6000 g, Salz, Pfeffer, 2 TL getrocknete Kräuter (Thymian, Zitronenmelisse, Rosmarin, Majoran), 2 Zwiebeln, 80 g Butter oder Margarine, Knoblauch nach Geschmack, Zitronensaft, 1/8 l saure Sahne, 1/2 Glas Weißwein, 1 Prise Zucker

Das gehäutete Kitz wird mit dem Gemisch aus Salz, Pfeffer und Kräutern eingerieben, in heißer Butter oder Margarine angebraten und mit den gehackten Zwiebeln und ausgepreßtem Knoblauch, mit 1/4 l kochendem Wasser begossen, ins Rohr geschoben. Bei mittlerer Hitze wird das Kitz in ca. 100 bis 110 Minuten gebraten. Immer wieder beschöpfen und nach und nach noch ca. 1/4 l heißes Waser angießen. Kurz vor Ende der Garzeit gibt man ein wenig Zitronensaft dazu. Das Kitz wird herausgenommen, tranchiert und warm gestellt. Den Bratfond kocht man los, rührt die saure Sahne hinein und schmeckt mit Salz, Pfeffer, einer Prise Zucker und Weißwein ab.
Dieses Rezept ist für 6 bis 8 Personen berechnet.

Kitz, gebacken

Roh in dreifingerbreite Stücke geschnitten – also nicht entbeint – dann gesalzen und paprisiert wird es in Mehl, Ei und Weckmehl paniert. In schwimmendem Fett wird es anschließend langsam (ca. 10 bis 12 Min.) gebacken und ohne Sauce mit einem gemischten Salat serviert.
Man sollte diesen saftigen Geschmack ohne störende Sauce genießen, denn man kann so schön die Knöchlein abnagen.

Kräutersteaks

4 Kalbssteaks, 2 EL Öl, Salz, Pfeffer, ½ feingewiegte Zwiebel, ½ TL Basilikum, 1 TL Thymian, 1 TL Petersilie

Die Steaks mit einem Tuch abreiben, mit der Hand leicht flachdrücken und in einer Pfanne mit dem heißen Öl etwa 5 Minuten auf beiden Seiten braten. Die genaue Bratzeit richtet sich nach der Dicke der einzelnen Steaks. Salzen und pfeffern.
Die Zwiebelstückchen zusammen mit den Kräutern in das Öl geben und glasig dünsten. Die Steaks darin wenden und sofort auf den Tisch bringen.

Kroketten aus Hammelfleischresten

500 g Hammelfleischreste werden, nachdem man alles Fett abgeschnitten hat, recht fein gewiegt, mit 50 g schaumig gerührter Butter, 3 Eigelb, geriebener Zwiebel, Pfeffer, Salz, Muskat und gehackter Petersilie mit ⅛ l Fleischbrühe gut vermengt und einmal unter andauerndem Umrühren aufgekocht. Die Masse treibt man gleichmäßig dick auf einem Küchenbrett aus, bestreut sie, nachdem sie erkaltet, mit Reibebrot und schneidet aus ihr viereckige Stücke, ungefähr 5 cm in der Länge und 5 cm in der Breite. In verquirltem Ei, das man mit 5 g Provence-Öl und 10 g süßer Sahne und Pfeffer und Salz verrührt hat, wendet man die Stückchen, paniert sie dann mit Paniermehl und bäckt sie in Schmalz von beiden Seiten braun. Man garniert sie um einen Berg Spinat, abwechselnd mit gebratenen oder eingekrusteten Kartoffeln. – Zu diesem Gericht lassen sich Reste von Braten und Kochfleisch verwenden.

Kuchen von übriggebliebenem Hammel- oder Kalbsbraten mit Stockfisch

Man nimmt entweder den übrigen Braten oder ein Stück frisches Kalbfleisch von etwa 2 Pfund, ein Viertel geschnittenen zuvor in süßer Milch gekochten grünen Speck, einen halben Hering und etwas Petersilie, hackt alles zusammen klein, gibt es in eine Schüssel, von einem Kreuzerwecken oder Weißbrot die geriebenen Brosamen, welche aber zuvor mit süßem Rahm angefeuchtet werden müssen, auch an die Fleischmasse, Salz, Muskatblüte und Ingwer dazu, rührt die Masse mit 5 bis 6 Eiern druch, bestreicht eine Kasserolle stark mit Butter, bestreut sie mit Semmelmehl und füllt die Hälfte von der Fleischmasse hinein, daß aber der Boden eine Fingerbreite in der Runde leer bleibt. Alsdann schneidet man den anderen halben Hering, etwas Zwiebelrohr oder Zwiebel selbst und ein wenig Lauch ganz fein zusammen, röstet einen kleinen Kochlöffel Semmelmehl in einem guten Stück Butter gelb, dämpft das Geschnittene darin, gibt einen Kochlöffel Fleischbrühe daran, 2 bis 3 aus dem heißen Wasser verlesene Stücklein Stockfisch nebst Salz, Muskat und Ingwer dazu, läßt es nur einen Augenblick auf Feuer anziehen, dann erkalten. Hierauf legt man den Stockfisch auf den ausgebreiteten Boden in der Kasserolle, die übrige Fleischmasse darüber, bestreut es mit Semmel- oder Weckmehl, schneidet dünne Stücklein Butter darauf und backt es langsam im Ofen oder auf Feuer.

Lamm- oder Kitzenbraten. Lämmerner Hase

Man richtet ein junges Lamm oder Kitzen, würzt solches mit Salz, Pfeffer und einem halben Gliedchen zerriebenem Knoblauch ein, legt es mit einem Stückchen Butter, einer verschnittenen Zwiebel und gelben Rübe in eine Bratpfanne, gießt etwas Wasser daran, und brät es unter öfterem Begießen langsam eine leichte Stunde. Ist der Braten nun gelb und weich, wird er auf einer warmen Platte angerichtet und die durchs Sieb gegossene Sauce in einer Sauciere damit zu Tisch gegeben.

Lammbraten, andere Art I

1 kg Schlegel, Salz, Pfeffer, 40 g Butter, 20 g Speck, Zwiebel, Gelbrübe, 4 EL sauren Rahm

Das Fleisch mit Salz und Pfeffer einreiben. Die Butter läßt man heiß werden, gibt das Fleisch, die Speckscheiben, Gelbrübe, Zwiebel zu, stellt es in den Bratofen und läßt, unter öfterem Begießen, etwa 1¼ Stunden braten. Wenn nötig, etwas ablöschen, wenn der Braten Farbe bekommt, mit Rahm begießen. Die Sauce nach Belieben mit etwas Stärkemehl aufkochen.

Lammbraten, andere Art II

Ein oder beide Hinterviertel zusammen werden gewaschen, abgetrocknet, mit Nelkenpfeffer eingerieben, mit Rosmarin und einigen Lorbeerblättern in die mit reichlich Butter heißgemachte Pfanne gelegt, später mit etwas feingemachtem Salz bestreut und wie Kalbskeule nicht zu weich gebraten; eine Stunde wird hinreichend sein.

Lammbrust, gebacken, auf Wiener Art

Bruststücke und Schultern eines recht jungen Lammes werden gewaschen, ausgebeint und dann in 10 cm lange, 2 bis 3 cm breite Streifen geschnitten. In einer Schüssel vermengt man feines Olivenöl mit gewiegter Zwiebel und Petersilie, Pfeffer, Salz und reichlich Zitronensaft. In dieser Beize müssen die Fleischstreifen 2½ bis 3 Stunden liegen, werden dann herausgenommen, gut abgetropft, in Mehl gewälzt und in Butter oder Fett bei gutem Feuer hellbraun gebacken. Man serviert sie recht heiß und reicht Tomatensauce dazu.

Lammbrust, gefüllt mit Sauerampfer

Die Lammbrust wird, nachdem man die Knochen herausgenommen hat, in einer feinen, getrüffelten Kalbfleischfarce gefüllt, zugenäht, im Schmortopf in Butter weichgedünstet und hierauf glaciert, wozu man sie mehrmals mit der Bratensauce befüllt und oben auf den Deckel glühende Hitze gibt. Beim Anrichten wird der Faden herausgezogen und in tönernen Förmchen gedünsteter Sauerampfer als Gemüse dazugelegt.

Lammbrust mit Pfifferlingen

1000 g Lammbrust ohne Knochen, Salz, Pfeffer, Paprika, 1 TL Majoran, eine Messerspitze Ingwerpulver, 150 g Speck, 80 g Butter oder Margarine, 2 Zwiebeln, 2 Tomaten, 1/8 l Fleischbrühe, 1/8 l Rotwein, 1/8 l Sahne, 200 g gehackte Pfifferlinge, reichlich gehackte Petersilie

Das Fleisch wird mit Salz, Pfeffer, Paprika, Majoran und Ingwerpulver bestreut, mit Speckscheiben belegt, darüber die Pfifferlinge und Petersilie verteilt und aufgerollt. Mit einem gebrühten Zwirnsfaden wird die Lammbrust umwickelt. In heißer Butter oder Margarine brät man die Lammbrust rundherum an, gibt die zerkleinerten Zwiebeln und Tomaten dazu und gießt mit Fleischbrühe und danach Rotwein auf. Zugedeckt ca. 55–60 Minuten schmoren lassen.
Wenn das Fleisch gar ist, nimmt man es heraus, entfernt den Zwirnsfaden und stellt es warm. Die Sauce wird durch ein Sieb gegossen, mit Sahne verfeinert und gesondert zu der Lammbrust gereicht.

Lamm- oder Kitzenfleisch, gebacken

Das in kleinere Stücke verhackte Lamm oder Kitzen wird mit Zwiebel, Sellerie und gelber Rübe in Salzwasser weichgekocht, dann herausgenommen und mit Salz und Pfeffer bestreut. Nun gibt man die Fleischstücke in ein reines Tuch, worin Mehl ist und wälzt sie so lange darin um, bis sie ganz von Mehl eingehüllt und trocken geworden. Hernach werden sie in mit etwas Wasser verrührte Eier getaucht, in Semmelbröseln umgekehrt, langsam aus heißem Schmalz gelb- und durchgebakken, und beim Anrichten mit gebackener Petersilie belegt. – Können, nachdem sie weichgekocht sind, vor dem Backen auch in einen der Backteige oder in Omeletteteig getaucht werden. – Besser ist es, wenn das verhauene Kitzen *nicht* abgekocht, sondern die Stücke, mit Salz und Pfeffer bestreut, sofort wie obige im Teig umgekehrt und ganz langsam gebacken werden.

Lamm- oder Kitzenfleisch mit Rahmsauce

Man löst von einem ganz jungen Lamm oder Kitzen Kopf, Schulter und Brust ab, so daß es völlig die Gestalt eines Hasen hat, worauf der Rücken nebst den Schlegeln abgehäutet, das Kitzen umgekehrt und von der inneren Seite mit dem Rücken des Beils das Bein in der Mitte der Schlegel abgeschlagen wird, damit man dieselben, wie bei dem Hasen beschrieben ist, näher zusammenschieben kann, und das Lamm oder Kitzen dadurch geformter daliegt. Nachdem Rücken und Schlegel auf der äußeren Seite dann mittels eines Messers mit grobem Speck gespickt, werden sie mit Salz und Pfeffer eingewürzt, mit einem guten Stück Fett und einem Eßlöffel Zwiebelscheiben, einer Zitronenschale, einem Sträußchen Bohnenkraut oder Majoran und einem Gliedchen verschnittenem Knoblauch in eine Bratkachel eingelegt, und im Bratofen langsam gelb gebraten, indem man sie während dieser Zeit abwechselnd mit Butter und saurem Rahm beträufelt, auch mit der eigenen Sauce begießt. Unterdessen wird in einem Stückchen Butter ein kleiner Kochlöffel Mehl gelb geröstet, dies mit ¼ l saurem Rahm abgerührt, und die Sauce nebst einem Eßlöffel Kapern und ein wenig Pfeffer einige Zeit gekocht, dann jene, worin das Lamm oder Kitzen gebraten, abgefettet, mit Fleischbrühe etwas aufgelöst und durch ein Sieb zur Kapernsauce gegeben, beide Saucen noch miteinander gekocht, und in einer Sauciere zu dem Lamm- oder Kitzenfleisch serviert.

Lammfrikasse mit Kapern und Sardellen

Das Fleisch wird in kleine viereckige Stücke zerteilt, gewaschen und nebst einigen Nelken, Lorbeerblättern, ganzen Zwiebeln, Muskatblüte und Basilikum in kochende Butter gelegt, eine Weile darin geschmort, etwas kochendes Wasser und Salz hinzugegeben und zugedeckt langsam gekocht. Wenn es beinahe gar ist, welches ungefähr nach einer Stunde der Fall sein wird, gibt man weiß geschwitztes Mehl, Zitronenscheiben ohne Kerne, Kapern und etwas Wein hinzu und rührt erst beim Anrichten einige feingehackte Sardellen durch, weil solche durch längeres Kochen ihren Wohlgeschmack verlieren. Das Frikassee kann indes auch ohne Kapern und Sardellen fein zubereitet werden, was sogar von manchen vorgezogen wird.

Lammkeule mit Minzsauce

1500 g Lammkeule, Salz, Pfeffer, Rosmarin, Öl, Butter oder Margarine zum Braten, 1/4 l Fleischbrühe, Preiselbeeren. Für die Minzsauce: 1 EL Pfefferminztee, 1 EL Zucker, 1 Prise Salz, 1/4 l Wasser, 1/8 l Essig

Für die Sauce läßt man das Wasser aufkochen, gibt den Tee hinein, Zucker, Salz und Essig ebenfalls und läßt alles zugedeckt 2 Stunden stehen.
Vor dem Anrichten wird die Minzsauce durch ein Sieb gegossen und erhitzt.
Man mischt Salz, Pfeffer und Rosmarin und reibt damit die Lammkeule ein. In heißem Fett brät man sie rundherum kräftig an, begießt sie mit der heißen Fleischbrühe und brät bei mittlerer Hitze die Keule in ca. 90 Minuten fertig. Braten in Scheiben schneiden und mit Preiselbeeren und der Minzsauce sehr heiß zu Tisch geben.

Lammkotelett

8 Lammkoteletts, Salz, Pfeffer, Thymian, Ingwerpulver, Knoblauch nach Geschmack, 1 EL Öl, Saft einer halben Zitrone, Öl zum Braten

Die Lammkoteletts werden gut trockengetupft, an den Rändern eingeschnitten. Man rührt eine Marinade aus Öl, Zitronensaft, ausgepreßtem Knoblauch, Salz, Pfeffer, Thymian und Ingwerpulver. Damit werden die Koteletts rundherum bestrichen und in sehr heißem Öl von beiden Seiten knusprig braun gebraten.
Dazu passen in Butter geschwenkte zarte Bohnen oder Schwarzwurzeln, Kartoffelpüree mit Sahne angerührt und Preiselbeer-Äpfel.

Lammkotelett, paniert

Von einem Lammkarrée wird das Rückgrat, sowie die an demselben sich befindenden dicken, knorpeligen Rippenteile abgehackt; alsdann, zwischen den Rippen durch, in Koteletts geschnitten, die Rippen werden von unten 2½ cm lang reingeschabt, die Koteletts mit dem flachen Hackmesser leicht geklopft und hierauf rein und nett zugeschnitten. Sie werden leicht mit Salz und Pfeffer bestreut, in zerschlagene Eier getaucht und mit fein geriebenem Weißbrot paniert. Kurze Zeit vor dem Anrichten werden sie mit ausgelassener Butter oder hellem Bratenfett in einer Kotelettpfanne, auf starkem Feuer, zu gelber Farbe gebraten und sogleich aus dem Fett herausgelegt. Sie werden als Beilage zu jedem Gemüse gern gesehen. Als selbständiges Gericht gibt man etwas kräftige Bratensauce oder den Kotelettsaft sowie gelb geröstete Kartoffeln dazu.

Lammragout

Zubereitung wie eingemachtes Kalbfleisch.

Lammragout, andere Art

300 g Zwiebeln, Schmalz, Ragoutfleisch, Salz, Pfeffer, Wasser oder Brühe, 500 g Eierfrüchte (Auberginen), 500 g Tomaten, etwas Mehl

Die Zwiebeln schneidet man in Ringe und dünstet sie in heißem Schmalz, dazu gibt man in Stücke geschnittenes Ragoutfleisch, streut Salz und Pfeffer darüber und gießt heißes Wasser oder Brühe auf. Das Ragout muß ca. 50 Minuten schmoren, eventuell ist die Flüssigkeit zwischendurch zu ergänzen. Inzwischen röstet man die Eierfrüchte (Auberginen), die man in dicke Scheiben geschnitten hat, in heißer Butter und gibt sie nach 5 Minuten zu dem Ragout. Die Tomaten werden geschält, in Viertel geschnitten und ebenfalls zum Ragout gegeben. Alles noch etwa 10 Minuten dünsten. Nach Belieben mit etwas Mehl binden.

Lammrippchen, geschmort, für Kranke

Nachdem man die Rippchen zurechtgeputzt hat, werden sie geklopft, wenig gesalzen und in Weizenmehl gewälzt. Dann kocht man sie in etwas Fleischbrühe, nachdem sie mit Butter hell eingeschmort wurden, gut zugedeckt, bis nur noch wenig Brühe vorhanden ist, verquirlt etwas Kartoffelmehl in die Sauce, gibt sie durch ein Sieb über die Kotelette in eine Schüssel und schmeckt mit ein wenig Madeira ab.

Lammrippchen mit grünen Erbsen

Die Rippchen werden von Fett und Sehnen abgeputzt, tüchtig geklopft, mit Pfeffer und Salz bestreut und in verquirltem Ei und geriebener Semmel gewälzt. Dann backt man sie bei starker Glut in steigender Butter während 10 Minuten von beiden Seiten goldig braun, richtet sie im Kranz um Püree von grünen Erbsen, legt auf jedes Kotelett ein Zitronenspältchen und reicht Zuckerkartoffeln dazu.

Lammrücken, wie Rehziemer zu braten

Man nimmt hierzu den Rücken eines jungen Lammes, zieht die Haut davon ab und reibt ihn von allen Seiten mit folgendem Gemengsel ein: Schalotten, Estragon, etwas Majoran, Rosmarin und 2 bis 3 Lorbeerblätter, dies alles feingehackt, Pfeffer, Nelken und 4 bis 5 frische, gestoßene Wacholderbeeren, gießt dann halb Essig, halb Rotwein hinzu und läßt das Fleisch darin unter öfterem Begießen 3 bis 4 Tage liegen. Es wird alsdann nach Belieben gespickt und in einer irdenen Bratpfanne unter fleißigem Begießen und Hinzutun von feingemachtem Salz 1 bis 1¼ Stunden, übrigens wie Rehziemer, gebraten.

Lammtopf Avignon

Ca. 2 kg Lammkeule, oder 1 kg Lammkeule, und 1 kg Lammschulter, ca. 500 g magerer, geräucherter Speck, 1 kg Zwiebeln, 1 Flasche trockenen Rotwein, Petersilie, Knoblauch, Lorbeer, Thymian, 8 Pfefferkörner, trockene Orangenschale, etwas Bouillon, 1 Karotte

Die Keule (und Schulter) entbeinen; in Stücke von ca. 80 bis 100 g schneiden, den Speck in Streifen schneiden. Jedes zweite Stück mit einem Streifen Speck spicken, salzen und mit den zerriebenen Kräutern einreiben. Die Fleischstücke in eine Schüssel geben und mit einer Marinade aus Rotwein (das Fleisch muß mit Wein bedeckt sein), drei Eßlöffeln Olivenöl, einer feingehackten Karotte, einer gehackten Zwiebel, Pfefferkörner, drei gehackten Knoblauchzehen und einigen Petersilienzweigen ca. zehn Stunden marinieren lassen. In einer Kasserolle den Boden mit Fleischstücken bedecken, dann eine Lage gehackte Zwiebel und ein wenig feingehackter Knoblauch, dann einige Stücke blanchierten Speck, mit etwas Thymian und etwas zerriebenem Lorbeer bestreuen und wieder mit einer Schicht Lammfleisch beginnen und fortfahren wie beschrieben. Mit einer Schicht Speckwürfel enden. Zwischen diese Schichten ein Sträußchen Petersilie und Orangenschale legen. Mit der durchgesiebten Marinade und zwei Tassen Bouillon auffüllen. Den Topf hermetisch verschließen und ca. 5 Stunden im Backofen bei mittlerer Temperatur garen lassen. Vor dem Servieren die oberste Speckschicht, Petersilie und Orangenschale entfernen.

Lammtopf mit Bohnen

Breite Stangenbohnen werden 3 cm lang in schräge Stücke geschnitten, mit Zwiebeln, etwas Knoblauch, Bohnenkraut und Speckwürfel angedämpft und mit 2–3 cm großen Lammfleischwürfeln vermischt.

Lammviertel, gefüllt

Das vordere Viertel eines Lammes wird gewaschen, das Brüstchen vorsichtig untergriffen, daß es nicht zerreißt. Dann rührt man ein Stück Butter schaumig, gibt zwei Eier und soviel Semmelbröseln daran, bis es wie ein leichter Knödelteig ist, das nötige Salz, etwas in Butter abgedämpfte Zwiebel und Petersilie; füllt dieses in das Brüstchen, näht die Öffnung gut zu, salzt das Lammviertel, bestäubt es leicht mit weißem Pfeffer, legt es in eine Bratraine, worin einige Rädchen gelbe Rüben und eine Zwiebel in Scheiben geschnitten, begießt mit einem Stückchen zerlassener Butter, gibt etwas Fleischbrühe hinzu und brät es unter öfterem Begießen schön. Es wird sodann angerichtet, der Faden herausgezogen und die mit etwas Fleischbrühe aufgekochte, geseihte und entfettete Bratensauce darüber gegossen.

Lied ohne Worte

Ein eigener Name für ein recht einfaches Gericht. Die mageren fleischigen Teile eines Hammelbratens werden beliebig klein geschnitten und die Abfälle mit etwas Wurzelwerk und Suppenfleisch ausgekocht. In einer Kasserolle bereitet man Braunmehl, füllt dies mit der durch ein Sieb gegossenen Brühe auf, gibt Pfeffer, Salz und etwas Champignonsoja dazu und dämpft das Fleisch ein paar Minuten darin, zuletzt setzt man dem Gericht noch 1 Eßlöffel Johannisbeergelee und 2 Eßlöffel Portwein zu. Man gibt Makkaroni und Butternudeln oder Bratkartoffel zu dieser Speise. – Das ist das »Lied ohne Worte«.

Olivenschnitzel

15 grüne Oliven ohne Kern, 4 Kalbsschnitzel, Salz, Pfeffer, Mehl, 50 g Butter oder Margarine oder Olivenöl, 1/2 Tasse Wasser, 1/2 Tasse Rotwein

Die abgetropften Oliven werden in Scheiben geschnitten, die Schnitzel gesalzen und gepfeffert und in Mehl gewendet. Im heißen Fett brät man die Schnitzel von jeder Seite ca. 4 Minuten, nimmt sie heraus und stellt sie warm. Der Bratfond wird mit Wasser und Rotwein losgekocht, die Olivenscheiben hineingegeben und die Sauce mit Salz und Pfeffer abgeschmeckt.
Die Sauce über die Kalbsschnitzel gießen und zu Reis und Salat sofort servieren.

Paprikaschnitzel, gedünstet

4 Kalbsschnitzel, Salz, Paprika, 30 g Mehl, 1 Zwiebel, 40 g Butter oder Schweineschmalz, 4 EL Sahne, Pfeffer

Die Kalbsschnitzel werden leicht geklopft, von beiden Seiten mit Salz und Paprika eingerieben und in Mehl gewendet. In heißer Butter oder Schweineschmalz werden die Schnitzel von beiden Seiten je 2 Minuten gebraten. Dann gibt man die gewürfelte Zwiebel dazu und läßt sie glasig werden. Mit etwas Paprika bestäuben, einen halben Liter heißes Wasser aufgießen und bei schwacher Hitze etwa 3 bis 5 Minuten köcheln lassen. Der Bratfond wird mit 1 Eßlöffel Mehl gebunden, durchgekocht und mit Salz, Pfeffer und Paprika abgeschmeckt. Ganz zum Schluß rührt man noch die Sahne ein.

Pfefferminzlamm

4 Lammschnitzel aus der Keule, Salz, Pfeffer, 8 frische Pfefferminzblätter, 200 g Sahnequark, 50 g Butter

Das Fleisch salzen und pfeffern. Auf jedes Schnitzel 2 gewaschene Pfefferminzblätter legen. Den Sahnequark mit Salz und Pfeffer würzen und nicht zu dick überstreichen. Die Schnitzel zusammenrollen, mit Holzstäbchen zusammenhalten, im heißen Fett bei guter Hitze anbraten und ca. 15 Minuten fertig garen.

Rahmschlegel (Schwaben)

1000 g Kalbfleisch (Nuß), 100 g Butter oder Margarine, 1/4 l saure Sahne, Salz, Pfeffer, 1 Glas Weißwein, 50 g Speck, 1 Suppengrün, 1/8 l Fleischbrühe

Der Speck wird in Streifen geschnitten und das enthäutete, gewaschene, trockengetupfte Fleisch damit gespickt. Mit Salz und Pfeffer würzen. In heißer Butter oder Margarine brät man das Fleisch von allen Seiten an, gibt das kleingeschnittene Suppengrün dazu und röstet es kurz mit. Nach und nach gießt man die heiße Fleischbrühe auf und dünstet das Fleisch weich. Die Sauce wird dann durch ein Sieb passiert, abgeschmeckt, der Weißwein und die Sahne eingerührt. Heiß werden lassen und einen Teil über das in Scheiben geschnittene Fleisch gießen.

Rahmschnitzel

Werden die Schnitzel naturell gemacht, beim Ablöschen 4 EL Rahm, nach Belieben etwas Wein zugeben.

Ragout von Hammelfleisch

Das in kleine viereckige Stücke geschnittene und gewaschene Fleisch wird in kochendes Wasser und Salz gelegt, abgeschäumt, mit Lorbeerblättern, Pfefferkörner, Nelken, Zwiebeln und, wenn man den Geschmack angenehm findet, auch mit etwas Dill gewürzt. Da letzterer von vielen Fenchel genannt wird, so sei bemerkt, daß Dill das gewöhnliche Gurkenkraut ist. Zu einer großen Portion ist ein Büschelchen hinreichend. Hiermit wird das Fleisch reichlich halbweich gekocht, dann das Fett von der Brühe entfernt und diese durch ein Sieb gegossen, mit in Butter geschwitztem Mehl aufgekocht, das Fleisch nebst einigen Zitronenscheiben ohne Kerne, Perlzwiebeln, eingemachten oder frischen Gurken (zu letzteren etwas Essig) hineingetan und ferner gekocht. Das Fleisch muß sich leicht durchstechen lassen, darf aber nicht im geringsten zerkochen, und die Sauce weder zu dünn noch zu dicklich sein.

Ragout von gekochtem oder gebratenem Hammelfleisch

Man schneidet Zwiebeln in Scheiben und schmort sie in Butter oder gutem Fett, doch nicht Hammelfett, weich, rührt dann Mehl darin braun, gießt unter beständigem Rühren nach und nach wenig kochendes Wasser hinzu, und wenn man sie hat, auch etwas braune Sauce. Dann würzt man diese mit Estragon und Basilikum, Pfeffer, Nelken, 1 bis 2 Lorbeerblättern, dem nötigen Salz und etwas Essig, gibt auch, wenn es sein kann, einen halben bis ganzen Eßlöffel dicke saure Sahne und eingemachte abgeschälte und in Scheiben geschnittene Gurken hinzu, läßt die Sauce eine Weile, zugedeckt, langsam kochen und das in passende Stücke geschnittene gekochte Fleisch gehörig darin schmoren, gebratenes nur heiß werden. Was man von den bemerkten Kräutern nicht hat, kann unbedenklich wegbleiben.

Ragoutkuchen

Zu einem Kuchen von mittlerer Größe schneidet man 2 Pfund Kalbfleisch vom Schlegel, häutet es, hackt das Fleisch nebst einem Viertel frischen Nierenfett oder Mark und einer Zwiebel ganz fein, weicht das Innere von 2 Kreuzerwecken im Wasser ein, nimmt das gehackte Fleisch in eine Schüssel, drückt den eingeweichten Wecken fest dazu aus, rührt die Masse mit 6 Eiern, Muskatnuß und Salz eine Viertelstunde, bestreicht eine runde Kasserolle stark mit Butter, bestreut sie mit Semmelmehl, überstreicht den Boden fingerdick von der angerührten Masse, wie auch zweifingerhoch an dem Rand herauf, füllt das auf die unten folgende Art verfertigte Ragout hinein, die übrige Masse darüber, gibt ihm mit dem Messer eine schöne Rundung, bestreicht ein Blatt weißes Papier mit Butter, legt es über den Kuchen und bäckt ihn langsam auf Feuer oder im Backofen. An beiden Orten ist er in einer Viertelstunde fertig.

Ragout von Kalbfleisch mit Kukumern

Dies kann eine kleine Kalbsschale, vom Bug oder sonst von einem fleischigen Stück sein. Man schneidet Stücklein daraus, klopft solche, spickt sie, macht in einer Kasserolle oder Pfanne ein Stücklein Schmalz heiß, und dämpft das Fleisch auf beiden Seiten gelb darin. Inzwischen röstet man eine Handvoll Brotbrosamen gelb in einem Stücklein Butter, gießt das Schmalz von der Schale ab, und das geröstete Brot daran, schneidet 2 oder 3 Kukumern, je nachdem sie in der Größe sind, zu runden Bröcklein, salzt sie eine Viertelstunde ein, drückt dann die Kukumern fest aus, nimmt sie nebst einer feingeschnittenen Zwiebel zu dem Fleisch und dämpft es solang, bis es Farbe hat. Wenn es nicht Sauce genug zieht, wird ein wenig Fleischbrühe nebst Muskat und Pfeffer daran getan, überhaupt aber darf es nur wenig Sauce haben. Soll diese rezent sein, so gießt man 2 Eßlöffel voll Essig oder den Saft von einer Zitrone daran.

Rehbraten, falscher

(Für 6 Personen) 1½ kg Hammelschlegel – Beize wie bei Sauerbraten – 30 g Speck, Salz, Pfeffer, 40 g Fett, Zwiebel, 1 EL Mehl, ⅛ l sauren Rahm, nach Belieben etwas Rotwein

Das gut abgelagerte Fleisch wird gehäutet und das Fett entfernt. In die Schüssel legt man einige Tannenzweige, einige zerdrückte Wacholderbeeren, darauf das Fleisch, gibt die Beize darüber und läßt das Fleisch 4–6 Tage darin liegen. Dann wird es abgetrocknet, gespickt, mit Salz und Pfeffer eingerieben, in heißem Fett mit Zwiebel und Mehl angebraten, mit etwas Beize, Wasser oder Fleischbrühe abgelöscht, in den Backofen gestellt, öfter übergossen, auch mit dem Rahm. Bratenzeit etwa 1½ Stunden.

Rissolen von Haschеefülle

Von übriggebliebenem gebratenem oder gesottenem Fleisch wird ungefähr 550 g feingewiegt, dann in 100 g Butter ein Eßlöffel Zwiebeln und ebensoviel feingewiegte Petersilie gedämpft, und das Fleisch darin geröstet. Nun wird mit einem Kochlöffel Mehl eingestäubt, mit einem Schöpflöffel Fleischbrühe aufgefüllt und mit feingewiegter Zitronenschale, dem Saft einer halben Zitrone, Salz und Muskatnuß gewürzt. Ist dies zusammen aufgekocht und zwei Eigelb heiß angerührt, so wird es zum Erkalten gestellt. Danach wie bei Rissolen von Kalbsniere verfahren.

Schaffleisch, gebeizt auf Wildbretart

1000 g Schaffleisch, Salz, Essig, Zwiebel, Wacholderbeeren, Lorbeerblatt, Pfefferkörner, Butter, saure Sahne, Speck

Fleisch, am besten vom Schlegel, wird enthäutet und entfettet, mit Salz eingerieben in Essigkbeize gelegt, welcher 1 Zwiebel, Lorbeerblatt, Pfefferkörner und einige zerdrückte Wacholderbeeren beigegeben werden.

Nach 5 Tagen wird das Fleisch gespickt, mit etwas Beize und einem Stück Butter ins heiße Rohr gegeben. Ist die Flüssigkeit eingebraten und hat das Fleisch Farbe genommen, schüttet man sauren Rahm darüber. Diesen Vorgang wiederholt man etwas später, hat aber dem

Rahm etwas Mehl eingerührt. Erforderlichenfalls gießt man noch etwas von der Beize hinzu und brät das Fleisch bei mäßiger Hitze gar.

Schöpsenfleisch (Schaf) mit Kapernsauce

Für 6 Personen nimmt man 1½ kg Brust oder Bug. Man klopft und wäscht das Fleisch und setzt es mit 2 l kochendem Wasser auf, da man dieses Fleisch nachher zur Suppe verwenden kann. Man gibt Salz, etwas ganzen Pfeffer, Nelkenpfeffer, 1 Lorbeerblatt und 2 Zwiebeln dazu und gießt, nachdem das Fleisch eine Stunde gekocht hat, die Brühe ab und durch ein Sieb. Nun läßt man soviel Brühe zurück, als man Suppe zu haben wünscht, die andere gießt man wieder auf das Fleisch und läßt sie damit kurz einkochen. Dann gibt man 1 Glas Weißwein, 1 entkernte, in Scheiben geschnittene Zitrone, 6 bis 8 feingehackte Sardellen, 1 Eßlöffel Kapern und 1 Eßlöffel geriebene Semmel dazu, läßt es noch ½ Stunde kochen, damit die Sauce sämig wird, schneidet das Fleisch in Stücke und richtet die Sauce darüber an. Die Suppe kocht man mit etwas Sellerie und gibt als Einlage Einlauf und feingehackte grüne Petersilie oder weichgekochte Graupen hinein.

Schöpsenschlegel (Schaf) als Gemsbraten

Ein mittlerer Schlegel wird gehäutet, entfettet und geklopft, dann in folgende Marinade gelegt: ½ l Wein, ¼ l Essig, Pfeffer, Lorbeerblätter, Thymian, Wacholderbeeren und Weinraute werden zusammen ½ Stunde gekocht, durch ein Sieb gegossen und erkaltet über den Schlegel gegeben. Man läßt ihn darin 8 Tage liegen und wendet ihn täglich 1- bis 2mal um. Dann nimmt man ihn heraus, salzt und spickt ihn und legt ihn zum Dünsten in einen tiefen Tiegel, in den man etwas Fett und Marinade gibt. Nach Verlauf von 1½ Stunden legt man den Schlegel in eine Bratraine und brät ihn unter Zugießen von der Marinade und ¼ l saurem Rahm noch fertig weich, was noch eine Stunde dauern kann, bis er eben eine schöne braune Farbe hat. Man kann den Schlegel, falls man ihn für den Abend braucht, vormittags dünsten und abends fertigbraten.

Schweizer Plattenring

Aus Kalbsbraten, etwas Speck, Petersilie, Schnittlauch, Zwiebeln, Majoran, Zitronenschale – alles aufs feinste gewiegt –, Pfeffer, Salz und Muskat, Eiern, Mehl, geriebener Semmel und 1 Obertasse Bouillon verarbeitet man einen haltbaren Teig, aus dem an auf einem reichlich mit Mehl bestreuten Küchenbrett einen nicht zu hohen, ziemlich breiten Kranz formt und diesen in halb Butter, halb Fett von beiden Seiten brät. In dem Kranz kann man einen Berg von frischem oder trockenem Gemüse auffüllen und außen herum eingekrustete Kartoffeln legen. Der Ring kann auch aus Rinder- oder Schweinebratenresten hergestellt werden, nur muß bei letzterem der Speck wegbleiben.

Spießchen mit Hammelfleisch

Eine magere Hammelkeule, 4–5 Nieren, ein bißchen Öl, Salz, Pfeffer, Oregano, Petersilie, eine kleine Zwiebel

Wir schneiden das Fleisch und die Niren in kleine Würfel und tun es in eine Schüssel. Darüber gießen wir 2–3 Eßlöffel Öl, streuen 4–5 Messerspitzen Pfeffer, 1 Teelöffel Oregano, 2 Eßlöffel gehackte Zwiebeln und die Petersilie darüber. Wir mischen alles untereinander und lassen 30–40 Minuten ziehen. Danach wird das Salz zugegeben. Nun stecken wir das Fleisch abwechselnd mit den Nieren auf die Spießchen. Wir braten 15–20 Min. im Backofen, in der Pfanne oder auf dem Rost und pinseln von Zeit zu Zeit mit Öl ein.

Tuine

Der innere Teil des Kalbschlegels, das Frikandeau, wird herausgeschnitten und mittels eines in Wasser getauchten Fleischschlegels glatt auseinandergeklopft, dann gänzlich mit gewaschenen, ausgegräteten, halbierten Sardellen belegt, zusammengerollt und fest mit Bindfaden überbunden. So kocht man das Stück in Essig und Wasser mit zwei, je mit zwei Nelken besteckten Zwiebeln, sechs Pfefferkörnern, dem Mark einer Zitrone, etwas Salz und einem großen Eßlöffel Kapern ungefähr eine Stunde nicht zu weich, läßt es alsdann im Sud erkalten und nachdem es vom Bindfaden befreit, schneidet man es in runde Scheiben und gibt von dem Absud, sowie etwas Öl und Kapern darüber.

– Wird die Tuine nicht auf einmal verbraucht, so kann man sie einige Tage im Sud aufbewahren.

Wiener Schnitzel, das »echte«

Das Schnitzel wird aus der Kalbsnuß geschnitten und auf seine doppelte Größe dünn ausgeklopft. Es wird gesalzen, mit Paprika bestreut und so paniert:
Mehl, Ei und eine aus trockenem und entrindetem Toastbrot hergestelltes Bröselmehl wird darüber gerieben. Man drückt es leicht mit den Fingern und läßt nur soviel am Fleisch, wie von selbst daran haften bleibt.
Dieses dünne Wiener Schnitzel, das etwa Handtellergroß ist, wird in reinem Butterschmalz auf jeder Seite 1 Min. gebacken und anschließend mit Löschpapier abgetrocknet. Es kommt vollkommen trocken auf den Teller. Als Garnitur ist hier passend: Zitronenscheiben und frischer Kopfsalat.

Winkelbraten, gedämpft, als Voressen

Man nimmt hierzu das Nierenstück ohne Niere, hackt den Rückgratsknochen ab und löst die Rippen heraus. Dann nimmt man ein Stück Kalbfleisch, rohen Schinken und Speck, einige Schalotten oder Zwiebeln, Estragon, Petersilie, Zitronenschale, Sardellen, hackt dies alles ganz fein, fügt hinzu: einige Eier, Salz, Nelkenpfeffer, geriebenes Weißbrot, 1 bis 2 Löffel dicke saure Sahne oder Wasser, rührt dies gut untereinander und bestreicht mit dieser Farce das Fleisch auf der inwendigen Seite, rollt es auf und umwickelt es mit einem Bindfaden. Dann bringt man den Braten aufs Feuer, läßt ihn in reichlich Butter von allen Seiten gelb werden, gießt ¼ l kochendes Wasser seitwärts hinzu, welches man später wiederholt, und gibt 1 Möhre und 2 Lorbeerblätter zur Sauce, mit welcher derselbe recht oft begossen werden muß. So läßt man ihn in kurzer Brühe mürbe werden. Beim Anrichten nimmt man das Fett größtenteils ab, rührt etwas kaltes Wasser nebst einer Tasse saurer Sahne hinzu und die Sauce durch ein Sieb, läßt sie mit 2 Eßlöffeln Kapern aufkochen und gibt etwas davon über den Braten, die übrige Sauce dazu.

Würstchen oder kleine Frikadellen von kaltem Kalbsbraten

Man nimmt gebratenes Kalbfleisch, schneidet alles Sehnige heraus und hackt es recht fein. Dann läßt man ein gutes Stück Butter gelb werden, rührt gestoßenen Zwieback ebenfalls darin gelb und vermengt ihn mit dem Fleisch, einigen Eiern, von welchen das Weiße etwas schaumig geschlagen, Muskat und Salz. Danach werden von dieser Masse längliche Klößchen wie Würstchen aufgerollt, mit Ei bestrichen, im gestoßenem Zwieback umgedreht und in Butter gelb gebraten.

Zicklein, gebraten

1 Zicklein, Salz, Pfeffer, 100 g Fett, Zwiebel, Gelbrübe, nach Belieben $\frac{1}{8}$ l sauren Rahm

Beim Einkauf sieht man darauf, daß man ein 3–4 Wochen altes, fleischiges Tier bekommt, etwa 3–4 Kilo schwer. Das abgezogene Zicklein wird zerlegt. Rücken, Schlegel, Vorderläufe reibt man mit Salz und Pfeffer ein, brät das Fleisch in heißem Fett mit Zwiebel und Gelbrübe an und stellt es in den Backofen. Unter öfterem Begießen brät man das Fleisch etwa $1\frac{1}{4}$ Stunden. Das Fleisch kann auch wie eingemachtes Kalbfleisch zubereitet werden. Die übrigen Teile, wie Kopf, Hals, Herz, Leber, werden als als Ragout zubereitet wie Rehragout.

Ziegenfleisch

In der feinen Küche werden nur die ganz jungen Ziegen gebraucht und es wird sogar vielfach behauptet, sie seien nur recht gut und fein, so lange sie noch saugen. Für den gewöhnlichen Tisch ist aber auch das Fleisch von älteren Ziegen, die noch nicht gelammt haben und gut gefüttert sind, ganz brauchbar, wenn man es 3 bis 8 Tage in Milch legt (es kann saure oder Buttermilch sein und muß erneuert werden, wenn sie blutig wird) und hernach wie Hammelschlegel bereitet; da es fast um die Hälfte wohlfeiler als Hammelfleisch ist, so kann man es wirklich empfehlen.

Man schneide an der Ziege, die jung und fett sein muß, den Kopf, die Vorderbeine und die Bauchrippen weg, so daß sie wie ein zum Braten

dressierter hase aussieht, häute sie dann, reibe sie mit Salz, gestoßenen Wacholderbeeren und einem Eßlöffel weißem Wein ein, spicke sie schön mit Speck und brate sie in Butter und mit saurem Rahm, etwa ½ Stunde. Von den abgeschnittenen Teilen, nebst Herz und Leber, kann man Ragout bereiten, ganz so wie Hasenpfeffer.
Oder man hacke Kopf und Beine ab, fülle den Rumpf mit nachstehender Farce und nähe ihn zu; reibe den Braten mit Salz ein, beträufle ihn mit Zitronensaft und lege ihn in die Bratenkasserolle, gieße reichlich heiße Butter darüber, beträufle ihn nochmals mit Zitronensaft und lasse ihn rasch braten, währenddessen man ihn mit zerriebenem Weißbrot bestreut und öfters mit zerlassener Butter begießt, damit das Brot härtlich werde.
Zur Farce rühre man 60 g Butter zu Schaum, dann 2 Eier dazu, 60 g geriebenes Weißbrot, 3–4 Eßlöffel Milch, Herz und Nieren der Ziege fein gehackt, Muskatnuß, Pfeffer, Salz und feingehackte Petersilie, man kann das Zicklein aber auch ungefüllt braten.
Übrigens eignen sich alle Rezepte zur Bereitung von Lammfleisch auch für Ziegenfleisch.

Inhaltsverzeichnis

I

J

K

OMA'S
Koch & Back
Bibliothek

OMA'S
Koch & Back Bibliothek

Torten

Weltbild Verlag

Genehmigte Lizenausgabe für
Weltbild Verlag GmbH, Augsburg 1993

Einbandgestaltung: Peter Engel, München
Gesamtherstellung: Presse-Druck Augsburg
Printed in Germany

ISBN 3-89350-196-7

VORWORT

Die vorliegende Rezeptsammlung wurde aus einer der größten Privatsammlungen von Kochbüchern des 17. bis 19. Jahrhunderts zusammengestellt und sprachlich behutsam dem heutigen Gebrauch angepaßt.
Um eine auch in modernen Zeiten nachvollziehbare Kochbarkeit zu ermöglichen, bildet Bauers Kochbuch, das zuletzt in den 70er Jahren mit einer Auflage von weit über 100000 Exemplaren erschienen ist, die Grundlage unserer Koch- und Backbibliothek.
Die Rezepte wurden von der Autorin und der Hauswirtschaftsfachschule Stuttgart aus alten Überlieferungen gesammelt und nachgekocht.
Im Anhang findet sich am Schluß eines jeden Bandes ein alphabetisches Register.

Allgemeines zu Torten und Kleingebäck

Alle Zutaten zu einem Backwerk müssen, bevor man mit der Zubereitung beginnt, abgewogen und vorgerichtet werden. Die Formen werden mit einem Pinsel mit zerlassener Butter bestrichen, mit Mehl oder Weckmehl bestreut, die Bleche für Kleinbackwerk mit Butter bestrichen. Mehl und Zucker werden, wenn nötig, gesiebt, Mandeln, Haselnüsse werden verlesen, gerieben. Will man Mandeln schälen, übergießt man sie mit kochendem Wasser, läßt sie kurz ziehen und zieht sie ab. Größere Mengen werden, damit sie schön weiß bleiben, gewaschen. Vor dem Reiben müssen sie getrocknet werden. Haselnüsse werden zum Schälen auf einem Blech im Backofen oder in einem eisernen Töpfchen leicht angeröstet, zwischen den Händen gerieben. Zitrone, nur das Gelbe, reibt man auf dem Reibeisen leicht ab. Dann macht man rings um die Zitrone einen Einschnitt, bricht sie durch, damit die Kerne nicht zerschnitten werden, die den Saft bitter machen, und preßt den Saft ab. Butter zum Schaumigrühren darf nur ganz leicht angewärmt werden und wird gerührt, bis sie weiß und leicht aussieht. Die Eier schlägt man über einer Tasse auf und achtet darauf, daß kein Eigelb in das Eiweiß kommt, sonst gibt es keinen Schnee. Eiweiß wird bis zum Schlagen kaltgestellt und erst geschlagen, kurz bevor man es unter die Masse gibt, da es durch längeres Stehen zusammenfällt. Schnee muß immer ganz leicht untergezogen werden. Hat man Eiweißreste zu verwenden, rechnet man auf 4 Eiweiß 100–100 g. Die Masse muß immer nach einer Richtung gerührt werden, die Luft, die zugeführt wird, und der Schnee bewirken das Aufgehen der Masse. Rosinen reibt man auf einem mit Mehl bestreuten Tuch zwischen den Händen und entfernt die Stiele, oder sie werden gewaschen und wieder getrocknet. Den Backofen probiert man am besten mit einem Papier: färbt sich dasselbe nach einigen Minuten gelb, kann man Hefe- und Buttergebäck einstellen. Zu Torten soll die Hitze durchschnittlich etwas schwächer sein. Mandelgebäck backt man in schwacher Hitze. Der Backofen soll gleichmäßig heiß sein. Während des Backens darf man den Ofen nicht zu oft öffnen. Kuchen und Torten sollte man erst nach etwa 15 Minuten drehen, wenn es nötig ist. Die Kuchen sind durchgebacken, wenn die Nadel, mit der man einsticht, trocken ist. Fertiges Backwerk läßt man vor dem Stürzen einige Minuten stehen, löst mit dem Messer zuerst den Rand, dann erst das Blech öffnen. Torten können erst nach dem vollständigen Erkalten durchgeschnitten und gefüllt werden. Will man Eier sparen, kann man anstatt 1 Ei 2 Eßlöffel Wasser nehmen und mit Ei und Zucker schaumig rühren. Die Tortenrezepte sind durchschnittlich für eine Form mit 26–28 cm Durchmesser berechnet.

Die verschiedenen Teigsorten, soweit nicht angegeben, siehe Band »Kuchen«.

Aidatorte

4 Eigelb, 2 EL warmes Wasser, 140 g Zucker, abger. Schale 1/2 Zitrone, 4 Eiweiß, 120 g Mehl, 60 g Speisestärke, 1 TL Backpulver. 100 g Nougat), 100 g Marzipan-Rohmasse, 2 EL Kirschwasser (2 cl), 2 EL Wasser, 1 EL Puderzucker. 100 g Aprikosenmarmelade, 50 g geröstete Mandeln, gemischte Früchte (frisch oder Dose) – z. B. Erdbeeren und Kiwi –, klarer Tortenguß*

Das Eigelb mit dem Wasser, der Hälfte des Zuckers und der Zitronenschale schaumig rühren. Die Eiweiße mit dem restlichen Zucker steifschlagen und unter die Eigelbmasse heben. Das Mehl mit der Speisestärke und dem Backpulver sieben und unter den Teig ziehen. In einer 26 cm ∅ Springform bei 190 ° 25–35 Min. backen.

Nach mindestens 2 Stunden Ruhezeit den Kuchen zweimal durchschneiden.

Das Nougat im Wasserbad auflösen, einen Boden damit bestreichen, den zweiten daraufsetzen. Das Marzipan mit dem Kirsch-

wasser, dem Wasser und dem Puderzucker verrühren und den zweiten Boden damit bestreichen. Den dritten Boden daraufsetzen.
Oberfläche und Rand der Torte mit Marmelade bestreichen, den Rand mit Mandelblättchen bestreuen. Die Torte mit Früchten belegen und mit Tortenguß überziehen.

*) Statt Nougat kann man auch etwas Butter mit einer guten Nuß-Nougat-Creme verrühren.

Alexandertorte

Aus 280 g feinem Mehl, 140 g Butter, ebensoviel feinem Zukker und zwei Eiern wird ein glatter Teig gearbeitet, dieser zweimesserrückendick ausgewellt, hübsch rund zugeschnitten, und damit der Boden eines aufgeschlagenen Kuchenblechs, dessen Rand abgenommen werden kann, genau ausgefüttert. Nun bereitet man von 140 g abgezogenen, mit einem Eiweiß feingestoßenen Mandeln, ebensoviel Zucker und zwei Eiweiß eine Makronenmasse, zieht von dieser mittels einer Backspritze, die ein fingerdickes Rohr hat, einen Rand um den im Kuchenblech befindlichen Teig, und bäckt dies ein wenig in schwacher Hitze, dann wird von drei schönen Zitronen die Schale und das Weiße bis an das Mark entfernt, letzteres in dünne Scheiben geschnitten, die Kerne herausgenommen und der Teig und der darauf aufgesetzte Rand mit den Zitronenscheiben bedeckt. Hernach überstreut man das Ganze mit 210 g feinem Zucker und 140 g mit einem Gläschen Wein und einem Stück Zucker aufgekochten großen Weinbeeren, füllt untenstehende Mandeltortenmasse darauf und bäckt die Torte in schwacher Hitze. Man nimmt sie dann heraus, überzieht sie mit Punschglasur, trocknet sie in abgekühltem Ofen, und belegt sie nach Belieben geschmackvoll mit eingemachten Früchten. *Mandeltortenmasse:* 140 g süße und einige bittere abgezogene Mandeln werden mit einem Ei feingestoßen, und mit ebensoviel Zucker, sechs Eigelb und der feingewiegten Schale einer halben Zitrone eine halbe Stunde immer nach *einer* Seite gerührt, worauf man den festen Schnee von sechs Eiweiß, ein Gläschen Rum und 70 g feines Mehl daruntermengt.

Allianztorte

Von Schokolade- oder Brottortenmasse werden in gewöhnlichen Kuchen- oder Papierformen zwei Böden (Kuchen) gebacken, desgleichen zwei ebenso große von der Biskuittortenmasse, jeder zweifingerdick; man verwendet dabei jedoch nur die Hälfte der dabei angegebenen Massen. Sind die Böden erkaltet, so werden sie mit Hagebuttenmarmelade oder eingemachten Himbeeren dünn überstrichen, und übereinandergesetzt, nur ist darauf zu sehen, daß auf einen weißen Boden immer ein schwarzer kommt. Wenn die Böden in *Papierformen* gebacken wurden, muß man die Torte schön abrunden. Sie wird dann auf der oberen Seite, worauf man *keine* Marmelade bringt, mit Schokoladen- oder Wasserglasur überzogen und in abgekühltem Ofen schnell getrocknet, mit Spritzglasur oder mit auf gleiche Weise angewendetem Johannisbeergelee verziert, und hernach auf eine mit Tortenpapier belegte Platte gesetzt. – Mit Schokoladenglasur überzogen, darf die Torte nur einige Minuten in dem Ofen bleiben, indem sonst die Glasur sich rötlich färben würde.

Ananastorte

6 Eier, 350 g Zucker, 250 g Mehl, 120 g Butter, Schale 1/2 Zitrone, schwach 1 TL Backpulver. 1 Dose Ananas, 6 Blatt Gelatine, Vanillecreme, 3/8 l Schlagrahm, 1 TL Zucker, 1 TL Vanillezucker

Die Butter schaumig rühren, Eigelb, Zucker, Zitrone mit schaumig rühren, Mehl, Backpulver und Schnee abwechselnd lose unterziehen, in eine vorgerichtete Tortenform füllen, 1/2–3/4 Stunden backen. Nach dem Erkalten durchschneiden, die Bögen mit Rum und Zuckerwasser anfeuchten, mit Creme bestreichen, zusammensetzen. Obenauf belegt man die Torte mit halbierten Ananasscheiben. Der Ananassaft, etwa 1/4 l, wird mit der Gelatine aufgekocht und kaltgestellt. Kurz vor dem Stocken überzieht man die Torte damit und spritzt mit dem steifgeschlagenen Rahm. Will man keinen Rahm verwenden, wird die Torte nach dem Füllen mit Rumglasur überzogen, dann mit Früchten belegt. Dazu können auch kandierte Ananas verwendet werden. Die Gelatinemasse bleibt dann weg.

Apfeltorte von Sahneteig

Ein Sahneteig von 375 g Mehl, gute mürbe Äpfel von gleicher Größe, 1 Tasse weißer Wein, 1 Zitrone, reichlich Zucker und etwas gestoßene Mandeln

Der Teig wird ausgerollt und mit einem Rand versehen oder in einer Springform gleichmäßig auseinandergedrückt, wie es bei Torte von frischen Zwetschgen bemerkt ist. Unterdessen werden die Äpfel recht schön rund geschält, durchgeschnitten und, nachdem die runde Seite mit einem Messer etwas zerhackt worden (was jedoch schnell geschehen muß, damit sie nicht ihre Farbe verlieren), in eine Mischung von dem bemerkten Wein, abgeriebener Schale einer Zitrone nebst Saft, Mandeln und reichlich Zucker getaucht. Nun wird die Schnittseite der Äpfel auf den Kuchen gelegt und dieser beim ersten Hitzegrad

1¼ Stunden gebacken. Die Torte kann mit allerlei eingemachten Früchten verziert und mit einem Rand von Apfelsinenscheiben, die mit Zucker durchzogen sind, versehen werden.

Apfeltorte, schwedische

Es wird aus mürbem oder Blätterteig eine Torte bereitet und gebacken. Unterdessen werden gute, geschälte, ausgekernte, in feine Schnitze oder Blätter geschnittene Kochäpfel mit einem Stück Zucker, einem Gläschen Wein, 70 g gewaschenen kleinen Weinbeeren und 35 g feingeschnittener Pomeranzenschale weich und kurz eingedünstet und diese Marmelade dann in die hergerichtete ausgeleerte Torte eingefüllt und glattgestrichen. Nun formt man von Merinkenmasse auf ein mit Butter abgeriebenes Blech mittels einer Tüte oder Backspritze ein Gitter, bestäubt dasselbe mit Zucker, und nachdem es in ganz abgekühltem Ofen leicht gelb gebacken, nimmt man solches behutsam herunter, setzt es auf die Torte und glasiert letztere mit Punschglasur. Oder man setzt von Merinkenmasse einen Stern oder ein doppeltes Kreuz oder Zapfen auf, bringt die Torte in einen abgekühlten Ofen und läßt sie hierin so lange, bis Stern oder Kreuz oder die Zapfen hart und leicht gelb geworden, worauf dieselbe herausgenommen und mittels eines Pinsels mit Punschglasur überstrichen wird.

Apfeltorte mit Blätterteig

Ein Blätterteig, gute Äpfel, 65 g in feine Streifchen geschnittene süße Mandeln, 1 bis 2 Zitronen, Zucker und Zimt, einige Eßlöffel gestoßener Zwieback

Die Hälfte des Blätterteiges wird zu einem Unterblatt ausgerollt und mit Zwieback bestreut, dann werden Äpfel vom Kerngehäuse befreit, in feine Scheiben geschnitten, mit Mandeln, Zitronenscheiben, Zimt und dem nötigen Zucker lagenweise auf den Teig gelegt und mit einem Oberblatt oder Gitter versehen. Der Kuchen wird bei starker Mittelhitze schön gelb gebacken.

Apfeltorte ohne Butterteig mit Mandelguß

18 bis 20 feine Äpfel von mittlerer Größe; zum Füllen derselben gut gewaschene Korinthen, Zucker, Zimt, Sukkade und etwas Butter; zum Guß 6 frische Eier, 125 g geriebene Mandeln, 125 g geriebenen Zucker, ½ TL Muskatblüte

Die Äpfel werden geschält, die Kerngehäuse herausgebohrt, mit etwas Butter, fest zugedeckt, auf schwachem Feuer halbweich gedämpft, mit Korinthen, Zucker, Zimt, Sukkade und einem Stückchen frischer Butter gefüllt und in einer zugerichteten Form oder Pfanne aufrecht nebeneinandergestellt. Dann werden Eidotter, Zucker, Mandeln und Muskatblüte ¼ Stunde stark gerührt, mit dem zu festem Schaum geschlagenen Eiweiß durchgemischt, über die Äpfel verteilt und 1 bis 1¼ Stunden stark gebacken.
Man gebe diesen Kuchen womöglich warm; macht man denselben am vorhergehenden Tag, so kann man ihn ¼ Stunde vor dem Gebrauch in den Ofen stellen.

Apfeltorte von Mürbeteig

Zum Teig 350 f fein durchgesiebtes Mehl, 250 g ausgewaschene Butter, 100 g durchgesiebter Zucker, 1 Ei, 2 EL Rum, 2 EL Wasser, ferner: gute Äpfel, Wein, Zucker, Zitronenschale und ganzer Zimt

Die Butter wird zu Sahne gerieben, Zucker, Ei, Rum, Wasser und Mehl allmählich dazugeben, das Ganze noch eine Weile tüchtig gerührt, in einer zugerichteten Springform, in Ermanglung in einer Kuchenpfanne, auseinandergedrückt, so daß der Teig an den Seiten etwas dicker wird, wovon man einen Rand formt und den Boden mit etwas gestoßenem Zwieback bestreut. Unterdessen werden in 8 Teile geschnittene Äpfel mit Wein, Zucker, Zitronenschale und ganzem Zimt gar, aber nicht zu weich gekocht, nachdem sie kalt geworden, einer auf dem anderen liegend in dichten Kreisen zierlich auf den Kuchen gelegt und beim ersten Hitzegrad dunkelgelb – nicht braun – gebacken. Die Brühe läßt man dicklich einkochen und gibt sie, wenn der Kuchen aufgetragen werden soll, über die Äpfel.
Das Auseinanderdrücken des Teiges geht am leichtesten mit einem flachen, hölzernen Löffel, den man zuweilen in Mehl taucht, doch darf nur wenig Mehl dazu genommen werden. Auch kann man statt Äpfel abgezogene Zwetschgen auf den Kuchen legen und solche mit Zucker und Zimt bestreuen.

Apfeltorte von Blätterteig mit Guß

Man rollt ⅔ des Teiges zu einem Unterblatt und Rand aus, legt in Scheiben geschnittene Äpfel, mit Zimt und Zucker bestreut, dick darauf und setzt den Kuchen bei 1 Grad Hitze in den Ofen. Ehe er ganz gar ist, macht man einen Sahneguß, gibt ihn gleichmäßig über das Obst und läßt ihn vollends gar werden.

Apfeltorte, Hamburger

200 g Margarine, 100 g Zucker, 1 Ei, 1 Eigelb, abgeriebene Schale einer Zitrone, 250 g Mehl, 125 g Gustin, 1 Messerspitze Backpulver. 1 kg mittelgroße mürbe Äpfel, 50–100 g Zucker, 50 g Rosinen. 150 g Puderzucker, 1 EL Rum oder Wasesr, einige blättrig geschnittene Mandeln

Rühren Sie das Fett mit dem Zucker und dem Ei sowie dem Eigelb recht gut schaumig und geben Sie die Zitronenschale dazu. Sieben Sie das Mehl mit Gustin und Backpulver zusammen und kneten es unter die Fettmasse. Lassen Sie den Mürbeteig ½ Stunde ruhen. In dieser Zeit schälen und halbieren Sie die Äpfel und entfernen das Kerngehäuse. Die Rosinen werden gewaschen und gut abgetrocknet. Rollen Sie den Teig auf einem mit Mehl bestäubten Backbrett aus und belegen Boden und Rand einer gefetteten Springform (26 cm ∅) mit gut der Hälfte des Teiges. Die Äpfel werden mit der Schnittfläche auf den Teig gelegt und mit Zucker und Rosinen bestreut. Rollen Sie aus dem Rest des Teiges eine zweite Teigplatte aus, die als Teigdeckel über die Äpfel gelegt wird. Sie müssen darauf achten, daß der Teig die Äpfel luftdicht verschließt. Backen Sie den Kuchen hellbraun und überziehen Sie ihn nach dem Backen mit Zuckerguß. Dann werden noch einige feingehobelte Mandeln darübergestreut. Backzeit: 175° etwa 30–40 Minuten.

Äpfelmarmelade-Törtchen

Man legt kleine Förmchen mit Blätter- oder sonstigem mürben Teig aus, und füllt dieselben mit Äpfelmarmelade. Nun werden 100 g feingewiegte Mandeln mit 100 g feinem Zucker vermengt und dies auf die Marmelade gestreut, aus dem übrigen Teig aber nach der Größe der Förmchen Deckelchen geschnitten, woraus man in der Mitte ein kleines Blümchen aussticht, oder stattdessen mit einem scharfen Messer verschiedene Einschnitte macht. Diese Deckelchen werden auf die eingefüllte Masse gedeckt, mit verrührtem Eiweiß bestrichen und mit feinem Zucker bestreut, die Förmchen auf ein Backblech nebeneinandergestellt, und die Törtchen in gutem Ofen gebakken.

Apfelsinentorte I

250 g Zucker, 200 g geriebene Mandeln, 12 Eier, 65 g Mehl und 2 EL Arrak

Hiervon werden, nachdem die Bestandteile wie Mandeltorte gerührt sind, zwei Kuchen gebacken. Dann werden zwei ganze Eier und 4 Eidotter, Saft von 4 Apfelsinen und eine auf Zucker abgeriebene Apfelsine, Saft von 2 Zitronen und 125 g Zucker über Feuer mit einem Schaumbesen geschlagen, bis es dicklich wird. Danach füllt man die Creme auf einen der Kuchen, legt den anderen als Oberblatt darauf und glasiert die Torte mit folgendem: Der Saft von 2 Apfelsinen wird mit 125 g feingestoßenem Zucker und 1 Eßlöffel Wasser ¼ Stunde gerührt und glatt übergestrichen.

Apfelsinentorte II

Hierzu eine Mandeltortenmasse von 200 g geriebenen Mandeln, 250 g durchgesiebtem Zucker, 12 Eiern (das Weiße zu Schaum geschlagen), 65 g Mehl und 2 EL Arrak

Davon backt man 2 Böden. Dann schlägt man von 2 ganzen Eiern und 4 Eidottern, 250 g geriebenem Zucker, Saft von 4 Apfelsinen, Saft von 2 saftreichen Zitronen und der auf Zucker abgeriebenen Schale einer Apfelsine über Feuer eine Creme, bis sie recht dicklich wird, füllt damit einen Boden, legt den anderen darauf und glasiert den Kuchen mit folgendem:

Saft von 2 Apfelsinen wird mit 125 g feinem durchgesiebten Zucker und 1 Eßlöffel Wasser gerührt, erhitzt und aufgetragen.

Aprikosentorte mit Kruste

Sind es frische Aprikosen, so werden sie voneinander geschnitten. Von einem halben Pfund geläutertem Zucker gibt es eine Torte für 8 Personen. Man läutert den Zucker mit einem halben Schoppen Wasser, kcoht die verschnittenen Aprikosen, schneidet von einer halben Zitrone die Schalen klein, klopft die Steine auf, schält die Kerne derselben aus heißem Wasser, verstößt sie klein und läßt sowohl diese als die Zitronenschalen mit den Aprikosen aufkochen. Wenn sie weich und kurz eingekocht sind, legt man sie auf eine Platte und läßt sie kalt werden. In ein zuvor mit Butter bestrichenes Potageblech wellt man nun von guter Butter- oder Weinbaches-Teig einen Boden, der bis an den halben Rand geht, legt die abgekühlten Aprikosen hinein, vermengt ein Viertel geschälte und mit süßem Rahm grobgestoßene Mandeln, auch ein am Reibeisen feingeriebenes Milch- oder anderes mürbes Brot mit einer starken Handvoll gestoßenem Zucker und einem Kaffeelöffel Zimt, streut dies dick über die Torte, gibt etwas feingeschnittene frische Butter darauf und backt sie in einem nicht allzu heißen Ofen. Es kann auch ein Gitter von Teig darübergelegt und von eingemachten Aprikosen eine Torte auf ebensolche Art gemacht werden.

Baisertorte

Von süßem oder geriebenem Butterteig wird eine gut messerrückendicke Platte ausgewellt, mit dieser ein butterbestrichenes flaches Torten- oder aufgeschlagenes Kuchenblech belegt und das allenfalls Hervorstehende ringsum genau abgeschnitten. Auf den eingelegten Teig streicht man nun messerrückendick eine beliebige Obstmarmelade, setzt, indem man am äußersten Rand anfängt und in der Mitte endet, von Merinkenmasse nußgroße Häufchen dicht nebeneinander im Kranz herum, und fährt so fort, bis die ganze Oberfläche der Torte mit solchen Häufchen besetzt ist. Hierüber wird durchs Sieb leicht Zucker gestäubt, die Torte in etwas abgekühltem Ofen gebakken, dann aus der Form genommen und auf eine mit Tortenpapier belegte Platte gesetzt.

Bananenbaisertorte

5 Eiweiß, 200 g Zucker, 1 TL Speisestärke, 500 g Bananen, 1 Glas Maraschino. Creme aus 90 g Zucker, 3 Eigelb, $1/16$ l heißes Wasser, 150 ccm heiße Milch, 3 Blatt weiße Gelatine, 3 Eiweiß, Maraschino-Kirschen

Eiweiß steifschlagen. Nach und nach beim Schlagen Zucker und Speisestärke einrieseln lassen. Backblech mit Pergamentpapier belegen und mit Öl bestreichen. Baisermasse in einen Spritzbeutel mit großer Sterntülle geben. Zuerst eine Spirale auf das Pergamentpapier spritzen, auf den äußeren Rand Rosetten setzen. Zwei Stunden bei 100 Grad backen. Der Boden darf nicht braun werden. Er ist gar, wenn sich das Papier leicht abziehen läßt. Blech aus dem Ofen nehmen, Papier abziehen und den Boden auskühlen lassen. Die geschälten und in Scheiben geschnittenen Bananen mit Maraschino begießen und 30 Minuten ziehen lassen. 40 g Zucker und Eigelb schaumig rühren. Den restlichen Zucker in einem Topf leicht bräunen. Mit Wasser ablöschen. Danach die heiße Milch und die Eigelbmischung zufügen und zum Kochen bringen. Topf vom Herd nehmen und die eingeweichte, ausgedrückte Gelatine unter Rühren dazugeben. So lange rühren, bis sie sich aufgelöst hat. Kaltstellen. Sowie die Creme zu gelieren beginnt, steifgeschlagenes Eiweiß darunterziehen. Ein Drittel davon auf den Baiserboden geben, dann die Bananen und die restliche Creme darübergeben. Mit Maraschinokirschen garnieren und eine Stunde in den Kühlschrank stellen.

Birnentorte I

1 Tortenboden, 1 Tafel Zartbitter-Schokolade, 1 Glas Birnen, 1/2 l Sahne, 1 TL Zucker, 1/2 TL Zimt

Die Schokolade im Wasserbad erhitzen und auf den Tortenboden geben. Wenn die Masse fest ist, die abgetropften Birnen darübergeben. Steifgeschlagene Sahne mit Zucker und Zimt mischen und über die Birnen mit einem großen Messer zu einer Kuppel formen.

Birnentorte II

325 g Mehl, 1 TL Backpulver, 100 g ungeschälte, gemahlene Mandeln, 125 g Butter, 125 g Zucker, 3 Eier, 50 ccm Milch, 1 kg Birnen, 225 g Honig, 75 ccm Birnengeist, 1/4 l Wasser. 350 g Schokoladenkuvertüre, 1/8 l Sahne, 1/2 Päckchen Vanillezucker

Mehl, Backpulver, Mandeln, Butter, Zucker, Eier, Milch in einer großen Schüssel zu einem Teig verarbeiten. 15 Minuten in den Kühlschrank stellen. Danach in eine Springform streichen und 45 Minuten bei mittlerer Hitze backen. Die Birnen schälen, halbieren, vierteln und das Kernhaus entfernen. Honig, Birnengeist und Wasser in einem Topf erhitzen und die Birnen darin ca. 15 Minuten weichdünsten. Früchte abtropfen lassen. Kuchen aus der Form lösen, auf einem Kuchendraht abkühlen lassen. Mit den Birnenvierteln belegen. Kuvertüre im Wasserbad schmelzen und die Torte damit überziehen. Sahne mit Vanillezucker steifschlagen und die Torte garnieren.

Biskuittörtchen

Man legt kleine Förmchen mit Butterteig aus und gibt einen Kaffeelöffel eingemachte Himbeeren oder beliebige andere eingemachte Früchte hinein. Nun werden fünf Eiweiß zu Schnee geschlagen, fünf Eigelb und 140 g Zucker hineingegeben, solches zusammen eine halbe Stunde gleichmäßig abgerührt, und die feingewiegte Schale und den Saft einer halben Zitrone sowie 120 g feingesiebtes Mehl daruntergemengt. Mit dieser Masse werden die Förmchen nicht ganz vollgefüllt, die Törtchen mit Zucker bestäubt und in etwas abgekühltem Ofen gebacken.

Biskuittorte I

Fünf Eiweiß werden zu Schnee geschlagen und sodann zehn Eigelb und 280 g feingesiebter trockener Zucker dazugegeben, dies drei Viertelstunden gleichmäßig immer nach *einer* Seite gerührt und hernach der feste Schnee der noch übrigen fünf Eiweiß, die feingewiegte Schale einer halben Zitrone, 245 g feingesiebtes Mehl (besser wenn die Hälfte Stärkemehl) und der Saft einer halben Zitrone leicht hineingemengt. Diese Masse füllt man in eine gut mit Butter bestrichene Form, welche nach Belieben zuvor mit Papierstreifen ausgefüttert wurde (s. die untenstehende Anmerkung), damit die Masse nicht überlaufe, indem sie während des Backens sehr aufgeht. Nun wird die Torte in einem abgekühlten Ofen ungefähr eine Stunde, ohne daß man sie inzwischen von der Stelle rückt, gebacken, wo dieselbe dann eine schöne gelbe Farbe hat und auf der Oberfläche trocken und fest ist. Hernach wird sie herausgenommen, behutsam auf ein umgewendetes Sieb umgestürzt, nach einigem Verkühlen, nachdem das Papier abgenommen ist, auf eine flache Platte gesetzt und mit feinem Zucker bestäubt. – Kann, statt gerührt, ebenso wie die Wiener Torte auf dem Feuer *geschwungen* werden; auch kann man sie, statt mit Zucker besäen, mit *Zuckerglasur* schwach messerrükkendick bestreichen, in abgekühltem Ofen trocknen und dann hübsch mit *eingemachten Früchten* belegen.

Anmerkung. Diese Torte kann man auf nachstehende Weise *verzieren:* Sobald die betreffende Torte mit der Glasur überzogen und getrocknet ist, werden einige Eßlöffel gewaschene kleine Weinbeeren in dünnem Zuckerwasser aufgekocht und auf ein Sieb zum Abtrocknen gelegt, die Torte nun, so lange die Weinbeeren noch feucht sind, damit besprengt und dazwischen einige Eßlöffelvoll kleingehacktes Johannisbeergelee gestreut. Hernach bestreicht man den Rand der Torte mit verrührtem Eiweiß und belegt denselben mit schön grünem Zitronat oder eingemachten Bohnen, was dann zuvor in feine spitzige Blättchen geschnitten oder feingehackt ist, so daß es wie Moos aussieht.

Das Auslegen der Form mit Papier geschieht wie folgt: Aus einem Bogen nicht zu steifem Papier werden drei bis vier Streifen geschnitten, solche auf einer Seite dick mit zerlassener Butter bestrichen und mit diesen Streifen dann die ausgestrichene Form an den Wänden genau gefüttert, so, daß das Papier dreifingerbreit über die Form hervor- und dessen bestrichene Seite nach *innen* steht. Hat die Form in der Mitte eine Öffnung (ein Rohr), so wird diese in gleicher Weise, und zwar *zuerst,* gefüttert.

Die zu den Torten bestimmten Massen sind immer nur nach *einer* Seite zu rühren. Durch dieses Verfahren wird Luft eingerührt, und so die betreffende Masse viel leichter und schaumiger. Dies gilt überhaupt für alle Massen, die *gerührt* werden.

Biskuittorte, andere und dritte Art

280 g feiner, trockener Zucker wird gestoßen und durch ein feines Sieb in eine irdene Schüssel gesiebt, dann gibt man acht Eigelb hinzu, rührt dies zusammen eine gute halbe Stunde dick schaumig, und mengt hernach 175 g feines gesiebtes Mehl und den festgeschlagenen Schnee der acht Eiweiß leicht darunter. Nun wird die mit zerlassenem Schmalz bestrichene Form auf ein Tuch umgestürzt, damit das überflüssige Fett rein auslaufe, und solche hernach mit feinem weißem, getrocknetem, wie Puder aussehendem Zucker durch ein feines Sieb überall gleichmäßig bestäubt, so daß die Form schneeweiß aussieht, Solches muß jedoch geschehen, bevor das Schmalz gänzlich festgeworden. (Ist das Bepudern mit dem feinen, röschen Zucker recht getroffen, so bekommt die Torte nach dem Backen eine sehr schöne glatte, marmorartige Kruste.) In die bestäubte Form wird jetzt langsam die obenbeschriebene Masse gegossen, und die Form einigemal auf einen mit einem Tuch bedeckten Tisch aufgestoßen, damit die Masse in die Vertiefungen sich gut einsetze, alsdann wird die eingefüllte Form auf ein Blech, worauf halbfingerdick Asche oder Salz ist, gestellt, und so die Torte dreiviertel bis eine Stunde in abgekühltem Ofen gebacken, welcher während dieser Zeit nicht geöffnet werden soll. Ist nun die Oberfläche fest und trocken, so ist die Torte fertig, ist aber jene noch weich, so gibt man letztere noch eine weitere Viertelstunde in den Ofen. Sie wird hernach behutsam auf ein Sieb gestürzt und mit feinem Zucker bestäubt.

Dritte Art. Zehn Eigelb werden mit 250 g feingestoßenem, gesiebtem Zucker eine halbe Stunde lang sehr schaumig gerührt und dazu ein Eßlöffel Zitronen- oder Orangenzucker gegeben. Hierunter mengt man leicht und sorgfältig 220 g Stärkemehl, 60 g zerlassene frische Butter und die zu festem Schnee geschlagenen Eiweiß, und zwar so, daß man abwechselnd etwas Stärkemehl, etwas Butter und etwas Schnee dazugibt, bis alles aufgebraucht ist und der Teig glänzend und feinblasig aussieht. Derselbe wird nun in eine dünn mit zerlassener Butter bestrichene und mit feinem Zucker ausgestreute Form eingefüllt und in abgekühltem Ofen sehr langsam – ungefähr 1 Stunde – zu schöner Farbe gebacken. Dann wird die Torte auf ein Sieb gestürzt und noch einige Minuten in die Öffnung des Ofens gestellt.

Biskuittorte, schnelle

12 Eier, 375 g Zucker, 300 g Stärkemehl oder feines Weißmehl, Saft und Schale ½ Zitrone

Eigelb, Zucker, Zitrone dickschaumig rühren, dann abwechselnd Mehl und Schnee lose unterziehen. In eine mit Butter bestrichene, mit Mehl bestreute Tortenform geben, etwa 1 Stunde backen.

Biskuittorte, gewöhnliche

Ein halbes Pfund gesiebter Zucker wird mit 6 ganzen und 4 gelben Eiern eine Stunde gerührt, und von einer Zitrone das Gelbe am Zucker oder auf dem Reibeisen abgerieben. Wenn die Masse recht dick ist, rührt man das an der Zitrone abgeriebene und anderthalb Viertel vom feinsten Biskuitmehl langsam hinein, füllt sie in einen mit Butter bestrichenen und mit Semmelmehl gestreuten Model, und bringt sie gleich in den Backofen. Die kleinen glatten Model bestreicht und streut man niemals, sondern füllt die Masse nur ein, sie werden auf diese Art oder in papiernen Kapseln hübscher. Wer die Eier nicht gern ganz mit dem Zucker rührt, kann von den 6 weißen einen Schaum schlagen. Wenn der Zucker mit den Eigelb gerührt ist, gibt man erst den Schaum und gleich nach diesem die Zitrone und das Mehl hinein.

Biskuittorte mit Johannisbeeren

Ein halbes Pfund gesiebter Zucker wird mit 6 ganzen Eiern und dem Gelben von ebensoviel anderen eine Viertelstunde gerührt. Sobald die Masse recht dick ist, nimmt man das von einer Zitrone auf dem Reibeisen Abgeriebene und anderthalb Viertel vom feinsten Biskuitmehl, gibt zuerst die geriebene Zitrone, nachdem das Mehl hinein, rührt nur noch so lange, bis nichts mehr vom Mehl gesehen wird, bestreicht einen Schnecken-Model mit Butter, streut ihn mit Semmelmehl, füllt den Model von der Masse halb voll, teilt eingemachte Johannisbeeren, welche nicht viel Saft haben, auf der Masse herum aus, gibt die übrige Masse darüber, und bringt sie gleich in den Backofen.

Biskuittorte mit Schokolade

Man nimmt ebensoviel Zucker und Eier wie zu der vorhergehenden, hingegen nur 8 Lot feines Mehl und 5 Lot Schokolade. Das von einer Zitrone abgeriebene wird auch dazugenommen, die Masse in einen bestrichenen Model gefüllt und gebakken.

Blätterteigtorte

Blätterteig, Sauerkirschen, $^3/_4$ l Schlagrahm, Zucker, 1 Päckchen Vanille

Den fertigen Blätterteig auswellen, mit einem Tortenblech 2 Böden ausrädeln, jede Teigscheibe auf ein nasses Blech setzen, mit einer Gabel öfter einstechen, in guter Hitze backen. Den einen Boden mit eingemachten Sauerkirschen belegen, darauf eine Lage Schlagrahm, auf diesen einen Blätterteigboden. Obenauf mit Schlagrahm ein Gitter spritzen, in die Zwischenräume eine Kirsche legen.

Blätterteig mit Zitronencreme

Ein Blätterteig von 375 g Mehl; zur Creme: 250 g gestoßenen Zucker, 4 Zitronen, 10 frische Eidotter, 5 Eiweiß, ½ EL Stärke

Man rollt den Blätterteig zum Kuchen aus, belegt ihn mit einem nicht zu flachen Rand und backt ihn schnell gar. Dann bereitet man folgende Creme: Die Eidotter füllt man in ein Glas, gibt in ein gleiches den Saft von den Zitronen, nebst so vielem Weißwein, daß er mit den Eidottern gleichen Raum einnimmt. Dann wird beides mit dem bemerkten Zucker, abgeriebener Schale von 2 Zitronen, Eiweiß und Stärkemehl untereinandergerührt und auf dem Feuer fortwährend geschlagen; wenn es ganz steif ist, schnell vom Feuer genommen und noch so lange geschlagen, bis es nicht mehr heiß ist. Wenn die Torte zur Tafel gebracht werden soll, füllt man die Creme auf den Blätterteig und verziert sie mit kleinen Baisers.
Anstatt der Stärke 16 g aufgelöste Gelatine oder ½ Stange Agar-Agar durchgemischt (siehe Gelees), gibt der Creme mehr Festigkeit, was beim Schneiden des Kuchens angenehm ist.

Blättertorte, spanische

Von Blätterteig werden zweimesserrückendicke Plätze ausgewellt und aus diesen nach einer ungefähr 25 cm im Durchmesser haltenden Platte zwei Böden (Blätter) geschnitten, welche man nebeneinander auf ein Blech legt, und in der Mitte mit einem Ausstecher, der ca. 8 cm im Durchmesser hat, aussticht, so daß von jedem nur ein flacher Rand bleibt, den man mit Ei bestreicht, mit der Messerspitze betupft, mit feinem Zucker bestreut, und in nicht zu heißem Ofen schön bäckt. Nun wellt man abermals zwei Plätze aus und schneidet daraus wieder zwei solche Böden, jedoch fingerbreit kleiner als die ersten, welche mit demselben Ausstecher in der Mitte ausgestochen werden. Auf diese Art schneidet man noch sechsmal solche Böden, und sticht sie alle in der Mitte mit dem nämlichen

Ausstecher aus, so daß man zuletzt sechzehn Böden (Blätter) hat, wovon immer zwei und zwei gleichgroß, jedes Paar aber fingerbreit kleiner als das vorhergehende ist; diese werden jetzt sämtlich gleich den beiden ersten mit Ei bestrichen, mit der Messerspitze getupft, mit feinem Zucker bestreut, und in nicht zu heißem Ofen gebacken. Nach Erkalten wird das eine der zwei größten Blätter mit Aprikosenmarmelade messerrükkendick bestrichen und das andere gleichgroße genau daraufgepaßt, dann das dritte Blatt mit Marmelade bestrichen, darauf das vierte von derselben Größe gelegt, und dieses Verfahren nun noch sechsmal in Anwendung gebracht. Hernach wird Eiweiß dünn verrührt, der äußere Rand der zusammengeklebten Blätter hineingetaucht, und solcher nun noch langsam in Grobzucker, der auf einen Bogen Papier gestreut ist, aufrecht umgerollt. Sind alle Blätterpaare so hergerichtet, so legt man das größte derselben auf die bestimmte Tortenplatte und bestreicht die Oberfläche mit Marmelade, darauf setzt man das zweite, fingerbreit schmälere Paar und bestreicht es obenüber ebenfalls mit Marmelade, gleicherweise verfährt man mit dem dritten Paar usw., bis endlich alle Blätterpaare pyramidenartig übereinanderstehen, wobei sie in der Mitte genau aufeinanderpassen müssen. Die Oberfläche des letzten Blattes wird mit kleinen, unbestrichenen, leicht gebackenen Butterteigblümchen, welche zuvor mit der unteren Seite in Marmelade getaucht wurden, belegt und verziert. – Zu dieser Torte braucht man Blätterteig von 840 g Butter. – Sie kann auch nur mit *sechs* Doppelböden gemacht werden, welche man natürlich dann gleich von Anfang an kleiner formt.

Blitz-Quarktorte

250 g Butter, 300 g Zucker und 6 Eigelb werden schaumig gerührt. 1 kg Quark, Saft und abgeriebene Schale einer Zitrone, 2 Päckchen Vanillepuddingpulver, evtl. 80 g gewaschene Rosinen gibt man der Reihe nach zu der schaumig gerührten Masse. 6 Eiweiß schlägt man zu Schnee. Diesen Eischnee zieht man vorsichtig unter die Quarkmasse. Dann benötigt man noch 4 geriebene Eßlöffel Zwiebackmehl und etwas gehackte Mandeln. Eine gefettete Springform (26 cm Ø) wird dick mit Zwiebackmehl ausgestreut. Darüber gibt man die gehackten Mandeln. Nun wird die Teigmasse in die Form gefüllt und mit einem mit etwas in Dosenmilch verquirlten Eigelb bestrichen. Backzeit: bei 175 ° etwa 60 Minuten.

Blitztorte

9 Eier, 300 g Zucker, 200 g Mehl, 100 g Butter, Saft und Schale ½ Zitrone, 1 EL Backpulver

Eigelb, Zucker, Zitrone schaumig rühren, ⅓ des Mehles und die zerlassene Butter leicht unterziehen. Das Backpulver unter den Rest des Mehles mischen und mit dem Schnee abwechselnd lose unterziehen. In eine vorbereitete Tortenform füllen, 1 Stunde backen. *Oder:* Man rührt die Butter schaumig, rührt Zucker und Eigelb mit schaumig, mischt das mit Backpulver vermischte Mehl und Schnee abwechselnd lose unter. Die Torte kann mit verschiedener Creme gefüllt werden und wird mit der dazugehörenden Glasur überzogen.

Brotguß-, Biskuitguß- und Mandelgußtorte

Werden bereitet wie Schokoladengußtorte, nur verwendet man hierbei keine Hagebuttenmarmelade, sondern belegt dafür den Butterteig der Brotgußtorte messerrückendick mit eingemachten Johannisbeeren bei der Biskuitguß- sowie Mandelgußtorte mit eingemachten Himbeeren oder einer anderen beliebigen Marmelade, und gießt darauf eine Glasur nach Wahl. Sind die Torten schön gebacken und erkaltet, so überstreicht man sie mittels eines Messers auf der Oberfläche und an den Seiten mit Wasserglasur, und streicht darüber ganz dünn eine gelbe, rote oder grüne (Aprikosen-, Johannisbeer-, Reineclauden-)Marmelade, wo sie dann schön marmoriert aussehen und worauf mit weißer Spritzglasur noch Verzierungen gemacht werden können, oder man kann die Torten auf folgende Art mit *Butterteig* verzieren: Von ganz dünn ausgewelltem Butterteig werden mit einem Kuchenrädchen sechzehn gleichgroße, feine Streifen abgerädelt und diese auf einem Backblech zu Bogen geformt, in gleicher Weise kleine Blümchen ausgestochen und auf das Blech gelegt, und alsdann beides, ohne angestrichen zu sein, in einem ganz abgekühlten Ofen nur weiß gebacken (was in drei bis vier Minuten geschieht), so daß es in der Farbe einem Marzipan ähnelt. Mit den Bogen werden nun die Torten, seien sie mit Wasserglasur überstrichen und marmoriert, oder nur mit Marmelade überstrichen, nach der *Abbildung* belegt, die Bögen zu dem Zweck mit der Schere abgezwickt, bis sie passen und in die Mitte die Blümchen beliebig geordnet. – *Sehr schön* sieht diese Verzierung aus, wenn auf die Bögen ein Faden mit Spritzglasur und einer mit Johannisbeergelee oder Reineclaudenmarmelade, welche man wie die Spritzglasur in Tüten einfüllt, gezogen und die Blümchen damit getupft werden.

Brottorte I

16 Eier, 500 g fein durchgesiebter Zucker, 500 g frische geriebene Mandeln, 65 g geriebene und durchgesiebte Schokolade, 65 g kleingeschnittenes Zitronat, 8 g Zimt, 4 g Nelken, 4 g Kardamom, Saft einer frischen Zitrone, 125 g bräunlich geröstetes, fein durchgesiebtes Schwarzbrot, mit etwas Rotwein angefeuchtet, 1 Tasse Arrak

Eidotter, Zucker, Mandeln und Gewürze werden nach Nr. 1 stark ½ Stunde gerührt, dann wird das Schwarzbrot durchgemischt, sowie auch danach der feste Schaum von 12 Eiweiß und zuletzt der Arrak eben durchgerührt. Diese Masse wird in einer stark bestrichenen, mit geröstetem Brot bestreuten Form 1 bis 1½ Stunden wie Mandeltorte gebacken. Man gebe allen Kuchen dieser Art, wenn sie gut aufgegangen sind, von unten etwas weniger Hitze. Es wird ein beliebiger Zuckerguß mit Zitronensaft und Schokolade darüber gemacht.

Brottorte II

260 g süße, 30 g bittere, geriebene Mandeln, 385 g durchgesiebter Zucker, 16 Eier, 1 Zitrone, 65 g Zitronat, 8 g feiner Zimt, 4 g Nelken, 2 g Muskatblüte, 125 g getrocknetes, gestoßenes und fein durchgesiebtes Schwarzbrot, welches mit 1 Glas Rotwein angefeuchtet wird

Man reibe die süßen Mandeln mit der Schale, die bitteren ohne Schale, rühre Zucker, Eidotter, Schale und Saft der Zitrone, gebe die Mandeln hinzu und rühre dieses ½ Stunde. Dann füge man die Gewürze, auch das Schwarzbrot zur Masse und vermische diese mit dem festen Schaum von 12 Eiern. – Wie Brottorte Nr. 1 gebacken.

Brottorte III

200 g abgezogene und geriebene Mandeln, worunter 30 g bittere sind, 12 Eidotter, 375 g Zucker, die abgeriebene Schale einer Zitrone, 8 g Zimt, 4 g Nelken, 2 g Kardamom, 160 g altes, geriebenes und durchgesiebtes Schwarzbrot und der feste Schaum von 10 Eiern

Dies nach vorhergehender Angabe gerührt und gebacken.

Brottorte IV

12 Eier, 375 Zucker, Saft und Schale ½ Zitrone, 250 g geriebenes Schwarzbrot, 125 g geriebene Mandeln, ½ TL Zimt, 60 g geschnittenes Zitronat, 60 g Orangeat, 2 EL Rum, ¼ l Rotwein, 2 EL Zucker

Das getrocknete Schwarzbrot wird gerieben. Eigelb, Zucker, Zitrone schaumig rühren, Zimt, Zitronat, Orangeat zugeben. Dann abwechselnd das mit Rum angefeuchtete Brot, Mandeln und Eischnee unterziehen; die Form mit Butter und Weckmehl vorrichten, die Torte 1 Stunde backen. ¼ l Rotwein, 2 Eßlöffel Zucker heiß werden lassen. Die Torte nach dem Stürzen mit einer Spicknadel öfter einstechen, mit dem Wein übergießen und mit Rumglasur überziehen.

Brottorte, andere Art

Nicht zu saures Schwarzbrot wird im Ofen geröstet, hernach gestoßen und feingesiebt, wo es nun 140 g ausmachen soll, dann werden 420 g rohe Mandeln feingewiegt und gleichfalls, aber durch einen Durchschlag, gesiebt. In einer Schüssel rührt man jetzt 560 g feinen Zucker, 16 Eigelb, obige Mandeln und das Brot gleichmäßig drei Viertelstunden zusammen ab, gibt hierin 17 g feinen Zimt, ebensoviel Nelken, 35 g feingeschnittenes Zitronat, gleichviel feingeschnittene Pomeranzenschale und noch 2 Eier, rührt das Ganze nochmals eine Viertelstunde und mengt den festen Schnee der 16 Eiweiß und 50 g feingesiebtes Mehl leicht darunter. Die Masse wird nun in eine butterbestrichene, mit Papier ausgefütterte Form nicht ganz voll eingefüllt und im abgekühlten Ofen gebacken, die Torte dann herausgenommen, auf ein umgekehrtes Sieb gelegt und nach einigem Abkühlen mit Zucker bestäubt, oder mit einer beliebigen Glasur überzogen.

Brottorte mit Schokolade

12 Eier, 375 g durchgesiebten Zucker, 100 g süße Schokolade, 8 g Zimt, abgeriebene Schale einer Zitrone oder ein Stückchen mit Zucker feingestoßene Vanille und 260 g altes geriebenes und durchgesiebtes Schwarzbrot

Die Eidotter werden mit Zucker, Schokolade und Gewürzen eine halbe Stunde stark gerührt, dann wird das Schwarzbrot hinzugefügt, das Ganze mit dem steifen Eiweißschaum vermischt und wie vorstehend gebacken.

Buchweizentorte

6 Eier, 60–80 g Zucker oder Honig, 170 g Buchweizenmehl (Reformhaus), 1/4 l Sahne, 1 kleines Glas Preiselbeeren

Eiweiß von Eigelb trennen. Das Eigelb wird mit dem Zucker oder Honig verrührt. Das zu Eischnee geschlagene Eiweiß auf die Eigelbmasse geben, das Buchweizenmehl daraufsieben und alles vorsichtig mischen. In einer runden Springform ca. 35–45 Min. bei 175 °C backen. Sahne schlagen und Preiselbeeren unterrühren. Den erkalteten Tortenboden durchschneiden, mit der Preiselbeersahne füllen und bestreichen.

Buttertorte

Man rührt zuerst anderthalb Viertel Butter leicht, nimmt dann das Gelbe von 12 Eiern, ein halbes Pfund geschälte und mit Rosenwasser zartgestoßene Mandeln, ein Viertel gestoßenen Zucker und 6 Löffelvoll dicken süßen Rahm dazu, und schlägt das Weiße von 4 Eiern zu Schaum. Dies alles wird noch eine halbe Stunde zusammen gerührt, dann ein Potageblech mit Butter bestrichen, mit Mutschelmehl gestreut, einen dünn ausgewellten Boden von Butterteig hineingelegt, vor dem Einfüllen ein halbes Viertel gewaschene und wieder getrocknete kleine Rosinen nebst dem Abgeriebenen von einer Zitrone an die Masse gegeben, dieselbe gleich eingefüllt und langsam gebacken.

Butterbiskuittorte

150 g Butter, 400 g Zucker, 400 g Mehl, 100 g Stärkemehl, Saft und Schale ½ Zitrone, 10 Eier

Eigelb, Zucker, Zitrone schaumig rühren, Mehl, die zerlassene Butter zurühren, abwechselnd, zuletzt den Eischnee unterziehen. Die Form mit Butter und Mehl vorrichten. Die Torte 1 Stunde backen. Nach Belieben kann man auch zuerst die Butter schaumig rühren, dann Eigelb und Zucker abwechselnd zurühren, zuletzt Mehl und Schnee unterziehen.

Buttercreme (Allgemeines)

Bei der Zubereitung von Buttercreme ist darauf zu achten, daß die Butter gut schaumig gerührt, der Staubzucker gesiebt und die übrigen Zutaten (Eigelb und Milch, oder Eigelb und Mokka in warmes Wasser stellen) angewärmt sind. Sollte die Creme gerinnen, gibt man unter Rühren 50 g kochendheiße Butter zu. Die reine Buttercreme ist länger haltbar, wie die Creme mit Milch zubereitet.

Brauttorte

500 g gute ausgewaschene Butter, 500 g geriebene frische Mandeln, 500 g gestoßener und durchgesiebter Zucker, 500 g feines erwärmtes Mehl, 12 Eier, abgeriebene Schale einer Zitrone und 1 TL voll Muskatblüte. Zum Bestreichen der gebackenen Kuchen gehören 4 Eidotter, 125 g geriebener Zucker, 125 g frische ausgewaschene Butter, Saft von 4 Zitronen, wovon 1 Zitrone abgerieben wird

Man reibe die Butter an einem warmen Ort zu Sahne, gebe unter stetem Rühren abwechselnd nach und nach Zucker, Gewürze, Eidotter und Mandeln hinzu und rühre die Masse ½ Stunde. Dann rühre man das Mehl hinzu, sowie auch das zu Schaum geschlagene Eiweiß, und backe davon 4 Kuchen mit dem zweiten Hitzegrad dunkelgelb – nicht braun.

Zum Bestreichen der Kuchen koche man ein Zitronenmus wie folgt: Man lasse die bemerkte Butter auf schwachem Feuer schmelzen, rühre Zucker, Zitronenschale, Eidotter und den Zitronensaft hinzu, rühre stark, bis es dicklich wird, nehme es schnell vom Feuer, rühre noch eine Weile, bestreiche damit 3 Kuchen und lege alle 4 Kuchen aufeinander. Anderentags schneide man den Rand mit einem scharfen Messer glatt, bestreiche die Fläche mit dem Zuckerguß und verziere ihn sinnreich mit Myrthen und feinen Blumenblättern.
Um die Kuchen von gleicher Größe zu bekommen, backe man sie entweder in einer Springform, oder man schneide nach der bestimmten Schüssel runde Papierblätter, bestreiche sie mit Butter, verteile die Masse darauf und lege sie auf eine Platte. Dieser Kuchen kann mehrere Tage vor dem Gebrauch gebakken – was selbst besser ist – und Überreste längere Zeit aufbewahrt werden.

Creme zum Füllen von Torten

2 Eier, 60 g Zucker, 3/8 l Milch, in welcher man 1/4 Stange Vanille ausgezogen hat, 20 g Stärkemehl, 1/4 Pfund geröstete Haselnüsse, 80 g Butter, 6 EL Schlagrahm

Unter die mit Zucker schaumig gerührten Eier gibt man Stärkemehl sowie die erkaltete Vanillemilch und schlägt die Creme auf dem Herd, bis sie anfängt dick zu werden. Nachdem man die Masse kaltgerührt hat, zieht man sie leicht unter die schaumig gerührte Butter und mengt vor dem Einfüllen die im Backofen gerösteten, wieder kalt gewordenen und gemahlenen Haselnüsse, sowie den Schlagrahm darunter. Gefüllte Torten sollen nicht lange stehenbleiben.

Cremetorte

Man rührt 35 g feines Mehl mit ¼ l süßem Rahm glatt an, gibt sechs Eigelb nebst 100 g an einer Zitrone abgeriebenen verstoßenen Zucker hinein und läßt solches auf dem Feuer unter fortwährendem Rühren bis ans Kochen kommen, wo die Creme dann sofort beiseite gestellt wird. Inzwischen wird ein nicht zu hohes, butterbestrichenes Tortengeschirr oder ein aufgeschlagenes Kuchenblech sowohl am Boden, als an der inneren Wand mit messerrrückendick ausgewelltem Butterteig oder mürbem Teig ausgelegt und darauf die erkaltete Creme (unter welche, wenn vorrätig, 70 g Makronen oder altgebackenen Biskuit, feingestoßen, gerührt wurde) gleichmäßig auseinandergestrichen, der hervorstehende Teig am Rand abgeschnitten, und die Torte im mittelheißen Ofen gebacken, worauf man sie behutsam aus der Form nimmt und mit feinem Zucker bestreut. – Da diese Torte sehr fein und leicht zerbrechlich ist, so sollte sie nur in einem Kuchenblech, dessen Rand man abnehmen kann, gebacken werden.

Cremetorte mit Eingemachtem

Zu einer Torte für 6 bis 8 Personen macht man zuerst die Creme auf folgende Art: ein Kochlöffel Biskuit- oder feines Mehl wird in einer Kasserolle oder Messingpfanne mit ein wenig süßem Rahm glatt angerührt, das Gelbe von 10 Eiern hineingeschlagen, das von einer Zitrone am Zucker Abgeriebene auch dazugegeben, mit einem Schoppen Rahm vollends angerührt, dann auf Feuer unter beständigem Rühren mit einem Stücklein Zucker aufgekocht, bis es eine Creme so dick wie ein dicker Reisbrei ist. Man schüttet sie nun auf einen Teller, rührt ein Quint gestoßenen Zimt hinein und läßt sie erkalten. Hierauf wird eine offene runde oder ovale Torte von gutem Butterteig gemacht, von einem halben Pfund Butter wird er zur Torte groß genug, diese blind (ohne Fülle) gebak-

ken, wenn sie fertig ist, gleich auf die Platte gelegt, auf der sie zu Tisch kommt, der innere Boden mit eingemachten Kirschen, Johannis- oder Himbeeren belegt, die kalte Creme über das Eingemachte gegossen, der Rand von der Torte mit einem weißen Eis geeist, und dieselbe mit trockenen Kirschen oder Johannisbeeren mit den Stielen besteckt, deren Zubereitung bei den Konfektüren angezeigt ist.
Es kann auch auf die Torte von den 10 Eiweiß ein steifer Schaum geschlagen, eine Handvoll gesiebten Zucker nebst einer halb abgeriebenen Zitronenschale daruntergemengt, ein Blech von der Form der Torte mit Butter bestrichen, der geschlagene Schaum daraufgesetzt, gleich und schön in die Höhe getrieben, wieder mit Zucker überstreut, in einem nicht zu heißen Ofen gelb gebacken, dann der Schnee von dem Blech abgenommen und statt dem Eis auf die Torte gelegt werden.

Damenbrettorte

Dazu kann man Richelieu-, Biskuit- oder Mandeltortenmasse nehmen und in einer viereckigen Tortenform backen. Erkaltet wird die Torte dreimal durchgeschnitten, eine Lage bestreicht man mit Butttercreme, eine mit Hägen- oder Aprikosenmarmelade und die dritte mit Schokoladencreme. Nachdem die Torte zusammengesetzt, bestreicht man sie obenauf leicht mit Creme, zeichnet mit dem Messerrücken die Quadrate auf und füllt diese abwechselnd mit einer feinen Spritztülle mit Vanillebuttercreme und Schokoladenbuttercreme aus. Den Rand bestreicht man mit Creme.

Dresdener Torte

Man arbeitet 210 g Mehl, ebensoviel Butter, 140 g Zucker, 105 g süße und sechs Stück bittere, abgezogene, mit einem Ei feingestoßene Mandeln und zwei Eier auf dem Backbrett zu einem glatten Teig und stellt solchen eine Stunde beiseite. Nun wird er messerrückendick ausgewellt und damit ein butterbestrichenes, rundes, glattes Torten- oder ein aufgeschlagenes Kuchenblech an Boden und Wänden ausgefüttert, der Boden hier und da mit der Messerspitze leicht durchstochen und mit beliebigem Eingemachten belegt. Hernach füllt man die Form mit Mandeltortenmasse nicht ganz voll, bäckt die Torte langsam im abgekühltem Ofen, nimmt sie dann heraus und stürzt sie behutsam über ein Sieb und von diesem auf die Platte, wo sie nach völligem Erkalten mit Zucker bestreut wird. – Kann auch mit eingemachten Früchten *verziert* werden.

Edle von Stachelbeer

100 g Butter, 100 g Zucker, 4 Eigelb, 1 Prise Salz, 125 g Mehl und ½ Päckchen Backpulver zu einem Rührteig verarbeiten.
4 Eiweiß, 150 g Zucker zur Baisermasse verarbeiten.
Teig halbieren, in die Springform geben, mit Baisermasse bestreichen und Mandelscheiben daraufstreuen. Bei 180° ca. 30 Min. backen. Einen Boden sofort nach dem Backen schneiden.
2 Becher Sahne mit 2 Sahnesteif und Zucker schlagen, Stachelbeeren unterheben und auf den ersten Boden streichen. Den in Stücke geschnittenen Boden darauflegen.

Englische Torte

Das Gelbe von 6 Eiern schlägt man in eine Schüssel, brüht so viel ganzen Safran, als zwischen 3 Fingern gefaßt werden kann, mit 2 Eßlöffelvoll kochendem Wasser ab, preßt ihn durch ein Tüchlein, rührt es an die Eigelb, anderthalb Viertel geschnittene Butter, ein wenig Salz und ein halbes Pfund feines Mehl dazu, macht einen Teig daraus, knetet ihn leicht auf einem Brett, wellt ihn aus, überschlägt ihn nur einmal, macht 2 Teile daraus, wellt den einen zu einem runden Boden und legt diesen in ein Potageblech von mittelmäßiger Größe, der Teig darf aber nur fingerbreit am Rand herausgehen. Zur Fülle werden ein Viertel große und ein Viertel kleine, zuvor sauber gewaschene Rosinen mit einem halben Schoppen Wein und einem Stücklein Zucker zugesetzt, ganz kurz (bis auf sehr wenig Sauce) eingekocht, auf eine Platte gegeben, 6 Lot geschälte und länglich zartgeschnittene Mandeln, mit einem Löffelchen gestoßenen Zimt unter die Rosinen gemengt und, sobald sie kalt sind, in den Teig gefüllt. Den übrigen Teig wellt man vollends aus, macht kleine Striche davon, legt ein enges Gitter über die Torte, verrührt das Gelbe von 2 Eiern, bestreicht die Torte damit und backt sie in einem nicht zu heißen Ofen.

Erdbeertorte I

6 Eier, 200 g Zucker, Saft und Schale 1/4 Zitrone, 160 g Mondamin oder Mehl, 1 1/2 kg Erdbeeren, 200 g Zucker

Eigelb, Zucker, Zitrone schaumig rühren, Mehl und Schnee lose unterziehen, in eine mit Butter und Weckmehl vorgerichtete Kuchenform geben und backen. Den Boden mit den eingezuckerten Beeren belegen und fertigmachen. *Oder:* Man macht von 4 Eiweiß, 250 g Zucker eine Meringenmasse, mischt die Hälfte der Masse unter 1 Kilo kleine oder halbierte große

Erdbeeren, gibt dies auf den gebackenen Biskuitboden, spritzt mit dem Rest der Meringenmasse ein Gitter und überbackt die Torte hellgelb.

Erdbeertorte II

500 g Erdbeeren, 200 g Mehl, 50 g Stärkemehl, 2 Eigelb, 3 EL Zucker, 1 EL Rum, 1 Prise Salz, 125 g Butter oder Margarine, 180 g Zucker, 4 Eiweiß, 1 Päckchen Vanillezucker

Die Erdbeeren werden gewaschen, entstielt und müssen sehr gut abtropfen.
Aus Mehl, Stärkemehl, Eigelb, Zucker, Rum und Salz und der Butter knetet man einen Teig und stellt ihn 60 Minuten kühl. Man fettet eine Springform, bestreut sie mit Semmelmehl und legt sie mit dem Teig aus, wobei man einen Rand hochzieht. Mit einer Gabel mehrmals einstechen. Die Form wird für ca. 15 Minuten bei mittlerer Hitze in den Ofen geschoben.
In der Zwischenzeit schlägt man unter Hinzugabe des Zuckers und Vanillezuckers die Eiweiß zu steifem Schnee, füllt diesen dann auf den Tortenboden und legt zum Schluß die Erdbeeren darauf. Bei mittlerer Hitze in ca. 20 Minuten fertigbacken.

Erdbeertorte III

420 g Butter wird leicht abgerührt und neun Eigelb und 420 g feiner Zucker dazugegeben. Ist solches zusammen schaumig abgerührt, wird die feingewiegte Schale einer Zitrone, der feste Schnee der neun Eiweiß und 420 g Mehl daruntergemengt, die Masse in vier gleichgroße Papierformen gleichmäßig verteilt, so auf ein Backblech gesetzt und eine Viertelstunde im Ofen zu gelber Farbe gebacken, dann herausgenommen und behutsam vom Papier abgelöst. Nun wird von ½ l Doppelrahm ein Erdbeerschlagrahm, worin 17 g aufgelöste, kaum noch laue Hausenblase oder Gelatine gemengt wurde, bereitet, solcher an

einen kalten Ort gestellt und damit wenn er fast gesulzt ist, die vier gebackenen Böden fingerdick bestrichen. Diese werden in der Art aufeinandergesetzt, daß die oberste Fläche mit Schlagrahm bedeckt erscheint, und nun auf den Rand der Torte ein Kranz von frischen Erdbeeren und Erdbeerblättchen geordnet. – *Schöner* sieht die Torte aus, wenn man die gebackenen Böden mittels eines Blechreifs gleich zuschneidet. Es wird dann letzterer derartig zusammengeschoben, daß er gerade so groß ist, als man die Torte wünscht, hernach auf einen gebackenen Boden gestellt, und dieser mit einem guten Messer genau nach dem Blechreif zugeschnitten oder, wenn der Reif scharf ist, mit demselben ausgestochen. Auf ähnliche Weise schneidet man auch die anderen drei Böden zu. Der Reif wird nun, um zwei Messerrrücken weiter ausgezogen, auf die Tortenplatte gestellt, in ihn einer von den Böden gelegt und von dem Erdbeerschlagrahm fingerdick darauf- und mit einem naßgemachten Messer glattgestrichen, dann wird wieder ein Boden aufgelegt, wie der erste bestrichen, und dies Verfahren auch mit dem dritten und vierten in Anwendung gebracht, so daß die Torte, welche durch den Blechreif in schöner Form erhalten wurde, auf der Oberfläche mit Schlagrahm bestrichen ist. Man stellt sie nun eine Stunde an einen kalten Ort, nach welcher Zeit man den Blechreif aufmacht oder darüber herauszieht und die Torte wie oben beschrieben verziert.

Erdbeertorte, andere Art

Vier Eigelb und vier Eßlöffel Zucker werden in einer Schüssel dickschaumig gerührt und darunter das zu festem Schnee geschlagene Eiweiß nebst vier Eßlöffel Mehl gemengt, diese Masse dann in ein aufgeschlagenes, mit abnehmbaren Rand versehenes, butterbestrichenes Kuchenblech eingefüllt, mit einem Löffel glattgestrichen, und im abgekühltem Ofen gelb gebacken. Nun bereitet man von drei Eiweiß eine Meringenmasse, setzt davon mittels einer Backspritze oder Tüte am

Rand des gebackenen Bodens im Kranz herum Zapfen auf und bringt das Ganze dann neuerdings in den Ofen, um es noch leicht gelb anbacken zu lassen, worauf man es herausnimmt und kaltstellt. Inzwischen werden 50 g Gelatine zu ¼ l aufgelöst und kaltgestellt, hernach vier Eiweiß zu steifem Schnee geschlagen, darunter 280 g zerdrückte Erdbeeren, ein kleiner Tellervoll Schlagrahm, 100–140 g feiner Zucker und zuletzt die kaum noch laue, aber doch noch laufende Gelatine gemengt und diese Creme, sobald sie anfängt fest zu sulzen, auf den erkalteten Boden eingefüllt, doch so, daß die Bekränzung des letzteren, nämlich die aufgesetzten Zapfen, davon nicht überdeckt, sondern noch schön sichtbar sind. – Sollte die Creme durch die Erdbeeren nicht hinlänglich rot sein, so wird mit einem Tropfen aufgelöster Cochenille (die man, wenn nicht eigener Vorrat da ist, jederzeit beim Konditor bekommen kann) nachgeholfen.

Erdbeertorte mit Vanillecreme

Hierzu ein Blätterteig, reife, reichlich mit Zucker versüßte Erdbeeren, 200 g Zucker, 8 Eier, ein Stückchen mit Zucker feingestoßene Vanille, ½ EL Stärke oder ½ Stange Agar-Agar zur Creme

Der Blätterteig wird gebacken und die Creme gemacht wie folgt: Man rührt die Sahne mit dem Bindungsmittel und den Eidottern, gibt Zucker, Vanille hinzu und schlägt solches auf schwachem Feuer bis vors Kochen. Dann schnell abgenommen, schlägt man das zu Schaum geschlagene Weiße von 6 Eiern unter die Creme und fährt mit Schlagen so lange fort, bis dieselbe nicht mehr heiß ist. Unterdessen werden die Erdbeeren leicht und behutsam gewaschen, auf einem Haarsieb abgetröpfelt und dick mit Zucker bestreut. Man rührt diese, wenn die Torte zur Tafel gebracht werden soll, unter die Creme und füllt solche bis an den Rand auf die Torte.

Eissplittertorte

Baisermasse: 3 Eiweiß mit 240 g Zucker schlagen und auf einem gefetteten, mit Pergamentpapier ausgelegtem Backblech bei 100° C 90 Minuten backen.

⅓ der Baisermasse in eine Springform krümeln. ¼ l Sahne mit 1 EL Rum, 1 Päckchen Vanillezucker, 1 TL Zucker schlagen und auf der Baisermasse verteilen.

⅓ der Baisermasse darüberkrümeln. ¼ l Sahne mit 1 EL Kakao, 1 Päckchen Vanillezucker, 1 TL Zucker schlagen und auf der Baisermasse verteilen.

⅓ der Baisermasse darüberkrümeln. ¼ l Sahne mit 2 EL geriebener Schokolade, 1 Päckchen Vanillezucker, 1 TL Zucker schlagen und über die Baisermasse verbreiten verteilen. Mit Schokoladenstreuseln verzieren.

Eistorte

Boden: 4 Eigelb, 150 g Zucker, 200 g gemahlene Nüsse, 1 TL Backpulver, 15–20 Minuten bei 200 Grad backen.

1. Lage: ½ l Sahne, 2 Eiweiß, 1 Tafel Mokkaschokolade raspeln, 2½ EL Zucker, 1 Päckchen Vanillezucker.

2. Lage: ¼ l Sahne, 2 Eiweiß, 1 TL Nescafe, 2 EL Zucker. Zum Schluß mit Schokolade bestreuen.

Eiweißglasuren

Rum-, Arrak-, Punsch-, Zitronen-, Orangen-, Himbeer-, Ananas-, Mokkaglasur

250 g gesiebten Puderzucker, 1–2 Eiweiß, 1–2 Eßlöffel einer der oben angegebenen Geschmackszutaten in einem kleinen Schüsselchen dickrühren. Die Glasur eignet sich am besten für Torten.

Französische Torte

Von 375 g Butter macht man einen Butterteig, wellt ihn zu 3 runden Blättlein, so groß wie einen Teller, legt sie auf ein Blech, stupft sie ein wenig und backt sie, ohne sie zu bestreichen. Der andere Teig dazu wird auf nachstehende Art gemacht: von einem halben Pfund Mehl, ¼ Pfund gesiebtem Zucker, einem eigroßen Stück Butter, 2 Eiweiß und ein wenig geriebener Zitronenschale verfertigt man einen Teig, wellt ihn dünner als den Butterteig aus, macht ebenfalls drei runde gleiche Böden davon, legt sie auf ein mit Butter bestrichenes Blech, stupft sie stark mit einem Messer, damit sie keine Blattern bekommen, und backt sie im Ofen gelb. Beide Arten Teig müssen über Nacht liegen. Am anderen Tag wird der eine Boden von Butterteig auf ein rundes Apfelkuchenblech, das keinen Ring hat, gelegt, dieser Boden mit eingemachten Himbeeren überstrichen, ein Zuckerboden vom zweiten Teig daraufgegeben, dieser mit Hägenmark bestrichen, ein Boden mit Butterteig darauf, dieser mit eingemachten Kirschen belegt, ein Zuckerboden darauf, auf diesen kommen eingemachte Aprikosen, dann der dritte Boden vom Butterteig darauf, über diesen eingemachte Johannisbeeren, endlich wird der letzte Zuckerboden darauf gegeben und mit der Hand gedrückt, daß die Böden fest aufeinanderliegen, dann die Torte mit einem großen scharfen Messer ringsherum gleich geschnitten, und ein weißes Eis darüber auf nachstehende Art verfertigt: man nimmt 375 g feinen Zucker, schlägt das Weiße von einem Ei zu Schaum, gibt Zitronensaft hinein, rührt dies zusammen eine Viertelstunde, und übereist dann die ganze Torte sowohl oben als ringsherum damit, das Eis muß daher dicker als gewöhnlich sein, damit es besser hält. Die Torte kann man mit allen beliebigen Konfekturen zieren. Am Rand wird die Torte mit kurzstieligen Früchten besteckt und dann getrocknet. Sie kann etliche Tage aufbewahrt werden.

Französische Torte, andere Art

Ein Mürbeteig von 125 g Mehl, ferner 250 g süße geriebene Mandeln, worunter 30 g bittere sind, 250 g durchgesiebter Zucker, 4 Eiweiß, 30 g feingeschnittene Orangenschale, in Ermanglung eine abgeriebene Zitrone

Man lasse den gemachten Teig im Kalten etwas ruhen, teile ihn dann in zwei nicht ganz gleiche Teile, drücke den kleinsten Teil mit der flachen Hand in einer angerichteten Springform so auseinander, daß ein zweifingerbreiter Rand entsteht. Dann setze man die Mandeln mit dem Zucker in einer Kasserolle auf ein schwaches Feuer, lasse sie so lange durchziehen, bis sie nicht mehr an der Hand kleben und stelle sie zum Abkühlen in eine Schale. Nachher rühre man die Orangenschale und 4 Eiweiß, zu steifem Schaum geschlagen, gut durch, streiche die Masse gleichmäßig auf den Teig bis an den Rand, mache aus dem zurückgelassenen Teig mit dem Tortenrädchen schmale Streifen, lege diese wie ein schrägwinkliges Gitter über den Kuchen und biege den Rand darüber, damit die Enden der übergelegten Streifen nicht zu sehen sind. Man backe den Kuchen beim ersten Hitzegrad. Hat die Makronenmasse eine schöne gelbe Farbe erhalten, so lege man Papier darüber, lasse den Kuchen recht gar werden, lege in jedes Gitter abwechselnd verschiedene eingemachte Früchte oder in eins Früchte und ins andere einen Sahneschaum wie in der Schweizer Torte.

Friesische Weihnachtstorte

Teig: 250 g Mehl, 1 Messerspitze Backpulver, 2 Päckchen Vanillezucker, 150 g Creme fraîche, 175 g Margarine. Knetteig zubereiten und kaltstellen.
Streusel: 150 g Mehl, 75 g Zucker, 1 Päckchen Vanillezucker, 1 Messerspitze Zimt, 100 g Margarine – Streusel zubereiten.
Füllung: ½ l Sahne, 25 g Zucker, 1 Päckchen Vanillezucker, 2 Päckchen Sahnesteif, 450 g Pflaumenmus

Den Teig in 4 gleichgroße Stücke teilen und jeweils mit Streusel bedeckt in einer Springform ca. 15 Min. bei 200–225° C backen. Der Rand darf nicht zu dünn sein. Einen der Böden sofort nach dem Backen in 12 Stücke schneiden. Die Sahne gut steifschlagen und in einen Spritzbeutel füllen. Die 3 unzerteilten Böden mit Pflaumenmus bestreichen, Schlagsahne daraufspritzen und mit dem geschnittenen Boden zu einer Torte zusammensetzen. Die Torte mit Puderzucker bestäuben und kaltstellen. Vor dem Verzehr mit einem Sägemesser schneiden.

Früchtebuttercreme

Zubereitung wie Vanillecreme; in die fertige Creme 50 g feingewiegte, kandierte Früchte geben.

Früchte- und Ananascreme

Creme wie Vanillecreme. In die fertige Creme gibt man 50 g in kleine Würfel geschnittene kandierte Früchte oder Ananas. Bei Ananascreme nimmt man anstatt Milch den Ananassaft.

Früchteglasur

200 g Puderzucker, 1 Eiweiß, 1 EL flüssige Marmelade

Alle Zutaten so lange rühren, bis die Glasur die erwünschte Beschaffenheit hat.

Fürstentorte

Man rührt ein halbes Pfund Butter leicht, 6 Eigelb daran, 3 Viertel feines Mehl und 3 Eßlöffel gute Hefe mit einem Glas voll warmem Rahm dazu, klopft den Teig wohl zusammen, nimmt ein wenig Salz hinein und läßt ihn gehen, kocht dann ein Viertel sauber gewaschene große und ebensoviel kleine Rosinen mit einem halben Schoppen Wein, gibt sie auf ein Geschirr, schneidet die Schale von einer halben Zitrone, 2 Lot Zitronat und 4 Lot geschälte Mandeln länglich zart, mengt dies mit einer Handvoll Zucker und einem Kaffeelöffel gestoßenem Zimt unter die Rosinen, schält 5 bis 6 Borsdorffer oder ein paar andere große Äpfel, schneidet sie zu ganz feinen Schnitzchen, gibt sie in eine Kasserolle, gießt ein Glas Wein darüber, läßt sie schnell einen Augenblick aufkochen und legt die Äpfel mit dem Schaumlöffel auf eine Platte, daß sie kalt werden. Von dem gegangenen Teil wird nun die Hälfte auf ein mit Zucker und Zimt bestreutes Brett gelegt, mit der Hand ein runder Boden, so groß die Torte werden soll, ausgebreitet, ein Blech mit Butter bestrichen, mit Semmelmehl bestreut, der Boden daraufgelegt, derselbe oben wieder mit Zucker und Zimt überstreut, und die Hälfte von den gekochten Rosinen darauf so ausgebreitet, daß es zweifingerbreit in der Rundung leer bleibt. Auf die Rosinen legt man die Äpfel, auf diese die übrigen Rosinen, nimmt den übrigen Teig wieder auf ein mit Zucker und Zimt bestreutes Brett, legt einen Strich Teig um das Leergelassene herum, von dem übrigen einen Deckel darüber, stupft ihn ein wenig mit dem Messer und läßt ihn langsam gehen. Sobald die Torte reif ist, wird sie mit einem Ei bestrichen und, ehe sie in den Ofen kommt, mit einer Handvoll geschnittenen oder gestoßenen Mandeln, worunter etwas Zucker und Zimt ist, überstreut.

Füllen und Glasieren einer Torte

Die Torte wird, nachdem sie aus der Form genommen, bis zum Erkalten am besten über Nacht, auf den Boden gesetzt. Dann wird, wenn nötig, die obere Seite glattgeschnitten. Die Torte umgedreht, damit der Boden oben ist, mit in Mehl getauchtem Finger am Rande ein Strich gezogen, damit man nach dem Aufschneiden die Torte wieder richtig zusammensetzen kann. Die Torte kann je nach der Art und Belieben 2–3mal mit einem großen scharfen Messer durchgeschnitten werden. Die einzelnen Böden können bei trockenen Torten beim Füllen zuerst mit etwas Zuckerwasser und Rum angefeuchtet werden. Die Fülle wird vorsichtig aufgestrichen, die zweite Scheibe daraufgesetzt. Vor dem Glasieren wird die Torte obenauf und am Rand von den Brosamen befreit. Beim Glasieren gibt man die Glasur in die Mitte, streicht sie mit einem großen Messer oder einer Spachtel sofort aus. Den Rand bestreicht man mit einem breiteren Messer. Die Glasur wird, wenn möglich, in der Wärme getrocknet. Die Torte soll erst nach vollständigem Erkalten umgesetzt werden, da die Glasur leicht springt. Zum Garnieren können Spritzglasur, kandierte Früchte, Marzipan oder Buttercreme, mit einer feinen Spritztülle aufgetragen, verwendet werden.

Glasieren von Früchten zum Verzieren von Torten und Gebäck

6 EL Zucker, 3 EL Wasser

Zucker und Wasser unter Rühren zum Kochen bringen, langsam – ohne zu rühren – weiter kochen, bis die Zuckerlösung als breiter Tropfen vom Löffel fällt. Die Früchte mit Hilfe von zwei Gabeln darin einwickeln und zum Abtropfen und Trocknen auf den leicht geölten Rand eines Porzellantellers geben.

Glasur oder Zuckerguß zu einer Torte, sowie auch zum Verzieren des Gusses

125 g feine durchgesiebte Raffinade, 1 zu Schaum geschlagenes Eiweiß, der Saft einer saftreichen Zitrone oder 1 EL Rum oder Arrak und ebensoviel Wasser

Zucker und Zitronensaft werden gerührt und das Eiweiß teelöffelweise allmählich hinzugegeben, während man den Guß fortwährend nach einer Seite hin rührt, bis er schneeweiß geworden. Dies wird, wenn der Kuchen auf der Schüssel erkaltet ist, darübergestrichen und getrocknet, welches an der Sonne, in einem abgekühlten Ofen oder durch eine glühend gemachte Schaufel geschehen kann, die man über dem Kuchen hin und her bewegt; doch sei man bei letzterem Verfahren vorsichtig, daß der Guß weiß bleibe und von der Hitze keine gelben Flecken bekomme. Auch kann man den Guß mit Streuzucker verzieren, oder mittels einer kleinen Blumenzange eine Girlande von Myrthen- oder anderen passenden Blättchen um den Kuchen und in der Mitte kleine, zierliche Bukettchen von feinem Grün mit schönen Blumenblättchen legen, doch muß dies geschehen, ehe der Guß trocknet.
Eine solche Verzierung kann übrigens malerisch gemacht werden.

Glasuren, bunte

Unter Wasser- oder Eiweißglasuren gibt man beim Anrühren einige Tropfen rote oder grüne Speisefarbe, etwas Eigelb oder gebrannten Zucker.

Glasur, gekochte

150–200 g Sandzucker, $1/8$ l Wasser, 1 Päckchen Vanille

Die Zutaten werden in einem kleinen Töpfchen gekocht, bis ein Tropfen beim Ablaufen Faden zieht. Die Glasur muß sofort verwendet werden. Während des Glasierens stellt man das Töpfchen in kochendes Wasser. Die Glasur muß gleich nach dem Aufstreichen, am besten mit einem Pinsel, weiß und trocken werden. Sollte die Glasur während des Gebrauchs fest werden, muß sie mit etwas Wasser wieder bis zum Faden gekocht werden. Eignet sich am besten zu Hefebackwerk.

Glasur, gezogene

375 g gesiebten Puderzucker, 2 Eiweiß, 1–2 EL Rum, Arrak, Zitronensaft oder Mokka, 2 EL gesiebten Kakao

Alle Zutaten, außer Kakao, anrühren, $1/2$ Tasse wegnehmen, dies mit dem Kakao, wenn nötig, 1 Teelöffel heißem Wasser gut durchrühren; in einen Spritzsack mit glatter Tülle geben. Die Torte mit der Glasur überziehen, mit der Schokoladenglasur sofort Kreise spritzen. Von der Mitte aus durchstreift man die Glasur mit dem Messerrücken 8- bis 12mal nach dem Rand, dann vom Rand zur Mitte, so daß sich ein Stern bildet. Man kann die Torte auch mit Schokoladenglasur überziehen und weiße Kreise spritzen.

Gleichschwertorte

Man rührt 280 g Butter ganz schaumig ab, nimmt darunter 280 g Zucker und 140 g abgezogene, mit einem Ei gestoßene Mandeln, gibt das Gelbe von sechs Eiern und 280 g feines Mehl hinein und rührt die Masse eine halbe Stunde. Hernach wird das Weiße der sechs Eier zu steifem Schnee geschlagen und unter die Masse gemengt, letztere in ein gut mit Butter bestrichenes Blech gefüllt und die Torte bei gelinder Hitze im Ofen schön hellbraun gebacken. – Kann man vor dem Backen mit Mandeln bestreuen, oder nach dem Backen mit Zucker überstäuben.

Genfer Torte

500 g durchgesiebtes Mehl, 500 g langsam geschmolzene und abgeklärte Butter, 500 g durchgesiebter Zucker, 125 g geriebene Mandeln, abgeriebene Schale einer Zitrone, 26 Eier

12 der Eier werden recht hart gekocht, die Dotter feingerieben und mit den Mandeln vermischt. Die wieder dick gewordene Butter rührt man zu Schaum, gibt nach und nach unter stetem Rühren 6 ganze Eier und 8 Eidotter, Zucker, Zitronenschale, Mandeln und zuletzt das Mehl hinzu. Aus diesem Teig werden 6 Kuchen dunkelgelb gebacken, mit Gelee oder dem Zitronenmus wie in der Brauttorte bestrichen, aufeinandergelegt. Nachdem der Rand glattgeschnitten, wird ein Zuckerguß darüber gemacht.

Gewürztorte

Diese wird gemacht und gebacken wie Sandkuchen, jedoch rührt man mit den Eidottern zugleich folgende Gewürze zu der Butter: 4 g feinen Zimt, 4 g feingestoßene Nelken, halb so viel Kardamom, die abgeriebene Schale einer Zitrone. Auch kann man nach Belieben 15 g gehackte Sukkade und 15 g konfitürte Pomeranzenschale hinzufügen. Mit dem Eiweißschaum werde 1,5 g pulverisiertes Hirschhornsalz durchgemischt.

Giraffentorte

12 Eier, 375 g Zucker, Saft und Schale ½ Zitrone, 375 g geschälte, geriebene Mandeln, 50 g Weckmehl, 100 g geriebene Schokolade

Eigelb, Zucker, Zitrone schaumig rühren, dann Mandeln, Weckmehl und Schnee abwechselnd lose unterziehen. Die Masse wird geteilt, in die eine Hälfte gibt man die geriebene Schokolade. In eine vorgerichtete Form gibt man die beiden Massen abwechselnd mit einem Eßlöffel, die zweite Lage wird versetzt und man backt die Torte 1 Stunde. Nach dem Erkalten wird die Torte nach Belieben gefüllt, weiß glasiert, mit Schokoladenglasur Punkte und längliche Striche daraufgespritzt.

Grießtorte

10 gut verriebene frische Eidotter vermengt man mit 375 g gesiebtem Zucker, gibt eine halbe auf Zucker abgeriebene Zitronenschale und nach und nach abwechselnd 250 g feinsten Grieß und den Schnee der 10 Eier darunter; zuletzt würzt man den Teig mit dem Saft einer Zitrone und backt ihn in der mit Butter ausgestrichenen, mit geriebenem Biskuit bestreuten Tortenform während einer Stunde bei gelinder Hitze.

Grießjägertorte

12 Eier, 375 g Zucker, Saft und Schale ½ Zitrone, 60 g geschälte, geriebene Mandeln, 250 g Grieß, 500 g Marmelade, Guß

Eigelb, Zucker, Zitrone schaumig rühren, den Grieß ¼ Stunde mitrühren, Mandeln und Schnee abwechselnd zugeben, in vorgerichteter Form 1 Stunde backen. Nach dem Erkalten mit Himbeer- oder Johannisbeermarmelade bestreichen, mit folgendem Guß überziehen. *Guß:* 3 Eiweiß, 250 g gesiebten Staubzucker, Saft ¼ Zitrone, 125 g geschälte, in feine Scheibchen geschnittene Mandeln.
Die Eiweiß zu steifem Schnee schlagen, mit Zucker und Zitrone dick schaumig rühren, die Mandeln lose unterziehen. Nach Belieben hellgelb überbacken oder nur trocknen.

Guß für Obstkuchen

4 Eigelb und Schnee, 100 g Zucker, eventuell 30–40 g Weizenmehl, ½ l Sahne oder Milch

Zucker und Eigelb werden schaumig gerührt. Die Sahne wird dazugegeben, der steifgeschlagene Schnee untergemischt. Nach der Hälfte der Backzeit wird der Guß über das Obst gestrichen, der Kuchen gargebacken.

Hagebuttentorte

½ l gedörrte, gewaschene Hagebutten werden in ebensoviel Wein und ¼ l Wasser mit einer Zitronenschale und einem Stengelchen Zimt weichgekocht, dann 280 g große und ebensoviel kleine Weinbeeren dazugegeben, und das Ganze noch so lange gekocht, bis die Weinbeeren recht aufgequollen und nur wenig Saft mehr daran ist, worauf man es vom Feuer nimmt, nach Bedarf mit Zucker versüßt und zum Erkalten stellt. Unterdessen wird ein aufgeschlagenes, butterbestrichenes Kuchenblech mit geriebenem Butterteig oder mürbem Teig ausgefüttert, und solcher mit der erkalteten Masse gut fingerdick bestrichen, von dem übrigen dreimesserrückendick ausgewellten Teig mit dem Kuchenrädchen schmale Streifen abgerädelt, diese wie ein Gitter über die Torte gelegt und mit verrührtem Ei bestrichen, die Torte mit Zucker und Mandeln bestreut und in nicht zu heißem Ofen gebacken.

Haselnußcreme

Vanillecreme, 80 g Haselnüsse

Die Haselnüsse etwas anrösten, schälen, reiben, die Hälfte mit der Creme aufkochen, die andere Hälfte mit der Butter zurühren.

Haselnußtorte

10 Eier, 300 g Zucker, Saft und Schale ½ Zitrone, 350 g geriebene Haselnüsse, 1 Päckchen Vanille, 30 g Weckmehl oder Stärkemehl

Eigelb, Zucker, Zitrone dick schaumig rühren, Haselnüsse, Stärkemehl, den steifen Eischnee abwechselnd lose unterziehen. In eine mit Butter bestrichene, mit Weckmehl oder Mehl vorgerichtete Form füllen, ¾–1 Stunde backen. Nach dem Erkalten kann man die Torte 1–2mal durchschneiden, mit Schlagrahm oder Tortencreme füllen, mit Zuckerglasur überziehen. Zum Garnieren kann man geschälte, in Glasur getauchte Haselnüsse verwenden und mit Creme oder Schlagrahm spritzen. Die Haselnüsse können nach Belieben auch geschält werden. Dazu legt man sie auf ein Blech, läßt sie heiß werden, bis sich die Schale löst.

Havannatorte

150 g Butter, 375 g Zucker, 200 g geriebene Mandeln, 150 g geriebene Haselnüsse, 1 Päckchen Vanille, 10 Eiweiß

Die Butter wird schaumig gerührt, Vanille, Zucker zugerührt, dann abwechselnd Mandeln, Haselnüsse und Schnee untergemischt; sollte die Masse zu weich sein, gibt man etwas feines Weckmehl zu. Auf gut gestrichene Tortenböden backt man 5–6 Platten hellbraun, nimmt sie noch heiß vom Blech und läßt die Böden 2 Tage stehen. Dann bestreicht man jeden Boden mit Creme, setzt die Torte zusammen, schneidet sie am Rand schön glatt und überzieht obenauf und den Rand mit Creme. Zur Garnitur verwendet man halbfingerlang geschnittene Eisrollen und bestreut die Torte mit feingewiegten Pistazien.

Creme: 30 g Mondamin, 30 g Mehl, ¾ l Milch, 6 Eigelb, 2 Päckchen Vanille, 200 g Butter, 200 g gesiebten Staubzukker

Zur Creme rührt man Mehl, Mondamin, Milch, Eigelb zusammen an und schlägt die Masse auf dem Feuer, bis die Creme dick ist, kaltstellen. Die Butter wird schaumig gerührt, Zucker, Vanille mitgerührt, dann langsam die kalte Creme dazugerührt.

Hildatorte

12 Eiweiß, ¾ Pfund Zucker, ¾ Pfund geriebene Mandeln, 30 g Kakao, 45 g Butter, 30 g Mehl.
Zur Schokoladenbuttercreme: 4 Eigelb, 1 Ei, 90 g Zucker, 180 g Butter, 25 g Kakao.
Zu den Hippen: 45 g Zucker, 30 g Mandeln, 15 g Mehl, 2 Eiweiß.
Zum Bestreuen: 5 ungeschälte, geröstete Mandeln, 5 geschälte Mandeln, 5 Pistazien

Das Eiweiß wird zu steifem Schnee geschlagen, der Zucker zugegeben und nach 5 Min. weiteren Schlagens mengt man Kakao, Mehl, Mandeln und die zerlassene, ja nicht heiße Butter darunter. Diese Masse wird in drei gleichgroße, vorbereitete Tortenformen im Durchmesser von 26 cm gegeben und in mäßig heißem Ofen ¾ Std. gebacken. Alsdann werden die erkalteten Böden mit Buttercreme gefüllt, zusammengesetzt und mit der übrigen Buttercreme mittels Spritzsack garniert. Die in Zucker gerösteten Mandeln, sowie die geschälten Pistazien und die geschälten Mandeln werden grob verwiegt und ein 3 cm breiter Ring um die Torte gestreut. Der äußere der Rand der Torte, welcher ebenfalls beim Zusammensetzen mit Buttercreme bestrichen wurde, wird in einer Entfernung von 4 cm mit Hippchen bestellt, welche mit gebranntem Zucker befestigt werden. Zu den Hippchen werden die Eiweiß mit Mehl, Zucker und den feingemahlenen Mandeln gut verrührt. Auf ein gestrichenes, mit Mehl bestäubtes Backblech zeichnet man 4–5 cm große Quadrate, bestreicht diese dünn mit Mandelmasse, bäckt die Hippchen in guter Hitze gelb und rollt sie sofort über einen dünnen Bleistift.

Himbeerbuttercreme

200 g Butter, 200 g gesiebten Staubzucker, 2 Eigelb, 5 EL Himbeermark

Eigelb und Himbeermark in einer Tasse in warmes Wasser stellen. Die Butter schaumig rühren, Staubzucker, Eigelb und Mark abwechselnd langsam zurühren. Wenn nötig, einige Tropfen rote Zuckerfarbe zugeben.

Himbeertorte

Zu einer mittleren Torte wird ein guter Butter- oder Weinbaches-Teig von einem halben Pfund Butter gemacht, ein Boden nach der Größe der Torte ausgewellt, derselbe auf ein mit Mehl bestreutes Blech gelegt, der andere Teig auch gewellt, ein zweifingerbreiter Strich davon geschnitten, und um den ausgewellten Teig, welcher zuvor am Rand mit einem verrührten Ei bestrichen werden muß, herumgelegt, dann eine halbe Maß verlesene Himbeeren in einer Schüssel mit 2 Händenvoll Zukker und einem Zuckerlöffelchen Zimt vermengt, die Torte damit 3- bis 4fach hoch belegt, mit einem Ei bestrichen, von dem übrigen Teig ein Gitter daraufgemacht, oben wieder bestrichen, in einer frischen Hitze gebacken, gleich warm mit Zucker bestreut und zu Tisch gegeben.

Himmelstorte

Teig: 250 g Butter schaumig rühren. 170 g Zucker, 1 Päckchen Vanillezucker, 4 Eigelb, etwas Salz, 200 g Mehl, 2 gestrichene TL Backin.
Vom Teig 4 einzelne Böden backen, je 1 Eiweiß steifschlagen und auf den Boden verteilen. 2 Eßlöffel Zucker, 1 Päckchen Vanillezucker, 1 Teelöffel Zimt mischen. $\frac{1}{4}$ davon plus $\frac{1}{4}$ von 100 g gehobelten Mandeln auf jeden Boden streuen. Backen 175°–200°, 15–20 Min.
Füllung: 500 g Johannisbeeren, 125 g Puderzucker mischen. $\frac{1}{2}$ l Sahne, 3 Päckchen Sahnefest schlagen. Die Beeren unter die Sahne heben, Böden mit der Füllung bestreichen und aufeinandersetzen.

Hundertjährige Torte

180 g an einer Zitrone abgeriebener Zucker wird mit 280 g Butter gut gerührt, dann nach und nach 6 Eigelb, sowie $\frac{1}{4}$ Kilo feingesiebtes Mehl, nebst 140 g gutgereinigter Weinbeeren hinzugerührt, zuletzt wird der festgeschlagene Schnee von 6 Eiweiß leicht daruntergezogen. Eine Tortenform gut mit Butter ausgestrichen, mit Brösel ausgesät, die Masse eingefüllt und langsam gebacken, nachdem mit einer beliebigen Glasur überzogen und diese einige Minuten getrocknet.

Jenchen Hansen-Torte

100 g Margarine, 100 g Zucker, 1 Vanillezucker und 4 Eigelb gut verrühren. Den Teig in 2 Springformen verteilen. 2 Eiweiß schlagen und nach und nach 100 g Zucker unterschlagen. Den Eischnee auf einen Boden verteilen und mit 50 g Mandelblättchen bestreuen. Bei 180° 30 Min. backen.
Nach dem Backen sofort in Stücke schneiden. Dann wieder 2 Eiweiß mit 100 g Zucker schlagen, auf den anderen Teig verteilen, mit 50 g Mandelblättchen bestreuen und backen. 2 Dosen Mandarinen gut abtropfen lassen. 2 kleine Becher Sahne mit Sahnesteif schlagen und mit den Mandarinen mischen. Auf den Boden streichen und die Stücke daraufsetzen.

Joghurttorte

½ l Joghurt, 1 EL Butter, 1 TL Zimt, 1 große Scheibe Schwarzbrot, 3 EL Zucker, 1 Beutel weiße Gelatine, 2 Eiweiß, 400 g Johannisbeeren oder 400 g Erdbeeren oder 400 g Himbeeren, 1 Biskuitboden, 3 EL Himbeergelee

Joghurt mit 2 Eßlöffel Zucker und Zimt verrühren. Schwarzbrot reiben, mit je 1 Eßlöffel Zucker und Butter leicht rösten. Gelatine auflösen, unter die Creme rühren. Eiweiß zu Schnee schlagen, mit den Bröseln unter die Creme heben. Vorbereitete Früchte mit Zucker bestreuen, den Biskuitboden dünn mit Gelee bestreichen, in eine Springform geben, mit den Früchten belegen, mit der Creme bedecken und 1–2 Std. bis zum Erstarren kaltstellen. Eventuell mit gezuckerten Johannisbeeren am Stiel garnieren.

Joghurt-Johannisbeertorte

1 Ei, 3 EL warmes Wasser, 75 g Zucker, 1 Vanillezucker, 100 g Weizenmehl, 1 gestr. TL Backpulver
Belag: 4 Vanillejoghurt, 180 g Zucker, 2 Päckchen Gelatine, 6 EL Wasser, 2 × 200 g Sahne, 1 Pfund Johannisbeeren, 1 Päckchen Tortenguß rot

Man lege einen Ring um den abgekühlten Teig. Nun rühre Gelatine mit Wasser an, Joghurt mit Zucker verrühren, warme, aufgelöste Gelatine hinzugeben. Schlage Sahne steif und gebe sie hinzu. Dann die abgetropften Johannisbeeren hinzugeben. Masse auf dem Kuchen verteilen und kaltstellen.
Zum Schluß von dem Saft, Zucker und rotem Tortenguß vorsichtig auf den Kuchen geben.

Johannisbeertorte

Ein Sahne- oder Mürbeteig, 750 g Johannisbeeren, 500 g geriebener Zucker, einige EL geriebener Zwieback

Man rolle den Teig aus, streue reichlich gestoßenen Zwieback darüber und lege das Obst, mit dem bemerkten Zucker bestreut, darauf. Mit dem Formen des Randes und Backen verfahre man wie bei Stachelbeertorte.

Johannisbeertorte, andere Art

Knet- oder Mürbeteigboden: 250 g Mehl, ½ Päckchen Backpulver, 100 g Zucker, 1 Ei, 125 g Margarine

Auf den goldgelb gebackenen, erkalteten Boden kommt folgender *Belag:* ½ l Milch mit 50 g Zucker und 1 Päckchen Vanillepuddingpulver zu einem Pudding kochen, erkalten lassen, mischen mit 4–6 Blatt aufgelöster Gelatine und ¼ l geschlagener Sahne. Diese Creme auf den Boden geben. Darauf reichlich rote Johannisbeeren verteilen und darüber einen roten Tortenguß geben.
Kühl serviert ist diese Torte im Sommer ein wirklicher Genuß!

Jägertorte I

Zum Boden: 5 ganze Eier, 6 Eigelb, ½ Pfund Zucker, ½ Pfund gemahlene Mandeln.
Zur Fülle: 6 EL Johannis- oder Himbeermarmelade.
Zum Guß: 6 Eiweiß, ½ Pfund Zucker, ½ Pfund geschälte, geriebene Mandeln

6 Eigelb, 5 ganze Eier werden mit dem Zucker schaumig gerührt und nachdem man die geriebenen Mandeln zugegeben hat, in die vorbereitete Tortenform gefüllt und in mäßig heißem Ofen ¾ Std. gebacken. Während dieser Zeit werden die Eiweiß zu steifem Schnee geschlagen, mit dem Zucker 5 Min. gerührt und die geschälten, geriebenen Mandeln leicht daruntergezogen. Nachdem die erste Masse gebacken ist, wird sie mit der Marmelade bestrichen, die Mandelmasse gleichmäßig darauf verteilt und die Torte in mäßiger Hitze fertiggebacken. (Zweite Backzeit: ½ Std.; Formgröße: 26 cm im Durchmesser.)

Jägertorte II

10 Eier, Saft und Schale ½ Zitrone, 300 g Zucker, 375 g geriebene Mandeln, 50 g Weckmehl, 500 g Marmelade, Guß

Eigelb, Zucker, Zitrone dick schaumig rühren, Mandeln und Eischnee abwechselnd lose unterziehen. In einer vorbereiteten Form 1 Stunde backen. Nach dem Erkalten mit einer dicken Johannisbeer- oder Himbeermarmelade bestreichen, mit folgendem Guß überziehen:
Guß: 3 Eiweiß, 250 g gesiebten Staubzucker, Saft ¼ Zitrone, 125 g in feine Scheibchen geschnittene Mandeln.
Die Eiweiß zu steifem Schnee schlagen, mit Zitrone und Zucker dick schaumig rühren, die Mandeln lose unterziehen, auf die Marmelade geben, hellgelb überbacken oder nur trocknen.

Käsesahnetorte

200 g Mehl, 120 g Butter, 70 g Zucker, 1 Eigelb, 1 Prise Salz, ½ Zitrone. Füllung aus ¼ l Milch, 200 g Zucker, 1 Prise Salz, 1 Zitrone, 4 Eigelb, 500 g Quark, 8 Blatt weiße Gelatine, ½ l Sahne, 1 Dose halbierte Pfirsiche, Puderzucker

Mehl, Butter, Zucker, Eigelb, Salz und abgeriebene Zitronenschale zu einem geschmeidigen Teig kneten. Zugedeckt 60 Minuten im Kühlschrank ruhen lassen. Auf einer bemehlten Arbeitsfläche 2 runde Platten ausrollen. Auf einem gefetteten Blech 10 Minuten im Backofen bei 220 Grad backen. Einen der Böden sofort in 12 Stücke schneiden. Milch, Zucker, Salz und abgeriebene Zitronenschale zum Kochen bringen. Vom Herd nehmen. 3 Eßlöffel davon mit Eigelb verrühren, dann nach und nach in die Milch rühren. Quark darunterziehen, eingeweichte und ausgedrückte Gelatine unter die Quarkmasse rühren und abkühlen lassen. Steifgeschlagene Sahne unterheben. Pfirsichhälften abtropfen lassen und in gleichmäßige Spalten schneiden. Springform fetten und Teig hineingeben.

⅓ der Quarkmasse zugeben, Pfirsiche darüber verteilen. Restliche Quarkmasse auf die Früchte geben. Zugedeckt für 2 Stunden in den Kühlschrank stellen, Torte aus der Springform nehmen, die 12 Tortenstücke daraufsetzen und mit Puderzucker bestäuben.

Käsetorte

200 g Mehl, 1 TL Backpulver, 100 g Zucker, 1 Vanillezucker, 1 Prise Salz, 1 Ei, 100 g Margarine. 125 g Margarine, 250 g Zucker, 1 Prise Salz, 3 Eier, 1 Eiweiß, 50 g Mehl, 1 Päckchen Vanillepuddingpulver, 1 kg Quark, 3–5 EL Milch, 100 g Sultaninen, 50 g geriebene Mandeln, 1 Eigelb

Die angegebenen Zutaten zu einem Mürbeteig verarbeiten. Im Kühlschrank ruhen lassen.
Fett, Zucker, Gewürze, Eier, das Eiweiß, Mehl und Puddingpulver sahnig rühren. Den Quark unterrühren, Milch nach Bedarf zugeben, zum Schluß die gewaschenen Sultaninen und die Mandeln unterrühren.
Mürbeteig auf dem Boden einer Springform ausrollen, den Rand etwa 2 cm hoch andrücken. Käsemasse einfüllen, mit einer kleinen Erhöhung zur Tortenmitte hin glattstreichen, mit verrührtem Eigelb bepinseln und mit einer Gabel ein Gittermuster darüberziehen. Backen: untere Schiene, 55–65 Min. 175 bis 190° C und 10 Min. 0

Kakaoglasur

200 g Puderzucker, 70 g Kakao, 8 EL Wasser, 10 g Butter

Den Zucker mit dem Kakao und Wasser so lange kochen, bis er Faden spinnt. Sofort vom Feuer nehmen, die Butter unterrühren – es muß sich ein kleines Häutchen auf der Oberfläche bilden – und das Gebäck schnell damit glasieren.

Karamelglasur

250 g Puderzucker, 1 EL Eiweiß, Karamel von 2 EL Zucker, mit 2–3 EL warmem Wasser abgelöscht

Die 2 EL Zucker bräunen lassen, mit dem Wasser ablöschen und mit dieser Karamelflüssigkeit den Puderzucker mit dem Eiweiß 15 Minuten rühren.

Kartoffeltorte

12 Eier, 375 g Zucker, Saft und Schale 1/4 Zitrone, 100 g geschälte, geriebene Mandeln, 50 g Zitronat, 50 g Orangeat, feingeschnitten, 625 g gekochte, geriebene Kartoffeln vom Tag vorher

Eigelb, Zucker, Zitrone dick schaumig rühren, Zitronat, Orangeat zugeben, zuletzt abwechselnd Mandeln, Kartoffeln, Schnee lose unterziehen. In vorbereiteter Form 1 Stunde backen. Nach dem Erkalten mit Rum- oder Zitronenglasur überziehen.

Kartoffeltorte, andere Art

Man kocht gute, mehlige Kartoffeln in gesalzenem Wasser, und reibt sie, wenn sie völlig erkaltet sind, auf einem Reibeisen. Ferner rührt man acht Eidotter mit 280 g feingesiebtem Zukker eine halbe Stunde, reibt 35 g süße und 17 g bittere, geschälte Mandeln fein und gibt das Abgeriebene einer Zitronenschale nebst 280 g von den geriebenen Kartoffeln hinzu. Dies alles wird nun zusammen noch recht gut gerührt, zuletzt die acht Eiweiß zu Schnee geschlagen und leicht unter die Masse gemengt, und die Torte in einer butterbestrichenen, mit geriebenen Semmelbröseln bestreuten Tortenform gebacken.

Kastaniencreme

250 g geschälte Kastanien, $^5/_8$ l Milch, 80 g Zucker,
$^1/_4$ l Schlagrahm, 1 Päckchen Vanille

Die Kastanien werden in der Milch weich- und dickgekocht, durch ein Haarsieb gestrichen und vor Gebrauch mit Vanillezucker unter den steifgeschlagenen Rahm gezogen.

Kastanientorte

9 Eier, 300 g Zucker, 1 Päckchen Vanille, 125 g geschälte, geriebene Mandeln, 750 g Kastanien

Die Kastanien werden eingeschnitten, auf einem Blech geröstet, bis beide Schalen abgehen, auf der Mandelmaschine gerieben, Eigelb, Zucker, Vanille dick schaumig rühren, Mandeln, Kastanien, Eischnee abwechselnd lose unterziehen.
In vorbereiteter Form 1 Stunde backen. Nach dem Erkalten durchschneiden, mit Kastaniencreme füllen, mit Vanilleglasur überziehen.

Kastanientorte, andere Art

250 g gekochte, durchpassierte Kastanien, 150 g Butter, 200 g Zucker, 100 g Semmelbrösel, 50 g geriebene Mandeln, etwas Rahm, 18 Eiweiß, 1/2 l Sahne, 100 g Kastanien, 1 Gläschen Rum, Mandeln, Zuckerguß

Man fertigt 3 Tortenböden aus den gekochten und durchpassierten Kastanien, die man mit Butter, Zucker, Semmelbröseln, geriebenen Mandeln, etwas Rahm und dem zu festem Schnee geschlagenen Eiweiß zusammenrührt. Diese Masse wird auf dreimal bei mittlerer Hitze gebacken. Sobald die Böden erkaltet sind, werden sie mit einer Creme aus Sahne, 100 g Kastanien und Rum schichtweise zusammengesetzt. Der Rand der Torte wird mit Sahne bestrichen und mit gehobelten, leicht angerösteten Mandeln bestreut. Die Oberfläche überzieht man mit einem Zuckerguß.

Kirschentorte

Ein Sahneteig, 1 Suppenteller voll saurer, ausgesteinter Kirschen, 250 bis 375 g Zucker, Zimt, einige EL gestoßener Zwieback

Die Hälfte des Teiges wird zum Unterblatt ausgerollt, mit Zwieback bestreut, die Kirschen mit Zucker und Zimt vermischt, ohne den ausgelaufenen Saft auf den Kuchen gelegt, von der anderen Hälfte des Teiges ein Gitter darübergemacht und beim ersten Hitzegrad gebacken.
Der ausgelaufene Saft wird mit Zucker etwas eingekocht und, wenn der Kuchen zur Tafel gebracht werden soll, teelöffelweise in die schrägen Vierecke gefüllt.

Kirschentorte mit Guß

Wird gemacht und gebacken wie die vorhergehende, doch ohne übergelegte Streifen. Dann schlägt man dicke saure Sahne mit dem ausgelaufenen Kirschensaft, im ganzen etwa ¼ l, nebst 4 bis 5 Eidottern, versüßt es mit Zucker und Zimt, gibt es, wenn der Kuchen beinahe gar ist, über die Kirschen und läßt ihn vollends garbacken.

Kirschentorte mit Haselnüssen

Mürbteig-Boden mit etwas Haferflocken bestreuen. 2 Pfund entsteinte Kirschen mit etwas Zucker, Zimt und Nelken und Haferflocken vermischen und einfüllen.
Darauf der Haselnußguß: 6 Eiweiß schlagen und zuckern, das Abgeriebene einer Zitrone, das Ausgekratzte einer Stange Vanille und ½ Pfund geraspelte Haselnüsse miteinander kurz und schnell mischen, dazu eine Handvoll Haferflocken, glattstreichen und ¾ Std. backen.

Karottentorte

10 Eier, Saft und Schale ½ Zitrone, 400 g Zucker, 500 g rohe, geriebene Karotten, 500 g geriebene Mandeln, 1 TL Zimt, 2 EL Rum, 4 EL Mondamin

Eigelb, Zucker, Zitrone dick schaumig rühren, die Karotten ¼ Stunde mitrühren, Zimt, Mondamin, zuletzt Mandeln, Rum und Schnee abwechselnd lose unterziehen. In vorbereiteter Form 1–1¼ Stunden backen. Nach Belieben mit Vanillebuttercreme füllen, mit Rumglasur überziehen.

Klostertörtchen, Bühler

Kleine, mit Himbeerkonfitüre ausgepinselte Torteletts aus Mandelteig werden mit leicht gedämpften, abgezogenen Zwetschgenhälften ausgelegt. Darüber wird Schlagsahne gestrichen, die, mit Himbeerkonfitüre vermischt, zartrosa werden. Mit dem Spritzbeutel (kleinste Tülle) wird ein feines Gitter aus einer mit einem Schuß Kirschwasser »parfümierten« Schlagsahne gezogen.

Kompott-Torte mit Mandelguß

Ein Potageblech für 6 bis 8 Personen wird bestrichen, mit Semmelmehl gestreut, und von gutem Butterteig ein Blatt gewellt, das bis an den halben Rand heraufgeht. Alsdann werden 6 bis 8 Borsdorffer oder andere gute Äpfel geschält, entzwei- und ausgeschnitten. Hierauf wird ein Viertel Zucker in eine Kasserolle oder Messingpfanne gegeben, ein Schoppen Wein und ein Glas Wasser darübergegossen. Wenn dies eine Zeitlang gekocht hat, gibt man kleingeschnittene Zitronenschalen dazu, legt die Borsdorffer verkehrt hinein, und einen Deckel, der nicht über das Geschirr geht, darauf und kocht so lange, bis die Äpfel weich sind, nimmt sie dann vom Feuer weg und läßt sie eine Zeitlang zugedeckt stehen, gibt die Äpfel auf eine Platte, daß sie erkalten, nimmt anderthalb Viertel geschälte und zartgestoßene Mandeln nebst ebensoviel gesiebtem Zucker in eine Schüssel, rührt es mit 4 ganzen und 5 gelben Eiern eine halbe Stunde, schneidet von einer halben Zitrone die Schale, 2 Lot Zitronat und ebensoviel Pomeranzenschalen klein. Sobald die Masse dick gerührt ist, gibt man das Geschnittene hinein, legt das Kompott auf den Teig in das Potageblech daumenbreit auseinander, füllt die gerührte Masse dazwischen ein und backt sie im Ofen gelb.
Auf diese Art werden auch die Gußtorten gemacht, nur daß

statt der Kompotte der Boden mit eingemachten Kirschen, Johannis- oder Himbeeren belegt, und der Guß von einem halben Pfund Mandeln und Zucker gemacht wird.

Konfitürentorte

Die Hälfte des englischen Teiges, beliebige Konfitüren, ein Zuckerguß

Man rolle den Teig zu einem Unterblatt aus, lege ringsherum einen schmalen Rand darauf und backe ihn schnell gar. Dann bestreiche man den Kuchen mit Konfitüren jeder Art (Aprikosenmus eignet sich am besten dazu) und mache einen Zuckerguß darüber, nach Belieben mit Zitronensaft oder Orangenblütenwasser.

Kopenhagener Wickeltorte

100 g Butter oder Margarine, 50 g Zucker, 150 g Mehl, 8 Eigelb, 100 g Zucker, 4 Eiweiß, 80 g Mehl, 20 g Speisestärke, 40 g Kakao, 400 g gedünstete Preiselbeeren oder Glas, 4 Blatt weiße Gelatine, ½ l Sahne, 70 g Zucker, ¼ l Sahne, 1 EL Zucker, 20 g geröstete Mandelblättchen

Für den Boden Butter, Zucker und Mehl schnell verkneten, 2 Stunden kaltstellen.
Das Eigelb mit der Hälfte des Zuckers schaumig rühren. Das Eiweiß mit dem restlichen Zucker zu steifem Schnee schlagen und unter die Eigelbmasse ziehen. Das Mehl mit der Stärke und dem Kakao darübersieben und unterziehen. Den Teig auf ein mit Backpapier ausgelegtes Blech streichen und 10–15 Min. bei 220° backen. Auf ein mit Zucker bestreutes Tuch stürzen und das Papier abziehen. Den Biskuitteig mit einem feuchten Tuch bedeckt erkalten lassen. Den Backofen auf 190° zurückstellen. Den Mürbeteig ausrollen, eine Spring-

form damit auslegen, 15–20 Min. backen, in der Form erkalten lassen.
Die Gelatine in wenig kaltem Wasser einweichen, ausdrücken und im Wasserbad unter ständigem Rühren auflösen. ½ Sahne mit dem Zucker steifschlagen. Gelatine und die Hälfte der gut abgetropften Preiselbeeren unterheben. Die Biskuit-Teigplatte gleichmäßig mit der Preiselbeersahne bestreichen und der Länge nach in 5 cm breite Streifen schneiden.
Einen Streifen zu einem Röllchen formen und in die Mitte des Mürbeteigbodens in die Springform legen. Die übrigen Biskuitstreifen vorsichtig um das mittlere Röllchen legen, bis die ganze Form gefüllt ist. Den Kuchen im Kühlschrank fest werden lassen.
Die restliche Sahne mit dem Zucker steifschlagen. Die Torte aus der Form lösen, auf eine Platte legen und rundum mit der Sahne bestreichen und verzieren. Mit Mandelblättchen und Preiselbeeren garnieren.
Diese Torte schmeckt auch sehr gut, wenn man statt Preiselbeeren Himbeeren nimmt.

Knüppeltorte, ostfriesische

Man bereitet aus 6 Eidottern, 6 Löffeln gestoßenem Zucker und ebensoviel saurem Rahm mit der nötigen Menge Mehl einen glatten lockeren Teig, aus dem man, nachdem er ausgerollt ist, kleine Quadrate schneidet und diese, in Schmalz schwimmend, von beiden Seiten goldbraun ausbackt. In 375 g geläutertem Zucker verrührt man darauf 250 g süße, stiftelig geschnittene Mandeln, 63 g kleingewürfeltes Zitronat und ein wenig gestoßene Vanille. Dann gibt man schnell noch die gebackenen Knüppelchen darunter und füllt die Masse recht fest in eine mit Zuckerwasser gut ausgespülte Tortenform. Erst nachdem die Torte einen Tag lang an kühlem Ort aufbewahrt war, wird sie gestürzt, und zwar muß die Form dazu erst im heißen Wasser oder durch heiße Tücher erwärmt werden.

Krachtorte

Man nimmt ein halbes Pfund Mehl in eine Schüssel, ein Viertel Pfund gesiebten Zucker, die am Zucker abgeriebene Schale von einer halben Zitrone, 2 Eiweiß und ein nußgroßes Stück Butter dazu, knetet dies alles untereinander zu einem Teig, macht zwei gleiche Teile davon, wellt beide dünn aus, bestreicht von zwei gleichen Zinnplatten auswendig den Boden und den halben Rand mit Butter, legt jeden der zwei gewellten Böden über eine dieser Platten, schneidet nebenherum in die Böden kleine Schuppen, stupft den einen stark mit einem Federkiel, schneidet den anderen mit einem kleinen Messer fein aus, stellt die Platten auf ein Blech, und backt die daraufgelegten Böden in einem nicht sehr heißen Ofen. Der gestupfte Teil wird auf eine Platte gestellt, der ganze untere Boden mit eingemachten Johannisbeeren oder Himbeeren messerrückendick bestrichen, und der ausgeschnittene Deckel daraufgestellt. Hat man ein Johannis- oder Himbeergelee, so ist solches zur Fülle noch besser. Diese Torte kann man nicht im Vorrat machen, weil der Teig weich wird, wenn er über Nacht stehen bleibt. Vier Lot geschälte und feingestoßene Mandeln können auch in den Teig geschafft werden.

Krachtorte, andere Art

Die Torte selbst wird wie die vorstehende gemacht. Wenn sie gefüllt ist, und der Deckel gleich daraufliegt, wird von einem Viertel gesiebten Zucker, einem Eiweiß und Zitronensaft ein Eis gerührt, der Deckel von der Torte damit übereist, nachdem der Rand mit Dragée und länglich geschnittenem Zitronat garniert, oben auf dem Deckel werden rote und weiße Zitronenbögen nach der Schattierung übereinandergelegt, dann erst die Torte getrocknet. Die Bögen sind bei der kleinen Bäckerei beschrieben.

Kränze von Blätterteig, mit Mandeln gefüllt

Ein Blätterteig von 500 g Mehl, 250 g frischen geriebenen Mandeln, 250 g Zucker, 1 Ei, der abgeriebenen Schale einer Zitrone, 4 g Zimt

Hiervon wird ein Teig gemacht, den man einen halbfingerdick ausrollt und in schmale Streifen schneidet. Zugleich rollt man den Blätterteig aus und schneidet die Streifen so viel breiter, daß sie den Mandelteig einschließen und rollt sie zusammen. So fährt man fort, bis aller Teig gerollt ist, schneidet aber jeden Streifen zweifingerbreit kürzer als den anderen, bestreicht dieselben mit Ei, wälzt sie in grobgesiebtem Zucker, legt sie einzeln kranzförmig auf eine Platte und backt sie beim ersten Hitzegrad schnell gelb. Nachher werden sie aufeinandergelegt.

Liebestorte

Man macht von 750 g feinstem Mehl einen Mürbeteig, formt daraus drei Kuchen, bestreicht sie mit Butter, streut Zucker und Zimt darüber und bäckt sie gehörig gelb. Nach dem Erkalten bedeckt man den ersten Kuchen mit einer dickgekochten Weincreme, den zweiten mit Himbeer- oder Johannisbeergelee, legt dann alle drei aufeinander, schneidet erst am folgenden Tag den Rand mit einem scharfen Messer glatt, macht einen beliebigen Guß darauf, etwa von Zucker und Zitronensaft und verziert die Torte mit feinen eingemachten Früchten oder Sukkade.

Linzertorte I

½ Pfund Mehl, ½ Pfund Zucker, ½ Pfund Butter, ½ Pfund geriebene Mandeln, 1 Eigelb, 1 KL Kakao, 1 Messerspitze Zimt, etwas Nelken, 1–2 EL Kirschwasser

Die Butter wird auf dem Wellbrett unter das gesiebte Mehl geschnitten, die übrigen Zutaten zugegeben und leicht zusammengearbeitet. Man läßt den Teig 1 Std. ruhen, wellt sodann von der größeren Hälfte desselben einen dicken Boden aus, belegt damit ein Tortenblech und streicht 4–5 EL Himbeer- oder Johannisbeermarmelade darauf. Nun wellt man die zweite Hälfte des Teiges ¾ cm dick aus, sticht mit einem Weinglas oder Pastetenring Blättchen ab, von welchen man wiederum mit dem Weinglas längliche, schmale Blättchen abschneidet. Diese setzt man hübsch geordnet auf den gestrichenen Kuchenboden. Den Rand stellt man durch Übereinanderlegen der Blätter her und bestreicht die Teigblätter mit gut verrührtem Eigelb. Man bäckt die Torte im mittelheißen Ofen etwa 1 Std. Dieselbe soll 3–4 Tage vor dem Gebrauch zubereitet werden. (Durchmesser der Tortenform 24 cm.)

Linzertorte II

250 g Butter, 250 g Zucker, 300 g Mehl, 250 g geriebene Mandeln oder Nüsse, 1 TL Zimt, gemahlene Nelken, Zitronenschale, 1 Ei, 500 g Marmelade, 1 Eigelb zum Streichen

Alle Zutaten, außer Marmelade, werden auf dem Wellbrett gehackt und schnell zusammengeknetet. Die eine Hälfte wellt man aus, belegt damit eine vorgerichtete Tortenform und bestreicht den Boden mit Marmelade. Der übrige Teil wird ausgewellt, Blättchen ausgestochen, von der Mitte aus auf die Marmelade zu einem Stern gelegt, den Rand schuppenförmig mit Blättchen belegen.

Linzer Torte, falsche

280 g Reis wird zu feinem Mehl gestoßen und durchgesiebt, oder auch ebensoviel Reismehl genommen, dann 280 g Zucker gestoßen und durchgesiebt und beides mit 280 g Butter und vier Eigelb gut vermengt zu einem Teig geknetet, den man in zwei runde Kuchen auswellt. Der eine Kuchen wird nun auf ein butterbestrichenes Papier gelegt, so auf ein Backblech gezogen und eingemachte Früchte beliebiger Art daraufgestrichen, der andere darübergedeckt, mit verrührtem Ei bestrichen, oben mit dem Messer zierliche Figuren eingeschnitten, mit feinem Zucker bestäubt und das Ganze mit einem Blechreif eingefaßt oder mit einem Papierstreifen rundum eingebunden, im mittelheißen Ofen langsam gebacken. Wenn die Torte aus dem Ofen kommt, wird der Blechreif oder Papierstreifen abgenommen und dieselbe behutsam auf die Platte gegeben. – Kann auch in einem Kuchenblech, dessen Rand abnehmbar ist, gebacken werden.

Linzer Torte, flache

210 g Butter wird leicht gerührt, ebensoviel Zucker, 70 g mit einem Ei feingestoßene Mandeln, vier Eier, ein Eßlöffel feingestoßener Zimt und etwas Nelken beigefügt und nachdem dies zusammen gut abgerührt, die feingewiegte Schale einer Zitrone und 210 g feingesiebtes Mehl daruntergemengt. Nun klebt man so viel Oblate zusammen, als die Torte groß werden soll, legt solche auf ein Blech, streicht die Hälfte der Masse in die Runde darauf, füllt die andere Hälfte in eine Backspritze ein, um damit einen Ring rund um das Aufgestrichene und ein Gitter darauf zu machen, dessen Vierecke man mit eingemachten Früchten füllt, und zieht dann außen einen Blechreif oder einen steifen butterbestrichenen Papierstreifen herum; oder man füllt die halbe Masse in ein aufgeschlagenes Kuchenblech und setzt mittels der anderen Hälfte ein Gitter darauf. Nach-

dem die Torte in mittelheißem Ofen gebacken, wird sie herausgenommen, auf die Tortenplatte gelegt, nach gänzlichem Erkalten mit Spritzglasur feine Fäden über das Gitter gezogen und auf die Vierecke da, wo die Streifchen übereinanderlaufen, erhöhte Punkt angebracht. – Die Blechreife müssen gut 5 cm hoch und mit Scharnier versehen sein, um sie nach Bedürfnis zusammenschieben oder auseinanderlassen zu können.

Makronentorte

Mürbteig – Makronenmasse: 500 g geschälte, feingeriebene Mandeln, 500 g Zucker, Saft und Schale einer kleinen Zitrone, 8 Eiweiß

Den Mürbteig in eine Tortenform legen, öfter mit einer Gabel einstechen und den Boden nur halb fertigbacken. Mandeln, Zucker, Zitrone, 4 Eiweiß werden auf dem Feuer gerührt, bis die Masse lauwarm ist, dann kaltgestellt. Die übrigen Eiweiß schlägt man zu sehr steifem Schnee und zieht diesen unter die Mandelmasse. Der Kuchenboden wird mit ⅔ der Masse bestrichen und leicht gebacken. Von dem Rest spritzt man beliebige Figuren darauf, bedeckt das Gebackene mit Papierschnitzel und backt die Torte schön hellbraun. Die leeren Zwischenräume werden mit verschiedenen Gelees oder Marmelade ausgefüllt.

Makronentorte, alte Art

560 g abgezogene Mandeln werden mit vier Eiweiß feingestoßen und mit 560 g feingestoßenem Zucker, an dem zuvor eine Zitrone abgerieben wurde, dem Saft einer Zitrone und vier bis fünf Eiweiß zu einer dicken, stehenden Masse angerührt, aus deren einer Hälfte man auf ein mit Oblate belegtes Blech einen runden Boden streicht. Die andere Hälfte füllt man in eine mit einem fingerdicken Röhrchen versehene Backspritze und spritzt damit zuerst auf den aufgesetzten Boden rundherum einen Rand, sofort an diesem Rand einwärts gleichgroße Bögen, auf diese, wo sie am Rand zusammenlaufen, je einen starken Punkt und endlich in die Mitte ein zierliches Obstkörbchen, worauf man das Ganze, mit feinem Zucker bestreut, eine Stunde stehen läßt und dann in schwacher Hitze hellgelb bäckt. Ist die Torte erkaltet, so werden die Vertiefungen zwischen dem Bogen und dem Rand sowie die übrige Leere mit verschiedener oder, wenn diese nicht da ist, mit einerlei Marmelade ausgefüllt, der Obstkorb mit größeren eingemachten Früchten reichlich belegt, das Laubwerk aus grünen, in Zucker eingemachten Bohnen, welche zu spitzzulaufenden Blättchen geschnitten wurden, geordnet und sodann noch auf dem Rand der Torte, auf den Boden und auf dem Obstkorb mit Spritzglasur ganz feine Fäden gezogen. Sehr fein und schön sieht es aus, wenn zwischen diesen weißen Fäden ein etwas stärkerer mit Johannisbeergelee ebenfalls mit einer Tüte gezogen wird

Makronentorte, andere Art

Von der Hälfte obiger Makronenmasse wird auf ein mit Oblate belegtes Blech ein runder Boden aufgestrichen, die andere Hälfte in eine Backspritze eingefüllt und damit schneckenartige Ringe auf den Boden aufgesetzt, nun das Ganze mit feinem Zucker bestreut in schwacher Hitze hellgelb gebacken, dann herausgenommen, die leeren Zwischenräume mit verschiedener oder in deren Ermanglung mit einerlei Marmelade ausgefüllt, und die Ringe nach Belieben mit Spritzglasur verziert. – Statt Ringe kann man auch nur ein *Gitter* über den Boden der Torte spritzen, dessen Vertiefungen man nach Erkalten der Torte mit Marmelade ausfüllt.

Makronentorte, einfach

125 g Butter, 2 Eier, 2 Tassen Zucker, 2 Tassen Grieß, 2 Tassen geriebenen Zwieback, 2 Tassen Kokosraspel, 2 Tassen Milch, 1 Päckchen Backpulver

Alles zusammenrühren, Form mit Pergamentpapier auslegen, 50–60 Min. backen. Eventuell mit Schokoladenguß überziehen.

Makronen-Schaumtorte

Es wird ein Makronenkuchen gebacken; ferner gehören hierzu: Fruchtgelee oder beliebige Konfitüren, 6 Eiweiß, 125 g durchgesiebter Zucker und ein wenig mit Zucker feingestoßene Vanille

Der Makronenkuchen wird mit dem Eingemachten bedeckt, das Eiweiß zu einem steifen Schaum geschlagen und, nachdem Zucker und Vanille durchgemischt sind, über das Eingemachte gestrichen. Dann verziere man den Schaum mit Streuzucker und lasse ihn in einem schwach geheizten Ofen trocken werden.

Malakowtorte

4 Eier, 3 EL kaltes Waser, 125 g Puderzucker, 1 Prise Salz, 2 EL Zitronensaft, 125 g Speisestärke, 1 TL Backpulver, 125 g Mehl, 4 Gläser Rum. Buttercreme aus 1/2 l Milch, 100 g Zucker, 1 Prise Salz, 2 Päckchen Vanillezucker, 2 Tropfen Bittermandel-Aroma, 45 g Speisestärke, 4 EL Wasser, 1 Eigelb, 125 g gemahlene Mandeln, 200 g Butter

Eier trennen und Eiweiß mit dem Wasser steifschlagen, dabei Puderzucker und Salz einrieseln lassen. Langsam Eigelb und Zitronensaft unterrühren. Dann das mit Speisestärke und Backpulver vermischte Mehl unterheben. Springform fetten, mit Pergamentpapier auslegen, dieses ebenfalls fetten. Teig einfüllen. 30 Minuten bei 200 Grad backen. Den gestürzten und vom Papier befreiten Tortenboden halbieren, beide Böden mit Rum tränken. Milch und Zucker aufkochen. Salz, Vanillezucker, Bittermandel-Aroma, Speisestärke und Wasser glattrühren. Kochende Milch damit binden und einmal aufkochen lassen. Vom Herd nehmen und mit Eigelb legieren. Gemahlene Mandeln unterrühren und abkühlen lassen. Dabei häufig rühren, damit sich keine Haut bildet. Die erkaltete Creme eßlöffelweise in die schaumig gerührte Butter mengen. Den unteren Tortenboden mit der Hälfte der Creme bestreichen. Den zweiten Boden daraufsetzen. Rand und Oberfläche bestreichen. Restliche Creme in einen Spritzbeutel mit Sterntülle füllen und auf die Tortenoberfläche spritzen. Zugedeckt 24 Stunden im Kühlschrank aufbewahren.

Mandelcreme

Creme wie Vanillecreme

Beim Anrühren 30–50 g geschälte, feingeriebene Mandeln zugeben.

Mandelcremetorte

Bestreiche ein Reifblech mit Butter und lege dieses mit gutem Butterteig aus und streiche die vorher schon bereitete Mandelcreme auf. Nämlich: Es werden 200 g abgezogene Mandeln mit Eiweiß in einem Mörser feingestoßen, welche mit ebensoviel gestoßenem Zucker, dem abgeriebenen Gelben einer Zitrone und 5 ganzen Eiern gut verrührt und zuletzt noch 140 g zerlassene frische Butter daruntergerührt wird. Diese Mandelmasse wird nun über den Teig jedoch bis fingerdick vom Rand glatt aufgestrichen, der Rand mit Ei bestrichen und ein Deckel von Butterteig darüberlegt, welchen man am Rand gut andrückt. In diesen Deckel werden nun mit einem feinen Messerchen schöne Zieraten eingeschnitten, doch so, daß der Teig nur halb durchschnitten wird, dann mit Ei bestrichen und ½ Stunde in einem mäßig heißen Ofen gebacken, hierauf mit Zucker bestäubt, nochmals kurze Zeit in den Ofen gestellt, bis der Zucker geschmolzen ist, und die Torte lauwarm zu Tisch gegeben.

Mandeltorte

Sechs Eiweiß werden zu Schnee geschlagen, dann 12 Eigelb, 280 g feiner, trockener Zucker, 220 g süße und 17 g bittere, abgezogene, feingewiegte Mandeln hineingegeben und dies zusammen eine halbe bis dreiviertel Stunde gerührt. Hernach wird der feste Schnee der noch übrigen sechs Eiweiß, der Saft einer halben und die feingewiegte Schale einer ganzen Zitrone, sowie 140 g feingesiebtes Mehl daruntergemengt und die Masse in eine gut mit Butter bestrichene, mit Papier ausgelegte Form eingefüllt.

Mandeltorte, braune

12 Eigelb werden mit 320 g feinem Zucker eine halbe Stunde gerührt; alsdann fügt man folgendes hinzu: 560 g mit der Schale geriebene Mandeln, 35 g Pomeranzenschale, 35 g Zitronat, 1 Kaffeelöffel feinen Zimt, eine gute Messerspitze gestoßene Nelken, die Schale einer halben Zitrone, 2 Gläschen Kirschwasser oder Kognak, und zuletzt der steife Schnee der 12 Eiweiß. Ist alles gut untereinandergemengt, so füllt man die Masse in ein gut bestrichenes und mit Brotbrösel bestreutes Blech, bäckt sie in mäßiger Hitze und überzieht sie mit Punschglasur, welche nach Belieben mit Pistazien vermischt werden kann.

Andere Art. 560 g abgezogene Mandeln werden mit 4 Eiern feingestoßen, dann in eine Schüssel genommen, 560 g feiner Zucker, 10 Eigelb und die feingewiegte Schale einer Zitrone dazugegeben, und dies gleichmäßig drei Viertelstunden gerührt. Sollte die Masse zu stark sein, so werden noch 2 Eigelb hineingegeben und noch damit gerührt. Hernach mengt man behutsam den festgeschlagenen Schnee der 10 oder 12 Eiweiß und 50 g feingesiebtes Mehl hinein, füllt die Masse in eine butterbestrichene, mit Papier ausgefütterte Form nicht ganz voll ein und bäckt die Torte in mittelheißem Ofen langsam eine

Stunde, worauf sie herausgenommen und beendet wird. – Das Stoßen der Mandeln mit den Eiern, durch welches das Öligwerden der Mandeln verhütet wird, geschieht in der Art, daß immer je ein Teil Mandeln etwas abgestoßen, dann ein halbes Ei dazugegeben und so die Mandeln vollends feingestoßen werden. In dieser Weise verstößt man sämtliche 560 g Mandeln und verbraucht dabei die bestimmten 4 Eier.

Mandeltorte, geläuterte, mit Pomeranzen

Drei Viertel Mandeln werden geschält und mit 2 Eiern zartgestoßen. Hierauf gibt man ein völliges halbes Pfund Zucker in eine Messingpfanne, gießt ein Glas frisches und etwas Orangenblütenwasser darüber, läutert den Zucker nach kurzer Fäden Art, schäumt ihn rein ab, nimmt ihn in eine tiefe Schüssel, rührt gleich mit einem neuen Kochlöffel daran, bis er abgekühlt ist, dann die gestoßenen Mandeln dazu, schlägt 6 ganze und 6 gelbe Eier langsam hinein, schneidet von einer süßen Pomeranze die Schale klein, gibt solche nebst dem Saft auch an die Masse, füllt sie in einen mit Butter bestrichenen und mit Mutschelmehl gestreuten Model und backt sie langsam. – Auf diese Art werden diese Torten viel saftiger.
Sie kann auch mit weißem Eis bedeckt und mit eingemachten Früchten verziert werden.

Mandeltorte, geschnittene, mit Zitronat

von einem Pfund geschälter und abgetrockneter Mandeln stößt man die Hälfte mit 2 Eiern zart und schneidet die andere Hälfte ganz fein, nimmt 3 Viertel gesiebten Zucker und die gestoßenen Mandeln in einen Topf oder Schüssel, rührt es mit 10 ganzen und 10 gelben Eiern eine Stunde und schneidet zu den geschnittenen Mandeln noch 6 Lot Zitronat und die Schale von einer Zitrone ganz fein. Wenn die gerührte Masse dick ist, rührt man erst das Geschnittene langsam hinein, bestreicht eine Blechform mit Butter, bestreut sie mit zartgeschnittenen Mandeln, dann erst mit Semmelmehl, und füllt die Masse ein. Wenn diese Torten gleich in den Ofen kommen, werden sie sehr schön.

Mandeltorte, gewöhnliche Art

Die Mandeln werden immer ins kalte Wasser geschält, mit einem Tuch wieder abgetrocknet. Zu einem halben Pfund geschälter und mit 2 Eiern zartgestoßener Mandeln nimmt man ein halbes Pfund gesiebten Zucker und rührt beides mit 6 ganzen und 4 gelben Eiern eine Stunde. Wird die Masse im Rühren zu dick, so darf immer noch ein ganzes und ein gelbes Ei hineingeschlagen werden. Vor dem Einfüllen wird die kleingeschnittene Schale von einer Zitrone dazugegeben, eine Blechform mit Butter bestrichen, mit Semmelmehl bestreut, die Masse hineingefüllt und wie alle gerührten Sachen langsam gebacken.

Mandeltorte, gewürzte

Ein halbes Pfund abgezogene Mandeln wird zartgestoßen. Sie können auch ungeschält nur mit einem Tuch abgerieben und gestoßen werden. Auf welche Art dies nun auch geschehen mag, so nimmt man ein halbes Pfund gesiebten Zucker zu den gestoßenen Mandeln, rührt beides mit 6 ganzen und 6 gelben Eiern eine halbe Stunde, schneidet von einer Zitrone die Schale klein, nimmt ein halbes Lot Zimt, ein halbes Quint Zibeben und ebensoviel Kardamom in einen Mörser und stößt alles zuammen gröblich. Wenn die Masse leicht gerührt ist, wird das Gewürz nebst den Zitronenschalen hineingegeben, ein Model mit Butter bestrichen, mit Semmelmehl bestreut und langsam gebacken. – Man kann auch zu dieser Torte geschnittene Pomeranzenschalen und Zitronat nehmen.

Mandeltorte, weiße

10 Eier, 300 g Zucker, Saft und Schale ½ Zitrone, 30 g weißes Weckmehl oder Mehl, 400 g geschälte geriebene Mandeln

Eigelb, Zucker, Zitrone werden schaumig gerührt, Weckmehl zugegeben, dann abwechselnd Mandeln und Schnee lose untergezogen. In vorbereiteter Form backt man die Torte 1 Stunde. Erkaltet kann man die Torte durchschneiden, mit Mokka-, Schokoladen- oder Zitronenbuttercreme füllen und glasieren.

Mandeltorte auf Oblaten

Man schält ein Pfund Mandeln, trocknet sie ab, stößt den halben Teil mit 2 Eiern fein, schneidet die andere Hälfte länglich zart, rührt die gestoßenen Mandeln mit einem halben Pfund gesiebten Zucker, 6 ganzen Eiern und dem Gelben von 6 anderen eine halbe Stunde, schneidet 2 Lot Zitronat und ein Stücklein Zitronenschale klein, gibt dies nebst dem Saft von einer halben Zitrone auch an die gerührte Masse, macht dann die geschnittenen Mandeln mit einem Viertel gesiebten Zucker und mit 3 Eiweiß untereinander, bestreicht ein Backblech mit Butter, bestreut es mit Semmelmehl, legt die Oblaten dreifach darauf, setzt von den geschnittenen Mandeln einen fingerhohen Rand in die Rundung auf die Oblaten, gibt in die Mitte der Oblaten 2 bis 3 Viertel eingemachte Kirschen oder Himbeeren, auf das Eingemachte die gerührte Mandelmasse und backt sie in einem nicht zu heißen Ofen. Wenn sie fertig ist, beschneidet man die Oblaten auf der Seite gleich herum, legt die Torte auf eine Platte und garniert sie am Mandelrand herum mit trockenen Früchten.

Mandeltorte mit Pistazien

Man nimmt ein halbes Pfund geschälte und mit 2 Eiern zartgestoßene Mandeln in einen Topf, ebensoviel gesiebten Zucker dazu, rührt dies mit 7 ganzen und 7 gelben Eiern eine halbe Stunde, kocht 6 Lot Pistazien, schält sie und schneidet sie nebst 4 Lot Pomeranzenschalen länglich zart. Wenn die Masse dick ist, wird das Geschnittene hineingerührt, die Masse in einen mit Butter bestrichenen und mit Semmelmehl bestreuten Mandeltorten-Model gefüllt und langsam gebacken.

Mandeltorte mit Weißbrot

320 g durchgesiebter Zucker, 290 g frische süße und 30 g bittere, geriebene Mandeln, 12 bis 14 Eier, 225 g nicht frisches, feingeriebenes, durchgesiebtes Weißbrot, 1 Zitrone

Man rührt den Zucker, auf dem die Zitrone abgerieben ist, nebst dem Saft derselben und den Eidottern ¼ Stunde, fügt die Mandeln hinzu und rührt wieder ¼ Stunde. Wenn dies geschehen, mischt man das Weißbrot schnell durch die Masse und danach das von 10 Eiern zu steifem Schnee geschlagene Weiße. Die Torte wird nach vorhergehender Angabe gebacken und verziert.

Mandeltorte mit Zimt

Man stößt ein Pfund abgezogene Mandeln mit ein wenig Pomeranzenblütenwasser gröblich, nimmt 3 Viertel gesiebten Zucker mit den Mandeln in eine Schüssel oder Topf, schlägt 10 ganze und 6 gelbe Eier langsam daran und rührt es eine Stunde. Vor dem Einfüllen gibt man ein Lot grobgestoßenen Zimt, die kleingeschnittene Schale von einer Zitrone und einen Zuckerlöffel Pomeranzenblütenwasser hinein und backt es wie alle gerührten Sachen langsam in einem Model.

Marktorte I

Zu einer Torte für 8 bis 9 Personen wird ein halbes Pfund Ochsenmark rein verlesen, das Harte von 2 Kreuzerwecken am Reibeisen abgerieben, das Innere in süße Milch eingeweicht, ein halbes Pfund geschälte und gröblich gestoßene Mandeln in eine Schüssel genommen, der eingeweichte Wecken leicht ausgedrückt und mit dem verlesenen Mark gehackt, das Gehackte nebst 6 Lot gestoßenem Zucker und einem halben Kaffeelöffel Muskatblüte auch zu den Mandeln gegeben, dies alles mit 9 Eiern eine Viertelstunde gerührt, von gutem Butterteig ein zweimesserrückendick gewellter Boden in ein bestrichenes Potageblech bis an den halben Rand gelegt, die gerührte Masse hineingefüllt, eine Handvoll geriebenes Milch- oder sonst mürbes Brot mit Zucker und Zimt vermengt, über die Torte bestreut, dieselbe gelb gebacken und warm zu Tisch gegeben.

Marktorte II

Ein Sahneteig, ferner ½ l ganz süße Sahne oder Milch, 100 g gestoßener Zwieback, 125 g Mark, 125 g Zucker, 125 g geriebene Mandeln, 4 Eier und Muskatblüte

Die Sahne wird gekocht, mit dem Zwieback zu dickem Brei abgerührt und zum Ausdampfen hingestellt. Unterdessen wird das Mark mit etwas kaltem Wasser im Mörser feingestoßen, mit Zucker und Mandeln zur Masse gerührt, sowie auch 4 ganze Eier und Muskat hinzugefügt. Hiermit bedecke man den ausgerollten Teig, mache ein Gitter darüber, backe die Torte bei geringer Hitze und gebe sie warm zu Tafel.

Marktorte, andere Art

Ein halbes Pfund Mandeln wird geschält und mit süßem Rahm feingestoßen, die Rinde von zwei Kreuzerwecken abgerieben, das Innere in süße Milch eingeweicht, dann der ausgedrückte Wecken mit einem Viertel frischer Butter im Mörser gestoßen, dies und das halbe Pfund Mandeln nebst anderthalb Viertel gesiebten Zucker in eine Schüssel genommen, ein halbes Pfund sauber verlesenes und kleingehacktes Mark dazugegeben, mit 5 bis 6 Eiern an die Masse gerührt, und etwas Muskatblüte hinein, dann ein Potage- oder gewöhnliches Kuchenblech mit Butter bestrichen, mit Semmelmehl gestreut, das Blech mit gutem Butterteig ausgelegt, das Angerührte hineingefüllt, eine Handvoll geriebenes Milch- oder sonst mürbes Brot mit etwas Zucker und Zimt vermischt, dasselbe über die Torte gestreut und solche in keiner schnellen Hitze gebacken.

Marseiller Torte

500 g feines Mehl, 200 g Zucker, 4 Eidotter, 2 ganze Eier und 2 Eßlöffel Butter werden zu einem Teig verarbeitet, dick ausgerollt, in kleine Würfel geschnitten und in abgeklärter Butter gelbbraun gebacken. Dann wird 875 g Zucker mit etwas Rosen- oder Orangenblütenwasser geschmolzen; wenn der Zucker kocht und abgeschäumt ist, kommen 100 g in Würfel geschnittene, verzuckerte Orangenschalen, die zerschnittene Schale einer frischen Zitrone, 65 g süße und 30 g bittere in Streifen geschnittene Mandeln, 15 g Zimt, 8 g Nelken, 6 g Kardamom, alles feingestoßen, hinein, und zuletzt mit den Würfeln gemischt. Nun preßt man die Masse in eine erwärmte, mit weißem Wachs bestrichene Form, läßt sie erkalten und stürzt sie so ungebacken auf eine Schüssel.

Meringentorte

Auf Papierbogen werden mit Bleistift oder besser mit einem Zirkel sechs bis acht Ringe gezeichnet, der erste in der Größe der runden Platte, worauf die Torte serviert werden soll, der zweite und die folgenden immer jeder stark fingerbreit kleiner als der vorhergehende. Nun schlägt man zwölf Eiweiß zu steifem Schnee, spritzt während des Schlagens ein paar Tropfen Zitronensaft oder Essig hinein und mengt noch 560 g feingesiebten trockenen Zucker darunter, sowie zwei bis drei Eßlöffel feingerührte Spritzglasur, was der Masse mehr Festigkeit gibt. Die Masse wird nun in eine Backspritze oder eine große Papiertüte eingefüllt und davon auf die butterbestrichenen Papierbogen ganz genau nach der Zeichnung gleichdicke Ringe in der Stärke eines Daumens gespritzt, welche durch ein Sieb mit feinem Zucker bestäubt, und so lange stehen gelassen werden, bis der Zucker darauf vergangen ist, wo man dann das Papier sorgfältig auf Bleche zieht, und die Ringe in ganz abgekühltem Ofen mehr trocknet als bäckt. Nach einer Stunde müssen sie um die Hälfte größer geworden sein und eine gelbrötliche Farbe haben. Nun löst man sie vom Papier ab (was sehr sorgfältig geschehen muß, damit sie nicht zerbrechen), setzt sie pyramidenartig, vom größten bis zum kleinsten, übereinander und füllt den leeren inneren Raum durch die obere Öffnung mit Schlagrahm und Vanille. – Man kann auch von der Meringenmasse ein Häufchen in der Größe eines Eis mit den Ringen backen, und diese als Knopf auf die Torte setzen. – *Noch schöner* ist letztere, wenn die Ringe, ehe man sie übereinandersetzt, mit erwärmter Aprikosenmarmelade mittels eines Pinsels leicht bestrichen, dann übereinandergesetzt und mit feingeschnittenen Pistazien bestreut werden.

Meringentorte, flache

Von vorhergehender Meringenmasse wird auf ein butterbestrichenes Papier, so groß man die Torte haben will, ein fingerdikker Boden bestrichen, in derselben Größe auf ein gleichfalls mit Butter bestrichenes Papier ein Ring durch eine Backspritze gespritzt und genau ebensogroß ein Stern oder ein doppeltes Kreuz. Stern und Ring werden noch mit ganz kleinen Häufchen von der nämlichen Masse besetzt und mit größeren auf jeder Ecke versehen. Sodann wird alles mit feinem Zucker bestäubt, die Papierbögen sorgfältig auf ein Backblech gezogen und das Ganze eine halbe Stunde stehen gelassen, solches nun nach voriger Art gebacken und vom Papier abgelöst, der Boden auf die zum Servieren bestimmte Platte gesetzt, zweifingerbreit Schlagrahm mit Vanille glatt darübergestrichen und alsdann der Ring und zuletzt der Stern oder das Kreuz als Deckel sorgfältig darübergelegt.

Meringentorte mit Schlagrahm

8 Eiweiß, 500 g Sandzucker gesiebt, 1 l Schlagrahm, 100 g Zucker, 1 Vanille

ein großes Backblech wird mit Papier belegt, mit einem großen Teller oder Deckel 3 gleichgroße Ringe darauf gezeichnet. Die Eiweiß werden zu sehr steifem Schnee geschlagen, die Hälfte Zucker löffelweise dazugeschlagen, die andere Hälfte ganz lose untergemischt. Mit einem Spritzsack spritzt man einen Boden schneckenförmig dicht aus, setzt auf den Rand kleine Punkte dicht nebeneinander. Zum Mittelstück spritzt man einmal auf den Strich, dann eine zweite Reihe nach innen, obenauf Punkte. Zum Deckel spritzt man einmal auf den Strich, eine zweite Reihe nach innen. Der freie Raum wird mit einem Gitter oder Stern ausgefüllt, doch so, daß das Mittelstück auf dem Rand anschließt. Die Torte wird in sehr schwacher Hitze hellgelb gebacken, mehr trocknen wie backen. Nach dem Backen befeuchtet man das Papier von unten mit lauwarmem Wasser und zieht es vorsichtig ab. Boden und Mittelstück setzt man aufeinander, füllt mit Schlagrahm, setzt den Deckel darauf und spritzt mit dem Rest vom Rahm. Die Masse bleibt fester, wenn man sie zweimal von je 4 Eiweiß schlägt.

Meringentorte mit Eis

8 Eiweiß, 500 g Sandzucker gesiebt, Eis, 1/2 l Schlagrahm, 50 g Zucker, 1 Vanille

Zubereitung wie Meringentorte. Die fertige Torte mit Eis füllen, mit Schlagrahm spritzen.

Meringen mit Schlagrahm

4 Eiweiß, 250 g Zucker, 1/2 l Schlagrahm, 50 g Zucker, 1 Vanille

Die Masse vorbereiten wie bei Meringentorte. Mit 2 Eßlöffeln setzt man auf ein nasses, mit Zucker bestreutes Brett eiförmige Klöße und backt sie in sehr schwacher Hitze hellgelb (mehr trocknen wie backen). Dann nimmt man sie vorsichtig weg, höhlt sie mit einem Kaffeelöffel aus, setzt sie auf ein Gitter und läßt sie trocknen. Vor Gebrauch füllt man sie mit Zucker und Vanille gemischtem Schlagrahm und setzt zwei Schalen zusammen. Meringen können auch mit dem Spritzsack aufgesetzt werden.

Meringen mit Eis

4 Eiweiß, 250 g Zucker, Eis, 1/4 l Schlagrahm, 30 g Zucker, 1/2 Vanille

Zubereitung wie Meringen. Die fertigen Meringen mit Eis füllen, nach Belieben mit Schlagrahm spritzen.

Möhrentorte

4 Eier, 250 g gemahlene Nüsse, 250 g geriebene Möhren, 200 g Honig, 2 EL Rum

Eier trennen, das Eigelb mit dem Honig steifschlagen, den steifgeschlagenen Eischnee daraufgeben, Möhren und Nüsse unterheben.
Backzeit: 35 Min. auf mittlerer Schiene bei 200°.
Nach dem Backen den Kuchen mit Stäbchen einstechen und den Saft von 1/2 Zitrone und 1 Apfelsine einträufeln. Den Kuchen durchschneiden und mit Sahne füllen (Sahne mit Honig süßen). Mit der restlichen Sahne den Kuchen bestreichen. Man kann (je nach Belieben) 1/4–1/2 l Sahne nehmen.

Mohntorte

200 g Butter, 150 g Zucker, 1 Päckchen Vanillezucker, 8 Eigelb, 200 g Mohn, 100 g Mehl, 100 g Speisestärke, 1 TL Backpulver, 50 g geriebene Schokolade, 8 Eiweiß, 1 Prise Salz, 150 g Zartbitter-Schokolade, 150 g Puderzucker, 25 g Butter

Butter mit Vanillezucker und Zucker schaumig rühren. Nach und nach die Eigelb unterziehen. Dann den Mohn, das mit Mehl und Speisestärke gemischte Backpulver und die Schokolade einrühren. Eiweiß mit Salz zu steifem Schnee schlagen und unter die Masse ziehen. Eine Springform mit Pergamentpapier auslegen und gut fetten. Masse einfüllen und bei

200 Grad 1 Stunde backen. Zartbitter-Schokolade im heißen Wasserbad schmelzen, Puderzucker und Butter in die Schokolade rühren. Abgekühlte Torte sofort damit bestreichen, Glasur auch über den Rand streichen.

Mokkabuttercreme

200 g Butter, 200 g gesiebten Staubzucker, 2–3 Eigelb, 3 EL Kaffee-Extrakt (50 g Kaffee, 1/4 l Wasser)

Eigelb, Kaffee-Extrakt in warmes Wasser stellen. Die Butter schaumig rühren, abwechselnd langsam Zucker, Eigelb und Kaffee zurühren.

Mokkacreme

Creme wie Vanillecreme. 3 EL Kaffee-Extrakt (40 g Kaffee, 1/4 l Wasser)

Den Kaffee mit kochendem Wasser übergießen, 10 Minuten ziehen lassen, durch ein feines Sieb geben, beim Anrühren der Creme zugeben. Nach Belieben mit einigen Tropfen gebräuntem Zucker färben.

Mokkatorte

Eine Mandel- oder Haselnußtorte wird nach dem Erkalten 1–2mal durchgeschnitten. 2–3 EL Mokka, ⅛ l Wasser, 2 EL Zucker werden angerührt, die Böden damit befeuchtet, mit Mokkabuttercreme bestrichen, zusammengesetzt und glasiert.

Neapolitanische Torte

Man rührt 560 g Butter leicht und flaumig ab, und damit eine halbe Stunde ebensoviel feinen Zucker, sechzehn Eigelb und die feinverwiegte Schale einer Zitrone, mengt darunter 560 g feines Mehl und zuletzt den festgeschlagenen Schnee von zwölf Eiweiß, füllt die Masse in sechs bis acht flache, tellergroße, butterbestrichene Blech- oder Kuchenformen oder in Papierformen ein, und bäckt sie in mittelheißem Ofen. Nun werden die Böden herausgenommen oder behutsam vom Papier abgelöst, nach Erkalten jeder mit beliebiger Marmelade dünn überstrichen, alle übereinandergesetzt und die Torte mit einem großen, scharfen dünnen Messer an den Seiten gleichrund zugeschnitten, rundherum sowie von oben mit etwas erwärmter Aprikosen- oder Reineclaudenmarmelade mittels eines Messers dünn überstrichen, mit kleinen Butterteigblümchen, die nicht angestrichen und nur einige Minuten gebacken wurden und so weiß wie Marzipan aussehen, beliebig an den Seiten und oben verziert und dann über ein zierlich ausgeschnittenes Papier auf die Tortenplatte gesetzt. – Die hierbei verwendeten Marmeladen müssen gut mit einigen Eßlöffeln feinem Zucker vermischt werden, weil sie sonst nach Erkalten klebrig wären.

Nougat-Walnuß-Torte

4 Eier, 4 EL warmes Wasser, 125 g Zucker, 1 Prise Salz, 50 g Gustin, 75 g Mehl, 1 TL Backpulver, 50 g Butter, 75 g Nougat, 3 Böden backen. ½ l süße Sahne, 1 Päckchen gem. Gelatine, 4 EL Rum, 30 g gehackte Walnüsse, 125 g Nougat, 25 g Palmin

Das Eiweiß steifschlagen, Eigelb mit Zucker, Wasser und Salz cremig rühren, Eiweiß hinzufügen. Heißes Wasser kurz über den Nougatbeutel geben und dann das Nougat zu der Eiercreme geben. Zuletzt das Mehl, Backpulver und Gustin unterheben. Die Böden backen, mit Rum tränken, mit der Sahne füllen und schließlich mit Nougat überziehen.

Nußsahnetorte

4 Eigelb, 4 EL warmes Wasser, 175 g Zucker schaumig rühren, dann 75 g Mehl mit ½ Päckchen Backpulver vermengen und unterziehen, dann 150 g geriebene Haselnüsse unterheben und 4 Eischnee vorsichtig daruntergeben. Den Kuchen in einer 26 cm breiten Tortenform bei 175 Grad ca. 35–40 Minuten abbacken. Nach dem Erkalten einen dunklen Tortenguß darüberziehen und die Torte einmal quer durchschneiden. Den Deckel vorsichtig in 12 gleiche Teile schneiden. ¼ l süße Sahne mit etwas Zucker schlagen, 100 g geriebene Zartbitter-Schokolade unterheben. Nun ganz langsam und vorsichtig 2–3 Eßlöffel 40%igen Rum unterziehen. Den unteren Boden damit bestreichen. Die 12 Tortenstücke wieder darauflegen. Jedes Tortenstück nun mit einem Tupfer der Rum-Sahne verzieren und 1 Nußkern aufsetzen. Jetzt die 12 Tortenstücke ganz durchschneiden.

Nußtorte

Ein Kuchenblech wird mit Blätter- oder mürbem Teig ausgelegt und darüber eine beliebige Marmelade gestrichen. Zu gleicher Zeit werden 105 g feinzerstoßene Nußkerne, sechs Eigelb und 140 g Zucker zusammen dickschaumig gerührt und darunter der steife Schnee von sechs Eiweiß nebst 105 g Stärkemehl oder sonstiges feines gesiebtes Mehl gemengt, diese Masse in die Form gefüllt, die Torte schön gelb gebacken, dann herausgenommen und auf ein Backblech gelegt. Nun klopft man behutsam acht bis zehn Nüsse auf, nimmt die Kerne heraus, halbiert dieselben und besetzt mit den Teilen die ganze Oberfläche der Torte, dann wird solche mit einer beliebigen Glasur derart überzogen, daß auch die Kerne hinlänglich damit bedeckt sind, und die Torte noch einige Minuten im Ofen getrocknet. – Die zum Belegen bestimmten Nüsse sollten womöglich von *größerer* Gattung sein und werden, wenn sie noch frisch sind, gebrüht und abgezogen wie die Mandeln; sind sie aber schon dürr, was im Winter der Fall, so werden sie mit Eiweiß *gestoßen,* und davon halbnußgroße Häufchen aufgesetzt, welche man dann gleichfalls mit Glasur überzieht.

Orangenbuttercreme

Zubereitung wie Zitronenbuttercreme; anstatt Zitronen Orangen nehmen.

Orangen- oder Zitronencreme I

30 g Mondamin, 1/4 l Weißwein, Saft von 2 Orangen, 150 g Zucker, 3 Eigelb, 3 Eischnee

Die Zutaten anrühren, auf dem Feuer zu einer dicklichen Creme kochen, nach dem Erkalten den Eischnee zugeben. Nach Belieben kann man die auf Zucker abgeriebene Schale einer halben Orange zugeben.

Orangen- oder Zitronencreme II

Saft von 2 Orangen, Schale einer Orange, 60 g Zucker, 3 Blatt Gelatine, 1/4 l Schlagrahm

Die Schale abreiben, mit dem Saft, der Gelatine, wenn nötig, etwas Wasser, einmal aufkochen, durch ein Sieb geben, langsam zu dem steifgeschlagenen Rahm schlagen. Die Creme muß gleich in die Torte gefüllt werden.

Orangenblütenwasserglasur

Vier bis sechs Eßlöffel Orangenblütenwasser, welches man beim Konditor oder in der Apotheke bekommt, wird in eine Porzellanschüssel gegeben und hinein so viel, fein wie Staub, gestoßener Zucker gerührt, daß es einen dünnflüssigen Brei bildet.

Orangen-Walnußtorte

6 Eier, 200 g Zucker, Salz, 1 Vanilleschote, 1 Orange, 1 Zitrone, 1 Glas Cointreau, 100 g gemahlene Walnußkerne, 125 g Mehl, 125 g Speisestärke, ½ TL Backpulver, 450 g Orangenmarmelade, ¼ l Sahne, 50 halbierte Walnußkerne, 1 Päckchen Vanillezucker, 12 Orangenscheiben, 12 kandierte Walnußhälften

Eier, Zucker und Salz im Wasserbad schaumig schlagen, bis sich die Masse verdreifacht hat. Ausgeschabtes Vanillemark, Orangen- und Zitronenschale sowie Cointreau unterziehen. Gemahlene Walnußkerne, Mehl, Speisestärke, Backpulver mischen und unter die Eimasse heben. Eine Springform mit Pergamentpapier auslegen und fetten. Teig einfüllen, 25 Minuten bei mittlerer Hitze backen. Boden 10 Minuten im ausgeschalteten Backofen stehenlassen. Nach dem Abkühlen aus der Form lösen und waagrecht zweimal so durchschneiden, daß drei gleich hohe Böden entstehen. Orangenmarmelade in einer Schüssel glattrühren. Zwei Teigböden damit bestreichen und zusammensetzen. Die Sahne mit dem Vanillezucker steifschlagen. Den dritten Boden als Abschluß auf die beiden anderen setzen, Tortenoberfläche und Rand mit der steifen Sahne bestreichen. Den Rand mit den halbierten Walnüssen besetzen, die Oberfläche mit Orangenscheiben und kandierten Walnüssen im Wechsel garnieren.

Ostfriesische Knüppeltorte

6 Eigelb, 1/8 l saure Sahne, 100 g Zucker, 150 g Mehl, Butter oder Margarine zum Ausbacken, 300 g Zucker, 125 g Orangeat oder Zitronat, Zitronensaft, 250 g Mandeln, 1 Päckchen Vanillezucker, Rum

Die Eigelb werden mit der Sahne verquirlt, nach und nach Zucker und Mehl dazugerührt, so daß ein dickflüssiger Teig entsteht. In Butter bäckt man kleine Teigfladen knusprig braun und stellt sie beiseite. Das Orangeat oder Zitronat wird feingewürfelt, mit Zucker, Zitronensaft, gemahlenen Mandeln, Vanillezucker und Rum in einem Topf erhitzt. Dann füllt man in eine gefettete Springform abwechselnd Teigfladen und Füllung, zuletzt wieder Teigfladen. Gut andrücken und die Form über Nacht kaltstellen. Zum Stürzen taucht man die Form am anderen Tag kurz in heißes Wasser. Dazu wird natürlich goldgelber Ostfriesischer Tee getrunken.

Pfefferkuchentorte

500 g Honig, 100 g Butter oder Margarine, 125 g Zucker, Zimt, Nelkenpulver, Muskatblüte, 600 g Mehl, 1 Ei, etwas Pottasche, etwas Hirschhornsalz, in wenig Wasser gelöst.
Für die Füllung: 250 g beliebige Marmelade.
Für den Schokoladenguß: 100 g geriebene Schokolade, 200 g Puderzucker, 1–2 EL Kakao, wenig Wasser zum Glattrühren

Man löst den Honig auf kleiner Flamme auf, gibt Zucker und Butter oder Margarine dazu und kocht alles unter Rühren auf. Dann nimmt man den Topf vom Herd und gibt die Gewürze hinein. Die heiße Masse rührt man in das Mehl, so daß ein weicher Brei entsteht, über den man noch etwas Mehl stäubt. Das verquirlte Ei rührt man in den Teig, sobald er etwas abgekühlt ist. Aufgelöste Pottasche und Hirschhornsalz gießt man durch ein Sieb dazu. Man knetet den Teig unter Hinzugabe von Mehl so lange, bis er glänzt und nicht mehr klebt. Der weiche Teig wird in eine gefettete Tortenform gefüllt und bei schwacher Hitze in 30 bis 40 Minuten gebacken. Nach dem Erkalten schneidet man ihn quer durch, bestreicht die untere Hälfte mit der glattgerührten Marmelade und setzt die beiden Teile aufeinander. Zum Schluß wird die Torte noch mit dem Schokoladenguß überzogen.

Pistazienbuttercreme

Zubereitung wie Vanillecreme, in die fertige Creme 20 g geschälte, feingeriebene Pistazien geben.

Pistazientorte

140 g Pistazien werden so lange in laues Wasser gelegt, bis die Haut heruntergeht, dann abgezogen und recht feingewiegt oder gestoßen; ebenso werden 200 g Mandeln abgezogen und mit Spinattopfen, worin etwas Zucker gemengt, feingestoßen. Nun nimmt man 8 Eigelb und 6 ganze Eier in eine Schüssel, fügt 250 g Zucker bei und rührt es schaumig ab. Hernach gibt man die Pistazien, die Mandeln, 70 g schönes, grünes, feingeschnittenes Zitronat und die feingewiegte Schale einer Zitrone dazu, und rührt das Ganze eine halbe Stunde. Nachdem noch der Saft einer Zitrone darangedrückt wurde, füllt man die Masse in ein butterbestrichenes, mit Semmelmehl bestreutes Tortengeschirr. – Nimmt man *nur* Pistazien hierzu und gar keine Mandeln, so wird *kein* Spinattopfen dabei verwendet.

Polnische Torte

560 g frische Butter wird leicht ebgerührt, dann zwölf Eier, 560 g feiner Zucker, zwei Eßlöffel Vanillezucker, 35 g feingewiegte Pomeranzenschale und ebensoviel Zitronat hineingegeben und dies zusammen leicht abgerührt, hernach 560 g feingesiebtes Mehl daruntergemengt, die Masse in eine gut mit Butter bestrichene Form eingefüllt und in nicht zu heißem Ofen eine Stunde langsam gebacken, wobei letzterer eine halbe Stunde lang nicht geöffnet werden darf. Dann nimmt man die Torte aus dem Ofen, stürzt sie behutsam auf ein Sieb, überzieht dieselbe nach Erkalten mit Punschglasur, trocknet sie schnell im Ofen und setzt sie auf die Platte. Nun wird der äußerste Rand der Torte mit Spritzglasur verziert, ein Kranz von eingemachten Früchten und eingemachten Bohnen, letztere zu spitzzulaufenden Blättchen geschnitten, geschmackvoll daraufgeordnet, in die Mitte dieses Kranzes noch ein zweites Kränzchen von Spritzglasur gespritzt und darauf mit Johannisbeergelee, welches gleich der Spritzglasur durch eine Tüte verbraucht wird, Fäden und kleine Pünktchen angebracht.

Prinzregententorte

8 Eier, 250 g Zucker, 250 g Mehl, 1 Vanille.
Creme dazu: 200 g Zucker, 5 Eier, 1 Vanille, 150–200 g geriebene Schokolade, ½ Tasse Milch, 200 g Butter

Eigelb und Zucker werden schaumig gerührt. Vanille, Mehl und Schnee untergezogen. Man backt von dieser Masse etwa 10 Böden; die Böden sollen gelb gebacken sein und werden sofort heiß abgelöst. Nach dem Erkalten bestreicht man die Böden mit der Creme, setzt die Torte zusammen, legt ein Papier obenauf, dann ein Gitter oder Brett und beschwert die Torte über Nacht. Dann wird der Rand mit einem scharfen Messer glattgeschnitten und die Torte mit Schokoladenguß überzogen. Zur *Creme* läßt man die Schokolade mit der Milch aufkochen, wieder erkalten. Eier, Zucker, Vanille schlägt man auf Dampf, bis die Masse dick ist, gibt die Schokolade zu, schlägt die Masse, bis sie verkühlt ist und gibt sie unter Rühren zur schaumig gerührten Butter.

Prinzregententorte, andere Art

250 g Butter, 250 g Zucker, 1 Prise Salz, 1 Päckchen Vanillezucker, 4 Eier, 200 g Mehl, 50 g Stärkemehl, 1 TL Backpulver. Für die Creme: $1/_8$ l Milch, 1 Prise Salz, 200 g zartbittere Schokolade, 200 g Butter, 175 g Puderzucker, Schokoladenglasur

Die Butter wird schaumig gerührt, nach und nach Zucker, Salz, Vanillezucker und die Eigelb eingerührt. Das Eiweiß wird steifgeschlagen, untergezogen und das Mehl, vermischt mit Stärkemehl und Backpulver, darübergesiebt und untergemischt. Den Teig teilt man in fünf Teile und bäckt jeden für sich in einer gefetteten Springform bei mäßiger Hitze in ca. 12 bis 14 Minuten. In der Zwischenzeit kocht man die Milch mit dem Salz auf, nimmt den Topf vom Feuer und löst in der heißen Milch die in Stücke zerbröckelte Schokolade auf. Unter häufigem Umrühren erkalten lassen. Man rührt die Butter schaumig, gibt den Puderzucker dazu und zum Schluß die erkaltete Schokoladenmasse. Mit dieser Creme werden nun 4 Böden bestrichen, aufeinandergesetzt, der fünfte Boden aufgelegt und der Rand ebenfalls mit Creme überzogen. Die Tortenoberfläche überzieht man mit Schokoladenglasur.

Punsch-, Rum- oder Arrakbuttercreme

Creme wie Vanillecreme, mit dem Eigelb und Zucker abwechselnd 2–3 EL Punsch, Rum oder Arrak in die schaumig gerührte Butter rühren. Punsch oder Rum nicht warmstellen.

Punschglasur

Feingesiebter Zucker wird mit Rum oder Arrak und etwas Zitronensaft angerührt, so daß man es mit einem Messer über das Backwerk streichen kann.

Punschtorte I

Die Torte wird gemacht wie Biskuittorte. Vollständig erkaltet, wird sie durchgeschnitten, ¼ l Weißwein, 3 EL Zucker, 3 EL Rum werden heißgemacht, mit der einen Hälfte der Boden getränkt, mit Marmelade bestrichen, der Deckel auf der Innenseite getränkt und schnell daraufgelegt. Die Torte wird mit Rum- und Arrakglasur überzogen, mit Früchten und Spritzglasur oder Creme garniert. Nach Belieben kann man die Torte auch dreimal durchschneiden, einmal mit Punschcreme, dann mit Marmelade und nochmal mit Punschcreme füllen.

Punschtorte II

Zu dieser Torte nimmt man die Masse der Wiener oder Neapolitanische Torte. Sie wird dann wie die Wiener Torte bereitet und beendet, nur daß auf die Böden ziemlich stark mit Arrak gehaltene Punschglasur und darauf eine beliebige dünne Marmelade (vorzugsweise Apfelmarmelade, in welche etwas Arrak gemengt wurde) gestrichen wird, daß man die Torte, nachdem sie übereinandergesetzt und gut abgerundet ist, von oben und an den Seiten mit Punschglasur überzieht, und daß man die Oblate wegläßt. – Hat man aufgeschlagene Kuchenbleche, so bäckt man nur *zwei* Böden, dann rührt man unter eine beliebige Marmelade zwei bis drei Eßlöffel Arrak oder Rum, streicht die Marmelade auf einen der Böden und setzt den anderen darauf, und nachdem man die obere Fläche noch mit Punschglasur überstrichen, gibt man die Torte einen Augenblick in den abgekühlten Ofen.

Punschtorte, andere Art

375 g Butter, 375 g Zucker, 375 g Puder oder feingestoßene, durchgesiebte Stärke, 9 Eier, 1 Zitrone, ½ Tasse Arrak

Die Butter wird abgeklärt oder ausgewaschen und zu Sahne gerieben, mit Eidottern, Zucker, Zitronenschale und Zitronensaft ½ Stunde stark gerührt. Dann wird die Stärke hinzugefügt, danach der Eiweißschaum und, nachdem der Arrak leicht durch die Masse gerührt, wie Sandkuchen gebacken.
Der Kuchen wird mit einem Punschguß glasiert.

Punschtorte von Mandeln

500 g geriebene Mandeln, 375 g durchgesiebter Zucker, 2 Eier, 4 g Zimt, 1 Muskatnuß, abgeriebene Schale einer Zitrone, 65 g feiner Punschextrakt

Die Eidotter werden mit dem Zucker, abgeriebener Zitrone, Zimt, Muskatnuß und den Mandeln ½ Stunde stark gerührt, dann wird der Punschextrakt nebst dem steifen Schaum von 6 Eiern durchgemischt. Aus dieser Masse werden 3 Kuchen gebacken, 2 mit Konfitüren dünn bestrichen, alle 3 aufeinandergelegt. Am anderen Tag wird der Rand mit einem scharfen Messer glattgeschnitten, der Kuchen glasiert, mit feinen Früchten verziert.
Alle aufgelegten Kuchen werden besser, wenn man sie 1 bis 2 Tage vor dem Gebrauch backt.

Quark-Streusel-Torte

Streusel: 250 g Mehl, 125 g Zucker, 1 Eigelb, Saft einer Zitrone, 125 g Butter, ½ Päckchen Backin, 1 Päckchen Vanillezucker.
Quarkfüllung: 125 g Butter, 250 g Zucker, 1 EL Grieß, 5 Eigelb, 5 Eischnee, 1 Päckchen Vanillezucker, Saft einer Zitrone, 750 g Quark.
Zucker, Butter, Eigelb und Grieß gut vermischen, den Quark hinzufügen. Den steifgeschlagenen Eischnee unterheben.
Die Hälfte der Streuseln in eine Springform geben, darauf die Quarkmasse und obenauf gut verteilt die restlichen Streuseln.
Backzeit: ca. 60–70 Min. bei guter Mittelhitze.

Quarktorte ohne Boden

1 kg Quark, 125 g Butter, 375 g Zucker, 3–4 Eier, 1 Vanillezucker, 1 Vanillepuddingpulver, 2 EL Grieß, 1 Backpulver, Saft und abgeriebene Schale einer Zitrone, 125 g Sultaninen

Sämtliche Zutaten in eine Schüssel geben und zu einem glatten Teig verarbeiten, der in gefetteter Springform etwa eine Stunde bei Mittelhitze gebacken wird.

Quittentorte

250 g Mehl, 200 g Butter, 2 EL Zucker, 1 Eigelb, ½ Zitrone, Salz, 750 g Quitten, ⅜ l Wasser, 30 g Zitronat, 250 g Zucker, 1 Zitrone. Guß: 3 Eier, 2 Eigelb, 100 g Zucker, 100 g gemahlene Mandeln, Zitronenschale geriebene und 25 ccm Zitronensaft

Mehl, Butter, Zucker, Eigelb und abgeriebene Zitronenschale zu einem Teig kneten. Mit einem Tuch bedecken und 15 Minuten im Kühlschrank ruhen lassen. Quitten waschen, schälen und mit einem scharfen Messer vierteln. Kerngehäuse herausschneiden. Das Obst 20 Minuten in ⅜ l Wasser weichkochen. Auf einem Sieb abtropfen lassen, den Saft dabei in einer Schüssel auffangen. Quitten in kleine Würfel schneiden, Zitronat hacken. ¼ l vom Quittenkochwasser mit dem Zucker aufkochen. Quittenwürfel, Zitronat und abgeriebene Zitronenschale zugeben und alles 15–20 Minuten zu einer geleeartigen Masse einkochen. Quittenmasse etwas abkühlen lassen. Eine gefettete Springform mit dem ausgerollten Teig auslegen. Quittenmasse bis auf 4 EL auf den Teigboden füllen. Eier und Eigelb mit dem Zucker schaumig rühren. Mandeln, abgeriebene Zitronenschale, Zitronensaft und den Rest der Quittenmasse darunterrühren. Über die Torte geben und 55 Minuten bei großer Hitze backen. Mit Zucker und Zimt bestreut servieren.

Quittentorte, einfache

Ein mit Butter bestrichenes Reifblech wird mit Butterteig ausgelegt und mit Quittenmarmelade bestrichen, dann rührt man 140 g gestoßene Mandeln, 120 g Zucker, 3 bis 4 Eßlöffelvoll Quittenmarmelade, mit 3 ganzen Eiern und 2 Eidottern ½ Stunde gut ab, gibt die Schale einer halben Zitrone, sowie den Saft dazu und gießt dieses auf den mit Quitten bestrichenen Boden, hierauf nimmt man 2 Obertassen voll geriebenes Milchbrot, mischt Zucker und etwas Zimt darunter, streut dieses auf die Torte, belegt sie mit dünnen Stückchen Butter und läßt sie schön backen.

Quittentorte, andere Art I

Von einem halben Pfund Butter macht man einen guten Butter- oder Weinbaches-Teig, setzt diese Torte wie die à la Créme auf, schält 3 oder 4 Quitten, schneidet sie zu Schnitzen, kocht sie ein wenig in einer Messingpfanne, gießt das Wasser ab, nimmt ein Viertel Zucker und einen halben Schoppen Wein daran, läßt sie solange über dem Feuer, bis sie ganz kurz eingekocht sind, gibt sie dann in eine Schüssel, eine Handvoll geschälte und zartgeschnittene Mandeln, ein Viertel gewaschene und fest ausgedrückte kleine Rosinen und die kleingeschnittene Schale von einer halben Zitrone dazu, backt die aufgesetzte Torte blind, füllt die gekochten Quitten hinein, schabt von 2 bis 3 anderen gekochten Quitten das Mark, kocht ein Viertel gestoßenen Zucker in einer Messingpfanne mit einem halben Glas Wasser nach kurzer Fäden Art, nimmt das Quittenmark hinein, kocht es unter beständigem Rühren auf schwachem Feuer, rührt 2 Lot Zitronat, die Schale von einer halben Zitrone, 2 Lot geschälte und länglich zartgeschnittene Mandeln nebst dem Saft von der Zitrone an die gekochte Masse, breitet dies über die eingefüllte Torte aus, macht ein weißes Eis darüber und trocknet es im Ofen.

Quittentorte, andere Art II

Von einem Viertel Butter wird ein Butter- oder auch nur ein aufgeriebener Teig gemacht, ausgewellt und in ein Blech gelegt, welches einen hohen Rand hat, damit nach dem Backen der Ring wieder weggemacht werden kann, dann der Boden mit eingemachten Quittenschnitzen nur einfach belegt. Hierauf kocht man 3 bis 4 ganze Quitten weich, schält sie und reibt das Mark ab. Zu einem Viertel Mark nimmt man ein Viertel gesiebten Zucker und 6 Lot geschälte zartgestoßene Mandeln, rührt dies mit 6 Eiern eine halbe Stunde, reibt eine Zitrone am Zucker ab und gibt es auch an die Masse. Wenn sie recht leicht ist, gießt man sie auf die Torte, reibt 1 auch 2 Milchbrote, vermengt sie mit einer Handvoll Zucker, auch etwas Zimt, streut dies über den Guß, belegt die Torte mit dünnen Stückchen Butter und backt sie.

Reiftorte mit Erdbeerschlagrahm

280 g feiner Zucker und vierzehn Eigelb werden zusammen drei Viertelstunden gerührt, hernach 160 g Stärkemehl oder gewöhnliches feines Mehl, die feingewiegte Schale einer Zitrone und der steife Schnee von zehn Eiweiß leicht daruntergemengt und die Masse in einer butterbestrichenen, mit Papierstreifen an beiden Rändern ausgefütterten Ringform in abgekühltem Ofen langsam gelb gebacken. Nun nimmt man die Torte heraus, stürzt sie behutsam auf die Platte um, löst das Papier ab, füllt nach gänzlichem Erkalten in den leeren inneren Raum Erdbeerschlagrahm bergartig ein, und verziert das Ganze mit Erdbeeren und Erdbeerlaub. Falls keine Ringform zur Hand ist, kann die Masse in ein rundes, glattes Tortengeschirr eingefüllt und darin gebacken werden, wo man dann die Torte, nachdem sie herausgestürzt und erkaltet ist, mit einem

kleinen Tortenring in der Mitte aussticht oder sorgfältig nach einem Papiermuster ausschneidet, so daß ringsum ein dreifingerbreiter Reif bleibt.

Reistorte I

280 g Reis wird sauber gewaschen und nebst ½ l Wein in einer Kasserolle oder irdenen Tiegel auf langsames Feuer oder eine heiße Herdplatte so lange gestellt, bis er recht aufgequollen und weich, doch noch ganz ist. Nun läutert man 280 g Zucker, gibt die feingewiegte Schale sowie den Saft und das gehäutete ausgekernte Mark von zwei Zitronen und obigen Reis dazu, und kocht dies miteinander. Sollte es dick werden, so gießt man etwas Wein daran. Nach halbstündigem Kochen nimmt man es vom Feuer, gibt 140 g feingeschnittenes Zitronat hinein, rührt es gut durch und läßt es gänzlich erkalten. Unterdessen wird ein aufgeschlagenes Kuchenblech mit süßem oder gewöhnlichem Butterteig ausgefüttert, darauf gut fingerdick von der Reismasse eingefüllt und solche mit Zucker und Zimt bestreut. Von dem übrigen Butterteig werden Streifen abgerädelt und davon ein Gitter über die Torte gebildet, das Ganze mit Ei bestrichen und in mittelheißem Ofen schön gelb gebacken.

Reistorte II

Zu einer halbpfündigen Torte brüht man ein Viertel verlesenen und sauber gewaschenen Reis mit kochendem Wasser, gießt das Wasser nach einer Viertelstunde wieder ab, einen Schoppen, auch etwas mehr, alten Wein daran, gibt die kleingeschnittene Schale von einer Zitrone, 6 Lot Zucker und ein halbes Lot gestoßenen Zimt dazu und setzt dies über Nacht auf Feuer. Ist der Reis am anderen Tag nicht eingekocht und weich genug, so kann er noch auf schwaches Feuer gesetzt werden, bis er ganz dick ist. Von einem guten Butter- oder Weinbaches-Teig wird hierauf eine Torte aufgesetzt, die abgekühlte Reismasse darauf aufgestellt und kleinfingerdick ausgebreitet, ein Gitter von dem Teig darübergemacht, in Schuppen ausgeschnitten, ein Strich von dem Butterteig um das Gitter rundherum gelegt, mit einem Ei bestrichen und in frischer Hitze gebacken. Wenn sie halb fertig ist, feuchtet man einen Eßlöffelvoll gestoßenen Zucker mit Wasser an, und fährt mit einem in diesen Zucker getauchten Pinsel über die Torte. Sie bekommt davon einen Glanz und wird vollends ausgebacken.

Reistorte Aachener

250 g Mehl, 1 EL Backpulver, 125 g Butter, 125 g Zucker, 1 Ei.
Für den Belag: 200 g gekochter Milchreis, 2 Päckchen Vanillezucker, 3 Eier, 5 EL Butter, 5 EL Zucker, gehackte Mandeln, 200 g Aprikosenmarmelade, 2 EL Rum

Aus den angegebenen Zutaten knetet man einen Mürbeteig und legt damit eine Springform aus. Der Rum wird in die Aprikosenmarmelade gerührt und der Teig damit reichlich bestrichen. Den abgekühlten Reis mischt man mit den Eidottern, Vanillezucker und dem steifgeschlagenen Eischnee und gibt diese Masse auf den Teig. Obenauf kommen Butterflöckchen, darüber wird Zucker gestreut und mit gehackten Mandeln abgeschlossen. Die Reistorte wird bei mittlerer Hitze ca. 40 Minuten gebacken.

Reistorte, andere Art

Ein Viertel Karolinenreis wird sauber gewaschen, mit kochendem Wasser abgebrüht, und zuerst in der Milch gekocht, ohne darin zu rühren. Sobald er weich ist, wird er in ein Sieb geschüttet, daß er abläuft und ein Viertel geschälte Mandeln zartgestoßen. Hierauf rührt man anderthalb Viertel frische Butter leicht, das Gelbe von 8 Eiern dazu, die Mandeln, den abgeflossenen Reis nebst einem Viertel gesiebten Zucker hinein und dies alles zusammen eine Viertelstunde gerührt, 2 Lot kleingeschnittenes Zitronat und ein wenig gestoßenen Zimt auch in die Masse, schlägt das Weiße von den Eiern zu Schaum, bestreicht eine Blechform mit Butter, bestreut sie mit Semmelmehl, rührt den Schaum in die Masse, füllt diese gleich darauf ein und stellt sie in den Backofen.

Rhabarbertorte

Boden: 100 g Butter, 1 Päckchen Vanillepulver, 100 g Zucker, 3 Eigelb, 150 g Mehl, 50 g Mondamin, 1½ gestr. TL Backpulver, etwa 6 EL Milch. Belag: 3 Eiweiß, 150 g Zucker, 50 g abgezogene geriebene Mandeln, 375 g in kleine Stücke geschnittenen Rhabarber

Boden: Butter schaumig rühren, nach und nach Vanille, Zukker, Eigelb und das Gemisch von Mehl, Mondamin und Backpulver, sowie die Milch unterrühren. Den Teig in gefetteter Springform etwa 30 Min. bei Mittelhitze abbacken und etwas abkühlen lassen.
Belag: Eiweiß zu steifem Schnee schlagen, nach und nach Zucker darunterziehen. Zuletzt Mandeln und Rhabarber-

stücke unter die Baisermasse heben. Die Masse gleichmäßig auf den vorgebackenen Boden geben und bei Mittelhitze etwa 40 Min. backen.

Richelieutorte

250 g Zucker, 8 Eier, 8 Eigelb, 250 g Mehl, 150 g Butter. Zum Anfeuchten: 1/4 l Weißwein, 1/8 l Rum, 100 g Zucker, 50 g Butter, Marmelade. 50 g geschälte, feingeschnittene Mandeln, 20 g Hagelzucker, eingemachte, süße Bohnen

Eigelb, die ganzen Eier, Zucker schlägt man in einer Messingpfanne auf schwachem Feuer, bis die Masse lauwarm und dick ist. Dann kaltschlagen, das Mehl und die zerlassene, lauwarme Butter leicht unterziehen. In vorbereiteter Form backt man die Torte 1 Stunde. – Wasser, Wein, Zucker und Butter erhitzen, den Rum zugeben (nicht kochen lassen), die Torte nach dem Backen gleich damit begießen. Wenn die Flüssigkeit alle aufgenommen, bestreicht man die Torte mit Hägenmark oder Aprikosenmarmelade, bestreut sie mit Mandeln, Hagelzucker und den in kleine verschobene Vierecke geschnittenen Bohnen.

Rokoko-Torte

Teig: 4 Eier, 4 EL warmes Wasser, 130 g Mehl, 50 g Gustin, 2 EL Kakao, 30 g Nüsse, 1/2 Päckchen Backin. Füllung: 160 g Butter oder Margarine, 200 g Zucker, 200 g Nüsse (gemahlen), 1/4 l Milch

Teig: 4 Eigelb und warmes Wasser schaumig rühren, mit Zukker weiterschlagen, Eischnee dazugeben und Mehl und Backin darübersieben, Nüsse und Kakao dazugeben und 30–40 Min. bei guter Mittelhitze backen.
Füllung: Milch kochen und beiseite stellen, Nüsse dazugeben und erkalten lassen. Butter und Zucker schaumig rühren und

Nüsse dazugeben. Boden 2mal durchschneiden, füllen, eventuell auch die Masse noch auf den Boden und auf der Seite verteilen und mit Nüssen und Schokoladenraspel garnieren.

Rum-, Punsch- oder Arrakcreme

Creme wie Vanillecreme. 2–3 Eßlöffel Rum, Punsch oder Arrak zugeben.

Russisch-Elegant-Torte

Hellen Biskuitteig herstellen und in drei Blätter teilen. Sultaninen in Rum einweichen, Vanillepudding von ½ l Milch herstellen. ½ l Schlagsahne schlagen, löffelweise in den erkalteten Pudding geben, 1 Päckchen Gelatine auflösen und zugeben und die inzwischen mit Rum vollgezogenen Sultaninen. In eine Springform Pergamentpapier (passend geschnitten) legen, wechselweise Füllung, Biskuitblatt, Füllung... Biskuitblatt geben, über Nacht (eventuell im Kühlschrank) stocken lassen und stürzen, Pergamentpapier abziehen und servieren.

Russische Torte

250 g Butter, 375 g Zucker, Saft und Schale einer halben Zitrone, 250 g geschälte, geriebene Mandeln, 250 g Mehl, 14 große Eiweiß

Die Butter schaumig rühren, Zucker, Zitrone, Mandeln zurühren, zuletzt abwechselnd Mehl und Schnee lose unterziehen. Die Masse in eine vorgerichtete Form geben, 1 Stunde backen. Nach dem Erkalten mit Rum- oder Schokoladenglasur überziehen.

Russische Torte, andere Art

Man füllt mit Wienertortenmasse, die aus zehn Eiern, einer Zitrone, 175 g Zucker und ebensoviel Mehl bereitet wurde, eine runde Tortenform oder ein aufgeschlagenes Kuchenblech, was aber beides mit abnehmbarem Rand versehen und ganz mit butterbestrichenem Papier ausgefüttert sein muß, halbvoll ein, bäckt die Torte in abgekühltem Ofen und spritzt hernach eine Meringenmasse durch eine Backspritze, die ein geripptes Rohr haben sollte, hohe Zapfen darauf. Die Torte wird nun durch ein Sieb mit Zucker bestreut, wenn dieser zerflossen ist noch einmal in gänzlich abgekühltem Ofen leicht gebacken und dann sogleich auf die Platte gesetzt.

Sandtorte I

10 Eier, 400 g Butter, 400 g Zucker, Schale ½ Zitrone, 2 EL Rum, 400 g Stärkemehl

Die Butter wird schaumig gerührt, dann abwechselnd einige Eßlöffel Zucker, 1 Ei langsam zugerührt, zuletzt Stärkemehl und Rum unterziehen. In eine vorbereitete Form füllen, in mäßiger Hitze 1–1½ Stunden backen. Nach dem Backen mit Zucker bestreuen. Man kann auch nur 4 ganze Eier und 5 Eigelb zurühren und mit dem Rest des Mehles 5 Eischnee unterziehen.

Sandtorte II

375 g Butter, 200 g Mehl, 200 g Mondamin, Zitronenschale oder 1 Päckchen Vanille, 4 EL Rum, 30 g geschälte, geriebene Mandeln (halbbittere Mandeln), 7 Eier, 375 g Staubzucker

Mehl, Mondamin sieben, ebenso den Staubzucker. Die Butter schaumig rühren, Mehl, Mondamin, Rum, Mandeln abwechselnd zugeben, nach und nach die Eier und Staubzucker zurühren. In eine vorgerichtete Tortenform füllen, 1 Stunde langsam backen. Die Masse gerinnt nicht und backt sehr schön.

Sandtorten, kleine

Kleine ausgestrichene Formen werden mit Sandkuchenmasse ⅔ hoch gefüllt und langsam gebacken. In verschlossenem Porzellan erhält sich dieses Backwerk lange frisch.

Sauerkirschtorte

Für den Biskuitboden: 4 Eier, 175 g Zucker, 1 Päckchen Vanillezucker, abgeriebene Schale einer Zitrone, 75 g Mehl, 75 g Speisestärke, 1 TL Backpulver.
Für den Belag: 500 g Sauerkirschen, 4 EL Wasser, 150 g Zucker, 1 Prise Zimt, 1 Prise gemahlene Nelken, 500 g Quark, abgeriebene Schale einer halben Zitrone, Saft einer halben Zitrone, 6 Blatt weiße Gelatine, ¼ l Sahne

Man schlägt die Eier mit dem Zucker dick schaumig, rührt Vanillezucker und abgeriebene Zitronenschale dazu, mischt das Mehl mit der Speisestärke und dem Backpulver und siebt es auf die Creme. Vorsichtig unterheben. Eine Springform wird mit Pergamentpapier ausgelegt, der Teig eingefüllt und bei mäßiger Hitze 25 bis 35 Minuten gebacken.
Während der Boden auskühlt, wäscht man die Kirschen, gibt sie zum Abtropfen auf ein Sieb und entsteint sie über einem Topf, damit kein Saft verlorengeht. Sauerkirschen hineingeben, 4 Eßlöffel Wasser, 3 Eßlöffel Zucker, Zimt und Nelken dazugeben und einmal aufkochen lassen. Dann läßt man die Sauerkirschen abtropfen.
Den Quark streicht man durch ein Sieb, vermischt ihn mit dem restlichen Zucker, Zitronenschale und -saft und rührt den Kirschsaft mit hinein. Die eingeweichte, ausgedrückte und in ganz wenig heißem Wasser aufgelöste Gelatine wird untergerührt und der Quark zum Steifwerden kaltgestellt.
In der Zwischenzeit schlägt man die Sahne steif und belegt den ausgekühlten Boden mit den abgetropften Kirschen. Der

Quark wird nun mit der steifgeschlagenen Sahne vermischt und über die Kirschen verteilt, glattgestrichen und zum Festwerden nochmals kaltgestellt.

Sauerkrauttorte

840 g Sauerkraut wird acht Tage lang gewässert und jeden Tag das Wasser davon ab- und frisches darangegossen. Dann setzt man es mit frischem Wasser zum Feuer und kocht es halb weich, gießt hernach das Wasser davon ab und heißes daran, und nachdem es mit diesem vollends weichgekocht, bringt man das Kraut in einen Durchschlag, läßt es gut ablaufen, schüttet alsdann kaltes Wasser darüber, und läßt es nochmals recht ablaufen. Nun läutert man 560 g Zucker bis er Blasen wirft, gibt die fein länglich geschnittene Schale von zwei Zitronen, 50 g fein länglich geschnittenes Zitronat, den Saft von vier Zitronen und das Kraut daran und kocht letzteres damit noch so lange, bis es anfängt kraus und rösch zu werden, was ungefähr in einer Viertelstunde geschieht, wo man es sodann in eine irdene Schüssel bringt und kalt werden läßt. Unterdessen wird 280 g Mehl, 210 g Butter, 140 g abgezogene, sehr feingestoßene Mandeln, ein ganzes Ei und ein Eigelb, 140 g Zucker und zwei Eßlöffel Wein auf dem Backbrett gut untereinandergemacht, dies eine halbe Stunde stehengelassen, dann zweimesserrückendick ausgewellt, und ein aufgeschlagenes, butterbestrichenes Kuchenblech derart damit ausgelegt, daß es noch den halben Rand desselben deckt. Das erkaltete Kraut wird jetzt gleichmäßig hineingefüllt, von dem übrigen Teig fingerbreite Streifen gerädelt und als Gitter daraufgelegt, solche mit verrührtem Ei bestrichen und die Torte in mittelheißem Ofen gebacken.

Schaumtorte I

350 g Zwieback, 3/4 l Milch, 8 Eier, Zucker, Zitronenschale, Korinthen oder Rosinen und Fruchtgelee

Milch, Eidotter, Zitronenschale und 4 Eßlöffel Zucker werden untereinandergerührt und die Zwiebäcke darin geweicht. Dann wird eine Schüssel, worauf das Gericht zur Tafel kommt, mit Butter bestrichen und mit Weißbrotkrumen bestreut, mit dem dritten Teil der Zwiebäcke belegt, etwas Korinthen und Fruchtgelee darüber verteilt, wieder mit einem Drittel Zwieback nebst einer Lage Korinthen oder Rosinen und Gelee versehen und zuletzt mit dem Rest der Zwiebäcke bedeckt. Darauf wird das Gericht mit Zucker und Zimt bestreut, mit einer schließenden Schüssel fest zugedeckt und 3/4 Stunden auf kochendes Wasser gestellt.

Nach Verlauf dieser Zeit wird das Eiweiß zu Schaum geschlagen, mit einem Eßlöffel Zucker vermischt, über die Masse gestrichen und etwa 10 Minuten in einen heißen Ofen gestellt.

Für 20 Personen.

Schaumtorte II

250 g Butter wird zu Sahne gerührt, mit 250 g Zucker und 8 Eidottern 1/4 Stunde gerührt, 250 g Mehl und der von 8 Eiern geschlagene Eierschaum daruntergemischt und gelb gebacken. Weiter wird wie bei Makronen-Schaumtorte verfahren.

Schaumtorte, andere Art

Die Bestandteile des Teiges wie bei Schweizer Schaumtorte; ferner: Fruchtgelee, 5 bis 6 Eiweiß, 125 g durchgesiebter Zucker

Das Unterblatt wird gebacken wie zu Schweizer Schaumtorte, alsdann mit Gelee oder Konfitüren bestrichen; Marmelade von frischen abgezogenen Zwetschgen ist auch passend dazu. Dann wird das Eiweiß zu einem festen Schaum geschlagen, der Zucker unter stetem Schlagen allmählich hineingestreut, der Kuchen bis zu einem schmalen Rand damit bedeckt und so lange in den Ofen gestellt, bis der Guß eine hellbraune Farbe erhalten hat.

Schaumtorte, Schweizer

Zum Teig 375 g Mehl, 250 g ausgewaschene Butter, 65 g durchgesiebter Zucker, 1 Ei, ½ Weinglas französischer Branntwein und halb so viel kaltes Wasser. Auf den Kuchen ein gehäufter Suppenteller voll saurer Kirschen, 250 g Zucker, ½ l dicke süße Sahne, ein Stückchen mit Zucker feingestoßene Vanille

Die Butter wird in Stückchen zerpflückt, mit dem Mehl vermischt, in der Mitte eine Vertiefung gemacht, Zucker, Ei, Branntwein und Wasser hineingegeben und mittels eines Messers im Kalten ein Teig davon gemacht, den man danach mit der Hand noch ein wenig verarbeitet und zum bequemeren Ausrollen etwas ruhen läßt. Dann rollt man stark ⅔ des Teiges aus, schneidet ihn nach gewünschter Größe rund, bestreicht den Rand des Unterblattes mit Ei, nur nicht die Seiten, welches dem Aufgehen hinderlich ist, legt von dem zurückgelassenen aufgerollten Teig einen schmalen Rand darauf und backt ihn beim ersten Hitzegrad etwa ¾ Stunden. Unterdessen macht man aus den Kirschen die Steine, versüßt sie gehörig mit Zucker, legt sie mit dem Saft auf den Kuchen bis an den Rand, und setzt ihn noch so lange in den Ofen, bis die Kirschen weich sind. Auch hat man einen mit Vanille geschlagenen Sahneschaum von ½ l guter Sahne zu bereiten, den man kurz vorher über die Kirschen füllt, wenn der Kuchen zur Tafel gebracht werden soll.

Schichttorte

375 g Butter, 375 g Zucker, 6 Eier, 375 g Mehl, Schale 1 Zitrone, Marmelade

In die schaumig gerührte Butter gibt man abwechselnd Zucker und Eigelb. Ist die Masse schaumig, gibt man Mehl und Schnee abwechselnd lose darunter. Man backt 5 Böden, bestreicht diese nach dem Erkalten mit verschiedener Marmelade und setzt die Torte zusammen. Über Nacht beschweren, den Rand glattschneiden, mit Zitronenglasur überziehen, mit Früchten garnieren. Nach Belieben kann man auf die Marmelade 125 g geschälte, mit etwas Zucker leicht angeröstete Mandeln streuen.

Schichttorte, einfache Art

Zum Teig 400 g Mehl, 200 g Butter, 125 g Zucker, 2 Eier, 1 Päckchen Backpulver, Zitronenschale, 1 Prise Salz. Zum Füllen etwa 750 g Marmelade. Glasur: 250 g Staubzucker, 1 Eiweiß, Zitronensaft

Die Zutaten zum Teig werden auf dem Wellbrett zusammengehackt, schnell geknetet und kaltgestellt. Dann wellt man den Teig aus, legt einen Tortenboden darauf, rädelt diesen ab, legt den Teig auf den mit Butter bestrichenen Boden und backt diesen (die Masse gibt 4–6 Böden).
Weitere Zubereitung siehe Schichttorte.

Schlagrahmtorte mit Aprikosen

Unter ½ l Schlagrahm gibt man ¼ l gut zerdrückte Erdbeeren oder ⅛ l Aprikosenmark, 35 g zu 1/16 l aufgelöste, kaum noch laufende Gelatine und Zucker bis zur gehörigen Süße. Diese Masse füllt man dann in eine ausgehöhlte Biskuittorte und verziert die Torte obenüber mit Erdbeeren und Erdbeerlaub oder mit feinen Aprikosenschnitzchen.

Schlagrahmtorte mit Vanille

Von 280 g Zucker wird eine Biskuitmasse bereitet und solche in einer runden Tortenform gebacken, die Torte hernach auf ein Sieb umgestürzt, und von da nach gänzlichem Erkalten auf die bestimmte Platte. Hier wird sie derart ausgeschnitten und ausgehöhlt, daß Boden und Rand je noch zweifingerdick sind und der innere Raum dann mit ½ l Schlagrahm mit Vanille eingefüllt. Obenüber bekränzt man die Torte mit eingemachten grünen Bohnen oder schön grünem, in Blättchen geschnittenem Zitronat.

Schmandtorte

Mürbeteig aus 250 g Mehl, 125 g Margarine, 100 g Zucker, 1 Ei, ½ TL Backpulver, 1 Dose Aprikosen, 1 Becher Schmand, 2 Päckchen Puddingpulver-Vanille, ½ l Milch

Den Pudding kochen, etwas erkalten lassen. Danach den Schmand unter den Pudding heben.
Mürbeteig zubereiten, in eine Springform geben. Den gemischten Pudding mit Schmand auf den Mürbeteig geben. Die halben Aprikosen mit der gewölbten Seite nach oben auflegen. 60 Min. bei 180° backen, ¼ l Saft von den Aprikosen mit klarem Tortenguß andicken und über die Torte ziehen.

Sachertorte

250 g Zartbitter-Schokolade, 200 g Zucker, 200 g Butter, Salz, 8 Eigelb, 8 Eiweiß, 1 Päckchen Vanillezucker, 230 g Mehl, 160 g Aprikosenkonfitüre. Glasur aus 200 g Zartbitter-Schokolade, 1/4 l Wasser, 150 g Zucker

Zerbrochene Schokolade im heißen Wasserbad schmelzen. Dann in kaltem Wasserbad völlig abkühlen lassen. Butter in einer Schüssel glattrühren, Zucker und 1 Prise Salz zugeben. 5 Minuten weiterrühren. Zuerst die geschmolzene Schokolade, dann Eigelb unterrühren und schaumig schlagen. Eiweiß unter Einrieseln des Vanillezuckers steifschlagen und auf die Schokoladenschaummasse gleiten lassen. Mehl daraufgeben und vorsichtig unterheben. Eine Springform mit Pergamentpapier auslegen und einfetten. Teig einfüllen und glattstreichen. 80 Minuten bei 160 Grad backen. Kuchen in der Form erkalten lassen. Rand mit einem spitzen Messer vorsichtig lösen und Kuchen auf ein Gitter stürzen. Papier abziehen. Torte einmal waagrecht durchschneiden. Aprikosenkonfitüre glattrühren und die Schnittflächen damit bestreichen. Torte so zusammensetzen, daß die bestrichenen Seiten nach oben zeigen. Beiseite stellen. Schokolade zerkleinern und mit dem heißen Wasser in einem Topf glattrühren. Zucker zugeben und unter Rühren 10 Minuten kochen. Vom Herd nehmen und so lange weiterrühren, bis sich eine dünne Haut gebildet hat. Auf die Torte gießen und glattstreichen. Etwas überlaufen lassen und damit den Rand bestreichen. Glasur fest werden lassen.

Schokoladentörtchen

Kleine Förmchen werden mit Blätterteig ausgefüttert und hierauf ein Kaffeelöffel Marmelade, am besten Hagebuttenmarmelade gegeben. Nun schlägt man fünf Eiweiß zu Schnee, rührt damit fünf Eigelb und 140 g feinen trockenen Zucker eine halbe bis dreiviertel Stunde und mengt ein Stückchen feingestoßene Vanille, 70 g feines Mehl und ebensoviel feingeriebene Schokolade gut darunter. Mit dieser Masse werden die ausgefütterten Förmchen nicht ganz vollgefüllt, die Törtchen mit Zucker bestäubt und in etwas abgekühltem Ofen gebacken.

Schokoladentorte I

12 Eier, 375 g Zucker, 300 g Mehl oder Stärkemehl,
200 g geriebene Schokolade

Eigelb und Zucker dickschaumig rühren, die Schokolade etwas mitrühren, Mehl und Schnee abwechselnd lose unterziehen. In vorbereiteter Form 1 Stunde backen. Nach dem Erkalten durchschneiden, nach Belieben mit Schokoladenbuttercreme oder Schlagrahm füllen, mit Schokoladenglasur überziehen. Will man die Torte saftiger haben, tränkt man sie vor dem Füllen mit etwas Rum und Zuckerwasser (3 EL Rum, 1 EL Zucker, ⅛ l Wasser kalt anrühren).

Schokoladentorte II

250 g Butter, 250 g Zucker, Saft und Schale ½ Zitrone oder 1 Päckchen Vanille, 6 Eier, 125 g geriebene Schokolade oder 30 g Kakao, 1 Päckchen Backpulver, 500 g Mehl, ¼ l Milch

Die Butter schaumig rühren, Zucker, Schokolade, Eigelb abwechselnd zugeben und schaumig rühren. Die Milch und ⅔ vom Mehl abwechselnd zurühren. Unter den Rest des Mehles mischt man das Backpulver und zieht dieses mit dem Schnee lose unter. In einer vorbereiteten Form backt man die Torte 1 Stunde. Erkaltet durchschneiden, mit Schokoladenbuttercreme füllen, mit Schokoladenglasur überziehen.

Schokoladentorte III

200 g Butter, 250 g Zucker, 12 Eier, 250 g geriebene Schokolade, 200 g geriebene Mandeln, 200 g Mehl, 1 Päckchen Vanille, 10 g Backpulver

Die Butter schaumig rühren, Zucker, Eigelb abwechselnd mit schaumig rühren, die Schokolade etwas mitrühren, dann Mandeln, Backpulver und Mehl mit dem Eischnee abwechselnd lose unterziehhen. In vorbereiteter Form 1 Stunde backen. Nach dem Erkalten durchschneiden, mit Schokoladenbuttercreme füllen, mit Schokoladenglasur überziehen.

Schokoladentorte IV

10 Eier, Saft und Schale 1/2 Zitrone, 375 g geriebene Mandeln, 50 g Weckmehl, 150 g geriebene Schokolade, 250 g Zucker

Eigelb, Zucker, Zitrone schaumig rühren, Schokolade etwas mitrühren, Mandeln und Eischnee abwechselnd lose unterziehen. In vorbereiteter Form 1 Stunde backen. Nach dem Erkalten durchschneiden, mit Schokoladenbuttercreme füllen, mit Schokoladenglasur überziehen.

Schokoladentorte V

12 Eier, 200 g Zucker, 150 g Mehl, 30 g Kakao, 50 g zerlassene Butter

Eigelb, Zucker rührt man schaumig, gibt Kakao zu, dann abwechselnd Mehl, Butter und Schnee. Von dieser Masse backt man etwa 6 Böden (die Bleche gut streichen, mit Mehl bestäuben) in guter Hitze. Erkaltet bestreicht man die Böden mit Vanillebuttercreme, setzt die Torte zusammen und beschwert sie über Nacht. Die Torte wird obenauf und am Rand mit Creme bestrichen. Obenauf spritzt man den Rand mit Schokoladenbuttercreme und bestreut die Torte mit geschälten, feingewiegten Pistazien.

Schokoladentorte, andere Art

Man bereitete dieselbe Masse wie zur Biskuittorte, nur kommt bloß 175 g Mehl und dafür 175 g auf dem Reibeisen feingeriebene Schokolade hinein, welche mit dem Mehl und dem Eischnee daruntergemengt wird. Die Masse wird nun in eine gut mit Butter bestrichene und mit Papier ausgefütterte Form eingefüllt, in abgekühltem Ofen eine Stunde langsam gebakken und hernach die Torte auf ein Sieb gestürzt, wo man sie etwas verkühlen läßt, dann mit Schokoladenglasur bestreicht, in abgekühltem Ofen trocknet und nach Belieben mit eingemachten Früchten belegt.

Schokoladentorte, geläuterte

Zu 2 Viertel geschälten und mit Zitronensaft ganz feingestoßenen Mandeln gibt man 3 Viertel grobgestoßenen Zucker in eine Messingpfanne, ein Trinkglas Wasser darüber, läutert den Zucker nach langer Fäden Art, nimmt den gekochten Zucker in eine Schüssel, die gestoßene Mandeln und die am Zucker abgeriebenen Schalen von 2 Zitronen dazu, rührt diese 3 Stücke ein wenig zusammen und schlägt 7 ganze und 7 gelbe Eier langsam hinein. Wenn die Masse eine halbe Stunde stark gerührt ist, nimmt man 6 Lot zuvor auf dem Reibeisen geriebene gute Schokolade und ein halbes Lot gestoßenen Zimt dazu, bestreicht eine Blechform mit Butter, bestreut sie mit Mutschel- oder Semmelmehl, füllt sie von der gerührten Masse halb voll und läßt sie in mittelmäßiger Hitze backen.

Schokoladengußtorte

Eine flache, glatte, dreifingerhohe Form wird mit Butterteig ausgelegt, dieser mit einem Messer am Boden etwas eingestupft, mit Hagebuttenmarmelade messerrrückendick bestrichen, und hernach die Masse von der Schokoladentorte, andere Art, daraufgegossen, doch nicht zu voll, damit sie beim Backen nicht überlaufe. Nun wird die Torte in mittelheißem Ofen schön gebacken, dann auf ein Sieb gestürzt und von diesem auf eine Platte, nach gänzlichem Erkalten mit Schokoladenglasur überzogen, in abgekühltem Ofen getrocknet, und mit Spritzglasur, sowie nach Belieben mit eingemachten Früchten verziert.

Schokoladencreme

Creme wie Vanillecreme

Beim Anrühren 2 Eßlöffel Kakao oder 100 g geriebene Schokolade zugeben. Wenn mit Schokolade zu hell, noch etwas Kakao nehmen.

Schokoladenbuttercreme

200 g Butter, 200 g gesiebten Staubzucker, 2 Eier, 100 g geriebene, gesiebte Schokolade oder 2 EL Kakao, 2 EL Milch

Eigelb, Milch in warmes Wasser stellen, nach Belieben die Schokolade mit anrühren, langsam mit dem Zucker zur schaumig gerührten Butter rühren.

Schokoladenglasur

250 g gesiebten Puderzucker, 1–2 Eiweiß, 100 g geriebene Schokolade oder 2–3 EL Rum oder Wasser

Alle Zutaten in einem kleinen Töpfchen anrühren, auf der Seite des Herdes gut warmrühren, nicht kochen, dann rühren, bis die Glasur kalt ist und gleich verwenden. Sollte die Glasur während dem Kaltrühren zu dick werden, gibt man einige Tropfen Wasser hinzu.

Schokoladenglasur, gekochte

100 g geriebene Schokolade und 200 g feiner Zucker wird mit ¼ l frischem Wasser angerührt und auf schnellem Feuer unter fortwährendem Rühren so lange gekocht, bis sich von der Masse, wenn man ein wenig zwischen die Finger nimmt, ein Faden ziehen läßt. Hernach nimmt man dieselbe vom Feuer, reibt mit dem Kochlöffel an der Seite des Pfännchens einigemal hin und her, wodurch der Zucker ruhig wird, läßt die Glasur dann etwas abkühlen und begießt damit das Backwerk oder wendet es darin um.

Schokoladen-Kognak-Torte

250 g Mehl, 2 gestrichene TL Backpulver, 250 g Zucker, 250 g Margarine, 1 Päckchen Vanillezucker, 1 Prise Salz, 3–5 Tropfen Bittermandelöl, 2 EL Rum, 6 Eier, 150 g geraspelte Bitterschokolade, 150 g mit Schale geraspelte Mandeln.
Zum Beträufeln: ¼ l Kognak.
Zum Bestreichen: 1 Glas Aprikosenmarmelade.
Guß: 200–300 g Halbbitter-Kuvertüre.
Zum Verzieren: Mandelblätter oder Pistazien

Rührteig bereiten – Schokolade und Mandeln kurz untermischen. In eine Springform füllen und backen. Backzeit: 60-70 Min. 180–190° C, 10 Min. 0.
Torte etwa 20 Min. abkühlen lassen, aus der Form nehmen, auf einer Tortenplatte nach und nach mit Kognak begießen – mit Marmelade bestreichen. Die geschmolzene Kuvertüre auftragen. Mit Mandeln oder Pistazien verzieren.
Die Torte erst nach 2–3 Tagen anschneiden, sie hält sich mindestens 14 Tage frisch.

Schwäbische Torte

Hierzu ein Blätter-, Sahne- oder Mürbeteig, ein gutes, recht steifgekochtes Kompott von unreifen Stachelbeeren, Johannisbeeren, Kirschen, Äpfeln oder Zwetschgen und zum Guß 6 Eier, 125 g feingestoßene Mandeln, 125 g durchgesiebter Zucker, abgeriebene Schale einer Zitrone oder etwas Muskatblüte

Man lege von dem gemachten Teig einen Boden mit aufstehendem Rand in eine Springform, bestreue das Unterblatt recht dick mit feingestoßenem Zwieback, streiche das Kompott darüber und bedecke es mit folgendem Guß: Die Eidotter werden mit Zucker, Mandeln, Zitronenschale ¼ Stunde gerührt und mit dem steifen Schaum dieser Eier vermischt. Diese Torte wird beim ersten Hitzegrad gebacken. Wenn der Guß gelb geworden ist, lege man dünne Ruten über die Form und bedecke sie mit einigen Bogen Papier, damit der Guß nicht dunkler werde.

Schwarzwälder Kirschtorte

4 Eiweiß, 4 EL Wasser, 250 g Zucker, 4 Eigelb, 125 g Mondamin, 125 g Mehl, 1 TL Backpulver, 50 g Kakao, 750 g entsteinte Sauerkirschen, 3 EL Kirschwasser, 2 EL Zucker, ½ l Sahne, 4 Blatt weiße Gelatine, 50 g Borkenschokolade

Eiweiß und Wasser sehr steif schlagen, dabei den Zucker einrieseln lassen und die Eigelb unterziehen. Mondamin, Backpulver, Mehl und Kakao vermischen und unterheben. Kuchenform mit gefettetem Pergamentpapier auslegen und die Masse daraufgeben. Bei 190 Grad ca. 45 Minuten backen. Danach stürzen und Pergamentpapier abziehen. Die erkaltete Torte zweimal durchschneiden. Den untersten Tortenboden mit Kirschwasser beträufeln, mit den abgetropften und gezuckerten Kirschen belegen. Den zweiten Tortenboden darauflegen, etwas andrücken und die mit Gelatine gebundene Schlagsahne darauf verteilen, dabei etwas von der Sahne zurückbehalten. Mit der dritten Tortenplatte abdecken, die restliche Sahne darüberziehen, Borkenschokolade darüberstreuen und kaltstellen.

Schweizer Torte

250 g Mehl, 200 g Butter, 65 g durchgesiebter Zucker und 2 Eier zum Teig; eingemachte oder frische Früchte, 6 Eiweiß, 250 g geriebene Mandeln, 125 g durchgesiebter Zucker zum Guß

Der Teig wird dünn ausgerollt, in der Tortenpfanne ausgebreitet und mit einem schmalen Rand belegt. Dann kommen eingemachte oder frische Früchte darüber, letztere werden gehörig mit Zucker versüßt, auch können Weintrauben dazu genommen werden. Unterdessen rührt man Mandeln, Zucker und Eiweiß ¼ Stunde recht stark, bedeckt damit die Früchte und backt die Torte beim ersten Hitzegrad gar.

Sonntagstorte

Von 560 g Mehl, 280 g Butter, acht Eigelb, 140 g Zucker und einem Eßlöffel Zitronenzucker wird ein mürber Teig bereitet, derselbe halbfingerdick ausgewellt und daraus nun ein beliebig großer Boden ausgeschnitten, den man auf ein mit Papier belegtes Blech bringt. Aus den Abfällen des Teiges macht man eine fingerdicke Rolle, wellt diese aus, stellt den Streifen, der ungefähr 3 cm breit sein muß, aufrecht um den Teigboden, kneipt ihn mit dem Kneipeisen, oder in Ermangelung eines solchen, mit den Fingern ein und umschließt das Ganze dann mit einem Blechreif oder nimmt ein Kuchenblech mit abnehmbaren Rand hierzu. Der Boden wird jetzt fingerdick mit eingemachten Johannis- oder Himbeeren überstrichen, hierauf eine Mandeltortenmasse, welche von 140 g Mandeln bereitet wurde, gegeben und die Torte in nicht zu heißem Ofen gelb gebacken. Unterdessen bereitet man folgende *Windmasse:* Von drei Eiweiß wird ein steifer Schnee geschlagen und hinein 140 g sehr feiner Zucker gemengt, dies auf schwaches Feuer genommen und unter fortwährendem Schwingen gut warmgeschlagen, dann hält man es mit der Pfanne in ein Geschirr, worin kaltes Wasser ist, und schlägt fort, bis die Masse kalt geworden. Sie wird nun in eine unten etwas abgeschnittene Papiertüte gefüllt, so auf die etwas erkaltete Torte, nachdem zuvor der Blechreif usw. abgenommen, ein Gitter gespritzt und dasselbe am Rand ringsherum mit Punkten besetzt. Die Torte wird jetzt nochmals in den Ofen gebracht, in Kürze wieder herausgenommen, nach gänzlichem Erkalten das Gitter mit Johannisbeergelee eingefüllt und die Torte auf einer mit Tortenpapier belegten Platte serviert.

Spanische Torte

Für 6 bis 7 Personen schält man 20 Lot Mandeln, stößt sie mit Zitronensaft zart, rührt ein halbes Pfund frische Butter, schlägt 16 Eigelb langsam hinein, nimmt alsdann die gestoßenen Mandeln nebst anderthalb Viertel gesiebtem Zucker dazu, schneidet die Schalen von einer Zitrone klein, stößt ein halbes Lot Zimt, eine ganze Muskatnuß und 1 Quint Nelken zart, rührt das Geschnittene und Gestoßene nebst 6 Lot Semmelmehl an die Masse, einen mit 6 Eiweiß geschlagenen Schaum auch hinein, füllt sie nun gleich in eine mit Butter bestrichene und mit Mutschelmehl gestreute Blechform und läßt sie langsam im Ofen backen. Sie braucht eine kleine Stunde, bis sie fertig ist.

Spritzglasur

½ Eiweiß, 60–80 g gesiebten Puderzucker

In einer Tasse rührt man Eiweiß und Zucker, bis es dick vom Löffel läuft. Die Glasur kann mit etwas Kakao, roter oder grüner Zuckerfarbe, gebranntem Zucker, Eigelb gefärbt werden. Aus Pergamentpapier formt man kleine Tüten, gibt wenig Glasur hinein, schließt die Tüten gut, schneidet die Spitze wenig ab und spritzt auf das Backwerk beliebige Formen.

Stachelbeertorte

Ein beliebiger Teig: Blätter-, Mürbe- oder Sahneteig, letzterer eignet sich besonders zu dieser Torte; ferner: 750 g von Stiel und Blume gereinigte unreife Stachelbeeren, 500 g geriebener Zucker und etwas Zimt

Man rolle ⅔ des Teiges zu einem Unterblatt nicht zu dünn aus, weil sonst der Saft der Stachelbeeren durchdringt und der Kuchen nicht unverletzt von der Platte genommen werden kann und bestreue den Boden dick mit feingestoßenem Zwieback. Unterdessen bringe man die Stachelbeeren, mit kaltem Wasser aus Feuer gesetzt, nicht völlig zum Kochen, wodurch sie sehr viel von iher scharfen Säure verlieren, lege sie zum Abtröpfeln auf ein Sieb und dann auf den Kuchen, wobei ein zweifingerbreiter Rand frei bleibe. Sind die Stachelbeeren sehr dick, so bedecken sie den Kuchen nicht, man schneide sie deshalb durch und lege die Schnittseite nach unten. Dann bestreue man sie mit dem Zucker und Zimt, schlage den Rand darüber und backe den Kuchen beim ersten Hitzegrad 1¼ Stunden, in einem Bäckerofen kürzere Zeit. Übrigens kann der Kuchen auch in einer Springform, wie Kuchen von frischen Zwetschgen, vorzüglich gebacken werden.
Auch kann man die Stachelbeeren zu einem steifem Kompott einkochen, das Unterblatt von der Hälfte des Teiges ausrollen

und das ganz kaltgewordene Kompott darüberstreichen. Dann werden von dem übrigen Teig schmale Streifen gerädert, diese gitterartig über die Stachelbeeren gelegt, doch so, daß die Enden durch einen Rand, den man darüberlegt, bedeckt werden.
Ein übergeschlagener Rand ist bei saftigem Obst einem aufgelegten Rand aus dem Grund vorzuziehen, weil er das Durchdringen des Saftes verhindert.
Vom Zucker darf nichts abgezogen werden; manche rechnen sogar auf jede 500 g Stachelbeeren 500 g Zucker.

Stachelbeertorte I

60 g Mehl, 60 g Speisestärke, 1 TL Backpulver, 150 g Zucker, 3 Eier, 1 Päckchen Vanillezucker. Für den Belag: 750 g reife Stachelbeeren, 250 g Zucker, ein Stückchen Zitronenschale, 3 EL Semmelbrösel

Eiweiß schlägt man zu steifem Schnee und läßt nach und nach Zucker und Vanillezucker einrieseln. Dann zieht man langsam das verquirlte Eigelb darunter und gibt die Mehl-Speisestärke-Backpulvermischung dazu. Diese Masse füllt man in eine gefettete Tortenbodenform und bäckt den Tortenboden bei mittlerer Hitze etwa 15 Minuten.
In der Zwischenzeit kocht man etwas Wasser mit Zucker und Zitronenschale auf, läßt es etwas einkochen und gibt dann die gesäuberten Stachelbeeren dazu. Man läßt sie etwa 10 bis 15 Minuten auf kleiner Flamme ziehen. Dann nimmt man die Stachelbeeren heraus und läßt die dicke Zuckerlösung noch etwas einkochen.
Auf den abgekühlten Tortenboden streut man Semmelbrösel und verteilt die Stachelbeeren darauf. Den dicken Zuckersirup gießt man darüber und läßt die Torte erkalten.

Stachelbeertorte, norwegische

Nachdem man 1500 g unreife Stachelbeeren mit kochendem Wasser überbrüht und einige Minuten darin gelassen hat, läßt man sie auf einem Sieb rein abtropfen. In ¼ l Rheinwein werden sie alsdann mit 575 g Zucker und etwas Zitronenschale weichgedämpft und noch einmal ablaufen gelassen. Nach und nach gibt man darauf zu 125 g schaumig gerührtem Zucker 10 Eigelb, 125 g gesiebten Zucker, 275 g süße und 25 g bittere geriebene Mandeln und 125 g Milchbrotbrösel. Durch diese Masse zieht man zuerst die Stachelbeeren und dann den Schnee von 6 Eiweiß, füllt mit diesem Teig eine ausgebutterte Tortenform und backt ihn bei ganz mäßiger Hitze. Die Torte wird nach dem Auskühlen mit einem weißen Zuckerguß überzogen.

Torte von gerührten Äpfeln

Sieben bis 8 Borsdorffer Äpfel werden geschält, zu ganz feinen Bröcklein geschnitten, diese mit einem halben Lot gestoßenem Zimt und einer Handvoll Zucker vermengt und die Brosamen von einem Kreuzerwecken in süßen Rahm eingeweicht. Hierauf rührt man ein halbes Pfund Butter ganz leicht, schlägt 8 Eier langsam hinein, nimmt ein halbes Pfund gute und zartgestoßene Mandeln nebst einem Viertel gestoßenem Zukker dazu, rührt beide letzteren Stücke mit der Butter noch eine Viertelstunde, drückt den eingeweichten Wecken fest aus, gibt ihn nebst den kleingeschnittenen Schalen von einer Zitrone auch an die Masse, rührt dieselbe noch ein wenig, und die geschnittenen Äpfel langsam darunter, bestreicht einen blechenen Mandeltorten-Model, bestreut ihn stark mit geschnittenen Mandeln, über diese noch mit Semmelmehl, füllt die gerührte Masse hinein und backt sie. Die Hitze des Ofens muß aber stärker sein als bei anderen gerührten Torten.

Torte von eingemachten Johannis- oder Himbeeren

Ein Blätter-, Sahne- oder Mürbeteig, Konfitüren, 125 g Zucker, 8 Eiweiß, etwas mit Zucker feingestoßene Vanille

Man rolle den Teig zu einem Unterblatt aus und backe ihn gar. Dann bestreiche man den Kuchen mit beliebigen Konfitüren, schlage das Eiweiß zu steifem Schaum, vermische ihn mit Zucker und Vanille, bedecke hiermit den Kuchen, streiche den Schaum glatt und setze ihn zum Trocknen in einen nicht zu heißen Ofen.

Torte von frischen Zwetschgen

Hierzu ein Mürbeteig mit 65 g oder 2 EL voll Zucker, ferner: gute reife Zwetschgen, geriebener Zucker und Zimt, gestoßener Zwieback

Die Zwetschgen setze man in einem blechernen Sieb so lange in langsam kochendes Wasser, bis die Haut mit einem Messer leicht abgezogen werden kann (läßt man sie zu weich werden, so wird das Abziehen erschwert). Nachdem nun die Haut entfernt ist, schneide man die Steine heraus und lege die Zwetschgen in eine Schale. Dann mache man den Teig. Derselbe kann, ohne ihn vor dem Ausrollen ruhen zu lassen, sogleich in einer zugerichteten Springform auseinandergedrückt werden. Zu diesem Zweck lege man ihn stückweise in die Form und drücke ihn mit der flachen, mit Mehl bestäubten Hand gleichmäßig, jedoch seitwärts dicker, auseinander, so daß ein zweifingerbreiter Rand von gleichmäßiger Höhe daraufgebracht wird, wobei jede durchsichtige Stelle mit Teig zu verdichten ist. Den aufstehenden Rand lege man mit zwei Fingern in spitze Zacken und biege diese schräglaufend nach einer Richtung hin. Danach bestreue man den Teig reichlich mit gestoßenem Zwieback, drehe jede Zwetschge, eben zugedrückt, in geriebenem Zucker und lege, am Rand anfangend,

eine dicht neben die andere kreisförmig bis zu Mitte hin, streue etwas Zimt darüber und lasse den Kuchen beim ersten Hitzegrad 1¼ Stunden dunkelgelb backen.
Der aus den Zwetschgen gelaufene Saft werde auf einem Suppenteller mit etwas Zucker auf einer heißen Platte ein wenig eingekocht und erst, wenn der Kuchen zur Tafel gebracht wird, über die Zwetschgen verteilt.
Der bemerkte Teig ist zu einer großen Torte hinreichend. Durch das Umdrehen der Zwetschgen in Zucker erhalten diese die gewünschte Süße. Warm ist dieser Kuchen am wohlschmeckendsten, jedoch kann derselbe einige Tage vorher gebacken und vor dem Gebrauch ¼ Stunde in einen heißen Ofen gesetzt werden. In Zeiten, wo die Zwetschgen fehlen, kann der Kuchen nach dem Backen mit Mus von Zwetschgen ohne Schale bestrichen und danach ¼ Stunde in den Ofen gestellt werden.

Torte von getrockneten Zwetschgen

Man nehme einen Blätterteig und lege ein Gitter über das Obst; ferner gehören dazu 500 g Katharinenpflaumen oder gute Zwetschgen, ½ Flasche Weißwein, 200 g Zucker, 125 g Korinthen, 1 Zitrone und gestoßener Zwieback

Die Pflaumen werden in heißem Wasser abgewaschen, Zwetschgen abgebrüht (siehe Kompott) und in wenig Wasser so lange langsam gekocht, bis sich die Steine herausdrücken lassen. Dann werden diese entfernt, die Pflaumen mit der Brühe, Wein, Zucker, Saft und Schale einer Zitrone in einem irdenen Töpfchen, fest zugedeckt, langsam weichgekocht; ¼ Stunde vorher gibt man die gut gewaschenen Korinthen hinzu und läßt die Brühe gut einkochen. Völlig kalt geworden, streut man dieses Mus auf den mit Zwieback bestreuten Teig und läßt den Kuchen beim 1. Hitzegrad 1 bis 1¼ Stunden dunkelgelb backen.

Torte d'amour

Man macht von 750 g feinstem Mehl einen Mürbe- oder Sahneteig, formt daraus drei große Kuchen, bestreicht sie mit Butter, streut Zucker und Zimt darüber und backt sie gehörig gelb. Erkaltet, bedeckt man den ersten Kuchen mit einer dickgekochten Weincreme, den zweiten mit Himbeer- oder Johannisbeergelee, legt dann alle drei aufeinander, schneidet erst am folgenden Tag den Rand ringsumher mit einem scharfen Messer glatt, macht einen beliebigen Guß darauf, etwa von Schokolade oder Zucker mit Zitronensaft, und verziert die Torte mit feinen eingemachten Früchten oder Sukkade.

Törtchen, aufgelaufene

Vier Eßlöffel feines Mehl wird in einer Kasserolle oder einer Pfanne mit ¼ l Rahm oder guter Milch glatt angerührt, sechs Eßlöffel Zucker, ein Eßlöffel Zitronenzucker, ein wenig Salz und 105 g Butter dazugegeben, dies auf dem Feuer unter fortwährendem Rühren aufgekocht und dann beiseite gestellt. Ist die Masse erkaltet, so rührt man sechs Eigelb hinein, schlägt das Weiße der sechs Eier zu festem Schnee und mengt solchen behutsam gleichfalls unter die Masse. Nun werden die bestimmten Förmchen, nachdem sie leicht mit Butter ausgestrichen und mit dünn ausgewelltem Butterteig gefüttert sind, mit der beschriebenen Masse nicht ganz vollgefüllt und die Törtchen wie obige gebacken.

Törtchen von Mandeltortenmasse

Nachdem die Förmchen mit Blätterteig ausgefüttert, gibt man einen Kaffeelöffel eingemachte Johannisbeeren hinein. Nun werden fünf Eigelb, 140 g feiner Zucker, 105 g abgezogene süße und einige bittere, mit einem Ei feingestoßene Mandeln eine halbe Stunde gleichmäßig gerührt und hernach die feingewiegte Schale und der Saft einer halben Zitrone, 85 g feingesiebtes Mehl und das zu Schnee geschlagene Eiweiß daruntergemengt. Mit dieser Masse füllt man die Förmchen nicht ganz voll, besät die Törtchen mit Zucker und bäckt sie langsam in etwas abgekühltem Ofen.

Triester Torte

200 g Margarine, 200 g Zucker, 6 Eier, 200 g gemahlene Nüsse, 100 g Zwieback (= 9 Stück), 2 TL Backpulver, 100 g bittere Schokolade, 1 EL Rum

Margarine schaumig rühren, Zucker und Eier zugeben, dann die gemahlenen Nüsse mit geriebenem Zwieback und dem Backpulver unterrühren, anschließend die kleingeschnittene (oder geriebene) Schokolade und den Rum zufügen. Backzeit 50–60 Minuten bei 175°. Mit Glasur bestreichen oder mit Puderzucker bestreuen.

Vanillebuttercreme

200 g Butter, 200 g gesiebten Staubzucker, 2–3 Eigelb, 1 Päckchen Vanille

Die Eigelb in einer Tasse in warmes Wasser stellen. Die Butter schaumig rühren, abwechselnd Zucker, Vanille und Eigelb langsam zurühren.

Vanillecreme

30 g Mondamin oder Cremepulver, 3 Eigelb oder 2 ganze Eier, ¼ l Milch, 100 g Zucker, 1 Päckchen Vanille, 100–150 g Butter

Mondamin, Eier, Milch, Zucker anrühren, auf dem Feuer unter Schlagen dicklich kochen, kaltstellen. Die Butter schaumig rühren, die verkühlte Creme langsam dazurühren. Nach Belieben kann man auch Staubzucker nehmen und diesen mit der Butter schaumig rühren, dann die Creme zurühren.

Vanilleglasur

250 g Puderzucker, das Mark ½ Vanilleschote, 2 EL heißes, 2 EL kaltes Wasser

In den gesiebten Puderzucker das Vanillemark mischen, mit dem heißen und zum Schluß dem kalten Wasser zu einer glänzenden Glasur verrühren.

Wasserbiskuittorte

8 Eier, 6–8 EL Wasser, 375 g Zucker, Schale ½ Zitrone, 400 g Mehl

Eigelb, Wasser, Zucker, Zitrone schaumig rühren, Mehl, Schnee abwechselnd lose unterziehen. In eine mit Butter und Mehl vorgerichtete Tortenform füllen, etwa ¾ Stunden backen.

Wassertorte

Ein flaches Tortengeschirr oder ein aufgeschlagenes Kuchenblech wird mit Blätterteig ausgelegt, so, daß derselbe noch am Rand heraufgeht und beliebiges Eingemachtes auf den Teig gestrichen. Unterdessen rührt man 100 g Butter weiß ab und fügt fünf Eidotter bei, sowie 210 g Zucker, die feingewiegte Schale von einer Zitrone, 250 g abgezogene, feingestoßene Mandeln und ⅛ l Wasser. Nachdem dann diese Masse zusammen fein abgerührt, wird sie in die ausgefütterte Form eingefüllt und die Torte in gutem Ofen gebacken.

Wasserglasuren

Rum-, Arrak-, Punsch-, Zitronen-, Orangen-, Mokkaglasur

250 g gesiebten Puderzucker. – 2 bis 3 EL einer der oben angegebenen Geschmackszutaten, wenn nötig, etwas Wasser. Alle Zutaten in einem kleinen Schüsselchen zu einer dickflüssigen Glasur anrühren. Wird vielfach zu Kleingebäck verwendet.

Weintraubentorte

Ein Mürbeteig, unreife Weintrauben mit Zucker in gleichem Gewicht

Man mache die Torte nach Gefallen offen oder mit einem Oberblatt und rolle den Teig aus oder drücke ihn, wie es bei Torte von frischen Zwetschgen genau beschrieben ist, in eine Springform. Dann bestreue man den Teig ziemlich dick mit gestoßenem Zwieback, lege die Weinbeeren dicht nebeneinander darauf, bestreue sie dick mit Zucker, stelle den Kuchen so, oder mit einem Oberblatt versehen, beim 1. Hitzegrad in den Ofen und lasse ihn während 1 bis 1¼ Stunden dunkelgelb backen.

Wellingtontorte

250 g Mehl, 125 g Butter, 125 g geriebene Mandeln,
125 g durchgesiebter Zucker, 2 Eier zum Teig; ferner: 200 g süße,
3 Stück bittere, kleingehackte Mandeln, 6 Eiweiß

Der Teig wird ausgerollt oder in der Form auseinandergedrückt, das Eiweiß zu steifem Schaum geschlagen, mit Zucker und Mandeln vermischt, darübergestrichen und schnell gebakken.

Wiener Torte I

Zum Kuchen 250 g abgeklärte Butter, 250 g durchgesiebten Zucker, 250 g durchgesiebtes Mehl, 65 g feingestoßene Mandeln, die abgeriebene Schale einer Zitrone, 10 Eier. Zum Bestreichen der Kuchen gute Äpfel, Saft einer frischen Zitrone, 1 Tasse Arrak, Zucker, zweiwalnußdick Butter, 3 Eidotter

Man rühre Butter, Zucker und Zitronenschale, gebe nach und nach unter stetem Rühren Eidotter und Mandeln hinzu und rühre beides ½Stunde. Dann vermische man die Masse mit dem Mehl und danach mit dem zu steifem Schaum geschlagenen Eiweiß. Hiervon werden 3 bis 4 Kuchen gebacken. Dann reibe man saure Äpfel auf einer Reibe, lasse den Saft davon ablaufen, setze ihn mit Zucker in einem irdenen Geschirr aufs Feuer und koche ihn unter öfterem Umrühren etwas dicklich ein, rühre Zitronensaft, Butter und Eidotter hinzu, nehme es schnell vom Feuer und mische den Arrak durch. Dieses streiche man über die Kuchen und verfahre übrigens wie bei der Brauttorte. Zum Bestreichen der Kuchen kann auch Fruchtgelee genommen werden.

Wiener Torte II

Zwanzig Eiweiß werden zu Schnee geschlagen und ebensoviel Eigelb, 560 g feiner Zucker und die feingewiegte Schale einer Zitrone hineingegeben. Dies wird entweder eine Stunde gerührt, oder in einen kupfernen Schneekessel oder eine Kasserolle, auch in eine irdene Schüssel, welche das Feuer aushält, gegeben, und auf schwacher Kohlenglut unter fortwährendem Schlagen mit einer Schneerute so lange gelassen, bis die Masse ganz dick geworden ist und einige Augenblicke so stehen bleibt, wie sie von der in die Höhe gehobenen Schneerute herunterläuft. Man nimmt dieselbe dann vom Feuer, schlägt sie noch so lange, bis sie ganz kalt geworden und mischt hernach 420 g feingesiebtes Mehl leicht darunter. Nun verfertigt man folgende *Papierformen*: Von einem Bogen steifem Papier werden die Ecken abgeschnitten, so daß solcher rund erscheint, dann eine runde Platte von der gewünschten Größe der Torte verkehrt in die Mitte desselben gelegt, das Hervorstehende des Papiers über den Rand herauf in Falten eingebogen und die Platte behutsam herausgenommen. Oder man kann einen Bogen starkes Papier über eine umgekehrte Kasserolle oder eine Auflaufform fest andrücken, neben herum in Falten legen und dann abheben. Obige Masse wird jetzt in vier solche, mit zerlassener Butter leicht ausgestrichene Formen gleich verteilt und auseinandergestrichen, so auf ein Backblech gesetzt und in abgekühltem Ofen eine Viertel- oder leichte halbe Stunde gebacken, hernach die Böden (Kuchen) behutsam vom Papier abgelöst, und einer davon auf ein Backblech gelegt. Dieser wird auf der oberen Seite messerrückendick mit beliebiger Marmelade bestrichen und auf ihn der zweite Kuchen gegeben, solcher ebenfalls mit Marmelade bestrichen und mit dem dritten Kuchen gedeckt, den man gleichermaßen bestreicht, und hierauf kommt endlich der vierte und letzte Kuchen, welcher mit Wasserglasur oder einer anderen beliebigen Glasur überzogen wird. Nun werden Oblaten nach der Höhe der Torten in Streifen geschnitten, diese schnell durchs Wasser gezogen und hernach um die Torte herumgelegt, welche zuvor gleichrund zugeschnitten wurde. So gibt man letztere in einen abgekühlten Ofen, läßt sie einige Augenblicke trocknen, nimmt sie dann heraus, gibt sie auf die mit ausgeschnittenem Tortenpapier belegte Platte und legt obenüber beliebige eingemachte Früchte.

Würzburger Torte

Man legt ein Kuchenblech mit Butterteig aus. Nun wird 210 g Zucker geläutert und solcher so weit eingekocht, daß er dicklich vom Löffel läuft. Hierunter werden ebensoviel abgezogene, feinverwiegte Mandeln, die feinverwiegte Schale einer Zitrone und 70 g feinverwiegtes Zitronat oder Pomeranzenschale gemengt und dies gleichmäßig auf den eingelegten Butterteig ausgebreitet. Alsdann macht man von Butterteig ein Gitter, bringt solches auf die Mandelmasse, bestreicht es mit verrührtem Ei und bäckt das Ganze in gutem Ofen. Inzwischen werden weitere 210 g Zucker mit dem Saft von drei bis vier Zitronen geläutert und eine halbe Tasse Arrak dazugegeben, dieses, sobald die Torte aus dem Ofen kommt, mit einem Löffel in die Öffnungen derselben gegossen und die Torte dann sogleich serviert.

Wurzel- oder Möhrentorte

290 g Wurzeln, 14 Eier, 320 g durchgesiebter Zucker, 1 Zitrone, 290 g süße, 65 g bittere geriebene Mandeln, 2 gehäufte EL fein durchgesiebtes Kartoffelmehl oder gute Stärke

Die Wurzeln werden gewaschen, in Wasser kaum halbgar gekocht und, wenn sie ganz kalt geworden sind, gerieben; das Herz bleibt zurück. Von diesem Geriebenen nimmt man 290 g. Dann rührt man die Eidotter mit dem Zucker, Saft und der abgeriebenen Schale einer Zitrone und den Mandeln, gibt die Wurzeln hinzu und rührt dies eine halbe Stunde, mischt dann den steifen Schaum von 9 Eiern mit dem Kartoffelmehl durch und backt die Masse 1¼ Stunden wie Mandeltorte.

Zitronattorte

In einer Zinnschüssel oder Kasserolle läßt man ein halbes Pfund Butter vergehen, rührt 2 ganze Eier und das Gelbe von 9 Eiern hinein, gibt ein Viertel geschälte und mit süßem Rahm zartgestoßene Mandeln und ebensoviel gestoßenen Zucker an das Gerührte, setzt dies auf eine Kohlpfanne, rührt es so lange, bis es zu kochen anfängt und gibt noch 4 Lot zartgeschnittenes Zitronat, nebst der auf dem Reibeisen abgeriebenen Schale von einer Zitrone dazu. Wenn die Masse abgekühlt ist, wird ein Boden von gutem Butterteig in ein zuvor bestrichenes und mit Semmelmehl bestreutes Potageblech gelegt, die Masse hineingefüllt, eine Handvoll geschälte und zartgeschnitte Mandeln mit ein wenig gestoßenem Zucker vermengt, über die Torte gestreut und diese in einem nicht allzu heißen Ofen gebacken.

Zitronenbuttercreme

4 Eigelb, 125 g Zucker, 125 g Butter, Saft von 2, Schale von 1 Zitrone

Die Butter in einem kleinen Töpfchen zergehen lassen, die anderen Zutaten zugeben, auf schwachem Feuer zu einer dicklichen Creme rühren, dann kaltrühren. Kann nicht zum Spritzen verwendet werden.

Zitronentorte

280 g Mehl, 120 g Butter, 100 g Puderzucker, 1 Ei, 1 Zitrone, Salz, 500 g getrocknete Erbsen. 200 g Zucker, 150 g Butter, 2 Zitronen, 3 Eier, 3 Blatt weiße Gelatine. Guß aus 40 g Zucker, 2 EL Wasser, 1 Zitronenscheibe

Mehl, weiche Butter, Puderzucker, Ei, abgeriebene Zitronenschale und Salz zu einem Teig kneten. Zugedeckt 30 Minuten im Kühlschrank ruhen lassen. Auf einer mit Mehl bestäubten Fläche Teig zu einer runden Platte ausrollen. Eine gefettete Springform mit dem Teig auslegen, dabei einen 3 cm hohen Rand stehen lassen. Teigboden mehrmals einstechen, mit einem Pergamentpapier belegen und getrocknete Erbsen darauf verteilen. 25 Minuten bei mittlerer Hitze backen. Tortenboden aus der Form lösen und auf einem Gitter abkühlen lassen. Zucker, Butter, Zitronensaft und -schale im heißen Wasserbad schaumig rühren. Die geweichte, ausgedrückte Gelatine und die Eier zugeben. 5 Minuten abkühlen lassen und auf dem Tortenboden verteilen. Zwei Stunden erstarren lassen. Aus Zucker und Wasser einen dickflüssigen Sirup kochen. Zitronenscheibe darin zwei Minuten mitkochen. Danach herausnehmen und den Guß über die Torte gießen und glattstreichen. In die Mitte die Zitronenscheibe legen.

Zitronentörtchen

280 g feiner Zucker wird mit acht Eigelb eine halbe Stunde gerührt, 35 g zerlassene frische Butter, der Saft einer Zitrone, 35 g feines Mehl und der steife Schnee der acht Eiweiß beigefügt, und dies zusammen gut durchgerührt. Diese Masse füllt man nun in mit Blätterteig ausgefütterte kleine runde Förmchen nicht zu voll ein und bäckt die Törtchen langsam in mittelheißem Ofen.

Zitronentorte, gerührte

Ein halbes Pfund feingesiebter Zucker wird mit 10 Eigelb verrührt, das Gelbe von 4 Zitronen abgerieben und auch mit den Eiern gerührt, das Weiße derselben zu Schaum geschlagen, der Saft von den Zitronen in eine Schale gedrückt, ein zweimesserrückendick ausgewellter Boden von Butterteig in ein bestrichenes Potageblech gelegt, derselbe in der Mitte gestupft und der leere Teig im Ofen halb gebacken. Inzwischen wird der geschlagene Schnee und Zitronensaft schnell in die Masse gerührt, dieselbe in den halb gebackenen Teig gefüllt und vollends ausgebacken.

Zitronentorte, geschnittene, mit einem Guß

Hierzu ist auch die gebeizte Fülle am besten, die gekochten Zitronenfüllen sind etwas klebrig. In ein mit Butter bestrichenes und mit Semmelmehl gestreutes Gußtorten-Blech legt man einen Boden von gutem Butterteig bis über den ganzen Rand herauf, füllt die gebeizte Zitronenmasse hinein, rührt anderthalb Viertel geschälte und zartgestoßene Mandeln und ebensoviel gesiebten Zucker in einer tiefen Schüssel mit 5 ganzen und 5 gelben Eiern eine halbe Stunde, schneidet 2 Lot Zitronat, ebensoviel Pomeranzenschale, ein Lot geschälte Pistazien und die Schale von einer halben Zitrone alles länglich zart, gibt es auch in die gerührte Masse und gießt diese über die angefüllte Torte: Nach dem Backen kann sie noch mit einem weißen Eis überzogen, und mit Streuzucker bestreut, oder auch ohne dies gegeben werden.

Zitronentorte, geschnittene, andere Art

Ein Potageblech wird ebenfalls mit einem Blatt Butter- oder Weinbaches-Teig belegt, die bei der vorhergehenden Art beschriebene Fülle hineingemacht, von 6 bis 8 Eiweiß ein steifer Schaum geschlagen, etwas geriebene Zitronenschale hineingegeben, dieser Schaum über die Torte gebreitet, dieselbe in einer nicht zu großen Hitze gebacken und erst kurz vor dem Auftragen mit Zucker und Zimt bestreut. Wenn es bälder geschieht, wird der Schaum weich und wässerig. Es darf auch kein Zucker in den Schaum gegeben werden, weil er sich sonst im Backen gern setzt.

Zitronentorte, geschnittene, mit Eis

Zu einer mittleren Torte für 6 bis 8 Personen reibt man 6 saftige Zitronen auf dem Reibeisen fein ab, schneidet die dicke weiße Haut ganz davon, dann die Zitronen der Länge nach voneinander, schält das Mark von den weißen Häutchen, welche dazwischenliegen, rein ab, nimmt das Mark und das Abgeriebene in eine Schüssel, ein halbes Pfund gesiebten Zucker, ebensoviel geschälte und zartgeschnittene Mandeln, ein halbes Lot gestoßenen Zimt, 2 Lot Zitronat und ebensoviel Pomeranzenschalen, beide letztere Stücke zuvor länglich geschnitten, dazu, mengt es mit einem Eßlöffel wohl untereinander und läßt es über Nacht stehen. Am anderen Tag wird von einem halben Pfund Butter ein Weinbaches-Teig gemacht, ein Potage- oder Apfelkuchen-Blech mit Butter bestrichen, mit Semmelmehl bestreut, ein zweimesserrückendicker Boden gewellt, der bis an den Rand des Blechs gehen muß, die gebeizte Zitronenmasse hineingefüllt, der andere Teig gewellt, mit Weinbaches-Modeln, welche Laubwerk oder Herzen vorstellen, ausgestochen und auf die Torte gelegt, so daß nicht viel Öffnung dazwischen bleibt, dann dieselbe mit einem Ei bestrichen, und in schneller Hitze gebacken. Wenn sie fertig ist, wird von einem Viertel gesiebten Zucker, einem Eiweiß und 2 Eßlöffelvoll Erbselens-Saft ein Eis gerührt, dann die gebackene Torte auf dem Laubwerk geeist und wieder getrocknet.

Zitronen-Apfeltorte von Blätterteig

12 bis 14 geriebene Borsdorffer Äpfel, 8 Eidotter,
8 EL geschmolzene Butter, 6 EL gestoßener Zucker,
Saft von 2 Zitronen, von einer die abgeriebene Schale

Dies alles wird untereinandergerührt, mit dem Schaum dieser Eier vermischt, auf einen mit Zwieback bestreuten Blätterteig gestrichen und beim ersten Hitzegrad gebacken. Damit die Torte nicht bräunlich werde, lege man früh genug einige Bogen Papier darüber.

Zitronentorte mit Blätterteig

Ein Blätterteig von 250 g Mehl, 4 frische saftige Zitronen,
250 g geriebene Mandeln, 250 g Zucker und 4 Eier

Man schält die Zitronen dick ab, kocht die Schale in Wasser weich, zerschneidet sie in längliche Streifen, kocht 2 gehäufte Eßlöffel Zucker mit 1 Eßlöffel Wein oder auch Wasser zu einem dicken Sirup und kocht die Schale darin so lange, bis sich der Zucker anhängt. Der Saft wird stark aus den Zitronen gepreßt, mit den Mandeln, dem Zucker, der kandierten Zitronenschale und den Eiern tüchtig gerührt. Dies auf den Blätterteig gestrichen und schnell gebacken.

Zitronentorte von Reis

Hierzu eignet sich ganz besonders ein Blätterteig. 250 g bester Reis, 250 g geriebener Zucker, 4 frische Zitronen

Der Reis wird abends vorher gut gewaschen und abgebrüht, zum Aufquellen über Nacht mit Wasser bedeckt, anderentags in demselben Wasser, ohne ihn zu rühren, weichgekocht und zum Ablaufen auf ein Sieb geschüttet. Dann reibt man eine Zitrone auf dem Zucker gehörig ab, schneidet von 3 Zitronen die Schale recht dick, kocht diese in Wasser weich, schneidet sie dann in Streifchen und kandiert sie wie im vorhergehenden. Der Saft der 4 Zitronen wird mit dem Zucker gerührt und der Reis mit einer Salatgabel vorsichtig durchgemischt. Unterdessen wird der Teig zu einem Unterblatt ausgerollt und ein Rand von der Breite eines Fingers daraufgelegt, wobei zuvor der Raum ringsherum mit kaltem Wasser bestrichen werden muß, damit der Rand festhalte. Nachdem der Kuchen gebacken und erkaltet ist, streicht man den Reis darüber und bestreut ihn mit der kandierten Zitronenschale.
Die bemerkten Bestandteile sind zu einem großen Kuchen berechnet. Derselbe ist von sehr erfrischendem Geschmack und besonders dann zu empfehlen, wenn das frische Obst fehlt. Wenn man den Blätterteig nicht gut selbst bereiten kann, so lasse man ihn von einem Konditor backen.

Zitronentorte, englische

Blätterteig von 250 g Mehl und 250 g Butter, beliebiges Eingemachtes, ferner: 160 g gestoßene Mandeln, 200 g Zucker, 12 Eier, 200 g Mehl, Saft und die abgeriebene Schale von 2 Zitronen

Nachdem Eidotter, Zucker und Mandeln tüchtig gerührt, Mehl, Zitronen und zuletzt das zu steifem Schaum geschlagene Eiweiß durchgemischt, wird die Masse auf dem ausgerollten Blätterteig, welcher mit dem Eingemachten bestrichen ist, bei starker Hitze ¾ Stunden gebacken.

Zitronentorte mit Guß

Ein Blätter- oder Mürbeteig, einige frische Zitronen, Zucker, Biskuit und zum Guß 4 Eier, ½ l dicke Sahne, mit Zucker versüßt

Es wird von dem Teig ein offener Kuchen gebacken, mit Zucker bestreut, Zitronenscheiben dicht aneinander darüber hingelegt, gehörig versüßt, mit Biskuitschnittchen bedeckt und mit Eiern, Sahne und Zucker, welches mit einem Schneebesen gut geschlagen ist, übergossen und noch so lange in den Ofen gestellt, bis der Guß dick geworden ist.

Zuckerglasur, gekochte

140 g feiner Zucker wird mit ein paar Eßlöffeln Wasser begossen und dies so lange auf schwaches Feuer gesetzt, bis der Zucker gut warm geworden, und an der Seite anfängt zu schmelzen, wo man die Glasur dann sofort zum Überziehen von Torten oder kleinem Backwerk verbraucht.

Zuckerguß, unschädlich zu färben

Man kann dem Guß oder etwas von demselben auf folgende Weise eine Färbung geben und den weißen damit verzieren; dann aber darf kein Zitronensaft dazu genommen werden. Braun: wenn man etwas geriebene Schokolade in die Masse rührt; schon rosa: wenn einige Tropfen Johannisbeer- oder Himbeersaft hinzugefügt werden; hochrot; mit Cochenille; blau: mit Veilchensaft; gelb: mit Zitronenzucker oder etwas Safran, worauf einige Tropfen Branntwein gegeben sind; grün: so gibt man das Eiweiß, welches zum Zucker gebraucht werden soll, zu 30 g rohem Kaffee in ein Töpfchen und läßt es *eine* Nacht stehen, wodurch es eine grüne Farbe erhält, oder man preßt aus zerstoßenen Spinatblättern den Saft.

Zuckerglasur, weiße. Spritzglasur. Zitronenglasur

200 g getrockneter, feingestoßener Zucker wird durch ein ganz feines Seidensieb in eine Porzellanschüssel gesiebt und hier mit einem Eiweiß und einigen Tropfen Zitronensaft mittels eines neuen Kochlöffelchens eine Viertelstunde nach *einer* Seite schaumig gerührt. Sollte die Glasur zu dick sein, so muß noch ein wenig Eiweiß hinein. Sie soll schneeweiß aussehen und ganz dick vom Löffel laufen, so daß sie fast steht. Wird dieselbe nicht sogleich verbraucht, so zieht man ein Stück Papier durchs Wasser und legt es darüber, damit sie keine Kruste bekomme.

Zuckerglasur, grüne

Zehn bis zwölf rohe Kaffeebohnen werden über Nacht in zwei verrührte Eiweiß gelegt und diese dadurch schön grün gefärbt. Die Glasur wird bereitet, nur kommt das vorbeschriebene grüne Eiweiß statt des dort bemerkten dazu. – Kann auch in anderer Weise grün gefärbt werden, indem man statt das Eiweiß zu färben, etwas *Spinattopfen* unter die Glasur mengt.

Zucker, gebrannten, zum Färben

Zum Färben von Glasuren und Saucen 60 g Zucker, 1/8 l Wasser

Der Zucker wird in einem eisernen Töpfchen unter Rühren dunkelbraun geröstet, mit dem Wasser abgelöscht, aufgekocht, erkaltet in eine Flasche gegeben und verkorkt. Die Flüssigkeit kann längere Zeit aufbewahrt werden.

Zwiebacktorte

375 g durchgesiebter Zucker, 240 g guter gestoßener und durchgesiebter Zwieback, 200 g geriebene Mandeln, 15 Eier, 1 Zitrone, 1 TL feingestoßene Nelken, 4 g guter Zimt

Eidotter, Zucker, Mandeln, Gewürze und Zitronensaft werden eine halbe Stunde stark gerührt, dann wird der steife Eiweißschaum durchgemischt, danach der Zwieback durch die Masse gezogen, sogleich in den Ofen gesetzt und wie Mandeltorte gebacken.

Inhaltsverzeichnis

O

P

Q

R

S

T

OMA'S
Koch & Back Bibliothek

OMA'S Koch & Back Bibliothek

Suppen

Weltbild Verlag

Genehmigte Lizenausgabe für
Weltbild Verlag GmbH, Augsburg 1993

Einbandgestaltung: Peter Engel, München
Gesamtherstellung: Presse-Druck Augsburg
Printed in Germany

ISBN 3-89350-196-7

VORWORT

Die vorliegende Rezeptsammlung wurde aus einer der größten Privatsammlungen von Kochbüchern des 17. bis 19. Jahrhunderts zusammengestellt und sprachlich behutsam dem heutigen Gebrauch angepaßt.

Um eine auch in modernen Zeiten nachvollziehbare Kochbarkeit zu ermöglichen, bildet Bauers Kochbuch, das zuletzt in den 70er Jahren mit einer Auflage von weit über 100000 Exemplaren erschienen ist, die Grundlage unserer Koch- und Backbibliothek.

Die Rezepte wurden von der Autorin und der Hauswirtschaftsfachschule Stuttgart aus alten Überlieferungen gesammelt und nachgekocht.

Im Anhang findet sich am Schluß eines jeden Bandes ein alphabetisches Register.

Allgemeines

Man unterscheidet klare und gebundene Suppen. Zu einer klaren Suppe braucht man eine gute Fleischbrühe, Gemüse- oder Wurzelbrühe. Will man die Fleischbrühe klar erhalten, werden Klößchen, Nudeln, Spätzle zuerst in Salzwasser gekocht und nach dem Kochen in die Fleischbrühe gegeben. Zu einer gebundenen Suppe nimmt man Wasser, Kochwasser von Gemüsen, Nudel- oder Spätzlewasser. Je nach der Einlage wird die Suppe benannt. Als Gewürze verwendet man Salz, nach Belieben Muskat, Suppenwürze oder Fleischbrühwürfel, Schnittlauch, fein gewiegte Petersilie. Zu süßen Suppen nimmt man Fruchtsaft, Wasser, Milch, Wein, Zucker, als Geschmack Zimt, Zitrone, Vanille. Man rechnet für 4 Personen 1¼–1½ l Suppe, bei mehreren Gängen 1 l Suppe.

Aalsuppe, Bremer

1000 g Rindfleisch, 1000 g Lammfleisch, Erbsen, Karotten, Kohlrabi, Blumenkohl, Majoran, Thymian, Selleriekraut, Estragon, Kölle, Pimpernelle, Trittmadam, Aal, Weißwein, Pfefferkörner, Lorbeerblatt, Schalotten, Salz

für 6 Personen kocht man ungefähr 2 Pfund Rindfleisch und 2 Pfund Lammfleisch mit Erbsen, Karotten, Kohlrabi und Blumenkohl. Eine halbe Stunde vor dem Anrichten gibt man die gehackten und in Butter geschmorten Kräuter Majoran, Thymian, Selleriekraut, Estragon, Kölle, Pimpernelle, Trittmadam hinein. Zuletzt gibt man Schwemmklöße und in Stücke geschnittenen Aal, der in Weißwein mit Pfefferkörnern und Lorbeerblatt, Schalotten und Salz gekocht wird sowie ein Glas guten Weißweins hinzu. Nach Geschmack kann man die Suppe noch mit Mehl binden.

Aalsuppe, Hamburger

1 Aal, Essig, Wasser oder Weißwein, 1 Lorbeerblatt, schwarze Pfefferkörner, 1 Zwiebel, Salz, 1 geräucherter Schinkenknochen, Mohrrüben, weiße Rüben, 1500 g geschälte Birnen, Zucker, Zimt, 1000 g Backpflaumen, 250 g Butter, 250 g Mehl, 1 große Dose Schoten, etwas Rotwein, Schwemmklöße

Man rechnet einen Aal für drei bis vier Personen. Der Aal wird in folgendem Sud weichgekocht: halbe Menge Essig, halbe Menge Wasser oder Weißwein, 1 Lorbeerblatt, schwarze Pfefferkörner, 1 Zwiebel, Salz.

Ein geräucherter Schinkenknochen wird in kaltem Wasser aufgesetzt und ca. 3 bis 4 Stunden gekocht. Brühe entfetten.

Je ein Suppenteller voll Mohrrüben und weißen Rüben wird gewürfelt und jeweils in einem Topf mit wenig Wasser und etwas Butter gegart. Statt der weißen Rüben kann auch Sellerie verwendet werden.

Die Birnen werden zerkleinert und in etwas Weißwein mit Zucker und Zimt weichgekocht. In einem anderen Topf verfährt man mit den Backpflaumen ebenso.

Von der Butter und dem Mehl macht man eine Mehlschwitze und rührt die heiße Schinkenbrühe dazu. Hier hinein gibt man nun alle vorher gekochten Zutaten, außerdem eine große Dose Schoten. Verfeinert wird die Hamburger Aalsuppe mit etwas Rotwein und mit Pfeffer, falls erforderlich, noch ein paar Tropfen Essig, schmeckt man ab. Ganz zum Schluß kommen die Aalstücke hinein und in Salzwasser gegarte Schwemmklöße.

Aalsuppe, andere Art

Man bringt Wasser mit einem Stück Butter und Salz zum Kochen, gibt junge Erbsen und länglich geschnittene Wurzeln nebst beliebigen Kräutern hinzu und kocht dies alles recht weich. Unterdes werden Aale wie im Vorhergehenden vorgerichtet, in gestoßenem Zwieback gewälzt, mit Salbeiblättern in Butter gelb und weich gebraten und auf eine Schüssel gelegt. Dann macht man Mehl in der Aalbutter gelb, rührt solches nebst Muskatnuß und Pfeffer an die Suppe, läßt dieselbe mit dem gebratenen Aal noch ein weinig kochen und rührt sie mit 1 bis 2 Eidottern oder einem Eßlöffel dicker, saurer Sahne ab.

Aalsuppe, gewöhnliche

Man kocht einige Kilo Rindfleisch, wohl geschäumt, mit klein geschnittenen Petersilienwurzeln, und, wenn man sie in dieser Zeit haben kann, auch mit einer Sellerieknolle. Nach 1½ Stunden Kochen gebe man hinzu: einen Suppenteller voll geschälter, in Viertel geschnittener guter Birnen, ebensoviel junge, entschotete Erbsen, desgleichen feinwürfelige Wurzeln. Unterdes ziehe man 1 bis 1½ kg Aalen die Haut ab, reibe sie mit Salz, wasche sie rein und koche sie mit Wasser und Salz reichlich halb gar. Dann gebe man sie in die Suppe nebst folgenden feingeschnittenen Kräutern, als: Kerbel, Portulak oder Sauerampfer, Dragon, Basilikum, Kopfsalat, etwas Thymian, Majoran, Petersilie und einigen Zitronenschreiben. Sollte von dem genannten das eine oder andere mangeln, so sei es nicht störend. Kurz vor dem Anrichten mache man die Suppe mit Mehl, welches in reichlich Butter geschwitzt worden, sämig, koche in Wasser und Salz Weißbrot- oder Schwammklöße und richte sie in der Suppe an.

Altbayerische Suppe

100 g Erbsen, 100 g Gerste, 100 g Reis, Suppengrün, Salz, Pfeffer, 1 Gläschen Wein, geräucherte Bratwürste

Erbsen, Gerste und Reis kocht man mit Suppengrün weich, würzt mit Salz und Pfeffer und einem Gläschen Wein, dann passiert man durch und richtet die Suppe über geräucherten, kleingeschnittenen Bratwürsten an.

Apfelsuppe

500 g Äpfel, 1¼ l Wasser, 1 Stückchen Zimt, 120–150 g Zucker, 1 EL Mondamin, Zitronenschale, nach Belieben ein Glas Wein

Die Äpfel werden gewaschen, in Stücke geschnitten, mit Zimt, Zitrone, Wasser weichgekocht, durch ein Sieb gestrichen. Dann bringt man die Suppe zum Kochen, gibt das angerührte Mondamin, den Zucker unter Rühren zu, kocht die Suppe gut auf und gibt zuletzt den Wein zu.

Apfel-Zwiebel-Suppe

(2 Pers.), 2 EL Butter, 6 EL Zwiebelscheiben, 1 Apfel geschält, entkernt und in Scheiben geschnitten, ½ l Fleischbrühe; (6 kleine Scheiben Weißbrot, Käse), 1 aufgeschlagenes Ei, 50 g geriebener Käse, Weißwein

Zwiebelscheiben in Butter andünsten, Fleischbrühe aufgießen, 5 Minuten kochen lassen. Salz, Pfeffer und etwas Weißwein abschmecken und in Suppenwasser geben. Falls mit Käse überbacken, gewünschte Weißbrotscheiben in Ei tunken und auf die Suppe legen. In der Röhre wird es goldgelb oder auch goldbraun überbacken.

Apfelsinensuppe

3 Eier, 100 g Zucker, Saft 1 Apfelsine, Saft 1 Zitrone, ¾ l Wasser, ¼ l Weißwein, 30 g Butter, 1 Prise Salz, 30 g Mondamin

Alle Zutaten kalt anrühren, mit dem Schneebesen auf dem Feuer schlagen, bis die Masse einmal aufkocht und gleich zu Tisch geben. Nach Belieben kann man die fein abgeriebene Schale der Apfelsine zugeben.

Aufgezogene Suppe

Man schneidet ein Weißbrot oder eine Semmel in Scheiben, rührt 5 Eier mit ⅛ l süßem oder saurem Rahm an, gibt kleingeschnittenen Schnittlauch oder Petersilie, Salz, Muskatnuß dazu und legt die Brotscheiben hinein.
Dann bestreicht man eine Kasserolle mit Butter, legt das eingeweichte Brot hinein und stellt alles in einen Backofen. (Nicht zu braun werden lassen!) Danach nimmt man Fleischbrühe hinzu, rührt das Gelbe von 4 Eiern mit 3 Eßlöffeln süßen Rahm unter und legt dann das gebakkene Brot obenauf.

Austernsuppe

16 frische Austern, 1 Glas Weißwein, 1½ EL Butter, Hühnerbrühe, 2 Eigelb, ½ Tasse Rahm, Zitronensaft

Man öffnet die Austern, nimmt sie aus der Schale und erhitzt sie mit ihrem Wasser, Weißwein und der Butter auf kleiner Flamme. Die Brühe wird der Hühnerbrühe beigegeben, Eigelb mit der Sahne verquirlt und in die Suppe gerührt und mit Zitronensaft abgeschmeckt. In jeden Teller werden vier Austern gelegt und die Suppe darüber geschüttet.

Baumwollsuppe

140 g Butter wird schaumig gerührt, hernach schlägt man vier Eier dazu, und gibt, wenn dies wohl verrührt ist, vier Kochlöffel Mehl, etwas Salz und Muskatnuß, und vier Eßlöffel Rahm oder Milch dazu. Sobald die Fleischbrühe kocht, wird der Teig mit dem Kochlöffel hineingegeben, und dazwischen die Suppe leicht umgerührt. Nach einmaligem Aufsud ist sie fertig und wird mit Schnittlauchröllchen aufgetragen.

Brotsuppe, französische

Schwarzbrot wird fein eingeschnitten und leicht geröstet, dann rein geputzte Petersilie, Sellerie, gelbe Rübe, Porree, Lauch, einige Kopfsalatblätter und zwei Kartoffeln alles länglich geschnitten, in Mark oder Butter gedämpft. Ist es angedämpft, so kommt das Brot dazu, und wird noch einige Minuten mitgedämpft. Nun wird mit der erforderlichen Portion Fleischbrühe aufgefüllt, etwas Muskatnuß beigefügt, das Ganze eine halbe Stunde gekocht und sodann über zwei in der Suppenschüssel verrührte Eier angerichtet.

Becher- oder Oliosuppe

Ein altes, reingeputztes Huhn, in vier Teile verschnitten, 2 kg ebenfalls in vier Stücke geteiltes Ochsenfleisch, einige fleischige, verhauene Kalbshaxen und sonstige Abfälle von Fleisch oder frischem ungebeiztem Wild werden sauber gewaschen, in frischem Wasser auf's Feuer gesetzt, und hier zur gehörigen Zeit rein abgeschäumt. Nachdem eine gelbe Rübe, ein halber Selleriekopf, ein Lorbeerblatt, ein Blättchen Muskatblüte, 300 g reingewaschener Reis und Salz dazugegeben, läßt man das Ganze zugedeckt langsam drei bis vier Stunden kochen, wo man dann das Fett rein abnimmt und die Brühe durch ein feines Haarsieb gießt, das Übrige bleibt alles zurück. – Diese kräftige Suppe wird bei Bällen, Abendgesellschaften, auch zum Frühstück oder Souper, in Tassen oder Bechern serviert.

Backspätzlesuppe

20 g Mehl, 1 Ei, 2–3 EL Milch, 40 g Backfett, Fleischbrühe

Eigelb, Mehl und Milch zu einem glatten Teig rühren, steifgeschlagenen Eierschnee unterziehen. Den Teig durch ein großlöcheriges Sieb in die Pfanne mit dem heißen Fett drücken. Goldgelb backen und abgetropft in die heiße Fleischbrühe geben.

Beeftea, Rindfleischtee oder purer Fleischsaft

Diese, vor allem die Herztätigkeit anregende Speise wird besonders bei Kranken und Genesenden angewandt. ½–1 kg von bestem mageren Ochsenfleisch wird grob gehackt, von den Sehnen so viel als möglich befreit und in einen fest verschließbaren Topf gefüllt (eine Büchse mit doppeltem Pergamentpapierverschluß tut die gleichen Dienste). Nun stellt man das Gefäß in einen größeren Topf mit siedendem Wasser und läßt es darin 4 Stunden kochen. Dann treibt man den gewonnenen Saft durch ein Haarsieb. Ein Pfund Fleisch gibt freilich nur eine Obertasse Fleischsaft. Dieser ist ganz schwach zu salzen, nachdem man das Fett behutsam abgeschöpft hat. Ein Eigelb in dieser starken Brühe verquirlt, gibt dem Ganzen einen angenehmeren Geschmack. Die Überreste des Fleisches können durch Zusetzen von etwas Maggiwürze zu Fleischklößchen verwendet werden.

Biersuppe I

50 g Butter, 60 g Mehl, 1 l Bier, Salz, 1 Messerspitze Zimt, Zucker, nach Geschmack

Das Mehl wird in der heißen Butter gelb gedämpft, mit dem Bier abgelöscht, Salz, Zimt zugegeben, 20 Minuten gekocht. Nach Belieben beim Anrichten geröstete Brot- oder Weckwürfel zugeben.

Biersuppe II

½ l Bier, ½ l Wasser, 2 Eier, 30 g Mondamin, 120 g Zucker, Zimt, Zitrone

Alle Zutaten kalt anrühren, auf schwachem Feuer schlagen bis ans Kochen. Zu Weißbier kann man an Stelle von Wasser Milch nehmen.
Oder: man kocht 150 g Schwarzbrot oder Laugenbrezel mit ½ l Wasser weich und streicht dies durch ein Sieb, gibt dazu ½ l Bier, 120 g Zucker, Zitrone, läßt aufkochen und zieht die Suppe mit 1 Eigelb und Rahm ab.

Bismarck-Suppe

1 Sellerieknolle (ca. 500 g), 50 g Butter, 125 g Würfelschinken, 1½ l Fleischbrühe, 2 EL süße Sahne, 2 EL Mehl, 2 Eigelb, Salz, weißer Pfeffer

Sellerieknolle schälen und in Scheiben schneiden. Butter zerlassen, Schinkenwürfel darin anbraten und Selleriescheiben zufügen. Zehn Minuten bei schwacher Hitze dünsten. Mit Fleischbrühe auffüllen und etwa 45 Minuten leicht kochen. Durchsieben und die Gemüsebrühe mit in kalter Sahne verquirltem Mehl binden. Noch mal kurz aufkochen und etwa fünf Minuten leicht weiterkochen.
Suppe mit Eigelb legieren, abschmecken und mit Petersilie bestreuen.

Biskuitsuppe

150 g Butter, 5 Eigelb, 5 EL Mehl, Prise Salz

Man rührt die Butter schaumig, gibt nach und nach Eigelb und Mehl darunter, nebst Salz. Das Eiweiß wird steifgeschlagen und langsam untergezogen. Man fettet eine flache Form mit Butter, füllt die Masse fingerdick ein und bäckt sie langsam. Nach dem Abkühlen schneidet man Vieredcke aus, gibt diese in die Suppenschüssel und gießt Fleischbrühe darüber.

Bloutsoppe, ostfriesische

1000 g Schweinenacken, 2 Bund Suppengrün, 1 Stange Porree, 3 bis 4 EL Mehl, ½ l Schweineblut, Salz, Pfeffer, Essig

In kochendes Salzwasser legt man das Fleisch ein und läßt es weichkochen. In den letzten 30 Minuten wird das kleingeschnittene Grünzeug mitgekocht. Das Mehl verrührt man mit dem mit Essig verrührten Blut und gibt es in die Suppe. Abgeschmeckt wird mit Salz, Pfeffer und Essig nach Belieben. Das Fleisch wird herausgenommen, in Scheiben geschnitten und mit Salzkartoffeln zu der Suppe serviert.

Blumenkohlsuppe

Man nimmt dazu meist unansehnlichen, nicht als Gemüse passenden Blumenkohl, putzt solchen, zerschneidet ihn in kleine Sträußchen, und nachdem er gewaschen, gibt man ihn in siedende Fleischbrühe und läßt ihn weichkochen. Hierauf legt man denselben in die Suppenschüssel nebst ebensoviel gebackenem Blumenkohl oder gerösteten Brotschnitten und Kalbfleischklößchen, und gießt gute kochende braune oder gewöhnliche Fleischbrühe behutsam darüber. – Nach Belieben können zwei Kochlöffel Mehl, in 35 g Butter ein wenig geröstet, mit Fleischbrühe und einem Schöpflöffel von dem Blumenkohlabsud aufgefüllt und einigemal aufgekocht, über den Blumenkohl angerichtet werden; auch kann man die Suppe über zwei mit etwas Wasser verrührte Eigelb anrichten.

Blumenkohlsuppe, durchgeschlagene

150 g Mehl werden in ¼ Pfund Butter hell angeröstet. – Nach und nach gibt man unter beständigem Umrühren 2½ l gute Fleischbrühe hinzu und bringt sie unter stetem Weiterquirlen zum Sieden, gibt noch etwas Wurzelwerk daran, entfettet gut, schäumt häufig ab und läßt die Suppe noch 1½ Stunde kochen. Ein großer, sauber zugeputzter Blumenkohl, der wenigstens 10 Minuten in kaltem Wasser gelegen haben muß, wird mit kochendem Wasser leicht überbrüht, abgegossen und in der Suppe klar verkocht. Dann wird alles durch den Durchschlag getrieben, etwas gestoßene Muskatblüte hinzugefügt und die Suppe mit einem in etwas Sahne verquirlten Eigelb abgezogen. Zum Schluß gießt man die Suppe über kleingebrochene, in Salzwasser abgekochte Makkaroni in die Terrine.

Böhmische Suppe

Man nimmt Kohlrüben, gelbe Rüben, Spargel, Kraut und weiße Rüben, schneidet sie ganz fein länglich. Dann übersiedet man es und dünstet das Ganze in Butter mit grünen Erbsen; hierauf gießt man eine Rindssuppe darauf, oder nimmt braune Suppe dazu, damit die Suppe Farbe bekommt; dann wird sie gewürzt und gesalzen und man gibt sie auf leicht gerösteten Semmeln zu Tafel. (Für 4 Portionen: ca. 300 g Gemüse, 1 l Rindssuppe.)

Bohnensuppe

300 g Bohnen, 1 l Einweichwasser, 1 Messerspitze doppelkohlensaures Natron, 40 g Fett, 2 EL Mehl, 2 l Auffüllwasser oder Grünsbrühe, 1½ trockene Brötchen, 20 g Butter

Die am Tag zuvor verlesenen, gewaschenen und eingeweichten Bohnen werden mit frischem, weichem Wasser aufgestellt, bis vor das Kochen gebracht und abgeschüttet. Hierauf gibt man heißes Wasser, welchem man vorher etwas Natron zugegeben hat, zu und kocht die Bohnen auf der Seite des Herdes weich. Mit Fett, Mehl und der nötigen Knochen- oder Grünsbrühe bereitet man einen weißen Beiguß und läßt diesen gut durchkochen. Die weichgekochten Bohnen werden nun durch ein Sieb getrieben, dem Beiguß zugegeben und mit so viel

Knochenbrühe oder heißem Wasser aufgefüllt, daß man etwa 2½ l Suppe erhält. Nun würzt man mit Salz und läßt die Suppe noch ¼ Stunde kochen. Beim Auftragen gibt man in Butter geröstete Weckwürfel zu.

Bohnensuppe von dürren Bohnen

Die Bereitung ist ganz wie die Erbsensuppe, nur daß statt Erbsen, Bohnen genommen werden. Eine kleine Abwechslung besteht darin, daß ein kleiner Schöpflöffel voll der weichgekochten, noch ganzen Bohnen zu den Brotwürfeln in die Schüssel gelegt wird, worüber man dann die andern durchgetriebenen, gehörig mit Fleischbrühe verdünnten Bohnen anrichtet.

Bohnensuppe, weiße

Dieselbe wird wie Erbsensuppe gekocht, doch nicht wie diese durch einen Durchschlag gerührt. Zum Binden werden in Butter oder gutem Fett gelb geschwitztes (kein rohes) Mehl darangerührt. Es gehört zu dieser Suppe etwas Pfeffer und viel Porree. Zwiebeln und Sellerie kann man hingegen weglassen. Zeit des Kochens wie Erbsensuppe.

Borschtsch

1 Teil magerer, roher Schinken, 3 Teile fettdurchwachsenes Rindfleisch, 2 l Fleischbrühe, Wurzelwerk, ¼ l von einem kleinen Weißkohl, Salz, 1 Lorbeerblatt, Gewürzkörner, Pfefferkörner, ¾ l Kwaß, 6 rote Rüben, 2 Tassen dicke, saure Sahne, 2 Eigelb

Die gewaschenen Fleischstücke werden in Wasser zweimal aufgekocht und abgeschäumt. Dann kühlt man sie in kaltem Wasser und schneidet das Fleisch in Scheiben, legt diese in einen Topf, gießt die Fleischbrühe auf und fügt Wurzelwerk, wie Petersilienwurzel, Porree, Sellerie, einen geviertelten, kleinen Weißkohl, Salz, 1 Lorbeerblatt, ein paar Gewürzkörner und einige Pfefferkörner hinzu. Nach zwei Stunden Kochzeit wird in Rußland Kwaß (eine gesäuerte Brotflüssigkeit) an die Suppe gegossen. In Ostpreußen läßt man das Fleisch einfach in der Brühe weichkochen. Dann nimmt man aus der entfetteten Brühe den Weißkohl heraus, hackt ihn zusammen mit 6 roten Rüben sehr klein und kocht diese Zutaten mit der durchgesiebten Brühe nochmals auf. Saure Sahne und etwas Rote-Rüben-Saft werden an die Suppe gegeben, die man noch mit den Eigelb abzieht und mit dem geschnittenen Fleisch serviert. In Rußland reicht man dazu kleine Pastetchen mit Fleisch- oder Pilzfüllung.

Brandteigklößchensuppe

1/2 l Milch, 60 g Butter, Mehl 3 bis 4 Eier, Prise Salz, Schmalz

Die Milch läßt man mit einem Stück Butter aufkochen, rührt soviel Mehl hinein, bis der Teig dick ist und rührt ihn so lange auf dem Feuer, bis er sich vom Löffel löst. Man gibt ihn in eine Schüssel und läßt ihn etwas abkühlen. Nach und nach rührt man nun die Eier und eine Prise Salz in den Teig.
Dann sticht man mit einem Löffel kleine Klößchen ab und bäckt sie in heißem Schmalz goldgelb. Die Brandteigklößchen kommen sodann in heiße Fleischbrühe und werden sofort zu Tisch gegeben.

Braune Blättle (Schwaben)

500 g Mehl, 3 Eier, Öl, etwas warmes Wasser, Schmalz, Schnittlauch, Muskatnuß

Fester, dünn ausgezogener Nudelteig, den man aus dem Mehl, den Eiern, dem Öl und dem Wasser bereitet, wird in viereckige Stückchen geschnitten, die man in Schmalz goldgelb bäckt. Man gibt sie in die Suppenschüssel, übergießt sie mit Fleischbrühe und bestreut mit Schnittlauch und etwas Muskatnuß.

Brennsuppe, bayerische

60 g Mehl, 40 g Butterschmalz oder Margarine, 1 Zwiebel, 1 l Wasser, Salz, Kümmel

Man röstet das Mehl in heißem Butterschmalz oder Margarine goldbraun, dann gibt man die feingehackte Zwiebel dazu und läßt alles unter ständigem Rühren kräftig bräunen. Nun wird der Topf vom Feuer genommen, mit ca. 1 l Wasser aufgegossen und alles unter Rühren aufgekocht. Man würzt mit Salz und Kümmel.

Brieslesuppe

½ Briesle wird gewässert, zweimal mit kaltem Wasser zugesetzt, zum Kochen gebracht, abgegossen, gehäutet, in kleine Würfel geschnitten. Die Suppe wird wie Hirnsuppe zubereitet, das Briesle 10 Minuten mitgekocht. Zwiebel und Petersilie kann auch wegbleiben.

Brotsuppe, aufgeschmalzen

Reste von Schwarzbrot, Salz, Pfeffer, Zwiebeln, Schweineschmalz, Wasser, Schnittlauch, Kerbel

Reste von Schwarzbrot bricht man in eine Suppenschüssel und bestreut sie kräftig mit Salz und etwas Pfeffer. In einer Pfanne werden Zwiebelringe in Schweineschmalz goldgelb geröstet. Man übergießt das Brot mit kochendem Wasser und gibt die sehr heißen Zwiebeln darauf. Es muß zischen. Nach Belieben wird die Brotsuppe noch mit Schnittlauch oder gehacktem Kerbel bestreut.

Brotsuppe mit Äpfeln

200 g Brotreste, 1 l Wasser, je 2 EL Rosinen und Korinthen, 2 EL Zucker, Salz, Zimt, 300 g Äpfel, 1 Glas Weißwein

Die Brotreste – sie können von Weiß- oder Schwarzbrot sein, auch gemischt – werden mit dem Wasser mit Salz und Zimt zum Kochen aufgestellt und nach einigen Minuten Kochzeit durchpassiert. Aus den Äpfeln bereitet man ein Mus und mischt es unter die Brotsuppe, fügt Rosinen und Korinthen dazu, kocht alles noch einmal auf und gießt den Wein an die Suppe. Nach Belieben kann noch mit einem Stück Butter verfeinert werden.

Brotsuppe, feine

Schwarzbrot, Fleischbrühe, 1 Eigelb, 1 Tasse saurer Rahm

Rest von Schwarzbrot schneidet man in kleine Stücke, trocknet sie im Bratrohr und gibt sie dann in eine Suppenschüssel, wo sie mit heißer Fleischbrühe, die kräftig gesalzen ist, übergießt. Man verrührt ein Eigelb mit einer Tasse saurem Rahm und rührt es in die Suppe.

Brotsuppe, geröstet

Drei altgebackene Semmeln werden gerieben, das Geriebene in 100 g zerlassener Butter schön gelb geröstet, mit der benötigten Portion Wasser aufgefüllt, mit Salz und Muskatnuß gewürzt, und eine halbe Viertelstunde gekocht, unterdes in der Schüssel zwei bis drei Eigelb oder auch ganze Eier mit etwas Wasser verrührt, die Suppe darüber angerichtet und mit Schnittlauch oder feingeschnittener Petersilie überstreut serviert.

Brotsuppe mit Leberwurst

4 kleine Leberwürste, 1 l Rindfleischbrühe, 4 Scheiben Bauernbrot, 1 EL gehackte Kräuter, (Petersilie, Majoran, Kümmel, Pfeffer, Salz)

Brühe erhitzen und mit den Gewürzen kräftig abschmecken. Brot in Würfel schneiden und in die Brühe geben. Leberwurst erhitzen und die Wurstfülle in die Brotsuppe geben. Nicht mehr aufkochen. Mit frischen Kräutern bestreuen und sofort heiß servieren.

Brotsuppe, ostpreußische

200 g Backpflaumen, 250 g altbackenes Vollkornbrot, 1¼ l Wasser, 1 Stückchen Zimtstange, 50 g Rosinen, 1 Prise Salz, 2 Nelken, 50 g Zucker, 1 Päckchen Vanillezucker, Zitronensaft, 1 EL Butter

Das Vollkornbrot wird zerbröckelt und im Wasser zu Mus gekocht, durch ein Sieb passiert und dann mit den über Nacht in Wasser eingeweichten, abgetropften Backpflaumen, Rosinen, Zimtstange, Nelken und Salz nochmal etwa 5 Minuten gekocht. Man schmeckt die Suppe mit Zucker, Vanillezucker und Zitronensaft ab, nimmt die Nelken und die Zimtstange heraus und rührt die Butter ein.

Buchweizengrütze-Suppe

Man streut die Grütze in die kochende, womöglich nicht mit Wasser vermischte Milch, läßt sie nicht zu weich, etwa ¼ Stunde kochen und rührt etwas Stärke oder Kartoffelmehl und Salz in die Suppe.
Mit Anwendung von Stärke ist 30 g Grütze auf die Person hinreichend, dazu ⅝ l Milch.

Butterklößchensuppe

80 g Butter, 2 Eier, 40 g Weckmehl, 1 TL Salz, Prise Muskat, 1 TL gewiegte Petersilie, 2½ l Fleischbrühe

Unter die schaumige Butter rührt man die Eier, Salz, Muskat, gewiegte Petersilie und Weckmehl, formt mit den nassen Händen kleine Klößchen im Durchmesser von 1½ cm, läßt diese auf einer nassen Platte 1 Std. ruhen und kocht sie 10 Min. vor Gebrauch in kochendem Salzwasser oder Fleischbrühe gar. Beim Anrichten gibt man sie in heiße Fleischbrühe. (Stückzahl: 28–30.)

Butterklößchensuppe, andere Art

Man rührt 140 g Butter schaumig ab und fügt nach und nach 140 g Mehl, worunter 45 g Semmelbrösel gemischt wurden, bei, sowie 4 erwärmte Eier, Salz und Muskatnuß. Nachdem das Ganze sorgfältig vermischt und gut abgerührt wurde, setzt man hiervon Klößchen in ruhig siedende Fleischbrühe, und beendet die Suppe wie vorige. – Besonders gut schmecken die Klößchen, wenn man in die Masse sechs rohe, feingewiegte Hühnerlebern rührt und dafür weniger Semmelbröseln nimmt.

Butterklößchensuppe, gewöhnliche Art

140 g leicht abgerührter Butter wird 280 g Mehl, vier Eier, sechs Eßlöffel Milch und etwas Salz beigefügt, dies zusammen gut abgerührt, und eine halbe Stunde stehen gelassen. Nun sticht man mit einem Eßlöffel, den man öfters in Fleischbrühe taucht, kleine Klößchen ab, und legt sie in siedende Fleischbrühe, worin man sie dann eine halbe Viertelstunde kocht, und hernach die Suppe behutsam anrichtet.

Buttermilchsuppe, pommersche

500 g Kartoffeln, 1/2 l Buttermilch, wenig Mehl, Lorbeerblätter, Piment, Salz, 2–3 Zwiebeln, 100 g fetten Speck

Kartoffeln schälen, würfeln, mit Wasser bedecken, mit Salz, Piment und Lorbeer gar kochen. Buttermilch mit Mehl andicken, vorsichtig in die Kartoffelsuppe rühren. Zwiebeln und Speck anbraten und zufügen.

Buttermilchsuppe (Schleswiger)

Buttermilch, Speck, Birnen, Rosinen und Salzkartoffeln

Der Speck wird erst für sich gekocht, dann legt man ihn 15 Minuten in kochende Buttermilch, damit diese den Geschmack annimmt. Rosinen und Birnen hat man extra gekocht und gibt sie dann nebst dem Kochwasser zu der Buttermilch, bindet die Suppe mit Mehl, schmeckt mit Zucker und Zitrone ab, legt Mehlklöße hinein und serviert sie mit dem aufgeschnittenen Speck und Salzkartoffeln.

Buttermilchsuppe mit Buchweizengrütze

Die Grütze wird mit wenig Wasser gar und kurz eingekocht, alsdann Buttermilch, mit etwas Mehl angerührt, dazugegeben und zum Kochen gebracht. Man gibt Salz, nach Gefallen auch Zucker oder Sirup hinzu.

Buttermilchsuppe mit Graupen und getrockneten Birnen, auch für Kranke

Die Buttermilch wird mit feinen oder auch mit groben Graupen und geschälten getrockneten Birnen, welche vorher gut gewaschen werden, aufs Feuer gesetzt, langsam gar gekocht und etwas Salz durchgerührt. Werden grobe Graupen dazu gebraucht, so kann man die Suppe durch ein Sieb rühren und die Birnen hineinlegen.
Es ist dies eine ebenso wohlschmeckende als angenehme und wohlfeile Suppe. Auch kann sie mit frischen Birnen gekocht werden.

Buttermilchsuppe mit Mehl

Zu jedem Liter Buttermilch sind 30 g feines Weizenmehl ein gutes Verhältnis. Um das Gerinnen zu verhüten, rühre man letzteres mit der Buttermilch glatt an, stelle sie auf ein rasches Feuer, lasse sie unter fortwährend starkem Rühren durchkochen und gebe etwas Salz hinzu; auch kann man die Suppe mit Anissamen kochen, oder auch dieselbe nach holländischem Brauch mit etwas Sirup versüßen.
Wünscht man die Suppe feiner zu kochen, so lasse man den Anissamen weg, rühre die nach bemerkter Weise gekochte Suppe mit Zucker, feinem Zimt und einem frischen Eidotter ab und lege einige in Butter geröstete Weißbrotschnitten in die Terrine oder gebe frischen Zwieback dazu.

Buttermilchsuppe mit feinen Perlgraupen, auch für Kranke

Man setzt die Perlgraupen sogleich mit der Buttermilch aufs Feuer, weil dieselben durch die Säure viel schneller weich werden, kocht sie weich und gibt Salz, Zucker und Zimt hinzu.

Buttermilchsuppe mit Pflaumen (Zwetschgen) oder Rosinen

Getrocknete Pflaumen werden nach dem Abrühren in Wasser weichgekocht, wozu auch etwas Anissamen, nach Gefallen auch geriebenes Schwarzbrot, gegeben werden kann. Dann wird geriebenes Weißbrot nebst der Buttermilch, welche des Gerinnens halber mit etwas Mehl angerührt wird, hinzugegossen und unter stetem Rühren zum Kochen gebracht. Beim Anrichten rührt man Salz, Zucker und Zimt durch. Auch kann man frische Pflaumen, auch Rosinen darin kochen.

Butternockensuppe

150 g Butter, 150 g Mehl, 4 Eier, 1 Prise Salz, Fleischbrühe

Die Butter wird schaumig gerührt und nach und nach die Eier und das Mehl nebst einer Prise Salz eingerührt. Mit einem Löffel werden kleine Nocken abgestochen und in kochende Fleischbrühe eingelegt, wo sie ¼ Stunde kochen müssen.

Butterteigblümchensuppe

Von übriggebliebenem Butterteig werden kleine Blümchen und dergleichen ausgestochen oder verschobene Vierecke geschnitten, und solche auf einem Backblech schön gelb gebacken, sodann siedende kräftige braune Fleischbrühe in der Schüssel angerichtet, die Blümchen etc. hineingelegt, und die Suppe sogleich zu Tisch gegeben, damit die Blümchen etc. nicht zu weich werden. – Will man *gewöhnliche* Fleischbrühe verwenden, so wird eine Handvoll Lauch mit ebensoviel Petersilie feingeschnitten und in einem Schöpflöffel Fleischbrühe weichgekocht, die zur Suppe bestimmte kräftige Fleischbrühe siedend gemacht, die andere samt den Kräutern dazugegeben, mit einem guten Eßlöffel Safranwasser die Brühe schön gelb gefärbt und die Suppe wie oben beendet.

Champignoncremesuppe

500 g Champignons, 40 g Butter, 1 Zwiebel, ½ Sträußchen Petersilie, 100 g Mehl, 1½ l Wasser, 50 g kleingehackter gekochter Schinken, Salz, Paprika, Kondensmilch

Die Champignons waschen und blättrig schneiden. Kleingeschnittene Zwiebel und Petersilie in Butter dämpfen, dann Champignons und später Mehl zugeben. Wasser unter Rühren auffüllen und ca. 30 Minuten kochen. Schinken untermischen, mit Paprika und Kondensmilch abschmecken.

Cremeklößchensuppe

Sechs Eßlöffel Mehl wird in einer Pfanne mit $\frac{1}{8}$ l Milch glatt angerührt, dann 70 g Butter, eine Messerspitze Salz, ein halber Kaffeelöffel Zucker und zwei Eier dazugegeben, und dies auf dem Feuer zu einem Teig abgerührt, den man in eine Schüssel nimmt, noch drei Eier daranrührt, und hernach kleine Klößchen davon absticht und in die siedende Fleischbrühe einlegt. Hierin werden die Klößchen einige Minuten gekocht, dann mit dem Schaumlöffel behutsam herausgenommen, in die mit heller Fleischbrühe angefüllte Schüssel gelegt und die Suppe mit Muskatnuß gewürzt sogleich zu Tisch gegeben.

Curry-Suppe

Für 4 Personen: 60 g Butter, 2 große Zwiebeln, $\frac{1}{2}$ l Hühnerbrühe, 1 gestr. EL Curry, 1 gestr. EL Weizenmehl, Wasser, 2 Eigelb, $\frac{1}{8}$ l Sahne, 1 Apfel, Salz, Pfeffer, Saft von $\frac{1}{2}$ Zitrone

Die Butter schmelzen, die Zwiebeln in feine Würfel schneiden, und in der Butter glasig dünsten. Das Mehl darüberstreuen, durchschwitzen lassen und mit der Hühnerbrühe ablöschen. Bei geringer Hitze 10 Minuten kochen lassen. Mit Curry, Salz, Pfeffer, Zitrone abschmecken.
Die Eigelb in einer Tasse mit der Sahne verrühren, langsam etwas heiße Suppe zufügen, mit dem Eigelb verquirlen und mit dieser Mischung die Suppe legieren. Die Suppe darf jetzt nicht mehr kochen. Den Apfel reiben und in die Suppe geben.
Vor dem Servieren gegrillte Speckscheiben auf die Suppe legen. (Und Kresse).

Durchschlag-Suppe

Zu 6 bis 8 Personen nimmt man eine Handvoll feines Mehl und etwas Salz, rührt es in einer Schüssel mit süßer Milch wie einen dicken Spatzenteig glatt an, schlägt dann erst 6 bis 7 Eier daran. Der Teig muß die Dicke eines Flädlesteigs bekommen, so daß man ihn durch den Durchschlag laufen lassen kann. Sobald die Fleischbrühe recht kocht, läßt man's durchlaufen, und gibt etwas Muskatnuß darein.
Anmerkung: Wenn man übriges Eiweiß hat, so kann man's dazu nehmen, und hat denn nach Verhältnis des genommenen Eiweißes ein oder etliche Eier weniger nötig.

Eiersuppe

Drei Kochlöffel Mehl wird mit ⅛ l kaltem Wasser glatt angerührt, und danach fünf bis sechs Eier, ein Schöpflöffel gute Fleischbrühe und etwas Salz dazugegeben. Dies läßt man nun unter öfterem Aufrühren mit dem Kochlöffel, in siedende Fleischbrühe laufen, und hierin einigemale aufkochen, bis es zu kleinen Klümpchen zusammengeronnen, wo die Suppe dann angerichtet, mit Muskatnuß oder Schnittlauch bestreut und aufgetragen wird.

Eiersuppe, rote

Wird zubereitet und beendigt wie vorhergehende, nur kommt in den Teig ein Schöpflöffel zerlassene *Krebsbutter.*

Eiersuppe, andere Art

Man rührt drei Kochlöffel Mehl mit kaltem Wasser dickflüssig an, woran dann nach und nach sechs Eigelb gut gerührt werden. Unterdes schlägt man von den sechs Eiweiß einen festen Schnee, mengt diesen unter den Teig, und schüttet nun letzteren langsam in siedende Fleischbrühe. Nachdem das Ganze einigemal aufgekocht, wird die Suppe, mit feingeschnittenem Schnittlauch oder Petersilie, auch Muskatnuß bestreut, sogleich serviert.

Eiersuppe, gestockt (Eierkäse)

¼ l kalte Milch wird mit acht Eiern gut verrührt und damit dann ebensoviel kräftige warme Fleischbrühe; dies wird durch ein Sieb in eine butterbestrichene Auflaufform gegossen, und letztere in ein nicht zu hohes Kastrol gestellt, worein man so viel kochendes Wasser gießt, daß die Form zur Hälfte im Wasser steht. Nun wird das Ganze mit einem passenden Deckel zugedeckt, in den heißen Ofen gestellt und eine halbe Stunde ununterbrochen gedämpft, (doch ja nicht gekocht, weil sonst der Eierkäse rauh würde,) bis es sich etwas fest anfühlen läßt, sozusagen gestockt ist; dann wird es umgestürzt, in Scheiben geschnitten, oder mit einem Löffel oder ganz kleinen Förmchen ausgestochen, kochende braune oder gewöhnliche Fleischbrühe in die Schüssel gegossen, die abgestochenen Eierkäse hineingelegt, und die Suppe sogleich zu Tisch gegeben. – *Schöner* nimmt sich der Eierkäs aus, wenn die Masse, statt in einer Auflaufform, in kleine, mit Butter ausgestrichene Förmchen von Kupfer oder Blech eingefüllt, und so, wie oben beschrieben, im Dunst fertig gemacht wird. Für jede Person rechnet man ein solches Förmchen, welches man dann beim Anrichten auf den betreffenden Suppenteller umstürzt, und helle braune oder weiße, kräftige, kochendheiße Fleischbrühe von der Seite darangießt, oder die Fleischbrühe in der Schüssel auf den Tisch stellt, damit sich jedes beliebig selbst nehmen kann.

Andere Art. ½ l kräftige klare kalte Fleischbrühe wird mit vier ganzen Eiern, vier Eigelb und Muskatnuß recht gut verrührt, dies durch ein Sieb in eine mit Butter bestrichene Auflaufform gegossen und im übrigen wie oben beschrieben behandelt.

Eiersuppe, gebrannte

100 g Butter oder Schmalz wird heiß gemacht, und drei Kochlöffel Mehl gelbbraun darin geröstet, dies hernach mit Wasser glatt angerührt und zur gehörigen Suppendicke aufgefüllt, mit Salz und Muskatnuß gewürzt und aufgekocht. Unterdes verrührt man in einem Topf drei bis vier Eier gut mit einem Schöpflöffel kaltem Wasser, gießt dies an die Suppe, und läßt sie unter beständigem Rühren noch kochend heiß werden bis sie geronnen ist, wo sie dann angerichtet und mit Muskatnuß gewürzt wird.

Eiergrießsuppe

Auf einem Backbrett wird ¼ l Grieß mit drei Eiern so lange untereinandergemischt und mit der Hand gerieben, bis beides einander gehörig angenommen hat, hernach legt man solches auseinander und trocknet es, so daß der Grieß, mit den Händen gerieben, wieder in seiner natürlichen Form erscheint. Nun wird er in kochende Fleischbrühe eingesät, drei Viertelstunden langsam gekocht, und die Suppe mit Schnittlauch bestreut zu Tisch gegeben.

Eiergerstensuppe

40 g Butter, 60 g Mehl, Wasser, Knochen- oder Fleischbrühe, Salz, Muskat, 2 Eier, 4 EL Milch

Butter und Mehl hellgelb dämpfen, mit den mit Milch verrührten Eiern ablöschen, mit Fleischbrühe auffüllen, 15 Minuten kochen.

Eierstich

2 Eier, 2 EL Milch, Salz, Muskat, Fleischbrühe

Die Zutaten mit einer Gabel leicht schlagen, in eine mit Butter bestrichene Tasse oder kleine Form geben, zugedeckt in heißes Wasser stellen, bis die Masse fest ist (20–30 Minuten). Mit dem Buntmesser in Streifen oder Würfel schneiden, oder mit Förmchen ausstechen, in kochende Fleischbrühe geben.
Nach Belieben kann man beim Anrühren Schnittlauch oder fein gewiegte Petersilie zugeben, oder an Stelle der Milch Tomatenmark. Eierstich wird auch zu verschiedenen feinen gebundenen Suppen als Einlage verwendet.

Einbrennsuppe

100 g Butter oder Schmalz wird in einer Pfanne heiß gemacht, und vier Kochlöffel Mehl dunkelbraun darin geröstet, dies dann mit wenigem kaltem Wasser fein abgerührt, und während des Umrührens so viel Wasser zugegossen, als man zur Suppe nötig hat. Hierauf läßt man letztere eine Viertelstunde mit dem gehörigen Salz kochen, richtet sie dann entweder über zwei mit Wasser verrührte Eier oder über würflig geschnittenes, in Schmalz geröstetes Weißbrot an, und würzt mit Muskatnuß. – Nach Belieben kann ein Kaffeelöffel *Kümmel* mitgekocht werden.

Einlaufsuppe

4 Eier, 5 EL Mehl, etwas Milch, 1 Prise Salz, Muskat, Schnittlauch

Eier und Mehl werden mit Milch und einer Prise Salz so lange verrührt, bis der Teig bindfadendick vom Löffel läuft. Über eine Gabel läßt man diesen in die heiße Brühe laufen und ca. 10 Minuten ziehen. Öfter umrühren. Mit Muskat abschmecken und mit Schnittlauch bestreut anrichten.

Endiviensuppe

Die schönen gelben Blätter von vier Endivienstöcken werden fein nudelartig geschnitten und gewaschen, nun in einem Kastrol 140 g Butter zerlassen, und eine feingeschnittene Zwiebel, sowie etwas feingewiegte Petersilie gut darin gedämpft. Dazu kommt alsdann die Endivie und wird unter öfterem Umrühren noch damit gedämpft, hernach wird die gehörige Portion Fleischbrühe dazugegeben, sowie Salz und Muskatnuß, das Ganze eine halbe Stunde gekocht, und über geröstete Brotwürfel, gebackene Schnitten oder Bisquit angerichtet.

Erbsenbrühsuppe mit Fischknödeln

5 Pfund Weißfisch, 3 Zwiebeln, Selleriewurzel, gelbe Rüben, Pastinakwurzel, etwas Lauch, Schmalz, Erbsenbrühe, 2 Milchbrötchen, 2 Eiweiß, Pfeffer, Zitrone, 125 g Butter, Modewürz

Man nehme 1 kg Weißfisch oder sonst geringe Fischsorten, schneide dieselben in kleine Stücke. Dann lasse dieselben mit einigen Zwiebeln, Selleriewurzel, gelben Rüben, Pastinakwurzel, etwas Lauch in einem Tiegel mit heißem Schmalz hellbraun anlaufen oder backen. Sodann schütte helle Erbsenbrühe (das Wasser, worin Erbsen gesotten wurden, dieselben dürfen nicht mit durchgetriebenn werden) dazu, lasse alles eine halbe Stunde aufkochen, seihe das ganze durch ein Haarsieb und lasse dann die Suppe noch ein wenig aufkochen, wo sie dann für die Einlagen zurecht gestellt wird. Wenn dieselben hineinkommen, muß die Suppe eine $\frac{1}{4}$ Stunde vor dem Anrichten noch einmal aufgekocht werden. Einlagen hierzu: Fischknödel

Für 12 Personen nehme $1\frac{1}{2}$ bis 2 kg Weißfische. Dieselben werden gehörig geputzt und ausgewaschen. Sodann fasse jeden beim Kopfe und schneide der Länge des Fisches nach das rohe Fleisch von den Gräten ab, befreie es von der Haut und wiege oder hacke es fein auf. Hierauf schneide die Köpfe ab, welche man zur oben beschriebenen Suppe verwenden kann. Das Gerippe lege in heißes Wasser, löse mittelst einer Gabel das Fleisch sauber von den Gräten und wiege es ebenfalls. Sodann weiche zwei Milchbrötchen in kalte Milch ein, drücke dieselben gut aus und vermenge es mit dem Fischfleisch, bringe dann zwei Eiweiß, Pfeffer, ein wenig feingewiegte Zitrone, etwas Modewürz und 125 g frische Butter, die erst zergangen sein muß, hinzu und mache alles zu einem feinen, sogenannten Wursteig. Von diesem Teig mache hühnergroße Knödel, backe dieselben in heißem Schmalz braun und gebe dieselben, wie schon gesagt, eine Viertelstunde vor dem Anrichten in obige kochende Erbsenbrühsuppe.

Erbsensuppe

200 g grüne oder gelbe getrocknete Erbsen, Wasser, 30 g Fett, 30 g Mehl, Zwiebel, Salz

Die verlesenen, gewaschenen Erbsen werden über Nacht in weiches Wasser eingeweicht, mit demselben Wasser aufgesetzt, weichgekocht und durchgestrichen. Fett, Mehl, Zwiebel gelb dämpfen, mit dem Erbsenbrei ablöschen, wenn nötig, etwas Wasser zugeben, gut durchkochen. Beim Anrichten nach Belieben geröstete Weckwürfel zugeben.

Erbsensuppe, andere Art

¼ l Milch, 35 g Butter und ein wenig Salz wird in einer Pfanne auf's Feuer gesetzt, bei beginnendem Kochen 140 g feines Mehl hineingerührt, und dies zusammen zu einem leichten Brandteig gut verarbeitet, den man in eine Schüssel nimmt und nach einigem Erkalten drei bis vier Eier hineinrührt. Nun wird er in eine mit engem Rohr versehene Backspritze eingefüllt, und während dieser Zeit Schmalz auf's Feuer gesetzt, die Spritze hernach auf die Backpfanne gebracht und mit dem Stößel derart nachgedrückt, daß von dem Teig immer erbsengroß aus dem Rohr sich schiebt, was man mit einem in's heiße Schmalz getauchten Messer schnell in der Weise abschneidet, daß das Abgeschnittene sofort in's heiße Schmalz fällt, woraus die Erbsen dann gelb gebacken und mit dem Schaumlöffel herausgenommen werden. So wird fortgefahren, bis der Teig zu Ende ist. Sollte keine Backspritze vorhanden sein, so bediene man sich eines ziemlich großlöcherigen Schaumlöffels oder engen Spatzenmodels, durch welchen der Teig mit Hilfe eines Kochlöffels in's heiße Schmalz getrieben wird. Über die gebackenen Erbsen wird nun gute braune oder weiße kochende Fleischbrühe gegossen, und die Suppe, mit Muskatnuß gewürzt und mit feingeschnittenem Schnittlauch bestreut, sogleich zu Tisch gegeben.

Erbsensuppe, andere Art II

Vier Eier werden mit Mehl und etwas Salz zu einem dünnflüssigen Teig angerührt, den man durch einen Schaumlöffel in heißes Schmalz tropfen läßt. Auf diese Weise sind die Erbsen im Augenblick gebacken, wo man sie dann mit einem anderen Schaumlöffel sofort heraushebt, und dieses Verfahren wiederholt, bis der Teig verbraucht ist. Nun werden zwei Eier mit einem Eßlöffel Wasser in der Schüssel verrührt, dazu nach Bedarf von den gebackenen Erbsen gelegt, die kochende Fleischbrühe, während man die Erbsen umrührt, darüber angerichtet, und die Suppe mit Muskatnuß gewürzt aufgetragen. – Nach Belieben können beim Anrichten zwei Schöpflöffel voll *Gemüse* eingelegt werden. – Statt *weißer* kann man auch *braune* Fleischbrühe nehmen, wo aber dann die *Eier wegbleiben* und *jedenfalls Gemüse* eingelegt wird.

Erbsensuppe, durchgeschlagene

1 l gute, gewaschene Erbsen werden mit so viel lauem Wasser, als nötig ist sie zu bedecken, auf's Feuer gesetzt, und bei beginnendem Kochen ein halber Selleriekopf und eine halbe Zwieben dazugegeben. So läßt man die Erbsen zugedeckt langsam weichkochen, nimmt die obenauf schwimmenden Hülsen ab, und treibt dann alles durch ein grobes Sieb oder einen Durchschlag. Nun wird in einem Kastrol 50 g Butter oder Schmalz heiß gemacht, zwei Kochlöffel Mehl darin gelb geröstet, und hernach das Durchgetriebene hineingerührt. Die Suppe wird dann mit Fleischbrühe gehörig verdünnt, eine Messerspitze Ingwer darzugegegeben, und nachdem man sie wieder auf's Feuer genommen, läßt man

sie hier noch eine Viertelstunde kochen. Alsdann wird sie über in Würfel geschnittenes, in Schmalz geröstetes Brot angerichtet, und mit feingewiegter Petersilie oder Schnittlauch bestreut. – Es können in diese Suppe weichgekochte, fein würflig geschnittene *Schweinsrüssel* oder besser *Schweinsohren*, oder feingeschnittene *Bratwürstchen* gelegt werden. – Man kann auch vier bis sechs roh geschälte Kartoffeln mit den Erbsen kochen und damit durchtreiben, doch ist die Suppe dann *nicht so fein*.

Erbsensuppe, durchgetriebene

1 l Erbsen werden ausgelesen und über Nacht in kaltem Wasser eingeweicht, dann abgegossen, mit einem Stück Butter, einer rein geputzten Selleriewurzel, einer gelben Rübe, Lauch, einer mit drei Nelken besteckten Zwiebel und Wasser zwei bis drei Stunden langsam weich und kurz eingekocht, und das Ganze hernach durch einen Durchschlag oder ein Sieb getrieben. Nun wird in einem Kastrol 100 g Butter oder anderes gutes Fett zerlassen, darin zwei Kochlöffel Mehl gelb geröstet, das Durchgetriebene hineingerührt, dies mit Fastenbrühe oder heißem Wasser verdünnt, mit Salz, Pfeffer und Ingwer noch einigemal aufgekocht, und die Suppe über gebackene Brotwürfel angerichtet. *Schmackhafter* wird sie, wenn man vor dem Anrichten 35 g Butter mit dem Schneebesen hineinschwingt.

Erbsensuppe, grüne

½ l grüne Brockelerbsen werden mit zwei Eßlöffel feingehackter Petersilie, einem Eßlöffel geschnittener Zwiebel und einer mittelgroßen, feingeschnittenen gelben Rübe in 70 g Butter und etwas Fleischbrühe weichgedämpft und kurz eingekocht, dann mit einem Kochlöffel Mehl eingestäubt, und, mit der gehörigen Fleischbrühe verdünnt, noch einigemal aufgekocht, hierauf über fein länglich geschnittenes oder gewürfeltes und in Butter gelb geröstetes Brot angerichtet, und die Suppe mit Muskatnuß oder gestoßener Muskatblüte gewürzt serviert.

Erbsensuppe, grüne mit Kräutern

Man kocht ausgehülste grüne Erbsen, länglich geschnittene zarte grüne Bohnen, abgeschabte, in Würfel geschnittene gelbe Rüben (Karotten), von jeder Sorte zwei Schöpflöffel voll, sowie eine Handvoll Petersilie und ebensoviel Kerbelkraut, beides grob geschnitten, in strudelndem Salzwasser (gewöhnlich, damit die Erbsen schön grün bleiben, in einem unverzinnten Kastrol) schnell weich; sollten die gelben Rüben nicht ganz jung sein, so setzt man sie eine Viertelstunde vor dem übrigen zum Feuer. Alsdann wird das Ganze in ein Sieb zum Ablaufen gebracht, hernach in siedende gute kräftige Fleischbrühe gegeben, und so eine Viertelstunde gekocht. Nun verrührt man in der Schüssel zwei Eigelb mit einem Eßlöffel Wasser und nußgroß Butter, richtet die Suppe unter öfterem Aufziehen mit dem Schöpflöffel darüber an, und gibt sie mit Muskatnuß gewürzt zu Tisch. – Man kann *leicht geröstete Schnitten* in die Suppe legen.

Erbsensuppe, Husumer Art

500 g gelbe Erbsen in 2 l Wasser eingeweicht, 500 g Schweinsohren, 1 große Zwiebel, 2 Stangen zarter Porree, Salz, Pfeffer, Kerbel oder Petersilie

Zusammen mit den Schweinsohren werden die Erbsen in dem Einweichwasser gekocht. In einem anderen Topf gart man den kleingeschnittenen Porree und die gewürfelte Zwiebel und gibt sie zum Schluß an die Suppe. Mit Salz und Pfeffer abschmecken und reichlich mit gehackten Kräutern bestreuen. Dazu werden Bratkartoffeln gegessen.

Erdbeersuppe

Man läßt feingestoßenen Zwieback mit Wasser sämig kochen, gibt Wein, Zucker und Zimt und, falls die Suppe nicht gebunden genug wäre, etwas mit Wasser angerührte Stärke oder Kartoffelmehl dazu. Dann stellt man sie vom Feuer und rührt im Verhältnis einige Untertassen voll ganz reifer Erdbeeren durch, welche eine Stunde vorher mit Zucker bestreut werden müssen. Man kann Biskuitschnitten oder Zwieback dazu geben.

Wendet man zu dieser Suppe Gartenerdbeeren an, so kann man einen Teil derselben mit dem Zwieback kochen und durch ein Sieb rühren, Walderdbeeren aber nehmen durch Kochen häufig einen bitteren Geschmack an.

Fastenbrühe

150 g Butter wird in einem Kastrol mit drei verschnittenen Zwiebeln, zwei Sellerieköpfen, zwei gelben Rüben, Petersilienwurzeln, vier Handvoll dürren Erbsen, 2 kg gewöhnlichen zerschnittenen Fischen, zwei Lorbeerblättern, vier Nelken, einigen Pfefferkörnern, etwas Muskatblüte und Salz zugedeckt so lange gedünstet, bis alles eine gelbliche Farbe bekommt, worauf dann 6–8 l Wasser dazugegossen werden. Nun wird das Ganze zugedeckt zwei Stunden langsam gekocht, die Brühe zuletzt durch ein Haarsieb oder besser durch eine reine Serviette geseiht, und nach Belieben beim Gebrauch abgefettet.

Fastenbrezel-Suppe

Man gibt für 6 Kreuzer Brezeln, ohne sie zu schneiden, in einen Topf oder Kachel, gießt kaltes Wasser darüber, und läßt sie nebst einem Viertel Butter langsam kochen. Wenn die Brezeln weich sind, treibt man sie durch einen Seiher, setzt sie wieder auf Feuer, und läßt sie aufkochen. Hierauf wird das Gelbe von 4 Eiern mit etlichen Löffeln voll süßen Rahms verrührt, und nebst etwas Muskat an die Suppe, ehe man sie anrichtet, gegeben.

Feldhühnersuppe

Wird wie Hasensuppe bereitet; man kann statt Klöße das Brustfleisch in feine Scheiben schneiden und in der Suppe anrichten.

Fischsuppe

Der Fisch – kleine Flußfische wie Barsch oder Rotauge, aber auch ein kleiner Hecht oder Karpfen – wird in kleine Stücke geschnitten und in einen vorbereiteten Fond gegeben, der aus Zwiebeln, Petersilienstengeln, Dill, etwas Lauch und Sellerie sowie Salbei und ein Stückchen Lorbeerblatt zubereitet wird.
Die eingelegten Fischstücke läßt man ¼ Std. ziehen. Dann werden sie mit dem Schaumlöffel herausgenommen, entgrätet oder, zu Stückchen gezupft, in die passierte Brühe zurückgegeben.
Diese kann je nach Geschmack mit etwas Krebsbutter oder Eigelb und Sahne legiert werden. Die sparsame Zugabe von gehackter Petersilie oder Dill empfiehlt sich.

Fischsuppe Altona

500 g Fischabfälle (Schwanz, Flossen, Kopf, Gräten), 250 g Rotbarschfilet, 1 Zwiebel, 1 Stück Sellerie, 1 EL Butter, 1 EL Mehl, 1 Eigelb, 1 Tasse Sahne, Salz, Pfeffer

Zwiebel und Sellerie werden gewürfelt und zusammen mit den Fischabfällen in leicht gesalzenem Wasser gut durchgekocht. Man passiert die Brühe dann durch ein Sieb und löscht damit eine helle Mehlschwitze, die man bereitet hat, ab, läßt nochmal gut durchkochen, nimmt den Topf vom Feuer und legiert die Suppe mit Eigelb und Sahne. Abschmecken, das in Würfel geschnittene Rotbarschfilet hinzufügen und nochmals kurz erhitzen.

Fischsuppe aus Resten

Fischreste, Zwiebel, Suppengrün, Wasser, Salz, 50 g Butter, 80 g Mehl, 1 Eigelb, 2 EL Rahm oder Milch

Die Fischgräten werden mit kaltem Wasser aufgesetzt, zum Kochen gebracht, Suppengrün, Salz zugegeben, etwa 1 Stunde gekocht. In der heißen Butter dämpft man das Mehl, löscht mit der Fleischbrühe ab, kocht die Suppe ½ Stunde und zieht sie mit Ei ab. Als Einlage kleine Fischstückchen, geröstete Weckwürfel oder Klößchen.

Fischsuppe, braune

1½ kg geputzte und gewaschene gewöhnliche Fische werden in Stückchen geschnitten, und diese in einem Kastrol oder Tiegel mit 150 g Butter, zwei verschnittenen Zwiebeln, Sellerie, gelber Rübe und Salz zugedeckt so lange gedünstet, bis sie eine goldgelbe Farbe haben, dann wird mit der zur Suppe gehörigen Portion Wasser aufgefüllt, und vier bis fünf aus dem Schmalz gebackene Brotschnitten, zwei Lorbeerblätter, vier Nelken, einige Pfefferkörner und ein wenig Muskatblüte dazugegeben. Dies alles läßt man zwei Stunden langsam kochen, und treibt es hernach durch ein feineres Sieb. Dann nimmt man es wieder auf's Feuer, gibt 30 g Butter darein und schlägt es mit dem Schneebesen oder Kochlöffel, bis es kochend heiß ist, wo nun die Suppe über aus dem Schmalz gebackene Brotwürfel oder Filetbrötchen angerichtet wird.

Fischklößchensuppe

Rund geformte Klößchen von Fischfarce werden in Salzwasser leicht abgekocht, in der Suppenschüssel zwei Eigelb mit zwei Eßlöffel süßem Rahm verrührt und hierzu 30 g zerlassene Butter gegeben, hierein die Klößchen gelegt, gute siedende Fastenbrühe darüber angerichtet, und die Suppe mit feinem Grünem und Muskatnuß gewürzt.

Fleckchensuppe

Der Teig wird bereitet, zu ganz dünnen Flecken ausgewargelt und diese getrocknet wie bei der Nudelsuppe, die abgetrockneten Flecke dann etwas lockerer zusammengerollt, und in halbfingerbreite Nudeln geschnitten, welche man, noch zusammengerollt, über Kreuz zu länglich-viereckigen Stückchen schneidet, wodurch Fleckchen nicht ganz so groß als ein Pfennig, nach Belieben auch noch kleinere, entstehen. Gleichmäßiger werden sie, wenn man die Nudelflecke mit Messer oder Kuchenrädchen in Streifen schneidet und diese, aufeinandergelegt, in Vierecke. In jedem Falle müssen die Fleckchen einige Minuten länger aufkochen als die Nudeln.

Fleckerl- oder Blättchensuppe

1 Ei, ½ Eischale Wasser, 120 g Mehl, Fleischbrühe. Zubereitung siehe Nudeln

Nachdem die Nudelkuchen abgetrocknet sind, schneidet man sie in der Mitte durch, legt sie aufeinander, rollt sie auf und schneidet etwa 1½ cm breite Streifen, legt diese wieder aufeinander, schneidet kleine, verschobene Vierecke, gibt sie vor Gebrauch in kochende Fleischbrühe und kocht sie etwa 8–10 Min.

Flädlesuppe

80 g Mehl, knapp ⅛ l Milch, 1 Ei, Salz, Muskat, Speck, Fleischbrühe

Die Zutaten zu einem dünnen Teig anrühren. Die heiße Pfanne mit Speck einreiben, wenig Teig zugeben, dünne Flädle backen, verkühlt in feine Streifen schneiden. Beim Anrichten mit kochender Fleischbrühe übergießen.

Flädlein-Suppe, gefüllt

Gebackene Flädlein werden mit Kalbfleisch-, Haschee- oder Kalbsmilchleinfarce, auch mit Brätmasse je auf einer Seite messerrückendick überstrichen, jedes dann wurstartig fest zusammengerollt, mit der flachen Hand etwas zusammengedrückt, in zweifingerbreite Stückchen geschnitten und sämtliche nun in siedender Fleischbrühe eine kleine Viertelstunde aufgekocht. Alsdann wird die Suppe mit dem Anrichtlöffel behutsam angerichtet, mit Muskatnuß gewürzt, und sogleich aufgetragen.

Fleischbrühe

500–750 g mageres Rindfleisch, etwa 3 l Wasser, 1 EL Salz,
1 Zwiebel, 1 Karotte, Sellerie, Lauch, Petersilie

Will man eine gute, besonders kräftige Fleischbrühe, setzt man die gewaschenen, zerkleinerten Knochen, nebst dem gewaschenen, geklopften Fleisch, mit kaltem Wasser zu und bringt es langsam zum Kochen. Dann gibt man Salz, die auf der Herdplatte gebräunte Zwiebel, das vorgerichtete Suppengrün, nach Belieben eine Tomate, etwas Spargelabfälle, Erbsenschoten zu, schließt den Topf gut und läßt das Ganze an der Seite des Herdes etwa 2 Stunden langsam kochen. Vor Gebrauch wird die Fleischbrühe durch ein feines Sieb oder durch eine gebrühte Serviette gegeben, wenn nötig, entfettet und nach Belieben mit etwas gebranntem Zucker gefärbt (Zucker wird dunkelbraun geröstet, mit kaltem Wasser abgelöscht, aufgekocht, einige Tropfen in die Fleischbrühe gegeben). Das Fleisch wird, da es trocken und ausgekocht ist, zur Resteverwendung genommen.

Fleischbrühe, andere Art

Ein Stück Rindfleisch wird geklopft, rein gewaschen, mit einem Stück Rindsleber, einem Stückchen Herz, einem guten Rindsknochen, nebst etwas Salz zum Feuer gesetzt, und wenn es zu sieden anfängt, der Schaum abgenommen. (Auf 1 Pfund Fleisch rechnet man 1 Liter Wasser.) Hierauf gibt man ein Stück Sellerie, Porree, Petersilie, eine gelbe Rübe in ein Päckchen gebunden dazu, koche die Fleischbrühe langsam, bis das Fleisch weich ist, Alsdann schöpft man das Fett ab, gießt die Suppe durch ein Sieb und läßt sie ruhig stehen. Will man die Suppe sehr gut haben, so siedet man von Anfang an eine alte Henne mit.

Fleischbrühe, braune (Jus)

Der Boden eines Kastrols wird mit 100–150 g gutem Fett (Abschöpffett, Nierenfett und dergleichen), einer zerschnittenen Zwiebel und 1–2 kg magerem, in kleinere Stücke geschnittenen Rindfleisch belegt, (hat man Abfälle von anderem rohen Fleisch, so können sie ebenfalls verwendet werden, mit Ausnahme des gebeizten Wildes,) und auf dieses dann einige Scheiben gelbe Rübe und gleichviel Selleriewurzel gegeben. Nun läßt man das Ganze zugedeckt braten, bis es sich am Boden lichtbraun angesetzt hat (doch muß man sehr achtgeben, daß es nicht anbrenne, was sehr leicht geschieht); dann wird es mit einem Schöpflöffel kaltem Wasser übergossen, und damit aufgelöst. Zeigt sich die Brühe schön braun, so wird mit 4 l gewöhnlicher Fleischbrühe aufgefüllt, im andern Falle noch länger gebraten, bis die gehörige Bräune vorhanden. Nach dem Auffüllen wird abgefettet. Wenn alsdann Lauch und Petersilie beigefügt, läßt man alles zwei bis drei Stunden langsam kochen, hernach wird die Brühe durch's Sieb geschüttet und zum Gebrauch zurückgestellt.

Fleischbrühe, gewöhnliche (Bouillon)

2½–3½ kg Rindfleisch wird geklopft, mit einem reinen Tuch abgetrocknet, mit starkem Bindfaden überbunden, auf daß es beim Kochen nicht zerfalle und dadurch saftiger bleibe, und mit 5½–7½ l frischem Wasser zum Feuer gesetzt. Wenn es zu sieden anfängt, wird der aufsteigende Schaum so lange abgeschöpft, bis sich keine Unreinigkeit mehr zeigt, und die Brühe hell und klar fortkocht. Alsdann kommt Petersilie, Sellerie, gelbe Rübe, Lauch, nach Belieben ein Stückchen Kohlkopf, in Scheiben geschnitten, und eine Handvoll Salz daran. Mit diesem allem wird das Fleisch drei Stunden langsam (aber nicht zugedeckt, damit die Brühe hell werde) gekocht, nach welcher Zeit es weich sein wird. Ist das Fleisch so fett, daß sich beim Kochen obenauf Fett sammelt, so wird von letzterem nach Belieben abgenommen. – Diese Fleischbrühe kann man zu jeder beliebigen Suppe benutzen.

Fleischbrühe, zu verbessern

Ist man nicht im Besitz einer hellen, kräftigen Fleischbrühe und sollte schnell welche haben, so wird 140–280 g rohes, etwas verhacktes Rind- oder Kalbfleisch im Mörser mit einem Ei fein zu einem Teig gestoßen, letzterer in eine Schüssel genommen, mit einem Schöpflöffel kaltem Wasser oder besser mit kalter Fleischbrühe angerührt, und sodann mit einer gehörigen Portion von der vorrätigen Fleischbrühe aufgefüllt. So läßt man das Ganze langsam eine halbe Stunde kochen, während welcher Zeit die Brühe sehr schmackhaft und hell werden wird, worauf man sie durch ein reines Tuch gießt und gleich heiß verwendet. Am schnellsten wird eine schwache Fleischbrühe durch Zusatz von Professor Liebig's Fleischextrakt, Maggi's Suppenwürze oder dergleichen verbessert.

Fleischbrühe mit Bratklößchen

300 g Kalbs- oder Rindsbrät wird mit einem Anrichtlöffel reinem Abschöpffett oder in dessen Ermangelung mit 70 g heißem Fett gut abgerührt, dann etwas Milch, zwei Eigelb, zwei Handvoll Semmelbröseln, Muskatnuß und etwas Salz gut damit durchgerührt, und das Ganze eine Zeitlang stehen gelassen. Nun werden hiervon Klößchen in kochende Fleischbrühe eingesetzt, diese eine kleine Viertelstunde bedeckt auf dem Feuer gelassen, wo sie jedoch nur von der Seite kochen dürfen, die Suppe alsdann mit dem Schöpflöffel angerichtet und mit Muskatnuß gewürzt.

Fleischbrühe mit abgetrockneten oder verrührten Brotklößchen

Drei bis vier gestrige, abgeriebene Semmeln werden in kaltes Wasser gelegt und nach acht bis zehn Minuten wieder fest ausgedrückt, dann 100 g Butter in einer Pfanne zerlassen und das Brot darin abgetrocknet, bis es sich in einem Ballen von der Pfanne löst. Nachdem es nun in eine Schüssel genommen und nach einigem Erkalten vier bis fünf Eier, Salz und Muskatnuß hineingerührt, werden in kochende Fleischbrühe mit dem Eßlöffel längliche Klößchen davon eingesetzt, welche man nach einer Viertelstunde leichten Kochens mit der Fleischbrühe in die

Schüssel anrichtet. – Diese Klößchen werden auch gern *zur Hälfte* aus heißem Schmalz *gelb gebacken,* und dann erst in der Fleischbrühe aufgekocht.
Eine gute, kräftige Suppe erhält man auch, wenn man obigen Teig mit der zur Suppe erforderlichen Portion kalter Fleischbrühe glatt anrührt und unter beständigem Rühren bis zum Kochen kommen – aber nicht kochen – läßt und dann sofort anrichtet.

Fleischbrühe mit Ei

4 Eigelb, 1 l gute, klare Fleischbrühe. Dazu braucht man ganz frische Eier. Man gibt in jede Tasse ein Eigelb und gießt die heiße Fleischbrühe darüber; die Eigelb müssen ganz bleiben.

Hat man keine ganz frischen Eier, verrührt man die Eigelb und gibt unter Schlagen die Fleischbrühe zu. Nach Belieben kann man geröstete Brotscheiben, Salz- oder Käsestangen usw. dazu reichen.

Fleischbrühe mit Reisklößchen aus Fleischfarce

140 g gewaschener Reis wird mit guter Fleischbrühe weich und dick eingekocht, dazu dann zwei Eßlöffel Mehl, 70 g Butter, zwei ganze Eier, zwei Eigelb und 280 g Kalbfleischfarce, oder geschlagenes Brät gegeben, und dies alles gut zusammen abgerührt. Nachdem es im Mörser noch etwas abgestoßen, wird es nun herausgenommen, in die erforderliche Portion siedende Fleischbrühe kleine Klößchen davon eingesetzt, dieselben eine Viertelstunde gekocht, und die Suppe mit Muskatnuß gewürzt zu Tisch gegeben.

Fleischbrühe mit gewöhnlichen Fleischklößchen

550 g Kalbfleisch vom Schlegel oder ebensoviel Rindfleisch von der unteren Keule wird gut geklopft, von allen Häuten befreit, und mit einer kleinen Zwiebel, einer Zitronenschale und 150 g Ochsenmark oder Nierenfett fein gehackt, unterdes vier altgebackene feingeschnittene Semmeln in Milch geweicht, nach hinlänglichem Durchweichtsein, fest ausgedrückt, zu dem gehackten Fleisch gegeben und mit diesem noch fein gewiegt. Nun wird die Masse in eine Schüssel genommen, Salz, Muskatnuß und nach Bedarf Milch dazugegeben, und das Ganze gut abgerührt, worauf man in siedende Fleischbrühe Klößchen davon einsetzt, diese auf schwachem Feuer eine Viertelstunde kocht, die Suppe dann anrichtet, und die Muskatnuß bestreut aufträgt.

Fleischbrühe mit gebratenen Fleischknödeln

300–400 g übriggebliebenes gebratenes oder gesottenes Fleisch wird mit einer Zwiebel, einem Stengel Lauch, etwas Petersilienlaub und einer Zitronenschale fein gewiegt, unterdes vier abgeriebene gestrige Semmeln in kaltes Wasser gelegt, nach einigem Einweichen gleich wieder fest ausgedrückt, und so mit dem Fleisch noch einigemal überwiegt, worauf man das Ganze in eine Schüssel nimmt, und drei Eier, etwas Salz und Muskatnuß hineinrührt. Alsdann werden von dieser Masse mit den in's Wasser getauchten Händen acht bis neun runde Knödel geformt, diese in eine butterbestrichene Bratpfanne eingesetzt, und im Ofen oder Bratrohr gebacken, bis sie eine lichtgelbe Farbe haben; hierauf kocht man sie in guter Fleischbrühe langsam eine kleine halbe Stunde und richtet sie dann samt der Fleischbrühe an. – *Kräftiger* wird diese Suppe, wenn man ein bis zwei Schöpflöffel gedünstetes *Gemüse* in dieselbe gibt. – Sollte das Fleisch nicht fett sein, so nimmt man einige Löffel *Abschöpffett* dazu.

Fleischbrühe mit gebackenen Fleischkräpfchen

Ein Stück übriggebliebener guter Braten wird mit einigen Champignons, wenn welche da sind, und Petersilie fein gehackt, dann ein paar Eigelb und eine eingeweichte und wieder ausgedrückte Semmel dazugegeben, und solches nebst etwas Muskatnuß oder gestoßener Muskatblüte gut miteinander vermengt. Nun streut man feine Semmelbröseln auf ein Brett, gibt obiges Haschee darauf, wargelt es kleinfingerdick aus, und sticht hernach mit einem kleinen Ausstecher Kräpfchen aus. Diese werden in heißem Schmalz lichtbraun gebacken, alsdann braune oder gewöhnliche Fleischbrühe darübergegossen, und die Suppe sofort mit Schnittlauch bestreut serviert.

Fleischbrühe mit Gansjung

Flügel, Füße und Hals einer jungen Gans werden in halbfingerlange Stücke zerhauen, Leber und Magen, nachdem von letzterem die harte Haut entfernt, klein zerschnitten, und dies zusammen in Fleischbrühe mit einer mit drei Nelken besteckten Zwiebel, einem Sträußchen Thymian und einer halben Knoblauchzehe weichgesotten. Ferner wird ein halber mittelgroßer Wirsing- oder Weißkrautkopf und eine gelbe Rübe, jedes für sich, fein länglich zerschnitten, und mit dem Gansjung, wenn solches beinahe völlig weich ist, noch gut weichgekocht. Nun wird ein Kochlöffel Mehl in 35 g Butter weiß geröstet, und mit dem Gansabsud glatt angerührt, dies zu obigem gegeben, die Suppe noch einigemal aufgekocht, und sodann, nachdem Zwiebel, Thymian und Knoblauch herausgenommen, über leicht geröstete Schnitten angerichtet. – Nach Belieben kann man in der Schüssel vor dem Anrichten einige Eigelb mit Wasser verrühren.

Fleischbrühe mit Kartoffelklößen

Je nachdem man eine kleine oder größere Portion Suppe zu haben wünscht, gebe man 2 bis 3 von den Klößen zurückbehaltene Eidotter in die Schale, worin diese gemacht worden sind, rühre sie samt dem, was in der Schale geblieben, mit Kloßwasser fein, gieße es in die kochende Brühe, lasse die Suppe unter stetem Rühren gut durchkochen und würze sie mit etwas Zimt.
Auch kann man Zwiebeln und etwas Mehl in Butter oder gutem Fett braun machen, solche zu der Brühe rühren und die Suppe mit gestoßenem Nelkenpulver gut würzen.

Fleischbrühe mit Klößchen von Kalbsbries

Zwei schöne Kalbsmilchlein werden einigemal in lauem Wasser gewaschen und eine Stunde darin liegen lassen, damit das Blut sich herausziehe, hierauf in kochender Fleischbrühe oder Salzwasser kernig weich gesotten, dann in kaltes Wasser gelegt, abgewaschen, abgehäutet, und fein verwiegt. Unterdes wird abgeschältes Brot in Milch gelegt, solches, wenn es ganz durchweicht ist, fest ausgedrückt, in 70 g frischer Butter abgerührt und abgetrocknet, und zu dem Verwiegten gegeben, hernach alles nebst vier Eiern, Salz und Muskatnuß gut durchgerührt, und davon in kochende Fleischbrühe kleine Klößchen eingesetzt. Diese werden eine halbe Viertelstunde gekocht, sodann mit der Fleischbrühe angerichtet und mit Muskatnuß gewürzt.
Anmerkung: Alle diese Klößchen von Fleischwerk werden *leichter*, wenn die Masse, nachdem sie zum Einsetzen fertig ist, zuvor noch etwas im Mörser abgestoßen wird. – Man kann auch weichgekochtes fettes *Kalbseuter*, fein verwiegt, unter die Masse nehmen.

Fleischbrühe mit Mark

100 g Mark, Fleischbrühe

Das Mark wird in Wasser gelegt, damit das Blut ausgezogen wird, in kochende Fleischbrühe gegeben, etwa 6–8 Minuten, je nach der Dicke, gekocht. Dann schneidet man das Mark in Scheiben, gibt es in Tassen und gießt die kochende Fleischbrühe, am besten Kraftbrühe, darüber.

Fleischbrühe mit gebackenen Markklößchen

Es werden die in voriger Nummer beschriebenen Klößchen bereitet, solche jedoch, statt in Fleischbrühe gekocht, aus heißem Schmalz gelb gebacken, darauf in die Wurzelsuppe gelegt, eine halbe Stunde langsam darin gekocht, und die Suppe mit Muskatnuß gewürzt angerichtet.

Fleischbrühe mit falschen Schildkröteneiern

3 hartgekochte Eigelb, 1 rohes Eigelb, 1 TL geriebenen Parmesankäse, Salz, Pfeffer, Muskat, Fleischbrühe

Die Eigelb werden durch ein Haarsieb gestrichen, mit den andern Zutaten gut verrührt. Mit etwas Mehl formt man erbsengroße Kugeln, gibt sie in kochende Fleischbrühe und läßt sie etwa 3 Minuten langsam kochen.

Fleischklößchensuppe

125 g fein gehacktes Schweinefleisch, 1 Brötchen, Zwiebel, Petersilie, 20 g Butter, 1 Ei, Salz, Pfeffer, Muskat, Majoran, Fleischbrühe

Zu dem Fleisch gibt man das eingeweichte, ausgedrückte, mit Zwiebel und Petersilie gedämpfte Brötchen, die Gewürze, das Ei und mischt alles gut. Dann formt man runde Klößchen, gibt diese in kochende Fleischbrühe, läßt sie 8 Min. langsam ziehen, nicht kochen.

Fleischsuppe, gewiegte

100 g Fleischreste gewiegt, Zwiebel, Petersilie, 40 g Butter, 1 EL Mehl, 2 gekochte, geriebene Kartoffeln, Wasser oder Knochenbrühe, Salz, Muskat, 3 EL Rahm

Zwiebel und Petersilie in Butter dämpfen, das Mehl mitdämpfen, dann ebenso Fleisch und Kartoffeln, ablöschen, 10 Minuten kochen, Gewürze und Rahm zugeben.

Fruchtsuppe, von zweierlei Früchten

300 g ausgesteinte Kirschen und ½ l Himbeeren werden mit ¼ l Wasser, einem Stückchen Zucker, Zimt und etwas feingewiegter Zitronenschale weichgekocht, hierauf in einem Stückchen Butter zwei Eßlöffel geriebenes Milchbrot gelb geröstet, die weichgekochten Kirschen und Himbeeren nebst 1 l Wein und genügendem Zucker hineingegeben, und das Ganze dann aufgekocht und angerichtet. – Wird, wie jede Obstsuppe, *warm* oder *kalt* mit Biskuit oder Zwieback gegeben.

Fruchtsuppe, gemischte, für Kranke I

125 g Erdbeeren, 125 g Himbeeren, 125 g Heidel- oder Bickbeeren und 250 g entsteinte Kirschen werden sauber gelesen und gewaschen. Darauf setzt man alles mit etwa 2 l Wasser und etwas Zitronenschale aufs Feuer und läßt es 10 Minuten lang kochen. Dann schlägt man die Suppe durch und quirlt 2 Kaffeelöffel Kartoffelmehl, das man in einem Wasserglas voll Apfelwein verrührt hat, daran. Zuletzt wird Zucker nach Geschmack und etwas Eiweißschnee darunter gemischt.

Fruchtsuppe, gemischte, für Kranke II

1 kg Fliederbeeren, 1 kg Weinbeeren, halb weiß, halb blau, und 1 kg entsteinte Pflaumen kocht man, nachdem alles gewaschen, in 2 l Wasser mit Zitronenschale, Zimt und 3 Nelken. Dann treibt man alles durch ein Sieb, fügt, wenn nötig, noch etwas kochendes Wasser zu, quirlt aufgelöstes Kartoffelmehl daran und versüßt das Ganze nach nochmaligem Aufwallen mit Zucker nach Geschmack.

Gänseklein-Suppe

Sie entsteht, indem man die Brühe, in der das Gänseklein weichgekocht wird, mit gemahlenem Ingwer und einigen zerdrückten Knoblauchzehen würzt.
Das von den Knochen gelöste Fleisch wird feingehackt und der Brühe wieder beigemengt, die ihrerseits mit etwas Mehl gebunden wird. Diese Gänseklein-Suppe hat einen ganz besonders guten Geschmack.

Gebrannte Suppe

Eine solche verfertigt man am besten, wenn man das Mehl nicht zu braun macht, es nicht anbrennen läßt, und nur kalt ablöscht, von Gewürz nimmt man ein wenig Nelken und Muskatnuß dazu, die Bröckelein müssen recht klein gemacht werden, und man darf sie nur ein wenig in der Brühe anziehen lassen. Das lange Kochen der Suppe ist gar nicht gut, weil sonst das Schmalz herauskocht.

Gehackte braune Suppe

Für 6 bis 8 Personen werden 2 große Händevoll Mehl auf ein Brett gegeben, in die Mitte 2 Eier geschlagen, dies mengt man mit einem Messer nach und nach untereinander, und hackt es dann klein, nur muß man dabei Achtung geben, daß es weder zu viel Mehl hat, noch zu fest ist, beides macht die Suppe unangenehm: hierauf wird ein Viertel Butter in einem Topf oder eisernen Pfanne zerlassen, das Gehackte gelb geröstet, und mit kaltem Wasser oder Fleischbrühe abgelöscht, das übrige gießt man heiß daran, gibt kleingeschnittenen Petersilie und etwas Muskatnuß dazu, nur muß man die Suppe fleißig rühren, sonst wird sie knollig.

Geigenklößchensuppe

Drei gestrige Dreipfenniggeigen oder Mutscheln (beim Bäcker zu bekommen) werden gerieben, mit sechs Eiern, 140 g zerlassener Butter, Salz und Muskatnuß durchgerührt, so eine Stunde stehen gelassen, und dann so lange noch gerührt, bis die Masse leicht und schaumig aussieht. Hernach werden davon mit einem Eßlöffel Klößchen in kochende Fleischbrühe eingesetzt, und eine halbe Viertelstunde darin gekocht, die Suppe nun mit einem Schöpflöffel behutsam angerichtet, und mit Muskatnuß gewürzt aufgetragen. – Ist das Geigenmehl schon längere Zeit gerieben und trocken, so wird es eine Stunde vor Gebrauch mit zwei bis drei Eßlöffel Milch angefeuchtet, und damit untereinandergemengt.

Geigenklößchensuppe, andere Art

Die Klößchen sind ganz die nämlichen wie die vorbeschriebenen, nur nimmt man bloß 100 g Butter dazu. Sie werden dann aus heißem Schmalz gebacken, und zuletzt in Fleischbrühe eine Viertelstunde aufgekocht.

Gelbrübensuppe

50 g Butter, ¾ Pfund Gelbrüben, 50 g Reis, 2½ l Brühe, wenn nötig Salz, 1 Eigelb, 2 EL Rahm

Die geputzten, gewaschenen Gelbrüben werden in feine Blättchen geschnitten, in Fett 20–25 Min. gedämpft, mit ¾ l Brühe begossen und die Gelbrüben darin weichgekocht. Unterdessen wird der Reis gewaschen, 2 mal gebrüht und ebenfalls mit ½ l Brühe weichgekocht. Nun treibt man die Gelbrüben durch ein Sieb, gibt den Reis und die übrige Flüssigkeit bei und rührt die Suppe nach dem Aufkochen mit Ei und Rahm ab.

Gelbrübensuppe neue Art

Die in Scheiben geschnittenen, mit Zwiebeln in Butter gedämpften Gelberüben werden mit Wasser aufgefüllt, gesalzen, etwas Zucker zugegeben und gekocht, bis sie weich sind. Es können 2 Kartoffeln hinzugegeben werden. Anschließend wird das Ganze so lange mit dem Schneebesen geschlagen, bis die Suppe gebunden ist. Sie schmeckt nun überzeugend nach Gelberüben.
Mit gehacktem grünen Dill oder gezupften Kerbelblättern kann sie auch geschmacklich noch »garniert« werden.

Geflügelkraftbrühe

Wie Kraftbrühe zubereiten. Beim Zusetzen Geflügelabfälle oder Suppenhuhn zugeben. Nach dem Abseihen wird die Brühe vollständig entfettet. Die Brühe kann auch kalt genommen werden in Tassen nach Belieben mit Zusatz von Weißwein.

Suppe von Geflügelpüree für Kranke

Aus 2 alten Tauben kocht man unter Hinzufügen einiger Markknochen, etwas Wurzelwerk und Salz eine gute Bouillon während 1½ Stunde. Dann nimmt man die Tauben aus der Brühe, spült sie ab und löst das Fleisch von den Knochen. Während dieser Zeit läßt man in etwa 1 l Taubenbouillon 50 g geriebene Semmel durchkochen. Das Taubenfleisch wird fein gewiegt und nach und nach mit ½ Obertasse Rahm vermischt. Dies Püree verquirlt man mit einem Eigelb in die durch ein Sieb getriebene Bouillonsuppe. Diese darf jetzt nur noch einige Minuten ziehen – nicht kochen – da sie sonst flockig wird. – Auf gleiche Weise kann man mit einem Huhn verfahren, von dem allerdings zum Püree nur Brustfleisch und Leber verwendet werden können.

Gemüsesuppe

500 g Gemüse, wie Karotten, Sellerie, Kohlrabi, Bohnen, Wirsing, Spargel, Blumenkohl, Erbsen, Fleischbrühe

Die geputzten Gemüse werden gewaschen, zerkleinert. Blumenkohl in Röschen geteilt. Man gibt die Gemüse in kochende Fleischbrühe und läßt sie langsam weichkochen. Nach Belieben kann man als Einlage Klößchen oder Eierstich zugeben. Hat man keine Fleischbrühe, dämpft man die Gemüse in 30 g Butter und etwas Zwiebel, nach Belieben Petersilie und löscht mit Wasser oder Knochenbrühe ab. Blumenkohl und Erbsen gibt man zu, nachdem die Gemüse halbweich sind.

Gemüsesuppe, deutsche

2 Kohlrabiknollen, 2 Möhren und 250 g grüne Bohnen schneidet man in kleine gleichmäßig lange Streifen und dünstet alles in 100 g Butter 20 Minuten lang in einer tiefen Kasserolle. Vorher hat man 3 gut ausgewässerte, gehäutete Schweinsnierchen weichgekocht. Die Brühe davon gießt man an das Gemüse und läßt es darin weichkochen. Ist zu wenig Brühe da, kann man Wasser auffüllen, soviel als Suppe gebraucht wird. 5 zerschnittene, ausgekernte Tomaten werden in einem Tiegel mit etwas Butter weichgedämpft. Der Brei wird dann, durch ein Sieb gestrichen, der Suppe hinzugefügt. Würfel von geschälten, gekochten Kartoffeln und in Salzwasser abgekochter Blumen- und Rosenkohl werden ¼ Stunde vor Fertigstellung der Suppe dazugegeben. Die Schweinsnierchen hat man unterdessen in Scheiben geschnitten und gebacken und gibt auch diese der Gemüsesuppe bei. Zuletzt schmeckt man mit Pfeffer und Maggiwürze ab.

Gemüsesuppe, durchgeschlagene

¾ kg dunkelrote Möhren (Mohrrüben), 2 weiße Rüben, Sellerie und Weißkohl zu gleichen Teilen, 2 bis 3 große Kartoffeln, 1 Petersilienwurzel, 1 Pastinak, 1 große Zwiebel, 2 Porree (nur die weißen Zwiebelteile) und etwas grüne Petersilie wäscht und putzt man gut zu, kocht alles zusammen kleingeschnitten in ungefähr 1½ l guter Bouillon weich und treibt es durch einen feinen Durchschlag. 2 Eßlöffel Mehl werden in 100 g Butter hell geschwitzt, um die Suppe damit zu verdicken. In Salzwasser gedünstete Hausmachernudeln geben eine gute Einlage. – Um die Suppe noch kräftiger und würziger zu machen, kann man ihr auch ein Glas Madeira oder einen Teelöffel Champignonsoja zusetzen.

Gemüsesuppe mit Fleisch

Dies Gericht, als ein angenehmes, nahrhaftes und wohlfeiles Mittagessen, kann sowohl von jungen und etwas hart gewordenen Erbsen (letztere muß man jedoch, nachdem sie weichgekocht sind, durch ein Sieb rühren), als auch von jungem Kohlrabi, Blumenkohl, selbst von Kartoffeln zubereitet werden. Man nehme hierzu für 3 bis 4 Personen 250 g reines Beefsteakfleisch, schneide es, nachdem die Haut entfernt, in Würfel und hacke es mit etwas Salz möglichst fein. Dann wird von einem alten Brötchen, an Gewicht 50 g, die Kruste abgeschält und diese samt der Hälfte des Brötchens in kaltes Wasser gelegt, die andere Hälfte auf der Reibe gerieben, 2 Walnuß dick Butter, weich gerührt, hinzugefügt: 1 ganzes Ei, etwas Muskatnuß oder feingeschnittene Petersilie, sowie auch das geriebene und eingeweichte Brötchen nebst dem gehackten Fleisch. Unterdes lasse man ein Stück Butter oder Fett recht heiß werden, rühre 2 stark gehäufte Eßlöffel feines Mehl darin gelb, gieße und rühre die nötige Quantität kochendes Wasser hinzu und gebe, nachdem es kocht, das Bestimmte hinein, etwa einen gehäuften Suppenteller Erbsen und einige kleingeschnittene Wurzeln, auch wohl 2 in Scheiben geschnittene Kohlrabi nebst Salz, lasse solches weich und die Suppe ganz sämig kochen. Wünscht man dieselbe von Kartoffeln zu bereiten, so wähle man nachstehend bemerkte Kartoffelsuppe, mit einer Porreestange und Sellerieknolle gekocht. Alsdann steche man mit dem Eßlöffel von der Fleischmasse 16 Klößchen glatt ab, indem man sie mit demselben einigemal von einer Seite auf die andere wirft, doch ist zu raten, vorher eins zu versuchen, um sie nötigenfalls etwas fester oder lockerer machen zu können. Danach kocht man die Klößchen etwa 5 Minuten, oder so lange, bis sie inwendig nicht mehr rot erscheinen, wo dann die Suppe nicht mehr kochen darf und mit feingehackter Petersilie durchgerührt wird.

Gemüsesuppe, Nürnberger

2 Stangen Lauch, 1 Stück Sellerie, 2 gelbe Rüben, 1 Zwiebel, 60 g Speck, 3 Kartoffeln, 2 EL Mehl, Fleischbrühe, 3 EL Sahne, 2 Eigelb, reichlich Kerbel, Petersilie, Kresse, Salz, Pfeffer

Im ausgelassenen Speck dünstet man die gewürfelte Zwiebel an, gibt den Lauch, in Ringe geschnitten, Sellerie, gelbe Rüben und Zwiebel gewürfelt hinein und stäubt Mehl darüber. Mit Fleischbrühe wird aufgegossen und alles 15 Minuten gekocht. Die Kartoffeln schneidet man ebenfalls in Würfel und gibt sie in die Suppe, die man noch 15 Minuten kochen läßt. Abschmecken mit Salz und Pfeffer. Die Sahne, Eigelb und etwas Suppe werden verrührt und die Suppe damit legiert. Nicht mehr kochen lassen und reichlich gehackte Kräuter darüberstreuen.

Gemüsesuppe, süßsauer

200 g Schweinelende, Fett zum Anbraten, 1 kl. Dose Bambussprossen, 2 EL chin. Trockenpilze (Morcheln), 1 kl. Zwiebel, 25 g chin. Glasnudeln, 1 l Wasser, 2 EL Hühnersuppe, 1–2 EL Sojasauce, 1–2 EL Essig, Pfeffer, Salz, 1 EL Stärkemehl, 2 EL Milch

Schweinelende und Bambussprossen in dünne Scheiben schneiden, Trockenpilze in kaltem Wasser einweichen. Zwiebel schälen und würfeln, Glasnudeln in 5 cm lange Stücke schneiden. Fleisch 5 Min. in Fett anbräunen, dann die Bambus, die in Stücke geschnittenen Pilze, Zwiebelwürfel und Glasnudeln zugeben. Mit kochendheißem Wasser aufgießen, Hühnersuppe, Sojasauce und Essig zugeben. Suppe etwa 20 Min. kochen lassen. Mit Pfeffer und Salz abschmecken und mit dem in Milch angerührtem Stärkemehl binden.

Gerstensuppe

300 g feine Kochgerste wird in einem Kastrol in 40–50 g Butter geröstet bis sie aufsteigen will, dann füllt man mit klarer Fleischbrühe auf und läßt die Suppe eine Stunde kochen. Nun gibt man einen halben Schöpflöffel rein geputzte, fein würflig geschnittene gelbe Rüben und ebensoviel Sellerie darein, und läßt das Ganze noch zwei Stunden zugedeckt langsam kochen, von Zeit zu Zeit etwas Fleischbrühe nachgießend. Ist die Suppe nach dieser Zeit schleimig und die Körner weich, so wird sie angerichtet. – Für gewöhnlich wird die Gerste nicht geröstet, sondern sofort mit der Fleischbrühe zugesetzt. Schleimiger wird die Suppe, wenn eine Viertelstunde vor dem Anrichten ein Kochlöffel Mehl mit Milch glatt angerührt, und unter fortwährendem Rühren an die Suppe gegeben wird.

Gerstensuppe, geschwungene

Wie bei der vorhergehenden, wird 300 g feine Gerste in 50 g Butter geröstet bis sie aufsteigen will, dann mit klarer Fleischbrühe aufgefüllt, und langsam drei Stunden gekocht. Eine halbe Stunde vor dem Anrichten rührt man einen Kochlöffel Mehl mit Rahm oder Milch an, gießt ihn an die Suppe, und kocht sie noch einigemal damit auf, worauf sie durch's Sieb getrieben und wieder auf's Feuer gesetzt wird. Nun kommt 35 g frische Butter und etwas Muskatnuß darein, und während die Suppe heiß wird, schlägt man sie mit dem hölzernen Schneebesen, richtet sie dann an und trägt sie sogleich auf.

Gerstenschleim

Die Gerstensuppe wird beim Anrichten durch ein Sieb oder einen feinen Durchschlag getrieben, und dann wie Reisschleim noch einmal heiß gemacht. – Ist der Gersten- oder Reisschleim für *Kranke* bestimmt, so bleibt dabei die Butter (und das Mehl) weg, und die Gerste wird nur durchgegossen.

Glace

Diese Brühe gleicht der unter »brauner Fleischbrühe« beschriebenen, nur mit dem Unterschied, daß hierzu einige kleinverhackte Kalbsfüße, der vordere Knochen vom Kalbsschlegel mit dem Schenkel, und Geflügelabfälle kommen. Das Wurzelwerk bleibt sich gleich, Salz gibt man keines dazu. Bei dem Anfüllen mit Wasser darf, damit sie kräftiger werde, nicht so viel wie dort aufgegossen werden. Nach drei Stunden langsamen Kochens wird die Brühe durch's Sieb gegossen, und das Fett rein abgenommen; ist sie dann einige Zeit gestanden, so wird sie langsam bis auf den Bodensatz in ein reines Kochgeschirr abgeschüttet, und nun auf starkem Feuer so schnell als möglich eingekocht. Bei beginnendem Dickwerden muß man mit einem Kochlöffel anhaltend fest auf dem Boden rühren, damit sie nicht anbrenne. Wenn die Glace in dicken Fäden vom Löffel läuft, wird sie in eine Schüssel gegossen, worin man sie erkalten läßt, und dann an einem trockenen Ort zum Gebrauch aufbewahrt. – Die Glace ist in besseren Küchen unentbehrlich. Soll etwas damit angestrichen werden, so wird sie zuvor mit dicker, abgefetteter Bratenbrühe vermengt.

Goldwürfelsuppe

2 Brötchen, 1–2 Eier, 1/8 l Milch, Salz, Muskat, 20 g Butter, Fleischbrühe

Die Brötchen werden in kleine Würfel geschnitten. Ei, Milch, Salz, Muskat werden zusammen angerührt, über die Brötchen gegossen. Sind die Würfel gut durchgezogen, röstet man sie in heißem Fett goldgelb, gibt sie in die Suppenschüssel und gießt die kochende Fleischbrühe darüber.

Graupensuppe

Es werden ½ kg grobe Graupen mit einem Stück frischer Butter, einigen Stückchen Zimt und wenig kochendem Wasser aufs Feuer gesetzt; nach und nach wird ein Guß kochendes Wasser dazugegeben und recht weichgekocht. Dann wird das Ganze scharf durch ein Sieb gerührt, wobei während des Durchrührens etwas Wasser über die Graupen gegossen wird, um die Suppe alles Sämige zuzuwenden. Danach werden 250 g gut gewaschene Rosinen darin weichgekocht, welches etwa ¾ Stunde dauert, doch kann man diese nach Belieben auch schon früher allein kochen, die Suppe nach dem Durchrühren zum Kochen bringen und die Rosinen samt der Brühe hinzufügen. Die Suppe muß recht sämig, doch darf sie nicht dicklich sein und etwas Salz nicht vergessen werden. Beim Anrichten werden 2 frische Eidotter mit ¼ l weißem Wein angerührt, die kochende Suppe unter stetem Rühren nach und nach hinzugegeben und mit dem nötigen Zucker versüßt. – Zeit des Kochens 3 Stunden.

Graupensuppe für Kranke

Feine Perlgraupen werden in wenig kochendem Wasser mit einem Stückchen frischer Butter bei oftmaligem Nachgießen weich und sämig gekocht, dann würzt man die Suppe mit Salz, feingehackter Petersilie oder Muskatnuß; letztere ist bei Magenschwäche vorzuziehen.

Graupensuppe mit Kartoffeln

Man koche die Graupen, je Person 30 g, in wenig Wasser mit einem Stück Speck, wodurch sie recht weiß und schneller weich werden, oder mit Fett in kurzer Brühe langsam weich, wobei, sooft als nötig ist, etwas Wasser hinzugegossen wird und öfters durchgerührt werden muß. Erst wenn die Graupen weich geworden sind, fülle man das nötige Wasser nach – es kann hierzu auch gute Brühe von Rauch- oder Pökelfleisch verwendet werden –, gebe kleingeschnittenen Sellerie, Porree und Petersilie, Kartoffeln und Salz dazu, koche diese recht weich und die Suppe sämig.
Zeit des Kochens 3 Stunden.
Da Kartoffeln in Graupensuppe schwer weich werden, so tut man besser, wenn es sein kann, sie allein zu kochen und sie dann in der Suppe noch ein wenig kochen zu lassen.

Grießsuppe

80 g Grieß, Fleischbrühe oder Wasser, Salz, 1 Eigelb, 2 EL Rahm

Den Grieß unter Rühren in kochende Fleischbrühe einstreuen, ½ Stunde kochen, mit Ei und Rahm abziehen. Hat man nur Wasser, kocht man 30 g Butter mit.

Grießklößchensuppe I

⅛ l Milch, 30 g Butter, 80 g Grieß, Salz, Muskat, 2 Eier, Fleischbrühe

Milch, Butter, Salz zum Kochen bringen, den Grieß einstreuen, zu einem Kloß abrühren, 1 Ei zugeben, kalt stellen. Nach dem Erkalten Muskat und das übrige Ei zugeben. Mit 2 Kaffeelöffeln oder der Backspritze kleine Klößchen in kochende Fleischbrühe einlegen, 5 Min. kochen.

Grießklößchensuppe II

60 g Butter, 3 Eier, 80 g Grieß, 1–2 EL Mehl, Salz, Muskat, Fleischbrühe

In die schaumig gerührte Butter gibt man abwechselnd die übrigen Zutaten und läßt die Masse ½–1 Stunde stehen. mit 2 Kaffeelöffeln längliche Klößchen formen, in kochende Fleischbrühe einlegen, 10 Minuten kochen.

Grießmehlsuppe mit Korinthen und Wein

Vorab sei bemerkt, daß das nicht stark gekörnte Grießmehl häufig verfälscht in den Handel kommt. Man erkennt es an dem starken Schäumen beim Aufkochen. Zu 1¼ l Wasser nehme man 50 g gekörntes Grießmehl, 50 g Zucker, 50 g Korinthen, einen gehäuften Teelöffel Salz, ½ Tasse weißen Wein und 1 Eidotter. Das Wasser wird kalt mit den gewaschenen Korinthen, einer halben Walnuß dick Butter und einem Stückchen mit von der Länge eines halben Fingers aufs Feuer gesetzt, und, wenn es kocht, das Grießmehl langsam hineingestreut, Zucker und Salz dazugegeben und, zugedeckt, solange mäßig gekocht, bis das Grießmehl sich nicht mehr senkt. Dann wird das Eidotter mit Wein angerührt und die kochende Suppe allgemach hinzugegeben. Diese Portion ist auf 2 Personen berechnet.
Auch Rosinen sind in solcher Suppe angenehm; diese aber müssen vor dem Einstreuen des Grießmehls eine Weile vorab kochen, weil sie oft ¾–1 Stunde Kochens bedürfen. Statt Wein kann man auch Zitronensaft gebrauchen.

Grünkernsuppe

1 Eigelb, Rahm oder Milch. 80 g Grünkerngrütze, 30 g Butter, Fleischbrühe oder Wasser, Salz

Die Grütze in der Butter etwas andämpfen, ablöschen, zugedeckt etwa 1 Stunde kochen. Nach Belieben durch ein Sieb streichen, mit Ei und Rahm abziehen.

Grünkernsuppe, andere Art

125 g Grünkernmehl, 125 g Butter, 1 l Fleischbrühe, 1 kleine Kalbshaxe, etwas Sahne, 1 Ei

Man röstet das Grünkernmehl zusammen mit der Butter, füllt mit Fleischbrühe auf, gibt eine kleine Kalbshaxe hinein und kocht diese langsam weich. Nachdem die Suppe mit einem in Sahne verquirlten Ei gebunden wurde, erhält sie als Einlage die in Würfel geschnittene Kalbshaxe.

Gulaschsuppe

250 g gehackte Zwiebel, 3 EL Öl, 250 g kleingewürfeltes Rindfleisch, Salz, Paprika, Kümmel, 1 Lorbeerblatt, 1½ l Fleischbrühe, 1 EL Tomatenmark, 200 g kleingeschnittene Kartoffeln, einige EL süße Sahne

Zwiebel in Öl anbraten, Fleisch zugeben und mitrösten, aber nicht bräunen. Mit Salz, Paprika, Kümmel und Lorbeerblatt würzen. Fleischbrühe zugießen, aufkochen und alles zugedeckt ca. 1 Stunde köcheln lassen. Tomatenmark und Kartoffelwürfel zugeben. Sowie diese gar sind, die Suppe mit Sahne verfeinern und abschmecken.

Hackereis, eine ländliche Kindersuppe

Man nimmt ein frisches Ei, rührt mit einem Messer soviel Mehl hinein als das Ei aufnimmt, hackt es ganz klein und läßt es in kochender Milch mit etwas Salz und einer Prise Safran recht gar kochen, indem fortwährend gerührt werden muß. Die Suppe darf nicht zu dicklich sein.

Hafer-, Gerste-, Reis-, Grünkernmehlsuppe

100 g Hafermehl, Fleischbrühe oder Wasser, 1 Eigelb, 2 EL Rahm

Das Mehl mit kaltem Wasser anrühren, in kochende Fleischbrühe einlaufen lassen, ½ Stunde kochen. Bei Wasser 30 g Butter mitkochen. Beim Anrichten mit Ei und Rahm abziehen.

Hafer- oder Reisflockensuppe

100 g Hafer- oder Reisflocken, Wasser oder Fleischbrühe, Salz, 1 Eigelb, 2 EL Rahm

Die Haferflocken werden in die kochende Brühe eingestreut, 1 Stunde gekocht, nach Belieben durch ein Sieb gestrichen, mit Ei und Rahm abgezogen. Hat man keine Fleischbrühe, kocht man 30 g Butter mit.

Hafergrütze mit Kartoffeln

Man bringe die mit Wasser abgeflößte Hafergrütze, je Person etwa 30 g, mit Wasser, gutem Fett (es kann auch Schinken- oder Rauchfleischbrühe dazu benutzt werden), Kohlrabi, Sellerie, Petersilie oder Porree, in Ermanglung mit einigen kleingeschnittenen Zwiebeln, zum Kochen, gebe recht rein gewaschene Kartoffeln und das nötige Salz hinzu und koche alles etwa 2 Stunden weich und sämig.
Wenn die Suppe für einen Dienstbotentisch zur Sättigung bestimmt ist, so kann man je Person auf 50 g rechnen.

Hafergrütze für Kranke

Gute, frische Hafergrütze wird gewaschen, indem man sie in kaltem Wasser durchrührt und einige Male abflößt. Dann lasse man sie, wenn bei dem Kranken keine Leibschmerzen vorhanden sind, mit 1 bis 2 Zitronenscheiben (Kerne und Schale bis zum Saft entfernt) in kochendem Wasser 1 Stunde kochen, rühre sie durch ein sauberes Haarsieb, in Ermanglung desselben lasse man sie, ohne zu rühren, freiwillig durch ein weiteres Sieb laufen und rühre Zucker und sehr wenig Salz durch, oder gebe geriebenen Zucker dazu, weil Kranke oft mehr, oft weniger davon wünschen.

Hafergrütze mit Milch

Die Grütze wird einige Male abgeflößt, mit Wasser weich und dicklich gekocht, wobei zuweilen durchgerührt werden muß, weil sie sich leicht ansetzt. Nachdem sie scharf durch ein Sieb gerührt, bringe man sie wieder zum Kochen, gebe Milch und etwas Salz hin zu und koche die Suppe langsam noch ¼ Stunde.
Man rechne auf die Person 30 bis 50 g Hafergrütze und ¼ l frische oder ⅜ l abgenommene Milch. Erstere hat den Vorzug.

Hafergrütze mit getrockneten Zwetschgen, zugleich sehr gut für Kranke

Nachdem die Zwetschgen, wie es bei den Kompotts bemerkt, abgekocht und die Hafergrütze einigemal abgeflößt ist, bringe man jedes allein aufs Feuer, koche die Grütze mit einem Stückchen Butter recht sämig, gieße sie durch ein Sieb, die Zwetschgen mit ihrer Brühe und einigen Stückchen Zimt und 2 bis 4 Zitronenscheiben (die Kerne entfernt) dazu und koche die Zwetschgen ganz weich. Dann wird die Suppe, welche recht sämig, aber nicht zu dicklich sein muß, mit Zucker und etwas Salz gewürzt. Man rechne auf die Person etwa 50 g Hafergrütze und 50 g oder etwa 15 Stück Zwetschgen.

Hafergrütze mit Rosinen oder Korinthen

Die Grütze wird gekocht und durchgesiebt, wie im vorhergehenden gesagt worden. Dann gebe man für jede Person 15 bis 20 g ausgesuchte und gewaschene Rosinen oder Korinthen, ein Stückchen Zimt, etwas Salz und 1 Zitronenscheibe hinzu, lasse die Rosinen recht weichkochen und rühre die Suppe mit einem Eidotter und etwas Zucker ab. Auch kann man derselben zuletzt einen Geschmack von weißem Wein geben; auch einige saure Äpfel in der Grütze kochen und mit durchtreiben.

Hagebuttensuppe, auch für Kranke

Die Hagebutten werden in Wasser mit etwas Zwieback oder Weißbrot weichgekocht, durch ein Sieb gerührt, wieder zum Kochen gebracht, Zucker und Zimt und, wenn's dem Kranken erlaubt ist, auch etwas Wein durchgerührt.

Hagebuttensuppe, Pommersche Art

750 g frische Hagebutten, 50 g Butter oder Margarine, 1 EL Mehl, Zitronensaft, Zucker, 1 Glas Rotwein, 1 Glas Weinbrand, Zimt

Man setzt die geputzten, von den haarigen Kernen befreiten und gewaschenen Hagebutten in 1 l Wasser auf das Feuer, kocht sie weich und streicht sie durch ein Sieb. Aus Butter und Mehl bereitet man eine helle Mehlschwitze, die man mit etwas Fruchtwasser aufkocht und mit Zucker, Zitronensaft und Weinbrand abschmeckt. Das Mark hinzugeben, die Hagebuttenbrühe aufgießen und mit Rotwein und Zimt würzen.

Das Vorbereiten der Hagebutten ist eine langwierige Sache, aber lohnend, denn die Suppe – mit einem Häubchen von Schlagrahm versehen – ist sehr schmackhaft.

Hammelfleischsuppe

Das Fleisch wird gewaschen, mit kochendem Wasser und nicht zu viel Salz aufs Feuer gebracht, abgeschäumt, ein Sellerieknöllchen nebst Kohlrabi und einer feingeschnittenen Zwiebel, geschwitztes Mehl und Perlgraupen oder abgebrühter Reis hinzugegeben und, fest zugedeckt, langsam gekocht. Wünscht man Grießmehl in der Suppe, so streue und rühre man es eine halbe Stunde vor dem Anrichten hinein. Es können Kartoffelklöße darin gekocht und die Suppe mit einem Eidotter und Muskat oder feingehackter Petersilie abgerührt werden, doch ist solches für den täglichen Tisch überflüssig.
Hammelfleischsuppe muß 2½–3 Stunden kochen.

Hascheeklößchensuppe

Von übriggebliebenem Kalbsbraten oder anderm fetten, gekochten, kalten Kalbfleisch wird ungefähr 500 g verwiegt, und inzwischen drei abgeschälte Semmeln fein eingeschnitten und mit kochender Fleischbrühe angefeuchtet. Nun wird in 35 g Butter ein Kaffeelöffel feingeschnittene Zwiebel und ebensoviel Petersilie, sowie das gewiegte Fleisch etwas gedämpft, und dies nebst Salz, Muskatnuß und fünf bis sechs Eiern zu dem geweichten Brot gegeben. Nachdem alles gut zusammen abgerührt, werden von der Masse längliche Klößchen in klare, kochende Fleischbrühe eingesetzt, solche, wenn sie eine kleine Viertelstunde gekocht haben, angerichtet und die Suppe mit feinem Schnittlauch bestreut aufgetragen.

Hasensuppe von einem ganzen Hasen

Man reinige einen großen Hasen, fange das Blut sorgfältig auf, zerschlage die Knochen, zerschneide das Fleisch, jedoch wird der Rücken zurückgelegt, und koche die Knochen mit 1 bis 1½ kg Rindfleisch, 50 g Zwiebeln, einigen Nelken und Pfefferkörnern, gelben Wurzeln, Suppenkräutern und einigen Schnitten rohem Schinken gehörig aus. Der Rücken wird mit reichlich Butter und Sahne weich gebraten, in zierliche Stücke geschnitten und mit einigen Fleischklößchen in die Terrine gelegt; vorher aber wird die Sauce nebst dem Blut an die Suppe geben; solche mit bräunlich gebranntem Mehl sämig gemacht, durch

ein Sieb gerührt, wieder aufs Feuer gesetzt, mit einer kleinen Messerspitze Cayennepfeffer und dem nötigen Salz nur eben durchgekocht, dann ¼ Flasche Portwein hinzugefügt und zu dem übrigen in die Terrine gefüllt.
In Ermanglung des Hasenblutes nehme man etwas Schweineblut.
Zum Kochen dieser Suppe gehören, in bezug auf das Rindfleisch, 3 Stunden.

Hasenreste-Suppe

Ist noch gutes Fleisch an einem Hasenbraten, der schon zur Tafel gewesen ist, so wird dies ganz fein gehackt und dazu gegeben: 250 g in Wasser eingeweichtes und ausgedrücktes Weißbrot, 1 Ei dick frische Butter, 2 Eier, Nelken, Muskat und Salz. Hiervon werden kleine Klöße aufgerollt, wovon man erst ein Klößchen in der Suppe aufkochen läßt, um zu sehen, ob sie locker werden; man kann nötigenfalls entweder etwas Wasser oder Weißbrot hinzugeben. Dann wird das Knochengerippe in kleine Stückchen gehauen. Zugleich schneidet man für 8 Personen 1 kg Rindfleisch kleinwürflig, macht in reichlich Butter einige Scheiben rohen Schinken, 4 bis 5 Zwiebeln, eine Petersilien-, Sellerie- und gelbe Wurzel (Möhre), in Scheiben geschnitten, nebst 2 bis 3 Löffel Mehl braun, läßt dann das Fleisch und zuletzt die Hasenknochen darin rösten, gibt nun soviel Wasser, als nötig ist, hinzu, auf jede Person etwa ½ bis ¾ l gerechnet. Wenn Sauce vom Hasen da ist, so kommt sie hinzu. Nachdem das Fleisch ausgekocht und das Wurzelwerk weich geworden ist, reibt man die Suppe durch ein Sieb, bringt sie wieder zum Kochen, würzt sie mit Salz, Muskat und etwas Nelken, kocht die Klöße darin gar und richtet an. In Ermanglung des Hasenfleisches sind auch Schwammklöße sehr gut darin.
Zum Kochen gehört 1½ Stunde.

Heidelbeersuppe

1 l ausgelesene Heidelbeeren werden mit einen kleinen Gläschen Wein, einem Stückchen Zimt und dem nötigen Zucker eine Stunde langsam gekocht, die Suppe dann über geröstete Brotwürfel angerichtet und *kalt* oder *warm* serviert.

Heilsuppe bei Durchfall

Es wird eine halbe Tasse Graupen, welche sich ganz weiß kochen, mit einer weißen Bohne dick frischer Butter und einem Stück feinen Zimt in einem irdenen Topf mit ½ l kochendem Wasser aufs Feuer gestellt und ganz weichgekocht, während man zuweilen etwas kochendes Wasser hinzugefügt. Dann wird die Suppe durch ein Sieb gegossen, mit Zucker und sehr wenig Salz durchgekocht und mit einem ganz frischen Eidotter abgerührt. Dieselbe darf weder zu dünn noch zu breiig gekocht sein.
Als Getränk wird Reiswasser, wie es bei den Getränken bemerkt ist, dem Kranken gereicht.

Hirnsuppe

1 frisches Kalbshirn, Petersilie, Schalotten, 100 g Butter, 1 EL Mehl, Fleischbrühe, Muskatnuß, 2 Eigelb, Schnittlauch

Man lege ein frisches Kalbshirn in warmes Wasser, ziehe dann die Haut rein ab und lege das Hirn in kaltes Wasser, damit sich das Blutige daraus entferne. Wiege dann eine Handvoll von den Stielen gereinigtes und gewaschenes Petersilienkraut mit einer kleinen Handvoll Schalotten nebst dem Hirn ganz fein zusammen. Gebe die Butter in einen reinen Tiegel, lasse sie zergehen, gebe das Gewiegte dazu und rühre es durcheinander, lasse es dämpfen; dann wird ein guter Eßlöffel voll Mehl darüber gestäubt und hat auch dieses mit angezogen, so wird das Ganze so viel wie nötig mit guter Fleischbrühe aufgefüllt und ½ Stunde gekocht, dann durch ein Sieb passiert, in ein anderes Geschirr gegossen und noch einmal aufgekocht, mit Muskatnuß gewürzt, 2 Eigelb daran gerührt und mit Schnittlauch bestreut. Man gibt gewöhnlich leicht geröstete Schnitten dazu.

Hirnklößchensuppe I

150 g Hirn, 2 Brötchen, 1/8 l Fleischbrühe oder Milch, Zwiebel, Petersilie, 40 g Butter, Salz, Muskat, 1–2 Eier, Fleischbrühe

Zubereitung siehe Weckklößchen. Das gewässerte, gehäutete Hirn wird in kleine Würfel geschnitten oder fein gewiegt unter die Weckmasse gegeben. Mit 2 Kaffeelöffeln formt man kleine Klößchen, gibt diese in kochende Fleischbrühe und kocht sie etwa 6 Minuten.

Hirnklößchensuppe II

In die Grießklößchenmasse gibt man 150 g gewässertes, gehäutetes, fein gewiegtes Hirn, formt mit 2 Kaffeelöffeln kleine Klößchen und kocht diese etwa 10 Minuten in der Fleischbrühe.

Hodge-Podge (Schottische Suppe)

Dieses schottische Nationalgericht ist eine sehr kräftige, wohlschmekkende Suppe, die man mit Vorliebe aus Hammelfleisch und allerhand grünem Gemüse bereitet. Es kann aber ebensogut Rind-, Kalb- oder Pökelfleisch dazu verwendet werden. – Man kocht ¾ kg mageres Hammelfleisch (am besten sind Kamm- oder Rückenstück dazu) etwa 2 Stunden in Salzwasser und gibt folgende zugeputzte, bzw. in kleine Streifen geschnittene Gemüse hinzu: 3 Kohlrabi, ebensoviel große Möhren, ½ Suppenteller grüne Bohnen, 1 Teller junge Erbsen, 1 Weißkraut- und 1 Wirsingkohl, 6 mittelgroße Zwiebeln, etwas Portulak und Sellerieblätter und einen großen Blumenkohl. Dieser kommt zuletzt in die Suppe, da er am schnellsten weich wird. Nach nochmaligem 2 Stunden langen Kochen ist die Suppe, der man das von den Knochen gelöste Hammelfleisch in Portionen beigibt, fertig. Man kann die Suppe aber auch mit etwas Mehl sämig machen und das Fleisch mit Petersilienkartoffeln und Butter gesondert servieren. Zur Winterszeit, wenn Bohnen und Schoten und oft auch Kohlrabi nicht mehr aufzutreiben sind, kocht man in der Suppe eine Obertasse voll grober Gerste, unter dem Namen Kälberzähne bekannt, mit. Diese muß aber bereits tags zuvor eingewässert werden. Vor dem Gebrauch gießt man das Wasser ab.

Holundersuppe I

250 g Holunderbeeren, 3/4 l Wasser, 1 großer Apfel, 15 g Stärkemehl, Zucker nach Geschmack

Holunderbeeren in Wasser kochen, durch ein Sieb passieren. Den Saft mit Stärkemehl andicken und mit Zucker abschmecken. Vor dem Anrichten den Apfel raspeln und in die Suppe geben. Statt eines Apfels kann man auch eine in Stücke geschnittene Banane verwenden.

Holundersuppe II

Ungefähr 1/2 l abgestreifte Holunderbeeren werden in eine Pfanne oder in einen Tiegel genommen, und hierin, nachdem 1/2 l Wasser, ein Glas roter Wein, ein Stückchen Zimt und ein Stück Zucker dazugegeben, eine halbe Stunde zugedeckt langsam gekocht. Nun rührt man einen Kochlöffel Mehl mit 1/4 l Milch glatt an, und gibt es zu dem Holunder, um ihn noch eine Viertelstunde damit zu kochen. Alsdann wird eine Semmel würflig geschnitten, die Würfel in Schmalz gelb geröstet und gleichfalls zu dem Holunder gebracht, alles jetzt noch einigemal zusammen aufgekocht, und die Suppe hernach vorzugsweise *kalt* zu Tisch gegeben.

Holundersuppe III

1 l Holunderbeersaft, 100 g Zucker, 5 Gewürznelken, 1 Zimtstange, Zitronenschale aufkochen. 12 Pflaumen (halbiert), 3 Birnen (in Spalten) 10 Minuten in der Suppe garen. 2 EL Stärkemehl mit etwas Wasser anrühren und in der Suppe aufkochen.

Mit Zitronensaft abschmecken und mit Eischnee servieren.

Hühner- oder Kalbfleischbrühe

In ein Kastrol wird etwas Butter geschnitten, und hierauf eine zerschnittene Zwiebel, eine halbe Pastinake und einige Scheiben gelbe Rübe gelegt. Nun teilt man eine sauber geputzte alte Henne in vier Stücke, zerhackt Kalbsknochen, an denen noch etwas Fleisch, in kleinere Teile, legt dies auf das Wurzelwerk, und läßt das Ganze zugedeckt eine halbe Stunde langsam leicht anbraten. Hernach wird es, mit 3¼ l gewöhnlicher Fleischbrühe aufgefüllt, zum Kochen gebracht, gehörig abgeschäumt und mit etwas Muskatblüte, Lauch und Petersilienwurzel drei Stunden langsam fortgekocht und unterdessen etwas abgefettet, die Brühe dann durch's Sieb geschüttet und das Fett abgenommen.

Hühnersuppe, andere Art

1 Huhn, 12 Mandelkerne, Wurzeln, Salz, Muskat, Butter 2 Eigelb, 5 hartgekochte Eigelb

Das Fleisch von einem gesottenen Huhn wird kleingewiegt, die Beine samt dem gewiegten Fleisch, einige hartgekochte Eidotter sowie die Mandelkerne werden fein gestoßen, in einem Topf mit leicht geröstetem Milchbrot und dem Feingestoßenen mit der Hühnerbrühe nebst Wurzeln einige Zeit gekocht, durchpassiert, Salz und Muskat hinzugegeben, mit einem Stückchen Butter nochmals aufgekocht und über Klößchen oder leicht geröstetem Brot, mit zwei Eigelb legiert, angerichtet.

Hühnersuppe, durchgeschlagene (Königinsuppe)

Zwei junge, halbgewachsene Hühner werden geputzt, rein gewaschen und in frischem Wasser auf's Feuer gesetzt, wo sie vor beginnendem Kochen sauber abzuschäumen sind. Man kocht sie so lange, bis sich kein Schaum mehr zeigt, nimmt sie dann heraus, und wäscht sie abermals rein in kaltem Wasser. Nun wird 150 g Reis mit Fleischbrühe weich und zu einem dicken Brei gekocht, und damit von Anfang an die zwei Hühner, bis sie weich sind, wo man sie herausnimmt, nach einigem Erkalten das Fleisch ablöst, und solches fein verwiegt. Das Verwiegte wird dann mit vier bis sechs süßen Mandeln und sechs hartgekochten Eigelb im Mörser fein gestoßen, hernach herausgenommen, und mit Fleischbrühe verdünnt zu dem Reis gegeben, worauf man es damit durch ein Sieb treibt, das Durchgetriebene zur gehörigen Suppenflüssigkeit verdünnt, und jetzt das Ganze wieder auf's Feuer setzt, indem man 35 g Butter und etwas Muskatnuß dazugibt. Ist die Suppe während öfteren Aufziehens mit dem Schöpflöffel heiß geworden, (nochmals kochen darf sie nicht, sie würde sonst gerinnen, und rauh und unansehnlich), so richtet man sie über Hühnerklößchen oder aus dem Schmalz gebackenes Brot an. – Soll beim Anrichten schleimartig und dickflüssig sein.

Hühnersuppe, gute

Für 5 Personen nehme man ein großes, fettes Huhn, welches am vorherigen Tage recht sauber gepflückt, vorsichtig ausgenommen, mit kaltem Wasser gut gewaschen und inwendig durchgespült sein muß. Da einige Hühner der Suppe einen starken Beigeschmack mitteilen, so ist es gut, das Huhn ¼ Stunde in kaltes Wasser zu legen. Die abgeschnittenen Beine brühe man in heißem Wasser ab, ziehe dann die Haut davon, hacke die Zehenspitzen weg, knicke die Beine einigemal ein und lege sie samt Herz und Magen zum Huhn. Die Leber werde zurückbehalten und zuletzt 5 Minuten in der Suppe gekocht, wo sie dann dem Hausherrn eine freundliche Zugabe in der Suppe sein möchte.

Das Huhn setze man mit dem nötigen kochenden Wasser und nicht zu viel Salz auf ein rasches Feuer, schäume es, gebe eine große Walnuß dick frische Butter hinzu und lasse die Suppe, fest zugedeckt, langsam aber ununterbrochen etwa 3 Stunden kochen. Man kann nach Belieben Reis, Perlgraupen oder Figurennudeln in der Suppe kochen; vom Wurzelwerk aber passen eigentlich nur Petersilienwurzeln, Skorzonere und Spargel, und werden die beiden ersteren ½ Stunde nach dem Abgießen der Brühe hinzugefügt. Sellerie, Porree und Zwiebeln benehmen der Suppe den feinen Hühnergeschmack. Krebsklöße und Krebsbutter sind zu einer feinen Hühnersuppe vorzüglich, doch auch Weißbrot- oder Grießmehlklößchen passend. Man rühre die Suppe mit Muskatblüte, welche sich besonders zu einer Hühnersuppe eignet,

oder mit etwas junger, feingehackter Petersilie und 1 bis 2 frischen Eidottern ab.
Eine Hühnersuppe muß nicht dünn, sondern angenehm gebunden, doch vor allem nicht breiig gekocht sein, wodurch das Feine verloren geht.
Das Huhn kann mit der an Ort und Stelle bemerkten Hühnersauce gegeben werden.

Hühnersuppe aus Kalbfleischbrühe

Man koche die abgeklärte Kalbfleischbrühe mit einigen Stücken Petersilienwurzeln, Reis wie oben und etwas in Butter geschwitztem Mehl, rühre sie mit einem frischen Eidotter und etwas Muskatblüte ab und füge eine Kleinigkeit Zucker hinzu, doch nicht mehr als nötig ist, um der Suppe nicht einen süßlichen, sondern den eigentümlich milden Geschmack einer Hühnersuppe zu geben.

Hühnerfleischklößchensuppe

Hierzu nehme man eine ausgewachsene, sauber geputzte Henne, schneide die Brust der Länge nach von den Knochen los, befreie das Fleisch von aller Haut, und löse es gänzlich vom Gerippe ab. Das Fleisch wird nun gekopft, fein verwiegt, und im Mörser mit zwei Eiern und 30 g Butter fein gestoßen, alsdann zwei abgeschälte Semmeln in Milch eingeweicht, hernach fest ausgedrückt und in 70 g Butter abgedämpft, nach einigem Erkalten drei Eier, ⅛ l Milch, Salz und Muskatnuß dazugenommen, und dies mit dem gestoßenen Hühnerfleisch abgerührt. Nun werden hiervon Klößchen in kochendes Salzwasser eingelegt, dieselben, sobald sie in die Höhe kommen, herausgenommen, und in die getrennt zubereitete Fleischbrühe gelegt.

Hummersuppe

125 g gekochtes Hummerfleisch, 100 Spargelstückchen, 1 Tasse feine Erbsen, 1 EL Butter, 30 g Mehl, Fleischbrühe, Salz, 1 Eigelb, 1 Tasse Sahne

Aus Butter und Mehl bereitet man eine helle Mehlschwitze, gießt die kochende Fleischbrühe auf und läßt gut durchkochen. Dann gibt man die Spargelstücke, die feinen Erbsen und das zerkleinerte Hummerfleisch hinein und legiert die Suppe mit Eigelb und Sahne. Abschmekken.

Julienne (Französische Suppe)

150 g Reis wird mit vier Schöpflöffeln Fleischbrühe und einer mit vier Nelken besteckten Zwiebel langsam weichgedämpft, doch so, daß er *ganz* bleibt. Inzwischen werden gelbe Rüben, Sellerieköpfe, Pastinaken und Petersilienwurzeln geputzt, fein nudlig oder klein würflig geschnitten und gereinigter Blumen- und Rosenkohl in kleine Röschen geteilt. Dann wird von den gelben Rüben und der Sellerie ein ganzer, von den Pastinaken und Petersilienwurzeln ein halber Schöpflöffel voll zusammen in guter Fleischbrühe weichgekocht, vom Blumen- und Rosenkohl ein guter Schöpflöffel voll. Eine Viertelstunde vor dem Anrichten werden eine Handvoll verschiedener kleiner Façonen von Makkaroniteig in Fleischbrühe einigemal aufgekocht, welche dann in der Brühe zugedeckt eine Viertelstunde stehen bleiben, damit sie auflaufen. Beim Anrichten wird alles mit Ausnahme der Zwiebel mit einem Schaumlöffel in die Schüssel gelegt, und mit heller brauner Fleischbrühe zur gehörigen Suppendicke aufgefüllt.

Julienne, andere Art (Französische Suppe)

Einige roh geschälte Kartoffeln werden nudelähnlich geschnitten, ebenso ein kleiner Wirsingkopf, einige gelbe Rüben, ein bis zwei Sellerieköpfe, Pastinaken und Petersilienwurzeln. Dazu kommt noch etwas gereinigter Blumen- und Rosenkohl in kleinen Röschen geteilt. Dieses alles wird mit etwas Fleischbrühe aufgefüllt. Beim Anrichten kann man nach Belieben noch eine Handvoll roh gewiegten Spinat beigeben. Die Suppe wird über leicht geröstete Brotschnitten, oder auch ohne dieselben zu Tisch gegeben.

Jussuppe

Man schneide ¼ kg Rindfleisch zu groben Würfeln und gebe es nebst dem nötigen Salz in einen trockenen, sehr erhitzten eisernen Topf, decke ihn fest zu und lasse das Fleisch etwa 10 Minuten unter öfterem Umschütteln dämpfen, wonach es in seinem eigenen Safte liegen wird, und man den Topf nun offen läßt, damit der Saft verdampfe und sich am Boden des Topfes eine braune Masse bilde; während des Abdampfens muß beständig, etwa 10 Minuten, mit einem Löffel gerührt werden, um das Anbrennen zu verhüten. Ist es nun schön braun, so gieße man 1½ bis 2 l kochendes Wasser daran, füge Suppengrün hinzu und lasse es ½ Stunde kochen; verdicke die Suppe mit einem Eßlöffel Kartoffelmehl, gebe sie durch ein Sieb in die Terrine und serviere Schneeballen, Käse-Croutons oder Reisring dazu.

Käsesuppe

40 g Butter, 50 g Mehl, 1¼ l Fleischbrühe, 1 TL Kümmel, Salz, Muskat, 1 Knoblauchzehe, 80 g geriebener Käse, ¼ l Milch

Das Mehl in der heißen Butter braun rösten. Unter Rühren die Fleischbrühe zugießen, zudecken und ca. 20 Minuten kochen lassen. Kümmel mitkochen lassen. Mit Salz und Muskat würzig abschmecken. Die Suppenterrine mit der Knochblauchzehe ausreiben, den Käse mit lauwarmer Milch darin verrühren und die heiße Mehlsuppe darüber anrichten.

Käsesuppe, Allgäuer

Butter, Mehl, Fleischbrühe, 125 g Streichschmelzkäse, Salz, Pfeffer, Muskat, Petersilie

Aus Butter und Mehl wird eine helle Mehlschwitze bereitet, die mit Fleischbrühe abgelöscht und gut durchgekocht wird. Hier hinein gibt man 125 g Streichschmelzkäse in kleinen Stückchen und löst sie unter Rühren auf. Abschmecken mit Salz, Pfeffer und Muskat, mit gehackter Petersilie bestreuen und über leicht geröstetem Brot anrichten.

Käsesuppe, andere Art

Man nehme Parmesan oder holländischen guten Käse, setze ihn mit Fleischbrühe auf und lasse es recht durchkochen. Alsdann schlage man es durch und lasse den Käse zurück, gebe etwas Kardamom, Muskat und Butter dazu, lasse es wieder aufkochen und richte es über geröstete Semmel an. Ist die Suppe nicht schleimig genug, so kann man noch ein paar Eier daran quirlen. (Für 4 Portionen 100 g Käse und 1 l Fleischbrühe.)

Käseklößchensuppe

⅛ l Milch, 30 g Butter, 60 g Mehl, 2 Eier, Salz, Muskat, 30 g geriebenen Parmesankäse, Backfett, Fleischbrühe

Milch, Butter, Salz zum Kochen bringen, das Mehl auf einmal zugeben, zu einem Kloß abrühren, 1 Ei zugeben. Nach dem Erkalten das übrige Ei, Käse, Muskat. Mit der Backspritze kleine Klößchen in schwimmend heißes Fett einlegen, hellbraun backen, auf dem Seiher abtropfen. Beim Anrichten mit kochender Fleischbrühe übergießen.

Käse-Reis-Suppe

40 g Butter, 1 Ei, 50 g geriebener Schweizer Käse, 30 g Semmelbrösel, Salz, flüssige Selleriewürze, Fleischbrühe

Butter schaumig rühren, Ei, Käse, Semmelbrösel und Salz unterrühren. Die Masse durch ein Sieb streichen und dabei in die kochende Brühe eintropfen lassen. (Dabei bilden sich Körnchen wie Reis). Zuletzt mit flüssiger Selleriewürze abschmecken.

Kaiser-Suppe

In einem hohen Topf verrührt man 5 Eier, gibt nebst einem Stücklein Butter, Salz, Muskatblüte, einen Schoppen gute Fleischbrühe, und wer es gelb haben will, ein wenig Safran dazu. Der Topf wird zugebunden und in kochendes Wasser gesetzt. Wenn es eine Stunde gesotten hat, verschneidet man die Masse in dünne Stücklein, rührt das Gelbe von einigen Eiern, auch kleingeschnittenen Schnittlauch und Petersilie in Fleischbrühe, und richtet es darüber an.

Kalbfleischbrühe

1 Kalbsstorzen, Suppengrün, Salz

Das Fleisch waschen, kalt zusetzen, wenn es kocht, Suppengrün, Salz zugeben. 1½ Stunden kochen. Wird für Kranke zu Schleimsuppen verwendet.

Kalbfleischklößchensuppe

550 g Kalbfleisch vom Schlegel wird abgehäutet, gut geklopft und feingehackt, dann eine Semmel abgerieben, in Milch eingeweicht und wieder fest ausgedrückt, ferner nun 150 g Nierenfett feingewiegt, und dieses mit dem ausgedrückten Brot, drei Eiern, drei Eßlöffel Milch, ⅛ l Wasser, Salz, Muskatnuß und etwas feingewiegter Zitronenschale unter das Fleisch gerührt. Aus dieser Masse legt man jetzt in kochendes Salzwasser oder Fleischbrühe Klößchen ein, die man, sobald sie aufsteigen, herausnimmt. Inzwischen wird in einem Kastrol 100 g Butter zerlassen, darin ein Eßlöffel feingewiegte Zwiebel und ebensoviel Petersilie gedämpft, und dies dann, nachdem zwei Kochlöffel Mehl dazugegeben, mit Fleischbrühe abgerührt, aufgefüllt und aufgekocht. Nun werden zwei bis drei Eigelb in der Schüssel mit einem Eßlöffel Wasser abgerührt, die Suppe durch ein Sieb darüber angerichtet, und solche, nachdem die Klößchen hineingelegt, mit Muskatnuß gewürzt aufgetragen. – Man kann auch *Kalbseuter* und *Kalbsmilchlein*, welche jedoch zuvor *weich abgekocht* sein müssen, feingehackt unter die Klößchenmasse mengen.

Kalbfleischsuppe

Das Kalbfleisch werde wie bei »Klarer weißer Rindfleischsuppe« nach der Personenzahl, doch etwas reichlicher, genommen, da solches weniger Kraft gibt als Rindfleisch. Nachdem es gut gewaschen, in Wasser und Salz abgeschäumt, gibt man die Brühe nach Verlauf von einer halben Stunde durch ein Sieb, schwitzt etwas Mehl in Butter, gießt die Kalbfleischbrühe vom Bodensatz langsam hinzu, gibt eine Petersilienwurzel, auch, wenn man sie hat, einige Skorzoneren hinein, sowie 1 Stunde vor dem Anrichten abgebrühten Reis. Auch kann man Spargel oder Blumenkohl, wie die Jahreszeit es bringt, letzteren vorher abgekocht, und 10 Minuten vor dem Anrichten Fleisch- oder andere beliebige Klöße darin gar kochen. Manche lieben in Kalbfleischsuppe auch einige Blätter Portulak oder eine Kleinigkeit Sauerampfer. Wünscht man statt Reis Grießmehl in der Suppe zu kochen, so bleibt das Mehl weg und gebe man dann anfangs nach dem Abgießen der Bouillon ein Stückchen frische Butter hinein. Beim Anrichten wird die Suppe mit etwas Muskat oder feingehackter Petersilie abgerührt, auch ist ein Eidotter an Kalbfleischsuppe wohlschmeckend, doch darf dieselbe dann nicht zu stark gebunden sein. Wird das Fleisch nach der Suppe gegessen, so schneide man es vor dem Kochen in passende, viereckige Stückchen und gebe eine Meerettichsauce dazu.
Kalbfleischsuppe muß 1½ bis 2 Stunden kochen.

Kalbfleischsuppe, braune

1 kg Kalbfleisch, eine gelbe Rübe, eine Zwiebel und ein Selleriekopf werden fein in Scheiben geschnitten, mit 150 g Butter zum Feuer gesetzt und eine Viertelstunde gedämpft, wo man es dann mit 1 l kräftiger brauner Brühe übergießt und 6 abgeschälte Semmeln dazugibt. Nun läßt man alles so lange kochen, bis alle Teile recht weich sind, treibt es hernach durch ein grobes Haarsieb, und gießt weitere 2–3 l kräftige Brühe darüber. Nachdem man jetzt die Suppe noch einigemal hat aufkochen lassen, wird sie, wenn nötig, abgefettet, und über Hühnerfleischklößchen oder über schöne, 2½ cm lange, geröstete Semmelschnittchen (Filetbrötchen) angerichtet.

Kalbfleischsuppe, gestoßene

560 g rohes Kalbfleisch wird in kleine Würfel geschnitten, und in einem Kastrol mit 70 g Butter, einigen Scheiben Sellerie und gelber Rübe, einer Zitronenschale und einer Zwiebel, unter fortwährendem Zugießen von gewöhnlicher Fleischbrühe, zugedeckt langsam weiß und weich gedämpft. Dann wird mit zwei Kochlöffel Mehl eingestäubt, und eine altgebackene, geriebene Semmel beigegeben; wenn dies gut daruntergerührt ist, wird mit klarer Fleischbrühe aufgefüllt, eine Stunde langsam gekocht, und das Fett abgenommen. Hernach wird das Fleisch mit einem Seiher herausgehoben, im Mörser fein gestoßen, sodann wieder zurück in die Brühe gebracht, und das Ganze hierauf durch ein Sieb getrieben. Die Suppe wird nun noch einmal auf dem Feuer mit 35 g Butter unter immerwährendem Aufziehen mit dem Schöpflöffel heiß aber nicht kochend gemacht, und über Fleischklößchen, aus dem Schmalz gebackenes gewürfeltes oder fein länglich geschnittenes Brot, auch über leicht geröstete Schnitten, angerichtet. – Es kann auch mit dem Kalbfleisch 150 g *Reis* gekocht und damit durchgetrieben werden, in welchem Falle dann das Einstäuben mit Mehl unterbleibt.

Kalbfleischsuppe, gestoßen, auf andere Art

300 g übriggebliebener schöner weißer Kalbsbraten wird mit einem Stückchen Zitronenschale ganz fein gewiegt, und dann im Mörser mit vier bis sechs süßen, abgeschälten Mandeln unter Zugießen von einigen Eßlöffeln Fleischbrühe ganz fein gestoßen. Nun wird in einem Kastrol ein Stückchen Butter zerlassen, ein halber Eßlöffel verschnittene Zwiebeln und das gestoßene Fleisch darin etwas geröstet, mit zwei Kochlöffel Mehl eingestäubt, und dies mit guter Fleischbrühe zu einem dicklichen Brei angerührt. Nachdem dann das Ganze heiß durch's Sieb getrieben, wird es zurück in das Kastrol gebracht, suppenflüssig verdünnt, ein Stückchen Butter beigefügt, und die Suppe, während man sie mit dem Schöpflöffel fort und fort aufzieht, noch heiß gemacht. Unterdes werden zwei Eier mit einem Eßlöffel Wasser in der Suppenschüssel gut verrührt, leicht geröstete Brotschnitten hineingelegt, und die Suppe darüber angerichtet und mit Muskatnuß gewürzt. – Auf *gewöhnlichere* Art wird diese Suppe *nicht* durchgetrieben.

Kalbfleischsuppe für Kranke

Es wird dazu ein gutes, fleischiges Stück genommen, wie oben ausgeschäumt, die Brühe durch ein Sieb gegossen und mit abgebrühtem Reis gar gekocht. Hat man Spargel, Skorzonere oder Blumenkohl, so kann man solches, abgekocht, hineingeben, und nachdem es weich geworden, die Suppe, wenn es dem Kranken erlaubt ist, mit einem frischen Eidotter und etwas Muskatnuß oder feingehackter Petersilie abrühren.

Kalbsbriessuppe

Wenn 2 bis 3 Kalbsbrieslein im Salzwasser ein wenig verwellt, und mit einer Handvoll Petersilie kleingehackt sind, so röstet man 2 Messerspitzen voll Mehl schön gelb in einem Stücklein Butter, dämpft darin die gehackten Brieslein, gießt gute Fleischbrühe darüber, gibt ein wenig Muskatnuß daran, und richtet es mit etlich Eigelb abgezogen über leicht geröstete Weißbrot- oder Weckschnitten an. Werden mehrere Kalbsbrieslein genommen, so gibt man die Suppe ohne Brot auf den Tisch. Auf eben diese Art werden auch Suppen von Kalbshirn zugerichtet.

Kalbskopfsuppe

Der Kopf eines gut gemästeten Kalbes wird gewässert und bedeckt mit Wasser und dem nötigen Salz weichgekocht und die Brühe durchgesiebt. Alsdann wird für 10 Personen 100 g Mehl in Butter gelb gemacht, 5 l Kalbskopfbrühe – sollte diese zu stark eingekocht sein, mit Wasser verdünnt – allmählich hinzugerührt. Man würzt die zum Kochen gebrachte Suppe mit einer Prise Safran, welche man vorher auf dem Herd etwas trocknet und zerreibt, gibt derselben einen Geschmack von Essig und soviel Zucker, daß dieser gemildert wird. Von mittelmäßig starkem Essig würde eine Obertasse ein gutes Verhältnis sein. Beim Anrichten rühre man die Suppe mit 5 Eidottern ab und gebe etwa 200 g gewürfeltes, in Butter gebratenes Weißbrot nach Belieben hinein oder dazu.

Unterdes wird der Kopf gespalten, das Gehirn in die Suppenterrine gelegt, das Fleisch abgelöst, in Stückchen geschnitten, in Butter durchgebraten und mit gut gekochten Kartoffeln und eingemachten Gurken nach der Suppe gegessen.

Kaninchensuppe

Um eine gute Kaninchensuppe zu bereiten, wie sie namentlich in England viel genossen wird, bräune man das Fleisch des zahmen Kaninchens, nachdem es von den Knochen gelöst ist, in reichlich Butter, kleingeschnittener Zwiebel und 2 bis 3 gestoßenen Nelken dunkel an. Dann stäubt man einen Löffel Weizenmehl darüber, gießt nach und nach die Brühe, in der die Kaninchenknochen nebst Wurzelwerk ausgekocht sind, unter beständigem Umrühren hinzu, gibt 1 Lorbeerblatt, Gewürz- und Pfefferkörner daran, läßt alles noch ½ Stunde sieden und verdickt, wenn nötig, die Suppe mit etwas feinem Grieß oder Perlsago. Danach muß die Suppe nochmals 10 Minuten aufkochen. Etwas in Milch geweichte Semmel, 1 Eigelb, 1 walnußgroßes Stück Butter, etwas Salz und gestoßene Muskatblüte vermengt man mit einem Stückchen rohen, feingehackten Kaninchenfleisches, wozu sich namentlich die Leber gut verwenden läßt, und formt aus der ganzen Masse Klößchen, welche man zuletzt noch ein paar Minuten in der Suppe kochen läßt. Ist der Teig für die Klößchen zu weich, so gebe man etwas geriebene Semmel zu.

Kaninchensuppe, englische

Das Fleisch wird recht klein geschnitten, in Butter gelblich braun gebraten, Fleischbrühe oder Wasser hinzugegossen und einige kleingeschnittene gelbe Rüben, Zwiebeln, Lorbeerblätter und Gewürznelken dazugegeben. Nachdem es gar geworden, gießt man die Brühe durch ein Sieb, bringt sie wieder aufs Feuer und läßt Sago darin weichkochen.

Auch kann man etwas rohres Fleisch zurückbehalten und solches, fein gehackt, mit Weißbrot, Butter, Ei und Gewürz gemischt, wie Rindfleischklößchen in der Suppe kochen.

Kaninchensuppe von wilden Kaninchen

Man schneidet von einem wilden Kaninchen, nachdem es abgezogen, gut gehäutet und sauber gewaschen ist, Rücken- und Keulenfleisch vorsichtig aus und zerlegt es in kleine Würfel, die man in steigender Butter, etwas Pfeffer, Salz, kleingeschnittener Zwiebel und Speckwürfelchen dunkel anschmort. Unterdessen läßt man den übrigen Rest des Fleisches samt den Knochen mit kleingeschnittenen Möhren, Sellerie, Petersilienwurzel, Weißkraut, etwas Thymian und 3 feingehackten Sardellen in Fleischbrühe 1½ Stunden lang kochen, verquirlt noch etwas in Wasser aufgelöstes Weizenmehl daran, läßt alles nochmals aufwallen, treibt die Suppe über die geschmorten Fleischstückchen durch ein Sieb und würzt sie mit einem Glas guten Rotweins.

Karottensuppe

12 Karotten, Butter, etwas Mehl, Fleischbrühe, Salz, Pfeffer

Man wäscht die Karotten, schabt sie und schneidet sie in dünne Scheiben. In Butter werden sie weichgedünstet und dann mit etwas Mehl gestäubt, mit Fleischbrühe aufgefüllt, mit Salz und Pfeffer gewürzt, noch ca. 30 Minuten gekocht und dann durch ein Sieb gestrichen. Nach Belieben über leicht geröstetem Brot anrichten.

Karpfensuppe

Einem zweipfündigen Karpfen zieht man, wenn er gesäubert ist, die Haut ab, und reinigt das Fleisch von den Gräten. Diese samt dem Kopf, einigen großen Zwiebeln und einer Handvoll Petersilie werden zusammen kleingehackt, ein kleiner Löffel Mehl und die gehackten Gräten in einem guten Stück Butter gedämpft, gute Fleisch- oder helle Erbsenbrühe daran gegossen, ein Lorbeerblatt und von allen Sorten ganzes Gewürz dazugegeben, und rechtschaffen gekocht, alsdann durch ein Haarsieb getrieben. Das Fleisch von dem Fisch wird nebst etwas Petersilie und Zwiebel ebenfalls kleingehackt, und in einem Stücklein Butter mit etwas Mehl wohl gedämpft, die durchgetriebene Brühe darangegossen, noch eine halbe Stunde gekocht, über Weckschnitten, die im Schmalz gelb geröstet sind, angerichtet, und noch das Gelbe von einigen Eiern darangerührt.

Kartoffelklößchensuppe

500 g gekochte, geriebene Kartoffeln (vom Tage vorher), 50 g Butter, 1 Ei, Salz, Muskat, 1 EL Mehl, Fleischbrühe

In die schaumig gerührte Butter gibt man alle Zutaten und läßt die Masse einige Zeit stehen, formt kleine Kugeln und kocht sie in der Fleischbrühe 5 Minuten. – Die Klößchen kann man auch in Ei und Weckmehl umdrehen, schwimmend in Fett hellbraun backen, mit kochender Fleischbrühe übergießen.

Kartoffelsuppe I

750 g rohe Kartoffeln, 30 g Fett, Zwiebel, Petersilie, 1 Karotte, etwas Lauch und Sellerie, Wasser, Salz, 2–3 EL Rahm

Die Zutaten in feine Scheiben schneiden, in heißem Fett andämpfen, ablöschen, weichkochen, durch ein Sieb streichen. Nochmal aufkochen, den Rahm zugeben und nach Belieben geröstete Weckwürfel.

Kartoffelsuppe II

750 g gekochte, geriebene Kartoffeln, 30 g Fett, Zwiebel, Petersilie, 1 EL Mehl, Wasser, Salz, 3 EL Rahm

Zwiebel, Petersilie in heißem Fett dämpfen, das Mehl, die Kartoffeln etwas mitdämpfen, ablöschen, ¼ Stunde kochen. Beim Anrichten Rahm und nach Belieben geröstete Weckwürfel zugeben.

Kartoffelsuppe, bayerische

Kalbfleisch wird gut gekocht; wenn es weich ist, kocht man in selbem Sude würfelig geschnittene Erdäpfel, macht eine lichte Buttereinbrenn, gibt feingeschnittene Petersilie und etwas gestoßene Muskatblüte hinein. Dann gießt man mit dem Sude die Suppe auf und gibt zum Schluß das würfelig geschnittene Kalbfleisch und eine geschnittene Bratwurst hinein. (Für 4 Portionen 500 g Kalbfleisch, 400 g Kartoffeln und 1¼ l Sud.)

Kartoffelsuppe, braune

600 g Kartoffeln, 1 Zwiebel, 40 g Butter oder Margarine, 2 l Brühe

Die Zwiebel wird gewürfelt, in der Butter oder Margarine angedünstet. Dann gibt man die in Scheiben geschnittenen Kartoffeln dazu, füllt mit der Brühe auf und läßt alles gar kochen.
Aus 40 g Fett und 60 g Mehl röstet man eine braune Mehlschwitze und rührt diese in die Suppe.
Nach Belieben läßt man Würstchen in der Suppe heiß werden und ißt diese gesondert mit Senf oder in Scheiben in der Suppe.

Kartoffelsuppe, feine

6 mittelgroße Kartoffeln, 1 große, gelbe Rübe, ½ Sellerieknolle, 2 Stangen Porree, etwas Fleischbrühe und Butter, Weißbrotwürfel, Salz, Pfeffer, Muskatnuß

Schäle die Kartoffeln, wasche sie, schneide sie kleinwürfelig und lege sie in kaltes Wasser. Ebenso schneide die gelbe Rübe, den Sellerie und zwei Stangen Porree in Würfel und dünste sie mit frischer Butter nebst etwas Fleischbrühe weich. Dann gebe die Kartoffel dazu wie auch die nötige Fleischbrühe, und lasse alles weichkochen. Diese Suppe gieße über leicht geröstete Weißbrotwürfel und schmecke mit Salz, Pfeffer und geriebener Muskatnuß ab.

Kartoffelsuppe mit gelben Rüben

Gelbe Rüben, Fleischbrühe, Mehl, Butter, Salz, Kartoffeln

Feingeschnittene gelbe Rüben werden in Fleischbrühe weich gedünstet. In einer Pfanne macht man eine helle Mehlschwitze. Die gelben Rüben werden durchpassiert und kommen in die Pfanne, sodann wird die nötige Fleischbrühe aufgegossen. Hierauf gibt man noch kleinwürfelig geschnittene Kartoffeln hinzu, die man weichkochen läßt. Mit Salz abschmecken.

Kartoffelsuppe, grüne

1 Pfund Zwiebel und 2–3 Pfund in Scheiben geschnittene Kartoffeln werden mit ¼ Pfund Butter oder Pflanzenfett leicht angebraten. Das Ganze wird aufgefüllt mit 2 l Wasser und 2 l Milch und anschließend unter Zugabe von etwas Salz weichgekocht. Nach dem Mixen erhalten wir eine leicht gebundene, natürliche, schneeweiße Kartoffelsuppe. Sie kann entweder so oder angereichert mit viel gehacktem Kerbel, Boretsch, Petersilie, Bohnenkraut o.ä. auf den Tisch gebracht werden. Daher ihr Name. Soll eine geringere Menge und vor allem eine besonders leichte Suppe zubereitet werden, kann dies durch die Verwendung von Buttermilch oder Joghurt geschehen. Diese Zutaten werden erst beim Mixen zugegeben. Die Suppe erhält damit eine andere, reizvollere Nuance.

Kartoffelsuppe mit Hausbrot

Kartoffeln, Hausbrot, 1 EL Mehl, Schmalz, Zwiebel, Salz, Muskat

Rohe Kartoffeln schneidet man in 10 bis 12 Teile und legt diese in frisches Wasser. Man schneidet zweimal soviel Hausbrot in gleich große Stückchen wie die Kartoffeln, dann röstet man einen Eßlöffel Mehl hellgelb in heißem Wasser bei, würzt mit Salz und Muskat, gibt nun die Kartoffeln ebenfalls in die Pfanne und läßt sie weichkochen, worauf sie dann angerichtet werden.

Kartoffelsuppe Kaiser Wilhelm

1 Bund Suppengrün, 1 Zwiebel, 1 EL Butter, 750 g Kartoffeln, 1 l Fleischbrühe, Pfeffer, Majoran, Salz, Petersilie, nach Belieben: 1 Schuß Sahne

Das Suppengrün putzen, in kleine Stücke schneiden. Die Zwiebel würfeln, mit dem Suppengrün im Fett rösten. Die Kartoffeln schälen, waschen, in große Stücke schneiden und zum Gemüse geben, kurz mitdünsten! Mit heißer Brühe das Ganze auffüllen und gut weichkochen. Nach dem Umrühren mit Pfeffer, etwas Majoran, mit wenig Salz abschmecken. Gehackte Petersilie unterrühren. Nach Belieben noch 1 Schuß Sahne zugeben.

Kartoffelsuppe, schnelle

Kartoffeln werden ganz weich gekocht, abgegossen, fein gestampft und durch ein Sieb gerieben, dann mit kochendem Wasser dünn gerührt und mit dem nötigen Salz durchgekocht. Unterdes wird die Butter mit Mehl gelb gemacht, an die Suppe gerührt und solche mit etwas Muskatblüte oder feingehackter Petersilie gewürzt. Durch einen Zusatz von Bratensauce nebst einem frischen Eidotter kann man dieser Suppe einen größeren Wohlgeschmack geben, sowie auch dadurch, daß man einige feingeschnittene Zwiebeln in der Butter gelblich-braun macht, ehe das Mehl dazu kommt.

Kartoffelsuppe, süddeutsche

Die Kartoffeln werden gekocht, abgegossen und feingestampft wie zu der vorhergehenden Suppe. Unterdes kocht man Porree in einem besonderen Töpfchen, auch werden dünne Weck- oder Weißbrotschnitten in Butter gelb gebraten und soviel kochendes Wasser zu den gestampften Kartoffeln, Porree und Weißbrotschnitten gegossen, als zur Suppe notwendig ist.

Kartoffelsuppe mit Wirsing

Magerer Speck, nach der Personenzahl berechnet, wird mit so vielem Wasser, als man Suppe zu haben wünscht, aufs Feuer gesetzt. Sind gute Knochen vorrätig, so kommen solche hinzu. Sobald dies kocht, werden die Kartoffeln mit kleingeschnittenem Wirsing, Salz, einigen gelben Wurzeln, Sellerie und Porree oder Zwiebeln hineingegeben und solange gekocht, bis alles weich und die Suppe recht sämig geworden ist, welches 2 bis 2½ Stunden Zeit erfordert.

Kastaniensuppe

500 g vorgerichtete Kastanien dämpft man mit 65 g Butter in einer Kasserolle gar, gießt etwas Fleischbrühe dazu, treibt sie dann durch ein Sieb und füllt noch so viel Bouillon auf, als Suppe gebraucht wird. Nachdem die Suppe noch ¼ Stunde gekocht hat, wird sie mit 2 in ⅛ l süßem Rahm verquirlten Eigelb abgezogen.

Kaulbarssuppe (Preußen)

250 g Kaulbarse, 1½ l Wasser, 1 Zwiebel, 90 g Petersilie- und Selleriewurzel, 4 Gewürzkörner, 4 Pfefferkörner, Salz, Lorbeerblatt, 40 g Mehl, ½ Tasse saure Sahne, 1–2 Eigelb, 65 g Fischfleisch.
Fischfarce zu den Klößchen: 250 g Fischfleisch, 3 kleine Semmeln, ½ Ei, 1 kleine Zwiebel, 1 Prise Salz, 1 Messerspitze weißer Pfeffer

Nachdem man die Fische vorbereitet und gewaschen hat, gibt man sie in das Wasser, in dem man das in Scheiben geschnittene Gemüse und die Gewürze gut durchgekocht hat. Man läßt die Kaulbarse 45 Minuten kochen und seiht die Brühe durchs Sieb. Das Gefäß reinigen, dann darin eine helle Mehlschwitze bereiten, mit der Brühe aufgießen und ca. 10–20 Minuten kochen lassen. Zuletzt gibt man die Sahne daran, schmeckt mit Salz ab, rührt vorsichtig das Eigelb dazu und richtet die Suppe über den aus der Fischfarce bereiteten, mit dem Buntmesser geschnittenen Klößchen an. Feingehackte Petersilie darüberstreuen.
Die abgeriebene Semmel wird in kaltem Wasser oder Milch geweicht, gut ausgedrückt und zu der schaumig gerührten Butter gegeben. Dazu kommt das durch die Maschine getriebene Fischfleisch und das Ei. Ist alles gut vermengt, fügt man Salz, Pfeffer und Zwiebel, nach Belieben

noch feingehackte Champignons bei. Die aus der Farce geformten Klößchen kocht man in der Brühe in 5 Minuten gar.

Kerbelsuppe

Mehl wird in Butter gelb gemacht, mit Kalbfleischbouillon oder Wasser feingerührt, mit Salz, gewaschenem und feingehacktem Kerbel durchgekocht, mit 1 bis 2 Eidottern abgerührt und auf geröstetes Weißbrot angerichtet. Letzteres bleibt für Kranke weg und statt des Mehls kann man die Suppe mit Weißbrot gebunden machen.
Zum Kochen gehört gleichfalls ¼ bis ½ Stunde.

Kirschensuppe von frischen Kirschen

Aus 2 Pfund Kirschen nimmt man die Steine, röstet einen kleinen Löffel Mehl in einem Stücklein Butter gelb, gibt die ausgesteinten Kirschen darein, und verdämpft sie wohl. Haben die Kirschen nicht viel Fleisch, so dürfen sie auch mitsamt den Steinen genommen werden. Man gießt hierauf zur Hälfte Wasser und zur Hälfte Wein daran, gibt eine halbe abgeriebene Zitrone, etwas gestoßenen Zimt, 3 gestoßene Nelken und so viel Zucker dazu, wie man's süß haben will. Die Weißbrot- oder Weckschnitten werden im Schmalz gebacken, oder auf dem Rost geröstet, und die gekochten Kirschen darüber angerichtet.

Kirschensuppe, von getrockneten Kirschen

Zu 6 Personen werden anderthalb Schoppen dürre Kirschen gewaschen, im Mörsel aber nicht zu klein verstoßen, sondern nur die Steine zerknirscht, und in einem Geschirr mit einer Maß Wasser zugesetzt. Wenn die Kirschen eine halbe Stunde gekocht haben, so treibt man sie mit 3 Schoppen Wein durch, gibt wie vorgemeldet Zitronen, Zimt, 3 Nelken und Zucker daui, die Wecken röstet man ebenfalls im Schmalz, läßt sie in der Kirschensuppe anziehen, und dann richtet man an. Wenn die Suppe durchgetrieben ist, kann auch ein kleiner Löffel Mehl darin geröstet werden.

Klößchensuppe, gebackene

Gebrühter Teig, wie Schwammklößchen, wird in einen Spritzsack gegeben, der mit gezackter Tülle versehen ist. Man spritzt kleine Klößchen auf ein bestrichenes Blech, backt sie bei guter Hitze hellbraun und gibt die Klößchen beim Anrichten in kochende Fleischbrühe.

Knochenbrühe

Zerkleinerte Knochen werden nach dem Waschen mit Fett, Zwiebeln, Gelbrüben, Selleriestückchen angebraten, kalt abgelöscht, langsam zum Kochen gebracht und einige Stunden ausgekocht. – An Stelle frischer Knochen können auch Bratenknochen verwendet werden.

Klöße zu braunen Suppen

250 g mageres Schweinefleisch nebst 125 g Kalbfleisch ohne Sehnen wird sehr fein gehackt, dann reibt man 65 g Butter zu Sahne, rührt 2 Eidotter, 65 g in Wasser eingeweichtes und ausgedrücktes Weißbrot, Salz, Zitronenschale und Muskatblüte hinzu, auch das gehackte Fleisch, und mischt zuletzt den Schaum eines Eiweißes durch die Masse. Hiervon werden kleine Klöße aufgerollt und in Fleischbrühe gar gekocht. Man kann sie auch nach dem Kochen mit feinem Zwieback bestreuen und in Butter gelb werden lassen.

Königinsuppe

(Für 10 Personen) 1 Suppenhuhn, Suppengemüse, Salz, 100 g Butter, 200 g Mehl, 1 bis 2 Eigelb, 3 EL Rahm, 3 EL Weißwein

Das vorgerichtete Huhn wird in kochendes Wasser gegeben, mit Salz und Suppengrün weichgekocht (etwa 2 Stunden). Nach dem Verkühlen wird das Huhn gehäutet, zerlegt, die Knochen ausgelöst, das Fleisch in feine Streifen geschnitten; die Knochen werden zerkleinert und in der Brühe noch längere Zeit gekocht. In der heißen Butter dämpft man das Mehl, löscht mit der Hühnerbrühe ab, kocht die Suppe ½ Stunde, zieht mit Ei ab und gibt als Einlage das Fleisch und Klößchen oder Eierstich zu.

Königinsuppe, falsche

250 g Kalbfleisch, 30 g Butter, Zwiebel, Wasser oder Knochenbrühe, 60 g Butter, 80 g Mehl, 1 Eigelb, 2 EL Rahm, 2 EL Wein

Das Kalbfleisch in Butter mit Zwiebel, Salz leicht andämpfen, ablöschen, weichdämpfen, in Streifen schneiden. Fett und Mehl dämpfen, mit der Kalbfleischbrühe ablöschen, ½ Stunde kochen, mit Ei abziehen. Als Einlage das Fleisch und Klößchen oder Eierstich.

Körnersuppe, grüne

Von den grünen Körnern zu dieser beliebten Suppe, die im Rheinland ein Handelsartikel sind, rechne man für 6 Personen 200 g. Dieselben werden gut verlesen, mit warmem Wasser gewaschen und mit Fleischbrühe oder Wasser ganz weichgekocht, durch ein Sieb gerührt und mit guter Bouillon, in welcher etwas Sellerie- und Petersilienwurzel, auch wohl einige Perlzwiebelchen gekocht sind, wieder zum Kochen gebracht und mit beliebigen Klößen oder ohne Klöße angerichtet. Auch kann man zierliche Schnittchen Semmelbrot, in Butter geröstet, dazu reichen. Die Suppe hat eine angenehme grüne Farbe und wird von den Körnern etwas sämig.

Körnersuppe, grüne, auf andere Art

Man rechne für 6 Personen 150 g Körner und lasse sie, nachdem sie wie oben gereinigt, mit Fleischbrühe oder Wasser und 50 g Butter kurz einkochen. Dann wird gute Fleischbrühe hinzugefügt und, fest zugedeckt, langsam gekocht, bis die Körner weich geworden sind. Darauf rührt man zwei kleine Eßlöffel feines Mehl mit einer halben Obertasse Milch an und gibt es unter stetem Rühren zu der Suppe, welche danach noch eine Stunde kochen muß. Die Suppe wird mit zwei frischen Eidottern, welche mit saurer Sahne verrührt werden, angerichtet. Wünscht man Markklößchen in der Suppe zu kochen, so wird dieselbe vorher durch ein Sieb gegossen, damit die Körner zurückbleiben.

Kohlnockensuppe

Man reinigt einen schönen gelben Kohlkopf (Wirsing) von den äußeren Blättern, schneidet den Dorschen und die gröberen Rippen davon, und den Kopf dann in vier Teile, welche man in Salzwasser weichkocht. Nun werden die Teile herausgenommen, nach Erkalten fest ausgedrückt und kleingeschnitten, darauf in 100 g Butter vollends weichgedünstet, und durch ein Sieb getrieben, sodann in einer Schüssel mit sechs Eigelb und vier Eßlöffel Semmelbröseln etwas Salz und Muskatnuß gut gerührt, und von den sechs Eiern der steife Schnee daruntergemengt. Die Masse wird alsdann in eine butterbestrichene Form eingefüllt, glattgestrichen, und in nicht zu heißem Ofen aufgezogen, daraus dann wie bei vorigen Art kleine Stückchen geschnitten oder mit einem Löffel ausgestochen, und solche in die zuvor in die Suppenschüssel gegossene kochende braune oder weiße kräftige Fleischbrühe gelegt.

Kraftbrühe

500 g mageres Ochsen- oder Rindfleisch, 2 l Wasser, Suppengrün, Salz, 1 Eiweiß

Das Fleisch durch die Maschine geben, mit kaltem Wasser aufsetzen, wenn es kocht, Suppengrün zugeben, 1½–2 Stunden mehr ziehen wie kochen lassen. Gibt 1½ l gute Fleischbrühe. Das Eiweiß zugeben, unter Schlagen einmal aufkochen, zugedeckt 10 Minuten an der Seite ziehen lassen, durch ein gebrühtes Tuch abgießen. Zu klaren Suppen verwenden oder in Tassen zu Tisch geben.

Kraftbrühe für Kranke (Beef-tea)

500 g mageres Rindfleisch durch die Maschine geben, in Flasche oder Konservenglas einfüllen, 3–4 Stunden im Wasserbad kochen. Die Brühe durch gebrühtes Tuch gießen, mit Suppe, Ei, Cognak mischen, im Wasserbad erwärmen.

Kraftbrühe, weiße Consommé

In ein Kastrol gibt man zwei zerschnittene Zwiebeln, eine halbe gelbe Rübe, einen halben Selleriekopf, zwei Petersilienwurzeln, ein Stückchen Lauch und 150 g Rindsmark, und darauf 1 kg Kalbsschenkel und ebensoviel Rindfleisch, beides in Stückchen geschnitten, sowie Abgängiges vom Geflügel (Flügel, Hälse, Mägen etc.) oder eine in vier Teile zerschnittene alte Henne. Ist alsdann ein Schöpflöffel gute Fleischbrühe hinzugegeben, so bedeckt man das Ganze gut, und läßt es auf schwachem Feuer eindünsten, doch darf es keine Farbe annehmen, nur daß es am Gelbwerden ist. Nun füllt man mit Fleischbrühe auf, läßt es von einer Seite langsam kochen, und schäumt dabei fleißig ab, dann gibt man ein Zweiglein Thymian dazu, und kocht die Brühe noch drei Stunden, inzwischen immer abfettend. Hernach wird sie durch's Sieb gegossen und verwendet. – Ist hauptsächlich zu *Eingemachtem* (Ragoût) zu verwenden.

Krammetsvögelsuppe

Man rechne auf jede Person einen Krammetsvogel (Wacholderdrossel). Dieselben werden, mit etwas Salz, in reichlich Butter, fest zugedeckt, langsam weichgebraten. Das Brustfleisch wird in feine Scheiben geschnitten, das Knochengerippe im Mörser zerstoßen, letzteres mit einigen Scheiben Sellerie, Möhren und Zwiebeln in der Krammetsvögelbutter gedämpft, Mehl darin eine Weile gerührt und mit guter Bouillon oder Wasser 1 Stunde langsam gekocht. Dann wird das Fett abgenommen, die Suppe durch ein Sieb gegossen, wieder aufgekocht, Schwamm- oder Grießmehlklöße darin gar gekocht und mit dem Brustfleisch und Muskat angerichtet.
Zeit des Kochens 2½ Stunden.

Kräutelsuppe

4 Handvoll Kerbel, 1 Handvoll Sauerampfer, Butter, Mehl, Fleischbrühe, 2 Eigelb, 1 Tasse saure Sahne

Kerbel und Sauerampfer wiegt man fein, dünstet die Kräuter in Butter, bestäubt mit etwas Mehl und kocht das Ganze mit Fleischbrühe kräftig durch. In der Suppenschüssel verrührt man 2 Eigelb mit einer Tasse saurer Sahne und gießt darauf die kochendheiße Suppe.

Krebssuppe

Fünfzehn bis zwanzig Krebse kocht man so lange in Salzwasser, bis sie rot sind. *Kleine*, sogenannte *Steinkrebse*, werden nun *ganz* in den Mörser genommen und verstoßen; sind die Krebse *größer*, so löst man vorerst, indem man die Schale mit einem Messer aufbricht, Schweife und Scheeren aus, und stellt sie beiseite, dann wird das Innere des Körpers herausgenommen, die Galle ausgeschnitten, und das übrige samt den Schalen und Füßen mit vier bis sechs abgezogenen Mandeln und 150 g Butter recht fein gestoßen. Das Gestoßene röstet man sodann in einem Kastrol oder einer Pfanne mit einem kleinen Stückchen Butter und einer ganzen Zwiebel unter beständigem Rühren, bis die Butter schön rot ist und aufsteigt, rührt hernach zwei Kochlöffel Mehl darein, läßt es ein wenig anziehen, füllt mit guter Fleischbrühe auf, gibt 70 g von der feinsten Gerste dazu, und läßt nun das Ganze eine halbe Stunde kochen, indem man dabei die aufsteigende Krebsbutter abnimmt, durch ein Sieb gießt und beiseite stellt. Unterdes werden zwei Eigelb mit zwei Eßlöffel süßem Rahm verrührt, die Krebsbrühe durch ein Sieb darübergegossen, und in diese dann leicht geröstete Schnitten oder gebackene Nocken gelegt, obenüber aber die Krebsschweifchen, Scheren und die zurückgestellte Krebsbutter gegeben. Man würzt die Suppe mit Muskatnuß und bestreut sie mit Schnittlauch und Petersilie.

Krebssuppe, andere Art

Die Krebse werden ganz nach dem Grundrezept für Krebssuppe behandelt, und in gleicher Weise fein gestoßen. Nun läßt man in einem Kastrol ein Stückchen Butter zergehen, und röstet darin das Gestoßene nebst einer Zwiebel so lange, bis die Butter schön rot ist und aufsteigt, dann wird mit guter Fleischbrühe aufgefüllt, das Ganze einigemal aufgekocht, und die Krebsbutter hernach abgenommen, durchgegossen und beiseite gestellt. Die Krebsbrühe gießt man durch ein Sieb, und läßt sie so lange stehen, bis sich alles Unreine gesetzt hat, alsdann wird sie bis auf den Satz abgegossen, un die helle Brühe auf dem Feuer noch einmal heiß gemacht. Letztere wird nun über leicht geröstete Brotschnitten oder beliebige Klößchen angerichtet, die Krebsbutter nebst Schweifchen und Scheren darübergegeben, und die Suppe mit feingehackter Petersilie bestreut und mit Muskatnuß gewürzt.

Krebssuppe, Klöße zu

Man rühre 2 bis 3 Eßlöffel voll Krebsbutter weich, gebe hinzu 2 Eidotter, 1 Untertasse voll feingehacktes Fisch- und Krebsfleisch aus den Scheren, ebensoviel in Wasser stark ausgedrücktes Weißbrot, Muskatblüte, Salz und das zu Schaum geschlagene Eiweiß, rühre es gut untereinander, forme es zu kleinen runden Klößen und koche diese in der Suppe 5 Minuten. Die Schwänze lege man beim Anrichten in die Terrine, weil sie durch Kochen hart werden.

Lauchcremesuppe

500 g Lauch, Salz, Muskat, 1 Prise Zucker, 40 g Butter, 30 g Mehl, ½ l Fleischbrühe, Zitronensaft, ⅛ l Sahne, 1 Eigelb, gehackte Kräuter

Der Lauch wird gründlich gewaschen, in feine Ringe geschnitten, in ca. ⅜ l Wasser, leicht gesalzen, ca. 35 Minuten gekocht. Dann passiert man den Lauch durch. Brühe aufheben. Sie wird benötigt, um zusammen mit der Fleischbrühe die helle Mehlschwitze, die man bereitet, abzulöschen. Wenn alles gut durchgekocht ist, schmeckt man mit Zitronensaft ab, verrührt die Sahne mit dem Eigelb und etwas Suppe und legiert die Suppe damit. Mit gehackten Kräutern bestreut servieren.

Lauchsuppe

1 Stange Lauch, 50 g Butter, 80 g Mehl, Knochenbrühe oder Wasser, Salz, Muskat, nach Belieben 1 Eigelb, Milch oder Rahm

Das Weiße vom Lauch in Rädchen schneiden, Fett, Mehl und Lauch dämpfen, ablöschen, ½ Stunde kochen. Beim Anrichten mit Ei und Rahm abziehen.

Leberklößchensuppe

125 g Leber, 2 Brötchen, 20 g Butter, Zwiebel, Petersilie, 1 EL Weckmehl, 1–2 EL Mehl, 1 Ei, Salz, Muskat, Majoran, Fleischbrühe

Die Leber wird feingewiegt. Die Brötchen werden eingeweicht, ausgedrückt, mit Zwiebel und Petersilie in Butter gedämpft. Alle Zutaten gut gemischt, mit 2 Kaffeelöffeln längliche Klößchen in kochende Fleischbrühe einlegen, 8 Minuten langsam kochen.

Lebernockensuppe

550 g schöne Kalbsleber wird mit einem Blechlöffel rein aus den Häuten geschabt, in 100 g Butter samt zwei Eßlöffel gewiegter Zwiebel auf starkem Feuer geröstet, bis sie keinen Saft mehr hat, nach Erkalten im Mörser fein gestoßen, und sodann durch ein Sieb getrieben. An das Durchgetriebene werden nun vier bis fünf Eier, Salz, eine kleine Messerspitze gestoßene Muskatblüte, ganz klein wenig gestoßene Kardamomen und zwei Eßlöffel Mehl gerührt, das Ganze in eine butterbestrichene Form gefüllt, im Ofen schön gelb gebacken, dann herausgenommen, mit dem Löffel ausgestochen oder in verschobene Vierecke geschnitten, die Nocken in die siedend heiße Fleischbrühe gelegt, und die Suppe sogleich aufgetragen.

Leberschnittensuppe

(Für 6 Personen) 125 g Kalbs- oder Geflügelleber, 1 Ei, Salz, Muskat, etwas Weckmehl, dünne Weißbrotscheiben, Butter zum Backen, Fleischbrühe

Die Leber fein wiegen, mit Ei, Gewürz, Weckmehl soviel als nötig mischen. Zwischen zwei Brotscheiben streichen, in Würfel schneiden, in Butter gelb braten. Beim Anrichten mit kochender Fleischbrühe übergießen.

Leberspätzchensuppe

400 g feine Kalbsleber wird abgehäutet, und mit einem blechernen Löffel ausgeschabt, damit das Adrige und Häutige zurückbleibt, worauf sie mit einer kleinen Zwiebel, nach Belieben einer Zitronenschale und etwas Petersilie feingewiegt und in eine Schüssel gegeben wird. Nun werden mit ihr zwei bis drei Handvoll geriebene Semmelbröseln, zwei Eier, 70 g zerlassene Butter, ein wenig Muskatnuß und Salz gut verrührt, und das Ganze dann eine Stunde stehen gelassen. Hierauf wird es durch einen großgelöcherten Seiher (Spatzenmodel) oder von einem Brettchen aus in kochende Fleischbrühe durchgetrieben, wo sich nun Klößchen bilden, welche man, nachdem sie ein paarmal aufgekocht, mit der Fleischbrühe über zwei mit etwas Wasser verrührte Eigelb, (die man auch *weglassen* kann), in der Schüssel anrich-

tet, und die Suppe dann mit Muskatnuß würzt. – Die Spätzchen können, wenn sie in der Fleischbrühe aufgekocht sind, mit dem Schaumlöffel auch in die Suppenbrühe eingelegt werden. – *Feiner* wird die Suppe, wenn man zuvor die Butter fein abrührt, dann die Eier beifügt, und erst nachdem dies zusammen noch etwas gerührt wurde, das geriebene Brot.

Leberspätzchensuppe, andere Art

Man richtet 400 g Kalbsleber, wie oben beschrieben, her, wiegt sie fein mit denselben Zutaten, und weicht inzwischen zwei abgeschälte, verschnittene Semmeln einige Minuten in ¼ l Milch oder Fleischbrühe ein. Das geweichte Brot wird nun mit 70 g zerlassener Butter und zwei kleinen Kochlöffeln Mehl zu einem dicken Mus gekocht und abgetrocknet, so daß es in einem Ballen zusammenhält und sich von der Pfanne losschält. Nach einigem Erkalten nimmt man es dann zu der Leber, fügt zwei Eier, Salz, Muskatnuß und eine Messerspitze weißen Pfeffer bei, rührt alles gut untereinander, und beendet die Suppe wie obige.

Lebersuppe

560 g Kalbsleber wird in Streifen geschnitten, dann mit etwas Zwiebel schön gelb gebraten, und hernach fein gestoßen. Unterdes zerläßt man in einem Kastrol ein Stück Butter, gibt einen Kochlöffel Mehl hinein, und röstet dies ein wenig; doch darf es nicht gelb werden. Nun bringt man die gestoßene Leber dazu, füllt mit Fleischbrühe auf, und läßt das Ganze kochen; alsdann gießt man es durch ein Sieb, und richtet die Suppe über fein länglich geschnittenes, in Butter geröstetes oder über leicht geröstetes Brot an.

Lebersuppe, einfachere Art

Nachdem die Leber mit Petersilie und Zitronenschale ganz fein gewiegt, läßt man ein Stück Butter zergehen, gibt dazu etwas Zwiebel, einen kleinen Kochlöffel Mehl und hernach die Leber, und röstet das Ganze ein wenig. Nun wird mit heißer Fleischbrühe aufgefüllt, und die Suppe wie vorige beendet.

Linsensuppe

200 g Linsen, Wasser, 30 g Fett, 30 g Mehl, Zwiebel, Salz

Die Linsen verlesen, waschen, über Nacht in weiches Wasser einweichen, mit dem Wasser einmal aufkochen, abgießen. Frisches, heißes Wasser zugeben, weichkochen, durch ein Sieb streichen. Fett, Mehl, Zwiebel hellbraun rösten, mit dem Linsenbrei ablöschen, wenn nötig etwas Wasser zugeben, gut durchkochen, nach Belieben beim Anrichten geröstete Weckwürfel zugeben oder gekochte, in Scheibchen geschnittene Würstchen.

Linsensuppe, andere Art

Diese wird mit einer Mettwurst oder einem Stück Bauchspeck gekocht, jedoch bleiben die Linsen darin ganz und man macht *mit den Zwiebeln zugleich Mehl in Butter gelb,* um die Suppe damit gebunden zu machen. Es wird *Essig* dazu gereicht.

Linsensuppe mit Bratwürstchen

Wird wie Erbsensuppe bereitet, nur daß man statt Erbsen Linsen nimmt. Beim Anrichten können nach Belieben gut gebratene, in feine Scheibchen geschnittene Bratwürstchen oder geräucherte Würstchen und ein Schöpflöffel voll der weichgekochten ganzen Linsen in die Schüssel gelegt werden. Man gibt diese Suppe mit feingewiegter Petersilie oder Schnittlauch bestreut.

Linsensuppe mit Rebhuhneinlage

½ kg Hellerlinsen werden verlesen, gewaschen, 10 Minuten gekocht und dann das Wasser abgegossen. Mit frischem Wasser, einer feingeschnittenen Zwiebel und etwas Schweineschmalz läßt man die Linsen nun 1½ Stunden unter häufigem Umrühren weichkochen. 2 Rebhühner hat man mit etwas Suppengrün gar gekocht, das Fleisch von den Knochen gelöst und in feine Streifen geschnitten. Die Linsen schlägt man durch und gibt soviel Rebhuhnbrühe hinzu, wie man Suppe braucht. Ein Löffel Mehl wird in Butter hellbraun geschwitzt und zur Linsensuppe beigemengt. Diese wird zuletzt mit etwas Fleischextrakt gekräftigt und recht heiß über den Fleischstreifen angerichtet.

Lungenkrapfensuppe (Süddeutschland)

1 Kalbslunge, 200 g Speck, 1 große Zwiebel, Petersilie, 1 geriebene Semmel, Butter, 3 Eier, Salz, Muskat, Nudelteig, Fleischbrühe

Die Kalbslunge ohne Herz und den Speck, die Zwiebel und Petersilie wiegt man recht fein. Dann röstet man die geriebene Semmel in Butter goldgelb, gibt das Gewiegte dazu und dämpft alles durch. Sobald es halb abgekühlt ist, rührt man die Eier, 1 Prise Salz und Muskat dazu. Unterdessen hat man einen Nudelteig bereitet, schön dünn ausgerollt und Scheiben von 8–10 cm Durchmesser ausgestochen. Darauf legt man nun jeweils einen Löffel von der Farce, bestreicht die Teigränder mit Eiweiß und schlägt die Teile so zusammen, daß kleine, halbmondförmige Krapfen entstehen. Ränder gut zusammendrücken. In Fleischbrühe 15 Minuten kochen lassen.

Maissuppe

Zur Bereitung dieser nahrhaften und guten Suppe läßt man halb Milch und halb Wasser kochen, rührt so viel Maismehl hinein, daß sie eine gute Konsistenz erhält, und gibt etwas Salz hinzu.

Makkaronisuppe

Die Makkaroni bestehen aus einem festgekneteten und gepreßten Teig, der aus Mehl, Eiern und Wasser in Fabriken bereitet wird; die neapolitanischen sind die besten. – Zur Suppe werden die Makkaroni in Stückchen gebrochen, oder, besser, wenn sie halb weich sind in gleiche Stückchen geschnitten, und in siedendem Salzwasser zehn Minuten weichgekocht, hernach in einen Seiher geschüttet und aus diesem in kaltes Wasser, letzteres dann wieder abgegossen, die Makkaroni in klarer siedender brauner oder weißer Fleischbrühe noch weicher gekocht, und die Suppe angerichtet. – Es wird hierzu geriebener *Parmesankäse* aufgestellt.
Auf gleiche Art werden die andern in Fabriken verfertigten Suppenteige, wie *Spanische Nudeln, Sternchen usw.* gekocht.

Makkaronisuppe, andere Art

Die Makkaroni kocht man wie in voriger Art ab. Unterdes wird ein Stückchen Butter in einem Kastrol zerlassen, zwei Kochlöffel Mehl darin weiß geröstet, dann mit der zur Suppe erforderlichen Portion Fleischbrühe angerührt und aufgefüllt, und dies mit einem guten Eßlöffel Safranwasser (Wasser worin ganzer Safran aufgelöst) leicht gelb gefärbt und eine Viertelstunde durchgekocht, worauf man es durch's Sieb über die abgekochten, zuvor schon in die Suppenschüssel angerichteten, noch siedheißen Makkaroni gießt, zwei mit etwas Wasser verrührte Eigelb daruntermengt, und über das Ganze zwei bis drei Eßlöffel geriebenen Parmesankäse streut.

Mandelschnitten auf die Suppe

Eine Handvoll Mandeln wird abgezogen (geschält) und klein gestoßen, ein Stücklein Milchbrot in süßen Rahm eingeweicht und alsdann ausgedrückt. Diese beide Sachen rührt man mit einem Stücklein Butter und etlich Eigelb an, gibt ein wenig Salz und Muskatblüte dazu, macht von einem halben Kreuzerwecken dünne Schnitten, zuvor aber reibt man das Harte außen davon ab, überstreicht sie fingerdick mit dem angerührten Teig, bestreicht eine Kastrolpfanne wohl mit Butter, legt die Schnitten hinein, bestreicht solche noch mit etwas Butter, streut ein wenig Semmel- oder Mutschelmehl darüber, backt sie gelb im Backofen, nimmt gute Fleischbrühe mit Wurzeln, Rahm und 4 Eigelb abgezogen, und gibt die Schnitten hinein.

Mandelsuppe, andere Art

Man schält eine Handvoll Mandeln, stößt sie fein mit Rosen- oder Orangeblütenwasser, setzt sie mit einer Maß Milch zu, gibt etwas Zucker hinein, verrührt das Gelbe von 4 Eiern in einem Geschirr, gießt die gesottene Mandelmilch nach und nach dazu, und richtet sie über leicht geröstete Weckschnitten durch ein Haarsieb an.

Mandelsuppe, süße

Man nimmt eine Handvoll kleingestoßene Mandeln und ebensoviel Zucker, röstet beides in einer Messingpfanne auf starkem Feuer, bis es gelb ist, nach und nach wird so viel Milch daran gerührt, als zu der Suppe nötig ist, ein wenig Zimt nebst ein paar abgezogenen Eigelb hineingegeben, und über leicht geröstete Schnitten durch einen Seiher angerichtet, damit der Zimt zurückbleibt.
Anmerkung: In keiner Messingpfanne darf aber Mehl braun geröstet, noch weniger Schmalz heiß gemacht werden. Die Speisen bekommen dadurch nicht nur einen ganz widrigen Geschmack, sondern sind auch der Gesundheit höchst nachteilig.

Mandelklößchesuppe

Vier abgeschälte gestrige Semmeln werden in halb Milch halb Wasser eingeweicht, nach einigem Durchweichtsein schnell fest ausgedrückt, und sodann mit 100 g abgezogenen, mit ein wenig Wasser feingestoßenen Mandeln, vier Eiern, 70 g Butter, zwei Eßlöffel Zucker, Zimt und einem halben Kaffeelöffel feingewiegter Zitronenschale gut durchgerührt. Aus dieser Masse formt man nun runde oder längliche Klößchen, und bäckt solche schön gelb aus heißem Schmalz.

Mandelklößchensuppe, andere Art

140 g süße und acht Stück bittere Mandeln werden mit einem Ei recht feingestoßen, dann in eine Schüssel genommen, und nach und nach drei Eigelb und ein ganzes Ei, zwei Eßlöffel Zucker, ebensoviel zergangene Butter und 90 g geriebenes Semmel- oder Milchbrot darangerührt. Nun wird Schmalz heiß gemacht, aus der fein abgerührten Masse Klößchen formiert und diese schön bräunlich herausgebacken

Markklößchensuppe

40 g Mark, 40 g Butter, 2 kleine Eier, 60 g Weckmehl, Salz, Muskat, Fleischbrühe

Das Mark wird gewässert, mit 4 Eßlöffel Milch gekocht, bis es klar ist, durch ein Sieb gegeben, mit der Butter schaumig gerührt. Die übrigen Zutaten zugegeben, ½ Stunde stehen lassen. Kleine Kugeln formen, in kochende Fleischbrühe geben, 5 Minuten kochen.

Maultaschensuppe

Zum Nudelteig: 100–120 g Mehl, 1 Ei. Zur Fülle: 100 g gewiegte Bratenreste, Schinken oder Rauchfleisch, oder 125 g frisches Schweinehackfleisch, Salz, Pfeffer, Muskat, 1 Ei, in 20 g Fett gedämpfte Zwiebel und Petersilie mischen

Der fertige Nudelteig wird lang und etwa 20 cm breit ausgewellt, in der Mitte der Länge nach durchgerädelt, jeder Streifen mit Fülle bestrichen, der Rand mit Eiweiß und der Länge nach aufgerollt, in kleine verschobene Vierecke geschnitten, in Salzwasser 6 Min. gekocht. Beim Anrichten in klare Fleischbrühe geben. Nach Belieben kann man die Maultaschen gleich in der Fleischbrühe kochen.

Mehlsuppe, gebrannte

50 g Fett, 100 g Mehl, Wasser, Salz, 1 Prise Pfeffer, 1 Ei, 1/2 Glas Rotwein

Das Mehl wird in heißem Fett hellbraun geröstet, mit lauwarmen Wasser abgelöscht, Salz, Pfeffer zugegeben, 1 Stunde gekocht. Zuletzt gibt man das verrührte Ei zu, läßt aufkochen, damit es Flöckchen gibt. Beim Anrichten Wein zugeben, nach Belieben geröstete Weckwürfel.

Mehlsuppe, gebrannte weiße

Man lasse ein halbes Ei dick frische Butter heiß werden, gebe da hinein 3 Eßlöffel Mehl und rühre so lange, bis es kraus wird und sich hebt, gieße dann das nötige kochende Wasser langsam hinzu, während gut gerührt werden muß, damit das Mehl aufgelöst und die Suppe nicht klümprig werde. Nach dem Durchkochen rühre man die Suppe mit Salz, Muskatblüte oder etwas Zitronenschale, sehr wenig Zucker und einem frischen Eidotter ab, oder man richte sie ohne Gewürz und Zucker mit Salz, saurer Sahne und feingehackter Petersilie an.
Man kann auf jede Person 1 Eßlöffel Mehl rechnen.

Mehlerbsensuppe

60 g Mehl, 1–2 Eier, 1 EL Milch, Salz, Muskat, Backfett, Fleischbrühe

Die Zutaten zu einem dickflüssigen Teig anrühren, kleine Mengen in ein groblöcheriges Sieb geben, in heißes Fett einrühren, schwimmend hellbraun backen. Beim Anrichten mit kochender Fleischbrühe übergießen.

Metzelsuppe, badische

750 g Sauerkraut, Schweineschmalz, ein paar Hutzeln (gedörrte Zwetschgen und Birnen), Zucker, Zimt, Brühe, etwas Mehl, Grieben-, Blut- und Leberwurst, Kesselfleisch

Das Kraut wird im Schweineschmalz angedünstet, das Dörrobst zugefügt, mit Zucker und Zimt gewürzt und mit Brühe aufgegossen. Wenn das Kraut weich ist, bindet man es mit dem in wenig Wasser angerührten Mehl und schmeckt mit ein wenig gebräuntem Zucker ab. Dazu gibt's die heißen Würste und das Kesselfleisch.

Milchsuppe

In 2 l Milch wird ein Stückchen Vanille, Zimt, Zitrone oder Orangenblüte, je nachdem man den Geschmack liebt, einigemal aufkocht, dann Zucker und ein klein wenig Salz dazugegeben. Unterdes werden in der Suppenschüssel zwei bis drei Eigelb mit einem Eßlöffel kalter Milch abgerührt, hierüber die siedende Milch durch's Sieb gegossen, eine Handvoll leicht geröstete Schnitten hineingelegt, und die Suppe sofort aufgetragen, damit die Schnitten nicht zu sehr erweichen. – Sehr gut schmeckt sie, wenn die Brotschnitten dick mit Zucker bestreut und dann in den heißen Ofen gebracht werden, bis der Zucker darauf geschmolzen ist. In Ermangelung eines heißen Ofens hält man über die zuckerbestreuten Schnitten ein glühendes Schäufelchen, wodurch der Zucker sofort schmilzt. – Man kann bei dieser Suppe auch einen Kochlöffel Mehl in einem Stückchen Butter weiß anrösten, dann mit der erforderlichen Milch glatt anrühren und auffüllen, und dies nun kochend über gehähte Schnitten anrichten.

Milchsuppe mit Weißbrot

Das Weißbrot schneide man in Würfel, gebe es in die Terrine, koche frische Milch mit etwas Salz, nach Gefallen mit Wasser vermischt, und gieße sie auf das Weißbrot.

Milchsuppe von Kartoffelmehl

Man koche frische Milch, wozu ein Drittel Wasser genommen werden kann, rühre etwas Kartoffelmehl mit Milch hinzu, lasse sie unter stetem Rühren durchkochen und gieße sie mit etwas Wasser in die Terrine.
Wünscht man die Suppe zu verfeinern, so koche man einige Stücke Zimt in der Milch und gebe etwas Zucker hinzu.

Milchsuppe, braune

In einem neuen Topf wird ein großer Kochlöffel voll Mehl kastanienbraun, aber trocken, geröstet, mit 4 bis 5 Schoppen süßer Milch glatt angerührt, ein Stücklein Zucker und grob gestoßener Zimt dazugegeben, unter fleißigem Umrühren aufgekocht, alsdann durch ein Haarsieb getrieben, an 4 bis 5 verrührte Eigelb gegossen, und über leicht geröstete Milchbrot- oder Weckschnitten angerichtet.

Milchsuppe, feine, warm und kalt zu geben

Auf 3 Personen nehme man 1 l frische Milch und ¼ l Wasser, einen gehäuften Eßlöffel gute Stärke, 2 Eidotter, Zucker, Zitronenschale oder etwas Vanille, oder auch ein paar gestoßene bittere Mandeln, oder an deren Stelle 2 frische Pfirsichblätter und etwas Salz. Dies wird über starkem Feuer fortwährend bis zum Kochen stark gerührt, dann in die Terrine gegossen, von dem zu Schaum geschlagenen Eiweiß Klößchen auf die Suppe gelegt, solche mit Zucker und Zimt bestreut und schnell zugedeckt, oder es kann auch der Schaum in der Terrine durchgeschlagen werden.
Fehlt es an Zeit zum Rühren, so lasse man die Milch kochen, gebe die

Stärke hinzu und rühre die Suppe mit den Eidottern ab; jedoch hat ersteres Verfahren den Vorzug.
In heißer Jahreszeit ist diese Suppe ein angenehmes und bequemes Essen zum Sonntagabend; man kann sie zu diesem Zweck vormittags kochen.

Milchsuppe, süße

Zu 5 Schoppen süßer Milch nimmt man ein Stücklein Zimt, etliche Zitronenschalen und Zucker, bis es süß genug ist, läßt alles in einem Topf sieden, verrührt 5 Eigelb, rührt die Milch daran, läßt sie unter beständigem Umrühren noch ein wenig sieden, und richtet sie über gewürfelt geschnittene Weckbröcklein durch einen Seiher an.

Milzsuppe

Eine große Kalbsmilz wird mit einem scharfen Blechlöffel ausgeschabt, dann fein gewiegt, und mit einem Eßlöffel feingeschnittener Zwiebel in 70 g Butter eine Viertelstunde geröstet. Hernach wird ein Kochlöffel Mehl eingestäubt, das Ganze gut verrührt, mit kräftiger Fleischbrühe aufgefüllt, und einigemal aufgekocht. Nun verrührt man zwei Eidotter gut mit ein wenig Wasser, gießt die Suppe darüber, und gibt darin in Butter geröstete Brotwürfel oder leicht geröstete Schnitten.

Milzsuppe, durchgetriebene

Wenn zwei Milze ausgeschabt, gewiegt, in 70 g Butter mit etwas zerschnittener Zwiebel geröstet und mit zwei Kochlöffel Mehl eingestäubt sind, werden sie in einem Mörser feingestoßen und dann durch ein Sieb getrieben. Das Durchgetriebene wird hierauf wieder in das Kastrol gebracht, mit Fleischbrühe zur gehörigen Suppenflüssigkeit verdünnt, und 35 g Butter dazugegeben. Nun zieht man die Suppe öfters mit dem Schöpflöffel auf, bis sie kochend heiß ist, und richtet sie dann über leicht geröstete Schnitten oder über in Butter geröstetes, fein länglich geschnittenes oder gewürfeltes Brot an.

Milzsuppe, feinere Art

Eine Kalbsmilz wird ausgeschabt, in ein Geschirr gegeben, mit in einem Stückchen Butter gedämpfter Zwiebel abgeschmälzt, und daran dann ein Ei, zwei Eßlöffel geriebenes Brot, Salz, Pfeffer und Muskatnuß gegeben. Diese Masse streicht man nun auf trockene Brotschnitten, bäckt solche in einer Omelettepfanne aus heißem Schmalz, und schneidet sie hernach in Würfel. Über letztere wird alsdann siedende Fleischbrühe gegossen und die Suppe sogleich serviert.

Muschelsuppe

2 EL Öl, 2 EL Mehl, 1 Zwiebel, 1/2 l Milch, 1 Tasse süße Sahne, einige Wacholderbeeren, Zitronensaft, Salz, Pfeffer, 1 Dose Muscheln ohne Öl konserviert, Petersilie

Das Öl erhitzen, Mehl und Zwiebelstückchen zufügen, hell anschwitzen und unter Rühren mit der Milch ablöschen. Wacholderbeeren dazugeben und bei geringer Hitze 15 Minuten kochen lassen. Die Wacholderbeeren dann entfernen, die Muscheln mit der Flüssigkeit daruntermischen, erhitzen und die Suppe mit Sahne, Zitronensaft und den restlichen Gewürzen pikant abschmecken. Mit Petersilie bestreut anrichten.

Muschelsuppe, Hamburger

2000 g Miesmuscheln, Zitronensaft, 1/4 l Weißwein, Salz, 125 g Bauchspeck, 250 g Zwiebeln, 2 Tomaten, 2 Bund Petersilie, 1 Stück Sellerie, Thymian, 1/2 Lorbeerblatt, 1/2 l Fleischbrühe, 50 g Butter, 30 g Mehl, 1/4 l Sahne, scharfer Paprika

Die gut gebürsteten Muscheln (es dürfen nur die geschlossenen verwendet werden) werden mit Weißwein, Zitronensaft und Salz aufgekocht. Nach ca. 10 Minuten werden die nun geöffneten Muscheln herausgenommen und das Fleisch ausgelöst. Warm stellen.

Die gewürfelten Zwiebeln werden in dem in Würfel geschnittenen, glasig gebratenen Speck geröstet, die streifig geschnittene Sellerie, gewürfelte, geschälte Tomaten und feingehackte Petersilie dazugegeben. Lorbeerblatt und Thymian hinzugeben und die heiße Muschelbrühe sowie die Fleischbrühe aufgießen. Nach ca. 30 Minuten wird alles durchpassiert und wieder zum Kochen gebracht. Die Butter hat man mit dem Mehl verknetet und rührt sie in die Suppe. Nach ca. 5 Minuten Kochzeit nimmt man den Topf vom Feuer, rührt die Sahne hinein und fügt das Muschelfleisch hinzu. Heiß werden lassen und mit Paprika abschmecken.

Nationalsuppe, französische, als vollständiges Mittagsmahl

Auf jede Person wird 250 g Ochsen- oder Rindfleisch gerechnet, das wie gewöhnlich mit kochendem Wasser und Salz aufs Feuer gebracht und abgeschäumt wird. Nachdem dasselbe, fest zugedeckt, 2 Stunden langsam, aber ununterbrochen gekocht hat, schneidet man einen Kohlkopf, einige weiße und gelbe Rüben in beliebige Stücke und läßt sie nebst wenigen Kartoffeln, Petersilienwurzeln, Pastinake und Borago mit dem Fleisch weichkochen. Man richtet die Suppe über geröstete Weißbrotschnitten an und gibt eine Senfsauce zum Fleisch.

Nierensuppe

1 Schweinsniere, etwas Milch, 50 g Fett, 100 g Mehl, Zwiebel, Knochenbrühe oder Wasser, Salz, Pfeffer, ½ Glas Rotwein

Die Niere in lauwarme Milch legen, häuten, in Scheibchen schneiden, in heißer Butter mit etwas Zwiebel 6–8 Minuten dämpfen. Fett und Mehl bräunen, wenn es Farbe hat, Zwiebel zugeben, etwas mitdämpfen, ablöschen, 1 Stunde kochen. Die Niere, Wein und nach Belieben Klößchen oder Eierstich zugeben.

Nockensuppe

3 Eier, 1/4 l sauren Rahm, Salz, Muskat, Fleischbrühe

Die Zutaten mit dem Schneebesen gut schlagen, in eine mit Butter bestrichene Auflaufform geben, in schwacher Hitze hellgelb backen. Nach dem Stürzen schneidet man Würfel oder Streifen und gibt diese beim Anrichten in gute, klare Fleischbrühe

Nockensuppe, grüne

Eine starke Handvoll abgezupfte Petersilie und zwei Handvoll Spinatblätter werden gewaschen, fein verwiegt, gut ausgedrückt, in 100 g Butter schnell weichgedämpft, und dann mit der verkehrten Seite eines Löffels durch ein Sieb getrieben. Nun gibt man zu dem Durchgetriebenen vier Eßlöffel Mehl, fünf bis sechs Eier, Salz und Muskatnuß, rührt das Ganze fein ab, bäckt es in einer butterbestrichenen Form, und beendet die Suppe wie vorhergehende.

Nudelsuppe

Zwei Eier werden gut verrührt, und, nachdem etwas Salz dazugegeben, mit feinem Mehl zu einem ziemlich starken Teig angemacht, welcher auf das Backbrett genommen, recht gut geknetet, und hierauf in zwei gleiche Teile zerschnitten wird, deren jedem man zu einem kleinen Laibchen wirkt, und nun zwei sehr dünne Flecke auswargelt. Diese trocknet man so, daß sie noch biegsam sind, und schneidet sie dann, zusammengerollt, in beliebig feine Nudeln, welche man, auseinandergezettelt, in die dazu bestimmte siedende braune oder weiße Fleischbrühe einsät, und hierin zehn bis zwölf Minuten aufkocht. Alsdann werden sie angerichtet, eine Viertelstunde bedeckt warm gestellt, und hernach mit gestoßener Muskatblüte oder Muskatnuß gewürzt zu Tisch gegeben. – *Klarer* wird diese Suppe, wenn man beim Auswargeln der Nudelflecke nicht zu viel Mehl unterstreut, auch die geschnittenen Nudeln, ehe man sie in die siedende Fleischbrühe gibt, erst in siedendem Salzwasser zwei- bis dreimal überkocht, und dann abseiht. Dagegen wird die Suppe *kräftiger*, wenn die Nudeln sofort in der bestimmten Fleischbrühe abgekocht werden.

Nudelsuppe von gefüllten Nudeln

Übergelassenes Fleisch, Rind- oder Kalbfleisch, oder Geflügel, auch zur Not Hammelbraten, wird mit etwas Petersilie und einer kleinen Zwiebel fein gehackt, nach diesem in einen Mörsel genommen, und zu einem Teig gestoßen, dann in eine Schüssel gegeben, Salz und Muskat dazu, mit 4 Eiern angerührt. Hierauf wird von 2 Eiern und 2 Eßlöffel süßem Rahm ein fester Nudelteig gemacht, derselbe zu einem dünnen Kuchen gewellt, der Kuchen mit dem angerührten Fleisch überstrichen, und zusammengerollt, nicht gelegt wie Maultaschen, sondern ganz leicht aufgerollt, in eine Serviette gewickelt, mit einem Bindfaden leicht umbunden, und im Salzwasser eine Stunde gesotten. Wenn es fertig ist, wird es aus der Serviette genommen, die Wurst zu Rädlein geschnitten, in die bestimmte Terrine oder Schüssel gelegt, gute Fleischbrühe, welche mit Wurzeln gesotten worden, darübergegossen und auf der Kohlpfanne aufgekocht. – Ehe die Suppe auf den Tisch gebracht wird, werden 4 Eigelb mit Fleischbrühe abgezogen und über die Suppe gegossen.

Nudelsuppe, grüne

Hierzu wird in obigen Teig ein Eßlöffel Spinattopfen geknetet, wodurch die Nudeln eine grüne Farbe erhalten. Sie werden, wie obige, in weißer Fleischbrühe ein paarmal aufgekocht, und bedeckt eine Viertelstunde stehen gelassen.

Nudelsuppe mit Huhn

(Für 12 Personen)
1 Huhn, Salz, Suppengrün, Zwiebel, etwa 5 l Wasser. Nudelteig: 250 g Mehl, 2 Eier, 2 Eischalen Wasser

Das Huhn vorrichten: siehe Geflügel allgemein. Das Wasser bringt man zum Kochen, gibt Salz, Suppengrün, das Huhn zu, schließt den Topf gut und läßt das Huhn, je nach Alter und Größe, 2–4 Stunden kochen. In die abgeseihte Hühnerbrühe gibt man die fein geschnittenen Nudeln und kocht diese 8 Minuten. Das Fleisch wird von den Knochen gelöst, in Streifen geschnitten, in die Suppe gegeben, einmal mit aufgekocht. Soll die Hühnerbrühe ganz klar bleiben, kocht man die

Nudeln zuerst in Salzwasser ab und gibt sie dann in die Hühnerbrühe. Anstatt Nudeln auch Reis oder Gerste als Einlage.

Nudelsuppe von Milch

Wird wie Grießmehlsuppe nach vorhergehendem Rezept gekocht.

Obstsuppe

Beliebiges Obst (Kirschen, Pflaumen, Birnen, Äpfel, Stachelbeeren, Johannisbeeren), Zucker, Zimt oder ½ Vanillestange, Speisestärke, Weißwein

Beliebiges Obst (Kirschen, Pflaumen, Birnen, Äpfel, Stachelbeeren, Johannisbeeren) wird gewaschen und zerkleinert und mit etwas Zukker und Zimt oder ½ Vanillestange und etwas Wasser weichgekocht. Nach Belieben die Suppe passieren und mit etwas Speisestärke andikken. Gegebenenfalls die Vanille herausnehmen. Man kann die Obstsuppe noch mit einem Schuß Zitrone oder Weißwein verfeinern und reicht sie kalt oder warm.

Ochsenschwanzsuppe I

Der Ochsenschwanz wird gliedweise in Stücke geschlagen, gewaschen und dann mit reichlich Wurzelwerk, Pfeffer und Salz 2½ Stunden gekocht. Nun bereitet man in Butter eine dunkle Mehlschwitze und füllt diese mit etwas Brühe auf, verquirlt gut und gießt dies in die Bouillon, nachdem man die Fleischstücke herausgenommen hat. Man fügt noch 2 Glas Weißwein hinzu, läßt nochmals aufkochen und gießt die Suppe durch ein Sieb auf die Schwanzstücke. Man gibt in jeden Teller Suppe 1–2 Stücke Fleisch und ein halbes hartgekochtes Ei. In jenen Gegenden, wo Champagner-Weißbier zu haben ist, ersetzt dieses vollständig den Wein.

Ochsenschwanzsuppe II

Eine große Zwiebel, eine Möhre, eine Petersilienwurzel und ein halber Sellerie werden zugeputzt und kleingeschnitten und mit 125 g grob gehacktem, rohem Schinken, etwas Estragon und Thymian in 50 g Butter hellbraun gedünstet. Dann überstäubt man alles mit einem Löffel Mehl, gießt unter Umrühren 1½ l Fleischbrühe auf, würzt noch mit etwas Pfeffer und Salz, 1 Lorbeerblatt, 2 Nelken und 2 Gewürzkörnern und läßt alles eine Stunde gut kochen. Zu gleicher Zeit hat man 2 Ochsenschwänze in halbfingerlange Stücke geschlagen, gewaschen und in 60 g Butter gebraten. 250 g Champignons, sauber geputzt, kocht man mit den Schwanzstücken weich, gießt dann die Wurzelwerksuppe durch ein Sieb darüber, fettet sie, wenn nötig, ab und würzt sie mit gestoßener Muskatblüte und einem Glase feinem Madeira.

Ochsenschwanzsuppe III

750 g Ochsenschwanz, 60 g Butter oder Margarine, 50 g Speck, 1 Zwiebel, 1 Suppengrün, Salz, Pfeffer, 40 g Mehl, 2 EL Butter, 1½ l Wasser, 6 EL Madeira

Den Ochsenschwanz teilt man in Stücke und brät diese in der heißen Butter oder Margarine rundherum an. Den Speck schneidet man in Scheiben und brät ihn mit. Dann kommen das zerkleinerte Suppengrün und die gewürfelte Zwiebel mit hinein. Mit heißem Salzwasser wird aufgegossen und die Suppe ca. 120 Minuten gekocht.
Aus Mehl und Butter bereitet man eine hellbraune Mehlschwitze, gießt mit der Brühe auf und läßt alles gut durchkochen. Speckscheiben herausnehmen und Madeira einrühren. Gut abschmecken, nicht mehr kochen lassen.

Ochsenschwanzsuppe, klare

Hierzu werden die Ochsenschwanzstücke angebraten und mit Fleischbrühe oder Wasser sowie Wurzelwerk weichgekocht; herausgenommen und in kleine Würfel geschnitten. Die Brühe läßt man erkalten. Sie wird entfettet, als doppelte Kraftbrühe angesetzt. Nach dem Passieren wird das Ochsenschwanzfleisch als Einlage gegeben. Je nach Geschmack kann die Suppe mit Sherry oder Portwein verbessert werden.

Ochsenschwanzsuppe auf Hamburger Art

1 Ochsenschwanz von ca. 1500 g, 500 g Kartoffeln, 1 Zwiebel, 50 g Butter oder Margarine, Salz, 1 EL Mehl, 1 l Fleischbrühe, 1 Lorbeerblatt, 1 Tasse eingelegtes saures Gemüse, Pfeffer, Paprika

Die Kartoffeln werden geschält, in gesalzenem Wasser gekocht und nach ca. 20 Minuten trockengedämpft. Den gewaschenen, trockengetupften Ochsenschwanz schneidet man in ca. 4–5 cm lange Stücke und gibt diese zu der in heißer Butter oder Margarine angedünsteten, gewürfelten Zwiebel. Die Ochsenschwanzstücke werden rundherum angebraten und gesalzen. Man stäubt das Mehl darüber und gießt mit der heißen Fleischbrühe auf. Das Lorbeerblatt wird hinzugefügt und alles ca. 2 Stunden gekocht. Das Lorbeerblatt wird nun entfernt, die Fleischstücke herausgenommen, von den Knochen gelöst und wieder in die Suppe getan. Die Kartoffeln schneidet man in Würfel, das Gemüse wird gehackt und alles in der Suppe erhitzt. Mit Salz, Pfeffer und Paprika abschmecken.

Ochsenzungensuppe

Wird die Zunge gehörig gereinigt, so ist eine Suppe davon gekocht ebenso appetitlich als von anderem Fleisch. Zu diesem Zweck wird das gelbliche, schwammige Fleisch dicht am Knochen weggeschnitten, die Zunge in Wasser getunkt, mit Salz stark abgetrieben, tüchtig gewaschen und gespült, wodurch alles Schleimige entfernt wird. Im übrigen richte man sich ganz nach der vorhergehenden Rindfleischsuppe. Die Zunge, welche sehr weichgekocht sein muß und 3½ Stunden Kochens bedarf, kann danach gebraten oder gestovt werden. Will man sie erst am andern Tage gebrauchen, so ist zu raten, warm die Haut abzuziehen, für letztere Zubereitung etwas Zungenbrühe zurückzubehalten und an einen kalten Ort zu stellen.

Ollapotridasuppe

Zu dieser Suppe gehören: *grüne Klößchen, Grießklößchen, gebakkene Grießklößchen, Kalbfleischklößchen, Brätklößchen,* alle möglichst gleichrund geformt und leicht abgekocht; halbfingerlange, abgedrehte, abgekochte *Bratwürstchen; gebackene Nocken;* halbfingerlange, abgedrehte *Fisch-* und *Krebswürstchen,* in halb Milch halb Wasser verwällt; *Kalbsmilchlein,* ausgewässert, kernig weich abgekocht, dann in kaltes Wasser gelegt, abgehäutet und in feine Scheiben oder Würfel geschnitten; *Morcheln,* gut gewaschen, und in fetter Fleischbrühe weichgekocht; *Spargeln,* abgeputzt, das Holzige abgeschnitten, das Zarte und Fleischige sodann in Salzwasser weich abgekocht; *Blumenkohl,* zu kleinen Stückchen gebrochen, gereinigt, und in leicht gesalzenem Wasser, auch Fleischbrühe, weichgekocht; *grüne Erbsen,* ebenso gekocht, nachdem sie aus ihren Hülsen ausgelöst; *gelbe* und *weiße Rüben,* rein abgeschabt, fein länglich geschnitten oder klein rund abgedreht, welch' letzteres am besten mit einem Kartoffellöffelchen geschieht, wobei dieses tief in die zuvor halbweich abgekochte Rübe eingedrückt, etwas umgedreht und herausgehoben wird. Hat man einen kleinen Schöpflöffel solcher Kügelchen, so kocht man sie in leichtem Salzwasser oder in Fleischbrühe vollends weich. Von den andern Gemüsen nimmt man gleichfalls je einen Schöpflöffel voll, von dem übrigen, namentlich den Klößchen und Nocken, nach Gutdünken. Ist alles so hergerichtet, so wird eine Suppenschüssel mit sehr kräftiger, heller, siedender brauner oder weißer Fleischbrühe etwas mehr als zur Hälfte vollgegossen, die hergerichteten heißen Zutaten dareingelegt, das Ganze mit Muskatnuß gewürzt, und die Suppe, bedeckt, sogleich zu Tisch gegeben. – Kann noch *mannigfaltiger* zusammengesetzt, aber auch *einfacher* bereitet werden, je nach Belieben und Geschmack.

Panadesuppe

Vier Semmeln werden abgeschält, in kleine feine Scheiben geschnitten, mit Fastenbrühe oder kochendem Wasser zum Feuer gesetzt und weichgekocht, und dann das Ganze durch's Sieb oder einen Durchschlag getrieben. Nun setzt man das Durchgetriebene nebst 70 g Butter, Salz und Muskatnuß wieder auf's Feuer, verdünnt es gehörig, schwingt die Suppe, während sie kochend heiß gemacht wird, fort und fort mit dem hölzernen Schneebesen, und richtet sie sodann über zwei mit etwas Wasser verklopfte Eigelb an.

Panadesuppe, geröstet

In 100 g Butter werden ein Eßlöffel feingeschnittene Zwiebeln gelb geröstet, dann vier abgeschälte Semmeln in feine Scheiben geschnitten, und mit den Zwiebeln noch etwas geröstet, das Ganze nun mit Fastenbrühe oder Wasser aufgefüllt, gekocht, durchgetrieben, und die Suppe wie Panadesuppe beendet, nur kommt bloß 35 g Butter dazu.

Parmesan-Croutonen-Suppe

Es wird von drei gestrigen Semmeln die Rinde abgeschnitten oder am Reibeisen abgerieben. Nachdem die Brote dann in halbfingerdicke Scheiben geschnitten, verschneidet man diese in verschobene Vierecke oder sticht sie mit einem talergroßen Ausstecher aus, taucht die Stückchen (Croutonen) in zerlassene Butter, legt sämtliche nebeneinander auf ein Blech, bestreut sie dicht mit Parmesankäse, und läßt sie im heißen Ofen einen Augenblick eine gelbe Farbe annehmen. Nun werden die Croutonen in eine Suppenschüssel gelegt, mit guter kräftiger brauner oder auch gewöhnlicher kochender Fleischbrühe übergossen, und die Suppe, mit etwas Muskatblüte gewürzt, zu Tisch gegeben. – Gewöhnlich gibt man in diese Suppe länglich geschnittene, in Butter weichgedämpfte Suppenkräuter, wie: Kerbel, junge Sellerie, Petersilie, gelben Salat, von jedem eine kleine Handvoll.

Pastetenteigsuppe

Man bricht den Teig in Stücke und setzt ihn mit wenig Wasser aufs Feuer; wenn er zu Brei gekocht ist, so fügt man ein Stück Butter oder gutes Fett dazu und füllt es mit kochendem Wasser nach und nach auf. Vor dem Anrichten gibt man feingehackte Petersilie hinein, zerrührt ein Eidotter und etwas saure Sahne in der Suppenterrine und gießt, während man stets rührt, die Suppe hinzu.

Perlgraupensuppe mit weißem Wein

Die Graupen werden mit wenig kochendem Wasser, mit einem Stückchen frischer Butter und einigen Zitronenscheiben, wodurch sie weißer und schneller weich werden, aufs Feuer gesetzt und in kurzer Brühe bei öfterem Nachgießen von kochendem Wasser langsam weichgekocht. Nachdem die Suppe 2 Stunden gekocht hat, gibt man gewaschene Rosinen hinein, läßt sie recht weich werden, fügt beim Anrichten Wein, Zucker, Zimt und wenig Salz hinzu und rührt die Suppe mit 1 bis 2 Eidottern ab.
Auch ohne Wein ist dies eine angenehme Suppe; dann aber werde, nachdem die Graupen 1 Stunde gekocht haben, für 6 bis 8 Personen eine ganze Zitrone ohne Kern hineingeschnitten und 1 Stunde vor dem Anrichten reichlich Rosinen hinzugefügt.
Zeit des Kochens 2½–3 Stunden.

Perlgraupensuppe mit Milch

Die Graupen werden gewaschen, mit einem Stückchen Butter und wenig weichem Wasser aufs Feuer gesetzt, langsam weich und kurz eingekocht, wobei, so oft es nötig ist, etwas Wasser nachgegossen wird. Dann gebe man Milch und wenig Salz dazu und lasse die Suppe sämig kochen, zu welcher man zuletzt, wenn sie nicht sämig genug sein sollte, etwas verrührtes Kartoffelmehl oder Stärke anwendet. Nach Belieben kann man sie mit Zucker und Zimt oder etwas feingestoßener Muskatblüte würzen.
Zeit des Kochens 2 Stunden. Man rechne auf jede Person ¼–⅜ l frische Milch und 30 g Perlgraupen.

Petersiliensuppe

Bereitet man wie vorhergehende, nur wird, statt der andern Kräuter, *zwei* Handvoll abgezupfte Petersilie, sowie zwei Eßlöffel Zwiebel, beides feingehackt, dazugegeben. Falls die Petersilienwurzeln ziemlich stark sind, werden sie abgeschabt, in 1½ cm lange Stückchen geschnitten, in Fleischbrühe weichgekocht, und alsdann in die fertige Suppe gegeben.

Pflaumensuppe

Man wäscht reine Pflaumen und schneidet die Kerne aus, setzt sie mit Wasser und etwas Zitronenschale an. Die Pflaumen müssen so lange kochen, bis sie durch einen Durchschlag gedrückt werden können. Dann gießt man etwas Wein hinzu, wirft Zucker hinein, richtet sie über geröstete Semmel an und überstreut sie mit Zucker und Zimt. (Für 4 Portionen ½ kg Pflaumen, 150 g Zucker, ¾l Wasser und ¼ l Weißwein.)

Pilzcrèmesuppe

1 große Zwiebel, fein gehackt, 1 Knoblauchzehe, zerdrückt, 75 g Butter, 350 g Champignons, 50 g Mehl, ½ l Hühnerbrühe, Salz, Pfeffer, 1 Prise gemahlene Muskatnuß, ½ l Milch, 1 bis 2 TL Zitronensaft, 9 EL Sahne, geröstete Zwiebelringe als Garnitur

Die Zwiebel und den Knoblauch in Butter dünsten. Die Hälfte der Champignons in ziemlich große Stücke schneiden, in die Pfanne geben und mitdünsten, bis sie weich sind. Das Mehl hineinrühren und, wenn alles gut vermischt ist, nach und nach die Brühe beigeben und zum Sieden bringen. Gut würzen mit Salz, Pfeffer und Muskatnuß. Zudecken und 15 bis 20 Minuten leicht kochen lassen.
Die Suppe sieben, und in die Pfanne zurückgießen. Die restlichen Champignons fein schneiden und mit der Milch in die Suppe geben. Das Ganze 10 Minuten leicht kochen lassen, dann den Zitronensaft und die Sahne beigeben.
Vor dem Servieren mit Zwiebelringen garnieren.

Pilzsuppe

500 g Pilze, 50 g Butter, 80 g Mehl, 1 kleine Zwiebel, Petersilie, Salz, Muskat, Wasser oder Knochenbrühe, 1 Eigelb, 2 EL Rahm

Die Pilze werden gewaschen, geputzt, feingewiegt. Fett und Mehl ½ Stunde gekocht. Beim Anrichten mit Eigelb und Rahm abziehen.

Prinzeßsuppe

Hühnerfleisch, Kalbfleisch und Ochsenmark werden roh recht feingewiegt, mit etwas Semmel, einem Ei und ein paar Löffel süßem Rahm vermischt und durch ein grobes Sieb passiert. Aus dieser Farce formt man kleine Klöße, die man kurz vor dem Anrichten mit kochender Fleischbrühe übergießt. Sollte die Masse zu dick sein, gibt man etwas Bouillon zu: bekommen die Klöße keinen Halt, verdickt man sie mit etwas geriebener Semmel. Die fertigen Klößchen gibt man in klare Bouillon und fügt Salz und Muskat bei. Die Suppe legiert man mit zwei in süßem Rahm verquirlten Eigelb und serviert sie mit in Salzwasser abgekochtem Spargel.

Prinzessin-, Kalbsmilch- oder Bröschensuppe

Man legt 3 Kalbsmilche eine Stunde in warmes Wasser, damit sie recht heiß werden, häutet sie darauf und dämpft sie in guter Bouillon während ½ Stunde weich. Die Hälfte der Milche wird mit 3 hartgekochten Eiern feingewiegt und in zerlassener Butter zu einem glatten Brei verrührt, während die andere Hälfte kleinwürflig geschnitten wird. Die gewiegten Bröschen werden nun mit 75 g kleingeschnittener, in Butter hell angerösteter Semmel in der Bouillon, in der die Milche gekocht wurden und der man je nach Bedarf noch Fleischbrühe zugesetzt hat, unter häufigem Rühren klar verkocht. Die würflig geschnittenen Bröschen kommen mit hartgekochten, geschälten Eierhälften in die Terrine und werden mit ein paar Eßlöffeln voll Madeira betropft. Die Suppe wird zuletzt durch ein Sieb darübergegossen und nach Bedarf noch mit etwas Pfeffer und Maggiwürze gekräftigt.

Prünellensuppe, auch für Kranke

Hafergrütze wird dünn gekocht und durch ein Haarsieb gestrichen, hinzugegeben reichlich in Scheiben geschnittene Prünellen (Pflaumen), Zitronenscheiben, Zucker, Zimt und Salz. Wenn die Prünellen weich sind, gibt man 1 bis 2 Glas Wein zur Suppe und rührt sie mit 1 bis 2 Eidottern ab. Ist dem Kranken Wein und Ei nicht erlaubt, so läßt man beides weg.

Pumpernickelsuppe

Trocken gewordene Reste von Pumpernickel, Milch, Zucker

Trocken gewordene Reste des echten Pumpernickels werden nach ordentlichem Durchrösten im Mörser gestoßen oder gerieben. Das Geriebene stellt man in gesüßter Milch aufs Feuer. Ist unter Umrühren alles weich und breiig gekocht, gießt man noch mehr heiße Milch langsam zu.

Rahmsuppe

2 Brötchen oder Schwarzbrot, Salz, 1 l Wasser, $^1/_8$ l süßen Rahm

Das Brot in feine Scheibchen schneiden, mit dem kochenden Wasser übergießen, zudecken, durchziehen lassen. Beim Anrichten mit dem Rahm abziehen. Nach Belieben kann man auch halb Wasser, halb Milch nehmen.

Reissuppe

80 g Reis, 20 g Butter, Fleischbrühe oder Wasser, Salz, 1 Eigelb, Rahm

Der unpolierte Reis wird gewaschen, mit Fleischbrühe und Butter zugedeckt, langsam weichgekocht, etwa ½ Stunde. Hat man keine Fleischbrühe, dämpft man den Reis mit 30 g Butter und löscht mit Wasser ab. Nach Belieben mit Ei und Rahm abziehen. Polierter Reis muß nach dem Waschen mit kochendem Wasser übergossen werden; 5 Minuten stehen lassen abgießen.

Reissuppe, braune

300 g gewaschener Karolinenreis wird in klarer Fleischbrühe zugedeckt langsam gekocht bis er weich ist; doch muß er *ganz* geblieben sein, man darf daher nicht darin rühren. Der Reis wird nun mit dem Schaumlöffel in die Schüssel gegeben, kochende braune Fleischbrühe darübergegossen, und auf die Suppe etwas Muskatnuß gerieben.

Reissuppe, geschwungene

300 g Reis wird ausgelesen, gewaschen, mit ein paar Schöpflöffel kochendem Wasser zum Feuer gesetzt, so oft sich Dickwerden zeigt immer mit siedender klarer Fleischbrühe verdünnt, und so ungefähr zwei Stunden zugedeckt langsam gekocht. Eine Viertelstunde vor dem Anrichten wird ein Kochlöffel Mehl, mit kalter Milch glatt angerührt, an die Suppe gegossen, diese noch einigemal damit aufgekocht, und 35 g frische Butter und eine Messerspitze gestoßene Muskatblüte dazugegeben. Während des Aufkochens wird sie mit dem hölzernen Schneebesen geschlagen, dann angerichtet und gleich serviert.
Zu allen Reissuppen kann man geriebenen *Parmesankäse* aufstellen.

Reissuppe, geröstet

80 g Reis, 40 g Fett, Wasser oder Knochenbrühe, Salz, 1 Eigelb, 2 EL Rahm, Muskat

Den verlesenen Reis in ein Tuch geben, abreiben, in heißem Fett hellbraun rösten, ablöschen, weichkochen, etwa ½ Stunde; Salz, Muskat zugeben, mit Ei und Rahm abziehen.

Reissuppe, italienische

Nachdem rote Kartoffeln geschält und gelbe Rüben und Sellerie sauber geputzt, wird alles in längliche Stengelchen geschnitten, ebenso fein nudelartig die schönen innern Blätter eines Kohl-(Wirsing-)Kopfes. Ist dann sämtliches sauber gewaschen, so wird von jedem eine kleine Handvoll in gute Fleischbrühe gelegt, und das Ganze weichgekocht, hernach kommt 150 g Reis dazu, alles wird zusammen noch eine halbe Stunde gekocht und die Suppe nun angerichtet. Beim Anrichten kann etwas Paradiesäpfel-(Tomaten-)Sauce, wie solche auch in jeder Delikatessenhandlung zu haben ist, beigegeben werden.

Reissuppe von Milch

Der Reis, wobei man auf 1¼ Stunde Kochen rechnen kann, wird gewaschen, mit kaltem Wasser aufs Feuer gebracht und, nachdem dieses ganz heiß geworden, abgegossen, weil mancher Reis etwas Säuerliches hat, was die Milch zum Gerinnen bringt. Wendet man frische Milch zur Suppe an, so kann man halb Wasser nehmen und auf jede Person ⅜ l und 30 g Reis rechnen.

Man koche die Hälfte der Milch mit dem Wasser, gebe einige Stückchen Zimt oder Muskatblüte und den Reis hinein und lasse ihn langsam weich werden. Dann erst gebe man die übrige Milch und einige Stückchen Zucker nebst Salz hinzu und lasse die Suppe noch ein wenig kochen. Wünscht man sie etwas sämiger, so gebe man zuletzt etwas mit Wasser zerrührte Stärke hinzu und lasse sie eben durchkochen. Ein Hinzurühren von Weizenmehl benimmt der Suppe den guten Geschmack; soll es indes geschehen, so muß sie, während stets gerührt wird, ¼ Stunde mit dem Mehl kochen.

Es kann nach Gefallen der Reis auch gleich in der ganzen Quantität

Milch gekocht werden, indes ist die Suppe nach Angabe feiner und gesünder, als wenn die Milch so lange gekocht wird.

Reissuppe mit Rosinen

Man schwitzt etwas Butter mit einem Löffel Mehl gelb, gibt die nötige Quantität kochend Wasser, abgebrühten Reis und verlesene und gewaschene Rosinen hinzu, läßt beides weichkochen und rührt die Suppe ab mit Salz, Zucker, etwas Wein, einigen Eidottern und Zimt.

Reisklößchensuppe mit Mandeln

300 g rein gewaschener Reis wird abgebrüht, und eine Stunde stehen gelassen, dann abgeschüttet, und mit so viel siedender Milch aufgegossen, daß solche darübergeht. So läßt man ihn anderthalb Stunden langsam weich, dick und fest einkochen, rührt hernach zwei ganze Eier, zwei Eigelb und zwei Eßlöffel zerlassene Butter hinein, und stellt ihn zum Erkalten. Mit dem erkalteten Reis werden dann 150 g abgezogene, mit einem Ei feingestoßene Mandeln, die fein abgeriebene Schale einer halben Zitrone, zwei Eßlöffel Zucker und ein wenig Salz gut verrührt, und aus dieser Masse kleine Klößchen geformt, die man auf dem Backbrett in Semmelbröseln umwälzt, und aus heißem Schmalz schön gelb bäckt.

Rindfleischsuppe, klare weiße

Man rechne zu einer kräftigen Suppe bei einer Gesellschaft, wenn die Personenzahl klein ist, auf jede Person 375 g, bei einer großen Personenzahl 250 g Fleisch. Dasselbe wird bei langsamen Kochen mit einem Drittel mehr Wasser, als man Suppe zu haben wünscht, aufs Feuer gebracht und bei einem Gesellschaftsessen auf jede Person ³⁄₈ l Suppe gerechnet, welche nach vorhergehender Angabe gekocht werde. Nachdem die Bouillon durch ein Haarsieb gegossen ist, gibt man etwas Wurzelwerk, wie: einige Stücke Sellerieknolle oder Petersilienwurzel hinzu, doch ja nicht zuviel. Auch sind einige Skorzonerewurzeln, wenn man sie gerade hat, sehr gut darin. Hiermit läßt man die Bouillon

ferner kochen, während man zuweilen das Fett abnimmt, weil es derselben den feinen Geschmack benimmt.
Ein halbes Stündchen vor dem Anrichten kann man gut abgekochte Spargel, wenn diese nämlich nicht als Gemüse gegeben werden, auch ein Stückchen geschnittene Kalbsmidder (Kälbermilch), hineingegeben; doch darf solches nicht in der Bouillon zerkochen.
Ist das Fleisch gar, aber nicht zu weichgekocht, so nimmt man es heraus, läßt beliebige Klöße eben darin gar kochen und richtet die Bouillon an, wobei auch Krebsschwänze in die Terrine gelegt werden können. Kochen dürfen diese nicht, weil das Fleisch dadurch zähe wird.
Zugleich kann man Reis, für jede Person ½ Eßlöffel gerechnet, abgebrüht, in abgeklärter Bouillon, wozu man soviel mehr Fleisch rechnen muß, gar und dick kochen, doch müssen die Körner ganz bleiben. Derselbe wird nach Belieben mit geriebenem Parmesankäse zur Suppe gereicht. Eine beliebte Zugabe zur Suppe besteht in gekochten Tomaten (Liebesäpfeln). Die Zubereitung findet man unter den Saucen.
Rindfleischsuppe muß, vom Kochen an, 3 Stunden kochen.

Rindfleischsuppe mit Perlgraupen oder Reis

Man richte sich beim Kochen der Bouillon nach dem Grundrezept, gieße sie aber schon nach einer halben Stunde Kochen durch ein Haarsieb. Alsdann mache man in einem eisernen Töpfchen ein kleines Stück Butter kochend heiß, rühre etwa für 4 Personen einen gehäuften Eßlöffel Mehl eine Weile durch, bis es einen gelblichen Schein erhält, und bringe das Mehl, welches sich ohne Rühren zerkocht, mit der vom Bodensatz langsam abgegossenen Bouillon und dem Fleisch wieder aufs Feuer und gebe, wenn Perlgraupen in der Suppe gekocht werden sollen, solche sogleich hinein, sowie auch beliebiges Wurzelwerk. Reis aber bedarf nur 1–1¼ Stunde Kochens. Eine Stunde vor dem Anrichten können einige Perlzwiebeln, Spargel und Kohlrabi, so lange sie noch jung sind, in der Suppe gekocht werden. Auch kann man Blumenkohl hineingeben, der aber vorher abgekocht sein muß, doch darf er nicht im geringsten zerkochen. Das Abkochen des Spargels ist zu dieser Suppe unnötig, es sei denn, daß derselbe nicht frisch wäre. Kurz vor dem Anrichten gebe man einige junge, feingehackte Sellerieblättchen oder etwas feingestoßene Muskatblüte in die Terrine und koche nach Belieben Klöße in der Suppe.
Fleischklöße sind in einer Suppe, welche wenig Kraft hat, allen ande-

ren vorzuziehen, auch darf solche nicht dünn gekocht werden; durch in Butter geschwitztes Mehl ist sehr nachzuhelfen. Man kann auch, wenn man den Selleriegeschmack liebt, 1 bis 2 dicke, sauber abgeschälte und gut gewaschene ganze Sellerieknollen früh in der Suppe weichkochen, in dünne Scheiben schneiden, kalt mit Öl, Essig, Pfeffer und Salz vermischen und zum Suppenfleisch oder Braten geben.

Rindfleischsuppe, schnell gemachte

Für 6–7 Personen schneidet man 1 kg Fleisch in kleine Würfel oder dünne Scheiben, macht einige Eßlöffel Mehl in einem halben Ei dick guter Butter gelbbraun, legt das Fleisch, eine kleingeschnittene Zwiebel und gelbe Wurzel (Möhre) nebst einer kleinen Sellerieknolle, welche man in acht Teile schneidet, hinein, rührt es eine Weile und gießt soviel kochendes Wasser hinzu, als man, zum Einkochen mitgerechnet, Suppe zu haben wünscht, läßt dies alles fest zugedeckt 1 Stunde kochen und gießt es durch ein Sieb. Der Reis wird allein gekocht, beim Anrichten mit dem Sellerie in die Suppe gegeben und diese nach Belieben mit etwas Muskatnuß gewürzt.

Rhabarbersuppe

500 g Rhabarber, 125 g Zucker, Zimt, 1 l Wasser, Zitronenschale, 1 EL Mondamin, 30 g Butter, nach Belieben etwas Wein

Den Rhabarber in Stückchen schneiden, mit kochendem Wasser übergießen, abschütten. Mit 1 l Wasser, Zucker, den Gewürzen zusetzen, weichkochen, die Butter und das angerührte Stärkemehl zugeben, einmal aufkochen, den Wein zugeben. Nach Belieben kann man die Suppe durch ein Sieb streichen. Als Einlage kann man Biskuit oder Zwiebackwürfelchen zugeben.

Rhabarbersuppe, andere Art

250 g Rhabarber, 1/4 l Apfelsaft, 1/4 l Wasser, 15 g Maizena, 1 EL Weinbeeren, 2 EL Sahne, 1 Stück Zitronenschale, Zucker nach Geschmack

Den geschnittenen Rhabarber mit Zitronenschale in Wasser aufkochen lassen, mit Maizena andicken. Mit Apfelsaft auffüllen und mit Zucker abschmecken. Zum Schluß Weinbeeren und Sahne dazugeben und erkalten lassen.

Riebelesuppe

2 Eier, 1 Eigelb, Salz, Fleischbrühe, Schnittlauch

Fester Nudelteig aus den Eiern, dem Eigelb und Salz wird auf einem Reibeisen gerieben, getrocknet, in siedende Fleischbrühe eingestreut und 10 Minuten gekocht. Mit Schnittlauch bestreut wird die Suppe serviert.

Rogensuppe

100 g Butter, Mehl, 1 großer Rogen, Brühe, 1 Glas Wein, etwas Essig

In der Butter röstet man Mehl hellgelb und dünstet darin einen gewaschenen, großen Rogen. Sodann gießt man Brühe auf und läßt alles gut durchkochen. Abschmecken mit Salz und einem Gläschen Wein oder etwas Essig.

Rollgerstensuppe

250 g feine Kochgerste, Fleischbrühe, 1 Stück Butter, Zitronenschale, 1 EL Mehl, etwas Milch

Die feine Kochgerste wird mit Fleischbrühe, Butter und etwas Zitronenschale 2 Stunden gekocht, wobei man fleißig umrühren und hin und wieder etwas Fleischbrühe nachgießen muß. Eine halbe Stunde vor dem Garwerden wird Mehl mit etwas Milch angerührt und die Suppe damit gebunden.

Rosensuppe

Blätter frischer Rosen, Milch, 4 Eigelb, Mehl, Orangenblüten, Laub von Pfirsichbäumen

Man kocht die Blätter frischer Rosen mit Milch, seiht sie durch, zerrührt sie mit den Eigelb und etwas Mehl. Dann mischt man ein wenig kalte Milch dazu und gibt die Hälfte der kochenden Milch nach und nach hinzu und läßt es damit, während man es beständig rührt, eben aufwellen. Mit Orangenblüten und mit dem grünen Laub der Pfirsichbäume macht man es ebenso.

Rosinensuppe

40 g Butter, 60 g Mehl, $\frac{3}{4}$ l Wasser, 150 g Zucker, $\frac{1}{2}$ l Weißwein, Schale $\frac{1}{2}$ Zitrone, 2 Eier, 200 g helle und dunkle Rosinen

Butter und Mehl leicht dämpfen, mit Wasser ablöschen, 10 Minuten kochen. Die Rosinen waschen, mit kochendem Wasser übergießen, abschütten. Eier, Zucker, Wein, Zitrone anrühren, unter Schlagen zur Suppe geben, aufkochen, die Rosinen zugeben.

Rote-Rüben-Suppe

350 g gekochte, geschälte rote Rüben (Beten), ¾ l Wasser oder Fleischbrühe, Majoran, 1 kleine Zwiebel, Salz, Zucker, Essig, ¼ l saure Sahne, Schweinefett oder geräucherten Speck

Die abgekochten, geschälten Beten werden gerieben. Im Wasser oder Fleischbrühe kocht man Zwiebel und Majoran, gibt den Rübenbrei dazu, dann die Sahne, läßt aufkochen, bindet die Suppe mit dem Mehl und schmeckt sie mit Salz, Zucker und Essig ab. Soll die Suppe als Hauptgericht gegeben werden, serviert man sie mit gekochtem Rindfleisch oder Fleischklößchen und Kartoffeln.

Rotweinsuppe

½ l Rotwein, ½ l Wasser, 50 g Zucker, 30 g geriebenes Schwarzbrot, 30 g Mondamin, 1 Stückchen Zimt

Wasser, Zucker, Zimt, Schwarzbrot, Mondamin anrühren, unter Rühren einmal aufkochen, den Wein zugeben, bis ans Kochen kommen lassen.

Sagosuppe

200 g gewaschener echter weißer Sago wird in klare kochende Fleischbrühe gerührt und muß darin zwei bis drei Stunden langsam kochen, bis die Körner groß und so glänzend wie Glas sind. Dann werden in der Suppenschüssel zwei Eigelb mit zwei Eßlöffel saurem Rahm verrührt, ein Löffel voll von der Suppe darangerührt, die übrige, mit Fleischbrühe gehörig verdünnt, darüber angerichtet, und das Ganze mit feingewiegter Petersilie und Muskatnuß bestreut zu Tisch gegeben. – Gut ist es, wenn man den Sago vor dem Abkochen mit siedendem Wasser überbrüht, welches man sofort wieder abgießt; er verliert dadurch den durch längeres Liegen ihm oft anklebenden Beigeschmack. – Verwendet man *Kartoffelsago,* so braucht es nur *eine leichte Stunde* Kochens.

Sagosuppe, braune

200 g gewaschener oder abgebrühter brauner Sago wird in kochende braune oder weiße Fleischbrühe eingesät, darin läßt man ihn zwei bis drei Stunden langsam fortkochen, gießt dann die noch erforderliche Fleischbrühe hinzu, richtet die Suppe an und würzt sie mit Muskatnuß.

Sagosuppe mit Wein

150 g brauner oder weißer Sago wird eine Stunde in lauwarmes Wasser gelegt, dann auf ein Sieb geschüttet. Nachdem er in vielem heißem Wasser einigemal aufgekocht hat, wird er wieder abgegossen und in kaltes Wasser gelegt, damit er seinen schleimigen Geschmack verliere, hernach läßt man ihn in einem Kastrol mit 1 l Wein, ½ l Wasser, Zucker, Zimt und Zitronenschale auf schwachem Feuer mehr ziehen als kochen, nur daß er klar aufgequollen ist. Beim Anrichten gibt man den Saft einer Zitrone und eine kleine Prise Salz dazu, und serviert die Suppe warm oder kalt mit einem Teller Biskuit.

Sagosuppe mit rotem Wein

150 g brauner Sago wird, nachdem er wie obiger gewaschen und gebrüht ist, mit ¼ l Wasser, 1 l rotem Wein, einem Stückchen Zimt, 150 g Zucker, zwei Nelken und ein wenig Zitronenschale zwei Stunden langsam gekocht, dann das Gewürz herausgenommen, die Suppe angerichtet, und wie vorige mit Biskuit zu Tisch gegeben.
Verdickt sich diese Suppe während des Kochens zu sehr, so verdünnt man mit Wein und etwas Wasser und wenn nötig, gibt man dann noch Zucker dazu.

Sauerampfersuppe

Man macht reichlich Mehl mit guter Butter gelb, läßt junge, gut gewaschene Sauerampferblätter darin zergehen und dann mit Kalbfleischbrühe oder Wasser und dem nötigen Salz durchkochen.
Die Suppe wird mit Muskat, dicker Sahne und einigen Eidottern abgerührt und auf geröstetes Weißbrot angerichtet. Auch können statt des Weißbrotes Eierklößchen darin abgestochen werden. Die Suppe muß zwar etwas gerundet, doch nicht dicklich sein.
Zum Kochen gehört $\frac{1}{4}$–$\frac{1}{2}$ Stunde.

Sauerampfersuppe, süße

1½ l Wasser, 60 g Reismehl, 60 g Korinthen, Zitronenschale, Sauerampfer, Zucker

Kochendes Wasser wird mit Reismehl angedickt, Korinthen und Zitronenschale beigefügt und 15 Minuten gekocht. Sauber vorbereiteter Sauerampfer wird in einer Tasse Wasser weich gedünstet, durch ein Sieb gestrichen, zu der Suppe gegeben und diese mit Zucker abgeschmeckt.

Sauerkirschsuppe

Man nimmt saure Kirschen, macht aus einigen die Steine, welche man im Mörser zerstößt, und kocht sie mit den Kirschen nebst Zwieback und etwas Zitronenschale oder 2 bis 3 Nelken und dem nötigen Wasser so lange, bis sich das Kirschfleisch zerkocht hat. Dann rührt man es durch ein Sieb, bringt die Suppe wieder zum Kochen und richtet sie mit Zucker, rotem Wein, der nicht durchkochen darf, etwas Salz und Zimt an. Man legt Zuckerplätzchen darauf oder gibt Zwieback dazu.

Sauerkrautsuppe, russische

Von einem beliebigen Stück Rindfleisch wird eine hinreichende Menge Bouillon gekocht. Darauf läßt man reichlich Butter mit so vielem Mehl als nötig ist, die Suppe zu binden, gelblich werden und rührt es nach dem Herausnehmen des Fleisches hinzu. Dann wird etwas gutes, kleingehacktes Sauerkraut nebst Pfeffer hinzugefügt, gut durchgekocht, die Suppe mit etwas dicker Sahne abgerührt und mit dem in kleinen Stücken zerschnittenen Fleisch angerichtet. Die Suppe muß ganz sämig sein.

Sauerkrautsuppe, tschechische

40 g Margarine, 1/2 Zwiebel, 40 g Mehl, 1 l Wasser, 300 g Sauerkraut, 50 g Speck, 1 Prise süßer Paprika, 100 g Bratwurst oder gekochtes Rauchfleisch, 1/4 l saure Sahne, 1 Prise Zucker, Zitronensaft

Aus Margarine, feingehackter Zwiebel und Mehl eine Mehlschwitze bereiten, mit Wasser verdünnen, schaumig schlagen und 2 Min. kochen lassen. Das feingeschnittene Sauerkraut zugeben. Den Speck in einer Kasserolle auslassen, Paprika und in Scheiben geschnittene Wurst zugeben, kurz braten lassen und unter die Suppe rühren. Vor dem Servieren mit saurer Sahne abziehen, mit Salz, etwas Zucker, Zitronensaft abschmecken.

Selleriesuppe

In 70–100 g zerlassene Butter werden zwei große, rein geputzte, in Scheiben geschnittene Sellerieköpfe und einige Scheiben gelbe Rüben gegeben, dies bedeckt gelb und weich angedämpft, dann mit zwei bis drei Kochlöffel Mehl eingestäubt und verrührt, und hernach mit zwei bis drei Schöpflöffel Wasser vollends weichgekocht. Nun wird das Ganze durch ein Sieb getrieben, das Durchgetriebene wieder zurück in's Kastrol gebracht, ein Stückchen Butter beigefügt, mit der erforderlichen Portion Wasser aufgefüllt, und das nötige Salz nebst etwas Muskatnuß dazugegeben. So wird die Suppe unter fortwährendem Rühren noch kochend heiß gemacht, alsdann angerichtet, und leicht geröstete Semmelschnitten hineingelegt. – Nach Belieben kann man *verlorene Eier* in die Suppe geben, oder auch nur Eier in die Schüssel einschlagen, und die heiße Suppe darüber anrichten. Auf jede Person wird ein Ei gerechnet.

Selleriesuppe, andere Art

Man schneidet vier große, sauber geputzte Sellerieköpfe in kleine Würfel, und dämpft diese in einem Stückchen Butter weich. Nun wird ein Kochlöffel Mehl, eingestäubt, ein Eßlöffel gewiegte Petersilie beigefügt, mit Fleischbrühe nach und nach aufgefüllt, und etwas Salz, Pfeffer, wenige gestoßene Muskatblüte, sowie etwas feingeschnittene Morcheln beigefügt. Nachdem das Ganze so lange gekocht, bis die Sellerie weich ist, wird es über in der Schüssel verrührtes Eigelb angerichtet.

Selleriesuppe, schlesische

Zwei dicke Sellerieknollen, eine Porreestange und eine Petersilienwurzel werden gut gereinigt und gespült, mit 2 l Wasser und dem nötigen Salz weichgekocht. Dann werden 2 Eßlöffel Mehl mit 1 Eßlöffel guter Butter bräunlich gemacht, die Brühe dazugerührt, das Wurzelwerk ohne Sellerie hineingelegt und kochend angerichtet.

Die Sellerieknollen werden, nachdem sie gekocht sind, in Scheiben geschnitten, mit Öl und Essig angemengt, zum Braten gegeben.

Für 2 Personen berechnet. Zeit des Kochens 1½ Stunden.

Semmelgrießspätzchensuppe

¼ l Milch wird in einer Pfanne auf's Feuer genommen, dazu ⅛ l Semmelgrieß, 50 g Butter und etwas Salz gegeben, und dies unter fortwährendem Rühren so lange gekocht, bis der Grieß ganz aufgequollen, worauf man ihn beiseite stellt, bis er halb erkaltet ist, und sodann drei Eier hineinrührt. Nun wird die zur Suppe erforderliche Fleischbrühe siedend gemacht, in diese der Spatzenmodel getaucht, damit er genetzt ist, und nun ein Teil der Grießmasse in letztern genommen und mit dem Kochlöffel Spätzchen in die siedende Fleischbrühe durchgetrieben. Wenn sie in die Höhe kommen und einmal überkocht sind, nimmt man sie mit dem Schaumlöffel heraus, legt sie in die Suppenschüssel, und verfährt mit der andern Teigmasse auf gleiche Weise. Zuletzt wird die Fleischbrühe darübergegossen, nach Belieben ein Schöpflöffel gedünstetes Gemüse in die Suppe gegeben, und solche mit Muskatnuß gewürzt aufgetragen. – Man kann die Masse auch auf ein Brettchen nehmen (ein hierzu passendes ist in voriger Art beschrieben), und von diesem aus einschaben. – *Schöner* und *besser* ist die Suppe, wenn die Hälfte der Teigmasse, ebenfalls durch den Spatzenmodel, ins heiße Schmalz getrieben und gelb herausgebacken wird. Diese gebackenen Spätzchen legt man dann zu den gekochten in die Suppenschüssel, und richtet über das Ganze siedende Fleischbrühe an.

Semmelklößchensuppe

Drei gestrige, abgeriebene Semmeln werden in kaltes Wasser getaucht, dann sogleich fest ausgedrückt, und mit dem Wiegenmesser fein verwiegt, alsdann gibt man das Brot nebst vier Eiern, etwas Salz und weniger Muskatnuß zu 100 g leicht abgerührter Butter, rührt das Ganze fein ab, und setzt nun davon Klößchen mit einem Löffel in strudelnde Fleischbrühe ein. Nachdem die Klößchen eine Viertelstunde gekocht haben, richtet man die Suppe an, und würzt sie mit Muskatnuß.

Sommersuppe, mecklenburgische

Gurken, Salatherzen, junge Zwiebeln, grüne Erbsen, 1 Blatt Krauseminze, Petersilie, Majoran, Kerbel, Pimpernell, 125 g Butter, 250 g dicke, grüne Erbsen, 1 Eidotter, Ingwer

In dieser Suppe, die gut als Hauptmahlzeit gelten kann, findet sich die zarte Ernte des Frühsommers. Es kommen hinein: einige in Scheiben geschnittene Gurken, mehrere hellgrüne Salatherzen, ein paar zerschnittene, junge Zwiebeln, die grünen Erbsen (Schoten), ein Blatt Krauseminze, Petersilie, Majoran, Kerbel, Pimpernell. Alle Zutaten werden grob gehackt und in der Butter durchgedünstet, an heißer Herdstelle 1–1½ Stunden langsam weitergedämpft. Inzwischen kocht man 250 g dicke, grüne Erbsen in Wasser weich, passiert sie durch ein Sieb und verdünnt sie mit dem nötigen kochenden Wasser oder Brühe, zieht sie mit einem Eidotter ab, gibt das in Butter gedämpfte Gemüse hinein, würzt mit Salz und etwas gemahlenem Ingwer und richtet sehr heiß an. Dazu serviert man Salzkartoffeln.

Spätzchensuppe

400 g Mehl wird mit drei Eiern und ⅛ l lauer Milch zu einem Teig angemacht, in welchen 70 g zerlassene Butter und etwas Salz kommt. Ist alles sehr gut durcheinandergeschlagen, so wird der Teig in einen Durchschlag mit erbsengroßen Löchern (Spatzenmodel) genommen, und mit dem Kochlöffel in die siedende Fleischbrühe getrieben. Während des Durchlaufens werden die Spätzchen öfters behutsam aufgelockert, damit sie sich schön teilen. Sind sie einmal aufgekocht, so richtet man die Suppe an, bestreut sie mit feingeschnittenem Schnittlauch, und gibt sie sogleich zu Tisch. – *Schöner* sieht die Suppe aus, doch ist sie weniger kräftig, wenn die Spätzchen in kochendes Salzwasser getrieben, und erst nach dem Aufkochen dann in die siedende braune oder weiße, bereits in der Suppenschüssel angerichtete Fleischbrühe gelegt werden. – Man stellt hierzu öfters geriebenen *Parmesankäse* auf.

Spätzchensuppe, gewöhnliche

400 g Mehl wird mit zwei Eiern, etwas Salz und ¼ l Milch und Wasser zu einem nicht zu starken Teig angemacht, der leicht durch den Spatzenmodel geht. Man treibt ihn nun mit dem Kochlöffel durch letzteren in kochendes Salzwasser, und rührt die Spätzchen öfters auf. Sobald sie aufgekocht sind, werden sie mit dem Schaumlöffeel herausgenommen, in kochende klare Fleischbrühe gelegt, und die Suppe sogleich mit Schnittlauch bestreut zu Tisch gegeben. – Statt in einen Spatzenmodel kann der Teig auch löffelweise auf ein eigens dazu hergerichtetes, mit einer Handhabe versehenes, in Wasser getauchtes Brettchen dünn aufgestrichen und mit einem Messer, am besten einem hölzernen, fein in strudelndes Salzwasser geschabt werden, so daß die Spätzchen fein nudelartig aussehen. Ist ein Teil des Teiges eingeschabt, so nimmt man die in die Höhe gekommenen Spätzchen heraus, legt sie in eine Schüssel mit lauem Wasser, damit sie nicht aneinanderkleben, und verfährt mit dem übrigen Teig auf gleiche Weise. Ist alles eingeschabt, so werden sämtliche Spätzchen durch einen Seiher abgegossen, in kräftige siedende Fleischbrühe in die Suppenschüssel gelegt, und die Suppe sogleich mit Schnittlauch und Muskatnuß bestreut aufgetragen.

Spargelsuppe

Drei starke Handvoll rein geputzte, gewaschene Spargeln werden, so weit sie saftig, in 2½ cm lange Stückchen geschnitten und diese in siedender Fleischbrühe nicht ganz weichgekocht. Nun röstet man einen Kochlöffel Mehl weiß in einem Stückchen Butter, rührt mit dem Spargelabsud ab, und nachdem mit der zur Suppe erforderlichen Portion Fleischbrühe aufgefüllt ist, gibt man die geschnittenen Spargeln dazu und kocht sie vollends weich. Alsdann werden in der Schüssel zwei Eigelb mit etwas Milch verrührt, geröstete Brotschnitten hineingelegt, und die Suppe darüber angerichtet. Nach Belieben kann man noch gebackene Nocken hineingeben.

Spargelsuppe, andere Art

350–500 g Spargel, Salz, Zucker, etwas Milch, Mehl, Fett, 1 Eigelb, 3 EL Sahne

Den Spargel waschen und schälen, in Stücke schneiden, in gesalzenem Wasser, dem eine Messerspitze Zucker und etwas Milch zugesetzt sind, gar kochen und abseihen. Eine helle Mehlschwitze mit dem Spargelwasser ablöschen, gut durchkochen. Das Eigelb mit der Sahne verrühren und die Suppe damit legieren, abschmecken und die Spargelstückchen in der Suppe heiß werden lassen. Nicht mehr kochen.

Spargelpüreesuppe

Aus Suppenfleisch, Markknochen und Bratenresten kocht man eine gute Bouillon aus, gießt diese durch ein Haarsieb und kocht darin kleingeschnittene Spargelstangen weich. Diese müssen gut geputzt sein, wobei man vom Kopf an beginnt, damit sie nicht bitter schmekken. Die Spargelklöße selbst behält man vorläufig zurück, überbrüht sie nur leicht mit kochendem Wasser und läßt sie bis zum Gebrauch zum Abtropfen auf einem Durchschlag liegen. Nun gibt man etwas in Butter verschwitztes Mehl an die Suppe, läßt nochmals aufkochen, schlägt sie durch, zieht sie mit zwei Eidottern ab und gibt zuletzt die Spargelklöße hinein.

Spinatsuppe

Sie kann auf der Basis der Kartoffelsuppe gekocht werden. Der gedämpfte Spinat kann aber auch püriert und mit etwas Milch aufgefüllt werden. Etwas Sauerrahm und Muskatnuß nicht vergessen. Eine besonders leichte und bekömmliche Suppe.

Suppenbiskuit

60 g Butter, 3 Eier, 60 g Mehl, Salz, Muskat, Fleischbrühe

Butter schaumig rühren, Eigelb, Mehl und Schnee abwechselnd leicht unterziehen. In eine mit Butter bestrichene Kapselform füllen, backen, nach dem Erkalten in kleine Würfel schneiden, in kochende Fleischbrühe geben.

Suppenbrühe mit Gemüsenudeln

Man kann von dieser sämigen Brühe zweierlei Suppen bereiten. Erstens eine Milchsuppe. Dazu werde die Brühe wieder zum Kochen gebracht, so viel gute Milch, als man Brühe hat, hinzugegossen und mit etwas Zimt gewürzt. Salz bedarf die Suppe nicht, da die Brühe etwas gesalzen ist.

Zu der zweiten Suppe mache man einige kleingeschnittene Zwiebeln in gutem Fett gelbbraun, gieße die Brühe dazu, auch, wenn die Suppe zu dick werden sollte, das nötige Wasser und würze sie mit etwas Nelkenpfeffer, und einigen Lorbeerblättern oder mit feingehackter frischer Petersilie, welche jedoch nur eben durchkochen darf, damit sie ihre grüne Farbe behält.

Suppe, serbische saure

Ein halbes Junge von einer Gans wird kleingeschnitten. Einige Pfefferkörner, ein Stück Lorbeerblatt, Salz, geputztes Suppengrün wird zusammengebunden in ½ l Wasser gekocht. Ist das Gansjunge weich, so gibt man etwas Essig und Paprika dazu und läßt es nochmals aufkochen. Vor dem Anrichten gibt man in einen Suppentopf 1 Eidotter nebst einigen Löffeln voll saurem Rahm, verrührt dies gut, gießt die heiße Suppe darauf und gibt das Gansjunge hinein. Man kann auch etwas Reis einkochen.

Suppe von Bratensauce

Man schmort eine feingeschnittene Zwiebel mit reichlich frischer Butter, läßt 1 bis 2 Eßlöffel voll feines Mehl darin gelblich werden und gießt dann soviel kochendes Wasser hinzu, als man (zum Einkochen mitgerechnet) Suppe zu haben wünscht. Nachdem Reis und eine geschnittene Sellerieknolle darin weichgekocht sind, gibt man Bratenbrühe hinzu. Die vom Rostbeef eignet sich vorzüglich zu dieser Suppe.

Suppe von Fasanen, Schnepfen, Krammetsvögeln oder Lerchen

Diese Suppen erfordern ganz dieselbe Behandlung wie die Rebhuhnsuppe, nur daß man bei den Schnepfen und Krammetsvögeln zwei bis drei Wacholderbeeren mitstößt, und bei den Schnepfen zugleich auch das zuvor abgeröstete Eingeweide.

Suppe auf Schweriner Art

Man kocht aus 250 g Suppenfleisch und 250 g Markknochen mit dem üblichen Wurzelwerk eine gute Bouillon und seiht sie durch ein Haarsieb. Die Kerne von 2 Pfund Schoten, 2 bis 3 kleine Zwiebeln, eine kleinwürflig geschnittene frische Gurke und die Herzblätter von 3 bis 4 Salatköpfchen werden in 125 g Butter halbweich gedünstet und samt gehackter Petersilie und Kerbel, Pfeffer, Salz und etwas gestoßenem Ingwer in die Bouillon gegeben. Nach 1½stündigem Kochen gibt man zum Verdicken der Suppe etwas in kaltem Wasser verquirltes Mehl daran, läßt nochmals aufkochen und zieht die Suppe, die man mit den Markscheibchen serviert, mit 2 Eigelb ab.

Schaumbiersuppe

1 l Bier und ebensoviel Wasser, 2 Eßlöffel feines Mehl, 4 ganze Eier, Zucker, 2 Zitronenscheiben und Zimt nach Geschmack schlägt man mit einem Schaumbesen über starkem Feuer bis vor dem Kochen und gießt es schnell in die Suppenterrine. Man gibt in Butter geröstete Weißbrotwürfel oder Zwieback dazu.
Kartoffelmehl ist zu dieser Suppe nicht anwendbar.

Schaumsuppe von weißem Wein

Zu dem vorstehend angegebenen Verhältnis nimmt man die ganzen Eier und die Hälfte des Mehls, schlägt alles über starkem Feuer mit einem Schaumbesen bis zum Kochen und gießt die Suppe rasch in die bereitstehende Terrine. Das Durchkochen muß verhütet werden, weil dadurch der Schaum vergeht, auch verhindert die Anwendung von Kartoffelmehl das Schäumen.

Schildkrötensuppe, falsche

Ein noch mit der Haut versehener schöner, rein geputzter Kalbskopf wird ausgebeint, in frischem Wasser auf's Feuer gesetzt, und nur so lange gekocht, bis abgeschäumt ist und keine Unreinigkeit mehr aufsteigt. Nun wird er herausgenommen, in kaltem Wasser gewaschen, und dann in Fleischbrühe halb weichgekocht, hernach auf ein Brett gebracht, mit einem andern Brett beschwert, und so liegen gelassen, bis er erkaltet ist, wo das Beschwerbrett wieder fortkommt. Die dicken, fleischigen Teile schneidet man jetzt, jedoch nicht zu genau aus und legt sie beiseite, die Haut aber wird in fingerbreite, viereckige Stückchen geschnitten. Unterdes wird ungefähr 100 g Butter in einem Kastrol zerlassen, und darin ein halber geputzter Selleriekopf, zwei Petersilienwurzeln, eine halbe gelbe Rübe, eine Kartoffel, eine halbe Pastinake, ein Stück Lauch, zwei Sträußchen Thymian, ein Lorbeerblatt und drei Nelken gelb aber nicht braun gedämpft, dann mit der Fleischbrühe, worin der Kopf gekocht wurde aufgefüllt, und das Ganze eine gute Stunde gekocht, bis die Wurzeln weich sind. Die Brühe wird nun abgeseiht, und darin, während das Wurzelwerk zurückbleibt, die oben bemerkten viereckigen Hautstückchen zugedeckt langsam vollends weich (doch nicht zu weich) gekocht, wo man sie dann mit dem Schaumlöffel herausnimmt, in die Schüssel legt und zugedeckt warm stellt. Währenddem wird in einem Topf zwei Eßlöffel Mehl mit kaltem Wasser glatt angerührt, und ein Stückchen Butter hineingegeben, dies mit einem Schöpflöffel voll von der kochenden Kopfbrühe aufgefüllt und gut verrührt, und sodann in die kochende, abgefettete Kopfbrühe gegossen, in welche noch eine halbe Flasche Rheinwein, ein Glas Madeira, der Saft von zwei Orangen und einer halben Zitrone, eine Messerspitze spanischer Pfeffer und etwas Muskatnuß kommt. Die Suppe wird jetzt öfters mit dem Schöpflöffel aufgezogen, einmal aufgekocht, und dann über die viereckigen Stückchen in die Schüssel angerichtet. Zugleich wird von vier Eiern ein festes Rührei gemacht, solches alsdann vom Feuer genommen, und mit zwei Eigelb heiß angerührt, hernach formt man daraus kleine Klößchen, legt dieselben oben über die Suppe, und trägt diese gleich auf. – Diese Suppe kann zwei bis drei Tage vor Gebrauch bereitet werden; sie verträgt sogar das Verschicken, weil sie nach Erkalten gesulzt ist. In letzterem Fall bleiben dann die Klößchen weg, weil sie zu weich würden.

Schildkrötensuppe, falsche, andere Art

500 g Kalbsknochen, 100 g Schinken, ½ Stange Lauch, 1 Karotte, 1 Stück Sellerie, 1 kleines Lorbeerblatt, 1 Nelke, einige Pfefferkörner, 40 g Butter oder Margarine, 1 l Fleischbrühe, 1 Glas Weißwein, 1 EL Tomatenmark, 1 TL Speisestärke, Salz, Pfeffer, 2 EL Madeira, 100 g gedünstete, kleingeschnittene Champignons

Die Kalbsknochen werden gewaschen, trockengetupft und in der heißen Butter rundherum braun angebraten. Den Schinken schneidet man in feine Streifen und gibt ihn zu den Knochen. Lauch, Karotte und Sellerie schneidet man in Würfel und brät sie mit. Lorbeerblatt, Nelke und Pfefferkörner dazugeben und mit der heißen Fleischbrühe aufgießen. Das Ganze läßt man 60 Minuten kochen und seiht die Suppe dann durch. Mit kalt angerührter Speisestärke wird die Suppe gebunden, Weißwein und Tomatenmark hineingegeben und noch einmal aufgekocht. Abschmecken mit Salz, Pfeffer und Madeira.
Das Fleisch wird von den Knochen gelöst, kleingeschnitten und zusammen mit den gedünsteten Champignons in die Suppe gegeben. Heiß werden lassen und dann wie echte Schildkrötensuppe in kleinen Tassen zu Tisch geben.

Schinkensuppe

60 g Schinkenreste gewiegt, 50 g Butter, 1 kleine Zwiebel, Petersilie, 80 g Mehl, Knochenbrühe oder Wasser, Salz, 1 Eigelb, 2 EL Rahm oder Milch

In der heißen Butter dämpft man Zwiebel, Petersilie, Schinken, gibt das Mehl zu, dämpft dies mit, löscht ab und kocht die Suppe ½ Stunde. Beim Anrichten mit Ei abziehen, als Einlage geröstete Weckwürfel oder Klößchen.

Schinkenklößchensuppe

2 Milchbrote, 50 g Schinken, 40 g Butter, Salz, Muskat, 2 Eier, ⅛ l Milch, Fleischbrühe

Abgeriebene Brötchen in feine Scheiben schneiden, mit der Milch anfeuchten. Die Butter schaumig rühren, den gewiegten Schinken, die verzupften Brötchen, Eigelb, Gewürze, zuletzt den Eischnee zugeben. Kleine Klößchen formen, in kochende Fleischbrühe geben, 6 Minuten kochen.

Schmalzsuppe

Man schneidet vier altgebackene Semmeln in feine Schnitten, und röstet die Hälfte derselben in 70 g heißem Schmalz schön gelb, dazu wird dann das andere Brot gebracht, und einigemal damit umgeröstet, nun die benötigte Portion Wasser und Salz dazugegeben, und das Ganze eine Viertelstunde gekocht.

Schneckensuppe

Zur Bereitung der Schnecken überhaupt ist nur die große in grauem Häuschen zu gebrauchen, und auch nur, wenn die Häuschen geschlossen sind. Man kocht sie eine Stunde in Salzwasser, zieht sie mit einer Gabel aus dem Häuschen, nimmt das schwarze Häutchen oben davon, schneidet den Ring, der an dem Häutchen um die Schranke herumgeht, ab und die Spitze vorn weg, bestreut sie mit einer Handvoll Salz, wodurch der Schleim sich löst, wischt sie drei- bis viermal mit warmem Wasser und drückt sie aus, daß kein Wasser darin bleibt.
Man nimmt nun etwa fünfzig gereinigte Schnecken, kocht sie in Fleischbrühe weich, nimmt sie heraus, hackt 2 Teile davon ganz fein, dämpft sie ein wenig in Butter, gießt so viel Fleischbrühe hinzu als zur Suppe nötig ist, läßt sie mit etwas Muskatblüte einigemal aufkochen, rührt sie mit einigen Eidottern ab und richtet die Suppe über geröstete Weißbrotschnitten und die zurückgebliebenen ganzen Schnecken an.

Schneckensuppe, andere Art

Zwanzig Stück reingewaschene Schnecken werden in strudelndes Wasser eingelegt, und so lange gekocht, bis die Deckel am Häuschen leicht zu entfernen sind, dann mit einer Gabel herausgezogen, nach Ablösen der Schweife und der hinten sich befindenden Galle mehrere Male in Salzwasser leicht gewaschen, damit sie den Schleim verlieren, und hernach so lange in Salzwasser gekocht, bis sie weich sind. Nun werden sie feingehackt, in 100 g Butter und einem Eßlöffel feingewiegter Zwiebel und Petersilie gedünstet, zwei Kochlöffel Mehl hineingestäubt, mit Fastenbrühe oder Wasser aufgefüllt, Salz, Muskatnuß und feingeschnittene Zitronenschale als Gewürz darangegeben, und die Suppe kochend über leicht geröstete Schnitten oder aus dem Schmalz gebackene Brotwürfel angerichtet. Man kann auch drei Eigelb mit einem Eßlöffel Wasser und einem Stückchen Butter in der Schüssel gut verklopfen, und darüber, unter öfterem Aufziehen mit dem Schöpflöffel, die Suppe anrichten.

Schnittensuppe, leicht geröstet

Semmeln und Weißbrot, 2 Eigelb, etwas Wasser oder Brühe, Muskat, Schnittlauch

Man schneidet Semmeln oder Weißbrot in Schnitten, röstet diese schön gelb, verrührt in der Suppenschüssel die Eigelb mit etwas Wasser oder Brühe, gibt die Schnitten hinein und übergießt mit Fleischbrühe. Mit Muskat und Schnittlauch würzen.

Schokoladensuppe

1 l Milch, 30 g Mondamin, 50 g Zucker, 100 g Schokolade oder 30 g Kakao, 1 Päckchen Vanille

¾ l Milch aufkochen. Mondamin, Kakao, Zucker mit ¼ l Milch kalt anrühren, unter Rühren in die kochende Milch geben, einmal aufkochen, Vanille zugeben. Nach Belieben kann man die Suppe mit 1–2 Eigelb abziehen. Das Eiweiß kann als kleine Schnee-Eier obenauf gegeben werden.

Schmarollenklößchensuppe

Man rührt sechs große Eßlöffel Mehl in einer Pfanne mit ¼ l Milch glatt an, gibt 70 g Butter nebst Salz und nach Belieben Muskatnuß dazu, und läßt dies unter fortwährendem Rühren auf dem Feuer dickkochen. Nachdem man den Teig in eine Schüssel genommen und ein wenig hat erkalten lassen, werden vier Eier hineingerührt, und hiervon dann mittels eines Eßlöffels längliche Klößchen in siedende Fleischbrühe eingesetzt und bedeckt einige Minuten langsam dazu gekocht, worauf die Suppe behutsam mit dem Schöpflöffel angerichtet, mit Muskatnuß gewürzt und mit feinem Schnittlauch bestreut wird.

Schmarollenklößchensuppe, andere Art

Vier große Kochlöffel Mehl werden mit Milch zu einem dicken Pfannenkuchenteig angerührt, dazu drei Eßlöffel heißes Schmalz, drei Eier und etwas Salz gerührt, und das Ganze gut zusammen abgerührt. Nun wird in einem Pfännchen Schmalz heiß gemacht, von dem Teig löffelweise dareingegeben, und die Klößchen von beiden Seiten gelb gebakken. Alsdann nimmt man sie mit der Gabel heraus, kocht sie in siedender Fleischbrühe auf, und bestreut die Suppe, nachdem sie angerichtet mit feinem Schnittlauch.

Schwammklößchensuppe

50 g Butter, 1 Ei, 50 g Mehl, ½ TL Salz, 2½l Fleischbrühe,
1 EL fein geschnittener Schnittlauch

Unter die schaumig gerührte Butter gibt man Mehl, Ei, Gewürz, rührt den Teig gut schaumig und legt mit einem Teelöffel schwammartige Teigstückchen in kochende Fleischbrühe oder Salzwasser und läßt sie in geschlossenem Topf 8–10 Min. langsam kochen. Sodann gibt man die Schwämmchen, etwa 36 an der Zahl, in klare, kräftige Fleischbrühe und streut etwas Schnittlauch darüber. Von größter Wichtigkeit ist, daß der Teig bis zum Einlegen nicht stehen bleibt, da die Schwämmchen sonst leicht speckig werden.

Schwarzbrotsuppe

Zwei bis drei gute Handvoll altgebackenes, feingeschnittenes Roggenbrot wird im Ofen braun geröstet, und in guter, fetter siedender Fleischbrühe ein paarmal aufgekocht. Sobald die Suppe angerichtet ist, gibt man für jede Person ein aufgeschlagenes Ei dazu, worauf man sie, damit dadurch das Ei zusammengezogen und gebunden wird, zugedeckt noch fünf Minuten stehen läßt, und dann mit kleingeschnittenem Schnittlauch und etwas Pfeffer bestreut. – Man kann auch nur *zwei* Eier verwenden, welche dann mit etwas Wasser gut verrührt, beim Anrichten an die Suppe gerührt werden. – Nach Belieben kann beim Anrichten ein Schöpflöffel *gedünstetes Gemüse* in die Suppe gegeben werden.

Stockschwämmchensuppe

500 g Stockschwämmchen, 1 Zwiebel, 1 EL Butter, Fleischbrühe, gehackte Petersilie, geröstete Weißbrotwürfel

Die Stockschwämmchen werden geputzt, gewaschen und die Köpfe von den Stielen getrennt. Man verwendet die Stiele nicht, sie sind zäh. Größere Hutkappen werden zerkleinert. Die Zwiebel schneidet man in kleine Würfel, dünstet sie in der heißen Butter glasig und gibt die Stockschwämmchen hinein. Mit der erforderlichen Menge heißer Fleischbrühe wird aufgegossen und die Suppe aufgekocht. Abschmekken und über gerösteten Weißbrotwürfeln anrichten, mit gehackter Petersilie bestreuen.

Straubensuppe

½ Pfund feines Mehl wird mit Milch zu einem gewöhnlichen Spatzenteig angerührt, 35 g zerlassene Butter, etwas Salz und drei Eier dazugegeben, und solches zu einem zarten Teig abgerührt. Diesen läßt man, und zwar für jede Straube zwei bis drei Eßlöffel voll gerechnet, durch einen Straubentrichter, oder in dessen Ermangelung durch einen gewöhnlichen, mit engem Rohr versehenen Trichter in heißes Schmalz laufen und fährt dabei mit dem Trichter in die Runde, so daß jede Straube die Größe einer unteren Kaffeetasse hat. Sobald eine Straube auf beiden Seiten schön gelb gebacken, wird sie herausgenommen und auf Fließpapier gelegt. Ist der bestimmte Teig verbraucht, so werden sämtliche Strauben in die Suppenschüssel gelegt, und mit siedender weißer oder brauner Fleischbrühe übergossen. Für jede Person rechnet man eine Straube.

Tapiokasuppe

300 g Tapioka wird mit kalter schwacher Fleischbrühe zugesetzt, und eine halbe Stunde, unter öfterem Umrühren, gekocht. Alsdann wird mit kräftiger brauner Fleischbrühe nach und nach bis zur Suppendicke aufgegossen, und die Suppe gekocht, bis sie sämig ist.

Tomatensuppe I

¾ kg zerschnittene und entkernte Tomaten werden mit einer großen, feingewiegten Zwiebel in Butter gedünstet. Sind sie halbweich geworden, so fügt man 1½ l Wasser hinzu und läßt alles noch eine Stunde lang kochen. Dann streicht man die Suppe durch ein Sieb und gibt noch etwas in Butter geröstetes Mehl daran, um die Suppe sämig zu bekommen. Ehe sie auf den Tisch gelangt, werden Semmelwürfelchen, in Butter gebacken, hineingegeben.

Tomatensuppe II

500 g große zerschnittene Tomaten, eine dicke Scheibe Schwarzbrot, ein Eßlöffel Mehl, etwas Pfeffer und Salz werden in reichlich Butter bis zum Braunwerden geschmort und dann mit 1½ l Bouillon aufgegossen. Alles muß dann noch eine Stunde stark kochen. Nachdem man mit Maggiwürze abgeschmeckt hat, wird die Suppe durch ein Sieb getrieben. Danach kommt sie über weich gekochte Makkaroni in die Terrine.

Tomatensuppe, Schwäbische Art

Mehl, Butter, 1 EL Tomatenmark, Fleischbrühe, eventuell frische Tomaten, Sellerie, Lauch, 1 Tasse Rahm, 1 Eigelb, 1 kleines Glas Weißwein

Man macht eine Mehlschwitze, rührt einen Eßlöffel Tomatenmark dazu und löscht mit Fleischbrühe ab. Hat man frische Tomaten, dämpft man sie in Butter, passiert sie durch ein Sieb und setzt sie der Mehlschwitze zu. Etwas Sellerie und Lauch verfeinern den Geschmack der Suppe. In die Schüssel, in der man die Suppe auftragen will, hat man eine Tasse Rahm, ein Eigelb und ein kleines Glas Weißwein gerührt, darauf schüttet man nun die Suppe durch ein Sieb.

Traufsuppe

Vier Kochlöffel Mehl werden mit vier Eiern, Salz und zwei bis drei Eßlöffeln Milch zu einem dickflüssigen Teig angerührt, den man durch einen großlöcherigen Schaumlöffel langsam in gute, stark kochende Fleischbrühe laufen läßt, daß es ganz kleine Klümpchen gibt. Hat man einen Teil des Teiges einlaufen lassen, so faßt man die Klümpchen in eine Schüssel heraus, und verfährt in gleicher Weise mit dem übrigen Teig. Hernach bringt man alles Herausgefaßte wieder in die Fleischbrühe, läßt es noch einmal aufsieden, und gibt die Suppe mit Muskatnuß und Schnittlauch bestreut. – Der Teig hierzu darf weder zu dick noch zu dünn sein. Ist er zu dick, so läuft er nicht, und wäre er zu dünn, so würde er zerfahren.

Waffelschnittensuppe

50 g Butter, 2 Eier, 60 g Mehl, 1 TL Salz, Prise Muskat, 3 EL Milch, 5 g Hefe, 2½ l Fleischbrühe

Zu der schaumig gerührten Butter gibt man abwechselnd das erwärmte Mehl und die erwärmten Eigelb, Salz, Muskat, die mit lauwarmer Milch aufgelöste Hefe und zuletzt den steifen Schnee der Eiweiß. Man füllt diese Masse in eine bestrichene Blech- oder Papierkapsel von 20 cm Länge und 8 cm Breite, läßt den Teig ungefähr 20 Min. gehen, um ihn dann in mittlerer Hitze 30 Min. zu backen. Nach dem Stürzen schneidet man den goldgelb gebackenen Stollen in etwa 2 cm große Würfel und gibt diese beim Auftragen in klare, heiße Fleischbrühe. (Gibt 70 Würfel.)

Weckklößchensuppe

2 Brötchen, etwa ⅛ l Fleischbrühe oder Milch, 1–2 Eier, Zwiebel, Petersilie, 20 g Butter, Salz, Muskat, Fleischbrühe

Die Brötchen werden abgerieben, in feine Scheiben geschnitten, mit kochender Fleischbrühe übergossen und zugedeckt. Zwiebel und Petersilie werden feingewiegt und gedämpft. Die Butter wird schaumig gerührt, die verzupften Brötchen, Gewürze, Ei, das abgeriebene Weckmehl zugegeben, mit 2 Kaffeelöffeln längliche Klößchen in kochende Fleischbrühe eingelegt. 6 Minuten langsam kochen lassen.

Weckeiergerstensuppe

2 Brötchen, Zwiebel, Petersilie, 40 g Butter, Salz, Muskat, 2 Eier, 4 EL Milch, Knochenbrühe oder Wasser

Die Brötchen einweichen, ausdrücken, fein verzupfen, mit Zwiebel und Petersilie in Butter dämpfen, mit den mit Milch verrührten Eiern ablöschen, mit Knochenbrühe auffüllen, aufkochen.

Weckmehlsuppe, geröstete

80 g Weckmehl, 40 g Fett, Wasser, Salz, 1 Eigelb, 2 EL Rahm

Das Weckmehl wird in heißem Fett geröstet, mit Wasser abgelöscht, Salz zugegeben, 10 Minuten gekocht. Beim Anrichten mit Ei und Rahm abziehen.

Wecksuppe, süddeutsche

4 bis 5 Wecken werden durchgeschnitten, mit kaltem Wasser und 70 g frischer Butter ¼ Stunde lang gekocht, durch ein Sieb gerührt, wieder zum Kochen gebracht und mit 4 Eidottern und ⅛ l süßer Sahne und etwas Muskat sofort angerichtet.

Weckwürfelsuppe, geröstete

2 alte Brötchen, 30 g Butter, Salz, Wasser, 1 Ei, 3 EL Rahm

Die Brötchen in kleine Würfel schneiden, in der Butter hellbraun anrösten, ablöschen, 10 Minuten kochen. Beim Anrichten mit Ei und Rahm abziehen.

Weinsuppe, Pfälzer

½ l Weißwein, ½ l Wasser, 50 g Zucker, etwas Zitronenschale, ¼ Zimtstange, 30 g Speisestärke, 2 Eigelb, ⅛ l Sahne

Man bringt das Wasser mit der Zitronenschale, der Zimtstange und dem Zucker zum Kochen, dickt mit Speisestärke an und läßt alles gut durchkochen, dann rührt man den Weißwein hinein. Eigelb mit Sahne und etwas Suppe verquirlen und in die Suppe rühren, nochmals erhitzen, nicht mehr kochen lassen.

Weinsuppe, weiße

2 Eßlöffel feines Mehl und 6 recht frische Eidotter werden mit einer Flasche weißem Wein und einer Flasche Wasser angerührt, mit Zucker gehörig versüßt und mit einigen Zitronenscheiben, aus denen man die Kerne nehmen muß, in einem ausgescheuerten Topf über starkem Feuer mit einem Schaumbesen fortwährend bis zum Kochen gerührt und schnell in die Suppenterrine gegossen, in der man etwas Muskatblüte zerrührt hat. Das Durchkochen bringt die Suppe zum Gerinnen. Dann legt man von dem Eiweiß, welches vorher mit reichlich Zucker zu festem Schaum geschlagen worden, mit einem Eßlöffel kleine Klößchen auf die Suppe, bestreut solche mit Zucker und Zimt und deckt die Terrine schnell zu, damit der Schaum gar werde. Man gibt Zwieback dazu. Diese Portion ist für 8 bis 12 Personen hinreichend.

Weinsuppe, braune

Zwei Kochlöffel Mehl wird in 100 g Butter braun geröstet, und dieses dann mit 1½ l Wein und ¼ l Wasser glatt abgerührt. Hierein gibt man nun eine Zitronenschale, einen halben Kaffeelöffel gestoßenen oder ein Stengelchen ganzen Zimt, eine kleine Messerspitze Nelken oder einige ganze Nelken, und zur Genüge Zucker, und läßt alles einigemal zusammen aufkochen. Die Suppe richtet man dann durch ein Sieb oder einen Schaumlöffel über drei mit einem Eßlöffel Wasser verrührte Eigelb oder auch drei verklopfte ganze Eier, und über leicht geröstete Schnitten, oder würflig oder länglich geschnittenes, aus dem Schmalz gebackenes Brot, oder Mandelklößchen oder Croutonen an.

Weißkrautsuppe, braune

Von einem nicht zu großen Krautkopf werden die äußeren grünen Blätter und die großen Dorschen abgeschnitten, der Kopf in der Mitte geteilt und in Salzwasser halb weichgekocht. Nun wird er herausgenommen, abgekühlt, etwas ausgedrückt, und fein nudelartig geschnitten, das Kraut in einem Kastrol, nachdem eine mit drei Nelken besteckte Zwiebel dazugegeben, mit so viel Fleischbrühe, daß es bedeckt ist, aufgefüllt, und vollends weichgekocht. Alsdann richtet man siedende Fleischbrühe über geröstete Schnitten oder Kalbfleischklößchen in der Schüssel an, und legt zwei Schöpflöffel voll von dem gedünsteten Kraut hinein, aus welchem zuvor die Zwiebel entfernt worden ist.

Wienersuppe

50 g Butter, 1 Ei, 1 Eigelb, Prise Muskat, ½ EL Salz, ¾ Pfund gekochte, heiß durchgetriebene Kartoffeln, 5 EL Weckmehl, Backfett, 2½ l Fleischbrühe

Die Butter wird schaumig gerührt, Eier, Gewürz, sowie die gekochten, heiß durch ein Sieb getriebenen und wieder erkalteten Kartoffeln zugegeben und nachdem der Teig ½ Std. geruht hat, davon haselnußgroße Kugeln geformt. Diese werden kurz vor Gebrauch in Weckmehl umgewendet und schwimmend in heißem Fett 5 Min. gebacken. Beim Auftragen gibt man sie in die klare, heiße Fleischbrühe. (Gibt etwa 100 Klößchen.)

Wildsuppe

Reste von Reh-, Hasen- oder Hirschbraten. – Zum Anbraten der Knochen: 30 g Fett, 1 Zwiebel, 4 l Brühe, 2 EL Salz, Prise Paprika. – Zur braunen Mehlschwitze: 80 g Fett, 160 g Mehl, Brühe, 6–8 EL Wein, 1½ trockene Brötchen

Die Wildfleischreste werden von den Knochen gelöst, in ½ cm breite und 2 cm lange Streifen geschnitten und zurückgestellt. Die Knochen werden zerschlagen, mit Zwiebeln in Fett angebraten, mit Fleischbrühe oder Wasser aufgefüllt und mit Salz und Paprika 3–4 Std.

gekocht. Man bereitet von Fett und Mehl eine braune Mehlschwitze, löscht mit der Wildbrühe ab und läßt dies ebenfalls 3–4 Std. kochen. Von Zeit zu Zeit füllt man mit der Wildbrühe auf. Nun treibt man die Suppe durch ein Sieb, gibt so viel Flüssigkeit zu, daß man 2½ l fertige Suppe erhält, läßt sie nochmals aufkochen, gibt kurz vor dem Anrichten den Rotwein oder Madeira und die Fleischstreifen zu. Man serviert die Suppe mit leicht gerösteten Weckschnitten.

Windsorsuppe

(Für 8–10 Personen)
1 Suppenhuhn, 250 g Rindfleisch, Zwiebel, Karotte, 80 g Fett, Salz, nach Belieben 50 g Schinken. – 80 g Fett, 120 g Mehl, ¼ l Rotwein, Paprika, 3 EL Madeira. – 100 g kleine Makkaronihörnchen – Geflügelklößchen

Das Huhn wird vorgerichtet, dann wird die Haut abgezogen, das Fleisch von der Brust und den Schlegeln gelöst. Die Knochen werden kleingehackt, mit dem Rindfleisch, Schinken, Zwiebel, Karotte angebraten, mit Fleischbrühe oder Wasser abgelöscht und 2–3 Stunden gekocht. Von Fett, Mehl und der Brühe macht man eine braune Grundsuppe, gibt den Wein zu und kocht diese 1 bis 2 Stunden. Von dem Hühnerfleisch macht man Klößchen. Die Makkaroni werden in Salzwasser weichgekocht. Vor Gebrauch wird die Suppe geseiht, Paprika, Madeira zugegeben, als Einlage die Klößchen und Makkaroni.

Wirsingsuppe

Ein kleiner Wirsing-(Kohl-)Kopf wird geputzt, von den gröberen Dorschen befreit, gewaschen, in Salzwasser halb weichgekocht, abgekühlt, ausgedrückt und fein nudelartig geschnitten. Nun wird zwei Kochlöffel Mehl in 70 g Butter derart geröstet, daß das Mehl noch weiß ist, dann mit so viel Fleischbrühe, als zur Suppe erforderlich ist, aufgefüllt, der Wirsing hineingegeben, und solcher damit vollends weichgekocht. In der Schüssel werden unterdes drei Eigelb mit ein wenig Wasser verrührt, geröstete Brotschnitten, Brät- oder Markklößchen hineingelegt, die kochende Suppe darüber angerichtet, und mit Muskatnuß bestreut.

Wurstsuppe

3 rohe Kartoffeln, $1\frac{1}{2}$ l Fleischbrühe, 200 g gemischte Wurst (Schwartenmagen, Blutwurst, Leberwurst, Schinkenwurst, Bierschinken), Salz, Pfeffer, Muskat, geröstete Zwiebelstückchen

Die Kartoffeln schälen, würfeln und in der Fleischbrühe 20 Minuten kochen lassen. Inzwischen die Wurst in kleine Stücke schneiden, dazugeben und nur ganz kurz in der Fleischbrühe ziehen lassen. Die Suppe kräftig würzen und mit den Zwiebelstückchen anrichten.

Wurstsuppe, schwäbische

375 g Kartoffeln, je 1 Blut- und Leberwurst, 1 Zwiebel, 1 Karotte, gehackte Petersilie, Salz, Pfeffer, Muskat, Fleischbrühe

Die Kartoffeln und die Karotte sowie die Zwiebel werden geraffelt und in der Fleischbrühe weichgekocht. Dann löst man die Blut- und Leberwurst aus der Haut und gibt sie mit in die Suppe. Mit gehackter Petersilie bestreut wird die schwäbische Wurstsuppe zu Tisch gegeben. Nach Belieben kann man geröstete Brotwürfel in die Suppe geben.

Wurzelsuppe

Eine gelbe Rübe, eine halbe weiße Rübe, ein halber Selleriekopf, eine Pastinake, eine Petersilienwurzel, ein halber kleiner Kohlkopf (Wirsing) und etwas Lauch werden, nachdem sie rein geputzt und gewaschen sind, fein nudelartig geschnitten, und mit einem Schöpflöffel fetter Fleischbrühe eine Stunde langsam gedämpft. Ist die Fleischbrühe eingedünstet, so muß man so lange mit frischer nachhelfen, bis die Wurzeln weich sind. Dann wird mit weiterer Fleischbrühe aufgefüllt, und das Ganze noch eine halbe Stunde gekocht, worauf man etwas abfettet, und die Suppe über geröstete Brotschnitten oder Klößchen anrichtet.

Blaue Zipfel (Franken)

8 fränkische Bratwürste. Für den Sud: ½ l Wasser, ¼ l Essig, ¼ l Weißwein, 1 Zwiebel, 1 Nelke, 1 Lorbeerblatt, einige Pfefferkörner, einige Wacholderbeeren, 2 gelbe Rüben, nach Belieben 100 g Pfifferlinge

Der Sud wird etwa 20 Minuten durchgekocht. Dann nimmt man ihn vom Feuer und läßt die Würstchen 10 Minuten darin ziehen. Die blauen Zipfel werden in einer Terrine im Sud zu kernigem Bauernbrot gereicht.

Zitronensuppe

½ l Wasser wird zum Feuer gesetzt, zwei bis drei abgeschälte, in Scheiben geschnittene Semmeln nebst einem Stengelchen Zimt darin weichgekocht, und dies nun durch ein Sieb oder einen Durchschlag getrieben. Das Durchgetriebene wird sodann mit 1 l weißem Wein auf's Feuer gebracht, ein Stück an einer Zitrone abgeriebener Zucker, der Saft einer Zitrone und einige Körnchen Salz beigefügt, und alles miteinander aufgekocht. Beim Anrichten gibt man 30 g Butter und zwei Eigelb in die Schüssel, verrührt dies gut mit zwei Eßlöffel Wasser, und richtet die Suppe unter öfterem Aufziehen mit dem Schöpflöffel darüber an.

Zitronensuppe, auch für Kranke

Man koche Weißbrot in Wasser ganz weich, rühre es durch ein Sieb und bringe es wieder zum Kochen, gebe Saft und abgeriebene Schale einer Zitrone, wenig Salz, Zucker nach Belieben dazu und rühre die Suppe mit einem Eidotter ab.
Für Fieberkranke lasse man Zitronenschale und Eidotter weg.

Zwetschgensuppe

Fünfundzwanzig frische, ausgesteinte Zwetschgen werden mit ½ l Wasser, einem Stückchen Butter und zwei Handvoll geriebenem Milchbrot oder Zwieback weichgekocht, dann durch's Sieb getrieben, und mit 1 l Wein, 200 g Zucker und einem Kaffeelöffel Zimt wieder auf's Feuer gesetzt. Ist die Suppe kochend heiß geworden, so wird sie angerichtet, und mit einem Teller Zwieback zu Tisch gegeben, vorzugsweise *kalt.*

Zwiebelcremesuppe

750 g Zwiebeln, 50 g Speck, Salz, 1 Prise Zucker, 40 g Butter oder Margarine, 40 g Mehl, ½ l Fleischbrühe, ⅛ l Milch, ⅛ l Sahne, 1 Eigelb, Pfeffer

Die Zwiebeln schneidet man in Ringe und läßt sie mit dem in Würfel geschnittenen Speck glasig werden. Dann gießt man etwa ¼ l kochendes Wasser auf, würzt mit Salz und Zucker und kocht das Ganze weich. Anschließend passiert man die Zwiebeln durch ein Sieb.

Das Mehl schwitzt man in der heißen Butter oder Margarine hellbraun, gibt die durchpassierten Zwiebeln dazu und gießt unter Rühren die heiße Fleischbrühe sowie die Milch hinein. Alles gut durchkochen lassen, mit Salz und Pfeffer, eventuell noch etwas Zucker, abschmekken. Dann nimmt man die Suppe vom Feuer und rührt die mit dem Eigelb verquirlte Sahne hinein. Heiß werden lassen, nicht mehr kochen.

Zwiebelsuppe, Pariser

500 g Zwiebeln, 5 EL Öl oder Butter, 1¼ l Fleischbrühe, Weißbrot, Reibkäse, Salz, Pfeffer

Zwiebeln schälen, in Ringe schneiden und in heißem Fett braun rösten. Mit Brühe auffüllen und 20–30 Minuten bei schwacher Hitze kochen, mit Salz und Pfeffer würzen. Weißbrot auf beiden Seiten leicht toasten und den Reibkäse dick darauf verteilen. Die Suppe in Portionstassen füllen, auf jede Portion eine Brotscheibe legen und im Backofen oder Grill bei starker Hitze so lange überbacken, bis der Käse zerläuft.

Zwiebelsuppe, süddeutsche

Man läßt in 125 g Butter 3 große kleinwürflig geschnittene Zwiebeln gelb werden, macht dann darin einen Kochlöffel Mehl gleichfalls gelb, gießt unter starkem Rühren so viel Fleischbrühe, als man Suppe zu haben wünscht, hinzu und läßt sie gut durchkochen. Dann reibt man sie durch ein Sieb, bringt sie nochmals zum Kochen, gibt feine Weckschnitten hinein, läßt sie mit denselben noch einige Minuten schwach kochen und richtet sie mit zwei Eidottern an. Die Suppe ist für 4 Personen berechnet.

Zwiebacksuppe für Kranke

Ganz feingestoßener Zwieback wird mit Wasser und 1 bis 2 Zitronenscheiben so lange gekocht, bis sich derselbe nicht mehr senkt, Zucker und sehr wenig Salz dazu gegeben und, wenn der Arzt es erlaubt, mit 1 Eidotter abgerührt.

Zwiebacksuppe, schnelle

Es werden, je nach der nötigen Quantität Suppe, Wasser, Zwieback, etwas Butter, einige Stück Zimt, Zitronenschale und Salz aufs Feuer gesetzt und durchgekocht. Nachdem dies geschehen, wird das Ganze durch ein Sieb gerieben und mit einigen Eidottern und süßer Sahne, Wein und Zucker abgerührt. Um die Suppe besser zu machen, können einige kleine Weinbeeren gequellt und hinzugefügt werden.

Inhaltsverzeichnis

T

OMA'S
Koch & Back
Bibliothek

OMA'S Koch & Back Bibliothek

Wild & Geflügel

Weltbild Verlag

Genehmigte Lizenausgabe für
Weltbild Verlag GmbH, Augsburg 1993

Einbandgestaltung: Peter Engel, München
Gesamtherstellung: Presse-Druck Augsburg
Printed in Germany

ISBN 3-89350-196-7

VORWORT

Die vorliegende Rezeptsammlung wurde aus einer der größten Privatsammlungen von Kochbüchern des 17. bis 19. Jahrhunderts zusammengestellt und sprachlich behutsam dem heutigen Gebrauch angepaßt.
Um eine auch in modernen Zeiten nachvollziehbare Kochbarkeit zu ermöglichen, bildet Bauers Kochbuch, das zuletzt in den 70er Jahren mit einer Auflage von weit über 100000 Exemplaren erschienen ist, die Grundlage unserer Koch- und Backbibliothek.
Die Rezepte wurden von der Autorin und der Hauswirtschaftsfachschule Stuttgart aus alten Überlieferungen gesammelt und nachgekocht.
Im Anhang findet sich am Schluß eines jeden Bandes ein alphabetisches Register.

Allgemeines

Wild

Man unterscheidet Haarwild und Federwild. Wild muß vor der Zubereitung gut abgelagert werden. Rehe werden im Fell ausgenommen, Hasen unausgenommen an einem kühlen, luftigen Ort aufgehängt; wie lange, richtet sich nach der Witterung und Jahreszeit. Sehr zerschossenes Wild und Wassergeflügel verwendet man am besten gleich. Wild sollte nicht in Essig eingelegt werden, da der feine Wildgeschmack verlorengeht. Sehr gut ist Wild in Sauermilch eingelegt; sowie dieselbe sich rot färbt, etwa nach 2–3 Tagen, muß sie erneuert werden. Wild sollte, wenn möglich, nicht gewaschen, nur abgerieben werden. Da es fettarm ist, wird es vielfach gespickt. Beim Zusetzen reichlich Butter nehmen, nicht stark anbraten, da es leicht bitter schmeckt, und mit reichlich saurem Rahm übergießen. Die großen Stücke, wie Rücken, Schlegel, Bug, verwendet man zu Braten, die übrigen Teile, wie Brust, Hals, Kopf, Herz, Leber, zu Ragout. Reh- und Hasenbraten ist auf dem Rost gebraten sehr gut.

Vom passenden Anwenden der verschiedenen Teile des Wildbrets

Das Wildbret muß nur leicht abgewaschen, nicht ausgewässert werden; zerschossene blutige Stücke machen hier eine Ausnahme. Dann darf man solches nach alter Sitte auch nicht dem Verderben nahen, d.h. zu alt werden lassen, weil dadurch alles Feine gänzlich verlorengeht.
Die Braten müssen gut gehäutet, sauber gespickt und bei nicht gar zu starkem, doch auch nicht zu schwachem Feuer mit reichlich Butter und Speck bei unermüdlichem Begießen saftig gebraten werden. Nach und nach reichlich Sahne zur Sauce angewandt, macht die Braten und Saucen besonders gut.
Bei allem Wildbret ist, mit Ausnahme des wilden Schweines, der Kopf der schlechteste Teil und nur zu einem gröberen Ragout, wie Ragout vom Schweinefleisch beim Einschlachten, zu gebrauchen, wozu man auch den Hals nehmen kann; die Zunge ist jedoch sehr gut. Danach folgt die Brust, besonders wenn sie durch Schuß blutig geworden, und ist dann am passendsten zum Ragout. Dann folgen die Blätter und Keulen, die sich sehr zum Schmoren, letztere auch zu Braten eignen, und endlich der Ziemer, das beste Stück zum Braten.

Vom Aufbewahren des Wildes

Der Hase erhält sich in kalten Wintertagen, im Fell an der Luft hängend, 8 Tage ganz frisch. Indes kann man alsdann den Braten, wenn es sein muß, noch einige Tage in Essig aufbewahren. Fleisch vom Reh, Hirsch und Schwein ist auf folgende Weise längere Zeit zu erhalten: Man läßt die Stücke gehörig zu Braten hauen, bestreut sie mit Salz, sticht mit einem spitzen Messer schräg in das Fleisch, drückt kurze, einen halben Finger dicke Speckstreifen, welche in gestoßenem Salz, Nelken und Nelkenpfeffer umgedreht sind, nebst Schalotten hinein und läßt die Braten in einer Pfanne von allen Seiten schnell zurösten. Ganz kalt geworden, packt man sie mit einigen Zwiebeln, ganzem Pfeffer, frischen Wacholderbeeren, einer in Scheiben geschnittenen Zitrone und etwas Salz festschließend in ein kleines Faß oder einen passenden Steintopf, gießt so viel gekochten und wieder kalt gewordenen Bieressig darauf, daß das Fleisch bedeckt ist, und gießt es mit geschmolzenem Talg etwa zweifingerdick zu. Es wird dadurch vor dem Zutritt der Luft bewahrt, erhält sich sehr lange und bekommt in dieser Beize einen angenehmen Geschmack.
Nach dem Herausnehmen eines Stückes muß man das Fett wieder schmelzen und daraufgießen. Man kann die Stücke sowohl zu Pasteten gebrauchen als auch braten und schmoren.

Das Streifen oder Abziehen des Hasen

Ist es namentlich in den größeren Städten vielfach üblich, den Hasen schon gestreift und ausgenommen oder wenigstens ausgenommen zu erhalten, so kommen doch auch Fälle vor – und diese bilden in kleinen Städten und auf dem Lande sogar die Regel –, daß der Hase so in die Küche kommt, wie er im Wald geschossen wurde. In solchem Fall verfährt man folgendermaßen: Oberhalb der Hinterpfötchen macht man zwischen Muskel und Knochen einen durchgehenden Schnitt, hängt an diesem den Hasen an der Türklinke oder einem Nagel auf, mit dem Rücken nach der Wand, schneidet direkt unter dem Schlitz das Fell im Kreis durch und spaltet es längs der inneren Seite der Keulen. Nun schiebt man die Keulen aus dem Fell heraus, hilft an der Blume mit dem Messer nach und streift nun mit Leichtigkeit den Balg bis zu den Vorderläufen ab. Auch diese schiebt man wieder aus dem Fell, schneidet die Pfötchen ab und zieht das Fell über den Kopf, wobei man die Ohren abschneidet und das Fell rings um die Augen mit einem scharfen Messer trennt. – Der Bauch wird bis zu dem vorstehenden Knorpel, dem sogenannten Verschluß, aufgeschlitzt und das Tier ausgenommen. Herz, Lunge und Leber können zu Ragout verwendet werden, doch muß man zuvor die Galle, ein halbfingerlanges Bläschen, nur einen Schein dunkler wie die Leber, von dieser abziehen. Jetzt schneidet man den Brustkorb auf, hackt zu beiden Seiten des Rückens die Rippen zur Häfte ab, schneidet die

Bauchhaut weg, trennt die Vorderläufe und den Kopf mitsamt dem Hals vom Rumpf, entfernt die Hinterpfötchen, wäscht den fertig hergerichteten Hasen gut, wobei man namentlich die Härchen und Schrotkörner aus dem Fleisch entfernt und spickt Rücken und Keulen recht gleichmäßig. Soll der Kopf zum Ragout verwendet werden, so muß man die Augen aushöhlen, die Nase abschneiden und die Gurgel aus dem Hals entfernen. Kauft man einen gestreiften Hasen, so gebe man acht, daß Rücken und Keulen nicht zerschossen sind. Findet sich viel geronnenes Blut im Hasen, so legt man es in Essig, um es dann beim Ragout mit verwenden zu können.

Schmoren von Wildbret

Man legt von demselben ein Stück in einen Topf, gibt von dem Gewürz, worin es gelegen hat, etwas dazu, nebst einem Stück Butter, und läßt es, fest zugedeckt, gar schmoren. Vor dem Anrichten gibt man reichlich süße Sahne, etwas braunes Mehl und ein Stückchen Zucker zur Sauce.

Geflügel

Federwild muß, ebenso wie Haarwild, einige Tage in den Federn an einem kühlen, luftigen Ort aufgehängt werden, damit es mürber wird. Beim Einkauf von Wildgeflügel achte man darauf, daß man keine mageren Tiere bekommt, die Brust soll fest und fleischig sein, der Steiß darf nicht grün gefärbt sein, das Brustbein muß sich leicht biegen lassen. Ältere Tiere werden zu Suppen verwendet, dieselben sind gebraten zäh. Vorsichtig rupfen, damit die Haut nicht verletzt wird, innen nicht waschen.
Zahmes Geflügel wird gleich nach dem Töten gerupft, wenig Federn nehmen, damit die Haut nicht zerreißt. Alles Geflügel, das sich schlecht rupfen läßt, hält man kurz in heißes Wasser.
Beim Ausnehmen schneidet man zuerst den Kopf ab. Die Halshaut wird am Rücken aufgeschnitten, Luftröhre und Kropf gelöst, herausgezogen, der Hals dicht am Körper abgeschnitten, die Haut muß bleiben. Vom Hals aus löst man mit der Hand die in der Brusthöhle liegende Leber und Lunge (nicht herausnehmen). Dann legt man das Geflügel auf den Rücken, schneidet die Beine am Gelenk ein, zieht die Sehnen heraus und schneidet die Beine ab. Nach Belieben die Flügel etwas stutzen. Dann macht man von der Darmöffnung nach dem Brustbein aufwärts einen Einschnitt, nimmt vorsichtig die Eingeweide, Leber, Herz, Magen und Lunge heraus. Die Galle an der Leber vorsichtig abschneiden. Den Magen an der runden Seite aufschneiden, den Inhalt samt der inneren Haut entfernen. Herz und Leber nimmt man zur Fülle oder legt sie in das Geflügel, Lunge wird nicht verwendet. Dann wird das Geflügel über Gas oder Spiritus abgesengt,

gewaschen, abgetrocknet, mit Salz, Pfeffer, Zitronensaft eingerieben und zugenäht. Die Beine werden gebrüht und abgezogen, am Kopf entfernt man die Augen und den Schnabel und gibt Beine und Kopf, nebst Magen in die Fleischbrühe. Um dem Geflügel eine schöne Form zu geben, wird es dressiert. Dazu legt man das Geflügel auf den Rücken, sticht mit einer Dressiernadel durch den rechten Schlegel, durch den Körper, dann durch den linken Schlegel, zieht die Nadel durch und läßt den Bindfaden etwas hängen. Das Geflügel umdrehen, die Flügel nach innen einschlagen, mit der Nadel durch den rechten Flügel stechen, die Halshaut zurücklegen, anstechen, dann durch den linken Flügel stechen. Beide Enden fest zusammenbinden. Bei Wildgeflügel legt man öfter auf die Brust eine dünne Speckscheibe und umwickelt diese einigemal mit einem Bindfaden. Bei Tauben und Truthühnern darf man die Halshaut nicht aufschneiden, da man in die Halshaut Fülle gibt.

Geflügel auf dem Rost gebraten

Das fertig vorgerichtete oder ungefüllte Geflügel wird mit dem Rücken auf den heißen Rost gelegt, in den sehr heißen Backofen gestellt, wenn es Farbe hat, abgelöscht und bei kleiner Flamme unter öfterem Begießen fertiggebraten. Man rechnet durchschnittlich ⅔ der gewöhnlichen Bratenzeit. Bei magerem Geflügel legt man nach dem Ablöschen eine dünne Speckscheibe obenauf.

Ausbeinen des Geflügels

Das gerupfte, gesengte Geflügel wird gewaschen, der Kopf abgeschnitten, Beine und Flügel im ersten Gelenk abgeschnitten. Mit einem scharfen Messer schneidet man die Haut der ganzen Länge nach auf dem Rücken auf, löst auf beiden Seiten das Fleisch vorsichtig dicht am Knochengerüst ab, so daß alles Fleisch an der Haut bleibt. Das Fleisch, der Schlegel und Flügel wird abgeschabt, im Gelenk abgeschnitten, die Knochen von innen ausgezogen. Am vorsichtigsten muß man die Bauchseite ablösen, weil hier wenig Fleisch ist.

Rupfen, Flammieren, Brühen, Ausnehmen und Dressieren des Geflügels

Wenn man das Geflügel nicht brüht, sondern gleich warm *rupft*, wird der noch daran befindliche Flaum unter beständigem Drehen des Geflügels über hellem Feuer von Stroh, Spänen oder Papier, oder mit Spiritus, welchen man in einen alten Teller gießt und anzündet, von allen Seiten *abgebrannt* (abgesengt, flammiert), doch darf die Haut dabei nicht schwarz werden. Will man das Geflügel *brühen*, so wirft man solches gleich nach dem Abstechen in kaltes Wasser, nimmt es nach einiger Zeit wieder heraus, taucht es in kochend heißes Wasser, wendet es von allen Seiten darin um, und legt es hernach auf ein Brett, wo man mit der Hand die Federn abstreift. Bei *jungem Geflügel* ist hauptsächlich zu merken, daß man es nach dem Eintauchen in das kochende Wasser augenblicklich wieder herausnehmen muß, da sich sonst nebst den Federn auch die feine Haut ablösen würde. Die Füße hält man über Glut oder in kochendes Wasser, nimmt sie sodann in ein Tuch, und streift die Haut davon ab. *Gänse* und *Enten* werden, noch warm, trocken gerupft, nachher meistens gebrüht oder auch abgesengt, oder sie werden, nachdem sie gerupft sind, mit etwas feinverrührtem Pech bestreut, alsdann gebrüht und nun mit der Hand darübergefahren, wobei Federn und Flaum gut abgehen. *Tauben* rupft man immer. *Wildes Geflügel* darf man *nie* brühen, weil es dadurch zu viel von seinem Wildgeschmack verlieren würde; es wird trocken gerupft und abgesengt. – Wenn das Geflügel rein geputzt ist, wird es auf folgende Weise *ausgenommen*: Man legt es auf die Brust, spannt die Haut am Hals an, schneidet dieselbe der Länge nach über den ganzen Hals auf, löst dann Kropf und Gurgel behutsam heraus, schneidet letztere an dem Kropf ab, und sticht die Augen aus. Nun wird am Hals mit dem Zeigefinger in den Körper gefahren und Herz und Leber abgedreht, alsdann unten am Bürzel ein kleiner Querschnitt gemacht, das Eingeweide sorgfältig herausgezogen, der genau am Ring abgeschnittene Afterdarm entfernt, das Geflügel ausgewaschen und abgetrocknet, der Magen in der Mitte gespalten und, nachdem die innere gelbe Haut herausgezogen, gleichfalls ausgewaschen, die Galle sorgfältig von der Leber gelöst, und letztere nebst dem Herz gewaschen und zu dem Magen gelegt. – *Dressieren:* Man löst mit dem Zeigefinger das Brustfleisch auf beiden Seiten vom Brustbein und drückt auf jeder Seite die Häfte des in kleinere Stückchen geschnittenen Magens, Herzens und der Leber zwischen Fleisch und Brustbein. Die Flügel werden rückwärtsgeschränkt, sowie die Füße, von denen man zuvor die Klauen abgehackt hat, die Schlegel gegen den Leib zurückgeschoben und mit einem hölzernen Spießchen befestigt, die Füße gegen den Leib mit Bindfaden gebunden, der Kopf rückwärts unter die Flügel gezogen und gleichfalls mit Spießchen an der Brust befestigt. Dies ist die einfachste und gewöhnlichste Art des Dressierens vom *Huhn*. Es wird so auch der *Indian* dressiert, nur steckt man diesem Magen, Herz und Leber nicht in die Brust, sondern verwendet sie zur Farce, oder gibt sie weichgekocht und verschnitten in die Suppe.

Das Zerlegen des Geflügels

Das Geflügel legt man auf den Rücken, schneidet mit einem scharfen Messer die Schlegel und Flügel im Gelenk ab. Den Körper schneidet man mit einer Geflügelschere auf beiden Seiten durch, hebt die obere Hälfte ab, schneidet den Rücken je nach Größe in 3–4 Stücke, legt diese auf eine Platte, die Fleischseite nach oben. Die Schlegel werden im Gelenk durchgeschnitten, ebenso die Flügel und an den Rücken gelegt, wie sie ursprünglich waren. Die obere Hälfte wird in der Mitte durchgeschnitten, je nach Größe in 3–4 schräge Stücke geschnitten, auf den Rücken gesetzt, so daß das Geflügel seine eigentliche Form wieder hat. Gefülltes Geflügel wird ebenso aufgeschnitten, die Fülle in den hohlen Rücken gelegt oder neben dem Geflügel angerichtet. Kleines Geflügel schneidet man nur in der Mitte durch, mittelgroßes in 4 Teile.

Alphabetischer Teil

Äpfel, glasiert

4 Äpfel, 70 g Mehl, 1 Ei, Prise Salz, Öl, 150 g Zucker, ein paar Tropfen Essig, knapp 1/8 l Wasser

Die Äpfel werden geschält, das Kerngehäuse ausgestochen, geviertelt und mit Mehl bestäubt. Das restliche Mehl, Ei, Salz und Wasser rührt man zu einem dickflüssigen Teig, in den die Apfelstücke getaucht werden. In heißem Öl brät man die Äpfel goldgelb.
Für die Glasur werden 150 g Zucker mit 1/8 l Wasser und ein paar Tropfen Essig aufgekocht. Wenn die Masse dicklich wird, rührt man einen Eßlöffel Öl hinein. Die Äpfel werden auf Spießchen gesteckt und in dem Sirup gewendet und anschließend auf einen Kuchendraht zum Trocknen gelegt. Sie passen vorzüglich zu gebratener Gans oder Ente.

Auerhahn, gebraten

Wenn der Auerhahn sauber gerupft (mit Ausnahme des Kopfes, der mit seinen schönen Federn abgeschnitten und beiseite gelegt wird), flammiert, ausgenommen und dressiert ist, legt man ihn in die Beize, den jungen zwölf Stunden, den älteren drei bis vier Tage. Hernach wird er mit Salz, Pfeffer, Nelken, gestoßenen Lorbeerblättern und Thymian eingewürzt, auf der Brust mit feinem Speck gespickt, nebst einem Stück Butter, 70 g verschnittenem Speck, einer verschnittenen Zwiebel, einer Knoblauchzehe und gelben Rübe in eine Kasserolle oder eine Bratenkachel gebracht, und nun im Bratofen unter öfterem Begießen mit etwas Beize und Wasser zwei bis drei Stunden gebraten. Wie beim Fasan wird auch beim Auerhahn, wenn er angerichtet ist, der ungerupfte Kopf mittels eines hölzernen Spießchens und mit einer Papiermanschette an seine frühere Stelle gesteckt. Der ältere Vogel muß in einer Kasserolle oder einer mit einem passenden Deckel versehenen Bratpfanne mehr gedämpft als gebraten werden und braucht drei Stunden; eine halbe Stunde vor dem Anrichten deckt man ihn auf und begießt ihn mit seiner kurz eingedünsteten Sauce, damit er schön gelb werde. Der junge, wie der ältere, wird beim Anrichten mit warmer Glace oder dick eingekochter Bratenbrühe überstrichen, um ihm ein schöneres Aussehen zu geben. Das Fett wird von der Sauce abgenommen, letztere durchs Sieb in eine Sauciere gegossen und mit dem Auerhahn zu Tisch gegeben. – Einige Eßlöffel saurer Rahm zuletzt, beim Braten dazugegeben, macht die Sauce sehr mild.

Backhähnchen

4 Hähnchen, $1\frac{1}{2}$ EL Salz, Prise Pfeffer, $\frac{1}{10}$ l Milch, 50 g Mehl, 100 g Fett. Zum Panieren: 50 g Mehl, 2 Eier, 100 g Weckmehl, Backfett

Möglichst junge Hähnchen werden gerupft, gesengt und der Kopf nebst Hals, sowie die Füße abgeschnitten. Sodann legt man das Hähnchen auf die Brust, schneidet den ganzen Rücken entlang in der Mitte auf, zieht die beiden Schnittkanten auseinander und nimmt die Tiere vorsichtig aus. Alsdann schneidet man auch die Brustseite auf und zwar so, daß man zwei Hälften erhält. Diese werden gewaschen, an den Gelenken vorsichtig die Sehnen durchschnitten und die Flügel- und die Schlegelspitzen in die Haut, welche man zu diesem Zweck leicht aufgeritzt hat, leicht eingesteckt. Sodann klopft man die Geflügelhälften mit dem Hackmesser breit, bestreut sie mit Salz und Pfeffer, wendet sie in Milch und Mehl leicht um und bratet sie in heißem Fett auf starkem Feuer, damit sie keinen Saft abgeben, ungefähr 8–10 Min. Sodann legt man die Hähnchen zwischen zwei Brettchen, beschwert sie gut und läßt sie 1 Std. liegen. Kurz vor dem Gebrauch wird das Geflügel nochmals in Mehl, dem verrührten Ei und Weckmehl umgewendet und schwimmend in heißem Fett 5 Min. gebacken. Man garniert mit frischer oder gebackener Petersilie und serviert Salat oder Mayonnaise dazu.

Backhendl

2 Hühnchen, Salz, Mehl, 1 Ei, Semmelmehl, Fett

Für die Backhendl braucht man unbedingt ganz junge, kleine Hühner oder Hähnchen. Für 4 Personen rechnet man 2 Hühner. Jedes wird in 6 Stücke zerteilt, gewaschen, gut abgetrocknet, gesalzen. Man wendet die Teile in Mehl, dann in verquirltem Ei und zum Schluß in Semmelmehl. In heißem Backfett werden die Hühnchen knusprig braun gebacken.

Bärenbraten

Keulen und Rücken eines jungen Bären eignen sich am besten zum Braten. Man reibt das Fleisch mit Salz ein, stellt es mit Wasser in der Pfanne auf und brät den Bären während 3 bis 4 Stunden unter fleißigem Begießen recht saftig und braun. Die entfettete Sauce wird entweder mit saurem Rahm oder mit Braunmehl und Rotwein verdickt. – Hat man ein altes Tier, so muß man den Braten erst 3 bis 4 Tage in eine Essigbeize legen und dann noch ebensolange in süße Milch, wodurch das Fleisch sehr saftig und wohlschmeckend wird.

Bärentatzen

Eine Beize von Essig, Zwiebeln, Wacholderbeeren und Lorbeer wird kochend über die sauber zugeputzten Tatzen gegossen. Nach zwei Tagen nimmt man sie heraus und legt sie in eine Kasserolle, deren Boden man mit Speckscheiben und feingeschnittenem Wurzelwerk ausgelegt hat. Dann gießt man etwas von der Marinade darüber und wiederholt das so lange, bis die Tatzen weich sind. Man rechnet hierzu ungefähr 4 Stunden. Dann paniert man sie in Ei und Semmel, backt sie auf dem Rost in Butter scharf aus und reicht Remouladensauce dazu.

Brathähnchen

Brathuhn, Salz, Pfeffer, Butter, etwas Mehl

Das Brathuhn wird gewaschen, innen und außen mit Salz und Pfeffer eingerieben. Mit Butter bestrichen kommt es in die Bratenpfanne. Im heißen Ofen muß es immer wieder begossen werden bis es nach ca. 60 Minuten gar ist. Die Sauce wird mit etwas Mehl angedickt und nach Belieben etwas Sahne hineingerührt.
Wenn man das Hähnchen auf dem Rost brät, kann der Bratensaft in der Fettpfanne aufgefangen und gesondert verwendet werden.

Biberschwanz, gebraten

Der Schwanz des Bibers wird geschuppt, in Essig- und Salzwasser weichgekocht, mit verrührtem Ei und Reibebrot paniert und mit Butter dunkel gebraten. Mit Zitronenvierteln garniert reicht man ihn zu Tisch. Er läßt sich sowohl auf dem Rost wie in der Pfanne braten.

Biberschwanz, gedämpft

Ist der Biberschwanz geschuppt und sauber gewaschen, so wird er in Scheiben geschnitten und mit Essig, in dem man verschiedene Kräuter und Wurzelwerk mitkochen ließ, übergossen. Nach ungefähr 5 Stunden brät man ihn mit Butter an, gießt ½ l Rotwein und später noch etwas von der Beize an und dämpft ihn, gut zugedeckt, recht weich. Man verdickt die Sauce mit etwas gerösteten Semmelscheiben, die man mitverdünsten läßt. Nach dem Abfetten würzt man die Sauce mit Zitronensaft. – Ähnlich verfährt man mit der Keule, die nach dem Marinieren fein gespickt wird.

Birkhahn

Wird wie Fasan zubereitet. Ältere Tiere legt man einige Tage in Milch oder in eine Beize von Essig, Wein, Zwiebel, Gewürze. Beim Braten gibt man einen Teil der Beize zu.

Dachs, zu braten

Wenn der Dachs jung ist, so wird er 3 Tage lang mit Zwiebeln, gelben Wurzeln, Salbei und allerlei Küchenkräutern, Lorbeerblättern, Pfeffer, Nelken und Salz in Essig gelegt, dann wie ein junger Hase gespickt und wie dieser, doch des zarten Fleisches wegen, kürzere Zeit gebraten. Der Geschmack soll Schweinsfilet ähnlich sein.

Ente, gedämpft

Ein Stück Butter, Mark, Nierenfett oder auch ein fettes Stückchen Fleisch wird samt einer halben verschnittenen Sellerie, ebensoviel gelber Rübe, einer zerschnittenen Zwiebel, einem Lorbeerblatt, einer Zitronenschale, acht Pfefferkörnern, etwas Salz, einem halben Gliedchen Knoblauch und wenig Majoran in eine Kasserolle gebracht, und die ausgenommene, rein geputzte, flammierte oder abgebrühte, aufdressierte Ente hineingegeben, diese mit so viel Wasser, daß sie zur Hälfte darinliegt, zugedeckt weichgedünstet (was bei einer jungen *eine*, bei einer alten *zwei* Stunden Zeit braucht), und sodann samt dem Sud eine Viertelstunde vom Feuer gestellt. Nach dieser Zeit wird sie auf ein Schneidbrett genommen, und in beliebige Teile verschnitten. – Man gibt sie zu gedünstetem Reis oder Kohl, auch zu Kartoffeln und dgl., wo dann die Sauce nur wenig abgefettet, durchs Sieb gegossen und extra dazu serviert wird. Sie kann auch als *eigenes* Gericht gegeben werden, in welchem Fall man die Sauce kürzer einkocht und unter die Entenstückchen gießt.

Ente, gedämpft, andere Art

1 Ente, 60 g Butter, 1 Zwiebel, Gelbrübe, 40 g Mehl, ½ l Rotwein, Nelke, Lorbeerblatt, Pfefferkörner, Zitronenscheibe

Die Ente wird vorgerichtet, in Butter mit Zwiebel, Gelbrübe angebraten, das Mehl mitgebräunt, mit dem Wein, etwas Fleischbrühe abgelöscht, die Gewürze zugegeben, zugedeckt, etwa 1 Stunde gedämpft. Die Sauce wird geseiht über die aufgeschnittene Ente gegeben. Nach Belieben kann man die Sauce mit Madeira verbessern.

Ente, gedämpft, in brauner Sauce

Man nehme zu einer ausgewachsenen jungen Ente ½ l Wasser, ein Ei dick Butter, 6 Schalotten, das nötige Salz und lasse sie, fest zugedeckt, langsam weichschmoren, damit die Sauce nicht zu stark einkoche. Nachdem dieselbe gar geworden, rühre man 1 Eßlöffelvoll in Butter gebräuntes Mehl, ½ bis 1 Glas Wein, 4 bis 6 Stück gestoßene Nelken, etwas Zucker hinzu und lasse die Ente darin noch eine Weile schmoren.

Ente, gefüllt, mit Äpfeln

Die Ente wird wie vorige hergerichtet, eingesalzen und eine Stunde so liegengelassen. Dann nimmt man gute Kochäpfel, schält sie, schneidet sie in acht Schnitze, nimmt das Kernhaus heraus, und gibt eine Handvoll Weinbeeren, ebensoviel Rosinen, ein paar Eßlöffel Zucker und ¼ l guten Wein an die Schnitze. Sie werden dann in einer Kasserolle kurz überdämpft, so daß sie ganz und etwas hart bleiben und hernach in die Ente gefüllt, welche man zunäht und nach voriger Art brät.
Alte Enten werden immer zwei bis drei Tage in die Beize gelegt, und dann wie die ältere *Wildente* gebraten, jedoch *nie gefüllt.*

Ente, gebraten

1 Ente, Salz, Pfeffer, Beifuß

Die vorbereitete Ente wird innen und außen mit einer Mischung aus Salz und Pfeffer eingerieben und mit einem Zweiglein Beifuß in eine Bratpfanne gelegt, mit einer Tasse kochendem Wasser übergossen und unter häufigem Beschöpfen in ca. 60 Minuten fertiggebraten. Eventuell muß die Sauce entfettet werden.

Ente, gebraten, andere Art

1 Ente, Salz, Pfeffer, 60 g Butter, Zwiebel, Gelbrübe

Die vorgerichtete Ente wird gewaschen, mit Salz und Pfeffer eingerieben, Herz, Leber, ein Stückchen Butter innen hineingelegt, zugenäht, dressiert. Dann wird sie in heißer Butter mit Zwiebel, Gelbrübe angebraten, abgelöscht, in den Backofen gestellt, unter öfterem Begießen etwa 1 Stunde gebraten. Junge Enten haben dieselben Erkennungszeichen wie Gänse.

Ente, gefüllt

1 Ente, Salz, Pfeffer, 60 g Butter, Zwiebel, Gelbrübe.
Fülle: 2–3 Brötchen, Zwiebel, Petersilie, 30 g Fett, Salz, Pfeffer, Muskat, 1–2 Eier

Die vorgerichtete Ente wird gewaschen, mit Salz, Pfeffer eingerieben. Die eingeweichten Brötchen werden mit Zwiebel, Petersilie, der gewiegten Leber und Herz in Butter gedämpft, verkühlt, Ei und Gewürze zugegeben, die Ente gefüllt, zugenäht, dressiert. Dann brät man sie in heißer Butter mit Gelbrübe und Zwiebel an, löscht etwas ab, stellt sie in den Backofen und läßt sie unter öfterem Begießen etwa 1½ Stunden braten. Ente kann auch mit Kastanien- oder Kartoffelfülle wie Gans zubereitet werden.

Ente, gesulzt

1 Ente, 1 Kalbsfuß, 2½–3 l Wasser, 1 EL Salz, 4 Nelken, 1 Sträußchen Petersilie, 1 Zwiebel, 6 Pfefferkörner, 1 Gelbrübe, ½ Lorbeerblatt, 4 EL Estragonessig, ⅛ l Wein

Die gerupfte, abgehängte Ente wird ausgenommen, abgeflammt, ausgewaschen und roh in Portionsstücke geschnitten. So vorbereitet legt man die Ente nebst dem entbeinten Kalbsfuß in einen gut glasierten Topf, gießt das heiße Wasser darüber, würzt mit den angegebenen Zutaten und läßt die Ente je nach dem Alter 1½–2 Std. langsam kochen. Alsdann gießt man die Brühe durch ein Sieb und läßt sie erstarren. Die Entenstücke werden unterdessen zum Erkalten in einen kühlen Raum gebracht. Sobald die Brühe fest geworden ist, wird sie entfettet, geklärt und nach dem Filtrieren über die in eine Schüssel gerichteten Entenstücke gegossen. Nach Belieben kann man auch eine Sturzschüssel nehmen, die man vor dem Einfüllen mit Gurken, Eiern, Trüffeln und dgl. auslegt.

Ente auf französische Art

Man hackt die Leber mit etwas Speck und Schalotten, macht sie mit in Wasser ausgedrücktem Weißbrot, 2 Eiern, Muskat und Salz zu einer Farce, füllt damit die Ente und näht sie zu. Dann legt man Butter oder Speck in einen Topf, darauf eine Handvoll Petersilie, 3 bis 4 ganze Zwiebeln und einige Skorzoner oder gelbe Wurzeln, läßt die Ente darin gar und gelbbraun werden, rührt etwas geschwitztes Mehl, kochendes Wasser und ein wenig Essig, auch nach Belieben ein Stückchen Zucker an die Sauce und läßt die Ente noch einige Minuten darin schmoren.

Ente in einer Heringssauce

Von der zuvor geputzten und ausgenommenen Ente wird die herausgenommen Leber beiseite gestellt, ein Hering sauber geputzt, der Kopf abgeschnitten, der Rogen oder Milchling herausgenommen, der Hering ganz in die Ente gesteckt, dieselbe aufgezweckt und am Spieß oder in dessen Ermangelung in einer Kachel halb gebraten. In eine andere Kachel nimmt man ein Stücklein Butter, macht einen kleinen Löffel Mehl darin gelb, dämpft eine kleine Zwiebel darin ab, gibt einen Löffel ungesalzene Fleischbrühe oder Wasser daran, etwas Pfeffer, Nelken, Muskatnuß, ein paar Zitronenscheiben, ein Lorbeerblatt und einen Löffelvoll Kapern dazu, legt die halbgebratene Ente hinein, nimmt aber zuvor den Hering heraus, schneidet ihn zu kleinen Bröcklein und gibt ihn an die Sauce. Die zurückgebliebene Leber, wovon aber die Galle weg sein muß, wird mit einem Stücklein Speck und ein wenig Brot-Brosamen gehackt und auch an die Sauce gegeben, dieselbe zugedeckt und vollends ausgekocht.

Ente mit Klößen (Vor- und Mittelschüssel)

Die Ente wird in einen passenden Topf auf einige Speckscheiben gelegt und folgendes hinzugefügt: Pfefferkörner, Nelken, Muskatnuß, 2 bis 3 Lorbeerblätter und einige Zwiebeln. Dann deckt man den Topf fest zu und läßt die Ente auf mäßigem Feuer dämpfen, wobei sie einmal auf die andere Seite gelegt wird. Nach Verlauf von einer halben Stunde fügt man Morcheln, kleingeschnittene Zitronenschale und so viel Fleischbrühe hinzu, daß die Ente darin weichkochen kann. Unterdessen macht man ein Drittel der Farce, fügt noch etwas Nelkenpfeffer, Leber, Herz, Lunge und Magen der Ente, feingehackt, hinzu und rollt Klößchen davon auf. Darauf wird die Sauce mit in Butter gelb gemachtem Mehl oder mit in Butter geröstetem Weißbrot sämig gemacht, einige Zitronenscheiben und etwas Wein hinzugegeben und die Ente noch ein wenig darin gestovt. Während dieser Zeit kocht man die Klößchen in Bouillon oder gesalzenem Wasser, garniert damit die angerichtete Ente und gibt die dickliche Sauce darüber hin.

Ente auf Lübecker Art

1 junge Ente, 100 g Rosinen, 500 g Äpfel, 250 g Weißbrot gewürfelt, 1 Glas Weinbrand, ¼ Weißwein, Zimt, Butter

Für die Füllung der Ente bereitet man eine Masse aus den aufgequollenen Rosinen und den gewürfelten, ungeschälten Äpfeln, die in Fett angeschwitzt werden. Mit Weinbrand löscht man ab, mischt die Brotwürfel darunter, würzt mit Salz und Zimt und gießt den Weißwein an. Gut durchmengen und die Ente damit füllen. Sie wird in Butter im Rohr knusprig braun gebraten.

Ente mit Orangen

1 junge Ente, 1 Entenleber und 1 Entenherz, Salz, Pfeffer, 80 g Butter, ¼ l Fleischbrühe, 4 Orangen, 1 EL Zucker, 2 EL Weinessig, 2 EL Wasser, Cointreau, 1 TL Mondamin, ⅛ l Weißwein, Orangenscheiben

Die ausgenommene und vorbereitete Ente innen mit Salz und Pfeffer, außen nur mit Pfeffer einreiben. Im heißen Fett unter Wenden anbraten und Fleischbrühe zugießen. Im vorgeheizten Backofen unter öfterem Begießen 60–90 Minuten braten. Die Ente ist gar, wenn beim Anstechen ein klarer, gelber Saft herausfließt. Leber und Herz waschen, in kleine Würfel schneiden und in der letzten Viertelstunde der Bratenzeit dazugeben. Die geschälten Orangen in Scheiben schneiden, mit kochendem Wasser überbrühen. Zucker mit Essig und Wasser in einer Pfanne leicht karamelisieren, die abgetropften Orangenscheiben zufügen, mit Cointreau verfeinern und gut umrühren. Die Bratensauce der Ente entfetten. Das Mondamin mit wenig Wasser anrühren, die Sauce binden, Weißwein zugießen, erhitzen und mit den Orangenscheiben vermischen. Die Ente tranchieren, auf einer Platte anrichten, mit Orangenscheiben garnieren und die Sauce gesondert dazu reichen.

Ente in Orangensauce

Vom Tisch übriggebliebene gebratene Enten werden zu schönen Stückchen geschnitten und in einer Kasserolle mit zwei Eßlöffeln feinwürflig geschnittenem Speck, ebensoviel Zwiebeln, dem Saft einer Orange, einem halben Eßlöffel in Streifen geschnittene Orangenschalen, einem Lorbeerblatt und einer Knoblauchzehe zugedeckt eine Viertelstunde gedünstet, dann herausgenommen und zugedeckt warmgestellt. In das Zurückgebliebene rührt man nun einen Kochlöffel Mehl, gibt ein Gläschen Wein, sowie etwas von der Brühe, die vom braten der Enten übrig ist, und einen Schöpflöffel Fleischbrühe dazu, und kocht sodann die Sauce eine halbe Stunde, worauf man diselbe abfettet und durchs Sieb gießt, hernach wieder zurück in die Kasserolle bringt und hier schnell heiß rührt; zum Kochen darf sie *nicht* mehr kommen. Wenn dann die Enten angerichtet und mit der heißen Sauce übergossen, werden sie mit gerösteten oder gebackenen Kartoffeln serviert.

Ente auf andere Art in einer Pomeranzen-Sauce

Die geputzte Ente wird mit Nelken, Salz und Pfeffer eingerieben, gleich der vorhergehenden in Schmalz gelbgedämpft, indessen aber die Sauce verfertigt: Man nimmt ein halbes Pfund geschnittenes Kalbfleisch, ein Viertel mageren Schinken nebst einer großen Handvoll Zwiebel in eine zuvor mit frischem Speck belegte Kasserolle, dämpft alles zusammen gelb, gibt 2 Schöpflöffel Fleischbrühe daran, ein Stücklein Rokambole (Knoblauch), ein wenig Thymian, ein Lorbeerblatt, und 4 Rosmarinblätter dazu, kocht dies zusammen eine Viertelstunde, rührt einen kleinen Kochlöffel Mehl mit einem Glas Burgunder oder anderem roten Wein glatt und dies nebst dem Mark von einer Zitrone an die gekochte Sauce, schneidet von einer bitteren Pomeranze die Schalen klein hinein, läßt es noch eine Viertelstunde zusammen kochen, preßt es durch ein Sieb, gießt das Fett von der Ente ab, die durchgepreßte Sauce daran, und kocht sie noch so lange mit der Ente, bis es Zeit zum Anrichten ist. In die Sauce können noch eine Handvoll verwellte Morcheln oder gute Erdschwämme (Champignons), auch 4 gehackte Sardellen gegeben werden, daß sie mehr haut-goût (einen stärkeren Geschmack) hat.

Ente mit Reis

Bereitet man ganz wie Gans mit Reis, nur braucht sie bloß die Hälfte Zeit zum Fertigwerden.

Ente mit Rotwein

Die Ente wird mit Butter und einigen geschnittenen Zwiebeln gelb, aber nicht zu braun gemacht, damit die Butter ihren guten Geschmack behält, dann gibt man kochendes Wasser, etwas Zitronenschale, Nelken, Kardamom und Salz hinzu, später geschwitztes Mehl, etwas braune Kraftbrühe und beim Anrichten ein großes Glas Rotwein nebst einigen Zitronenscheiben. Die Sauce muß bräunlich und recht sämig sein; Trüffel darin gekocht, verfeinern die Schüssel.

Ente mit weißen Rüben

Eine sauber hergerichtete Ente wird in Stücke geteilt, mit 30 g Butter, 5 kleinen Zwiebeln, in die man je eine Gewürznelke gesteckt hat, etwas Salz und ¾ l Wasser weichgedämpft. 2 Eßlöffel Mehl werden in ebensoviel Butter angebräunt und mit einem Glas Weißwein aufgegossen, mit einem Kaffeelöffel Zucker versüßt und unter Umrühren zur Entenbrühe gegossen. Nachdem alles noch einmal aufgekocht hat, nimmt man die Ente heraus und stellt sie bis zum Gebrauch warm. Unterdessen hat man weiße Rüben zugeputzt, in zierliche Streifchen geschnitten, mit kochendem Wasser überbrüht und mit kaltem überspült. In Fleischbrühe, Zucker und Butter und ganz wenig Salz läßt man sie weichdämpfen, gibt noch 2 Löffel süßen Rahm dazu und gibt zuletzt etwas Entensauce durch ein Sieb darüber. In die übrige durchgeschlagene Sauce legt man die zerteilte Ente und serviert beides mit gebratenen Zuckerkartöffelchen recht heiß.

Ente mit Trauben gefüllt

1 Ente, 750 g Weintrauben, 1/2 Glas Weinbrand, 1/4 l saure Sahne, 1/4 l Rotwein, 250 g Champignons, Salz, Pfeffer, etwas Mehl

Die Champignons werden in dicke Scheiben geschnitten, mit den gut gewaschenen, abgetropften Trauben vermischt und in die vorbereitete Ente gefüllt. Die saure Sahne wird mit dem Weinbrand verrührt und vorsichtig zu der Füllung gegossen. Ente zunähen und ca. 75 Minuten bei mittlerer Hitze braten. Nach 30 Minuten muß die Ente mehrmals mit dem Wein begossen werden. Den Bratensaft bindet man mit etwas Mehl und schmeckt mit Salz und Pfeffer ab.

Ente in Wirsing

Der Wirsing wird in 2 bis 3 Teile geschnitten, die dicken Adern ausgelöst, jedoch müssen die Stücke ganz bleiben. Alsdann wird er gewaschen und auf einen Durchschlag gegeben. Unterdessen läßt man eine Ente, die vorgerichtet und etwas gesalzen worden ist, in Butter gelbbraun braten, legt einige Speckscheiben darunter, gibt 2 Tassen Wasser und den Kohl, doch so, daß die Köpfe nicht auseinanderfallen, zu der Ente, streut schichtweise nicht zuviel Salz dazwischen, deckt den Topf fest zu und läßt beides bei gelindem Feuer etwa 1½ bis 2 Stunden weichdämpfen. Beim Anrichten wird die Ente mitten in die Schüssel gelegt und mit dem Kohl garniert.
Will man sie nicht in Wirsing kochen, so kann man das Gemüse auch mit Bratenbrühe zubereiten und die Ente gebraten dazu geben. Noch ist zu bemerken, daß Wirsing sehr leicht zu versalzen ist.

Ente mit Zwiebeln zu dämpfen

Man schäumt die Ente in Wasser und Salz ab, gibt einen halben Suppenteller voll geschnittener Zwiebeln, etwas Weißbrot und Nelken, auch Estragon, wenn man ihn gerade hat, dazu und kocht sie darin ganz weich. Dann wird die Sauce durch ein Sieb gerührt, mit Zitronenscheiben durchgekocht und über die Ente angerichtet.

Entenreste, geschmort mit Wirsing

750 g Wirsing, 125 g geräucherte Speckscheiben, Pfefferkörner, Fleischbrühe, 500 g Entenfleisch, Speisestärke, Salz, Pfeffer

Der Wirsing wird geputzt, vom Strunk befreit, grobgeschnitten und mit Speckscheiben und einigen Pfefferkörnern in eine feuerfeste Form geschichtet, mit Fleischbrühe übergossen und zugedeckt fast gar gekocht. Der Wirsing wird mit etwa 500 g gebratenem Entenfleisch belegt und 15 Minuten gedämpft. Mit angerührter Speisestärke wird der Kohl angedickt, aufgekocht und mit Salz und Pfeffer abgeschmeckt.

Fasan

Fasan wird in den Federn im Winter 8–10 Tage abgehängt. Junge Tiere haben einen weichen Brustknochen und weniger ausgebildete, runde Sporen an den Beinen. Der Fasan wird gerupft, ausgenommen, gesengt, mit einem Tuch ausgerieben, dann wird er innen und außen mit Salz und wenig Pfeffer eingerieben, dressiert, die Brust mit einer Speckscheibe umbunden.

Fasanen, Reb- oder Feld- und Birkhühner, zu braten

Erstere müssen unbedingt einige Tage in den Federn hängen, ehe sie gebraucht werden, weil andernfalls der feine Geschmack nichts Feines darin finden will. Das sicherste Zeichen der richtigen Gebrauchszeit soll sein, wenn die Haut am Bauch einen etwas grünlichen Schein erhält, was indes bei anderem Geflügel nicht genug zu vermeiden ist.
Nachdem nun von vorstehend Bemerktem das eine oder andere zum Braten vorgerichtet, bei ersteren die Köpfe mit einem Papier aufmerksam zugebunden sind, werden sie entweder fein gespickt oder man bindet dünne Speckscheiben auf die Brust, streut ein wenig Salz darüber, brät sie am Spieß oder in einem irdenen Gefäß auf dem Feuer, fest zugedeckt, recht aufmerksam etwa 1½ Stunden, während man sie fleißig begießt und zuweilen etwas süße Sahne hinzufügt. In Ermanglung der Sahne kann man sich mit frischer Milch aushelfen.

Fasan, gebraten

Ein schöner, fetter, gut abgelegener Fasan wird gerupft, sorgfältig ausgenommen, mit einem Tuch ausgewischt, damit es nicht nötig ist ihn zu waschen, mit Pfeffer, Salz und ganz wenig gestoßenen Nelken gewürzt, auf der Brust mit feinem Speck gespickt oder mit dünnen Speckscheiben überbunden und dressiert; dann in einen butterbestrichenen Bogen Papier eingebunden, in eine passende Kasserolle oder eine Bratenkachel gebracht und nebst verschnittener Zwiebel, gelber Rübe und einem Stück Butter im Bratofen unter öfterem Begießen mit seiner Sauce und Nachgießen von weniger Fleischbrühe dreiviertel bis eine Stunde gebraten. Eine Viertelstunde vor dem Anrichten nimmt man das Papier ab, begießt den Fasan mit der Sauce und bratet ihn noch zu schöner Farbe. Der Kopf wird gewöhnlich *nicht* gerupft, sondern mit den Federn abgeschnitten. Nachdem der Fasan angerichtet, wird dann in den Kopf, an der Stelle, wo er abgeschnitten ist, ein hölzernes Spießchen, woran eine Papiermanschette in der Größe einer oberen Kaffetasse sich befindet und ein Zitronenrädchen gesteckt, und derselbe so als Erkennungszeichen an den Hals des Fasans befestigt. Die Platte belegt man mit Grünem. Die abgefettete Sauce wird extra dazu serviert, sowie entweder verschnittene Zitronen oder ein beliebiges Kompott, vorzüglich Orangenkompott. – Wird der Fasan am *Spieß* gebraten, so muß man gleichfalls einen butterbestrichenen Bogen Papier um ihn binden, welcher wie beim obigen eine Viertelstunde vor dem Anrichten abgenommen wird, damit der Fasan noch zu schöner Farbe braten kann.
Andere Art. Man schneidet, bevor der Fasan gerupft wird, den Kopf sowie die Flügel bis zum ersten Gelenk ab, legt beim Rupfen die schönsten Schwanzfedern beiseite und behandelt und bratet den Fasan wie oben. Während dieser Zeit wird ein halber Laib Schwarzbrot unten glattgeschnitten, damit er steht, die Rinde weggeschnitten und der Laib ausgehöhlt, doch so, daß es kein Loch gibt. Ist das Brot so hergerichtet, wird es von allen Seiten schön hellgelb in Schmalz gebacken, gut abtropfen gelassen und nachdem es kalt geworden, auf eine lange Platte gestellt. Hierin legt man den fertiggebratenen Fasan wie in ein Nest, steckt den Kopf wie oben wieder an, ebenso die Flügel und den Schwanz. Die Sauce wird entfettet extra serviert.

Fasan, gebraten

1 Fasan, Salz, Pfeffer, 1 Speckscheibe, 60 g Butter, Zwiebel, Fleischbrühe, Bratensauce, 1/8 l Rahm

Der vorgerichtete Fasan wird mit heißer Butter übergossen, in den Backofen gestellt, öfter übergossen, wenn nötig, mit Rahm und Bratensauce abgelöscht, etwa 1 Stunde gebraten. Der Fasan wird zerlegt, mit dem Speck angerichtet und mit Zitronenscheiben garniert. Man gibt Salat oder Sauerkraut dazu. Älterer Fasan kann, nachdem er 1/2 Stunde gebraten hat, im Sauerkraut vollends weichgedämpft werden. Wird auf Sauerkraut angerichtet.

Fasan, gebraten und gefüllt

1 gut abgehangener Fasan, Salz, Fasaneninnereien wie Herz, Magen und Leber, 1 Semmel, Petersilie, Pfeffer, 1 Ei, Butter, Speckscheiben, 1/4 l saure Sahne, etwas Speisestärke, etwas Weinbrand

Der gut abgehangene, vorbereitete Fasan wird innen und außen gesalzen und mit folgender Farce gefüllt: durchgedrücktes Herz, Magen und Leber, 1 eingeweichte, ausgedrückte Semmel, gehackte Petersilie, Salz und Pfeffer, 1 Ei. Nach dem Füllen wird der Fasan zugenäht, mit flüssiger Butter bestrichen und mit Speckscheiben umwickelt. Unter häufigem Beschöpfen wird der Fasan im Rohr gegart. Nach etwa 50 Minuten nimmt man die Speckscheiben ab, begießt mit 1/4 l saurer Sahne und läßt noch 15 Minuten braten. Fasan warmstellen. Der Fond wird mit Brühe oder Wasser losgekocht und mit Speisestärke gebunden. Mit Salz, Pfeffer und Weinbrand abschmecken.
Vorsicht, Fasane dürfen nicht zu lange im Rohr bleiben, da sie bis zum Auftragen durch die eigene Wärme noch nachgaren und sonst trocken werden.

Fasan mit Linsen

250 g Linsen, 1 Stückchen Zitronenschale, 1 Fasan, Salz, Pfeffer, ½ TL Salbei, 100 g Speck, 2 EL Öl, 2 gelbe Rüben, 2 Stangen Lauch, ⅛ l saure Sahne

Die über Nacht eingeweichten Linsen werden zusammen mit der Zitronenschale in 2 l Einweichwasser 30 Minuten gekocht. Der vorbereitete Fasan wird in 8 Stücke zerteilt, die man kräftig mit Salz, Pfeffer und Salbei würzt. Der gewürfelte Speck wird glasig angebraten, das Öl hinzugefügt und die Fasanenstücke darin angebraten. Dann kommen die in Scheiben geschnittenen gelben Rüben, der Lauch und die Linsen mit dem Kochwasser dazu. Unter gelegentlichem Umrühren läßt man alles ca. 45 Minuten fertiggaren. Vor dem Servieren wird die saure Sahne hineingerührt.

Fasan mit Makkaroni

Zu diesem Gericht lassen sich vorzüglich die Überreste eines Fasans verwenden, und zwar werden die Fleischstücke in kleine Streifen geschnitten, während man die Knochen zerschlägt und mit den Abfällen und etwas Wurzelwerk auskocht. Man verschwitzt Mehl recht dunkelbraun in etwas Butter, füllt mit der durch ein Sieb gegossenen Brühe auf, gießt ⅛ l Sherry, 2 Teelöffel Maggi und etwas Zuckercouleur daran, würzt mit Pfeffer und Salz, gibt noch einige kleine in Butter gedünstete Champignons und zuletzt das Fleisch in die Sauce, stellt alles bis zum Gebrauch heiß, läßt aber nicht wieder aufkochen. In Wasser, das man leicht gesalzen, kocht man 250 g Makkaroni weich, gießt sie ab und schwenkt sie in Butter und geriebenem Parmesankäse über dem Feuer in einer tiefen Kasserolle. In die Mitte einer tiefen Schüssel legt man das Fleisch mit der Sauce und gibt außenherum einen Ring von Makkaroni.

Fasanenhaschee

Nachdem von übriggebliebenem gebratenem Fasan oder Rebhühnern alles Fleisch vom Gerippe abgemacht, werden die Gerippe im Mörser etwas verstoßen, dann ins Kochgeschirr genommen samt Zwiebel, Nelken, Lorbeerblatt, einem Glas Wein und einem Schöpflöffel Fleischbrühe, und dies zusammen gut verkocht, hernach durchgegossen. Inzwischen wird das Fleisch feinverwiegt und alsdann gekocht, nur daß man dabei obigen Gerippeabsud und bloß wenn notwendig noch Fleischbrühe verwendet, allenfalls vorhandene Bratensauce vom Fasan oder den Rebhühnern wird daruntergerührt. – Kann als selbständiges Gericht oder als Fülle in Pastetchen gegeben werden; in ersterem Fall wird die Platte mit Croutonen besteckt.

Feldhühner, gebraten

Sie werden bis an den Kopf gerupft und ausgenommen. Wenn die alt sind, werden sie ein paar Tage eingebeizt, die jungen hingegen mit Salz, Nelken und Pfeffer eingerieben, eine Zitronenscheibe und ein Stücklein Butter in den Leib gelegt, dann aufgezweckt. Die Brust belegt man mit Speck, umbindet sie über den Speck mit einem bestrichenen Butterpapier, umwikkelt den ungerupften Kopf mit trockenem Papier, damit die Köpfe nicht verbrennen, steckt die Rebhühner an einen kleinen Spieß und brät sie langsam. Beim Anrichten bleibt der Speck immer auf dem Geflügel liegen. Sie werden mit ganzen Zitronen gegeben.

Feld- oder Rebhühner, Blison von

welcher als eine Zwischenplatte statt eines Auflaufs gegeben wird.
Zu einer Platte von mittlerer Größe rupft man 2 Feldhühner, nimmt sie aus, schält das Brustfleisch davon ab, säubert es von dem Häutigen, stößt das Brustfleisch in einem Mörser fein, daß es wie ein Teig ist, zerkleinert das übrige von den Feldhühnern, setzt es mit einem Pfund Kalbfleisch und einem kleinen Stück abgekochten Schinken mit Fleischbrühe zu und kocht es so lange, bis noch ein halber Schoppen Brühe übrig ist, gießt solche durch ein Sieb, läßt es erkalten, hackt hierauf eine Zwiebel klein, dämpft ihn in einem Stücklein Butter weich, streut soviel Mehl darüber, als zwischen 3 Fingern gefaßt werden kann, gießt nachdem ein Glas guten süßen Rahm daran und läßt es kochen, bis es wie ein Brei wird. Wenn es nun erkaltet ist, nimmt man das gestoßene Brustfleisch in eine Schüssel, die gekochte Zwiebel dazu, rührt das vorhergehende und 6 Eßlöffelvoll von der durchgeflossenen Brühe, 4 Lot kleingeschnittenes Rindsmark, Salz und Muskatblüte mit 8 Eigelb eine Viertelstunde, schlägt von 4 Eiweiß einen Schnee, rührt ihn nebst dem Saft von einer Zitrone in den Blison, bestreicht eine Porzellan- oder Zinnplatte mit Butter, füllt die Masse hinein und läßt sie bei schwacher Hitze oder im Backofen langsam aufziehen. Sobald er hoch ist, wird er gleich zu Tisch gebracht, viel Farbe darf er nicht bekommen, damit er saftig bleibt.
Auf diese Art können Blisons von Schnepfen, jungen Hasen und Krammetsvögel-Brüsten gemacht werden.

Feldhühnerkuchen mit Gelee

Zuerst wird eine Feldhühnerfasche zubereitet, wie folgt: Das von allen Knochen, Fasern und aller Haut entblößte rohe Fleisch von drei bis vier großen und sehr frischen Feldhühnern wird, wenn es 250 g Fleisch ist, mit ebensoviel frischem Speck, sehr fein gehackt, dann in einen Mörser gegeben und während dem Stoßen, unter öfterem Untereinandermischen, mit Salz, weißem Pfeffer, einer kleinen Messerspitze voll rotem Pfeffer, einem Eßlöffelvoll feingeschnittener und in Butter weichgedämpfter Schalotten, mit 60 g Sardellenbutter, etwas geriebener Muskatnuß und Gewürznelken, feingestoßenem Thymian und Majoran und der äußerst dünn abgeriebenen Schale einer halben Zitrone gewürzt. Keines der angegebenen Gewürze darf im Geschmack vorherrschen, ausgenommen der Pfeffer. Nun wird gesalzene und gekochte Ochsenzunge und reingeschälte Trüffeln, von jedem ungefähr 180 g in kleine Würfel geschnitten, die, nebst zwei Eßlöffelvoll kalter, brauner Sauce und einem ganzen Ei, unter die Fasche verrührt werden. Wenn alles gut untereinander vermischt ist, wird die Fasche in eine mit dünnen Speckplatten ausgelegte runde, glatte Form gefüllt, mit Speckplatten bedeckt und im Ofen, ungefähr 2 Stunden lang »au bain Marie« (im Wasserbad) gebacken, alsdann kaltgestellt. Am anderen Tag wird die Form einige Minuten in heißes Wasser gehalten, sie wird dann mit einem reinen Tuch abgeputzt und der Kuchen vorsichtig gestürzt. Der Speck, sowie das daran klebende Fett wird hinweggenommen, der Kuchen überall mit lauwarmer Glace (Fleischsaft) bestrichen, auf der passenden Schüssel angerichtet und mit kaltem Aspik verziert.

Feldhühner, kalte, mit Sauce

Man schneidet die kalten Hühner in vier Teile, legt sie zierlich auf eine passende Schüssel und gibt folgende Sauce darüberhin: 3 bis 4 Eßlöffel feines Salatöl, 2 bis 3 Eßlöffel weißes Gelee von Kalbsfüßen, 2 Eßlöffel Estragonessig, sehr fein gehackte Schalotten und Estragon, etwas Pfeffer und Salz. Dies alles wird so lange gerührt, bis es sich verbindet und eine dicke Sauce geworden ist.

Fleischkäse von Wildresten

1 Pfund Wildbretreste und 125 g Speck hackt man recht klein, gibt 3 hartgekochte, gewiegte Eier, 2 geriebene in Butter hellgeschwitzte Zwiebeln, 1 in Wasser geweichte und wieder gut ausgedrückte Semmel, Pfeffer und Salz und 3 gewiegte Sardellen dazu, vermengt alles recht gut und gibt die Masse in eine dick mit Fett ausgestrichene und mit Mehl bestäubte Form. Im Wasserbad kocht man das Gefäß eine Stunde lang, stürzt dann das Gericht auf und gibt Kapernsauce darüber und nebenher.

Fischreiher zubereiten

Vom Fischreiher ist nur die Brust brauchbar und sehr wohlschmeckend, das übrige tranig. Man bestreue die Brust bei der Zubereitung mit dem nötigen Salz, lege sie in reichlich heißgemachte Butter und brate sie bei öfterem Begießen und späterem Hinzutun von einer Tasse Sahne bei mäßigem Feuer weich und gelb. Die Sauce wird wie beim Hasenbraten gemacht.

Frikassee, feines von Kapaunen, Hähnchen (Küken) oder Tauben mit Krebsen

Man schneide die Hähnchen in vier, die Tauben der Länge nach in zwei Teile, Kapaune werden nicht zerschnitten, dann stelle man sie mit etwas Salz und reichlich frischer Butter, fest zugedeckt, auf schwaches Feuer, lege sie nach einer Weile auf die andere Seite und füge nach ½ Stunde kochende Bouillon, einige Zitronenscheiben, aus welchen die Kerne genommen, ein Stück Muskatblüte und etwas feingestoßenen Zwieback hinzu und lasse sie, zugedeckt, langsam weich werden; doch dürfen sie nicht im geringsten zerkochen. In der letzten Viertelstunde gebe man folgende Zutaten ins Frikassee: Midder (Kalbsmilch), gefüllte Krebsnasen, Morcheln, Spargelköpfe, Saucischen, sowie auch beim Anrichten in Bouillon oder in gesalzenem Wasser gargekochte Weißbrotklößchen, Austern, Krebsschwänze und Krebsbutter. Die Sauce werde mit 1 bis 2 Eidottern abgerührt. Recht fein angerichtet wird diese Schüssel mit Schnitten von Blätterteig zur Tafel gebracht und vertritt die Stelle einer Pastete.
Was man von den bemerkten Zutaten nicht haben kann, das lasse man weg. Ein gewöhnliches Frikassee wird ebenso gemacht, nur daß die feineren Zutaten wegbleiben und kochendes Wasser statt Bouillon hinzugegossen wird.

Frischlingsrippenbraten

1000 g Frischlingsrippen, 1/2 l Fleischbrühe, 1 Zwiebel, Salz, Pfeffer, 2 Nelken, einige Wacholderbeeren, 1 EL Tomatenmark, 1 kleines Gläschen Weißwein, 1 EL Mehl, Madeira

Das abgespülte, getrocknete Fleisch wird mit Salz und Pfeffer eingerieben. In heißem Fett brät man es von beiden Seiten an, gießt nach und nach die Brühe auf, fügt die mit Nelken gespickte Zwiebel hinzu, ebenso die Wacholderbeeren und schmort das Fleisch im geschlossenen Topf weich. Dann nimmt man es heraus und stellt es warm. Den Bratensatz kocht man mit Tomatenmark und Wein los, bindet mit in wenig Wasser angerührtem Mehl und schmeckt mit Salz, Pfeffer und reichlich Madeira ab. Die Sauce wird durchpassiert und ein Teil über das in Scheiben geschnittene Fleisch verteilt. Die restliche Sauce wird gesondert gereicht. Dazu passen am besten Kartoffelklöße.

Gans

Eine junge Gans erkennt man an der weichen Gurgel, an den blaßgelben Füßen und Schnabel. Bis zu einem Jahr bezeichnet man sie als junge Gänse. Die Gänse verwendet man hauptsächlich von Oktober bis Mitte Januar. Es gibt den ganzen Sommer über junge Gänse, doch sind diese bedeutend teurer. Im Winter unterscheidet man Bratgänse und Fettgänse, letztere werden gestopft, um eine größere Leber und Fettansatz zu bekommen. Das Fleisch dieser Tiere ist trocken und weniger schmackhaft. Die Gans wird gleich nach dem Töten gerupft und einige Tage abgehängt.

Gans, gebratene ältere

1 Gans, etwa 4 kg, Salz, Pfeffer, Zwiebel, Gelbrübe, 3/4 l kochendes Wasser

Die Gans vorrichten, mit kochendem Wasser übergießen, nach Belieben Zwiebel, Gelbrübe zugeben, zudecken, bis das Wasser verdampft ist, dann anbraten, ablöschen, in den Backofen stellen und unter öfterem Begießen, je nach Größe, 2–3 Stunden braten. Bei sehr fetten Gänsen schöpft man das Fett zwischendurch etwas ab. Nach Belieben kann man vor dem Zusetzen einige Einschnitte machen.

Gans, gebratene ausgewachsene

Diese muß immer einen Tag vor dem Gebrauch abgeschlachtet werden, bei kalter Witterung drei Tage vorher. Wenn sie wie die vorhergehende roh zubereitet ist, wird sie von innen und außen mit Salz und Pfeffer eingerieben, dressiert, und ein Sträußchen Majoran in ihren Leib gesteckt. Man legt sie nun nebst zwei verschnittenen Zwiebeln in eine Bratkachel, gibt etwas Wasser dazu, brät sie im Ofen unter häufigem Begießen mit ihrer Sauce während zwei Stunden rösch und weich, unterdessen etwas Fleischbrühe oder Wasser nachgießend, richtet sie dann auf einer Platte an, und bekränzt sie mit Petersilie. Die nicht genau abgefettete Sauce wird in eine Sauciere durchgeschüttet und mit der Gans zu Tisch gegeben. – Bei einer sehr fetten Gans kann man das in ihrem Leib befindliche Fett herausnehmen und beim Braten die Sauce öfters abfetten. – Ist die Gans schon älter, und hat sie die gehörige Farbe schon bekommen bevor sie weich ist, so wird sie mit zwei Bogen Papier bedeckt, welche man sofort mit dem Gansfett übergießt, und so die Gans vollends weichbrät, sie inzwischen noch öfters begießend.

Gans, gebratene junge

1 Gans, 2–2½ kg, Salz, Pfeffer, 60 g Butter, nach Belieben, Zwiebel, Gelbrübe

Die abgehängte Gans wird gesengt, Kopf, Hals, Flügel, Beine abgehackt. Zum Ausnehmen schneidet man die Haut bis zum Brustbein auf, löst zuerst das Fett, nimmt die Gans vorsichtig aus, schneidet an der Leber die Galle weg, löst von den Därmen das Fett und wäscht die Gans. Dann wird sie mit Salz und Pfeffer eingerieben, zugenäht, dressiert, in heißem Fett angebraten, in den Backofen gestellt und unter öfterem Begießen etwa 1 Stunde knusprig gebraten. Die Sauce abfetten, mit etwas Fleischbrühe, nach Belieben Stärkemehl aufkochen. Kopf, Hals, Flügel, Beine, Magen verwendet man zu Gänsepfeffer oder brät sie nach Belieben mit. Das Fett wird gewässert, dann ausgekocht.

Gans, gebratene junge, andere Art

Die halbgewachsene Gans wird immer am Abend vor dem Tag, wo man sie benützen will, abgeschlachtet; die ganz junge soll an dem Tag, wo man sie schlachtet, auch gleich gebraten werden. Nachdem sie gerupft und flammiert oder gebrüht, dann ausgenommen, ausgewaschen und abgetrocknet ist, wird sie von innen und außen mit Salz und Pfeffer eingewürzt, der Leib, damit er beim Braten nicht zu sehr zusammenfalle, mit einer Semmel ausgelegt und die Gans dressiert. So bringt man sie nebst einem Sträußchen Majoran oder Bohnenkraut, einigen Zwiebelscheiben und etwas Wasser in eine Bratkachel und brät sie im Ofen unter häufigem Begießen mit ihrer Sauce anderthalb Stunden langsam gelb und weich, während dieser Zeit etwas Fleischbrühe oder Wasser nachgießend. Die Gans wird nun auf einer warmen Platte angerichtet, mit Petersilie und gelbem Endiviensalat garniert und die durchs Sieb gegossene, zuvor abgefettete Sauce extra damit zu Tisch gegeben. – Muß man *schnell* braten, jedenfalls in einer bis anderthalb Stunden, damit sie saftig werde. Zum Ende ist es auch gut, wenn man ein Stückchen Butter beim Braten beilegt. – Bratet man sie am *Spieß*, so wird ein butterbestrichener Bogen Papier um sie gebunden, den man dann einige Zeit vor dem Anrichten abnimmt, und die Gans vollends rösch bratet.

Gans, gebratene und gefüllte junge

Drei gestrige abgeschälte Semmeln werden in Wasser eingeweicht und nach Durchweichtsein schnell fest ausgedrückt, nun 70 g Butter zerlassen, zwei Eßlöffel feingeschnittene Zwiebel weich darin gedämpft, dazu dann das Brot gegeben und auf schwachem Feuer darin abgedämpft, gleichsam abgetrocknet, worauf man alles in eine Schüssel leert und erkalten läßt. Währenddem wird der aufgeschnittene und ausgewaschene Magen weichgekocht, die harte Haut davon abgeschnitten, derselbe samt der rohen Leber feingewiegt und nebst Salz, Muskatnuß und drei Eiern unter das erkaltete Brot gerührt. Mit dieser Fülle wird jetzt der Leib der hergerichteten Gans gefüllt, dann zugenäht und die Gans dressiert. So bringt man sie mit einem Sträußchen Majoran oder Bohnenkraut, einigen Zwiebelscheiben und etwas Wasser in eine Bratkachel, brät sie ganz so fertig, und richtet sie auf gleiche Weise an.

Gans, gefüllte

Wenn die Gans wie gewöhnlich rein geputzt und ausgenommen ist, wird ein Kreuzerwecken in Wasser eingeweicht, die Leber von der Gans zu kleinen Bröcklein geschnitten, das Fett von der Gans oder ein Stücklein Speck zu der Leber genommen, dies und den ausgedrückten Wecken nebst kleingeschnittener Petersilie, einer feingeschnittenen Zwiebel, Pfeffer, Salz, ein wenig Nelken und etwas geriebenem Quindel oder Thymian in eine Schüssel gegeben, und mit 3 bis 4 Eiern angerührt. Hat man Kastanien, so wird ein Pfund dazugenommen, geröstet, sauber geputzt und an die Fülle gerührt, dann die Gans damit gefüllt, zugenäht und am Spieß langsam gebraten. Kann man aber keine Kastanien haben, so wird das Fleischige vom Magen kleingeschnitten und zur Fülle, welche dadurch kirnhafter wird, genommen.
Auf diese Art können auch Enten gefüllt werden.

Gans mit Apfelfülle

1 Gans, Salz, Pfeffer. Fülle: 1 kg Äpfel

Die Äpfel schälen, halbieren, das Kernhaus herausnehmen, in die vorgerichtete Gans geben und fertigmachen. Beim Anrichten die Äpfel außen herumlegen.

Gans, mit Äpfeln und Beifuß gefüllt

1 Gans, Beifuß, Äpfel, etwas Zucker, etwas Fleischbrühe

Eine ausgenommene, geputzte und geflammte Gans wird unter Zugabe von Beifuß mit Äpfeln gefüllt, die in Viertel oder Achtel geteilt, gesalzen und gezuckert sind. Sie wird dann in einer Bratpfanne mit etwas kochendem Wasser in den Ofen geschoben. Ist das Wasser fast verdunstet, wird die Bratpfanne mit einem gut schließenden Deckel zugedeckt, denn jetzt beginnt das Braten der Gans, das unter fleißigem Begießen vor sich geht und etwa zwei bis zweieinhalb Stunden dauert. Mit etwas guter Fleischbrühe macht man aus dem Bratenfett eine Sauce, die nur noch entfettet werden muß.

Gans mit Kartoffelfülle

1 Gans, Salz, Pfeffer. Fülle: 750 g gekochte Kartoffeln, Zwiebel, Petersilie, Herz, Leber, 2 Eier, Salz, Pfeffer, Muskat, Majoran, 30 g Butter

Die vorgerichtete Gans mit Salz, Pfeffer einreiben. Die Kartoffeln in kleine Würfel schneiden, Zwiebel, Petersilie dämpfen, Herz, Leber feinwiegen, kurz mitdämpfen, alle Zutaten mischen, die Gans damit füllen, zunähen, dressieren. Ist die Gans fett, mit Wasser zusetzen, andernfalls mit Butter. Gefüllte Gans braucht ½ Stunde länger Bratenzeit. (Siehe auch Braten auf dem Rost.)

Gans mit Kastanienfülle

560 g Kastanien werden geröstet, gekocht und abgeschält, in einem Stückchen Butter nebst wenig feingewiegter Zwiebel und ein wenig Salz und Pfeffer ungefähr eine Viertelstunde vollends weichgedämpft, und sodann in die hergerichtete Gans eingefüllt. Diese näht man nun zu, und brät und behandelt sie im übrigen ganz wie vorige. – Erlaubt es die Zeit, so schäle man die Kastanien *roh* ab, werfe sie in kaltes Wasser und lasse sie darin wenigstens zwei Stunden liegen, wo nun die zweite Haut leicht abzulösen sein wird. Nachdem sie dann in leicht gesalzenem Wasser oder Fleischbrühe gut halbweich gekocht, wird dies abgeschüttet und die Kastanien, leicht mit Pfeffer besprengt, in die Gans eingefüllt.

Gans mit Kastanienfülle, andere Art

560 g Kastanien werden nach voriger Art gekocht, geschält und gedämpft, dann zwei geschälte, in Schnitze geteilte Borsdorferäpfel mit 140 g großen Weinbeeren in einem Stückchen Butter und einer Tasse Wasser halbweich gedämpft, dies nun mit den Kastanien leicht untereinandergemengt und in die hergerichtete Gans eingefüllt.

Gans mit Kastanienfülle, dritte Art

1 Gans, Salz, Pfeffer. Fülle: 1 kg Kastanien, Zwiebel, Petersilie, 40 g Butter, 3 Äpfel, Salz, Pfeffer, nach Belieben Herz und leber feingewiegt

Die Kastanien über Kreuz einschneiden, auf ein Blech legen, in den Backofen stellen, bis sie sich schälen lassen. Zwiebel, Petersilie, die Kastanien in Butter andämpfen, mit Fleischbrühe oder Bratensauce ablöschen, zugedeckt beinahe weichdämpfen. Sollen schön ganz bleiben. Dann gibt man die in kleine Würfel geschnittenen Äpfel, Herz, Leber, Gewürze zu, füllt damit die vorgerichtete Gans und macht sie fertig. Die Kastanien können auch in kochendes Salzwaser gegeben werden, bis sie sich schälen lassen.

Gans mit Mandelfülle

1 Gans (3–4 kg), Salz, Pfeffer, Aromat.
Zur Fülle: 60 g Butter/Margarine, 4 Eier, 1 TL Zucker, 60 g geschälte, geriebene Mandeln, 2–3 Brötchen oder 100 g Weißbrot, 60 g Sultaninen oder Korinthen, Salz, ca. 150 g Semmelbrösel

Die vorbereitete Gans innen salzen und pfeffern, außen nur mit Pfeffer einreiben. Zur Fülle die Butter sahnig rühren, die verquirlten Eigelb, Zucker und Mandeln untermischen, die ausgedrückten Brötchen, die gewaschenen Rosinen, Salz und Brösel zufügen und alles gut vermischen. Zuletzt den steifgeschlagenen Eischnee locker unterziehen. Die Gans mit der nicht zu feuchten Masse füllen, dicht zunähen und im Backofen bei mittlerer Hitze ca. 2½ Stunden braten.

Gans mit Weckfülle

1 Gans, Salz, Pfeffer. Fülle: 3 Brötchen, Zwiebel, Petersilie, Herz, Leber, 30 g Butter, Salz, Pfeffer, Muskat, Majoran, 2–3 Eier

Die eingeweichten, ausgedrückten Brötchen fein verzupfen, mit Zwiebel, Petersilie dämpfen, das feingewiegte Herz, Leber, die Gewürze, Eier zugeben, die vorgerichtete Gans damit füllen, fertigmachen.

Gans in Gelee

Eine hergerichtete Gans wird in Stücke geschnitten. Nun gibt man in einen irdenen Topf zwei gelbe Rüben, eine Selleriewurzel, ein Lorbeerblatt, einige Pfefferkörner, die Schale einer halben Zitrone und eine Knoblauchzehe, verschneidet acht Kalbsfüße und verhackt die Knochen, gibt beides nebst dem nötigen Salz gleichfalls in den Topf und zuletzt dann noch die Gans. Es muß jetzt alles langsam so lange kochen, bis letztere weich ist, alsdann nimmt man die Gansstücke mit einer Gabel behutsam heraus, legt sie in eine tiefe Schüssel und stellt sie zugedeckt beiseite. Die Brühe wird nun durchgegossen, der Saft von drei Zitronen, ¼ l Wein und nach Bedürfnis Essig dazugegeben, und solche dann kaltgestellt; ist sie bestanden, wird sie abgefettet, aufs Feuer genommen, das Weiße von fünf Eiern dazugegeben und dieselbe unter fortwährendem festen Rühren einigemal aufgekocht. Nachdem man sie hernach bedeckt eine halbe Stunde an einen warmen Ort gestellt, wird die Brühe durch eine aufgespannte Serviette gegossen, und wenn sie gänzlich durchgelaufen und bereits kalt ist, über die Gansstücke geschüttet. Ist sodann alles gehörig gestockt, so kann es im ganzen oder in den einzelnen Stücken serviert werden.

Gans in Gelee auf andere Art

Die Gans wird nebst 4 Kalbsfüßen in einem weißkochenden Topf, mit Wasser und Salz bedeckt, rein abgeschäumt, mit den in Nr. 3 bemerkten Gewürzen, dem Wurzelwerk und Essig, unter Abnahme des Fettes gargekocht, die Brühe geklärt. Erkaltet, löst man mit einem scharfen Messer die Brust vom Knochen, schneidet sie in glatte, zierliche, schräglaufende Stückchen, die Beine im Gelenk durch, das obere fleischige Stück in 2 Teile und verfährt mit dem Einlegen in die Form sowie im übrigen nach Kapaun in Gelee, andere Art.

Gans, gefüllte, in Gelee

Es gehört hierzu eine junge, recht vollkommene, nicht zu fette Gans, welche wenigstens 2 bis 3 Tage vor dem Gebrauch geschlachtet sein muß. Nachdem sie ganz sauber gereinigt, mit Kleie und heißem Wasser abgerieben und gut abgespült, werden Beine, Flügel, Kopf und Hals abgeschnitten und samt Herz, Lunge und Magen zum Gänseschwarz verwandt. Die Gans wird nun ausgekocht, wie Kapaun in Gelee mit der Leber oder wie gebratener Puter gefüllt. Man kann Kalbsfüße oder Gelatine zum Gelee anwenden. Im ersten Fall setze man die Gans mit 4 Kalbsfüßen, schwach mit Wasser bedeckt, und nicht zu viel Salz aufs Feuer, nehme den Schaum sorgfältig ab, gebe die Gewürze, auch den Essig dazu, nehme nach und nach alles Fett ab und lasse die Gans langsam kochen und weich werden, was bei einer jungen Gans in 3 Stunden der Fall sein wird. Dann nehme man sie aus der Brühe, welche bis zu 2 bis 2½ l eingekocht sein kann, und verfahre im übrigen ganz wie bei Kapaun in Gelee.

Gans, gespickt

1 Gans von ca. 5000 g, 200 g durchwachsener Speck, Salz, Pfeffer, 3 kleine Zwiebeln, 80 g Butter, 1 EL Mehl, ¼ l saure Sahne

Die Gans wird vorbereitet, die Haut abgezogen und alles Fett entfernt. Den Speck schneidet man in feine Streifen und füllt die Gans damit, reibt sie mit Salz und Pfeffer ein und gibt sie in den Topf zu den in heißer Butter angedünsteten, kleingeschnittenen Zwiebeln. Wenn die Gans etwas Farbe genommen hat, gießt man nach und nach ca. ½ l heißes Wasser auf und gart sie im geschlossenen Topf. Das dauert, je nach Größe der Gans, 2 bis 3 Stunden. Die Sauce wird dann mit dem Mehl gebunden, durchgekocht und mit der sauren Sahne verfeinert.
Zur gespickten Gans gibt es Kartoffel- oder Semmelknödel.

Gans nach Mecklenburger Art

1 Gans von 4500 bis 5000 g, Pfeffer, Salz, 500 g Äpfel, 40 g Butter oder Margarine, 50 g Rosinen, 50 g Korinthen. Für den Rotkohl: 1000 g Rotkohl, Gänsefett, Essig, Salz, Zucker, Lorbeerblatt, 1 kleine, mit 2 Nelken besteckte Zwiebel. Für die Maronen: 200 g Maronen (Eßkastanien), Zucker, Butter oder Margarine, ¼ l Fleischbrühe

Die gewaschene, abgetrocknete Gans wird mit Salz und Pfeffer eingerieben. Äpfel werden gewaschen, geschält, in Viertel geschnitten und in der heißen Butter oder Margarine angedünstet. Rosinen und Korinthen werden überbrüht, abgetropft und mit den Äpfeln gemischt. Die Mischung wird in die Gans gefüllt und diese zugenäht. In 130 bis 150 Minuten wird die Gans bei mittlerer Hitze knusprig braun gebraten.
In etwas Backfett von der Gans dünstet man den gehobelten Rotkohl an, gibt das Lorbeerblatt und die Zwiebel dazu, gießt mit etwas Wasser und Essig an, würzt mit Salz und einer Prise Zucker und läßt den Kohl garen. Die Gans mit der Apfelfülle wird später darauf angerichtet.
Man schneidet die Maronen über Kreuz ein, kocht sie ca. 15 Minuten und schält sie dann ab. Etwas Zucker röstet man in Butter oder Margarine goldgelb, gibt die geschälten Maronen hinein und gießt mit heißer Fleischbrühe auf. In weiteren 15 Minuten fertiggaren.

Gans mit Reis

Nachdem die Gans rein geputzt ist, wird sie ausgebeint, auf ein Brett auseinandergelegt und mit Salz bestreut. Nun wird 300 g Reis gewaschen, mit so viel fetter Fleischbrühe oder in deren Ermangelung mit Wasser und 150 g zerlassener Butter übergossen, daß es handhoch über dem Reis steht, dieser dann aufs Feuer gesetzt, ein wenig Salz und eine mit drei Nelken besteckte Zwiebel darangegeben, und derselbe, ohne ihn zu verrühren, genau bedeckt eine Stunde ganz langsam gekocht, während welcher Zeit er kernig weich und trocken geworden sein wird, worauf man ihn in einem irdenen Geschirr zum Erkalten stellt. Er wird sodann, jedoch etwas locker, bis auf einen kleinen Teil in die Gans eingefüllt, letztere über dem Reis zusammengebunden und durchaus zugenäht. Hernach reibt man dieselbe mit Salz und Pfeffer ein, bindet sie in einige butterbestrichene Bogen Papier, und bringt sie in eine Bratkachel, wo man etwas Wasser darunter-gießt, eine verschnittene Zwiebel dazulegt und die Gans im Bratofen anderthalb bis zwei Stunden brät, hierauf das Papier abnimmt, und solche unter öfterem Begießen vollends weich und gelb brät. Der zurückgebliebene Reis wird mit einem halben Schöpflöffel Fleischbrühe aufs Feuer gesetzt und langsam aufgewärmt und aufgekocht, bis er wieder trocken oder vielmehr ohne Brühe ist, dann gleichmäßig auf die bestimmte Platte gegeben, und die unterdessen weichgebratene Gans darauf angerichtet. Von der zurückgebliebenen Sauce nimmt man das Fett ab, gießt in den Satz etwas Fleischbrühe, macht die Sauce noch einmal kochend heiß, säuert sie mit etwas Zitronensaft, und gibt sie, durchs Sieb geschüttet, extra mit der Gans zu Tisch.

Gans, verschnittene oder Ente mit Parmesankäse

Die Gans oder Ente wird den Tag zuvor abgenommen, rein geputzt und aufdressiert, mit Salz und Pfeffer eingerieben, und auf gewöhnliche Art gebraten. Währenddem wird 200 g feingewiegtes Ochsenmark in einer Kasserolle oder Tiegel zerlassen, bis das Häutige anfängt hart zu werden, dann wird solches mittels eines Schaumlöffels herausgenommen, 200 g gewaschener Reis in dem heißen Mark etwas geröstet, sechs bis acht Schöpflöffel Fleischbrühe darangegossen, und dies zusammen eine halbe Stunde zugedeckt gedämpft. Der Reis muß ganz eingekocht, noch kernig und doch weich sein. Alsdann mengt man 100 g geriebenen Parmesankäse, etwas Salz, weißen Pfeffer und eine halbe Messerspitze pulverisierten Safran oder einen Eßlöffel Safranwasser leicht darunter, und richtet ihn auf einer Platte an. Die indes weichgebratene Gans oder Ente wird jetzt tranchiert, der Reis mit den Stücken belegt und dazu die zurückgebliebene Sauce serviert, nachdem solche zuvor abgefettet, mit Fleischbrühe verdünnt, und durchs Sieb in eine Sauciere gegossen wurde. – *Schöner* nimmt sich die Platte aus, wenn die tranchierte Gans oder Ente obenüber mit Glace bestrichen wird.

Gänsebrust, gefüllt

1 Gänsebrust, Salz und Pfeffer, Senf. Für die Füllung: 150 g Kalbsleber, 1 kleine Zwiebel, etwas Butter, 1 Semmel, Salz, Pfeffer, Petersilie

Die Innenseite der Gänsebrust wird mit Salz eingerieben und mit Senf bestrichen.
150 g Kalbsleber werden gewürfelt, ebenso die Zwiebel und beides in Butter angebraten. Die eingeweichte, ausgedrückte Semmel dazugeben, salzen, pfeffern und mit gehackter Petersilie zu einem geschmeidigen Teig vermischen.
Die Füllung wird auf eine Seite der Gänsebrust gelegt, die andere Hälfte darübergeschlagen und fest zugenäht. Bei mittlerer Hitze wird die Gänsebrust in ca. 60 Minuten knusprig braun gebraten.

Gänsebrust, zu räuchern

Nachdem die Brust vom Brustknochen abgelöst ist, werden die Schinken im Gelenk abgeschnitten, mit Salz und etwas Salpeter gehörig eingerieben und nach 3 Tagen geräuchert. Länger als 8 Tage dürfen sie nicht im Rauch hängen und müssen während dieser Zeit mehr Luft als Rauch haben.
Sie werden roh mit ihrem Fett in dünne Scheiben geschnitten und zum Butterbrot gegeben.

Gänse einpökeln

Wenn die Gänse geputzt, ausgenommen, ausgewaschen und abgetrocknet sind, werden die Füße bis ans Knie abgehackt, die Schlegel und hernach die kurz abgehauenen Flügel, an welchen man vorn etwas von der Brust läßt, heruntergeschnitten, der Rücken genau an der Brust abgehackt, und letztere nun noch in der Mitte gespalten. sämtliche Stücke reibt man alsdann mit Salz und Salpeter (auf vier Gänse 560 g Salz und 25 g Salpeter gerechnet), wenigem zerriebenen Knoblauch und Thymian oder in dessen Ermangelung mit Majoran ein, und legt solche in eine kleine Kufe oder einen steinernen, auch irdenen Topf dicht neben- und aufeinander, wo man das Ganze beschwert, und so acht bis zwölf Tage pökelt. Nach dieser Zeit wird Stück für Stück herausgenommen, in Kleie umgewendet, in Papier eingewickelt und dann in leichten Rauch gehängt. Sie brauchen zum Räuchern zehn bis zwölf Tage, nach welcher Zeit man sie an einen luftigen Ort hängt. Bei Gebrauch wird das Papier abgenommen, die Stücke abgewaschen, in leichtem Salzwasser weichgekocht und mit Meerettich zu Tisch gegeben. – Die Brüste werden auch öfters *roh* aufgeschnitten, oder gekocht *kalt* serviert. – Sind die Gänse schon etwas alt gewesen, so kocht man die Stücke gewöhnlich in dürren Erbsen, Linsen oder Bohnen weich, und ißt sie damit, wo sie auch sehr gut schmecken.

Gänseleber, gebacken

Die weniger schöne Gänseleber wird nach Beseitigung der Galle in halbfingerdicke Scheiben geschnitten, diese mit Salz und Pfeffer überstreut, in Mehl und hernach in verrührtem Ei umgekehrt, mit feinen Brotbröseln bestreut, und in einem Stückchen zerlassener Butter oder besser heißem Schmalz auf beiden Seiten unter öfterem Umkehren eine Viertelstunde gelb gebraten, dann auf eine heiße Platte angerichtet, und entweder mit Zitronenscheiben serviert, oder als Beilage zu Gemüsen gegeben. – Die wie oben eingewürzte Gänseleber kann man auch in Backteig von Bier oder Wasser tauchen und aus schwimmendem Schmalz backen.

Gänseleber, gebraten

Die von der Galle befreite Gänseleber wird mit wenig würflig geschnittenem Speck, einem Eßlöffel Zwiebelscheiben, wenig Salz, Pfeffer, einer halben Messerspitze Nelken und zwei Lorbeerblättern gelb gebraten, und währenddem teils mit fetter Fleischbrühe, teils mit der eigenen Sauce begossen. Nach ungefähr einer Stunde ist sie fertig. Sie wird nun auf eine warme Platte angerichtet, die Sauce abgefettet, mit etwas Fleischbrühe verdünnt und aufgekocht, dann mit dem Saft einer halben Zitrone pikant gemacht, über die Leber gegossen und letztere gewöhnlich mit gleichgroßen, rundgedrehten, gebratenen Kartoffeln zu Tisch gegeben.

Gänseleber, gebraten, andere Art

1 Gänseleber, Milch, Salz zum Bestreuen, Mehl zum Einhüllen, 1 Zwiebel in Scheiben, 1 Apfel in Scheiben, 50 g Butter

Die gewaschene Leber wird 2–3 Stunden in Milch gelegt. Nach dem Herausnehmen wird sie abgetrocknet und, wenn sie groß ist, in 2–3 Stücke geteilt. Diese werden gesalzen, in Mehl umgewendet und in Butter 8–12 Minuten gebraten. Ist die Leber von beiden Seiten gebräunt, werden die Zwiebel und Apfelscheiben dazugegeben. Man kann die Leber auch panieren.

Gänseleber, gedämpft

1 Gänseleber, Trüffel, 50 g Butter, 2 dünne Speckscheiben, $1/8$ l Madeira, Fleischbrühe, Zwiebel, Salz

Die von der Galle befreite Leber wird einige Zeit in Milch gelegt, dann abgetrocknet und mit Trüffelstiftchen gespickt. Dann wickelt man die Leber in die Speckscheiben und bindet diese fest. Die Butter wird heiß gemacht, die Leber zugegeben nebst Fleischbrühe, Madeira, Zwiebel, zugedeckt, etwa $1/2$ Stunde gedämpft. Anstatt Fleischbrühe kann man auch Bratensauce nehmen. Die Leber wird auch vielfach mit einer Madeirasauce gegeben.

Gänseleber, gedämpft mit Kastanien

Aus einer schönen, weißen, fetten Gänseleber schneidet man die Galle aus und wischt dann die Leber rein ab. Nun wird in einer Kasserolle 40 g in Würfel geschnittener Speck zerlassen, ein Eßlöffel feingeschnittene Zwiebelscheiben und die Leber hineingegeben und letztere mit Salz, Pfeffer und einer halben Messerspitze Nelken überstreut. So läßt man sie von beiden Seiten gelb anbraten, gießt dann ein Glas roten Wein daran und läßt diesen, indem man das Ganze gut bedeckt, langsam daran eindünsten. Ist die Sauce völlig eingekocht, so wird die Gänseleber herausgenommen und warmgestellt, in dem zurückgebliebenen Fett ein halber Kochlöffel Mehl gelblich geröstet, dieses mit Fleischbrühe zur gehörigen Dicke abgerührt und aufgekocht, die Sauce noch eine Viertelstunde langsam durchgekocht, nun abgefettet, durchs Sieb in eine Sauciere gegossen, und die Gänseleber über glasierte Kastanien angerichtet und nebst der Sauce zu Tisch gegeben. – Die Leber sollte immer ganz frisch zubereitet werden, da sie durch längeres Aufbehalten ihren feinen Geschmack verliert und bitter wird.

Gänseleber, gedämpfte, mit Trüffelsauce

Es werden Trüffel in stiftartige lange Streifen geschnitten und diese in eine schöne, von der Galle befreite und abgewischte Gänseleber der Reihe nach gesteckt, doch so, daß man von den Trüffeln noch etwas sieht. Nun wird in einer Kasserolle ein Stückchen würflig geschnittener Speck zerlassen, die Leber nebst einem Eßlöffel Zwiebelscheiben, zwei Lorbeerblättern, Pfeffer, wenig Salz, einer halben Messerspitze Nelken und den im Mörser feingestoßenen Trüffelabfällen hineingelegt, und ein Glas roter Wein darangegossen, welchen man ungefähr eine Stunde in die Leber eindünsten läßt, dann letztere herausnimmt und warmstellt. In dem zurückgebliebenen Saft röstet man hernach einen kleinen Kochlöffel Mehl einigemal um und rührt ihn mit Fleischbrühe saucenflüssig ab; noch besser ist es, wenn man statt Mehl und Fleischbrühe einen kleinen Schöpflöffel braune Einmachsauce in den Saft rührt. In beiden Fällen wird die Sauce eine Viertelstunde langsam gekocht, dann abgefettet, teils in eine Sauciere, teils unter die Leber gegossen, und letztere mit etwas Zitronensaft besprengt zu Tisch gegeben.

Gänseleber in Gelee

Eine weichgedünstete, erkaltete Mastgans-Leber wird in 3/4 cm dicke Scheiben geschnitten, auf eine Platte gelegt und mit dem flüssiggemachten Gelee (von Traminer, Sauternes oder Portwein) übergossen. Eine Terrine oder Pastetenform wird mit Gelee ausgegossen, ausgestochene Eiweiß- und Trüffelstückchen werden zur Zierde eingelegt und mit leicht pochierter Gänseleber bedeckt und dann mit Gelee aufgefüllt. Nach dem Erkalten wird das Gänseleber-Gelee gestürzt und mit heiß gemachtem Messer in Scheiben geschnitten.

Gänseleber, gut zuzubereiten

Die Leber wird, wenn sie aus der Gans genommen ist, gut abgewaschen, warme Milch daraufgegossen und mit Pfeffer bestreut. So läßt man sie zwei Tage stehen; doch muß den zweiten Tag andere Milch daraufgegossen werden. Wenn man sie zum Speisen zurichten will, so muß die Milch wieder rein davon abgewaschen werden. In einen kleinen Schmortiegel gibt man ein Stück Butter, ein paar Scheiben Zwiebel und Zitronenschale, auch zwei ganze Nelken, legt die Leber darauf, deckt sie zu und läßt sie über schwachem Feuer dämpfen, bis sie gut ist. An die Brühe drückt man noch etwas Zitronensaft und streut ein wenig geriebene Semmel dazu: vorher muß man aber die Butter von der Brühe schöpfen.

Gänseklein

Gänseklein, Wasser, Suppengrün, Zwiebel, 1 Lorbeerblatt, 2 Nelken, Salz, 3 Pfefferkörner. Zur Sauce 40 g Butter, 50 g Mehl, 3 EL Wein

Die Beine, Flügel, Kopf mit kochendem Wasser übergießen, an den Beinen die Haut abziehen, am Kopf die Augen entfernen, die Stücke sauber putzen. Am Magen die innere Haut abziehen, das Herz aufschneiden. Wasser, Suppengrün, Gewürze bringt man zum Kochen, gibt die Fleischstücke zu und läßt sie 1–1½ Stunden weichkochen. Von Fett, Mehl, Gansbrühe macht man eine weiße oder braune Grundsauce, kocht sie gut aus, gibt das Fleisch zu, läßt es 10 Minuten mitkochen und gibt Wein, nach Belieben Zitronensaft zu.

Gänseklein, mit schwarzer Brühe zu kochen

Zum Gänseklein gehört der Kopf, der Hals, die Flügel, die Füße und der Magen. Die Leber, wenn sie schön ist, wird apart zubereitet. Man schneidet den Hals in zwei oder drei Teile, hackt den Schnabel vom Kopf ab, sticht die Augen aus und brüht alles nochmals besonders ab; dann wird es mit dem übrigen in gesalzenem Wasser zugesetzt und so lange gekocht, bis der Magen weich ist. Die schwarze Brühe macht man auf folgende Art. Man nimmt das von der Gans aufgefangene Blut, quirlt es noch einmal und gießt es durch den Durchschlag; dann gibt man geriebenen Pfefferkuchen hinein, gießt von der Brühe, in welcher das Gänseklein gekocht hat, so viel dazu, als nötig ist, setzt es zum Feuer und läßt es unter beständigem Quirlen ankochen, gibt dann noch etwas gestoßene Nelken hinein und richtet sie übers Gänseklein an; zuvor aber muß man kosten, ob sie herzhaft ist; sonst gießt man noch ein wenig Weinessig, mit Zucker versüßt, dazu. Man kann auch noch überdies Klöße kochen und zu dem Gänseklein legen.

Gänseklein, mit schwarzer Brühe auf mecklenburgische Art

Obengenanntes Gänsefleisch wird, wenn es nicht hinreicht, mit in Stückchen geschnittenem Schweinefleisch in Wasser und Salz abgeschäumt und in kurzer Brühe gargekocht. Dann werden geschälte und in Viertel geschnittene Birnen, aus welchen das Kerngehäuse entfernt ist, mit der durchgesiebten Brühe des Fleisches weichgekocht, das mit Essig vermischte Blut, gestoßene Nelken, Pfeffer, Nelkenpfeffer und etwas Zucker hinzugefügt. Nachdem die Birnen in der dicklichen Brühe einigemal aufgekocht und umgeschwenkt sind, legt man das Fleisch in eine Schüssel und

richtet die Birnen mit der Brühe darüber an. Auch kann man Weißbrotklöße in gesalzenem Wasser kochen und zwischen die Birnen legen, was recht schmackhaft ist und zugleich die Portion vergrößert.
Hat man nicht so viel Gänseblut, als zum Dicklichmachen der Sauce erforderlich ist, so kann man sich mit in Butter geschwitztem Mehl aushelfen.

Gänseklein auf Stettiner Art

Das Fleisch, wie es im vorhergehenden Rezept bemerkt worden, wird in Wasser und Salz ausgeschäumt und in nicht zu langer Brühe gargekocht. Dann macht man Butter gelb, schwitzt darin einige feingehackte Zwiebeln, läßt auch Mehl darin gelblich werden und gibt dies mit Brühe feingerührt zum Fleisch, würzt es scharf mit Pfeffer und Thymian und läßt es noch einige Minuten in der recht runden, kräftigen Sauce kochen.

Gänseklein, als Suppe gekocht

1 Gänseklein, 1½–2 l kochendes Wasser, 1 EL Salz, Suppengemüse, 50–60 g Reis

Das gewaschene Gänseklein wird in Wasser mit Salz und Suppengemüse 2–2½ Stunden gekocht. In der durchgeseihten Brühe läßt man den Reis gar werden. Das von den Knochen gelöste, in Stücke geschnittene Fleisch kommt als Einlage in die Suppe.

Gänsepfeffer

Nachdem die Gans an den zusammengebundenden Füßen aufgehängt ist und die Flügel geschränkt sind, wird sie am Genick etwas abgerupft, und letzteres mit einem scharfen Messer überschnitten, doch so, daß der Schlund nicht beschädigt wird, da sonst das Unreine vom Magen in das Blut laufen würde. Letzteres wird in einem Geschirr, worin etwas Essig ist, aufgefangen, die Gans, wenn sie ausgeblutet hat, dann heruntergenommen, nachdem die Flügel wieder freigemacht, gerupft, mit strudelndem Wasser abgebrüht und rein geputzt, der Kopf nebst dem Hals abgeschnitten, die Flügel am zweiten Gelenk abgeschlagen und die Füße am Knie abgelöst. Nun schneidet man die Gans unten auf, zieht das Eingeweide heraus, dabei achtgebend, daß die Leber nicht beschädigt wird, und legt die Gans beiseite. Alsdann wird der Magen vom Gedärm abgelöst, aufgeschnitten und ausgeputzt, die Galle behutsam aus der Leber herausgenommen, letztere und der

Magen in kleinere Stücke verschnitten, Kopf, Hals, Füße (bei welchen mit einem Tuch die Haut abgestreift wurde) und Flügel desgleichen in kleine Stückchen verhauen und jetzt alles dies gewaschen. Der Gänsepfeffer, der nach Belieben über Nacht in die Beize gelegt werden kann, wird sodann mit einem Glas Essig oder ebensoviel Beize, Salz, Pfeffer, einer mit Nelken gespickten Zwiebel, zwei Lorbeerblättern, einer gelben Rübe, Zitronenschale, einem Sträußchen Majoran, einem Gliedchen Knoblauch und so viel Wasser, daß es darübergeht, aufs Feuer gesetzt, und hier langsam weichgekocht. Unterdessen werden zwei Kochlöffel Mehl in gutem Fett gelb geröstet und damit ein Eßlöffel feine Zwiebelscheiben so lange, bis sie gelb und das Mehl braun geworden. Dies wird mit dem Absud von dem Gänseklein zur gehörigen Dicke abgerührt, letzteres nun hineingebracht und noch eine Viertelstunde gekocht, worauf man es herausnimmt und in die bestimmte Schüssel anrichtet. Das Blut wird unter die Sauce gerührt, und diese, ohne sie nochmals kochen zu lassen, sofort durchs Sieb über den Gänsepfeffer gegossen. – Gibt man mit gerösteten Kartoffeln oder beliebigen Knödeln.

Gänsepökelkeulen mit Teltower Rübchen

2 kleinere Gänsekeulen, 600 g geputzte Teltower Rübchen,
2 EL Gänseschmalz, 1 EL Zucker, 2 EL Butter, 1 gehäufter EL Mehl

Die Pökelkeulen waschen und in kaltem Wasser ohne Salz aufsetzen und auf kleiner Flamme ca. 40 Minuten kochen. Das Gänseschmalz mit dem Zucker braun rösten, die Rübchen darin anschmoren, dann zu den Pökelkeulen geben und alles zusammen gardünsten. Von der Butter und dem Mehl eine hellbraune Schwitze bereiten, mit der Kochbrühe der Keulen auffüllen, kurz durchkochen und mit Salz und einer Prise Zucker abschmecken. Die Rübchen mit etwas Sauce binden.

Gänseragout, braunes und weißes

Dazu wird die ganze Gans in Stückchen gehauen, samt Herz, Magen, Lunge und Leber, in Wasser und Salz abgeschäumt, mit einigen Zwiebeln, 3 Lorbeerblättern, einer halben in Scheiben geschnittenen Zitrone – die Kerne entfernt – und mit einer Prise feingestoßenem Pfeffer weichgekocht. Soll das Ragout braun sein, so fügt man etwas gestoßene Nelken, in Butter braun gemachtes Mehl, Essig und einen halben Löffel Birnkraut oder ein Stückchen Zucker hinzu, sowie auch zuletzt das Gänseblut. Soll es ein weißes Ragout sein, so bleibt Essig, Gänseblut und das Süße weg und kommt dann gelb geschwitztes Mehl nebst einigen Zitronenscheiben und gestoßener Muskatblüte hinzu, auch wird die Sauce mit einem Eidotter abgerührt.

Gänseschwarz auf westfälische Art

Man nimmt hierzu alles das, was nicht zum Gänsebraten gehört, nämlich: Hals, Flügel, Leber, Herz, Lunge, Magen und Beine, letztere werden in heißes Wasser gelegt und abgezogen. Der Hals wird in einige Stücke gehauen, das übrige ebenfalls geteilt. Soll das Fleisch mehrere Tage aufbewahrt werden, so gieße man etwas Essig darauf. Beim Gebrauch wird es mit nicht zu vielem Wasser und Salz abgeschäumt, mit einigen Zwiebeln, 4 Lorbeerblättern, Pfeffer und Nelken (auch nach Belieben mit zwei Handvoll abgebrühten Pflaumen) gargekocht. Dann macht man Mehl in Butter braun, achtet aber darauf, daß es nicht brenzlig werde und gibt solches, mit der Brühe angerührt, auch Essig, ein Stück Zucker oder so viel gutes Birnkraut dazu, daß die Sauce einen süß-säuerlichen Geschmack erhält. In einigen Gegenden ist es üblich, anstatt des gebräunten Mehls die Sauce mit geriebenem Honigkuchen gebunden zu machen. Hat man Gänseblut, so wird dieses eben durchgekocht, wodurch das Gänseschwarz sehr an Farbe und angenehmem Geschmack gewinnt, dann aber darf man vorher nur wenig Mehl nehmen, weil das Blut die Sauce sehr verdickt. Übrigens muß dieselbe dicklich, auch reichlich fein und einen kräftigen Geschmack von Gewürz und Essig haben.
Es werden Kartoffeln dazu gegessen.
Das Blut wird beim Schlachten der Gans aufgefangen, mit Essig gerührt und kann um Martini drei, späterhin bei größerer Kälte bis zu acht Tagen, offenstehend an einem kalten Ort aufbewahrt werden; ohne Essig aber würde es bald verderben.

Gänsesülze

Gänseklein oder 1 Gans in Stücke zerteilt oder die Reste einer Gans, deren Brust zu Spickgans verbraucht wurde, kochendes Wasser, Salz, Suppengemüse, Essig, weiße Gelatine, Eiweiß, Eierschale, wenn die Flüssigkeit geklärt werden soll

Das vorbereitete Gänseklein oder die vorbereitete, roh in Stücke zerschnittene Gans werden in kochendem Wasser mit Salz und Suppengemüse in 2–2½ Stunden weichgekocht. Nach der Hälfte der Kochzeit wird etwas Essig dazugegossen. Die Brühe wird durch ein Sieb gegossen, entfettet, kräftig mit Essig und Salz abgeschmeckt und gemessen. Auf 1 l Flüssigkeit werden 10–12 Blatt Gelatine gerechnet, wenn sie ungeklärt bleibt. Soll sie geklärt werden, so sind auf 1 l 12–14 Blatt zu rechnen, 1½ Eiweiß und ½ Eierschale. Die vorher eingeweichte Gelatine wird in der noch heißen Brühe gelöst und diese nach dem Abkühlen über die Fleischstücke gegeben. Werden größere Mengen in einem Steintopf eingelegt, dann ist die Oberfläche des steifgewordenen Gerichtes mit flüssigem, abgekühltem Fett zuzugießen.

Galantine von Huhn

Ein Huhn. Fleischfülle: 50 g gekochten Schinken oder Zunge, 60 g Spickspeck, 3–4 Stück geschälte, länglich geschnittene Pistazien, eine in Scheiben geschnittene Trüffel. Zum Kochen: 2½ l Wasser, 2½ EL Salz, ⅛ l Wein, 1 Zitronenscheibe, 1 Petersiliensträußchen, eine mit Nelken besteckte Zwiebel

Ein fleischiges, ausgebeintes Huhn legt man mit der Hautseite nach unten flach ausgebreitet auf ein Fleischbrett. Die Innenseite bestreicht man fingerdick mit einer feinen Fleischfülle. Sodann schneidet man gekochten Schinken oder Zunge, sowie den Spickspeck in ¾ cm dicke möglichst lange Streifen und legt von diesen abwechslungsweise 3–4 Streifen über die aufgestrichene Fleischfülle. Dazwischen streut man länglich geschnittene Pistazien und wenn man die Galantine recht fein bereiten will, eine in Scheiben geschnittene Trüffel. Nun legt man wieder Fleischfülle und Streifen darauf und arbeitet so fort, bis die vorgeschriebene Fleischfülle verbraucht ist. Oben darauf legt man eine möglichst dünne Speckscheibe, schlägt die Haut darüber zusammen und näht das Huhn zu. Eine alte Serviette wird gebrüht, das Huhn fest hineingewickelt und unten und oben mit einer Schnur gebunden, daß das Huhn das Aussehen einer Wurst erhält. Um das Platzen des Huhnes zu verhindern, empfiehlt es sich, die Geflügelwurst 2–3mal leicht zu umbinden. So vorbereitet gibt man die Galantine nebst dem ausgenommenen Knochengerüst in einen gut glasierten Topf, gießt so viel kaltes Wasser zu, bis das Huhn vollständig damit bedeckt ist und würzt mit Salz, Wein, Zitronenscheibe, Petersiliensträußchen und Zwiebel. Vom Zeitpunkt des Kochens an rechnet man zum Garwerden je nach dem Alter des Huhnes 1–1¼ Std. Nach dem Erkalten nimmt man das Huhn aus dem Sud und preßt es leicht zwischen zwei Brettchen und zwar so, daß die Brustseite dem Arbeitenden zuschaut. Wird die Galantine warm serviert, nimmt man sie nach dem Garwerden aus dem Sud, schneidet sie in gleichmäßige Scheiben und serviert sie mit Aspik-, Holländischem oder Bismarckbeiguß. Kalte Galantine kann man mit Mayonnaise, grünem, gemischtem oder italienischem Salat auftragen. Vom übriggebliebenem Sud kann man Gelee zur Garnitur bereiten. Man kocht in diesem Fall 1–2 aufgeschnittene Kalbsfüße mit oder steift den Sud durch Zugabe von Gelatine. Zu ¾ l eingekochter Flüssigkeit rechnet man 15 Blatt eingeweichte Gelatine.

Galantine, Fleischfülle zur

$^1/_{10}$ l Wasser, 50 g Reis- oder Kartoffelmehl, 3 EL Wasser zum Anrühren, 10 g Butter, $^1/_2$ Pfund Kalbfleisch, 60 g Kalbsnierenfett, 1 Ei, 1 Eigelb, 1 TL Salz, Prise Pfeffer, wenig Muskat

In das kochende Wasser rührt man das mit 3 Eßlöffel kaltem Wasser angerührte Reis- oder Kartoffelmehl ein und kocht dies zu einem festen Brei. Nachdem der Brei 5 Min. gekocht hat, streicht man ihn auf einen Teller und bestreicht die Oberfläche mit der Butter, damit sich keine Kruste bildet. Hierauf stößt man in einem Mörser Kalbfleisch und Kalbsnierenfett, gibt den Mehlbrei zu und stößt alles gut durch. Unter diese Masse gibt man das Ei, Eigelb, Salz, Pfeffer und Muskat, mischt alles gut durch und streicht die Fülle zuletzt noch durch ein feines Haarsieb. In Ermangelung eines Mörsers läßt man den Fleischteig samt dem Mehlbrei 4–5mal durch die Fleischmaschine laufen; von größter Wichtigkeit ist, daß die Fülle möglichst fein gestoßen wird.

Geflügelbecher à la reine

2 junge Hühner, die man gut vorgerichtet hat, werden in Butter und in dem eigenen Saft gebraten. Nachdem sie erkaltet sind, löst man das Fleisch von den Knochen, befreit es von Haut und Sehnen und wiegt es zu einem feinen Brei, den man mit ¼ l Bechamelsauce und 4 bis 5 Eidottern vermischt. Ist die Farce zu dünn geraten, hilft man sich mit geriebenem Zwieback, im anderen Fall gibt man ein wenig dicke Sahne dazu. Die kleinen Becherformen bestreicht man dick mit Butter, füllt die Masse hinein, stellt sie 20 Minuten lang in kochendes Wasser, stürzt sie, wenn sie steif sind und übergießt sie mit Krebssauce.

Geflügelbrötchen (Schlesien)

4 Hühnerlebern, 1 TL gewiegte Kapern, 1 TL gewiegte Petersilie, 1 TL Butter, 1 EL geriebene Semmel, 1 ganzes Ei oder 1 Eigelb, 1 Messerspitze Salz, 1 Prise Pfeffer, 2 Semmeln, 40 g Butter, 1–2 EL geriebener Parmesankäse, (40–50 g Butter)

Die gewiegten Hühnerlebern werden mit Kapern, Petersilie, Butter, Semmel, Ei, Salz und Pfeffer auf dem Herd gerührt bis ein fester Brei entsteht. Semmelscheiben werden von beiden Seiten in Butter gebräunt, dick mit der Lebermasse bestrichen, mit Käse bestreut und im Ofen 5 Minuten überbakken (Oberhitze) oder auf der Pfanne in gebräunter Butter mit der Lebermasse nach unten überbraten. Die Lebern von allen Wild- und zahmen Geflügel eignen sich zur Herstellung dieser Brötchen.

Geflügelreste

Sie lassen sich zum Füllen von kleinen Pastetchen verwenden. Püriert und mit Butter versetzt, sind sie ein interessanter Brotaufstrich. Oder sie werden schön geschnitten und auf einen Teller ausgelegt und mit einer leichten Geleeschicht überzogen.

Geflügel-Risotto

560 g Reis wird gewaschen, in kochendem Wasser zweimal aufgekocht und dann abgegossen. Nun gibt man in eine Kasserolle 140 g Butter, fügt den Reis bei, sowie eine gelbe Rübe, eine mit zwei Nelken besteckte Zwiebel und etwas Salz und dämpft dies mit ¾ l fetter kräftiger Fleischbrühe zugedeckt im Ofen oder Bratrohr langsam drei Viertelstunden, wo der Reis dann ziemlich trocken sein muß und Zwiebel und gelbe Rübe herausgenommen wird. Unterdessen werden zwei junge Hühner, in deren Leib zuvor Magen und Leber gesteckt wurde, hellgelb gebraten, hernach ausgebeint, nebst Leber und Magen in kleine Stückchen geschnitten, und alles jetzt mit der zurückgebliebenen Sauce unter den Reis gemengt, so das Ganze noch eine Viertelstunde zusammen gekocht und alsdann schön erhöht angerichtet. – Statt Hühner kann man auch *Enten* oder *Tauben* verwenden.

Gemsbraten

Schlegel, Rücken oder Bug von einer junge Gemse, 100 g Speck, Salz und Pfeffer, 150 g Butter, etwas Fleischbrühe. Für die Beize: zu gleichen Teilen Essig und Wasser, 1 Zwiebel, 2 gelbe Rüben, 1 Stück Sellerie, Petersilienwurzel, ein paar Zitronenscheiben, 2 Lorbeerblätter, Pfefferkörner, Salz

In die aus den angegebenen Zutaten bereitete Beize – sie muß nicht gekocht werden – legt man das Gemsenfleisch für 2 bis 3 Tage. Danach wird es trockengetupft, gespickt oder mit Speckscheiben belegt, mit Salz und Pfeffer bestreut und in der heißen Butter angebraten. Etwas von der durchgesiebten Beize wird aufgegossen, das Beiz-Gemüse dazugegeben und unter häufigem Beschöpfen weichgebraten. Die Sauce wird passiert und nach Belieben mit etwas Mehl angedickt.

Gemsbraten, Tiroler Art

Die Keule einer jungen, gut abgehangenen Gemse wird gehäutet und recht dicht gespickt. Dann legt man sie in die Pfanne und übergießt sie mit ½ l kochendem Essig, in dem man Wurzelwerk und Gewürz mit verkocht hat, und läßt sie darin so lange dünsten, bis die Hälfte der Brühe eingekocht ist. Nun legt man Brotrinden in die Pfanne, gießt 1 l süßen Rahm dazu, schabt den Bratensatz öfters ab und begießt mit diesem und der Sahne den Braten recht fleißig. Wenn er weich und goldbraun ist, gießt man die Sauce durch ein Sieb und würzt sie mit einem Glas Rotwein, Zitronensaft und nach Belieben mit etwas Paprika.

Gemspfeffer

1000 g Gemsfleisch, 1 l Rotwein, Nelken, Zwiebeln, 1 Lorbeerblatt, 200 g geräucherten Speck, etwas Mehl, ⅛ l saure Sahne, Salz, Pfeffer, Nelkenpulver

Das Gemsfleisch kommt für eine Woche in Rotwein. Dazu legt man eine mit Nelken gespickte Zwiebel und ein Lorbeerblatt.
Dann wird das Fleisch abgetrocknet, mit dem geräucherten Speck scharf angebraten, mit der Beize aufgegossen und im geschlossenen Topf gegart. Von Zeit zu Zeit Beize oder nach Belieben Wein nachgießen.
Wenn das Fleisch weich ist, bereitet man etwas braune Mehlschwitze und gibt diese an die Sauce und läßt alles gut durchkochen. Dann nimmt man den Topf vom Feuer, rührt die saure Sahne ein und schmeckt mit Salz, Pfeffer und Nelkenpulver ab.

Gemspfeffer, andere Art

Das Brust-, Hals- und Rückenfleisch einer Gemse wird sauber gewaschen und in zierliche Stücke geschnitten, die man in Mehl wälzt und in Butter anschmort. Dann füllt man kochendes Wasser auf, gibt Pfeffer, Salz, Zitronenschale, ein Lorbeerblatt, Zwiebeln und ein paar Nelken hinzu, läßt alles halbweich dämpfen, wobei man gut abschäumt, gießt dann noch 1 Glas Rotwein und ½ Glas Essig zu, schneidet eine saure Gurke in Streifchen und läßt alles zusammen vollends weichkochen. Zuletzt mildert man den Essiggeschmack mit etwas klarem Zucker. Das Gericht wird mit der Sauce in tiefer Schüssel gereicht und Kartoffelmus dazugegeben.

Gemsrücken, gebraten

Der gut gehäutete und dicht gespickte Rücken einer jungen Gemse wird mit kochendem Wasser überbrüht, dann herausgenommen und in der Pfanne mit 250 g Butter ringsum schön angebräunt. Man legt einige Brotrinden, 1 Kaffeelöffel Wacholderbeeren und Gewürzkörner dazu und begießt den Braten von Zeit zu Zeit mit kochendem Wasser. Unter häufigem Begießen mit der eigenen Brühe läßt man ihn so ungefähr eine Stunde braten, füllt dann ½ l süße Sahne dazu, bestreut ihn mit Reibebrot und läßt ihn so noch ½ bis ¾ Stunden schmoren. Zuletzt gibt man noch eine Handvoll Kapern in die Sauce. – Auf gleiche Weise kann auch die Keule bereitet werden, nur muß diese etwas länger braten. – Das Fleisch der alten Gemsen ist zäh und trocken und eignet sich nicht zum Braten.

Glace

Dieselbe wird nur in Herrschaftsküchen verwendet, ist käuflich zu bekommen, kann aber auch sehr gut selbst hergestellt werden und zwar wird Jus oder eine sehr kräftige Kraftbrühe, welcher man zum Kochen Huhn und dgl. zugegeben hat, so fest eingekocht, daß man die Masse schneiden kann. Glace wird zur Herstellung von feinen Beigüssen für Geflügel- und Bratenglasuren und zur Verfeinerung von verschiedenen Speisen gebraucht.

Gockel, gefüllter

1 junger Hahn (750–1000 g), 3–4 altbackene Milchbrötchen, etwas Milch, 1 Zwiebel, Petersilie, etwas Butter, 3 Eigelb

Ein junger Hahn von 750 bis 1000 g Gewicht wird gerupft und ausgenommen und mit dieser Masse gefüllt: drei oder vier altbackene Milchbrötchen ohne Rinde werden in Milch eingeweicht und kommen gut ausgedrückt in eine Kasserolle, in der man eine feingehackte Zwiebel und Petersilie in Butter gedämpft hat, ohne, daß sie Farbe angenommen haben. Auf dem Feuer wird das Brot umgerührt, bis es sich von der Kasserolle löst; hierauf rührt man drei Eigelb und die grob gehackte Leber des Gockels darunter. Hat man diese Masse eingefüllt, wird der Hahn zugenäht und im heißen Ofen und unter häufigem Begießen in etwa 45 Minuten langsam gebraten.

Hähnchen, alte Art

2 Hähnchen von je ca. 800 g, 50 g Butter oder Margarine, Salz, Pfeffer, Paprika, 1000 g rohe Kartoffeln, 100 g Speck, 250 g kleine Zwiebeln, wenig Fleischbrühe, Petersilie

Die gewaschenen, trockengetupften Hähnchen werden in heißer Butter oder Margarine rundherum angebraten, mit Salz, Pfeffer und Paprika gewürzt und weitere ca. 10 Minuten unter mehrmaligem Umdrehen gebraten. In der Zwischenzeit schält man die Kartoffeln, schneidet sie in Würfel und gibt sie dann zu den Hähnchen, danach den gewürfelten Speck und die ebenfalls gewürfelten Zwiebeln. Etwa 5 Eßlöffel heiße Fleischbrühe gießt man darüber, legt einen Deckel auf und gart bei mittlerer Hitze ca. 40 Minuten. Nach dieser Zeit wird der Deckel abgenommen und die Form für ca. 5 bis 10 Minuten zum Überbräunen noch im Ofen gelassen. Die gehackte Petersilie darüberstreuen.

Hähnchen, gebacken

Nachdem die 6 bis 8 Wochen alt gewordenen Hähnchen geputzt und gewaschen sind, hält man sie eine Minute in heißes, darauf in kaltes Wasser, teilt sie der Länge nach mit einem scharfen Messer in zwei Teile, nimmt den Rückgratknochen heraus und schneidet sie dann der Breite nach durch, damit man von jedem Hähnchen 4 Teile erhält. Diese werden mit wenig feingemachtem Salz bestreut, in feinem Mehl umgedreht, in Eier, welche mit ebensoviel Wasser verrührt sind, getunkt, dann in Semmelbröseln stark umgedreht und sofort in reichlich Schmalz, welches nicht gar zu heiß gemacht werden darf, goldbraun gebacken. Man kann jedesmal 8 Stück in das heiße Schmalz legen, wobei die Pfanne vorsichtig leicht bewegt wird, damit das Anbrennen verhütet werde. Sie bedürfen nur etwa 2 Minuten, um eine schöne Färbung zu erhalten und durchgebacken zu sein. Dann legt man sie zum Abtröpfeln des Fettes so lange auf einige Brotschnitten, bis die übrigen Teile gebacken sind, läßt eine Handvoll grüne Petersilie, welche gewaschen und in einem Tuch abgetrocknet ist, in Schmalz gelb werden, doch muß man, um ein zu starkes Aufbrausen zu verhüten, die Pfanne vorher vom Feuer nehmen. Dann werden die Hähnchen auf eine erwärmte Schüssel, nach der Mitte höher, angerichtet und mit der gebackenen Petersilie, welche mit etwas feingemachtem Salz bestreut ist, bekränzt, wobei auch ein Sträußchen Petersilie daraufgelegt wird.

Hähnchen, gebackene in Sauce (eine feine Vor- und Mittelschüssel)

Die Hähnchen werden, nachdem sie vorgerichtet sind, der Länge nach durchgehauen und, wie vorstehend, zart und saftig gebraten. Dann nimmt man sie heraus, macht in der zurückgebliebenen Butter Mehl gelb, rührt kräftige Fleischbrühe, gehackte Champignons, etwas Muskatblüte und Zitronenscheiben hinzu und kocht solches zu einer dicken Sauce. Nachdem man dieselbe mit Eidottern abgerührt hat, füllt man etwas erhöht die Höhlung der halben Hähnchen damit, setzt sie nebeneinander in eine Backschüssel und diese ¼ Stunde in den Backofen, worauf sie ohne weiteres angerichtet werden.

Hähnchen, junge (Küken), gebraten

Die jungen Hähne werden am wohlschmeckendsten in einem irdenen Geschirr mit fest schließendem Deckel, dessen Weite dem Inhalt angemessen sein muß; ein zu weiter Topf taugt nicht. Das Spicken ist sehr zu empfehlen, doch kann das Geflügel auch anders recht saftig gebraten werden.

Nachdem die Hähnchen vorgerichtet, inwendig sehr sauber gewaschen, die Beine in den Leib geschoben und gut abgespült sind, streue man etwas feingemachtes Salz darüber, nicht zu viel, weil die Butter einiges Salz enthält, schiebe ein Stück Butter in den Leib, lege sie mit guter Butter dicht nebeneinander in den Topf und brate sie zugedeckt, besonders anfangs, auf langsamem Feuer, unter häufigem Begießen und Umwenden, bis sie weich und gelb geworden sind, was etwa 1¼, höchstens 1½ Stunden erfordert, wobei man, sobald sie weich genug geworden sind, den Deckel entferne. Nach den Anforderungen an die feinere Küche darf das Geflügel nicht zu stark gebraten, nicht braun sein, sondern muß eine schöne hochgelbe Farbe erhalten, ohne daß es die Spuren von geschmortem Geflügel trägt.

Reichlich ¼ Stunde vor dem Weichwerden streue man feingestoßenen Zwieback darüber, welches das Ansehen der Hähnchen und den Wohlgeschmack der Sauce erhöht. Dann aber muß letztere ohne Zusatz angerichtet werden. Statt des Zwiebacks kann man auch dicke süße Sahne nach und nach hinzugeben (das Feuer kann alsdann etwas stärker sein), die Hähnchen fleißig begießen und beim Anrichten die gelbbräunliche Sauce mit wenig kaltem Wasser recht zusammenrühren, wodurch sie gebunden wird. Übrigens darf bei Geflügel auch die Sauce nicht braun sein, weil dadurch das Feine verlorengeht.

Hähnchen, junge, in Gelee

Sind die Hähnchen, wie es beim Braten bemerkt worden, vorgerichtet, werden die Brustknochen eingedrückt und herausgenommen. Dann werden sie mit etwas Salz eingerieben, in einem irdenen Topf in gelb gewordener Butter, fest zugedeckt, langsam weich und gelblich gedämpft und auf einer Schüssel zum Erkalten hingestellt. Unterdessen läßt man eine nicht zu dünne Lage Geleebrühe auf einer mit Mandelöl bestrichenen Schüssel fest werden, deren Größe nach der Schüssel, worauf das Gelee gestürzt wird, gewählt werden muß. Darauf legt man das erkaltete Fleisch und bedeckt solches mit der übrigen ziemlich abgekühlten Geleebrühe. Am nächsten Tag stürzt man das Gelee auf die bestimmte Schüssel und verziert es.

Hähnchen mit jungen Erbsen und Krebsen anzurichten

Man schäumt die Hähnchen in Wasser und Salz gut aus, gibt ein Stück Butter hinein und läßt sie langsam weichkochen. Wenn die Brühe schon etwas kräftig geworden, setzt man in einem anderen Topf ein reichliches Stück Butter auf, schüttet die entschoteten Erbsen hinein und läßt sie zugedeckt darin eine Weile dämpfen, indem man sie zuweilen durchrührt. Dann füllt man von der Hühnerbouillon hinzu, läßt sie weichkochen, rührt etwas feingehackte Petersilie durch und macht die Brühe mit einigen Eidottern, die man mit einem Löffel Wasser anrührt, sämig. Zugleich hat man Krebsnasen, Klöße und Krebsbutter angefertigt, richtet die Hähnchen in zierlicher Ordnung darauf, gibt Krebsbutter darüber hin und garniert die Schüssel mit den Krebsnasen.
Zeit des Kochens wie das vorige Gemüse.

Hähnchen, indisch

1 Hähnchen, Salz, Curry, 60 g Butter, 1/4 l Wasser, 1/2 saurer Apfel, 1 Banane, 1/4 l weiße Sauce, 1/8 l Sahne, Curry, Zucker, weißer Wermut, 1 EL Ananaswürfel

Das Hähnchen mit Salz und Curry einreiben und im heißen Fett ringsum anbraten. Mit etwa 1/8 l Wasser ablöschen und ca. 40 Minuten braten. Das Hähnchen herausnehmen, in Portionsstücke teilen und warmhalten. Den Bratensaft mit wenig Wasser aufkochen, geriebenen Apfel, die geschälte, in Scheiben geschnittene Banane und die weiße Sauce dazugeben und wenige Minuten durchkochen lassen. Die Sahne darunterrühren und die Sauce mit den Gewürzen und zuletzt mit Wermut abschmecken. Über die angerichteten Geflügelteile gießen und mit Ananasstückchen garnieren.

Hähnchen Marengo

1200 g Hähnchen, 20 g Öl, 30 g Butter, 40 g Mehl, Petersilie, $\frac{2}{10}$ l Fleischbrühe, $\frac{2}{10}$ l Weißwein, 200 g Pilze, 50 g Tomatenmark, 30 g Schalotten

Öl und Butter erhitzen und das in Stücke geschnittene Hähnchen dazugeben bis die Stücke goldbraun werden, danach Petersilie und kleingeschnittene Schalotten dazugeben, gut durchrühren; das Mehl dann daruntermischen und mit dem Weißwein und der Brühe anfeuchten. Eine Stunde langsam brutzeln lassen, dann die Pilze und das Tomatenmark hineintun, noch 30 Minuten gar werden lassen.

Hähnchen in Paprika

1 Hähnchen, 3 Paprikaschoten, 3 geschälte, gebrühte Tomaten, 3 Zwiebeln, 100 g Fett, $\frac{1}{8}$ l Wasser, 50 g Rosenpaprika, Salz, Pfeffer, 1 zerdrückte Knoblauchzehe, 1 EL Mondamin

Das Hähnchen in 8 Stücke zerlegen. Die entkernten Paprikaschoten in Streifen, die Tomaten in Würfel und die geschälten Zwiebel in Scheiben schneiden. Die Geflügelteile im heißen Fett mit den Zwiebelscheiben anbraten. Das restliche Gemüse, das heiße Wasser und die Gewürze dazugeben, gut umrühren und ca. 30 Minuten garen. Das Mondamin mit wenig kaltem Wasser anrühren und das Gericht damit binden.

Hähnchen in Rotwein

2 Brathähnchen, 1 TL Butter, 100 g Speckwürfel, 4 Zwiebeln, 1 Glas Kognak, Salz, Pfeffer, 1 zerdrückte Knoblauchzehe, 2 Lorbeerblätter, $\frac{1}{2}$ l herber, schwerer Rotwein, 250 g Champignons, Rosmarin, Thymian, 2 EL Butter, 1 EL Mehl

Die Hähnchen in je 4 Teile zerlegen und in heißer Butter und ausgelassenem Speck anbraten. Nach rund 5 Minuten die Zwiebelhälften dazugeben und glasig dünsten. Mit Kognak flambieren, würzen, Lorbeerblätter dazugeben, den Rotwein aufgießen und ca. 30 Minuten garen. Die Champignons waschen, putzen, feinblättrig schneiden und mit den Gewürzen dazugeben. 10 Minuten bei geringer Wärmezufuhr kochen lassen. Die Fleischstücke herausnehmen, Mehl und Butter zu Klümpchen verkneten und in die Sauce rühren.
Die Geflügelstücke mit der heißen Sauce übergossen servieren.

Hähnchen mit Schinken

200 g gekochter Schinken, 2 saure Gurken, Zitronensaft, Öl, Kapern, Salz, Pfeffer, Paprika, ½ Hähnchen

Gekochter Schinken und saure Gurken werden in Scheiben geschnitten und mit etwas Zitronensaft, Öl, einem Eßlöffel Kapern, Salz und Pfeffer vermischt. Diese Mischung gibt man auf die Innenseite eines gebratenen, halben Hähnchens und bestreut mit etwas Paprika.

Hähnchen mit Walnußsauce

(Für 4 Personen) 1 Salathuhn, ¾ l Wasser, 1 TL Salz, 2 kleine Zwiebeln, 140 g Walnußkerne, 2–3 Scheiben Weißbrot, ½ TL Rosenpaprika, frischgemahlener schwarzer Pfeffer, ½ EL feingehackte Petersilie

Zuerst zerlegen Sie das Salathuhn und setzen es in kaltem Wasser mit ½ TL Salz auf. Etwa 30 Min. kochen lassen. Die Salathuhnteile herausnehmen und beiseite stellen. Die Brühe bei starker Hitze ohne Deckel so lange kochen lassen, bis die Brühe auf etwa ½ l reduziert ist. Nun schälen und hacken Sie die Zwiebeln und Walnußkerne sehr klein und zusammen mit Weißbrot und Brühe in eine Schüssel geben. Mit dem Pürierstab des Handrührgerätes zu einem glatten Brei pürieren. Mit Salz, Pfeffer und Paprika würzen.
Als nächstes ziehen Sie die Haut von dem Salathuhn ab und lösen das Fleisch von den Knochen. Danach schneiden Sie das Fleisch in schmale Streifen. Vermengen Sie es dann mit der Hälfte der Sauce. Das Fleisch auf einer Platte anrichten und die restliche Sauce darübergeben. Zum Schluß bestreuen Sie das Gericht mit Paprika und Petersilie.

Hähnchenleber, rote

500 g Hähnchenleber, 4 Zwiebeln, 3 EL Tomatenmark, 1 Becher süße Sahne, 40 cl Kognak, Salz, Pfeffer

Zubereitung wie Hähnchenleber in Sherry, nach Flambieren zuerst Sahne unterrühren, dann Tomatenmark. Köcheln lassen, bis die Sauce eindickt. Salzen und pfeffern, sofort servieren.

Hähnchenleber mit Sherry

500 g Hähnchenleber, 4 Zwiebeln, 1/2 l süße Sahne, 40 cl Sherry, Salz, Pfeffer

Die Zwiebel in dünne Ringe schneiden und in reichlich Öl dämpfen. Hähnchenleber separat in Butter kurz und scharf anbraten. In die Pfanne mit den Zwiebeln geben und Sherry darüberschütten. Flambieren. (Dies geschieht am besten, indem ein brennendes Streichholz an den Rand der Pfanne gehalten wird). Mit Salz und Pfeffer abschmecken, Sahne unterrühren, sofort servieren.

Hähnchenragout mit Tauben

Man rechnet auf 12 Personen 4 Hähnchen oder 8 Tauben. Dieselben werden vorgerichtet und in Butter gargedämpft. Dann rührt man eidick frische Butter bräunlich, streut Mehl hinein und rührt es ebenfalls braun, doch darf es nicht brenzlig werden. Dieses Mehl wird mit der kräftigen Brühe, worin das Geflügel gargemacht ist, angerührt und mit brauner Kraftbrühe, wie sie in den Vorbereitungsregeln beschrieben ist, nachgefüllt, eine in Scheiben geschnittene Zitrone, woraus die Kerne genommen, dazugegeben, nebst etwas gestoßenen Nelken, Peffer und Salz. Wenn dies kocht, wird nach Belieben von folgendem hinzugetan: Eine kleine Handvoll Morcheln, ebensoviel in Stückchen geschnittene frische oder eingemachte Champignons, 6 bis 8 Stück in Scheiben geschnittene Trüffeln, 250 g Midder (Kalbsmilch), 250 g Kastanien, 250 g in Butter gebratene kleine Saucischen, Klöße, die aus 250 g feingehacktem Fleisch aufgerollt sind, 1/2 Tasse Kapern und 1 Eßlöffel voll Pistazien, Wie das alles vorgerichtet wird und wie lange es im Ragout kochen muß, ist in den Vorbereitungsregeln mitgeteilt. Dann wird das Fleisch ins Ragout gelegt und, nachdem es 1/4 Stunde langsam gekocht hat, angerichtet. Die Sauce muß dicklich, recht kräftig sein und nur einen Geschmack von Säure haben.
Die Klöße würden, in der dicken Sauce gekocht, nicht locker werden; es ist daher besser, sie in Fleischbrühe oder gesalzenem Wasser einige Minuten oder so lange zu kochen, bis sie inwendig nicht mehr rot sind, und dann ins Ragout zu legen. Dasselbe wird als Voressen allein oder auch mit gut gebratenen Kartoffeln gegeben.

Hahn, gebraten

2 junge Hähnchen oder ein größerer Hahn, Salz, Pfeffer, Zitronensaft, 50 g Butter, nach Belieben Zwiebel, Gelbrübe

Das Geflügel wird vorgerichtet (siehe Geflügel, Allgemeines), mit Salz, Pfeffer, Zitronensaft eingerieben; Herz, Leber, nach Belieben 20 g Butter, gibt man in den Körper, näht ihn zu und dressiert den Hahn. Dann übergießt man ihn mit heißer Butter, brät ihn mit Zwiebel und Gelbrübe an, löscht wenig ab, stellt ihn in den Backofen, übergießt öfter und läßt ihn je nach Größe ½–1 Stunde braten. Nach Belieben kann man die Brust mit einer Speckscheibe umbinden. Kleine Hähne werden beim Anrichten halbiert, etwas größere in 4 Teile geschnitten.

Hahn, gefüllt

1 mittelgroßer Hahn, 1½–2 Brötchen, Zwiebel, Petersilie, 30 g Fett, Salz, Pfeffer, Muskat, 1 Ei, 70 g Butter, Zitronensaft

Brötchen einweichen, mit Zwiebel, Petersilie, feingewiegter Leber, Herz in Butter dämpfen, nach dem Verkühlen Gewürze und Ei zugeben. Den Hahn vorrichten, mit Salz, Pfeffer, Zitronensaft einreiben, füllen, zunähen, dressieren, zusetzen wie Brathuhn. Gefülltes Geflügel braucht etwa 20 Minuten längere Bratzeit. Es ist ausgiebiger, verliert aber etwas Geschmack. Für den feineren Tisch gibt man es ungefüllt.

Hase, abziehen

Junge Hasen erkennt man daran, daß sich die Ohren leicht einreißen und die Rippen leicht eindrücken lassen. Zum Abziehen hängt man den Hasen an den Hinterläufen auf, den Rücken nach hinten. Dann ritzt man, vom Schwanz aus, die Haut der hinteren Läufe bis zum Gelenk mit einem scharfen Messer ein, löst das Fell an beiden Läufen ab und zieht es vorsichtig, ab und zu mit dem Messer nachhelfend, über den Körper herunter. Die Vorderläufe werden am Gelenk abgeschnitten. Am Kopf schneidet man das Fell an den Ohren und den Augen ab. Dann nimmt man die Eingeweide heraus; sollten diese zerschossen sein, so daß Kot ausgetreten ist, spült man den Hasen mit Wasser aus, dann schneidet man das Brustbein durch und fängt das Blut auf. Die Bauchlappen, Kopf, Hals und die Vorderläufe werden abgeschnitten und nebst Herz, Leber, Lunge und Blut zu Ragout verwendet. Der Rücken und die hinteren Läufe können zu einem ganzen Braten verwendet werden, oder man schneidet die Schlegel im Gelenk und Rücken ab. Hasenbraten ist sehr gut auf dem Rost gebraten, dazu nicht mit der Nadel spicken, sondern nach dem Ablöschen mit Speckscheiben belegen.

Hase, eingemachter

Man spickt den gebeizten, in kleine Stücke zerhauenen Hasen mit feinem Speck, setzt ihn mit 70 g in Scheiben geschnittenem Speck, einigen Lorbeerblättern, einem Sträußchen Thymian, Salz, Pfeffer und einer Messerspitze Nelken aufs Feuer, läßt denselben, zugedeckt, gelb anbraten, und nimmt ihn dann heraus. In dem zurückgebliebenen Saft wird nun zwei Kochlöffel Mehl ein wenig geröstet, dies mit Fleischbrühe und etwas Beize saucenflüssig abgerührt, hierein dann wieder der Hase gelegt und solcher bedeckt langsam weichgekocht. Hernach wird er in einer tiefen Platte angerichtet, das Fett von der Sauce abgenommen, diese, nach Belieben mit einem Eßlöffel Zucker gewürzt, durchs Sieb über die Hasenstückchen gegossen, das Ganze mit feingeschnittener Zitronenschale überstreut und mit gleichgroßen, rundgedrehten, gebratenen Kartoffeln serviert.

Hase, fränkischer (Dippe-Has)

1 kleiner Hase, Essig, magerer Schweinebauch, Rotwein, 1 Zwiebel, Lorbeerblätter, geriebenes Schwarzbrot, Mehl

Zu dem Hasen im Topf nimmt man ein kleines, junges Tier, dessen Blut beim Abziehen aufgefangen und mit Essig durchgerührt wird. Den zerlegten Hasen schichtet man abwechselnd mit aufgeschnittenem, magerem Schweinebauch in einen gut verschließbaren Topf, vermischt Rotwein mit dem Hasenblut und gießt es darüber. Dazu gibt man feingehackte Zwiebel, zwei Lorbeerblätter und einige Löffel geriebenes Schwarzbrot. Der Topf wird mit dem Deckel verschlossen und mit einem Mehl- oder Wasserteig abgedichtet. So wird das Fleisch gedämpft und der Topf erst geöffnet, wenn er auf dem Tisch steht.

Hase, gebraten

Ein junger Hase wird hergerichtet und zwölf Stunden in die Beize gelegt, dann rein abgehäutet, mit feinem Speck gespickt, mit einem Stückchen Butter, 70 g verschnittenem Speck, einigen verschnittenen Zwiebeln, einer verschnittenen gelben Rübe und einigen Lorbeerblättern in eine passende Bratpfanne eingelegt, mit Salz, Pfeffer und einer Messerspitze gestoßenen Nelken bestreut, und im Ofen unter öfterem Begießen mit seinem Saft eine Stunde langsam gebraten, während welcher Zeit man einen Schöpflöffel Beize darangießt. Vor dem Anrichten wird die Sauce abgefettet, und nach Belieben vier Eßlöffel saurer Rahm über den Hasen gegossen, hernach ein Eßlöffel Mehl in die Sauce gerührt und etwas Fleischbrühe dazugegeben, der Hase noch eine Viertelstunde mit der Sauce gebraten, und letztere nun durch ein Sieb gegossen und extra serviert.
Anmerkung. Bei allem gebeizten Wildbret muß darauf geachtet werden, daß man es nicht mehr zu stark würzt, weil in der Beize schon Gewürz enthalten ist. Auch ist beim Braten wohl zu beachten, daß das ältere und stärkere fast eine Stunde länger zum Fertigwerden braucht, als das junge.

Hase, gedämpft

Nachdem der Hase abgezogen, wird das sogenannte Junge oder der Hasenpfeffer, nämlich der Kopf mit dem Hals, die Vorderläufe und die Brust, abgeschnitten, so daß nur die Schlegel am Ziemer bleiben, hierauf die Schenkelknochen mit dem Rücken des Beils von innen abgeschlagen, damit sie sich zu einer gefälligeren Form zusammenschieben lassen und die Füße nicht so steif hinausstehen. Ist es ein älterer Hase, so muß er gebeizt werden, bei einem jungen ist dies keine Notwendigkeit. Er wird nun abgehäutet, gespickt, mit Salz und Pfeffer bestreut, und nebst 70 g in Würfel geschnittenem Speck, einer oder zwei zerschnittenen Zwiebeln, einigen Lorbeerblättern und einer Messerspitze Nelken in eine Bratkachel gegeben, wo man ihn mit fetter Fleischbrühe begießt, und so im Bratofen zugedeckt gelb andünsten läßt. Die Leber, die Lunge und das Herz werden feinverwiegt, nebst zwei Eßlöffel Mehl und zwei Eßlöffel Semmelbröseln zum Hasen gegeben, ein Glas Wein und ein Schöpflöffel Fleischbrühe darangegossen, beim älteren auch etwas von der Beize, beim ungebeizten ein wenig Essig, und unter öfterem Begießen der Hase so lange in dieser Sauce gedämpft, bis er weich geworden, (was bei einem jungen ungefähr eine Stunde Zeit erfordert), wo man ihn dann herausnimmt und warmstellt. Die Sauce wird nun etwas abgefettet, ein wenig mit Fleischbrühe verdünnt und mit Zitronensaft oder etwas Essig abgeschärft, hernach durchs Sieb getrieben, noch einmal kochend heiß gemacht und auf die Platte unter den Hasen gegossen. Diesen überstreut man alsdann mit feingeschnittener Zitronenschale, und gibt ihn gewöhnlich mit Kartoffelknödeln zu Tisch. –

Die Sauce wird der Leber wegen öfters auch *nicht* durchgetrieben; in diesem Fall muß man dann die Zwiebeln und Lorbeerblätter *herausnehmen.* – Den Hasen kann man ebensogut in Stücke zerkleinern, welche dann beim Anrichten so auf die Platte geordnet werden, daß sie zusammen einem *ganzen* Hasen ähnlich sind.

Hase, gedämpft, auf andere Art

Wenn der Hase wie obiger hergerichtet, gehäutet und gespickt ist, wird er in Stücke geschnitten, (die Schlegel und der Rücken je in drei Stücke), und diese dann in einer Bratenkachel nach voriger Art gedämpft, nachdem zuvor 70 g Speck, drei kleine Zwiebeln, eine Zitronenschale, einige ganze Nelken, etwas Pfeffer, drei bis vier Eßlöffel Essig, etwas Salz und so viel Wasser dazugegeben, daß es fingerbreit an den Stücken heraufgeht. Ist nun alles beinahe weich, so läßt man 40 g Butter zergehen, und röstet darin zwei Kochlöffel Mehl braun, dies rührt man sodann zum Hasen, und kocht das Ganze bedeckt so lange, bis der Hase weich ist, hernach wird er angerichtet und die Sauce durchs Sieb darübergegossen.

Hase, geschmort

Hasenrücken, Keulen und Läufchen werden gut gehäutet, gesalzen und in Stücke geschnitten. 4 große gewiegte Zwiebeln läßt man in 2 bis 3 Eßlöffel Butter oder Schweineschmalz hellgelb werden, gibt einen Kaffeelöffel Paprika hinein und dann die Hasenstücke. Wenn der Hase eine Zeitlang gedünstet hat, gießt man ½ l Weißwein dazu und dämpft ihn darin weich. In ½ l Sahne verquirlt man ½ Eßlöffel Mehl, gibt es unter Umrühren zur Sauce und läßt sie noch einmal aufkochen. Das Gericht wird in einer Schüssel serviert.

Hase, geschmort, andere Art

Nachdem man den Hasen gehäutet und gespickt hat, setzt man ihn mit Möhren, Kohlrabi, Sellerie, Porree und Petersilienwurzel, das man alles kleingeschnitten, und halb Bouillon, halb Rotwein aufs Feuer und läßt ihn in 1½ Stunden weichkochen. Dann wird der Hase in Stücke geteilt. Die Bouillon verdickt man mit Kartoffelmehl, gibt Pfeffer und Salz daran, läßt nochmals aufkochen und reicht die Sauce in einer tiefen Schüssel über die Fleischstücke. Salzkartoffeln und Salat werden dazu serviert.

Hase, Oberbergener

2 Hasenrücken, 70 g Speck, Salz, Pfeffer, gemahlene Nelken, 2 Zwiebeln, ¼ l Fleischbrühe, ⅛ l schwerer, herber Rotwein, ⅛ l saure Sahne, 1 TL Mondamin, 2 EL Kirschwasser

Die Hasenrücken häuten und die Filets mit einem sehr scharfen Messer vom Knochen lösen. Die Hälfte des Specks in Streifen und die andere Hälfte in Scheiben schneiden. Die Lendchen spicken, salzen, pfeffern, mit Nelkenpulver einreiben und auf den Speck- und Zwiebelscheiben 10–15 Minuten rundum scharf anbraten. Herausnehmen und warmstellen. Fleischbrühe, Rotwein und Sahne zum Bratenfond geben und 5 Minuten durchkochen. Mondamin mit Kirschwasser anrühren, die Sauce damit binden. Durchsieben und über das Fleisch geben.

Hase im Pfeffer

1 abgehäuteter Hase, Salz, Pfeffer, Mehl, 125 g durchwachsener Speck, Zwiebel, Zitronenschale, ⅓ l Wein, Essig, getrocknete Pilze

Das ist eine Anfang des achtzehnten Jahrhunderts entstandene Redensart. Es soll damals Gastwirte gegeben haben, die auch mit ihrem bereits verdorbenen Wildbret ihren Gästen noch eine Freude machen wollten. Um den möglicherweise etwas üblen Geruch oder Geschmack zu verdecken, pflegten sie deshalb derartige Wildgerichte stark zu pfeffern.
Der einwandfreie Pfefferhase ist dagegen eine sehr wohlschmeckende Wildspezialität:
Das Wildbret wird gut abgehäutet, ausgelöst – auch die Seiten – und in nicht zu kleine Stücke geschnitten. Die Stückchen werden gesalzen, gepfeffert und ordentlich in Mehl gewälzt. In der Bratpfanne wird gewürfelter Speck, geschnittene Zwiebel und etwas Zitronenschale mit dem Hasen so lange geröstet, bis das Fleisch lichtbraun wird. Ist es soweit, wird es mit einem Drittelliter Wein übergossen, etwas Essig und ein paar Blätter

getrockneter Pilze werden beigefügt. Der Hase hat zu dünsten, bis er mürbe ist. Die Sauce wird passiert, mit Pfeffer abgeschmeckt und vor dem Servieren über das Fleisch gegossen.

Hase, schwarzer

Wird ganz wie eingemachter Hase bereitet, nur braucht er, wenn er jung ist, nicht gebeizt zu werden. Sind die Stückchen auf der Platte angerichtet, so verdünnt man die Sauce mit etwas Fleischbrühe, rührt einen halben Schöpflöffel Hasenblut (Schweiß), welches man beim Ausziehen des Hasen in $1/16$ l Essig auffängt, daran, gießt sie, ohne sie mehr kochen zu lassen, durchs Sieb über den Hasen, bestreut solchen mit feingeschnittener Zitronenschale und gibt ihn sogleich zu Tisch. – Ist der Hase schon älter, so daß man ihn beizen muß, kommt Herz und Leber samt dem Schweiß in die Beize, und es wird von dieser Beize zur Sauce genommen. Sollte letztere nicht hinlänglich schwarz sein, so wird mit gebranntem Zucker nachgeholfen.
Anmerkung. Über diesen Hasen wird öfters beim Anrichten ein kleiner Schöpflöffel *gebackene Zwiebeln* gestreut.

Hasenbraten im Ofen

Man nimmt dazu den ganzen Rücken nebst den Hinterläufen, das übrige wird zum Hasenpfeffer gebraucht. Beim Abwaschen sehe man aufmerksam zu, daß die Steißstelle wohl gereinigt werde, auch keine Haare, welche von den Schrotkörnern eingedrungen sind, zurückbleiben. Dann wird der Rükken enthäutet und nach Belieben gespickt, doch ist bei aufmerksamem Braten und häufigem Begießen das Spicken eben nicht durchaus notwendig. Man streue sodann etwas Salz darüber und lege ihn, den Rücken nach oben, mit reichlich Butter womöglich in eine irdene Bratpfanne, umwickle die Füße mit Papier und brate ihn, damit er nicht austrockne, in einem heißen Ofen, der jedoch von unten eine nicht gar zu starke Hitze haben darf, weil sonst die Sauce leicht brenzlig wird. Sobald der Braten gelblich geworden, gieße man nach und nach 1 bis 2 Tassen dickliche süße Sahne hinzu. Reichlich Butter, Sahne, in Ermanglung frische Milch, und fleißiges Begießen machen den Braten saftig, selbst das Fleisch an den Beinen kann dadurch fast ebenso mürbe und saftig zubereitet werden wie der Rücken. Man brate einen jungen Hasen nicht über 1 Stunde, einen älteren etwa $1\frac{1}{2}$ Stunden, und nehme den Braten, sobald er sich milde durchstechen läßt, sofort aus dem Ofen, selbst dann, wenn das Anrichten noch nicht erfolgen kann, indem durch Warmhalten im Ofen das Fleisch austrocknet. Zur Zeit setze man die Pfanne wieder 10 Minuten hinein und versäume das

Begießen nicht, auch vergesse man nicht, das Papier beim Anrichten zu entfernen.
Statt mit Sahne kann der Hase auch mit guter Buttermilch zubereitet werden, wobei dann, nachdem der Braten eine gelbliche Farbe erhalten hat, etwa ½ l Buttermilch nach und nach hinzugegossen wird, wobei jedoch für eine stärkere Unterhitze gesorgt werden muß, damit die Sauce nicht weißlich bleibe.
Liebt man am Hasenbraten einen säuerlichen Geschmack, so lege man ihn vorher 12 bis 24 Stunden in Essig.
Von dem übriggebliebenen Hasenbraten oder von dem Gerippe kann man eine angenehme Suppe bereiten.

Hasenbraten am Spieß

Wenn der Hase nach vorhergehender Beschreibung vorgerichtet ist, so läßt man ihn mit reichlich Butter unter fortwährendem Begießen am Spieß etwa 1 Stunde braten. Liebt man indes nach englischer Weise das Fleisch inwendig rot, so bedarf er zum Braten nur etwa ¾ Stunden; ¼ Stunde vorher gibt man 1 Tasse Sahne zur Sauce.

Haselhuhn

Zubereitung wie Rebhuhn.

Haselhuhn, gebraten

Sie werden ganz auf die nämliche Art wie die Feldhühner behandelt, und weil sie seltener sind, beim Braten desto besser aufgepaßt, damit sie saftig werden, und die Brust schön weiß bleibt. Man ißt sie auch mit Zitronensaft.

Haselhuhn, schlesische Art

Für 4 Personen rechnet man 2 Haselhühner, Speck in Scheiben, Salz, Butter

Die Haselhühner werden gerupft und ausgenommen. Man reibt sie mit einem Tuch sauber ab, sie werden nicht gewaschen. Innen und außen werden sie mit Salz eingerieben, mit Speckscheiben umwickelt und dann in reichlich heißer Butter gebraten. Man muß sie häufig beschöpfen, wenn nötig, gießt man wenig Wasser oder Brühe auf. Der Bratvorgang dauert nur 20 bis 25 Minuten, dann sind die Haselhühner weich.
Nach Belieben kann man die Sauce mit saurer Sahne abschmecken.

Hasenkäse

Ein vorderer Hase und 40 Deka Kalbsleber, 10 Deka Speck mit Wurzelwerk werden so lange gedünstet, bis das Fleisch von den Knochen fällt, dann gestoßen und passiert. Falls es zu trocken vom Sud ist, wird es in die Beize gegeben. Dann werden 12 Deka Butter zerlassen, das Passierte und von einer Zitrone der Saft dazugegeben und unter beständigem Rühren 5 Minuten lang kochengelassen. Dann gibt man es in eine ausgeschmierte Form, in der man es fest werden läßt. Die Form wird vor dem Gebrauch erwärmt und vor dem Anrichten gestürzt. Vorderer Hase = vordere Hälfte des Hasen (Vorderläufe, Kopf, Bauchlappen und Anfangsstück des Rückens).

Hasenkeule in der Folie

2 Hasenkeulen, 60 g Räucherspeck, Senf, 40 g Butter, 6 zerdrückte Wacholderbeeren, 2 Lorbeerblätter, einige Nelken

Die Hasenkeulen häuten. Die Hälfte des Specks in dünne Streifen und den restlichen Speck in Scheiben schneiden. Die Keulen spicken, mit Senf bestreichen und auf gefettete größere Stücke Alufolie legen. Die zerlassene Butter, Wacholderbeeren, Lorbeerblätter, Nelken darüber verteilen und die Speckscheiben darauflegen. Die Keulen locker einwickeln, auf das Backblech legen, im Backofen bei starker Hitze ca. 50 Minuten garen. Die Keulen in der Folie servieren. Dazu am besten Wacholdersauce reichen.

Hasenleber, paniert

1 Hasenleber, Salz, Pfeffer, etwas Mehl, 1 Ei, Semmelbrösel, Butter oder Margarine

Eine frische Hasenleber wird gehäutet und in Scheiben geschnitten. Man wendet die Leberscheiben zuerst in Mehl, dann in verquirltem Ei, dem man Salz und Pfeffer beigefügt hat, und dann in Semmelbröseln. In Butter oder Margarine brät man die Scheiben schön goldbraun. Zum Servieren belegt man die Hasenleber mit einigen Zitronenscheiben und reicht dazu Kartoffelpüree und zartes Gemüse oder Salat.
Dieses Rezept ist für 1 Person berechnet. Ohne Beilagen ist die Hasenleber als Vorspeise für 2 Personen ausreichend.

Hasenlende, gespickt

4 Hasenfilets, Salz, Pfeffer, gemahlene Nelken, Speck, 2 kleine Zwiebeln, ¼ l Fleischbrühe, ⅛ l Badischer Wein, 1 Gläschen Kirschgeist, Speisestärke, ⅛ l saure Sahne, Zitronensaft

Die Filets werden vom Rücken gelöst und mit Speck gespickt oder mit Speckscheiben belegt. Gewürzt werden die Hasenfilets mit Salz, Pfeffer und Nelkenpulver nach Geschmack. In eine mit Speckscheiben ausgelegte Bratpfanne gibt man die in Ringe geschnittenen Zwiebeln und darauf die Filets. Bei mittlerer Hitze werden sie in ca. 12 bis 15 Minuten gebraten. Herausnehmen und warmstellen. Den Bratensatz kocht man mit Fleischbrühe und Wein los, bindet die Sauce mit der mit Kirschgeist angerührten Speisestärke, passiert sie durch und schmeckt mit Zitronensaft und saurer Sahne ab. Über die Hasenfilets gießen und sofort servieren. Am besten passen dazu Spätzle.

Hasenpfeffer

Solcher besteht aus den Läufen, dem Kopf, aus dem die Augen herausgenommen werden und den man spaltet, dem Hals, der Brust, der Leber und dem Herz. Diese Teile, nachdem sie in kleinere Stücke zerkleinert und verschnitten, legt man über Nacht in die Beize, setzt sie am anderen Tag mit 1 l Wasser, der Beize, die ¼ l ausmachen soll, einem Lorbeerblatt, einer verschnittenen Zwiebel, einer gelben Rübe, Zitronenschale, ein klein wenig Knoblauch, sechs zerdrückten Wacholderbeeren, Salz und etwas Pfeffer aufs Feuer und läßt sie, je nachdem es ein alter Hase ist, ungefähr eine halbe Stunde halb weichkochen. Nun werden in zerlassenem Fett zwei Kochlöffel Mehl, ebensoviel geriebenes Brot und ein Kaffeelöffel Zucker schön braun

geröstet, dieses mit dem Hasenabsud abgerührt, der Hasenpfeffer darin vollends weichgekocht, alsdann die Stücke mit einer Gabel auf der Platte angerichtet, und die Sauce durchs Sieb darübergegossen. – Wird gewöhnlich mit gerösteten Kartoffeln oder gerösteten Spätzchen aufgetragen.
Andere Art. In eine Kasserolle gibt man ein Stück Fett und dazu den wie oben beschrieben zubereiteten und gebeizten Hasenpfeffer, fügt eine feingeschnittene Zwiebel, Petersilie, ein Lorbeerblatt, Pfeffer und Salz dazu und dünstet die Fleischstücke nicht zu weich; dann werden diese herausgenommen. In dem zurückgebliebenen Fett werden drei Kochlöffel Mehl mit etwas Zucker braun geröstet und mit Fleischbrühe und etwas Beize zur richtigen Saucendicke angerührt. Hierein gibt man nun den Hasenpfeffer wieder, kocht ihn nochmals auf und fügt noch einige Eßlöffel Hasenblut bei. Dann werden die Stücke auf einer tiefen Platte behutsam angerichtet und die Sauce durch ein Sieb darübergeschüttet. – Man gibt dazu rundgeschälte, in Butter gelb geröstete Kartoffeln, glasierte Zwiebeln oder auch gebackene Kartoffelklößchen.

Hasenpfeffer, Regensburger Art

Von einem jugen Hasen wird der Kopf, von welchem die Augen ausgestochen werden, sowie die Läufe, der Hals, die Brust, Lunge, Leber und das Herz über Nacht in die Beize gelegt. Am anderen Tag gibt man den Hasen mit der Beize, den Zwiebeln, dem Gewürz und zwei Petersilienwurzeln, dem gehörigen Salz und Fleischbrühe in einen Tiegel und bringt ihn zum Kochen. Unterdessen röstet man in gutem Suppenfett zwei Kochlöffel Mehl mit etwas Zucker braun, gibt es sogleich an den Hasen und läßt es zusammen kochen. Ist das Fleisch weich, legt man es in ein anderes Geschirr, gibt an die Sauce eine halbe Tasse voll Hasen-, Schweine- oder Taubenblut und passiert sie über die Hasenstückchen und stellt es heiß, jedoch ohne kochen zu lassen. Die Leber und das Herz sollen früher aus der Sauce gelegt werden, da sie sonst hart werden. Man gibt hierzu Knödel oder gekochte oder geröstete Kartoffel.

Hasenpfeffer, rheinische Art

1 Hase von ca. 4000 g, 4 Zwiebeln, 1 Karotte, 8 Pfefferkörner, 200 g Speck, Suppengrün, 1/4 l Fleischbrühe, Salz, 50 g Lebkuchen, 3 EL Johannisbeergelee. Für die Beize: 1/4 l Rotwein, 1/4 l Weinessig, 1 Glas Weinbrand

Man zerteilt den Hasen in etwa handtellergroße Stücke, schneidet die Karotte und 2 Zwiebeln in Scheiben und schichtet das Fleisch abwechselnd mit dem Gemüse, den Zwiebelringen und den Pfefferkörnern in ein Steingutgefäß. Mit dem Gemisch aus Weinessig, Rotwein und Weinbrand begießen, zudecken und 5 bis 6 Stunden ziehen lassen.
Nach dieser Zeit brät man den würfelig geschnittenen Speck glasig, gibt die Hasenstücke hinein und brät sie rundherum schön braun an. Dann kommt das zerkleinerte Suppengrün und die restlichen 2 Zwiebeln, in Ringe geschnitten, dazu. Mitbraten und alles mit Fleischbrühe aufgießen. Im geschlossenen Topf schmort man den Hasenpfeffer in ca. 55 bis 60 Minuten. Dann nimmt man das Fleisch heraus und stellt es warm. Den Bratenfond gießt man durch ein Sieb und rührt 4 Eßlöffel von der Beize, das Johannisbeergelee und den geriebenen Pfefferkuchen hinein. Pikant süß-sauer abschmecken.

Hasenpüree

Von zwei gehäuteten frischen Hasen wird das Rückenfleisch augelöst, gespickt und später gedämpft. Die Schlegel nebst den Knochen und übrigen Abfällen werden mit 120 g Butter, einem Lorbeerblatt, einer Zwiebel und Gelbrübe nebst Salz und Pfeffer gleichfalls recht weich gedämpft, das Fleisch von den Schlegeln wird dann abgeschnitten, feingehackt, im Mörser tüchtig gestoßen und durch ein grobes Haarsieb gestrichen. Von dem zurückgebliebenen Fond in der Kasserolle wird die Butter rein abgenommen, mit einem Löffel kräftigen Jus und einem Glas roten Wein aufgefüllt, aufgekocht, passiert und mit einem Löffel voll brauner Sauce vermischt, die noch mit Salz und etwas Zitronensaft gewürzt wird. Das durchgetriebene Hasenfleisch wird nun mit einigen Eßlöffeln voll von dieser Sauce, nebst etwas frischer Butter auf dem Feuer, unter anhaltendem Rühren, kochend heiß gemacht, dann angerichtet, mit den, während dieser Zeit gargedämpften und glasierten, Hasenfilets garniert und mit der noch übrigen Sauce begossen. Gewöhnlich wird diese Schüssel mit in schöne Form geschnittenen und in Butter gelb gebackenen Weißbrotschnitten eingefaßt. Das Püree muß so dick gehalten werden, daß es sich auf der Platte hoch aufstreichen läßt; auch die Sauce darf nicht zu dünn, sondern sie muß ziemlich dick und dabei sehr kräftig sein.

Hasen-, Reh- oder Wildkaninchenragout

750 g Hasenragout oder anderes Wild, Essig, Wasser, 1 Zwiebel, Zitrone, Lorbeerblatt, Salz, Pfefferkörner, dunkle Mehlschwitze

Das Hasenklein oder 750 g Rehragout wird in kleine Stücke zerteilt und ein oder mehrere Tage in Beize aus halb Essig, halb Wasser, 1 Zwiebel, etwas Zitronenschale, Lorbeerblatt, Salz und Pfefferkörnern gelegt. In der Beize werden die Stücke weichgekocht. Man bereitet eine dunkle Mehlschwitze, löscht mit der nötigen Menge Sud ab und läßt alles gut durchkochen. Nach Belieben kann man eine Tasse Hasen- oder Schweinsblut daranrühren, nicht mehr kochen lassen. Die Sauce gießt man durch ein Sieb und läßt das Fleisch darin heiß werden.

Hasenragout, andere Art

Man zerkleinert den Hasen nach Belieben zu Stücklein, häutet und spickt solche, legt alle Stücklein auf ein Brett, bestreut sie mit Salz, Pfeffer, Nelken und etwas Mehl, zerläßt in einem breiten Geschirr Butter, legt die Stücklein auf der bestreuten Seite hinein, bestreut sie oben mit dem nämlichen, schneidet eine Zwiebel und ein kleines Stück Speck klein, nimmt, wenn der Hase auf beiden Seiten gelb ist, das Geschnittene hinein, läßt es noch ein wenig mitdämpfen, gibt einen halben Schöpflöffel Fleischbrühe, etlichen Zitronenscheiben, ein Lorbeerblatt, nach diesem einen Schoppen sauren Rahm und einen halben Löffel Kapern daran, deckt es zu und kocht es so lange, bis der Hase weich ist, dann wird er angerichtet. Der Rahm kann auch wegbleiben.
Auf diese Art können auch junge Hasen verfertigt und als Braten gegeben werden.

Hasenrücken

Die Filets werden vom Rückenknochen gelöst, mit Wildgewürzsalz eingerieben und in Butter so gebraten, daß sie noch rosa sind. Sie können auch ganz weich gebraten werden. Beilagen: Pilze, Spätzle oder Nudeln, Apfelkompott, Preiselbeeren.

Hasenrücken, böhmische Art

Der Hasenrücken wird gut abgehäutet und gespickt. Dann kocht man Wurzelwerk, Zwiebel, ein paar Pfefferkörner, einige Nelken und Lorbeerblätter in Essig. Wenn diese Beize ausgekühlt ist, gibt man dieselbe tagsüber vorher über den Hasen. Am nächsten Tag schüttet man so viel Beize ab, als zum Braten nötig ist, zirka 2 Eßlöffel voll. Dann brät man den Hasen unter fleißigem Begießen und zeitweiligem Zugießen der Beize. Wenn der Hasenrücken ziemlich weich und schon bald gebraten zu sein scheint, sprudelt man ein wenig Mehl in ¼ l saurem Rahm ab und gießt es darüber. Dann läßt man die Sauce nochmals verkochen. Beim Anrichten wird die Sauce mit dem Wurzelwerk über dem zubereiteten Hasenrücken passiert. Die Sauce muß goldgelb sein. Empfehlenswert zu diesem Braten sind gute, böhmische Knödel, Kartoffeln, Selleriesalat und Preiselbeeren.

Hasenschenkel, Friedberger

4 Hasenvorderschenkel, 2 TL Salz, 1 EL Senf, 1 Zwiebel, 40 g Fett, ½ l Wasser, 1 Lorbeerblatt, einige Pfefferkörner, einige Wacholderbeeren, 1 TL Mondamin, ⅛ l Sahne, 2 TL Preiselbeerkonfitüre, 4 EL Rumtopffrüchte

Die Hasenvorderschenkel waschen, abtrocknen, mit Salz und mit Senf bepinseln.

Die gehackte Zwiebel in dem heißen Fett mit den vorbereiteten Hasenschenkeln anbraten.

Mit Wasser soweit auffüllen, daß die einzelnen Fleischteile dreiviertel bedeckt sind. Lorbeerblatt, Pfefferkörner und Wacholderbeeren zufügen. Die Hasenschenkel zugedeckt etwa 50 Minuten schmoren. Das Fleisch ist gar, wenn es sich beim Einstechen von den Knochen löst. Dann die Hasenschenkel herausnehmen und warmstellen.

Das Mondamin mit wenig Wasser anrühren und die Sauce damit binden, einige Minuten kochen lassen, durchsieben und mit der Sahne und der Preiselbeerkonfitüre verfeinern. Die Hasenschenkel auf einer Platte mit je einem Eßlöffel Rumtopffrüchten darüber anrichten. Sauce gesondert reichen.

Henne, alte, in schwarzer Sauce

Nachdem die Henne (oder der Hahn) abgestochen, bewahrt man das Blut in ein wenig Essig auf, und läßt dann die Henne drei bis vier Stunden liegen. Nun wird sie trocken gerupft, ausgenommen, ausgewaschen und in Stücke geschnitten, welche man in eine Kasserolle gibt nebst etwas Salz, einem Teil Essig, einem Teil Wasser und einem Teil Wein, einer mit drei Nelken besteckten Zwiebel, einer Selleriewurzel, einer Knoblauchzehe, einem Lorbeerblatt, etwas Basilikum und Thymian, ein wenig Zitronenschale und dem ausgekernten Mark der Zitrone, und so lange dünsten läßt, bis sie weich sind. Jetzt wird ein Kochlöffel Mehl und zwei Kochlöffel geriebenes Schwarzbrot mit etwas Zucker in 70 g Butter lichtbraun geröstet, mit obigem Sud glatt abgerührt, dann durch ein Sieb gegossen, und zuletzt das Blut beigefügt, worauf man das Ganze, ohne es noch einmal kochen zu lassen, sofort in einer tiefen, runden Platte anrichtet und mit Butterteig oder Brot-, Grieß- oder Geigenklößchen garniert.

Hirschbraten

1500–2000 g Bug oder Schlegel, gut abgehangen, 100–150 g Speck, Senf, Salz, Pfeffer, 100 g Butter oder Margarine, 1 Zwiebel, 1 gelbe Rübe, 1/4 l saure Sahne, etwas Fleischbrühe

Das Fleisch wird gehäutet, gespickt und mit Senf bestrichen. An kühlem Ort lagert man es so 2 Tage.
In heißer Butter oder Margarine dünstet man die in Scheiben geschnittene Zwiebel und die gewürfelte gelbe Rübe an, bestreut das Fleisch mit Salz und Pfeffer und brät es von beiden Seiten an. Während des Bratens – es dauert je nach Alter des Tieres zwischen 2 und 2½ Stunden – ist das Fleisch öfter zu begießen. Kurze Zeit vor dem Garwerden gießt man die Sahne über das Fleisch, läßt etwas bräunen, nimmt den Braten heraus, schmeckt die Sauce ab und passiert sie durch.
Nach Belieben kann die Sauce mit einem Schuß Wein verfeinert werden.

Hirschbrust, gefüllt

1 enthäutete Hirschbrust. Zur Beize: 5 zerdrückte Wacholderbeeren, einige Pfefferkörner, 3 Zitronenscheiben, 1 Lorbeerblatt, ½ l Essig, ¼ l Wasser. Zur Fülle: 4 Brötchen, 2 EL gewiegte Petersilie, 1 gewiegte Zwiebel, 2 Eier, Salz, Pfeffer, Muskatnuß. Zum Braten: 60 g Fett, 6 Speckscheiben, 10 eingelegte Pflaumen, 1 Glas Rotwein, 1 EL Mondamin, ⅛ l saure Sahne, Ingwerpulver, Zitronensaft

Die Hirschbrust in der Beize 3–4 Tage marinieren. Danach vorsichtig das Fleisch mit dem Rippenfell von den Rippen lösen und zwischen Haut und Fleisch einschneiden, so daß eine Tasche entsteht. Zur Fülle die eingeweichten, ausgedrückten Brötchen mit Petersilie, Zwiebel, Ei und Gewürzen vermischen. Die Mischung in die Tasche füllen, diese zunähen und die Brust mit Speckscheiben bedeckt zusammen mit den ausgelösten Knochen im heißen Fett anbraten. Mit der Beize ablöschen und 1½–2 Stunden garen.
Die Pflaumen mit Rotwein übergießen und durchziehen lassen. Das Mondamin mit der Sahne anrühren, die Sauce damit binden, mit Ingwerpulver, Zitronensaft, Salz und Pfeffer würzig abschmecken. Die Pflaumen darin anrichten.

Hirschfleisch, eingemachtes

Hierzu wird meist vom Schlegel, aber auch Bug und Brust genommen, und dies dann einige Tage eingebeizt, nachdem zuvor von ersterem halbhandgroße Stückchen geschnitten, Bug und Brust dagegen in gehörige kleine Stückchen zerkleinert wurden. Nun zerläßt man in einer Kasserolle ein Stückchen Butter oder sonstiges gutes Fett, gibt zwei Eßlöffel Zwiebelscheiben hinein, bedeckt solche mit 140 g in Scheiben geschnittenem Speck und legt darauf, nebst einem Gliedchen Knoblauch, einigen Lorbeerblättern, einer Messerspitze Nelken, einem Sträußchen Thymian, Salz und Pfeffer, das Fleisch. So läßt man es zugedeckt gelb anbraten, und nimmt es dann heraus. Hernach röstet man in dem zurückgebliebenen Saft drei Kochlöffel Mehl ein wenig, rührt solches mit einigen Schöpflöffeln guter Fleischbrühe und nach Bedarf von der Beize ab, und kocht in dieser Sauce das Fleisch jetzt langsam weich. Es wird hierauf mit einer Gabel behutsam auf einer tiefen Platte angerichtet, die abgefettete, nach Belieben mit einem Eßlöffel Zucker gewürzte Sauce durchs Sieb darübergegossen und das Ganze, nachdem es mit feingeschnittener Zitronenschale überstreut, mit gleichgroßen, rundgedrehten, gebratenen Kartoffeln serviert.

Hirschfrikandeau

Vom Hirschschlegel werden passende, ½–1 kg (1–2 Pfund) schwere Stücke geschnitten, solche zwei bis vier Tage in die Beize gelegt, hernach etwas abgehäutet, mit Salz und Pfeffer bestreut, mit feinem Speck schön gespickt und nebst einer verschnittenen Zwiebel und gelben Rübe, einigen Stückchen Sellerie, zwei Lorbeerblättern, einigen Nelken, wenig verschnittenem Speck und einem Stückchen Butter in eine Kasserolle gebracht, wo man sie zugedeckt gelb anbraten läßt. Dann wird ein halber Schöpflöffel Beize und vier Eßlöffel saurer Rahm darangegossen, das Frikandeau darin vollends weichgedämpft, und währenddem, falls die Sauce eingekocht wäre, noch etwas Wasser, Fleischbrühe oder Beize darangegossen. Man richtet das Frikandeau alsdann an, gießt die etwas abgefettete Sauce durchs Sieb darüber und gibt einen beliebigen Salat, auch geröstete Kartoffeln, dazu.

Hirschleber, geschnetzelt

500 g Hirschleber, ¼ l Milch, 150 g Speck, 1 Zwiebel, Salz, Pfeffer, Paprika, 1 Glas Weinbrand

Für ein paar Stunden legt man die frische Hirschleber in Milch, häutet sie dann und schneidet sie in Streifen. Den gewürfelten Speck brät man glasig, gibt zuerst die gewürfelte Zwiebel und dann die Leberstreifen hinein und läßt zugedeckt weichdünsten. Abschmecken und mit Weinbrand verfeinern.

Hirschmedaillons, Kaiserstühler

12 Hirschmedaillons zu je 80 g, 2 EL Öl, 1 TL Salz, ½ TL schwarzer, frisch gemahlener Pfeffer, 5 Wacholderbeeren, 60 g Butter, 1 gestr. TL Mehl, 1 TL Johannisbeergelee, 3 EL Kognak, ½ l süße Sahne

Die Hirschmedaillons waschen, mit Küchenkrepp abtrocknen und häuten. Dann mit Öl einpinseln, salzen und pfeffern. Die Wacholderbeeren zerstoßen.
Die Butter erhitzen und die Medaillons von beiden Seiten etwa 4 Minuten braten. Aus der Pfanne nehmen und warmstellen.
Das Mehl über den Pfannenfond stäuben und unter Rühren bräunen.
Das Johannisbeergelee, den Kognak und die Sahne unter Rühren dazugeben und die Sauce zusammen mit den Wacholderbeeren gut durchkochen lassen.
Über den gebratenen Medaillons auf einer Platte anrichten

Hirschragout

Hierzu eignen sich am besten Blatt, Brust und Hals. Man muß diese Stücke, besonders wenn sie zerschossen, blutig und stellenweise durch den Schuß Haare eingedrungen sind, gehörig nachsehen und waschen. Dann schneidet man das Fleisch in passende Stücke, macht es in Speck und Butter ringsumher gelbbraun, gießt kochendes Wasser hinzu, deckt den Topf rasch zu und gießt einige Minuten später, nachdem dasselbe mit Wasser und Salz abgeschäumt, folgendes dazu: geriebenes Schwarzbrot oder Roggenmehl, welches in Butter oder Speck braun geröstet ist, Zitronenschale, Pfeffer, Nelken, einige Lorbeerblätter, recht viel in Würfel geschnittene Zwiebeln, länglich geschnittene Gurken und Essig. Später kommt ein Glas Rotwein und sehr wenig Apfel- oder Birnkraut, oder stattdessen ein Stück Zucker, doch nur so viel, daß die Schärfe des Essigs gemildert wird, hinzu.
Die Sauce, mit der das Fleisch angerichtet wird, muß reichlich und sämig sein.

Hirschrouladen

4 Hirschrouladen, 150 g mageres Rindfleisch, 50 g Speck, 2 Eigelb, 2 EL gewiegte Kräuter, Salz, Pfeffer, gestoßener Kümmel, Fleischbrühe

Die Rouladen, aus der Keule geschnitten, werden leicht geklopft und gesalzen.
Belegt werden die Rouladen mit einer Mischung durch den Fleischwolf gedrehtem, mageren Rindfleisch, gewürfeltem Speck, Eigelb, beliebigen Kräutern, Salz, Pfeffer und etwas gestoßenem Kümmel. Die aufgerollten, mit einem Spießchen zusammengesteckten Rouladen werden in einer Bratpfanne von allen Seiten kräftig angebraten, mit Fleischbrühe aufgegossen und darin gegart.

Hirschrouladen, andere Art

4 Scheiben Hirschfleisch aus der Keule, Salz, Pfeffer, 4 zerdrückte Wacholderbeeren, 4 Scheiben Speck, 4 EL Bratwurstbrät, 1 EL gewiegte Zwiebel, 1 EL gewiegte Petersilie, 1 Ei, 50 g Fett, ½ l Fleischbrühe, 1 TL Tomatenketchup, 1 TL Mondamin, ⅛ l saure Sahne, 1 EL Madeira, Pfirsichhälften aus der Dose, Kognak

Die hauchdünnen, eventuell einmal geteilten Fleischscheiben trockentupfen, breitdrücken, salzen und pfeffern, mit den Wacholderbeeren einreiben und mit einer Speckscheibe belegen. Das Bratwurstbrät mit der Zwiebel, Petersilie und Ei gut vermischen und auf die Fleischscheiben streichen, diese zusammenrollen und mit Hölzchen feststecken. Im heißen Fett anbraten, ablöschen, Tomatenketchup zufügen und zugedeckt ca. 10–15 Minuten garen. Mondamin mit Sahne anrühren, die Sauce damit binden, würzig abschmecken und mit Madeira verfeinern. Auf gedünsteten Pfirsichhälten mit Kognak parfümiert anrichten.

Hirschschale, gedämpft

Diese wird stark geklopft, gehäutet, mit Salz, Pfeffer und einigen zerdrückten Wacholderbeeren eingerieben, dann einige Tage in Essig gelegt. Wenn sie gebraucht werden soll, legt man in ein tiefes Geschirr 2 handgroße Speckscheiben nebst einer Handvoll grobgeschnittenen Zwiebel, das Hirschfleisch darauf, auf dieses wieder soviel Zwiebel, ein Stück Brotrinde, eine halbe verschnittene Zitrone, ein Lorbeerblatt, etliche ganze Nelken und Pfeffer, oder statt des Gewürzes ein wenig von allen Sorten Kräuter dazu, gießt einen halben Schoppen Essig, 2 Schöpflöffel Fleischbrühe oder Wasser daran, deckt es dann fest zu und läßt es langsam fortkochen, bis das Fleisch mürbe und die Sauce kurz eingekocht ist. Alsdann wird das Fleisch herausgenommen, die Sauce durchgepreßt, das Fett davon abgeschöpft und wieder an das Fleisch nebst einem Eßlöffelvoll Kapern und einem halben Schoppen sauren Rahm gegeben. Wenn die Schale noch eine Zeitlang gekocht hat, wird sie angerichtet.

Hirschschlegel

1000 g Hirschschlegel, einige Wacholderbeeren, 150 g Speck, 150 g Butter, 1/4 l saure Sahne, 50 g Mehl, Rotwein.
Für die Beize: 2 Teile Rotwein, 1 Teil Wasser, 1 Teil Essig, 1 Zwiebel in Scheiben, 1 gelbe Rübe, 1 Petersilienwurzel, 1 Stück Sellerie, alles in Scheiben, etwas abgeriebene Zitronenschale, ein paar Pfeffer- und Pimentkörner, 2 Lorbeerblätter, Salz, Ingwer, einige Wacholderbeeren

Wacholderbeeren werden zerdrückt und der Schlegel damit und mit etwas Salz eingerieben. Man läßt das Fleisch 24 Stunden zugedeckt so stehen. Dann entfernt man die Wacholderbeeren und legt den Schlegel in die abgekochte, abgekühlte Rotweinbeize.
Dann wird das Fleisch enthäutet, gespickt oder mit Speckscheiben belegt und in der zerlassenen Butter angebraten. Das Gemüse aus der Beize gibt man dazu und brät das Fleisch unter häufigem Begießen nicht ganz weich, nimmt es heraus und stellt es warm. Man verrührt das Mehl mit der sauren Sahne und dickt damit die Sauce an. Nach dem Aufkochen legt man den Braten wieder hinein und läßt ihn fertiggaren. Zum Schluß schmeckt man ab und gießt einen kräftigen Schuß Rotwein an die Sauce.

Hirschschnitzel

4 Hirschschnitzel, Salz, Pfeffer, 50 g Speck, etwas Öl, etwas Mehl, 60 g Butter

Man klopft die Schnitzel leicht, bestreicht sie mit Öl, legt sie übereinander und läßt sie so ein paar Stunden bedeckt stehen. Dann werden die Schnitzel gespickt oder mit Speckscheiben belegt, gesalzen, gepfeffert und auf einer Seite mit Mehl bestäubt. Die bemehlte Seite brät man zuerst in der heißen Butter an, dreht die Schnitzel dann um und läßt sie im eigenen Saft gardünsten. Das dauert ca. 20 Minuten.

Hirschsteaks

4 dicke Steaks, Wacholderbeeren, etwas Öl, Speck in Scheiben, Salz und Pfeffer, Butter oder Margarine

Die Hirschsteaks werden mit der flachen Hand leicht gedrückt, mit zerdrückten Wacholderbeeren eingerieben, geölt und mit Speckscheiben umwickelt. Damit die Steaks hoch bleiben, schnürt man in der Mitte einen gebrühten Zwirnsfaden herum. In heißer Butter oder Margarine werden die Steaks auf jeder Seite 3 bis 4 Minuten gebraten. Herausnehmen, salzen und pfeffern und 10 Minuten warmstellen.
Nach Belieben den Bratensatz mit Rotwein oder Wacholderschnaps loskochen.

Hirschziemer

Der rein abgehäutete und dicht gespickte Ziemer, aus dem man vorher die Knochen gelöst hat, wird in 1 l Rotwein mit 4 Nelken, Lorbeer, Pfeffer- und Neuwürzkörnern, gestoßenen Wacholderbeeren und Salz so lange gedünstet, bis nur noch die Hälfte der Flüssigkeit vorhanden ist. Dann nimmt man ihn heraus, läßt ihn abtropfen und brät ihn in Butter schön dunkel, begießt ihn häufig, gibt ihn auf den Bratenteller, bedeckt ihn mit dick gebuttertem Papier und stellt ihn in die Röhre. Dann kratzt man den Bratensatz von der Pfanne, gießt ½ l von der Brühe dazu, gibt noch 2 Eßlöffel guten Weinessig, 2 Kaffeelöffel Zucker und etwas Salz daran und füllt die Sauce durch ein Sieb auf eine braune Mehlschwitze, die man aus 2 Löffel Butter und 1 Löffel Mehl bereitet hat und läßt die Sauce mit ¼ l Rahm verkochen. Nachdem der Hirschziemer in Scheiben geschnitten ist, garniert man den Rand des Tellers mit kleinen Klößchen und Butternudeln; die Sauce wird nebenbei serviert. – Will man den Ziemer im Brotteig backen, so rollt man den Teig zweifingerdick aus, bestreut ihn mit Pfeffer, Salz, Wacholderbeeren, gestoßenen Nelken und Zimt und hüllt mit diesem Teig den Ziemer vollständig ein und backt ihn im Backofen ungefähr 2 Stunden. – Diese Rezepte gelten auch für Rehziemer, nur braucht dieser 1 Stunde zum Garwerden.

Hirschziemer, gebratener, mit Kruste

Der gebeizte, abgehäutete Ziemer wird mit grobgeschnittenem Speck gespickt (nämlich letzterer mittels eines Messers, immer in zweifingerbreiten Zwischenräumen, in das Fleisch eingesteckt), dann mit Salz, Pfeffer und gestoßenen Nelken eingewürzt, nebst zwei Lorbeerblättern, einer halben gelben Rübe, zwei großen verschnitten Zwiebeln, einem Stück Butter und 70 g verschnittenem Speck in eine passende Bratpfanne gelegt und hierin unter abwechselndem Zugießen von Fleischbrühe und Beize im Ofen während öfteren Begießens weichgebraten. Eine Viertelstunde vor dem Anrichten wird acht Eßlöffel geriebenes Weißbrot, vier Eßlöffel Zucker, ein Kaffeelöffel Zimt, ebensoviel Zitronenschale und ein halber Kaffeelöffel gestoßene Nelken untereinandergemengt und hiervon ein Teil über den Ziemer gestreut, so daß derselbe gleichsam damit überzogen aussieht. Dies beträufelt man mit zerlassener Butter, und bringt dann den Ziemer einige Zeit in den Ofen, wo er wieder mit Butter beträufelt und mit der anderen Hälfte des mit Gewürz vermischten Brotes bestreut wird. Er wird nun noch so lange gebraten, bis die Kruste gelb ist, sodann auf der bestimmten Platte angerichtet, die zurückgebliebene Sauce abgefettet, durchs Sieb in eine Sauciere gegossen, und nebst einer Kirschen- oder Hagebuttensauce mit dem Ziemer aufgestellt.

Hirschziemer mit Kirschsauce

Soll er eine süße Kruste bekommen, so muß er viel Weiß (d.i. Fett) haben, alsdann gibt man ihn in ein Geschirr, wo er Platz hat, gießt hierauf zur Hälfte Essig und zur Hälfte Wasser daran, gibt ein paar Lorbeerblätter, einige Wacholderbeeren, eine halbe in Scheiben geschnittene Zitrone, ganzen Zimt, ganze Nelken, ganzen Pfeffer und Salz dazu, und kocht es, bis der Ziemer weich ist, hernach legt man ihn auf ein breites irdenes Geschirr, welches in einen Backofen gesetzt werden kann, läßt es ein wenig erkalten, reibt alsdann 2 bis 3 Hände voll Brotbrosamen, feuchtet sie mit einem Viertel zerlassener Butter an, reibt von einer Zitrone die Schale auf dem Reibeisen ab, stößt ein halbes Lot Zimt nebst 8 Nelken etwas grob, mengt dies alles nebst einer Handvoll Zucker und dem Saft der Zitrone unter das Brot, überstreicht den oberen Teil des Ziemers mit einem Eiweiß, und schlägt das angemachte Brot auf den bestrichenen Teil mit der Hand so an, daß die Kruste auf dem ganzen Ziemer eine Ebene bekommt, nach diesem wird es mit dünnen Stücklein Butter belegt und im Backofen gelb gebakken. Von der nämlichen Sauce, worin er gekocht worden ist, gibt man ein wenig in das Geschirr, in welchem er in den Ofen gestellt wird, damit sich der Braten nicht anhängt.

Holz- oder Ringeltauben

Diese Tauben müssen wenigstens 2 Tage lang mit den Federn an der Luft gehangen haben, dann werden sie gerupft und ausgenommen. Sind es junge Tiere, so kann man sie gefüllt oder ungefüllt in einem gutschließenden kleinen Topf in reichlich Butter langsam weichbraten. Sind die Tauben alt und zäh, so kocht oder schmort man sie vorher weich und verwendet sie dann zu verschiedenen Ragouts oder Wildrestspeisen. Einige Wacholderbeeren und etwas süßer Rahm erhöhen den Geschmack in beiden Fällen.

Hühner, eingemachte

Hierzu nimmt man in der Regel mittelgroße junge Hühner, welche man, nachdem sie rein geputzt und aufdressiert sind, in Salzwasser mit einem halben Selleriekopf, Petersilienwurzel, gelber Rübe und einer mit Nelken besteckten Zwiebel einige Minuten abkocht, hierauf in kaltem Wasser abwäscht und abkühlt und nun auf folgende Art zerschneidet: Es werden die Flügel von der Brust abgelöst, dann die Schlegel heruntergeschnitten, die Füße am Knie abgehauen, die Schlegel am ersten Gelenk durchschnitten, so daß je zwei Teile daraus entstehen, die Brust vom Rücken abgelöst und der Länge nach gespalten, und ebenso der Rücken in der Mitte geteilt. Ist dies geschehen, so bereitet man eine weiße, mit etwas Zitronensaft abgeschärfte Einmachsauce und kocht in derselben die Hühner weich, was dreiviertel bis eine Stunde Zeit erfordert. – Gewöhnlich werden beim Anrichten Kalbfleischklößchen, die zuvor in Fleischbrühe oder leichtem Salzwasser abgekocht wurden, nebst den Hühnern in die Schüssel gelegt, und die Sauce durchs Sieb darübergeschüttet. – Man gibt diese Hühner auch öfters mit Butterteigblümchen zu Tisch.

Hühner, eingemachte, mit Blumenkohl

Die Hühner werden gekocht und angerichtet, der gereinigte, in Salzwasser abgekochte Blumenkohl zusammengenommen, als *eine* Blume in die Mitte der Hühner gestellt und die frikassierte Sauce darübergegossen.

Hühner, eingemachte, mit Morcheln

Die nach »frikassiertem Huhn« hergerichteten und gekochten Hühner werden angerichtet und mit der gleichen Sauce übergossen, unterdessen Morcheln gewaschen und weichgekocht, dann mit dem Schaumlöffel herausgehoben und über die Hühner gelegt oder im Kranz daraufgeordnet.

Hühner, eingemachte, in Reis

Junge, aufdressierte Hühner werden auf der Brust mit abgeschälten, ausgekernten Zitronenscheiben belegt, mit einer feingeschnittenen Speckschwarte überbunden, und nebst einer verschnittenen Zwiebel, einer halben gelben Rübe, einer halben Sellerie- und Petersilienwurzel, zwei Lorbeerblättern, einem kleinen Sträußchen Thymian und Basilikum, sechs Pfefferkörnern, vier Gewürznelken, einer Zehe Knoblauch, nur wenig Salz und zwei Schöpflöffeln fetter Fleischbrühe in eine Kasserolle geben. Letzteres wird nun passend bedeckt, die Hühner ganz langsam eine halbe bis dreiviertel Stunde leicht gedünstet, sodann rein abgegossen, das abgenommene Fett über sie geschüttet, und sie bedeckt warmgestellt. Hernach wird ein Stückchen Butter zerlassen, zwei Kochlöffel Mehl darin weiß geröstet, und dies mit dem Absud der Hühner und etwas Fleischbrühe angerührt und aufgekocht. Unterdessen brüht man 180 g Reis mit kochendem Wasser an, gießt solches nach einer Viertelstunde wieder ab, und kocht nun den Reis mit Fleischbrühe, 100 g Butter und einer mit vier Nelken besteckten Zwiebel dick und weich ein, wo man ihn sodann als Rand um die zum Servieren bestimmte Schüssel legt und etwas in die Höhe streicht. Ist dies geschehen, so hebt man die Hühner aus dem Fett und nachdem Bindfaden und Speckschwarte entfernt, legt man dieselben ganz oder verschnitten in den Reisrand, während man die Sauce durch ein Sieb schüttet, und die Häfte über die Hühner gießt, die andere Hälfte extra dazu serviert. – Der Reis muß trocken, doch kernig weich sein, daß er ganz locker in die Schüssel gelegt werden kann. – *Gleichmäßiger* erscheint der Reisrand, wenn man den Reis in eine mit Butter ausgestrichene *Ringform* einfüllt und eindrückt. Er wird damit dann auf die Platte umgestürzt, und in die leere Mitte ordnet man die Hühner.

Hühner, eingemachte, mit Spargeln

Es werden Spargeln, soweit sie nicht holzig sind, abgeschnitten, rein gewaschen, je acht bis zehn zusammengebunden, und in Salzwasser weichgekocht. Unterdessen richtet man die hergerichteten und fertiggekochten Hühner im Kranz auf einer Platte an und gießt die frikassierte Sauce darüber. Sämtliche Spargeln werden dann, zu einem einzigen Büschel zusammengenommen, in die Mitte der Hühner gestellt, und zwar so, daß die Köpfe möglichst gleich dastehen.

Hühnerfarce

Von zwei gebratenen jungen Hühnern wird das Fleisch abgeschnitten, solches, nachdem die stark gebratene Haut davongenommen, gewiegt und dann im Mörser mit einem Ei und 35 g Butter feingestoßen. Unterdessen weicht man eine abgeschälte Semmel in Milch ein, drückt das Brot nach völligem Durchweichtsein wieder aus, dämpft es auf dem Feuer in 100 g Butter und bringt es hernach zu dem gestoßenen Hühnerfleisch in eine Schüssel, wo nun alles mit drei Eiern, Salz, Muskatnuß und einem halben Kaffeelöffel feingeschnittener Zitronenschale gut durchgerührt wird.

Hühnerfrikassee I

1 junges Huhn oder Hahn, 60 g Butter, 80 g Mehl, Salz, Zitronensaft, 1 Eigelb, 3 EL Wein, 2 EL Rahm

Das vorgerichtete Huhn wird mit Salz, Pfeffer, Zitronensaft eingerieben und dressiert. In 30 g Butter dämpft man das Huhn, ohne daß es Farbe bekommt, löscht ab und läßt je nach Größe und Alter das Huhn 1–2 Stunden, 1 Hahn ½ Stunde zugedeckt weichdämpfen. Von Butter, Mehl und der Hühnerbrühe macht man eine Buttersauce, kocht diese 20 Minuten, zieht mit Ei, Wein, Rahm, Zitronensaft, nach Belieben 2 gewiegten Sardellen ab und gibt das gehäutete, zerlegte Geflügel zu. Zur Verbesserung kann man Champignons, 1 Teelöffel Kapern und feine Fleischklößchen zugeben. In einem Reis- oder Blätterteigring oder in einer Pastete anrichten.

Hühnerfrikassee II

1 Huhn, Salz, Suppengrün, Zwiebel. Zur Sauce 60 g Butter, 80 g Mehl, 1 Eigelb, 2 EL Rahm, 3 EL Wein

In das kochende Wasser gibt man Salz, Suppengrün, Zwiebel, das vorgerichtete Huhn, nach Belieben Zitronenscheibe, 2 Nelken, 1 Lorbeerblatt, schließt den Topf und läßt das Huhn je nach Alter und Größe 2–4 Stunden kochen. Von Butter, Mehl, Hühnerbrühe macht man eine Buttersauce, kocht diese 20 Minuten, zieht mit Ei, Rahm, Wein, Zitronensaft ab und gibt das zerlegte Huhn zu. Diese Zubereitung eignet sich für ältere Hühner.

Hühnerfrikasse mit Krebsen

Auf 3 junge Hühner werden 25 Krebse gerechnet, die Hühner in 4 Teile verschnitten und in warmes Wasser gelegt, daß sie weiß werden. Die Krebse kocht man, nimmt die Schwänze davon, stößt die Schalen klein, dämpft sie in einem guten Stücklein Butter, gießt einen starken Schöpflöffel Fleischbrühe daran, preßt sie durch, schöpft die Butter oben ab und behält diese bis zum Anrichten zurück, läßt hierauf in einer Kasserolle Mutschel- und ein paar Messerspitzen voll Weißmehl darin anziehen, gibt die durchgetriebene Krebsbrühe daran, die Hühner hinein, Muskatblüte, ein wenig geriebene Zitronenschalen, etwas feingeschnittene Petersilie und eine Handvoll verwellte Morcheln dazu, kocht dies zusammen, bis die Hühner weich sind, und verrührt dann in der zurückbehaltenen Krebsbutter 4 Eigelb und den Saft von einer halben Zitrone. Wenn die Hühner angerichtet sind, rührt man die Sauce davon langsam an die Eigelb, läßt solche auf dem Feuer unter beständigem Rühren anziehen, gießt sie über die Hühner und legt die Krebsschwänze darauf.

Hühnerfrikassee mit Krebsen in Reis, anstatt einer Pastete

Man kocht 30 bis 40 Krebse, bricht das Fleisch aus Scheren und Schwänzen und stößt die Schalen mit frischer Butter im Mörser nicht ganz fein, kocht sie so lange, bis die Butter rot wird, gießt Fleischbrühe hinzu und das Ganze durch ein Haarsieb. Auch kocht man 375 bis 500 g abgebrühten Reis in Milch ganz steif und gibt etwas Salz dazu. Zugleich hat man ein feines Hühnerfrikassee, zu welchem man die Krebsbouillon nach vorhergehender Angabe gebraucht, mit Midder, Saucischen, Krebsschwänzen und Krebsklößen bereitet. Dann richtet man den Reis in Form eines Puddings auf einer tiefen Schüssel an, macht in der Mitte eine Höhlung, so groß, daß das

Frikassee ohne Sauce hineingegeben werden kann. Ist dies geschehen, so streicht man die Öffnung wieder zu und den Reis glatt, gibt geschmolzene Krebsbutter darüber und läßt denselben im Ofen gelb werden, während man zuweilen mit etwas Sauce begießt. Die übrige Sauce muß unterdessen durchgekocht und mit Zitronensaft oder Wein, Eidottern und Krebsbutter abgerührt sein. In den Reis wird bei Tisch eine runde Öffnung geschnitten, einige Löffel Sauce hineingefüllt und die übrige dazu gereicht.

Hühner, gebackene

Hierzu kann man nur *junge* Hühner brauchen. Diese werden, wenn sie abgestochen sind, gebrüht, ausgenommen, rein ausgewaschen und dann abgetrocknet. Kleine Hühner verschneidet man in vier, größere in sechs Teile, man schneidet nämlich Flügel und Schlegel herunter, und spaltet die Brust der Länge nach. Die Teile werden mit Salz und wenig Pfeffer eingewürzt, in Mehl umgedreht, dann in verrührtem Ei und hierauf in Semmelbröseln umgekehrt, aus heißem Schmalz gelb gebacken, und mit gebackener Petersilie garniert zu Tisch gegeben.

Hühner, gebackene, in Bierteig

Vom Tisch übriggebliebenes von jungen Hühnern wird in hübsche Stückchen geschnitten. Diese kocht man in einem irdenen Geschirr mit einem Schöpflöffel guter Fleischbrühe, 30 g Butter, einer Zwiebel, einem Lorbeerblatt und einem Sträußchen Petersilienlaub einigemal auf und stellt sie dann in der Brühe zum Erkalten. Hernach werden sie herausgenommen, abgetrocknet, in Bierteig oder auch in einem Backteig umgekehrt und aus heißem Schmalz gebacken.

Hühner, gedämpfte

Werden ganz nach den gedämpften Enten zubereitet, nur bleibt beim Dünsten der Zutaten der Knoblauch und Majoran fort, und sie brauchen nur die Hälfte Zeit zum Fertigwerden.

Hühner, gedämpfte, mit Zwiebelchen

2 Hühner, 1 EL Salz, Prise Pfeffer, 2 Speckscheiben, je 50 g wiegend. Zum Dämpfen des Geflügels: 60 g Butter, 1/3 l Fleischbrühe. 40 kleine Schalotten. Zum Dämpfen der Schalotten: 50 g Butter, 1/2 EL Zucker

Die abgehängten, vorgerichteten Hühner werden mit Salz und Pfeffer ausgerieben, mit Speckscheiben umbunden und in heißer Butter oder Fett rasch braun angebraten. Alsdann löscht man mit heißer Fleischbrühe ab, deckt die Bratenkasserolle zu, dämpft die Hühner auf der Seite des Herdes je nach der Größe 25–30 Min. Gleichgroße Zwiebeln im Durchmesser von 2 cm werden geschält und in heißer Butter oder Fett, in welche man den Zucker gegeben hat, solange gedämpft, bis sie an allen Seiten eine braune Farbe haben. Man gibt nun die Hühner und nach 5 Minuten die Brühe zu und dämpft die Hühner in geschlossenem Topf noch weitere 25–30 Min. Beim Gebrauch wird das Geflügel tranchiert, auf eine Platte gesetzt und mit den Zwiebeln garniert. Nach Belieben kann man gekochten Reis dazu servieren.

Hühner, gedämpfte junge, mit Zitronensauce

Die Hühner werden schön weiß zugerichtet und eine Stunde eingewässert. Nun läßt man in einer Kasserolle Butter braun braten, legt die Hühner hinein und dämpft sie auf beiden Seiten braun. Man muß gleich ein gutes Stück Butter dazunehmen, damit man nichts nachzugießen braucht, weil dadurch die Hühner zu weich und nicht braun werden würden. Sind sie gar und braun, so nimmt man sie heraus, gießt die Butter ab, behält aber in der Kasserolle soviel zurück, daß man etwas Mehl darin braun rösten kann. Wenn letzteres geschehen, drückt man den Saft einer Zitrone hinzu, gibt Zitronenscheiben, Zitronenschale und Salz daran und gießt etwas Brühe oder Wasser dazu; hiervon kocht man eine kurze dickliche Sauce, legt die Hühner hinein, läßt sie noch einmal damit aufkochen und richtet es zusammen an. Auch kann man die Hühner erst in Mehl umwenden und dann in der Butter braun dämpfen. (»Weiß zugerichtet« heißt, daß die Hühner vom Federkleid befreit, ausgenommen und gesäubert sind.)

Hühner, gefüllte junge

Hiermit sind die kleinen, ganz jungen Hühnchen gemeint, welche man gleich den vorigen reinigt und herrichtet. Die *Fülle* ist folgende: Zu vier bis fünf Hühnchen werden zwei bis drei abgeschälte, neugebackene Semmeln in feine Würfel geschnitten, diese mit einem schwachen ⅛ l kochender Milch übergossen und zugedeckt beiseite gestellt, nun 100 g Butter leicht gerührt, und hinein drei Eier, Salz, feingewiegte Petersilie, eine gute Messerspitze feingewiegte Zitronenschale, Muskatnuß und zuletzt das Brot gegeben. Mit dieser Fülle wird der Leib gefüllt, dann zugenäht und die Hühnchen auf die nämliche Weise gebraten, wie die vorigen; sie brauchen eine halbe bis dreiviertel Stunde. Beim Anrichten legt man sie zierlich auf die bestimmte Platte, garniert sie mit Petersilie, drückt nach Belieben etwas Zitronensaft darauf und serviert die abgefettete Sauce extra dazu. – Die Fülle kann man auch von *gestrigem* Brot bereiten. Dies wird abgeschält, in halb Wasser, halb Milch eingeweicht, dann sogleich fest ausgedrückt, in 100 g Butter abgedämpft, mit vier Eiern, Salz, Muskatnuß und einem Eßlöffel feingeschnittenem Schnittlauch oder Petersilie angerührt und im übrigen wie oben verfahren. Nach Belieben können in die Fülle auch die feinverwiegten Herzen, Lebern und Magen gegeben werden, nachdem letztere zuerst aufgeschnitten und daraus die Häutchen entfernt wurden.

Hühner, gefüllt mit Krebsen

Wenn diese gebrüht, aber nur nicht verbrüht, und ausgenommen sind, durchbricht man die halbe Brust ganz subtil, kocht ein Viertel Krebse, schält die Schwänze davon, schneidet diese klein, hackt eine Zwiebel und ein wenig Petersilie fein, dämpft es in einem Stücklein Butter, verrührt 3 Eier darin, bis sie hart sind, nimmt dies und die geschnittene Krebscwänze in eine Schüssel, einen zuvor eingeweichten und wieder fest ausgedrückten halben Kreuzerwecken, Salz, Muskat und ein wenig Pfeffer dazu, rührt es mit einem ganzen Ei und dem Gelben von 3 anderen an, füllt die jungen Hühner damit, näht sie zu, zweckt sie hübsch auf, umbindet sie mit einem Butterpapier und brät sie am Spieß. Die Krebsschalen stößt man, dämpft sie in einem Viertel Butter, gießt einen Schöpflöffel Fleischbrühe oder Wasser daran, preßt sie durch, schöpft die Butter ab, gibt die Brühe in die Bratenpfanne und begießt die Hühner mit der Krebsbutter. Wenn sie fertig sind, gibt man sie als Braten und richtet die Sauce durch einen Schaumlöffel darüber an.

Hühner, gefüllt mit Krebsen in einer Krebs-Sauce

Drei junge Hühner werden pünktlich gebrüht, so lange sie noch warm sind, ausgenommen und durchgebrochen, 25 Krebse gekocht, die Schwänze davon geputzt, und die Schalen mit einem Stücklein Butter kleingestoßen. Hierauf reibt man von einem Weißbrot oder Kreuzerwecken die Rinde ab, weicht das Innere in Waser ein, schneidet die Krebsschwänze zu kleinen Bröcklein, ein klein wenig Petersilie dazu, drückt den eingeweichten Wecken fest aus, dämpft ihn in einem Stück Butter, gibt das Geschnittene, etwas Salz und Muskatnuß hinein, rührt es mit 2 ganzen und 4 gelben Eiern an, dämpft in einem völlig halben Viertel Butter die gestoßenen Krebsschalen und gießt 2 Schöpflöffelvoll gute Fleischbrühe daran. Wenn es ein wenig gekocht hat, preßt man es durch ein Haarsieb, nimmt von der Krebsbutter einen Eßlöffelvoll zu der angerührten Fülle und füllt die durchgebrochenen Hühner so damit, daß auch von der Fülle in den Leib kommt, weil sie sonst wegen der zarten Haut auf der Brust aufspringen. Dann näht man sie zu, zweckt sie auf, legt sie in eine Kachel, wo sie Platz haben, schöpft von der durchgepreßten Krebs-Sauce die Butter vollends ab, gießt die Sauce über die Hühner, setzt sie aufs Feuer, damit sie langsam kochen, gibt kleingeschnittene Petersilie, etwas Muskatnuß, eine Handvoll verwellte Morcheln, ein wenig kleingeschnittene Zitronenschale und den Saft von einer halben Zitrone, alles dies an die Hühner, und kocht sie so lange, bis sie weich sind. Dann wird ein Stücklein Butter in ein Geschirr genommen, ein Eßlöffel Mutschel- und ein klein wenig Weißmehl daruntergerührt, und dies auch an die Hühner gegeben. Wenn sie noch eine Viertelstunde damit gekocht haben, wird das Gelbe von 3 Eiern an die zurückgebliebene Krebsbutter gerührt, die Sauce vor dem Anrichten mit den Eigelb abgezogen und über die Hühner gegossen.

Hühner, gesulzte junge

Diese werden ebenso wie der Kapaun behandelt, nur daß man nicht nötig hat, solche in einer Form zu sulzen, sondern dies geschieht gleich auf einer Platte.

Hühnermägen, Euter von

Es können von alten oder jungen Hühnern die Mägen und Lebern genommen werden, sind es alte, so sind 2 Mägen genug, von jungen aber nimmt man deren, soviel man hat, verwellt solche im Salzwasser, schneidet die dicke Haut davon weg, hackt das übrige klein, gibt es mit Schnittlauch, 2 Lot frischem Mark oder Butter in einen sauberen Topf, schlägt 8 Eier daran, nimmt Salz und Muskatblüte dazu, macht eine Maß Milch kochend, gießt das Gerührte nebst etwas Zitronensaft hinein und läßt es unter beständigem Rühren gerinnen, schüttet es dann in eine Serviette, hängt es auf, damit es abläuft, schneidet es, wenn es kalt ist, in Schnitten und macht eine gute Butter- oder Krebs-Sauce daran.

Hühner in Paprika

Zwei junge Hühner, sauber geputzt, werden je in sechs Teile verschnitten; in eine Kasserolle nun 70 g Butter, Zwiebel, zwei Nelken, gelbe Rübe, Lauch, Sellerie, etwas Salz und darauf die Hühner gegeben und solche auf dem Feuer halbweich gedünstet, dann stäubt man mit etwas Mehl ein und gibt die nötige Fleischbrühe dazu. Sind die Hühner weich, doch nicht zu weich, so nimmt man sie heraus und treibt das in der Kasserolle Zurückgebliebene durch ein Haarsieb, alsdann legt man sie wieder hinein, fügt eine Messerspitze Paprika bei und läßt sie damit einkochen. Nachdem noch ⅛ l saurer Rahm dazugegeben, werden sie hübsch auf einer tiefen Porzellanplatte angerichtet und mit der Sauce übergossen. – Man kann hierzu jede beliebige Art Klößchen geben, oder die Platte auch mit in kleine Röschen geteiltem gebackenem Blumenkohl garnieren.

Hühner in Reis

Die Hühner werden in Wasser und Salz abgeschäumt und mit einem Stück Butter gargekocht. Unterdessen brüht man Reis ab (man kann auch Perlgraupen nehmen), füllt die Hühnerbrühe nach und nach hinzu und kocht ihn langsam weich, aber nicht breiig. Eine halbe Stunde vorher gibt man nach Gefallen gut gewaschene Rosinen zum Reis und gießt die etwa noch übriggebliebene Hühnerbrühe nach, damit derselbe nicht zu steif werde. Dann werden die Hühner zerlegt, recht heiß in der Mitte der Schüssel geordnet, der Reis ringsum angerichtet und auf Wunsch die Schüssel mit beliebigen Klößchen garniert.

Hühner im Schlafrock

Mache aus einem Hühnlein vier Viertel, die Haut davon und die Beine schön geputzt; die Bügel müssen ausgelöst werden, bis das hintere Bein bleibt. Danach schön breitklopfen, und in der Runde dressieren. Gib feine Kräuter in eine Kasserolle mit Provenceröl und Lemonen, gib die Viertel hinein und laß sie ein klein wenig auf dem Feuer passieren, nachdem nimm einen halben Bogen weißes Papier, lege es doppelt zusammen, steche in die Mitte ein kleines Löchlein hinein, ein wenig Fasche in die Mitte, lege ein Viertel vom Hühnlein darauf. Das Bein muß man durchstechen und darüber auch ein wenig Fasche; alsdann schneide das Papier in der Rundung und wickle es in der Rundung zusammen, daß kein Saft heraus kann; lege sie auf eine Schüssel und gieße Provenceröl darüber. Ist es Zeit zu servieren, lege sie auf den Rost, gib eine kleine Flamme, aber nicht stark und laß sie auf beiden Seiten grillen bis das Papier gelb wird, hernach sind sie fertig; lege sie auf die Schüssel und gieße ein wenig gutes Jus darüber; alsdann serviere sie zur Tafel.

Hühner, junge mit Sauce

Man setzt sie mit wenig kochendem Wasser, Salz, einem reichlichen Stück Butter und etwas Petersilienwurzel aufs Feuer und läßt sie, gut abgeschäumt, nicht zu weich kochen. Dann macht man von der Hühnerbrühe eine Kapern-, Champignon-, Sardellen- oder Krebssauce und richtet sie über die Hühner an.

Hühner mit Schinken

Man putzt die jungen Hühner sauber, biegt sie ein, gibt sie in ein Geschirr, Petersilienwurzeln, gelbe Rüben, eine Zwiebel, ein wenig Zitronenschale, 4 bis 6 ganze Gewürznelken und ein Stücklein mageren und in Scheiben geschnittenen Schinken dazu, und läßt dies alles so lange kochen, bis die Hühner weich sind. Alsdann nimmt man die Wurzeln samt dem Schinken heraus, hackt diese klein und stößt es mit zwei hartgekochten Eiern in einem Mörser zu einem Brei, treibt es dann durch ein Haarsieb, verdünnt es mit der Hühnerbrühe, läßt es warmstehen, aber nicht kochen, nimmt ein wenig Muskatblüte daran und zieht die Sauce vor dem Anrichten mit 3 Eigelb ab.

Hühner mit Stachelbeeren

Die junge Hühner werden sauber geputzt, ausgenommen und eingebogen. In eine Kasserolle legt man Speck, die Hühner darauf und wieder Speck oben auf die Hühner, gibt gelbe Rüben, Petersilienwurzeln, eine ganze Zwiebel, ganzes Gewürz und ein wenig ungekochten Schinken dazu, füllt sie mit Fleischbrühe auf und läßt sie kochen, bis sie weich sind. Zur Sauce nimmt man ein wenig Butter in ein Geschirr, läßt sie vergehen, röstet einen Kochlöffel voll Mehl darin braun, gibt feine Charlottenzwiebel hinein, läßt sie ein wenig mitdämpfen, füllt sie hierauf mit der Hühnerbrühe auf und läßt sie kochen, bis sie dick genug ist. Dann werden noch nicht ganz reife Stachelbeeren von Butzen und Stielen gesäubert und eine Stunde in ein Geschirr mit kochendem Wasser gegeben. Wenn man anrichten will, so gibt man die Hühner auf die Platte, und die Stachelbeeren mit etwas Zitronensaft an die Sauce, welche aber nicht mehr gekocht, sondern gleich über die Hühner angerichtet wird.

Das Huhn

Das Huhn und der Hahn werden in der Küche durchschnittlich am meisten verwendet. Junge Hühner und Hahnen haben zartes Fleisch, sind leicht verdaulich, werden aus diesem Grund vielfach zur Krankenkost verwendet. Ältere Hühner werden gekocht und geben eine kräftige Hühnerbrühe. Junge Hühner und Hahnen erkennt man am leicht biegsamen Brustbein. Das Geflügel wird gleich nach dem Töten gerupft und weiter vorgerichtet, wie unter Geflügel Allgemeines angegeben.

Huhn in Burgunder Rotwein

(Für 6 Personen) 1 Fleischhuhn à 2 kg, 1 l Burgunder Rotwein, 150 g durchwachsener Speck, kl. Zwiebeln, 2 Knoblauchzehen, 2 Schalotten, 1 Gläschen Kognak, 3 EL Mehl, 50 g Butter oder Margarine, Petersilie, Thymian, Lorbeer, 200 g Champignons, Salz, Pfeffer, 1/2 Glas Öl, 6 Croutons (Krusten aus Weißbrot)

Champignons waschen und schneiden, Zwiebeln, Knoblauch, Schalotten, Speck kleinhacken, danach das Fleischhuhn zerteilen. In einem Topf läßt man das Fett zergehen, fügt den Speck und die Zwiebeln dazu und nimmt sie heraus, wenn sie goldbraun gebraten sind. Das zerteilte Fleischhuhn dazugeben, von beiden Seiten braten, salzen und pfeffern. Danach den Knoblauch und die Schalotten dazugeben, darauf ein Gläschen Kognak hineingießen und flambieren. Streuen Sie das Mehl darüber, geben Sie den gebratenen Speck, die Champignons, Petersilie, Thymian, Lorbeer und den

Wein dazu. Lassen Sie ca. 1½ Std. das Ganze schmoren. Wenn das Fleisch gar ist, braten Sie die Croutons in dem Öl und servieren sie mit dem Fleisch und der Sauce.

Huhn mit Curry

2 junge Hähnchen werden in schöne Stücke geteilt und in 125 g Butter von allen Seiten während 10 Minuten angebraten. Dann gibt man das Fleisch in einen Schmortopf, brät in der Butter in Streifen geschnittene Zwiebeln leicht aus, gibt auch diese in den Topf, streut 2 Kaffeelöffel Currypulver darüber, gießt reichlich ½ l gute Fleischbrühe auf und läßt alles, gut zugedeckt, recht langsam durchschmoren. Wenn nötig, füllt man noch ein- oder zweimal Fleischbrühe auf, jedoch nur jedesmal ½ l. Ist das Fleisch fast weich und die Brühe ziemlich eingekocht, so gießt man noch ⅛ l süße Sahne dazu und schmeckt mit dem Saft einer Zitrone ab. Sehr nahrhaft und wohlschmeckend wird das Gericht, wenn man noch etwas in feine Streifchen geschnittene Kokosnuß und 1 Eßlöffel von der Milch dieser Frucht daruntergibt. 125 g gut ausgequellter und in Salzwasser abgekochter Reis, den man gut abtropfen ließ, wird als Kranz in der Schüssel über dem Currygericht angeordnet. – Zu Curryspeisen lassen sich alle Fleischsorten gut verwenden und selbst Fisch ist bei der Zubereitung dieser Gerichte nicht ausgeschlossen.

Huhn in Dillsauce

1 junges Huhn, Suppengrün, Salz, 50 g Butter oder Margarine, 40 g Mehl, feingehackter Dill, ⅛ l Sahne

Zusammen mit dem zerkleinerten Suppengrün wird das Huhn in Salzwasser weichgekocht.
Aus Butter und Mehl bereitet man eine helle Mehlschwitze, füllt mit Hühnerbrühe auf und läßt gut durchkochen.
In der Zwischenzeit tranchiert man das Huhn, löst das Fleisch von den Knochen, schneidet es in mundgerechte Stücke und läßt es in der Sauce heiß werden. Den gehackten Dill in die Sauce rühren und mit Sahne verfeinern. Zum Huhn in Dillsauce passen am besten Reis und Salat.

Huhn, gebratenes junges

Das halbgewachsene Huhn wird gebrüht oder trocken gerupft, rein geputzt, ausgenommen, ausgewaschen, abgetrocknet, mit Salz eingerieben, auf der Brust nach Belieben mit dünnen Speckscheiben überbunden und in den Leib ein Sträußchen Petersilie und etwas Butter gesteckt. Nachdem es dann dressiert, wird es mit einem Stückchen Butter und einer verschnittenen Zwiebel in eine Kasserolle gebracht, wo man es unter fortwährendem Begießen schnell gelb und weich braten läßt und inzwischen etwas Fleischbrühe oder Wasser nachgießt. Bei gehöriger Hitze sollte das Huhn in dreiviertel bis einer Stunde fertig sein; nachdem dann die Speckscheiben entfernt, wird es auf eine warme Platte angerichtet, mit Petersilie bekränzt und die abgefettete Sauce extra damit aufgestellt. – Auf diese Art hergerichtet, kann man die Hühner sowohl im Bratofen und auf dem Herd, wie auch am Spieß braten.
Anmerkung. Leber und Magen hiervon, sowie von den folgenden beiden Hühnern, wird in die Suppe oder zu Klößchen verwendet, oder beim Braten zwischen die Flügel gesteckt.

Huhn, gefüllt mit Reis

1 Huhn oder Poularde. Fülle: 100 g Reis, 1/3 l Fleischbrühe, 30 g Butter, Salz, Pfeffer, 1 EL Käse, 50 g Trüffel, Zwiebel. Zum Braten: 60 g Butter, Zwiebel, Gelbrübe, Knochenbrühe, 4 EL Wein

Das Huhn wird ausgebeint, Schlegel und Flügelknochen werden nicht ausgelöst. Zur Fülle wird der Reis mit Zwiebeln in Butter gedämpft, abgelöscht, zugedeckt, langsam nicht zu weich gedämpft. Unter den verkühlten Reis gibt man Gewürze, Käse, in kleine Würfel geschnittene Trüffeln, füllt damit das Huhn, näht es zu und dressiert. Die Knochen werden angebraten, abgelöscht, ausgekocht. Das Huhn wird in heißer Butter mit Zwiebel, Suppengrün angebraten, mit Knochenbrühe, Wein abgelöscht, unter öfterem Begießen etwa 1 Stunde weichgedämpft. Die Sauce wird, wenn nötig, mit 1 Teelöffel Stärkemehl aufgekocht, nach Belieben 2 Eßlöffel Madeira zugegeben. Beim Anrichten schneidet man vorsichtig Schlegel und Flügel weg, schneidet das Huhn quer in Scheiben, setzt es schön zusammen auf eine heiße Platte und gießt etwas Sauce darüber.

Huhn, geschmort

1 Huhn, 60 g Butter, 40 g Mehl, Zwiebel, Zitronensaft, Salz, 1/8 l sauren Rahm

Das vorgerichtete Huhn schneidet man in 4 Teile. In heißer Butter brät man die Stücke leicht an, nimmt sie heraus, gibt Mehl und Zwiebel zu, dämpft dies etwas, löscht mit Fleischbrühe oder Wasser ab, gibt nach dem Aufkochen das Fleisch, Salz, Rahm, Zitronensaft zu und läßt es zugedeckt langsam weichdämpfen. Nach Belieben etwas Wein, 1 Prise Paprika, Champignons oder Steinpilze zugeben.

Huhn mit Perlgraupen

Ein sauber zugeputztes Suppenhuhn stellt man mit 2 bis 3 l Wasser, Salz, Möhren, Petersilienwurzel und Kohlrabi aufs Feuer und läßt es, je nach dem Alter des Huhns, 2 bis 3 Stunden kochen. Ist die Brühe nicht genügend fett, so gibt man ein Stück Butter daran; um helle Bouillon zu bekommen, muß man häufig abschäumen. 250 g Perlgraupen werden blanchiert und dann in Hühnerbouillon weichgekocht. Das Huhn brät man, nachdem man die Bouillon gut ablaufen ließ, in etwas Butter von allen Seiten hellbraun an, teilt es in Portionen und gibt es in die Mitte der Schüssel auf die Graupen. Ein Kännchen durchgesiebte Brühe reicht man nebenher.

Huhn mit Tomaten

125 g Speck und eine große Zwiebel zerschneidet man fein und läßt beides hell anbräunen, gibt nun 2 junge, geviertelte, ungekochte Hühnchen hinein und läßt diese darin weichdünsten. 6 bis 8 große, zerschnittene Tomaten läßt man in etwas Butter und etwas Wasser weichdämpfen, streicht den Brei durch ein Sieb über die Hühner, die man vorher mit etwas Mehl bestreute, gibt dann noch ½ l süße Sahne dazu und läßt alles gut verkochen. Hühner und Tomaten richtet man über einem Reisberg an.

Jägertopf, bayrisch

500 g Hasenkeule, 250 g Zwiebeln, 50 g Speck, 50 g Butter, 500 g Steinpilze, Maronen oder Pfifferlinge, 250 g gelbe Rüben, Salz, Pfeffer, 1/4 l Fleischbrühe, Petersilie

Man schneidet das Hasenfleisch in Würfel und brät es in der heißen Butter mit dem zerlassenen Speck kräftig an. Nach ca. 10 Minuten gibt man die gehackte Zwiebel dazu und brät sie kurz mit. In eine Auflaufform füllt man dann abwechselnd eine Schicht Fleisch, die geputzten, grob zerkleinerten Pilze und die gewürfelten, gelben Rüben, die letzte Lage besteht aus Fleisch. Jede Lage mit Salz und Pfeffer würzen, die Fleischbrühe darübergießen, mit Petersilie bestreuen, Deckel darauflegen und bei mittlerer Hitze in ca. 45 bis 55 Minuten garen.

Kapaun in einer Austern-Sauce

Er wird trocken gerupft, ausgenommen, die Brust, wenn er noch warm ist, breitgeschlagen, überhaupt der ganze Kapaun ein wenig geklopft, rein ausgewaschen, schön rund gebogen und der Hals abgeschnitten. Hat man nicht viel Austern, so nimmt man nur deren 10 bis 12 in ein Geschirr, ein wenig kleingehackte Petersilie, Muskatblüte, ein Stücklein zerlassene Butter, etwas Zitronensaft und Salz dazu, füllt dies alles in den Kapaun, näht ihn ein wenig zu, daß die Kraft darinbleibt, legt dann den Kapaun in eine Kasserolle, gießt gute Fleischbrühe daran, bis sie halb darübergeht, gibt ein Lorbeerblatt, etliche Zitronenscheiben und Muskatblüte daran, decke den Kapaun zu, und kocht ihn, bis er weich ist. In ein anderes Geschirr wird nun ein Stücklein frische Butter genommen, ein kleiner Kochlöffel Mehl darin verknetet, von einer Zitrone der Saft dazugegeben und soviel von der Kapaun-Brühe daran gegossen, als es nötig hat. Soviel noch Austern dazu bestimmt sind, werden samt dem Seewasser und einem halben Eßlöffel Kapern an die Sauce gegeben. Sobald der Kapaun angerichtet ist, wird das Gelbe von 3 Eiern mit der Sauce wohl verrührt, und diese, ohne weiter zu kochen, über den Kapaun angerichtet.

Kapaun, gebraten

Nachdem ein junger, fetter Kapaun gebrüht oder trocken gerupft, rein ausgenommen, ausgewaschen, gut ausgetrocknet und in dessen Leib ein wenig Petersilie und etwas Butter gesteckt ist, wird er dressiert, dann mit Salz eingerieben, auf der Brust mit dünnen Speckscheiben überbunden, und in zwei butterbestrichene Bogen Papier eingewickelt. Nun legt man ihn nebst einem Stück Butter in eine Bratkachel und brät ihn im Ofen unter häufigem Begießen eine bis anderthalb Stunden, oder man kann ihn auch am Spieß oder in einer Kasserolle auf dem Herd braten, im letzteren Fall wickelt man ihn aber dann nicht in Papier ein. Ist er im Ofen oder am Spieß gebraten, so nimmt man eine Viertelstunde vor dem Anrichten das Papier ab, und bringt ersteren, nachdem er begossen wurde, nochmals in den Ofen, auf daß er eine schöne gelbe Farbe erhalte, bei letzterem aber macht man zu gleichem Zweck das Feuer heller. Er wird nun auf einer warmen Platte angerichtet, mit Petersilie bekränzt, oben mit Glace bestrichen und sodann mit der durchs Sieb in eine Sauciere gegossenen, abgefetteten eigenen Sauce serviert. Die Speckscheiben kann man dabei nach Belieben wegnehmen oder darauf lassen. – Sehr gern spickt man Brust und Schlegel mit feingeschnittenem Speck, in welchem Fall das Überbinden mit Speck unterbleibt.

Kapaun, gedämpft

Der sauber hergerichtete, gesalzene Kapaun wird mit Speckscheiben umbunden, mit Zwiebeln, Möhren, Porree, Pastinak, Petersilienwurzel und Sellerie, einem halben Liter Wein, ebensoviel Wasser, 2 Eßlöffel Essig, Pfeffer, Salz, Muskat, Neuwürz und Lorbeer und etwas Zitronenschale gedünstet und, wenn er weich ist, aus der Brühe gehoben. Man verrührt etwas Mehl in ½ l Sahne, gießt die Brühe dazu, läßt noch einmal aufkochen, treibt die Sauce durch ein Sieb und vermischt noch etwas Petersilie, in Butter gedünstete Champignons und Zwiebeln, alles feingewiegt, darunter und reicht die Sauce über dem Kapaun. Man kann auch Austern-, Krebs- oder Kapernsauce dazu geben. Sehr gute Beilagen sind: ein feines, aus Leber und Magen des Tieres, Kalbsohr und Champignon mit Weinsauce bereitetes Ragout oder in Bouillon weichgedünsteter Reis, unter den man Leber, Magen und Champignons, alles in Butter gedämpft und in Streifen geschnitten, gemischt hat.

Kapaun, gefüllt

1 Kapaun, Salz, Pfeffer, Butter. Für die Füllung: 200 g Kalbfleisch, 1 Kapaunleber, 2 Eier, 1 kleine Zwiebel, feingehackte Petersilie, 1 Tasse blättrig geschnittene Champignons in etwas Butter gedünstet, Salz, Pfeffer, abgeriebene Schale einer halben Zitrone, 1/8 l Sahne, Semmelbrösel

Kalbfleisch und die gekochte Leber des Kapauns werden durch den Fleischwolf gedreht, mit der feingehackten Zwiebel, den Champignons, Petersilie, Eiern und Semmelbröseln zu einem geschmeidigen Teig vermischt und mit Salz, Pfeffer und Zitronenschale gewürzt. Die Sahne hineingeben, falls der Teig zu fest ist, etwas Milch hinzufügen.
Mit dieser Masse wird der vorbereitete Kapaun, den man innen und außen mit Salz bestreut, gefüllt, zugenäht und in heißer Butter etwa 70 bis 90 Minuten bei mittlerer Hitze gebraten. Fleißig beschöpfen.

Kapaun, gesulzt

Man darf ihn zum Sulzen brühen, nimmt ihn aus, schneidet die Füße und den Hals ab, schlägt das Brustbein ein, zweckt ihn gut auf, setzt ihn mit Salzwasser, einem Lorbeerblatt, Zitronenscheiben und Kräutern zu, und verschäumt ihn wohl. Sobald er recht weich ist, legt man ihn in eine Schüssel, deckt ihn zu, daß er weiß bleibt, nimmt 6 verhauene Kalbsfüße und ein halbes Pfund in einem Leinentuch gebundenes Hirschhorn in ein Geschirr, gießt die Kapaunen-Brühe nebst einer halben Maß Essig und ebensoviel Wein daran, gibt ein Lorbeerblatt, Zitronenscheiben und grobgestoßenes Gewürz oder Kräuter dazu. Wenn es recht gekocht hat und die Füße weich sind, preßt man es durch, schöpft das Fett davon ab, schlägt 6 Eiweiß zu Schaum, rührt ihn an die Sulz, läßt sie gleich allen anderen durch eine Serviette laufen, bis sie recht hell ist. Zu einem Kapaun ist eine lange Form nötig, im Gegenteil ist eine ovale (länglichrunde) Pou von Zinn oder Porzellan recht. Von der hell herabgeflossenen Sulz gießt man nun einer starken halben Hand in der Höhe hinein, läßt sie gestehen, ziert sie mit ausgeschnittenem Laubwerk und Zitronenscheiben, legt den Kapaun auf die Brust darauf und gießt die übrige Sulz voll darüber. Wenn sie recht fest gestanden ist, wird die Form in kochendes Wasser getaucht und umgestürzt.

Kapaun mit Reis

Der rein geputzte, aufdressierte Kapaun wird auf der Brust mit Zitronensaft eingerieben, damit er schön weiß bleibe; hernach von innen und außen mit wenig Salz eingerieben und mit einer gelben Rübe, einer mit vier Nelken besteckten Zwiebel und so viel Fleischbrühe, daß sie darübergeht, aufs Feuer gesetzt. So wird er zugedeckt eine halbe Stunde langsam gekocht, dann herausgenommen und die Brühe durchgeschüttet, derselbe nun neuerdings in die Brühe gegeben, in dieser zugleich, genau bedeckt, 200 g gewaschener Reis mit etwas Muskatnuß langsam kernig weich und kurz eingedämpft und der Kapaun nun herausgenommen. Ist der Reis zu trokken, so hilft man mit etwas Fleischbrühe. Er wird jetzt auf eine Platte angerichtet, der Kapaun darübergelegt, und eine Frikasseesauce extra damit zu Tisch gegeben. – Ist der Kapaun nicht fett, so kocht man mit dem Reis ein Stückchen Butter.

Kapaun tranchieren

Die Gabel wird an der Brust angesetzt und der Hals abgeschnitten, dann die Schlegel abgelöst und solche im Gelenk wieder in zwei Teile geteilt. Hernach durchschneidet man beide Flügel am Gelenk, etwas von der Brust daranlassend, löst das Brustbeinchen in der Nähe des Halses ab, teilt die Brust in dünne Schnitten, schneidet den großen Brustknochen rechts und links von den Rippen weg und macht aus dem Rücken drei Stücke.

Kapaun, weiß gekocht

Für 4 bis 6 Personen: 1 Huhn, ausgenommen etwa 1500 g schwer, 60 g Butter, 1/4 l Hühnerbrühe, die aus dem Hühnerklein zubereitet werden kann. Für die Sauce: 2 Eigelb, 1/4 l Rinderbrühe, 60 g Butter, 1 EL gehackte Petersilie, 1 TL gehackter Thymian, 1 Messerspitze gehackter Estragon, 1 EL Weinessig, Salz, Pfeffer

Das Huhn wird in der heißen Röhre 75 Minuten gebraten. Man kann es auch mit Butter einreiben, mit Folie abdecken und die Brühe in das Bratgefäß geben. 10 Minuten vor Ende der Bratzeit wird das Eigelb leicht geschlagen und der Rinderbrühe zugefügt, in einem kleinen Topf auf mäßig heißer Flamme mit der in Stücke gepflückten Butter ständig umgerührt, bis die Masse eindickt. Topf vom Feuer nehmen, Essig unterziehen, Kräuter beifügen, auf die Platte zurückstellen, salzen und pfeffern und sorgsam rühren, bis die Sauce fast kocht, dann vom Feuer nehmen und über das in Stücke geschnittene Huhn gießen und servieren.

Kastanienfarce

1 Dutzend Kastanien, Kalbsbrühe, Geflügelleber, Schinken, 1 TL gehackte Schalotten, Zitronenschale, Salz, Pfeffer, 60 g Butter, 2 EL Semmelmehl, 2 Eigelb

Man röstet und schält etwa ein Dutzend schöner Kastanien, kocht sie etwa eine Viertelstunde in kräftiger Kalbsbrühe, läßt sie ablaufen, zerstampft sie dann in einem Mörser nebst der gekochten und gehackten Leber des Geflügels, einem Löffel gehackten Schinken, einem Teelöffel voll gehackter Schalotten, ebensoviel kleingeschnittener Zitronenschale, einem Teelöffel Salz, einer Prise Pfeffer, Butter, Semmelmehl und den Eigelb, arbeite alles gehörig durcheinander und verwendet die Farce zur Füllung von Truthühnern, Kapaunen usw.

Krammetsvögel, gebraten

Nachdem die Krammetsvögel gerupft und flammiert sind, macht man unten eine Öffnung, zieht den Magen heraus, und dressiert sie. Nun werden sie mit Salz und Pfeffer eingewürzt, auf beiden Seiten mit einem Lorbeerblatt belegt, nach Belieben mit feinen Speckscheiben eingebunden, und in einer Bratkachel, worin ein Stück Butter und eine verschnittene Zwiebel gegeben, im Ofen unter öfterem Begießen eine halbe Stunde gebraten. Man richtet sie dann auf gelb aus dem Schmalz gebackene Brotschnitten an, und gießt unter letztere die zurückgebliebene, etwas verdünnte, abgefette Sauce. – Einige zerdrückte Wacholderbeeren beim Braten über die Krammetsvögel gestreut, gibt ihnen den eigentümlichen Geschmack, den sie haben sollen. – Da nicht jedermann das Eingeweide der Krammetsvögel liebt, kann dieses auch mit dem Magen *ausgezogen* und die Vögel mit Wein ausgewaschen werden.

Krammetsvögel, gebraten, mit Reis

Man brüht 200 g Reis mit wenig kochenden Wasser an, kocht ihn einige Male damit auf und schüttet dann das Wasser ab. Nun nimmt man ihn wieder ins Kochgeschirr nebst einem Stück Butter, einer mit zwei Nelken besteckten Zwiebel und einem Schöpflöffel Fleischbrühe, und dünstet ihn, gut bedeckt, bis er von unten eine Kruste bekommt, unter welcher Zeit er mit dem Backschäufelchen einigemal umgekehrt wird. Er wird jetzt auf einer Platte locker angehäuft, die ganz wie vorige hergerichteten und gebratenen Krammetsvögel im Kranz daraufgelegt, mit zwei Eßlöffel geriebenem, in Butter gelb geröstetem Weißbrot überstreut und die vom Braten übriggebliebene, abgefettete Sauce durchs Sieb gegossen und extra dazugegeben.

Krammetsvögel in einer Sauce

Wenn sie gerupft, ausgenommen, die Köpfe abgeschnitten, die Augen herausgenommen, die Krammetsvögel ausgewaschen, und mit Nelken, Pfeffer und Salz eingerieben sind, zerläßt man in einem Geschirr Butter, dämpft die Krammetsvögel darin, stößt die abgeschnittenen Köpfe mit einem Stücklein mageren Schinken und einigen Wacholderbeeren, dämpft das Gestoßene in einem Stücklein Butter gelb, gießt gute Fleischbrühe daran und läßt sie eine Zeitlang kochen. Sobald die Krammetsvögel gelbgedämpft sind, gießt man die Butter davon ab, preßt das Gestoßene durch ein Tuch, gibt es an die Krammetsvögel und deckt sie zu. Die herausgenommene Leber hackt man mit einem Stücklein Speck und einer Zwiebel klein, röstet einen Eßlöffel Mutschel- und halb soviel Weißmehl gelb in Butter, kehrt das Gehackte darin um und nimmt es gleich an die Krammetsvögel. Wenn die Sauce noch ein wenig gekocht hat, können sie entweder so gegeben, oder in eine Pastete gefüllt werden. verlangt man sie rezent, so wird Zitronensaft daraufgedrückt.

Krickente

Zubereitung wie Wildente.

Kroketten von Hühnerfleisch

Hierzu kann man die Abfälle und Übriggebliebenes von Geflügel jeder Art verwenden, was man, wenn das Fleisch von den Knochen rein abgenommen ist (alles zusammen soll so viel ausmachen wie das Fleisch von zwei jungen Hühnern), zu einer Hühnerfarce verarbeitet, es sind 50 g Butter, in welcher zuvor eine geschnittene Zwiebel abgeröstet wurde, hineinzurühren. Aus dieser Farce werden nach Erkalten dann Kroketten geformt, solche in verrührtem Ei und Semmelbröseln umgewendet, aus heißem Schmalz gelb gebacken, und beim Anrichten mit gebackener Petersilie garniert.

Küken, Hamburger

Küken (Huhn oder Hahn), Salz, saure Sahne, etwas Stärkemehl, Speckscheiben

Die Küken werden mit Speck umlegt, mit etwas Salz bestreut, in einem Topf mit heißer Butter 30 Minuten unter fleißigem Begießen gebraten. Der Topf muß gut verschlossen sein. Die Sauce wird mit saurer Sahne und etwas Stärkemehl gebunden.

Leberschnitten zu Wildgeflügel

Herz und Leber von 4 Tieren, wenn nötig, etwas Kalbsleber, 30 g Speck, 30 g Butter, Zwiebel, Petersilie, 1 Brötchen, Salz, Pfeffer, Majoran, 1 Eigelb

Herz, Leber, Speck werden feingewiegt. Das Brötchen eingeweicht, ausgedrückt, Zwiebel, Petersilie gewiegt, alles zusammen in Butter gedämpft. Dann gibt man die Gewürze und Eigelb zu, streicht die Fülle auf in Butter geröstete, runde Brötchen, streut Parmesankäse darüber, gibt ein kleines Butterflöckchen darauf und läßt sie im Backofen etwa 10 Minuten überbacken. Gibt etwa 18 Stück. Die Schnitten können als Garnitur zu allem Wildgeflügel gegeben werden.

Einen Marcaffin (Wildschwein-Ferkel) oder Frischling zu braten

Nach dem Brennen kann man es 1 auch 2 Tage einbeizen. Wenn es hierauf gebraten werden soll, so wird es mit Salz, Nelken und Peffer eingerieben. Hat man ein Stücklein schwarzes oder rotes Wildbret oder von einem übriggelassenen Wildbraten, so wird dasselbe nebst einer Zwiebel, einem Stücklein Speck, einer halben Zitrone und einer Handvoll geriebenen Brot-Brosamen kleingehackt, und dies alles in einer Schüssel mit einem Löffel Kapern, 3 Eßlöffel voll Essig, ein wenig Salz, Pfeffer und Nelken angerührt, der Frischling damit gefüllt, mit bestrichenem Papier umbunden, an den Spieß gesteckt, mit einer Spicknadel hin und wieder gestupft und langsam gebraten. Wenn er halbfertig ist, wird das Papier abgenommen, und der Frischling vollends ausgebraten, während diesem öfters mit der Sauce aus der Bratenpfanne übergossen, oder wenn er rösch werden soll, mit einem Stücklein Speck fleißig überfahren, dann trocken auf eine Platte gelegt und eine Wildbret- oder Kapern-Sauce dazu aufgestellt. Die kalte Herings-Sauce kann auch dazu gegeben werden.

Masthuhn

Das Masthuhn kann man auf dieselbe Weise wie den Kapaun dünsten und mit den gleichen Beilagen zu Tisch geben, oder man dünstet es nur halbweich und brät es dann in Butter schön dunkel und vollends weich. Zur Bereitung der Sauce verwendet man etwas von der Brühe, gibt etwas Kartoffelmehl daran und schmeckt sie zuletzt mit etwas Wein ab.

Mischgericht von Hühnerresten

250 g guten Javareis kocht man in Fleischbrühe und einem Stückchen Butter recht dick ein, darf ihn aber nicht anbrennen lassen. In eine dick ausgebutterte Puddingform schichtet man auf den Boden und rings um den Rand eine Lage Reis von 2 bis 3 cm Dicke und bestreicht alles gut mit Eidotter, darauf kommt eine Lage, bestehend aus feingewiegtem Kalb- und Hühnerfleisch, etwas zu Schaum gerührter Butter, 2 Eiern, etwas geweichter und gut ausgedrückter Semmel und Salz. Aus dieser Farce bereitet man auch einige Klößchen, die in Salzwasser leicht abgekocht werden. Kalbsbröschen, Gänseleber, Ochsenzunge, feine Pilze verschiedener Art, alles vorher weichgedünstet und Reste von Hühnerfleisch schneidet man in gleichmäßige Streifchen, füllt dies alles, gut gemischt, abwechselnd mit Krebsschwänzen und den Klößchen in die Form, sorgt dabei dafür, daß der Reisrand gleichmäßig bleibt und begießt alles mit dicker Krebssauce. Obenauf kommt abermals eine Schicht Reis, dann wird auch diese mit Eigelb bestrichen, etwas Butter darübergepflückt und das Gericht im Wasserbad ½ bis ¾ Stunden gekocht. gestürzt und mit Krebsscheren und Champignons garniert wird die Speise mit Krebssauce zu Tisch gegeben.

Perlhuhn, gedämpft

2 Hühner, 1 EL Salz, Prise Pfeffer, 100 g Speckscheiben. Zum Dämpfen: 100 g Butter, 1 Zwiebel, 1 Gelbrübe, ½ l Fleischbrühe, ¼ l dicken, sauren Rahm. Zur Mehlschwitze: 20 g Fett, 30 g Mehl, 1 EL Zitronensaft, ¼ l Fleischbrühe

Zum Dämpfen verwendet man recht fleischige Perlhühner, die nach dem Vorrichten mit einer Speckscheibe umwickelt werden. In heißer Butter brät man die Hühner nebst Zwiebel und Gelbrübe braun an, gibt die kräftige Fleischbrühe und den Rahm zu und dämpft die Hühner in geschlossenem Topf bis sie weich sind. Der Beiguß wird mit der vorher zubereiteten, braunen Mehlschwitze sämig gemacht, beim Anrichten durch ein Sieb getrieben und mit Zitronenensaft gewürzt.

Pfefferpoularde

1 Poularde, Salz, Pfeffer, Paprika, etwas Mehl, 1 Zwiebel, 8 geschälte Tomaten, 1 Knoblauchzehe, 1 Glas Rotwein, etwas Fleischbrühe, Schmalz

Eine Poularde wird in 8 Teile geteilt, mit einer Mischung aus Salz, Pfeffer und Paprika eingerieben und mit etwas Mehl bestäubt. In Schmalz röstet man eine kleingeschnittene Zwiebel an, gibt die Fleischstücke dazu und brät sie kräftig an. Dann gibt man 8 geschälte Tomaten, 1 zerdrückte Knoblauchzehe und 1 Teelöffel Paprika dazu und läßt die Poularde gar schmoren. Falls erforderlich, muß etwas Fleischbrühe nachgegossen werden. Abgeschmeckt wird mit 1 Glas Rotwein.

Pökelhuhn, ungarisches

In eine Kasserolle gibt man zehn Deka würfelig geschnittenen Speck, läßt ihn am Feuer bis er glasartig aussieht und gibt dann zwei Häuptel feingeschnittene Zwiebel, die man gelb anrösten läßt, 1 Löffel Paprika, dann 2 geputzte, in Viertel geschnittene Hühner, drei Stück rohe, halbierte Paradiesäpfel oder drei Eßlöffel voll Paradiesäpfelmarmelade und, wenn man will, 4 große, von den Kernen befreite Paprika dazu und läßt alles zusammen zugedeckt verdünsten. Dann gibt man ¼ l Suppe darauf und läßt die Hühner weichdünsten. Serviert werden sie mit Nockerln, Reis oder Nudeln.

Poularden, zu braten

Diese werden wie die Kapaunen gebraten, wenn sie fett sind, bloß mit einem Butterpapier umbunden, im Gegenteil aber kann die Brust gespickt werden.

Poularde, Kapaun

Darunter versteht man verschnittenes, gemästetes Geflügel. Das Huhn nennt man Poularde, den Hahn Kapaun.

Poularde oder Kapaun, gefüllt

Zubereitung wie Hahn gefüllt. Fülle doppelt nehmen. Beim Zusetzen mit etwas kochendem Wasser übergießen, zudecken, etwa 10 Minuten dämpfen, damit die Fülle aufgeht, Butter zugeben, anbraten, fertigmachen wie oben. Bratzeit 1½ Stunden.

Poularde oder Kapaun, gebraten

(Für 8 Personen) 1 Poularde oder 1 Kapaun, etwa 2 kg, Salz, Pfeffer, Zitronensaft, 60 g Butter, 1 Speckscheibe

Die vorgerichtete Poularde wird nach dem Waschen mit Salz, Pfeffer, Zitronensaft eingerieben, zugenäht, dressiert, mit der Speckscheibe die Brust bedeckt und umbunden. Dann übergießt man die Poularde mit heißer Butter, brät sie an, löscht etwas ab, stellt sie in den Backofen und läßt sie, unter öfterem Begießen, etwa 1¼ Stunden weichbraten. Bei fettem Geflügel kann die Speckscheibe wegbleiben.

Poularde, indisch

1 gekochte Poularde (oder Huhn) enthäuten, das Fleisch in große Stücke zerlegen, auf einer Platte anrichten, warmstellen.
4 Scheiben Ananas, ½ Dose Champignons, 1 kl. Dose Mandarinen nacheinander in Butter braten, auf den Fleischstücken anrichten. Aus 40 g Butter, 40 g Mehl, ½ l Hühnerbrühe eine Sauce herstellen, die mit Mandarinen- und Ananassaft, Curry, 1 EL Sahne, 1 TL Sherry abgeschmeckt wird.
Sauce mit 1 Ei legieren. Etwas Sauce über das Fleisch gießen. Dazu: Reisrand.

Poularde mit Käsefüllung

1 Poularde (etwa 1,2 kg), Salz, 1 Brötchen, 1 Bund Lauchzwiebeln (125 g), 2 Pakete Kräuterfrischkäse mit Knoblauch à 150 g, 20 g Mayonnaise

Poularde abspülen und trockentupfen. Innen und außen salzen. Für die Füllung Brötchen einweichen. Lauchzwiebeln putzen, waschen und in feine Ringe schneiden. Ausgedrücktes Brötchen mit dem Käse gut vermischen. Lauchzwiebeln untermengen. Die Poularde damit füllen und zustekken. Poularde von allen Seiten mit flüssigem Fett bepinseln und in einen Bräter legen. In den kalten Backofen schieben, auf 200 Grad/Gas Stufe 3 schalten und etwa 75 Min. braten. Dazu: Stangenweißbrot oder Reis mit Erbsen.

Poularde mit Trüffeln gefüllt

Eine große Poularde, 1–1½ EL Salz, Prise Pfeffer, 7–8 große eingemachte Trüffeln, 100 g Speckscheiben. Zur Fülle: 180 g frischer grüner Speck, 180 g gehacktes, mageres Schweinefleisch (Schlegel), 1 TL Salz, 1 Messerspitze Pastetengewürz. Zum Braten: 150 g Fett, 1 Zwiebel, ¼ l Fleischbrühe

Eine fleischige Poularde wird ausgenommen, ausgewaschen und auf der Brustseite die Haut vom Hals aus mit der Hand vorsichtig losgelöst. Hier hinein schiebt man je nach der Größe der Poularde dünn geschnittene Trüffelscheiben, etwa 15–20 Stück. Den Rest der Trüffeln schneidet man in ½ cm große Würfel. Speck und Schweinefleisch treibt man 3–4mal durch die Fleischhackmaschine, würzt mit den Trüffelwürfeln, Trüffelsaft, Salz, Pastetengewürz und füllt die Farce in die Halshaut. Damit diese beim Braten nicht platzt, füllt man sie nicht zu stark, sondern gibt den Rest der Farce in den Geflügelkörper. Hierauf wird die Poularde zugenäht, dressiert und weiter behandelt wie gebratene Poularde.

Putenbrust

Putenbrust, Öl, Weißwein, Pfeffer, Salz, Schmalz

Man schneidet die Putenbrust in Stücke und läßt sie in einer Marinade aus Öl, Weißwein, Pfeffer und Salz gut durchziehen (ca. 1 Stunde). Dann nimmt man sie heraus, läßt sie abtropfen und brät sie von beiden Seiten kurz in heißem Schmalz.

Putenkeule, in Rotwein geschmort

Putenoberkeule, Salz, Pfeffer, Margarine, ausgelassener Speck, 1 Stück Sellerie, 1 gelbe Rübe, 2 Zwiebeln, 3–4 Tomaten, 2 Glas Rotwein, Fleischbrühe, Mehl, 1/8 l saure Sahne, Paprika

Man würzt eine Putenoberkeule mit Salu und Pfeffer und bräunt sie in mit Margarine ausgelassenem Speck. Kleingeschnittenes Gemüse (Sellerie, gelbe Rübe, Zwiebeln, Tomaten) gibt man dazu und röstet es mit an. Dann gießt man mit 2 Glas Rotwein auf und schmort die Putenkeule darin ca. 90 Minuten. Eventuell muß hin und wieder etwas Fleischbrühe nachgegossen werden. Dann nimmt man das Geflügel heraus, löst den Knochen aus und schneidet das Fleisch in Scheiben. Die Sauce wird durch ein Sieb passiert, mit etwas Mehl gebunden, die saure Sahne untergerührt und mit Paprika abgeschmeckt.

Puter, gebraten

Ein Puter, etwa 6 Pfund wiegend, 2 EL Salz, Prise Pfeffer, 1 Speckscheibe, 100 g wiegend. Zum Braten: 100 g Fett, 1 Zwiebel, 1/4 l Fleischbrühe

Dazu kann man nur ganz junge Tiere verwenden, die nach dem Abhängen wie jedes andere Geflügel ausgewaschen, gesalzen, gepfeffert und dressiert werden. In einer nicht zu großen, gußeisernen Bratenpfanne, einem sog. Gänsebrater erhitzt man das Fett, gibt den mit einer Speckscheibe umbundenen Puter hinein und läßt ihn in gut heißem Ofen unter sehr fleißigem Begießen 1½ Std. braten. Kurz vor dem Tranchieren nimmt man ihn aus der Pfanne, stellt ihn mit einem Butterpapier bedeckt heiß, gießt in den zurückbleibenden Bratenfond die heiße Fleischbrühe und macht den Beiguß wie jeden anderen Geflügelbratenbeiguß durch Abkratzen des angesetzten Bratenfonds, Aufkochen, Entfetten und Durchseihen fertig.

Puter, gefüllt

(Für 10–12 Personen) Ein Puter, 150 g Speckscheiben, 1½ EL Salz, Prise Pfeffer. Zur Fülle: 1½ Brötchen, ⅛ l Milch, 40 g Butter, 1 EL feingewiegte Schalotten, 1 EL feingewiegte Petersilie, 1½ Eier, 1 TL Salz, die Puterleber, Prise Pfeffer.
Zum Dämpfen: ¾ l Wasser, 120 g Butter oder Fett, 1 Zwiebel

Die nachfolgende Zubereitungsart wendet man bei einem gemästeten Puter an. Derselbe wird nach dem Abhängen ausgewaschen, die Kropfhaut vorsichtig ein wenig vom Fleisch losgelöst und damit die Fülle nicht in den Körper rutschen kann, die Halsöffnung mit einem Stückchen des losgehackten Halses zugesteckt. In heißer Butter dünstet man feingeschnittene Schalotten und Petersilie glasig, gibt die abgeriebenen, in Milch eingeweichten, ausgedrückten, verzupften Brötchen zu und dämpft sie, bis sie sich in einem Kloß vom Topf lösen. Nun nimmt man die Fülle vom Feuer weg, mengt die feingeschabte Leber, sowie die Eier, Salz, Pfeffer und nach Belieben kleine Trüffelscheiben darunter. Die so vorbereitete Farce füllt man in die Halshaut ein, läßt soviel Raum, daß die Fülle beim Aufgehen die Halshaut nicht sprengen kann und dressiert das Geflügel nach dem Zunähen und Aus- und Abreiben mit Salz. Die Brustseite wird mit dünn geschnittener Speckscheibe umbunden (bardiert) und der Puter in einer nicht zu großen, gut verschlossenen, gußeisernen Bratenpfanne mit dem heißen Wasser in den Backofen gestellt. Nach ¾ Std. gießt man das Wasser ab, gibt das heiße Fett oder die Butter und eine große Zwiebel dazu und brät den Puter unter fleißigem Begießen je nach seiner Größe noch 1–2 Std. Beim Anrichten wird der Puter aus der Bratenpfanne genommen, in Butterpapier gewickelt, heißgestellt und der Bratenfond mit der abgegossenen Brühe aufgekocht, entfettet und durchgeseiht.

Puter in Gelee

Hierzu muß der Puter ganz jung sein, und muß derselbe wenigstens 2, besser 3 Tage vorher geschlachtet und reingemacht werden. Derselbe kann wie Kapaun in Gelee gefüllt werden.

Puter mit einer Fleischfarce

Zu dieser Füllung nimmt man 375 g gehacktes Kalbfleisch ohne Sehnen, 375 g recht durchwachsenes Schweinefleisch, ebenfalls feingehackt, ½ Obertasse geschmolzene Butter, 3 Eier, von welchen 2 Eiweiß zu Schaum geschlagen und zuletzt durchgemischt werden, 200 g zwei Tage altes in kaltem Wasser eingeweichtes und ausgedrücktes Weißbrot, 15 g gereinigte und geschnittene Morcheln, 4 Stück halbgar gekochte und abgezogene Kälbermilch, welche man dazwischenlegt, Salz und Muskat, auch nach Belieben gehackte Petersilie und gehackte Sardellen.
Diese Farce wird in den Kropf und den Leib des Puters gefüllt, derselbe nach vorhergehender Vorschrift gebraten oder in einer Bräse wie Kapaune à la Bräse zubereitet.
Auf diese Weise gefüllt, reicht der Puter für eine große Gesellschaft hin und kann warm oder kalt zur Tafel gegeben werden.

Puter mit Sellerie

1 weißer Puter, 6 Bleichsellerie, Lauch, Zwiebeln, Karotten, Thymian, 3 l Wasser, etwas frischer Rahm, 18 Austern

Ein weißer Puter wird gesäubert, dressiert und mit Bleichsellerie, Lauch, Zwiebeln, Karotten und einem Zweig Thymian im Wasser langsam gargekocht. Hierauf wird mit dem Puterfond eine weiße Sauce bereitet, mit etwas frischem Rahm auf dem Feuer zur Hälfte eingekocht unter stetem Rühren und durch ein Tuch gedrückt. Von den Austern wird das Auge entfernt, diese in eigenem Fond einmal aufgekocht, herausgenommen und der erhaltene Fond passiert und der Sauce hinzugefügt. Sodann wird die mitgekochte Sellerie in Rechtecke geschnitten und ebenfalls mit den Austern der Sauce zugefügt. Der Puter wird in üblicher Weise tranchiert und die Sauce extra serviert. Als Beigabe eignen sich gedämpfter Reis, Nudeln, Nockerln und dergleichen mehr. Die Reste des gekochten Puters lassen sich zu Haché, Croquettes, Emincés, Coquilles und dergleichen verwenden.

Puter, Truthahn oder Indian, Wiener Art

Nachdem der Truthahn gerupft, versengt und ausgenommen ist, wird er von innen und außen gut gesalzen und muß so eine Stunde lang liegen bleiben. Unterdessen richtet man eine Maronenfülle vor: 125 g geriebenes Weißbrot wird mit 2 Pfund geschälten, in Butter gedämpften und zu Mus verrührten Kastanien, 4 bis 5 Eigelb, ein wenig Zucker, Muskat, Pfeffer und Salz und 125 g zerlassener Butter verrührt und um den Kropf und den Leib des Truthahns gefüllt. Dann näht man beides zu, umbindet den Vogel mit Speckscheiben und brät ihn in kochendem Wasser und reichlich Butter fast weich. Nun nimmt man die Speckscheiben ab, brät den Truthahn, nachdem man etwas dicke Sahne in die Sauce gegeben hat, unter häufigem Begießen noch vollends weich und knusprig, hebt ihn heraus, teilt ihn in Portionen, schneidet die Kropffülle in Scheiben und richtet diese und Brunnenkresse rings um den Puter an. In die Sauce gibt man, wenn aller Bodensatz von der Pfanne gelöst ist, noch etwas Madeira, verquirlt, wenn nötig noch etwas Kartoffelmehl daran, läßt sie nochmals aufkochen und reicht sie durchgeschlagen extra zum Braten.

Puterhenne in Frikasseesauce (eine Vor- und Mittelschüssel)

Die Henne wird wie zum Braten vorgerichtet, die Beine kann man in die Haut schieben. Dann setzt man dieselbe mit kalter Butter und einigen Schalotten aufs Feuer, läßt sie, fest zugedeckt, langsam gelb werden, gießt etwas kochende Fleischbrühe oder Wasser hinzu, gibt Zitronenschale, doch nur das Gelbe, Muskatblüte, etwas Estragon hinzu und ½ Stunde später viel Champignons und läßt sie in kurzer Brühe, fest zugedeckt, garschmoren. Unterdessen sorgt man für etwas kräftige Fleischbrühe, gibt ¼ Stunde vor dem Anrichten gelbgeschwitztes Mehl, nach Belieben auch Midder, gefüllte Krebsnasen, Pistazien, Spargel oder Blumenkohl hinein, läßt alles weich werden, aber nicht im mindestens zerkochen, nimmt das Fett von der Putersauce, fügt dann die gekochte Sauce, welche wie jede Frikasseesauce sehr gebunden sein muß, nebst einigen Zitronenscheiben ohne Kerne hinzu, rührt dieselbe mit 2 Eidottern und Krebsbutter ab und richtet die Puterhenne mit Weißbrot-, Kalbfleisch- oder Schwammklößchen, in Wasser und Salz eben aufgekocht, in ihrer Sauce zierlich an. Man reicht Schnitten von Blätterteig dazu und gibt dies Gericht statt Pastete.

Pfau, zu braten

Der halberwachsene Pfau ist zum Braten am besten. Derselbe wird wie Puter 3 Tage vor dem Gebrauch geschlachtet, nur bis zur Hälfte des Halses gerupft, damit die Gäste ihn erkennen, der Kopf abgeschnitten, ausgenommen, rein gewaschen, in- und auswendig mit Pfeffer und Salz eingerieben, ein Lorbeerblatt nebst etwas Petersilie und einigen Basilikumblättern hineingetan, aufgebogen, die Brust mit Speckscheiben belegt oder Brust und Schenkel mit feingeschnittenem Speck gespickt und langsam gebraten. Soll das Braten am Spieß geschehen, so wird die Brust zuvor mit einem mit Butter bestrichenen Papier überbunden. Beim Anrichten wird der Kopf neben den Pfau gelegt und eine Austern- oder Kraftsauce, mit Zitronenscheiben geschärft, dazu gegeben.

Rebhuhn

Junge Rebhühner erkennt man an den hellgelben Beinen. Die Federn müssen weich und mit Blut gefüllt sein. Alte Tiere haben dunkle Beine und trockene Federn. Zum Braten kann man nur junge Tiere verwenden, alte verwendet man zu Suppen und Ragout. Rebhühner sind am besten von September bis November.

Rebhühner, gebraten

6 Rebhühner, 6 Scheiben Speck, 1½ EL Salz, Petersilie, 6 Rebblätter, 5–6 EL Fett, 1 Zwiebel, ¼ l Fleischbrühe

Junge Rebhühner werden gerupft, ausgenommen, gesengt, rasch ausgewaschen, gesalzen und nachdem man 2 Zweigchen Petersilie eingesteckt hat, zugenäht und dressiert. Sodann wird die Brust mit einer dicken Speckschwarte und der Rücken mit einem Rebblatt belegt, welche man mit einer Schnur festbindet. Sodann gibt man das Geflügel nebst Zwiebel in das heiße Fett, läßt es schön braun werden und unter fleißigem Begießen im Bratofen 20–25 Min. braten. Beim Anrichten wird die losgelöste Speckscheibe in kleine Dreiecke geschnitten und das angerichtete Geflügel damit belegt. Man garniert mit Brunnenkresse oder Petersilie und Zitronenscheiben und serviert Sauer- oder Rotkraut oder einen Salat dazu. Jährige Rebhühner, welche man mit doppeltkohlensaurem Natron behandelt, brauchen 1 Std. Bratenzeit.
In jüngster Zeit werden auch die Rebhuhn-Brüstchen für sich ausgelöst und in Butter à la minute gebraten. Sie werden entweder auf kleinen Croutons angerichtet oder innerhalb der modern gewordenen Salate angeordnet.

Von den Innereien, also Leber, Herz und Magen, macht man eine kleine Leberfarce, streicht sie auf kleine Croutons und serviert sie wie »Schnepfendreck«. Zur Garnitur wird Sauerkraut und Kartoffelpüree verwendet.

Rebhühner, gebraten, andere Art

4 Rebhühner, 200 g Speck in Scheiben, 150 g Butter, Salz, Pfeffer, 1 Glas Weinbrand

Die vorbereiteten Rebhühner werden ausgenommen, kurz gewaschen, trockengetupft, innen und außen mit Salz eingerieben und leicht gepfeffert. Die Brust eines jeden Rebhuhns wird mit einer großen Speckscheibe belegt, die Butter zerlassen und darübergegossen. Bei mittlerer Hitze brät man die Rebhühner ca. 35 bis 45 Minuten. Der Bratfond wird mit wenig Wasser und einem Glas Weinbrand losgekocht.

Rebhühner, gedämpft

4 Rebhühner, 4 Speckscheiben, Salz, 1 Glas Weißwein, Suppengrün, Fleischbrühe, $1/4$ l Rahm, 50 g Fett

Die Rebhühner vorrichten (Geflügel allgemein), mit Speck umbinden, mit dem Wein, Suppengrün, Fleischbrühe $1/2$ Stunde dämpfen, dann anbraten, mit Rahm und Sauce ablöschen und $1\frac{1}{2}$ Stunden dämpfen. Dazu eignen sich ältere Rebhühner.

Rebhühner, Koteletts von (für Kranke)

Man wiegt das zarte Fleisch der Rebhühner ganz fein, schält Flügel- und Schenkelknochen sauber aus und kocht das zerschlagene Gerippe mit Suppenwurzeln aus. Das Wiegefleisch wird mit einem Eierbecher voll dicker süßer Sahne und einer Prise Salz zu einem glatten, steifen Brei verrührt, aus dem man kleine Koteletts formt; die Flügelknochen werden, je einer in ein Fleischklößchen hineingesteckt, mit Ei und Semmel paniert. Dann läßt man alles in Butter goldgelb ausbacken. Zur Sauce verquirlt man etwas Mehl in der Geflügelbrühe, verrührt dies in dem Bratensatz und gießt zuletzt ein Gläschen Portwein daran. – Auch alte Rebhühner lassen sich zu diesem Gericht verwenden, nur muß man in diesem Fall alle Sehnen aus dem Fleisch entfernen.

Rebhühner mit Linsen

2 alte Rebhühner, 60 g geräucherter Speck, Salz, 375 g Linsen, 1½–2 l Wasser, Suppengemüse, 60 g Butter, 30 g Mehl, Salz nach Geschmack

Die Rebhühner werden vorbereitet, gesalzen. Die Brust und die hochgeschobenen Keulen werden mit Speckscheiben belegt, diese festgebunden. Die am Tag vorher eingeweichten Linsen werden mit Wasser, Suppengemüse und Salz aufgesetzt. In die kochende Suppe werden die Rebhühner gegeben und weichgekocht. Das Fleisch der Rebhühner wird von den Knochen gelöst, von der Haut befreit und als Einlage in die Suppe gegeben. Die Suppe, zu der die Linsen auch durchpassiert werden können, wird durch eine mittelbraune Mehlschwitze gebunden.

Rebhühner, sächsische Art

Nachdem die Rebhühner vorgerichtet sind, wird die Brust feingespickt, wenig Salz darüber gestreut, eine Scheibe Speck darauf gelegt und jedes Huhn mit 2 Weintraubenblättern zugebunden. Danach legt man die Rebhühner in kochende Butter und läßt sie, zugedeckt, nicht zu stark braten, indem man nach und nach etwas Wasser hinzugießt. Nach Verlauf von 1½ Stunden gibt man löffelweise saure Sahne darüber, sowie auch zuletzt etwas gelbbraun gemachte Butter. In Ermanglung der Sahne kann man beim Braten statt Wasser frische Milch anwenden und etwas durchgesiebte Semmel, in Butter gelb gemacht, hinzufügen.
Zu Fasanen wird Brunnenkresse für besondes passend gehalten; in Wien gibt man Kompott von Pfirsichen dazu.
Speck und Weinblätter, welche sich beim Braten ablösen, richtet man allein an und gibt sie als eine besondere Delikatesse mit den Rebhühnern zur Tafel.

Rebhühner, Salmi von

Drei rein geputzte Rebhühner (gewöhnlich verwendet man *ältere*) werden mit Salz und Pfeffer und einer kleinen Messerspitze Nelken eingerieben, aufdressiert, ein bis zwei Tage in Wein gelegt, und sodann in einer Kasserolle mit 70 g verschnittenem Speck, zwei Eßlöffel Zwiebelscheiben und einer verschnittenen gelben Rübe unter öfterem Zugießen von Fleischbrühe und dem Wein, worin sie gelegen, gelb und weich gedämpft. Sind es junge, so werden sie *nicht* in Wein gelegt, und brauchen nur dreiviertel bis eine Stunde zum Fertigwerden, während ältere bis zwei Stunden brauchen. Dann nimmt man sie heraus, teilt jedes Rebhuhn in vier Teile, schneidet das Rückgrat davon, rundet jedes Stück etwas (schneidet nämlich das Eckige

ab) und stellt die Rebhühner sofort in einem Geschirr warm. Nun werden die Abfälle und Rippen im Mörser feingestoßen, in die zurückgebliebene Bratensauce der Rebhühner gebracht und ein starker Kochlöffel Mehl ebenfalls in die Bratensauce gerührt. Dann werden von einer Semmel Scheiben geschnitten, solche aus heißem Schmalz gelb gebacken, und nebst einigen Pfefferkörnern, einem Lorbeerblatt, zwei Schalotten, zwei ganzen Sardellen, zwei Schöpflöffeln Fleischbrühe und ¼ l altem rotem Wein zu dem anderen in die Sauce gegeben. Dies läßt man zusammen bis ungefähr zur Hälfte einkochen, fettet hernach die Sauce ab, streicht sie durch ein Haarsieb und läßt sie noch mit den Rebhühnern siedend heiß werden, aber nicht kochen, dann richtet man letztere im Kranz auf einer Platte an, gießt die Sauce durchs Sieb darüber und belegt den Rand der Platte mit dreieckigen, aus dem Schmalz gebackenen Semmelscheiben.
Anmerkung. Bei jedem Salmi muß die Sauce so dick sein, daß, wenn sie über das Angerichtete gegossen ist, sie nicht herunterläuft; doch darf sie auch nicht einem Brei gleichen. Sollte sie nicht dunkel genug sein, so wird mit etwas gebranntem Zucker nachgeholfen.

Rebhühner mit Sauerkraut

Die vorgerichteten Rebhühner mit Speck umbinden, mit 1 Glas Weißwein, etwas Fleischbrühe, Zwiebel, Suppengrün ½ Stunde zugedeckt dämpfen, zu dem Sauerkraut geben und darin weichkochen. Das Sauerkraut bergig anrichten, die halbierten Rebhühner auf die Speckscheiben legen, im Kranz um das Sauerkraut anrichten. Dazu kann man ältere Rebhühner verwenden.

Rebhühner mit Wirsing

2 ältere Rebhühner, 40 g geräucherter Speck, 40 g roher Schinken, Salz zum Bestreuen, 75–100 g Butter, kochendes Wasser, 750–1000 g Wirsing, 1 EL Mehl, Salz nach Geschmack

Die Brust der vorbereiteten Rebhühner wird gehäutet und abwechselnd mit Speck- und Schinkenstreifen gespickt. Speck- und Schinkenreste werden in Würfel geschnitten. Die Speckwürfel werden bis zum Glasigwerden erhitzt, Schinkenwürfel und Butter dazugegeben. In die zerlassene, nicht gebräunte Butter werden die gesalzenen Rebhühner gegeben und 5–10 Minuten darin gedünstet (sie dürfen nur gelblich werden). Die äußeren schlechten Blätter des Kohles werden entfernt, die übrigen einzeln vom Strunk abgelöst, die dicke Rippe flach geschnitten und die Blätter mit kochendem Wasser überbrüht oder in kochendem Salzwasser 3–5 Minuten vorgekocht, das Wasser abgegossen. Der so grob gehackte Kohl kommt zu den gedünsteten Rebhühnern, kochendes Wasser wird aufgefüllt und das Gericht gegart, mit etwas Mehl angedickt und mit Salz abgeschmeckt. Beim Anrichten werden die Rebhühner längs geteilt.

Rebhühnerbrüste, gespickte, mit Madeirasauce

Von vier jungen, gut gereinigten, gewaschenen Rebhühnern werden die Brüste ausgelöst und mit sehr feingeschnittenen Trüffeln gespickt, solche alsdann in eine flache Kasserolle, worin sich 70 g zerlassene Butter befindet, eingesetzt, mit Salz und weißem Pfeffer bestreut, und während öfteren Schwingens der Kasserolle auf beiden Seiten zehn Minuten gebraten. Nun wird die Butter abgeschüttet, ein Schöpflöffel Madeirasauce dazugegeben, und die Brüste eine gute Viertelstunde gekocht, dieselben hernach auf einer tiefen Platte erhöht angerichtet, so daß das Gespickte nach oben kommt, die Sauce heiß darübergegeben, und der Rand der Platte mit ausgestochenem Butterteig belegt. Die Abfälle der Rebhühner werden gestoßen, in 40 g Butter mit einer Zwiebel und ¼ l Fleischbrühe braun gedünstet, dann durchgetrieben und unter die Madeirasauce gemengt.

Rebhühnernocken

2 Rebhühner, 150 g Butter, etwas Milch, 1 Milchbrötchen, 5 Eigelb, Salz, Muskat, etwas Mehl, Fleischbrühe

Die Rebhühner werden gereinigt, das rohe Fleisch von den Knochen abgelöst, gehackt und mit 150 g Butter, einem in kalter Milch eingeweichten und wieder ausgedrückten, entrindeten Milchbrötchen, den Eigelb, Salz, Muskat und etwas Mehl verrührt. Die Masse wird durch ein Sieb passiert, davon sticht man nun kleine Nocken ab und legt diese in kochende Fleischbrühe, in der sie garziehen müssen.

Rehfilets

8 Rehfilets, Salz, Pfeffer, 8 Scheiben Speck, 100 g Butter

Die Rehfilets werden gehäutet und mit etwas Pfeffer bestreut. In der heißen Butter brät man die Speckscheiben goldgelb, nimmt sie heraus und stellt sie warm. Die Rehfilets werden nun in dem heißen Fett kurz von beiden Seiten gebraten, mit Salz bestreut und mit den knusprigen Speckscheiben belegt serviert.

Rehfleisch, eingemachtes

Dazu nimmt man gewöhnlich Brust, Hals und Bug; das ältere und stärkere Reh muß einige Tage in die Beize, bei dem jungen ist es nicht so notwendig. Es werden nun zwei Kochlöffel Mehl in dem Fett von 70 g ausgelassenen kleinen Speckwürfeln, nachdem letztere herausgenommen sind, nebst vier Eßlöffel Semmelbröseln und einem halben Eßlöffel Zucker so lange geröstet, bis die Einbrenne dunkelbraun aussieht, dies mit einem Glas Wein und, wenn gebeizt wurde, einem Schöpflöffel Beize, im anderen Fall mit einem Glas Essig angerührt; dann nebst 1½ kg von dem zuvor in kleinere Stücke zerkleinerten Fleisch, einer halben geputzten Sellerie und gelben Rübe, einer mit vier Nelken besteckten Zwiebel, zwei Lorbeerblättern, Salz, Pfeffer und so viel Wasser oder Fleischbrühe, daß es darübergeht, aufs Feuer gesetzt, und so das Ganze langsam weichgekocht. Hernach wird das Fleisch, nachdem die stärksten Knochen daraus entfernt sind, auf einer tiefen Platte angerichtet, die Sauce etwas abgefettet, durchs Sieb teils darüber, teils in eine Sauciere gegossen, das Fleisch noch mit feingeschnittener Zitronenschale überstreut, und mit glasierten oder gerösteten Kartoffeln zu Tisch gegeben. – Eine Hauptsache ist, daß die Sauce nicht zu dünn ausfällt; sie muß dicklich vom Löffel laufen. – Man kann auch das Fleisch mit obigen Zutaten *ohne* die Einbrenn weichkochen, und *dann* erst die obenbeschriebene Sauce bereiten.

Reh- oder Hirschfleisch, eingeschnittenes

Man schneidet übriggebliebenes gekochtes oder gebratenes Reh- oder Hirschfleisch in beliebig große Blättchen oder in fingerlange und fingerdicke Streifen, und kocht diese in einem Stückchen Butter und einem halben Schöpflöffel Fleischbrühe bedeckt langsam auf. Unterdessen werden zwei Kochlöffel Mehl und zwei Eßlöffel Semmelbrösel mit feingeschnittenen Zwiebelscheiben in Fett gelbbraun geröstet, dies mit guter Fleischbrühe abgerührt, ein paar Eßlöffel Essig, ⅛ l saurer Rahm, Pfeffer, ein klein wenig Salz und eine halbe Messerspitze gestoßene Lorbeerblätter oder ein ganzes Lorbeerblatt darangegeben, und alles eine Viertelstunde miteinander gekocht. Die Sauce wird nun durchs Sieb über das Fleisch gegossen und letzteres noch einigemal darin aufgekocht, vor dem Anrichten dann das obenaufschwimmende Fett abgenommen, ein Eßlöffel Kapern daruntergemengt, das Fleisch nebst der Sauce, welche nicht zu dünn sein darf, in einer tiefen Platte angerichtet und mit länglich geschnittener Zitronenschale überstreut. – Wird auch öfters mit einem Kranz von Butterteig belegt oder in eine offene Butterpastete angerichtet.
Anmerkung. Sollte die Sauce zu dieser und der vorhergehenden Art nicht hinlänglich braun sein, so wird mit gebranntem Zucker nachgeholfen.

Rehkoteletts

10–12 Rehkoteletts, 50 g feine Speckstreifen, 1 EL Salz, Prise Pfeffer, 20 g Mehl, 80 g Butter oder Fett

Die Rehkoteletts werden vom Rücken herausgeschnitten und zwar gut fingerdick. Das Fleisch der einzelnen Rippen wird zur Hälfte abgeschabt, die Koteletts leicht geklopft und mit möglichst feinen Speckfäden durchzogen. Einige Minuten vor dem Auftragen salzt und pfeffert man sie, wendet sie auf beiden Seiten leicht in Mehl um, brät sie in der heißen Butter etwa 6 Min. und bringt sie mit Papiermanschettchen versehen, mit einem Madeirabeiguß oder auch mit einem feinen Gemüschen zu Tisch. Die abgehackten Knochen und sonstigen Abfälle des Rückens werden in ersterem Fall zur Herstellung des Beigusses verwendet. Dieselben werden feingehackt, mit Zwiebel, Gelbrübe, Salz und Pfeffer in heißem Fett scharf angebraten, etwas Braunmehl oder fertiger brauner Beiguß nebst Fleischbrühe zugegeben und eine Stunde gut durchgekocht. Alsdann läßt man ihn durch ein Sieb laufen, entfettet ihn und gibt vor dem Auftragen etwas Rotwein und nach Belieben dicken, sauren Rahm zu.

Rehleberklöße

Zubereiten wie Leberklöße. Nach Belieben 50–100 g in feine Würfel geschnittenen Speck mit den Brötchen dämpfen.

Rehnüßchen

Die Rückenfilets werden in kleine Medaillons oder Nüßchen von 40–50 g geschnitten und nach dem Würzen in steigender Butter auf beiden Seiten ca. 2–3 Min. gebraten. Auf in Butter gebackene Apfelscheiben setzen und mit je einem in derselben Butter gebratenen Champignonkopf krönen.

Rehnüßchen in Wacholdersauce

8 Scheiben Rehrückenfleisch, 50 g Butter, $1/8$ l Rotwein, 8 zerdrückte Wacholderbeeren, $1/4$ l saure Sahne, Salz, Pfeffer, Johannisbeergelee

Die Rehscheiben ca. 5 Minuten in Butter anbraten. Sie sollten innen noch rosarot sein. Aus der Pfanne nehmen und warmstellen. Den Bratenfond mit Rotwein, Wacholderbeeren, Sahne, Salz und Pfeffer aufkochen und mit Johannisbeergelee nach Geschmack verfeinern. Die Rehnüßchen auf einer Platte anrichten und mit der Sauce übergießen.

Rehragout

3 Pfund Rehfleisch, $1/4$ l Weinessig, $1/4$ l Wasser oder Wein, 1 EL Salz, 4 Pfefferkörner, 1 Zwiebel mit 4 Nelken besteckt, 80 g Fett oder Butter, 60 g Braunmehl, $1/12$ l Beize, $1 1/2$ l Flüssigkeit, $1/8$ l Rot- oder Weißwein

Zu Ragout verwendet man Hals, Brust, Bauchlappen, Bug, also Fleischteile, die nicht gebraten werden können. Diese werden wenn nötig gewaschen, sonst nur mit einem Tuch abgerieben, in Portionsstücke geteilt, in eine Schüssel gelegt und mit Wasser, Wein, Essig und Gewürzen versehen. Nach 3–4 Tagen (bei älteren Tieren 2 Tage längere Beizzeit) wird das Fleisch zum Abtropfen auf ein Sieb gegossen. In einer Bratpfanne läßt man das Fett gut heiß werden, legt die Rehstücke hinein läßt sie auf starkem Feuer scharf anbraten. Alsdann streut man das Braunmehl darüber, löscht nach weiteren 10 Min. mit Beize und Fleischbrühe ab, deckt den Topf zu und dämpft das Fleisch langsam weich. Man rechnet dazu bei jungen Tieren 1 Std., bei älteren 2–3 Std. Vor dem Anrichten schöpft man das an der Oberfläche stehende Fett ab, würzt mit Wein und bringt das Ragout mit einer Mehlspeise zu Tisch.

Rehrippchen, Mailänder

Dieses Gericht besteht aus Rehkotelett, Tomatenbrei und Makkaroni. 250 g Makkaroni werden in fingerlange Stücke gebrochen, im Salzwasser weichgekocht, kalt überspült, in zerlassener Butter gewendet und, gut zugedeckt, heißgestellt. Aus 125 g rohem, gewiegtem Schinken, einem Pfund zerschnittenen Tomaten, gewiegter Zwiebel, etwas Pfeffer und Salz und Reibebrot schmort man in Butter ein steifes Mus und schlägt es durch. Auch dieses stellt man bis zum Gebrauch gut verdeckt in die warme Röhre. Aus dem Rehrücken schneidet man kleine Koteletts, klopft, salzt und spickt sie, betropft sie mit Zitronensaft und brät sie in steigender Butter von beiden Seiten braun. In einem Glas Madeira verquirlt man etwas Mehl, gibt dies in die Butter und verrührt zuletzt noch 1 Eßlöffel Zuckercouleur darin. In der Mitte einer flachen Schüssel richtet man jetzt den Tomatenbrei an, schichtet die Rehrippchen ringsum und außen herum einen Makkaroniring, den man dick mit geriebenem Parmesankäse bestreut. Nachdem die Sauce nochmals aufgekocht hat, streift man sie durch ein Sieb und reicht sie zu dem Gericht.

Rehrücken I

(Für 8–10 Personen) 1 Rehrücken, 80 g Speck, Salz, Pfeffer, 100 g Butter, 1/4 l sauren Rahm, 1 EL Stärkemehl

Der Rehrücken wird gehäutet (nach Belieben der Hals abgeschlagen), die Rippen gekürzt, damit der Braten eine schöne Form bekommt, dann mit feinen Speckstreifen gespickt. Macht man dies am Tag zuvor, wickelt man das Fleisch über Nacht in ein Essigtuch. Beim Zusetzen gibt man Salz und Pfeffer, nach Belieben auch Zwiebel und Suppengemüse zu, übergießt das Fleisch mit der heißen Butter, stellt es in den Backofen, läßt es anbraten, übergießt mit dem Rahm und löscht, wenn nötig, mit Wasser oder Fleischbrühe ab. Unter öfterem Begießen brät man den Rücken 1–1½ Stunden, je nach Größe. Beim Aufschneiden läßt man das Fleisch mit dem scharfen Messer dicht am Rückgrat und den Rippen ab, schneidet den Streifen in schöne Scheiben und setzt diese wieder auf das Knochengerüst. Die Sauce mit 1 Eßlöffel Stärkemehl aufkochen. Nach Belieben kann man die Platte mit verschiedenen Gemüsen wie Schlachtbraten garnieren. (Siehe auch Braten auf dem Rost).

Rehrücken II

(Für 6–8 Personen) 1 Rehrücken, 80 g Speck, Trüffel, Salz, Pfeffer, 100 g Butter, 1/4 l sauren Rahm, 3 EL Kognak, 4 EL Wein, Saft 1/4 Zitrone. 10 kleinere, gleich große Äpfel, 1/4 l Weißwein, 500 g Preiselbeeren

Der vorgerichtete Rehrücken wird abwechselnd mit Speck- und Trüffelstreifen gespickt, gebraten und aufgeschnitten. In die geseihte Sauce gibt man den Kognak, Wein und Zitronensaft. Die Äpfel werden mit dem Buntmesser geschält, ein kleiner Deckel abgeschnitten, ausgehöhlt, mit dem Wein vorsichtig weichgedämpft, mit den Preiselbeeren (können auch durchgestrichen werden) gefüllt. Der Braten wird auf eine größere Platte gesetzt, die Äpfel außenherum angerichtet (mit oder ohne Deckel). Die Sauce kann man nach Belieben mit 50 g Butter und 3 Eßlöffel Fleischgelee aufschlagen, den Braten und die Äpfel damit übergießen.
Der Rehrücken kann auch auf dem Rost gemacht werden.

Rehrücken, altdeutsche Art

1500 g Rehrücken, 200 g Speck, Salz, Pfeffer, 80 g Butter, 1/4 l saure Sahne. Für die Beize: 3 Tassen Essig, 5 Tassen Rotwein, 3/4 l Wasser, Salz, 2 gelbe Rüben, 1 Sellerie, 1 Petersilienwurzel, 2 Zwiebeln, einige Gewürzkörner, ein paar Wacholderbeeren, 1 Lorbeerblatt, einige Pfefferkörner, Thymian und Majoran

Das Gemüse wird in Würfel geschnitten und zusammen mit den Gewürzen in 3/4 l leicht gesalzenem Wasser in etwa 20 Minuten weichgekocht. Dann gießt man Essig und Rotwein dazu, läßt alles noch einmal aufkochen und nimmt die Beize zum Abkühlen vom Feuer. Die abgekühlte Beize wird nun über den gewaschenen, gehäuteten Rehrücken gegossen, den man so 2 Tage stehenläßt. Dann wird der Rücken herausgenommen, trockengetupft und mit dem in Streifen geschnittenen Speck quer zur Fleischfaser gespickt. Mit Salz und Pfeffer einreiben. In der heißen Butter wird nun der Rücken angebraten, das Gemüse aus der Beize kommt mit dazu und im heißen Rohr wird der Rehrücken bei mittlerer Hitze in ca. 55 bis 65 Minuten gebraten. Während des Bratens muß er öfter beschöpft werden.
Wenn der Rehrücken fertig ist, löst man das Fleisch von den Knochen, schneidet es längs in schräge Stücke und richtet es auf den Knochen wieder schön an. Den Bratenfond löscht man mit ganz wenig Wasser ab, gießt ihn durch ein Sieb, rührt die Sahne ein und schmeckt ab.
Dieses Rezept ist für 5 bis 6 Personen berechnet.

Rehrücken, neue Art

Zweckmäßigerweise werden die beiden am Rücken entlanglaufenden Fleischstücke vom Knochen gelöst und enthäutet. Von den Knochen wird unabhängig davon eine Wildsauce gezogen. Die beiden Rückenstücke sowie die kleinen Filets werden an der Unterseite der Stücke mit Wildgewürz eingerieben. Anschließend werden sie über 8–12 Min. rosa gebraten.

Rehsauté mit Champignonsauce

Von einem sehr frischen Rehziemer wird das Rückenfleisch der Länge nach dicht vom Grat und den Rippen ausgelöst. Diese Stücke Fleisch werden gehäutet und querüber in schwache halbfingerdicke Scheiben geschnitten, mit dem flachen Hackmesser leicht geklopft und rund zugeschnitten. Diese Schnitten werden in eine mit Butter bestrichene Sautépfanne eins an das andere eingesetzt, leicht mit Salz und Pfeffer bestreut, mit einem mit Butter bestrichenen Bogen Schreibpapier bedeckt und einstweilen an einem kühlen Ort aufbewahrt. Mittlerweile muß von den Knochen und den häutigen Abfällen eine Wildbretbrühe gezogen und, nachdem solche passiert ist, zur Glace eingekocht werden. Einige Minuten vor dem Anrichten werden die Sauté auf starkes Feuer gesetzt, nach einer Minute schnellen Bratens werden sie umgewendet, noch eine Minute lang gebraten und dann die Butter davon abgeschüttet. Im passenden Verhältnis zu dem Sauté nimmt man nun braune Sauce, die vorher schon mit einem Glas roten Wein und der oben angegebenen Wildbret-Glace durchgekocht wurde, schüttet solche auf die Sauté und läßt sie einmal aufkochen; dieselben werden nun im Kranz angerichtet, die Sauce mit Salz und Zitronensaft im Geschmack gehoben, nochmals durchgekocht und nun die angerichteten Sauté damit begossen.

Es werden der Sauce einige Eßlöffel frische, gedämpfte Champignons zugefügt. Die Sauté können mit einem Kranz von Kartoffelkroketten eingefaßt werden oder auch mit glasierten Zwiebeln, oder auch mit beiden zusammen. Die Bereitung der Zwiebeln ist folgende: Man nimmt Zwiebeln von gleichmäßiger Dicke, schneidet solche am Keim ab und schält sie nach der Wurzel zu, so daß die Zwiebeln von der Wurzel zusammengehalten werden. Die Zwiebeln werden nun in eine dick mit frischer Butter bestrichene Kasserolle gelegt, ziemlich stark mit gestoßenem Zucker bestreut, mit Salz und weißem Pfeffer gewürzt und auf schwachem Feuer, unter öfterem Umschütteln, hellbraun geröstet, dann mit einigen Eßlöffeln Jus begossen und langsam, bis zum völligen Weichwerden, gedämpft.

Rehsteak mit Johannisbeergelee

4 Rehsteaks, Zitronensaft, Öl, Salz, Pfeffer, 4 Scheiben Speck, 4 TL Johannisbeergelee

Die Steaks mit der Hand etwas flachdrücken, mit Zitronensaft beträufeln, mit Öl auf beiden Seiten bepinseln, salzen und pfeffern. Die Speckscheiben und die Steaks in eine Pfanne geben und die Fleischscheiben kurz auf beiden Seiten braten. Innen sollen sie noch rosa sein.
Die Speckscheiben auf den Steaks anrichten und darauf einen Tupfer Johannisbeerglee setzen.

Rehschlegel

Der Schlegel sollte hohl entbeint werden, ehe die Höhlung mit etwas Butter ausgefüllt und mit Wildgewürzsalz leicht eingerieben wird. Die Knochen eines Rehschlegels kommen kleingehackt auf den Boden einer Bratpfanne mit Deckel. Dazu werden 4 Zwiebeln in Viertel und eine gelbe Rübe in Scheiben geschnitten. Hinzu kommt 1 Eßlöffel Wacholderbeeren und einige Speck- oder Schinkenschwarten. Mit dem nötigen Pflanzenfett anbraten. Der Rehschlegel wird dazugegeben und von allen Seiten angebraten. Nach ungefähr ¾ Std. wird der Schlegel so gebraten sein, daß er innen noch rosa ist. Er wird nun herausgenommen und, in Alu-Folie gewickelt, in dem 60–70 Grad heißen Ofen warmgestellt. Das Fleisch zieht jetzt durch, die Säfte beruhigen sich. Geschieht dies etwa ½ Std. vor dem Aufschneiden, erhalten wir einen besonders saftigen Braten.
Der Bratensatz wird durch mehrmaliges Ablöschen mit Wasser reduziert und ist die Voraussetzung für den Aufbau der Sauce. Unter ständigem Rühren läßt man das Ganze ca. 20 Min. kochen. Dann wird abpassiert. Eine fehlende Geschmacksnuance kann mit Zitrone oder etwas Salz geschaffen werden. Die Sauce wird mit Rahm gebunden.

Rehschlegel, gebraten

1000 g Rehschlegel, Paprika, Thymian, Rosmarin, Salz, Speckscheiben, Rotwein, 2 Birnen, Preiselbeeren

Die Rehkeule wird mit Paprika, Thymian, Rosmarin und Salz eingerieben. Man belegt das Fleisch mit Speckscheiben und gart es bei mittlerer Hitze im Rohr unter Begießen mit Rotwein. 30 Minuten vor Ende der Garzeit gibt man die halbierten, vom Kernhaus befreiten Birnen dazu, die am Schluß mit Preiselbeeren gefüllt werden.

Rehschlegel, gebraten, mit brauner Sauce

Man brät den Rehschlegel nicht völlig weich. Unterdessen wird zwei Kochlöffel Mehl mit einem Eßlöffel Zucker in gutem Fett gelbbraun geröstet, dann drei Eßlöffel Semmelbrösel und ein Eßlöffel verschnittene Zwiebeln hineingegeben und dies so lange damit geröstet, bis die Brösel dunkelbraun und die Zwiebeln gelb sind. Nun rührt man dies mit einem Schöpflöffel Beize und einem Glas gutem alten Wein und Fleischbrühe zur gehörigen Dicke ab, würzt es mit zwei Lorbeerblättern, vier Nelken, Pfeffer, einem Stengelchen Zimt und Zitronenschale und läßt es zusammen einigemal aufkochen, worauf diese Sauce in die Bratenpfanne zum Schlegel gegeben und letzterer noch so lange damit gekocht wird, bis er gänzlich weich ist. Er wird sodann in einer tiefen Platte angerichtet und mit feingeschnittener Zitronenschale überstreut, nun ein Teil der abgefetteten, durchs Sieb gegossenen Sauce daruntergeschüttet, und die übrige in einer Sauciere extra serviert.

Rehschnitzel

4 schöne Schnitzel, Salz, Pfeffer, 2 EL Mehl, 60 g Butter, 2 EL Madeira

Die Schnitzel werden geklopft, kurz vor dem Braten mit Salz und Pfeffer bestreut, in Mehl gewendet, in die heiße Butter gegeben und etwa 8 Minuten gebraten. Nachdem die Schnitzel herausgenommen, löscht man ab, kocht die Sauce auf und gibt den Madeira zu. Die Schnitzel können nach Belieben wie die Koteletts gespickt werden. Man kann sie auch mit einer Madeirasauce anrichten.
Die Schnitzel können auch wie Lendenschnitten auf dem Rost gemacht werden.

Rehschnitzel in Rahmsauce

4 Rehschnitzel, 50 g Speck, Salz, Pfeffer, etwas Mehl, 60 g Butter, 1 EL Johannisbeergelee, 100 g saure Sahne

Die Schnitzel werden mit dem in Streifen geschnittenen Speck gespickt, mit Salz und Pfeffer bestreut und in Mehl gewendet. In der heißen Butter brät man sie auf jeder Seite 4 bis 5 Minuten, nimmt sie heraus und stellt sie warm. Den Bratenfond kocht man mit wenig Wasser los, rührt das Johannisbeergelee hinein und gießt die Sahne dazu. Heißwerden lassen, nicht mehr kochen. Sauce über die Schnitzel gießen und zu körnig gekochtem Reis und gedünsteten Pfifferlingen servieren.

Rehschulter, gedämpft

Aus den Schultern oder Blättchen entfernt man die Knochen, spickt die Blättchen von der inneren Seite recht dick und umbindet sie dann, fest zusammengebogen, mit einem Bindfaden. Darauf legt man sie in ein tiefes Geschirr mit gut schließendem Deckel, gibt Salz, Möhren, Kohlrabi, Sellerie, Porree, 1 Lorbeerblatt, Pfeffer- und Neuwürzkörner dazu, gießt 1 l Bouillon darauf und läßt das Fleisch, fest zugedeckt, $3/4$ bis 1 Stunde dämpfen. Die Brühe wird, wenn das Fleisch herausgenommen ist, mit braunem Buttermehl und saurer Sahne verrührt, in der Bratenpfanne durchgekocht, mit Zitronensaft abgeschmeckt und das Fleisch darin dunkelbraun glänzend angebraten. Vor dem Servieren wird der Bindfaden losgebunden und die Sauce durch ein Sieb gegeben. Säuerliches Kompott und Salat dienen als Beilage.

Rentierrücken oder -keule

Wird ebenso zubereitet wie Hirschbraten. Da aber das Rentierfleisch saftiger ist, bedarf es einer kürzeren Zubereitungsfrist wie ersteres. Gutes Fleisch muß feinfaserig und fett und vollständig geruchlos sein. Aus Brust, Hals, Blättchen und Rippenstück kann man einen Pfeffer nach Art des Gemspfeffer bereiten, den man wie jede andere Rentierspeise gut entfetten muß. Die Zunge richtet man wie Ochsenzunge vor.

Salmis von Schnepfen, Feldhühnern, Krammetsvögeln und wilden Enten

Man legt einige Scheiben rohen Schinken in einen Topf, das Wild darauf, gibt dazu: Salz, einige gelbe Wurzeln, einige geschnittene Schalotten oder Zwiebeln, Zitronenscheiben und Butter und brät das Geflügel, fest zugedeckt, gelb, gießt gute Fleischbrühe hinzu und läßt es vollends weich werden. Dann zerlegt man solches mit einem scharfen Messer in kleine, zierliche Stückchen, stößt, was nicht zerlegt werden kann, nebst Lunge, Leber und dem Schinken im Mörser und rührt es mit der Brühe durch ein Sieb. Zu dieser Sauce gibt man noch etwas gehackte Schalotten und eine Messerspitze Pfeffer und kocht sie mit dem Fleisch eben durch.
Die Sauce zu Salmis muß eigentlich nur von durchgerührtem Fleisch sämig gemacht werden; doch kann man auch auf andere Weise etwas nachhelfen.

Schnepfe

Die Schnepfe wird im Frühjahr und Spätjahr geschossen. Die Spätjahrschnepfen sind vorzuziehen, da sie fetter sind. Sie werden einige Tage abgehängt, gerupft, der Kopf abgezogen, die Augen augestochen, ausgenommen, Kropf und Magen entfernt, die übrigen Eingeweide zu Schnepfenbrötchen verwendet. Dann werden sie gesengt, mit einem Tuch aus- und mit Salz eingerieben. Man legt den Kopf zurück, sticht mit dem Schnabel durch beide Schlegel und legt die Beine kreuzweise übereinander.

Schnepfen, gebratene

Wenn die Schnepfen sauber gerupft, flammiert und ausgenommen sind, werden sie mit einem Tuch rein von innen und außen aus- und abgewischt, mit Salz, Pfeffer und einer Messerspitze Nelken eingerieben, und sodann dressiert. Nun überbindet man sie über die Brust mittels Bindfadens mit dünnen Speckscheiben, gibt sie nebst einer verschnittenen Zwiebel und Gelbrübe, sowie einem Stück Butter in eine Kasserolle und brät sie im Bratofen oder auf dem Herd unter öfterem Begießen dreiviertel bis eine Stunde gelb und saftig. Alsdann entfernt man den Bindfaden, richtet die Schnepfen auf der Platte an, garniert sie rundum mit Schnepfenbrot und verschnittenen Zitronen und serviert die zurückgebliebene, etwas abgefettete, durchs Sieb gegossene Sauce extra dazu. – Das *Schnepfenbrot* wird bereitet wie folgt: Nachdem von den Eingeweiden der Magen, des darin enthaltenen Sandes wegen, beiseite gelegt, werden solche mit feinem Speck oder frischer Butter, etwas weniger betragend als das Eingeweide, feingewiegt, mit Salz, Pfeffer, Muskatnuß und weniger feingewiegter Zitrone gewürzt, mit einem Ei und einem Eßlöffel geriebenem Weißbrot angerührt und dadurch gebunden. Diese Masse wird nun auf dreieckige Semmelschnitten gestrichen, mit einem Messerrücken mittels eines geraden Striches durch die Mitte angedrückt, und von den Seiten Querschnitte angebracht, damit die Schnitten laubartig aussehen. Man bestreut sie hernach leicht mit Semmelbröseln und bäckt sie gewöhnlich im Ofen auf einem dick mit Butter bestrichenen Geschirr oder aus heißem Schmalz schön gelb. – Man kann das Schnepfenbrot auch auf folgende Weise bereiten: Das Eingeweide wird, nachdem der magen entfernt ist, mit etwas Schalotten und Petersilie feingewiegt und in 35 g Butter nebst Pfeffer, Salz, wenig geriebenem Brot oder Mehl und etwas Jus oder Bratensauce gedämpft. Unterdessen werden Brotschnitten aus heißem Schmalz schön gelb gebacken und, nachdem sie abgekühlt sind, obige Masse daraufgestrichen.
Die Schnepfen können auf dieselbe Weise, wie die Rebhühner, auch am *Spieß* gebraten werden.

Schnepfen, gebraten, andere Art

2 Schnepfen, Salz, Pfeffer, Speck in großen Scheiben zum Umwickeln, 100 g Butter, 1 kleine Zwiebel oder 2 Schalotten, etwas Fleischbrühe, 1 Glas Weinbrand, zum Garnieren 4 Weißbrotschnitten, einige Zitronenscheiben

Junge Schnepfen werden vorbereitet, mit Salz und Pfeffer gewürzt und mit Speckscheiben umwickelt. Die Butter wird erhitzt und über die Schnepfen geträufelt. Schalotten oder Zwiebel schneidet man in Würfel, gibt sie ins Fett und brät die Schnepfen unter häufigem Begießen bei mittlerer Hitze ca. 12 bis 20 Minuten. Der Bratensatz wird mit heißer Fleischbrühe losgekocht, abgeschmeckt, mit Weinbrand verfeinert und durch ein Sieb gegossen.
Man halbiert die Schnepfen der Länge nach und setzt sie auf geröstete Weißbrotschnitten, einige Zitronenscheiben legt man zur Garnierung dazu.

Schnepfen, gebraten mit Schnitten

Ist die Schnepfe samt dem Kopf gerupft, ausgenommen und das Eingeweide aufbehalten, wird sie nur von außen abgewaschen, mit Pfeffer, Salz und Nelken aus- und inwendig gestreut, der Schnabel oben am Hals hineingesteckt, die Brust mit Speck belegt, ein Butterpapier darübergebunden, und die Schnepfe an einem kleinen Spieß langsam gebraten. Man muß sehr Achtung geben, daß sie saftig werden, sie nur immer fleißig zuerst mit zerlassener Butter und dann mit ihrer eigenen Sauce begießen. Die Schnitten werden auf folgende Art gemacht: das Eingeweide wird auf ein Brett genommen, der Magen aufgeschnitten, das sandige Häutlein herausgezogen und weggeworfen, zu dem übrigen ein wenig Speck, eine Charlottenzwiebel, ein Stücklein Knoblauch, und etwas von einer Zitronenschale dazugegeben, alles zusammen kleingehackt, der vierte Teil von einem Kreuzerwecken in Wasser eingeweicht, wieder fest ausgedrückt und alles nebst Salz, ein wenig Pfeffer und Nelken in eine Schüssel gegeben. Ist das Eingeweide nur von einer Schnepfe, so wird es mit einem Eigelb angerührt, zu dem von 2 Schnepfen aber kommt ein ganzes Ei. Das Stücklein Wecken reicht für 2 Schnepfen. Hierauf macht man von einem Kreuzerwecken dünne runde Schnitten, eine Schnepfe gibt 3 vollkommene Schnitten, streicht das Angerührte darauf und backt sie saftig im Schmalz. Wenn die Schnepfen angerichtet sind, legt man die Schnitten um die Schnepfen herum und gießt die Sauce aus der Bratenpfanne über sie.

Schnepfen, gedämpfte

Die Schnepfen werden, nachdem sie sauber gerupft, flammiert, ausgenommen (doch nicht ausgewaschen) und aufdressiert sind, in ein irdenes Geschirr gelegt, und ein Glas roter Wein, sechs verstoßene Wacholderbeeren, vier Nelken, eine verschnittene Zwiebel und ein Kaffeelöffel Salz darangegeben, sie einigemal in dieser Beize umgekehrt, und zehn bis zwölf Stunden darin liegengelassen. Nach dieser Zeit nimmt man die Schnepfen nebst der Beize, dann 70 g Butter und 40 g verschnittenen Speck in eine Kasserolle, und läßt sie darin, unter wenigem Zugießen von Fleischbrühe, während einer Stunde langsam weichdämpfen. Unterdessen wird eine Kalbsmilz mit einem Blechlöffel rein ausgeschabt, das Ausgeschabte zu dem Schnepfeneingeweide, von dem jedoch der Magen beseitigt wurde, gebracht und beides zusammen feinverwiegt. Nun werden 70 g Butter zerlassen, ein Kochlöffel Semmelbrösel darin gelb geröstet, das Gewiegte dazugegeben und noch einigemal damit umgeröstet, dann mit einem Schöpflöffel Fleischbrühe abgerührt, die Schnepfen aus der Sauce genommen und letztere, nachdem etwas Fleischbrühe und ein Gläschen alter Wein darangegossen wurde, durch ein Sieb an das geröstete Verwiegte geschüttet, hierein dann die Schnepfen gelegt, und noch einigemal darin aufgekocht. Das Ganze richtet man hernach auf einer tiefen Platte an und besteckt es am Rand mit aus Schmalz gebackenen Brotschnitten.

Schnepfenpudding

Von ein oder zwei gebratenen Schnepfen oder einem Rebhuhn wird das Fleisch vom Gerippe abgelöst, in feine Würfel geschnitten und das Gerippe dann im Mörser feingestoßen. Nun wird in 100 g Butter ein Eßlöffel feingewiegte Zwiebel und ebensoviel Petersilie weichgedämpft, das gestoßene Gerippe nebst einem Schöpflöffel Fleischbrühe darangegeben, dies zusammen eine halbe Stunde langsam gekocht, hernach durchs Sieb getrieben und zum Erkalten gestellt. Nachdem dann zwei abgeschälte Semmeln in feine Würfel geschnitten und in heißem Schmalz nicht zu hart geröstet, werden in die erkaltete, nicht mehr als ¼ l betragende Sauce vier Eier verquirlt, ein wenig Salz, Muskatnuß und ein halber Kaffeelöffel feingewiegte Zitronenschale dazugegeben, dies, gut untereinander verrührt, über die gerösteten Brotwürfel gegossen, das Schnepfen- oder Rebhühnerfleisch hineingegeben und das Ganze gut untereinandergerührt. So läßt man es eine halbe Stunde stehen, worauf es in eine dick mit Butter bestrichene Form eingefüllt und, wohl verschlossen, in kochendem Wasser eine bis anderthalb Stunden langsam gekocht wird. Alsdann stürzt man den Pudding auf eine Platte um, und gießt von der Seite eine kräftige braune Einmachsauce, worin einige Eßlöffel Jus oder Bratenbrühe und der Saft einer halben Zitrone gegeben, daran oder serviert dazu, was noch besser ist, eine Trüffel- oder Champignonsauce. – In ähnlicher Weise kann man auch Puddings von den *Resten* wilden Geflügels, die vom Tisch übriggeblieben sind, bereiten.

Schnepfe tranchieren

Nachdem der Kopf abgeschnitten, wird die Schnepfe der Länge nach gespalten und die Schenkel losgelöst, die Brust vom Rücken getrennt und dieselbe der Länge nach durchgeschnitten. Die Stückchen kommen hübsch auf die Schüssel zu liegen, obenauf in die Mitte der Kopf und es wird das Ganze dann mit Schnepfenbrot garniert. – *Kleinere* Vögel spaltet man nur der Länge nach.

Soufflé von Hühnern in Papierdosen (Enveloppen)

Ganz fein gewiegtes Hühnerfleisch, wobei auch Reste verwendet werden können, wird mit 2 Eßlöffeln dick eingekochter Hühnerbrühe vermischt. 30 g Butter rührt man zu Schaum, gibt 3 Eidotter dazu und vermengt es zuletzt mit dem gewiegten Fleisch, zieht den Eiweißschnee der 3 Eier durch die Masse, salzt leicht und fügt, wenn man den Geschmack liebt, noch etwas geriebenen Parmesankäse hinzu. Kleine Papierdosen (Enveloppen), die in jedem Papierwaren- oder Delikatessengeschäft zu bekommen sind, streicht man gut mit Butter aus, füllt sie ¾ voll mit der Masse, stellt sie nebeneinander auf ein Backblech und läßt sie bei mäßiger Hitze ¼ Stunde backen. Man serviert sie, pyramidenartig aufgeschichtet, recht heiß. Zu diesem vorzüglichen Eingangsgericht lassen sich auch Rebhühner- oder andere Geflügelreste gut verwenden.

Spickgänse auf pommersche Art zu räuchern

Den zum Räuchern gut gemästeten jungen Gänsen schneidet man nach dem Ausnehmen Füße, Hals und Flügel kurz ab, spaltet sie genau in der Mitte der Länge nach, reibt sie stark mit Salz ein und packt sie fest und schließend in ein recht sauberes Fäßchen, welches danach zugedeckt wird. Darin läßt man sie nicht länger als 3 Tage liegen, nimmt dann die Gänsehälften einzeln heraus und bestreut sie, ohne die Nässe und das daran hängede Salz abzuschütteln, stark mit trockner Weizenkleie und wälzt sie so darin herum, daß Fett und Fleisch nicht mehr zu sehen sind. Darauf hängt man sie in den Rauch, wobei zwischen jedem Stück ein zweifingerbreiter Raum bleibt und die Feuerhitze nicht im geringsten darauf einwirken kann. Nach Verlauf von 8 Tagen werden die Spickgänse aus dem Rauch genommen, an einem recht luftigen Ort aufgehangen und nach kurzer Zeit mit einem zusammengefaßten Leinwandlappen von aller Kleie gereinigt.
Die so geräucherten Gänse sind von frischer Farbe, gutem Geschmack und halten sich lange.

Tauben, gebackene

Nachdem die Tauben gerupft, flammiert, ausgenommen und rein gewaschen, werden sie geviertelt, mit Salz und Pfeffer eingerieben und in Mehl umgewälzt. Dann kehrt man sie in verrührtem Ei und hierauf in Brotbröseln um, bäckt sie aus heißem Schmalz schön gelb, und serviert sie mit gebackener Petersilie garniert. – Können auch in einen Backteig getaucht und dann aus heißem Schmalz gebacken werden.

Tauben, gebeizt auf Rebhühnerart

Hierzu werden gewöhnlich *alte* Tauben verwendet. Nachdem dieselben hergerichtet, nimmt man zu gleichen Teilen Essig, Wein und Wasser, ein Lorbeerblatt, etwas Thymian und Zitronenschale, eine mit Nelken besteckte Zwiebel, acht weiße, ganze Pfefferkörner, etwas Muskatblüte und Salz und läßt in dieser Beize die Tauben ein bis zwei Tage liegen. Sind sie dann herausgenommen, so werden sie, auf der Brust schön mit feingeschnittenem Speck gespickt, in eine Kasserolle gegeben, hier mit etwas Speck belegt und, damit dieser nicht verbrenne, mit nassem Papier überdeckt, 50 g Butter und etwas Beize beigefügt, und während des Bratens fleißig begossen, von Zeit zu Zeit auch mit etwas saurem Rahm. Wenn sie fertig gebraten sind, verrührt man einen Kochlöffel Mehl mit saurem Rahm, gibt die übrige Sauce dazu und richtet das Ganze hübsch in einer tiefen Platte an, es mit ausgestochenem Butterteig verzierend.

Tauben, gebraten

4 junge Tauben, Salz, Pfeffer, Zitronensaft, 60 g Butter, Zwiebel, Gelbrübe

Junge Tauben haben einen spitzen Schnabel und ein weiches Brustbein. Sie werden gerupft, die Beine bis zum ersten Gelenk, der Kopf und Hals abgeschnitten. Die Halshaut darf nicht verletzt werden; sie wird vorsichtig bis zu dem Schlegel gelöst und die Tauben vom Hals aus ausgenommen. Nach dem Waschen reibt man sie mit Salz und Pfeffer ein, dressiert sie, brät sie in heißem Fett unter öfterem Begießen etwa ½ Stunde. Nach Belieben kann man sie mit einer Speckscheibe umbinden.

Tauben, gebratene, gefüllte

Vier junge fette Tauben werden gerupft, leicht flammiert, ausgenommen, ausgewaschen und ausgetrocknet, nun die Haut vom Hals an über die Brust mittels der Finger untergriffen und vom Fleisch abgelöst, dieselbe dann zurückgestreift und hernach der Hals abgeschnitten. Unterdessen werden zwei abgeschälte Semmeln in Wasser eingeweicht, nach kurzem Weichen schnell wieder fest ausgedrückt, in 70 g Butter auf schwachem Feuer abgedämpft und gleichsam abgetrocknet, sodann in eine Schüssel geleert, und nach gänzlichem Erkalten Salz, Muskatnuß, feingeschnittener Schnittlauch, drei Eier, sowie feingehackten Magen und Leber darangerührt, nachdem ersterer zuvor rein ausgeputzt, von dem gelben Häutchen befreit und ausgewaschen wurde. Man reibt jetzt die Tauben leicht mit Salz ein, füllt die Brusthaut locker mit einem Teil obiger Fülle, gibt die übrige Fülle in den Leib, näht diesen zu, ebenso den Hals, welchen man auch zubinden kann, dressiert dann die Tauben und brät sie dreiviertel bis eine Stunde. – Das Ablösen der Haut von Hals und Brust muß sehr sorgfältig geschehen, und man sollte es vornehmen bevor die Tauben erkaltet sind.

Tauben, gedämpfte

Die gereinigten und halbierten oder geviertelten Tauben werden in Butter gelb gebraten. Nun gebe man zu je zwei Tauben ungefähr zwei feingehackte Sardellen, eine halbe, in Scheiben geschnittene ausgekernte Zitrone, etwas Kapern, Muskatblüte, ein wenig Semmelbrösel, Salz und ein halbes Gläschen Wein und lasse dies zusammen durchkochen, unterdessen immer etwas Fleischbrühe nachgießend. Sind die Tauben dann weich, so werden sie in eine tiefe Schüssel gelegt und die Sauce durchs Sieb darüber angerichtet.

Tauben, gedämpft, andere Art

4 ältere Tauben, 60 g Butter, Salz, Pfeffer, Zitronensaft, Zwiebel, 1/8 l Rahm, 1/8 l Madeira, nach Belieben einige Champignons

Die vorgerichteten Tauben mit Salz, Pfeffer, Zitronensaft einreiben, Herz, Leber, ein kleines Butterstückchen innen hereinlegen, dressieren. Die Tauben in heißer Butter mit Zwiebel anbraten, mit Fleischbrühe, Madeira ablöschen, zugedeckt 1 Stunde dämpfen. Dann stellt man die Tauben offen in den Backofen, übergießt sie mit dem Rahm und brät sie vollends weich, unter öfterem Begießen. In die geseihte Sauce gibt man die gewiegten Champignons und läßt sie darin aufkochen. Diese Zubereitung eignet sich für ältere Tauben, dieselben brauchen etwa 2 Stunden Bratzeit. Nach Belieben kann man Herz, Leber, Champignons wiegen, in Butter leicht andämpfen und damit die Tauben füllen.

Tauben, eingemachte

Es können nur *junge* Tauben hierbei dienen. Die rein geputzten, ausgenommenen Tauben werden je in vier Teile verschnitten, diese in eine Kasserolle auf Speckscheiben und zwei Eßlöffel feingeschnittene Zwiebeln gelegt, mit Salz und Pfeffer überstreut, zugedeckt langsam gedämpft, und dazu dann feinverwiegt Herz, Leber und Magen, von welch letzterem man das Harte wegschneidet, gebracht. Wenn die Tauben gelb sind, werden sie herausgenommen, in den zurückgebliebenen Saft zwei Kochlöffel Mehl gegeben, dies mit einem Glas Wein und einem Schöpflöffel Fleischbrühe abgerührt, und alsdann mit einem Sträußchen Majoran, einer Messerspitze Nelken und einer Zitronenschale aufgekocht. In diese Sauce legt man nun die Tauben und kocht sie darin weich, richtet sie hernach auf einer Platte an und gießt die abgefettete Sauce durchs Sieb darüber. – Majoran, Nelken und Zitronenschale können nach Belieben und Geschmack wegbleiben. – Kann man auch mit Kalbfleischklößchen, die zuvor in Fleischbrühe abgekocht wurden, in eine *offene Butterpastete* legen, und die Sauce darübergießen. Letztere wird auch öfters *nicht* durchgeschüttet.

Tauben, eingemachte, mit Kräutern

Vier junge Tauben werden gerupft, ausgenommen und gut gereinigt, dann mit kaltem gesalzenem Wasser zum Feuer gesetzt und so lange daraufgelassen, bis sie gehörig abgeschäumt. Nun nimmt man sie in kaltes Wasser, wäscht sie ab, legt sie hernach auf einen Tranchierteller und verschneidet hier jede in vier Teile. Unterdessen wird 70 g Butter zerlassen, darin zwei Kochlöffel Mehl samt einem Eßlöffel feingeschnittener Zwiebel und zwei Eßlöffel feingewiegter Petersilie einigemal umgeröstet, solches mit zwei Schöpflöffel Fleischbrühe angerührt und hierin die Tauben nebst einem kleinen Sträußchen oder einer halben Messerspitze gepulvertem Thymian oder Majoran, einem Lorbeerblatt und Muskatnuß eine Stunde langsam gedämpft. Man richtet sie alsdann samt den Kräutern in ihrer Sauce an, letztere nach Belieben mit Zitronensaft abschärfend.

Tauben, Holsteiner Art

Man bereitet zum Füllen der Tauben eine Farce aus 125 g gehacktem Kalbfleisch und 15 g ausgelassenem Nierenfett, 35 g schaumig gerührter Butter, Salz und einem geweichten, wieder gut ausgedrückten Milchbrötchen und rührt zuletzt 2 Eier unter die Masse. Drei Tauben werden wie zum Braten hergerichtet, gefüllt und dressiert. Dann umbindet man sie dick mit Speckscheiben, brät sie in ganz wenig Butter hell an, füllt ½ l Fleischbrühe und ¼ l Rotwein auf, gibt verschiedene kleine Pilze und Zwiebelchen daran, läßt alles in 30 Minuten weichdämpfen und verdickt die Sauce mit Kartoffelmehl. Zuletzt verrührt man noch etwas Tomatenmus darunter und richtet die steife Sauce über den Tauben an. Man reicht Makkaroni oder Reis nebenher.

Taubenfrikassee

Wird wie eingemachte Tauben bereitet, nur müssen hierzu die Tauben ganz fett und weiß sein. Sind sie weichgedämpft, so werden sie ohne Sauce auf der Platte angerichtet, nun drei Eigelb mit einem Eßlöffel Wasser und ebensoviel zerlassener Butter verrührt, der Saft einer halben Zitrone darangedrückt, dies an die Sauce gegossen, und solche samt den Kräutern über die angerichteten Tauben geschüttet. Den Rand der Platte belegt man mit einem Kranz von Butterteig oder mit Butterteigblümchen.

Tauben in Blut

Beim Abreißen des Kopfes fängt man das Blut in zwei Eßlöffel Essig auf und rührt es ab. Nun werden die gut gereinigten, ausgenommenen, in vier Teile verschnittenen Tauben nebst Herz, Leber und den aufgeschnittenen, ausgeputzten Mägen gewaschen, mit einem Stückchen Butter, einigen Speckscheiben und zwei Eßlöffel Zwiebelscheiben in eine Kasserolle gelegt, und ein Sträußchen Thymian, Salz, Pfeffer, zwei Lorbeerblätter, ein Stückchen von einem Selleriekopf, eine halbe gelbe Rübe und eine Petersilienwurzel beigefügt. Hierin läßt man die Tauben bedeckt gelb andünsten und nimmt sie dann heraus. In dem zurückgebliebenen Saft wird hernach ein Kochlöffel Mehl einigemal umgeröstet, dies mit einem Glas Wein, etwas wenigem Zitronensaft und guter Fleischbrühe abgerührt und aufgekocht und darin die Tauben langsam vollends weichgekocht. Man richtet sie alsdann im Kranz auf einer Platte an, rührt an die Sauce einige Eßlöffel von dem Blut und ein Stückchen Butter, läßt solche recht heiß werden (doch nicht mehr kochen, auf daß das Blut nicht gerinne), gießt sie durchs Sieb über die Tauben und belegt den Rand der Platte mit dreieckigen, aus dem Schmalz gebackenen Semmelscheiben. – Werden öfters mit abgeschmälzten Nudeln oder mit einem gesalzenen Nudelschmarrn serviert.
Anmerkung. Einen angenehmen Geschmack gibt jedem feinen Ragout, wenn man zwei bis drei Eßlöffel Provencer- oder Olivenöl heiß macht, einen Eßlöffel feingeschnittene Zwiebel, ebensoviel Petersilie und Kerbelkraut einigemal darin aufkocht, und dies beim Anrichten unter die Sauce rührt.

Tauben mit Spargelspitzen

Aus 5 jungen Tauben löst man, wenn sie sauber vorbereitet sind, die Brüste aus, überbrüht sie mit kochendem Salzwasser und spült sie mit kaltem Wasser ab. In einer Kasserolle gibt man 125 g Butter, kleingeschnittene Möhren und etwas feingehackte Petersilie, legt das Taubenfleisch darauf, stäubt einige Löffel Mehl darüber und gießt ½ bis 1 l Fleischbrühe auf, die man aus den Taubengerippen erhalten hat. Nach 30 Minuten langem Kochen hebt man die Brüstchen aus der Sauce und stellt sie einstweilen, zugedeckt, warm. Nun treibt man die Sauce durch ein Sieb, kocht sie dick ein, zieht sie mit 3 Eigelb an, würzt sie mit Zitronensaft, Pfeffer und Salz, gibt einen Kaffeelöffel Zucker dazu, mischt in Salzwasser abgekochte Spargelköpfe darunter, gibt das Gericht in eine flache Schüssel und legt die Taubenbrüstchen im Kranz ringsum.

Truthahn

Wird auch Indian, Puter oder Welschhahn genannt. Das Fleisch ist am besten von September bis März. Ein Jahr alte Tiere sind am besten, dieselben haben hellgraue oder blaugraue Beine, weiche, schuppenartige Haut. Alte Tiere haben rötliche Beine und hornartige Haut. Das Fleisch der Hennen ist zarter.

Truthahn ausbeinen

Man lege den rein geputzten Truthahn, solange er noch warm ist, auf die Brust, durchschneide die Haut auf dem Rücken genau in der Mitte vom Hals bis zum Bürzel herunter und bis auf das Gerippe, und löse solche dann nebst dem Fleisch so genau wie möglich vom Gerippe ab, wobei man namentlich beim Auslösen des Brustbeins sehr sorgfältig verfahren muß, daß kein Loch in die Haut geschnitten wird, da das Brustbein bloß mit Haut bedeckt ist. Nun beine man Flügel und Schlegel aus, indem man, unter Nachhilfe eines scharfen Messerchens das Fleisch bis zum ersten Gelenk, jedoch ohne die Haut zu beschädigen, zurückdrängt, drehe sodann das Bein ab, und durchschneide die Sehne. Wenn der Kopf am Truthahn bleibt, schneide man den Hals bis an den Kopf heraus, so daß letzter nur an der Haut hängt. Die Füße werden vor dem Ausbeinen am Knie abgeschlagen.

Truthahn, gebraten

Der nicht ganz ausgewachsene Truthahn, in der Größe eines Kapauns, wird trocken gerupft, flammiert, ausgenommen, ausgewaschen, abgetrocknet, von innen mit wenigem Salz eingerieben, ein Sträußchen Petersilie und ein Stückchen Butter in seinen Leib gesteckt, dressiert, dann von außen mit Salz eingerieben, mit dünnen Speckscheiben auf der Brust belegt oder auf der Brust und an den Schlegeln mit feingeschnittenem Speck gespickt, überbunden und in ein butterbestrichenes Papier eingewickelt. So bringt man ihn mit einem Stück Butter und einer verschnittenen Zwiebel in eine Bratenkachel und brät ihn eine Stunde im Ofen unter öfterem Begießen mit der eigenen Sauce, wobei, wenn er gelb angebraten ist, etwas Fleischbrühe oder Wasser darangegossen wird. Eine Viertelstunde vor dem Anrichten nimmt man das Papier ab, übergießt den Truthahn neuerdings mit seiner Sauce, bringt denselben noch einmal in den Ofen, damit er eine noch schönere Farbe erhalte, richtet ihn dann mit den Speckscheiben auf der Brust oder auch ohne dieselben auf einer warmen Platte an und gibt die durchs Sieb gegossene, etwas abgefettete Sauce extra dazu. – Auf dieselbe Weise wird er am *Spieß* gebraten.

Truthahn, gebraten auf dem Rost

Übriggebliebene Schlegel und auch Brust des gebratenen Truthahns werden eingekerbt, d.h. mit dem Messer Einschnitte darüber gemacht, dann mit ein wenig Salz und weißem Pfeffer bestreut, in zerlassene Butter getaucht, in Semmelbröseln umgekehrt, und auf dem Rost über guter Glut gelb gebraten. Während des Bratens träufelt man Zitronensaft darüber. Man serviert sie dann entweder mit einer beliebigen pikanten Sauce als selbständiges Gericht, oder als Beilage zu Gemüsen, namentlich zu Hülsenfrüchten.

Truthahn, gefüllt

1 Truthenne, Salz, Pfeffer, Zitronensaft. Zur Fülle: 200 g Schweinefleisch, 200 g Kalbfleisch, 1 Brötchen, Zwiebel, Petersilie, 30 g Fett, 2 Eier, Salz, Pfeffer, Majoran, 2 in kleine Würfel geschnittene Trüffeln. Zum Braten: 1 Speckscheibe, 100 g Butter, Zwiebel

Die vorgerichtete Truthenne wird mit Salz, Pfeffer, Zitronensaft eingerieben. Das Brötchen wird mit Zwiebel, Petersilie, der gewiegten Leber in Butter gedämpft, mit Eiern, Gewürze, dem gehackten Fleisch und Trüffeln gemischt. Die Fülle gibt man in die Kopfhaut, näht diese auf dem Rücken fest, dressiert die Henne und bindet auf die Brust die Speckscheibe. Dann übergießt man mit ½ l kochendem Wasser, gibt Zwiebel zu, stellt die Henne in den Backofen und läßt unter öfterem Begießen das Wasser einkochen. Dann übergießt man mit heißer Butter und brät, je nach Größe, 2–2½ Stunden. In der letzten halben Stunde nimmt man die Speckscheibe weg. Die Sauce wird abgefettet, nach Belieben mit Stärkemehl aufgekocht.

Truthahn, gefüllter, eingemachter

Nachdem der Truthahn abgestochen, wird er gerupft und über hellem Kohlenfeuer oder Spiritus abgesengt, dann ausgebeint, auf einem Brett auseinandergebreitet und abgetrocknet. Nun bereitet man eine Hühnerfleischfarce, nimmt jedoch 100 g feingewiegten Speck und ein Ei mehr dazu, und füllt damit den Truthahn teils in den Kropf, teils in den Leib, worauf man ihn gut zunäht und dressiert. Er wird alsdann in eine mit Speckschwarten belegte Kasserolle gebracht, mit Abfällen von Kalbfleisch und rohem Schinken, dann Zwiebeln, gelben Rüben, Petersilienwurzeln, zwei Lorbeerblättern und einem Sträußchen Thymian belegt, mit einem kleinen halben Kaffeelöffel Ingwer, Salz und wenigem Pfeffer gewürzt, mit so viel halbfetter Fleischbrühe, halb altem weißem Wein übergossen, daß er bis zur Hälfte darinliegt, und so zwei Stunden, bedeckt, langsam gedämpft. Nachdem er nun vom Feuer genommen und in seinem Sud beiseite gestellt, wird eine inzwischen hergerichtete Portion Klößchen von Hühnerfleischfarce, sowie grüne Klößchen, in leichter Fleischbrühe abgekocht und gleichfalls in ihrem Sud beiseite gestellt. Hernach werden in 70 g zerlassener Butter zwei Kochlöffel Mehl leicht geröstet, mit dem Sud vom Truthahn abgerührt und zur Saucendicke aufgeüllt, dies eine halbe Stunde gut durchgekocht, abgefettet, mit dem Saft einer halben Zitrone abgeschärft und durchs Sieb in ein anderes Geschirr gegossen. Die Klößchen werden jetzt mit einem Schaumlöffel herausgehoben und in die Sauce gelegt, der Truthahn vom Faden befreit, mit einem Tuch rein abgeputzt und auf eine tiefe Platte gebracht, die Klößchen samt der Sauce darüber angerichtet, und das Ganze gleich heiß zu Tisch gegeben.

Truthahn, gefüllter, gesulzter

1–1½ kg Kalbfleisch vom Schlegel wird abgehäutet und mit 280 g frischem Speck feingehackt, sodann nebst einigen Eßlöffeln Salz, gestoßenen Lorbeerblättern, gestoßenem Thymiankraut, gestoßenen Nelken, weißem Pfeffer, feingeschnittener Zitronenschale, von jedem ein halber Kaffeelöffel voll, etwas feingeriebener Muskatnuß, in 2 Hälften geteilt, wovon die eine in mit zwei Eßlöffel Öl und etwas Salz vermengten Roterüben-Essig, die andere in mit Öl und Salz verrührtem Essig gelegt und so beide Hälften eine halbe Stunde liegen gelassen werden. Mit diesen Kartoffelscheiben belegt man abwechslungsweise schneckenartig den Plattenrand und serviert das Ganze mit einer pikanten kalten Sauce.

Truthahn mit Bratwurstfülle

Der Truthahn wird hergerichtet und mit folgender *Fülle* gefüllt, und zwar zuerst der Kropf und dann der Leib: Es werden drei Semmeln am Reibeisen abgerieben und in Würfel geschnitten, dann 100 g Speck ebenfalls würflig geschnitten und auf dem Feuer so lange gebraten, bis er anfängt gelb zu werden. Nun gibt man zwei Eßlöffel feingeschnittene Zwiebel dazu, röstet dies einigemal miteinander um, fügt hernach die Brotwürfel bei und röstet alles noch einige Minuten zusammen ab. Alsdann wird das Ganze in eine Schüssel genommen und hinein 280 g abgebratene in feine Scheiben oder in Würfel geschnittene Bratwürstchen, sowie die feingewiegte Schale einer halben Zitrone, weniges Salz, etwas Muskatnuß und vier Eier gerührt. Nachdem der Truthahn zugenäht, können nach Belieben Brust und Schlegel desselben wie bei vorbeschriebenem gespickt werden, in jedem Fall aber wird er ganz wie dieser gebraten.

Truthahn mit Kastanien gefüllt

Bei dem hergerichteten Truthahn wird die Haut der Länge nach rückwärts über den Hals angespannt und aufgeschnitten, der Kropf sorgfältig herausgelöst, der Hals selbst zwischen den Flügeln abgelöst und abgeschnitten, wobei die Haut nicht beschädigt werden darf, der Kopf gewöhnlich, damit die Halshaut nicht beschädigt wird, ganz oben abgeschnitten und beiseite gelegt, und hernach der Truthahn augewaschen, abgetrocknet und von innen und außen mit Salz eingerieben. Nun bereitet man nachstehende *Fülle*: 560 g in die Schale eingeschnittene Kastanien werden geröstet oder etwas übersotten, dann beide Häute davon abgenommen, und die Kastanien in kleinere Stückchen geschnitten; sollte die zweite Haut nicht gern abgehen, so gießt man kochendes Wasser über die Kastanien und läßt sie bedeckt eine Viertelstunde stehen, wo dann die Haut sicher abgehen wird. Nun werden zwei abgeschälte Semmeln in kleine Würfel geschnitten, diese mit einem schwachen ⅛ l kochender Milch übergossen und zugedeckt beiseite gestellt, ferner 70 g große und ebensoviel kleine Weinbeeren verlesen, gewaschen und in einem Durchschlag stehengelassen. Alsdann kommen in 140 g leicht gerührte Butter vier Eier und 70 g feingeschnittenes Ochsenmark und unter dies die Kastanien, das Brot, die Weinbeeren und zwei Eßlöffel Zucker. Mit dieser Fülle, die nicht gar zu feucht sein darf, wird zuerst der Kropf ganz locker gefüllt, die Haut oben mit feinem Bindfaden mittels einer großen Nadel in weiten Stichen umgeschlungen und dann zusammengezogen, damit das Eingefüllte verschlossen ist. Die noch übrige Fülle gibt man in den Leib, näht solchen zu, und spickt jetzt Brust und Schlegel mit feinem Speck, worauf der Truthahn aufdressiert, in ein butterbestrichenes Papier eingebunden, und mit einem Stück Butter in einer Bratenkachel im Ofen, oder am Spieß unter öfterem Begießen zwei Stunden gebraten wird. Eine Viertelstunde vor dem Anrichten wird das Papier aufgebunden und abgenommen, der im Ofen gebratene Truthahn dann begossen und noch einmal in den Ofen gegeben, bei dem am Spieß gebratenen dagegen das Feuer hell gemacht, um dem Braten noch eine schöne gelbe Farbe zu geben. Beim Anrichten zieht man den Bindfaden sorgfältig heraus und bringt den Truthahn auf die bestimmte Platte; die zurückgebliebene Sauce gießt man durchs Sieb, fettet sie ab und serviert sie extra dazu.

Truthahn mit Trüffeln gefüllt

Man richtet den Truthahn her. Die *Fülle* ist dann folgende: 560 g Trüffeln werden eine Stunde in frisches Wasser gelegt, darin mit einer Bürste sorgfältig gereinigt, noch in mehreren Wassern abgespült, fein abgeschält, und die Hälfte nun kleinwürflig geschnitten, die andere Hälfte aber ganz feingewiegt, sowie auch die Leber des Truthahns. Alsdann wird 280 g frischer feingehackter Speck in eine Kasserolle gebracht nebst zwei Eßlöffel feingeschnittenen Schalotten oder feingeschnittenen gewöhnlichen Zwiebeln, ebensoviel Petersilie, einer Messerspitze gestoßenen Lorbeerblättern, gleichviel Thymian, einem halben Gliedchen verriebenem Knoblauch, dem gehörigen Salz, einem halben Kaffeelöffel weißem Pfeffer, den feingewiegten Trüffeln, der Leber und sechs Eßlöffel Semmelbröseln. Dies dämpft man zusammen eine Viertelstunde, worauf die in Würfel geschnittenen Trüffeln dazugegeben und noch einigemal damit umgeröstet werden. Zuletzt gibt man 100 g frisches, feingewiegtes Ochsenmark dazu, rührt das Ganze mit vier Eigelb und zwei ganzen Eiern an und stellt es sofort zum Erkalten. Mit der kalten Fülle wird sodann, wie bei voriger Art, zuerst der Kropf und hernach der Leib gefüllt. Zunähen, Spicken, Dressieren und Braten. Sehr gern stellt man folgende *Sauce* damit auf: Zwei kleine Kochlöffel Mehl werden in gutem Fett gelb geröstet, und damit dann ein Eßlöffel feine Zwiebelscheiben so lange, bis das Mehl braun und die Zwiebelscheiben gelb sind. Dies wird nun mit guter Fleischbrühe zur gehörigen Dicke abgerührt, das feingewiegte Abgeschälte von den Trüffeln nebst etwas Salz, Pfeffer, Zitronenschale und einem kleinen Sträußchen Estragon beigefügt, und das Ganze eine Stunde langsam gekocht. Dann fettet man die Sauce ab, treibt sie durchs Sieb, verdünnt sie mit einem Glas Madeira, und läßt sie auf dem Feuer nochmals heiß werden. – Womöglich soll dieser Truthahn, solange er noch warm ist, gefüllt werden, worauf man ihn, (was natürlich nur im Winter bei kalter Witterung geschehen kann) zwei bis drei Tage abliegen läßt, damit sich der Geruch der Trüffeln dem ganzen Fleisch mitteile.

Truthahn tranchieren

Zuerst schneidet man den Kopf ab, dann werden die Schenkel losgelöst, indem man das Messer zwischen dem Schenkel und dem Körper einsetzt und dasselbe mit der Schneide etwas nach außen hindreht, wodurch ersterer leicht aus seinem Gelenk gehoben wird. Er wird nun im zweiten Gelenk noch einmal durchschnitten, ebenso durchschneidet man die beiden Flügel im Gelenk und teilt sie noch. Das Brustfleisch wird der der Länge nach von dem Gerippe abgelöst und in schöne Stückchen zerlegt, der Rücken mit einem starken Messer gleichfalls in schöne Stückchen zerhauen, und alles auf der Platte in gehöriger Ordnung aufgeschichtet, die weißen Bruststückchen möglichst obenauf. Ist es ein *starker* Truthahn, zerlegt man das Gerippe auf dem reinen Hackstock in kleinere Stücke und gibt solche auf einer Platte extra zu Tisch.

Wachteln

Wie Rebhühner vorrichten, 1/4 Stunde in heißer Butter braten, den Bodensatz mit Bratensauce, etwas Madeira aufkochen.

Wachteln, gebratene

Die Wachteln werden gerupft, flammiert und ausgenommen, mit einem Tuch ausgewischt, dann mit Salz, Pfeffer und Nelken eingewürzt, dressiert, auf der Brust mit Traubenblättern und dünnen Speckscheiben überbunden, und mit einem Stückchen Butter in einer Kasserolle im Bratofen unter öfterem Begießen, wenn es *junge* sind, eine halbe Stunde, sind es *ältere*, anderthalb bis zwei Stunden gebraten. Beim Anrichten wird der Faden abgenommen, die Wachteln so wie sie sind auf die Platte gereiht und mit verschnittenen Zitronen und der zurückgebliebenen, abgefetteten und etwas verdünnten Sauce serviert. – Falls die Wachteln sehr fett sind, werden sie bei schneller und stärkerer Hitze gebraten, und das Fett wird beim Anrichten rein abgenommen.

Wachteln, Eskalopp von

Von flammierten und ausgenommenen Wachteln werden die Brüstchen ausgelöst, gehäutet und in eine mit Butter bestrichene Schwungkasserolle eingesetzt, mit Salz und Pfeffer bestreut, mit einem mit Butter bestrichenen Bogen Papier bedeckt und einstweilen an einen kühlen Ort gestellt. Aus den Gerippen wird eine Brühe gezogen, die dann, nach ihrem Durchseihen, mit der nötigen braunen Sauce und etwas rotem Wein, auf starkem Feuer, bis zur gehörigen Dicke eingekocht wird. Einige Minuten vor dem Anrichten werden die Brüstchen auf starkes Feuer gestellt, nach 2 Minuten umgewendet, welches sehr schnell geschehen muß; sie werden hierauf noch 1½ Minuten gebraten; die Butter wird nun abgeschüttet, die Brüstchen werden mit der Sauce begossen, einmal aufgekocht und angerichtet. Die Sauce wird mit Zitronensaft und etwas Fleischextrakt gehoben, dann durch ein Haarsieb gepreßt und über die in eine bordierte Schüssel angerichteten Brüstchen gegossen. Daß diese Schüssel zu einer der ausgezeichnetsten in der Kochkunst gehört, wird jedermann gleich einsehen, denn abgesehen von der Seltenheit (denn um nur einigermaßen eine Schüssel von einigem Ansehen zu erhalten, sind wenigstens dreißig Wachteln notwendig, die durchaus keinen haut- goût haben dürfen), und durch den Zusatz von Trüffeln und Champignons, sowie etwas Madeirawein, wird dieses Gericht zu einem der Köstlichsten gesteigert.

Wildente

Wildente wird nicht abgehängt, sondern frisch zubereitet, da das Fleisch leicht in Fäulnis übergeht. Die Haut am Unterleib muß fest und weiß sein, nicht etwas grün. Die Wildente ist am besten im Herbst. Die kleinere Krickente, von der Größe einer Taube, hat schmackhafteres Fleisch. Die Ente wird gerupft, ausgenommen, gesengt, Kopf, Beine und Flügel im ersten Gelenk abgeschnitten, ausgerieben, wenn sie nicht zu sehr zerschossen sind, mit Salz und Pfeffer eingerieben, 1 Zitronenscheibe und einige Wacholderbeeren hineingegeben, zugenäht, dressiert, mit einer Speckscheibe die Brust umbunden.

Wildente, ältere, gebraten

Die ältere Wildente wird zwei bis drei Tage in die Beize gelegt, und dann ganz wie vorige gebraten, nur bedeckt man sie, wenn man sie auf dem Herd brät, bis zum Fertigsein mit einem Deckel. Brät man sie dagegen im *Bratrohr*, so wird sie zwar auch bedeckt, der Deckel aber nach einer Stunde abgenommen und die Wildente noch zu schöner Farbe, wie die junge, gebraten.

Wildente, junge, gebraten

Die junge, zarte Wildente legt man nie in die Beize, sondern brät sie wie die zahme Ente, nur daß sie mit Salz, Pfeffer und einer Messerspitze Nelken eingewürzt wird. In ihren Leib wird, statt Majoran, eine Zitronenschale gelegt. Nach Belieben kann man sie auf der Brust mit feinem Speck spicken oder mit dünnen Speckscheiben einbinden. Sie wird mit ihrer Sauce und verschnittenen Zitronen zu Tisch gegeben. – Sehr oft gießt man während des Bratens ein Gläschen Wein, auch einige Eßlöffel sauren Rahm, an die Wildente.

Wildente, gedämpft

Wenn die Enten ebenfalls zuvor gebeizt und mit Nelken, Salz und Pfeffer eingerieben sind, zerläßt man in einem Geschirr, worin sie Platz haben, Butter, dämpft sie auf beiden Seiten gelb, gießt die Butter ein wenig ab, einen Löffel Fleischbrühe und etwas von der Beize daran; wäre diese nicht mehr gut, so nimmt man etliche Eßlöffel frischen Essig dazu, ein Lorbeerblatt und einige Zitronenscheiben hinein, deckt die Enten zu, und dämpft sie fort, bis die Farce fertig ist. Zu dieser nimmt man die Leber, ein Stücklein Speck, eine Zwiebel und das Fleischige vom Magen, hackt alles klein, röstet einen Eßlöffel Mutschel- und halb soviel Weißmehl gelb in Butter, dämpft das Gehackte darin, gibt es an die Enten, läßt sie langsam fortdämpfen, bis sie weich sind, und richtet sie dann an. Sie können als ein Braten oder als eine Zwischenplatte aufgesetzt werden.

Wildfarce

150–200 g Wildreste, 80 g Speck, 1 Essiggurke, 1/2 Apfel, Petersilie, Senf, Zwiebel, Salz, Pfeffer, Paprika, Thymian, 1 EL Mayonnaise, 1 Glas Rotwein

Die Wildreste werden mit dem Speck, der Essiggurke, dem Apfel und der Petersilie durch den Fleischwolf gedreht. Gewürzt wird mit Senf, gehackter Zwiebel, Salz, Pfeffer, Paprika und Thymian. Zuletzt rührt man die Mayonnaise darunter, gießt den Rotwein dazu, so daß die Farce leicht dicklich ist. Man serviert sie sehr kalt.

Wildgans, gebraten

Die junge, gut abgelegene Wildgans wird gewöhnlich zwölf Stunden in die Beize gelegt, dann von innen und außen mit Salz, Pfeffer und einer Messerspitze Nelken eingerieben und, nachdem eine Zitronenschale in ihren Leib gesteckt wurde, nebst einer Zwiebel, einer zerdrückten Knoblauchzehe, einem Stückchen Fett und 70 g verschnittenem Speck in eine Bratenkachel gebracht. Man brät sie nun im Backofen unter öfterem Begießen mit ihrer Sauce, etwas Beize und Fleischbrühe während zwei Stunden weich und rösch, rührt beim Anrichten zwei Eßlöffel sauren Rahm an die Sauce, und gibt diese mit der Gans extra zu Tisch.

Wildgans, gedämpfte

Man dämpft nur *alte* Gänse. Nachdem die Gans gerupft und abgesengt (abgebrannt) ist (denn eine Wildgans *darf* man nie abbrühen), wird sie ausgenommen, ausgewaschen und aufdressiert, und vier bis acht Tage in die Beize gelegt. Hernach setzt man sie mit einem Stück Fett, einigen Speck- und Zwiebelscheiben, Lorbeerblättern, Nelken, Ingwer, Neugewürz, etwas Salz und Pfeffer in einer Kasserolle aufs Feuer, dämpft und brät sie so lange, bis sie von beiden Seiten gelb geworden, und nimmt sie sodann heraus. In dem zurückgebliebenen Fett werden jetzt zwei Kochlöffel Mehl und zwei Eßlöffel Semmelbrösel gelb geröstet, dies mit einem Schöpflöffel Beize und zwei Schöpflöffel Fleischbrühe abgerührt und aufgekocht, die Gans hineingelegt und zugedeckt langsam weichgekocht, indem man inzwischen, wenn es sich notwendig zeigt, etwas Fleischbrühe oder Wasser, auch ein wenig Beize, nachgießt. Bis die Gans weich ist, was ungefähr zwei bis drei Stunden Zeit erfordert, wird die Sauce zur gehörigen Dicke eingekocht sein, worauf man dieselbe abfettet, durchs Sieb über die angerichtete Gans gießt und letztere mit feingeschnittener Zitronenschale überstreut zu Tisch gibt.

Wildhaschee

Zu diesem Gericht kann man die Bratenreste von verschiedenem Wildbret verwenden. Man entfernt sämtliche Knochen, wiegt das Fleisch samt einer Zwiebel recht fein und schmort es in braunem Buttermehl, Bratensauce und gehackter Petersilie unter häufigem Umrühren recht gut durch, zuletzt schmeckt man noch mit Pfeffer, Salz und Muskat ab und gibt ein Glas Weißwein oder den Saft einer Zitrone dazu. Verfeinern kann man das Gericht, wenn man in Butter geschmorte, gewiegte Steinpilze daran gibt, oder glasierte Zwiebeln und hartgekochte, geviertelte Eier als Garnitur zur Schüssel verwendet.

Schwarzwildbret, eingemachtes

Hierzu werden 2 Kilo von der Brust oder dem Bug genommen, dies in kleinere Stücke zerkleinert, und wenn das Fleisch von einem älteren Wildschwein ist, legt man es zwei bis drei Tage in die Beize. Hernach röstet man zwei Kochlöffel Mehl in einem Stückchen Butter oder gutem Fett gelb, rührt damit drei Eßlöffel Semmelbrösel und einen Eßlöffel grobgestoßenen Zucker so lange, bis er schön dunkelbraun ist, und röstet damit nun noch einigemal zwei Eßlöffel feine Zwiebelscheiben. Dies wird alsdann mit ¼ l Wein, und wenn das Wildbret gebeizt wurde, mit einem Schöpflöffel Beize, im anderen Fall mit ⅛ l (½ Schoppen) Essig angerührt, das Fleisch hineingelegt, mit so viel Fleischbrühe oder Wasser aufgefüllt, daß es damit bedeckt ist, und mit zwei Lorbeerblättern, einigen zerdrückten Wacholderbeeren oder besser einem Kaffeelöffel Wacholdersalz, einigen Gewürznelken, einem halben Kaffeelöffel Zimt, ebensoviel feingeschnittener Zitronenschale, einem kleinen halben Kaffeelöffel Pfeffer und dem gehörigen Salz langsam weichgekocht, wobei es zugedeckt sein muß. Nachdem es dann angerichtet und warmgestellt, wird die Sauce, nach Belieben mit Zucker versüßt, auf starkem Feuer zur gehörigen Dicke eingekocht, hernach etwas abgefettet, solche durchs Sieb teils über das Wildbret, teils in eine Sauciere gegeben, und die Platte mit einer Garnierung von Butterteig serviert.

Schwarzwildbret, gebratenes

Das von den gröbsten Knochen befreite Schwarzwildbret, sei es vom Rükken oder Schlegel, wird vor Gebrauch, wenn es noch jung ist, zwölf Stunden, das stärkere und ältere hingegen drei bis vier Tage eingebeizt. Alsdann wird es mit Salz, Pfeffer, gestoßenen Nelken, Lorbeerblättern und einigen zerdrückten Wacholderbeeren eingewürzt, die Schwarte mit einem scharfen Messer kreuzweise zweifingerbreit voneinander überschnitten, damit das Tranchieren bei Tisch leichter gehe, und das Ganze nun mit verschnittenen Zwiebeln, etwas Beize und Fleischbrühe oder Wasser im Ofen unter öfterem Begießen zwei bis drei Stunden langsam gebraten. Man richtet es sodann auf die gehörige Platte an, und überstreut es mit feingeschnittener Zitronenschale. Die zurückgebliebene, abgefettete Sauce gießt man durchs Sieb in eine Sauciere, und serviert solche nebst einer Hagebuttensauce extra mit dem Braten.

Schwarzwildbret, gesulztes

Hierzu verwendet man ein 2½–3 Kilo schweres Rippenstück, (das jedoch nicht zu kurz abgeschnitten ist, damit man es nach dem Ausbeinen zu einer Roulade zusammenwickeln kann), oder einen Schlegel von derselben Schwere. Das Stück (oder der Schlegel) wird ausgebeint, zusammengerollt, zusammengebunden, mit allen bei der Fleischsulz beschriebenen Zutaten (nur das Rindfleisch bleibt weg) gänzlich weichgekocht, bedeckt im Sud zum Erkalten gestellt und solches, nachdem das bestandene Fett abgenommen, dann herausgehoben. Die Sulz wird eine halbe Stunde länger gekocht und beendet. Nun gibt man zweifingerdick von der geklärten Sulz auf eine Platte, stellt es zum Erkalten, und wenn die Sulz fest bestanden ist, sticht man davon verschobene Vierecke und Ringe aus. Alsdann wird das Wildbret vom Faden befreit, an beiden Enden glatt zugeschnitten, abgetrocknet und abgeputzt, hernach auf die bestimmte Platte gegeben, der Rand der letzteren mit den aus der Sulz ausgestochenen Vierecken und das Wildbret obenüber mit den ausgestochenen Ringen belegt. Damit die Ringe halten, werden die betreffenden Stellen mit bereits bestandener Fleischsulz bestrichen. Das Ganze verziert man dann noch mit Petersilie.

Schwarzwildbret, Koteletts von

Nach dem Klopfen werden sie mit Salz, Pfeffer und einigen zerdrückten Wacholderbeeren eingerieben, eine Stunde übereinandergelegt, dann in zerlassener Butter und hernach in Brotbröseln umgekehrt, und auf dem Rost oder in der Pfanne, in welch' letzterem Fall etwas Fett dazugenommen wird, von beiden Seiten gelb gebraten. Nun richtet man sie im Kranz auf einer Platte an, legt einen Kranz von Butterteig darüber und gibt eine pikante Sauce, besonders Pfeffer- oder Paradiesäpfelsauce dazu, oder eine süße Sauce, z.B. Hagebutten- oder Äpfelsauce.

Schwarzwildbret mit Orangensauce

Wenn das Schwarzwildbret in *ganzen* Stücken auf den Tisch kommen soll, muß es so viel als möglich augebeint werden. Gewöhnlich verwendet man hierzu ein 2½–3 Kilo schweres Rippenstück, das man nach dem Ausbeinen zusammenrollt und zusammenbindet, und in halb Wasser, halb Wein und ¼ l Essig, besser Estragonessig, nebst einer Sellerie, Petersilienwurzel, gelber Rübe, einigen nelkenbesteckten Zwiebeln, einem fingerlangen Stengelchen Meerettich, einem Eßlöffel zerdrückter Wacholderbeeren, einigen Lorbeer- und Salbeiblättern, etwas Majoran oder Thymian, einem Gliedchen Knoblauch, einem Eßlöffel ganzem Pfeffer und dem gehörigen Salz anderthalb bis zwei Stunden langsam weichdämpft. Währenddem wird von zwei süßen Orangen die Schale ohne das Weiße zu ganz kleinen Würfeln geschnitten, und diese mit etwas Wasser weichgekocht, alsdann in einem Stückchen Fett zwei Kochlöffel Mehl schön gelb geröstet, solches mit einem Glas Wein und zwei Schöpflöffeln von dem durchs Sieb gegossenen Fleischabsud abgerührt, der Saft einer halben Zitrone und der der Orangen darangedrückt, nun die in Würfel geschnittenen Orangenschalen samt dem Wasser, etwas Zucker und eine Messerspitze spanischer Pfeffer beigefügt, und dies zusammen eine halbe Stunde langsam gekocht, wo man hernach das Fett davon abnimmt. Das indes weichgekochte Schwarzwildbret wird jetzt herausgenommen, abgewischt, aufgebunden, und auf einer Platte angerichtet, deren Rand man mit abgezupfter Petersilie bekränzt. Die Sauce serviert man dann gewöhnlich extra, es kann aber auch die Hälfte davon unter das Wildbret gegossen werden.

Anmerkung. Das *ältere* Wildschwein muß man in *Stücke* zerkleinern und zwei bis drei Tage in die *Beize* legen; beim *jungen* ist dies nicht notwendig, – auf keinen Fall darf es länger als zwölf Stunden in der Beize sein.

Wildschwein

Sowohl der einjährige Frischling, als auch zweijährige Tiere können noch frisch gebraten werden, während man die älteren Tiere doch lieber nicht einkaufen sollte. Das Fleisch ist am besten im November und Dezember. Auch hier empfiehlt es sich, das Fleisch durchzubraten, gleichgültig, ob es sich nun um Schlegel, Schulter oder gar den Wildschwein- oder Frischlingsrücken handelt.
Koteletts vom Wildschwein sind oft ein Risiko. Zu lange gebraten, werden sie zu hart. Aber sie werden auch hart, wenn sie zu kurz gebraten werden.

Wildschwein mit Kirschensauce

Der Schlegel von einem jungen, nicht zu fetten Wildschwein, wovon die Schwarte abgeschnitten ist, wird in eine passende Kasserolle gegeben, mit einigen Zwiebeln und Gelberübenscheibchen, einem Lorbeerblatt und der Hälfte einer in Scheiben geschnittenen Zitrone belegt, mit Salz und Pfeffer gewürzt, mit etwas fetter Fleischbrühe begossen und unter öfterem Begießen langsam gargebraten. Unterdessen hat man ungefähr zwei Händevoll Schwarzbrot gerieben, das mit einem Eßlöffelvoll gestoßenem Zimt und fünf bis sechs Eßlöffelvoll feinem Zucker vermischt wird, mit welchem man das aus seinem Fett gelegte Schwarzwild bestreut, solches mit zerlassener Butter bespritzt, alsdann nocheinmal mit Brot bestreut und nun im Ofen zu dunkelgelber Farbe backt. Eine Kirschensauce wird dazu gegeben: Ein Pfund frischer Schwarzkirschen, die mit ihren Steinen in einem Mörser gestoßen worden sind, kommen in eine Kasserolle mit einem Stückchen ganzen Zimt und der Schale einer Zitrone; auf dieses gießt man ein Glas Wasser und setzt die Kirschen mit einem in Stücke geschnittenen Milchbrot oder einigen Rinden von Schwarzbrot, worin jedoch kein Kümmel sein darf, aufs Feuer. Nach zwei Stunden langsamen Kochens werden sie durch ein Haarsieb gedrückt, mit dem nötigen roten Wein verdünnt, mit Zucker versüßt, die Sauce wird noch einmal aufgekocht und der aufsteigende Schaum abgenommen. ½ Glas Kirschwasser, vor dem Anrichten unter die Sauce gegeben, erhöht ihren Geschmack bedeutend.

Wildschweinbraten

(Für 10–12 Personen) 1 Schlegel oder Rücken, Salz, Pfeffer, 1/2 l Fleischbrühe, 1/2 l Rotwein, 1 Gelbrübe, 2 Zwiebeln, 1/2 Sellerie, 1/2 Lauch, 6 Wacholderbeeren, 2 Nelken, 2 Lorbeerblätter, 1 Zitronenscheibe, Madeirasauce

Schlegel oder Rücken abbürsten, die Schwarte entfernen, mit Salz und Pfeffer einreiben. Die übrigen Zutaten bringt man zum Kochen, gibt das Fleisch zu und läßt es zugedeckt etwa 3 Stunden dämpfen. Dann stellt man den Braten in den Backofen, übergießt öfter mit der Maddeirasauce, damit der Braten eine schöne Farbe bekommt. Die Sauce seihen, entfetten. Das Fleisch wird in feine Scheiben aufgeschnitten, mit Sauce übergossen. Man gibt Nudeln, Spätzle oder Klöße dazu.

Wildschweinbraten, andere Art

1500–2000 g Wildschwein, 60 g Schmalz, Salz, Pfeffer, 1/4 l Rotwein, 1–2 Zwiebeln, Johannisbeergelee

Das Fleisch wird abgespült, getrocknet und mit Salz und Pfeffer eingerieben. In heißem Fett brät man es von allen Seiten kurz an, gießt mit heißem Wasser und etwas Rotwein auf und gart den Braten unter häufigem Beschöpfen. In der letzten Viertelstunde werden die grobzerkleinerten Zwiebeln mitgedünstet. Nach Belieben kann die Sauce mit etwas Mehl gebunden werden. Der restliche Rotwein und das Johannisbeergelee werden in die Sauce gerührt, aufgekocht und mit Salz und Pfeffer abgeschmeckt.

Wildschwein, für den ganzen Sommer einzukochen

Das hergerichtete Wildschwein wird, noch ganz frisch, in nicht zu große Stücke zerkleinert und von den stärksten Knochen befreit, dann mit Wasser, Wein und Essig, jedes zu gleichen Teilen, in einem großen Kessel zum Feuer gegeben, und achtzehn bis vierundzwanzig zerkleinerte Kalbsfüße und das nötige Salz dazugegeben. Bei beginnendem Kochen schäumt man gut ab, gibt alsdann zwölf Stück Gewürznelken, 10 g Muskatblüte, eine Handvoll zerdrückte Wacholderbeeren, zwölf Lorbeerblätter, einen Selleriekopf, eine zerschnittene gelbe Rübe und drei zerschnittene Zwiebeln hinein, und läßt das Wildbret so lange kochen, bis es halbweich geworden, was daran zu erkennen ist, wenn ein herausgenommenes Stück, in das man mit dem Messer hineinschneidet, nicht mehr blutig-rötlich aussieht; zu weich darf das Wildbret jedoch *nicht* werden. Es wird nun herausgelegt und noch einmal von den gröberen Knochen befreit. Ist alles in dieser Weise hergerichtet, so werden in eine eichene Einmachkufe, welche man in den Keller an ihren bestimmten Platz stellt, etwas Wacholderbeeren geworfen, die erkalteten Fleischstücke hineingelegt, auf die Kufe ein reiner Korb oder Sieb gestellt, und darüber ein grobes leinenes Tuch gebreitet, worin man nun den bereits erkalteten Absud schüttet, so daß er auf das Fleisch abläuft; er muß zuletzt über dasselbe hergehen, wo man sodann den Korb oder Sieb nebst Tuch abnimmt. Den anderen Tag wird das Wildbret noch mit zerlassenem Rindsnierenfett zweifingerdick übergossen, welches man, so oft von ersterem herausgenommen wird, abnimmt, zerläßt, und das zurückbleibende Wildbret wieder damit zugießt. – Auf diese Art hat man den ganzen Sommer das schmackhafteste Wildfleisch. Dasselbe gewährt zugleich den Vorteil, daß man, je nach Bedürfnis, augenblicklich eine kalte Platte hat, welche man dann mit Aspik verziert, oder man kann eine Sauce bereiten, und das Wildbret darin aufkochen. – Die zurückgebliebenen *Kalbsfüße* können *sauer eingemacht*, oder als *Fußsalat* verwendet werden.

Wildschwein, gebeizt

(Für 10–12 Personen) 1 Rücken oder Schlegel, Beize: 2 l Rotwein, 1/4 l Essig, Salz, 2 Zwiebeln, Suppengrün, 4 Nelken, 2 Lorbeerblätter, 8 Wacholderbeeren, 1 Zitronenscheibe. Zur Sauce 50 g Fett, 100 g Mehl

Das Fleisch wird abgebürstet, nach Belieben die Haut ablösen oder Karos schneiden. Die Zutaten zur Beize kocht man auf, gibt sie erkaltet über das Fleisch und läßt dasselbe 4–6 Tage darin liegen (täglich wenden). Dann legt man das Fleisch in einen gut schließenden Topf, gibt der Beize, wenn zu scharf, etwas Wasser oder Fleischbrühe zu, deckt zu und läßt auf dem Herd oder im Backofen unter öfterem Begießen weichdämpfen. Fett und Mehl röstet man braun, löscht mit Dämpfbrühe ab, läßt die Sauce gut durchkochen. 1/2 Stunde vor Gebrauch gießt man die Sauce über den Braten, stellt ihn, ohne Deckel, in den Bratofen, übergießt ihn öfters, damit er eine schöne Farbe bekommt. Die Sauce abfetten. Bratenzeit 3–4 Stunden.

Wildschweinragout

500 g in Würfel geschnittenes Fleisch aus dem Blatt, 2 in Scheiben geschnittene Zwiebeln, 1 Karotte, 1 geschälte Tomate, 30 g Fett, 1 Lorbeerblatt, Thymian, Salz, Pfeffer, ¼ l herber Weißwein, 1 TL Mondamin, 3 EL Sahne, 1 Schuß Madeira

Die Fleischwürfel waschen und gut abgetrocknet mit der Zwiebel, der geteilten Karotte und Tomate im heißen Fett anbraten. Die Gewürze dazugeben, mit Wein ablöschen und zugedeckt ca. 90 Minuten garen. Mondamin mit Sahne anrühren, die Sauce damit binden und mit Madeira abschmecken.

Wildschweinschlegel, geräuchert

Sie mögen von einem Frischling oder älteren Schwein sein, so können sie zum Räuchern gebraucht werden, wenn sie anders keinen Schuß im Schlegel haben. Zu 2 Schlegeln nimmt man 4 Lot Salpeter, reibt sie zuerst damit ein, streut 2 Händevoll Salz darüber, beschwert sie stark in einem Geschirr, und hängt sie nach 14 Tagen in einen kalten Rauch auf. Denn, wenn sie warm hängen, werden sie schwammig. Hinsichtlich der Zubereitung verfährt man mit Kräutern und Sieden wie bei zahmen Schinken. Sie werden zu allen Gemüsen aufgestellt.

Wildschweinrücken

(Für 10–12 Personen). 1 Rücken, 80 g Speck, Salz, Pfeffer, 150 g Fett, 2 Zwiebeln, Gelbrübe, 6 Wacholderbeeren, ½ l Rotwein, 2 EL Stärkemehl

Der Rücken wird abgebürstet, die Schwarte entfernt, wenn mager, gespickt, mit Salz und Pfeffer eingerieben. Dann brät man das Fleisch auf der unteren Seite leicht an, gibt Zwiebel, Wacholder, Gelbrübe, den Rotwein zu, stellt es in den Bratofen, übergießt öfters und gibt, wenn nötig, Wasser oder Fleischbrühe zu. Der Braten braucht 1½–2 Stunden Bratenzeit; der Ofen darf nicht zu heiß sein. Die Sauce wird mit angerührtem Stärkemehl aufgekocht, oder man gibt eine Cumberlandsauce dazu.

Wildschweinskopf I

Wenn der Kopf gesengt und abgeputzt ist, wird er einige Tage in öfters erneuertes frisches Wasser gelegt. Vor dem Kochen gibt man etwas Salz mit Pfeffer vermischt, Thymian, Rosmarin und Lorbeerblätter ins Maul, spickt die Ohren und Augen mit Thymian und reibt den ganzen Kopf mit etwas Salz ein. Dann wird er mit ganzen Zwiebeln, Salz und den obigen Gewürzen weichgekocht. Ehe er weichgekocht ist, wird ein ½ l Wein dazugegossen, und er nun vollends ganz gargekocht. Sodann gießt man die Brühe ab, läßt den Kopf erkalten und steckt ihm Blumen und eine Zitrone ins Maul. Man trägt ihn auf mit einer Sauce Vinaigrette Ordinaire, bestehend aus Olivenöl, Kräuteressig, 2 bis 2 gehackten, hartgekochten Eiern, 1 gehackten Zwiebel, etwas Salz und Pfeffer.

Wildschweinskopf II

Soll ein Schweinskopf gut gekocht werden, und sich lange halten, so muß der sogenannte Jud mit einem starken Messer losgemacht, auch der untere Kiefer von dem Fleisch losgeschält, und aus dem Gewebe herausgezogen werden. Auf diese Art ist der Kopf nützlicher zum Sieden, und kann auch länger aufbewahrt werden. Wenn er nun gewaschen ist, legt man ihn in einen Topf, worin er Platz genug hat, gießt halb Essig und halb Wein darüber, gibt Salz, Lorbeerlaub, Wacholderbeeren, von allen Arten Kräuter, in deren Ermangelung aber ganzen Pfeffer und Nelken daran, ein paar ganze Zwiebel und eine zu Scheiben geschnittene Zitrone dazu, und kocht dann den Kopf langsam; je langsamer er kocht, desto besser wird er. Sobald er weich ist, wird das herausgekochte Fett abgeschöpft, und der Kopf in dem Geschirr gelassen, bis er gebraucht wird. Wenn er auf den Tisch kommt, macht man Essig und Öl, gehackte Petersilie, Kapern, Pfeffer und Salz untereinander, stellt dies dazu auf, oder gibt eine kalte Herings-Sauce dazu. Soll der Schweinskopf gesalzt werden, so nimmt man, wenn zuvor der Jud herausgenommen ist, das Hirn mit einem kleinen Löffel heraus und wirft es weg, vermischt alsdann eine Handvoll verstoßene Wacholderbeeren nebst etlich geschnittenen Lorbeer- und Basilikum-Blättern, mit einer Handvoll Salz und grobegestoßenem Pfeffer und reibt den Kopf stark damit ein. Hat man ein kleine Stande, wo noch mehr Wildbret dazukommt, so wird der Kopf aufrecht in die Stande gestellt und das andere Wildbret so fest wie möglich darumgelegt. Das übrige Wildbret wird gleich dem Kopf eingerieben, halb guter Essig, und halb schlechter Wein darübergegossen, ein Brett daraufgegeben und stark beschwert. Auf diese Art hält sich das Wildbret recht lang.

Wildschweinskopf, gesulzter, gefüllter

Nachdem ein mittelgroßer Wildschweinskopf gewaschen und abgetrocknet, wird er ausgebeint, dann auf einem Brett auseinandergelegt und mit Salz und Pfeffer bestreut. Das vom Ausbeinen noch an den Knochen hängende Fleisch löst man ab, hackt es fein mit ebensoviel Fleisch vom Schlegel oder einem sonstigen fleischigen Stück des Wildschweins, und gibt während des Hackens 280 g frischen, eine Viertelstunde abgekochten und wieder erkalteten Speck und eine Handvoll Salz darunter. Dies sollte zusammen nun ungefähr 2–2½ Kilo ausmachen, je nachdem der Kopf groß ist. Wenn alles feingehackt, wird es in eine Schüssel gebracht, gestoßene Lorbeerblätter, Thymian, gestoßene Nelken, Pfeffer, feingeschnittene Zitronenschale, von jedem ein Kaffelöffelvoll, dann ein kleines zerriebens Gliedchen Knoblauch, eine halbe geriebene Muskatnuß, ein Eßlöffel in Butter abgedämpfte Schalotten und ebensoviel abgedämpfte Petersilie dazugegeben, und alles mit ¼ l gutem altem Wein untereinandergemengt. Nun wird 280 g frischer Speck in fingerlange und halbfingerdicke Stückchen geschnitten, ebenso 280 g weichgekochte Pökel- oder Rauchzunge, 100 g gewaschene, ausgegrätete, gespaltete Sardellen und 70 g Kapern; ist wildes oder zahmes Geflügel vorhanden, so wird das Fleisch von den Beinen und Häuten abgelöst und wie der Speck geschnitten, wenn vorrätig 280 g gewaschen, abgeschälte, in feine Blättchen geschnittene Trüffeln und 70 g abgezogene, länglich geschnittene Pistazien oder Mandeln beigefügt, und dies alles mit etwas gestoßenem weißem Pfeffer untereinandergemengt. Den auseinandergelegten Wildschweinskopf überstreicht man jetzt fingerdick mit der oben beschriebenen Farce, gibt darauf eine Lage von den geschnittenen Zutaten, auf diese eine zweite Lage der Farce, hierauf eine zweite von den Zutaten, und wiederholt dieses so oft, bis beides zu Ende ist, wo alsdann der Kopf von beiden Seiten zusammengenommen, und der Länge nach mit Bindfaden mittels einer Dressiernadel bis über den Rüssel zugenäht wird. Hernach wird über die Öffnung am Hals eine gleichgroße, reingeputzte Speckschwarte, an der noch halbfingerdick Speck ist, genäht, der ganze Kopf in einer Serviette fest eingewickelt, mit Bindfaden umbunden, (wobei man achtgeben muß, daß man die Ohren nicht zu stark niederbindet) und in ein tiefes Geschirr gelegt.

Wildschweinskopf tranchiert

Wird selten auf einmal *ganz* verschnitten, weil er meist sehr groß ist. Man fängt mit dem Verschneiden am Hals an, schneidet fingerdicke Schnitten in der Runde ab, und teilt solche in zwei Teile.

Wildschweinskeule

1 kg ausgebeinte Keule. Zur Beize: 1 l Essig, 1 Zwiebel, 4 zerdrückte Wacholderbeeren, 1 Lorbeerblatt. Zum Braten: Salz, Pfeffer, 60 g Fett, 1 Zwiebel, 1/4 l Rotwein, 1 TL Mondamin, 2 EL Johannisbeergelee, 2 Tassen Schwarzbrotbrösel, 100 g Butter, 1 Prise Nelkenpulver, Zimt, 1 TL Zucker

Das Fleisch gut waschen und 3 Tage in die Beize legen. Gut abtrocknen, salzen und pfeffern, im heißen Fett mit der zerkleinerten Zwiebel anbraten, mit Rotwein und etwas Beize ablöschen und bei nicht zu starker Hitze unter Begießen zugedeckt 2–3 Stunden braten. Die Sauce entfetten, mit dem angerührten Mondamin binden, süß-sauer mit Johannisbeergelee abschmecken. Die Brösel mit der zerlassenen Butter, Nelkenpulver, Zimt und Zucker vermischen, den Braten damit bestreichen und im Backofen bei starker Hitze ca. 30. Minuten überbacken.

Wildtauben, gebraten

Die zuvor gerupft und ausgenommenen Tauben legt man 1 oder 2 Tage in Essig, reibt sie nachdem mit Salz, Nelken und Pfeffer ein, spickt die Brust mit feingeschnittenem Speck, streut sie mit Gewürz und Salz, und brät sie entweder am Spieß oder in einer Kachel. Kommen sie an den Spieß, so gibt man ein wenig Essig, ein Lorbeerblatt, etliche Zitronenscheiben, eine Zwiebel, etwas Fleischbrühe oder Wasser in die Bratenpfanne, begießt sie zuerst fleißig mit Butter, und dann mit der Bratenbrühe. Macht man sie aber nur in einer Kachel, so werden sie zuerst in der Butter gelb gebraten, ein paar Eßlöffelvoll Essig, ein wenig Fleischbrühe, ein Lorbeerblatt und einige Zitronenscheiben dazugegeben, und die Tauben immer an dieser kurzen Sauce fortgedämpft, bis sie fertig sind. – Zahme Tauben kann man auch auf dieselbe Art zurichten.

Inhaltsverzeichnis

Allgemeines

Alphabetischer Teil

A

B

D

E

P

R

OMA'S
Koch & Back Bibliothek

OMA'S Koch & Back Bibliothek

Rind
Schwein

Weltbild Verlag

Genehmigte Lizenausgabe für
Weltbild Verlag GmbH, Augsburg 1993

Einbandgestaltung: Peter Engel, München
Gesamtherstellung: Presse-Druck Augsburg
Printed in Germany

ISBN 3-89350-196-7

VORWORT

Die vorliegende Rezeptsammlung wurde aus einer der größten Privatsammlungen von Kochbüchern des 17. bis 19. Jahrhunderts zusammengestellt und sprachlich behutsam dem heutigen Gebrauch angepaßt.
Um eine auch in modernen Zeiten nachvollziehbare Kochbarkeit zu ermöglichen, bildet Bauers Kochbuch, das zuletzt in den 70er Jahren mit einer Auflage von weit über 100000 Exemplaren erschienen ist, die Grundlage unserer Koch- und Backbibliothek.
Die Rezepte wurden von der Autorin und der Hauswirtschaftsfachschule Stuttgart aus alten Überlieferungen gesammelt und nachgekocht.
Im Anhang findet sich am Schluß eines jeden Bandes ein alphabetisches Register.

Aal, falscher

4 Schweineschnitzel, Salz, Pfeffer, 40 g Fett, 8–12 Salbeiblätter, 1 EL Mehl

Die Schnitzel mit Salz und Pfeffer einreiben, aufrollen, mit Salbeiblätter umbinden. Dann wendet man die Rollen in Mehl, brät sie in heißem Fett an, löscht etwas ab und läßt sie im Backofen oder zugedeckt auf dem Herd 1–1¼ Stunden dämpfen.

Arabisches Reiterfleisch

50 g Fett, 500 g Hackfleisch, 2 EL Tomatenmark, 3 Zwiebeln, 1 Apfel, 1 grüne Paprikaschote, Pfeffer, Salz, 1 Prise Zucker, Paprika und 2–4 EL Meerrettich

Hackfleisch in heißem Fett anbraten, Tomatenmark hinzufügen und mitbräunen, Zwiebeln feinhacken, Apfel und Paprikaschote schälen, entkernen und in Würfel schneiden, mit den Gewürzen zum Hackfleisch geben und in etwa 15 Min. garschmoren. Vor dem Servieren mit Meerrettich abschmecken.

Aufgerollter Braten (für eine große Personenzahl)

Man nimmt hierzu das ganze Rippenstück von einem jungen Ochsen, läßt die sämtlichen Rippen ausschneiden und das Stück gut klopfen, reibt solches mit Salz, etwas Pfeffer und Nelkenpfeffer ein, rollt es fest auf und umwickelt es mit einem ausgewässerten Bindfaden. Danach wird der Braten nach vorstehender Weise mit 2 Pfund frischem Nierenfett 3½ Stunden unter häufigem Begießen gebraten, mit der Sauce nach Nr. 1 verfahren und mit verschiedenem Kompott, Salat, oder auch zu braunem Winterkohl gegeben. Auch kann man von der Bratenbrühe eine gute Champignon- oder Trüffelsauce machen, den Braten damit servieren und solchen mit Makkaroni und gebratenen Kartoffeln nach der Suppe oder als Mittelschüssel geben.

Beef blanc

Ein nicht sehr fettes Rippenstück wird geklopft, mit Wasser kaum bedeckt und abgeschäumt; dazu gegeben: 2 Petersilienwurzeln, eine Handvoll Skorzonere, 1 Möhre, 3 Lorbeerblätter, 2 Zwiebeln, grobes Gewürz und ein reichliches Stück Butter und damit, fest zugedeckt, gargeschmort, was eine Zeit von 2½ bis 3 Stunden erfordert. Eine Stunde vorher gibt man viel Champignons vorgerichtet, nebst etwas Weißbrot hinzu. Die Brühe läßt man soviel einkochen, als man Sauce zu haben wünscht, richtet sie über das Fleisch an und gibt eine Schüssel mit dampfenden Kartoffeln dazu.

Beef: Round of Beef

Zu einem Stück Ochsenfleisch, ein Rippenstück von 24 bis 28 Pfund, aus welchem die Knochen getrennt worden sind, nimmt man 500 g grobes Salz, 125 g braunen Sandzucker, 15 g Nelken, 30 g Nelkenpfeffer, 1 Tasse braunen Sirup und 1 Eßlöffelvoll pulverisierten Salpeter. Dies alles wird untereinandergerührt und das Fleisch von allen Seiten damit eingerieben, dann *recht fest* aufgerollt, mit einem Bindfaden dicht nebeneinander fest umbunden, in eine hölzerne Mulde gelegt, worin es 4 Wochen liegenbleibt, während es täglich umgedreht und mit der Brühe, die herauszieht, begossen werden muß. Man setzt es zur Zeit, mit kochendem Wasser bedeckt, mit etwas von der Brühe aufs Feuer, läßt es 4 Stunden, fest zugedeckt, fortwährend langsam kochen und ½ Stunde in der Brühe nachweichen. Zu diesem kräftigen, sehr zu empfehlenden Fleisch gibt es in Bremen Sauerkraut, durch ein Sieb gerührte dicke Erbsen mit braunen Zwiebeln, braunen Kohl und gebratene Kartoffeln.
Es läßt sich dieses Fleisch lange aufbewahren, ist auch kalt vorzüglich, und selbst aus den Überresten lassen sich wieder angenehme Speisen bereiten, z.B. Round-of-Beef-Omelette, Round-of-Beef-Auflauf mit Kartoffeln usw.

Beef Royal

Ein Stück gutes Rindfleisch von 8 bis 10 Pfund legt man 8 Tage in Essig, spickt es gehörig und läßt es mit 8 Kalbsfüßen, Lorbeerblättern, Schalotten, einer in Scheiben geschnittenen Zitrone, weißem Pfeffer, Salz und 1½ bis 2 Flaschen rotem Wein 3 Stunden, fest verschlossen, langsam kochen. Dann nimmt man das Fleisch heraus, gibt etwas braun gebrannten Zucker dazu und gießt die Brühe durch ein feines Haarsieb über das Fleisch.

Beefsteaks

Ein wohlabgelegenes Lendenstück wird mit einem feuchten Tuch abgewischt, oben abgehäutet, und nach Belieben das an der Seite befindliche Fett (der sogenannte Riemen) darangelassen oder, besser, weggenommen, worauf man das ganze Stück der Quere nach in fingerdicke Scheiben schneidet und solche mit dem flachen Hackmesser oder Holzschlegel mittels eines einzigen Schlages etwas breitklopft, wodurch sie runde Schnitten bilden. Diese werden mit Salz und (möglichst *weißem*) Pfeffer auf beiden Seiten bestreut, in 150 g zerlassene Butter getaucht, aufeinandergelegt, ein paar Stunden so liegen gelassen (wodurch sie beim Braten viel mürber werden), und sodann in der Pfanne in einem Stückchen Butter bei gutem Feuer auf beiden Seiten sechs bis acht Minuten schnell gebraten. Geschieht das Braten auf dem *Rost* (was eigentlich immer der Fall sein sollte), so bestreiche man denselben mit Speck oder, besser, feinem Öl, und brate die Beefsteaks, doch ohne sie in Butter umzukehren, gleichfalls sechs bis acht Minuten; das Umwenden muß dabei besonders schnell geschehen, um das Auslaufen des Saftes zu verhindern. Die fertigen Beefsteaks werden der Länge nach oder kranzförmig auf einer Platte angerichtet, und auf jedes der auf dem Rost gebratenen dann noch ein kleines Stückchen Butter gegeben, welche Butter, schnell zerschmelzend, sich mit dem Saft derselben vereinigt und eine gute Sauce gibt. Alsdann legt man frischgesottene, abgeschälte, geviertelte oder rund geformte Kartoffeln um die Beefsteaks, und gibt sie, indem man die Sauce darübergießt, sogleich zu Tisch. – Nach Belieben kann, wenn die Beefsteaks angerichtet sind, auf jedes feingehackte Petersilie oder

Schnittlauch gestreut werden; sie heißen dann *Beafsteaks mit Kräutern.*
Das Fertigsein der Beefsteaks erkennt man daran, daß kein roter Saft mehr hervordringt, wenn man mit dem Finger daraufdrückt, während sie dennoch saftig sind. – Beim Braten dürfen sie nicht lange auf *einer* Seite liegen, weil sie sonst leicht hart werden. – Sind sie in der *Pfanne* gebraten, so gibt man in den zurückgebliebenen Saft einen Eßlöffel Fleischbrühe, schwenkt die Pfanne schnell um und gießt so die Sauce über die Beefsteaks. – Bei allen Beefsteaks sollte *Kräuterbutter* oder nach Belieben *Sardellenbutter* mit auf den Tisch kommen. Auch kann nach dem Anrichten auf jedes etwas *Zitronensaft* gedrückt werden.

Beefsteaks mit Brot und Eiern

Sind die Beefsteaks gebraten, so werden ebensoviel fingerdicke Brotschnitten aus dem Schmalz gebacken, auf jede derselben ein Beefsteak gelegt, und auf solches ein gebackenes Spiegelei. Nun legt man sämtliche Schnitten nebeneinander in ein tiefes Blech oder einen Bratentopf, gießt die Sauce der Beefsteaks, mit etwas dünner Braten- oder Fleischbrühe verdünnt, unter die Schnitten, und stellt letztere dann noch so lange in einen warmen Ofen, bis das Ei von oben angezogen hat, doch nicht hart geworden ist. Alsdann wird eine Schnitte nach der anderen mit einem Backschäufelchen behutsam herausgehoben und sämtliche auf eine warme Platte angerichtet.

Beefsteaks mit Eiern

Es werden so viel Spiegeleier wie Beefsteaks serviert werden sollen, gebacken. Wenn letztere dann gebraten, ordnet man sie hübsch auf einer Platte, legt auf jedes ein Ei, gibt die zurückgebliebene Sauce darunter und trägt sie schnell auf.

Beefsteaks von gehacktem Fleisch

Wo kein gutes Fleisch zu Beefsteaks zu haben ist, da wird man nachstehender Art den Vorzug geben.
Man nimmt zu 500 g schierem mageren Rindfleisch 125 g fettes Nierenfett, schneidet es in Würfel, wobei Haut und Sehnen entfernt werden. Dann hackt man beides fein, formt davon 4 bis 5 runde fingerdicke Beefsteaks und bestreut beide Seiten mit etwas Pfeffer und dem nötigen Salz. Zugleich macht man in einer kleinen, sehr sauberen Pfanne ein Stückchen Butter oder halb Butter, halb Fett, nicht zu viel, kochend heiß, legt die Beefsteaks hinein, läßt sie unter öfterem Hin- und Herschieben, ohne hineinzustechen, bräunlich werden, legt sie auf die andere Seite und verfährt damit ebenso. Dann richtet man sie schnell auf einem Schüsselchen an, gießt etwas kaltes Wasser in die Pfanne, rührt die Sauce, bis sie etwas sämig geworden, und gibt sie dazu.
Die Beefsteaks dürfen nur einige Minuten braten, sie müssen inwendig noch rötlich sein; ein längeres Braten entzieht denselben den Saft und macht sie hart. So auch würden sie ganz zäh werden, wenn man sie salzen würde und dann ungebraten bis zum nächsten Tag hinstellte.

Beefsteaks, geschmorte

Ein Stück Ochsen- oder Rindfleisch, nicht zu frisch, aus der Mitte des Binnerspalts, von 2 Pfund an, wird so lange geklopft, bis es sich weich anfühlen läßt, mit etwas Pfeffer und nicht zu reichlichem Salz in Mehl gewälzt und in einem engen eisernen Töpfchen in reichlich kochender Butter oder in ganz reichlich frischem, heißgemachtem Nierenfett ¾ Stunden, fest zugedeckt, langsam geschmort. Nun wird so viel stark kochendes Wasser hinzugegossen, daß das Fleisch nicht ganz zur Hälfte bedeckt wird, der Topf rasch fest zugedeckt, damit die Dämpfe das Fleisch mild machen, und nach ¾ bis 1 Stunde langsam geschmort. Dann wird das Fleisch in der Sauce zu gekochten Kartoffeln angerichtet. Möchte die Sauce nicht hinreichend sein, so kann man etwas Wasser hinzurühren, auch nötigenfalls dieselbe mit etwas zerrührter Stärke gebundener machen.

Beefsteaks, gesulzte

Aus einem Lendenstück werden Beefsteaks geschnitten und mit Salz und Pfeffer eingewürzt, dann in zerlassene Butter getaucht, übereinandergelegt und so einige Stunden liegen gelassen, worauf man sie schnell saftig auf beiden Seiten brät und kaltstellt. Nun wird in ein aufgeschlagenes Kuchenblech oder eine sonstige flache, große, etwas tiefe Platte fingerdick halb erkaltete Fleischsulz gegossen, diese nach Erkalten mit den erkalteten Beefsteaks, doch nicht zu dicht, belegt, über letztere halb erkaltete Sulz gegossen, so daß sie damit bedeckt sind und das Ganze nun an einen kalten Ort gestellt. Nachdem hier alles fest bestanden, werden mit einem Ausstecher, der etwas weiter als die Beefsteaks ist, diese ausgestochen, mit einem Backschäufelchen dann herausgehoben, im Kranz auf eine Platte gelegt, mit Grünem garniert und Sardellenbutter nebst Essig und Öl extra damit aufgestellt. Die vom Abstechen zurückgebliebene Sulz wird kleingehackt und in die leere Mitte der Beefsteaks geordnet.

Beefsteaks mit Kartoffelpüree

Nachdem die Beefsteaks zubereitet sind, wird ein mit guter Milch gekochtes Kartoffelpüree in einer Schüssel angerichtet, und die Beefsteaks kranzförmig auf das Püree oder auf eine besondere warme Platte gelegt. In letzterem Fall wird auf jedes heiße Beefsteak ein Stückchen Butter gegeben, alle, damit die Butter darin vergehe, noch einige Minuten übereinandergelegt, dann hübsch geordnet und auf derselben Platte aufgetragen.

Beefsteaks mit *gebackenem* Kartoffelpüree

Die Beefsteaks werden bereitet wie vorige. Die Platte, auf der sie zu Tisch kommen sollen, muß an einem warmen Ort mit einem Stückchen frischer Butter in Bereitschaft stehen. In dieser Butter kehrt man die Beefsteaks um, ordnet sie dann hübsch auf die Platte, und gibt sie mit dem Kartoffelpüree, welches in ein gut mit Butter bestrichenes Auflaufblech gefüllt und im Ofen gelb gebacken wurde, sogleich zu Tisch. – Das Püree wird in der Auflaufform aufgetragen, und um diese, wenn sie nicht hübsch ist, eine Serviette gewickelt.

Beefsteaks nach Nelson für Kranke

250 g Kartoffeln werden geschält, in Streifchen geschnitten, mit kochendem Wasser überbrüht und nach 5 Minuten wieder abgegossen. 2 dünne Lendenscheibchen von zusammen 125 g bestreut man mit etwas Salz und legt sie auf die Kartoffelstreifchen in eine dick ausgebutterte Kasserolle, gibt eine Obertasse gute Bratensauce darüber und läßt alles in 4 Minuten recht stark anschmoren. Nach einer Viertelstunde langsamen Dünstens ist das Gericht fertig und wird in einer Kasserolle serviert.

Beefsteaks, gedünstet, mit Pfeffersauce

Von einem Lendenbraten mache man kleinfingerdicke Beefsteaks, schneide gesalzenen Speck so lang wie die Beefsteaks dick sind, schneide etwas Petersilie und Zwiebel fein, gebe den Speck nebst ein wenig Essig durcheinander, und spicke die Beefsteaks damit und zwar so, daß man den Speck gerade durchzieht. Hierauf werden die Beefsteaks gesalzen und gepfeffert, in eine Schüssel gereiht, mit etwas Papier, welches gut mit Butter bestrichen ist, zugedeckt, damit die Luft nicht nachteilig darauf einwirken kann, und im Keller ein paar Tage mürbe gelegt.

Beim Braten mache man klare Butter oder Fett in einer Kasserolle rauchend heiß, lege die Beefsteaks hinein, lasse dieselben auf beiden Seiten recht schnell eine schöne braune Farbe nehmen, hebe sie dann

in eine kleinere Kasserolle, reiht sie aufrecht stehend hinein, löse mit einem Löffel Fleischbrühe und Weinessig das, was von den Beefsteaks hängengeblieben ist, gut auf, nehme das Fett herab und gieße diese Jus über die Beefsteaks, mit welcher sie unter fleißigem Begießen, zugedeckt, weich in einer Stunde gedünstet werden.
Man kann sie mit der Jus nun servieren; aber auch folgende Pfeffersauce daran machen: man zerdrücke 8 Pfefferkörner mit dem Messer, gieße 5 Eßlöffelvoll Weinessig daran, lasse beides bis zu einigen Tropfen einkochen, und gebe dann von der Jus, die an den Beefsteaks war, nebst einem Gläschen weißen Wein und etwas Salz daran. Etwas Trüffel und Champignonschalen, wenn man sie hat, machen immer einen guten Geschmack. Nachdem nun die Sauce gut ausgekocht, abgeschäumt und abgefettet ist, gibt man sie über die schön im Kreis angerichteten Beefsteaks. Champignons oder kleine glasierte Zwiebelchen können als kleines Ragout dazu gegeben werden.

Beefsteaks, roh

Gutes Ochsen- oder Rindfleisch aus der Kluft wird mit dem nötigen Salz und Zwiebeln kleingehackt, mit gröblich gestoßenem Pfeffer gemischt und zum Frühstück gegeben.

Beefsteaks mit Sardellen

Sind die Beefsteaks wie vorige geschnitten und gebraten, so wird 35 g Sardellenbutter auf die zum Anrichten bestimmte Platte gelegt, diese zur Wärme gestellt, und die Beefsteaks darauf dann angerichtet. Der Saft des Fleisches vermengt sich mit der Sardellenbutter zu einer guten Sauce, worin man nun jedes Beefsteak auf der Platte umwendet, damit es von der Sauce gleichsam überzogen ist, und zuletzt alle hübsch aneinanderordnet. – Hierzu gibt man besonders *roh* abgeschälte, abgerundete, in Salzwasser mit einem Stückchen Butter abgekochte *Kartoffeln.*

Beefsteaks mit Sauce

Die gleich den vorhergehenden zubereiteten Beefsteaks werden im Kranz auf einer Platte angerichtet und mit Madeira- oder Trüffelsauce begossen, die Sauce auch besonders serviert. – Hierzu gibt man eine Platte mit aus dem Schmalz gebackenen Kartoffeln.

Beefsteaks, saure

Wenn die hergerichteten Beefsteaks einige Zeit übereinandergelegen, werden sie in Mehl umgekehrt und in Butter mit etwas Zwiebel von beiden Seiten gelb gebraten, dann wird ein wenig Fleischbrühe und ein paar Eßlöffel Essig dazugegeben, die Beefsteaks einige Minuten darin gekocht, danach samt der Sauce angerichtet und gewöhnlich mit gerösteten Kartoffeln serviert.

Beefsteaks von rohem Schinken

Man schneide fingerdicke Scheiben, lege sie über Nacht in Milch, was besonders bei salzigem oder etwas ausgetrocknetem Schinken notwendig ist, klopfe die Scheiben auf beiden Seiten stark mit der Schnittseite eines nicht scharfen Messers hin und her, tunke sie in geschlagenes Ei und etwas Pfeffer, drehe sie dann in gestoßenem Zwieback oder geriebenem Weißbrot um und brate sie in offener Pfanne in heißer Butter auf sehr schwachem Feuer bei häufigem Umwenden, bis sie gelb geworden sind.
Auf starkem Feuer werden diese Art Beefsteaks hart und ungenießbar.

Beefsteaks von Schweinefleisch

Die Zubereitung ist wie Beefsteaks von gehacktem Rindfleisch. Sie werden in braun gemachten Zwiebeln oder gelb gemachter Butter gebraten.

Beefsteaks mit Zwiebeln

Die geschnittenen und geklopften Beefsteaks werden mit Salz, Pfeffer und feingeschnittener Zwiebel eingerieben, aufeinandergelegt und eine halbe Stunde so liegen gelassen, dann zerläßt man in einer Pfanne ein Stück Butter und brät die Beefsteaks sechs bis acht Minuten auf beiden Seiten schnell darin ab. Unterdes verschneidet man auf einer Platte 40 g Butter, stellt die Platte an einen warmen Ort, und richtet die Beefsteaks im Kranz darauf an, im übrigen Fett aber werden so schnell als möglich kleine, frischgesottene, schön rund geformte, mit Salz und Pfeffer bestreute Kartoffeln angebraten, welche man danach in die Mitte der Beefsteaks aufhäuft. – Erlaubt die Zeit nicht, daß die eingewürzten Beefsteaks eine halbe Stunde liegen bleiben, so gibt man in die in der Pfanne befindliche Butter etwas Zwiebel und brät die Beefsteaks *ohne* sie vorher mit Zwiebel einzureiben; die zurückgebliebene Sauce aber löst man mit einem Eßlöffel Wasser auf und gießt sie durch einen Seiher über die Beefsteaks.

Berliner Buletten mit Mostrich und Knüppel

250 g reines Rindfleisch, 250 g Schweinefleisch, 1 altbackene Schrippe, 1 Ei, 1 große gehackte Zwiebel, Butter oder Schmalz zum Braten, Salz, Pfeffer

Die gehackte Zwiebel mit etwas Butter anschwitzen, die Schrippe in mit Milch gemischtem Wasser einweichen und gut ausdrücken. Das Fleisch durch die feine Scheibe des Fleischwolfs treiben; man kann es auch fertig beim Schlachter kaufen. Das Fleisch mit den Schrippen, der Zwiebel, dem Ei, Salz und Pfeffer gut durcharbeiten und in acht Stücke teilen. Zu abgeflachten Kugeln formen und in Butter oder Schmalz braten. Warm gibt man sie mit der Bratbutter übergossen und Salzkartoffeln zu Tisch. – In der Hauptsache ißt man sie kalt oder lauwarm mit Mostrich und Knüppel.

Beef à la Mode (Schmorbraten)

Ein Stück von 8 bis 10 Pfund aus der Kluft (das sogenannte Blumenstück) oder von einem jungen Ochsen das Schwanzstück wird gut geklopft, mit Salz, Pfeffer und Nelkenpfeffer eingerieben. Dann gibt man etwa 65 g Butter oder gutes Nierenfett in einen Topf, ist solches gelb geworden, wird das Stück mit einem Eßlöffel Mehl bestreut und hineingelegt, zuweilen hin und her geschoben und, ohne ins Fleisch zu stechen, so lange gebraten, bis es von allen Seiten recht gelb ist. Nun wird so viel kochendes Wasser seitwärts hinzugegossen, daß das Fleisch reichlich zur Hälfte bedeckt ist, und solches, schnell fest zugedeckt, langsam geschmort, nach Verlauf von 1½ Stunden umgedreht, 1 Obertasse gewürfelter saurer Gurken oder frische mit 1 Löffelvoll Essig nebst 4 Lorbeerblättern dazugegeben, das Stück wieder zugedeckt, langsam weichgeschmort, welches gewöhnlich 2 bis 2½ Stunden erfordert. Dann richtet man das Fleisch an, nimmt das Fett größtenteils von der Sauce, rührt, wenn sie zu dicklich wäre, etwas Wasser dazu, andernfalls ein wenig Stärke oder Kartoffelmehl, gibt einige Löffel von dieser sämigen Sauce über das Fleisch und die übrige dazu. Wählt man das Beef à la Mode als Voressen, so kann man noch Trüffel, Champignons und Kastanien dazu geben, übrigens dient es als Beilage zu verschiedenen Gemüsen; am besten sind jedoch Kartoffeln dazu und es bleibt dann das Fett zum Teil auf der Sauce.
Hat man keine Gurken zur Hand, so kann man anstatt dieser einige Zitronenscheiben hinzufügen.

Boeuf la mode mit Wein

Hierzu verwendet man ein Stück vom Stotzen, klopft und spickt es, dann werden in einen Tiegel dünne Speckschnitten gelegt, und auf diese das Fleisch, etliche Zwiebeln, vier Nelken, ein paar Lorbeerblätter, etwas gestoßener Pfeffer, eine Zitronenschale und ungefähr 140 g schwarze Brotrinden. Nachdem $1/4$ l Fleischbrühe, $1/2$ l weißer Wein und $1/8$ l Essig zugegossen, wird der Tiegel mit einem passenden Deckel bedeckt, den man mit Papierstreifen, die zuvor mit Teig überstrichen sind, gut verklebt, und das Fleisch zwei oder drei Stunden, je nachdem das Stück groß ist, im Backofen weichgedünstet. Eine halbe Stunde vor dem Anrichten wird der Deckel geöffnet, das Fleisch herausgenommen, und die Sauce abgefettet, dann zwei Kochlöffel Mehl hellbraun im abgenommenen Fett geröstet und an die Sauce gegeben, diese mit dem Fleisch noch eine Viertelstunde gekocht, letzteres danach auf einer warmen Platte angerichtet und die Sauce, nachdem sie nochmals abgefettet, durchgegossen und extra dazugegeben. – Man kann hierzu Kartoffel- oder Nudelschmarren aufstellen.

Boeuf à la mode, eingebeizt

Zu diesem nimmt man Fleisch vom Stotzen, klopft, spickt und legt es drei bis vier Tage in nicht zu sauren Essig. Dann wird es in das dazu bestimmte Kochgeschirr gebracht, mit einer Handvoll verschnittenen Zwiebeln, halbsoviel verschnittenem Speck, zwei kleinen Essiggurken, einigen Kapern und dem nötigen Salz und Pfeffer bestreut, mit $1/2$ l Wasser und etwas von der Beize samt dem Wurzelwerk begossen, und zwei bis drei Stunden gedämpft, wo es weich sein wird. Eine halbe Stunde vor dem Anrichten werden zwei Kochlöffel Mehl, zwei Kochlöffel geriebenes Brot und ein Kaffeelöffel Zucker in Fett braungelb geröstet, dann an das Fleisch gegeben und noch gut damit verkocht; ist es notwendig, so wird die Sauce mit ein wenig Fleischbrühe verdünnt, hierauf das Fett abgenommen, und solche durch ein Sieb getrieben. Nun legt man das Fleisch auf eine tiefe Platte, richtet die Hälfte der Sauce darüber an, und gibt die andere Hälfte in einer Sauciere dazu. – Als Beigericht dienen beliebige Knödel, abgeschmelzte Nudeln oder auch geröstete Kartoffeln.

Boeuf à la mode auf französische Art

Hierzu gehört ein 1½–2½ Kilo schweres Schweifstück, welches von einem mehrere Tage zuvor geschlachteten Ochsen sein muß. Nachdem solches über den Faden in handbreite und ebensolange zweifingerdicke Stücke geschnitten, legt man letztere nebst einigen Stückchen Sellerie, ebensoviel gelber Rübe, zwei verschnittenen Zwiebeln, sechs Nelken, zwei Lorbeerblättern, einem Sträußchen Thymian, Pfeffer und etwas Salz in einen Tiegel, und läßt sie so zwölf Stunden zugedeckt stehen, dann werden sie herausgenommen, mit feingeschnittenem Speck und ebenso geschnittenem rohen oder gekochten Schinken gespickt, und danach wieder in den Tiegel gebracht, wo ein Stückchen Butter und ein Schöpflöffel Fleischbrühe dazukommt. So werden die Fleischstücke, gut bedeckt, im Bratofen zwei Stunden langsam gedämpft, während welcher Zeit man öfters nachsieht und etwas Fleischbrühe zugießt, und sie alsdann herausnimmt. In die kurz eingekochte Sauce wird zuletzt zwei kleine Kochlöffel Mehl eingerührt, und mit zwei Schöpflöffel Fleischbrühe aufgefüllt, das Fleisch wieder hineingelegt, und gut bedeckt noch eine Viertelstunde damit gekocht. Nun richtet man die Stücke auf eine tiefe Platte an, gießt die abgefettete Sauce durchs Sieb darüber, bestreut das Ganze mit fein länglich verschnittener Zitronenschale und serviert es mit gerösteten Kartoffeln oder Kartoffelschmarren. – Salz darf zu diesem Gericht nicht viel kommen, weil durch den Schinken, den Speck und die Fleischbrühe leicht zu viel Schärfe entstehen könnte.

Boeuf à la mode mit Kräutern

Es wird hierzu vom Stotzen oder noch besser von der sogenannten Schale genommen, und das gewöhnlich 3 Kilo schwere Stück zuvor mürbe geklopft. Nun wird 150 Gramm Speck kleinfingerdick und halbfingerlang geschnitten, in Salz, Pfeffer und den nachstehend bemerkten feinverwiegten Kräutern umgekehrt, und nachdem mittels eines Messerchens oder spitzigen Kochlöffelstiels das Fleisch damit gespickt, reibt man letzteres mit Salz und dann mit Basilikum, Zwiebel und Zitronenschale ein, was alles vorher feingewiegt wurde. Alsdann legt man das Fleisch in ein Kastrol, gibt ¼ l guten Wein, 1 l Wasser und die vom Einreiben übriggebliebenen Kräuter dazu, und dämpft es zugedeckt im Ofen oder auf dem Feuer weich. Danach wird es herausgenommen, die Sauce abgefettet, in diesem Fett ein Kochlöffel Mehl hellbraun geröstet an die Sauce gegeben, worauf dieselbe unter Zugießen von etwas Fleischbrühe oder Wasser, so daß sie die gehörige Dicke hat, mit dem Fleisch noch eine Viertelstunde kochen muß. Nachdem letzteres dann auf einer warmen Platte angerichtet, wird die Sauce, falls sich auf derselben Fett angesammelt hat, nochmals abgefettet, und samt den Kräutern besonders serviert. – Als Beigericht schmecken geröstete Butterspätzchen, Kartoffeln und auch Brotknödel sehr gut.

Boeuf à la Nivernaise

1,5 kg Rindfleisch (entrecôte oder Rumpsteak), 1 Kalbsfuß, 4 Zwiebeln, 4 Möhren, 1 Gewürzkräutersträußchen, 250 g Butter, 3 EL Öl, 2 Gläser Weißwein, Salz, Pfeffer, 1 l Wasser oder Brühe

Das Fleisch in Butter und Öl, Salz und Pfeffer braten. Die Möhren und die in Ringe geschnittenen Zwiebeln dazugeben. Das Ganze, bis es schön braun wird, rühren, dann die Kräuter und den in zwei Stücke geschnittenen Kalbsfuß dazugeben. Wein und die Brühe dazugießen. Im Backofen gut bedeckt 2½–3 Stunden bei mittlerer Hitze braten.

Braten, englischer

840 g Schweinefleisch und 280 g Rindfleisch wird mit der Schale einer halben Zitrone und einigen Schalotten feingehackt, dann in eine Schüssel genommen, und vier Eßlöffel geriebenes Milchbrot oder Semmelbrösel nebst Salz, Pfeffer, Nelken und drei Eiern dazugegeben. Diese Masse mengt man gut untereinander und formiert daraus eine längliche Wurst (Rolle), welche man mit geschnittenem Speck hin und wieder bedeckt und in eine Bratpfanne einlegt. Es wird nun ein Schöpflöffel Fleischbrühe daruntergegeben, die Rolle im Bratrohr eine gute Stunde schön gelb gebraten, während dieser Zeit etwas Wasser nachgegossen, der Braten einigemal mit der eigenen Sauce beträufelt, derselbe dann auf einer warmen Platte angerichtet und die etwas abgefettete Sauce extra dazu serviert.

Braten, englischer, andere Art

Schweinefleisch, Rindfleisch und Kalbfleisch, von jedem 560 g, wird mit Zwiebel und Zitronenschale oder Petersilie feingehackt. Unterdes weicht man drei altgebackene Semmeln in Wasser, drückt das Brot nach einigem Erweichtsein wieder fest aus, und trocknet es gut in zerlassener Butter ab, dann gibt man es nebst vier Eiern, Salz, Pfeffer und Nelken zu dem gehackten Fleisch und macht alles gut untereinander. Nun werden auf einem dick mit Semmelmehl bestreuten Tranchierteller hieraus zwei längliche Wecken formiert, die man in eine Bratpfanne gibt, worin zuvor ein Stück Butter zerlassen wurde, und nach voriger Art im Bratrohr brät. Der Braten wird dann auch wie obiger serviert.

Braten, Frankfurter

2½ bis 3 Pfund Rindfleisch, englischer Braten genannt, läßt man 2 bis 3 Tage abliegen, im Winter auch länger, klopft, salzt und pfeffert das Fleisch und spickt es mit 4 Frankfurter Würstchen, die man in 2 bis 3 Teile schneidet. Man macht zuerst mit dem Messer, dann mit dem Kochlöffelstiel in das Fleisch ein Loch und schiebt das Wurststückchen hinein. Den so hergerichteten Braten gibt man in einen Tiegel nebst Petersilie und Fett, dünstet ihn 1 Stunde, staubt die Sauce mit 1 Kaffeelöffel Kartoffelmehl an und gibt ihn mit Beilage von Kartoffelschnitz oder gedünstetem Reis zu Tisch.

Braten auf sächsische Art

Man nehme auf 8 bis 10 Personen 1 kg schieres Rindfleisch und 500 g durchwachsenes Schweinefleisch, beides recht fein gehackt, vermenge es mit 3 ganzen verrührten Eiern, 125 g geschmolzene Butter, etwas geriebener Semmel, einer geriebenen Zwiebel, feingestoßenem Nelkenpfeffer oder Muskatnuß. Aus dieser gut gemengten Masse mache man die Form eines Rehrückens, spicke drei Reihen und mache den Raum dazwischen mit einem Messerrücken bunt. Dann lege man den Braten in gelb gewordene Butter, lasse ihn bei guter Hitze und öfterem Begießen ½ Stunde braten, streue geriebene Semmel darauf, gieße allmählich 2 Obertassen saure Sahne darüber, lasse ihn noch ¼ bis ½ Stunde braten und richte ihn an, wobei für eine gute Sauce gesorgt werde.
Dieser Braten kann zu einem feinen Essen gegeben werden.

Charles X

Ein saftiges Rindfleisch ohne Fett wird tüchtig geklopft, gehäutet, reichlich mit Speck durchzogen, mit halb Wasser, halb Essig, vielem Gewürz, besonders Zwiebeln und etwas Knoblauch, nebst Butter aufs Feuer gesetzt, halb kochend, halb bratend gar gemacht, wobei nicht hineingestochen werden darf. Man läßt dieses Fleisch eine Nacht stehen, hackt viel Schalotten, mengt sie mit Pfeffer, Salz und geriebenem Weißbrot untereinander, schneidet das Fleisch in Scheiben, bestreicht diese mit Ei, drückt sie in das Gemengsel und brät sie in einer Pfanne wie Koteletts.

Chinesische Fleischpfanne

500 g geschnetzeltes Schweinefleisch, 40 g Fett, 1 Becher Sahne, 2 EL Ananasstückchen, 1 EL Ananassaft, 1 EL Sojasauce, Salz, Pfeffer, Essig

Das Schweinefleisch im heißen Fett kurz anbraten, dann die Sahne zugießen und ca. 10 Minuten leise kochen lassen. Die Ananasstücke sehr klein schneiden und mit dem Saft, der Sojasauce und den restlichen Gewürzen süßsauer abschmecken.

Chinesisches Schweinefleisch

Für 4 Personen: 250 g Schweinekamm, 1 EL Sherry, 4 EL Sojasauce, Salz, Pfeffer, Speisestärke, 1 Zwiebel, 1 Knoblauchzehe, 1 Stange Porree, 2 Möhren, 100 g Champignons, 2 EL chinesische Morcheln, 25 g Glasnudeln, 6 EL Öl, 1 mittlere Dose Sojabohnenkeimlinge, 1 Ananasscheibe, 1/2 Tasse Ananassaft, 4 EL Weinessig, 2 EL Tomatenketchup, 1 EL Zucker

Fleisch in Streifen schneiden, mit Sherry, Salz, Pfeffer, je 1 Eßlöffel Sojasauce und Speisestärke mischen. Zwiebel und Knoblauch hacken. Porree, Möhren und Champignons in Scheiben schneiden. Morcheln und Glasnudeln im Wasser einweichen. Öl erhitzen. Das Fleisch aus der Marinade nehmen, in der Speisestärke wenden, und im heißen Öl 1 Min. anbraten und wieder herausnehmen. Zwiebel und Knoblauch 1 Min. braten, Porree und Möhren hinzufügen und 1 Min. braten. Abgetropfte Sojabohnenkeimlinge, Champignons, Morcheln, Glasnudeln, Fleischmarinade, Sojasauce und die übrigen Zutaten hinzufügen. 5 Min. kochen, das Fleisch hineingeben und abschmecken.

Cognackoteletts

4 Schweinekoteletts, Salz, Pfeffer, 40 g Fett, 1/4 l Fleischbrühe, 200 g Champignons aus der Dose, 2 EL Petersilie, 1 Glas Cognac

Die Schweinekoteletts breitdrücken, salzen und pfeffern und im heißen Fett auf beiden Seiten anbraten. Mit der Fleischbrühe ablöschen, die Champignons und Petersilie zufügen und die Koteletts bei geringer Hitze ca. 20 Minuten fertig braten. Kurz vor dem Anrichten mit Cognac abschmecken.

Dämpfbraten (boeuf braisé)

750 g Spickschoß, 60 g Speck, Salz, Pfeffer, 50 g Fett, Zwiebel, Gelbrübe, 1 EL Mehl, 1/2 l Rotwein, nach Belieben 1 Lorbeerblatt, 2 EL Tomatenmark, 1 Zitronenscheibe

Das Fleisch waschen, klopfen, die Rückensehne zweimal durchschneiden, wie Schmorbraten spicken, mit Salz und Pfeffer einreiben, In heißem Fett mit Zwiebel, Gelbrübe, Mehl anbraten, mit dem Wein und Wasser oder Fleischbrühe ablöschen, die anderen Gewürze zugeben, zudecken und weichdämpfen an der Seite des Herdes, oder im Backofen, etwa 1½ Stunden. Nach Belieben kann man das Fleisch einige Stunden, oder über Nacht, mit Zwiebel, Gelbrübe, Gewürze und Wein durchziehen lassen.

Dürrfleisch

625 g Dürrfleisch, Wasser, Zwiebel, Gelbrübe

Das Fleisch wird in Wasser abgebürstet oder leicht abgeschabt, wenn es hart geräuchert ist, einige Stunden in kaltes Wasser gelegt. Das Wasser abgeschüttet, heißgemacht, das Fleisch und Suppengrün zugegeben und langsam, zugedeckt, gekocht, bis die Schwarte weich ist. Leicht geräuchertes Fleisch wird nicht eingeweicht und kann heiß zugesetzt werden.

Eisbein

Gepökelte Schweinsbeine, auch Pfoten und Ohren, setzt man in ungesalzenem kalten Wasser an und läßt sie langsam in zwei Stunden weichkochen. Eine beliebte Beilage zu Sauerkraut.

Eisbein mit Sauerkohl und Erbsbrei

Pro Person 500 g Eisbein, 2 Zwiebeln, 6 Gewürzkörner, 1 kleines Lorbeerblatt, 750 g Sauerkohl, 40 g Schmalz, 400 g gelbe Erbsen, Suppengrün, Salz, 50 g Speck

Eisbein in etwa 1 Stunde halbgar kochen, gleichzeitig den Sauerkohl dünsten und das Eisbein darin fertig garen.
Fett im Topf zerlassen, gewürfelte Zwiebel darin goldgelb rösten, Sauerkohl dazugeben, kurze Zeit im Fett schmoren, dann mit etwas Wasser auffüllen und bei schwacher Hitze garen. Nach Belieben können Sie den Sauerkohl mit einer geriebenen rohen Kartoffel andicken.
Die gewaschenen, über Nacht eingeweichten Erbsen mit dem Einweichwasser kochen, nach ca. 2 Stunden Kochzeit das kleingeschnittene Suppengrün zufügen. Die Erbsen nach einer weiteren halben Stunde passieren, abschmecken, mit Speckstippe übergießen: Kleingewürfelter Speck mit der gleichen Menge Zwiebelwürfel geröstet.

Entrecôte, Hamburger Art

Von ½ bis ¾ Kilogramm Zwischenstück eines jungen Ochsen, das aber schon ein paar Tage gehangen haben muß, schneidet man Knochen und Sehnen heraus und von dem Fleisch dann fingerdicke Scheiben; diese werden mürbe geklopft, mit Salz und Pfeffer bestreut und mit geriebener Semmel paniert. Zuvor hat man Petersilie, Schnittlauch, Estragon, Majoran und möglichst Basilikum feingehackt: 1 Eßlöffel davon schwenkt man in 2 Eßlöffel kochender Butter durch und gibt eine Obertasse gute Fleisch- oder Bratenbrühe dazu. 2 Eßlöffel voll gehackter Kräuter vermischt man mit 2 Eßlöffel frischer Butter, aus der man kleine, runde Scheiben formt. Nun brät man das Fleisch schnell in guter Butter auf beiden Seiten hellbraun, so daß es recht saftig bleibt. Die Fleischscheiben richtet man auf einer heißen, flachen Schüssel an, legt auf jede Scheibe ein Scheibchen Kräuterbutter und gießt die Kräutersauce darunter.

Eskalopps mit Senfsauce

Die Eskalopps werden zubereitet wie Beefsteaks von gehacktem Fleisch. Wenn sie angerichtet sind, wird 1 Löffel Senf, 1 Löffel saure Sahne und etwas kaltes Wasser zur Sauce gerührt und darübergegeben. Besser ist es jedoch, den Abfall vom Fleisch gehörig auszukochen und die etwas kräftige Brühe statt Wassers zur Sauce zu benutzen.

Falscher Hase

250 g gehacktes Schweinefleisch, 250 g gehacktes Rindfleisch, 1 Zwiebel, 60 g Semmelbrösel, 2 Eier, Salz, Pfeffer, Paprika, 1 TL Senf, Petersilie, Speck, Butter, etwas Fleischbrühe

Das Hackfleisch wird mit der geriebenen Zwiebel, den Semmelbröseln, den Eiern und Gewürzen gut gemischt und kräftig abgeschmeckt. Mit in kaltes Wasser getauchten Händen formt man die Masse länglichrund. In einer Pfanne brät man einige Speckscheiben aus, fügt etwas Butter dazu und brät den falschen Hasen darin rundherum an. Man deckt ihn mit Speckscheiben ab und gart ihn im Rohr bei mittlerer Hitze in ca. 45 Minuten. Zwischendurch wird er des öfteren mit heißer Fleischbrühe begossen.
Nach Belieben kann man in den Fleischteig gekochte Eier, gelbe Rüben oder Tomaten einwickeln.
Den Bratensaft kocht man los und bindet ihn mit in kaltem Wasser angerührter Speisestärke. Eventuell mit saurer Sahne verfeinern.

Filet à l'Isly. Lenden- oder Jägerschnitten

Von einem Lendenstück werden kleinfingerdicke Scheiben geschnitten, solche mit zwei Schlägen etwas breitgeklopft, dann mit Salz und weißem Pfeffer eingerieben und in feines Öl eingetaucht. Nun wird Petersilie, Pimpinelle, Basilikum und eine kleine Schalotte feingewiegt, die Filets leicht damit bestreut und danach mit Sardellenbutter bestrichen. Alsdann schneidet man dreieckige Formen von weißem Papier, bestreicht sie mit Butter und legt nun auf jede ein Filet, dieses wird dann glatt hineingewickelt, alle in einem aufgeschlagenen, butterbestrichenen Blech in heißem Ofen sechs bis sieben Minuten gebraten und sodann schnell serviert.

Filet à la Jardinière (Gericht nach der Suppe)

Das Filet wird gehäutet, fein gespickt, mit viel Butter zu Feuer gebracht. Sowie es gelblich gebraten ist, wird eine große Tasse saure Sahne darübergegeben und der Braten fleißig damit begossen. Falls es nötig wäre, kann später noch etwas Bouillon oder kochendes Wasser nachgegossen werden. Das Filet bedarf zum Garwerden etwa einer Stunde, es wird dann in zierliche Scheiben geschnitten und diese in der natürlichen Form, dicht nebeneinanderliegend, auf einer erwärmten Schüssel angerichtet und mit verschiedenen Gemüsen, wie sie die Jahreszeit bietet und die nach ihrer Art zubereitet sind, in Felder garniert, z.B. Savoyen in kleinen halbierten Köpfen gedämpft, Teltower Rüben und Blumenkohl nebst kleinen gebratenen Kartoffeln; Rosenkohl, Blumenkohl, gestovte Kastanien und Kartoffelklößchen; junge Erbsen, junge gelbe Möhren, junge Kohlrabi und kleine Kartoffeln mit Petersilienbutter. Büchsengemüse paßt auch sehr gut.
Ist das Gemüse um das Filet zierlich angerichtet, wird die Sauce, die man mit noch etwas Sahne zusammenrührt, durch ein Sieb über den Braten gegeben.

Filetbraten auf englische Art

Nachdem der Mürbebraten gut geklopft, Haut und Fett entfernt, mit feingemachtem Salz und etwas Pfeffer eingerieben, wird reichlich Butter in einer sauberen Bratpfanne auf dem Feuer sehr heiß gemacht, das Fleisch hineingelegt und bei guter Hitze unter stetem Begießen 10 Minuten offen gebraten und sogleich auf einer heißgemachten Schüssel angerichtet. Die Sauce wird mit etwas kaltem Wasser zusammengerührt und zum Braten gereicht. Wünscht man derselben einen Geschmack von frischen Champignons zu geben, so können solche, gut gereinigt und gröblich gehackt, ohne weiteres einige Augenblicke in der Pfanne durchgeschmort werden. Alsdann läßt man eine Kleinigkeit Mehl darin anziehen und rührt etwas Wasser, auch nach Belieben einen Eßlöffel dicke Sahne hinzu.

Filetbraten im Ofen

Derselbe wird entweder frisch gebraten oder eine Nacht in Essig gelegt, jedenfalls aber nach vorhergehender Anweisung vorgerichtet. Dann setzt man ihn in einer irdenen Bratpfanne mit reichlich kochend heißer Butter in oder auf den Ofen und läßt ihn, zugedeckt 1¼ Stunden nicht zu stark braten, während man ihn oft begießt und von Zeit zu Zeit ½ Tasse Sahne hinzugibt. Beim Anrichten wird die Sauce mit etwas kaltem Wasser zusammengerührt; sie ist gewöhnlich ohne Stärke durch die Sahne sämig genug.

Filetbraten (Mürbebraten, Ochsenhas, Lummer) am Spieß

Man klopft den Mürbebraten, entfernt Fett und Haut, drückt denselben wieder zusammen, spickt ihn wie Hasen in zwei Reihen, bestreut ihn mit etwas Salz und Nelkenpfeffer, steckt ihn an einen Spieß, streicht reichlich Butter darüber hin und brät ihn unter fleißigem Begießen 1 Stunde. Ist der Braten beinahe weich, so gibt man 1 bis 2 Tassen saure Sahne dazu. Auf diese Weise gebraten, steht er dem Hasenbraten nicht viel nach.

Filet, holsteinisch

4 Filetsteaks, Salz, Pfeffer, 250 g Zwiebeln

Man schneidet die Zwiebeln in Ringe und stellt sie beiseite. In heißem Fett brät man die Steaks sehr scharf an und gart sie dann auf jeder Seite ca. 3 Minuten. Salzen, pfeffern, warmstellen. Auf jedes Steak ein Stückchen Butter setzen. Jetzt kommen die Zwiebelringe in die Pfanne. Wenn sie Farbe genommen haben, werden sie mit Salz und Pfeffer bestreut, mit einer Tasse heißem Wasser begossen und unter Umrühren ca. 15 Minuten weichgedünstet. Die Filets holsteinisch werden zu Salzkartoffeln serviert, die Sauce dabei extra gereicht.

Filet in Madeirasauce (Gericht nach der Suppe)

Man läßt etwas Mehl in Butter braun werden, rührt braune Kraftbrühe, in Ermanglung gute Bouillon daran, fügt ein Lorbeerblatt, Pfeffer, Salz, Cayennepfeffer und ein reichliches Glas Madeira dazu, rührt es gut durch und gibt in diese Sauce Stücke von Kalbsmidder, feine Klößchen, Champignons, Morcheln und ein paar in Scheiben geschnittene Trüffel. Das Filet wird halb gar gebraten, dann in die Sauce gelegt, eine halbe Stunde darin gekocht und beim Anrichten die sämtlichen Zutaten um das Filet angerichtet.

Filet Rossini

Schönes Filetstück oder Lende wird in Scheiben geschnitten, gesalzen und bei starkem Feuer in Butter oder feinem Olivenöl von beiden Seiten rasch angebraten, wobei man die obere Hälfte des Fleisches ununterbrochen begießen muß. Man richtet die Fleischscheiben auf gerösteter Semmel an, gibt gebratene Gänseleber und zuletzt eine Scheibe Trüffel oder gewiegte Champignons darauf und übergießt das Ganze mit Madeirasauce, die man aus dem Bratensatz, etwas Sahne, einem Glas Madeira und etwas in Fleischbrühe verrührtem Kartoffelmehl hergestellt hat. – Man kann die Speise auch so bereiten, daß man die Filetscheiben, wie auch die der Gänseleber in Ei wälzt, mit Paniermehl bestreut und in steigender Butter bäckt. Beides wird dann abwechselnd angerichtet und mit der obenbeschriebenen Sauce übergossen.

Filettopf

500 g Schweinefilet, 2 Bananen, 2 Äpfel, etwas Salz, 1/4 l süße Sahne, 2 EL Tomatenmark, 2 TL Curry, etwas geriebenen Käse (Gouda), Backzeit: 20–30 Min. bei 225°

Schweinelendchen leicht anbraten (würzen). Mit dem Bratensud in eine feuerfeste Form geben. Bananen und Äpfel in Scheiben schneiden und darauf verteilen.
Die restlichen Zutaten – außer dem Käse – miteinander verquirlen und über das Ganze geben.
Zuletzt den geriebenen bzw. in Scheiben geschnittenen Käse darauf verteilen.
Beilagen: Curryreis und Kopfsalat.

Fleischcreme

3 gewässerte Sardellen, 3 bis 4 große zugeputzte Steinpilze oder Champignons, 1 Zwiebel und reichlich Petersilie werden feingewiegt, mit 250 bis 375 g gehacktem Rindfleisch vermengt und alles in Schweineschmalz gedünstet. Nach 5 Minuten verrührt man noch 2 in etwas saurem Rahm verquirlte Eier, 1/4 Glas Rotwein, Pfeffer, Salz und 1 Eßlöffel voll Kapern damit und gibt etwas Reibebrot darunter. Nachdem alles noch 10 Minuten geschmort hat, gießt man etwas Butter darüber und reicht die Speise zu Petersilienkartoffeln oder Kartoffelmus. In Ermanglung von Sardellen kann man auch einen halben Hering verwenden, der mindestens 3 Stunden gewässert hat.

Fleischhas

Man nimmt 1 1/10 Kilo Rind- oder Schweinefleisch, oder auch Rind- und Schweinefleisch gemischt, und verhackt es klein. Nun wird sechs Handvoll geriebenes Schwarzbrot in Schmalz geröstet, vier bis fünf verrührte Eier, etwas Rahm, zwei Eßlöffel Weinessig, Zitronenschale, Pfeffer, Ingwer, Kardamom, Nelken und Salz dazugegeben, und dies mit dem verhackten Fleisch vermengt. Alsdann formiert man die Masse auf einem Brett wie einen Hasen, brät diesen in einer Bratpfanne, und serviert denselben mit einer aus dem aufgelösten Bratenfond bereiteten, mit Sahne verfeinerten Sauce.

Fleischklöße, gedämpfte

Ochsenfleisch, Schweine- und Kalbfleisch mit Knochen zusammen 2 Pfund, 1 EL Salz, Prise Pfeffer, Muskat, 1 EL in 20 g Butter gedämpfte Zwiebel und Petersilie, 4 trockene Brötchen, 4 Eier.
Zum Braten: 50 g Butter, 1 EL Zwiebel und Petersilie, 1/4 l Fleischbrühe, 1/8 l sauren Rahm

Das gewaschene Fleisch wird durch die Maschine getrieben und nebst den Gewürzen, den abgeriebenen, eingeweichten, ausgedrückten und verzupften Brötchen und den Eiern zu einem Teig verarbeitet. Dieser wird in 12 Teile geteilt und mit der naßgemachten Hand runde Klöße geformt. In einer Bratpfanne läßt man Butter oder Fett heiß werden, dämpft darin die feingeschnittene Zwiebel und Petersilie gelblich, gibt die Fleischbrühe sowie die Klöße hinein und läßt sie in gut heißem Ofen unter fleißigem Begießen ¾ Std. dämpfen. Nun gießt man den Rahm darüber, läßt die Klöße nochmals 15 Min. dämpfen, füllt den Beiguß mit heißer Fleischbrühe auf und serviert die Klöße zu Rahmkartoffeln oder dgl.

Fleischklöße, gedämpft, andere Art

(Für 6 Personen) 500 g Fleisch ohne Knochen (Rind- und Schweinefleisch), 3–4 Brötchen, Zwiebel, Petersilie, 30 g Fett, Salz, Pfeffer, Muskat, 1 Ei, nach Belieben 2 Sardellen, 40 g Fett, Zwiebel, Petersilie, ⅛ l sauren Rahm, 2 EL Käse, etwas Bratensauce oder Fleischbrühe

Zwiebel, Petersilie in Fett dämpfen, die eingeweichten, fest ausgedrückten Brötchen zugeben, trocken abdämpfen, mit dem Fleisch durch die Maschine geben. Dazu gibt man Ei, Gewürze, die gewiegten Sardellen, wenn nötig, etwas Mehl oder Weckmehl und formt 12 runde Klöße. Diese brät man in heißem Fett an, streut die Zwiebel, Petersilie, Käse darüber, löscht mit wenig Sauce oder Wasser ab, gibt für jeden Kloß etwas Rahm, stellt sie in den Backofen und läßt sie unter öfterem Begießen etwa ¾ Stunden dämpfen.

Fleischklöße mit Tomatensauce

400 g Hackfleisch, 4 EL Semmelbrösel, 1 Ei, Salz, Pfeffer.
Für die Sauce: 500 g Tomaten, ¼ l Fleischbrühe, 30 g Butter, 30 g Mehl, Salz, Pfeffer

Die geviertelten Tomaten werden in der Fleischbrühe weichgekocht und durchpassiert. Mit in wenig Wasser angerührtem Mehl wird die Sauce gebunden und mit Salz und Pfeffer abgeschmeckt.
Aus dem Hackfleisch, den Semmelbröseln, dem Ei, Salz und Pfeffer bereitet man einen Fleischteig, den man herzhaft abschmeckt. Mit nassen Händen formt man daraus Klöße und läßt diese in der Sauce in ca. 15 bis 20 Minuten garziehen. Sie dürfen nicht kochen.

Fleischküchlein

(Für 6 Personen) 500 g Fleisch (Rind-, Kalb-, oder Schweinefleisch ohne Knochen), 3 Brötchen, Zwiebel, Petersilie, 1 Ei, Salz, Pfeffer, Muskat, Fett zum Dämpfen und Braten

Die eingeweichten Brötchen mit Zwiebel und Petersilie gut abdämpfen und mit dem Fleisch durch die Maschine geben. Dazu gibt man Ei, Gewürze, mischt alles gut, formt 12 runde Küchlein und brät sie in heißem Fett, nach Belieben mit Zwiebelscheiben 12–15 Minuten.

Fleischküchlein, gedämpfte

½ Pfund Ochsenfleisch, ½ Pfund Kalbfleisch, ½ Pfund Schweinefleisch, 2 Eier, 180 g gekochte, geriebene Kartoffeln, 1 EL in 20 g Butter gedämpfte Zwiebel und Petersilie, 1 EL Salz, Prise Pfeffer, Prise Muskat. Zum Dämpfen: 60 g Fett, 6 EL Rahm, ⅛ l Fleischbrühe, 2 EL Wein

Das Fleisch wird zweimal durch die Fleischhackmaschine getrieben und mit Eiern, Kartoffeln und dem Gewürz gut vermengt. Von dieser Fleischmasse formt man gleichmäßige Küchlein, die keine Risse haben dürfen und brät sie in heißem Fett auf beiden Seiten braun an. Sodann gibt man Fleischbrühe, Rahm und Wein zu und dämpft die Küchlein im heißen Backofen gar. (Bratzeit ¾ Std.)

Fleischrouladen, geschmorte

Man klopft ein Stück Fleisch aus der Kluft, welches nicht zu frisch sein darf, schneidet es in längliche Scheiben, die man ebenfalls noch etwas mit einem Klopfholz, nicht mit dem Messer, klopft, bestreut dieselben nicht zu reichlich mit einem Gemenge von feingestoßenem Salz, Nelkenpfeffer und etwas Muskatblüte, oder statt dieser Gewürze mit einigen gestoßenen Wacholderbeeren, legt dünne Speckscheiben darüber hin, wickelt sie zu festen Röllchen auf, welche man mit einem Faden umbindet. Danach läßt man in einem verhältnismäßig großen Töpfchen reichlich Butter gelb werden, dreht die Rouladen, mit Mehl bestäubt, darin herum und läßt sie, dicht nebeneinander und fest zugedeckt, auf nicht zu starkem Feuer 10 Minuten schmoren, während nach den ersten 5 Minuten die untere Seite nach oben gelegt wird. Dann gießt man seitwärts, nicht darüber hin, so viel stark kochendes Wasser, daß die Röllchen stark zur Hälfte bedeckt werden, deckt den Topf schnell ganz fest zu, beschwert den Deckel mit einem Bolzen und läßt sie, zurückgeschoben, bei ganz mäßiger Hitze, ohne den Topf zu öffnen, im ganzen ¾ bis 1 Stunde schmoren. Ein zu starkes und zu langes Braten macht die Rouladen trocken. Alsdann werden die Fäden mit einer Schere durchgeschnitten und entfernt und die Rouladen in ihrer dicklichen, braunen und kräftigen Sauce angerichtet. Sie machen eine angenehme Beilage zu feinen Gemüsen; auch können sie, indem die Sauce etwas verlängert wird, mit Kartoffeln gereicht werden.

Fleischwürstchen

(Für 6 Personen) 500 g Schweinefleisch ohne Knochen,
3–4 Brötchen, Zwiebel, Petersilie, 30 g Fett, Salz, Pfeffer, Muskat,
1 Ei, 1 EL Mehl, Fett zum Backen

Die eingeweichten, ausgedrückten Brötchen mit Zwiebel und Petersilie in Fett trocken abdämpfen, mit dem Fleisch durch die Maschine geben. Dazu gibt man die Gewürze, Ei, wenn nötig, etwas Mehl oder Weckmehl. Man formt 12 fingerlange Würstchen und brät diese auf der Pfanne in heißem Fett unter öfterem Wenden 15 Minuten.

Frikandelle, gebratene, von frischem Fleisch

Dieselbe wird überaus fein und wohlschmeckend, wenn man dazu 1 Teil Rind-, 1 Teil Kalb- und 1 Teil durchwachsenes Schweinefleisch feinhackt und dann zu 750 g Fleisch 125 g Butter nimmt. Kann man diese Mischung nicht haben, so zerhackt man 750 g gutes Bollenfleisch mit 125 g Nierenfett oder frischem Speck ganz fein, gibt dazu 4 ganze Eier, 18 g Salz, Muskatblüte, 80 g gestoßenen Zwieback oder geriebenes Weißbrot und 1 Tasse kaltes Wasser. Dies wird untereinander gemischt, rund oder länglich geformt, mit der nassen Hand recht glattgemacht, mit Zwieback bestreut und mit dem Messer kreuzweise Streifchen darübergezogen. Dann legt man die Frikandelle in steigende Butter, brät sie unter fleißigem Begießen im Ofen gelb, gießt nach und nach etwas kochendes Wasser an die Sauce, auch, wenn es sein kann, einige Eßlöffel dicke Sahne und läßt sie ¾ bis 1 Stunde dunkelgelb, nicht braun, braten. Hat der Ofen von unten nicht die gehörige Hitze, so kann man sie erst ½ Stunde auf dem Feuer zugedeckt braten lassen und dann in den Ofen stellen, damit sie oben Farbe bekomme; umgewendet wird sie nicht. Man kann auch sogleich einige feingestoßene Wacholderbeeren in die Butter geben, ehe die Frikandelle hineingelegt wird.

Frikandellen von Schweinefleisch

1 Pfund gehacktes Schweinefleisch, etwas in Milch geweichte und fest ausgedrückte Semmel, 1 Ei, Pfeffer und Salz, gewiegte Sardellen und Zitronenschale, feingeschnittene Zwiebel, etwas Muskat und ein wenig Sahne oder Maggiwürze wird recht gut vermischt, in kleine längliche Klößchen geformt, die man in Ei und Reibebrot wendet und in Backfett oder Butter goldbraun bäckt. Man reicht sie zum Braunkohl oder Spinat und Kartoffelmus.

Geschnetzeltes mit Cashewnüssen

100 g Cashewnüsse in Fett rösten, kleinschneiden und wegstellen.
750 g Schweinefleisch, Salz, Pfeffer, Paprikapulver, 20 g Mehl,
¼ l Wasser, ¼ l Sahne

Fleisch in feine Streifchen schneiden, in Fett anbraten und würzen, Mehl darüberstreuen, mit Wasser und Sahne ablöschen. Deckel auflegen und gardünsten. Die Sauce abschmecken und die Nüsse dazugeben. Man kann auch noch Paprikaschoten mitkochen.

Gulasch

250 g Gulasch, 250 g Schweinefleisch ohne Knochen, 40 g Fett, Salz, Pfeffer, 30 g Mehl, Zwiebel, 2 EL Essig, 1 Nelke, 1 Lorbeerblatt, 3 EL Rotwein

Das Fleisch wird in Würfel geschnitten, in heißem Fett auf starkem Feuer angebraten, herausgenommen, das Mehl zugegeben, gebräunt, die Zwiebel zugegeben, etwas abgedämpft, mit Wasser abgelöscht, Essig und die Gewürze zugegeben, die Sauce aufgekocht. Dann gibt man das Fleisch zu und läßt dies zugedeckt etwa 1 Stunde dämpfen. Beim Anrichten den Wein zugeben.

Gulasch mit Kartoffeln

Man zerläßt 100 g Butter und dämpft darin einige Augenblicke eine kleingeschnittene Zwiebel. Hierzu wird nun 1 Kilo schweres, abgehäutetes, etwas geklopftes, in kleine Würfel geschnittenes Lendenstück gegeben, und zugedeckt so lange darin gedämpft, bis der Saft ganz kurz eingekocht ist. Dann bestreut man das Fleisch mit Salz, Pfeffer und einem Kochlöffel Mehl, gibt einen Teller gekochte, kalte, in Würfel geschnittene Kartoffeln dazu, mengt alles auf schnellem Feuer gut untereinander, gießt einen Schöpflöffel Fleischbrühe oder Jus daran, fügt noch eine Messerspitze Paprika dazu und läßt gut aufkochen. – Man kann auch rohe Kartoffeln nehmen, nur achte man darauf, daß die Kartoffeln nicht verkochen, was sehr leicht geschehen kann.

Gulasch mit Pflaumen und Äpfeln

500 g Rindergulasch, 250 g Backpflaumen, 100 g Schmalz, 250 g Zwiebeln, Salz, Pfeffer, Majoran 1/4 l Fleischbrühe, 1/4 l Apfel-Cidre (Apfelwein), 250 g Äpfel, 3–4 EL Apfelmus

Pflaumen über Nacht einweichen. Fleischwürfel in heißem Schmalz ca. 10–15 Min. anbraten. Kleingeschnittene Zwiebeln hinzufügen und kurz mit anbraten und würzen. Mit Fleischbrühe und Apfel-Cidre auffüllen. Etwa 90 Min. schmoren lassen. Äpfel schälen und in Scheiben schneiden. 30 Min. vor Ende der Garzeit die Pflaumen und 15 Min. später die Äpfel zum Fleisch geben. Apfelmus unter das Gulasch geben.

Gulasch von Schlachtbraten

500 g Schlachtbraten ohne Knochen, 40 g Fett, Zwiebel, Salz, Pfeffer, 2 EL Wein, Bratensauce

Das Fleisch in Würfel schneiden, die Zwiebel in feine Scheibchen. In heißem Fett dämpft man die Zwiebel leicht an, gibt das Fleisch zu, brät es auf starkem Feuer an, streut das Mehl darüber, löscht mit Bratensauce, Fleischbrühe und Wein ab, gibt die Würze zu, deckt zu und dämpft das Fleisch weich. Etwa 10 Minuten Zubereitungszeit.

Gulasch mit Speck

Ein 1½ Kilo schweres Lendenstück wird in kleine Würfel oder in fingerdicke Scheiben und diese wieder in längliche Streifen geschnitten, dann schneidet man 130 g Speck und zwei Zwiebeln in Würfel, brät dies, und nimmt dazu nun das geschnittene Fleisch, sowie Salz, Pfeffer, einen halben Kaffeelöffel Kümmel, ein Glas guten, recht starken Wein, ein halbes Glas Rum, einen Schöpflöffel gute Fleischbrühe, zwei Eßlöffel Knoblauchwasser und eine kleine Messerspitze spanischen Pfeffer. Nachdem das Ganze, fest zugedeckt, im Backofen eine Stunde gedämpft worden, wird der Saft abgegossen und das Fett abgenommen. Hierin werden dann zwei Kochlöffel Mehl geröstet, und dies mit dem Saft des Fleisches, einem Glas Madeira, dem Saft einer halben Zitrone und noch etwas Fleischbrühe aufgefüllt und eine

Viertelstunde gekocht, worauf man diese Sauce an das Fleisch gießt, und alles noch eine Zeitlang kocht, doch muß das Fleisch immer gut bedeckt bleiben, damit der kräftige Geruch nicht verfliege; zuletzt wird ein Eßlöffel glasierte Zwiebel dazugegeben. Man richtet das Fleisch dann in einer tiefen Schüssel an und ordnet einen Kranz Florenzer Reis darum oder gibt Kartoffelknödel dazu.
Das Gulasch kann auch auf *andere* Art bereitet werden. Man nimmt nämlich Schweinefleisch, Hammelfleisch und Kalbfleisch (und zwar immer von der Rippe, weil es da am zartesten ist, und von jedem Teil gleichviel), schneidet alles in kleine Würfel und verfährt im übrigen nach vorstehenden Rezepten.

Gulasch, ungarisches

500 g Rindfleisch ohne Knochen, 50 g Fett, 2–3 Zwiebeln, 3 EL Tomatenmark, Salz, Paprika, 1 EL Mehl, etwas Knoblauch, Wasser oder Fleischbrühe

Das Fleisch in Würfel schneiden, die Zwiebeln in Scheiben. In heißem Fett dämpft man die Zwiebeln, löscht mit ½ l Brühe ab, gibt Tomaten, die Gewürze, das Fleisch zu, schließt den Topf gut und dämpft alles zusammen, bis die Flüssigkeit eingekocht ist. Dann streut man das Mehl darüber, bräunt es, löscht ab und läßt vollends weichdämpfen, etwa 1½ Stunden.

Gulasch, verdämpftes

1 Kilo gut geklopftes, nicht zu häutiges Rindfleisch, am besten von einem Lendenstück, wird über den Faden in Würfel geschnitten, dann läßt man verschnittene Zwiebeln in Butter oder Fett anziehen und gibt das Fleisch mit denselben Zutaten hinein. Ist es, zugedeckt, von allen Seiten gelb geworden, so gibt man einen Eßlöffel Vorratsauce, und ebensoviel Madeira daran, und kocht hierin das Fleisch, fortwährend zugedeckt, weich. Beim Anrichten wird das Ganze mit etwas Zitronensaft abgeschärft. – Hat man keine Vorratsauce, so wird ein Eßlöffel Mehl eingestäubt und eine kleine Tasse Fleischbrühe dazugegeben. – Serviert man gewöhnlich mit gerösteten Kartoffeln.

Hackbraten

½ Pfund Ochsen-, ½ Pfund Schweine- und ½ Pfund Kalbfleisch mit Zugabe, 3 Brötchen, 2 große Eier, 1 EL Salz, Prise Pfeffer und Muskat, 1 EL in 20 g Butter gedämpfte Zwiebel und Petersilie. Zum Belegen: 30 g Spickspeckstreifen. Zum Braten: 50 g Fett, 1 Zwiebel, ⅛ l dicken, sauren Rahm, ⅛ l Fleischbrühe, 2 EL Wein

Das Fleisch wird durch die Hackmaschine getrieben, die Gewürze, die abgeriebenen, eingeweichten, ausgedrückten und verzupften Brötchen, sowie Eier daruntergemengt und das Fleisch auf dem Fleischbrett zu einem Stollen geformt. Diesen wendet man in Weckmehl um, belegt ihn mit Speckstreifen und brät ihn in dem heißen Fett nebst Bratenzutaten im Bratofen ¾ Std. Hierauf bestreicht man den Fleischstollen mit saurem Rahm, gibt die heiße Fleischbrühe zu und läßt ihn nochmals ¼ Std. braten. Vor dem Auftragen wird der Beiguß entfettet, durchgeseiht und mit Wein gewürzt. Nach Belieben kann man den Braten in ein Schweinenetz füllen. In diesem Fall läßt man Weckmehl und Spickspeck weg.

Hackbraten auf Frankfurter Art

500 g gehacktes Rindfleisch, 2 Semmeln, etwas Wasser und Milch zum Einweichen, Salz, Pfeffer, Paprika, Majoran, 2 Zwiebeln, 2 Wacholderbeeren, 3 Eier, 4 Frankfurter Würstchen, Petersilie

Das Hackfleisch wird mit den Gewürzen und den eingeweichten, ausgedrückten Semmeln in eine Schüssel gegeben. Dazu kommen die feingehackten Zwiebeln, die zerdrückten Wacholderbeeren und die Eier. Alles gut durchmischen. Die Hälfte der Masse füllt man in eine gefettete Kastenform, legt darauf die Frankfurter Würstchen nebeneinander und gibt den restlichen Hackfleischteig darauf. Man stellt die Form in eine größere Bratenpfanne und gießt etwas Wasser hinein. Bei mittlerer Hitze wird der Hackbraten in ca. 50 Minuten gegart.

Hochzeitfleisch, Lindauer

Ein Schweifstück von 2–3 Kilo wird geklopft, mit Salz, Pfeffer, gestoßenen oder geschnittenen Lorbeerblättchen, ein wenig Zitronenschale, gestoßenen Nelken und gestoßener Muskatblüte eingerieben in ein Beizgeschirr gelegt, eine Handvoll Zwiebeln dazugegeben, mit Essig übergossen, so drei bis vier Tage zugedeckt stehengelassen und inzwischen einigemal umgewendet. Nun wird das Fleisch mit drei bis vier Schöpflöffeln Wasser, etwas Beize, Salz und einigen Stücken Speck in einem Kastrol zwei bis drei Stunden fest zugedeckt weichgedünstet, (sollte der Saft inzwischen eingekocht, und das Fleisch noch nicht weich sein, so wird etwas Wasser nachgegossen, und das Fleisch vollends fertiggemacht,) sodann herausgenommen, zugedeckt warmgestellt, und die zurückgebliebene Sauce durch einen Durchschlag oder Sieb gegossen. Danach röstet man in einem Stück Butter oder Fett vier Kochlöffel Mehl und ebensoviel geriebenes Brot nebst einem Eßlöffel Zucker schön gelbbraun, rührt es mit einem Schöpflöffel kaltem Wasser glatt ab, füllt mit der durchgegossenen Sauce, ½ l Wein und der nötigen Fleischbrühe auf, und kocht dies mit 140 g kleinen und ebensoviel großen Weinbeeren, einem Stückchen Zimt, Zitronenschale und genügend Zucker eine halbe Stunde, wo das Fett abgenommen wird. Das Fleisch wird nun auf eine tiefe Platte gelegt, solches, nachdem die Sauce samt den Weinbeeren darübergegossen, mit geschnittenen Mandeln bestreut, und mit Schmalzbäckerei oder sonstigem süßem Backwerk serviert. – *Kräftiger* wird der Geschmack, wenn män vor dem Anrichten ein Gläschen Kirschwasser in die Sauce gießt. – Man muß sehr achtgeben, daß von Anfang nicht zu viel Salz an das Fleisch kommt, indem dies die ganze Sauce verderben würde.

Husarenbraten

2½ bis 3 Kilo Fleisch aus einem von den Knochen befreiten Rückenstück oder dem mittelsten Teil des Lendenstücks, welches recht dick und viereckig zugeschnitten ist, wird geklopft, gesalzen und mit Speckscheiben belegt, zuweilen auch gespickt, worauf man es in reichlicher Butter unter fleißigem Begießen am Spieß oder in der Pfanne beinahe aber nicht völlig garbrät; man nimmt es vom Feuer, macht querüber in Entfernungen von 2½ bis 3 Zentimetern ziemlich tiefe Einschnitte in das Fleisch, die jedoch nicht ganz durchgehen dürfen, streicht eine Mischung von gehackter, in zerlassenem Speck gebratener Zwiebel, geriebenem Schwarzbrot und etwas Paprika in die Einschnitte und läßt den Braten, mit seiner Sauce übergossen, noch eine Weile damit durchdünsten. Auf andere Art stellt man die Farce zum Einstreichen zwischen das Fleisch her, indem man 2 feingehackte Zwiebeln in Butter schwitzt, etwas Pfeffer, Salz, 70 g geriebener Parmesankäse, 2 Eidotter und einige Löffel geriebene Semmel zu einer dicken Masse über dem Feuer verrührt, oder 5 bis 6 ausgegrätete und gewässerte Sardellen statt des Parmesankäse zu obiger Mischung gibt.

Italienisches Fleisch

Ein fleischiges Stück Ochsenfleisch von 5 bis 6 Pfund, wie man es sonst auch zu einem Boeuf à la Mode nimmt, wird geklopft, mit kleinen Stücklein Speck durchzogen, zu jedem Stücklein Speck in eine Öffnung eine ganze Nelke, in die andere ein Stücklein Zimt, in die dritte ein ganzer Pfefferkern gegeben, und so durchaus gespickt, dann mit Salz eingerieben, in einen Topf oder eine Pfanne gelegt, soviel Wein darangegossen, bis er an die Hälfte des Fleisches geht, ein passender Deckel darübergesetzt, neben dem Deckel noch ein mit einem Teig bestrichenes Papier fest herumgelegt, auf Feuer gesetzt, auf welchem man es über Nacht dämpfen läßt, dann morgens etwas mehr Feuer daruntergegeben, und so lange daraufgelassen, bis es recht weich ist. Dieses Fleisch kann kalt und warm gegeben werden.

Jägerrouladen

4 Rindsrouladen, Salz, Pfeffer, 1 Zwiebel, 1/2 l Fleischbrühe, 1 EL Mehl, 1/8 l Sahne. Für die Füllung: 125 g Pfifferlinge, 1 kleine Zwiebel, 70 g Speck, Salz, Pfeffer

Man würfelt eine Zwiebel, schneidet die geputzten Pfifferlinge klein, brät den gewürfelten Speck in der Pfanne aus und gibt Zwiebel und Pilze hinein. Salzen und pfeffern, ca. 12 Minuten dünsten lassen. Die Rouladen werden mit Salz und Pfeffer eingerieben und die Füllung darauf verteilt, aufgerollt und mit einem Faden oder einer Rouladenklammer zusammengehalten. Man brät die Rouladen von allen Seiten an, gießt mit der Fleischbrühe auf und läßt sie fertig schmoren. Wenn die Rouladen weich sind, wird die Sauce mit dem in Sahne angerührten Mehl gebunden.

Käsefleisch

1 1/4–1 1/2 Pfund Fleischreste, 20 g Butter oder Fett, 1 Zwiebel, 25 g Parmesankäse, 1/2 TL Salz, 1/5 l sauren Rahm

Reste von gekochtem Ochsenfleisch werden in Portionscheiben geschnitten und in eine mit Butter oder Bratenfett bestrichene Bratpfanne oder feuerfeste Platte gelegt. Darüber legt man eine in Ringe geschnittene Zwiebel, Salz, geriebenen Parmesankäse, gießt den Rahm darauf und stellt das Fleisch etwa 3/4–1 Std. in den heißen Backofen. Sobald die Zwiebel sich bräunt und sich oben eine gelbe Kruste bildet, ist die Speise fertig. Man serviert am besten Salat dazu.

Kaiserrindsbraten

625–750 g gut gelagerte Mürbe- oder Spickschoß, Salz, Pfeffer, 50 g Speck, 50 g rohen Schinken, 50 g Fett, Zwiebel, Petersilie, Gelbrüben, Bohnen, Kohlrabi, Weißkraut zus. ¾–1 kg, 2 EL Tomatenmark, ⅛ l Rahm, ½ l Fleischbrühe, 1 TL Mondamin

Das Fleisch waschen, klopfen, Salzen, pfeffern, wie Schmorbraten spicken. In eine eiserne Kasserolle gibt man Fett, Schinken, darauf das Fleisch, außen herum die geputzten, in Streifen geschnittenen Gemüse, gibt Fleischbrühe, Tomatenmark und Rahm zu, schließt den Topf gut und läßt langsam 2–3 Stunden weichdämpfen. Kurz vor dem Anrichten mit dem angerührten Stärkemehl aufkochen.

Kasseler im Teigmantel

1½ kg Kasseler Lummer ohne Knochen, weißer Pfeffer, Knoblauchpulver, 1 EL Kräutersenf, 2 Pakete tiefgekühlter Blätterteig, etwas Mehl, 2 Eiweiß, 2 Eigelb zum Bestreichen, Petersilie

Das Fleisch mit Pfeffer und Knoblauchpulver einreiben und mit Kräutersenf bestreichen. Die aufgetauten Teigplatten leicht überlappend auf ein bemehltes Backbrett legen und etwas ausrollen. Teig für die Garnierung beiseite legen. Das Fleisch mit Teig umhüllen. Die Ränder mit Eiweiß bestreichen und gut andrücken. Für die Garnierung kleine Formen ausstechen und schmale Streifen ausrädeln. Mit Eiweiß auf dem Teigpaket befestigen. Alles mit verquirltem Eigelb bepinseln und im vorgeheizten Backofen bei 220 Grad ca. 40 Min. backen. Mit Petersilie garnieren.

Kasseler Rippenspeer

2 Pfund Fleisch, 1/8 l Wasser, 1/2 Zwiebel, 1 Gelbrübe, 3 Pfefferkörner, 3 Wacholderbeeren, 1/2 Apfel, 1/8 l Rahm, 1/8 l Fleischbrühe

Gesalzenes, schwach geräuchertes Schweinefleisch und zwar sogenanntes Rippenstück wird etwa 1 Std. eingeweicht. Alsdann legt man es mit der Speckseite in die Bratpfanne und läßt es braun anbraten. Hierauf gibt man das Wasser, Zwiebel, Gelbrübe, Pfefferkörner, zerdrückte Wacholderbeeren und den halben, in Scheiben geschnittenen Apfel zu und läßt das Fleisch unter fleißigem Begießen im Backofen 1–1¼ Std. braten. ¼ Std. vor dem Anrichten übergießt man den Braten mit saurem Rahm, entfettet den Beiguß, kocht ihn mit Fleischbrühe auf und seiht ihn durch. Man serviert das Fleisch mit Sauerkraut, Rotkraut usw.

Klopse, feine

Man kann hierzu sowohl Rindfleisch als Schweinefleisch nehmen, ganz vorzüglich ist solches zu gleichen Teilen. Es wird so fein wie möglich gehackt und alles entfernt, was sich an Haut und Sehnen darin findet. Vom Abfall wird mit wenigem Salz etwas Bouillon durch ein Sieb gegossen. Man rechne auf 5 Personen 500 g gehacktes Fleisch, 125 g Butter, 2 Eier, 200 g alte Semmel.
Wenn der Zwiebelgeschmack nicht gescheut wird, so läßt man einige feingehackte Schalotten oder 1–2 Zwiebeln in der Butter weichkochen, schüttet sie zum Fleisch, gibt hinzu: die Eidotter, das Weiße schaumig geschlagen, etwas Pfeffer und Muskatblüte, das geriebene Weißbrot, ein wenig kaltes Wasser, das nötige Salz, wobei auf das in der Butter befindliche Salz gerechnet werde, mengt dies alles gut untereinander, formt daraus kleine Klöße, welche man in der Bouillon, die mit etwas Muskatblüte gewürzt ist, nur einige Minuten kocht, dann umwendet, wieder aufkochen läßt und herausnimmt. Sobald man inwendig kein rohes Fleisch mehr sieht, sind die Klopse gar und müssen dann rasch herausgenommen und zugedeckt werden. Man gibt zu der Brühe 2 Zitronenscheiben, etwas geriebene Semmel, nach

Geschmack auch einige feingehackte Sardellen und Kapern, legt die Klöße noch einmal in die sämige Sauce und richtet sie in derselben an. Sind die Klopse von Schweinefleisch gemacht, so bestreut man die Klößchen vor dem Kochen mit etwas geriebenem Weißbrot und kocht sie einige Minuten länger.

Königsberger Klops

1 Pfund Schweinefleisch, 1 Pfund Ochsenfleisch, 2 Sardellen, 2 Brötchen, 2 Eier, 1 EL Salz, Prise Pfeffer, wenig Muskat, 1 EL in 20 g Butter gedämpfte Zwiebel und Petersilie.
Zum Beiguß: 40 g Butter, 60 g Mehl, ¼ l Fleischbrühe, ½ EL Salz, Prise Paprika, 1 mit 2 Nelken besteckte Zwiebel, 2 feingewiegte Sardellen, 2 EL Essig, 4 EL Wein, 1 EL Kapern, 1 TL Zucker

Schweine- und Ochsenfleisch, ersteres vom Schlegel, letzteres vom Schwanzstück, werden nebst den geputzten Sardellen durch die Fleischmaschine getrieben und mit den abgeriebenen, eingeweichten, ausgedrückten, verzupften Brötchen, Eiern, Salz, Pfeffer, Muskat, gedämpfter Zwiebel und Petersilie verarbeitet und mit den naßgemachten Händen 15–18 Klöße davon geformt. Mit Butter, Mehl und der nötigen Fleischbrühe bereitet man einen gelben Butterbeiguß, würzt mit den angegebenen Gewürzen und läßt den Beiguß ½ Std. gut durchkochen. Sodann gibt man die Klöße hinein, läßt sie in geschlossenem Topf ¾ Std. dämpfen, entfernt Zwiebel und Nelken und gibt die Klöße mit einer Kartoffelspeise zu Tisch.

Königsberger Klops, andere Art

500 g gewiegtes Rind- und 125 g gewiegtes Schweinefleisch, 2 Eier, 1 Milchbrötchen, Sardellen, Pfeffer, geriebene Semmel, 2 EL Butter, 2 EL Mehl, 1 Hering, Zitronenscheiben, 2 EL Kapern

Das Fleisch wird mit 2 Eiern, dem gut eingeweichten und ausgedrückten Milchbrot, einigen gewiegten Sardellen und einer Prise Pfeffer gut vermengt. Zuletzt mischt man etwas Semmelmehl darunter und formt runde Klöße. Dann bereitet man eine helle Mehlschwitze von 2 Löffeln Butter und ebensoviel Mehl, gießt eine Obertasse kochendes Wasser dazu und verkocht es unter Rühren zu einer sämigen Sauce. In diese gibt man 2 Eßlöffel feingewiegte Sardellen oder einen gut gewässerten, feingewiegten Hering, einige entkernte Zitronenscheiben und 2 Eßlöffel Kapern. Aufkochen lassen und die Sauce mit Pfeffer, Zucker und Weinessig abschmecken. In die kochende Sauce legt man die Fleischklöße hinein und läßt sie 15 Minuten lang kochen. Den Topf hin und her bewegen, damit sie nicht ansetzen. Dann läßt man sie noch 30 Minuten an warmer Stelle ziehen.

Königsberger Klops mit Käse

(Für 6 Personen) 500 g Fleisch ohne Knochen (Rind-, Schweinefleisch), 2–3 Brötchen, Zwiebel, Petersilie, 30 g Fett, Salz, Pfeffer, Muskat, 2 Sardellen, 2 Eier, 1 EL Käse, 250 g gekochte, geriebene Kartoffeln, wenn nötig, 1 EL Mehl

Zwiebel, Petersilie mit den eingeweichten, ausgedrückten Brötchen in Butter gut abdämpfen, mit dem Fleisch durch die Maschine geben. Die Gewürze, Kartoffeln, gewiegte Sardellen, Eier, Käse zugeben, gut mischen, kleinen Probekloß machen. Sollte er zu weich sein, etwas Weckmehl zugeben. Mit etwas Mehl 12 runde Klöße formen, in kochendes Salzwasser geben, 12 Minuten langsam kochen. Mit einer Sardellen- oder Kapernsauce zu Tisch geben.

Klopse, süßsaure

Dreiviertel Pfund feingehacktes Fleisch, halb Schweine-, halb Ochsenfleisch, ist am besten dazu. Dann nehme man 2 etwas ausgewässerte Heringe, reinige diesselben und hacke die Rückenstücke recht fein, während das übrige zur Bereitung der Sauce reserviert wird. Nun gibt man die Hälfte des gehackten Herings zu dem oben angegebenen Fleischquantum nebst 2 Eigelb, 1 Eßlöffel gebräuntem Mehl sowie 1 geriebene Zwiebel, Pfeffer und Salz nach Geschmack, menge alles gut durcheinander und forme daraus runde Klopse. Die Sauce wird wie folgt zubereitet: anderthalb Liter Wasser wird mit einem halben Pfund Weißbrot, 2 Lorbeerblatt, 4 Piment- und 4 Pfefferkörnern, den reservierten Heringsresten und 1 Eßlöffel gebräunten Mehl eine Stunde gekocht, dann das Ganze durch einen Durchschlag gerührt, worauf die sämige Sauce wieder ins Kochen gebracht wird. Nun gebe man Essig und Zucker nach Geschmack daran, 2 Eßlöffel voll Rosinen sowie die zweite Hälfte vom gehackten Heringsrücken und etwas kleingeschnittene Gurke und zuletzt die Klopse hinein. Wenn nun das Ganze kocht, wird der Topf etwas abseits gestellt, denn die Klopse dürfen nur langsam weichkochen; am besten wäre es, dieselben im Bratofen langsam fortkochen zu lassen, wo sie alsdann ganz vorzüglich werden. Weil nun dieses Gericht gut schmeckt und mühsam zu kochen ist, so empfiehlt es sich, gleich die doppelte Portion zu kochen, um sie später aufzuwärmen. Es werden gekochte Salzkartoffeln dazu gereicht.

Klopse zu Kartoffeln

Zu 3 Pfund sehr feingehacktem Fleisch nimmt man 125 g feingehacktes Nierenfett, 1 Hering und 1 Zwiebel, feingehackt, 250 g geriebenes Weißbrot, 6 Eier, 65 g Butter, Salz, etwas Pfeffer und Muskatnuß und mischt alles gut untereinander. Dann formt man kleine Klöße daraus, setzt sie in eine Kasserolle, legt ein Stückchen Butter dazwischen, gibt 4 Tassen Bouillon (die man vorher von dem Fleischabfall gekocht hat) dazu, einige Zitronenscheiben und kocht die Klopse, zugedeckt, gerade 10 Minuten, während man sie einmal umdreht. Zuletzt gibt man etwas gestoßenen Zwieback an die Sauce und richtet den Klops darin an.

Kotelettbraten, gefüllt

(Für vier Personen 1 kg) Entsprechende Menge Kotelettbraten beim Fleischer auslösen lassen und in die eingeschnittene Tasche eine Füllung von 4 EL Senf, 4 EL Olivenöl, Petersilie, Schnittlauch, 1 Teelöffel Pfeffer, Majoran, Basilikum, Salbei, Salz, grüne Pfefferkörner geben und zunähen.
Im Backofen auf dem Backblech bei 220° C 60 Minuten braten. Dazu verschiedene Salate.

Koteletts, Wiener

¾ Kilo Rindfleisch, Schweifstück, wird gut geklopft, und mit 140 g Ochsenmark und etwas Speck feingewiegt. Inzwischen werden zwei altgebackene, abgeriebene Semmeln in Wasser eingeweicht, nach Durchweichtsein schnell ausgedrückt, und in Butter oder gutem Bratenfett nebst zwei feingewiegten Zwiebeln und Petersilie gedämpft. Nun gibt man zwei Eier, Salz, etwas weißen Pfeffer, den Saft einer Zitrone und das gewiegte Fleisch dazu, und macht alles gut untereinander oder, besser, stößt es im Mörser. Aus der Masse werden schön runde fingerdicke Koteletts geformt, in Semmelmehl umgekehrt, in Butter oder gutem Fett unter öfterem Begießen gelbbraun gebraten, und während des Bratens etwas Bratensauce beigegeben. Werden gewöhnlich zu Sauerkraut oder Kartoffelpüree serviert. – In großen Küchen bereitet man diese Koteletts aus den Abfällen des ausgebeinten *Rostbratens*.

Kraftfleisch, holsteinisches

1000 g fettes Rindfleisch, Salz, Pfeffer, Speck, Fleischbrühe, gekochter Schinken, Pfeffer-, Senf- oder saure Gurken, Schwarzbrot, Butter, Zwiebel, Petersilie

Das fette Rindfleisch wird in Scheiben geschnitten, mit Salz und Pfeffer eingerieben. Den Boden einer tiefen Pfanne belegt man mit dicken Speckscheiben, darauf kommen die Rindfleischscheiben, einige Löffel starke Fleischbrühe, darauf Scheiben von gekochtem Schinken, dann Scheiben von Pfeffer-, Senf- oder sauren Gurken, darüber einige Schwarzbrotscheiben, dick mit Butter bestrichen. Dieselbe Reihenfolge wiederholt man noch einmal. Obenauf kommen Speckwürfel, geröstete Zwiebelringe, gewiegte, geröstete Petersilie, einige Löffel Fleischbrühe. Nun wird die Pfanne mit einem dichtschließenden Deckel zugedeckt. Man läßt das Gericht zuerst bei starker Hitze 45 Minuten schmoren, dann noch 2–2½ Stunden bei Mittelhitze. Auf eine große, heiße Schüssel stürzen, mit Kartoffelpüree auftragen.

Lendenbraten, gebeizter

Ein nach Bedarf großes Lendenstück wird abgehäutet, gespickt und zwei bis drei Tage in die Beize gelegt, dann mit 140 g Butter und etwas von der Beize saftig gebraten, und dabei mit Papier, das mit Butter oder Bratenfett bestrichen ist, zugedeckt. Nun röste man in 70 g Butter einen guten Kochlöffel Mehl schön braun, gebe ⅛ l roten Wein und die übrige Sauce vom Braten dazu, lasse dies einigemal aufkochen, und fette es gut ab. Ein Teil dieser Sauce wird jetzt über den Braten gegossen, die andere extra dazu serviert, und solcher noch mit Zitronenscheiben belegt. – Vor dem Anrichten kann man den Braten mit guter Glasur bestreichen. – Öfters garniert man diesen Braten mit folgenden *Kartoffelklößchen*: Vier bis fünf große Kartoffeln werden hergerichtet und in Salzwasser weichgekocht, dann abgegossen und durch ein Haarsieb getrieben. Das Durchgetriebene wird nun in einem Kastrol mit 50 g Butter, Salz und ¼ l Milch aufgekocht, und daraus nach gänzlichem Erkalten runde Klößchen formiert, welche man in feinem Brotmehl umkehrt und aus heißem Schmalz bäckt.

Lendenbraten mit Rahm

Das ein bis zwei Tage in der Beize gelegene Lendenstück wird wie obiges gespickt, dann mit Pfeffer, Salz und kleingewiegter Zitronenschale gewürzt, und mit Zwiebeln und ein paar Eßlöffel Beize im Bratofen gebraten. Danach wird es in ein mit passendem Deckel versehenes Kastrol genommen, auf dem Feuer gedünstet, bis die Sauce bräunlich geworden ist, und währenddem mit ¼ l saurem Rahm nach und nach begossen. Der Braten braucht im Ganzen anderthalb bis zwei Stunden zum Weichwerden, worauf man ihn anrichtet und mit Glasur oder dicker Bratenbrühe bestreicht. Die mit etwas Fleischbrühe aufgelöste, abgefettete, durchs Sieb gegossene Sauce wird zum Teil unter den Braten gegeben, zum Teil besonders dazu serviert. – Man gibt hierzu Kartoffelnudeln oder abgeschmälzte Makkaroni mit Parmesankäse.

Lendengulasch

2 Pfund Lenden oder gut abgehängter Ochsenschoß, 50 g Fett,
1 EL Salz, 1 Messerspitze Paprika, 1 EL Zwiebel, 2 EL Wein,
1 EL braunes Mehl oder 2 EL braunen Beiguß, ⅙ l Fleischbrühe,
2 EL Madeira

Das abgeriebene Fleisch wird geklopft, in 2 cm große Würfel geschnitten und nebst feingeschnittener Zwiebel, Salz und Paprika in heißem Fett auf starkem Feuer etwa 5 Min. gebraten. Sodann gibt man das Mehl oder den Beiguß, sowie den Wein und Fleischbrühe zu, läßt das Gulasch kurz aufkochen, würzt mit Madeira und bringt das Gulasch sofort zu Tisch.

Lendchen, Malteser Art

2 Zwiebeln, 2 Schweinelendchen (Filet), 1 gestr. TL Salz, 1 gestr. TL Paprika, 1/2 TL feiner schwarzer Pfeffer, 1 gestr. EL Mehl, 1 rote Paprikaschote, 4 EL Öl, 5 EL Aquavit, 1/2 Tasse grüne Erbsen, 1/2 Tasse saure Sahne, 1 gestr. TL Zucker

Zwiebeln in feine Scheiben schneiden, Lendchen schräg in dicke Scheiben. Salz, Paprika, Pfeffer und Mehl vermischen und Fleischscheiben darin wenden. Paprikaschoten (auch eingelegt) in Streifen schneiden. In der Pfanne das Öl erhitzen und die Fleischscheiben darin von beiden Seiten jeweils 3 Minuten braten. Dann mit dem Aquavit übergießen, vorsichtig anzünden und ausbrennen lassen. Zwiebeln, Erbsen und Paprikastreifen zufügen.
Die Sahne mit dem Zucker verquirlen und in die Pfanne gießen. Alles noch 5 Min. lang brodeln lassen. Dann sofort auf vorgewärmten Tellern servieren.

Lendenschnitten (Filetbeefsteak)

500 g Schlachtbraten ohne Knochen, Salz, Pfeffer, 50 g Butter, 2 Zwiebeln

Das gut abgelagerte Fleisch in 4 Scheiben schneiden, leicht klopfen; die Zwiebeln in feine Scheiben schneiden. Die Butter gut heiß werden lassen, das Fleisch zugeben, 4 Minuten braten, umdrehen, Salz, Pfeffer, die Zwiebeln zugeben und weitere 4 Minuten braten. Das Fleisch herausnehmen, wenn nötig, die Zwiebeln noch etwas bräunen, auf die Fleischstücke verteilen. Den Bodensatz ablöschen, aufkochen. Nach Belieben kann man das Fleisch vor dem Braten mit Öl bestreichen, auch in Öl braten.

Lendenschnitten auf dem Rost

500 g Schlachtbraten ohne Knochen, 2 EL Öl oder 50 g Butter, Salz, Pfeffer

Das gut abgelagerte Fleisch wird in fingerdicke Scheiben geschnitten, gehäutet, geklopft, die Stücke sollen eine runde Form haben. Dann bestreicht man die Scheiben mit zerlassener Butter oder Öl, oder mischt beide Fette und läßt sie zugedeckt stehen, 1–2 Stunden. Kurz vor dem Ansetzen bestreut man sie mit Salz und Pfeffer, legt sie auf den heißen Rost, stellt sie in den heißen Gasbackofen, dreht sie nach 5 Minuten um und brät weiter 5 Minuten. Beim Anrichten belegt man die Fleischstücke mit in Butter gebräunten Zwiebelscheiben, Sardellen- oder Kräuterbutter. Die sich bildende Sauce wird nach Belieben mit 1 Teelöffel Stärkemehl aufgekocht.

Lendenschnitten mit Ei

Die fertigen Schnitten anrichten, auf jede Schnitte ein Spiegelei geben, mit Sardellenstreifen und Kapern garnieren.

Lendenschnitten mit Sardellen- oder Kräuterbutter

Die Schnitten braten und anrichten wie oben, auf die Mitte etwas Kräuter- oder Sardellenbutter geben.

Lendenschnitten, roh (beefsteak tartare)

500 g Schlachtbraten, Salz, Pfeffer, Zwiebel, Petersilie, 2–3 Sardellen, Essiggurken, 1 TL Kapern, 4 rohe Eigelb

Das Fleisch wird gehäutet, alles Fett entfernt und feingehackt, mit Salz und Pfeffer gut gemischt. Man formt 4 runde Küchlein, macht in die Mitte eine Vertiefung, gibt in dieselbe 1 Eigelb und garniert mit der feingehackten Zwiebel und Petersilie, Sardellenstreifen, Essiggurkenfächer und Kapern.

Morcheln, falsche

250 g Rindfleisch, 250 g Schweinefleisch, 2–3 Brötchen, 1 Ei, Salz, Pfeffer, Muskat, Zwiebel, Petersilie, 30 g Butter.
Zum Hefeteig: 60 g Mehl, 10 g Butter, 1 Eigelb, 1 Prise Salz, 2 EL Milch, 5 g Hefe, Backfett

Die eingeweichten Brötchen mit Zwiebel, Petersilie dämpfen, mit dem Fleisch durch die Maschine geben, mit den anderen Zutaten gut mischen. Runde feste Kugeln formen, auf einen Finger setzen, damit es eine Vertiefung gibt, nach oben etwas spitz zudrücken. Von dem fertiggegangenen Hefeteig formt man halbfingerlange Röllchen, oben spitz, unten dicker. In schwimmend heißem Fett bäckt man die Strunke hellbraun, dann die Hüte und steckt die Strunke gleich nach dem Backen ein. Die Strunke kann man auch aus Kartoffelwürstchenmasse formen. Masse aus 250 g Kartoffeln.

Most-Rindfleisch, ungarisches

Man nimmt einen Lungenbraten, wässert ihn gut aus, salzt ihn ein, gibt in eine Kasserolle Petersilie, gelbe Rüben, Majoran, Kuttelkraut, ganzen Pfeffer, Ingwer, ein wenig Wein und legt das Fleisch darauf. Dann deckt man es zu und läßt es so lange dünsten, bis es mürbe ist; dann nimmt man gute, reife Weintrauben, drückt den Saft durch ein Tuch und gibt den Saft in eine Pfanne. Nun gibt man 1 Stück Zucker dazu, läßt es so lange sieden, bis es etwas dicker ist, richtet das Fleisch auf einer Schüssel an und seiht den Saft durch ein Sieb darüber. (Lungenbraten = Lendenbraten, Kuttelkraut = frischer Majoran.)

Markklößchen

Man rühre 125 g Rindsmark zu Schaum und nach und nach 2 Eier und 2 Eidotter daran, etwas Salz und Muskatnuß und zuletzt 6 Eßlöffel geriebenes Weißbrot und forme nun mit 2 Löffeln, die man öfters in kochendes Wasser taucht, walnußgroße Klößchen; lege diese, eins neben das andere, auf einen mit Butter leicht bestrichenen Deckel, den man, wenn die Klößchen gekocht werden sollen, entweder erwärmt oder mit einem Schöpflöffel der kochenden Brühe, worin die Klößchen gekocht werden sollen, oben angießt, wodurch die Butter schmilzt und die Klößchen unbeschädigt in die Brühe gleiten, überhaupt die beste Art Klößchen einzulegen. Man läßt sie nun, je nachdem man sie brauchen will, in der Suppe selbst oder in gesalzenem Wasser, ungefähr 10 Minuten langsam kochen und hebt sie mit einem Schaumlöffel aus.

Ochsenbrust, gebacken

Die Ochsenbrust wie Siedfleisch weichkochen, verkühlen lassen, in Scheiben schneiden. Kurz vor Gebrauch mit etwas Salz und Pfeffer bestreuen, in Ei und Weckmehl umdrehen, in heißem Fett auf beiden Seiten backen.

Ochsen- oder Rindfleischbraten, aufzuwärmen

Wenn der Braten in einem Stück aufgewärmt werden soll, so lege man ihn in die Bratensauce samt dem von der Sauce abgenommenen Fett, decke ihn so fest wie möglich zu und setze ihn zeitig auf ein schwaches Feuer, damit er allmählich durchwärmt werde, was auf solche Weise wenigstens 1 bis 1½ Stunden dauert und wobei ein fleißiges Begießen nicht zu versäumen ist. Zum Kochen darf der Braten nicht gebracht werden, es würde ihn zäh machen.
Soll derselbe in Scheiben geschnitten aufgewärmt werden, so lege man diese in eine alte Gemüseschüssel mit schließendem Deckel oder in ein ähnliches Geschirr, gebe die Sauce nebst Fett darüber und stelle die Schüssel ½ bis ¾ Stunden lang in einen warmen Ofen oder dahin, wo das Fleisch allmählich heiß wird, ohne zu kochen. Ein häufiges Begießen ist auch hierzu notwendig.

Ochsenfleisch, garniert, gekochtes

2 Pfund Fleisch, 4 l Wasser, 4 EL Salz, 1 kleiner Wirsingkopf, 1 kleiner Weißkrautkopf, 1 Sellerieknollen, 3 große gelbe Rüben, 1 Blumenkohl, 1 Pfund Kartoffeln

Das Fleisch, am besten Zwerchrippe, wird entbeint, geklopft, gewaschen, gerollt und mit einer Schnur fest umbunden. Das Wasser wird mit den zerkleinerten Knochen zum Kochen gebracht und sobald es anfängt zu sieden, gesalzen und das Fleisch zugegeben. Nach ¼ Std. Kochzeit schäumt man die Brühe ab und gibt die geputzten gewaschenen Gemüse zu. (Kraut- und Wirsingkopf werden von den äußeren schlechten Blättern befreit und je nach der Größe 1–2 mal durchgeschnitten.) Man läßt das Fleisch gut zugedeckt etwa 2 Std. langsam sieden, gibt hierauf die geschälten, in möglichst große Würfel geschnittenen Kartoffeln zu und kocht alles weich. Sodann nimmt man das Fleisch heraus, befreit es von der Schnur und schneidet es in schöne Scheiben. Diese setzt man in die Mitte einer großen, heißen Platte und garniert sie mit den Gemüsen, die man zu diesem Zweck, je nach der Art zerkleinert hat. (In kleinerem Haushalt kann man die Gemüse, in einer Kapsel eingeschlossen, mitkochen.)

Ochsenfleisch, gebacken

1½ Pfund gekochtes Ochsenfleisch, 1 TL Salz, 1–2 Eier, Weckmehl, Fett

Gekochtes Ochsenfleisch wird in ½ cm dicke Scheiben geschnitten, mit wenig Salz bestreut, in verrührtem Ei und Weckmehl umgewendet und kurz vor dem Gebrauch in heißem Fett in der Omelettepfanne 6–8 Minuten gebacken. Das Fleisch darf nun nicht mehr stehen, sondern wird sofort mit Salat serviert.

Ochsenfleisch, gebacken, mit Zwiebeln

1½ Pfund mageres, gekochtes Ochsenfleisch, ½ EL Salz, Prise Pfeffer, 80 g Butter oder Fett, 12 Zwiebelringchen

Mageres Ochsenfleisch, welches beim Kochen der Fleischbrühe zurückbleibt, kann man schmackhafter machen, wenn man es in ½ cm dicke Scheiben schneidet und 8 Min. vor Gebrauch in heißem Fett oder Butter auf beiden Seiten braun anbrät. Des besseren Geschmacks wegen brät man auch gleich die Zwiebelringchen mit und serviert das Fleisch mit grünem Salat.

Ochsenfleisch, gebeizt

Das beste Stück hierzu ist der Schlacht- oder Lendenbraten. Dieser wird gehäutet, geklopft, mit Pfeffer, Nelken und Salz eingerieben, in einen Topf oder Schüssel gelegt, ein Schoppen Essig darangegossen, eine große Handvoll Zwiebel geschnitten, und nebst 2 Lorbeerblättern, etlichen Zitronenscheiben und einigen Wacholderbeeren dazugegeben. Man läßt das Fleisch 24 Stunden im Essig liegen. Nachher wird es samt allem in eine Pfanne oder Stolltopf gegeben, noch ein Schoppen Fleischbrühe oder Wasser darangegossen, eine Hand groß Brotrinde daraufgelegt, wohl zugedeckt und langsam gekocht. Wenn das Fleisch mürbe ist, wird es auf eine Schüssel gelegt, die Fette von der Sauce abgeschöpft, das übrige aber durch einen Seiher oder Suppensieb getrieben, nachdem wieder in die Pfanne gelegt, worein auch noch Kapern, Trüffel oder Morcheln gegeben werden können.

Ochsenfleisch, gekocht (Siedfleisch)

750 g Fleisch, 3 l Wasser, 1 EL Salz, Suppengrün, gelbe Rübe, Tomate, 1 in Scheiben geschnittene gebräunte Zwiebel

Die zerkleinerten Knochen werden mit kaltem Wasser zugesetzt, langsam zum Kochen gebracht. Das Fleisch (Brustkern, Wade, Zwerchrippe, Bug) wird gewaschen, geklopft, nebst Salz und den anderen Zutaten in die kochende Brühe gegeben, zugedeckt langsam weichgekocht, 1½–2 Stunden.

Ochsenfleisch, gesalzen, gekocht (Pökelfleisch)

6 Pfund Ochsenfleisch. Zum Einsalzen: 1¼ l Wasser, ¾ Pfund Salz, 30 g Kandiszucker, 15 g Salpeter, 1 Zwiebel, 1 Knoblauchzehe, 1 Sträußchen Suppengrün, 1 gelbe Rübe, 10 zerdrückte Pfefferkörner, 10 Wacholderbeeren, 1 TL zerdrückter Koriander. Zum Kochen: 6 l Wasser, 1 Zwiebel

Ochsenfleisch, am besten nicht zu fetter Brustkern, wird entbeint, geklopft, gewaschen, tüchtig mit Salz, wenig Salpeter eingerieben und wenn das Fleischstück dünn ist, zusammengerollt und mit einem Bindfaden gebunden. Unterdessen hat man mit Wasser, Salz, Zucker eine Lake gekocht und diese erkaltet über das Fleisch gegossen. Man gibt die Gewürze zu und beizt das Fleisch im Sommer etwa 14, im Winter 18–20 Tage. Bedeckt die Lake das Fleisch nicht vollständig, dann muß es täglich gewendet werden. Bei der Zubereitung stellt man das Fleisch mit heißem Wasser und einer Zwiebel bei, läßt es im Zeitraum von etwa 3 Std. langsam auf der Seite des Herdes weichkochen und serviert, wenn man es heiß aufträgt, Brockelerbsen oder ein anderes grünes Gemüse dazu. Erkaltet wird es fein aufgeschnitten und mit Kartoffelsalat zu Tisch gegeben. (Die angegebene Menge reicht für 12 Personen.)

Ochsenfleisch, gepökelt

Das Fleisch muß immer von einem fleischigen Stück genommen werden, und darf nicht kleiner als 5 bis 6 Pfund sein. Auf 3 solcher Stücke Fleisch rechnet man 3 Lot Salpeter, 4 Händevoll Salz, eine Handvoll zerknirschte Wacholderbeeren, ein Lot Pfeffer, ein Quint Nelken, ein wenig Muskatblüte, ferner nimmt man von allen Arten Kräuter dazu, Dragon, Basilikum, Thymian, einige Lorbeerblätter, eine Handvoll Zwiebel, etliche Stücklein Knoblauch, auch ein wenig Rosmarin. Dies wird alles wohl untereinandergemacht, das Fleisch stark damit eingerieben, in ein Geschirr von Holz oder Stein gelegt, stark beschwert, und in einem Keller aufbehalten. Wenn es in 2 Tagen nicht Lake (Wasser) genug hat, so siedet man eine Handvoll Salz mit einem Schoppen (Quart) Wasser, und gießt solches, wenn es kalt ist, darüber.

Ochsenfleisch, gesotten, vom Brustkern, mit dürren Zungen gespickt

Man nimmt einen Brustkern, so groß man ihn nötig hat, und siedet ihn wie gewöhnlich mit Wurzeln und etwas Grünem weich. Eine dürre Zunge wird ebenfalls weichgesotten, geschält, und die halbe Zunge, je nachdem die Größe des Fleisches ist, in fingerlange Stücklein geschnitten, und mit kleingeschnittener Petersilie und Ingwer bestreut. Sobald das Fleisch weich ist, legt man es auf eine Platte, macht mit einem spitzigen Messer Öffnungen, und steckt die Stücklein Zungen hinein, bestreut das Fleisch oben mit Semmel- oder Mutschelmehl, Pfeffer, Ingwer und Salz, begießt es mit zerlassener Butter, und legt es auf den Rost, bis es gelb ist.

Ochsenfleisch, in Bier zu dämpfen

Ein Stück Fleisch aus der Kluft, von etwa 8 Pfund, welches je nach der Jahreszeit 2–4 Tage alt sein muß, wird stark geklopft, mit etwas Salz bestreut, in einen Topf auf einige Scheiben Speck, 2 Zwiebeln, 1 Möhre, Lorbeerblättern, Dragon und grobes Gewürz gelegt, halb Bier (welches nicht bitter sein darf) und halb Wasser daraufgegossen, so viel als nötig ist, um das Stück bis reichlich zur Hälfte damit zu bedecken, 1 Obertasse Essig, 1 Löffel Birnenmus oder Sirup dazugegeben und, fest zugedeckt, 3 Stunden geschmort. Beim Anrichten wird das Fett abgenommen, etwas Mehl an die Sauce gegeben, solche durch ein Sieb gerührt und das Fleisch damit angerichtet.

Ochsenfleischkotelett

4 Teile reines Fleisch ohne Sehnen, 1 Teil Nierenfett mit Salz, zusammen ganz fein gehackt, runde und platte Scheiben davon geformt, in einem Ei, worin Nelken und Muskatnuß gerührt, umgedreht, mit gestoßenem Zwieback bestreut und in steigender Butter einige Minuten wie Beefsteaks gebraten.

Ochsenfleisch mit Petersilienwurzeln

Das Fleisch wird allgemein von einem fleischigen Stück genommen, welches wohl geklopft werden muß, und wie gewöhnlich zugesetzt wird, hierauf schneidet man 2 große Händevoll Petersilienwurzeln in gleichlange Stücklein, gibt ein gutes Stücklein Butter in eine Kastrol oder Pfanne, röstet einen Kochlöffelvoll Mehl gelb, dämpft die geschnittenen Wurzeln darin, gibt Muskatblüte nebst 2 Löffelvoll Fleischbrühe daran, legt eine halbe Stunde vor dem Anrichten das Fleisch hinein, und läßt es noch so lange darin kochen, bis man es anrichten will. Sollte die Sauce zu dick werden, so verdünnt man sie mit der Fleischbrühe.

Ochsenfleisch nach Hausfrauenart

1½ Pfund Fleischreste, 20 g Bratenfett.
Zum Zwiebelbeiguß: 30 g Fett, 40 g Mehl, ½ l Fleischbrühe, 4 EL Rahm, wenn nötig Salz.
Zum Dämpfen: 20 g Butter, 2 in Streifen geschnittene Zwiebeln, 3 EL Käse

Kaltes, gekochtes oder gebratenes Ochsenfleisch wird in ½ cm dicke Scheiben geschnitten und in eine mit Fett ausgestrichene Bratpfanne oder Gratinform gelegt. Darüber gibt man einen Zwiebelbeiguß, streut geriebenen Parmesankäse darauf und stellt das Fleisch zum Aufziehen je nach der Backofenhitze ½–¾ Std. in den heißen Backofen. Das Gericht schmeckt sehr gut zu Gemüse, Kartoffeln oder Salat.

Ochsen- oder Rindfleisch roh zum Butterbrot, sowie auch Rauchfleisch zum Kochen auf Hamburger Art

Zum Butterbrot nehme man ein sogenanntes Nagelstück, am besten von einem gut gemästeten Ochsen. Es ist dies ein rundes, langes Stück ohne Knochen, mit einer Haut umgeben, und liegt im Hinterviertel vom Schwanz nach dem Bein hin an der äußeren Seite. Um dieses Stück saftig zu erhalten, darf nicht in die Haut geschnitten werden, weshalb das Austrennen mit Vorsicht geschehen muß. Es wiegt das Nagelstück gewöhnlich bis zu $2\frac{1}{2}$ kg.
Auch ist zum rohen Gebrauch ein Stück von 3 bis 4 kg vom Binnerspalt zu empfehlen. Da die Benennungen der Fleischteile in den verschiedenen Gegenden nicht gleich sind, so wird bemerkt, daß in diesem Stück ebenfalls kein Knochen enthalten ist, dasselbe jedoch mit einem platten, daranliegenden Knochen versehen ist.
Zu Stücken, welche als Rauchfleisch zum Kochen benutzt werden, eignen sich am besten Rippenstücke, und zwar die beiden Stücke nach der ersten Brustkerne. Letztere ist bei fettem Rindvieh gewöhnlich gar zu fett. Jedes einzelne Stück wird nun, je nach der Größe, 4 bis 6 Minuten, nicht länger, in brausend kochendes Wasser gelegt, schnell herausgenommen und von einer kräftigen Hand mit einer Mischung von feingeriebenem Salz und Salpeter – zu 8 kg Fleisch 15 g Salpeter – so heiß und stark wie möglich und so lange eingerieben, wie das Fleisch aufnimmt. Dann legt man es zum völligen Erkalten hin, macht Bindfaden zum Aufhängen daran, falls man es nicht selbst räuchert, auch ein kleines Stückchen Pappdeckel mit Namen und Nummer versehen, und hängt es möglichst in einen schwachen Rauch. Wie lange, das muß die Beschaffenheit des Rauches bestimmen. Ist derselbe schwach und mit Luft verbunden, was besser ist, so kann das Fleisch mehrere Wochen hängen.
Beim Gebrauch des rohen Fleisches nach einigen Monaten lege man das Stück auf ein Küchenbrett und schneide mit einem sehr scharfen Messer, sägend, so dünne Scheiben wie möglich davon ab.

Ochsen- oder Rindfleisch, wie Hasen zu braten

Der Mürbebraten ist hierzu am besten; indes kann auch ein Stück von 4 bis 5 Pfund mitten aus der Kluft wie zu Beefsteak dazu dienen. Man lasse es im Sommer in Rücksicht auf die Temperatur 1 bis 2 Tage, im Winter 4 Tage alt werden, wasche und klopfe es recht mürbe, drücke es wieder in Fasson und spicke es in drei Reihen wie Hasen. Dann streue man etwas feines Salz darüber, mache es in reichlich Butter von allen Seiten dunkelgelb, gieße eine Tasse frische Milch hinzu und wiederhole dies so oft, bis die Sauce, welche eine gelbbraune Farbe haben muß, eingekocht ist, während das Fleisch, fest zugedeckt, langsam aber ununterbrochen gebraten, häufig begossen und ganz mürbe geworden ist, wobei man auf etwa 2 Stunden rechnen kann.
Ein solcher Braten ist von sehr angenehmem Geschmack. Man kann hierbei auf 1 l Milch rechnen.

Ochsenfilet mit Kalbsmilchragout

Ein Ochsenfilet wird gespickt, gebräunt und zartrosa gebraten. Eine Kalbsmilch wird abgekocht, ein halbes Pfund frische Champignons werden in Sahne und Butter gedämpft. Eine halbe Dose Trüffel in kleine Würfel geschnitten, ebenfalls ein Viertelpfund geräucherte gekochte Ochsenzunge. Ein Viertelpfund Butter rühre man mit einem Löffel Mehl aus, gebe den Filetfond dazu, die Rahmchampignonsauce, den Trüffelsaft, 1 Glas Sherry und Fleischextrakt und lasse die Kalbsmilch darin ziehen. Auf einem Brotsockel richtet man das in Scheiben geschnittene Filet an, legt das Ragout von Kalbsmilch, Zunge, Trüffel und Champignons herum und garniert mit Oliven, gefüllten Gurken und Kartoffelbällchen.

Ochsenschwanz

Drei Ochsenschwänze werden in ihren Gelenken am dicken Teil in passende Stücke geschnitten, diese mit kaltem Wasser zum Feuer gesetzt und so lang gekocht, bis sie rein abgeschäumt sind, dann nimmt man sie heraus, wäscht sie ab und kocht sie wie die Ochsengaumen und mit denselben Gewürzen innerhalb zwei guten Stunden gut weich, so daß das Fleisch leicht von den Knochen geht. Nun wird mit drei Kochlöffel Mehl eine braune Einmachsauce bereitet, diese aber, statt mit Fleischbrühe, mit dem Absud der Schwänze angerührt, dann mit Pfeffer gewürzt, nach Belieben mit Zitronensaft oder Essig abgeschärft, abgefettet, und durchs Sieb über die in einer tiefen Platte übereinander angerichteten Schwänze gegossen, worüber sie jedoch nicht stark herunterlaufen soll, daher man sie etwas dicklich bereitet und eine Stunde langsam einkocht. – Sehr oft werden die so gekochten Ochsenschwänze in eine offene Butterpastete angerichtet. Verwendet man sie bei Gemüsen z.B. bei Hochepot, so werden sie auf obige Art abgekocht, nur bleibt das Glas Wein weg, und man glasiert die Stückchen mit Glasur oder dick eingekochter Bratenbrühe. – Die Ochsenschwänze werden auch öfters, nachdem sie verschnitten sind, einige Tage in die Beize gelegt; gekocht und in der Sauce angerichtet wie oben, dann sind sie am besten mit Brot- oder Kartoffelknödeln.

Ochsenschwanz, ostpreußisch

1 Ochsenschwanz von ca. 1000 g, 1 Suppengrün, 1 Zwiebel, 80 g Ochsenmark, 1½ l Wasser, Salz, 500 g Karotten, 800 g Kartoffeln, Pfeffer, Majoran, 5 EL saure Sahne

Der Ochsenschwanz wird gewaschen, trockengetupft und in Stücke zerteilt. Das Ochsenmark schneidet man in Würfel, läßt es aus und brät die Fleischstücke darin an. Die gewürfelte Zwiebel und das zerkleinerte Suppengrün läßt man mitbraten, gießt mit heißem Wasser auf und läßt die Ochsenschwanzstücke etwa 120 Minuten weichkochen. Dann nimmt man das Fleisch heraus und stellt es warm. Die Brühe wird durch ein Sieb gegossen. Karotten schneidet man in Scheiben, Kartoffeln in Würfel und kocht beides in der Brühe weich. Das Fleisch löst man indessen von den Knochen, gibt es zur Suppe und schmeckt mit Salz, Pfeffer und Majoran ab. Ganz zum Schluß rührt man noch die saure Sahne ein.

Ochsenschwanz, raffiniert

3 Ochsenschwänze in Stücke geschnitten, Salz, Pfeffer, gemahlene Nelken, Muskat, 4 Zwiebeln, einige Lorbeerblätter, Essig, 150 g Speck, ½ l Fleischbrühe, 50 g Fett, 5 EL Mehl, 5 EL geriebenes Schwarzbrot, 1 EL Zucker, ½ EL Rotwein, 50 g Rosinen, ½ Stange Zimt, ungespritzte Zitronenschale, Zucker, 2 Glas Kirschwasser, 100 g gestiftelte Mandeln

Die Ochsenschwanzstücke mit Salz, Pfeffer, wenig Nelkenpulver und Muskat einreiben. Die Zwiebeln teilen, mit den Lorbeerblättern zu dem Fleisch geben und so viel Essig darübergießen, daß das Fleisch bedeckt ist. Zugedeckt einige Teige beiseitestellen. Die aus der Beize genommenen und gut abgetrockneten Ochsenschwanzstücke mit dem kleingeschnittenen Speck anbraten, mit der Hälfte der Beize und der Fleischbrühe ablöschen und etwa 3 Stunden garen. Aus Fett, Mehl, geriebenem Brot und Zucker eine dunkle Einbrenne bereiten und mit einem Teil der durchgesiebten Garbrühe ablöschen. Wein zugießen, Rosinen, Zimt, Zitronenschale und Zucker zufügen und 20–30 Minuten kochen. Die Sauce süßsauer abschmecken. Das Fleisch auf einer Platte anrichten. Die Sauce und Kirschwasser darübergießen und mit Mandeln bestreut anrichten.

Ochsenschwanzragout

1 kg dicker Ochsenschwanz, 40 g Fett, Zwiebel, gelbe Rübe, Salz, Pfeffer, 2 EL Tomatenmark, 40 g Mehl, 40 g Speck, Nelke, Lorbeerblatt, ⅛ l Wein

Der Ochsenschwanz wird in Stücke geschnitten, mit kaltem Wasser aufgesetzt, aufgekocht und abgeschüttet. Der in Würfel geschnittene Speck wird mit dem Ochsenschwanz und Zwiebel in Fett angebraten, mit Wasser oder Fleischbrühe abgelöscht, die Gewürze, Tomaten, der Wein zugegeben, zugedeckt auf dem Herd oder im Backofen etwa 2 Stunden weichgedämpft. Das Mehl wird mit dem Fett braun geröstet, abgelöscht, ½–1 Stunde gekocht, mit der Ochsenschwanzsauce gemischt, geseiht und über das Fleisch gegeben. Der gekochte Ochsenschwanz kann nach Belieben auch mit einer Madeirasauce übergossen werden.

Ochsenschwanzragout, elsässisches

1 kg fleischige Ochsenschwanzstücke, Suppengemüse (Sellerie, Lauch, Petersilienwurzel, Karotten), 2 Zwiebeln, 2 Nelken, 3 l Wasser, 2 Lorbeerblätter, 3 Pfefferkörner, 1 Stück ungespritzte Zitronenschale, Salz, 1 zerdrückte Knoblauchzehe, 30 g Fett, 2 TL Zucker, 1 EL Mehl, 1 EL Tomatenmark, 1 EL Senf, 1 Dose ganze Champignons, 1 Glas Kapern, Cayennepfeffer, ⅛ l Madeira, 1 Schuß Rotwein, ⅛ l süße Sahne, 6 hartgekochte Eier

Das Suppengemüse vorbereiten. Die Zwiebel schälen, halbieren und mit den Nelken spicken. Das Wasser in einen großen Topf mit dem Suppengemüse, der Zwiebel, den Lorbeerblättern, Pfefferkörnern, Zitronenschale und etwas Salz zum Kochen bringen. Die Ochsenschwanzstücke – je fleischiger, desto besser – waschen und auf einem Sieb abtropfen lassen. Dann in das kochende Wasser geben und etwa 1½ Stunden schwach kochen lassen. Die Ochsenschwanzstücke herausnehmen und das Fleisch von den Knochen lösen. Die Brühe durchsieben und abkühlen lassen. Die andere Zwiebel schälen und feinwiegen. Die Knoblauchzehe mit etwas Salz zerdrücken. Das Fett erhitzen, die Zwiebelstückchen und den Zucker dazugeben. Den Zucker unter Rühren leicht bräunen. Das Mehl dazugeben, hell anschwitzen, Toma-

tenmark, Senf und Knoblauchzehe zufügen und unter Rühren mit der abgekühlten Brühe ablöschen. Die Champignons, die Fleischstücke und die Kapern daruntermischen. Das Ragout erhitzen und ganz zuletzt mit Cayennepfeffer, Madeira und Rotwein würzen. Die Sahne ganz steif schlagen und erst vor dem Servieren unterrühren.
Die Eier schälen, halbieren, in eine große, flache Auflaufform geben und das Ragout darüber anrichten.

Panhas

Der Panhas wird am besten, wenn man dazu halb Rindfleisch, halb etwas fettes Schweinefleisch nimmt; jedoch kann man ihn sowohl von ersterem, als auch von letzterem schmackhaft zubereiten. Man koche das Fleisch recht weich, suche alle Knöchelchen vorsichtig heraus, schneide dasselbe in große Würfel, hacke es fein und lasse es mit der Brühe, welche durch ein Sieb gegossen wird, zum Kochen kommen. Dann würze man es mit Salz, Pfeffer, Nelken und Nelkenpfeffer, streue unter fortwährendem Rühren so viel gutes Buchweizenmehl hinein, daß die Masse, nachdem das Mehl ausgequollen und der Panhas ½ Stunde gekocht hat, recht steif wird und sich vom Topf löst. Danach fülle man den Panhas in wohlgereinigte, trockene, irdene Schalen und bewahre ihn an einem kühlen, luftigen Ort auf.
Das Verhältnis des Mehls zum Fleisch hängt davon ab, ob der Panhas mehr oder weniger kräftig gekocht werden soll; ein gutes Verhältnis aber zu einem wohlschmeckenden Panhas ist folgendes: 1 kg fettes Rindfleisch ohne Knochen, 3 l Brühe, worin das Fleisch gekocht ist und ½ kg Buchweizenmehl. Es darf nicht zu wenig Gewürz genommen werden.

Panhas, zu braten

Dieses so profitable wie angenehme Gericht für einen täglichen Tisch kann zu jeder Zeit gemacht werden, und zwar sowohl von Rindfleisch als Schweinefleisch, selbst von gekochtem Suppenfleisch und einem zähen Braten, wobei dann reichlich Speck mit feingehackt wird. Da man Panhas, wenn er lange genug gekocht ist, im Sommer an einem kühlen, luftigen Ort offenstehend 8, im Winter 14 Tage aufbewahren kann, so ist er zugleich als Aushilfe zu empfehlen. Nach dem Kochen wird er auf folgende Weise gebraten: Man macht Butter oder gutes Fett in einer Pfanne heiß, schneidet den Panhas in Scheiben von der Dicke eines kleinen Fingers, legt sie dicht nebeneinander und läßt sie unbedeckt auf beiden Seiten gelb und kroß braten, doch dürfen sie nicht austrocknen, müssen vielmehr inwendig weichbleiben. Man gibt den Panhas zu Kartoffelspeisen; besonders angenehm ist derselbe zu Kartoffeln mit Äpfeln oder Apfelbrei.

Pfeffergulasch

500 g Schweinefleisch aus der Schulter, in Würfel geschnitten, Salz, 40 g Fett, ½ l Wasser, 300 g Zwiebeln, 2 EL eingelegter grüner Pfeffer, 1 Dose Maiskörner, 2 EL braune Bratensauce, 2 EL Mondamin, 50 g marinierte rote Paprikaschoten

Die Fleischwürfel salzen und im heißen Fett anbraten. Mit Wasser ablöschen und ca. 30 Minuten halbweich schmoren. Die Zwiebeln in Ringe schneiden, mit dem Pfeffer zum Fleisch geben und weitere 30 Minuten mitschmoren. Die Maiskörner unterrühren. Die braune Bratensauce zufügen, mit dem angerührten Mondamin binden, das Gulasch würzig abschmecken und mit den roten Paprikaschoten darüber anrichten.

Pfefferklops (Preußen)

650 g Rindfleisch, 40 g Butter, etwas Rinderfett, 25 g Mehl, ½ l Wasser, je 1 Prise Salz und Pfeffer, 4 Gewürzkörner, 30 g Zwiebeln in Scheiben, 1 Lorbeerblatt, Maggiwürze

Das in fingerdicke Scheiben geschnittene Fleisch wird gut auseinandergeklopft. Butter und Fett im Tiegel zergehen lassen, in das heiße Fett so viel Fleischscheiben hineinlegen, daß der Boden bedeckt ist, bräunen lassen und dann herausnehmen. Genauso verfährt man mit den übrigen Fleischscheiben. Dann wird das Mehl in der Butter gebräunt, mit Wasser aufgekocht, das Fleisch hineingelegt, so daß das Wasser knapp übersteht. Man gibt Salz, Pfeffer, Zwiebeln und die Gewürze hinzu und läßt das Fleisch zugedeckt 2½–3 Stunden schmoren. Hin und wieder muß heißes Wasser nachgegossen werden. Zuletzt wird mit Maggi abgeschmeckt und die Sauce eventuell mit Kartoffelmehl angedickt.

Pfefferpotthast (Westfalen)

1000 g Rinderrippen, Schweineschmalz, Zwiebeln, Suppengrün, 2 Lorbeerblätter, Salz, Pfeffer, Mehl, Semmelbrösel, Zitronensaft, Zucker

Kräftig angebraten und pikant gewürzt, so muß des Westfalen heißgeliebtes Nationalgericht sein.
Man nimmt dazu 1000 g Rinderrippen, die in Schweineschmalz rundherum kräftig angebraten werden. In einem anderen Topf werden reichlich gehackte Zwiebeln in Fett gedünstet. Dazu kommt zerkleinertes Suppengrün, Lorbeerblätter, das Fleisch, Salz, Pfeffer, nicht zu viel Wasser. Ca. 90 Minuten werden die Rippen im geschlossenen Topf gegart. Danach Fleisch herausnehmen und von den Knochen lösen, in grobe Würfel schneiden. Die Brühe wird abgeseiht und mit etwas Mehl oder Bröseln angedickt, mit Zitronensaft und etwas Zucker abgeschmeckt.

Pichelsteiner Fleisch

500 g Fleisch ohne Knochen, Rind-, Schweine- und Kalbfleisch oder nur Rindfleisch, 1 Sellerie, Zwiebel, Petersilie, 750 g Kartoffeln, 80 g Mark, Salz, Pfeffer

Das Fleisch in Würfel schneiden, die rohen, geschälten Kartoffeln in Scheiben schneiden. In einen gut schließenden, eisernen Topf gibt man auf den Boden das in Scheiben geschnittene Mark, darauf lagenweise alle übrigen Zutaten. Auf die Fleischlage streut man Salz, Pfeffer, Zwiebel. Obenauf gibt man etwa ½ l Wasser oder Fleischbrühe, einige Markscheiben oder Butter, schließt den Topf gut und läßt das Ganze etwa 1½ Stunden an der Seite vom Herd dämpfen. Hat man kein Mark, kann man auch Butterscheiben nehmen.

Polnisches Sraszy

Man schneide aus einem Rinderschwanzstück oder aus einem Rinderfilet von vorzüglicher Güte fingerdicke Scheiben, schlage sie mit dem flachen Hackmesser etwas platt und beschneide sie zu runder Form. Nun mache man Butter in einer Kasserolle gelb, lege die Fleischscheiben hinein, füge etwas Salz, gestoßene Nelken und Pfeffer, feingehackte und in Butter geschwitzte Zwiebeln und Schalotten und ein erbsengroßes Stück feingeschabten Knoblauch hinzu und lasse das Fleisch, gut zugedeckt, in seinem eigenen Saft langsam weichdämpfen. Man begieße es von Zeit zu Zeit mit seinem Saft und füge, wenn es zu kurz einschmoren sollte, ein wenig Jus hinzu. Wenn das Fleisch weich ist, gieße man den Fond ab, entfette ihn, färbe ihn mit etwas Fleisch- oder Zuckerjus bräunlich, verkoche ihn mit ein wenig Weißmehl sämig und gieße ihn wieder auf das Fleisch. Man gibt gebratene Kartoffeln oder Püree von Kartoffeln dazu.

Prinz Orloff

1½ Pfund Schweinefleisch, 1 Pfund geriebener Schweizerkäse, ¾ Pfund gekochter oder roher Schinken, Mehl, Sahne, Margarine, Brühe

Das Fleisch am Vorabend braten. Das gebratene Fleisch wird in dünne Scheiben geschnitten. Den Schinken in kleine Würfel schneiden. Nun bereitet man mit der Margarine, dem Mehl, der Brühe und der Sahne eine helle Mehlschwitze. Um diese schmackhafter zu machen, gibt man etwas Schweizerkäse und den Schinken hinzu. Die Mehlschwitze muß dickflüssig sein.
Man nimmt jetzt eine feuerfeste Schüssel und reibt sie mit Margarine ein.
Das Fleisch wird jetzt abwechselnd mit der Mehlschwitze in der Schüssel geschichtet, d.h. ein Stück Fleisch, etwas Mehlschwitze, ein Stück Fleisch, usw. Man gibt dann den Schweizerkäse über das ganze Fleisch. Einige Flocken Margarine auf den Käse legen. Das Ganze wird eine halbe bis dreiviertel Stunde im Backofen bei starker Mittelhitze überbacken.

Ragout von Schweinefleisch, beim Einschlachten anzuwenden

Man zerkleinert die Kniestücke, Schnauze und einige Rückenstücke, wovon man die größte Hälfte des Specks abgeschnitten hat, in kleine passende Stücke, schäumt sie in 2 Teilen Wasser, 1 Teil Essig und Salz ab, gibt viel ganzes Gewürz, wie: Nelken, Pfeffer, Nelkenpfeffer, Zwiebeln, Lorbeerblätter, hinzu und läßt das Fleisch gar, aber nicht zu weich kochen. Eine Stunde vorher macht man Mehl braun, gibt es, mit etwas Brühe zerrührt und ein wenig Birnenmus oder Sirup, dazu, doch nur so viel, daß der Essig gemildert wird, läßt das Fleisch garkochen und füllt es in einen steinernen Topf. Anstatt des braunen Mehls kann man zuletzt auch Schweineblut mit Essig zum Fleisch rühren, wodurch die Brühe ganz sämig und wohlschmeckend wird und das Fleisch sich länger hält. Es kommt dann anfangs weniger Essig dazu.

Zur gegebenen Zeit macht man einen Teil von diesem Ragout heiß und gibt Kartoffeln dazu.
Es ist ein wohlschmeckendes Essen und hält sich einige Wochen ganz frisch.

Ragout von Schweinefleisch, süßsauer

In einer tiefen Kasserolle läßt man 3 bis 4 kleingeschnittene Zwiebeln in Butter hell anlaufen, verschwitzt 2 bis 3 Löffel Mehl darin zu dunkler Farbe, füllt reichlich kochendes Wasser oder Fleischbrühe auf, gibt Pfeffer und Salz, Nelken und Lorbeerblätter und etwas Essig dazu und läßt alles gut durchkochen. In Würfel geschnittenes Schweinefleisch wird in dieser Brühe weichgekocht und das Gericht zuletzt mit einem Eßlöffel Zucker und einem Glas Rotwein abgeschmeckt. Man reicht es mit Salz- oder Petersilienkartoffeln zu Tisch.

Ragout von Suppenfleisch oder Braten

Man schneidet das Fleisch in passende Stücke, macht Bratenfett oder Butter gelb, rührt 1 bis 2 geschnittene Zwiebeln darin gelbbraun, sowie je nach der Portion 1 bis 2 Eßlöffel Mehl, gibt Bouillon oder Wasser nebst Bratenbrühe, etwas Pfeffer oder Wasser nebst Bratenbrühe, etwas Pfeffer und Nelken oder Nelkenpfeffer, 2 bis 4 Lorbeerblätter und etwas abgeschälte, in feine Scheiben geschnittene eingemachte Gurken hinzu, läßt letztere weichkochen und das Fleisch in der Sauce ein wenig schmoren; dieselbe muß recht sämig sein. Wenn sie süßlich gewünscht wird, so kann man ½ Eßlöffel Sirup oder Birnenmus durchrühren.
Soll Braten zum Ragout angewandt werden, so mache man die Sauce fertig, die Gurken darin gar, lege dann erst das Fleisch hinein und lasse es langsam heiß werden, nicht kochen, weil Braten durch Kochen zäh wird.

Rauchfleisch mit Apfelmus

Rauchfleisch, Apfelmus, Meerrettich oder Saft und Schale einer Apfelsine

Das Rauchfleisch muß 24 Stunden gewässert werden. Man bindet es mit einem Zwirnfaden rund, kocht es in Wasser gar und schneidet es in Scheiben. Dazu reicht man Apfelmus, je nach Geschmack vermischt mit geriebenem Meerrettich und dem Saft und abgeriebener Schale einer Apfelsine.

Regensburger

1000 g fettes Schweinefleisch, 500 g Rindfleisch, 1¼ l Wasser, Salz, Pfeffer, Zitronenschale

Schweinefleisch und Rindfleisch sehr fein wiegen, dann tüchtig miteinander vermengen. Nach und nach mischt man Wasser in die Masse, würzt mit Salz, Pfeffer und etwas Zitronenschale. Man füllt dann die Wurstmasse in Rindsdärme und bindet sie ab. Wenn sie 1 Stunde bei starkem Feuer in den Rauch gehängt werden, ist das ausreichend. Dann läßt man sie etwa 10–15 Minuten in kochendem Wasser sieden.

Rinderbraten

625–750 g Mürbeschoß, Salz, Pfeffer, Zwiebel, 50 g Fett, 1 EL Mehl, nach Belieben Brotrinde, etwas Sellerie, gelbe Rübe, 1 Tomate, 3 EL Rahm

Das gut gelagerte Fleisch wird gewaschen, geklopft, mit Salz und Pfeffer eingerieben. In einem eisernen Topf läßt man Fett heiß werden, gibt das Fleisch zu, brät es auf einer Seite an, dreht um, gibt die Zwiebel, Brotrinde, Suppengemüse und Mehl zu, löscht, wenn alles Farbe hat, mit heißem Wasser oder Fleischbrühe ab, deckt den Topf zu, oder stellt ihn offen in den Backofen. Unter öfterem Begießen 1½–2 Stunden braten. Nach Belieben kann man beim Ablöschen Lorbeerblatt und Nelke, ½ Stunde vor Gebrauch etwas sauren Rahm und nach dem Abseihen der Sauce etwas Wein zugeben.

Rinderbraten, gespickter

Man klopft ein Stück Rindfleisch (am passendsten ist vom Schlegel das sogenannte Eck) recht gut, reibt es mit Salz, Pfeffer und einer Messerspitze Nelken ein, und spickt es mittels eines Messerchens oder spitzigen Kochlöffelstiels mit länglichgeschnittenem, in Salz und Pfeffer umgekehrtem Speck. Nun belegt man den Boden eines Kastrols mit etwas verschnittenem Speck, Zwiebel und Zitronenschale, gibt hierauf das Fleisch und bedeckt das Ganze mit einem passenden Deckel, der mit teigbestrichenen Papierstreifen gut verklebt wird. So dünstet man es im Backofen langsam drei Stunden, wo das Fleisch dann auf eine Platte angerichtet, und die abgefettete Sauce durch ein Sieb darübergegossen oder extra dazugegeben wird.

Rinderbraten, italienische Art

Etwa 3 Kilo gutes, von Fett und Knochen befreites Fleisch vom Rippenstück klopft man tüchtig, spickt es mit Speck, Sardellenstreifchen und Zwiebel oder ein wenig Knoblauch, bestreut es mit Salz, Pfeffer und gestoßenen Nelken, bindet es mit einem Bindfaden fest zusammen, legt es in einen irdenen, glasierten Topf oder eine passende Kasserolle, welche fett mit frischer Butter oder Olivenöl ausgestrichen ist, legt einige Lorbeerblätter darüber und gießt zwei bis drei Gläser Rotwein an. Nun deckt man einen festschließenden Deckel darauf, verklebt denselben fest mit Brotteig, stellt das Gefäß früh 8 Uhr oder noch zeitiger in einen mäßig beheizten Ofen (bisweilen wird das Fleisch auch schon über Nacht in einem halb ausgekühlten Backofen gedünstet) und läßt es etwa 6 Stunden darin; dann nimmt man den Deckel ab, gießt noch etwas Rotwein und kräftige Fleischbrühe an, mischt einige Löffel durchgestrichenes Liebesapfelpüree hinzu und dünstet das Fleisch noch kurze Zeit damit durch, um es zu abgekochten Makkaroni aufzugeben.

Rinderbraten, Mailänder Art

Ein derbes, saftiges Stück Rindfleisch von 5 bis 6 Pfund (Oberschale oder Blume sind zu diesem Braten am passendsten), wird 2 Tage vor dem Gebrauch schon in eine Beize von halb Essig, halb Wein gelegt. Diese muß kochend über das Fleisch gegossen werden, damit sich die Poren schließen und der Saft im Fleisch bleibt. – Mit Schinken, Speck und Kalbfleischscheiben, kleingeschnittenem Wurzelwerk und Zwiebeln legt man die Pfanne aus, in die der vorher gespickte und gesalzene Braten gegeben wird. Man übergießt ihn mit 125 g zerlassener Butter und brät ihn während einer Stunde in der Ofenröhre scharf an. Dann gießt man ¼ l Fleischbrühe, ¼ l guten Rotwein und ⅛ l von der Beize daran und läßt den Braten in 1½ Stunden weichdünsten. Man muß ihn ab und zu heben, damit er nicht anbrennt, und ihn häufig mit der Bratenbrühe beschöpfen. – Unterdessen kocht man 250 g guten Javareis gar, gibt 12 Stück in Wein gedünstete, feingewiegte Champignons dazu, vermengt ihn mit 3 verquirlten Eigelb und kräftigt ihn durch etwas Maggiwürze und Butter. Nachdem man den Braten aus der Pfanne gehoben, verquirlt man die Sauce noch mit etwas Kartoffelmehl, gibt, wenn sie zu kurz eingekocht ist, noch etwas Bouillon daran, würzt sie mit etwas Champignonextrakt und streicht sie zuletzt durch ein Sieb. Den in Scheiben geschnittenen Braten legt man in die Mitte des Tellers auf eine Reisunterlage, den übrigen Reis legt man als Kranz um den Braten herum. Die Sauce wird nebenbei gereicht.

Rinderbraten mit Knoblauch

Ein mürbe geklopftes Stück Fleisch wie das vorige wird mit Salz und Pfeffer eingerieben, mit länglich zerschnittenen, je in ein Salbeiblättchen gewickelten Knoblauchzehen mittels eines spitzigen Messerchens gespickt, und in ein Kastrol gelegt, nun ein Stück gutes Fett nebst einem Schöpflöffel Wasser dazugegeben, das Ganze mit einem passenden Deckel bedeckt, und im Backofen oder Rohr gebraten (im letzteren Fall unter Nachgießen von noch etwas Wasser oder Fleischbrühe), sodann das Fleisch auf einer Platte angerichtet, und von der abgefetteten Sauce ein kleiner Teil darübergegossen, der Rest derselben extra aufgestellt.

Rinderbraten, dem Waidmann wohlgetan

Nachdem man etwa 2 bis 3 Kilo mürbes Fleisch aus einem von Knochen und Haut befreiten Rückenstück tüchtig geklopft hat, so daß es wie ein großes Beefsteak aussieht, bereitet man ein Rührei aus 12 bis 15 Eiern, 250 bis 300 Gramm würfliggeschnittenen, magerem rohem Schinken und etwas gehacktem Schnittlauch, streicht es auf das mit Pfeffer und Salz gewürzte Fleisch, rollt letzteres so zusammen, daß es die Form eines länglichen Brotes erhält, umbindet es mit Bindfaden, belegt es mit Speckscheiben und brät es in Butter, worauf man die Sauce entfettet und mit kräftiger Fleischbrühe nebst etwas Zitronensaft aufkocht; man kann sie auch durch ein Glas Madeira verfeinern.

Rinderbrust, gedämpfte

2½ Pfund Rinderbrust, 1 Zwiebel, 1 gelbe Rübe, 1 Gemüsestrunk, Sellerie, Petersilie, 30 g Schinken, 1 EL Salz, Prise Pfeffer, ¾ l Fleischbrühe, ⅛ l dicken sauren Rahm

Eine Rinderbrust von einem jungen Tier wird ausgebeint, tüchtig geklopft, gesalzen, gepfeffert, gerollt und mit einer Schnur fest umbunden. Nun legt man das Fleisch in einen nicht zu großen, gut schließenden Bratentopf, gibt die geputzten, gewaschenen Gewürze nebst geschnittenem Schinken und Fleischbrühe zu, schließt den Topf gut und läßt das Fleisch unter öfterem Begießen und Drehen 3 Std. dämpfen. Hierauf schöpft man das überflüssige Fett ab, gibt den Braten in den heißen Backofen, wo man ihn unter öfterem Begießen mit dem Bratenjus im Zeitraum von 20 Min. glasiert. Hierauf gibt man Rahm und ⅛ l heiße Fleischbrühe zu, nimmt den Braten sofort heraus und stellt ihn mit einem Butterpapier bedeckt gut warm. Der Beiguß wird gut aufgekocht und durchgeseiht. Man serviert grüne Gemüse wie Wirsing usw. dazu.

Rinderbrust, krustierte

Nachdem man ein großes schönes Bruststück in siedendes Wasser mit Salz, Wurzelwerk, Zwiebeln und Kräuter gegeben und unter mehrmaligem Umwenden drei Stunden darin gekocht hat, nimmt man das Fleisch heraus, legt es in eine ziemlich flache Pfanne, übergießt es mit Butter, bestreicht die Oberseite mit geschlagenem Ei und überstreut sie mit einem Teil einer Mischung von 200 g geriebener Semmel, 70 g geriebenem Parmesankäse, 2 bis 3 feingehackten, in Butter geschwitzten Schalotten, etwas gehackter Petersilie, ganz wenig Thymian und Majoran, einer Prise weißem Pfeffer und einer Prise geriebener Muskatnuß. Dann quirlt man vier Eier mit ein wenig zerlassener Butter, Salz und einem Löffel Rahm zusammen, beträufelt die im Ofen hochgestellte Rinderbrust damit, streut wieder einen Löffel der Mischung darüber, läßt sie bei guter Oberhitze anbraten und fährt damit fort, bis man die Kräutermischung verbraucht hat, welche eine hellbraune Kruste über das Fleisch bilden muß, die man zuletzt noch mit einem Löffel zerlassener Butter begießt. Man zieht nun soweit als möglich behutsam die Knochen heraus, verziert die Schüssel mit Petersilie und gibt die krustierte Brust mit der Jus auf.

Rinderbrust, gesurt

1 l Wasser, 375 g Salz, 30 g Salpeter, 30 g Farinzucker, 1000 g Rindsbrust

Wasser, Salz, Salpeter und Farinzucker werden aufgekocht, abgekühlt und über die gewaschene Rindsbrust gegossen. Bereits nach 8 Tagen kann das Fleisch verwendet werden. In Wasser kocht man es in ca. 2½ Stunden weich und reicht es zu Kartoffelgemüse, Petersilienkartoffeln oder gedünstetem Kraut und Erbsenbrei. Auch kalt schmeckt es sehr gut.

Rinderfilet

4 Pfund Fleisch, 50 g Speck, 100 g Fett, 1 EL Salz, Prise Pfeffer, 1 Zwiebel, 1 gelbe Rübe.
Zum Beiguß: 1/8 l Rahm, 1/8 l Fleischbrühe, 2 EL Wein

Vor der Zubereitung muß die Lende, auch Filet oder Lummel genannt, gut abgehängt sein, da sie sonst nicht mürbe wird. Man prüft das Mürbesein des Fleisches, indem man mit Daumen und Zeigefinger die oben liegenden Fleischfasern fest zusammenpreßt. Zerreißen dieselben durch den entstandenen Druck, ist das Fleisch zart. Liefert der Metzger eine ganze Lende zur Zubereitung, muß man erst die Knochen und das Fett loslösen. Der obere Teil der Lende, der sogen. Kopf, sowie die Lendenspitze werden weggeschnitten. Ersterer wird gebeizt und zu Sauerbraten verwendet, während man die Spitze als Pilaff oder Gulasch zubereitet. Beim Entfetten achte man darauf, daß an der Seite der Lende etwas Fett stehenbleibt, die Sehnen dagegen, welche hier entlang laufen, müssen, um ein Zusammenziehen des Bratens zu vermeiden, losgelöst werden. Die auf der oberen Seite der Lende befindliche Haut wird mit einem scharfen Messer vorsichtig weggeschnitten. Man hält dabei das Messer ziemlich waagrecht und drückt die losgelöste Haut gegen das Fleisch. Nun spickt man die Lende mit den feingeschnittenen Speckstreifen. Letztere müssen den Fleischfasern entlang laufen. In der nicht zu großen Bratpfanne läßt man das Fett heiß werden, gibt die mit Salz und Pfeffer eingeriebene Lende nebst der Zwiebel und gelben Rübe hinein, wendet das Fleisch im Fett um und läßt es auf starkem Feuer auf beiden Seiten braun anbraten. Hierauf stellt man die Pfanne in den heißen Backofen und brät das Fleisch unter fleißigem Begießen, je nach der Dicke oder der Ofenhitze, 40–50 Min. Sollte während dieser Zeit das Fett zu heiß werden, dann gibt man etwas frisches Fett dazu, oder zieht die Bratpfanne kurze Zeit aus dem Ofen. Auf keinen Fall darf man Flüssigkeit zugeben, da dadurch Dampf entsteht, wodurch die Fleischfasern zusammengezogen werden. Aus demselben Grund empfiehlt es sich auch, die Backofentür eine Spalte offen zu lassen, damit der Dampf abziehen kann. Wenn der Braten fertig ist, nimmt man ihn aus der Bratpfanne, belegt ihn mit einem Butterpapier und stellt ihn heiß. Sodann wird der

Bratenansatz, welcher sich an der Seite der Bratpfanne angesetzt hat, losgekratzt, unter den entfetteten Bratenbeiguß gegeben und letzterer mit dem Rahm und der Fleischbrühe aufgekocht und durchgeseiht. Nach Belieben kann man noch mit Wein würzen.

Rinderfilet, englische Art, mit Meerrettichscheiben

Von einer schönen abgehangenen Rindslende entfernt man Fett und Sehnen und häutet sie vorsichtig. Nach leichtem Salzen legt man sie in die Pfanne in reichlich kochende Butter, begießt sie sehr oft und brät sie 20 bis 25 Minuten bei gutem Feuer. – 1 Stange Meerrettich wird abgewaschen, geschält und gerieben, mit 3 Löffeln Reibebrot und 2 Löffeln gestoßenem Zucker vermengt und mit 4 Eiern, 65 g Butter, etwas Salz und Cayennepfeffer zu einem glatten Teig verarbeitet. Aus diesem formt man eine nicht zu dicke Rolle, bäckt sie bei gelindem Feuer in etwas Butter hellbraun an und schneidet daraus, nachdem sie ausgekühlt, gleichmäßige Scheiben. Diese richtet man mit der in Scheiben geschnittenen Lende abwechselnd an. Dieses Gericht serviert man mit eingekrusteten Kartoffeln und einer Bechamelsauce.

Rinderfilet, gedämpft

Das abgehäutete Lendenstück wird mit länglichgeschnittenem, in feingehackter Petersilie, Salz und Pfeffer ungekehrtem Speck und mit kleinverschnittenen Sardellen hin und wieder der Länge nach schief mit einem Messer eingespickt, und so in einem Kastrol nebst einigen Stückchen Speck, auch Abfällen von Kalb- oder Rindfleisch oder etwas Schinken, verschnittener Sellerie, gelber Rübe, Petersilienwurzel, drei ganzen Zwiebeln, von denen eine mit vier Nelken besteckt ist, und etwas Ingwer gut zugedeckt eine halbe Stunde gedämpft. Nun wird ¼ l guter Wein und ein Schöpflöffel Fleischbrühe dazugegossen, und das Ganze zugedeckt noch eine kleine Stunde durchaus weichgedämpft, worauf man den Braten auf der Platte anrichtet, und mit Glasur oder dick eingekochter Bratenbrühe, wenn solche vorrätig ist, überstreicht. Nachdem die Sauce abgefettet und mit etwas Wasser verdünnt, wird sie durch ein Sieb getrieben und extra serviert.

Rinderfilet, gefüllt

Die Füllung besteht aus ¾ Pfund gehacktem Schweinefleisch, mit eingeweichten, ausgedrückten und verzupften Brötchen, 1 Eßl. in Butter gedämpfter Petersilie und Zwiebel, Salz, Pfeffer, Muskat und 2–3 Eiern.
Da hinein kommen Pistazien und Trüffelstücke. Die Lende wird wieder zugenäht, mit feingeschnittenen Speckscheiben gleichmäßig umwikkelt, mit Salz und Pfeffer eingerieben und gebraten.

Rinderfilet, garniert mit Gemüsen

Ist das hierzu gehörige Lendenstück von den gröbsten Häuten befreit, so spickt man es mit länglichgeschnittenem Speck einem Hasen ähnlich, danach wird dasselbe mit einer Handvoll verschnittenen Zwiebeln und ebensoviel in Würfel geschnittenem Speck in eine längliche Bratpfanne gelegt, mit Salz und Pfeffer bestreut und in anderthalb bis zwei Stunden langsam im Ofen, unter öfterem Begießen mit feinem Saft und Zugießen von etwas Fleischbrühe, weich und gelb gebraten. (Auf *englische* Art braucht das Filet bei guter Hitze nur eine halbe bis dreiviertel Stunde.) Nach Anrichten überstreicht man den Braten mit Glasur oder dicker Bratenbrühe. – Soll er nach der Suppe aufgetragen werden, so belegt man ihn ringsum mit verschiedenen *Gemüsen*, wie: gelben Rüben, weißen Rüben, Kartoffeln, Blumenkohl. Die gelben und weißen Rüben werden zu diesem Zweck zu ganz kleinen Rübchen geformt, in Salzwasser abgesotten, in etwas Fett, das von der Bratensauce abgenommen werden kann, gedämpft, und mit einem Eßlöffel Zucker und etwas Fleischbrühe vollends weich und ganz kurz gedünstet. Den Blumenkohl putzt man, beseitigt die weniger hübschen Blumen, und kocht ihn in Salzwasser weich. Die Kartoffeln werden gekocht, geschält, klein rund geformt, und in gleichfalls von der Bratensauce abgenommenem Fett gelb geröstet. Diese Gemüse legt man, wie bereits bemerkt, zierlich um den Braten, und begießt sie von der Seite mit etwas Sauce, während man die zurückgebliebene aufgelöste, durchs Sieb getriebene Sauce besonders serviert. – Kann auch mit Kartoffeln allein gegeben werden.

Rinderfrikandeau, gefülltes

Ein Rinderfrikandeau, auch unter dem Namen Nuß bekannt als das beste Stück aus der Keule, wird gehäutet, geklopft, mit Pfeffer und Salz eingerieben und in halb Bouillon, halb Weißwein mit 2 Lorbeerblättern, Pfeffer- und Neuwürzkörnern und kleingeschnittenem Wurzelwerk fast weichgedünstet. Nachdem der Braten erkaltet ist, wobei er aber in der Brühe verbleiben muß, hebt man ihn aus der Pfanne, schneidet an der oberen Schmalseite eine 2–3 cm dicke Scheibe ab und höhlt den Braten so weit aus, daß ringsum eine Wand von etwa 1½ bis 2 cm bleibt. Aus 5 Eiern bereitet man ein weiches Rührei, dann gibt man das ausgeschnittene Fleisch, einige feine Pilze, die vorher gedämpft werden müssen, und etwas Petersilie, alles feingewiegt, dazu, rührt etwas eingeweichtes Milchbrot, Majoran, Pfeffer und Salz unter die Masse und füllt damit den ausgehöhlten Braten, legt die Scheibe als Deckel wieder darauf und läßt den Braten in der Pfanne noch einmal heiß werden. Die Sauce bereitet man, indem man etwas Braunmehl in der Bratenbrühe verrührt, ein Glas Madeira hinzugießt und mit Maggiwürze abschmeckt. Den Braten garniert man mit glasierten Kastanien und Zwiebeln und reicht ihn mit der Sauce zu Butternudeln oder Makkaroni.

Rinderpökelfleisch (Preußen)

1000–1500 g Pökelfleisch, 1 Lorbeerblatt, Nelkenpfeffer

1000 bis 1500 g Pökelfleisch, am besten ist Rinderpökelbrust. Hat dieselbe sehr kurze Zeit in der Lake gelegen, wäscht man sie nur lauwarm ab. Ist das Fleisch schärfer gepökelt, muß es dementsprechend längere Zeit wässern. Man setzt es mit kaltem Wasser auf, fügt ein Lorbeerblatt und ein paar Körner Nelkenpfeffer hinzu und läßt es ganz langsam ca. 3 bis 3½ Stunden garkochen. Die Rinderbrust kann warm serviert werden mit Meerrettichsauce und Kartoffelklößen, schmeckt aber aufgeschnitten auch kalt sehr gut.

Rinderrippen

Man nimmt eine oder zwei Ochsenrippen, hackt mit dem Hackmesser die oberen Knochen ab, und schneidet am Ende der Rippe das Fleisch rundum zweifingerbreit weg, daß es ein Kotelett bildet, indem man zugleich das Bein rein abschabt. Nun wird das Rippenstück mit dem Fleischschlegel etwas geklopft, und mit grobgeschnittenem, in Salz, Pfeffer und feingewiegter Zitronenschale umgekehrtem Speck durchzogen, dann nebst einigen Zwiebeln, gelber Rübe, Petersilienwurzel, Pastinak, Lauch, etwas Salz, einem Stückchen Nierenfett oder einem Schöpflöffel recht fetter Fleischbrühe und einem Schöpflöffel Wasser in ein Kastrol oder einen Tiegel gebracht, und gut zugedeckt im Ofen oder auf dem Herd anderthalb bis zwei Stunden gedämpft, wobei man einigemal nachsieht, ob sich das Fleisch nicht ansetzt. Sollte die Sauce inzwischen beinahe eingekocht sein, so wird noch etwas Wasser nachgegossen. Ist das Rippenstück nun weich und gelb, ja nicht braun, eingedünstet, so wird es herausgehoben, der zurückgebliebene Satz abgefettet und mit etwas Fleischbrühe oder Wasser aufgelöst, jenes alsdann wieder hineingelegt, noch eine Viertelstunde damit gekocht, danach auf der Platte angerichtet, und, nachdem man die Sauce durchs Sieb darübergeschüttet, mit gebackenen Kartoffeln bekränzt serviert. – Die Rindsrippe wird beim Anrichten gewöhnlich mit einem scharfen Messer vom Bein abgelöst, und schief in dünne Scheiben geschnitten, dann sofort wieder in ihre frühere Form zusammengeschoben, und mit der Sauce begossen. – Sehr angenehm schmeckt es, wenn man einen Eßlöffel Sardellenbutter vor dem Anrichten an die Sauce gibt, und diese dann nach gehöriger Vermischung, ohne sie nochmals kochen zu lassen, unter die Rindsrippen anrichtet. Letztere werden in diesem Fall obenüber mit Glasur überstrichen.

Rinderrippen, andere Art

Das Rippen- oder Kotelettstück des Rindes muß gut abgehangen sein, wird von Knochen und Sehnen befreit und in 3 cm dicke Scheiben geschnitten. Das Fleisch wird tüchtig geklopft, von einer Seite mit Pfeffer und Salz bestreut, in steigende Butter gelegt und scharf angebraten. Nach 2 Minuten bestreut man die obere Hälfte mit Salz und Pfeffer, wendet das Fleisch und brät es auch von dieser Seite bei großer Hitze, begießt es tüchtig mit der Butter und läßt es so noch weitere 8 Minuten rösten. Knochen und Sehnen hat man mit etwas Wurzelwerk ausgekocht, gibt etwas Braunmehl zur Brühe, würzt sie mit Pfeffer und Salz, gibt ein paar Eßlöffel Madeira dazu und treibt die Sauce durch ein Sieb. Als Beilagen für dieses Gericht eignen sich am besten Spinat, Braunkohl, Rotkohl usw.

Rindfleischgratin

Zu diesem Gericht kann man Rindfleischreste sehr gut verwenden. Man schneidet sie in kleine Scheiben, taucht sie schnell in heiße Butter oder ausgelassenen Speck und schichtet sie in eine irdene, gut ausgebutterte und mit Reibebrot ausgestreute Schüssel. Zwischendurch verstreut man Schnittlauch, Schalotten, Petersilie, Pilze und Majoran, alles feingewiegt, und übergießt zuletzt alles mit ⅛ l guter Bouillon und vier darin verquirlten Eiern. Nach Belieben kann man jetzt noch geriebenen Parmesan-, Schweizer- oder Kräuterkäse darübergeben, zerpflückt obenauf 65 g Butter und bäckt die Speise während einer halben Stunde. In der Schüssel, um die man eine Serviette schlagen kann, wird das Gericht zu Tisch gegeben. Bratensauce kann man dazu reichen, aber auch Kapern- oder Champignonsauce sind hierzu sehr beliebt.

Rindfleisch in Rotwein

1000 g Rinderschmorbraten, 2 Zwiebeln, 2 Mohrrüben, etwas Knoblauch, 1 Lorbeerblatt, Salz, Pfeffer, 1 Flasche Rotwein, 1 Glas Weinbrand

Man mischt Zwiebeln, Mohrrüben, ausgepreßten Knoblauch, Lorbeerblatt, Salz und Pfeffer mit einer Flasche Rotwein und läßt den Rinderschmorbraten darin über Nacht ziehen. Dann nimmt man das Fleisch heraus und beträufelt es mit einem Glas Weinbrand. Die Marinade wird aufgekocht, das Fleisch hineingegeben und langsam gegart. Eine Stunde vor Ende der Garzeit werden die Gemüse herausgenommen, durchpassiert und wieder zum Fleisch gegeben.

Rindfleisch in Rotwein, andere Art

1 kg Rindfleisch aus der Keule. Marinade: 1 TL Salz, ½ TL Zucker, ½ TL Thymian, 5 Pfefferkörner, 5 Gewürzkörner, 2 Lorbeerblätter, 4 kleine Zwiebeln, 2 Nelken, ½–¾ l Rotwein, 50 g Schweine- oder Gänseschmalz, 50 g geräucherter durchwachsener Speck, 200 g Champignons

Das gewaschene Fleisch in große Würfel schneiden, in einen Kochtopf oder eine Terrine geben. Alle für die kalte Marinade bestimmten Zutaten in angegebener Reihenfolge daraufgeben, der Wein muß das Fleisch bedecken. Deckel auflegen, das Fleisch mindestens 12 Std. in der Marinade lassen. Dann auf ein Sieb geben, die gut abgetropften Fleischstücke im heißen Schmalz mit ausgebratenen Speckwürfeln bräunen. Die blättrig geschnittenen Champignons und die Marinade dazugeben und etwa 1½–2 Std. garen. Die etwas eingekochte Sauce wird nicht gebunden.

Rindfleisch, in saurer Milch zu braten

Man nimmt ein Stück wie zum Sauerbraten, klopft es wie im vorhergehenden recht mürbe und reibt es mit wenig Salz und Nelkenpfeffer oder mit etwas Pfeffer und Nelken ein. Dann schwitzt man Butter und Speck oder Nierenfett gelbbraun, legt das Fleisch hinein und läßt es ringsum hellbraun werden, wobei man solches, um Anbrennen zu verhüten, öfters hin und her schiebt. Hat es so eine gute Farbe erhalten, so gießt man öfter dicke saure Milch hinzu, während man den Braten, fest zugedeckt, bei guter Hitze ununterbrochen so lange schmoren läßt, bis er milde geworden ist.
Auch kann man das Fleisch, ohne es zu klopfen, vor dem Gebrauch im Sommer ohne Nachteil 4 Tage, mit dick gewordener Milch bedeckt, aufbewahren. Das Stück werde, um es vor Schmeißfliegen zu schützen, mit einer Drahtstülpe, in Ermanglung mit einem Küchentuch, zugedeckt und nach 2 Tagen, besser täglich, die Milch erneuert. Beim Gebrauch legt man das Fleisch, mit dem nötigen Salz bestreut, trocken in einen Topf, läßt die entstehende Brühe offen abdampfen, nimmt es dann heraus, bestreut es mit dem bemerkten Gewürz, macht es im Fett braun und verfährt weiter, wie gesagt worden. Beim Anrichten kann die Sauce, welche gelbbraun und sehr gerundet sein muß, nötigenfalls mit kaltem Wasser zusammengerührt werden.

Rindfleisch, gedämpft

Es wird hierzu ein Stück Fleisch von der Schale genommen, dies geklopft und gespickt, und sodann nebst zwei mit vier Nelken besteckten Zwiebeln, einer Speckschwarte, einer gelben Rübe, zwei Lorbeerblättern, einer Petersilienwurzel, Salz und etwas Pfeffer in ein Kastrol oder in eine Bratpfanne gelegt, wo man es mit einem halben Schöpflöffel fetter Fleischbrühe begießt, mit einem passenden Deckel gut bedeckt, und auf schwachem Feuer oder im Ofen zum Kochen bringt. Nach einer halben Stunde wird ½ l weißer Wein, oder ¼ l Essig und ¼ l Fleischbrühe oder Wasser darangeschüttet, das Ganze wieder fest zugedeckt, und so langsam drei bis vier Stunden gedämpft, möglichst im Bratofen, da es hier besser wird und weniger Mühe erfordert. Nun wird das Fleisch auf der gehörigen Platte angerichtet und warmgestellt, die zurückgebliebene Sauce abgefettet, durch ein Sieb gegossen und in einer Sauciere extra gegeben. – Gewöhnlich serviert man hierzu Kartoffeln, die vorher abgekocht, beim Schälen schön rund geformt, und in gutem Fett gelb geröstet sind.

Rindfleisch, geschmort

2 Pfund derbes Rindfleisch, am besten Oberschale, wird 10 Minuten lang tüchtig geklopft, mit Salz und Pfeffer bestreut und mit Weizenmehl bestäubt. Nierenfett, Schmerfett und Butter gibt man zu gleichen Teilen in eine Kasserolle und wenn es zu steigen anfängt, läßt man das Fleisch bräunen. Dann gibt man bis zu ¾ des Fleisches kochendes Wasser von der Seite daran, deckt die Kasserolle fest zu, beschwert den Deckel im Notfall mit einem Plätteisen und läßt das Fleisch so eine reichliche halbe Stunde bei gelindem Feuer schmoren. Die Sauce kann man etwas verlängern, wenn man zuletzt noch etwas in Bouillon verquirltes Kartoffelmehl darangießt oder sich mit Wasser und Fleischextrakt hilft. Kartoffelpüree oder Petersilienkartoffeln passen am besten zu diesem Gericht. – Man kann aber auch Speckwürfelchen mit Zwiebelscheiben anbräunen, eine kleingeschnittene Möhre, etwas Lorbeer-, Pfeffer- und Gewürzkörner darangeben, das Fleisch hineinlegen und nach und nach zum Bräunen bringen, indem man nur jedesmal ein paar Tropfen Wasser zugießt. Nach jedesmaligem Begießen muß die Kasserolle wieder gut verdeckt werden. In ungefähr 2 Stunden ist das Fleisch weich. Man hebt es aus der Sauce, legt ein Papier und einen Deckel darüber, damit es recht saftig bleibt, und stellt es bis zum Gebrauch in die warme Röhre. Aus dem Saft bereitet man eine dicke Sauce, die man gesondert zum Fleisch reicht.

Rindfleisch, geschmort mit Pflaumen

625 g Rindfleisch, 40 g Butter, Wasser, Salz, 1 Lorbeerblatt, 4 Gewürzkörner, 125 g Backpflaumen, Kartoffelmehl, Zucker

Das Fleisch, das nicht sehr fett sein darf, wird kurz unter kaltem Wasser abgespült und abgetrocknet, die Butter in einer Schmorpfanne zerlassen, das Fleisch hineingelegt und von allen Seiten angebraten. Sollte das Fett zu dunkel werden, gießt man ein wenig Wasser hinzu. Sobald das Fleisch gleichmäßig gebräunt ist, gießt man ½ l kochendes Wasser auf, salzt und würzt. Nach ca. 1 Stunde schüttet man die Hälfte der Pflaumen hinzu, die vorher gewaschen und entsteint werden. Wenn das Fleisch fast weich ist, gibt man den Rest der Pflaumen hinzu. Nach beendeter Kochzeit (2–3 Stunden) nimmt man das Fleisch heraus, bindet die Sauce mit Kartoffelmehl und schmeckt mit Zucker und Salz ab. Das in Scheiben geschnittene Fleisch wird in der Sauce angerichtet.

Rindfleischklöße

Es wird 250 g Beefsteakfleisch möglichst fein gehackt, wobei man alles Sehnige entfernt. Dann 65 g Butter zu Sahne gerührt, hinzugefügt: 2 Eidotter, 50 g abgeschältes, eingeweichtes und ausgedrücktes Milchbrot, Muskatblüte, Salz und zuletzt der Schaum von einem Eiweiß. Die Masse muß zwar etwas weich sein, aber doch gehörig zusammenhalten. Man sticht sie mit einem Löffel ab und kocht sie 5 Minuten in der Suppe.

Rindfleisch mit einer Kruste

Hierzu ist der Brustkern das beste Stück, und es wird solches mit dem gehörigen Wurzelwerk und Salz weichgekocht, und dann in eine Bratpfanne gelegt. Nun verrührt man ein Ei, vermischt es mit feingewiegter Zwiebel und Petersilie, bestreicht damit das Fleisch, überstreut solches mit Semmelbröseln, gießt ein wenig fette Fleischbrühe darunter, und läßt es im Ofen eine schöne gelbe Kruste bekommen, es inzwischen öfters mit der darunter befindlichen fetten Brühe beträufelnd. Danach wird das Fleisch in die Mitte einer warmen Platte gelegt, ringsum mit gedünsteten gelben Rüben oder gebratenen ganzen Kartoffeln geziert, und mit warmer Zwiebel- oder Pfeffersauce oder mit Meerrettich, Gurken und dgl. zu Tisch gegeben.

Rindfleisch mit gefülltem Kohl

Ein Stück Rindfleisch wird gesotten. Unterdes nimmt man von einem großen, schönen Kohlkopf (Wirsing) die äußeren Blätter ab, schneidet den größeren gelben Blättern die stärkeren Rippen aus, wäscht die Blätter, kocht sie einige Minuten in Salzwasser ab oder brüht sie nur, (man legt nämlich die hergerichteten Blätter in eine tiefe Schüssel, schüttet siedendes Wasser darauf und läßt so dieselben einige Zeit zugedeckt stehen), und legt sie dann auf einem Brett auseinander. Sind sie abgelaufen, so werden sie auf einer ausgebreiteten Serviette der Länge nach schuppenartig übereinandergelegt, so daß ein Strich von ungefähr 60 cm in der Breite der Kohlblätter bedeckt ist, danach wird eine Haschee- oder Kalbfleischfarce hineingewickelt, solche auch von der Seite mit Blättern wohl verschlossen, und dies in der Serviette zu einer langen, 5 cm dicken Wurst gerollt, welche man in ein Kastrol legt und eine leichte Stunde mit so viel Fleischbrühe oder leicht gesalzenem Wasser, daß sie gerade bedeckt ist, dämpft. Ist Kohl und Fülle fertiggedämpft, (was man erkennt, wenn die Wurst sich beim Anfühlen fest zeigt) so wird die Wurst auf ein Brett herausgenommen, aus der Serviette gewickelt, und in dreifingerbreite Stückchen verschnitten, die man aufrecht um das angerichtete Rindfleisch herumstellt, darunter einen halben Schöpflöffel Fleischbrühe gießt und das Ganze nun sofort aufträgt. – Der gefüllte Kohl kann auch *ohne* Serviette bereitet werden. Man legt alsdann die Blätter in obiger

Ordnung auf ein Brett, gibt die Farce in länglicher Weise darauf und schlägt die Blätter gut über und um dieselbe, so daß sie völlig darin eingewickelt ist und Kohl und Farce eine Wurst bilden. Diese wird nun behutsam in ein flaches Kastrol eingelegt, mit einem Schöpflöffel fetter Fleischbrühe begossen, und, mit einem passenden Deckel bedeckt, eine leichte Stunde langsam weichgedämpft, doch unterdes immer etwas Fleischbrühe nachgegossen, daß der Kohl sich nicht ansetze, worauf das Ganze mit zwei Fischschaufeln auf ein Brett herausgenommen und in passende Stücke geschnitten wird, die man behutsam wie vorige um das Rindfleisch ordnet. – *Schöner* sieht der Kohl aus, wenn die Blätter *einzeln* gefüllt werden. Man muß sie dann nur recht gut rollen.

Rindfleisch mit Rosinensauce

750 g Rindfleisch zum Kochen, Salz, Suppengrün, Petersilie, Kerbel, Dill, 50 g Butter, 40 g Mehl, ½ l Fleischbrühe, 1 Prise gemahlene Nelken, 100 g Rosinen, 2 Gewürzgurken, etwas Essig, 1 Prise Zucker

In etwa 90 Minuten kocht man das Rindfleisch mit dem Suppengrün und den Kräutern in Salzwasser weich.
Für die Sauce bereitet man eine helle Mehlschwitze aus Butter und Mehl, gießt mit ½ l Kochbrühe auf und würzt mit Salz und Nelkenpulver. Die Rosinen werden gewaschen und kommen dann in die Sauce. Nach ca. 7 bis 9 Minuten Kochzeit gibt man die in Würfel geschnittenen Gewürzgurken hinein, schneidet das Fleisch in Scheiben und läßt es in der Sauce heiß werden. Abschmecken mit ein paar Tropfen Essig und Zucker.

Rindfleisch mit Sardellen und Speck

Hierzu wird jedes beliebige Stück, vorzüglich aber der Brustkern genommen und wie gewöhnlich weichgekocht. Eine halbe Stunde vor dem Anrichten schneidet man 70 g Speck halbfingerlang und halbfingerdick, desgleichen das ausgekernte Mark einer Zitrone und 35 g gewaschene, ausgegrätete Sardellen in längliche Stückchen, mengt dies nebst etwas Pfeffer und Salz gut untereinander und spickt es mit Hilfe eines spitzigen Kochlöffels oder Messers in das Fleisch ein. Letzteres wird nun nebst dem vom Spicken übriggebliebenen Speck etc. in eine Bratpfanne gelegt, mit einem halben Schöpflöffel Braten- und ebensoviel Fleischbrühe übergossen, und so läßt man das Fleisch, unter öfterem Begießen mit seiner Sauce, im Ofen oder einer Bratröhre gelb werden, richtet es dann auf einer warmen Platte an, löst die Sauce, wenn sie stark eingekocht wäre, mit etwas Fleischbrühe auf, fettet sie ab, und gießt solche durchs Sieb unter das Fleisch. – Es wird hierzu warme Sardellensauce serviert.

Rindfleisch mit saurem Rahm

Hierzu nimmt man gewöhnlich das Schweifstück. Das Fleisch wird geklopft, mit dem gehörigen Salz und etwas Pfeffer eingerieben, und in der Schüssel eine Stunde beiseite gestellt, danach gibt man es mit so viel halb Wasser halb Wein, daß daß es zur Hälfte daran heraufgeht, in ein Kastrol, belegt es mit einigen Zwiebeln, zwei Lorbeerblättern, einer kleinen Zehe Knoblauch, vier Nelken und etwas Zitronenschale und stellt es, passend bedeckt, in den Ofen oder auf den Herd, wo es zwei bis drei Stunden dämpfen muß, und sodann herausgenommen und zugedeckt an einen warmen Ort gestellt wird. Mittlerweile röstet man in einem Stückchen Fett zwei Kochlöffel Mehl schön braun, rührt solches mit wenigem kaltem Wasser glatt an, gibt von der Brühe, worin das Fleisch gedämpft wurde, daran, und bringt das Ganze wieder in das Kastrol, wo nun die Sauce eine halbe Stunde kurz und dicklich einkochen muß. Nachdem sie abgefettet, wird die Sauce mit ⅛ l gutem saurem Rahm noch eine Viertelstunde gekocht, hierauf durchs Sieb getrieben, über oder unter das angerichtete Fleisch gegossen, und dieses mit gerösteten oder kleinen glasierten Kartoffeln serviert.

Rindfleisch, überzogenes

Man nimmt dazu ein saftiges Stück Fleisch (das geeignetste ist die Rippe), das nie weniger als 3 Kilo haben darf, wäscht es, und überbindet es mit starkem Bindfaden. Nachdem es dann wie gewöhnlich weichgesotten ist, nimmt man es behutsam heraus, entfernt den Bindfaden und legt es mit einem Stückchen Butter oder gutem Abschöpffett in eine Bratpfanne. Nun werden zwei Kochlöffel feines Mehl mit drei Eigelb, $1/4$ l saurem Rahm, vier bis fünf Eßlöffeln geriebenem Parmesankäse, Salz, Pfeffer und Muskatnuß glatt angerührt, und auf dem Feuer unter fortwährendem Rühren so lange gelassen, bis alles zu einem dicklichen Brei geworden, welchen man über das Fleisch streicht. Letzteres bestreut man alsdann gut mit Semmelbröseln, beträufelt es mit Butter, gibt einen Eßlöffel sauren Rahm dazu, und bäckt es in nicht zu heißem Ofen oder in der Bratröhre schön gelb, inzwischen einen Schöpflöffel Fleischbrühe daruntergießend, worauf es behutsam auf einer warmen Platte angerichtet und eine frikassierte Sardellensauce extra dazu serviert wird.

Rindfleisch, wie es den Juden genehm ist

Ein großes, saftiges Stück Fleisch von der Oberschale oder dem Lendenstück wird mit Salz und etwas gestoßenem Salpeter tüchtig eingerieben, fest in ein Gefäß gedrückt und mit einem beschwerten Deckel zugedeckt, worauf man es 3 Tage so pökeln läßt, dann herausnimmt, mit schmalen Streifchen Rindsfett, häufig auch mit kleinen Stückchen geschältem Knoblauch spickt und auf eine hölzerne Bratenleiter in eine Bratenpfanne legt. Man fügt nun Pfeffer- und Gewürzkörner, einige zerschnittene Zwiebeln, ein Lorbeerblatt und ein Stückchen Ingwer nebst einer Brotrinde hinzu, gießt Wasser, oder halb Wasser, halb Braunbier an, brät den Braten unter öfterem Begießen zuerst zugedeckt, dann offen bei mäßiger Hitze und gibt ihn, sobald er weich ist, mit der durchgeseihten Sauce zu Tisch.

Rindfleischragout

Hierzu kann von keinem anderen Stück als vom Schlacht- oder Lendenbraten genommen werden. Aus dem Fleisch macht man Stücklein dreifingerbreit und halb Handlang, klopft sie stark, doch aber so, daß sie nicht zerfetzt werden, vermengt eine Handvoll weißes Mehl mit Salz, Pfeffer und Nelken, kehrt die Stücklein darin um, und bäckt sie langsam im Schmalz, daß sie saftig bleiben, und ja nicht hart werden. Wenn das Fleisch auf dem Brot abgelaufen ist, gibt man es in eine Kastrol oder Pfanne, ein Glas Wein, einen Löffel Fleischbrühe, ein Lorbeerblatt, und ein paar Zitronenrädlein dazu, und kocht es so lang auf Feuer, bis es wenig Sauce mehr hat.

Rindfleisch-Ragout wie Hasenpfeffer

Es wird dasselbe zubereitet; jedoch gibt man statt Zwieback braungemachtes Mehl und kurz vor dem Anrichten etwas Birnenmus, Zucker oder Sirup und so viel (etwa ½–1 Tasse) frisches Schweineblut, mit Essig angerührt, daß das Ragout eine dickliche Sauce wie Hasenpfeffer erhält, die auch denselben Geschmack von Gewürz und Essig haben muß.

Rindfleischrollen

Zu 5 kg Fleisch 200 g Salz, 20 g Pfeffer und ebensoviel Nelken

Man schneidet mageres und fettes Rindfleisch in dünne Streifen (das schlechteste kann hierzu gebraucht werden), jedoch wird alles Häutige entfernt, legt es durcheinander und durchstreut es mit den bemerkten Gewürzen.
Zugleich schneidet man die Wamme (Panse) zu großen länglich viereckigen Stücken, legt das Fleisch darauf und näht diese recht dicht zu, damit die Kraft nicht zu stark aus Fleisch und Gewürz koche, doch dürfen sie des Platzens wegen nicht zu fest gefüllt sein. Darauf bringt man die Rollen, reichlich mit Wasser bedeckt, mit etwas Salz aufs Feuer, schäumt und kocht sie so lange, etwa 3 bis 4 Stunden, bis man mit einem feinen Strohhalm hineinstechen kann. Dann nimmt man sie

aus der Brühe, vermischt etwas von dieser mit scharfem Essig und gießt sie, wenn die Rollen ganz kalt geworden sind, darüber; sie müssen damit bedeckt sein. Die übrige Brühe kann zweckmäßig zum Ausbraten des Nierenfettes, auch zu den Würsten gebraucht werden.

Rindsgulasch

1000 g Bein- oder Schulterfleisch vom Rind, 1000 g Zwiebeln, Paprika, Salz, Pfeffer, Schweineschmalz

Das Fleisch wird in Würfel geschnitten. In heißem Schweineschmalz dünstet man die kleingeschnittenen Zwiebeln an. Sobald die Zwiebeln glasig sind, streut man Paprika darüber und läßt so lange ziehen, bis alle Flüssigkeit verdampft ist. Dann gibt man das Fleisch hinein, bräunt es von allen Seiten, würzt mit Salz und Pfeffer, gießt etwas heißes Wasser auf und läßt im geschlossenen Topf garen.
Wenn das Fleisch weich ist, kann das Gulasch sofort serviert werden. Die Zwiebeln haben die Sauce sämig gemacht, so daß es nicht erforderlich ist, die Sauce mit Mehl zu binden.

Rindsgulasch, Wiener

Ca. 3 Pfd. Zwiebeln in Scheiben geschnitten und in ungefähr 50 g Fett weichdämpfen. Das in etwa 3 cm große Würfel geschnittene Rindfleisch, 6 Pfd. (am besten Rindswade oder Hochrippe), wird leicht gesalzen und den Zwiebeln beigefügt. Hinzu kommt eine Handvoll gelbe Rüben, 4–5 zerdrückte Knoblauchzehen, 1 Eßl. Kümmel. Alles wird gut durcheinandergemengt, dann zugedeckt, bis es Wasser zieht. Anschließend wird der Deckel abgenommen. Mit einem Spatel wird das Ganze so lange gerührt, bis das Wasser verdampft ist und das klare Fett wieder erscheint. 3 gehäufte Eßl. Edelsüß-Paprika – und soweit zur Hand – 2–3 Schinkenschwarten sowie 3–4 Eßl. Tomatenmark werden zugegeben und mit je 1 l Rotwein und Wasser aufgefüllt. Den Inhalt des Topfes läßt man aufkochen und gibt ihn anschließend in den Backofen.
Die Zwiebeln verdampfen nun vollständig. Sie geben dem Gericht die Bindung. Sollte sich noch Fett absondern, kann es nach dem Garen

abgeschöpft werden. Je nach Geschmack darf etwas Madeira oder Worcester-Sauce oder auch ein kleiner Löffel Zucker beigegeben werden.
Das Gulasch schmeckt zwiebelsüßlich. Wird es schärfer bevorzugt, kann mit etwas scharfem Paprika oder Chilli-Sauce nachgeholfen werden.
Reste können getrost aufgewärmt werden.

Rindskoteletts

500 g Spickschoß ohne Knochen, Salz, Pfeffer, 40 g Butter, Fleischbrühe

Die gut abgelagerte Spickschoß schneidet man in fingerdicke Scheiben, klopft sie, brät sie in heißem Fett etwa 8 Minuten und bestreut sie mit Salz und Pfeffer. Die Koteletts werden sofort angerichtet und mit Kräuterbutter oder Bearner- oder Madeirasauce zu Tisch gegeben. Je nach Beigabe der Sauce werden die Koteletts benannt. Sehr gut auf dem Rost gebraten (siehe Rostbraten).

Rindskoteletts mit Kartoffeln

500 g Spickschoß ohne Knochen, 20–24 ausgebohrte, rohe Kartöffelchen, Zwiebel, Salz, Pfeffer, 60 g Butter

Die Koteletts werden vorgerichtet. In einen gut schließenden Topf gibt man in die heiße Butter das Fleisch, die in Scheiben geschnittene Zwiebel, die Kartoffeln und brät dasselbe auf schwachem Feuer zugedeckt etwa ½ Stunde weich. Das Fleisch, wenn es Farbe hat, umdrehen, wenn nötig, etwas ablöschen.

Rindsroulade

Man nimmt das ganze Bauchstück, klopft es gut, breitet es auf einem Brett aus, reibt es mit zwei Teilen Salz und einem Teil Salpeter ein, und legt es in den Pökel. Nach acht bis zehn Tagen nimmt man es heraus, wäscht es gut, bestreut es mit Pfeffer, Nelken und Lorbeerblättern, belegt es mit in dünne Scheiben geschnittenem Speck, rollt es so fest wie möglich zusammen, bindet es fest mit Bindfaden, damit es wie eine Rolle beisammenbleibt, setzt es mit Wasser, Zwiebeln, Wurzeln, etwas Salz und ¼ l Essig aufs Feuer, und läßt es langsam weichkochen. Alsdann preßt man alles Wasser heraus, legt die Roulade *ganz* auf eine Platte oder schneidet sie in dünne *Scheiben*, garniert sie mit frischer Petersilie und gibt sie mit einer beliebigen sauren Sauce zu Tisch. – Kann auch kalt gegeben werden, wo man die Roulade, nachdem sie weichgekocht ist, so lange in der Brühe auskühlen läßt, bis das Fett auf letzterer zu stocken anfängt, sie dann herausnimmt und über Nacht stehen läßt, indem man ein Brettchen, mit einem Stein oder Gewicht beschwert, darauflegt und die Roulade dadurch breitdrückt. Nach dieser Zeit wird sie in fingerdicke Scheiben geschnitten, und mit einer kalten Sauce serviert.

Rindsrouladen, andere Art

2½ Pfund gut abgehängtes Ochsenfleisch, 1 EL Salz, Prise Pfeffer, ein Sträußchen Petersilie, 1 EL Zwiebel, 40 g Speck, 3 EL Fett, 1 Zwiebel. Zum Umwenden der Rouladen: 1 EL Mehl, ⅛ l Rahm, ¼ l Fleischbrühe

Ochsenfleisch vom Schwanzstück wird geklopft, in handgroße Stücke geschnitten, nochmals geklopft und mit Salz und Pfeffer eingerieben. Petersilie, Zwiebel und Speck werden feingewiegt und auf jedes Fleischstück 1 Kaffeelöffel dieser Fülle gestrichen. Nun rollt man diese Fleischstücke so zusammen, daß man 5–6 cm dicke Rouladen erhält und bindet sie mit Schnur fest. In einer Bratpfanne läßt man Fett heiß werden, gibt Zwiebel, sowie die in Mehl umgewendeten Rouladen hinein und läßt sie auf starkem Feuer rasch Farbe nehmen. Hierauf stellt man sie in den heißen Backofen, läßt sie hier unter fleißigem

Begießen $\frac{3}{4}$ Std. braten und gießt $\frac{1}{8}$ l sauren Rahm darüber. Nachdem die Rouladen noch $\frac{1}{4}$ Std. gedämpft haben, wird der Beiguß entfettet, mit Fleischbrühe aufgekocht und durchgeseiht. Die Fleischstücke werden von den Schnüren befreit und nebst dem Beiguß angerichtet.

Rindsrouladen, andere Art

Rindsschnitzel werden geklopft, gesalzt, mit Sardellenbutter bestrichen, mit einem Fasch aus Schweinefleisch, dem feingehackter Speck beigegeben wurde, gefüllt, zusammengerollt, obenauf gespickt und in einer Pfanne auf geriebenen Wurzeln, Speckabfällen und Brotrinden gedünstet. Wenn die Rouladen weich sind, werden sie herausgenommen, das Wurzelwerk passiert, mit $\frac{1}{8}$ Liter guten Rotwein aufgegossen und aufgekocht und dies beim Anrichten über die Rouladen gegossen. (Man kann auch Sardellenpaste verwenden. Jede Roulade benötigt ca. 60 g Schweinehack und etwas feingeschnittenen Speck.)

Rindsrouladen mit Brät

4 dünne Rindsrouladenscheiben, Salz, Pfeffer, Senf, 20 g Fett, 200 g Bratwurstbrät, 1 EL Mehl, 4 EL sauren Rahm, 40 g Fett

Die Rouladenscheiben werden geklopft, mit Salz und Pfeffer bestreut, mit Senf bestrichen, das Bratwurstbrät daraufgegeben, aufgerollt und umbunden. Man wendet die Rollen in Mehl, brät sie in heißem Fett ringsum braun, löscht mit Wasser oder Fleischbrühe ab und dämpft sie, zugedeckt, auf dem Herd oder im Backofen etwa $1\frac{1}{2}$ Stunden. $\frac{1}{4}$ Stunde vor Gebrauch gibt man den Rahm darüber, die Sauce nach Belieben mit Stärkemehl aufkochen, beim Anrichten den Bindfaden abnehmen.

Rindschnitten in Kästchen

Eine abgehangene Rindslende wird in Scheiben von je 125 g geschnitten. Dann klopft man sie tüchtig, salzt sie leicht und gibt auf die eine Seite der Schnitten Sardellen-, auf die andere feine Kräuterbutter. Aus steifem, weißem Papier, am besten eignen sich die großen Kanzleibogen, schneidet man Vierecke, taucht sie in Olivenöl, packt die Fleischscheiben, auf die man eingelegten Blumenkohl oder kleine Pfeffergurken gelegt hat, so hinein, daß alles vom Papier bedeckt ist, und bindet sie lose zu. In einer tiefen Kasserolle läßt man Schmalz bis zum Kochen kommen, legt die Paketchen, die im Fett schwimmen müssen, hinein, wendet sie nach 3 Minuten, läßt sie nochmals so lange im Fett liegen, hebt sie dann heraus und schneidet die Fäden ab. Im Papier werden die Lendenschnitten zu Tisch gegeben. Es ist dies ein vorzügliches Zwischengericht.

Rindsschnitzel, gehackte (Deutsche Beefsteaks)

500 g Ochsenfleisch, 1–2 Eier, Salz, Pfeffer, in Scheiben geschnittene Zwiebel, 40 g Fett zum Braten

Das Fleisch häuten, durch die Maschine geben, mit den anderen Zutaten gut mischen. Man formt 8 runde, flache Küchlein, brät sie in heißem Fett 4 Minuten, dreht sie um, gibt die Zwiebel zu und brät weitere 4 Minuten. Die Küchlein herausnehmen, den Bodensatz ablöschen, nach Belieben mit etwas Stärkemehl aufkochen. Anstatt Ei kann man auch etwas Milch nehmen.

Roastbeef

1½ kg abgelagerte Spickschoß, Salz, Pfeffer, 50 g Fett, nach Belieben Zwiebel, gelbe Rübe, 1 TL Stärkemehl

An dem Fleisch, das man am besten ausgebeint kauft, schneidet man die Rückensehne durch und reibt es mit Salz und Pfeffer ein. In sehr heißem Fett brät man das Fleisch auf starkem Feuer rasch an, gibt Zwiebel zu, löscht wenig ab, stellt das Fleisch in einen gut heißen Backofen und übergießt den Braten mit der Sauce öfters. Das Fleisch soll beim Aufschneiden innen rosa sein. Das erzielt man, wenn man auf 500 g Fleisch ohne Knochen, je nach der Dicke des Stückes und der Hitze des Ofens, 12–15 Minuten Bratzeit rechnet. Dann wird die Sauce abgeseiht, der Braten zugedeckt und an der Herdseite 15 Minuten durchziehen lassen (nicht braten). Das Fleisch kann nach Belieben beim Vorrichten gerollt und mit einem Bindfaden umbunden werden. Zu einer kalten Platte kann man das Fleisch auch schwimmend in Fett braten; dabei rechnet man auf 500 g Fleisch 10 Minuten Bratzeit und läßt es ebenfalls nach dem Braten 15 Minuten durchziehen. Zu einer kalten Platte brät man das Fleisch am Tag vorher. Die Sauce wird mit dem angerührten Stärkemehl aufgekocht.

Roastbeef auf dem Rost

(Für 8 Personen) 1½ Kilo abgelagerte Spickschoß, Salz, Pfeffer, 1 TL Stärkemehl

Das Fleisch vorrichten wie vor, mit der Fettseite auf den sehr heißen Rost legen, möglichst hoch in den sehr heißen Ofen stellen, mit voller Flamme bräunen, umdrehen (nicht mit der Gabel einstechen). Nachdem die zweite Seite Farbe hat, übergießt man das Fleisch mit heißem Wasser, stellt die Pfanne tiefer und die Flamme auf klein. Bratzeit ½ Stunde.

Rostbraten

500 g Spickschoß, Salz, Öl oder Butter

Das gut abgelagerte Fleisch wird in 4 Scheiben geschnitten, mit Öl oder zerlassener Butter bestrichen, mit Salz und Pfeffer bestreut, auf den heißen Rost gelegt, nach etwa 5 Minuten, wenn sie braun sind, gewendet und weitere 5 Minuten gebraten.

Rostbraten, schwäbisch

4 Scheiben Ochsenlende, 100 g Speck, 2 Zwiebeln, Lorbeerblatt, abgeriebene Zitronenschale, ¼ l Fleischbrühe, ⅛ l saure Sahne

Die fingerdicken Lendenscheiben werden geklopft, gesalzen und mit Pfeffer bestreut. Zusammen mit den Zwiebeln, dem Speck und Lorbeerblatt sowie der Zitronenschale gut anbraten und mit Fleischbrühe aufgießen. Wenn die Rostbraten weich sind, nimmt man sie aus der Kasserolle, stellt sie warm und seiht inzwischen die Sauce durch. Sie wird mit saurer Sahne gebunden und über das Fleisch gegossen. Dazu ißt man natürlich Spätzle und Sauerkraut.

Rostbraten, ungarischer

500 g Spickschoß ohne Knochen, Salz, Paprika, 50 g Fett, 30 g Mehl, 2 TL Tomatenmark, Zwiebel, 3 EL Wein, 50 g Butter

Das gut abgelagerte Fleisch schneidet man in 4 Scheiben. Fett und Mehl wird braun geröstet, abgelöscht, Tomaten, Salz Paprika, Wein zugegeben und gut ausgekocht, ½–1 Stunde. Das Fleisch wird in heißer Butter 4 Minuten gebraten, feine Zwiebelscheiben zugegeben, umgedreht, weitere 4 Minuten gebraten. Die Sauce wird geseiht, über das angerichtete, mit Zwiebel belegte Fleisch gegeben. (Zu Nudeln, Reis usw.)

Rostbraten, Wiener

Nachdem die Rippen aus dem Rippenstück ausgeschnitten, werden sie mit der glatten Seite eines Hackmessers leicht geklopft und dadurch auseinandergetrieben, dann mit Salz und Pfeffer bestreut, und in einer flachen Pfanne mit frischer Butter zehn Minuten gebraten. Die Butter muß, ehe man die Rippen hineingibt, heiß sein, da sonst der beste Saft verlorenginge, und letztere kochen, nicht braten würden. Sind die Rippen fertiggebraten, so gebe man zerlassene Butter und ein paar Tropfen Harveysauce (in Delikatessenhandlungen zu haben) darüber, und bestreue sie mit im übriggebliebenen Fett gelbgerösteten Zwiebeln, oder gebe auf jede Rippe noch nußgroß Sardellenbutter oder Kräuterbutter. Die Butter kann man auch extra dazu servieren. – Will man die Rippen auf dem *Rost* braten, so wende man solche, wenn sie gesalzen und gepfeffert sind, in Olivenöl um, und brate sie, unter öfterem Umkehren, über Holzkohlengut gleichfalls acht bis zehn Minuten. Die übrige Behandlung ist dann wie oben.

Rouladen, Allgäuer

4 dünne Rindsrouladenscheiben, Salz, Pfeffer, 1 Gewürzgurke, 50 g kleingeschnittener Speck, 75 g kleinwürfelig geschnittener Hartkäse, 1 EL Petersilie, Fett, Fleischbrühe, Salz, Pfeffer, saure Sahne, 1 TL Mondamin

Die Rouladenscheiben salzen, pfeffern und mit kleingeschnittenen Gurkenstückchen, Speck- und Käsewürfelchen sowie der feingewiegten Petersilie belegen. Die Scheiben aufrollen, mit Klammern oder Faden zusammenhalten und in heißem Fett anbraten. Etwas Brühe und Sahne zugießen und die Rouladen garen. Die Sauce mit dem angerührten Mondamin binden und würzig abschmecken.

Rouladen, hessische

4 dünne Rindsrouladenscheiben, 2 Gewürzgurken, 4 TL scharfer Senf, 4 Frankfurter Würstchen, 40 g Bratfett, 1 Zwiebel, 1/4 l Fleischbrühe, 1 TL Mondamin, Senf

Die Fleischscheiben waschen und abtrocknen. Die Gewürzgurken feinhacken. Die Oberfläche der Rouladen mit Senf bestreichen, die Gurkenstückchen darauf verteilen und mit je einem Frankfurter Würstchen belegen. Die Fleischscheiben aufrollen und jeweils mit einer Rouladennadel, Holzspießchen oder einem Faden zusammenhalten. Das Fett in einer Pfanne erhitzen, die Zwiebel kleinhacken und zusammen mit den Rouladen von allen Seiten anbraten. Danach die Brühe zugießen und das Fleisch zugedeckt bei milder Hitze etwa 60 Minuten schmoren. Wenn notwendig, noch etwas Brühe zugießen. Die Sauce mit angerührtem Mondamin binden und mit Senf abschmecken.

Rouladen, mit Käse gefüllt

4 dünne Rindfleischscheiben, 4 Scheiben durchwachsener Speck, 4 Scheiben Tilsiter, Edamer oder Gouda, Salz, Pfeffer, Paprika, 60 g Butter, 1 Semmel, etwas Milch, etwas Mehl, Butterschmalz, Brühe oder Wasser, Sahne

Die Rindfleischscheiben wird mit je einer Scheibe durchwachsenem Speck und Käse belegt, mit Salz, Pfeffer und Paprika bestreut. Die Butter rührt man schaumig und vermischt mit einer in Milch eingeweichten, ausgedrückten Semmel und dem Ei und streicht dies gleichmäßig auf die Rouladen, rollt sie zusammen und bindet sie mit einem Zwirnfaden oder hält sie mit einer Rouladennadel zusammen und wendet sie in Mehl. In Butterschmalz werden sie kräftig angebraten, mit Brühe oder Wasser nach und nach aufgefüllt und weichgeschmort. Die Sauce bindet man mit etwas Mehl, quirlt Sahne hinein und läßt die Rouladen darin nochmal heiß werden. Nicht mehr kochen lassen.

Rumpsteaks

Werden auf dieselbe Weise zubereitet wie die Entrecotes; man verwendet dazu das Endstück des Schoßes, welches an das Schwanzstück anstößt und auch unter dem Namen Hüftstück verkauft wird. Bei Rumpsteaks hat man ebenfalls die Haut, samt den Sehnen und den seitlich abzweigenden Sehnen zu durchschneiden, da sich sonst beim Braten das Fleisch zusammenzieht.

Rumpfstücke, gebratene (Entre cotes oder Rumpsteak)

500 g Spickschoß ohne Knochen, Salz, Pfeffer, 40 g Butter, Zwiebel, Fleischbrühe

Man schneidet von dem gut abgelagerten Fleisch 4 Scheiben, schneidet am Rande die Haut 2–3 mal ein und klopft das Fleisch. Dann brät man die Scheiben in sehr heißer Butter 4 Minuten, dreht, gibt Salz und Pfeffer, in feine Scheiben geschnittene Zwiebel zu und brät weitere 4 Minuten. Man nimmt die Fleischstücke heraus, dämpft, wenn nötig, die Zwiebel noch etwas, verteilt sie auf das Fleisch, löscht den Bodensatz ab, kocht die Sauce auf und gibt sie über die Fleischstücke. Sehr gut auf dem Rost gebraten.

Sahne-Geschnetzeltes

1000 g Rindfleisch aus der Kluft, 4 Zwiebeln, 3 EL Margarine, Salz, schwarzer Pfeffer, 1/8 l Fleischbrühe (Würfel), 1/8 l Weißwein, 1/8 l Schlagsahne

Fleisch waschen, trocknen und in Streifen schneiden. Zwiebeln schälen, halbieren und in Scheiben schneiden. In 1½ Eßlöffel Margarine leicht bräunen. Zwiebeln aus der Pfanne nehmen. Restliches Fett erhitzen und das Fleisch nun rundherum braun braten. Mit Salz, Pfeffer würzen. Fleisch und Zwiebeln in einen Topf geben, Fleischbrühe und Wein hinzugießen. Schmorzeit 10–15 Min.
Sahne hineinrühren. Sauce abschmecken. Gericht in einer vorgewärmten Schüssel servieren.

Salbeirollen

125 g gemischtes Hackfleisch, 1/2 Brötchen, 1 EL frischer Salbei, 1 Zwiebel, 1 EL Petersilie, Salz, 1/2 Ei, 4 Schweineschnitzel, 1 EL Mehl, 20 g Fett, gewiegte Petersilie und Salbei, 1/4 l Fleischbrühe, 1 EL Tomatenmark

Hackfleisch mit dem eingeweichten, ausgedrückten Brötchen, gehacktem Salbei, gewiegter Zwiebel, Petersilie, Salz und Ei vermischen. Die Fülle auf die Schnitzel verteilen, diese aufrollen, mit Klammern oder Bindfaden zusammenhalten, in Mehl wenden und im heißen Fett mit der restlichen Petersilie und dem Salbei hellbraun anbraten. Mit Fleischbrühe ablöschen, das Tomatenmark zufügen und die Fleischrollen ca. 20 Minuten garen.

Sardellenrostbraten

4 Scheiben Ochsenlende, Salz, Pfeffer, 4 Sardellenfilets, abgeriebene Zitronenschale, 1/4 l Fleischbrühe, gehackte Petersilie, 1 EL Mehl

Die Lendenscheiben werden leicht geklopft, von beiden Seiten in heißem Fett kurz anbraten. Sie sollen innen rosig sein. Mit Salz und Pfeffer bestreuen und warmstellen.
Die Sardellenfilets werden durch ein Sieb gedrückt, mit der abgeriebenen Zitronenschale vermischt und ins heiße Fett gerührt. Dazu kommt die feingehackte Petersilie. Man stäubt das Ganze mit dem Mehl, röstet es ganz kurz durch und kocht mit heißer Fleischbrühe auf. Die Sauce wird durchpassiert, über die Lendenscheiben verteilt und sofort serviert.

Sauerbraten

Zum Sauerbraten eignet sich ein gutes fettes Schwanzstück oder ein Stück aus der Mitte des Binnerspaltes, in einigen Gegenden Blumenstück genannt; auch ist das etwas dunkel aussehende Zungenstück sehr milde. Man lege es im Sommer 3 bis 4 Tage, im Winter 7 bis 14 Tage in Bieressig, welcher sich besonders zum Sauerbraten eignet und dem klaren Essig sehr vorzuziehen ist. Doch gebrauche man ihn nicht roh, der Braten wird viel milder und wohlschmeckender, wenn man den Essig mit dem Gewürz eben aufkocht und kochend über das abgespülte Fleisch gießt. Bei sehr scharfem Essig gebe man etwas Wasser hinzu. Zu einem Stück von 5 bis 6 Pfund kann man 2 bis 3 Lorbeerblätter und 6 bis 8 Nelken rechnen, Zwiebeln werden im Essig hart, man gibt sie besser beim Braten hinzu. Im Sommer muß das Fleisch, um es vor Beigeschmack zu schützen, ganz offenstehend an einem kalten Ort, im Fliegenschrank oder mit einer Drahtstülpe bedeckt, bewahrt werden. Da der Essig etwas verschwindet, so ist es nötig, das Fleisch in der Hälfte der Zeit umzulegen. Im Winter aber kann man das Stück zur Hälfte mit Essig bedecken und es täglich umwenden; doch hüte man sich vor der schlechten Gewohnheit, dazu die Hand zu gebrauchen. Vor der Zubereitung wird der Braten, damit er saftiger werde, auf folgende Weise gespickt: Man schneide halbfingerlange, nicht zu dünne Speckstreifchen, wälze sie in einem Gemenge von gestoßenem Salz, Pfeffer und Nelkenpfeffer, steche mit einem spitzen Messer allerwärts ins Fleisch, schiebe die Streifchen hinein und streue noch etwas Salz darüber, doch darf kein Braten scharf gesalzen werden. Dann mache man in einem nicht weiten eigenen Topf reichlich gutes Fett und Butter recht heiß und gelb, lege das Stück Fleisch hinein, lasse die entstehende Brühe offen rasch abdampfen und das Fleisch ringsum dunkelgelb werden, indem man dies im Fett öfters hin und her schiebt und umwendet; es gehört dazu einige Aufmerksamkeit. Danach streue man einen Eßlöffel Mehl in das Fett, lasse es ebenfalls bräunen, gieße dann schnell so viel brausend kochendes Wasser seitwärts hinzu als nötig ist, das Fleisch kaum zur Hälfte zu bedecken, und mache den Topf rasch zu, daß die Dünste nicht verlorengehen. Nach wenigen Minuten gebe man zu einem Stück von 5 bis 6 Pfund zwei kleine gelbe Möhren, reichlich Zwiebeln und ein Stückchen Schwarzbrotrinde, nebst dem Gewürzessig, worin das Fleisch gelegen hat, mache den Topf fest zu und lasse es bei einmaligem Umwenden etwa

2 bis 2½ Stunden langsam aber ununterbrochen schmoren, wobei man zuweilen, ohne ins Fleisch zu stechen, solches aufheben und nötigenfalls noch etwas kochendes Wasser hinzugeben muß. Eine Tasse süße Sahne, in der letzten halben Stunde hinzugefügt, macht die Sauce sehr angenehm. Beim Anrichten lege man den Braten auf eine erwärmte Schüssel und stelle sie in den Ofen, bis die Sauce gemacht ist. Sollte diese zu sehr eingekocht und dick sein, so verdünne man sie soviel als nötig mit Wasser; hätte sie zuviel Säure und wäre braun genug, so wird eine Tasse Milch gut sein. Dann rühre man sie scharf durch ein Blechsieb, lasse sie noch eben zum Kochen kommen, gebe etwas davon über den Braten und die übrige reichliche Sauce dazu.
Zu Sauerbraten, welcher hauptsächlich zum Butterbrot bestimmt ist, muß die Sauce kurz gemacht werden.

Sauerbraten, andere Art

Das Fleisch wird, statt mit Essig, mit frischer Wacke (Molken), welche mit etwas Essig sauer gemacht worden, bedeckt. Wünscht man dasselbe etwa 8 Tage aufzubewahren, so ist es gut, alle 2 Tage Wacke und Essig zu erneuern. Beim Gebrauch wird der Braten geklopft, mit etwas Salz eingerieben, in Butter braun gemacht, so viel kochendes Wasser an den Seiten hinzugegossen, als zum Garwerden erforderlich ist, was sich nach der Größe des Topfes und der Art des Garmachens richtet, ein Stückchen Zucker hinzugefügt und der Braten, fest zugedeckt, bei mäßigem Feuer weichgeschmort, wobei derselbe einmal umgelegt wird. Die Sauce erhält durch längeres Kochen schon etwas Sämigkeit, doch kann man noch einen gehäuften Teelöffel Mehl eine Weile durchrühren und dann wie vorhergehend verfahren. Auch kann man diesen Braten nach dem Braunmachen mit süßer Milch braten, wodurch derselbe einen sehr angenehmen Geschmack erhält.

Sauerbraten, wie Wild zubereitet

Man nehme das Stück wie zu einem gewöhnlichen Sauerbraten, etwa 6 Pfund schwer, lege es bis zu 8 Tage in Bieressig, setze es mit 250 g gewürfeltem Speck, dem nötigen Salz und nach Belieben mit einigen frischen Wacholderbeeren aufs Feuer. Nachdem der Braten von allen Seiten und unter öfterem Begießen gelb und zur Hälfte gar geworden, lasse man einen gestrichenen Suppenteller geschnittener Zwiebeln in dem Fett gelb werden, gieße alsdann nach und nach einen Suppentellervoll dicker, saurer Sahne hinzu und lasse das Fleisch im ganzen etwa 2½ Stunden auf nicht zu schwachem Feuer schmoren, indem es häufig begossen und, ohne hineinzustechen, einmal umgelegt werden muß, wobei der Braten mit den Speckwürfeln bedeckt wird. Ist die Sauce zu viel verbraten, so rühre man beim Anrichten nach dem Abnehmen des Fettes das sich am Topf Angesetzte mit 2 Obertassen Milch oder Wasser gehörig zusammen, lasse es gut durchkochen und richte den Braten zu.

Wenn bei dieser Zubereitung für gutes Fleisch gesorgt ist, so wird man den Braten vorzüglich finden.

Sauerbraten, Duisburger

Beize: 3 Teile Wasser, 1 Teil Essig, Zucker, Pfefferkörner, Pimentkörner, 2 Nelken, Senfkörner, gewürfelte Sellerie, Lauch, Äpfel, Mohrrüben, 2 Zwiebeln. Fleisch aus der Rinderkeule, etwas Mehl, Schwarzbrot, Zuckerrübenkraut, Salz, Zucker, Essig, Rosinen, Mandeln

Man bereitet eine Beize aus 3 Teilen Wasser, 1 Teil Essig, Zucker, einigen Pfefferkörnern, Pimentkörnern, 2 Nelken, Senfkörnern, gewürfelter Sellerie, Lauch, Äpfel, Mohrrüben und 2 Zwiebeln. Für den Sauerbraten nimmt man das Fleisch aus der Rinderkeule und legt es für 3 Wochen in diese Beize. Es muß des öfteren gewendet werden. Dann wird das Fleisch herausgenommen, abgetrocknet und in heißem Fett von allen Seiten scharf angebraten. Das Gemüse und die Gewürze aus der Beize kommen dann dazu und werden mitgebräunt. Mit Beize ablöschen. Den Zucker läßt man karamelisieren und gibt ihn dann dazu. Mit etwas Mehl wird der Braten gestäubt und weichgeschmort. Nun kommt das Fleisch aus der Sauce, die mit etwas geriebenem

Schwarzbrot und Pumpernickel dick eingekocht wird. Man gibt Zuckerrübenkraut dazu und schmeckt mit Salz, Zucker und etwas Essig ab. Das in Scheiben geschnittene Fleisch in der Sauce wieder heißwerden lassen. Nach Belieben kann man der Sauce noch Rosinen und gehobelte Mandeln zufügen.

Sauerbraten, Nürnberger

750–1000 g Rindfleisch, Salz, Pfeffer, 1 Prise Zucker, 1/4 l saure Sahne, 1 EL Mehl. Für die Marinade: 1/2 l Wasser, 1/4 l Weinessig, 1 TL Salz, 2 kleine Zwiebeln, 5 Pfefferkörner, 1 Nelke, 1 Lorbeerblatt, 1 gelbe Rübe, 2 Wacholderbeeren

Aus den angegebenen Zutaten kocht man eine Marinade kurz auf, läßt sie abkühlen und legt das Fleisch hinein. Es muß mit der Marinade bedeckt sein. Für 2–3 Tage stellt man das Fleisch in der Beize kalt und wendet es täglich. Dann wird das Fleisch herausgenommen, trockengetupft und in heißem Fett angebraten. Mit etwas Marinade ablöschen und unter regelmäßigem Beschöpfen in 80–90 Minuten garen. Wenn nötig, muß noch heißes Wasser oder Marinade nachgegossen werden. Wenn das Fleisch weich ist, nimmt man es heraus, stellt es warm, verrührt das Mehl mit der Sahne und bindet die Sauce damit. Mit Salz, Pfeffer und Zucker wird abgeschmeckt.
Zum Nürnberger Sauerbraten gibt es natürlich Bayerische Kartoffelknödel.

Sauerbraten, rheinischer

750 g Rindfleisch zum Braten, 1 Zwiebel, ein paar Pfefferkörner, 2 Lorbeerblätter, 4 Nelken, 3 Tassen Essig, 1 TL Mondamin, 2 EL Rosinen, 2 EL saure Sahne

Das gewaschene Fleisch mit der geschälten, halbierten Zwiebel, den Pfefferkörnern, Lorbeerblättern, Nelken und Essig in eine Schüssel geben und 3–4 Tage zugedeckt in der Beize liegen lassen. Die Gewürze entfernen, dann die Beize zum Kochen bringen, das Fleischstück einlegen und etwa 1½ Stunden schmoren lassen. Das angerührte Mondamin untermischen, Sauce binden, die Rosinen und die saure Sahne dazugeben und erhitzen.

Sauerfleisch

1½ Pfund magerer Schweinebauch, 3 Tassen Wasser, 2 Tassen Essig, 1 Tasse Zucker, Lorbeerblätter, und ca. 8–10 Nelkenkörner, 1 TL Salz

Das Fleisch in Portionsstücke schneiden, alle anderen Zutaten aufkochen, das Fleisch hineingeben, kurze Zeit bei starker Hitze ankochen, danach bei mittlerer Hitze garkochen, Garzeit ca. 1½ Stunden.
Verwendung zu Brot oder Bratkartoffeln, zu Pellkartoffeln mit ausgelassenem Speck und Zwiebeln. Abtropfen lassen, in Mehl wenden und anbraten – den Sud zu süßsaurer Sauce verwenden.
Als Beilage Rote Bete oder eingelegte Gurken in verschiedener Form.

Schiffs-Beefsteaks

Gut abgehangenes Fleisch aus der Kluft, 125 g Butter, 125 g Nierenfett, Zwiebeln, Pfeffer, Salz

Gut abgehangenes Fleisch aus der Kluft wird in dünne Scheiben geschnitten und gut geklopft. Butter und gewürfeltes Nierenfett gibt man in einen Schmortopf, dazu halb soviel in Scheiben geschnittene Zwiebeln wie Fleischscheiben vorhanden sind. Darauf werden die Beefsteaks lagenweise gelegt, jede Lage mit Pfeffer und Salz bestreut. Der Topf muß dicht verschlossen sein. Das Fleisch wird 30 bis 45 Minuten in der Butter und dem eigenen Saft geschmort. Dazu ißt man Pellkartoffeln als Beilage.

Schinken

Wenn der Schinken nicht auf einmal verbraucht wird, schiebt man die Schwarte zurück, und nachdem alles Unreine beseitigt, schneidet man ihn, an seinem Ende anfangend, in länglichrunde, handgroße, dünne Blätter, und zwar so, daß an jedem etwas Fett ist; die Schwarte deckt man nach jedesmaligem Abschneiden wieder darauf. Wird dagegen der Schinken auf einmal verbraucht, so durchschneidet man ihn der Länge nach, am Rohrknochen hinauf, in zwei bis drei Stücke, und jedes dieser Stücke über den Faden in feine Blätter.

Schinken, gebacken, mecklenburgische Art

Ein geräucherter Schinken wird, wie beim Kochen desselben bemerkt ist, gewässert und gereinigt, danach abgetrocknet. Brotteig in Form eines Schinkens in doppelter Größe nicht zu dünn ausgerollt, mit grünen oder getrockneten Kräutern, wie Thymian, Majoran, Dragon, Melisse, Schnittlauch, Basilikum und dgl. bestreut, der Schinken daraufgelegt und mit Teig so zugeschlagen, daß beim Backen nicht der geringste Schwaden daraus hervortreten kann. Dann wird ein Blech mit Mehl bestreut, der Schinken daraufgelegt und in einem Backofen, je nach der Größe, 2 bis 3 Stunden gebacken.
Der angeschnittene Schinken kann bis zum ferneren Gebrauch in diesem Teig aufbewahrt werden.

Schinken, gebraten

Nachdem Bein und Spitze von dem frischen Schinken eines jungen Schweines abgesägt worden sind, lege man denselben, mit Salz eingerieben, in eine kleine hölzerne Mulde und gieße Essig, welcher mit 1 Handvoll gereinigten und kleingeschnittenen Schalotten oder Zwiebeln, 1 Handvoll Dragon, 1 Eßlöffel Pfefferkörnern, 2 Teelöffel Nelken und 6 Lorbeerblättern aufgekocht, kochend darüber und lasse ihn 8 Tage darin liegen, während man ihn, wenn er nur zur Hälfte bedeckt ist, täglich umlegen und begießen muß. Wünscht man ein kleines Mittelstück zu braten, so werde das Gewürz verhältnismäßig angewandt. Beim Gebrauch bringe man den Schinken, die Schwartenseite nach oben liegend, mit der Hälfte der Beize, worin er gelegen hat, und etwa 1 bis 2 l Wasser aufs Feuer und lasse ihn, fest zugedeckt, beinahe weichkochen. Dann gieße man die Brühe ganz darunter weg und durch ein Sieb, lege ein Stück Butter in die Bratenpfanne, durchkreuze mit einem scharfen Messer entweder die Schwarte des Schinkens und stecke auf jedes Karo eine Nelke, oder man streue nach dem Abziehen der Schwarte feingestoßenen Zwieback, mit Muskatnuß vermengt, recht dick darüber und brate ihn unbedeckt in einem stark geheizten Ofen vollends weich und ganz dunkelgelb, während man nach und nach die kräftige Brühe, jedesmal nur eine halbe Tasse, hinzufügt. Unterdes muß der Schinken an den Seiten recht oft aber behutsam begossen werden, damit die Kruste oben recht kroß und nicht abgespült werde. Beim Anrichten nehme man das Fett zum Teil von der Sauce, streue einen gehäuften Eßlöffel Mehl hinein, rühre es einige Minuten, verlängere die Sauce so viel als nötig und schneide einige Zitronenscheiben hinein. Zur Verzierung dieses Bratens ist folgendes sehr passend: Mehrere Knollen Sellerie werden in Wasser und Salz halbgar gekocht, dann schneidet man sie der Länge nach in 8 Teile und kocht sie in der Brühe des Schinkens, ehe man dieselbe abgießt, nicht zu weich, setzt sie bis zum Anrichten hin, läßt sie zuletzt, wenn die Sauce fertig ist, darin einige Augenblicke schmoren und garniert damit die Schüssel.

Man kann zum Garwerden eines ganzen Schinkens auf drei Stunden rechnen.

Ist man genötigt, den Schinken zu braten ohne ihn zuvor in Essig legen zu können, so versetzt man das Wasser, worin derselbe gekocht werden soll, mit reichlich Essig.

Schinken, gekocht

Man legt den geräucherten Schinken eine Nacht in Wasser, wäscht ihn am anderen Morgen gehörig mit einer Handvoll Weizenkleie und heißem Wasser, spült ihn klar ab und setzt ihn, mit kochendem Wasser bedeckt, oder in einem Dampfkessel, die Schwarte nach oben, aufs Feuer. Derselbe muß schnell zum Kochen gebracht werden, dann aber langsam, doch fortwährend 3½ Stunden kochen und danach ½ Stunde in der Brühe nachweichen. Ganz vorzüglich aber wird ein

ganzer Schinken, wenn man ihn am Tage, bevor man ihn gebraucht, morgens auf eine heiße Platte stellt, wo er nicht kochen kann, und ihn dann am anderen Tag in demselben Wasser garkocht. Der Schinken wird so überaus zart, ohne daß er von außen im geringsten zerkocht. Soll derselbe ganz zur Tafel gebracht werden, so legt man ihn beim Anrichten zuerst auf eine Küchenschüssel, nimmt mit einem Messer alles Unansehnliche weg, macht zweifingerbreit vom Ende einen geraden Schnitt durch die Schwarte, so, daß dieselbe an der Beinseite festbleibt und ringsumher einen Rand bildet, rollt das inwendige Stück Schwarte von der Spitze an auf, sticht diese Stelle mit einem hölzernen Pfriem oder dem feinen Knochen, den man aus dem Bein ziehen kann, fest, rollt nun das Bein in ein zierlich geschnittenes Papier, befestigt es, legt den Schinken auf die dazu bestimmte Schüssel, Petersilienblätter auf den Rand und macht von feingehackter Petersilie eine Verzierung auf die Randschwarte.
Die Reste von einem Schinken verwendet man ganz passend zu Schinkenkartoffeln, oder zur Pastete, oder zu gebackenen Schinkenresten mit Nudelteig. Auch kann man Schinkenrusell, eine sehr beliebte Beilage zu Spinat, Rosenkohl und anderen Gemüsen dieser Art, davon bereiten.

Schinken, gekocht, mecklenburgische Art

Der geräucherte Schinken wird nach angegebener Vorschrift gekocht, die Schwarte davon abgezogen, mit einem Gemisch von geriebenem Brot, Zucker, Nelken und Zimt bestreut und kalt serviert.

Schinken im Brotteig

Roggenbrotteig (vom Bäcker), 100–1500 g Schinken, Eigelb

Roggenbrotteig (vom Bäcker) rollt man so groß aus, daß ein Schinken von 1000 bis 1500 g darin eingehüllt werden kann. Die Nahtstellen drückt man fest zusammen und bestreicht sie mit Eigelb. Die Oberfläche wird ebenfalls mit Eigelb bestrichen und mit der Gabel öfters eingestochen. Die Teigreste verwendet man zur Verzierung, indem man daraus kleine Förmchen aussticht und auf die Oberfläche setzt. Nochmals mit Eigelb überstreichen. Bei mittlerer Hitze wird das Schinkenbrot ca. 100 bis 120 Minuten gebacken.

Schinken in Burgunder auf französische Art

Zu diesem Gericht bereitet man eine Marinade aus einer Flasche Burgunder, einigen Zwiebeln, in die man je 3 bis 4 Gewürznelken gesteckt hat, und gewiegten Champignons und Petersilie. Man legt den Schinken, aus dem man den Knochen gelöst hat, hinein und läßt ihn wenigstens 6 Stunden, gut verdeckt, durchziehen. 125 g sauber zugeputzte Trüffel werden mit $1/8$ l dicker brauner Kraftsauce verrührt und anstelle des ausgelösten Knochens in den Schinken gefüllt. Nachdem man ihn dann fest mit Bindfaden umwunden hat, steckt man ihn in eine ausgewaschene Schweinsblase, füllt von der Weinbeize soviel wie möglich dazu, verbindet die Blase fest und schlägt sie in ein sauberes Leinentuch. So läßt man den Schinken dann ungefähr $3\frac{1}{2}$ Stunden langsam kochen, daß die Brühe eben nur perlt, läßt ihn dann in dem Wasser auskühlen, hebt ihn darauf mitsamt dem Tuch heraus und bindet die Blase auf, wobei man vorsichtig die Marinade auffängt. Diese verdickt man dann mit in Butter braungeröstetem Mehl, läßt den Schinken durch fleißiges Begießen darin braun werden, treibt die Sauce durch ein Sieb und reicht sie extra zum Schinken.

Schinken in Burgunder gekocht

Nachdem man einen geräucherten Schinken 12 Stunden gewässert hat, wäscht und putzt man ihn sauber ab und stellt ihn mit kaltem Wasser auf, läßt ihn kurze Zeit stark kochen und dann noch ungefähr 3 Stunden ganz schwach und gleichmäßig wallen. Danach hebt man den Schinken aus dem Topf, schneidet Schwarte und eine dicke Fettlage ab, legt ihn in eine passende Pfanne, gießt 1 bis 2 l dicke Bouillon und eine Flasche Burgunder darüber, gibt einen Eierbecher klaren Zucker dazu und schmort den Schinken, den man häufig begießen muß, zu goldbrauner Farbe an. Die Sauce bindet man, nachdem sie entfettet wurde, mit etwas brauner Kraftbrühe und streicht sie durch ein Haarsieb. Um den Schinken legt man einen Kranz kleiner geschmorter Zwiebeln.

Schinken in Burgunder, andere Art

Ein Rollschinken, etwa 5 Pfund wiegend. Zum Kochen: 6 l Wasser. Zum Dämpfen: 1 l Burgunder, 1 Zwiebel, 1 Stückchen Sellerie, 1 gelbe Rübe, 1 Petersiliensträußchen. Zum Beiguß: 50 g Fett, 90 g Mehl, 1/4 l Tomatenmark, 2 1/4 l Schinkenbrühe, 1 TL Salz

Der Schinken wird mit kaltem Wasser beigestellt, zum Kochen gebracht und vorsichtig 1 Std. gekocht und zwar soll das Wasser stets nur kleine Bläschen ziehen. Sodann wird der Schinken herausgenommen, die Schwarte vorsichtig abgezogen und der Schinken nebst Burgunder oder einem sonstigen starken Rotwein nebst Zwiebel, geputzten Selleriestückchen, Petersiliensträußchen in eine nicht zu große gußeiserne Bratpfanne gegeben. Diese stellt man in den heißen Backofen und dämpft den Schinken unter öfterem Begießen 1 Std. (Ist der Schinken größer, muß dementsprechend längere Koch- und Dämpfzeit gerechnet werden.) 10 Min. vor dem Auftragen wird der Schinken glasiert und zwar geschieht dies in gut heißem Ofen durch fortwährendes Begießen mit dem eingedämpften Bratenfond. Der Schinken, der nun ein braunglasiges Aussehen haben soll, wird herausgenommen, heißgestellt und dem Bratenfond der fertige, gekochte, braune Beiguß zugegeben. Nach dem Aufkochen treibt man ihn durch ein Sieb, tranchiert den Schinken so, daß man oben eine Garnitur mit Spieß und Zitronenkörbchen anbringen kann. Als Gemüsebeigabe eignet sich Rosenkohl und dgl. Der braune Beiguß wird aus Fett, Mehl hergestellt, mit Tomatenmark und Schinkenbrühe aufgefüllt und soll vor der Zugabe zum Bratenfond mindestens 3–4 Std. kochen.

Schinken in Madeirasauce

Der geräucherte Schinken wird nach vorhergehender Angabe gargekocht, abgezogen, das Fett bis auf ein schmales Streifchen entfernt, dann in dünne Scheiben geschnitten, in eine tiefe Schüssel ein Stück neben das andere so gelegt, daß die Fettseite nach oben kommt und folgende Sauce recht heiß darüber gegeben: Hierzu nimmt man eine gute Kraftbrühe, welche aus 4 bis 6 Pfund Fleisch bereitet ist, macht 1 bis 2 Löffel Mehl in Butter braun, rührt von derselben dazu, würzt sie mit Salz, Zitronenscheiben und etwas Essig und läßt sie durchkochen. Dann kommen Morcheln, auch Trüffel oder Champignons, die zur Sauce fertiggemacht sind, hinzu, sowie auch eine Messerspitze Cayennepfeffer und ½ Flasche Madeira. Ist nun der Schinken mit dieser Sauce angerichtet, so legt man einen zweifingerbreiten Rand von Reis, der auf folgende Weise gekocht ist, um die Schüssel und gibt sie so heiß wie möglich zur Tafel.
Ein Pfund Reis wird abgebrüht, in Wasser mit einem Stück Butter und etwas Salz weich und dick gekocht, die Körner dürfen aber nicht im geringsten zerkocht sein. Dann vermischt man die zurückgestellte Kraftbrühe mit 1 Tasse Madeira, 1 Tasse Sahne, 2 Eidottern und 125 g geriebenem Parmesankäse und rührt dies vorsichtig durch den Reis.

Schinken in Reis

Der geräucherte Schinken wird gekocht nach vorhergehender Angabe, das Fett ein wenig abgeschnitten, die Schwarte abgezogen und auf die dazu bestimmte Schüssel gelegt. Dann kocht man in kräftiger Bouillon 750 g abgebrühten Reis gar und nicht zu steif, doch müssen die Körner ganz bleiben, vermischt dies mit eidick guter Butter, 100 g Parmesankäse und 4 Eiern, bedeckt damit den Schinken, streicht es mit dem Messer glatt, streut gestoßenen Zwieback und Muskatnuß darauf, setzt die Schüssel in eine Tortenpfanne, legt einen Deckel mit Glut darüber und läßt es ½ Stunde backen.
Der Schinken wird mit einer Trüffelsauce als Mittelschüssel zur Tafel gegeben.

Schinken in Schmand

Schinken in Scheiben, Milch, Sahne

Die Scheiben des Schinkens werden etwas geklopft, zwei Stunden in Milch gelegt und dann, um nicht auszutrocknen, rasch gebraten. Die Sahne, der Schmand, kommt, nachdem der Schinken herausgenommen ist, in die Pfanne, muß da eine braune Farbe annehmen und wird schließlich mit Mehl gebunden.

Schinkenkroketten

200 g Schinken, 4 altbackene Semmeln, Milch, 2 Eier, 1 Zwiebel, Salz, Paprika, feingewiegte Petersilie, Semmelbrösel, Ausbackfett

Die Semmeln werden in Milch eingeweicht, der Schinken feingehackt. Zwiebel und Petersilie feingewiegt. Die ausgedrückten Semmeln vermischt man nun mit Schinken, Zwiebel, Petersilie und Ei und würzt mit Salz und Paprika. Aus der Teigmasse formt man Kroketten, wälzt sie in verquirltem Ei und anschließend in Semmelbröseln. Im heißen Fett schwimmend werden sie goldgelb gebacken.

Schinken mit Kruste

Ein mit Kräuter eingepökelter, geräucherter Schinken wird einen Tag in Wasser eingeweicht, dann in leichtem Salzwasser mit Majoran, Thymian, Estragon, Basilikum, einer mit Nelken gespickten Zwiebel, vier Lorbeer- und zwei Salbeiblättern, einem verschnittenem Sellerie-kopf, einer Petersilienwurzel, gelber Rübe und $1\frac{1}{2}$ l Wein aufs Feuer gesetzt und ganz langsam gekocht. Ein *kleiner* Schinken braucht zwei gute Stunden zum Fertigwerden, ein *großer* dagegen drei bis vier Stunden. Ist er durchaus weich (was man daran erkennt, wenn die Schwarte leicht von der Seite sich loslöst und man mit einem spitzigen Hölzchen gut hineinstechen kann), so wird er herausgenommen, die Schwarte abgezogen und das Schwarze vom Schinken rein abgeschnitten, letzterer mit geriebenem Weißbrot bestreut und mit zerlassener Butter beträufelt, und sodann, nachdem etwas von dem Absud daruntergegeben, in eine Bratpfanne gelegt, wo man die Kruste noch gelb werden läßt. Man richtet ihn nun auf einer großen Platte an, bindet den Knochen, woran man ihn hält, mit weißem Papier ein, garniert ihn mit abgezupfter Petersilie, und gibt ihn mit warmem Meerrettich und einer anderen beliebigen pikanten Sauce, auch mit Sauerkraut, zu Tisch. – Sind obengenannte Kräuter nicht zu haben, so nimmt man statt derselben ein zusammengebundenes Büschelchen frisches Heu.

Schinkenschaum

125 g gekochter Schinken, 4 Eier, 2 EL Sahne, 1 EL gehackte Kräuter (Petersilie, Kerbel), 1 Messerspitze Senf, Butter

Man dreht den Schinken durch den Fleischwolf, nimmt etwa zwei Drittel davon ab und verrührt sie mit einem ganzen Ei und drei Eigelb, Sahne, Kräutern und Senf. Kleine Förmchen, die man gut mit Butter ausgestrichen hat, werden mit der Masse gefüllt und bei mittlerer Hitze etwa 10 Minuten überbacken. In der Zwischenzeit schlägt man das restliche Eiweiß steif, mengt vorsichtig den zurückbehaltenen Schinken unter, verteilt dies auf die Förmchen und läßt nochmals kurz überbacken. Der Schinkenschaum muß sehr schnell serviert werden. Dazu gibt es grünen Salat.

Schinken, wie Wildschweinbraten zu bereiten

Man nimmt den Schinken eines jungen Schweines von 8 bis 10 Pfund, schneidet die Schwarte davon ab und reibt ihn gut ein mit folgender Mischung: ½ l Rotwein, ¼ l Essig, 2 große geriebene Zwiebeln, 6 Lorbeerblätter, gestoßener Pfeffer, Nelken und Nelkenpfeffer, von jedem Gewürz einen Teelöffel voll, 30 frische Wacholderbeeren, die gehackte Schale einer halben Zitrone, einige Stück Ingwer und eine halbe Handvoll kleingeschnittenen Dragon. Dann legt man den Schinken in die bemerkte Brühe, begießt ihn täglich damit und läßt ihn mehrere Tage darin liegen. Danach macht man ihn, mit Salz bestreut, in einer Pfanne mit Butter gelb, gießt ein paar Tassen kochendes Wasser und von der Brühe dazu und läßt ihn bis zum Weichwerden, zugedeckt, unter öfterem Begießen 2 bis 2½ Stunden braten; am besten ist hierzu eine irdene Bratpfanne. 1 Stunde vorher gibt man 1 Tasse Sahne an die Sauce, welche beim Anrichten, nachdem das Fett einigermaßen davon abgenommen, mit etwas Mehl sämig gemacht wird, wie es beim ersten Schinkenrezept bemerkt worden.

Schlachtbraten

(Für 10–12 Personen) 1 mittelgroßer, gut gelagerter Schlachtbraten, etwa 2½ kg, 150 g Speck, Salz, Pfeffer, ¼ l sauren Rahm, 1 EL Stärkemehl

Das Fleisch abreiben, mit Salz und Pfeffer bestreuen, auf den sehr heißen Rost legen, möglichst hoch in den sehr heißen Ofen stellen, mit voller Flamme bestrahlen, wenn es Farbe hat, mit heißem Wasser übergießen, mit dünnen Speckscheiben belegen. Die Pfanne tiefer stellen, die Flamme auf klein und fertigbraten. Bratzeit 50 Minuten. Die geseihte Sauce wird mit dem mit Rahm angerührten Stärkemehl aufgekocht.

Schlachtbraten, garniert

Der Braten wird zubereitet. Zur Garnitur verwendet man Karotten, Erbsen, Bohnen, Blumenkohl, Spargel, Kartoffelnestchen, Pommes frites, Kartoffelbällchen, Kartoffel- oder Blätterteigböden, gefüllte Kohlrabi und Tomaten. Die Gemüse, wie gelbe Rüben, Erbsen, Bohnen, werden in Butter gedämpft, Blumenkohl, Spargel in Salzwasser gekocht. Der Braten wird in dünne Scheiben aufgeschnitten, auf eine große Platte gesetzt (in die Mitte oder an die Seite), die Gemüse abwechselnd außen herumgelegt (die Erbsen in die Nestchen gefüllt) und mit den verschiedenen anderen Zutaten schön garniert. Den Braten übergießt man mit heißer Sauce.

Schlachtbraten, gefüllt

Das Fleisch vorrichten wie bei Schlachtbraten, häuten, spicken, an einer Seite der Länge nach aufschneiden, so weit, daß er noch gut zusammenhält. Man höhlt ihn etwas aus, nimmt zu diesem Fleisch 125 g Schweinefleisch, 125 g Kalbfleisch und treibt dies nebst einem eingeweichten, mit Zwiebel und Petersilie gedämpften Brötchen durch die feine Einlage der Hackmaschine. Dazu gibt man 1 Ei, Salz, Pfeffer, Muskat, 1 Messerspitze Majoran, in Würfel geschnittene Trüffel, nach Belieben Zungenwürfel, etwa 10 Pistazien. Damit füllt man das Fleisch und näht es zu. Wie Schlachtbraten fertigmachen, Bratzeit etwa 1 Stunde. Der Braten kann auch mit einer Madeirasauce gegeben werden. Gefüllter Schlachtbraten eignet sich auch gut zu einer kalten Platte.

Schlachtbraten oder Lendenbraten (Filet)

(Für 10–12 Personen) 1 mittelgroßer Schlachtbraten, etwa 2½ kg ohne Knochen, 150 g Speck, Salz, Pfeffer, 100 g Fett, Zwiebel, gelbe Rübe, ¼ l sauren Rahm, 1 EL Stärkemehl, nach Belieben ⅛ l Wein

Das Fleisch muß gut abgelagert sein. Beim Vorrichten entfernt man den Kopf, Strang und das Fett. Der Kopf wird zu Sauerbraten, der Strang zu Gulasch verwendet. Das Fleisch wird gehäutet, mit feinen Speckstreifen mit der Nadel gespickt, gesalzen und gepfeffert. In der heißen Butter brät man das Fleisch auf der unteren Seite rasch an, gibt nach Belieben Zwiebel zu, stellt es in den Backofen und übergießt mit dem Rahm. Nachdem alle Flüssigkeit eingekocht, gibt man etwas Wasser oder Fleischbrühe zu. Auf 500 g Fleisch rechnet man 10 Minuten Bratzeit. Die Sauce wird geseiht, wenn nötig, abgefettet, nach Belieben mit dem mit Wasser oder Wein angerührten Stärkemehl aufgekocht. Das Fleisch muß, nachdem es aus dem Ofen kommt, noch 10–15 Minuten an der Seite des Herdes stehen, damit der Saft zum Stocken kommt; dann erst wird es aufgeschnitten.

Schlachtbraten in Blätterteig

(Für etwa 12 Personen) 1 Schlachtbraten (etwa 2½ kg), Trüffel, Salz, Pfeffer, 150 g Speck, 100 g Fett, Zwiebel, gelbe Rübe. 500 g Champignons, 2 Schalotten, 30 g Butter, 2 EL Rahm. Blätterteig von 200 g Mehl

Der Braten wird vorbereitet und mit Trüffel gespickt. Dann belegt man das Fleisch mit dünnen Speckscheiben und umbindet das Ganze mit einem Bindfaden. Das Fleisch wird fertiggebraten und kaltgestellt, die Champignons und Schalotten werden feingewiegt, in der Butter gedämpft, mit Rahm abgelöscht, auf den Braten gestrichen. Das erkaltete Fleisch setzt man auf einen Blätterteigstreifen, bestreicht den Rand mit Eiweiß, legt einen Deckel von Blätterteig darüber, drückt den Rand leicht an und garniert obenauf und den Rand mit fingerbreiten, gerädelten Teigstreifen. Dann bestreicht man das Ganze mit Eigelb und bäckt bei guter Hitze etwa ½ Stunde. Nachdem das Fleisch etwas verkühlt ist, schneidet man nicht zu dünne Scheiben, setzt diese schön zusammen und garniert außen herum mit in Butter gedämpften Erbsen oder Spargeln oder mit beiden Gemüsen. Man gibt eine Madeirasauce dazu.

Schlacht- oder Lendenbraten, am Spieß zu braten

Es wird entweder der ganze oder halbe Schlachtbraten genommen, wie man es benötigt, derselbe wohl geklopft, von der stärksten Haut gesäubert, wie ein Hase gespickt, eine Stunde, auch länger, wenn es die Zeit erlaubt, in siedenden Essig gelegt, dann mit Pfeffer, Nelken und Salz eingerieben, an einen Spieß gesteckt, mit einem Bindfaden wohl daran befestigt, der Essig, worin der Schlachtbraten gelegen ist, in die Bratpfanne geschüttet, etwas Fleischbrühe, ein Lorbeerblatt, eine Zwiebel nebst einigen Zitronenrädlein dazugegeben, der Braten zuerst mit Butter, nachdem immer mit seiner eigenen Sauce fleißig übergossen, und ganz langsam gebraten. Inzwischen wird die Sauce auf folgende Art fertiggemacht: Man nimmt einen Eßlöffel voll feingeschnittene Schalotten, 4 Lot kleingeschnittene Sardellen, röstet einen starken Eßlöffel Mehl in einem Stücklein Butter gelb, dämpft die Zwiebel und Sardellen darin, gießt etwas von der Bratenbrühe und einen Schöpflöffel Fleischbrühe daran, und gibt etliche Zitronenrädlein, ein Lorbeerblatt und einen Eßlöffelvoll Kapern hinein. Wenn der Braten fertig ist, kann die Sauce darübergegossen, oder besonders dazu aufgestellt werden.

Schlesisches Himmelreich

Backobst, Kartoffelklöße, Schweinefleisch, Mehl

Backobst, Kartoffelklöße und Schweinefleisch miteinander ergeben das Schlesische Himmelreich! Das Backobst wird in der Brühe des gesottenen Schweinefleisches weichgekocht und mit einer Mehlschwitze gebunden. Dazu gibt es Kartoffelklöße aus gekochten Kartoffeln.

Schmorbraten

750 g Ochsenfleisch, Salz, Mehl, Fett, 1 Stück Mohrrübe, 1 Stück Sellerie, 1 Stange Lauch, Fleischbrühe

Das Ochsenfleisch wird gewaschen, gehäutet, abgetrocknet und nach Belieben gespickt, gesalzen und in Mehl gewendet. In sehr heißem Fett wird das Fleisch angebraten, rasch gewendet, damit die Poren sich schließen und ein Stück Mohrrübe, ein Stück Sellerie und die Stange Lauch, kleingeschnitten, mitgebräunt. Mit etwas Mehl bestäubt läßt man das Fleisch Farbe nehmen und gießt dann mit heißer Fleischbrühe oder Wasser auf, so daß der Braten bedeckt ist. Im geschlossenen Topf wird das Ochsenfleisch unter mehrmaligem Wenden und Nachgießen in ca. 90 bis 120 Minuten gargeschmort. Man passiert die Sauce durch ein Sieb, schmeckt sie ab und läßt nochmals aufkochen.

Schmortopf »Mont Ventonte«

Je 250 g Rind-, Hammel- und Schweinefleisch, 150 g geräucherter durchwachsener Speck, 1 gr. Zwiebel, 4 Zehen Knoblauch, je 1 Handvoll grüne und schwarze Oliven, 1 gehäufter EL grüner Pfeffer, 1 TL Cognac, 1/4 l süße ungeschlagene Sahne, 1/2 l Rotwein, 1/2 Tasse ungeschwefelte Korinthen, Öl, Salz

Den Speck in Würfel schneiden und in Öl anbraten. Das Fleisch gewürfelt dazugeben und von allen Seiten anbräunen. Die Zwiebel feinhacken und glasig schmoren. Oliven, den feingeschnittenen oder geriebenen Knoblauch und die Korinthen dazugeben und mit dem Rotwein ablöschen. Den Schmortopf zudecken und 40 Minuten in den auf 200° vorgeheizten Ofen schieben.

Danach das Fleisch aus dem Topf nehmen, die Sauce mit Pfeffer und Salz würzen, mit der Sahne verrühren und mit dem Cognac abschmekken. Das Fleisch wieder in den Topf geben und das Ganze 20 bis 25 Minuten im Backofen ziehen lassen.
Dazu reicht man Salat und Weißbrot oder Safranreis.

Schmorbraten

625–750 g Schlegel, Salz, Pfeffer, 40 g Fett, Zwiebel, 1 EL Mehl, 30 g Speck, gelbe Rübe, Tomate, 3 EL sauren Rahm, nach Belieben etwas Wein

Das Fleisch wird gewaschen, geklopft, der Speck wird in knapp halbfingerlange Keile geschnitten. Mit einem spitzen Kochlöffel macht man Vertiefungen in das Fleisch, steckt den Speck ein, bestreut das Fleisch mit Salz und Pfeffer, wendet es in Mehl und brät es in heißem Fett an. Nachdem es Farbe hat, dreht man um, gibt Zwiebel, gelbe Rübe, Tomate zu, löscht, wenn alles Farbe hat, ab, deckt den Braten zu und brät ihn unter öfterem Wenden langsam 1½–2 Stunden. ½ Stunde vor dem Anrichten gibt man den Rahm zu.

Schweinebraten

2 Pfund Fleisch, 1 EL Salz, Prise Pfeffer, 50 g Fett, 1 Zwiebel, 1 gelbe Rübe, 1 Brotrinde, ¼ l Fleischbrühe, 1 TL Stärkemehl

Zu Schweinebraten eignet sich am besten Halsstück, Schlegel oder Bug. Das gewaschene Fleisch wird geklopft und mit Salz und Pfeffer eingerieben. In heißem Fett, dem man Zwiebel, gelbe Rübe und Brotrinde zugegeben hat, läßt man das Fleisch auf beiden Seiten braun anbraten, stellt es in den heißen Backofen, gibt, wenn nötig, nach dem Begießen von Zeit zu Zeit wenig Fleischbrühe zu und läßt das Fleisch je nach der Größe des Stückes 1–1½ Std. braten. (6 Pfd. = 2 Std., 10 Pfd. = 2½–3 Std.) Vor dem Anrichten wird der Beiguß entfettet, der Bratenansatz abgekratzt, wenig Fleischbrühe und 1 Teelöffel angerührtes Stärkemehl zugegeben, die gelbe Rübe herausgenommen und nachdem der Beiguß nochmals aufgekocht hat, durchgeseiht. Hat man einen fetten Schlegel oder Bug zu braten, so stellt man diesen anstatt mit Fett mit heißem Wasser bei. Der Backofen muß in diesem Fall sehr heiß sein.

Schweinebraten, bayerischer

1000 g Schweinefleisch (Halsgrat oder Schulter), Salz, Pfeffer, Knoblauch, 1 Zwiebel, Beifuß, Wasser, Mehl

Das Schweinefleisch wird gewaschen, abgetrocknet, mit Salz, Pfeffer und gepreßtem Knoblauch eingerieben. In eine Bratreine gibt man eine zerkleinerte Zwiebel und ein Zweiglein Beifuß, legt das Fleisch hinein und gießt 1 Tasse kochendheißes Wasser dazu. Dann kommt die Bratreine in das vorgeheizte Rohr. Wenn das Wasser verdampft ist und sich am Boden der Bratreine bereits ein brauner Bratensatz gebildet hat, wird das erste Mal mit heißem Wasser nachgegossen. Den Braten einmal wenden und hin und wieder begießen. Nach ca. 100 bis 120 Minuten ist der Braten fertig. Nach Belieben kann die Sauce mit etwas Mehl angedickt werden.
Dazu ißt man Knödel und Sauerkraut.

Schweinebraten, französische Art

Geschälte, ausgekernte Äpfel schneidet man in Viertel, ebensoviel kleine Kartoffeln und dieselbe Masse kleine Zwiebeln schält man ab, gibt alles zusammen mit einem großen Stück Schweinskamm, den man gesalzen hat, in die Bratpfanne, übergießt alles mit 150 g zerlassener Butter, brät das Fleisch 20 Minuten, gießt ¼ bis ½ l kochendes Wasser zu und läßt nun alles weichschmoren. Der Braten kommt in die Mitte des Tellers und ringsum werden Äpfel, Zwiebeln und Kartoffeln angerichtet.

Schweinebraten, gebeizter

Das zum Braten bestimmte Stück Schweinefleisch wird vierundzwanzig Stunden in die Beize gelegt, und sodann unter Zugießen teils von Beize, teils von Wasser, ganz auf dieselbe Weise gebraten, wie das vorhergehende. Nach Belieben kann man während des Bratens einen halben Eßlöffel Kümmel darübergeben, oder eine Viertelstunde vor dem Anrichten das Fleisch mit geriebenem Weißbrot überstreuen und solches mit dem Bratenfett beträufeln; ist die Kruste dann gelb geworden, so richtet man an. – Es wird hierzu nebst der eigenen Sauce eine *Obstsauce* serviert.

Schweinebraten mit Hering

Dies muß ein Rippenstück oder ein Halsbraten sein. Wenn es ein wenig geklopft ist, putzt man einen Hering, macht kleine fingerlange Stücke daraus, überstreut die Stücklein mit ein wenig Pfeffer und Thymian, und steckt sie in den Braten, bis der ganze Hering aufgebraucht ist. Von außen wird der Braten mit Pfeffer und Salz bestreut, der obere Teil davon mit Zitronenrädlein belegt, das Ganze in ein Kalbsnetz gewikkelt, am Spieß langsam gebraten und dann samt dem Netz auf einer kleinen Platte angerichtet. Zum sauren Kraut ist es vorzüglich gut.

Schweinebratenpäckchen

Ein aus den Knochen geschältes gebratenes Rippenstück wird in zierliche gleichmäßige Scheiben geschnitten und diese allemal zu zweien durch eine Schicht Sardellenbutter verbunden. Dann bestreicht man die Doppelscheiben mit zerlassener Butter, bestreut sie mit feingewiegter Petersilie, Zwiebeln, Champignons, Pfeffer und Salz, wendet sie in geriebener Semmel und packt sie in dick ausgebutterte weiße Bogen Papier ein. Diese Päckchen schichtet man nebeneinander auf ein Backblech und läßt sie bei guter Hitze 8 bis 10 Minuten backen. Man serviert sie im Papier und reicht dazu Kartoffelsalat und Mixed pickles.

Schweinebraten, sauer

750 g Bug oder Schlegel, Beize: 1/8 l Essig, 1 l Wasser, 1 EL Salz, Zwiebel, gelbe Rübe, 2 Nelken, 1/2 Lorbeerblatt, 1 Zitronenscheibe, Pfefferkörner, 40 g Fett, Salz, Pfeffer, Zwiebel, 1 EL Mehl, nach Belieben 2 EL Wein

Das Fleisch waschen, klopfen, mit der Beize übergießen, zugedeckt, unter täglichem Wenden 4–6 Tage stehenlassen. Vor dem Zusetzen das Fleisch abtrocknen, mit Salz und Pfeffer bestreuen, in heißem Fett mit Zwiebel und Mehl anbraten, wenn alles Farbe hat, mit Wasser oder Fleischbrühe und etwas Beize ablöschen, zugedeckt etwa 1½ Stunden weichdämpfen.

Schweinebraten mit Wildgeschmack

Man bereitet eine Marinade aus ½ l Rotwein, ½ l Essig, 1 l Wasser, Möhren, Kohlrabi, Petersilienwurzel, Sellerie, einer Handvoll Wacholderbeeren, 1 Kaffeelöffel Fichtennadeln, Zitronenschale, Ingwer, Neuwürzkörnern, Basilikum, einem Lorbeerblatt und etwas Pfeffer, läßt alles tüchtig kochen und erkalten. Ein Rückenstück von etwa 5 Pfund übergießt man, nachdem es gut gesalzen ist, mit der Beize, deckt es gut zu und bewahrt es so an einem kühlen Ort 2 bis 3 Tage lang. Dann brät man das Fleisch mit Butter scharf an, füllt nach und nach die Beize an, begießt das Fleisch häufig und verdickt zuletzt die Sauce mit dicker saurer Sahne. Kartoffelmus und Preiselbeeren gibt man zu diesem wohlschmeckenden Gericht.

Schweinebrust, gefüllte

2 Pfund Schweinefleisch (Brust), 2 Brötchen, 2 Eier, 1/8 l Milch, 1 EL Salz, 1 EL in 20 g Butter gedämpfte Zwiebel und Petersilie, Prise Pfeffer, Prise Muskat. Zum Braten: 1/4 l Wasser, 1 Zwiebel, 1 gelbe Rübe, 1 Brotrinde. Zum Beiguß: 15 g Braunmehl, 1/4 l Fleischbrühe

In eine möglichst magere Schweinebrust schneidet man eine Öffnung zum Füllen, reibt sie mit Salz und Pfeffer aus, füllt die hergestellte Fülle ein und näht die Brust zu. In eine möglichst kleine Bratpfanne gibt man heißes Wasser, die gesalzene, mit Pfeffer bestreute Brust und läßt das Wasser im heißen Backofen oder auf der Herdplatte vollständig einkochen, wobei das Fett zum Braten aus der Brust heraustreten soll. Man brät die Brust, nachdem man die Bratenzutaten zugegeben hat, unter fleißigem Begießen im Bratofen 1¼ Std. Größere Stücke bedürfen selbstverständlich längerer Bratzeit. Der Beiguß wird nach dem Entfetten mit Braunmehl und Fleisch- oder Knochenbrühe wie jeder andere Braten fertiggemacht.

Schweinebrust, sauer gekocht

Es wird eine Schweinebrust mitsamt der Schwarte und den Knochen in fingerlange und zweifingerbreite Stücke gehackt, in eine passende Kasserolle gegeben, mit drei Teilen Wasser und einem Teil Essig begossen, soviel, daß das Fleisch gerade davon überspült wird, dann aufs Feuer gestellt und ins Kochen gebracht; nach dem gehörigen Abschäumen kommen folgende Kräuter und Würzen dazu: Zusammengebundene Petersilie, Thymian, Salbei und Bertram, zwei geschälte Zwiebeln, zwei Lorbeerblätter, einige Gewürznelken, ein Eßlöffelvoll Pfefferkörner und das nötige Salz. Wenn das Fleisch ziemlich weich ist, so wird es herausgelegt, angerichtet und mit geschabtem, rohem Meerrettich bestreut.

Der Sud wird durch ein Haarsieb passiert, alles Fett sorgfältig davon abgenommen und bei Tisch extra dazugegeben. Kalt gibt die Schweinebrust ein beliebtes und gutes Essen. Zu diesem Zweck wird das Gefäß, worin das Fleisch gekocht wurde, nach dem Garwerden von dem Feuer zurückgestellt; nach einigem Verkühlen werden die Stücke Fleisch behutsam herausgenommen, in einen passenden irdenen Topf gelegt, der Sud durch ein Haarsieb darübergeseiht und so an einem kühlen Ort aufbewahrt. Beim Gebrauch nimmt man die Scheibe Fett ab und gibt die einzelnen Stücke mit dem daranhängenden Gelee zu Tisch. Hals, Kopf und Schulter vom Schwein können mit Vorteil auf dieselbe Art verwendet werden, doch ist es ratsam, hierzu nur Fleisch von nicht zu fetten Schweinen zu nehmen.

Schweinefilet

1–2 Filets, etwa 500 g, 30 g Speck, Salz, Pfeffer, 40 g Fett, Zwiebel, gelbe Rübe, 1 EL Mehl, 4 EL Rahm, nach Belieben etwas Wein

Das Fleisch häuten, mit feinen Speckscheiben spicken, mit Salz und Pfeffer einreiben. In heißem Fett mit Zwiebel, gelbe Rübe, Mehl anbraten, etwas ablöschen, unter öfterem Begießen, unter Zugabe von Rahm und Wein etwa ¾ Stunden dämpfen.

Schweinefilet, andere Art

Die Filets werden etwas geklopft, mit wenig Salz bestreut, in gelbgemachte Butter gelegt und, fest zugedeckt, langsam ¼ Stunde bei einmaligem Umwenden gebraten. Dann gibt man etwas Sahne hinzu und läßt sie bei öfterem Begießen noch etwa ebensolange braten, wenigstens nicht länger, bis sie sich zart durchstechen lassen. Beim Anrichten kommt wie gewöhnlich etwas Mehl, einige Minuten später so viel Bouillon oder Wasser hinzu, daß es eine gebundene Sauce gibt.

Schweinefilet, rheinische Art

2 Schweinefilets, Salz, Senf, etwas Mehl, 1 Ei, Semmelbrösel, Butter, 8 kleine Äpfel, 1/4 l dicke, saure Sahne, Majoran, 1 Glas Weinbrand

Die Schweinefilets werden dünn mit Senf bestrichen, leicht gesalzen und in Mehl gewendet, dann in verquirltem Ei und zuletzt in Semmelbröseln. In heißer Butter brät man sie rundherum schnell goldbraun. Die verwendeten Äpfel sollen süß und nicht zu groß sein. Sie werden gewaschen, aber nicht geschält. Man trocknet sie gut ab und gibt sie in die Pfanne, bestreut mit Majoran und übergießt mit dicker, saurer Sahne. Bei mäßiger Hitze gart man das Gericht im Rohr etwa 15 bis 20 Minuten. Das Fleisch wird in Scheiben geschnitten, mit Weinbrand beträufelt und mit dem Bratensaft begossen. Zusammen mit den Äpfeln anrichten.

Schweinefleisch, abgekochtes, mit Sauce

Hierzu nimmt man meist Stücke, welche *ganz* auf den Tisch zu geben nicht gut paßt. Diese werden in kleinere Stücke zerkleinert und mit Wasser, einem Glas Essig, etwas Kümmel, zwei Lorbeerblättern, einem halben Selleriekopf, ebensoviel gelber Rübe, zwei verschnittenen Zwiebeln und etwas Salz so lang gekocht, bis das Fleisch sich von den Knochen ablöst. Nun hebt man die Stücke mit dem Schaumlöffel heraus, richtet sie auf einer Platte übereinander an, bestreut sie mit Petersilie und gibt sie sogleich mit einer Zwiebel- oder Pfeffersauce, auch öfters mit Senf, zu Tisch. – Noch besser ist dieses Fleisch, wenn es einige Tage in den *Pökel* gelegt wurde.

Schweinefleisch, gebratenes

Man kann jedes Stück vom Schwein braten und nach Belieben zuvor die gröbsten Knochen davon auslösen. Nachdem es mit Salz, Pfeffer und etwas Kümmel eingerieben, nebst verschnittenen Zwiebeln, und nach Belieben gelber Rübe und etwas Knoblauch, in eine Bratpfanne gebracht ist, wird ein Schöpflöffel Wasser darangegossen, das Stück im Bratrohr oder auf dem Herd unter öfterem Begießen weichgebraten (im letzteren Fall *bedeckt*), und dann auf der gehörigen Platte angerichtet; nun das Fett von der Sauce abgenommen, diese durchs Sieb geschüttet und mit dem Braten extra zu Tisch gegeben. – Wird das Schweinefleisch mit der *Schwarte* gebraten, so muß diese wie bei dem Wildschwein in zweifingerbreiten Zwischenräumen kreuzweise eingeschnitten werden, und es ist beim Braten zu beachten, daß sie rösch bleibe.

Schweinefleisch, eingesalzen

10 Pfund Fleisch, 1 Pfund Salz, 100 g Zucker, 10 g Salpeter, 20 Wacholderbeeren, 1 Knoblauchstückchen, 1 große Zwiebel

Hierzu eignet sich am besten Bug, Bauchstück oder Kamm. Das Fleisch wird gewaschen, geklopft und mit der Hälfte des Salzes, sowie der feingeschnittenen Zwiebel und den gestoßenen Wacholderbeeren gut eingerieben. Das Wasser läßt man mit dem übrigen Salz, Zucker und Salpeter zum Kochen kommen und gießt die Lake erkaltet über das in eine Schüssel oder eichenen Ständer gelegte Fleisch. Sodann deckt man es gut zu und läßt es 8–10 Tage stehen. Das Fleisch soll täglich gewendet oder wenigstens mit der Lake begossen werden. Salzt man 20–30 Pfd. Fleisch ein, so braucht man im Verhältnis nicht soviel Lake.

Schweinefleisch, gesalzen und gekocht

2½ Pfund Fleisch, 3 l Wasser, 1 Zwiebel, 1 gelbe Rübe, ½ Lorbeerblatt, 1 TL Salz

Das gesalzene Fleisch und zwar am besten vom Kamm wird mit kaltem Wasser und den Gewürzen beigestellt und langsam weichgekocht, wozu man ungefähr 5/4 Stunden rechnet. Beim Aufschneiden wird den Rippen entlanggeschnitten und das Fleisch mit Sauerkraut oder sauren Rüben zu Tisch gebracht. Das Fleisch kann auch kalt unter dem Namen Schweinerippchen serviert werden.

Schweinefleisch, grünes, gekochtes

2 Pfund Fleisch, 3 l Wasser, 2 EL Salz, 1 Zwiebel, 1 gelbe Rübe

Dazu eignet sich am besten Brustkern und zwar muß dieser gut durchwachsen sein. Das Fleisch wird gewaschen, mit kaltem Wasser und den Gewürzen beigestellt und langsam 1 Std. gekocht. Es schmeckt sehr gut mit Sauerkraut oder weißen Rüben. Das Fleisch kann auch in Sauerkraut gekocht werden, man muß aber dann ½ Std. längere Kochzeit rechnen.

Schweinefleisch, süß-sauer

500 g Schweinefilet, 200 g Bambussprossen (Dose), 4 Scheiben Ananas, 2 EL Sojasauce, 1 TL Salz, 1 TL schwarzer Pfeffer, 5 EL Essig, 4 EL Zucker, 2 EL Ananassaft, 6 EL Öl, 2½ EL Speisestärke

Das Schweinefilet in 2 cm große Würfel schneiden. Die Bambussprossen und Ananas in mundgerechte Stücke schneiden. Die Sojasauce, Salz, Pfeffer, Essig, Zucker, Ananassaft und 2 Eßlöffel Öl verrühren. Die Fleischwürfel in der Marinade so lange hin und her wenden, bis sie ganz befeuchtet sind. Die Würfel herausnehmen, 2 Teelöffel Speisestärke darüberstreuen, damit die Fleischstücke trocken werden. Fett in der Pfanne erhitzen und das Fleisch darin knusprig braten, dann herausnehmen und heißhalten. In das Bratöl die Marinade rühren und darin die Bambus- und Ananasstücke 1 Min. dünsten. Die restliche Speisestärke mit 2 Eßlöffel Wasser anrühren und die Sauce binden. Gemüse, Fleisch und Sauce mischen und sofort servieren.

Schweinekarree, Schweinsrückenstück, mit süßer Sahne

Vom Schweinskarree oder Rückenstück sollten möglichst die Rippen ausgeschnitten, und die Schwarte samt dem stärksten Fett abgenommen werden. Das Fleisch wird dann über Nacht in eine Beize eingelegt, zur gehörigen Zeit mit etwas Fett, Salz, Pfeffer, Nelken, Zwiebelscheiben und einem kleinen Teil der Beize in eine Bratpfanne gerichtet, und während öfteren Begießens mit feiner Sauce anderthalb bis zwei Stunden gebraten, und zwar, wenn es von einem älteren Schwein ist, zugedeckt in einem Kastrol. Eine Viertelstunde vor dem Anrichten vermengt man eine Handvoll geriebenes Weiß- oder Schwarzbrot mit Zucker und Zimt, bedeckt damit die obere fette Seite des Fleisches, und bringt nun letzteres, mit seinem Fett beträufelt, wieder in den Ofen, bis es gelb geworden. Unterdes wird in einem Stückchen Fett ein Kochlöffel Mehl nebst einem Stückchen Zucker gelb geröstet, dazu ein Eßlöffel Brotbrösel gegeben, und dies so lang miteinander geröstet, bis es braun geworden, zur gewöhnlichen Saucendicke abrührt, einen Kaffeelöffel Zimt, eine Messerspitze Nelken, genügend Zucker und feingewiegte Zitronenschale beifügt und solches zusammen gut durchkochen läßt. Nun wird das inzwischen fertiggewordene Fleisch herausgenommen und warmgestellt, die Sauce in das Geschirr, worin das Fleisch gebraten wurde, gegossen, und mit dem zurückgebliebenen Satz noch einige Zeit langsam gekocht. Sollte sie durch das Kochen zu dick geworden sein, so verdünnt man sie mit einem Gläschen Wein, dem Saft einer halben Zitrone und etwas Fleischbrühe. Sodann wird das Fett abgenommen, ein Teil der Sauce durchs Sieb in eine tiefe Platte geschüttet, das Fleisch darauf angerichtet, und die übrige Sauce in einer Sauciere damit zu Tisch gegeben. – Kann auch, wenn es fertig gebraten ist, statt mit obiger Sauce, mit einer Apfel-, Kirschen- oder Hagebuttensauce gegeben werden.

Schweinekarree, andere Art

(Für 10 Personen) 2 kg Rippenstück, Salz, Pfeffer, Zwiebel, gelbe Rübe, 1/4 l sauren Rahm, 1/2 l Bier

Das Fleisch von einem jungen, nicht zu fetten Schwein wird gewaschen, mit Salz und Pfeffer eingerieben. Nach Belieben kerbt man die Schwarte mit einem Messer netzartig ein. Dann legt man das Fleisch, die Schwarte nach unten, in 1/2 l kochendes Wasser, gibt Zwiebel und gelbe Rübe zu, stellt es etwa 1/2 Stunde in den Backofen, dreht das Fleisch um, so daß die Schwarte nach oben ist, und brät es unter öfterem Begießen mit Bier etwa 2 Stunden. In der letzten halben Stunde übergießt man mit Rahm. Die Sauce seihen, entfetten.

Schweineknöchlein in Salzlake

Die dicken Teile der Füße, dann die Ohren, der Rüssel, oder besser der ganze Kopf, wird in Stückchen zerkleinert, und je 3 Kilo mit 250 g Salz und 15 g Salpeter eingerieben. Nun legt man die Knöchlein dicht in ein Geschirr ein, indem man die Lorbeerblätter, Pfeffer, Nelken und etwas Knoblauch dazwischengibt, und verwahrt sie, gut beschwert, sechs bis acht Tage an einem kühlen Ort, unter dieser Zeit sie öfters umkehrend. – Sind, in Wasser abgekocht, besonders zu *Erbsen* und *Sauerkraut* gut.

Schweinekoteletts

Werden hergerichtet und das zu viele Fett rundherum abgeschnitten. Dann werden sie durchs Wasser gezogen, geklopft aber nicht gehäkkelt, danach mit Salz und Pfeffer bestreut, in Brotbröseln umgekehrt, und auf dem Rost oder in der Pfanne gebraten, in letzterem Fall muß man etwas Fett zum Braten nehmen. Man serviert sie mit verschnittenen Zitronen. – Kann man auch, nachdem sie eingewürzt sind, in *Ei* und *Brotbröseln* umkehren, oder auch naturell braten.

Schweinekoteletts, fränkische Art

4 Schweinekoteletts, Salz, Pfeffer, 20 g Butter, 3 EL Öl, 4 Äpfel, ½ l Wasser, ½ l Weißwein, 1 Prise Zucker, 1 EL Meerrettich, 3 EL saure Sahne, 1 EL Semmelbrösel

Wasser und Weißwein werden aufgekocht und mit Salz, Pfeffer und Zucker gewürzt. Die Äpfel hat man geschält und das Kerngehäuse ausgestochen. Man gibt sie in die Flüssigkeit und läßt sie 10 Minuten ziehen. Meerrettich, Sahne und Semmelbrösel werden vermischt und die Äpfel damit gefüllt. Gleichzeitig hat man die Koteletts, die mit Salz und Pfeffer eingerieben wurden, in heißer Butter und Öl von beiden Seiten knusprig braun gebraten. Jedes Kotelett wird nun mit einem gefüllten Apfel belegt und sofort serviert.

Schweinekoteletts, gedämpft

4 Koteletts, Salz, Pfeffer, 40 g Fett, Zwiebel, 4 EL Rahm, Bratensauce

Die Koteletts werden geklopft, mit Salz und Pfeffer eingerieben, in heißem Fett auf beiden Seiten 8 Minuten gebraten, herausgenommen, in eine Kasserolle gelegt. In dem Fett dämpft man die in feine Scheiben geschnittene Zwiebel gut gelb, verteilt sie auf die Koteletts, löscht den Bodensatz mit Sauce ab und gibt diesen ebenfalls dazu. Nachdem man die Koteletts mit dem Rahm begossen, läßt man sie noch 12 Minuten im Backofen oder zugedeckt auf dem Herd dämpfen.

Schweinekoteletts, gedämpfte, mit Zwiebeln

Wenn die Koteletts hergerichtet, mit Salz und Pfeffer bestreut und in zerlassener Butter umgekehrt, werden sie übereinandergelegt, und so zwei bis drei Stunden liegen gelassen. Danach brät man sie in einer Pfanne, worin ein kleines Stückchen Butter oder sonstiges gutes Fett zerlassen wurde von beiden Seiten langsam gelb, nimmt sie dann heraus, und stellt sie warm. Nun werden vier mittelgroße Zwiebeln in Scheiben geschnitten, diese in 40 g Butter oder Schmalz gelb geröstet, in zwei Eßlöffel Essig und drei Eßlöffel Fleischbrühe eine halbe Viertelstunde gekocht, danach in den vom Braten der Koteletts zurückgebliebenen Saft gegeben, ein guter Kochlöffel Mehl hineingerührt, dies zusammen mit Fleischbrühe zur gehörigen Saucendicke abgerührt, und eine Viertelstunde durchgekocht. Nachdem sodann ein Eßlöffel französischer Senf hineinverrührt und die Sauce noch einmal aufgekocht, fettet man sie ab, richtet sie in einer tiefen Platte an, und legt die Koteletts im Kranz darüber.

Schweinekoteletts, gefüllt

4 Schweinekoteletts, 100 g gekochter Schinken, 4 EL Kräuter, 2 Eier, Semmelbrösel, 1 Zwiebel, Salz, Pfeffer, Majoran

Man schneidet in die Koteletts eine Tasche. 100 g gekochten, gehackten Schinken, 4 Eßlöffel gehackte Kräuter nach Belieben, 2 Eier, Semmelbrösel und 1 kleine, gehackte Zwiebel mischt man und schmeckt mit Salz, Pfeffer und Majoran ab. Die Koteletts werden mit Pfeffer bestreut, mit der Masse gefüllt und mit einem Holzspießchen geschlossen. Man brät die Koteletts bei nicht zu starker Hitze knusprig braun.

Schweinekoteletts, gehackte

1 Pfund durchwachsenes Schweinefleisch wird recht feingehackt, mit Pfeffer und Salz gemischt und in 5 bis 6 Teile geteilt. Man formt aus jedem Teil mit der angefeuchteten Hand runde Klößchen, die man breitdrückt, und kreuzweise mit dem Messerrücken einkerbt, mit Ei und Reibebrot paniert und in Butter oder Nierenfett ausbäckt. Aus dem Bratensatz bereitet man mit Braunmehl und Bouillon eine dicke Sauce, in die man gewiegte Sardellen oder Kapern rührt. – Ohne Sauce gibt man sie nur mit der Bratenbutter zu verschiedenen Kohl- und Kartoffelspeisen.

Schweinekoteletts mit Apfelsauce

Die Koteletts werden hergerichtet und ebenso gebraten. Man richtet sie dann im Kranz auf einer Platte an und gießt in die Mitte derselben eine Apfelsauce, oder serviert solche extra in einer Sauciere.

Schweinekoteletts, spanische

4 Schweinekoteletts, Salt, ½ TL milden Paprika, etwas Knoblauchsalz, 2 EL Pflanzenöl, 1 Zwiebel, ¼ Dose Champignons, 2 Essiggurken, ½ Glas Oliven, (sehr gut schmecken gefüllte Oliven, Tomaten und Mandeln), 1 Beutel Bratensauce, ⅜ l Wasser

Die Koteletts mit Salz, Paprika und Knoblauchsalz würzen, in Öl einige Minuten anbraten. Im gleichen Fett Zwiebelstreifen anbraten, Champignons, Essiggurkenstreifen und halbierte Oliven zugebben. Mit dem in ⅜ l Wasser angerührten Saucenpulver auffüllen und aufkochen lassen. Die Koteletts in eine feuerfeste Schüssel geben, Sauce darübergießen und im Backofen bei 180° ca. 20 Min. garen.

Schweinelendchen

Man trennt alles Fett behutsam von den Lendchen, häutet und spickt sie dann ein wenig, salzt sie und gibt sie in eine Pfanne mit steigender Butter. Nachdem die Lendchen von allen Seiten dunkel angebraten sind, gießt man etwas Sahne oder auch nur süße Milch daran, deckt die Pfanne zu und dämpft die Lendchen weich. Ist die Sauce noch zu dünn, kann man etwas Weizenmehl anquirlen und kurz vor dem Anrichten einige Tropfen Zitronensaft dazugeben. – Will man die Lendchen mit »Wildgeschmack« herrichten, so legt man sie in eine Beize, wie diese beim Schweinebraten mit Wildgeschmack angegeben ist.

Schweinelendchen in pikanter Sauce

Schweinelendchen schneiden und klopfen, von jeder Seite anbraten und leicht mit Salz bestreuen. Dann zum Warmhalten in den Backofen. Sauce: Etwas Butter zerlassen, dann Mehl hinzu und mit Fleischbrühe auffüllen. Etwas Salz, Zitrone und Worchestersauce als Gewürze. Zum Schluß ein Eigelb und ein Döschen Pilze hinzugeben. (Evtl. etwas Sahne). Anschließend die Sauce über die Lendchen verteilen und servieren.

Schweinelendchen mit Obst

2 Pfund Schweinelendchen kurz in Butter von beiden Seiten anbraten und in eine feuerfeste Form geben. 3 Bananen in Scheiben schneiden, 3 Äpfel würfeln und darübergeben. ½ l Schlagsahne, 2 Eßlöffel Ketchup, viel Curry, Salz und Pfeffer mischen, 250 g alten Gouda reiben und alles zusammen über die Lendchen mit dem Obst geben. Im Backofen bei 200° C ca. 45–60 Min. garen.

Schweinepfeffer

2 Pfund Schweinefleisch. Zur Beize: 1/10 l Essig, 1/4 l Wein, 1/2 l Wasser, Zitronenscheiben, 1 mit 4 Nelken besteckte Zwiebel, 4 Pfefferkörner, 1/2 Lorbeerblatt, 1 Sträußchen Suppengrün, 1 EL Salz. Zum Beiguß: 1/10 l Blut, 30 g Braunmehl

Das Fleisch, welches man vom Kamm oder Bug nimmt, wird geklopft, gewaschen, in dicke handflächengroße Stücke geschnitten und 24 Stunden in die Beize gelegt. Bei der Zubereitung kocht man es in der Beize weich (1 Std.) rührt das mit Blut angerührte Mehl in den Sud ein und läßt es nochmals 20 Minuten weiterdämpfen. Als Zugabe gibt man Kartoffelklöße und dgl.
Anmerkung: Alle derartigen Ragouts werden mit Blut zubereitet, damit sie eine glänzende, fast schokoladenartige Färbung erhalten. Beim Schweinepfeffer kann man noch Kümmel dazugeben.

Schweinepfeffer, andere Art

750 g Schweinefleisch, 50 g Speck, 250 g Zwiebeln, 2 EL Mehl, 1 kleines Lorbeerblatt, einige Pfefferkörner, 1 Messerspitze Basilikum, Salz, 1/4 l Fleischbrühe

Das Schweinefleisch wird in grobe Würfel geschnitten, Speck und Zwiebeln feingewürfelt. Den Speck läßt man glasig aus, brät in dem Fett die Fleischwürfel von allen Seiten an, gibt die Zwiebel dazu und röstet sie goldgelb. Dann bestäubt man das Ganze mit Mehl, gibt die Gewürze dazu und gießt die heiße Fleischbrühe auf. Nach etwa 90 bis 100 Minuten ist das Fleisch weich. Dazu passen Kartoffelknödel und Salat.

Schweineragout

$2\frac{1}{2}$ Pfund Fleisch, 60 g Fett, 100 g Mehl, $1\frac{1}{2}$ l Fleischbrühe, 1 EL Salz, 1 Prise Pfeffer, 1 mit Nelken besteckte Zwiebel, $\frac{1}{2}$ Lorbeerblatt, 1 TL Essig, 4 EL Wein, 3 Tomaten oder 1 EL Tomatenmark

In dem heißen Fett bräunt man das Mehl kastanienbraun, löscht mit Fleischbrühe ab, gibt die Gewürze zu, läßt den Beiguß gut durchkochen. Während dieser Zeit wird das Schweinefleisch und zwar ein Stück vom Schlegel oder Bug gewaschen, geklopft und in 6–7 cm große und $1\frac{1}{2}$ cm dicke Scheiben geschnitten. Sodann gibt man das Fleisch in den Beiguß, läßt es darin 1 Std. langsam dämpfen, nimmt beim Anrichten Zwiebel, Lorbeerblatt und Tomatenhülle heraus, gibt den Wein zu und serviert das Ragout mit Kartoffel-, Weckklößen oder Hefekloß.

Schweineragout von Schweinefüßen und Ohren

Die Füße und Ohren werden kleingeschnitten und nebst kleingehackten Zwiebeln, Muskatblüten, Salz, Lorbeerblättern und ganzem Pfeffer weichgekocht. Ehe man anrichtet, gibt man noch etwas gebranntes Mehl, Zitronensaft oder Wein nach Belieben daran, und läßt es so noch einmal aufkochen.

Schweinerouladen

Zubereitung wie Kalbsvögel, anstatt Rahm 1 Eßlöffel Tomatenmark zugeben, $1\frac{1}{4}$–$1\frac{1}{2}$ Stunden braten.

Schweineschlegel, gebraten

(Für 20–25 Personen) 1 Schlegel, etwa 4–5 kg, Salz, Pfeffer, Zwiebel, gelbe Rübe, Wasser, 3 EL Weckmehl, 30 g Butter, 1–2 EL Stärkemehl

Ein nicht zu fetter Schlegel wird gewaschen, die Hautschwarte abgezogen, mit Salz und Pfeffer eingerieben. In die Bratpfanne gibt man etwa 1 l kochendes Wasser, nebst Zwiebel, gelbe Rübe, legt das Fleisch hinein, stellt es in den Backofen und brät, unter öfterem Begießen und Nachfüllen der Flüssigkeit etwa 2½ Stunden. Dann bestreut man das Fleisch mit Weckmehl, gibt die zerlassene Butter obenauf und läßt im Backofen hellbraun überbacken. Die Sauce wird entfettet, mit Wasser oder Fleischbrühe nachgefüllt, mit Stärkemehl aufgekocht.

Schweineschlegel mit einer Kruste

Dies kann ein Schlegel von einem zahmen oder wilden Schwein sein. Man klopft ihn samt der Schwarte, löst nachdem erst die Schwarte ab, vermengt ein Stücklein gestoßenen Zimt mit etwas Nelken, Pfeffer und Salz, macht in dem Schlegel auf beiden Seiten Öffnungen, streut von dem Gewürz hinein, legt ihn ein paar Tage in Essig und Kräuter, bestreut den Schlegel mit Salz und von dem vorbemerkten Gewürz, legt ihn auf den Speck, gießt einen Schöpflöffel Wasser oder Fleischbrühe und die Hälfte von der Beize durch einen Schaumlöffel daran, gibt etliche Wacholderbeeren, ein paar Zitronenrädlein und eine Rinde Schwarzbrot hinein, deckt den Schlegel zu, und dämpft ihn so lang, bis er weich ist. Hierauf legt man ihn aus der Brühe in ein Geschirr, worauf ein Deckel paßt, preßt die Sauce durch ein Sieb, schöpft die Fette rein davon ab, nimmt das übrige wieder an den Schlegel, reibt 1 oder 2 ganze Milchbrote auf dem Reibeisen, vermengt sie mit gestoßenem Zimt, Pfeffer, Nelken und Salz, und streut den Schlegel oben damit fingerdick, legt kleine Bröckelein Butter darauf, einen Deckel mit Feuer darüber und bäckt ihn gelb. Er kann auch mit der Kruste in einen Backofen gestellt und darin gelb gemacht werden.
Ist es ein alter Schlegel, besonders von Wildbret, so wird er über Nacht in der Sauce auf Feuer gestellt.

Schweineschlegel, Nürnberger Art

Von einem zarten Schweineschlegel von 2 bis 2½ Kilo hacke man den unteren Knochen ab, löse das Schlußbein heraus und wasche, salze und pfeffere denselben und lasse ihn ein bis zwei Tage im Keller vom Salz gut durchdringen. Der Schlegel wird nun im Rohr in ein und einer halben bis zwei Stunden gut weichgebraten. Währenddem reibe man auf dem Reibeisen 70 g braunen Lebkuchen, seihe denselben durch einen Seiher, damit keine großen Stücke darunterkommen. Wenn nun der Schweineschlegel weich ist, ziehe man ihm die Haut ab, löse die Jus davon gut auf und lasse sie durch ein feines Sieb laufen. Diese Jus wird nun entfettet und kommt wieder an den Braten; derselbe wird damit begossen, und wenn er wieder ganz heiß ist, wird geriebener Lebkuchen daraufgestreut und kommt wieder, aber aufgedeckt, in das Rohr. Wenn nun der Lebkuchen durch die Hitze angebacken ist, wird der Schlegel wieder, aber sehr behutsam begossen, daß beim Begießen der Lebkuchen nicht herunter gewaschen wird, und so wird im ganzen dreimal verfahren. Wenn dann der Schlegel eine schöne braune Farbe hat, wird er auf einer langen Platte angerichtet und an den Knochen eine zierliche Papiermanschette gesteckt. Die Sauce, die nun mit dem herabfallenden Lebkuchen vermischt ist, wird durch ein grobes Sieb gestrichen, wenn sie zu dick ist, mit einer Bratenjus oder Suppe verdünnt und teils unter den Schlegel, teils in einer Sauciere, als Sauce extra beigegeben.

Schweineschlegel, mit einer Kruste zu braten

1½ kg Schweinekeule. Die Gesamtgarzeit beträgt ca. 1¾ Stunden (E.-Herd 200 bis 225° / G.-Herd 3–4). Erst in der letzten Viertelstunde mit geriebenem Brot bestreuen. Zum Würzen wird gemahlener Piment (Nelkenpfeffer) mit Zucker vermischt

Wenn von der Schweinskeule die Schwarte abgelöst worden ist, wird sie in frischem Wasser gut abgewaschen, hin und wieder mit ganzen Nelken besteckt, in die Bratpfanne gelegt, gehörig mit Salz bestreut und mit etwas Wasser in den Bratofen gesetzt; doch darf man sie nicht sogleich in die Hitze bringen, sonst wird sie von außen gut und bleibt in der Mitte blutig. Wenn sie nun bald genug gebraten hat, so nimmt man ein Stück Brotrinde, reibt es auf dem Reibeisen, stößt Zucker und

ganze Nelken klar und vermengt sie mit dem geriebenen Brot. Nun hebt man die Pfanne mit der Keule aus dem Ofen, schöpft das Fett rein ab und bestreut sie auf der Seite, wo die Schwarte gewesen ist, fast fingerdick mit dem geriebenen Brot. Man muß dies aber behutsam machen, damit nichts von dem Brot in die Brühe fällt.
Anmerkung: Nach dem Bestreuen darf man die Keule nicht wieder begießen, sonst wird das Brot erweicht.

Schweineschlegel, mecklenburgische Art

Nachdem die Schwarte von der Keule abgelöst, wird dieselbe mit kaltem Wasser abgespült, auf etwa 3 Zoll Entfernung mit Gewürznelken besteckt, mit Salz bestreut und in der Bratpfanne mit Wasser in den Ofen gesetzt, der anfangs keine allzu starke Hitze haben darf, damit die Keule nicht von außen gar wird und inwendig blutig bleibt. Es muß diese gut begossen und, so oft es nötig ist, kochendes Wasser hinzugefügt werden. Nachdem sie gar geworden, was an den Seiten durch leichtes Hineinstechen mit einer Gabel zu erkennen ist, wird das Fett von der Brühe abgefüllt, die Schwartenseite beinahe fingerdick mit einer Mischung von geriebener Brotrinde, Zucker und etwas feingestoßenen Nelken bestreut und die Keule, ohne sie weiter zu begießen, noch so lange in den Ofen gestellt, bis die Kruste härtlich geworden ist. Zeit des Bratens wenigstens 3 Stunden.

Schweineschnitzel

Zubereitung wie Kalbsschnitzel, naturell, oder paniert.

Schweineschulter, gedämpft

1000 g Schweineschulter ohne Knochen, 1 Zwiebel, Salz, 1 EL Senf, 2 Bund Suppengrün, 6 Tomaten, Suppengemüse

1 l Wasser wird mit einer Zwiebel, Salz und Senf aufgekocht. Dahinein kommt die Schweineschulter im Stück, wo sie ca. 45 Minuten kochen muß. Danach wird Suppengrün hinzugefügt. Wenn das gar ist, nimmt man das Fleisch aus der Brühe und stellt es warm. Das Suppengemüse (man rechnet etwa 2 Bund) und 6 Tomaten werden kleingeschnitten und kommen für 10 Minuten in die Brühe. Das Fleisch schneidet man in Scheiben, legt es auf eine Platte und garniert es mit den Gemüsen.

Schweinespeckschnitzel

Man nimmt fingerdick geschnittene Schweineschnitzel, befreit sie von allem Fett, klopft sie ein wenig, salzt und spickt sie mit Speckstreifen. Dann reibt man die Schnitzel mit etwas feinzerdrücktem Knoblauch ein, brät sie schnell auf beiden Seiten gelb und gießt dann mit Wasser oder Fleischbrühe auf. Man kann sie auch, bevor man sie aufgießt, mit saurem Rahm und Zitronensaft abschrecken. Dazu werden Reis und Kartoffeln gegeben.

Schweinesteaks Haardt

250 g Weintrauben (netto), 700 g Schweinefilet, Salz, 100 g Mandeln, Pfeffer, 40 g Butter, 1 EL Öl, Chillipfeffer, $^1/_{10}$ l roter Portwein, 1 TL abgeriebene Zitronenschale, 1 EL Fleischextrakt

Die Trauben abziehen, halbieren und entkernen. Das Filet in etwa 3 cm dicke Scheiben schneiden. Die Mandeln blanchieren, abziehen und längs halbieren.

Butter und Öl erhitzen, die Filets salzen und pfeffern und mit den Mandeln ins heiße Fett geben. Filetscheiben pro Seite 1–2 Minuten braten, herausnehmen und warmstellen (dabei ziehen sie nach, deshalb nicht zu lange braten!). Die Mandeln so lange im Fett lassen, bis sie goldbraun sind. Danach Portwein, Fleischextrakt und Gewürze sowie ⅛ l Wasser zugeben, aufkochen, die Trauben zufügen und bei geringer Hitze noch ein paar Minuten köcheln lassen. Wenn die Sauce zu dick wird, noch etwas Wasser oder Sahne dazugeben. Über die warmgehaltenen Filetsteaks gießen.

Schweinshaxe, gebraten

1 hintere Schweinshaxe von etwa 1500 g, Salz, Pfeffer, 2 EL Schweineschmalz, 1 Lorbeerblatt, ⅛ l dunkles Bier, eventuell 1 EL Mehl

Die Schweinshaxe wird abgespült, trockengetupft und mit Salz und Pfeffer eingerieben. Das Schweineschmalz wird in einer Kasserolle erhitzt und die Haxe darin rundherum angebraten. Dann gießt man etwas heißes Wasser dazu, gibt das Lorbeerblatt hinein und brät die Haxe bei mittlerer Hitze etwa 120 Minuten. Während des Bratens bestreicht man das Fleisch mit Bier. Der Bratfond wird mit dem restlichen Bier und gegebenenfalls noch etwas Wasser losgekocht. Nach Belieben kann man die Sauce mit etwas Mehl binden. Zur Schweinshaxe passen Semmelknödel und Sauerkraut.

Schweinskopf, sauergekochter

Der Kopf wird rein geputzt, der Länge nach gespalten und mit frischem Wasser aufs Feuer gesetzt. Wenn er dann rein abgeschäumt, wird er herausgenommen, in kaltes Wasser gelegt, abgewaschen und nach Entfernung der stärksten Knochen in kleinere Stückchen zerkleinert und verschnitten, letztere nun mit einer nelkenbesteckten Zwiebel, vier Lorbeerblättern, einem großen Sträußchen Estragon, einem Eßlöffel Kümmel, Pfeffer, Salz und etwas Fleischbrühe oder Wasser in ein Kastrol gegeben, mit ¼ l Weinessig begossen, und so auf starkem Feuer schnell gekocht, bis das Fleisch kernig weich ist, worauf man die Kopfstückchen in eine tiefe Schüssel gehäuft anrichtet, einen Schöpflöffel von dem zurückgebliebenen Sud darübergießt, und sie mit einer Senfsauce oder mit rohem geriebenem Meerrettich zu Tisch gibt.

Schweizer Medaillons

4 Schweinemedaillons, Salz, Pfeffer, 1 EL Mehl, 2 Eier, 2 EL geriebener Käse, 60 g Fett, Silberzwiebelchen und Gürkchen

Die Medaillons abtrocknen und etwas breitdrücken. Danach salzen, pfeffern und mit Mehl bestäuben. Unter die verquirlten Eier den Käse mischen, die Medaillons darin wenden und im heißen Fett ca. 5 Minuten braten. Mit Silberzwiebelchen und Gürkchen garnieren.

Senffleisch

Ein Stück recht derbes Rindfleisch wird mit kochendem Wasser aufs Feuer gegeben und mit Wurzelwerk fast weichgekocht. Wenn es erkaltet ist, schneidet man 1 cm dicke Scheiben daraus, wendet diese in zerlassener Butter und dann in Reibebrot, unter das man feingewiegten Schnittlauch und Petersilie, etwas Pfeffer und Salz gemengt hat, und bäckt diese so panierten Scheiben in Schweineschmalz von beiden Seiten rasch hellbraun. Nachdem man 125 g Butter schaumig geschlagen hat, verrührt man 6 Eidotter damit, gibt 1 Eßlöffel Mehl, 3 Eßlöffel Senf, etwas Zitronensaft, eine Prise Salz und 1 Kaffeelöffel Zucker darunter, füllt alles mit 2 Glas Rotwein und 1 Glas Bouillon auf und bringt die Sauce unter beständigem Rühren zum Kochen. Die Fleischscheiben legt man in eine tiefe Schüssel, gibt die Sauce durch den Durchschlag darüber und gibt das Gericht sofort und kochend heiß zu Tisch.

Soljanka

$1\frac{1}{2}$ kg Kasslerkotelett, Pimentkörner, wenig Lorbeerblatt, 2–3 Zwiebeln, 1 gr. Glas marinierte Paprikaschoten, 1 Glas Gewürzgurken, 1350 g Tomatenketchup

Kasslerkotelett, Pimentkörner und Lorbeerblatt garkochen, dann Kasslerkotelett in kleine Würfel schneiden, ebenfalls Paprika und Gurken würfeln. Zwiebeln in Ringe schneiden. Zwiebeln in Fett bräunlich dünsten, die Paprikaschoten, Gurken und Kotelett dazugeben. Anschließend glatte Brühe durch ein Sieb gießen und hinzugeben, falls der Topf zu klein, jetzt teilen. Das Tomatenketchup dazugeben, mit Pfeffer und Salz abschmecken. Garnieren mit saurer Sahne.

Spanferkel, Spansau, Milchschwein, gebraten

Das rein geputzte und aufgezäumte Spanferkel wird inwendig mit Salz und Pfeffer gereiben, an den großen Spieß festgesteckt und bei hellem Feuer $1\frac{1}{4}$ bis $1\frac{1}{2}$ Stunden lang gebraten und sogleich vom Spieß weg, ohne Sauce, zu Tisch gegeben. Da eine schöne hellbraune, resche Haut als das Beste an einem Spanferkel betrachtet wird, so muß es vorher mit einem Tuch gut abgetrocknet und während dem Braten öfters mit feinem Salatöl oder mit Speck bestrichen werden, auch ist sehr darauf zu sehen, daß die Haut keine Blasen bekommt, zeigt sich eine solche, so muß man gleich bei ihrem Erscheinen, so lange sie noch weich ist, mit einer Spicknadel hineinstechen. Nach dem Garbraten wird sogleich hinter dem Kopf ein tiefer Einschnitt gemacht, welcher bezweckt, daß der eingeschlossene Dampf herauskommt, damit die Haut nicht weich wird. Wird das Spanferkel im Ofen gebraten, so muß es in einer passenden Bratpfanne auf zwei Stück Holz zu liegen kommen, so daß der Bauch den Boden der Pfanne nicht berührt. Es wird dann mit der oben angegebenen Sorgfalt im abgekühlten Ofen, am besten in einem Backofen, $1\frac{1}{2}$ bis 2 Stunden gebraten.
Sehr oft wird das Spanferkel mit folgender Fülle gefüllt: die Leber, Lunge und das Herz werden mit einer Zwiebel feingehackt, dann mit 250 g Bratwurstfüllung, mit 4 abgeschälten, in kalter Milch oder Wasser eingeweichten und fest ausgedrückten Milchbroten und 2

ganzen Eiern gut untereinandergemengt, mit Salz, Pfeffer, Muskatnuß und wenig Majoran gewürzt. Man tut jedoch besser, wenn man die Fülle für sich ganz allein garmacht. Sie wird demzufolge in einer Kasserolle auf schwachem Feuer, unter öfterem Umrühren, langsam geröstet, und bei Tisch mit dem Spanferkel herumgereicht.
Das Aufzäumen oder Dressieren geschieht auf folgende Art: Die Schenkel werden flach niedergedrückt und mit einem Spießchen, das quer durchgesteckt wird, in dieser Lage erhalten, dann macht man neben dem Kopf, beinahe am Hals, auf jeder Seite zwei 1½ Zoll lange Einschnitte, fingerbreit voneinander, fährt mit dem Zeigefinger in den Einschnitt und löst so die Haut los, ohne sie jedoch abzureißen, in diese losgelöste Haut werden nun die Vorderfüße so weit wie möglich eingesteckt. Das Spanferkel muß, wenn es gut sein soll, noch an demselben Tag, wo es geschlachtet ist, gebraten werden.

Spanferkel, bayerische Art

Spanferkel, Öl, Salz. Füllung: Leber, 200 g Speck, Petersilie, 1 große Zwiebel, Schalotten, 100 g Butter, Salz, Pfeffer, Nelkenpulver

In der Regel wird man sich das Spanferkel vom Metzger bratfertig herrichten lassen. Wenn das nicht möglich ist, läßt man es ausbluten, bis die Haut weiß ist. Man legt das Ferkel in heißes Wasser, zieht den Flaum ab und schabt es ab. Dann werden die Füße abgehackt und das Spanferkel ausgenommen.
Nach Belieben kann das Ferkel gefüllt werden mit einer Farce aus der Leber, Speck, Petersilie, Zwiebel und einigen Schalotten, alles kleingewiegt und mit Butter vermischt und mit Salz, Pfeffer und einer Prise Nelkenpulver abgeschmeckt.
Das Ferkel wird innen und außen mit Salz eingerieben, gefüllt und zugenäht. Die Pfoten steckt man mit Spießchen am Körper fest. Dann bestreicht man es mit Öl und steckt es auf den Spieß, wo man es schön knusprig braun braten läßt.

Spanferkel, gebraten

Das Spanferkel wird gewöhnlich drei Wochen alt abgeschlachtet, und muß, wenn es gut sein soll, noch am gleichen Tag gebraten werden, weil sonst das Fleisch schlaff wird. Nachdem es abgestochen ist, was mittels eines Stiches durch den Hals und die Brust ins Herz geschieht, wird solches, wenn es ausgeblutet hat, noch warm mit feingestoßenem Pech bestreut, mit kochend heißem Wasser überbrüht, und hierauf sogleich mit der Hand gegen die Borsten gefahren, welche augenblicklich abgehen. Nun wird das Spanferkel aufgemacht, ausgenommen, und am Kopf aufgehängt, damit alle Flüssigkeit abtropfe. Ist es durchaus trocken, so reibt man es inwendig mit Salz ein, legt einige Salbeiblätter und zwei ganze Semmeln hinein, damit der Leib beim Braten nicht so leicht zusammenfalle, und näht es dann zu. Die Vorderfüße werden unter die Brust, die hinteren aber unter sich selbst gebogen, und mit dünnen Spießchen in dieser Stellung erhalten. Man legt es jetzt in eine passende Bratpfanne auf zwei Stückchen Holz, so daß der Bauch den Boden der Pfanne nicht berührt, und brät es im Bratofen langsam anderthalb bis zwei Stunden. Da eine gelbbraune rösche Haut als das Beste am Spanferkel gilt, so muß letzteres, ehe es in die Pfanne kommt, mit einem Tuch gut abgetrocknet und während des Bratens öfters mit feinem Salatöl oder mit Speck bestrichen werden. Falls auf der Haut sich Blasen zeigen, muß man sofort mit einem Hölzchen hineinstechen. Nachdem es fertiggebraten, macht man hinter dem Kopf einen Einschnitt, um den Dampf herauszulassen, richtet es dann auf einer großen Platte an und belegt den Rand der letzteren mit abgezupfter Petersilie. – Wird mit verschnittenen Zitronen und einer Pfeffer- oder anderen scharfen Sauce, auch häufig mit Sauerkraut serviert.

Spanferkel, gebraten und gefüllt

Man richtet das Spanferkel wie obiges her, und bereitet inzwischen folgende *Fülle*: Die Leber des Ferkels wird mit einer Zwiebel und etwas Petersilie feingewiegt, dann drei altgebackene, abgeriebene Semmeln in Wasser eingeweicht, schnell wieder ausgedrückt, und dies zusammen in 85 g zerlassener Butter abgedämpft. Nun wird es in eine Schüssel genommen, Salz, Pfeffer, wenige Muskatnuß, der Saft einer halben Zitrone, etwas Bratensauce und zwei bis drei Eier dazugegeben, und alles gut untereinandergerührt. Diese Fülle wird in den Leib des Ferkels eingefüllt, und letzteres, nachdem es zugenäht, wie obiges gebraten, nur daß man es statt mit Öl mit Butter bestreicht.

Spanferkelreste als Ragout

Gebratenes Spanferkel, 200 g Pilze (Steinpilze, Pfifferlinge oder Champignons), Zitronensaft, 40 g Butter, 10 g Mehl, 1/8 l Rotwein, 2 EL Wasser, 1 Glas Madeira, Salz, Pfeffer, 1/8 l Sahne

Man schneidet die Fleischreste in Streifen. Die Pilze werden geputzt, abgebraust, blättrig geschnitten und mit Zitronensaft beträufelt. Aus Butter und Mehl bereitet man eine goldgelbe Mehlschwitze, kocht sie mit Wasser und Rotwein auf und gibt das Fleisch und die Pilze hinein. Das Ganze läßt man 10 bis 12 Minuten durchziehen, schmeckt mit Madeira, gegebenenfalls Salz und Pfeffer ab, schlägt die Sahne halbsteif und rührt sie unter. Dazu schmecken Reis oder Kartoffelpüree und Salat.

Steak Alfredo

800 g Schweinefilet, 2 P. Kräuterbutter, 1 EL Mango Chutney, 2 EL Fondue Relisk, 2 EL Senf, 1/8 l Weißwein, 1 Schuß Cognac, 1–2 Becher Sahne, Estragon, Salz, Pfeffer und Paprika, 500 g frische Champignons, 1 Zwiebel

Filet kurz scharf anbraten, aus der Pfanne nehmen, mit Salz, Pfeffer und Paprika würzen. In dem Sud kleingehackte Zwiebel und Pilze dünsten, pfeffern und salzen. Die Kräuterbutter, Mango und Fondue Relisk zufügen, mit den übrigen Zutaten aufkochen.

Süddeutsche Schnitzel von gehacktem Schweinefleisch

Zu diesem Gericht werden recht feingewiegt: 1 Pfund feinstes mageres Schweinefleisch, 65 g gewässerte, ausgegrätete Sardellen, ein Eierbecher Kapern und 2 kleine, in Butter gedünstete Zwiebeln. Nachdem man dies alles gut gemischt hat, verrührt man noch 3 ganze Eier, 3 Löffel saure Sahne, etwas Reibebrot, Pfeffer, Salz und etwas Muskat darunter und formt aus der Masse kleine dünne Scheiben in der Größe eines Fünfmarkstückes. Um das Rippchen zu markieren, steckt man in jedes Schnitzel ein Spältchen Möhre oder Petersilienwurzel und bäckt dann die kleinen Fleischklößchen recht schnell in steigender Butter von beiden Seiten goldbraun aus. – Heiß dient das Gericht als Beilage zu verschiedenem Gemüse, und kalt serviert paßt es gut zum Abendbrot.

Suppenfleisch zu stoven, nach der Suppe mit Kartoffeln zu geben

Man setze das Suppenfleisch etwas zeitiger als gewöhnlich aufs Feuer und schneide es, nachdem es weich geworden, in passende Stückchen. Dann mache man Butter gelb, lasse feingewürfelte Zwiebeln darin gelbbraun werden, doch sei man achtsam, daß sie keinen brenzligen Geschmack erhalten, gebe dann Mehl hinzu, mache unter stetem Durchrühren auch dies bräunlich und rühre es mit Suppenbrühe zu einer reichlichen und recht sämigen Sauce. Diese würze man mit einigen ganzen Nelken, Lorbeerblättern – nicht zu viel –, etwas Pfeffer, füge das vielleicht noch fehlende Salz und 1 bis 2 Eßlöffel dicke oder gute süße Sahne hinzu, lasse auf gelindem Feuer das Fleisch ½ Stunde in der Sauce schmoren, und gebe derselben beim Anrichten einen Geschmack von Essig.

Suppenstück mit Kruste

Von der Nachbrust eines Ochsen wird eine gute Suppe gekocht; ist das Fleisch gar, so legt man es in eine Bratpfanne, gibt einige Löffel Suppenfett, 2 Zwiebeln, 3 Lorbeerblätter darunter, bestreut das Fleisch mit Salz, Muskatnuß und gestoßenem Zwieback und läßt es unter einem Tortendeckel, worauf viel Feuer gelegt wird, oder im heißen Ofen gelbbraun werden. Es wird eine kräftige Sauce, zu welcher man Sardellen, Kapern oder Champignons nehmen kann, dazu gegeben.

Tellerfleisch

750 g Rindfleisch (Rinderbrust), 1 Zwiebel, 1 Lorbeerblatt, 1½ l Wasser, Salz, Pfefferkörner, 4 Wacholderbeeren, geriebener Meerrettich, Zitronensaft, Zucker

Man kocht das Wasser auf und gibt Salz, die geschälte, ganze Zwiebel, das Lorbeerblatt, die Gewürze und das Fleisch hinein. In etwa 2 Stunden wird das Fleisch auf kleiner Flamme weichgekocht. Den Meerrettich rührt man mit Zitronensaft und ein paar Körnchen Zucker nach Geschmack an. Das weiche Fleisch wird aus der Brühe genommen und in Scheiben geschnitten.

Stilecht nach bayerischer Art wird es auf einem Holzteller mit einem tiefen Rand angerichtet, mit ein paar Löffeln Brühe begossen und der Meerrettich dazugegeben.

Würzfleisch

750 g Ochsenfleisch (Schulter), Salz, Pfeffer, Mehl zum Wenden, 50 g Schweineschmalz, 1 Zwiebel, 1 TL Paprika, 6 Pfefferkörner, 3 Pimentkörner, 1/2 Lorbeerblatt, 2 Nelken, 30 g Mehl, 1/8 l saure Sahne, 2 EL Madeira

Das Ochsenfleisch wird in etwa 1½ cm dicke Scheiben geschnitten, mit Salz und Pfeffer eingerieben, in Mehl gewendet und in heißem Schweineschmalz von jeder Seite etwa 3 Minuten angebraten. Die Zwiebel schneidet man in Würfel, brät sie kurz mit und gießt dann etwa ½ l kochendes Wasser auf. Nun werden die Gewürze hinzugefügt und das Fleisch in etwa 60 bis 70 Minuten weichgeschmort. Der Bratfond wird durch ein Sieb passiert, das Mehl mit der sauren Sahne verquirlt und die Sauce damit angedickt. Abschmecken mit Salz, Pfeffer und Madeira.

Zwiebelschnitzel mit Rahmsauce

4 Schnitzel, 1/2 Pfund gekochter Schinken, 1 Pfund Zwiebeln, 2 Becher süße Sahne

Schnitzel salzen, pfeffern und in Paniermehl wälzen. Schnitzel von beiden Seiten gut anbraten. Aus der Pfanne nehmen und in die Fettpfanne legen. In dem Bratfett den gewürfelten Schinken und die in Ringe geschnittenen Zwiebeln anbraten. Mit etwas Salz und Pfeffer würzen. Sind die Zwiebeln goldgelb, alles über die Schnitzel verteilen und die Sahne darübergießen. – Am nächsten Tag 1½ Stunden auf 125° C beizen (im Backofen) und mit Reis oder Stangenbrot servieren.

Zwiebelrostbraten

4 Scheiben Roastbeef, 2 große Zwiebeln, 4 EL Öl, 1/4 l Fleischbrühe, 4 EL Sahne, 1/2 Zitrone, Salz, Pfeffer

Roastbeef leicht flachdrücken. Die Zwiebel in Ringe schneiden, im heißen Fett rösten, herausnehmen, warmhalten und die Fleischscheiben im zurückgebliebenen Fett von beiden Seiten je ca. 5 Minuten braten. Mit der Fleischbrühe, Sahne und dem Zitronensaft ablöschen, kurz aufkochen und dann erst salzen und pfeffern. Die gerösteten Zwiebeln nochmals kurz erhitzen und auf dem Fleisch anrichten. Die Sauce über das Fleisch gießen.

Inhaltsverzeichnis

OMA'S
Koch & Back Bibliothek

OMA'S Koch & Back Bibliothek

Weihnachtsgebäck & Gewürze

Weltbild Verlag

Genehmigte Lizenausgabe für
Weltbild Verlag GmbH, Augsburg 1993

Einbandgestaltung: Peter Engel, München
Gesamtherstellung: Presse-Druck Augsburg
Printed in Germany

ISBN 3-89350-196-7

VORWORT

Die vorliegende Rezeptsammlung wurde aus einer der größten Privatsammlungen von Kochbüchern des 17. bis 19. Jahrhunderts zusammengestellt und sprachlich behutsam dem heutigen Gebrauch angepaßt.

Um eine auch in modernen Zeiten nachvollziehbare Kochbarkeit zu ermöglichen, bildet Bauers Kochbuch, das zuletzt in den 70er Jahren mit einer Auflage von weit über 100000 Exemplaren erschienen ist, die Grundlage unserer Koch- und Backbibliothek.

Die Rezepte wurden von der Autorin und der Hauswirtschaftsfachschule Stuttgart aus alten Überlieferungen gesammelt und nachgekocht.

Im Anhang findet sich am Schluß eines jeden Bandes ein alphabetisches Register.

Agnesenplätzchen

175 g Mehl, 70 g Zucker, 140 g Butter, Himbeer- oder Aprikosenmarmelade

Mehl, Zucker und Butter werden zu einem Teig verarbeitet, den man nicht zu dünn ausrollt. Es werden runde Plätzchen davon ausgestochen, die eine Weile ruhen müssen. Bei mäßiger Hitze bäckt man die Plätzchen hellgelb. Wenn sie ausgekühlt sind, wird die Hälfte mit Himbeer- oder Aprikosenmarmelade dick bestrichen und die andere Hälfte der Plätzchen daraufgesetzt.

Anisbrötchen

3 Eier, 250 g Zucker, 1 EL Anis, 250 g Mehl

Die ganzen Eier und Zucker dick schaumig rühren, gut ⅔ des Mehles zurühren. Mit 2 Kaffeelöffeln ein kleines Häufchen auf ein bestrichenes Blech setzen. Sollte es breit laufen, den Rest des Mehles zugeben. Über Nacht stehen lassen, in schwacher Hitze backen.

Anisbrot

7 Eier, 250 g Zucker, Saft und Schale 1/2 Zitrone, 1 EL Anis, 250 g Mehl

Eigelb, Zitrone, Zucker rührt man dick schaumig, gibt den verlesenen Anis und abwechselnd Mehl und Schnee lose darunter. Man füllt die Masse in eine mit Butter und Mehl vorgerichtete Kapselform und bäckt sie. Nach dem Erkalten schneidet man Scheiben und röstet diese auf einem Blech hellgelb.

Anisbrot mit Mandeln

Ein halbes Pfund gesiebten Zucker rührt man mit drei großen und vier kleinen Eiern eine halbe Stunde, und nimmt denn noch 6 Lot abgezogene und grob länglich geschnittene Mandeln dazu. Können die Mandeln, ehe sie zu dem Zucker kommen, zuvor im Backofen gelb geröstet werden, so ist es gut, doch kann man sie auch ungeröstet nehmen. – Diese Mandeln also, ein Lot Zimt, 8 gestoßene Nelken, die kleingeschnittene Schale einer halben Zitrone und etwas Anis, dies alles schafft man in die gerührte Zuckermasse und noch ein halbes Pfund feines Mehl dazu, macht dies auf dem Backbrett zu 2 langen Rollen, bestreut ein Blech mit Mehl, und legt sie darauf. Wenn die Rollen gelb gebacken, werden sie zu Schnitten gemacht, und wieder geröstet.

Anisbrot, andere Art

Ein halbes Pfund gesiebter Zucker wird mit 4 Eiern eine halbe Stunde gerührt. Wenn die Masse dicklich ist, rührt man die geschnittene Schale einer halben Zitrone, und etwas Anis nebst einem halben Pfund Mehl hinein, bestreut ein Blech mit Mehl, läßt von dem Teig 3 lange Striche darauflaufen, bäckt solche, schneidet sie noch warm zu Schnitten, und röstet diese lichtgelb.

Anisbrot in Kapseln

Ein halbes Pfund gesiebten Zucker rührt man eine halbe Stunde mit 8 Eiern, das von einer halben Zitrone abgeriebene, etwas Anis und anderthalb Viertel feines Mehl hinein. Hierzu gehören 2 blechene Kapseln, welche mit Butter bestrichen, mit Semmelmehl bestreut von der Masse gefüllt werden. Wenn das Brot gebacken ist, muß es ganz erkalten, dann schneidet mans erst zu Schnitten, und röstet diese gelb. Sind keine blechenen Kapseln zu haben, so werden zwei von weißem Papier eine Handhoch gemacht.
Das sogenannte Mandelbrot in Kapseln wird auf diese Art verfertigt, nur daß der Anis wegbleibt, und man erst kurz vor dem Einfüllen der Masse ein Viertel geschälte und breit voneinander geschnittene Mandeln hineinrührt.

Anisküchlein, Aniswürstchen

280 g abgezogene, feingestoßene Mandeln, darunter einige bittere, und ebensoviel Zucker wird mit zwei ganzen Eiern und vier Eigelb gut verrührt, dazu 280 g feingesiebtes Mehl, eine Prise Salz und zwei bis drei Eßlöffel starker Anistee gegeben, und dies zu einem Teig verarbeitet, welchen man fingerdick auswellt und dann eine Stunde stehen läßt. Nun werden daraus Würstchen gemacht oder mit einem kleinen Glas oder Ausstecher Küchlein ausgestochen, solche auf ein mit Wachs bestrichenes Blech gelegt, mit verrührtem Ei bestrichen, und in abgekühltem Ofen langsam gebacken.
Will man ein Backblech mit *Wachs* bestreichen, so muß ersteres etwas *erwärmt* sein; bevor dann das Backwerk daraufkommt, läßt man das Blech wieder erkalten.

Anislaibchen

500 g Mehl, 500 g Zucker, 4 Eier, 2 EL Anis, Hirschhornsalz

Der Zucker und die Eier werden schaumig gerührt, das Mehl, Anis und das aufgelöste Hirschhornsalz eingearbeitet. Von dem Teig werden kleine Häufchen abgestochen und auf ein vorbereitetes Blech gesetzt. Man bäckt die Anislaibchen bei schwacher Hitze 10 bis 15 Minuten.

Anisplätzchen

4 Eier, 1/2 Pfund Zucker, 1 EL Anis, 300 g gut trockenes Mehl

Eier und Zucker rührt man zusammen 1 Std. Darunter mengt man den verlesenen Anis und das gesiebte Mehl und setzt auf ein mit Wachs bestrichenes, mit Mehl bestäubtes Blech mit Hilfe eines Spritzsackes oder Kaffeelöffels kleine, runde Häufchen, die man über Nacht trocknen läßt. Am folgenden Tag bäckt man sie in gelinder Hitze hellgelb. Die Anisplätzchen sollen schöne Füßchen haben und nicht hohl sein. Backzeit: 30–35 Min. (Stückzahl: 70–75)

Anisschatten

Von 2 ganzen und einem halben Eiweiß schlägt man einen Schaum, rührt ihn mit 11 Lot gesiebtem Zucker eine Viertelstunde, nach diesem 3 Lot feines Mehl hinein, nimmt 3 Lot geschälte Mandeln, 2 Lot geschälte Pistazien, 2 Lot Zitronat und die Schale von einer halben Zitrone, schneidet diese 4 Stücke länglich zart, mengt sie mit etwas Anis untereinander, macht viereckige Stücklein von Oblaten, streicht von der gerührten Masse messerrückendick und gleich darauf, streut von dem Vermischten etwas darüber, legt die Stücklein auf ein mit Butter bestrichenes Blech, und bäckt sie hellgelb.

Anisschnitten

280 g feingesiebter Zucker wird mit drei Eiern eine halbe Stunde gerührt bis er dicklich ist, dann die feingewiegte Schale einer halben Zitrone, ein Eßlöffel Anis und 280 g Mehl daruntergemengt, und die Masse auf dem Nudelbrett mit der Hand zu langen, zweifingerdicken Würstchen ausgewellt, welche man auf ein butterbestrichenes Blech legt und der Länge nach einen Schnitt hineinmacht. Nachdem dieselben nun in etwas abgekühltem Ofen gebacken, schneidet man sie sofort in Schnitten, reiht diese auf ein Blech und röstet sie lichtgelb in mittelheißem Ofen.

Anisschnitten, andere Art

Von 2 Eiweiß schlägt man einen Schaum, rührt ihn mit 11 Lot gesiebtem Zucker eine Viertelstunde, und, wenn die Masse dick ist, etwas Anis, etwas kleingeschnittene Zitronenschalen nebst 5 Lot Mehl hinein, schneidet von Oblaten zweifingerbreite und fingerlange Stückchen, streicht von der Masse darauf, und bäckt sie in schwacher Hitze.

Anisstengel

Drei ganze Eier werden mit 250 g Zucker recht gut abgerührt, ein Kaffeelöffel feingewiegte Zitronenschale, ebensoviel Anis, ein Eßlöffel feingeschnittene kandierte Pomeranzenschale und 280 g feines Mehl daruntergemengt, und dies auf dem Backbrett mit Zucker und Mehl zu fingerlangen und fingerdikken Stückchen mit der Hand ausgewellt, welche man in der Mitte mit dem Kochlöffelstiel der Länge nach etwas eindrückt, dann auf ein butterbestrichenes Backblech setzt, mit verrührtem Ei bestreicht, und in gutem Ofen gelb bäckt.

Albertbiskuit I

150–200 g Butter, 200 g Zucker, 2 Eier, 1 Päckchen Vanille oder Zitronenschale, 1 Päckchen Backpulver, 500–600 g Mehl

Die Butter wird schaumig gerührt, Zucker, Eier abwechselnd zugegeben, mit schaumig gerührt. Dann gibt man ⅔ des Mehles und Backpulver zu, nimmt die Masse auf das Wellbrett, knetet sie schnell zusammen und gibt, wenn nötig, den Rest des Mehles zu. Der Teig wird dünn ausgewellt, das Reibeisen daraufgedrückt, mit einer runden Form ausgestochen, auf ein bestrichenes Blech gesetzt, 1 Stunde kaltgestellt und gebakken.

Albertbiskuit II

65 g Butter, 125 g Zucker, 1 Päckchen Vanille, 2 Eier, 2 EL Rahm oder Milch, 200 g Mehl, 200 g Stärkemehl, 1/2 Päckchen Backpulver

Die Butter wird schaumig gerührt, Zucker, Eier mit schaumig gerührt, die anderen Zutaten zugegeben und fertiggemacht wie oben.

Badener Mandelkräbeli

100 g Butter, 200 g Zucker, 200 g gemahlene Mandeln, 250 g Mehl, Zimt, 1 Ei

Die Butter und der Zucker wird schaumig gerührt, die übrigen Zutaten daruntergemischt und der Teig kaltgestellt. Dann wird er zu Würstchen gerollt, fingerlang abgeschnitten, jedes Röllchen mit 2 oder 3 Einschnitten versehen, mit Eigelb bestrichen und mit blättrig geschnittenen Mandeln garniert. Bei mittlerer Hitze werden Mandelkräbeli hellgelb gebacken.

Bärentatzen

4 Eiweiß, 250 g Zucker, Saft einer Zitrone, 90 g geriebene Schokolade, 250 g gemahlene Mandeln, Zimt

Man schlägt die Eiweiß steif und fügt vorsichtig Zucker und Zitronensaft dazu. Dann mischt man die Schokolade und zum Schluß die Mandeln und eine Prise Zimt darunter. Die Förmchen bestreut man mit Zucker, drückt die Teigkugeln ein und stürzt sie auf ein gefettetes Blech. Bei mäßiger Hitze backen.

Belgrader Brot

4 Eiweiß, 250 g Zucker, Schale 1/2 Zitrone, 1 TL Zimt, 60 g Zitronat, 60 g Orangeat feingeschnitten, 100 g Mehl, 250 g länglich geschnittene Mandeln. Glasur: 2 Eiweiß, 250 g Staubzucker, etwas Zitronensaft

Das Eiweiß wird zu steifem Schnee geschlagen, mit Zucker und Zitrone schaumig gerührt, alle anderen Zutaten zugegeben, auf das Wellbrett genommen, 1/2 cm dick ausgewellt. Man sticht Schnitten aus, setzt diese auf ein bestrichenes Blech, läßt sie über Nacht stehen und bäckt sie in mäßiger Hitze. Die Zutaten zur Glasur anrühren, die Schnitten damit bestreichen.

Belgrader Brot, andere Art

6 Eier, 1 Pfund Zucker, 1 TL Zitronenschale, 30 g Zimt, 5 g Nelken, 65 g feingeschnittenes Zitronat, 65 g feingeschnittenes Orangeat, 1 Messerspitze Pottasche, 1/16 l Kirschwasser, 1 Pfund blättrig geschnittene Mandeln, 1 Pfund Mehl

Eier und Zucker werden ½ Std. tüchtig gerührt; dazu gibt man Zitronenschale, Zimt, Nelken, Zitronat, Orangeat, Pottasche, Kirschwasser, Mandeln und das gesiebte Mehl und arbeitet die Masse auf dem Nudelbrett leicht zusammen. Nachdem der Teig 1 Std. geruht hat, wellt man ihn ½ cm dick aus, schneidet verschobene Rechtecke davon, setzt diese auf ein vorbereitetes Blech und bäckt sie in mäßig heißem Ofen schön braun. Nach Belieben kann man die Belgrader Brötchen mit Eiweiß- oder gekochter Zuckerglasur überziehen. Backzeit: 30–35 Min. (Stückzahl: 100)

Belgrader Brot, einfaches

560 g Mehl, 420 g Zucker, 420 g gewiegte Mandeln, 175 g Zitronat, die abgeriebene Schale einer Zitrone und ein wenig gestoßene Nelken werden mit 3 Eiern gut untereinander gemengt, ausgewellt, fingerlange und fingerbreite Stückchen davon geschnitten, solche auf ein gut bestrichenes Blech gesetzt und gelb gebacken.

Butter-S

250 g Butter, 250 g Zucker, 7 Eigelb, Schale ½ Zitrone, 500 g Mehl. Zum Streichen 1 Eiweiß, Hagelzucker

Alle Zutaten werden auf dem Wellbrett zusammengehackt, schnell geknetet und kaltgestellt. Man formt S davon, setzt diese auf ein bestrichenes Blech, läßt sie über Nacht stehen, bestreicht sie mit geschlagenem Eiweiß, taucht sie in Hagelzucker, nach Belieben auch geschälte, geriebene Mandeln und bäckt sie. Nach Belieben kann man auch 3 ganze Eier nehmen.

Butterbackwerk, Ausstecher

250 g Butter, 250 g Zucker, 7 Eigelb oder 3 ganze Eier, Schale ½ Zitrone, 500 g Mehl. 1 Eigelb zum Streichen, 50 g Mandeln 50 g Hagelzucker zum Streuen

Mehl und Butter werden auf dem Wellbrett zusammengehackt, die anderen Zutaten zugegeben, schnell zusammengeknetet und etwas kaltgestellt. Der ausgewellte Teig wird mit Formen ausgestochen, diese auf ein bestrichenes Blech gesetzt, über Nacht kaltgestellt, mit Eigelb bestrichen, mit geriebenen Mandeln und Hagelzucker bestreut und gebacken.

Butterbackwerk, Ausstecher, einfach

250 g Butter, 250 g Zucker, 4 Eier, 1 Päckchen Vanille oder Zitronenschale, etwa 750 g Mehl, 1 Päckchen Backpulver. 1 Eigelb zurücklassen zum Bestreichen

In die schaumig gerührte Butter gibt man Zucker und Eier abwechselnd und rührt mit schaumig. Dann werden ⅔ des Mehles und das Backpulver untergezogen, auf dem Brett mit dem Rest des Mehles schnell zusammengeknetet. Kleinere Mengen Teig werden nicht zu dünn ausgewellt, mit Formen ausgestochen, auf ein bestrichenes Blech gesetzt, 1 Stunde kaltgestellt. Vor dem Backen mit Eigelb streichen, mit Zucker streuen.

Buttermilch-Plätzchen

500 g Mehl, 500 g Butter oder Margarine, 8 EL Buttermilch, 2 Eigelb, 200 g Hagelzucker

Aus Mehl, Fett und Buttermilch einen Knetteig bereiten, einen Tag ruhen lassen. Dann auf gefettetem, bemehltem Backblech ½ cm dick ausrollen, mit Teigrädchen kleine Rechtecke ausrädeln. Teig kann auf dem Blech ausgerollt werden, weil die Plätzchen wie Blätterteig nur hochgehen.
Plätzchen mit verquirltem Eigelb bepinseln und mit Hagelzucker bestreuen. Backzeit 20–30 Min. bei 200° C.

Butterringchen

250 g Butter, 375 g Mehl, 125 g Zucker, 1 Päckchen Vanille

Die Zutaten werden auf dem Brett zusammengehackt, schnell geknetet, kaltgestellt. Der Teig wird ausgewellt, Ringchen ausgestochen, auf ein bestrichenes Blech gesetzt, über Nacht stehen lassen, gebacken. Nach dem Backen schwarz, weiß und rosa glasieren.

Butterringchen, andere Art

Von gewöhnlichem Butterteig werden messerrückendicke Platten ausgewellt, solche mit einem runden Ausstecher von der Weite eines großen Glases ausgestochen und die Stücke danach mit einem Ausstecher, der den Umfang eines kleinen Gläschens hat, in der Mitte durchstochen, wodurch Ringlein entstehen. Diese bestreicht man sorgfältig mit verrührtem Ei und drückt sie mit der bestrichenen Seite in verwiegte, mit Zucker vermengte Mandeln, worauf die Ringlein auf ein Backblech gereiht, mit Zucker bestreut und in nicht zu heißem Ofen gebacken werden.

Creme-Törtchen

Makronenmasse von 125 g Mandeln, Schokoladenbuttercreme von 250 g Butter, Schokoladenglasur

Von der Makronenmasse dünne, runde Plätzchen aufsetzen. Nach dem Backen bergig mit Schokoladencreme bestreichen, über Nacht fest werden lassen, mit Schokoladenglasur überziehen. Nach Belieben kann man ein Plätzchen mit Creme bestreichen, ein zweites daraufsetzen, mit Creme spritzen.

Christstollen I

500 g Mehl, 1/8 l Milch, 20 g Hefe, 2 Eier, 60 g Zucker, 80 g Butter, 60 g Rosinen, 60 g Sultaninen, 60 g geschälte, geschnittene Mandeln, Zitronenschale, 1 TL Salz, 30 g geschnittenes Zitronat, 1/2 TL Zimt, 1 Messerspitze Nelken. Zum Bestreichen: 30 g Butter, 30 g geschälte, geschnittene Mandeln

Der Teig wird gemacht wie für sächsischen Stollen. Nachdem der Stollen fertiggegangen, bestreicht man ihn vor dem Backen mit Butter und bestreut ihn mit Mandeln. Nach dem Backen mit Staubzucker bestreuen.

Christstollen II

2¼ Kilo feines, gesiebtes Mehl wird in eine große Schüssel genommen und in der Mitte desselben eine Grube gemacht, worein man zwölf Eßlöffel ganz gute Hefe (200 g Preßhefe) gibt und mit ⅝ l lauer Milch einen Vorteig anmacht, den man an einen warmen Ort stellt. Ist er gehörig aufgegangen, gibt man 560 g weichgemachte Butter und einen Kaffeelöffel Salz hinein, worauf man den Teig recht tüchtig durcharbeitet, und sodann nach und nach unter fortwährendem Kneten des Teiges, 560 g große und ebensoviel kleine Weinbeeren, sämtlich zuvor mit etwas Rum angefeuchtet, 140 g feinen Zucker, 200 g süße, abgezogene, feingeschnittene oder gewiegte Mandeln, nach Belieben auch einige bittere, eine Messerspitze Muskatblüte und die feingewiegte Schale einer Zitrone beifügt. Hat man alles gut vermischt und ist der Teig fort und fort tüchtig geknetet, so daß er ganz fein und glatt ist, so läßt man ihn an einem warmen Ort aufgehen, stürzt ihn danach auf das bemehlte Backbrett, und formt zwei oder mehrere Stollen daraus; man nimmt nämlich beliebige Stücke von dem Teig und formt daraus Laibchen, die man mit dem Wellholz etwas auseinanderdrückt, in der Mitte etwas stärker eindrückt und dann übereinanderschlägt, so daß sie Maultaschen ähnlich sehen. Nun setzt man die Stollen auf mehlbestreute Backbleche, bäckt sie in heißem Ofen, und wenn sie herauskommen, bestreicht man sie sofort mit zerlassener Butter, die von der oben angegebenen zurückbehalten wurde und bestreut sie stark mit Zucker und Zimt. – Sollten immer einige Tage alt sein, ehe man sie ißt und können auch längere Zeit aufgehoben werden, ohne daß sie an ihrer Güte verlieren.

Christstollen, andere Art

2½ l laue Milch wird mit ½ l guter, dicker Hefe und feinem Mehl zu einem ganz festen Teig geknetet und muß dieser Vorteig an einem warmen Ort gehen, bis er ganz leicht ist, was ungefähr zwei Stunden Zeit erfordert. Nun fügt man unter fortwährendem Kneten des Teiges 840 g frisches Schmalz (ausgelassene Butter), Salz, die feinverwiegte Schale von zwei großen Zitronen, 10 g Zimt, einen kleinen Kaffeelöffel Muskatblüte, bis 560 g feinen Zucker, (je nachdem man süß wünscht), 280 g feingeschnittenes Zitronat und Pomeranzenschale, 200 g süße und 35 g bittere, abgezogene, verwiegte Mandeln, 1⅖ Kilo große (besser Sultaninen) und 840 g kleine gewaschene Weinbeeren und so viel Mehl bei, daß es einen festen Teig gibt. Ist derselbe dann fein und glatt geknetet, wird er zur Wärme gestellt, damit er aufgehe. Die übrige Bereitung ist wie beim Grundrezept Christstollen.

Christstollen, Dresdner

1000 g Mehl, 100 g Hefe, ½ l Milch, 200 g Zucker, 450 g Butter, abgeriebene Schale einer Zitrone, je ½ TL Kardamom und Muskatblüte, Salz, 500 g Rosinen, 150 g Korinthen, 150 g Zitronat, 100 g Orangeat, 150 g süße Mandeln, 50 g bittere Mandeln, Butter zum Bestreichen, Vanillezucker, Puderzucker

Alle Zutaten bereitet man am Vorabend vor. Das Zitronat und Orangeat werden fein gewürfelt, die Mandeln überbrüht und abgezogen, die süßen Mandeln gehackt, bittere Mandeln feingewiegt oder gerieben. Alles an einen warmen Ort stellen.
Am nächsten Tag bereitet man einen Hefeteig, der gut aufgehen muß. Nun erst wird die Füllung mit dem Teig verknetet, bis alles gleichmäßig verteilt ist. An einem warmen Ort abermals

ca. 30 Minuten gehen lassen, nochmals gründlich durcharbeiten und wieder ca. 45 Minuten zum Aufgehen warmstellen.
Nun formt man einen Stollen und bäckt ihn bei mittlerer Hitze ca. 80 Minuten. Noch heiß wird der Stollen reichlich mit Butter bepinselt und dann mit grobem Zucker, mit Vanillezukker und zum Schluß mit Puderzucker bestreut.
Der Stollen soll bis zum Anschneiden mindestens eine Woche, besser noch länger, lagern.

Danziger Kaffeebrot (Weihnachtsgebackenes)

500 g Mehl, 250 g Zucker, beides durchgesiebt, 125 g Butter, 4 Eier, 1,5 g Hirschhornsalz

Der Teig wird nach vorstehender Anweisung gemacht und ausgerollt, mit Formen ausgestochen oder Figuren daraus gerädelt und auf einer Platte gelb gebacken.

Darmstädter Gebäck

2 Eier, 200 g Zucker, Schale 1/2 Zitrone, 375 g Mehl, 1 TL Backpulver

Eier und Zucker dick schaumig rühren, das Mehl und Backpulver zugeben, auf dem Wellbrett zu einem weichen Teig verarbeiten. Der Teig wird ausgewellt, mit runden oder ovalen Förmchen ausgestochen und auf ein bestrichenes Blech gesetzt; über Nacht stehen lassen, in schwacher Hitze backen.

Dattelmakronen

3 Eiweiß, 125 g gesiebten Staubzucker, 100 g geschälte Mandeln, 50 g Zitronat, 250 g Datteln

Datteln, Zitronat, Mandeln werden in feine Streifen geschnitten, die Mandeln röstet man mit 1 Eßlöffel Zucker hellgelb. Die steifgeschlagenen Eiweiß werden mit dem Zucker schaumig gerührt, die andern Zutaten zugegeben, mit 2 Kaffeelöffeln längliche Makronen auf ein bestrichenes Blech gesetzt. Obenauf gibt man einen Dattelstreifen und bäckt sie in schwacher Hitze.

Domino-Steine

Der Teig zu Butterringchen wird mit einer kleineren Haselnußschnittenform ausgestochen, nach dem Backen mit weißer Glasur überzogen, mit Schokoladenglasur gespritzt, wie Domino.

Elisenlebkuchen

5 Eier, 500 g Zucker, 15 g Zimt, Schale von 2, Saft ½ Zitrone, 50 g geschnittenes Zitronat, 50 g Orangeat, 500 g geriebene Mandeln, Oblaten, farbiger Streuzucker. Glasur: 375 g Zucker, 2 Eiweiß, Zitronensaft oder Rum

Eier, Zucker, Zitrone schaumig rühren, die andern Zutaten zugeben. Man streicht die Masse bergig auf runde Oblaten, setzt sie auf ein bestrichenes Blech, läßt sie über Nacht stehen und bäckt sie in mäßiger Hitze. Nach dem Erkalten werden sie mit Eiweißglasur bepinselt und mit farbigem Zucker bestreut.

Elisenlebkuchen, andere Art

70 g Margarine, 150 g Zucker, 2 ganze Eier, 1 gestr. TL Zimt, 1 gestr. TL Kakao, 1 Messerspitze Nelken gemahlen, 100 g Zitronat, 100 g Orangeat, 200 g Mandelstifte, 100 g Korinthen, 250 g Mehl, 1 Päckchen Backpulver, etwa 1/8 l Milch, Oblaten.
Guß: 200 g Puderzucker, 2 EL heißes Wasser, 1 EL Rum

Rührteig herstellen, Gewürze hinzugeben, zuletzt die Milch. Auf Oblaten kleine runde Teighäufchen setzen und abbacken. Noch heiß mit Guß bestreichen. 180° – 15 Min. (Mittelschiene)

Früchtebrot I

3 Eier, 125 g Zucker, 1/2 Fl. Rum-Aroma, 1 Messerspitze Zimt, 60 g Mandeln, 125 g Haselnüsse, 125 g Feigen, 125 g Orangeat oder Zitronat (oder 1/2 + 1/2), 250 g Rosinen, 125 g Mehl, 1 gestr. TL Backpulver

Man schlägt die Eier schaumig und gibt nach und nach den Zucker dazu; zu einer cremeartigen Masse schlagen (15 Min.). Darunter gibt man die Gewürze, die gehackten Mandeln und Haselnüsse, die gewaschenen und kleingeschnittenen Feigen, das in Würfel geschnittene Zitronat, die gewaschenen und gut abgetropften Rosinen und das mit Backpulver gemischte und gesiebte Mehl. Der Teig wird in eine gefettete, mit gefettetem Papier ausgelegte Kastenform gefüllt.
Backzeit: 75–90 Min. bei schwacher Mittelhitze. Veränderung: Statt Feigen und Rosinen kann man getrocknete Pflaumen, Birnen, Apfelstücke oder Aprikosen nehmen.

Früchtebrot, gerührt

100 g getrocknete Birnen, 100 g Zwetschgen, 100 g Feigen, 100 g Zitronat, 100 g Orangeat, 100 g Datteln, 100 g Nüsse oder Mandeln, 100 g Haselnüsse, 100 g Rosinen, 100 g Aprikosen, 1 TL Zimt, 1 Messerspitze Nelken, 6 Eier, 400 g Zucker, 500 g Mehl, 1 Päckchen Backpulver, 2–4 EL Milch, ⅛ l Wein, ⅛ l Rum

Alle Früchte in feine Streifen schneiden, mit dem Rum und Wein übergießen, zudecken, über Nacht stehenlassen. Ganze Eier und Zucker schaumig rühren, alle Zutaten unterziehen, in eine bestrichene Kapselform füllen, 1 Stunde backen. Die Mandeln und Nüsse können geschnitten oder gerieben werden.

Früchtebrot aus Roggen

Zum Teig am Vorabend 500 g Roggenschrot mit ½ l lauwarmem Wasser anrühren, 2 EL Sauerteig zufügen. 250 g Feigen, 250 g Rosinen, 100 g Aprikosen (getrocknete), mit Wasser bedeckt über Nacht stehenlassen. 150 g Haselnüsse, 150 g Mandeln, mit Wasser bedeckt über Nacht stehenlassen. Am nächsten Morgen 500 g Roggenschrot, 15 g Salz, 30 g Hefe und etwas Wasser durchkneten. Den Teig mit den eingeweichten Früchten und etwas vom Einweichwasser, den Nüssen und Mandeln ohne Einweichwasser und mit 100 g Sonnenblumenkernen gut durchkneten. In Kastenformen füllen und an einem warmen Ort gehen lassen. Backofen auf höchste Stufe vorheizen. 10 Min. bei höchster Hitze backen (eine Tasse Wasser in den Ofen stellen) dann auf 180° C schalten und noch ca. 50 Min. backen.

Gefüllte Sterne

250 g Butter, 200 g Zucker, 6 Eigelb, 500 g Mehl, Zitronenschale. 2 Eiweiß, 120 g Zucker, 100 g geriebene Mandeln, Vanille. 1 Eigelb zum Streichen

Butter, Zucker, Eigelb, Mehl, Zitrone werden auf dem Wellbrett zusammengehackt, geknetet und kaltgestellt. Das Eiweiß wird zu Schnee geschlagen, Zucker, Mandeln, Vanille leicht untergezogen. Der Teig wird ausgewellt, Sterne ausgestochen, in die Mitte ein Kaffeelöffel Fülle gesetzt, auf einem bestrichenen Blech, am besten über Nacht stehenlassen. Vor dem Backen bestreicht man die Sterne mit Eigelb. Man kann auch einen Stern mit Fülle bestreichen und einen zweiten daraufsetzen.

Gestreifte Plätzchen

Helle Masse: 100 g Butter, 100 g Zucker, 1 Päckchen Vanille, 150 g Mehl. *Dunkle Masse:* Dieselben Zutaten wie zur hellen Masse, mit 50 g gelöster Schokolade

Die Butter schaumig rühren, die andern Zutaten zugeben, den Teig schnell zusammenkneten, wenn nötig, etwas kaltstellen. Die helle Masse auswellen, leicht mit Ei bestreichen. Von der dunklen Masse eine Rolle formen, auf den hellen Teig legen, einrollen, in Scheiben schneiden, die Plätzchen auf ein bestrichenes Blech setzen, über Nacht stehenlassen und backen. Nach Belieben kann man die Rolle mit Ei bestreichen, in geriebene Mandeln rollen, dann in Scheiben schneiden.

Gewürzmakronen

500 g geriebene Madneln, 750 g Zucker, 1 abgeriebene Zitrone, 8 g Zimt, etwas Nelken, Muskatblüte oder Muskatnuß und einige Eiweiß

Vorstehende Teile werden mit so vielem Eiweiß vermischt, daß die Masse sich fest verbindet, was auf folgende Weise geschieht: Man stößt die Masse mit einem hölzernen Löffel eine gute Weile hin und her, ohne sie zu rühren. Die Makronen werden gleich den vorhergehenden gebacken.
Auch kann man das zweite Makronenrezept hierzu anwenden und die Hälfte des bemerkten Gewürzes weglassen.

Gewürznüsse

225 g Mehl, 225 g Zucker, 2 Eier, 65 g gröblich gestoßene Mandeln, 30 g kandierte Orangenschale, 2 g Nelken, 2 g Muskatnuß

Nach vorhergehender Angabe gerührt und gebacken.

Gewürzplätzchen

165 g Honig, 65 g Butter oder Margarine, 1 Prise Zimt, Nelkenpulver, 500 g Mehl, 500 g Zucker, 2 Eier, 10 g Pottasche, in wenig Wasser gelöst

Man löst den Honig auf und gibt die Butter oder Margarine hinzu und läßt einmal aufkochen. Dann nimmt man den Topf vom Herd und streut die Gewürze hinein. Das Mehl vermischt man mit dem Zucker und rührt hier hinein die heiße Masse. Sobald der Teig etwas abgekühlt ist, kommen die verquirlten Eier hinein. Die Pottasche gießt man durch ein Sieb dazu. Wenig Mehl einkneten, der Teig muß sehr weich bleiben. Man formt daraus Rollen, die in Stücke geschnitten werden. Aus jedem Stück dreht man eine Kugel, bis sie schön glänzt. Die Kugeln müssen beim Backen verlaufen. Man legt sie mit reichlich Abstand auf ein wenig gefettetes, stark bemehltes Blech und bäckt sie in ca. 20 bis 30 Minuten hellbraun. Beim Abheben ist Vorsicht geboten, die Gewürzplätzchen brechen leicht, darum läßt man sie vorher abkühlen.

Gewürzplätzchen II

6 bis 7 Eier werden tüchtig geschlagen, mit 500 g Zucker, 4 g Kardamom, 4 g Zimt, 4 g Nelken, alles feingestoßen, der abgeriebenen Schale einer Zitrone und 30 g feinwürflig geschnittenem Zitronat 20 Minuten lang nach einer Seite gerührt. Dann gibt man noch 500 g Mehl darunter, bestreicht das Backblech mit Wachs und gibt von dem Teig teelöffelweise darauf. Dann bäckt man die Plätzchen hellbraun aus.

Gutele, braune

Man setzt in einer Messingpfanne ¼ l Honig zum Feuer, rührt, wenn er anfängt zu sieden, 210 g feinen Zucker hinein, und läßt dies zusammen noch einigemal aufkochen. Dann schüttet man es in eine Schüssel, gibt sogleich zwei Eßlöffel Kirschwasser hinein, und rührt die feingewiegte Schale einer Zitrone, 18 g gestoßenen feinsten Zimt, eine gute Messerspitze Ingwer, ebensoviel Nelken und 560 g (ein gutes Pfund) gesiebtes Hausmehl darunter, worauf man einen Teil der Masse herausnimmt, den übrigen in der Schüssel, bedeckt, an einen lauwarmen Ort stellt, damit er nicht erkaltet und hart wird. Das Herausgenommene wird nun zweimesserrückendick ausgewellt und zu Fleckchen nach der Größe der Model geschnitten, letztere leicht mit Mehl besät, die Fleckchen daraufgelegt und mit den bemehlten Fingern genau hineingedrückt, danach die Model umgestürzt, und vom ausgedrückten Bildchen der überflüssige Teig abgeschnitten und ausgestochen. Die Gutele legt man dann auf ein mit Butter oder Speck abgeriebenes Backblech nicht zu nahe aneinander, läßt sie so einige Stunden stehen, kehrt sie mit einem leichten reinen Kehrwischchen ab, und bäckt sie in abgekühltem Ofen. – Man kann sie auf folgende Weise *verzieren*: Von Spritzglasur werden, mittels einer Papiertüte feine Fäden auf das Bild gezogen, und diese nach Belieben sofort noch mit farbigem Streuzucker, der bei jedem Konditor zu bekommen ist, in der Art bestreut, wie es das Bild erfordert. Die also verzierten Gutele läßt man dann einzeln liegen bis sie trocken sind.

Gutele, gerührte (Springerle)

560 g sehr feiner, trockener, gesiebter Zucker wird mit fünf Eiern in einer Schüssel eine Stunde kräftig, *jedoch* stets nach *einer* Seite gerührt, und dann die feingewiegte Schale einer Zitrone, der Saft einer halben Zitrone und knapp gewogen 560 g feines, gesiebtes Mehl, wovon man etwas zum nachherigen Unterstäuben zurückbehält, gut hineingemengt. Danach nimmt man den Teig auf das Backbrett, und nachdem er hier leicht zusammengearbeitet, wird er in die Schüssel zurückgebracht und gut zugedeckt. Nun gibt man in ein doppeltes Mousselintüchlein einige Eßlöffel Mehl, und überstäubt damit, indem man das Tüchlein zu einem Bündelchen zusammenbindet, die zu diesem Backwerk besonders gestochenen oder gegossenen Formen (Mödel), – oder man stäubt das Mehl mit einem reinen Kehrwischchen leicht ein. Dann wird von dem Teig, während man den übrigen zugedeckt in der Schüssel läßt, damit er keine Kruste bekomme, ein kleiner Teil dreimesserrückendick ausgewellt, und in der Größe der einzelnen Bilder zu Fleckchen geschnitten, welche man auf die mehlbestäubten Mödel legt, in letztere mit dem Mehlbeutelchen oder den bemehlten Fingern gleichmäßig eindrückt, und danach die Mödel umstürzt, wodurch die Teigflecke abfallen. Ist das Bild schön geraten, so wird es mit eigens dazu bestimmten Messerchen genau ausgestochen, alle dann nebeneinander auf ein bemehltes Brett gesetzt, und so fortgefahren, bis der ganze Teig, zu dem man immer wieder sorgfältig das von den einzelnen Figuren Abgestochene bringt, verarbeitet ist. Die Gutele läßt man jetzt vierundzwanzig Stunden in einem warmen Zimmer stehen, damit sie trocknen, legt sie danach zweifingerbreit auseinander auf butterbestrichene und wieder abgeriebene Backbleche und bäckt dieselben in gänzlich abgekühltem, fest geschlossenem Ofen, bis die Böden leicht gelb sind, wo man sie dann herausnimmt und mit dem Messer loslöst.

Gutele, gerührte, feinere Art

Sechs Eier werden mit 840 g ganz feinem Zucker und drei Eßlöffeln Rosenwasser eine Stunde kräftig immer nach *einer* Seite gerührt und alsdann die feingewiegte Schale einer Zitrone, eine Messerspitze Ammonium und 840 g feingesiebtes Mehl daruntergerührt.

Gutele, gesottene

¼ l Rosenwasser wird mit 700 g Zucker in einer Messingpfanne aufs Feuer gesetzt, dies einmal aufgekocht und dann in einer Schüssel zum Erkalten gestellt. Nach gänzlichem Erkalten rührt man zwei verrührte Eier daran, sowie so viel gesiebtes, ganz feines Mehl, daß es einen nicht zu festen Teig gibt, den man auswellen kann. Im übrigen verfährt man wie bei gerührten Gutele, nur müssen die Gutele auf dem bemehlten Brett zwei bis drei Tage in einem warmen, staubfreien Zimmer trocknen, wo sie dann auf die mit Butter abgeriebenen Backbleche gesetzt und in ganz abgekühltem Ofen weiß gebacken werden.

Grießmakronen

4 Eiweiß, 250 g Zucker, Saft und Schale ½ Zitrone, 250 g geschälte, geriebene Mandeln, 60 g Grieß, nach Belieben 50 g feingeschnittenes Zitronat und Orangeat

Die Eiweiß werden zu steifem Schnee geschlagen, mit dem Zucker und Grieß schaumig gerührt, dann die übrigen Zutaten zugegeben. Mit 2 Kaffeelöffeln formt man runde oder längliche Makronen und bäckt sie in schwacher Hitze. Nach Belieben kann man in die Mitte einen Streifen geschnittenes Zitronat geben.

Hägemakronen

4 Eiweiß, 300 g gesiebten Staubzucker, 2 EL Hägemark, Saft und Schale ¼ Zitrone, 400–450 g geschälte, geriebene Mandeln

Die Eiweiß werden zu steifem Schnee geschlagen, mit Zitrone und Zucker dickschaumig geschlagen. Man nimmt ½ Tasse weg zum Guß, unter den Rest gibt man die übrigen Zutaten. Mit 2 Kaffeelöffeln formt man längliche Makronen, macht in die Mitte der Länge nach eine kleine Vertiefung, füllt diese mit der Glasur aus, läßt die Makronen abtrocknen und bäckt sie in schwacher Hitze.

Haferflockenmakronen

60 g Butter, 200 g Haferflocken, 100 g Zucker, 1 Päckchen Vanille, 2 Eier, wenn nötig, etwas Milch

Die Haferflocken fein wiegen. Die Butter schaumig rühren, Zucker, Eigelb mit schaumig rühren. Haferflocken und Schnee abwechselnd unterziehen. Mit 2 Kaffeelöffeln formt man längliche Makronen, setzt diese auf ein bestrichenes Blech und bäckt sie in mäßiger Hitze. Nach Belieben kann man in die Masse 3 Teelöffel Kakao geben.

Haferkeks

250 g Haferflocken, 375 g Kartoffelmehl, 125 g Butter, 3–4 EL Milch oder Rahm, 1 Prise Salz, 125 g Zucker, 1 Päckchen Backpulver, Zitronenschale oder Vanille

Die Haferflocken fein wiegen. Die Butter schaumig rühren, alle Zutaten zugeben, auf dem Brett zusammenkneten, dann auswellen, Keks ausstechen, auf ein bestrichenes Blech setzen, nach Belieben mit Eigelb streichen und backen.
Andere Art: 200 g Haferflocken, 200 g Mehl, 100 g Stärkemehl, 200 g Zucker, 50 g Butter, 2 Eier, 2 EL Milch, 1 Päckchen Backpulver, Zitronenschale. – Zubereitung wie oben.

Hamburger Apfelkuchen

500 g Mehl, 100 g Butter, 100 g Zucker, 1/4 l Milch, 2 Eier, abgeriebene Schale einer Zitrone, 50 g Hefe. Belag: 1000 g Äpfel, Zucker, Fett

Wenn der Teig gut durchgeknetet ist und sich vom Schüsselrand löst, gibt man noch 1000 g feingeschnittene, gezuckerte Äpfel darunter. Reichlich eine Stunde muß der Teig nun gehen. Dazu wird er, mit einem Tuch bedeckt, an einen warmen Ort gestellt. Löffelweise werden kleine Küchlein abgestochen und in heißem Fett auf beiden Seiten hellbraun gebacken.
Sie werden warm zum Silvesterpunsch gegessen.

Haselnußbögen

3 Eiweiß, 200 g Grießzucker, 250 g Haselnüsse, Oblaten

Die Haselnüsse werden so lange in den Backofen gelegt, bis sich die Schalen leicht abstreifen lassen. Sodann schneidet man sie in feine Blättchen, legt sie auf ein Blech und röstet sie im Backofen zu lichtgelber Farbe. Unter den steifen Schnee der Eiweiß gibt man den Zucker und schlägt die Masse auf der Seite des Herdes bis sie anfängt dick zu werden (etwa 20 Min.); die Masse darf nicht heiß, sondern nur warm werden. Nun gibt man sofort die Haselnüsse dazu und streicht die Masse 1 cm dick auf Oblaten. Alsdann werden 2 cm breite und 13 cm lange Streifen davon geschnitten, diese über ein gewölbtes Blech gelegt und die Bögen in wenig heißem Ofen etwa 30 Min. gebacken. (Stückzahl: 20–24)

Haselnußmakronen I

4 Eiweiß, 250 g Zucker, 250 g geriebene Haselnüsse, Saft und Schale 1/4 Zitrone oder 1 Päckchen Vanille.
Für obenauf 50 g Haselnüsse

Die Eiweiß zu steifem Schnee schlagen, mit Zucker und Zitrone schaumig rühren, die Haselnüsse zugeben. Mit etwas Zucker formt man runde Kugeln, drückt in die Mitte eine kleine Haselnuß, setzt die Makronen auf ein bestrichenes Blech und bäckt sie in schwacher Hitze. Nach Belieben die Haselnüsse rösten und schälen. Man kann auch halbe Mandeln nehmen.

Haselnußmakronen II

2 Eier, 250 g Zucker, 50 g geriebene Schokolade, 250 g Haselnüsse, 2 EL Mehl, 50 g kleine Haselnüsse obenauf

Die Haselnüsse rösten, schälen, reiben. Eier und Zucker schaumig rühren, alle Zutaten zugeben, kleine Häufchen auf ein bestrichenes Blech setzen, in die Mitte eine Haselnuß setzen, in schwacher Hitze am nächsten Tag backen.

Haselnußmakronen III

125 g geriebene Haselnüsse, 125 g geschälte, geriebene Mandeln, 250 g gesiebten Staubzucker, 4 Eiweiß, 1 Päckchen Vanille

Die Eiweiß zu steifem Schnee schlagen, mit Zucker und Vanille schaumig rühren, ½ Tasse zum Guß wegnehmen, unter den Rest Nüsse und Mandeln geben. Mit 2 Kaffeelöffeln längliche Makronen formen, mit der Glasur der Länge nach einen Strich darüberziehen, in mäßiger Hitze backen. Man kann auch runde Kugeln formen, in die Mitte eine Vertiefung machen, diese mit Guß füllen.

Haselnußringchen

250 g Butter, 50 g Zucker, 2 Eier, 500 g Mehl, 100 g geriebene Haselnüsse. 1 Eigelb, 50 g Haselnüsse, 50 g Hagelzucker

In die schaumig gerührte Butter gibt man alle Zutaten, knetet den Teig schnell zusammen, wellt ihn aus, sticht mit einer gezackten Form Ringe aus und setzt sie auf ein bestrichenes Blech und läßt sie über Nacht stehen. Vor dem Backen bestreicht man sie mit Eigelb, bestreut sie mit Hagelzucker und geriebenen Haselnüssen.

Haselnuß-S

125 g Butter, 125 g Zucker, 125 g geriebene Haselnüsse, 150 g Mehl, Vanilleglasur

Alle Zutaten auf dem Wellbrett zusammenhacken, schnell kneten, kaltstellen. Dann formt man S davon, setzt sie auf ein bestrichenes Blech, läßt sie einige Stunden oder über Nacht stehen, bäckt sie in mäßiger Hitze und bestreicht sie mit Vanilleglasur.

Haselnußschnitten

4 Eiweiß, 300 g gesiebten Staubzucker, Saft und Schale 1/4 Zitrone, 1 Päckchen Vanille, 250 g geriebene Haselnüsse

Die Eiweiß zu steifem Schnee schlagen, mit dem Staubzucker und Zitronensaft schaumig rühren, 1/2 Tasse zum Guß wegnehmen. Unter den Rest mischt man Haselnüsse und Vanille. Die Masse wird auf Zucker ziemlich dick ausgewellt, mit einer länglichen Form Schnitten ausgestochen, mit der Glasur bestrichen und in mäßiger Hitze gebacken. Nach Belieben kann man halb Mandeln nehmen.

Helenenschnitten

200 g Mehl, 100 g Butter, 60 g Zucker, 60 g geriebene Schokolade, 70 g geriebene Mandeln, 1 Ei, 1 Päckchen Vanille. Fülle: 75 g geschälte, geriebene Mandeln, 75 g Zucker, 2–3 EL Wasser. Vanilleglasur

Von den ersten Zutaten hackt man auf dem Wellblech einen Teig zusammen, knetet ihn schnell und stellt ihn kalt. Man wellt zwei lange, schmale Streifen, formt von einem Teil des Teiges eine dünne Rolle wie zu S und legt diese auf den einen Streifen als Rand. In die Mitte gibt man die angerührten Zutaten der Fülle, legt den zweiten Streifen als Deckel obenauf, drückt ihn leicht fest und läßt den Teig auf einem bestrichenen Blech über Nacht stehen. Nach dem Backen bestreicht man sofort mit Vanilleglasur und schneidet, noch warm, Schnitten davon.

Himbeerbrötchen

3 Eier, 250 g Zucker, 3–4 EL eingemachte Himbeeren, 375 g Mehl

Die ganzen Eier und Zucker werden schaumig gerührt, dann die Himbeeren und das Mehl zugegeben. Mit dem Kaffeelöffel setzt man kleine Häufchen auf ein bestrichenes Blech und bäckt sie gleich oder am nächsten Tag in mäßiger Hitze.

Himbeerschnitten

200 g Mehl, 80 g Zucker, 100 g Butter, 1 großes Ei, Zitronenschale, 250 g Himbeermarmelade. – Makronenmasse: 2 Eiweiß, 125 g geschälte, geriebene Mandeln, 125 g Zucker, Zitronenglasur

Von den ersten Zutaten hackt man einen Teig zusammen, knetet ihn schnell und stellt ihn kalt. Dann wellt man zwei Streifen aus, bäckt diese halb, bestreicht sie mit Marmelade, streicht obenauf die Makronenmasse und bäckt die Masse fertig. Nach dem Backen mit Zitronenglasur bestreichen, in fingerbreite Streifen schneiden.

Hippen, süddeutsche

250 g feines Mehl, 125 g durchgesiebter Zucker, feingeschnittene Schale einer halben Zitrone, 8 g gestoßener feiner Zimt, eine kleine Messerspitze gestoßene Nelken, 50 g zerlassene Butter, 2 EL Rosenwasser, 1 ganzes Ei und Wein

Dies alles wird zu einem dünnflüssigen Teig gerührt und gebacken wie Neujahrshippen.

Honigküchlein

3 Eier, 1 Eigelb, 3 EL Honig, 1 Pfund Zucker, 1 TL Zimt, 1 Messerspitze Nelken, 3 g Ammonium, 1¼ Pfund Mehl

Unter die verrührten Eier gibt man den flüssigen Honig. Gewürze, Ammonium und Mehl und arbeitet den Teig auf dem Nudelbrett glatt zusammen. Man wellt ihn ¼ cm dick aus, sticht runde Plätzchen ab im Durchmesser von 5–6 cm, legt diese auf ein mit Mehl bestäubtes Brett und läßt sie 24 Std. ruhen. Am anderen Tag gibt man die Küchlein auf ein gestrichenes, mit Mehl bestäubtes Blech und bäckt sie in mäßiger Hitze etwa 50 Min. Die Küchlein müssen 2–3 Wochen vor dem Gebrauch hergestellt werden, damit sie weich werden können. (Stückzahl: 80)

Honigkuchen I (Kapselform)

100 g Butter, 200 g Honig, 150 g Zucker, ¼ l Wasser, ½ TL Zimt, 1 Messerspitze Nelken, Zitronenschale, 1 Päckchen Backpulver, 500 g Mehl

Butter, Zucker, Honig schaumig rühren, alle anderen Zutaten zugeben, gut mischen, in eine bestrichene Kapselform füllen und backen. Nach Belieben kann man 50 g geriebene Mandeln oder Nüsse zugeben.

Honigkuchen II

375 g Mehl, 50 g geschnittene Mandeln, 50 g Zitronat, 50 g Orangeat geschnitten, 1 TL Zimt, 1 Messerspitze Nelken, 125 g Zucker, 125 g Honig, 1/8 l Kaffee oder Milch, 1 TL Backpulver

Honig, Backpulver in der Flüssigkeit auflösen, mit den übrigen Zutaten mischen, in eine mit Butter und Weckmehl vorgerichtete Kapselform füllen, 3/4 Stunden backen.

Honigkuchen III

300 g Mehl, 250 g Honig, 125 g Zucker, 1/8 l Kaffee oder Milch, 1 TL Backpulver, 1 EL Kakao, 125 g Zitronat, 125 g Mandeln, 1 TL Zimt, 1 Messerspitze Nelken

Zubereitung wie oben. 1 Stunde Backzeit.

Honigkuchen IV

1 kg Honig, 1 kg Mehl, 250 g Butter, 200 g Mandeln in der Schale, Schale einer Zitrone, 8 g Nelken, 4 g Kardamom, 30 g gereinigte, in etwas Wasser aufgelöste Pottasche

Honig und Butter läßt man kochen, nimmt den Topf vom Feuer, rührt Mehl, Gewürz und die gröblich gestoßenen Mandeln hinzu, mischt, wenn der Teig etwas abgekühlt ist, die Pottasche gut durch und läßt ihn über Nacht liegen. Danach rollt man ihn kleinfingerdick aus, macht ihn mit einer Form oder einem Backrädchen zu kleinen, viereckigen Kuchen, legt auf alle Enden gespaltene Mandeln und ein Stückchen Zitronat und bäckt sie gelbbraun.

Honigkuchen, andere Art

500 g Honig, 250 g Zucker, 125 g Butter oder Margarine, 90 g Mehl, Ingwer, Zimt, Kardamom, abgeriebene Zitronenschale, 6 gehackte, bittere Mandeln, 200 g süße Mandeln, 125 g Zitronat, 2 Eier, 1 Prise Salz, 15 g Pottasche. Zum Belegen: 170 g ganze Mandeln, 1 Ei

Honig, Zucker und Butter oder Margarine werden erhitzt, abgekühlt und mit Mehl, Ingwer, Zimt, Kardamom und Zitronenschale verarbeitet. Hinzu kommen die gehackten Mandeln, feingewürfeltes Zitronat, Eier, Salz und die in 2 Eßlöffeln Wasser aufgelöste Pottasche.
Der Teig muß kräftig geknetet werden bis er nicht mehr klebt. Die Masse streicht man etwa 2 cm dick auf ein gefettetes Backblech, bestreicht mit verquirltem Ei und belegt mit geschälten, ganzen MandelnBei mittlerer Hitze wird der Honigkuchen ca. 30 bis 40 Minuten gebacken.

Honigkuchen mit Haselnuß

3 Eier, 100 g Staubzucker, 250 g Honig, 100 g geriebene Haselnüsse, 1 Messerspitze Nelken, 2 Messerspitzen Zimt, 50 g feingeschnittenes Zitronat, Schale, 1/4 Zitrone, 1/2 Päckchen Backpulver, 250 g Mehl

Honig, Zucker, Eier schaumig rühren, die anderen Zutaten leicht unterziehen, zuletzt das mit etwas Mehl gemischte Backpulver. In eine bestrichene Kapselform füllen, 1/2–3/4 Stunden backen.

Honiglebkuchen I, einfache

500 g Honig, 250 g Zucker, 1/4 l Wasser, 1 TL Zimt, 1 Messerspitze Nelken, Schale 1 Zitrone, nach Belieben 20 g Kakao, 15 g Backpulver, 1 kg Mehl

Honig, Zucker, Wasser werden zusammen aufgekocht, erkaltet die andern Zutaten, das Mehl und Backpulver zugegeben. Der Teig wird auf dem Brett gut geknetet, ausgewellt, Lebkuchen ausgestochen, auf ein bestrichenes Blech gesetzt und gebakken. Können auch über Nacht stehen.

Honiglebkuchen II, einfache

500 g Honig, 1 TL Zimt, 1 Messerspitze Nelken, Schale 1 Zitrone, 500 g Mehl, 1 Päckchen Backpulver, nach Belieben 50 g in kleine Würfel geschnittene Mandeln oder Nüsse, 50 g Zitronat

Der Honig wird an der Seite des Herdes aufgelöst, die andern Zutaten zugegeben, auf dem Brett zusammengeknetet. Man bäckt eine kleine Probe, wenn zu weich, noch etwas Mehl zugeben. Man sticht Lebkuchen aus, setzt diese auf ein bestrichenes Blech dicht nebeneinander oder einzeln und bäckt sie. Nach dem Backen mit gekochter Zuckerglasur überpinseln.

Honiglebkuchen, feine

750 g Honig, 375 g Zucker, 375 g in kleine Würfel geschnittene Mandeln, 125 g geschnittenes Zitronat, 125 g Orangeat, Schale 1 Zitrone, 20 g Zimt, 1 Messerspitze Nelken, 3 EL Kirschwasser oder Rum, 3 Messerspitzen Hirschhornsalz, 875 g Mehl

Die Mandeln werden mit 3 Eßlöffeln Zucker geröstet, der Rest des Zuckers wird mit dem Honig aufgekocht, Mandeln, Zitronat, Orangeat, Zimt zugegeben, vom Feuer genommen, leicht verkühlen lassen, dann das in dem Rum aufgelöste Hirschhornsalz und das Mehl zugeben. Der Teig wird ausgewellt, Lebkuchen ausgestochen, diese dicht nebeneinander auf ein bestrichenes Blech gesetzt, am nächsten Tag gebacken. Man bestreicht sofort mit zum Faden gekochter Zuckerglasur oder mit verdünntem Eigelb.

Honiglebkuchen mit Ei

500 g Honig, 1 kg Mehl, 4 Eier, 375 g Zucker, 100 g feingeschnittenes Zitronat, 100 g Orangeat, Schale 1/2 Zitrone, 100 g geriebene Mandeln, 15 g Zimt, 1 Messerspitze Nelken, 10 g Backpulver

Den Honig läßt man heiß werden und rührt von dem Mehl soviel zu, bis der Teig so dick ist wie ein Spatzenteig, und stellt ihn kalt. Eier und Zucker werden schaumig gerührt, alle Zutaten, auch der Teig zugegeben, zuletzt Backpulver und Mehl. Man schafft den Teig auf dem Wellbrett zusammen, sticht Lebkuchen aus, setzt diese dicht nebeneinander auf ein bestrichenes Blech und läßt sie über Nacht stehen. Nach dem Backen gleich mit zum Faden gekochter Zuckerglasur bestreichen oder mit verrührtem Eigelb und schneiden.

Honigplätzchen

4 Eier, 500 g Zucker, 3 EL Honig, 50 g geriebene Mandeln, 1 TL Zimt, 1 Messerspitze Nelken, 625 g Mehl, 2 Messerspitzen Backpulver

Eier, Zucker, Honig werden gut verrührt, die andern Zutaten zugegeben, zuletzt das Mehl. Der Teig wird geknetet, ausgewellt, mit einer runden Form ausgestochen, auf ein bestrichenes Blech gesetzt, über Nacht stehenlassen, in mäßiger Hitze gebacken.

Honigschnitten

Teig: 250 g Mehl, 1 Messerspitze Backpulver, 125 g Zucker, 125 g Butter, 1 Ei, 1 abgeriebene Apfelsine. Belag: 150 g Zucker, 150 g Butter, 75 g Honig, 300 g gehobelte Mandeln

Mürbeteig herstellen, kaltstellen, Backblech einfetten und Teig darauf ausrollen, 5 Min. vorbacken. Belag: Alle Zutaten so lange kochen, bis eine dickliche Masse entstanden ist. Diese auf den vorgebackenen Teig streichen und abbacken. Nach dem Abbacken sofort in 2 × 4 cm Streifen schneiden. 225° – 15 Min.

Husarenkrapfen

250 g Butter, 125 g Zucker, 4 Eigelb, 1 Päckchen Vanille, 350 bis 400 g Mehl, 2 EL Marmelade, 1 Eigelb, 50 g geschälte Mandeln

Die Butter wird schaumig gerührt, Eigelb, Zucker mit schaumig gerührt, dann Vanille und Mehl zugeben. Man formt nußgroße Kugeln, macht in die Mitte eine kleine Vertiefung, setzt sie auf ein bestrichenes Blech, stellt sie über Nacht kalt, bestreicht sie mit Eigelb, bestreut mit geschälten, gewiegten Mandeln und bäckt sie in mäßiger Hitze. Nach dem Backen füllt man in die Vertiefung etwas Marmelade. Die Marmelade kann auch vor dem Backen eingefüllt werden.

Hutzelbrot

5 l dürre (gedörrte) Birnen werden gewaschen und eine halbe Stunde gekocht, dann halbsoviel geschälte, gedörrte, ebenfalls gewaschene Äpfelschnitze dazugegeben, und Birnen und Äpfel zusammen weichgekocht, doch so, daß beide Teile nicht zu weich sind, worauf man sie nach Erkalten von den Stielen befreit und in grobe Scheiben schneidet. Unterdes wird 4½ Kilo mittelfeines Kernmehl in eine Schüssel genommen, in der Mitte desselben eine Grube gebildet, und mit 1 l von der zurückgebliebenen noch lauen Obstbrühe, sechs Eßlöffel guter Hefe (100 g Preßhefe) und etwas Sauerteig ein Vorteig angemacht, den man zugedeckt an einem warmen Ort aufgehen läßt. Gewöhnlich geschieht das vorstehend Bemerkte am Abend; am folgenden Morgen wird der Vorteig dann mit einem Eßlöffel Salz und so viel lauem Wasser, als zu einem etwas festen Brotteig nötig ist, mit dem übrigen Mehl in der Schüssel abgeknetet, danach die geschnittenen Äpfel- und Birnenschnitze, 560 g große und ebensoviel kleine Weinbeeren, 560 g abgezogene, über Kreuz grobgeschnittene Mandeln und

ebensoviel würfliggeschnittene Feigen, 140 g feingewiegte Pomeranzenschale, ebensoviel Zitronat, die feingewiegte Schale einer Zitrone, 70 g Zimt, 35 g Nelken, zwei Eßlöffel Anis, ebensoviel Koriander, ein Eßlöffel gestoßene Kardamomen, ein Eßlöffel Pfeffer, ¼ l Kirschwasser und von 2½ l Nüssen die einigemal überschnittenen Kerne leicht in den Teig gemengt und aus diesen dann mehrere Laibchen geformt. Nun wird von 1 ⅒ Kilo Mehl, 140 g Butter, zwei Eßlöffel Hefe (35 g Preßhefe), einem Glas Wasser und ein wenig Salz ein Teig angemacht, dieser gut gearbeitet, und davon in der gehörigen Größe Flecke ausgewellt, etwas dicker als die Nudelflecke, in deren jeden man eines der obenerwähnten Laibchen leicht einschlägt. Die eingeschlagenen Laibchen legt man jetzt auf mehlbestreute Backbleche in der Art, daß die glatte Seite *oben* zu liegen kommt, läßt sie an einem warmen Ort noch aufgehen, bestreicht sie dann mit etwas von der zurückbehaltenen Obstbrühe, stupft dieselben mit einem Kochlöffelstiel ein wenig ein, und bäckt sie in einem guten Backofen. – Wer das Hutzelbrot auf *gewöhnlichere* Art bereiten will, kann statt Mandeln etwas mehr Nüsse nehmen, Feigen, Weinbeeren, Zitronat und Pomeranzenschale aber gänzlich weglassen.

Hutzelbrot, andere Art

1½ Kilo gedörrte gute Birnen und ebensoviel Zwetschgen werden, jeder Teil für sich, weichgekocht, jedoch nicht zu weich, und so, daß die Brühe beim Fertigsein beinahe eingekocht ist. Alsdann nimmt man beides in eine Schüssel, wo man nach Erkalten die Zwetschgen aussteint, und die Birnen grob überschneidet. Nun werden dreißig Feigen mit etwas Wasser eine halbe Stunde lang, bedeckt, auf schwachem Feuer gedünstet, bis sie etwas weich und aufgelaufen, und nach Erkalten einigemal überwiegt, ferner 140 g abgezogene Mandeln, 70 g Pomeranzenschale und ebensoviel Zitronat fein länglich geschnitten, 140 g große gewaschene Weinbeeren einmal überschnitten, und von hundert aufgeklopften Nüssen die Kerne mehrmals überwiegt. Dieses alles gibt man jetzt in eine große Schüssel, und dazu noch vier Eßlöffel Koriander, einen Eßlöffel Kardamom, 70 g Zimt, vier Eßlöffel Anis, einen Eßlöffel weißen Pfeffer, 35 g Nelken, die feingewiegte Schale einer Zitrone und ⅛ l Kirschwasser, gießt die etwa noch ½ l betragende Birnen- und Zetschgenbrühe darauf, und läßt das Ganze über Nacht, bedeckt, stehen. Inzwischen wird 2¼ Kilo Mehl in eine große Schüssel oder Backmulde gegeben, solches in der Mitte auseinandergestrichen und darin mit drei Eßlöffel Hefe (50 g Preßhefe), etwas Sauerteig und ½ l lauem Wasser ein ziemlich starker Vorteig gemacht, welchen man, bedeckt, ebenfalls über Nacht stehen läßt. Am anderen Morgen wird der aufgegangene und wieder zusammengefallene Teig mit so viel lauem Wasser angemacht, daß es einen starken Brotteig gibt, diesen knetet man nun nach Beifügung von einem Eßlöffel Salz tüchtig ab, und läßt ihn danach ein bis zwei Stunden bedeckt ruhen, dann wird die tags zuvor hergerichtete Fülle hinzugegeben, und alles untereinandergeknetet. Nachdem die Masse jetzt, bedeckt, noch eine halbe Stunde gestanden, wird sie in beliebige längliche oder runde Laibchen geformt, die man auf einem mehlbestreuten Backblech noch ein wenig aufgehen läßt, danach mit Wasser überstreicht, oben mit abgezogenen halbierten Mandeln überlegt, und in einem guten Backofen bäckt. – Man kann die Laibchen auch nach voriger Art in Teig einschlagen, in welchem Falle man sie jedoch nicht mit Mandeln belegt. Sie werden dann gleichfalls mit einem Kochlöffelstiel eingestupft, dagegen aber nicht mit Obstbrühe angestrichen, damit der Umschlagteig weiß bleibe.

Hutzelbrot, dritte Art

5 l gedörrte Birnen werden mit so viel Wasser zum Feuer gesetzt, daß es darüberhingeht und hierin dann weichgekocht, wo nun noch 1 l Brühe daran sein muß. Nach Erkalten bringt man sie sodann gröblich verschnitten in eine Schüssel, gibt ⅜ l Obstbranntwein oder besser Kirschwasser, dann Anis, Fenchel und Koriander, sämtlich verstoßen und zusammen 70 g betragend, 35 g Modegewürz, ebensoviel gestoßene Nelken, 20 g gestoßenen Zimt, 140 g gewaschene Weinbeeren, ebensoviel abgezogene grobgeschnittene Mandeln und ¼ l Birnenbrühe dazu, mengt alles gut untereinander und läßt es über Nacht bedeckt stehen. Alsdann wird 2¼ Kilo mittelfeines Kernmehl mit 1½ l lauem Wasser und sechs Eßlöffel guter dicker Hefe (120 g Preßhefe) zu einem Teig angemacht, und solcher zum Aufgehen gestellt; ist er hoch aufgegangen, so knetet man dazu einen Eßlöffel Salz, einen Kaffeelöffel Anis, und ebensoviel Fenchel und Koriander, arbeitet das Ganze noch gut ab, mengt zuletzt obige Masse darunter und falls der Teig zu leicht und netzig wäre, noch einiges Mehl, worauf man daraus zwei oder drei Laibchen formt. Nun wird aus 280 g Mehl, etwas Wasser, zwei Eßlöffel Hefe, nußgroß Butter und ein wenig Salz ein zweiter, nicht gar fester Teig geknetet, dieser gut messerrükkendick zu so viel Flecken ausgewellt, als Laibchen sind, und jedes der letzteren mit einem Fleck umschlagen. Danach setzt man die Laibchen so, daß die glatte Seite nach oben kommt, auf Backbleche, und läßt sie noch eine halbe Stunde an einem warmen Ort gehen, dann stupft man sie obenüber mit einem Federkiel, damit beim Backen der Dampf entweichen kann, überstreicht sie noch mit Wasser, und bäckt sie im Backofen mit oder nach dem Schwarzbrot.

Hutzelbrot mit Kirschwasser

3 Pfund Schwarzmehl, 1/4 l Wasser, 1 EL Salz, 25 g Hefe, 1 1/2 Pfund Birnenschnitze, 1 Pfund getrocknete Zwetschgen; zum Kochen derselben: 1 1/2 l Wasser, 300 g Zucker. – 1/4 Pfund Korinthen, 1/4 Pfund Sultaninen, 1/2 Pfund Nußkerne, 40 g Zitronat, 40 g Orangeat, 1 1/2 TL Zimt, 1 TL Nelken, 1/8 l Kirschwasser

Die Zwetschgen und die Birnenschnitze werden am Tage zuvor gewaschen, eingeweicht, mit dem Zucker vorsichtig gekocht und auf ein Sieb gegossen. Mit der abgelaufenen Brühe und dem gesiebten Mehl, in dem man vorher mit der Hefe und lauwarmem Wasser einen Vorteig gemacht hat, bereitet man einen Brotteig, welcher mindestens 3/4 Std. geschlagen werden muß. Darunter knetet man die noch warmen Birnen, Zwetschgen, Korinthen, Sultaninen, die kleingeschnittenen Nußkerne, das würflig geschnittene Zitronat und Orangeat, Zimt, Nelken, Kirschwasser, Salz, arbeitet von dem Teig fünf längliche Laibe und setzt diese auf ein mit Mehl bestäubtes Brett. So läßt man sie einige Stunden, am besten über Nacht ruhen, setzt sie auf ein bestrichenes Blech, streicht sie mit der Zwetschgenbrühe und bäckt sie in mittlerer Hitze etwa 1 1/2 Std. 5 Min. vor dem Herausnehmen aus dem Ofen werden sie nochmals mit Zuckerwasser bestrichen.

Hutzel- oder Früchtebrot

500 g Birnen, 500 g Zwetschgen, 500 g Feigen, 250 g Rosinen, 250 g Sultaninen, 500 g Nüsse, oder halb Nüsse halb Mandeln, 100 g Zitronat, 100 g Orangeat, 20 g Zimt, 1 EL Anis, etwas Nelken, 200 g Zucker 30 g Hefe, 1 kg Mehl, 1 TL Salz, Schnitzbrühe

Die Zutaten werden vorgerichtet wie beim Schnitzbrot, der Teig ebenso gemacht. Die fertig gebackenen Brote kann man, noch heiß, mit gekochter Zuckerglasur überpinseln und mit Nüssen, geschälten halbierten Mandeln oder Früchten garnieren, Mandeln oder Nüsse gleich nach dem Formen aufsetzen. (Siehe auch Früchtebrot, gerührt.)

Ingwerschnitten

250 g Mehl, 1 Ei, 1 Prise Salz, 125 g Butter oder Margarine, 65 g Zucker, 1 Päckchen Vanillinzucker, 50 g kandierte Ingwerfrüchte

Auf einem bemehlten Brett wird der Teig dann etwa 3 mm dick ausgerollt, in Streifen geschnitten und mit Ingwerstückchen belegt. Auf einem gefetteten Blech werden die Ingwerschnitten bei mittlerer Hitze ca. 30 Minuten gebacken.

Karmeliterplätzchen

140 g Zucker, ein ganzes Ei, zwei Eigelb, etwas feiner Zimt, sowie Schale und Saft einer Zitrone wird schaumig gerührt, und dann 210 g Mehl daruntergemengt. Von dieser Masse setzt man nun auf ein wachsbestrichenes Blech mit einem Kaffeelöffel Plätzchen, belegt diese mit fein länglich geschnittenen Mandeln und Rosinen, und bäckt sie bei mäßiger Hitze.

Katharinchen

500 g Honig, 750 g Zucker, Zimt, Nelken, Kardamom, 1000 g Mehl, 125 g Mandeln, 4 EL Rum, 8 Eier, 1 EL Natron, in ganz wenig Wasser aufgelöst

Man mischt die durchgedrehten Mandeln unter das Mehl. Der Honig wird auf kleiner Flamme in einem Topf aufgelöst, der Zucker dazugerührt und das Ganze aufgekocht. Dann nimmt man den Topf vom Herd und rührt die Gewürze ein. Die heiße Masse wird in das Mehl mit den Mandeln gerührt, die verquirlten Eier kommen hinzu, sobald der Teig etwas abgekühlt ist. Das aufgelöste Natron wird dazugegeben und der Teig unter Hinzugabe von Mehl so lange geknetet, bis er glänzt und nicht mehr klebt. Man rollt ihn ½ cm dick aus, sticht die Förmchen heraus und bäckt sie bei schwacher Hitze ca. 10 bis 15 Minuten.

Kokosnußmakronen

6 Eiweiß, 250 g Zucker, 250 g Kokosnuß, Saft und Schale ½ Zitrone oder 1 Päckchen Vanille

Zucker, Kokosnuß, 2 Eiweiß, Zitrone werden in einer Messingpfanne auf schwacher Hitze lauwarm gerührt. Nach dem Erkalten zieht man den steifen Eischnee darunter. Mit 2 Kaffeelöffeln formt man längliche Makronen, setzt diese auf ein bestrichenes Blech und bäckt sie in schwacher Hitze.

Krokantbögen

250 g Zucker, 150 g geschälte Mandeln

Die Mandeln in feine Scheibchen schneiden oder hobeln, gut trocknen. Den Zucker ohne Wasser in einer Messingpfanne oder eisernem Topf unter Rühren hellbraun rösten, die Mandeln zugeben, kurze Zeit mitrösten. Ein warmes Blech wird gut mit Butter bestrichen, die Masse daraufgegeben, mit einer Zitrone oder kleinem Wellholz, das man in zerlassene Butter taucht, schnell auseinander- und glattgestrichen. Anstatt Butter kann man auch Öl nehmen. Das Blech auf dem Herd stehen lassen, damit es warm bleibt. Die Masse in Streifen schneiden, warm über ein gefettetes Wellholz legen. Will man die Masse in Formen eindrücken, zu Eiern usw., müssen dieselben vorher gut erwärmt werden und mit Öl bestrichen sein. Zum Zusammensetzen der einzelnen Teile nimmt man gebräunten Zucker.

Lebkuchen, Baseler

½ l Honig, welcher wenigstens 1 Jahr alt sein muß, 1375 g Mehl, 700 g Zucker, 225 g ungeschälte Mandeln, ebensoviel Pomeranzenschale, desgleichen Zitronat und Schale von 2 Zitronen, alles gröblich geschnitten, 50 g Zimt, 8 g Nelken, 2 TL Muskatblüte, 30 g gereinigte Pottasche, 1 Glas Kirschwasser

Honig und Zucker werden aufs Feuer gesetzt und wenn es steigt, die grobgeschnittenen Mandeln eine gute Weile darin geröstet, dann, vom Feuer genommen, wird das sämtliche Gewürz hinzugefügt und, etwas abgekühlt, die Pottasche durchgerührt. Alsdann kommt das Kirschwasser und zuletzt das Mehl hinzu. Man rollt den Teig, so lange er noch warm ist, zweimesserrückendick aus, schneidet ihn in länglich viereckige Stücke, legt sie dicht zusammen auf ein mit Mehl dick bestäubtes Blech und läßt sie über Nacht liegen. Man bäckt sie bei gelinder Hitze; die Hitze nach dem Brot in einem Backofen ist eine geeignete. Noch heiß, werden sie mit einem Messer durchgeschnitten und, nachdem sie kalt geworden sind, voneinander gebrochen. Zum Guß läutert man Zucker, läßt ihn kochen, bis er Fäden zieht, und bestreicht damit die Kuchen.

Lebkuchen, braune

Man läßt ½ l Honig auf dem Feuer kochend werden und danach ziemlich erkalten, verdickt dies dann mit so viel hineingerührtem feinem Mehl, daß, wenn man die Schüssel auf die Seite neigt, der Teig langsam herüberzieht und stellt letzteren nun zugedeckt an einen warmen Ort. Unterdes werden sieben Eier mit 560 g feinem Zucker eine Stunde gerührt, dann 210 g Zitronat und ebensoviel Pomeranzenschale, beides feingeschnitten, die feingewiegte Schale von zwei Zitronen, 70 g Zimt und 17 g Nelken, beides feingestoßen, zwei Messerspitzen Hirschhornsalz (kohlensaures Ammoniak, in jeder Apotheke und Drogerie erhältlich) 280 g grobgeschnittene, unabgezogene Mandeln und so viel feines Mehl dazugefügt, daß dieser Teig die Dicke zu leichtem Auswellen hat. Er wird jetzt zu dem Honigteig gegeben und damit untereinandergemacht, danach die Schüssel bedeckt und über Nacht an einen warmen Ort gestellt. Am anderen Tag nimmt man den Teig auf das Backbrett, arbeitet ihn leicht zusammen, wellt ihn stückweise halbfingerdick aus, und drückt das Ausgewellte mit bemehltem Finger oder einem Mehlbeutelchen in Formen oder in bemehlte Mödel, aus denen man die Stücke dann herausstürzt, solche, nachdem der überflüssige Teig abgeschnitten, auf ein leicht mit Speck abgeriebenes Blech legt und in abgekühltem Ofen bäckt. Beim Herauskommen werden die Lebkuchen eiligst, so lang sie noch heiß sind, mittels eines Pinsels mit gebranntem Zuckerwasser überstrichen. – Mehl sollte man im ganzen 1⅕ Kilo hierzu verbrauchen.

Lebkuchen, braune II

1170 g feines Mehl, 1 kg Zuckersirup (Runkelrübensirup gibt den Kuchen einen unangenehmen Geschmack), 125 g Zucker, 125 g ausgewaschene Butter, 125 g grobgestoßene Mandeln, die Schale einer Zitrone, 8 g Zimt, 8 g Nelken, 2 g Kardamom, 30 g gereinigte, in etwas Milch aufgelöste Pottasche

Den Sirup läßt man auf dem Feuer dünn werden, gibt dann Butter, Mandeln und Gewürz hinein, setzt den Topf vom Feuer, rührt das Mehl allmählich dazu und, wenn es abgekühlt ist, auch die Pottasche. Die Masse wird besser, wenn sie 8 Tage an einem warmen Ort steht. Man knetet alsdann erst vor dem Backen die Pottasche durch, bringt sie halbfingerdick auf eine heißgemachte, mit weißem Wachs bestrichene und wieder abgewischte (in Ermanglung mit Butter bestrichene) Platte und setzt sie bei etwas mehr als 2 Grad Hitze in den Ofen. Die Kuchen sind, sobald sie inwendig trocken, gar und werden dann sogleich mit einem scharfen Messer auf der Platte in Form eines Kartenblattes geschnitten. Will man sie glasieren, so schlägt man Eiweiß etwas schaumig, rührt es mit Zucker zu einer flüssigen Masse, bestreicht damit die Kuchen ganz dünn und läßt es eben trocknen. Auch kann man auf der Platte, ehe sie in den Ofen kommen, in Sternform halbe Mandeln darauf drücken.

Lebkuchen, braune III

3 kg gutes Mehl, 3 kg bester Zuckersirup, 250 g nicht salzige Butter, 250 g Schmalz, 65 g gereinigte Pottasche, 8 g ausgesuchter Anissamen, 4 TL Zimt, 2 TL Nelken

Die vier ersten Teile werden aufs Feuer gesetzt, das Mehl wird darin verrührt, eben zum Kochen gebracht und, nachdem der Teig ein wenig abgekühlt ist, die in etwas Wasser aufgelöste Pottasche durchgemengt und 8 Tage, besser viel länger noch, an einen warmen Ort gestellt. Dann wird die eine Hälfte des Teiges mit 15 g Anissamen, die andere Hälfte mit Zimt und Nelken gut durchgearbeitet, fingerdick ausgerollt, wozu man etwas mit Zucker vermischtes Mehl anwendet, auf Platten, die mit Öl bestrichen sind, gelegt und mit einem Kuchenrädchen in viereckige Kuchen geschnitten.

Diese werden bei starker Mittelhitze etwa 15 bis 20 Minuten gebacken, bis sie inwendig trocken sind, danach voneinander gebrochen und in zugedecktem Porzellan oder in einer Blechtrommel an einem warmen Ort aufbewahrt.
Da alle Braunkuchen sich sehr lange halten, und eine große Portion nicht mehr Zeit und Arbeit als eine kleine erfordert, so ist vorstehende Angabe von 3 kg gegeben, die nach Gutdünken verkleinert werden kann.

Lebkuchen, braune, andere Art

280 g grobgestoßener Zucker wird dickgekocht, d.i. zum großen Faden und sodann vom Feuer genommen, nach einigem Erkalten mit 560 g Honig jedoch neuerdings aufs Feuer gesetzt und zwar so lang, bis er ein paarmal aufgestiegen, danach leert man ihn in eine Schüssel und rührt, wenn die Masse ein wenig erkaltet ist, eine gute Messerspitze gestoßene Pottasche, 35 g breitgeschnittene Mandeln, ebensoviel länglichgeschnittene Pomeranzenschale, gleichfalls 35 g Zitronat, einen Eßlöffel Zimt und einen Kaffeelöffel Nelken, beides feingestoßen, eine geriebene Muskatnuß und 560 g feines Mehl hinein. Ist alles recht gut untereinandergemengt, so wird die Masse auf dem Backbrett gut gearbeitet, dann ausgewellt, zusammengeschlagen und nochmals ausgewellt und danach in erforderlicher Größe Stückchen daraus geschnitten, welche man in die dazu bestimmten, mit Mehl bestäubten Formen drückt, alsdann herausstürzt und dieselben, nachdem der überflüssige Teig abgeschnitten, auf einem mit Speck bestrichenen Backblech gelbbraun bäckt. Zuletzt werden die Lebku-

chen mit gleichfalls zum großen Faden gekochtem Zucker mittels eines Pinsels überstrichen und in abgekühltem Ofen getrocknet, wo sie dann wie *kandiert* aussehen.

Lebkuchen, gefüllte

Von 3 Viertel geschälten Mandeln wird ein halbes Pfund gestoßen, das dritte Viertel aber länglich zart geschnitten. Zu den letzteren kommen noch 4 Lot Zitronat, ebensoviel Pomeranzenschale, und die Schale von einer Zitrone, alles auch fein länglich geschnitten, ein Lot gestoßener Zimt und ein Kaffeelöffelein Muskatblüte. Alles Geschnittene mischt man mit dem Gewürz untereinander, rührt ein halbes Pfund gesiebten Zukker und die gestoßene Mandeln mit dem Schaum von 4 Eiweiß zusammen, endlich noch das Geschnittene darunter, schneidet dann von Oblaten Stücklein, so groß die Lebkuchen werden sollen, bestreicht die Stücklein mit Eiweiß, von der Masse eines messerrückendick darauf, legt wieder ein solches Stück Oblaten darüber, bestreicht dieses auch mit Eiweiß, wieder von der Masse auf dieses, streut feines Biskuitmehl darauf, fährt mit dem Wellholz ein einzigesmal darüber, bestreicht das Blech mit Butter, legt die Lebkuchen darauf, und bäckt sie in einem kühlen Ofen, daß sie blaß bleiben. Nachdem wird ein weißes Eis darübergemacht.

Lebkuchen, Nürnberger

5 Eigelb und Eiweiß, 325 g Zucker, 65 g Zitronat, 65 g Orangeat, abgeriebene Schale einer halben Zitrone, 1 Prise gemahlene Nelken, 1 Prise Kardamom, Zimt, Muskat, 190 g Mandeln, 250 g Mehl, Backoblaten, zum Belegen Zitronat und Mandeln

Das Eiweiß wird zu steifem Schnee geschlagen. Eigelb und Zucker rührt man schaumig und gibt das kleinwürfelig geschnittene Zitronat und Orangeat, die Gewürze, die abgezogenen, grobgehackten Mandeln und das Mehl dazu. Masse gut durchrühren und dann den Eischnee darunterheben. Man streicht nun davon auf runde oder längliche Oblaten, in der Mitte dicker, zum Rand hin dünner, und verziert jeden Lebkuchen mit einer halbierten Mandel oder einem Stück Zitronat. Bei mittlerer Hitze bäckt man sie in etwa 20 Minuten hellbraun.

Lebkuchen, weiße I

560 g abgezogene, abgetrocknete Mnadeln werden fein länglich geschnitten und auf einem mit Papier belegten Blech im Rohr geröstet, bis sie gelb geworden. Nun rührt man neun Eigelb mit 560 g feingesiebtem Zucker eine halbe Stunde, gibt die feingewiegte Schale einer Zitrone und den festen Schnee der neun Eiweiß dazu, rührt dies zusammen noch eine Stunde und mengt sodann 70 g feingeschnittenes Zitronat, ebensoviel Pomeranzenschale, 4 g feingestoßene Nelken, ebensoviel Muskatblüte, gleichfalls 4 g Kardamom, 9 g feinen Zimt (diese drei Artikel feingestoßen), obige geröstete Mandeln und 560 g feines Mehl gut darunter, von letzterem, wenn es trocken ist, auch etwas weniger, damit die Masse nicht zu stark wird. Nun schneidet man Oblaten so groß, als man die Lebkuchen haben will, streicht von der Masse kleinfingerdick darauf, bestäubt es

mit feingesiebtem Zucker, legt in die Mitte und an die Ecken ein Scheibchen Zitronat, läßt die Lebkuchen zwei bis drei Stunden stehen, damit sie abtrocknen und Glanz bekommen, legt solche dann auf ein butterbestrichenes Blech und bäckt sie in mittelheißem Ofen ganz blaßgelb.

Lebkuchen, weiße II

1 Pfund Zucker, 8 Eier, 2 g Ammonium, 1 TL feinverwiegte Zitronenschale, 15 g Zimt, 5 g feine Nelken, 1 g Kardamom, ¾ Pfund geschälte, blättrig geschnittene und auf einem Backblech im Backofen lichtgelb geröstete Mandeln, 60 g feingeschnittenes Zitronat, 60 g feingeschnittenes Orangeat, 300 g Weizenmehl, 100 g Kartoffelmehl, 12 Backoblaten

Zucker und Eier werden ½ Std. tüchtig gerührt und die gut vorgerichteten Zutaten daruntergemengt. Nun streicht man von der Masse auf eine Oblate und wartet einige Minuten um zu sehen, ob der Teig nicht abfließt. Sollte dies der Fall sein, dann mengt man noch so viel Mehl darunter, bis die Masse auf der Oblate stehen bleibt. Nach dieser Probe wird der Teig aufgestrichen, und zwar auf 12 Backoblaten und in mäßiger Hitze etwa 45 Min. gebacken. Sobald die Kuchen aus dem Ofen kommen, werden sie samt der Oblate ein- oder zweimal geteilt, so daß man 24 oder 48 Lebkuchen erhält.

Liegnitzer Bomben

125 g Zucker, 200 g Honig, 65 g Butter, 1 EL Sahne, 2 Eier, Saft und Schale einer halben Zitrone, je ½ TL gemahlene Nelken und Kardamom, 1 TL Zimt, Muskat, 30 g Kakao, je 65 g Rosinen, Zitronat und gehackte Mandeln, 250 g Mehl, 3 TL Backpulver, 200 g Aprikosenkonfitüre, 250 g Kuvertüre, 2 EL Wasser

Für die Liegnitzer Bomben gibt es spezielle Formen. Man kann die Bomben aber auch in Folie backen. Dazu werden aus Alufolie 15 Kreise im Durchmesser von 15 cm ausgeschnitten, die man zum Beispiel um einen Joghurtbecher formt.
Für den Teig Zucker, Honig, Fett und Sahne in einem Topf mischen. Unter ständigem Rühren bei schwacher Hitze langsam erwärmen, bis daraus eine glatte Masse entsteht. Abkühlen lassen.
Eier, Zitronensaft und -schale, Gewürze und Kakao in eine Schüssel geben und verrühren, eßlöffelweise unter die erkaltete Honigmasse rühren.
Korinthen in einem Sieb unter heißem Wasser waschen. Abtropfen lassen und in einem Küchentuch trockenreiben.
Zitronat sehr fein hacken. Beides mit Mandeln, Mehl und Backpulver mischen und unter die Honigmischung ziehen.
Förmchen mit Margarine einfetten. Auf ein eingefettetes Backblech stellen. Teig eßlöffelweise reinfüllen.
20 Minuten bei 180 Grad backen. Bomben aus dem Ofen nehmen und sofort aus den Formen lösen. Auf einem Kuchendraht abkühlen lassen.
Aprikosenkonfitüre durch ein Sieb in einen Topf streichen. Mit Wasser verrühren und aufkochen lassen. Noch warm dünn auf die Bomben streichen. Erkalten lassen.
Kuvertüre im heißen Wasserbad schmelzen. Liegnitzer Bomben mit der Kuvertüre überziehen. Kuvertüre erstarren lassen.

Liegnitzer Bomben, andere Art

250 g Zucker, 5 Eier, 140 g Zitronat, 1 Prise Zimt, 1 Prise Nelkenpulver, 1 Prise Pfeffer, 1 Messerspitze Kardamom, 350 g Honig, 125 g Butter oder Margarine, 1/16 l Rum oder Arrak, 15 g Pottasche in 2 EL Rosenwasser gelöst, 50 g Kakao, 500 g Mehl, 125 g Korinthen, eventuell 125 g Mandeln oder Nüsse. Zum Guß: 250 g Schokolade, 350–400 g Puderzucker, 3 EL Kakao, Wasser nach Bedarf

Zucker und Eier werden schamig gerührt. Das in kleine Würfel geschnittene Zitronat, die Gewürze, der mit Butter zusammengelöste, abgekühlte Honig, Arrak oder Rum werden hinzugefügt. Die in Rosenwasser gelöste Pottasche wird durch ein Sieb dazugegossen, Kakao und Mehl werden dazugegeben, die heiß gebrühten, getrockneten Korinthen werden daruntergemischt. Schwarzblechringe von 6–7 cm Höhe und 7–8 cm Durchmesser werden an einer Seite mit Butterbrotpapier als Boden abgeschlossen. Rand und Boden werden gefettet. Die Formen werden bis reichlich zur Hälfte mit Teig gefüllt, auf einem Blech in 20–30 Minuten bei schwacher Hitze gebacken. Heiß werden sie gestürzt und mit dickem Schokoladenguß überzogen. Die Masse kann auch als Bombe im ganzen in 1–1¼ Stunde gebacken werden. Für den Schokoladenguß reicht dann die Hälfte der angegebenen Zutaten.
Das Rezept ergibt etwa 12 bis 14 kleine Bomben.

Magdalenenbrot

125 g Butter, 125 g Zucker, 3 Eier, 250 g Mehl, Zitronenschale. 50 g geschälte, in Scheibchen geschnittene Mandeln, etwas Hagelzucker

Die Butter wird schaumig gerührt, Zucker, Eigelb mitgerührt, Mehl, Schnee lose untergemischt. Man streicht die Masse auf ein mit Butter und Mehl bestäubtes Blech, knapp fingerdick, streut Mandeln und Hagelzucker darauf, bäckt den Teig und schneidet ihn gleich nach dem Backen in beliebige Stücke. Mit Staubzucker bestreuen.
Oder: 3 Eier, 250 g Zucker, 200 g geschnittene Mandeln, Zitronenschale, 1 Messerspitze Zimt, 60 g Zitronat und Orangeat, 250 g Mehl. Zucker, die ganzen Eier schaumig rühren, alle Zutaten zugeben, fertigmachen wie oben, keine Mandeln überstreuen; nach Belieben glasieren.

Mailänder Brötchen

$\frac{1}{4}$ Pfund Butter, $\frac{1}{4}$ Pfund Zucker, $\frac{1}{2}$ Pfund Mehl, 3 Eigelb, Saft $\frac{1}{2}$ Zitrone. Zum Streichen: 2 Eigelb

Butter, Zucker und Eigelb werden schaumig gerührt, die übrigen Zutaten langsam zugegeben und auf dem Wellbrett zu einem glatten Teig verarbeitet. Diesen läßt man einige Zeit ruhen, wellt ihn $\frac{1}{2}$ cm dick aus, sticht mit verschiedenartigen Förmchen Brötchen aus, bestreicht sie mit Eigelb und bäckt sie in nicht zu heißem Ofen etwa $\frac{1}{2}$ Std. (Stückzahl: 50–60)

Makronen

250 g Mandeln, 250 g Zucker, 4 Eiweiß, Saft und Schale 1/4 Zitrone

Die Mandeln mit kochendem Wasser übergießen, abziehen, wenn nötig, mit kaltem Wasser abschwenken, mit einem Tuch gut trocknen, auf der Maschine fein reiben. Mandeln, Zucker, Zitrone, 2 Eiweiß in einer Messingpfanne auf schwachem Feuer rühren, bis die Masse lauwarm ist und sich zusammenballt. Nach dem Erkalten den steifen Schnee der übrigen Eiweiß leicht unterziehen. Auf ein mit Papier belegtes oder bestrichenes Blech setzt man mit 2 Kaffeelöffeln längliche oder runde Makronen und bäckt sie in schwacher Hitze hellgelb. Nach Belieben kann man vor dem Backen in die Mitte eine halbe geschälte Mandel geben. *Oder:* Man macht in die Mitte vor dem Backen eine Vertiefung und füllt diese nach dem Backen mit festem Gelee oder Marmelade. Die Makronen können auch auf Oblaten aufgesetzt werden.

Makronen, andere Art

Ein halbes Pfund geschälte Mandeln stößt man mit einem Eiweiß ganz fein, nimmt ein halbes Pfund gesiebten Zucker und 2 Lot feines Reismehl in eine Schüssel, die gestoßenen Mandeln dazu, rührt es wohl untereinander, schneidet die Schale von einer halben Zitrone nebst 2 Lot Zitronat klein, schlägt das Weiße von 4 Eiern zu Schaum, rührt ihn an die Mandelmasse, das Geschnittene hinein, legt dann längliche Stücklein von der Masse auf weißes Papier und bäckt solche im Ofen gelb. Nachher kommt ein weißes Eis darüber.
Wenn man kein feines Reismehl haben kann, so läßt man es ganz weg.

Makronen, bittere

Diese werden ebenso gemacht, nur nimmt man ⅔ süße und ⅓ bittere Mandeln und 100 g mehr Zucker.

Makronen, gefüllte

Man schält ein halbes Pfund Mandeln, stößt sie mit 2 Eiweiß fein, gibt ein halbes Pfund gestoßenen Zucker in eine Kasserole, reibt eine Zitrone am Zucker ab, gibt beides zu dem Zucker, schafft es recht untereinander, schlägt das Weiße von einem großen Ei oder von 2 kleinen zu einem Schaum, gibt ihn zum übrigen, rührt es auf einem gelinden Feuer, bis es so fein wie ein Brei ist, nicht zu dick und nicht zu dünn. Kochen darf es ja nicht, nur der Zucker muß vergehen. Dann setzt mans auf Papier, gibt wenn sie aufgesetzt sind, ein wenig Eingemachtes in die Mitte, und noch etwas von der Mandelmasse darüber, siebt etwas gestoßenen Zucker darauf, und bäckt sie in einem nicht zu heißen Ofen.

Makronenherzen

Man stößt ein halbes Pfund Zucker zart, ebensoviel geschälte Mandeln aber grob, schneidet die Schalen von 2 Zitronen nebst 4 Lot Zitronat fein, nimmt den gestoßenen Zucker in eine Messingpfanne, gießt ein kleines Glas Rosen- oder Zimtwasser darüber. Sobald der Zucker ein wenig gekocht hat, kommen die gestoßenen Mandeln nebst dem Geschnittenen dazu, und man rührt es nun so lang auf Feuer, bis es recht getrocknet ist, gibt es dann in eine Schüssel, läßt es kalt werden, schlägt das Weiße von 5 Eiern zu Schaum, rührt ihn langsam an die Masse, und schneidet von weißem Papier Formen wie ein Herz. Wenn sie alle beisammen sind, bestreicht man sie mit Butter, streicht von der Masse fingerdick darauf, und bäckt sie im Ofen gelb. Nach dem Backen kommt ein Eis darüber, oder sie werden auch so gegeben.

Makronenröllchen

Hierzu werden dünne Pfannkuchen bei einmaligem Umwenden blaßgelb gebacken. Dann stellt man 125 g süße Makronen, worunter einige bittere sind, nebst ¼ l weißem Wein und Zucker in einem irdenen Geschirr aufs Feuer und rührt, wenn die Makronen weich sind, so viel geriebene Semmel hinzu, als nötig ist, die Masse zu verdicken. Hiermit werden die in Streifen geschnittenen Pfannkuchen bestrichen, aufgerollt und nach vorhergehender Angabe gebacken.

Makronentörtchen oder Schiffchen

Mürbeteig: 100 g Mehl, 60 g Butter, 40 g Zucker, 1 Ei.
Makronenmasse. Aprikosenmarmelade, Zitronenglasur

Mit dem ausgewellten Teig belegt man kleine Schiffchenformen, füllt die Makronenmasse ein und bäckt sie. *Oder:* Man sticht kleine, runde Böden aus, spritzt darauf einen Rand mit der Makronenmasse und bäckt die Törtchen. Nach dem Backen überzieht man die Schiffchen mit Aprikosenmarmelade und glasiert sie mit Zitronenglasur. Die Törtchen füllt man mit Gelee aus.

Mandelbögen

250 g geschälte Mandeln, 200 g Zucker, 5 g Zimt, 3 Eiweiß,
50 g Zitronat, Schale ½ Zitrone

Die Hälfte der Mandeln reiben, die andere Hälfte fein schneiden oder hobeln. Die geriebenen Mandeln röstet man mit dem Zucker auf schwachem Feuer hellgelb. Die Eiweiß schlägt man zu steifem Schnee und mischt alle Zutaten darunter. Die Masse wird auf Oblaten gestrichen, diese auf ein Blech gelegt, in mäßiger Hitze gebacken. Noch heiß, schneidet man Streifen und legt diese über ein Wellholz.

Mandelbögen, andere Art

Man schält ein Pfund Mandeln, stößt die Hälfte davon zart, schneidet den anderen halben Teil länglich, nimmt 3 Viertel gestoßenen Zucker mit den gestoßenen Mandeln in eine reine Kaserolle, läßt sie über dem Feuer unter beständigem Rühren auftrocknen, bis sie gelblich sind, gibt sie in eine Schüssel, die geschnittenen Mandeln, die Schale von einer Zitrone und 4 Lot Zitronat, beides auch länglich geschnitten, mit den Mandeln hinein, ein Lot gestoßenen Zimt dazu, rührt dies alles mit 6 Eiweiß an, ohne einen Schaum zu schlagen, bestreicht die Bleche mit Butter oder weißem Wachs, streicht von der Masse messerrückendick in beliebiger Breite und Länge darauf, bäckt sie in schwacher Hitze, krümmt sie über ein Wellholz, und bewahrt sie wie alle Bögen in der Wärme auf.

Mandelbrot

Ein halbes Pfund geschälte und zart gestoßene Mandeln, ein halbes Pfund gesiebten Zucker, ebensoviel feines Mehl, ein halbes Pfund frische Butter und die kleingeschnittene Schale von einer halben Zitrone, dies alles rührt man mit 4 bis 5 Eigelb und einer Messerspitze voll feiner pulverisierter Pottasche an. Liebt man das Rosenwasser, und die Masse erfordert noch mehr Feuchtigkeit, so können ein paar Eßlöffel voll hineingegeben werden. Man knetet nun die Masse, wellt sie stark zweimesserrückendick aus, schneidet dann fingerbreite und fingerlange Striche daraus, bestreicht sie mit Eiweiß, streut Zucker und Zimt darauf, und bäckt sie gelb.

Mandelbrot, einfache Art

Unter die Anisbrotmasse 100 g geschälte, länglich geschnittene Mandeln geben. Anis weglassen.

Mandelhäufchen

3 Eiweiß, ½ Pfund Zucker, Saft ½ Zitrone, ½ Pfund geschälte, feingeschnittene Mandeln

Das steif geschlagene Eiweiß rührt man mit dem Zucker ½ Std., mengt Zitronensaft und Mandeln darunter und setzt mit Hilfe von Kaffeelöffeln kleine Häufchen auf ein mit Papier belegtes Blech. Das Backwerk braucht in mäßig heißem Ofen etwa 40–45 Min. Backzeit. (Stückzahl: 50–55)

Mandelhäufchen, braune

420 g ungeschälte, quergeschnittene Mandeln werden mit zwei Handvoll Zucker hellgelb geröstet. Nun rührt man vier Eier eine halbe Stunde mit 420 g feinem Zucker, und mengt darunter dann die feingewiegte Schale einer halben Zitrone, die gerösteten Mandeln und zuletzt noch 280 g feingesiebtes Mehl. Von dieser Masse werden runde Häufchen auf ein mit Butter bestrichenes Blech gesetzt, dieselben eine halbe Stunde so stehen gelassen, und danach schön gebacken.

Mandelhäufchen, soufflierte

280 g feiner Zucker und ein großes Eiweiß wird zu dickem Schnee abgerührt, und dazu 140 g stiftartig geschnittene Mandeln gemengt, was zusammen einen dicken Teig gibt. Hieraus formt man nun in der mit Wasser befeuchteten Hand nußgroße Kügelchen, setzt diese fingerbreit auseinander auf ein butterbestrichenes Papier oder mit Oblaten belegtes Blech und bäckt sie in nicht zu heißem Ofen, wobei sie schön auflaufen und dadurch ein hübsches, leichtes Aussehen haben.

Mandelhalbmonde

250 g Mehl, 5 Eigelb, 125 g Butter, 80 g Zucker, Schale ½ Zitrone.
Fülle: 5 Eiweiß, 125 g geschälte, geriebene Mandeln, 180 g Zucker,
60 g Mehl, 30 g zerlassene Butter, 1 EL Milch,
250 g Himbeermarmelade, Zitronenglasur

Von den ersten Zutaten hackt man auf dem Wellbrett einen Teig zusammen, knetet ihn schnell und stellt ihn kalt. Man wellt den Teig dünn aus, legt ihn auf ein bestrichenes Blech, bäckt ihn hellgelb und bestreicht ihn mit Himbeermarmelade. Die Eiweiß werden zu steifem Schnee geschlagen, die anderen Zutaten leicht untergemischt, auf die Himbeeren gestrichen, hellgelb überbacken, mit einer Zitronenglasur überzogen und Halbmonde ausgestochen.

Mandelkränze

Zum Teig 875 g feines Mehl, 500 g ausgewaschene Butter, 65 g Hefe, 1/4 l warme Milch und 2 Eidotter, auf die Kränze 200 g grobgestoßene Mandeln, 2 Eiweiß, Zucker und Zimt

Die Butter wird in Stückchen zerpflückt, mit dem Mehl, wovon ein Teil zum Überstreuen zurückbleibt, vermischt, die mit etwas Milch und Zucker aufgelöste Hefe, welche mit den Eidottern und der Milch durchgerührt worden, in die Mitte des Mehls geschüttet und zum weichen Teig gemacht, der jedoch nicht an der Hand kleben darf. Von diesem Teig nimmt man kleine Stücke, rollt sie lang und biegt sie rund zusammen, bestreicht sie mit geschlagenem Eiweiß, drückt sie in eine Mischung von Mandeln, Zucker und Zimt und legt sie nicht zu dicht nebeneinander auf eine Platte. Nachdem sie langsam aber gut aufgegangen sind, bäckt man sie bei starker Mittelhitze dunkelgelb.
Aus dieser Portion werden 65 bis 70 Kränze gebacken.

Mandelkrapfen

Fülle: 150 g geriebene Mandeln, 100 g Zucker, 1 Päckchen Vanille, etwas Rahm oder Milch, nach Belieben 30 g Rosinen mischen

Zubereitung wie Apfelkrapfen, nur mit Zucker bestreuen.

Mandelnüsse

225 g feines, Mehl, 225 g Zucker, 225 g gestoßene Mandeln, 65 g Butter, 2 Eier, Zitronen- oder Apfelsinenschale

Die Butter wird zu Sahne gerieben, mit Eiern, Zucker, Gewürz und Mandeln ¼ Std. tüchtig gerührt, das Mehl durchgemischt, kleine Bällchen davon ausgerollt und langsam gelb gebacken.

Mandelschäumchen

6 Eiweiß, 250 g Staubzucker gesiebt, 125 g geriebene Schokolade, 250 g geriebene oder in Scheibchen geschnittene Mandeln

In einer Messingpfanne schlägt man die Eiweiß zu sehr steifem Schnee, gibt den Staubzucker zu, schlägt die Masse auf schwachem Feuer etwa 5 Minuten, bis Blasen aufsteigen. Dann gibt man Schokolade und Mandeln zu, nimmt die Masse vom Feuer, setzt kleine Häufchen auf ein bestrichenes Blech und bäckt sie in schwacher Hitze.

Mandelschnitten

Ausgewaschene Butter, durchgesiebter Zucker, geriebene Mandeln und feines durchgesiebtes Mehl, von jedem Teil 225 g, 2 Eier, abgeriebene Schale einer halben Zitrone

Die Butter wird zu Sahne gerieben, mit dem übrigen zum Teig gemacht, wobei jedoch die Hälfte von Mandeln und Zucker zum Überstreuen zurückbleibt. Dann rollt man den Teig halbfingerdick aus, schneidet länglich viereckige Schnittchen daraus, bestreicht sie mit geschlagenem Eiweiß, streut Mandeln mit Zucker vermischt darüber und bäckt sie bei mäßiger Hitze gelb.

Mandelspäne auf Oblaten

250 g abgezogene, gewaschene, mit einem Tuch abgetrocknete und in Streifen geschnittene Mandeln, 200 g Zucker, 2 Eiweiß, etwas abgeriebene Zitronenschale, Zimt, 2 gestoßene Nelken und 1 Eßlöffelvoll Orangenblütenwasser

Nachdem Eiweiß, Zucker, Gewürz und Orangenblütenwasser zu einer dicken Masse gerührt und mit den Mandeln vermischt worden, wird der Teig messerrückendick auf Oblaten gestrichen, solche in fingerlange, zweifingerbreite Stücke geschnitten, bei schwacher Hitze gebacken.

Mandeltüten

250 g abgeschälte Mandeln werden feinstiftelig geschnitten und an einem warmen Ort getrocknet. Dann schlägt man das Weiße von 5 Eiern zu recht steifem Schnee, vermischt diesen mit 250 g Zucker, auf den eine Zitrone abgeriebenen ist, mit den Mandeln und 65 g Mehl. Dann streicht man die Masse in längliche Streifen auf ein mit Butter bestrichenes Blech, bäckt sie im heißen Ofen zu schöner Farbe, schneidet sie vom Blech und dreht sie rasch über spitze Hölzer zu Tüten. Man füllt dieses Backwerk mit geschlagener Sahne oder eingemachten Früchten.

Marzipan

250 g geschälte, feingeriebene Mandeln, 250 g gesiebten Staubzucker, 2 EL Rosenwasser oder Rum oder Zitronensaft

Alle Zutaten werden in einer Schüssel mit dem Erbsendrücker gut geschafft, auf das Brett genommen, auf Zucker ausgewellt, runde Formen oder verschobene Vierecke ausgestochen, eine Form mit Hagebuttenmark oder Gelee bestrichen, eine zweite daraufgesetzt, in der Nähe des Herdes getrocknet. *Oder:* Man bestreicht den Rand der ausgestochenen Formen mit etwas Rosenwasser, setzt einen schmalen Streifen Teig als Rand auf und garniert diesen durch Eindrücke mit einer Spicknadel. Die Vertiefung wird mit Hagebuttenmark oder Gelee angefüllt, nach dem Abtrocknen mit Eiweißglasur überzogen. Die Zutaten zum Marzipan können auch auf dem Herd leicht erwärmt werden, bis sich ein Kloß bildet, über Nacht kaltstellen. Marzipan wird auch zum Garnieren von Torten verwendet. Nach Belieben legt man die Ausstecher auf ein Blech, setzt ein Blech mit glühendem Feuer obenauf und bäckt, nur von oben, hellgelb.

Marzipan, Königsberger

500 g süße und 30 g bittere Mandeln, 500 g feiner durchgesiebter Zucker und Rosenwasser

Die Mandeln werden abgebrüht, abgeschält, gewaschen und zum Abtrocknen 12 Stunden auf einer Schüssel ausgebreitet. Darauf werden sie auf einer Mandelreibe feingerieben wie Mehl, mit dem Zucker vermischt und mit Rosenwasser zu einer festen, aber geschmeidigen Teigmasse gemacht, die zum Ausrollen weder zu spröde, noch zu weich ist. Dann bestreut man ein Backbrett mit durchgesiebtem Zucker, teilt den Teig in runde Klumpen, rollt sie messerrückenstark aus und sticht kleine runde Kuchen oder mit kleinen Blechformen beliebige Figuren davon aus. Zu den Rändern wird der Teig etwas dicker ausgerollt, in Streifen geschnitten, und nachdem die Stelle mit Rosenwasser bestrichen ist, ringsherum gelegt, wo alsdann der Rand mit einem Kneipeisen eingekerbt oder mit einem Messer bunt gemacht wird. Ist der Marzipan soweit fertig, so läßt man den Deckel einer äußerst sauberen Tortenpfanne durch aufgelegtes Feuer glühend heiß werden, schiebt die Kuchen, auf Blättchen Papier gelegt, darunter und läßt sie blaßgelb backen. Nachdem legt man sie zum Erkalten mit dem Papier auf flache Schüsseln. Unterdes wird 500 g durchgesiebter Zucker mit Rosenwasser ¾ Stunden gerührt und der Marzipan bis zum Rand damit gefüllt, der, sobald der Zucker steif geworden ist, mit feinen eingemachten Früchten belegt wird.

Marzipan, Lübecker

500 g frische Mandeln, 500 g Zucker, außerdem noch Zucker zum Unterstreuen, Orangenblütenwasser

Die Mandeln werden abgeschält, schadhafte Stellen davon abgeschnitten, dann gewaschen, mit einem Tuch abgetrocknet, gerieben und dann mit etwas Orangenblütenwasser und dem feinen durchgesiebten Zucker in einem kupfernen Kasseröllchen auf glühendem Feuer so lange gerührt, bis es nicht mehr an der Hand klebt; trockner aber darf es nicht werden. Dann legt man die Mandelmasse auf ein mit Zucker bestäubtes Backbrett, rollt sie aus, während man so viel durchgesiebten Zucker zum Über- und Unterstreuen anwendet, als zum Ausrollen nötig ist, formt sie zur Torte oder sticht mit Förmchen kleine Figuren davon aus und läßt solche in einem abgekühlten Ofen ein wenig trocknen, doch muß der Marzipan nicht hart werden, sondern weich und schneeweiß bleiben. Als Torte wird derselbe mit feinen Zuckerblümchen und Pomeranzenschale, die man in feine Blätter schneidet, niedlich verziert.

Marzipan, Nürnberger

Haupterfordernisse hierzu sind trockenes Mehl und trockener Zucker und beides stellt man vor Gebrauch gesiebt an einen warmen Ort. – Zu 280 g Stärkemehl und ebensoviel gewöhnlichem, aber schönem Mehl nimmt man 560 g Zucker, vier Eier, den Saft einer halben Zitrone und zwei Eßlöffel Rosenwasser und knetet hieraus einen nicht zu trockenen Teig, falls er zu trocken wäre, müßte mit Zitronensaft nachgeholfen werden. Ist der Teig gut abgeknetet, so wird er zugedeckt eine Stunde beiseite gestellt, dann, weil er leicht zu trocken wird, stückweise auf ein Backbrett herausgenommen, jedes Stückchen gut messerrückendick ausgewellt, und mit blechernen Ausstechern, welche verschiedene Figuren bilden, beliebig ausgestochen. Die Abfälle nimmt man immer wieder zu einem frischen Stückchen Teig, das man auswellt und aussticht, und so fährt man fort, bis der Teig aufgebraucht ist. Die auf ein bemehltes Blech gelegten ausgestochenen Figuren werden nun zwei Tage an einen trockenen, staubfreien Ort gestellt, danach auf mit Speck oder Wachs abgeriebene Backbleche, worüber etwas Anis gestreut wurde, gebracht, mit leichtem Papier bedeckt, und in ganz abgekühltem Ofen gebacken. – Dieser Marzipan darf bloß so lang im Ofen bleiben, bis er etwas aufgestiegen und hart geworden, denn er sieht nur gut aus, wenn er schneeweiß ist.

Marzipankartoffeln

250 g Mandeln, 250 g Puderzucker, 1 Prise Salz, Saft einer halben Zitrone, 50 g Stärkemehl, 4 EL Rosenwasser, 20 g Kakao

Man dreht die abgezogenen Mandeln zweimal durch die Mandelmühle und vermengt sie mit dem Puderzucker, Salz, Zitronensaft, Stärkemehl und Rosenwasser zu einem geschmeidigen Teig. Von diesem Teig werden Kugeln geformt und in Kakao gewälzt. Die Marzipankartoffeln müssen ein paar Tage abtrocknen.

Marzipanstriezel

500 g Mehl, 40–50 g Hefe, 2 Eier, Salz, ½–1 Tasse Milch, 250 g Butter oder Margarine, 65 g Zucker, zum Nachkneten etwa 250 g Mehl, Ei zum Bestreichen. Zur Marzipanmasse: 350 g geriebene süße Mandeln, 10 g bittere Mandeln, 350 g Puderzucker, einige Tropfen Rosenwasser, 1 Eigelb oder 1 ganzes Ei

Die Zutaten zur Marzipanmasse verrührt man zu einem streichfähigen Teig. Wenn nötig, muß noch ein Ei hinzugenommen werden. Man bereitet ein Hefestück. Ist dieses gegangen, rührt man dazu: Mehl, Eier, Milch, alles vorgewärmt, salzt und verarbeitet die Masse tüchtig zu einem nicht zu lockeren Teig, den man, mit Mehl bestreut, an einen warmen Ort zum Aufgehen stellt. Nachdem er hochgegangen ist, schüttet man das restliche Mehl und den Zucker dazu, nimmt den Teig auf ein bemehltes Brett und arbeitet ihn nochmals sehr gut durch. Er muß ziemlich fest werden, damit er die Form hält, wenn man nun zwei Striezel daraus formt. Man rollt zwei fingerdicke Platten aus und verteilt die vorbereitete Marzipanmasse darauf. Ein fingerbreiter Teigrand muß frei bleiben, den man mit Eiweiß bestreicht. Dann rollt man die Platten gut zusammen. Auf einem vorbereiteten Backblech müssen die Striezel nun nochmals gehen. Vor dem Backen bestreicht man sie mit dem mit Wasser verquirlten Eigelb. Sie werden etwa 30 Minuten bei starker Hitze gebacken. Man läßt sie etwas abkühlen und bestreicht sie mit Zuckerguß, oder man bestreut sie vor dem Backen mit Zucker.

Möcklein

560 g Zucker wird mit sechs Eiern eine Stunde gerührt, und damit noch einige Minuten 140 g abgezogene, feingewiegte Mandeln, sowie die feingewiegte Schale einer Zitrone. Nachdem 560 g Mehl daruntergemengt, wird die Masse auf einem Nudelbrett zu einem langen Wecken geformt, und daraus fingerlange und fingerdicke Würstchen gebildet, welche man auf ein mit Butter bestrichenes Blech setzt, jedes derselben etwas plattdrückt, und mit dem Messerrücken über Kreuz Linien darauf eindrückt. So läßt man die Möcklein eine Stunde stehen und bäckt sie danach in abgekühltem Ofen. – *Feiner* werden sie, wenn man nur fünf Eier nimmt und 50 g weniger Mehl.

Natronringle

100 g Butter, 100 g Zucker, 1/8 l Rahm oder Milch, 1/2 TL Salz, 2 Eier, Zitronenschale, 1 Päckchen Backpulver, etwa 500 g Mehl, Backfett

Die Butter schaumig rühren, Zucker, Eier und die anderen Zutaten zurühren, die Masse aufs Brett nehmen, zu einem weichen Teig kneten. Etwa 1 cm dick auswellen, mit einem Glas runde Küchlein ausstechen, mit einer kleineren Form die Mitte ausstechen. Man bäckt die Ringle schwimmend in heißem Fett hellbraun und bestreut sie nach dem Abtropfen mit Zucker und Zimt.

Neujahrshippen

450 g feinstes Mehl, 225 g gestoßener Kandis, 200 g frische abgeklärte Butter, 1 Ei, abgeriebene Zitronenschale und Zimt, nach Belieben auch 1 EL ausgesuchter Anissamen

Der Kandiszucker wird in ½ l kochendem Wasser aufgelöst, etwas abgekühlt, mit der geschmolzenen Butter, dem Mehl, Gewürz und Ei eine gute Weile tüchtig gerührt und womöglich erst am anderen Tag gebacken. Man gibt jedesmal einen Eßlöffel voll oder so viel, als zum dünnen Bedecken des Eisens notwendig ist, hinein, bestreicht solches anfangs und zuweilen mit einer Speckschwarte, macht das Eisen langsam zu, bäckt die Kuchen auf beiden Seiten in 2 bis 3 Minuten gelb und biegt sie im Eisen zu kleinen Rollen.
Zum Backen gehört ein ruhiges Holzkohlenfeuer. Zum längeren Aufbewahren lege man die Kuchen in eine Blechtrommel oder in einen Korb und stelle ihn, zugebunden, an einen warmen Ort; feuchte Luft macht sie sofort weich.

Neujahrshippen, andere Art

500 g feines Mehl, 250 g Meliszucker, 125 g abgeklärte Butter, ½ l Milch, nicht völlig ¼ l Wasser, beides warmgemacht, 1 Ei, 8 g Zimt, 1 TL Muskatblüte, nach Gefallen 1 EL Anissamen

Dies alles wird gemischt, tüchtig geschlagen, nach vorhergehender Angabe anderentags oder sogleich gebacken.
Bei nicht ganz feinem Mehl muß etwas Milch abgezogen werden.

Nonnenkräpflein

Man läutert ein Maß Honig nach langer Fäden Art, stößt 4 Lot Nelken, 2 Lot Zimt, und ein halbes Lot Ingwer gröblich, gibt den geläuterten Honig in einen steinernen Topf und rührt das gestoßene Gewürz, solang der Honig noch warm ist, hinein. Sobald der Honig kalt ist, bindet man den Topf zu, und läßt ihn 3 Tage stehen, indessen wird ein großer guter Lebkuchen auf dem Reibeisen abgerieben oder gestoßen, und nach Vergehen jener 3 Tage in den Honig gerührt, welchen man noch 10 Tage stehen läßt. Alsdann wird ein Viertel Mehl und ein halbes Viertel gesiebter Zucker mit einem Eiweiß zu einem Teig angemacht. Hat derselbe nicht Feuchtigkeit genug zum Wellen, so nimmt man noch etwas Eiweiß dazu, knetet ihn, wellt ihn ganz dünn aus, legt von der Honigmasse kleine Kugeln in der Größe einer welschen Nuß auf den halben Teig, schlägt den anderen Teig darüber, und formiert mit dem Backrädlein kleine Krapfen daraus, legt sie auf ein mit Mehl besätes Blech, und bäckt sie nur hellgelb, welches aber in keinem heißen Ofen geschehen darf.

Nußhäufchen

4 Eiweiß, 200–250 g geriebene Nüsse, 250 g Zucker, etwas Zimt, 1 Vanille

Die Eiweiß zu sehr steifem Schnee schlagen, die übrigen Zutaten leicht unterziehen. Kleine Häufchen auf ein bestrichenes Blech setzen, in schwacher Hitze backen.

Nußpfefferkuchen

375 g Honig, 250 g Zucker, Zimt, gemahlene Nelken, 750 g Mehl, 100 g Haselnußkerne, 75 g Zitronat, 1 ganzes Ei, 1 Eigelb, 1 Prise Pottasche, 1 Prise Hirschhornsalz.
Für den Guß: 375 g Puderzucker, wenig Wasser.
Für den Belag: 125 g halbierte Haselnußkerne

Man löst den Honig auf kleiner Flamme auf, gibt den Zucker dazu und läßt unter Rühren aufkochen. Dann nimmt man den Topf vom Herd und rührt die Gewürze ein. In das Mehl mengt man die gemahlenen Haselnüsse und das in feine Würfel geschnittene Zitronat. Man rührt die heiße Masse in das Mehl, so daß ein weicher Brei entsteht, über den man noch etwas Mehl stäubt. Die verquirlten Eier werden in den Teig gerührt, sobald er etwas abgekühlt ist. Pottasche und Hirschhornsalz hat man in wenig Wasser aufgelöst und gießt sie nun durch ein Sieb dazu. Man knetet den Teig unter Hinzugabe von Mehl so lange, bis er glänzt und nicht mehr klebt. Er muß sich gut ausrollen lassen, etwa ¾ cm dick. Hieraus sticht man mit einer gezackten Ringform Kuchen aus, auf die man je eine halbierte Haselnuß in die Mitte setzt. Die Kuchen werden bei schwacher Hitze in ca. 10–15 Minuten gebacken und noch heiß mit dem Guß überzogen.

Nußplätzlein

280 g Zucker wird mit drei kleinen ganzen Eiern zu Schaum gerührt, hierein 280 g gewiegte Nußkerne gegeben, und von dieser Masse dann auf Oblaten Häufchen gesetzt, welche man langsam bäckt.

Olgabrötchen

300 g Mehl, 125 g Zucker, 120 g Butter, 1 Ei, 1 Päckchen Vanille, 2 EL Marmelade, Vanillezucker

Alle Zutaten werden zusammengehackt, leicht geknetet, ausgewellt, rund ausgestochen, über Nacht stehen lassen und gebacken. Dann setzt man zwei mit Marmelade zusammen und bestreut sie mit Vanillezucker.

Orangen- oder Zitronenbrötchen

3 Eier, 250 g Zucker, Schale einer Orange, 250 g Mehl

Eier und Zucker werden schaumig gerührt, die abgeriebene Schale der Orange und Mehl zugegeben. Mit 2 Kaffeelöffeln setzt man kleine Häufchen auf ein bestrichenes Blech, läßt sie über Nacht stehen und bäckt sie in schwacher Hitze.

Orangenmakronen

280 g Zucker, 280 g geschälte, geriebene Mandeln, 3 Eiweiß, Saft und Schale 1 Orange, 50 g geriebenes Weißbrot oder Zwieback.
Zur Glasur: ½ Eiweiß, 60 g Staubzucker

Die leicht abgeriebene Schale der Orange wird nebst dem Saft und dem Zucker unter den steifen Schnee der Eiweiß gemengt und ¼ Std. gerührt. Hierauf gibt man die Mandeln und die Brotkrumen dazu, formt mit 2 Teelöffeln kleine Makronen, setzt diese auf ein mit Papier belegtes Blech, drückt in die Mitte eine Vertiefung, welche man mit Glasur füllt und bäckt die Makronen in gelinder Hitze etwa 40–45 Min. Zur Glasur wird das Eiweiß zu Schnee geschlagen und mit dem Staubzucker 10 Min. gerührt. (Stückzahl: 60)

Orangentaschen

200 g feines Mehl, 50 g Stärkemehl, 70 g Zucker, 1 Messerspitze Backpulver, 1 Päckchen Vanillezucker, 1 Ei, 170 g Margarine.
Füllung: 100 g abgezogene, geriebene Mandeln, Saft und abgeriebene Schale von 1 Orange, 70 g Zucker.
Glasur: 100 g Puderzucker, 1 EL Orangensaft, 1 EL Zitronensaft

Mürbeteig herstellen, über Nacht kühl ruhen lassen. Zur Füllung Mandeln, Zucker, Orangensaft und -schale zu einer streichfähigen Masse verrühren. Teig dünn ausrollen und Plätzchen von 4–4,5 cm Durchmesser ausstechen. Auf jedes Plätzchen etwas Füllung geben, zusammenklappen und Ränder etwas andrücken. 12–18 Min. bei 200° backen. Noch heiß mit Glasur bestreichen.

Pfeffernüsse I

Fünf gut verrührte Eier werden mit 560 g Zucker drei Viertelstunden gleichmäßig abgerührt, 70 g feingewiegtes Zitronat, die feingewiegte Schale einer halben Zitrone, zwei Kaffeelöffel gestoßene Nelken, zwei Messerspitzen feiner Pfeffer, ebensoviel Pottasche und zuletzt 560 g Mehl beigefügt, und solches auf dem Backbrett zu einem Teig geknetet. Dieser wird kleinfingerdick ausgewellt, und dann mittels eines 1½ cm breiten runden glatten Ausstechers Plätzchen ausgestochen oder auch nur mit der Hand kleine Kügelchen geformt, welche man auf ein mit einer Speckschwarte abgeriebenes Blech legt und in abgekühltem Ofen gelb bäckt.

Pfeffernüsse II

500 g Honig, 1000 g Mehl, 500 g Zucker, 125 g Mandeln in der Schale, Zimt, Nelkenpulver, Muskatblüte, Kardamom,
50 g Orangeat, 4 Eier, 12 g Pottasche, 12 g Hirschhornsalz.
Für den Guß: 500 g Puderzucker, 1 EL Eiweiß, wenig Wasser zum Glattrühren, Speisefarben

Das Orangeat schneidet man in kleine Würfel. Man mischt das Mehl mit dem Zucker, den gemahlenen Mandeln und dem Orangeat. Den Honig hat man erhitzt und aufgelöst und die Gewürze hineingerührt. Er wird über die Mehlmischung gegossen und sobald der Teig etwas abgekühlt ist, kommen die verquirlten Eier hinzu. Pottasche und Hirschhornsalz wurden in ganz wenig Wasser aufgelöst und werden nun durch ein Sieb zum Teig geschüttet. Unter Hinzugabe von Mehl wird der Teig nun geknetet, bis er glänzt und nicht mehr klebt. Vorsicht beim Einkneten, der Teig muß weich bleiben. Man formt Rollen, schneidet sie in gleichmäßige Stücke und bäckt sie bei mittlerer Hitze in ca. 15 bis 20 Minuten hellbraun. Der Guß, in den die heißen Nüsse getaucht werden, wird verschiedenartig angerührt.

Pfeffernüsse, andere Art

½ Pfund Zucker, 1 Ei, 2 Eigelb, 5 g Pottasche, 30 g feingeschnittenes Zitronat, 8 g Zimt, ½ TL Nelken, ¼ TL Pfeffer, 1 EL Kirschwasser, ½ Pfund Mehl. Zum Streichen: 2 EL Kirschwasser

Zucker, Ei und Eigelb rührt man ½ Std., gibt die anderen Zutaten darunter und arbeitet den Teig auf dem Wellbrett zusammen. Nun wird er 1 cm dick ausgewellt, mit einer kleinen Ringform im Durchmesser von 1½ cm ausgestochen und die Nüsse auf ein mit Mehl bestäubtes Brett gesetzt. Man läßt sie 12–24 Std. in einem Raum, in welchem sich eine Temperatur von 12–14° C befindet, stehen. Vor dem Backen werden die Pfeffernüsse mit der abgetrockneten Seite nach unten auf das mit Wachs bestrichene Blech gesetzt, die Oberfläche mit Kirschwasser betupft und die Pfeffernüsse in mäßig heißem Ofen etwa 35–40 Min. gebacken. (Stückzahl: 160)

Pfeffernüsse, braune, gute

1250 g Mehl, 625 g Sirup, 250 g Zucker, 125 g Schmalz, 125 g Butter, beides zusammen geschmolzen, 2 große Eier, 24 g gereinigte, in etwas Milch oder Wasser aufgelöste Pottasche, 4 g Nelken, 4 g Kardamom

Nachdem der Sirup gut geschäumt und etwas abgekühlt ist, wird er zu dem übrigen geschüttet und gut durchgearbeitet. Die Masse wird feiner, wenn sie 8 Tage, viel besser noch wochenlang, vorher angerührt wird und an einem warmen Ort steht. Dann werden kleine Bällchen davon aufgerollt und auf einer mit Butter bestrichenen Platte bei guter Mittelhitze etwa ¼ Stunde aufmerksam gebacken. Bricht man eine Nuß durch und ist sie inwendig locker und trocken, so ist sie gar. Die Nüsse haben einen angenehmen Geschmack und halten sich wohl ein Jahr lang.

Pfeffernüsse, einfache

450 g Zucker wird mit 10 Eidottern ¼ Stunde gerührt, 3 kleine, geriebene Muskatnüsse, Zimt nach Belieben und 450 g Mehl dazugerührt.
Wie Mandelnüsse gebacken.

Pfeffernüsse, weiße

450 g feinstes Mehl, desgleichen Zucker, beides durchgesiebt, 4 Eier, 100 g Zitronat, die Schale einer Zitrone, 1 Muskatnuß, 1 EL Zimt, 1 kleiner TL gestoßene Nelken, 6 g gereinigte Pottasche

Eier, Zucker, Pottasche und Gewürz werden gut gerührt, auf einem Backbrett mit dem Mehl stark bearbeitet, kleine Kügelchen davon geformt und auf einem Blech langsam gebacken.

Pfeffernüsse, weiße, gute

450 g feines Mehl, ebensoviel Zucker, beides durchgesiebt, 4 frische Eier, 30 g kleingeschnittenes Zitronat, abgeriebene Schale einer Zitrone oder ein TL Muskatblüte, 2 Messerspitzen weißer Pfeffer, 6 g gereinigte, in etwas Milch aufgelöste Pottasche

Nachdem Eier, Zucker und Gewürz ¼ Std. stark gerührt sind, fügt man die Pottasche hinzu und macht alles mit dem Mehl zum Teig, der kleinfingerdick ausgerollt, mit kleinen runden Förmchen ausgestochen wird; oder es werden Kügelchen davon geformt. Diese werden bei Mittelhitze gebacken.

Pistazienmakronen

3 Eiweiß, 250 g gesiebten Staubzucker, 150 g geschälte, in Scheibchen geschnittene Mandeln, 30 g geschnittene Pistazien, 50 g feingeschnittenes Zitronat

Zu dem steifen Eischnee gibt man den Staubzucker und schlägt die Masse dick schaumig. Dann gibt man die anderen Zutaten zu, setzt mit 2 Kaffeelöffeln kleine Häufchen auf Oblaten und bäckt sie in schwacher Hitze.

Pomeranzennüsse

Reichlich 225 g feines Mehl, reichlich 225 g Zucker, beides durchgesiebt, 3 Eier, 50 g Pomeranzenschale, 50 g Zitronat, in kleine Würfel geschnitten

Man rührt die ganzen Eier mit dem Zucker ¼ Stunde, gibt das Gewürz und das Mehl dazu, rührt es, bis man kein Mehl mehr sieht, rollt kleine Bällchen davon, setzt sie auf eine bestrichene Platte und bäckt sie bei mäßiger Hitze gelb.
Durch einen Zusatz von 1,5 g pulverisiertem Hirschhornsalz wird die Masse lockerer und sehr vermehrt.

Pomeranzenbrötchen, lange

250 g Zucker, 3 Eier, Schale ½ Zitrone, 30 g feingeschnittenes Zitronat, 30 g Orangeat, 375 g Mehl, 50 g Zitronat zu Streifen

Eier und Zucker werden schaumig gerührt, die anderen Zutaten zugegeben. Man formt auf dem Wellbrett knapp fingerlange Röllchen, macht 2–3 Einschnitte und legt kleine Streifchen Zitronat hinein. Auf einem bestrichenen Blech läßt man sie über Nacht stehen und bäckt sie in mäßiger Hitze.

Pomeranzenbrötchen, runde

6 Eier, 500 g Zucker, 100 g feingeschnittenes Zitronat, 100 g Orangeat, 500 g Mehl

Die Eier und Zucker werden dick schaumig gerührt, die anderen Zutaten zugegeben. Mit 2 Kaffeelöffeln setzt man kleine Häufchen auf ein bestrichenes Blech, läßt sie über Nacht stehen und bäckt sie in mäßiger Hitze.

Pomeranzenküchlein

Man schält Pomeranzen ab bis auf das Mark und schneidet sie dann in Scheiben oder Schnitze. Diese werden mit einem Gläschen Maraschino und Zucker eine Stunde gebeizt, danach in Backteig von Wein umgekehrt, aus heißem Schmalz gelb gebacken, und die Küchlein nach gänzlichem Erkalten mit Zucker bestreut aufgetragen.

Pomeranzenröllchen

2 ganze Eier, 2 Eigelb, ½ Pfund Zucker, 35 g feingeschnittene Pomeranzenschale, 35 g feingeschnittenes Zitronat, 1 TL abgeriebene Zitronenschale, 300 g Mehl.
Zum Garnieren: 20 g Zitronat

Eier, Eigelb und Zucker werden zusammen schaumig gerührt. Dazu mengt man Pomeranzenschale, Zitronat, Mehl und Zitrone, nimmt den Teig aufs Wellbrett und formt fingerlange, daumendicke Rollen davon, welche man querüber, in gleichen Abständen mit feingeschnittenen Zitronatstreifchen belegt. Die Rollen werden auf bestrichene, mit Mehl bestäubte Bleche gesetzt und in mittlerer Hitze goldgelb gebacken. Sie dürfen nicht verlaufen und nicht glasig werden. Backzeit: 25–30 Min. (Stückzahl: 40)

Printen, Aachener

200 g brauner Kandiszucker, 200 g Zucker, 100 g Honig, 500 g Mehl, etwas Wasser, 2 EL Rum, 1/2 Zitrone, 2 Eier, 1 TL Zimt, etwas Kardamom, etwas Nelkenpulver, 1 TL Backpulver

Der Zucker wird unter ständigem Rühren leicht angeröstet, mit Wasser abgelöscht und glattgerührt. Wenn die Masse erkaltet ist, rührt man die Eier, den Rum, den möglichst flüssigen Honig, die Gewürze und das mit Backpulver vermischte Mehl hinein, so daß ein glatter Teig entsteht. Den Teig läßt man nach Möglichkeit 12 bis 14 Tage im Kühlen stehen und knetet ihn jeden zweiten Tag kräftig durch.
Der Teig wird dann fingerdick ausgerollt und in 10 cm lange und 2 cm breite Streifen geschnitten und bei mäßiger Hitze hellbraun gebacken.
Noch warm werden die Printen mit Schokoladenglasur oder Vanilleglasur überzogen.

Prinzeßstangen

200 g Butter, 200 g Zucker, 200 g feingeriebene Mandeln oder Haselnüsse, 375 g Mehl, stark 1/8 l Milch, Zitronenschale oder 1 Päckchen Vanille

Die Butter schaumig rühren, Zucker, Mehl, Milch, Mandeln zurühren. Mit der Backspritze, große Einlage, spritzt man Streifen auf ein bestrichenes Blech, läßt sie über Nacht stehen, bäckt sie hellgelb und schneidet sie gleich nach dem Backen in fingerlange Stücke. Noch heiß werden sie mit Zuckerglasur bestrichen.

Rosinenbrötchen

250 g Butter, 250 g Zucker, 6 Eier, 125 g Rosinen, Schale ½ Zitrone, 500 g Mehl

Die Butter wird schaumig gerührt, Zucker, Eigelb mit schaumig gerührt. Zitrone, Mehl, Schnee abwechselnd zugegeben. Mit 2 Kaffeelöffeln setzt man kleine Häufchen auf ein bestrichenes Blech, läßt sie über Nacht stehen und bäckt sie in mäßiger Hitze.

Rosinenbrötchen II

3 Eier, 250 g Zucker, 125 g Rosinen, knapp 250 g Mehl

Zubereitung wie Anisbrötchen.

Rumkugeln

50 g Butter, 175 g geriebene Schokolade, 2 EL Rum, Schokoladenstreusel, gehackte Mandeln

Butter schaumig rühren, mit Schokolade und Rum gut durchkneten, die Masse halbieren. Eine Hälfte zu Kugeln formen, in gehackten Mandeln wälzen. Andere Hälfte in Schokoladenstreusel wälzen.

Rumherzen

500 g Mehl, 2 gestr. TL Backpulver, 2 Eier, 200 g Zucker, 1 Päckchen Vanillezucker, abgeriebene Schale einer Zitrone, 3 feingeriebene bittere Mandeln, 150 g geriebene süße Mandeln, 2–3 EL Rum, 250 g Butter oder Margarine

Zutaten zu einem Knetteig verarbeiten, 30–40 Min. kaltstellen, 4 mm dick ausrollen, Herzen ausstechen und auf gefettetem Backblech in 8–12 Min. bei 175–200° C abbacken. Die abgekühlten Plätzchen mit Rumglasur (dazu 250 g Puderzukker mit 1–2 Eßl. Rum verrühren) überziehen und mit einer halben Mandel verzieren.

Rumschnitten

500 g Honig, 250 g Zucker, 100 g Butter oder Margarine, Zimt, 1 Prise Nelkenpulver, 1 EL Rum, 1000 g Mehl, 1 Ei, 10 g Pottasche, 10 g Hirschhornsalz, 4 EL Wasser.
Für den Belag: 700 g Marmelade, 125 g geriebene Mandeln oder Nußkerne, 125 g Zitronat, 75 g Orangeat.
Für den Guß: 500 g Puderzucker, 3 EL Rum

Man löst den Honig auf kleiner Flamme vorsichtig auf, gibt Zucker und Butter oder Margarine dazu und kocht alles unter Rühren auf. Dann nimmt man den Topf vom Herd und gibt die Gewürze hinein. Die heiße Masse rührt man in das Mehl, so daß ein weicher Brei entsteht, über den man noch etwas Mehl stäubt. Das verquirlte Ei rührt man in den Teig, sobald er etwas abgekühlt ist. Pottasche und Hirschhornsalz hat man in Wasser aufgelöst und gießt sie nun durch ein Sieb dazu. Man knetet den Teig unter Hinzugabe von Mehl so lange, bis er glänzt und nicht mehr klebt. Er darf nicht zu fest sein, muß sich aber rollen lassen. Die Hälfte des Teiges wird auf einem gefetteten Blech ½ cm dick ausgerollt. Man bestreicht die Teigplatte mit glattgerührter Marmelade, streut darauf die geriebenen Mandeln oder Nüsse und verteilt darauf das kleinwürfelig geschnittene Zitronat und Orangeat. Die andere Teighälfte wird entsprechend der ersten Teigplatte ausgerollt, darübergelegt, an den Rändern leicht angedrückt. Bei schwacher Hitze wird der Teig ca. 30 bis 40 Minuten gebacken, noch heiß mit dem Zuckerguß überzogen und sobald er etwas abgekühlt ist, in rechteckige Schnitten oder Dreiecke geteilt.

Sandplätzchen

250 g Mehl, 250 g Mondamin, 250 g Butter, 200 g Zucker, 2 Päckchen Vanille oder Zitronenschale, 1 Ei, 1 Päckchen Backpulver

Mehl, Mondamin und Backpulver auf das Wellbrett sieben, die in feine Scheiben geschnittene, kalte Butter nebst den anderen Zutaten dazugeben, feinhacken, schnell zusammenkneten. Eine Rolle formen, 1 Stunde kaltstellen. Mit einem warmen Messer schneidet man bleistiftdicke Scheiben, setzt diese auf ein unbestrichenes Blech, läßt sie über Nacht stehen und bäckt sie in mittlerer Hitze. Erkaltet kann man 1 Plätzchen mit Gelee oder Hagebuttenmark bestreichen, ein zweites Plätzchen daraufsetzen.

Sächsischer Stollen

500 g Mehl, 1/8 l Milch, 20 g Hefe, 100 g Butter, 100 g Rosinen, 100 g Korinthen, 100 g Zucker, 60 g geschälte, geriebene Mandeln, Zitronenschale, 50 g geschnittenes Zitronat, 1 TL Salz, 2 Eier

Am Abend zuvor macht man einen ziemlich festen Hefeteig und läßt ihn über Nacht gehen. Dann nimmt man den Teig aufs Brett, knetet Mandeln, Rosinen, Zitronat darunter, wellt ihn oval aus, legt den Teig aufeinander wie einen Krapfen, setzt den Stollen auf ein bestrichenes Blech und läßt ihn gehen. Man bäckt ihn etwa 1 Stunde, bestreicht ihn noch heiß mit zerlassener Butter und bestreut ihn dick mit Staubzucker.

Schaummakronen

6 Eiweiß, 1/2 Pfund Zucker, Saft 1/4 Zitrone, 1/2 Pfund geschälte, geriebene Mandeln

Zucker und Eiweiß werden in einer irdenen Schüssel über Dampf zu einer steifen Masse geschlagen. Hierauf gibt man Mandeln und Zitrone zu, formt mit 2 Teelöffeln längliche Makronen, legt diese auf ein mit Papier belegtes Blech und bäckt sie in schwacher Hitze hellgelb. Zum Ablösen legt man sie auf die nasse Tischplatte. (Backzeit: 40–50 Min., Stückzahl: 75)

Schaummakronen, andere Art

6 Eiweiß, 250 g Zucker, 1 Päckchen Vanille, 250 g geschälte, geriebene Mandeln

Zucker und Eiweiß werden über Dampf zu einer steifen Masse geschlagen, Vanille und Mandeln zugegeben. Ein Blech wird mit Papier belegt, mit 2 Kaffeelöffeln längliche Makronen aufgesetzt und in schwacher Hitze hellgelb gebacken. Zum Ablösen legt man das Papier auf ein nasses Tuch.

Schnitzbrot

1½ kg Mehl, 30 g Hefe, 750 g Birnenschnitze, 750 g Zwetschgen, 300 g Zucker, 125 g Rosinen, 125 g Sultaninen, 250 g Nüsse oder Haselnüsse, 50 g Zitronat, 50 g Orangeat, 2 TL Zimt, etwas Nelken, ⅛ l Kirschwasser oder Rum, 1 EL Salz, nach Belieben 1 EL Anis, 250 g Feigen, Schnitzbrühe

Die Birnen und Zwetschgen werden gewaschen, über Nacht eingeweicht. Die Birnen werden mit dem Einweichwasser nicht zu weich gekocht, die Zwetschgen entsteint, die kochenden Birnen daraufgeschüttet, zugedeckt kalt werden lassen, nach Belieben auch über Nacht. Das Obst in größere Stücke schneiden, Zitronat, Nüsse in kleine Würfel schneiden. Am Abend zuvor oder morgens früh macht man mit der aufgelösten Hefe, etwas Schnitzbrühe in das erwärmte Mehl einen Vorteig, gibt, wenn dieser gegangen, alle Zutaten zu und mischt den Teig recht vorsichtig, nicht kneten, bis er sich von der Schüssel löst, dann bestreut man ihn mit Mehl, läßt ihn gehen, bis das Mehl Risse hat, formt runde Laibchen oder Stollen, setzt diese auf ein bestrichenes Blech und läßt sie über Nacht gehen. Man bäckt sie in guter Hitze, bestreicht sie, einige Minuten bevor man sie aus dem Ofen nimmt, mit Schnitzbrühe oder Zuckerwasser. Will man das Schnitzbrot einfacher haben, kann man auch 2½–3 Kilo Mehl nehmen und 60 g Hefe.

Schokoladenschäumchen, ausgestochen

3 Eiweiß, 125 g geriebene Schokolade, 1 Päckchen Vanille, 500 g Zucker

Die Eiweiß zu steifem Schnee schlagen, mit 400 g Zucker schaumig rühren, Schokolade zugeben, auf das Brett nehmen, mit dem Rest Zucker auswellen, mit Formen ausstechen, auf ein bestrichenes Blech setzen, abtrocknen lassen, in sehr schwacher Hitze backen.

Schokoladenschäumchen II

Dieselben Zutaten wie zu Vanilleschäumchen, 2–3 Eßlöffel Kakao oder 100 g geriebene, gesiebte Schokolade mit dem Zucker darunterschlagen.

Schokoladenherzen

375 g ungeschälte Mandeln, 100 g bittere Schokolade, 3 Eiweiß, 375 g Zucker, 1 Messerspitze Ingwerpulver, Schokoladenglasur

Die Mandeln werden zweimal durch die Mandelmühle gedreht, die Schokolade gerieben. Eiweiß schlägt man steif und gibt nach und nach Mandeln, Schokolade und Ingwerpulver dazu. Aus der Masse knetet man schnell einen Teig, bestreut ein Backbrett mit Zucker und rollt den Teig darauf etwa 5 mm dick aus. Man sticht aus dem Teig Herzen aus und legt sie auf ein gefettetes Backblech. Bei mäßiger Hitze werden die Herzen etwa 25 bis 30 Minuten gebacken. Wenn sie abgekühlt sind, werden die Herzen mit Schokoladenglasur überzogen.

Schokoladenmakronen

1/2 Pfund Mandeln, 60 g Zucker, 1/4 Pfund Schokolade, 1 TL Zimt, 1/2 Pfund Zucker, 4 Eiweiß

Die Mandeln werden dünnblätterig geschnitten, auf ein Backblech gebreitet, mit den 60 g Zucker bestreut und in mäßiger Hitze im Backofen hellbraun geröstet. Sodann gibt man die geriebene Schokolade, Zimt und Zucker zu, läßt die Masse erkalten und zieht den steifen Schnee der Eiweiß darunter. Vom erhaltenen Teig formt man mit der im Zucker bestreuten Hand nußgroße Kugeln, setzt sie auf ein mit Papier belegtes Blech und bäckt sie nach 1–2 Std. in sehr gelindem Ofen bis sie sich fest anfühlen. (Stückzahl: 75)

Schokoladen-Makronen, andere Art

4 Eiweiß, 150 g Zucker, 1 Vanillemark, 150 g bittere Schokolade, 200 g gestiftelte Mandeln, 100 g geriebene Mandeln

Eiweiß mit Zucker steifschlagen, Vanille, geraspelte Schokolade, gestiftelte und geriebene Mandeln unterziehen. Mit 2 Teelöffeln Teighäufchen auf Oblaten oder Backtrennpapier setzen. Bei schwacher Hitze backen.

Schokoladenmakronen, einfache Art

5 Eiweiß, 250 g Mandeln, 250 g Zucker, 125 g Schokolade

Die Eiweiß werden zu steifem Schnee geschlagen, der Zucker langsam zugeschlagen, die geriebene Schokolade und die mit der Schale geriebenen Mandeln zugegeben. Mit 2 Kaffeelöffeln setzt man runde oder längliche Makronen auf ein bestrichenes Blech und bäckt sie in schwacher Hitze.

Schokoladenmakronen, weiche

2 Eier, 150 g Zucker, 150 g Schokolade, 250 g geriebene Mandeln, je 1 Löffelspitze Nelken, Kardamom, Zimt und Muskat, 2 EL Kirschwasser

Eier mit Zucker schaumig schlagen, zerlassene Schokolade unterrühren und Mandeln, Gewürze und Kirschwasser dazugeben. In Häufchen auf Backpapier setzen und bei 160° C ca. 20 Min. backen.

Schokoladenmuscheln

4 Eiweiß, ½ Pfund Zucker, ¼ Pfund geriebene Schokolade, ½ Pfund geriebene Mandeln, 1 Messerspitze Zimt

Unter den steifen Schnee der Eiweiß mengt man die übrigen Zutaten und formt von dem erhaltenen Teig Kugeln in der Größe einer Mark. Man läßt diese 1 Std. ruhen, drückt sie sodann in eine Muschelform und legt sie nach dem Herausklopfen auf ein mit Papier belegtes Blech. Die Muscheln werden in mäßiger Hitze etwa 35–40 Min. gebacken. Sobald sie aus dem Ofen kommen, legt man das Papier auf einen naßgemachten Tisch und löst nach 10 Min. die Muscheln vom Papier los. (Stückzahl: 50)

Schokoladenmuscheln, andere Art

4 Eiweiß, 250 g Zucker, 125 g geriebene Schokolade, 250 g mit der Schale geriebene Mandeln, 5 g Zimt, Saft und Schale 1/4 Zitrone

Die Eiweiß werden zu steifem Schnee geschlagen, Zucker, Zitrone mit schaumig geschlagen, Schokolade, Zimt etwas mitgeschlagen, dann Mandeln zugeben. Man formt mit etwas Zucker runde Kugeln, drückt diese in eine mit Zucker bestreute Muschelform, setzt die Muscheln auf ein bestrichenes Blech und bäckt sie in mäßiger Hitze.

Schokoladensterne

1 Ei, 1 Eigelb, 250 g Zucker, 50 g geriebene Schokolade, 250 g mit der Schale geriebene Mandeln, 1 Päckchen Vanille.
Zum Guß: 1 Eiweiß, 80–100 g Staubzucker

Das ganze Ei, Eigelb und Zucker schaumig rühren, die anderen Zutaten zugeben, auf Zucker ziemlich dick auswellen, mit einer länglichen Form Schnitten ausstechen, auf ein bestrichenes Blech setzen, glasieren, in mäßiger Hitze backen. Zur Glasur wird das Eiweiß zu Schnee geschlagen, mit dem Staubzucker schaumig gerührt.

Schokoladenwurst

250 g geriebene Schokolade, 125 g geriebene Mandeln, 65 g geschälte, in kleine Würfel geschnittene Mandeln, 125 g Zucker, 125 g Gelee, 1 Eiweiß

Alle Zutaten werden in einer Schüssel gemischt, aufs Brett genommen, auf Zucker eine oder mehrere Würste geformt, fest in weißes Papier eingerollt, an einem warmen Ort getrocknet. Nach Belieben wickelt man sie in Staniol oder schneidet sie in Scheiben auf.

Schwabenbrötchen

250 g Butter, 250 g Zucker, 1 Ei, Schale ½ Zitrone, 250 g geriebene Mandeln, 1 TL Zimt, 400 g Mehl. Zum Streichen 1 Eigelb, etwas Hagelzucker

Die Butter wird schaumig gerührt, Eier, Zucker mitgerührt, die anderen Zutaten zugegeben, schnell geknetet, kaltgestellt. ½ cm dick ausgewellt, mit verschiedenen Formen ausgestochen, auf ein bestrichenes Blech gesetzt, über Nacht stehenlassen. Am nächsten Tag mit Eigelb bestreichen, mit Hagelzucker, nach Belieben gehackten Mandeln bestreuen, in mäßiger Hitze backen. Man kann nach Belieben auch gehackten Teig machen.

Schweizer Batzen

4 Eier, 250 g Zucker, Schale 1/2 Zitrone, 250 g geschälte Mandeln, 50 g in kleine Würfel geschnittenes Zitronat, 50 g Orangeat, 1 TL Zimt, 250–300 g Mehl

Die Mandeln werden in kleine Würfel geschnitten, in etwas Zucker hellgelb geröstet. Eier und Zucker werden schaumig gerührt, alle Zutaten zugegeben, zuletzt das Mehl. Mit 2 Kaffeelöffeln setzt man kleine Häufchen auf ein bestrichenes Blech und bäckt sie in mäßiger Hitze am anderen Tag.

Spekulatius oder Teeletterchen an dem Weihnachtsbaum

500 g feines, durchgesiebtes Mehl, 500 g durchgesiebter Zucker, 250 g ausgewaschene Butter, 3 Eier, 2 g Zimt, abgeriebene Schale einer Zitrone und 1,5 g pulverisiertes Hirschhornsalz

Die Butter wird in Stückchen zerpflückt, mit dem Mehl vermischt und mit den genannten Teilen – mit Ausnahme des Hirschhornsalzes – zum Teig gemacht, über Nacht oder wenigstens einige Stunden zum Ruhen und Erstarren hingelegt. Dann drückt man den Teig auseinander, streut das Hirschhornsalz darüber hin, arbeitet es möglichst schnell durch und rollte den Teig stark messerrückendick aus. Nachdem werden aus demselben mit beliebigen Formen Figuren ausgestochen, auf einer mit Wachs bestrichenen Platte bei mittelmäßiger Hitze gelb gebacken.
In Ermanglung der Formen kann man als Aushilfe aus einem feinen Pappdeckel Figuren ausschneiden, diese auf den Teig legen und mit dem Messer ringsumher den Teig abschneiden.

Spitzbuben

250 g Butter, 200 g Zucker, 400 g Mehl, 1 Päckchen Vanille. Marmelade. Vanillezucker

Die Zutaten werden auf dem Wellbrett zusammengehackt, schnell geknetet, etwas kaltgestellt. Der Teig wird dünn ausgewellt, mit drei verschieden großen runden Förmchen ausgestochen, auf ein bestrichenes Blech gesetzt, einige Stunden oder über Nacht kaltgestellt und gebacken. Man bestreicht die Plätzchen mit Gelee oder Hagebuttenmark, setzt immer 3 zusammen und bestreut sie mit Staubzucker.

Spitzkuchen

500 g Honig, 100 g Butter oder Margarine, 125 g Zucker, 1 Messerspitze Zimt, Nelkenpulver, Muskatblüte, 600 g Mehl, 50 g gemahlene Nüsse, 50 g Zitronat, 50 g Orangeat, 1 Ei, je 1 Messerspitze Pottasche und Hirschhornsalz, in Wasser gelöst – Für die Füllung: 500 g beliebige Marmelade. Für den Schokoladenguß: 100 g geriebene Schokolade, 200 g Puderzucker, 1–2 EL Kakao, wenig Wasser zum Glattrühren

Honig, Zucker und Butter werden erhitzt, dann vom Feuer genommen und die Gewürze hineingerührt. Die heiße Masse rührt man in das mit den Nüssen gemischte Mehl zusammen mit dem kleinwürfelig geschnittenen Orangeat und Zitronat. Sobald der Teig etwas abgekühlt ist, rührt man das verquirlte Ei hinein. Die aufgelösten Treibmittel gießt man durch ein Sieb dazu. Nun wird der Teig unter Hinzugabe von Mehl so lange geknetet, bis er glänzt und nicht mehr klebt. Man streicht ihn etwa ½ cm dick auf ein gefettetes, bemehltes Blech und bäckt ihn bei schwacher Hitze in 20 bis 30 Minuten hellbraun. Nach dem Erkalten wird er in zwei gleich große Teile geschnitten, mit Marmelade bestrichen und zusammengesetzt. Am besten beschwert man den Kuchen mit einem Holzbrett und läßt ihn so ein Weilchen stehen, dann schneidet man ihn in Streifen, in Dreiecke, Würfel oder verschobene Vierecke und taucht sie in Schokoladenguß.

Springerle

4 Eier, 500 g Puderzucker, 1 EL Rum, 1 Prise Hirschhornsalz, Salz, abgeriebene Zitronenschale, 500 g Mehl

Zum Backen von Springerle, einer schwäbischen Weihnachtsbäckerei, werden Holzmodeln verwendet. Man bäckt die Springerle mindestens 4 Wochen vor Weihnachten und lagert sie kühl in Blechdosen verschlossen.
Die Eier werden mit dem Zucker gründlich schaumig gerührt, das in Rum aufgelöste Hirschhornsalz, abgeriebene Zitronenschale und eine Prise Salz dazugegeben. Der Teig muß gut durchgeknetet werden und dann ein paar Stunden ruhen. Auf einem mit Mehl bestäubtem Backbrett rollt man den Teig dann etwa 6 bis 7 mm dick aus, drückt bemehlte Holzmodeln auf und rädelt die Formen ringsum aus. Die Springerle werden auf ein gefettetes Backblech gelegt und über Nacht an einen kühlen Ort gestellt. Bei geringer Hitze bäckt man sie dann etwa 25 bis 30 Minuten. Die Springerle müssen weiß bleiben. Wenn nötig, muß man sie nach der halben Backzeit mit Pergamentpapier abdecken.

Springerle, andere Art

500 g Zucker, 4 Eier, Schale ½ Zitrone, 1 Messerspitze Hirschhornsalz, 500 g feines, trockenes Mehl. 1 EL Anis

Eier und Zucker werden ¾–1 Stunde gerührt, dann Hirschhornsalz, Zitrone zugerührt, zuletzt das Mehl. Der Teig wird auf dem Brett geknetet, bis er geschmeidig ist, nach Belieben etwas kaltgestellt. Dann wellt man kleine Stücke etwa ¾ cm dick aus, drückt den Teig in die mit etwas Mehl bestäubten Formen, sticht mit einer runden Form aus, oder schneidet mit dem Messer aus, setzt die Springerle auf ein bestrichenes, mit Anis bestreutes Blech und läßt sie über Nacht stehen. Sollten die Springerle am nächsten Tag auf dem Boden zu trocken sein, bestreicht man sie vorsichtig mit etwas Wasser oder setzt sie auf ein feuchtes Tuch. Die Springerle werden in schwacher Hitze gebacken, den Ofen zuerst nicht ganz zumachen.

Springerle mit Mandeln

Zu einem Pfund gesiebten Zucker stößt man 6 Lot geschälte Mandeln so fein wie möglich, schlägt das Weiße von 4 Eiern zu Schaum, rührt den Zucker mit dem Schaum und dem Saft von einer halben Zitrone eine starke halbe Stunde, dann erst die gestoßenen Mandeln dazu, wiegt ein Pfund feines Mehl, schafft so viel davon an den Zucker, bis der Teig ganz fest ist, nimmt das übrige Mehl auf ein Brett, knetet den Teig damit, bricht nachdem kleine Stücke ab, wellt sie stark messerrückendick, und drückt sie gleich den vorhergehenden aus. Ist der Teig am Ende gar zu trocken, so wird er mit etwas Zitronensaft oder ein wenig Eischaum angefeuchtet. Von dem Pfund Mehl darf wenig oder gar nichts übrigbleiben, denn diese Art Springerle erfordert eine dicke Masse, worein auch noch die Schale von einer halben Zitrone gerieben werden kann. Sie dürfen auch wie die anderen stehenbleiben, aber etwas bräuner als jene gebacken werden.

Spritzkuchen

1/4 l Wasser, 60 g Butter, 1 Prise Salz, 200 g Mehl, 1 gestrichener TL Backpulver, 4–5 Eier, abgeriebene Schale 1 Zitrone oder Zimt, Zucker

Man läßt das Wasser mit der Prise Salz und der Butter aufkochen, rührt das Mehl hinein und brennt die Masse ab, bis sich ein glatter Kloß bildet. Die Eier und etwas Zucker werden schaumig gerührt und unter den heißen Teig gearbeitet. Mit Zitronenschale oder Zimt abschmecken. Der Teig wird in einen Spritzbeutel gefüllt und auf gefettetes Pergamentpapier in Form von Kränzen gespritzt. Die Kränze sollen einen inneren Durchmesser von etwa 4 cm haben. Dann läßt man die Kränze vom Papier in das heiße Ausbackfett gleiten. Wenn man das Pergamentpapier in das heiße Fett hält, lösen sich die Ringe sofort. Die Spritzkuchen werden von beiden Seiten goldgelb gebacken. Gut abtropfen lassen und mit Zucker bestreut auftragen.
Wer geschickt ist, kann die Ringe auch direkt ins Backfett spritzen. Man muß darauf achten, daß sie obenauf schwimmen.

Sterne

210 g abgezogene Mandeln werden mit zwei Eiern feingestoßen, solche auf dem Backbrett mit 210 g Butter, 175 g gestoßenem Zucker, 420 g Mehl, einem Kaffeelöffel Zimt und der feinabgeschälten Schale einer halben Zitrone gut untereinandergemengt, und das Ganze zu einer festen Masse angemacht, die man mit Mehl bestäubt und gut messerrückendick auswellt. Das ausgewellte Blatt wird dann in der Mitte geteilt: die eine Hälfte mit einer beliebigen, möglichst *roten* Marmelade dünn überstrichen, die andere Hälfte aber daraufgelegt und mit dem Wellholz leicht darüber hingefahren, um die Decke dadurch anzudrücken. Aus diesem Kuchen werden jetzt mit einem Ausstecher Sterne ausgestochen, doch so, daß es nicht viel Abfälle gibt, die Sterne auf Papier gelegt, damit dann auf ein Blech gezogen und in nicht zu heißem Ofen leicht gelb gebacken. Danach werden sie mit einer beliebigen Glasur, besonders Zitronenglasur überstrichen, die mit einigen Tropfen Cochenille blaßrot gefärbt ist, und so noch einmal in den Ofen geschoben, damit sie Glanz bekommen. – Kann man auch noch mit Spritzglasur verzieren.

Tannenzapfen

100 g Butter, 60 g Zucker, 2 Eier, 1 Eigelb, Zitronenschale, 150 g Mehl, 1/4 TL Backpulver, 1 EL Rosinen. Schokoladenglasur von 200 g Staubzucker

Die Butter schaumig rühren, Zucker, Eier und Eigelb mit schaumig rühren, Mehl, Backpulver, zuletzt die Rosinen zugeben. Die Tannenzapfenformen gut mit Butter bestreichen, mit Mehl bestäuben, die Masse einfüllen und backen. Erkaltet mit Schokoladenglasur überziehen.

Vanillebrezeln I

250 g Mehl, 125 g Butter, 125 g Zucker, 1 Ei, 1 Päckchen Vanille. Glasur: 125 g gesiebten Staubzucker, 1 TL Vanille, 2 EL Wasser

Die Zutaten werden auf dem Wellbrett zusammengehackt, schnell geknetet, kaltgestellt und Brezelchen geformt. Man stellt diese auf einem bestrichenen Blech über Nacht kalt, bäckt sie, wendet sie, noch heiß, in Vanillezucker. *Oder:* Man rührt die Zutaten zur Glasur und taucht die Brezelchen ein und trocknet sie in der Wärme.

Vanillebrezeln II

250 g Butter, 250 g Mehl, 100 g Zucker, 100 g geschälte, geriebene Mandeln, 1 Päckchen Vanille

Alle Zutaten auf dem Wellbrett zusammenhacken und fertigmachen wie Vanillebrezeln I.

Vanillebrezeln, andere Art

Man nimmt 840 g Mehl in eine Schüssel, und macht mit ⅜ l lauer Milch und zwei Eßlöffel guter Hefe (40 g Preßhefe) einen Vorteig an, den man zur Wärme stellt. Ist er gehörig gegangen, so werden zwei Eier, 175 g Butter, 100 g Zucker, zwei Eßlöffel Vanillezucker und ein wenig Salz dazugegeben, und dies zusammen zu einem zarten Teig abgeklopft, den man auf das Backbrett nimmt, und unter Bestäuben mit Mehl zu einem Laibchen wirkt. Nachdem solches bedeckt eine halbe Stunde stehengeblieben, werden Brezeln daraus geformt, diese, auf mit Butter abgeriebene Backbleche geordnet, bedeckt an einen warmen Ort gestellt, nach gehörigem Aufgehen mit verrührtem Eiweiß bestrichen, mit Zucker bestreut, und in nicht zu heißem Ofen gebacken.

Vanillebrötchen

3 Eier, 250 g Zucker, 1 Päckchen Vanille, 250 g Mehl

Zubereitung wie Anisbrötchen.

Vanillebrot

2 ganze Eier, 2 Eigelb, ½ Pfund Zucker, 300 g Mehl, das Mark ½ Vanilleschote.
Zur Glasur: 100 g Staubzucker, 2 EL Orangenblütenwasser

Die Eier und Eigelb werden mit dem Zucker ½ Std. gerührt, das Vanillemark und das gesiebte Mehl hineingearbeitet und der Teig auf dem Wellbrett ½ cm dick ausgewellt. Nun sticht man mit einer Ringform Brötchen ab, setzt diese auf ein vorbereitetes Blech und läßt sie über Nacht stehen. Man bäckt sie in sehr mäßiger Hitze 50–60 Min. und überzieht sie nach dem Backen noch heiß mit der aus Staubzucker und Orangenblütenwasser hergestellten Glasur. (Stückzahl: 35)

Vanillehörnchen

200 g Butter, 100 g Zucker, 100 g geriebene Mandeln, 1 Päckchen Vanille, 250 g Mehl. 1 Vanille, 1 EL Staubzucker, 1 EL Sandzucker zum Umdrehen

In die schaumig gerührte Butter gibt man die übrigen Zutaten und knetet den Teig auf dem Wellbrett schnell zusammen. Dann wird er nicht zu dünn ausgewellt, Hörnchen oder Halbmonde ausgestochen, auf ein bestrichenes Blech gesetzt, einige Stunden oder über Nacht kaltgestellt. Nach dem Backen, noch heiß, in Vanillezucker umdrehen.

Vanillekräpfchen

Ein großes Stengelchen in Stückchen zerbrochene Vanille wird in ½ l Milch eine Viertelstunde gekocht, die Vanillemilch dann durchgeseiht, und mit 140 g Butter, ebensoviel Zucker und ein wenig Salz aufs Feuer gesetzt. Bei beginnendem Kochen rührt man 560 g feingesiebtes Mehl hinein, und arbeitet den Teig auf dem Feuer so lang, bis er sich von der Pfann loslöst, worauf man ihn in eine Schüssel leert, und, nachdem er etwas ausgekühlt ist, vier ganze Eier und sechs Eigelb darunterrührt. Er wird dann in eine Backspritze eingefüllt und davon auf ein butterbestrichenes Blech Kräpfchen, Ringlein, Halbmonde usw. aufgesetzt, welche mit verrührtem Ei bestrichen, mit feingeschnittenen Mandeln, Zucker und Zimt bestreut in mittelheißem Ofen gebacken werden.

Vanillekipferl

300 g Mehl, 250 g Butter, 125 g Zucker, 3 Eigelb, 125 g geschälte, geriebene Mandeln, 2 Päckchen Vanillezucker

Die Butter wird mit dem Zucker und den Eigelb schaumig gerührt, das Mehl mit den Mandeln vermischt und nach und nach löffelweise untergerührt und rasch zu einem geschmeidigen Teig geknetet. Es empfiehlt sich, den Teig bis zur Weiterverarbeitung ein paar Stunden kaltzustellen.
Dann werden aus dem Teig portionsweise Stücke abgenommen, zu Rollen gedreht, davon Scheiben abgeschnitten und diese zu Kipferl geformt. Auf einem gefetteten Blech werden die Vanillekipferl bei mäßiger Hitze hellgelb gebacken. Noch heiß werden sie in Vanillezucker gewälzt. Vorsicht, sie brechen leicht.

Vanilleringchen

150 g Butter, 125 g Zucker, 1 Päckchen Vanille, 50 g geschälte, geriebene Mandeln, 1 Ei, 250 g Mehl. 1 Vanille, 1 EL Staubzucker und 1 EL Sandzucker zum Eintauchen

Die Butter wird schaumig gerührt, mit den übrigen Zutaten auf dem Wellbrett gehackt und schnell zusammengeknetet. Man gibt einen Teil des Teiges in die Backspritze, spritzt lange Streifen, formt daraus Ringchen, setzt diese auf ein bestrichenes Blech, läßt sie einige Stunden oder über Nacht stehen und bäckt sie. Noch warm taucht man die Ringchen in Vanillezukker.

Vanilleschäumchen

5 Eiweiß, 500 g gesiebten Zucker, 1 Päckchen Vanille

Die Eiweiß werden zu sehr steifem Schnee geschlagen, der Zucker und Vanille langsam zugeschlagen: muß eine steife Masse geben. Man spritzt mit dem Spritzsack beliebige Formen auf ein mit Papier belegtes Blech und bäckt sie in mäßig warmem Ofen. Zum Ablösen auf ein nasses Tuch oder Brett legen. Die Masse kann auch mit 2 Kaffeelöffeln aufgesetzt werden.

Vanilleschäumchen, warmgeschlagen

5 Eiweiß, 500 g gesiebten Staubzucker, 1 Päckchen Vanille

Die Eiweiß werden zu steifem Schnee geschlagen, Zucker und Vanille zugegeben, im Wasserbad geschlagen, bis die Masse warm ist, dann kaltgeschlagen. Fertigmachen wie oben.

Vanillestangen

100 g Butter, 120 g Zucker, 2 Eier, 1 Päckchen Vanille, 150–180 g Mehl

Die Butter schaumig rühren, Zucker, Eier, Vanille mit schaumig rühren, dann das Mehl unterziehen. Ein Faltenblech wird mit Butter bestrichen, mit Mehl bestäubt, mit einem Kaffeelöffel kleine Häufchen in die Mitte gesetzt, in mäßiger Hitze gebacken. Nach dem Backen mit Staubzucker bestreuen.

Vanillestriezeln

Unter 210 g mit neun Eigelb gut abgerührten Zucker wird etwas feingestoßene Vanille und 250 g feines Mehl gut gemengt, und dies in eine mit fingerdickem Rohr versehene Backspritze eingefüllt. Nun drückt man auf butterbestrichenes, mehlbestäubtes Papier längliche Striezeln, zieht das Papier sorgfältig auf das Backblech, bestreicht die Striezeln mit verrührtem Ei, bestäubt sie mit Zucker und bäckt sie in mittelheißem Ofen.

Vanillewaffeln

Dieselben Zutaten wie Zimtwaffeln, anstatt Zimt 1 Päckchen Vanille nehmen. Die Mandeln schälen.

Wespennester

250 g Mandeln, 4 Eiweiß, 250 g Zucker, 125 g Schokolade, 1 Messerspitze Zimt, 1 Päckchen Vanille

Die Mandeln werden mit der Schale quer in feine Scheibchen geschnitten oder gehobelt, mit 30 g Zucker etwas geröstet und kaltgestellt. Die Eiweiß schlägt man zu steifem Schnee, mischt alle Zutaten leicht darunter, setzt mit 2 Kaffeelöffeln kleine Häufchen auf ein bestrichenes Blech und bäckt sie in schwacher Hitze.

Wiebele

5 Eiweiß, 250 g gesiebten Staubzucker, 1 Päckchen Vanille, 200 g Mehl

Die Eiweiß werden zu sehr steifem Schnee geschlagen, Zucker, Mehl, Vanille leicht untergezogen. Mit einer Pergamenttüte oder mit dem Spritzsack mit enger, glatter Tülle, spritzt man Wiebele auf ein bestrichenes, mit Mehl bestäubtes Blech, läßt sie über Nacht abtrocknen und bäckt sie in schwacher Hitze.

Wiener Brötchen

4 hartgekochte Eigelb, 80 g Butter, 125 g Zucker, 250 g Mehl, Zitronenschale. 2 EL Gelee. Vanillezucker

In die schaumig gerührte Butter gibt man die durchgestrichenen Eigelb, rührt diese etwas mit, gibt die anderen Zutaten zu, knetet den Teig schnell zusammen, wellt ihn aus, sticht runde Plätzchen aus und bäckt sie. Nach dem Backen bestreicht man ein Stückchen mit Gelee, setzt ein zweites darauf und bestreut mit Vanillezucker.

Wiener Plätzchen

Drei Eigelb werden mit 210 g feinem Zucker leicht gerührt, und die feinverwiegte Schale einer Zitrone, 105 g feines Mehl und der steife Schnee der drei Eiweiß beigefügt. Von dieser Masse setzt man nun mit einem Kaffeelöffel Plätzchen in der Größe eines Zwanzigpfennigstücks auf ein butterbestrichenes Blech und bäckt sie in nicht zu heißem Ofen.

Zedernbrot

5 Eiweiß, 600 g gesiebten Staubzucker, Saft von 1, Schale von 2 Zitronen, 500 g geschälte, geriebene Mandeln

Die Eiweiß werden zu steifem Schnee geschlagen, mit dem Zitronensaft und Staubzucker dick schaumig gerührt. Man nimmt 1 Tasse weg zum Guß, gibt die Zitronenschale und Mandeln zu, wellt kleine Mengen auf Zucker aus, sticht Halbmonde oder verschobene Vierecke aus, setzt diese auf ein bestrichenes Blech, läßt sie über Nacht stehen und bäckt sie in schwacher Hitze. Die Glasur wird vor oder nach dem Backen aufgestrichen. Wird sie nach dem Backen aufgestrichen, muß sie mit Zitronensaft verdünnt werden.

Zimtbögen

Man schält ein halbes Pfund Mandeln, stößt den halben Teil fein, schneidet die andere Hälfte sowie auch 2 Lot Zitronat länglich zart, und die Schale von einer halben Zitrone so fein wie möglich, gibt nebst diesem letztgeschnittenen ein halbes Pfund gesiebten Zucker, 2 Lot gestoßenen Zimt, ein halbes Quint Nelken in eine Schüssel, schlägt das Weiße von 4 Eiern zu Schaum, nimmt 2 Quint fein pulverisierten Tragart nebst dem Saft von einer Zitrone dazu, rührt den geschlagenen Schaum an die geschnittenen Mandeln, bestreicht die Bleche mit Butter oder weißem Wachs, zweifingerbreit und einen großen fingerlang, streicht Schnitten darauf, bäckt sie in schwacher Hitze, nimmt sie mit einem breiten Messer behutsam ab und krümmt sie über ein kleines Wellholz.

Zimtbrot

Ein Pfund gesiebten Zucker rührt man mit 6 Eiern eine Stunde, schneidet ein Pfund geschälte Mandeln grob und länglich, röstet sie auf einem Blech im Ofen gelb, schneidet die Schalen von 2 Zitronen und 4 Lot Zitronat länglich, stößt anderthalb Lot Zimt und ein halbes Lot Nelken. Wenn nun die Mandeln geröstet sind, rührt man nebst dem Geschnittenen und Gestoßenen auch 3 Viertel weißes Mehl an den Zucker, nimmt den Teig auf ein Brett, macht 4 lange Laiblein daraus, legt sie auf ein mit Mehl bestreutes Blech, und bäckt sie im Ofen gelb. Nach dem Backen werden die Laiblein zu Schnitten geschnitten und diese gelb geröstet. Weil es eine starke Portion ist, so kann man sie lang aufheben.

Zimtbrot, andere Art

Man schneidet ein halbes Pfund ungeschälter Mandeln kleingewürfelt, nimmt ebensoviel gesiebten Zucker in eine Schüssel, schlägt das Weiße von 3 bis 4 Eiern zu Schaum, rührt den Zucker eine Viertelstunde damit, nach diesem die geschnittenen Mandeln und 1 Lot gestoßenen Zimt langsam darunter, setzt auf weißes Papier Küchlein in der Größe wie Schokoladenbrot und bäckt sie gelb.

Zimtbrot auf Oblaten

Ein halbes Pfund ungeschälte Mandeln stößt man zart, mengt ein halbes Lot Zimt darunter, schlägt das Weiße von 3 Eiern zu Schaum, rührt ihn mit einem halben Pfund gesiebten Zucker und endlich die gestoßenen Mandeln und Zimt hinein. Wenn alles recht untereinander ist, werden kleine Küchlein auf Oblaten gesetzt, solche auf ein mit Butter bestrichenes Blech gelegt und in einem nicht zu heißen Ofen gelb gebacken.

Zimthippen

Ein Viertel Butter läßt man in einer Schüssel weich werden, rührt ein Viertel gesiebten Zucker hinein, nach diesem ein Viertel Mehl und ein halbes Lot gestoßenen Zimt dazu, und endlich mit einem Ei die Masse vollends an, bricht dann mit dem Löffel Stücklein heraus, so daß jedes Stücklein eine nußgroße Kugel gibt, und legt solche auf ein mit Mehl besätes Blech oder Zinnplatte, bis sie alle beisammen sind. Sobald das Hippeneisen heiß gemacht ist, legt man in die Mitte eine Kugel, drückt das Eisen aber ja nicht schnell sondern langsam zu, daß sie nicht auseinanderfahren, bäckt sie gelb, und legt sie hierauf über ein kleines rundes Holz. Die Hippen dürfen in der Rundung nicht größer als eine obere Kaffeeschale werden.

Zimtküchlein

Ein Viertel Butter rührt man leicht, schlägt dann das Gelbe von 5 Eiern hinein, nimmt ein Viertel geschälte und feingestoßene Mandeln, ein halbes Lot gestoßenen Zimt, ein Viertel gesiebten Zucker, das von einer Zitrone am Zucker Abgeriebene und anderthalb Viertel feines Mehl dazu, macht dies alles untereinander zu einem Teig, nimmt ihn auf ein Brett, wellt ihn stark messerrückendick, sticht mit einem kleinen Trinkglas oder sonst einer runden Form Küchlein aus, legt solche auf ein mit Mehl besätes Blech, bäckt sie, und macht ein Zimteis darüber.

Zimtlaibchen

In ein kupfernes Kastrol oder eine irdene Schüssel gibt man vier ganze Eier und 280 g Zucker und schlägt dies mit einem Schneebesen über schwachem Feuer so lang, bis die Masse warm ist, dann nimmt man solche von der Glut, mengt einen Kaffeelöffel Zimt und 350 g feines Mehl darunter, füllt das Ganze in eine Backspritze, und drückt damit auf ein butterbestrichenes Backblech ovale Laibchen, welche man eine Stunde trocknen läßt, und in mittelheißem Ofen bäckt. – Können auch mit einem Blechlöffel aufgesetzt werden.

Zimtleckerle

1 $\frac{1}{10}$ Kilo Mandeln werden abgezogen, fein im Mörser gestoßen oder fein verwiegt und auf ein Backbrett gebracht, dann 840 g feiner Zucker, 70 g Zimt, 280 g feingewiegte Pomeranzenschale, die feingewiegte Schale von drei Zitronen und fünf bis sechs Eiern dazugegeben und alles gut untereinandergemengt. Nachdem das Backbrett inzwischen mit Zucker besät, verschneidet man den Teig in Stückchen und drückt diese in die leicht mit Zucker besäten Mödel, welche man danach umstürzt, die Leckerle auf ein mit Oblaten belegtes Blech legt und in mittelheißem Ofen bäckt.

Zimtleckerle, andere Art

Man stößt oder verwiegt fein 560 g abgezogene Mandeln, mengt sie auf dem Backbrett mit ebensoviel feinem Zucker, 70 g feinem Zimt, der feingewiegten Schale einer Zitrone, zwei Eßlöffel Mehl, 8 g Muskatnuß, ein wenig Nelken und fünf Eiern gut untereinander, und beendet die Leckerle wie vorige.

Zimtröllchen I

Ein Pfund Mehl, ein halbes Pfund Butter, ein Viertel geschälte und zartgestoßene Mandeln, ein Viertel gesiebten Zucker, die kleingeschnittene Schale von einer halben Zitrone, eine Messerspitze Nelken und ein Lot gestoßenen Zimt, dies alles zusammen macht man mit einem Ei, dem Gelben von 2 anderen, ein paar Löffel voll saurem Rahm und ein wenig Wein zu einem Teig, knetet ihn, überschlägt ihn ein paarmal wie einen Butterteig, wellt ihn zweimesserrückendick aus, und schneidet Stücklein davon, daß sie auf kleine Hölzlein können gewikkelt werden, die Hölzlein dürfen nur daumendick sein. Nun werden die Stücklein Teig darübergewickelt, mit einem dicken Näh- oder zarten Bindfaden umbunden und im Schmalz gelb gebacken, und die Hölzlein hierauf herausgenommen.

Zimtröllchen II

500 g feines Mehl, 500 g Zucker, beides durchgesiebt, 250 g abgeklärte Butter, 8 Eier, 4 g Zimt und abgeriebene Zitronenschale

Man reibt die kalt gewordene Butter zu Sahne, rührt nach und nach abwechselnd Eier und Zucker hinzu, rührt dies stark eine gute Weile, mischt das Gewürz und danach das Mehl durch, formt von dieser Masse kleine Bälle, welche ein Rollkucheneisen füllen; gewöhnlich nimmt man sie 25 g schwer. Dann wird dasselbe über einem hellen Holzkohlenfeuer mit Speck bestrichen, ein Bällchen in die Mitte gelegt, langsam zugedrückt, in einigen Minuten auf beiden Seiten gelb gebacken und sofort trichterförmig oder über ein dünnes Rollholz gebogen. – Aus dieser Masse werden 60 Stück gebacken.

Zimtröllchen, andere Art

500 g Mehl, 250 g Zucker, 200 g Butter, 4 Eier, 8 g Zimt. Auch kann man 60 g Mehl weniger nehmen und dagegen 15 g feingestoßene Mandeln hinzufügen

Man richte sich im übrigen nach vorhergehender Vorschrift. Die Zimtröllchen werden besser, wenn der Teig einen Tag vorher angemengt ist.

Zimtwaffeln I

60 g Butter, 125 g Zucker, 2 Eier, 1 TL Zimt, Schale 1/2 Zitrone, 250 g Mehl

Die Butter wird schaumig gerührt, Zucker, Eier mitgerührt, dann Zimt und Mehl zugegeben. Man formt kleine Kugeln aus der Masse und bäckt sie in dem dazu bestimmten Waffeleisen.

Zimtwaffeln II

125 g Butter, 125 g Zucker, 2 Eier, 1 TL Zimt, 125 g geriebene Mandeln, Zitronenschale, 250 g Mehl

Zubereitung wie oben.

Zimtsterne I

4 Eiweiß, 300 g gesiebten Staubzucker, Saft und Schale 1/2 Zitrone, 10 g Zimt, 250 g mit der Schale geriebene Mandeln

Die Eiweiß werden zu steifem Schnee geschlagen, mit dem Staubzucker und Zitronensaft dick schaumig gerührt. Man nimmt 1/2 Tasse weg zum Guß, gibt die anderen Zutaten zu, wellt kleine Mengen auf Zucker etwa fingerdick aus, sticht Sterne aus, setzt diese auf ein bestrichenes Blech und läßt sie etwas abtrocknen. Dann bestreicht man die Sterne mit der Glasur und bäckt sie in schwacher Hitze.

Zimtsterne II

250 g Puderzucker, 3 Eiweiß, 1 Päckchen Vanillezucker, 200 g Mehl, 100 g Speisestärke, 1 TL gemahlener Anis

Eiweiß steifschlagen, nach und nach wird der Puderzucker durch ein Sieb dazugerührt. Etwas Eischnee, der nachher zum Bestreichen benötigt wird, muß zurückbehalten werden. In die Eimasse werden die mit der Schale gemahlenen Mandeln vorsichtig gemengt, der Zimt dazugegeben. Ein Backbrett bestreut man mit Puderzucker und rollt darauf den Teig etwa ½ cm dick aus, sticht Sterne aus und legt sie auf ein mit gefettetem Pergamentpapier ausgelegtes Blech. Der zurückbehaltene Eischnee wird mit etwas Rum zu einer Glasur gerührt und die Sterne damit überzogen. Man bäckt sie bei sehr schwacher Hitze in etwa 30 Minuten.

Zimtsterne III

Man gibt 280 g mit der Schale feingewiegte Mandeln, ebensoviel feingesiebten Zucker und 25 g gestoßenen feinsten Zimt in eine Schüssel, und vermischt dies gut mit dem steifen Schnee von drei Eiweiß. Dann bestreut man das Backbrett mit Zucker, gibt die Masse darauf, wellt sie halbfingerdick aus, sticht solche mit einem stets frisch in Zucker getauchten Ausstecher zu Sternen aus, legt diese auf ein bestrichenes Blech und bäckt sie langsam in abgekühltem Ofen.

Zimtsterne, andere Art

560 g Zucker wird mit dem Schnee von fünf bis sechs Eiweiß eine starke halbe Stunde gerührt, und inzwischen der Saft einer halben Zitrone und 17 g feiner Zimt darangegeben, worauf man so viel davon nimmt, wie man zum Glasieren braucht (ungefähr 70 g), und es beiseitestellt. Nun rührt man unter die Masse 560 g ungeschälte, auf dem Reibeisen geriebene oder sehr fein gewiegte Mandeln, bereitet Sterne wie obige, überstreicht solche nach dem Backen mittels eines Messers mit dem Beiseitegestellten, und trocknet sie in abgekühltem Ofen.

Zitronensterne

3 Eiweiß, 375 g gesiebten Staubzucker, Schale 1 Zitrone,
Saft ½ Zitrone, 250 g geriebene Mandeln

Eiweiß zu Schnee schlagen, mit dem Zucker, Zitronensaft schaumig rühren. ½ Tasse zum Guß wegnehmen, die anderen Zutaten (Mandeln mit der Schale) zugeben, auf Zucker auswellen, Sterne ausstechen, auf ein bestrichenes Blech setzen, glasieren, in mäßiger Hitze backen.

Zitronenschäumchen

Dieselben Zutaten wie zu Vanilleschäumchen, anstatt Vanille Saft und Schale ½ Zitrone nehmen.

Zuckerschnitten

140 g abgezogene Mandeln werden mit einem Eigelb feingestoßen, und mit 210 g feinem Zucker, fünf Eigelb, 210 g Mehl, vier Eßlöffel Rum und ein klein wenig Salz zu einem Teig angemacht, in welchen man nach und nach 210 g etwas zerlassene Butter rührt. Diese Masse wird in ein mit Butter bestrichenes, aufgeschlagenes Kuchenblech gegeben, mit dem Messer gleichgestrichen, mit Grobzucker bestreut, und in etwas abgekühltem Ofen langsam schön rotgelb gebacken. Nun nimmt man den Kuchen heraus, schneidet ihn in verschobene Vierecke oder sticht ihn in Halbmonde aus, und bewahrt diese bis zum Gebrauch an einem trockenen Ort auf. – Können auch, nachdem sie gebacken sind, mit dem Rand in verrührtes Eiweiß getaucht und dann in Grobzucker umgerollt werden.

Zuckerbrezeln

280 g feines Mehl, ebensoviel Zucker, 140 g Butter, ein ganzes Ei, zwei Eigelb und etwas feingewiegte Zitronenschale wird zusammen zu einem Teig angemacht, dieser leicht verarbeitet und eine Stunde an einen kalten Ort gestellt, danach in nußgroße Stückchen zerteilt und in lange Würstchen gerollt, deren jedes zu einer Brezel (Ringlein) geformt wird. Die Brezeln werden nun mit verrührtem Ei bestrichen, mit der bestrichenen Seite in Grobzucker getaucht, und dann auf einem leicht mit Butter bestrichenen Blech in nicht zu heißem Ofen gelblich gebacken.

Zuckerbrezeln, andere Art

In ein halbes Pfund feines Mehl schneidet man ein Viertel frische Butter, gibt ein Viertel gestoßenen Zucker, den Rahm von einer halben Maß sauren Milch, 3 Eigelb und ein Eiweiß dazu, rührt dies alles zu einem Teig an, nimmt diesen auf ein mit Mehl bestreutes Brett, formiert kleine Brezeln daraus, legt solche auf ein mit Butter bestrichenes Blech und bestreicht sie mit Eigelb. Zuvor aber werden 2 Lot geschälte bittere Mandeln gestoßen, mit einer Handvoll Zucker vermengt, dann über die Brezeln gestreut, und diese gelb gebacken.

Zuckerplätzchen

250 g gute Stärke, 250 g Zucker, beides feingestoßen und durchgesiebt (in gänzlicher Ermanglung der Stärke ebensoviel feines Mehl), 4 frische Eier, abgeriebene Schale einer halben Zitrone oder ½ TL Muskatblüte

Die Eier werden mit Zucker und Gewürz ¼ Stunde stark gerührt, dann das zu steifem Schnee geschlagene Weiße durchgemischt und danach die Stärke möglichst schnell durchgerührt. Dies wird teelöffelweise auf eine mit Butter bestrichene Platte gegeben und bei Mittelhitze gelb gebacken.

Vom Zucker

Geklärter (geläuterter) Zucker

Die Hälfte von einem Eiweiß wird mit ½ l frischem Brunnenwasser in einem verzinnten Kastrol oder einer Messingpfanne mittels einer Schneerute tüchtig geschlagen, danach 560 g weißer, feiner, in kleinere Stücke zerschlagener Melis (Hutzucker) dazugegeben, und dies so lang stehen gelassen, bis der Zucker vergangen ist, wo man es dann aufs Feuer setzt, und unter beständigem Bewegen aufkocht. Wenn der Zucker in die Höhe steigt, wird er mit drei Eßlöffeln frischem Wasser abgeschreckt, so, daß er sich setzt und ruhig wird, steigt er wieder, so schreckt man ihn wie das erste Mal ab. Solches wiederholt man noch zweimal. Nun wird der Schaum (nämlich das Eiweiß, in welches sich das Unreine vom Zucker setzt), während der Zucker ruhig geworden ist, mit dem Schaumlöffel abgenommen, der Zucker langsam fortgekocht, noch einigemal mit kaltem Wasser abgeschreckt, und immer abgeschäumt, bis er ganz klar ist, worauf man denselben durch eine reine, zuvor naßgemachte Serviette in eine tiefe Porzellanschüssel gießt. – Wird noch weißer, wenn man während des Kochens den Saft einer halben Zitrone hineindrückt. – Falls man den geklärten Zucker *zum Einmachen der Früchte* verwendet, soll *kein Eiweiß* zum Klären genommen werden, auch kein Zitronensaft; man nimmt dann beim Verkochen nur den Schaum rein ab.

Zucker zum Breitlauf

Der nach vorhergehender Art geklärte Zucker wird in einem Kastrol oder einer Pfanne neuerdings aufs Feuer gesetzt und noch so lang gekocht, daß, wenn man den hineingetauchten Schaumlöffel wieder herauszieht und in die Höhe hebt, der zuletzt am Löffel hängende Tropfen breit von demselben herunterfällt. – Verwendet man den zum Breitlauf gekochten Zucker beim *Einmachen der Früchte*, so beachte man bezüglich des Klärens die Schlußbemerkung voriger Beschreibung.

Zucker zum kleinen Faden

Nachdem der zum Breitlauf gekochte Zucker (s. vorige Nummer) noch einige Augenblicke fortgekocht hat, wird ein Tropfen davon auf einen Teller gebracht, und dann zwischen den Daumen und Zeigefinger gepreßt. Bildet sich nun beim Öffnen der Finger zwischen denselben ein Faden, welcher aber sogleich wieder bricht, so ist der Zucker zum *kleinen* Faden gekocht.

Zucker zum großen Faden

Wenn der wie vorstehend bemerkt zum kleinen Faden gekochte Zucker noch ein paar Augenblicke fortgekocht hat, und, zwischen die zwei Finger genommen, beim Öffnen derselben der Faden sich ein wenig länger ausdehnen läßt ohne sogleich zu brechen, dann hat der Zucker den Grad des *großen* Fadens erreicht.

Zucker zur Perle

Hat der vorhergehende Zucker noch einige Minuten fortgekocht, so wird ein Löffel hineingetaucht und wieder herausgezogen; findet man, daß die Tropfen beim Herabfallen einen Faden ziehen, woran sie gleich einer Perle zu hängen scheinen und welcher nicht sogleich bricht, dann nennt man dies *Zucker zur Perle.*

Zucker zum Bruch

Vorhergehender, zur Perle gekochter Zucker wird noch eine halbe Viertelstunde länger gekocht, dann ein rundes Hölzchen in kaltes Wasser, danach in den Zucker und schnell wieder in nebenstehendes kaltes Wasser getaucht, worauf man den anklebenden Zucker vom Hölzchen ablöst und zwischen die Zähne nimmt: wenn er sich nun zerbeißen läßt, ohne klebrig an letzteren hängen zu bleiben, so hat er den Grad des *Bruchs* erreicht.

Zucker zum Karamel

Hat vorhergehender Zucker noch einige Augenblicke fortgekocht, und fängt er an, sich rotbraun zu färben, so ist der Grad des *Karamels* erreicht. Das Kastrol muß alsdann des schnellen Abkühlens wegen sogleich in kaltes Wasser kommen, um zu verhindern, daß der Zucker zu braun wird.

Zucker, gebrannter

70 g grobgestoßener Zucker wird, mit einem Eßlöffel Wasser übergossen, in einer kleinen eisernen Pfanne unter fortwährendem Umrühren geröstet und zwar so lang, bis er schmilzt und ganz dunkelbraun ist und einen blauen Rauch zeigt, wo er dann mit einem Schoppen Wasser abgelöscht und verkocht wird. – Verwendet man zum *Färben der Speisen*, nämlich der braunen Saucen und Suppen.

Zucker, Goldhaube von gesponnenem

Man gibt 200 g zerbröckelten feinsten Melis in ein kleines Messingpfännchen, dazu ¼ l Wasser und läßt dies eine Stunde stehen. Nun wird es auf schnellem Feuer, am besten Kohlenfeuer, rasch gekocht und inzwischen nit einem an ein Hölzchen gebundenen nassen Schwämmchen fortwährend an der Seite des Pfännchens abgewischt. Fängt jetzt der Zucker an langsamer zu kochen, so gibt man sechs bis acht Tropfen Zitronensaft oder vier Tropfen Holzessig hinein und richtet sogleich kaltes Wasser her nebst einem kleinen reinen Kochlöffelstiel. Dieser wird sofort zur Probe in das Wasser getaucht, danach augenblicklich in den Zucker und schnell wieder in das Wasser. Löst sich der Zucker von dem Holz und ist er derart beschaffen, daß er springt, wenn man ihn unter die Zähne nimmt und zerbeißt, doch dabei nicht zu hart, so ist der Grad des *Spinnens* erreicht. (Zu hart darf derselbe nicht werden, weil sonst das Gewebe beim Abnehmen leicht zerbrechen würde; ist er zu stark gekocht, so gießt man ein wenig Wasser nach und kocht aufs neue, bis er obige Probe besteht.) Nun wird ein runder, glatter, umgekehrter Zinnteller, eine umgekehrte Zinnschüssel, oder ein anderes metallenes glattes Geschirr, das genau die Größe der Creme oder des Kompotts, worüber die Goldhaube kommen soll, hat, leicht mit feinem Öl überstrichen und alsdann der unterdes etwas abgekühlte Zucker mittels eines Löffels in Fäden darübergezogen, so, daß er einem Gewebe gleicht. Während der Arbeit darf er jedoch an keinem kalten Ort stehen, auch nicht zu warm werden, weil beides das Spinnen hindern würde. Ist nach Vollendung der Goldhaube noch Zucker übrig, so wird in denselben eine eingemachte, zuvor rein abgewischte Reineclaude oder Kirsche getaucht und solche mitten auf das Gewebe als Knopf befestigt. Die Goldhaube wird danach sorgfältig abgenommen und über die bestimmte Creme oder das Kompott gestellt; falls sie sich nicht gut abnehmen lassen sollte, wird das Geschirr, worauf das Gespinst ist, einen Augenblick über die Wärme gehalten, wo dann die Goldhaube sogleich abgenommen werden kann. – Darf nicht lang vor Gebrauch bereitet werden, weil sie beim Herumstehen erweichen würde.

Streuzucker zum Verzieren des Backwerks

Man gibt 125 g Mohnsamen in eine flache Schüssel und kocht 125 g Zucker, den man vorher in Wasser getaucht hat; wenn er nicht mehr heiß ist, gibt man hiervon 1 Löffel voll auf den Mohnsamen und rührt ihn mit der flachen Hand so lange, bis er anfängt kalt zu werden. Dies wiederholt man 6 bis 8 mal, wo alsdann der Zucker zu Ende sein wird.
Das Färben geschieht auf folgende Weise: rot: mit etwas Himbeer- oder Johannisbeersaft; gelb: mit Safran, welcher mit einigen Tropfen Branntwein abgezogen ist; ein Teil des Zukkers bleibt weiß. Da in neuerer Zeit manche Farben häufig verfälscht werden, so beschränke man sich auf das Bemerkte.

Grobzucker

Am leichtesten verfertigt man diesen mittels zweier Siebe, eines feinen und eines gröberen, doch kann man auch einen Durchschlag und einen Schaumlöffel, der etwas kleinere Löcher als der Durchschlag hat, hierbei verwenden. Es wird nun bester weißer Zucker nicht zu fein gestoßen und durch das *gröbere* Sieb gesiebt, der zurückgebliebene dann wieder etwas gestoßen und wieder durchgesiebt und dieses Verfahren so oft wiederholt, bis aller Zucker gestoßen und durchgesiebt ist, wo man ihn danach in das *feinere* Sieb nimmt und wiederholt durchsiebt. Der im Sieb zurückbleibende ist dann der Grobzukker. Er wird in Gläser oder Schachteln eingefüllt und mit Papier überbunden an einem trockenen Ort aufbewahrt. – Verwendet man zum *Bestreuen von Backwerk* und bei *Einfassungen.*

Gewürz- und Kräuterkunde

Anis	Samen der Anispflanze. Hauptsächlich für Gebäck, aber auch Brotgewürz.
Aaron	Aaronstab = deutscher Ingwer.
Angelikawurzel (Engelwurz)	Zur Bereitung aromatischer Liköre. Mit Zucker kandiert auch als Konfekt bekannt.
Basilikum	Würzige, aromatische Blätter. In Tomatengerichten unentbehrlich, aber auch zu Pilzen, Käse und gedünsteten Fisch.
Beifuß	Aromatisch, aber leicht bitter. Hauptsächlich zu Gänse-, Enten-, Truthahn- und Schweinebraten.
Bibernell	Pimpinelle.
Bohnenkraut	Sehr würzig, deshalb immer nur mitziehen lassen. Bohnen- und Kartoffelgerichte, auch zu Kaninchen und Lamm.
Borretsch (Gurkenkraut)	Schmeckt wie Salatgurke. Sowohl die pelzigen Blätter, als auch die blauen Blüten sind verwendbar. Für Salate, Saucen und Kräutersuppen.
Cayennepfeffer	Aus paprikaähnlicher Frucht, sehr scharf, minimal dosieren! Für Fleisch- und Fischgerichte, Gegrilltes und Eintöpfe.
Chili	Gemisch aus rotem Pfeffer, Oregano, Knoblauch, Paprika, Nelken, Piment und Kreuzkümmel. Zu »Chili con carne«, Hähnchengerichten und dikken Bohnensuppen.
Cumin	Kreuzkümmel, herber als herkömmlicher Kümmel.
Curry	Gemisch aus Pfeffer, Ingwer, Piment, Nelken, Paprika, Koriander, Kardamom, Zimt, Kurkuma und Amin. Für Mayon-

	naisen, Reis-, Geflügel-, Lamm- und Fischgerichte.
Dill	Armomatisch und erfrischend, ohne Süße. Nur mitziehen lassen, nicht kochen. Für Leber- und Gallenkranke erlaubt, Nierenkranken verboten. Zu allen Salaten, Eiergerichten, Suppen, Quark- und Mayonnaisemischungen. Häufig zum Einlegen verwendet.
Dragon	Siehe Estragon.
Estragon	Sehr aromatisch, verträgt kein weiteres Kraut als Beigabe. Vor allem zu Saucen für Fisch und helles Fleisch, Kräuterbutter, Tomaten und Fisch.
Fenchel	Sehr aromatisch, anisähnlicher, süßlicher Geschmack. Für Fischgerichte, Salate und Tee.
Glutamat	Kein Gewürz, sondern Geschmacksverstärker.
Hägen	Hagebutten.
Holder	Holunder.
Indianischer Balsam	Harz eines südamerikanischen Baumes, diente zur Herstellung ätherischer Öle und Arzneien.
Ingwer	Süß-herber Geschmack, kann anstelle von Pfeffer verwendet werden. Als Wurzel, aber auch kandiert oder gemahlen erhältlich. Für Getränke, Gebäck, Obstgerichte und Saucen, chinesische Küche.
Kalmus	Aarongewächs. Wurzel ist ein gutes Magenmittel.
Kaneel	Rinde des weißen Kaneelbaums, schmeckt nach Zimt und Muskat.
Kapern	Knospen des Kapernstrauches. Die Blü-

	tenknospen werden in gesalzenes Essigwasser eingelegt. Für Kalbfleisch- und Fischgerichte, Ragouts, Saucen. Unentbehrlich zu Königsberger Klopsen.
Kardamom	Früchte der Kardamompflanze, sehr aromatisch. Für Gebäck und Pasteten-Füllen, insbesondere zu Lebkuchen.
Kerbel	Schmeckt und riecht stark aromatisch, etwas süßlich. Zu Kräutersaucen, -suppen und -küchlein, zu Kräuterbutter, Lamm- und Kartoffelgerichten.
Knoblauch	Starker, langanhaltender Geruch, der sich beim Braten etwas verliert. Gut dosierte Beigabe rundet jedes Gericht geschmacklich ab. Wird meist zu Gerichten aus südlichen Ländern verwendet.
Korbel, Körbel	Kerbel.
Koriander	Samenkapseln eines Mittelmeergewächses. Für Würzgebäck und Brot.
Kubeben	altes Lebkuchengewürz.
Kümmel	Riecht und schmeckt beißend würzig. Immer alleine verwenden. Für Brot-, Kartoffel-, Kohlgerichte, Saucen, Suppen, Quark und Käse.
Kukummern	von frz. Concombres, Gurken.
Kuttelkraut	frischer Majoran.
Liebstöckel	auch Maggikraut, gut als Würzkraut bei salzarmer Diät. Geschmack und Geruch sind sellerieähnlich, etwas schärfer mit spezifischem Aroma. Für Eintöpfe, Ragouts, Rouladen, Suppen, Saucen und Kartoffelgemüse.
Lorbeer	Blätter mit sehr starkem Aroma. Für

	Marinaden, Beizen, und Fischsud, Ragouts aus hellem Fleisch.
Macis	oder Macisblüte, Mantel der Muskatnuß in getrocknetem Zustand. Vom Geschmack nicht so ausgeprägt wie die Muskatnuß. Wird meist für Weihnachtsgebäck verwendet.
Majoran	Stark würzendes, sehr aromatisches Kraut. Verliert sein Aroma durch Kochen nicht. Häufig gemeinsam mit Thymian verwendet. Ursprünglich nur bei der Wurstbereitung und für Schweinebraten eingesetzt. Für alle kräftigen Fleischfüllen, Gänse- oder Entenbraten und Kartoffelgerichte.
Meerrettich	Sehr Vitamin-C-haltig, wenn frisch gerieben, scharf! Für Saucen, Quark, Mayonnaisen, in Sahne, zu gekochtem Rindfleisch und zu Würstchen.
Melisse	Schmeckt wie Zitrone, aber zugleich ein wenig salzig, süß und bitter. Gehört an grüne Salate, zu Rotkohl, Kräutersaucen und Pilzgerichten. Darf nur roh verwendet werden.
Minze	Sehr erfrischend, zu Punsch, Tee und Drinks. Für Fleisch (englisches Lamm!) und Gemüse; insbesondere zu Erbsen.
Muskat	Samenkern des Muskatnußbaumes. Nuß wird auf Reibeisen gerieben. Auch bereits gemahlen erhältlich, dann jedoch nicht so geschmacksintensiv. Für Suppen, Saucen, Spinat, Pürree und Blumenkohl.
Nägelein	Nelken.
Nelken	getrocknete Blütenknospen des Ge-

	würznelkenstrauches. Für Marinaden, Reis, Kompott, Weihnachtsgebäck, Glühwein und Braten.
Nelkenpfeffer	pulverisiertes Piment, Anwendung sehr sparsam.
Oregano	Wilder Majoran, Anwendung wie Gemisch aus Majoran, Thymian und Minze. Würziger Geschmack, der durch Erwärmen intensiviert wird. Für italienische Küche, Lamm, Tomatengerichte.
Paprika	Rote, getrocknete, gemahlene Paprikaschoten in fünf Schärfegraden von edelsüß bis scharf. Unentbehrlich zum ungarischen Gulasch, zu Gemüseeintöpfen, Geflügel und Suppen. Darf nie in in siedendes, immer nur in heißes Fett gegeben werden, damit der Geschmack voll zur Geltung kommt.
Petersilie	Krause und glatte. Neben Schnittlauch auch das bekannteste und gebräuchlichste Kraut. Paßt an alle herzhaften Gerichte und in jede Kräutermischung, wobei die glatte Petersilie die aromatischste ist. Sollte nie mitgekocht, sondern jeweils am Ende zugefügt werden.
Pfeffer	Schwarzer, weißer, grüner, roter (Cayenne). Grundsätzlich gilt: schwarzer Pfeffer an dunkles, weißer Pfeffer an helles Fleisch! Eingelegter grüner Pfeffer gibt allen Gerichten eine besonders intensiv-scharfe Note, Vorsicht beim Dosieren. Wird deshalb meist abgemildert durch Zugabe von Sahne. Pfeffer wird bei fast allen Gerichten als Würze mit verwendet. Frisch gemahlen

	oder grob geschrotet ist er besonders aromatisch.
Pfefferkraut	Bohnenkraut.
Pfefferminz	Minze.
Piment	Nelkenpfeffer oder Neugewürz. Geschmacklich zwischen Nelken und Pfeffer liegend, ein Allerweltsgewürz, das zur Abrundung nahezu aller Speisen verwendet werden kann.
Pimpinelle	Kann nur frisch verwendet werden. Unaufdringlich im Geschmack, etwas an Gurken anmutend. Für Salate, Marinaden, Kräuterbutter und Quarkmischungen.
Pistazien	Würznüsse grüner Farbe. Zu Wurstfüllungen und Fleischteigen, sonst nur zur Garnierung.
Portulak	Schmeckt etwas salzig, ein wenig säuerlich und erfrischend. Kann nicht getrocknet werden. Die Keimpflanzen können wie Spinat gekocht werden. Frisch als Würze zu Salaten, Saucen, Gurken- und Tomatengemüse sowie zu Quark.
Pottasche	Kaliumkarbonat.
Rokenboll	von frz. rocambole, Knoblauchart.
Rosmarin	Kampferartiges Aroma, leider bitter. Paßt zu jedem gebratenen Fleisch, zu Ragouts, Saucen und Kartoffelgerichten. Rosmarinaufguß als Badezusatz regt Herz- und Kreislauffähigkeit an, trägt Schlacken ab und bekämpft Runzeln.
Safran	Gelbes, stark färbendes Gewürz aus den getrockneten Blütennarben der Sa-

	franpflanze. Bitterer Geschmack, starker Geruch. Minimaldosierung! Verwendung stets in Flüssigkeit aufgelöst (Wein, Milch, Wasser oder Brühe). Für Fischsuppen, Reisgerichte und Weihnachtsgebäck.
Salbei	Würzig-bitterer Geschmack. Ausgezeichnet zu Innereien, Geflügel, Lamm und Wildgerichten. Besonders delikat zu Aal, Apfelgelee und Würzölen.
Sauerampfer	Schmeckt kräftig und angenehm sauer. Nur junge Blätter verwenden. Für Salate und Quark, für »Grüne Sauce«.
Senfkörner	Gelb = mild, schwarz = scharf. Zum Einlegen von Gurken und Heringen, für Marinaden und zur Senfbereitung.
Schnittlauch	Sein mildes Aroma ähnelt dem der Zwiebeln. Deshalb schmeckt Schnittlauch in jedem Gericht, das auch mit Zwiebeln zubereitet werden kann. Käse-, Quark-, Eierspeisen, Suppen und Salate.
Thymian	Riecht angenehm, schmeckt pfeffrig würzig bis beißend. Standardgewürz der südfranzösischen Küche. Paßt gut zu Hackbraten, Leberknödeln, Tomaten- und Kartoffelgerichten. Mit Melisse und Estragon zur Herstellung von Kräuteressig. Als Badewasseraufguß gegen Rheuma und Hautausschlag.
Turmeric	Ingwerähnlicher Geruch, bitterer Geschmack. Wenig bekanntes Gewürz, als Mischgewürz vielseitig einsetzbar.
Vanille	Kapselfrüchte einer Orchideenart in Schoten- und Stangenform. Für Back-

	werk, Süßspeisen, Getränke, süße Saucen.
Wacholderbeeren	Getrocknete, reife Früchte des Wacholderstrauches. Bitter-süßer, harziger Geschmack. Werden ganz oder zerdrückt mitgekocht. Für Sauerkraut, Wildgerichte, Beizen.
Weinranke	Starker Balsamgeruch und leicht bitterer Geschmack. Sparsamste Dosierung, für Fleischfüllungen, Ragouts, Wild und Käse. Gilt als nervenstärkend und schweitreibend. Früher oft als Kuchengewürz und als Gegenmittel bei Vergiftungen durch Schierling verwendet.
Ysop	Herb, aromatisch-bitterer Geschmack. Kräftiger kampferartiger Geruch. Vielseitiges Gewürz zu Kartoffelgerichten, Suppen, Eiern, Leberklößen und Salaten. Als Weinwürze und zu Bowlen.
Zimt	In Stangen und pulverisiert, wobei ersterer kräftiger würzt. Für Milchreis, Kompotte, Gebäck und Punsch.
Zitronenmelisse	Melisse.

Inhaltsverzeichnis

A

B

H

M

N

O

P

R

S

T

V

W

Z

Vom Zucker

OMA'S
Koch & Back
Bibliothek

OMA'S
Koch & Back Bibliothek

Milch- & Mehlspeisen

Weltbild Verlag

Genehmigte Lizenausgabe für
Weltbild Verlag GmbH, Augsburg 1993

Einbandgestaltung: Peter Engel, München
Gesamtherstellung: Presse-Druck Augsburg
Printed in Germany

ISBN 3-89350-196-7

VORWORT

Die vorliegende Rezeptsammlung wurde aus einer der größten Privatsammlungen von Kochbüchern des 17. bis 19. Jahrhunderts zusammengestellt und sprachlich behutsam dem heutigen Gebrauch angepaßt.

Um eine auch in modernen Zeiten nachvollziehbare Kochbarkeit zu ermöglichen, bildet Bauers Kochbuch, das zuletzt in den 70er Jahren mit einer Auflage von weit über 100000 Exemplaren erschienen ist, die Grundlage unserer Koch- und Backbibliothek.

Die Rezepte wurden von der Autorin und der Hauswirtschaftsfachschule Stuttgart aus alten Überlieferungen gesammelt und nachgekocht.

Im Anhang findet sich am Schluß eines jeden Bandes ein alphabetisches Register.

Äpfel im Schlafrock

Man schält zehn bis zwölf gute Kochäpfel und befreit sie mittels eines Ausstechers vom Kernhaus, legt sie dann nebeneinander in ein weites Geschirr, bestreut sie mit einigen Eßlöffeln gestoßenem Zucker, begießt sie mit drei bis vier Eßlöffeln Kirschwasser oder Rum und läßt sie so, bedeckt, zwei Stunden liegen. Nun wird Butterteig zweimesserrükkendick ausgewargelt und davon mit einem Backrädchen fingerbreite und 20 cm lange Streifen abgeschnitten. Von diesen legt man je zwei und zwei kreuzweise übereinander, stellt da, wo sie sich kreuzen, einen von obigen marinierten Äpfeln darauf, füllt in den Ausstich desselben gewaschene, mit Zucker und Zimt vermischte kleine Weinbeeren und schlägt nun die Streifen über den Apfel zusammen. Das was von den Streifen allenfalls zu lang ist, schneidet man ab und drückt die Enden derselben an den Apfel an. Nachdem auf den Schluß der Streifen noch kleine, vom Butterteig ausgestochene Blättchen gelegt und etwas angedrückt sind, werden sämtliche Äpfel in ein aufgeschlagenes Kuchenblech gebracht, die Streifen und Blättchen mit verrührtem Ei überstrichen, das Ganze in mittelheißem Ofen gebacken, und mit Zucker bestreut auf die bestimmte Platte gebracht. Man kann sie nun *trocken* servieren, oder mit nachstehender *Sauce* geben: In den im Kuchenblech zurückgebliebenen Saft gibt man vier Eßlöffel Zucker und ebensoviel Butter, und stellt dies so lang auf Feuer oder die heiße Herdplatte, auch in den heißen Ofen, bis der Zucker hellbraun geworden, dann schüttet man ¼ l halb Wasser, halb Wein daran und verkocht alles zu einer dicklichen Sauce, welche man auf die Platte unter die Äpfel gießt. – Hierzu eignen sich nur Äpfel, die beim Kochen nicht zerfallen, besonders Reinetten.

Äpfel im Schlafrock, andere Art

Die Äpfel werden nach voriger Nummer hergerichtet, in vier bis fünf Schnitze geschnitten und wie obige mariniert, inzwischen aber aus messerrückendick ausgewargeltem Butterteig runde Plättchen je nach der Größe des Apfelschnitzes ausgestochen, deren Rand man leicht mit Ei bestreicht. Auf diese werden jetzt die Schnitze gelegt, von dem Saft, in dem sie zuvor gelegen, etwas mit einem Kaffeelöffel darübergegeben und ein wenig Zucker daraufgestreut, nun der Teig je über den Schnitz gebogen und rundum angedrückt, dann sämtliche Schnitze auf ein Blech geordnet, mit verrührtem Ei bestrichen und gebacken.

Apfelküchlein I

125 g Mehl, 2 Eier, Salz, 2 EL Zucker, etwa 1/8 l Milch, Zitronenschale, 5 große Äpfel, 2 EL Zucker, Backfett, Zucker und Zimt

Die Äpfel schälen, das Kernhaus ausstechen, in fingerdicke Scheiben schneiden, mit Zucker bestreuen. Von Mehl, Eigelb, Zucker, Salz, Milch einen dickflüssigen Teig anrühren, zuletzt den Schnee unterziehen. Die Apfelscheiben in dem Teig umdrehen, in reichlich heißem Fett auf beiden Seiten hellbraun backen. Nach dem Abtropfen in Zucker und Zimt umdrehen. Die Apfelküchlein kann man auch schwimmend im Fett backen.

Apfelküchlein II

6 große Äpfel, 2 EL Zucker, 1/2 l Milch, 60 g Zucker, 60 g Butter, 1 Prise Salz, 200 g Mehl, 4 Eier, Zitronenschale

Äpfel vorrichten wie oben. Milch, Salz, Butter, Zucker aufkochen, das Mehl zugeben, zu einem Kloß abrühren, 1 Ei zugeben, kalt stellen. Nach dem Erkalten die übrigen Eier zugeben, die Äpfel darin umdrehen, fertigmachen wie oben. Anstatt Äpfel kann man auch Apfelsinenscheiben nehmen.

Apfelküchlein III

125 g Mehl, 2 EL Zucker, 1 Prise Salz, Zitronenschale, 1/8 l Wein oder Bier, 1 TL Öl, 3 Eiweiß, 5 große Äpfel, 2 EL Zucker, Backfett

Die Äpfel vorrichten wie bei Apfelküchlein I.
Von den übrigen Zutaten einen Teig anrühren, zuletzt Eischnee unterziehen. Fertigmachen wie I.

Apfelküchlein, andere Art

Man schneide acht bis zehn mittelgroße, gute, abgeschälte Kochäpfel der Runde nach in gut messerrückendicke Scheiben, befreie diese vom Kernhaus, gebe sie in eine Schüssel, bestreue sie mit 70 g feinem Zucker, gieße zwei Eßlöffel Rum oder Kirschwasser darüber, und lasse sie in dieser Beize zwei Stunden stehen, sie inzwischen einigemal umkehrend. Hernach tauche man sie mittels einer Gabel in Backfett von Wein, backe sie aus schwimmendem heißem Schmalz schön gelb und rösch heraus, lege sie zum Abtropfen einige Augenblicke auf Fließpapier, bestreue sie noch warm mit Zucker, und bringe sie zu Tisch.

Apfelpfannkuchen

250 g Mehl, etwa 1/8 l Milch, Salz, 2–3 Eier, 2 EL Zucker, Zitronenschale, 500 g geschälte, in feine Scheiben geschnittene Äpfel

In den angerührten Pfannkuchenteig gibt man zuletzt die Äpfel und Eischnee. Man backt in heißem Fett dünne Pfannkuchen und bestreut diese beim Anrichten mit Zucker und Zimt.

Apfelpfannkuchen, andere Art

12 Stück große säuerliche Äpfel, 125 g Butter, 12 kleine Zwiebäcke, Milch zum Einweichen derselben, 6 Eier, 125 g Korinthen, 2 EL Zucker, Zitronenschale oder Zimt

Die Äpfel werden geschält, in 8 Teile geschnitten und auf gelindem Feuer in der Butter mürbe geschmort. Dann gießt man zu den gestoßenen Zwiebäcken so viel gute Milch, daß sie darin weichen können, schlägt 4 Eiweiß zu Schaum, rührt das Bemerkte zur Zwiebackmasse, fügt zuletzt die Äpfel und danach den Schaum hinzu. Auch kann man mit den Äpfeln 2 Eßlöffel Rum durchrühren. Der Kuchen wird auf langsamem Feuer gebacken.

Apfelpfannkuchen mit Geist

Es werden kleine dünne Apfelscheiben vorbereitet, mit etwas Kirschwasser, Zimt und Zucker mariniert, in Pfannkuchenteig gebacken und als Süßspeise oder eigenes Gericht serviert.

Apfelschmarrn

250 g Mehl, ½ l Milch, 4 Eier, Prise Salz, 3–4 Äpfel

Man rührt aus den angegebenen Zutaten einen glatten Teig und mischt die in Scheiben geschnittenen Äpfel darunter. Der Teig wird in 2 bis 3 Portionen in heißem Schmalz in der Pfanne auf beiden Seiten goldgelb gebacken und in kleine Stücke zerteilt, die man häufig wendet. Den fertigen Schmarrn bestreut man mit Zucker.

Apfelstrudel

250 g Mehl, 2 EL Öl, ½ TL Salz, knapp ⅛ l lauwarmes Wasser, nach Belieben 1 Ei. Fülle: 1–1½ kg geschälte, in feine Scheiben geschnittene Äpfel, 50 g Rosinen, 100 g Zucker, 50–100 g geriebene Mandeln oder Haselnüsse, 1 TL Zimt. Zum Aufziehen: ½ l Milch, 50 g Butter, 50 g Zucker

Das Mehl aufs Wellbrett geben, mit dem Öl, Salz, Eier, Wasser zu einem sehr weichen, geschmeidigen Teig verarbeiten, glattschlagen, mit einer warmen Schüssel bedecken, die man ab und zu neu erwärmen muß; ½ Stunde ruhen lassen. Auf einem bemehlten Tischtuch wellt man den Teig etwas aus, zieht ihn mit beiden Händen vorsichtig, schleierdünn aus. Dann betropft man den Teig mit zerlassener Butter oder Rahm, gibt die mit Rosinen, Mandeln, Zucker, Zimt gemischten Äpfel darauf. Das Tuch wird an einer Seite hochgehalten, das Ganze aufgerollt, nach Belieben zu einer Schnecke geformt. Man setzt den Strudel auf ein bestrichenes Kuchenblech, gibt Butterstückchen obenauf und backt ihn etwa ¾ Stunden. *Oder:* Man gibt den Strudel in eine Kasserolle, gibt die mit Butter und Zucker aufgekochte Milch darüber und stellt ihn in den Backofen. Backzeit ¾ Stunden.

Apfelstrudel, andere Art

Acht bis zehn gute, geschälte Äpfel werden in dünne Scheiben geschnitten, diese mit einem Gläschen Wein, 100 g Zucker, einem Teelöffel Zimt und 70 g Butter auf schwachem Feuer weichgedünstet, wobei sie möglichst *ganz* bleiben sollen, und dann zum Erkalten gestellt. Nun wird ein Strudelteig bereitet und dünn ausgezogen, mit Butter bestrichen, und mit den erkalteten Äpfeln gleichmäßig belegt. Beendet wird der Strudel wie bei Rahmstrudel beschrieben, dann mit seinem Saft auf die Platte angerichtet, mit Zucker bestreut und warm oder kalt serviert. – Man kann die Äpfelmasse auch in *süßen oder gewöhnlichen* Butterteig, der dann gleichfalls dünn ausgewargelt wird, einrollen, und das Ganze hernach auf einem Backblech in gutem Ofen backen.

Apfelwaffeln

250 g Margarine oder Butter, 75 g Zucker, 250 g Mehl,
1 TL Backpulver, 1/8 l Milch lauwarm, 300 g Äpfel geschält und würflig geschnitten, 50 g Mandeln oder Nüsse gerieben, 1/2 TL Zimt

Fett schaumig schlagen u. geriebene Zitronenschale sowie Eier dazugeben. Mehl mit Backpulver mischen und gesiebt mit lauwarmer Milch einrühren. Die geschälten u. in ganz kleine Würfel geschnittenen Äpfel zusammen mit den Mandeln vorsichtig unter den Teig mischen. Waffeln mit Zucker und Zimt bestreuen und warm servieren.

Ägyptischer Kloß

300 g Zwiebacksemmel, 130 g Butter, 8 Eier, 65 g feingeschnittene Mandeln, 1 Zitrone, Milch und 500 g Zwetschgen

Die Semmeln werden abgerieben; was nicht gerieben werden kann, wird in Milch nicht zu stark eingeweicht. Unterdes reibt man die Butter zu Sahne, rührt nach und nach die Eier, danach Mandeln, Zitronenschale, das eingeweichte und zuletzt das geriebene Brot hinzu. Nachdem es 1/4 Stunde gestanden, wird ein Kloß davon geformt und auf die Zwetschgen gelegt, welche schon 1/2 Stunde vorab gekocht haben. Man läßt denselben 1 Stunde in einem offenen Topf langsam kochen, während man ihn in der Hälfte dieser Zeit mit dem Schaumlöffel umlegt. Der Kloß wird mit den Zwetschgen ringsum angerichtet.

Alemannischer Bettelmann

300 g geriebenes trockenes Schwarzbrot, 1/4 l Wasser, 1/4 l Wein, 1500 g Äpfel, 1 Prise Nelkenpulver, Zimt, Zucker, Rosinen

Das Brot wird mit Wein und Wasser befeuchtet und abwechselnd mit den geschälten, kleingeschnittenen Äpfeln, den Gewürzen, Rosinen und Zucker in eine gefettete Auflaufform gefüllt und bei mittlerer Hitze in ca. 45 Minuten gebacken.

Arme Ritter

Man nehme dazu am besten frisches Weißbrot, schneide die Rinde ab, das Brot in fingerdicke Scheiben. Dann schlage man zu 1/2 l warmgemachter Milch 3 ganze Eier, etwas Muskatblüte oder Zimt, 1 Eßlöffel Zucker und mache die Schnitten darin weich. Unterdes röste und stoße man die Rinde, tunke die Schnitten in geschlagenes Ei, drücke die beiden Seiten in die Rinde, backe sie in heißgemachter Butter von außen kroß, inwendig weich und richte sie mit Zucker bestreut zum Kompott an.

Arme Ritter, schnelle

Es eignen sich hierzu am besten große doppelte Zwiebäcke, welche nur einmal im Ofen gewesen sind, oder auch Semmel. Von ersteren nehme man zu 6 Stück, an Gewicht 580 g, ¾ l Milch und 6 Eier. Die Zwiebäcke werden gespalten, die Milch wird mit etwas Muskatblüte, Zitronenschale oder Zimt und ein wenig Salz, eben aufgekocht und mit einem Löffel darüber verteilt, wobei man bald nachher die untersten weichen Schnitten nach oben legt. Unterdes schlägt man die Eier, legt die Schnitten nach beiden Seiten hinein, daß die Eier gut einziehen und backt sie in heißgemachter Butter mit Schmalz vermischt dunkelgelb. Man bestreut sie stark mit Zucker und gibt sie womöglich mit frischem Kompott recht heiß zur Tafel.

Asch

½ l Milch, ½ l Mehl, 6 Eier, Zucker und Salz verquirlt man tüchtig zu einem glatten Teig. Dann belegt man eine dick ausgebutterte Tonpfanne mit Semmelschnitten, die man mit Butter bestrichen und mit Zucker und Zimt bestreut hat und übergießt sie mit der Hälfte des Kuchenteiges. Nun gibt man eine Schicht gedünstete Äpfel oder Pflaumenkompott darüber, dann abermals eine Lage butterbestrichene Semmelscheiben, bestreut diese wieder mit Zucker und Zimt und gießt zuletzt die zweite Hälfte des Teiges darauf. Man läßt den Kuchen ungefähr 2 Stunden bei mäßiger Hitze backen, bestreut ihn mit Zucker und Zimt und bringt ihn heiß auf den Tisch.

Aufgezogenes von Semmeln mit Kirschen

Wird bereitet und beendet wie Aufgezogenes von Äpfeln, nur werden dabei, statt Äpfeln, 560 g (1 Pfund) ausgesteinte oder auch unausgesteinte Kirschen verwendet.

Ausgezogene Küchlein (Fensterküchlein)

500 g Mehl, 20 g Hefe, etwa 1/4 l Milch, 60 g Zucker, 60 g Butter, 1–2 Eier, 1 TL Salz, Zitronenschale – Backfett

Vorteig und Hauptteig machen. Nach dem Gehen den Teig mit einem Löffel abstechen, runde Küchlein formen, auf ein bemehltes Brett setzen, gut gehen lassen. Man zieht die Küchlein in der Mitte dünn aus, gibt sie in heißes Fett, bäckt sie schwimmend zugedeckt 2–3 Minuten, nimmt den Deckel ab und bäckt sie unter öfterem Begießen in offener Pfanne goldgelb. Nach dem Abtropfen bestreut man sie mit Staubzukker.

Bayrische Klöße

6 Brötchen, 1/4 l Milch, Zwiebel, Petersilie, 30 g Fett, 500 g gekochte, geriebene Kartoffeln, 2 Eier, Salz, Pfeffer, Muskat, 50 g Speck, 1 EL Mehl

Die Brötchen in feine Scheiben schneiden, mit der kochenden Milch übergießen, zudecken, durchziehen lassen, fein verzupfen. Zwiebel, Petersilie, den in Würfel geschnittenen Speck zusammen dämpfen. Alle Zutaten mischen, kleinen Probekloß machen, dann die andern Klöße formen. Im Salzwasser 8 Minuten offen kochen. Mit Weckmehlschmelze übergießen. *Oder:* Man dämpft Speckwürfel mit fein geschnittenen Zwiebelscheiben hellbraun und übergießt die Klöße damit.

Berliner Pfannkuchen

500 g Mehl, 20 g Hefe, 1/4 l Milch, 1 TL Salz, 80 g Butter, 80 g Zucker, 2 Eier, Zitronenschale – Backfett

Man macht einen Hefeteig. Der fertig gegangene Teig wird fingerdick ausgewellt, mit einer runden Form oder Glas Küchlein ausgestochen. In die Mitte der Teigplatte gibt man etwas dicke Marmelade, bestreicht obenauf den Rand mit Eiweiß, setzt einen Deckel darauf und drückt den Rand leicht fest. Auf einem bemehlten Brett läßt man sie nochmal gehen und backt die Pfannkuchen schwimmend in nicht zu heißem Fett. Nach dem Abtropfen in Zucker und Zimt umdrehen.

Berliner Pfannkuchen, andere Art

375 g Mehl, 20 g Hefe, 1 Ei, 2 Eigelb, 65 g Zucker, 2 geriebene bittere Mandeln, Schale einer 1/2 Zitrone, 75 g Butter, etwa 1 Tasse lauwarme Milch, 1 Prise Salz, Marmelade zur Füllung, Zimtzucker

Das Mehl in eine angewärmte Schüssel geben, in die Mitte eine Vertiefung machen, die in einer halben Tasse lauwarmer Milch aufgelöste Hefe hineingießen und mit etwas Mehl verrühren, die Schüssel mit einem Tuch zudecken und an einem warmen Ort 20 Minuten gehen lassen. Nun gibt man Ei, Eigelb, bittere Mandeln, abgeriebene Zitrone, Salz, Zucker und die lauwarme Milch hinzu. Der Teig darf nicht zu weich, aber auch nicht zu fest sein. Den Teig tüchtig schlagen, bis er sich von der Schüssel löst, die flüssige, abgekühlte Butter dazugeben und nochmals durcharbeiten, bis der Teig glatt ist. Zugedeckt noch einmal gehen lassen, auf einem gemehlten Brett ungefähr 1 cm dick ausrollen und dann Plätzchen von 7–8 cm ∅ ausstechen. Den Rand der Hälfte der Plätzchen mit etwas Wasser leicht anfeuchten und in die Mitte einen kleinen Teelöffel Pflaumenmus oder beliebige Marmelade geben. Obenauf ein zweites Plätzchen setzen, den Rand gut andrücken und, eventuell, mit einem etwas kleineren Ausstecher nochmals rund ausstechen, mit dem Tuch zudecken und gut aufgehen lassen. Dann die Pfannkuchen in einem Fettbad von 180° C – nicht zuviel auf einmal – erst auf einer und dann auf der anderen Seite goldbraun backen. Auf ein Tuch zum Abfetten legen, dann in Zimtzucker wälzen oder mit Puderzucker bestäuben.

Berliner Pfannkuchen, einfache Art

Zum Teig 1/4 l Milch, 125 g abgeklärte Butter, 1 Ei und 5 Eidotter, 50 g Hefe, 50 g Zucker, 1 TL Salz und feines Mehl wie folgt; ferner zum Füllen beliebiges Eingemachtes: Johannisbeeren-, Kirschen-, Zwetschgen- oder Dreimus oder Gelee

Mehl und Butter werden vorher erwärmt. Dann schlägt man die Eier, rührt die lauwarme Milch nebst Hefe, Zucker und Salz hinzu und macht dies mit feinem Mehl zu einem leichten Teig, den man so lange schlägt, bis er Blasen wirft und nicht mehr am Löffel klebt. Darauf legt man ihn zum langsamen Aufgehen auf ein mit Mehl bestäubtes Backbrett. Ist das nun geschehen, so rollt man ihn einen Finger dick aus, legt mit dem Teelöffel Eingemachtes darauf, ein Stück Teig darüber, sticht mit einem Ausstecher oder Glase Kuchen davon aus, bestreicht sie da, wo sie zusammentreffen, mit Ei, legt sie auf Stücke Papier, welche vorher mit etwas Mehl bestäubt sind, und läßt sie in der Wärme langsam aufgehen. Unterdes lasse man Schmelzbutter kochend heiß werden, 3 bis 4 Kuchen zugleich vom Papier – die obere Seite nach unten – ins Fett gleiten und verfahre weiter nach vorhergehender Vorschrift. Die Pfannkuchen müssen eine gelbbraune Farbe erhalten, werden noch heiß mit einer Mischung von Zucker und Zimt bestreut und ganz frisch gegessen.

Biskuitäpfel

4 Eier, 125 g Zucker, 125 g Mehl, Saft und Schale 1/4 Zitrone – Backfett

Eigelb, Zucker, Zitrone schaumig rühren, Mehl und Schnee abwechselnd lose unterziehen. Mit einem Eßlöffel legt man runde Klöße schwimmend in heißes Fett und backt sie hellbraun. Nach dem Backen mit einer Rotweinsauce übergießen. *Oder:* Man wendet Apfelscheiben in dem Teig wie bei Apfelküchlein und backt diese schwimmend im Fett.

Biskuit-Pfannkuchen

5 Eier, 100 g Zucker, 100 g Mehl, Saft und Schale 1/4 Zitrone

Eigelb, Zucker, Zitrone schaumig rühren, Mehl und Schnee abwechselnd lose unterziehen. In einer Backpfanne erhitzt man etwas Butter, gibt die Masse zu, stellt sie etwa 10 Minuten in den Backofen. Man bestreut rasch mit Marmelade, schlägt beide Seiten darüber, bestreut mit Zucker und brennt diesen mit einem glühenden Haken.

Bohnenknödel

7 Semmeln, 1/4 l Milch, Salz, 2 Eier, 500 g weiße Bohnen, 1 Zwiebel, Petersilie. Zur Sauce: 40 g Butter oder Margarine, 40 g Mehl, 2 EL Tomatenmark, Pfeffer, Majoran

Die über Nacht eingeweichten Bohnen im Einweichwasser weichkochen. Die Semmeln werden in feine Scheiben geschnitten, mit heißer Milch übergossen und zugedeckt stehengelassen. Mit der Semmelmasse werden die abgetropften Bohnen, Eier, feingehackte Zwiebel und die ebenfalls feingehackte Petersilie vermengt und Knödel daraus geformt, die 20 Minuten in siedendem, gesalzenem Wasser ziehen müssen.

Inzwischen läßt man für die Sauce die Butter oder Margarine in einem Topf zergehen, rührt das Mehl hinein und gießt mit heißem Bohnenwasser auf. Gut durchkochen lassen. Nun wird das Tomatenmark hineingerührt und mit Pfeffer und Majoran abgeschmeckt. Die Knödel in der Sauce heiß werden lassen.

Boudin, englischer

von 3 Weißbroten oder Kreuzerwecken reibt man das Harte auf dem Reibeisen ab, schneidet das Innere zu dünnen Suppenschnitten, gießt einen kleinen halben Schoppen siedende Milch darüber, nur daß die Schnitten überall angefeuchtet werden, deckt sie zu, und läßt sie stehen, rührt alsdann ein Viertel Butter leicht, 6 Eier daran, gibt eine Handvoll geschälte und zartgestoßene Mandeln nebst dem angefeuchteten Wecken an die Butter und die Eier, und rührt die Masse eine Viertelstunde. Wenn sie leicht gerührt ist, werden noch eine Messerspitze Muskatblüte, 4 Lot gestoßener Zucker, die kleingeschnittene Schale von einer halben Zitrone, 4 Lot große und kleine Rosinen dazugegeben. Hierauf wird eine Serviette so groß wie ein Teller mit Butter bestrichen, mit geschnittenem Zitronat nach Belieben bestreut, die Masse hineingefüllt, zugebunden, 2 fingerbreit leer gelassen, in siedendes Wasser gehängt, und eine Kirschen- oder Hagebuttensauce darüber gemacht.

Boudin, englischer, andere Art

Die Rinde von 2 Kreuzerwecken reibt man ab, schneidet das Weiche wie zu dem vorhergehenden zu dünnen Schnittlein, und brüht sie mit einem kleinen Trinkglas siedender Milch, daß die Schnittlein kaum angefeuchtet werden. Man darf aber nicht darin rühren. Alsdann verrührt man 6 Eier wohl in einem Geschirr, gibt ein Trinkglas guten Wein daran, und eine Messerspitze Muskatblüte nebst 4 Lot gestoßenem Zucker dazu, gießt diesen Wein nebst den Eiern an den Wecken, rührt es nur ein wenig untereinander, nimmt 4 Lot gewaschene kleine Rosinen dazu, bestreicht eine Serviette mit Butter, bestreut sie mit länglich geschnittenen Mandeln, füllt die Masse hinein, bindet sie zu, und hängt sie wie gewöhnlich ins siedende Wasser.

Boudin, gebacken

Man schneidet 3 bis 4 Kreuzerwecken grob gewürfelt, gibt sie in eine Schüssel, 1 Viertel große und ebensoviel kleine Rosinen, das von einer Zitrone am Zucker abgeriebene und 4 Lot länglich geschnittene Zitronat dazu, mengt es untereinander, macht ein Viertel Butter mit einem halben Schoppen Milch siedend, und gießt dies über den Wecken, so daß er durchaus angefeuchtet wird, verrührt nach diesem 7 bis 8 Eier recht gut, und rührt die Weckenmasse langsam damit an. Ist es nicht süß genug, so wird noch etwas gestoßener Zucker dazugegeben. Es darf nur so lang an der Masse gerührt werden, bis die Eier daran sind, denn die Weckbröckelein müssen ganz bleiben. Hierauf wird eine Kastrol mit Butter bestrichen, mit Semmelmehl bestreut, die Masse dazugegeben, und im Ofen gelb gebacken. Sie ist bald fertig. Wenn es zu langsam bäckt, wird es ausgedörrt. – Außer einer Milchsauce kann man sonst jede süße Sauce dazu geben.

Boudin, gesalzener, von Nudeln

Soll es eine große Platte voll werden, so verfertigt man von 3 großen oder 4 kleinen Eiern einen Nudelteig, wellt ihn wie gewöhnlich dünn, schneidet einen kleinen Finger breite Nudeln daraus, siedet sie im Salzwasser, stößt sie wieder ab, hackt ein paar verwellte Euter nebst etwas Petersilie klein, gibt die Nudeln in eine Schüssel, das Gehackte nebst Salz und Muskat dazu, rührt ein Viertel Butter, eine Handvoll Semmel-(Mutschel-)Mehl und 6 bis 7 Eier daran, bestreicht eine Serviette mit Butter, bestreut sie mit Semmelmehl, füllt die Masse und macht eine Buttersauce von Petersilie und Morcheln darüber, hat man Brieslein, so werden solche in die Sauce geschnitten und über den Boudin angerichtet.

Boudin von Mutscheln (Semmeln) oder Milchbrot

Von Mutschelmehl nimmt man 2 Händevoll, oder reibt 2 Milchbrote auf dem Reibeisen, nacht 4 Lot Butter warm, und gießt es über das Geriebene. Wenn es erkaltet, hackt man ein verwelltes Brieslein, 2 Euter, eine Handvoll gesottene Morcheln und ein wenig Petersilie grob. Wenn das angefeuchtete Mehl oder Brot erkaltet ist, rührt man das Gelbe von 6 Eiern nebst Muskat und Salz wohl untereinander, nimmt hierauf die gehackten Brieslein und Euter hinein, schlägt das Weiße der 6 Eier zu einem Schnee, und gibts vollends dazu. Dann wird die Masse in eine mit Butter bestrichene und mit Semmelmehl bestreute Serviette wie ein anderer Boudin eingefüllt, fest zugebunden, in siedendes Salzwasser gehängt, eine Stunde gesotten, und eine Buttersauce darüber verfertigt. Ehe man anrichtet, werden 3 Eigelb mit ein wenig Zitronensaft verrührt, die verfertigte Sauce langsam darangegossen, und über den Boudin angerichtet.

Boudin von Spinat

Für 6 Personen wird eine große Handvoll Spinat gebrüht, mit Petersilie, Schnittlauch, Schalotten oder andern Zwiebeln kleingehackt, ein Weisbrot oder Kreuzerwecken abgerieben, in 4 Teile geschnitten, in süße Milch eingeweicht, das Gehackte in einem Viertel Butter gedämpft, der eingeweichte Wecken ausgedrückt, alles zusammen in eine Schüssel gegeben, Muskat und Salz dazu, mit 6 Eigelb angerührt, das Weiße der 6 Eier zu einem Schnee geschlagen, auch dazu genommen, und eine Serviette mit Butter bestrichen. Hat man ein Stücklein übriggelassenen Braten, etlich verwellte Morcheln oder etwas von einer Omelette (Eierkuchen), so wird solches gehackt, die Serviette dick damit gestreut, der Boudin eingefüllt, fest zugebunden, Zweifingerbreit leer gelassen, und eine Stunde in siedendes Salzwasser gehängt. Wenn er auf der Platte angerichtet ist, wird eine Buttersauce darüber gemacht.

Boudin, süßer von Nudeln

Der Teig wird ebenso wie zu dem vorhergehenden gemacht. Für eine kleine Platte sind 2 Eier zum Teig genug. Wenn die Nudeln geschnitten und in einer halben Maß Milch gesotten sind, gießt man sie in einen Seiher, daß keine Milch daran bleibt, gibt alsdann eine Handvoll geschälte und zartgestoßene Mandeln in eine Schüssel, die Nudeln dazu, ein wenig Geriebenes von einer Zitrone, Zucker und Zimt nebst einem Viertel zerlassener Butter hinein, rührt dies alles mit 6 Eiern an, bestreicht eine Serviette mit Butter, bestreut sie mit geschnittenen Mandeln und Zitronat, etwas Mutschel- oder Semmelweckmehl darüber, füllt die Masse ein, und siedet sie ohne das Wasser zu salzen. Es kann eine Mandelsauce, wie solche bei dem Reis-Boudin beschrieben ist, dazu gemacht, oder auch ohne Mandeln nur das Gelbe von 2 Eiern mehr genommen werden.

Brei, gebackener, in einer Mandelsauce

Drei Löffel weißes Mehl und einen Löffel gestoßenen Zucker rührt man mit Milch an, schlägt 6 Eier hinein, rührt einen Schoppen süße Milch daran, bestreicht ein Potageblech mit Butter, füllt die Masse hinein, setzt sie auf heißes Feuer, einen Deckel mit Feuer darüber, und läßt es langsam backen. Der Brei darf keine Farbe bekommen, sondern nur fest beisammen sein. Wenn er fertig ist, muß er ganz kalt werden. Dann schneidet man ihn zu zweifingerbreiten und einfingerlangen Stücklein, kehrt solche in weißem Mehl um, backt sie gelb im Schmalz, und macht eine Mandelsauce von Milch darüber.

Brei, gebrannter

Zu einer halben Maß Milch nimmt man 5 bis 6 Eigelb, 3 Eßlöffel feines Mehl, die abgeriebene Schale von einer halben Zitrone, rührt das Mehl und die Zitronenschalen zuerst mit ein wenig Milch glatt, dann die Eigelb, die übrige Milch und ein kleines Stück Zucker dazu, kocht es unter beständigem Rühren, wie einen andern Brei, richtet ihn auf der Platte an, worauf er zu Tisch kommt, und stellt solche auf einen Topf mit siedendem Wasser, daß der Brei heiß bleibt, und oben eine Haut zieht. Alsdann wird ein zuvor gereinigtes eisernes Herdschäufelein glühend gemacht, Zucker auf den Brei gestreut, und der Zucker mit dem heißen Schäufelein gebrannt. Statt des Herdschäufeleins kann man auch einen Schmalzstecher nehmen.

Brieschen-Pudding

1 großes Brieschen. – Zum Kochen: 1 l Wasser, 1/2 EL Salz, 1/8 l Wein, 1 Sträußchen Petersilie, wenig Zitrone, 1 Pfund Kalbfleisch, 4 trockene Brötchen, 1/6 l Milch, 100 g Butter, 6 Eier, 1 TL Salz, 1 TL Petersilie, 1 EL in 20 g Butter gedämpfte Zwiebel, 1 EL Champignons. – Zum Beiguß: 50 g Butter oder Fett, 100 g Mehl, 1 1/2 l Brühe, 1/8 l Rotwein

Große Brieschen werden 1 Std. gewässert, blanchiert, vorsichtig weichgekocht und alle hautigen und knorpeligen Teile entfernt. Man schneidet es in hübsche Scheiben und stößt den Abfall und die weniger hübschen Stücke mit dem weiß gebratenen Kalbfleisch möglichst fein. In Ermangelung eines Mörsers läßt man Kalbfleisch sowie Brieschenabfälle durch die Hackmaschine laufen. Das in Scheiben geschnittene Brieschen wird zugedeckt auf die Seite gestellt. Die Brötchen werden abgerieben, in dünne Scheiben geschnitten, mit kochender Milch übergossen und zugedeckt. Nun wird die Butter schaumig gerührt, die ausgedrückten, verzupften Brötchen, das Fleisch, Salz, Pfeffer in Butter gedämpfte Zwiebel, Petersilie, die Eigelb und der steife Eischnee daruntergemengt, in eine gut mit Butter bestrichene Puddingform gefüllt und im Wasserbad 1 1/4 Std. gekocht. Mit Butter oder Fett und Mehl bereitet man eine braune Mehlschwitze, löscht mit Brieschenbrühe ab, kocht den Beiguß gut durch, würzt mit Rotwein, Champignons und gibt kurz vor dem Gebrauch die Brieschenscheiben hinein.

Der Pudding wird gestürzt und mit dem Beiguß serviert. Zu empfehlen ist, das Mehl schon am Tag vorher zu bräunen, damit der Beiguß mindestens 4 Std. Zeit zum Kochen hat.

Brotberg, spanischer

Von altgebackenem Milchbrot reibt man die Kruste ab und schneidet die Brötchen in gleiche Scheiben. Nun verquirlt man 6 Eigelb mit ½ l leichtem Rotwein, 125 g Zucker, 30 g Reismehl, etwas abgeriebener Zitronenschale und Salz über dem Feuer recht schaumig, übergießt damit sofort die Semmelscheiben, läßt sie 15 Minuten durchweichen, indem man sie einmal wendet, wälzt sie in der abgeriebenen Kruste und backt sie in Schmalz aus. Die Scheiben werden, nachdem sie abgetropft und ausgekühlt sind, mit verschiedenen Marmeladen und Früchten bestrichen und bergartig in einer Schüssel angerichtet. Dann schlägt man das Weiße der 6 Eier zu steifem Schnee, versüßt ihn mit Zucker, gibt ihn über die Schnitten in die Schüssel und backt die Speise 15 bis 20 Minuten im Ofen.

Brotknödel, andere Art

Man legt sechs gestrige Semmeln in Wasser, drückt solche nach Durchweichtsein schnell wieder fest aus, gibt hierzu eine in feine Scheiben geschnittene und in heißem Fett weichgedämpfte Zwiebel nebst vier Eiern, Salz, Pfeffer und 280 g Mehl, und mengt alles gut untereinander. Davon legt man nun beliebig große Knödel in siedendes Salzwasser ein, welche man eine Viertelstunde langsam kochen läßt, hernach anrichtet, und mit in Butter gelbgerösteten Zwiebeln aufschmelzt.

Brotknödel, bessere Art

Vier altgebackene Semmeln werden in kleine Würfel geschnitten, wovon die eine Hälfte in 100 g Fett gelb geröstet, die andere mit ¼ l kochender Milch übergossen und zugedeckt stehen gelassen wird, bis das Brot erweicht ist. Nun dämpft man zwei Eßlöffel feingeschnittene Zwiebel und ebensoviel Petersilie in einem Stückchen Fett weich, gießt dies über das Brot, gibt die Brotwürfel, 140 g Mehl, Salz, Pfeffer und sieben Eier dazu, und rührt das Ganze zu einem Teig ab, welchen man eine Stunde stehen läßt. Dann werden Knödel daraus geformt, diese in siedendem Salzwasser eine kleine halbe Stunde langsam kocht, hierauf angerichtet, und mit in Butter gelbgerösteten Semmelbröseln abgeschmälzt.

Brotknödel mit Wurstbrät

Man drückt sechs altgebackene, in Wasser eingeweichte Semmeln fest aus, dann läßt man 50 g Schmalz heiß werden, und röstet darin eine feingeschnittene Zwiebel, und hernach das ausgedrückte Brot so lang, bis es ganz abgetrocknet ist. Es wird jetzt in eine Schüssel genommen, eine Handvoll Mehl, drei bis vier Eier, das Brät von drei gewöhnlichen, ungeräucherten Würsten und, wenn es noch nötig, etwas Salz und Muskatnuß dazugegeben, und das Ganze dann mit der Hand gut abgeknetet. Sollte die Masse zu leicht sein, so gibt man noch geriebenes altgebackenes Brot darunter. Von der Masse werden nun mit einem großen Eßlöffel Knödel in siedendes Salzwasser eingesetzt, dieselben eine gute Viertelstunde gekocht, dann mit dem Schaumlöffel angerichtet, und mit in Butter gelbgerösteten Semmelbröseln abgeschmälzt.

Buchweizengrütze

500 g Buchweizen, 1 Zwiebel, Petersilie, Salz, Pfeffer, Paprika, 1 Lorbeerblatt, Nelke

Den leicht angerösteten Buchweizen gibt man in eine Pfanne, in der gehackte Zwiebel und Petersilie gedämpft werden und würzt mit Salz und Pfeffer oder Paprika. Ein Lorbeerblatt und eine Nelke werden dazugegeben. Dann wird die Pfanne mit anderthalb Liter Wasser aufgefüllt. Nach ca. zwei Stunden ist der Buchweizen weich.

Buchweizenküchlein zu rheinischem Apfelkraut

500 g Buchweizenmehl, 250 g Weizenmehl, 45–50 g Hefe, Salz, Schmalz oder Butter

Man bereitet die kleinen Kuchen aus Buchweizenmehl und Weizenmehl. Das Mehl wird mit lauwarmem Wasser, etwas Salz und in Wasser gelöster Hefe vermengt und der Teig zugedeckt 3 Stunden zum Aufgehen warmgestellt. Der Teig soll ziemlich steif sein. Sobald er genügend gegangen ist, werden mit einem Löffel Küchlein abgestochen und in heißem Schmalz, Öl oder Butter auf beiden Seiten goldbraun gebakken.

Bufantennudeln

Man nimmt ein Pfund Mehl in eine Schüssel, ein wenig Salz dazu, 2 ganze Eier, das Gelbe von 2 andern, ein halbes Viertel zerlassene Butter, 2 Eßlöffel Bierhefe und das übrige, laue Milch hinein, schafft diesen Teig glatt zusammen, und läßt ihn bei gelinder Wärme gehen. Dann werden nußgroße Küchlein daraus gebrochen, ein wenig breit gedrückt, und auf ein mit Mehl besätes Brett gelegt. Wenn sie wieder gegangen sind, gibt man einen halben Schoppen sauren oder süßen Rahm nebst einem Stücklein Butter in eine Kastrol oder Potageblech, setzt, wenn es siedet, die Nudeln hinein, streut oben Zucker darüber, gibt ihnen unten und oben Feuer, und läßt sie schnell aufziehen. In einer halben Viertelstunde sind sie fertig. Es wird nun ein Schoppen oder auch etwas mehr Milch siedend gemacht, mit 3 Eigelb abgezogen, etwas Zucker daran gegeben, und besonders zu den Nudeln aufgestellt.

Consommé, gestürztes, von jungen Hühnern oder Feldhühnern

Es werden von den Hühnern Brust und Schenkel ausgelöst, mit Salz eingerieben, in ein butterbestrichenes Papier gewickelt und leicht gebraten, das Gerippe aber mit vier gebackenen Eiern und den gebakkenen Schnitten von zwei Semmeln gestoßen. Nun dämpft man in zerlassener Butter feingeschnittene Schalotten, Petersilie und gelbe Rüben, fügt das Gestoßene nebst guter Fleischbrühe bei, kocht alles zusammen auf, nachdem noch eine halbe Flasche roter Wein dazugegeben, treibt es durchs Sieb, rührt dann zwölf Eigelb daran, und läßt es auf dem Feuer unter fortwährendem Rühren etwas dicklich werden, inzwischen das nötige Salz und etwas geriebenes Weißbrot darunterrührend. Jetzt wird eine butterbestrichene Puddingform, die etwas niedrig und am Boden abgerundet sein soll, leicht mit Semmelbröseln ausgestreut, die Hälfte obigen Consommés hineingefüllt, hierauf das verschnittene Hühnerfleisch, zwischen welches man auch Trüffel oder Champignons geben kann, gelegt, solches mit der andern Hälfte des Consommés bedeckt, und die Form sodann, gut verschlossen, anderthalb Stunden im Dunst mehr gedämpft als gekocht. Beim Anrichten wird das Ganze auf eine Platte umgestürzt, und mit Butterteigblümchen eingefaßt.

Dampfnudeln

1 Pfund Mehl, 1 TL Salz, 60 g Zucker, 80 g Butter, 1/5 l Milch, 1 Ei, 20 g Hefe. – Zum Aufziehen in einer Pfanne von 28 cm Durchmesser 2 mal je 1/8 l Wasser, 1 TL Salz oder Zucker, 1 EL Fett

Mit den angegebenen Zutaten bereitet man einen glatten Hefeteig, den man nach dem Schlagen zum Aufgehen in die Wärme stellt. Ist er genügend gegangen, sticht man mit einem Eßlöffel runde Küchlein ab, oder man nimmt den Teig auf ein erwärmtes Wellbrett, wellt ihn etwa 2 cm dick aus und sticht mit einem Weinglas Küchlein aus. Diese setzt man auf ein erwärmtes, mit Mehl bestäubtes Brett und läßt sie etwa 25 Min. gehen. In einer eisernen Pfanne läßt man Butter oder Schweinefett zergehen, gibt Wasser und etwas Salz oder Zucker zu und läßt dieses aufkochen. Man setzt die Dampfnudeln nebeneinander hinein, schließt die Pfanne mit einem gut passenden Deckel und läßt die Nudeln auf der Seite des Herdes 15–20 Min. langsam aufziehen. Sobald sie anfangen leicht zu krachen, wird der Deckel vorsichtig abgenommen, die Dampfnudeln mit einem Schäufelchen auf eine Platte gesetzt und möglichst rasch serviert. (Stückzahl: 20)

Dampfnudeln, andere Art

In einem eisernen Topf wird ¼ l Milch gekocht, dann recht schnell so viel Mehl hineingerührt, als die Milch annimmt, und über Feuer verarbeitet, bis man kein Mehl mehr sieht. Nun wird der Teig herausgenommen, mit Salz und einem Ei dick Butter geschlagen, bis er nicht mehr sehr heiß ist, dann werden sogleich 6 bis 7 Eier nach und nach dazugegeben. Darauf kocht man in einer Pfanne ¾ l Milch mit einem reichlichen Stück Butter eben auf, gibt mit einem Löffel die Klöße hinein, deckt einen Deckel, welcher gut schließt, darauf und kocht sie ½ Stunde, während man sie in dieser Zeit einmal umkehrt. Noch viel besser werden sie, wenn man einen Deckel mit Feuer darauflegt und die Klöße unberührt liegen läßt, bis sie gar sind. Sie werden mit brauner Butter und Obst gegessen.

Dampfnudeln, aufgezogen

50 g Mehl, 20 g Hefe, 1/4 l Milch, 1 TL Salz, 80 g Butter, 60 g Zucker, 2 Eier, Zitronenschale

Man macht einen Hefeteig. Der fertig gegangene Teig wird auf dem Brett gut fingerdick ausgewellt, mit einem Glas Küchlein ausgestochen, auf ein bemehltes Brett gesetzt, aufgehen lassen. In einer gut schließenden, eisernen Kasserolle läßt man 50 g Fett heiß werden, streut 1 Teelöffel Salz, 1 Eßlöffel Zucker ein, setzt die Küchlein nicht zu dicht nebeneinander ein, löscht an der Seite mit 1/4 l Flüssigkeit (halb Milch, halb Wasser) ab, deckt schnell zu und läßt die Dampfnudeln 15–20 Minuten aufziehen. *Oder:* Man stellt die Dampfnudeln ohne Deckel in den Backofen und läßt sie backen.

Dampfnudeln, bayerische

500 g Mehl, 20 g Hefe, Zucker, Milch, 2 bis 3 Eier, Salz, 80 g Butter oder Margarine

Man bereitet einen geschmeidigen Hefeteig und schlägt ihn kräftig, bis er Blasen wirft. In einer tiefen Pfanne läßt man etwa 2 cm hoch Milch mit Zucker und Butter aufkochen und wieder abkühlen. In der Zwischenzeit formt man aus dem Teig Kugeln von ca. 5 cm Durchmesser und läßt diese zugedeckt aufgehen.
Die aufgegangenen Nudeln in die Pfanne einlegen und mit einem gutsitzenden Deckel verschließen, die Milch zum Kochen bringen und dann bei schwacher Hitze ca. 25 Minuten ziehen lassen. Der Deckel darf nicht geöffnet werden. Wenn die Nudeln gar sind, hört man das an einem leichten Knistern, ähnlich, wie wenn man auf eine resche Semmel drückt. Die Pfanne für einige Augenblicke beiseite stellen und dann den Deckel vorsichtig und langsam abheben. Zu den Dampfnudeln reicht man Vanillesauce oder Kompott.

Dampfnudeln, gebacken

Die ausgestochenen Dampfnudeln auf ein bestrichenes Blech setzen, gehen lassen, mit Eigelb bestreichen, im Backofen backen. Nach Belieben vor dem Backen mit Hagelzucker und Mandeln bestreuen.

Dampfnudeln in braunem Zucker

Bereitet man wie im Grundrezept, nur legt man sie nach dem Abstechen auf ein mehlbestreutes Brett, und läßt sie so, mit einem Tuch bedeckt, an einem warmen Ort noch aufgehen. Mittlerweile wird in eine Pfanne oder flaches Kastrol 70 g Butter und ebensoviel Zucker gegeben, die Pfanne oder das Kastrol auf Feuer oder auf die heiße Herdplatte gestellt, und wenn der Zucker anfängt braun zu schmelzen, werden einige Körnchen Salz beigegeben, und ungefähr ⅜ l Wasser zugegossen, so daß es, wenn die Nudeln darin sind, zur Hälfte daran heraufgeht. Nun setzt man letztere ein (doch nicht zu nahe aneinander, auf daß sie mehr einzeln sind, als zusammengebacken), bedeckt sie mit einem Aufzugdeckel, worauf schwaches Feuer ist, und zieht sie auf, nur dürfen sie nicht bis zu einer Kruste einkochen, sondern sie werden samt ihrem braunen Saft ausgestochen, umgekehrt auf die Platte angerichtet, und mit einer Milchsauce oder mit gekochtem Obst zu Tisch gegeben.

Dampfnudeln auf Zwetschgen

Man bereitet einen Dampfnudelteig, und dünstet inzwischen frische Zwetschgen mit wenig Wasser, einem Stückchen Butter, Zucker und Zimt halb weich. Ist der Teig gehörig aufgegangen, so werden runde Laibchen (Nudeln) davon abgestochen, die man auf einem Brett an einen warmen Ort bringt, damit sie noch etwas aufgehen. Die halb erkalteten Zwetschgen samt etwas Sauce werden inzwischen in eine irdene, butterbestrichene Bratpfanne gegeben, von den aufgegangenen Laibchen dann eines an das andere auf die Zwetschgen gesetzt, mit verrührtem Ei bestrichen, und das Ganze in gutem Ofen gebacken.

Dukatennudeln

Zu einem Tisch von 8 Personen gibt man ein und ein halbes Pfund feines Mehl in eine Schüssel, an das Innere von dem Mehl 3 Löffel Bierhefe und 6 Eßlöffel laue Milch. Wenn es bei gelinder Wärme gegangen ist, nimmt man noch 5 Eigelb, etwas Salz, die andere laue Milch dazu, und schafft den Teig wohl; in der Dicke muß er sein, daß er sich gleich von der Schüssel losschält. Sobald er wieder gegangen ist, verfertigt man ganz kleine runde Dampfnudeln, und läßt sie auf einem Brett gehen, inzwischen hält man eine Kastrol fertig, worauf ein Deckel paßt, und welche nicht die geringste Luft hat, gibt 4 Lot Butter, 3 Lot Zucker und einen halben Schoppen süße Milch hinein. Wenn die Milch siedet und die Nudeln gegangen sind, setzt man sie in die Milch, den Deckel darauf, und läßt sie schnell, ohne oben Feuer hinzugeben, aufziehen. In einer kleinen Viertelstunde sind sie fertig. Alsdann wird eine halbe Maß Milch mit Zucker siedend gemacht, die Milch langsam an 3 verrührte Eigelb gegossen, und besonders dazu aufgestellt. Übrigens müssen sie wie andere Dampfnudeln zugedeckt auf den Tisch gesetzt werden. Man kann sie auch anrichten, nur kommt der obere Teil unten auf die Platte zu liegen.

Dumplings

3 ganze Eier werden in ¼ l Milch verquirlt, dann kommen 150 g Mehl, 250 g sauber gewaschene Korinthen, ebensoviel feingeschabtes Nierenfett, Salz und ein wenig gestoßener Ingwer dazu, und nun verrührt man alles recht gut zu einem leichten Teig. In kochendes Salzwasser gibt man aus dieser Masse geformte kleine Kuchen, die man ¾ Stunde kochen läßt und vor dem Anrichten mit Zucker und Zimt bestreut. Man reicht eine Rumsauce zu diesem Gericht.

Eierhaber

Pfannkuchenteig vorbereiten. In einer eisernen Pfanne läßt man Fett heiß werden, gibt einen Schöpflöffel Teig zu, läßt ihn leicht anbacken, dreht den Kuchen um, zerstößt ihn sofort mit der Backschaufel in feine Stückchen und backt diese hellbraun.

Eierpfannkuchen (vorzüglich)

Zu 3 Kuchen: 6 frische Eier, 6 kleine Eßlöffel Mehl, 1/4 l Milch, 1/2 l saure Sahne, etwas Salz

Mehl, Sahne, Eidotter und Salz werden gut gerührt, dann wird die Milch hinzugegeben und kurz vor dem Backen das zu Schaum geschlagene Eiweiß durchgemischt.
Werden die Kuchen mit Butter gebacken, so nehme man weniger Salz und richte sich übrigens nach dem Grundrezept.

Eisengebackenes

560 g Mehl wird mit Milch glatt angerührt, sechs Eier, zwei Eßlöffel Hefe (35 g Preßhefe), 70 g zerlassene Butter und etwas Salz beigefügt und hieran noch so viel Milch gerührt, daß der Teig die Dicke eines gewöhnlichen Pfannkuchenteiges hat, und wenn man mit dem Kochlöffel durch die Mitte des Teiges fährt, man noch leicht die Linie sieht. Der Teig wird nun an einen warmen Ort zum Aufgehen gestellt, und wenn er sich gehörig gehoben hat, wird er mit dem Kochlöffel wieder etwas zusammengestoßen. Hernach taucht man eine kleine eiserne Form, welche die Gestalt einer Rose oder Schnecke hat und an welcher ein langer aufrechtstehender Stiel angebracht ist, in heißes Schmalz. Sobald die Form hierin heiß geworden, taucht man sie in den Teig, damit er sich anhänge, (doch nur bis an den Rand, indem man sonst die Küchlein nicht abnehmen könnte) worauf dieselbe wieder in das heiße Schmalz gehalten, wenn der Teig gelb ist, das Küchlein mit einem Schlag an die Form abgelöst, im Schmalz umgekehrt und sodann mit dem Boden nach oben, auf Papier zum Ablaufen gelegt wird. Auf

dieselbe Weise wird mit dem übrigen Teig verfahren. Sind die Küchlein sämtlich aufrecht auf die Platte aufgehäuft, so werden sie mit Zucker bestreut, auch nach Belieben mit einer Weinsauce übergossen und augenblicklich, bevor sie erweichen, zu Tisch gegeben.
Wenn das Eisen im Schmalz gut heiß geworden, muß es schnell mit weichem Papier abgewischt und dann schnell in den Teig getaucht werden, da sonst letzterer nicht am Eisen anklebt. – Falls ein Eisen, wie es hier erwähnt ist, nicht bei der Hand wäre, vertritt dessen Stelle ein kleiner eiserner tiefer Schöpflöffel.

Fastenknödel, bayerische

Sechs altgebackene Semmeln werden eingeschnitten, mit ½ l lauer Milch angenetzt, untereinandergemischt, und eine bis zwei Stunden so stehen gelassen. Hernach gibt man das gehörige Salz, 140 g Mehl, drei bis vier Eier, etwas Pfeffer und zwei Eßlöffel feingeschnittene Zwiebeln dazu, und arbeitet das Ganze gut zu einem Teig, aus welchem man Knödel formt. Diese siedet man eine gute Viertelstunde in stark strudelndem Salzwasser, nimmt sie dann heraus, schmelzt sie mit Zwiebeln ab, und gibt sie gewöhnlich zu saurem Fleisch. – *Besser* werden sie, wenn mehr *Eier* dazukommen, auch kann man etwas *Grünes* dazu verwenden.

Faschingskrapfen

140 g Butter wird leicht gerührt, dann sechs Eigelb, zwei ganze Eier, drei Eßlöffel Zucker, ein Kaffeelöffel Salz, 560 g gewärmtes, feingesiebtes Mehl und drei Eßlöffel Hefe beigefügt, und dies mit ¼ l guter Milch oder Rahm zu einem Teig angemacht, der fein abgeschlagen und hernach zugedeckt an einen warmen Ort zum Aufgehen gestellt wird. Ist er halb aufgegangen, nimmt man ihn auf ein leicht mit Mehl besätes Nudelbrett, und zieht ihn teils mit dem bemehlten Wargelholz, teils mit der bloßen Hand zweimesserrückendick auseinander. Nun werden mit einem Ausstecher, der im Umfang wie ein weites Trinkglas ist, oder auch mit einem Trinkglas selbst, Blättchen ausgestochen, diese auf ein

leicht bemehltes Tuch gelegt, die Hälfte derselben mit verrührtem Ei bestrichen und je in die Mitte ein Kaffeelöffel eingemachte Johannis- oder Himbeeren oder eine beliebige Marmelade gegeben, hierüber dann die andere Hälfte Blättchen passend gedeckt, rund herum leicht angedrückt, und das Ganze jetzt mit einem Tuch zugedeckt.
Sind die Krapfen noch etwas aufgegangen (wobei man sehr achtgeben muß, daß sie nicht zu viel aufgehen, weil sie sonst beim Backen zusammenfallen würden), werden sie in heißes Schmalz gebracht, einige Minuten mit einem passenden Deckel bedeckt, derselbe dann abgenommen, die Krapfen umgekehrt und, ohne sie mehr zu bedekken, auch von der andern Seite gebacken, alsdann auf Fließpapier, und zwar jeder einzeln, zum Abtropfen gelegt, und ganz warm mit Zucker bestreut zu Tisch gegeben. Sollen zuerst mit der *obern* Seite ins Schmalz gelegt und nach dem Backen nicht zu heiß aufeinandergestellt werden, da sie sonst ihrer Feinheit wegen sich zusammensetzen.

Faschingskrapfen, gewöhnliche

Man rührt 100 g Butter leicht ab, und gibt vier Eier, drei Eßlöffel Zucker, etwas Salz, 840 g feingesiebtes, gewärmtes Mehl und drei Eßlöffel Hefe (45 g Preßhefe) dazu. Dies wird nun mit ½ l lauer Milch angemacht und gut abgerührt, der Teig sodann an einen warmen Ort zum Aufgehen gestellt, wenn er halb aufgegangen ist auf ein leicht mit Mehl besätes Nudelbrett genommen und zweimesserrückendick ausgewargelt. Die übrige Bereitung ist wie bei Faschingskrapfen.

Faschingsküchlein

½ l Milch, Salz, 60 g Butter, Mehl, 1 Ei, Schmalz

In die Milch gibt man Salz und ein Stück Butter hinein und, sobald die Milch siedet, soviel Mehl, daß ein knetbarer Teig entsteht. Diesem fügt man noch 1 Ei zu, läßt den Teig erkalten und rollt ihn dann dünn auf dem Backbrett aus. Man radelt Vierecke aus und bäckt diese in Schmalz aus.

Faschingsküchlein, ausgezogene

1 Pfund Mehl, 15–20 g Hefe, stark ⅛ l Milch, 80 g Butter, 60 g Zucker, 1 TL Salz, 1 Ei, Backfett. – Zum Bestreuen: 3 EL Zucker, 1 TL Zimt

Der Teig wird auf dieselbe Weise zubereitet wie Hefeteig. Nach dem Gehen wird er auf dem Wellbrett fingerdick ausgewellt und mit dem Backrädchen verschobene Rechtecke geschnitten, welche eine Länge von 6 und eine Breite von 4 cm haben. Man läßt die so vorbereiteten Küchlein nochmals 1½ Std. gehen, zieht sie vor dem Einlegen in heißes Fett über das mit einer Serviette belegte Knie und bäckt sie schwimmend schön goldgelb. Nach dem Backen werden sie noch heiß mit Zucker und Zimt bestreut. (Stückzahl: 20–22)

Faschingsküchlein mit Backpulver

100 g Zucker, 125 g Butter, 2 Eier, Zitronenschale, 1 Prise Salz, etwas Rahm oder Milch, 1 Päckchen Backpulver, etwa 500 g Mehl, Backfett

Butter, Zucker, Eier, Zitrone schaumig rühren, Mehl, Milch, Backpulver zugeben, aufs Brett nehmen, geschmeidigen Teig machen. Etwa ½ cm dick auswellen, Küchlein abrädeln, schwimmend in heißem Fett backen, mit Zucker und Zimt bestreuen.

Faschingsküchlein mit Hefe

500 g Mehl, 20 g Hefe, 1/4 l Milch, 1 TL Salz, 80 g Butter, 80 g Zucker, 2 Eier, Zitronenschale – Backfett

Man macht einen Hefeteig. Nachdem er fertig gegangen, wellt man ihn fingerdick aus, rädelt verschobene Vierecke daraus, setzt diese auf ein bemehltes Brett, läßt sie nochmal etwas gehen und backt sie schwimmend in heißem Fett. Nach dem Abtropfen wendet man die Küchlein in Zucker und Zimt.

Faschingsküchlein, verzogene

Man stellt 560 g gesiebtes Mehl in einer Schüssel warm, macht dann in der Mitte desselben eine Vertiefung, und rührt darin mit 1/2 l lauer Milch, zwei Eßlöffel zerlassener Butter, einem Kaffeelöffel Salz, 70 g gewaschenen kleinen Weinbeeren, zwei Eiern und zwei Eßlöffel Hefe (30 g Preßhefe) einen Teig an, den man an einem warmen Ort aufgehen läßt. Ist er zur Hälfte gegangen, wird er wieder zusammengestoßen und noch einmal zum Aufgehen gestellt, dann mit einem Eßlöffel zu runden, eigroßen Laibchen ausgestochen, welche man auf ein mehlbestreutes Tuch legt, eine Viertelstunde ruhen läßt, und jedes hernach schön rund auseinanderzieht, wobei die Finger immer in Wasser, besser in warmes Schmalz, getaucht werden. In der Mitte müssen die Küchlein am dünnsten ausgezogen sein, doch dürfen sie kein Loch bekommen. So werden sie in vieles heißes Schmalz eingelegt, schön gelb gebacken und dabei einmal umgewendet, dann nach Belieben mit Zucker bestreut und warm aufgetragen. – Man kann die Laibchen auch, ohne sie zuvor auf ein Tuch zu legen, gleich neben dem Backen aus der Schüssel ausstechen; verzogen dürfen die Küchlein aber jedenfalls erst in dem Augenblick werden, wo sie ins heiße Schmalz kommen.

Faschingsküchlein, andere Art

1 Pfund Mehl, 15–20 g Hefe, stark 1/8 l Milch, 60–80 g Butter, 60 g Zucker, 1 TL Salz, 1 Ei, Backfett. Zum Bestreuen: 3 EL Zucker, 1 TL Zimt

Mit diesen Zutaten bereitet man nach dem Gehen des vorher hergestellten Vorteiges den vollständigen Teig und stellt diesen zum Gehen an einen zugfreien Ort. Ein erwärmtes Wellbrett wird mit Mehl bestäubt, der gegangene Teig 2 Finger dick leicht ausgewellt, mit einem in Mehl getauchten Glas Küchlein ausgestochen, welche man nochmals 20–25 Min. gehen läßt. In einer Backpfanne läßt man ungefähr 1½ Pfund Fett heiß werden, gibt, sobald sich an einem eingesteckten Kochlöffel kleine Bläschen bilden, die Küchlein nach und nach hinein und läßt sie unter Schütteln des Topfs langsam goldbraun backen. (Backzeit etwa 8 Min.) Sie werden mit einem Schaumlöffel herausgenommen, zum Entfetten auf Brotscheiben gelegt und noch heiß in Zucker und Zimt gewendet. (Gibt etwa 24 Küchlein)

Faschingsküchlein, aufgelaufene, gewöhnliche Art

560 g gesiebtes, gewärmtes Mehl wird mit 3/8 l warmer Milch zu einem Teig angemacht, 50 g zerlassene Butter, zwei Eier, ein Eßlöffel Zucker, ein halber Kaffeelöffel Salz und drei Eßlöffel Hefe (45 g Preßhefe) beigefügt, und solches zusammen gut abgeschlagen. Nun läßt man den Teig an einem warmen Ort aufgehen, stürzt ihn, nachdem er sich gehörig gehoben hat, auf ein mehlbesätes Brett, wargelt ihn halbfingerdick aus und rädelt mit dem Backrädchen verschobene Vierecke ab, welche man auf ein gewärmtes Tuch legt und nochmals an einem warmen Ort etwas aufgehen läßt. Die Küchlein werden dann aus heißem Schmalz schön gelb gebacken, und mit Zucker und Zimt bestreut warm zu Tisch gegeben.

Faschingsküchlein, ausgewargelte

560 g Mehl wird in eine Schüssel gebracht, und mit ¼ l Milch zu einem Teig angerührt, dann 35 g zerlassene Butter, vier Eier, ein Eßlöffel Zucker und ein Teelöffel Salz beigefügt, dies untereinandergerührt auf das Backblech gestürzt, und zu einem feinen Teig gut abgearbeitet, den man bedeckt eine Stunde an einen kalten Ort stellt, sodann auswargelt, und 100 g Butter daraufschneidet. Er wird nun von allen vier Seiten über sich zusammengeschlagen, wieder ausgewargelt und auf dieselbe Weise zusammengeschlagen, und dies Verfahren noch drei- bis viermal wiederholt. Alsdann wargelt man den Teig zweimesserrückendick aus, und rädelt ihn mit dem Backrädchen zu drei- oder viereckigen Küchlein ab, welche man aus heißem Schmalz schön gelb bäckt, mit Zucker bestreut und warm zu Tisch gibt. – Man achte darauf, daß die Küchlein nicht auf die mehlige Seite ins Schmalz kommen, damit sie schöner auflaufen.

Faschingsküchlein, ausgewargelte, andere Art

1 Kilo feines Mehl wird in eine Schüssel gesiebt und 2 Eßlöffel Zucker nebst einem schwachen Kaffeelöffel Salz dazugegeben. Nun wird ½ l Milch, in welche 200 g Butter gegeben, siedend gemacht. Mit dieser wird, nachdem sie wieder etwas erkaltet und noch ein Eßlöffel Kirschwasser beigefügt wurde, das Mehl angerührt und zu einem glatten Teig, ähnlich dem Nudelteig, verarbeitet. Derselbe wird gleichmäßig halbfingerdick ausgewargelt, und mit dem Kuchenrädchen zu drei- oder viereckigen Küchlein abgerädelt, welche man aus heißem Schmalz schön gelb bäckt und dann mit Zucker bestreut.
Diese, sowie die vorhergehenden Faschingsküchlein können mit jedem beliebigen Obst serviert werden.

Fensterküchlein

In einer Schüssel wird 560 g Mehl in der Mitte auseinandergestrichen und mit ½ l lauer Milch und drei Eßlöffel Hefe (45 g Preßhefe) ein Vorteig angemacht, den man in die Wärme stellt. Wenn er aufgegangen, kommt ein halber Eßlöffel Salz, ein Eßlöffel Zucker und zwei Eier hinein, und es wird nun das Ganze zu einem leichten, zähen Teig tüchtig abgearbeitet, der die Dicke eines starken Spatzenteiges hat und den man an einem warmen Ort etwas aufgehen läßt. Nachdem dann auf einem Backbrett ein Tuch ausgebreitet und mit Mehl bestäubt, sticht man mit einem blechernen Löffel Stücke aus dem Teig, formt dieselben zu hübschen runden Laibchen, legt diese auf das Tuch, bedeckt sie, und läßt sie an einem warmen Ort noch schön aufgehen. Sie werden jetzt mit dem in Mehl getauchten Finger in der Mitte etwas auseinandergedrückt, jedes noch derart auseinandergezogen, daß man ein schönes, durchsichtiges Fensterchen hat, (wobei sie jedoch nicht durchbrechen dürfen,) und die Küchlein dann auf beiden Seiten aus heißem Schmalz gelb gebacken, wobei man beachten muß, daß nicht zu viele auf einmal in die Pfanne kommen, damit sie Platz zum Aufgehen haben. Während des Backens sollen sie mittels eines Löffels immer mit dem Schmalz übergossen werden. Nach Belieben kann man sie noch mit Zucker bestreuen.

Flädle, schwäbisch

500 g Mehl, 8 Eier, etwas Milch, Salz, Speck

Das Mehl wird mit den Eiern und etwas Milch zu einem dünnflüssigen Teig gerührt. Eine Pfanne wird mit einem Stück Speck ausgerieben, wobei man mit dem Fett sparsam sein soll. Den Teig verteilt man dann mit dem Schöpflöffel möglichst gleichmäßig in der Pfanne. Sobald die eine Seite gebacken ist, dreht man das Flädle um. Gewandte Köchinnen werfen die flache Scheibe, ohne daß sie einknickt, auf die andere Seite. Flädle sind vielseitig verwendbar, in dünne Streifen geschnitten und in Fleischbrühe gegeben, sind sie die sehr beliebte Flädlesuppe. Als Zugabe zum Gemüse, mit frischen Erbsen, Karotten oder Spinat sind sie eine delikate, fleischlose Mahlzeit. Mit einer Fleischfülle und mit Salat werden sie ebenso gerne gegessen.

Flädlein, aufgezogene

Drei Kochlöffel Mehl wird mit drei Eiern, etwas Salz und 3/8 l Milch zu einem Teig angerührt, hiervon Flädlein gebacken, diese zusammengerollt, der Quere nach grob nudelartig geschnitten, und in ein butterbestrichenes Aufzugsblech gelegt. Nun wird 1/2 l mit Zucker versüßte, zuvor mit einem Stengelchen Zimt oder einem halbfingerlangen Stengelchen Vanille oder einer Zitronenschale aufgekochte Milch darübergegossen, 35 g Butter daraufgeschnitten, und die Flädlein in nicht zu heißem Ofen so lange gelassen, bis sie oben gelb sind. Vor dem Anrichten gießt man zwei mit einem Eßlöffel Milch verrührte Eigelb darüber, und stellt die Flädlein dann noch einige Minuten in den Ofen, damit sie heiß werden.

Flädlein, gefüllte, mit Fleisch

Zum Teig: 200 g Mehl, 2 Eier, etwa 3/8 l Milch, Salz, Muskat, Speck.
Fülle: 200 g Bratenreste, 2 Brötchen, Zwiebel, Petersilie, 30 g Fett, Salz, Pfeffer, Muskat, 2 Eier, Bratensauce

Von den ersten Zutaten rührt man einen Teig an und bäckt Flädlein. Die eingeweichten Brötchen werden mit Zwiebel und Petersilie in Fett gedämpft, mit dem Fleisch durch die Maschine gegeben, mit den Gewürzen, Eier, Sauce gut gemischt. Die Flädlein werden mit der Fülle bestrichen, aufgerollt, in verschobene Vierecke geschnitten, in Ei und Weckmehl gewendet, in heißem Fett auf der flachen Pfanne gebraten. *Oder:* Man legt die aufgerollten Flädlein in eine Kasserolle, gibt geriebenen Käse und Butterstückchen obenauf und stellt sie, etwa 10 Minuten, in den Backofen. *Oder:* Man legt auf eine runde Platte ein Flädlein, bestreicht dieses mit Fülle, legt ein zweites Flädlein darauf und führt so fort, bis alles verbraucht ist, obenauf ein Flädlein geben, zuletzt einige Butterstückchen und nach Belieben 1 Eßlöffel geriebenen Käse und läßt die Flädlein im Backofen gut heiß werden. *Oder:* Hat man keinen Backofen, stellt man die fertigen Flädlein in heißes Wasser. Man bäckt ein Flädlein, bestreicht dieses sofort in der Pfanne mit der heißen Fülle, rollt auf, legt es auf eine heiße Platte, stellt diese auf kochendes Wasser und deckt die Platte zu.

Flädlein, gefüllte, mit Pilzfülle

Pilzfülle: 500 g Pilze, 2 Brötchen, Zwiebel, Petersilie, 40 g Fett, Salz, Pfeffer, Muskat, 2 Eier, nach Belieben 2 EL Rahm

Die gewaschenen, geputzten Pilze mit Zwiebel, Petersilie dämpfen, die eingeweichten Brötchen mitdämpfen, nach dem Verkühlen durch die Hackmaschine geben. Dann gibt man die andern Zutaten zu und macht die Flädlein fertig. Man kann zum Füllen auch ein dickes Pilzgemüse verwenden.

Zum Teig: 200 g Mehl, 2 Eier, etwa 3/8 l Milch, Salz, Muskat.

Flädlein, gefüllte, mit Spinatfülle

Spinatfülle: 500 g Spinat, 2 Brötchen, Zwiebel, Petersilie, 40 g Fett, Salz, Pfeffer, Muskat, 2 Eier, nach Belieben 2 EL Rahm

Zubereitung wie Pilzfülle, anstatt der Pilze den gewaschenen, rohen Spinat mitdämpfen. Man kann auch dickes Spinatgemüse zum Füllen nehmen.

Zum Teig: 200 g Mehl, 2 Eier, etwa 3/8 l Milch, Salz, Muskat.

Flädleinstrudel

250 g Mehl, 2 Eier, Salz, 3/8–1/2 l Milch, Fett zum Backen.
Fülle: 500 g in feine Scheiben geschnittene Äpfel, 50–80 g Zucker, 50 g Rosinen, Zimt, 30 g geriebene Mandeln oder Haselnüsse.
Zum Aufziehen: 1/2 l Milch, 50 g Zucker, 50 g Butter

Von den ersten Zutaten backt man etwa 10 Stück dünne Flädlein. Die Zutaten zur Fülle mischen, die Flädlein nach Belieben mit Rahm bestreichen, die Fülle daraufgeben, die Flädlein fest aufrollen, in eine Kasserolle setzen, Milch, Butter, Zucker aufkochen, über die Flädlein geben, in den Backofen stellen, etwa 1/2 Stunde aufziehen. Zur Fülle kann man auch Kirschen und Zwetschgen verwenden oder die Fülle von Käsestrudel.

Fleischpfannkuchen

½ Pfund Fleischreste, ½ Pfund Mehl, ½ l Milch, 2 Eier, 1 EL Salz, Backfett

Gekochte oder gebratene Fleischreste werden in feine Würfel geschnitten und unter den mit Mehl, Milch, Eiern und Salz hergestellten Pfannkuchenteig gerührt. Nun bäckt man knusprige Pfannkuchen davon, welche man am besten mit grünem Salat serviert.

Fleischstrudel

Von zwei Eiweiß, einem Gläschen lauem Wasser, 20 g Butter, einer Messerspitze Salz und der gehörigen Quantität feinem Mehl wird ein glatter, nicht zu fester, nudelteigähnlicher Teig gearbeitet, dieser mit einem warmen Geschirr bedeckt, und eine halbe Stunde stehen gelassen. Hernach wargelt man ihn, so lange er noch warm ist, mit dem Wargelholz dünn aus, und legt ihn auf ein reines, mehrfach über ein festes Kissen gebreitetes Tuch, wo man nun mit den Händen unter den Kuchen greift, denselben behutsam, damit keine Löcher entstehen, papierdünn auszieht, und ringsum mit einer Schere die dickeren Enden abschneidet. Nun wird 300 g übriggebliebener Braten oder anderes gutes Fleisch sehr fein gewiegt, mittlerweile ein Eßlöffel feingeschnittene Zwiebel und ebensoviel Petersilie in 100 g Butter gedämpft, und dies dann nebst fünf Eiern, zwei Eßlöffel Semmelbröseln, Salz, Muskatnuß und feingewiegter Zitronenschale an das Fleisch gerührt. Alsdann zieht man das Tuch mit dem Kuchen behutsam auf ein Backbrett herunter, bestreicht mit genannter Masse gleichförmig den ganzen ausgezogenen Teig, hebt, wenn dies geschehen, das Tuch auf der einen Seite mit beiden Händen in die Höhe, und läßt den Teig wurstähnlich über sich selbst zusammenrollen. Man legt ihn hernach in ein butterbestrichenes flaches Kastrol oder einen Tiegel schneckenförmig ein, gießt einen Schöpflöffel siedende Fleischbrühe daran, und läßt ihn im Bratrohr gut zugedeckt oder auf dem Herd auf Feuer langsam dämpfen, in welch letzterem Fall ein Aufzugdeckel mit Feuer daraufkommt. Nach einer Stunde wird der Strudel fertig sein, wo dann die Brühe ganz eingekocht sein muß; sollte solche jedoch vor der bestimmten Zeit einkochen, so müßte man noch etwas Fleischbrühe nachgießen. Man hebt ihn nun mit zwei Backschäufelchen auf die

Platte heraus. In den zurückgebliebenen Saft wird 35 g Butter gegeben, ein kleiner Kochlöffel Mehl einigemal darin umgerührt, dies mit einem Schöpflöffel Fleischbrühe abgerührt, etlichemal durchgekocht, mit einigen Tropfen Zitronensaft gesäuert, durchs Sieb in eine Sauciere gegossen und mit dem Strudel zu Tisch gegeben. – Kann auch im *Backofen* bereitet werden, wo man ihn, bis er halb fertig ist, mit einem Deckel zudeckt, letzteren dann abnimmt und den Strudel unbedeckt fertig bäckt, ihn inzwischen öfters mit *Butter* bestreichend.

Frankfurter Klöße oder Knöpflein

Für 6 Personen schneidet man 3 Weißbrote oder Kreuzerwecken zu Bröckelein, gießt über den halben Teil davon einen Schoppen süße Milch, röstet den andern halben Teil gelb im Butter oder Schmalz, schneidet anderthalb Viertel grünen oder dürren Speck klein, sowie auch eine Handvoll Petersilie und ebensoviel grüne oder dürre Zwiebel, läßt den Speck in einer eisernen Pfanne vergehen, dämpft das Grüne in dem Speck, gibt das geröstete Brot und gedämpfte Grüne an den geweichten Wecken, Salz, Pfeffer und Muskatnuß dazu. Alsdann wird ein halbes Pfund Mehl mit 2 ganzen und 2 gelben Eiern nur ganz leicht angerührt, bis es einander angenommen hat, scheint es zu dick, so wird es ein wenig mit Milch angefeuchtet, und in einer Kastrol oder einem Topf Wasser siedend gemacht, worin Salz und ganzer Petersilie ist, daß dieser wieder ganz herausgenommen werden kann. Dann legt man große runde Klöße ein, und deckt das Geschirr, wenn sie alle darin sind, zu, und läßt sie eine Viertelstunde kochen. Gleich nach dem Sieden müssen sie angerichtet, mit Butter und Brot geschmälzt und gleich zu Tische getragen werden, sonst verlieren sie ihre Güte.

Gelbrübenküchlein

500 g Gelbrüben waschen, schaben, auf dem Rohkostreiber reiben; weitere Zubereitung wie Spinatküchlein.

Glumseflinsen

250 g Glumse (Quark), 1/2 l Buttermilch, 250 g Mehl, 2 Eier, Salz, Backfett, Zucker, Zimt

Die Glumse wird einmal durch die Maschine getrieben, mit der Buttermilch verrührt, Mehl, Eier, Salz dazugegeben, gut vermengt und goldgelb gebacken. Die fertigen Flinsen bestreut man mit Zucker und Zimt.

Gold- oder Weckschnitten

4 Brötchen, 150 g Mehl, 2 Eier, Salz, 1/8 l Milch, Backfett

Frische Brötchen schneidet man der Länge nach in 6 Scheiben. Von den übrigen Zutaten macht man einen dicken Pfannkuchenteig und zieht zuletzt den Eischnee darunter. Die Schnitten wendet man in dem Teig und backt sie schwimmend in heißem Fett goldbraun. Hat man ältere Brötchen, dann taucht man die Schnitten vor dem Backen in heißes Wasser oder Milch und legt sie auf ein Brett oder Tuch. Gibt man die Schnitten zu Kompott, nimmt man zum Teig 2 Eßlöffel Zucker, Zitronenschale und bestreut sie nach dem Backen mit Zucker und Zimt.

Götze

Man nimmt drei Nößel (1½ kg) jungen Quark, zwölf Eier, eine Kanne Sahne, zwölf Lot (200 g) kleine Rosinen, zwei Lot (35 g) gestoßene Mandeln, etwas geriebene Semmel und etwas Safran. Die Eidotter werden nebst einem Löffel Mehl in die Sahne gequirlt und alsdann zu dem Quark gerührt. Hierauf gibt man das übrige auch hinzu. Das Weiße vom Ei wird zu Schnee geschlagen, und ganz zuletzt ein wenig Salz dazu gequirlt. Nun läßt man ein Stück Butter in der Bratpfanne zergehen, gibt das Eingerührte dazu und bäckt es im Back- oder Bratofen schön. Ist es gut, so wird es mit Zucker und Zimt bestreut und nicht zu warm – doch auch nicht zu kalt – aufgetragen. Zu einer kleinen Pfanne kann man von allem auch nur die Hälfte nehmen und in Ermangelung des Quarks weißen geriebenen Käse, der jedoch nicht zuviel Kümmel hat.

Griebenknödel

10 alte Semmeln, ½ l Milch, 40 g Butter, 1 kleine Zwiebel, Petersilie, 2 Eier, Salz, Pfeffer, Muskatnuß, 200 g Grieben oder Schweineflomen

Schweineflomen wird gewürfelt, goldgelb ausgebraten und gut abgetropft. Das gewonnene Schweineschmalz kann verkocht oder als Brotaufstrich verwendet werden.

Die in Scheiben geschnittenen Semmeln werden mit der heißen Milch übergossen und müssen gut durchziehen. Aus der Semmelmasse, der gehackten Zwiebel, Petersilie, Eiern und Gewürzen bereitet man einen geschmeidigen Teig und mischt zum Schluß die Grieben darunter. Mit nassen Händen werden Knödel geformt und in kochendes Salzwasser gegeben. In etwa 20 Minuten garziehen lassen und zu Salat reichen.

Griesküchlein

¼ l Semmelgries wird mit ¾ l Milch glatt angerührt, dies auf dem Feuer mit einer Zitronenschale oder einem Stengelchen Vanille unter beständigem Rühren dick eingekocht, dann 70 g Butter, vier Eßlöffel Zucker und ein wenig Salz hineingerührt, und das Ganze noch so lange gekocht, bis es sich vom Kastrol ablöst. Nun wird es vom Feuer genommen, nach Entfernung der Zitronenschale oder Vanille sogleich vier Eigelb hineingerührt, die Masse dann in ein flaches Geschirr geleert, fingerdick auseinandergestrichen, mit einem butterbestrichenen Papierbogen zugedeckt und kalt gestellt. Die übrige Behandlung ist wie bei Reisküchlein, und es werden die Küchlein gleichfalls mit gekochtem Obst oder mit einer Obstsauce, namentlich Hagebuttensauce, aufgestellt. – Aus dieser Masse können ebensogut Ringe, Äpfel, Birnen und Würste (Kroketten) geformt werden.

Grießmehlklöße

(für 5 Personen) 1 Pfund Grießmehl, 8 Tassen Milch, Salz, etwas Butter werden über dem Feuer gerührt bis die Masse steif ist und sich vom Topf löst. Etwas abgekühlt gibt man 1–2 Eier hinzu. Dann formt man eidicke Klöße, welche man in Paniermehl wälzt und in Butter gelb brät. Beim Anrichten werden die Klöße mit Zucker bestreut.
Beigabe: gekochtes Obst oder eine Wein- oder Fruchtsauce.

Grießmehlklöße, andere Art

100 g Grießmehl, 65 g Butter, etwas Suppenbrühe, die abgeriebene Schale einer Zitrone, Muskatnuß oder Muskatblüte und 3 Eier

Die drei ersten Teile werden so lange gekocht, bis die Masse sich vom Geschirr löst; etwas abgekühlt, fügt man Gewürz und die ganzen Eier hinzu, rührt noch eine Weile und kocht die Klößchen wie in der vorhergehenden Art. Diese Portion ist hinreichend für 12 Personen.

Grießmehlklöße, gebackene

½ l Milch, 250 g Grießmehl, Salz und 1 Ei dick Butter werden über Feuer gerührt, bis die Masse ganz steif ist und sich vom Topf ablöst. Etwas abgekühlt, gibt man 5 bis 6 Eier, Zitronenschale oder Muskatblüte hinzu, formt eidicke Klöße daraus, die man mit Zwieback bestreut, in Butter gelb bratet und mit Zucker und Zimt anrichtet.
Man gibt sie als Speise allein mit einer Wein- oder Fruchtsauce oder mit gekochtem Obst.

Grießschmarren

In 1 l Milch wird ¼ l Semmelgrieß zu einem dicklichen Mus gekocht, und hernach 30 g Butter (die jedoch auch wegbleiben kann), etwas Salz und sechs Eier hineingerührt.

Grießschnitten, schlesische

1 l Milch, 2 gehäufte Obertassen gutes Grießmehl, 2 Eidotter, 1 EL Zucker, etwas abgeriebene Zitronenschale, Zimt und Muskatblüte und eine reichliche Messerspitze Salz, ferner einige Eier, geriebener Zucker und gestoßener Zwieback

Man lasse die Milch kochen, rühre Grießmehl, Gewürz, Zucker und Salz hinzu und lasse es unter stetem Rühren ein wenig kochen. Dann mische man die 2 Eidotter durch, streiche es einen Finger dick auf flache, mit Mehl bestäubte Schüsseln; erkaltet, schneide man es in drei Finger breite Streifen, die größeren in 2 bis 3 Teile, und bestäube jede Schnitte von allen Seiten mit Mehl. Danach schlage man einige Eier mit Zucker, drehe die Schnitten darin um, bestreue sie mit gestoßenem Zwieback und backe sie in Schmelzbutter dunkelgelb.
Man kann auch ohne weiteres einen dick gekochten Reisbrei nehmen, die Schnitten in Mehl umdrehen, in Butter gelb werden lassen und mit Zucker und Zimt bestreuen.

Grießstrudel

In ½ l siedende Milch wird sechs Eßlöffel Kerngrieß (Semmelgrieß) eingesät und zu einem zarten Brei gekocht, dieser dann in ein irdenes Geschirr geleert, und zwei Eßlöffel zerlassene Butter darübergegossen, damit er keine Kruste bekomme. Nun wird 70 g Butter leicht gerührt, vier bis sechs Eßlöffel Zucker, vier Eier, ein Kaffeelöffel feingewiegte Zitrone, ein klein wenig Salz und endlich der inzwischen erkaltete Grießbrei dazugegeben, und dies zusammen gut durchgerührt. Ein Strudelteig wird so fein wie möglich ausgezogen, mit zerlassener Butter mittelst eines Pinsels bestrichen, die Masse daraufgeleert und gleichgestrichen, und das Ganze dann beendet.

Haferschleim für Kranke

Reichlich 63 g gute, reine Hafergrütze bedeckt man mit kaltem Wasser und gießt dieses, sobald es auf dem Feuer heiß geworden, vorsichtig ab. Darauf läßt man die Grütze etwa 2 Stunden lang mit 2 l frisch aufgefülltem Wasser zu Schleim kochen, wobei man häufig umrühren muß, um das Anbrennen zu verhüten. Dann wird der Trank durch ein Haarsieb gegossen und mit Salz gewürzt. – Man kann auch in Bouillon verquirltes Eigelb zusetzen oder namentlich für Kinder Himbeersaft daran geben. Im letzten Falle ist es geraten, das Salz wegzulassen.

Hamburger Klöße

200 g Hamburger Rauchfleisch werden gewiegt, 4 Milchbrötchen in Milch eingeweicht und vor dem Gebrauch fest ausgedrückt, 2 in Würfelchen geschnittene Brötchen röstet man in Butter hell an. Nun rührt man 200 g Butter zu Schaum, gibt nach und nach 6 Eigelb und 2 ganze Eier dazu, verrührt noch 1½ Tassen feines Mehl damit, gibt geröstete und gewiegte Semmel, Rauchfleisch und etwas gewiegte Petersilie, Salz und Muskatnuß dazu, verrührt die Masse recht glatt und formt aus dem Teig mittelgroße Klöße, die man in Salzwasser unbedeckt 10 Minuten lang kochen läßt. Die fertigen Klöße bestreut man mit geriebener Semmel und gibt braune Butter darüber.

Hefenknopf

Man nimmt 1 Pfund Mehl in eine Schüssel und macht in die Mitte eine Vertiefung, worin man dann von zwei Eßlöffel Hefe (30 g Preßhefe) und vier Eßlöffel lauer Milch einen Hefeteig anrührt, den man an einem warmen Ort gehen läßt. Hat er sich gehoben, so wird er mit dem übrigen Mehl, zwei Eiern, etwas Salz, 50 g zerlassener Butter und ¼ l lauer Milch zu einem Teig angemacht, den man so lang klopft, bis er glatt ist und vom Kochlöffel sich ablöst. Alsdann nimmt man ihn auf ein mehlbestreutes Nudelbrett, wirft den Kloß aus, legt solchen auf einen mit zerlassener Butter bestrichenen großen starken Bogen Papier, schlägt das Papier locker zusammen, so daß der Kloß hinlänglich Platz zum Aufgehen hat, umwindet ihn von allen Seiten locker mit Bindfaden, und setzt denselben in eine Schüssel, worin man ihn an der Wärme aufgehen läßt. Unterdes stellt man ein Kastrol oder einen Tiegel, auch eine tiefe eiserne Pfanne, mit zweifingerhoch Wasser aufs Feuer, gibt, wenn es siedet, den inzwischen aufgegangenen Kloß samt dem Papier behutsam hinein, bedeckt ihn mit einem passenden Deckel, und läßt ihn so eine Stunde sieden, inzwischen einigemal nachsehend, ob das Wasser nicht gänzlich eingekocht, in welchem Falle weniges kochendes Wasser von der Seite nachzugießen ist. Dann sticht man mit einem dünnen Hölzchen hinein: kommt dieses rein heraus, so ist der Kloß fertig, ist es aber teigig, so muß er noch länger gesotten werden. Nun stürzt man denselben auf eine Platte, nimmt den Bindfaden und das Papier weg, reißt ihn mit zwei Gabeln schnell auseinander, schmälzt ihn mit heißer Butter oder Schmalz gut ab, und serviert ihn, gewöhnlich mit gekochtem Obst.

Hefeklöße

500 g Mehl, 25 g Hefe, 1/5 l Milch, 2 Eier, Butter, Salz, Zucker, Zimt

Aus Mehl, Hefe und Milch fertigt man einen Hefeteig, der gut aufgehen muß. Anschließend arbeitet man die Eier, die zerlassene Butter sowie eine Prise Salz und Zucker in den Teig ein. Man formt Klöße daraus und läßt diese auf einem bemehlten Brett abermals gehen. Die Hefeklöße werden im Dampf gegart. Über einen Topf mit kochendem Wasser spannt man ein Tuch, auf das man die Klöße legt. Sie dürfen einander nicht berühren und brauchen viel Raum, da sie sehr stark aufgehen. Man bedeckt die Klöße mit einer Schüssel.
Wenn man mit dem Finger in den fertigen Kloß drückt und er nimmt sofort wieder seine ursprüngliche Form an, ist er richtig. Man reißt ihn mit einer Gabel an und gießt braune Butter darüber oder bestreut ihn mit Zucker und Zimt und ißt dazu Kompott. Gut schmeckt auch eine Pflaumenmustunke dazu.

Hefenudeln

Es wird derselbe Teig wie bei den bayerischen Dampfnudeln bereitet. Wenn er gehörig aufgegangen ist, wird er gleichfalls auf ein bemehltes Nudelbrett gestürzt, und mit einem in Schmalz oder Mehl getauchten Messer zu fingerdicken und stark fingerlangen Nudeln abgeschnitten. Diese werden dann nebeneinander in eine butterbestrichene, mit Zucker bestreute Bratpfanne eingesetzt, obenüber mit zerlassener Butter bestrichen, an der Seite so viel kochende Milch darangegossen, daß solche zur Hälfte an denselben heraufgeht, und die Nudeln aufgezogen.

Hefewaffeln

125 g Butter, 3 Eigelb, 60 g Zucker, 1 Prise Salz, 30 g Hefe, 1 Tasse süße Sahne oder saurer Rahm, 3 EL Milch, 500 g Mehl, 3 Eiweiß

Die Butter wird mit dem Eigelb, mit Zucker und Salz schaumig gerührt, die Hefe in süßer Sahne oder saurem Rahm aufgelöst und mit Milch und Mehl vermischt. Zuletzt hebt man den steifgeschlagenen Eischnee darunter, läßt den Teig an warmem Ort 60 Minuten gehen und bäckt dann Waffeln aus.

Hefewaffeln, andere Art

200 g Mehl, 15 g Hefe, 1/4 l Milch oder Rahm, 1 Prise Salz, Zitronenschale, 2 Eier, 50 g Zucker, 60 g Butter

Man macht einen Hefeteig in der Dicke eines Spatzenteiges, schlägt ihn mit dem Kochlöffel, bis er Blasen hat, und läßt ihn gehen, etwa 1 Stunde. Das heiße Waffeleisen wird mit Öl bestrichen, ein Schöpflöffel Teig daraufgegeben und bei guter Hitze hellbraun gebacken. Mit der Schere durchschneiden, mit Zucker bestreuen.

Hirschhörnlein mit Hefeteig

In ¼ l laue Milch wird zwei bis drei Eßlöffel gute Hefe (35 bis 50 g Preßhefe), zwei Eier, 70 g gebröckelte Butter, 35 g Zucker, eine Prise Salz, zwei Eßlöffel Kirschwasser und die feingewiegte Schale einer halben Zitrone gegeben, und so viel Mehl eingerührt, daß es einen etwas starken Teig gibt, den man mit dem Kochlöffel tüchtig abschlägt. Es soll der Teig derart dick sein, daß wenn man die Schüssel auf die Seite neigt, er langsam herüberläuft, und wird der Teig dann bedeckt an einen warmen Ort zum Aufgehen gestellt. Ist er noch einmal so hoch geworden, nimmt man ihn auf das Backbrett heraus, schneidet davon 35 g schwere Stückchen ab, und formt diese zu Hirschhörnlein, welche man auf bemehlte Bretter legt, und bedeckt noch einmal zum Aufgehen stellt. Alsdann werden sie schön gelbbraun aus heißem Schmalz gebacken, noch warm mit feinem Zucker bestäubt, und aufgehäuft auf die bestimmte Platte gelegt. – Zu beachten ist, daß man diese Hirschhörnlein nicht zu stark aufgehen, und das Schmalz dabei nicht zu heiß werden lasse. – Gibt man gewöhnlich mit Kompott als Mehlspeise.

Holunderküchlein

Eine wohlgewachsene Holunderblüte wird in frisches Quellwasser getaucht und zum Abtropfen auf ein Tuch gelegt, dann bis zu ihren Stielen in Bierteig getaucht und in heißem Schmalz gebacken. Im Anfang stößt man die Blüte mit dem Stielchen leicht unter, damit sich die Blume teilt und ein krauses Ansehen hat, dann wird sie zum Entfetten gelegt und mit Zucker bestreut zu Tisch gegeben.

Holzfällerschmarren

Ein Schmankerl aus Mehl, Wasser, Salz und Fett

In einer Pfanne wird reichlich Butter oder Butterschmalz heiß gemacht, in das der zähflüssige Teig aus Mehl, Wasser, und Salz kommt. Ist die Unterseite gebräunt, wird gewendet, wenn nötig noch Fett hinzufügen, mit dem man nicht sparsam sein darf. Wenn beide Seiten braun sind, wird der dicke Pfannkuchen mit zwei Gabeln oder einem sogenannten »Scherrer« zerstochen. Die kleinen Brocken nun noch schön bräunen lassen, eventuell noch einmal Fett dazugeben. Man kann beliebiges Kompott oder Zwetschgenmus dazu essen.
Wahrscheinlich ist das auch das richtige Rezept zum Kaiserschmarrn, der eigentlich Kaserschmarrn heißen muß, weil der Kaser oder Senn auf seiner Hütte ihn sich so zubereitet hat.

Hühnerstrudel

Ein Strudelteig wird bereitet und ausgezogen. Alsdann wird von übriggebliebenen Hühnern das Fleisch abgelöst und fein verwiegt, was zwei Schöpflöffel ausmachen muß, nun je ein Eßlöffel feingeschnittene Zwiebel und Petersilie in 70 g Butter weichgedämpft, und dies nebst Salz, Muskatnuß, zwei ganzen Eiern, drei Eigelb und dem Saft einer halben Zitrone unter das Hühnerfleisch gerührt. Den auf einem Tuch ausgebreiteten Strudelteig überstreicht man sodann gleichdick mit dieser Farce, und verfährt im übrigen ganz nach voriger Art, gibt den Strudel auch mit der nämlichen Sauce zu Tisch.

Johannisbeerstrudel

Wie Apfelstrudel mit 1½ Kilo gewaschenen, abgestreiften Johannisbeeren und 250 g Zucker.

Käseflädlein

Flädlein, ½ l Milch, 4 Eier, 250 g geriebener Emmentaler-Käse, saurer Rahm, 1 Prise Paprika

Dünne, noch warme Flädlein werden mit einer Creme von Käse bestrichen, zusammengerollt und in einer oder mehreren Lagen in eine flache, feuerfeste Form gelegt. Sie werden mit einem halben Liter Milch, in dem zwei Eier verquirlt wurden, übergossen und bei mittlerer Hitze gebacken. Die Creme wird angerührt aus 250 g Schweizerkäse, saurem Rahm, zwei Eiern und einer Prise Paprika.

Käsegötzen

Quark, etwas Mehl, geriebene Semmel, Salz, Muskatnuß, Butter, Semmeln, ¾ l Milch, 2 Eier, eventuell Zucker, Butter

Weißen Käse (Quark) vermischt man mit etwas Mehl, geriebener Semmel, einer Prise Salz und ein wenig Muskatnuß. Man streicht eine feuerfeste Form mit Butter aus, belegt den Boden mit einer Lage dünner Semmelscheiben, darüber kommt eine Lage von der Käsemasse. Diese Reihenfolge wird wiederholt, bis die ganze Menge eingefüllt ist. Zum Schluß Semmelscheiben. ¾ l Milch werden mit 2 Eiern verquirlt, nach Geschmack gezuckert, über die Speise gegossen, diese noch mit Semmelbrösel bestreut und mit zerlassener Butter begossen. Man bäckt sie bei mäßiger Hitze und trägt sie in der Form auf.

Käseknödel

250 g geriebener Emmentaler Käse, 2 Eier, Salz, 50 g Mehl, 1 Zwiebel, etwas Butter, gehackte Petersilie

Die sehr fein gehackte Zwiebel röstet man in Butter goldgelb und gibt sie zusammen mit gehackter Petersilie zu dem Mehl. Darüber streut man den geriebenen Käse und knetet alles zu einem Teig. Daraus werden nicht zu große Knödel geformt, die man in kochendes Salzwasser einlegt und ca. 15 Minuten ziehen läßt. Käseknödel passen zu Braten oder zu kurzgebratenem Fleisch.

Käsemilch, zerrührte (Barkäse, Stippmilch, Dickmilch)

Man nimmt dickgewordene Milch ohne Sahne, setzt sie in die Nähe des Feuers, daß sie allmählich von den wässrigen Teilen sich scheide (doch muß sie weich bleiben), läßt sie in einem dazu bestimmten leinenen Beutel ablaufen, reibt sie durch ein blechernes Sieb und rührt dann junge Sahne oder frische Milch mit Zucker und Zimt durch. In eine tiefe Schüssel gefüllt und glattgestrichen, bestreut man sie mit Zucker und Zimt, auch wohl mit gestoßenem Ingwer, oder man gibt etwas saure Sahne, die mit Zucker und Zimt schaumig geschlagen ist, darüber und die übrige Sauce dazu. Ohne Sauce muß diese Milch nicht zu dick gerührt und Rücksicht darauf genommen werden, daß sie sich nach dem Anrühren, sowie der Reis nach dem Kochen, bedeutend verdickt.

Käseschnitten

Altbackene Semmeln, Milch, 125 g Emmentaler, 1–2 Eier, 1 Prise Salz, Fett

Altbackene Semmeln schneidet man in fingerdicke Scheiben und taucht sie kurz in mit Wasser verdünnte Milch. Der Emmentaler wird gerieben und mit den Eiern, der Milch sowie einer Prise Salz zu einem dicken Brei gemischt, mit dem man eine Seite der Schnitten bestreicht. Man bäckt die Schnitten zuerst auf der bestrichenen und dann auf der anderen Seite in heißem Fett goldgelb.

Käsestrudel

Teig wie bei Apfelstrudel. Fülle: 1 kg weißen Käse, 100 g Butter, 150 g Zucker, 4 Eier, 100 g Rosinen, Zitronenschale, ¼ l sauren Rahm, nach Belieben 100 g geschälte, geriebene Mandeln

Teig machen wie bei Apfelstrudel. Zur Fülle: Butter, Zucker, Eigelb schaumig rühren, den durchgestrichenen Käse, alle anderen Zutaten, zuletzt Rosinen und Schnee zugeben. Die Masse auf den ausgezogenen Teig verteilen, fertigmachen wie Apfelstrudel.

Käsewaffeln

120 g Butter oder Margarine, 3 Eigelb, 2 EL Sahne, ⅛ l Milch, Salz, Pfeffer, 1 Prise Zucker, 80 g geriebener Edamer Käse, 1 Zwiebel, 200 g Mehl

Butter oder Margarine und die Eigelb rührt man cremig, fügt die Sahne und die Milch hinzu und würzt mit Salz, Pfeffer und der Prise Zucker. Dann mischt man die fein geriebene Zwiebel, den geriebenen Käse und das Mehl darunter. Portionsweise wird der Teig in das heiße Waffeleisen gefüllt und ca. 4 Minuten gebacken. Zu den Käsewaffeln schmeckt gut gemischter Salat.

Kaiserschmarren I

4 bis 5 Eier, 100 g Mehl, 1 Prise Salz, 3/8 l Milch, 20 g Zucker

Eigelb, Zucker und Salz werden schaumig gerührt, mit der Milch verschlagen und nach und nach das Mehl eingerührt. Dann zieht man die zu steifem Schnee geschlagenen Eiweiß unter und bäckt die Masse in reichlich Butter goldgelb. Mit der Backschaufel oder zwei Gabeln zerreißen. Der fertige Kaiserschmarren wird mit Puderzucker bestäubt.

Kaiserschmarren II

50 g Butter, 4 Eier, 50 g Zucker, 50 g Rosinen, Zitronenschale, 2 cl Rum, 1 Prise Salz, 200 g Mehl, Milch, Butter zum Backen

Die Butter schaumig rühren, Zucker, Eigelb, Salz, Mehl, Zitrone, Milch, soviel als nötig, zuletzt die in Rum eingeweichten Rosinen und Eischnee unterziehen. In einer eisernen Pfanne läßt man Butter heiß werden, gibt fingerdick Teig zu, backt ihn leicht an, dreht um, zerreißt den Kuchen mit zwei Gabeln und backt die Stückchen fertig. Beim Anrichten mit Zucker und Zimt bestreuen.

Kaiserschmarren à la Metternich

Zutaten für 3 Personen: 300 g gesiebtes Mehl, 3 Prisen Salz, 3/8 l süße Sahne, 100 g Mandeln, 3 EL Zucker, 100 g Sultaninen, 5 Eier, 250 g Butterschmalz

Weizenmehl mit dem Zucker und Rahm glattrühren. 3 Prisen Salz zugeben. 5 Eigelb langsam darunterrühren, gehackte Mandeln und gewaschene Sultaninen hinzufügen. Den steifgeschlagenen Eischnee von 5 Eiern darunterziehen und den Kaiserschmarren in heißgemachtem Butterschmalz wie einen Eierkuchen ausbacken. Zum Schluß reißt man ihn mit einer Gabel in kleine Teile. Er wird heiß mit Puderzucker angerichtet.
Beilage: Preiselbeeren, Apfelmus oder auch anderes Kompott.

Kaiserkuchen

Drei gestrige Semmeln werden abgeschält und in fingerdicke Scheiben geschnitten, diese in Wein umgekehrt, und in einer Schüssel übereinandergelegt bis sie gänzlich angezogen haben, worauf man Stück für Stück in verrührtem Ei, dann in Semmelbröseln umkehrt, und in heißem Schmalz schön gelb bäckt. Alsdann wird eine Blechform dick mit Butter bestrichen, sowie mit Semmelbröseln gut ausgestreut, hierein die gebackenen Schnitten gelegt, und dazwischen ein Kaffeelöffel feingeschnittene Zitronenschale gestreut, hernach sechs Eier mit ¼ l altem Wein und 140 g Zucker verrührt, dies über die Schnitten gegossen, 35 g Butter darübergeschnitten, und der Kuchen in einem guten Wein aufgezogen. Nach Belieben kann Glühwein dazu serviert werden.

Karlsbader Mus

Ein kleiner Kochlöffel Stärkemehl wird mit ein klein wenig Milch glatt angerührt, und sechs Eigelb und 70 g Zucker, woran eine Zitrone abgerieben wurde, daruntergemengt. Nachdem man dies in einer Messingpfanne auf Feuer unter beständigem Rühren hat anziehen, jedoch nicht kochen lassen, nimmt man es vom Feuer, und rührt augenblicklich den festen Schnee der sechs Eiweiß darunter. Das Mus wird nun auf einer Platte erhöht angerichtet, mit Zucker bestreut und mit einem glühenden Eisen aufgebrannt, dann nach Belieben mit kleinem Biskuit besteckt und serviert.

Kartäuserklöße

8 trockene Milchbrötchen, 3 Eier, 50 g Zucker, 3/4 l Milch, Backfett. – Zum Panieren: Weckmehl. – Zum Bestreuen: 60 g Zucker, 1/2 TL Zimt

Die leicht abgeriebenen Brötchen werden in 4 Teile geteilt und in Milch, welche man mit Zucker und Eigelb verrührt hat, gelegt, bis die durchweicht sind. Nachdem man sie aus der Milch herausgenommen hat, läßt man sie auf einem Sieb etwas abtropfen, wendet sie in Weckmehl um und bäckt sie in einer Backpfanne in reichlich heißem Fett schön braun. (Backzeit 5–8 Min.) Die gebackenen Klöße werden auf Brotscheiben oder Papier entfettet, in Zucker und Zimt umgewendet und mit Obst oder einem süßen Beiguß aufgetragen.

Kartäuserklöße, andere Art

8 trockene Brötchen, 3 Eier, 50 g Zucker, 60 g Butter, 3/4 l Milch, Weckmehl, 30 g Mandeln

Die Brötchen werden ebenfalls in vier Teile geschnitten, in der mit Eiern, Zucker und zerlassener Butter vermischten Milch gut durchweicht, sodann zum Abtropfen auf ein Sieb gelegt, in Weckmehl umgewendet und auf ein gut gebuttertes Backblech gesetzt. Nun spickt man die Klöße mit keilförmig geschnittenen Mandeln, stellt sie in den heißen Backofen und bäckt sie im Zeitraum von 30–40 Min. schön goldbraun. Die fertigen Klöße werden vor dem Anrichten mit Zucker und Zimt bestreut.

Kartäuserklöße, dritte Art

8 altbackene Semmeln, 3/4 l Milch, 2 Eier, Zucker, 1 Prise Salz, abgeriebene Schale einer halben Zitrone, Zuckerzimtmischung oder Zuckerkakaomischung, Butter oder Margarine

Die Semmeln werden rundherum abgerieben, halbiert. Milch, Eier, Zucker, Salz und Zitronenschale werden verquirlt und die Semmelhälften darin eingeweicht. Zuckerzimtmischung oder Zuckerkakaomischung gibt man zu den Semmelbröseln und wendet darin die abgetropften Semmelhälften. In heißer Butter oder Margarine bäckt man die Kartäuserklöße auf beiden Seiten goldbraun. Mit Kompott heiß zu Tisch geben.

Kartoffelnudeln mit Hefeteig

Man nimmt 560 g Mehl in eine Schüssel, rührt davon mit 1/4 l lauer Milch und zwei Eßlöffel Hefe (35 g Preßhefe) einen Hefeteig an, und stellt solchen an die Wärme, damit er aufgehe. Ist er gegangen, so werden 70 g zerlassene Butter, zwei bis drei Eier, ein wenig Salz und 560 g geriebene Kartoffeln hineingegeben, und alles mit dem Kochlöffel gut zusammen durchgerührt. Nachdem der Teig an einem warmen Ort noch etwas aufgegangen, bestreut man ein Backbrett mit Mehl, sticht mit einem Löffel Nudeln aus dem Teig aus, formt diese wie vorige, legt sie auf das Brett, und läßt sie an einem warmen Ort noch einmal aufgehen, worauf man sie aus heißem Schmalz schön gelb bäckt, nach Belieben leicht mit Zucker bestäubt, und gleich warm serviert.

Kedinger Klöße

In einer tiefen, irdenen Schüssel vermengt man 600 g feines Mehl mit 40 g Salz, gibt dann bei ununterbrochenem Hin- und Herwälzen des Mehls mit einem Kochlöffel wallendes Wasser darüber, bis man einen schönen glatten Teig erhält. Dann mischt man noch 60 g zerlassene, aber nicht angebräunte Butter darunter und sticht mit 2 Löffeln mittelgroße Klöße von der Masse ab. Diese Klöße nun kocht man unverdeckt in Salzwasser so lange, bis sie hochkommen und anfangen, sich zu drehen.

Kindsmus

Drei Kochlöffel feines Mehl wird mit ¾ l Milch fein abgerührt, eine kleine Prise Salz dazugegeben, und das Ganze unter fortwährendem Rühren so lange auf dem Feuer gelassen, bis es an der Seite zu kochen anfängt. Nun läßt man das Mus auf Feuer so lange ganz langsam kochen, bis der Mehlgeschmack vergangen und dasselbe unten an der Pfanne eine gelbe Kruste hat, wo es sodann angerichtet und mit Zucker bestreut wird. Nach Belieben kann man die Bodenkruste mit einem Blechlöffel aus der Pfanne nehmen, und über das Mus legen. – *Besser* wird dieses Mus, wenn solches, nachdem es in der Pfanne einigemal aufgekocht hat, in ein flaches, dick mit Butter ausgestrichenes Kastrol oder ein handhoch aufgeschlagenes Kuchenblech geleert, dann mit etwas Zucker versüßt, und auf einer heißen Herdplatte, auch im Bratrohr, noch eine halbe Stunde gekocht wird, wo man es hernach in seinem Geschirr zu Tisch gibt.

Kirchweihnudeln

Es wird 1 Kilo Mehl in eine Schüssel genommen und in der Mitte desselben mit ¼ l lauer Milch und drei Eßlöffel Hefe (45 g Preßhefe) ein Vorteig angemacht, den man zur Wärme stellt. Ist er gehörig aufgegangen, so kommen 200 g zerlassene Butter, sechs Eier, zwei Eßlöffel Zucker, ein kleiner Eßlöffel Salz, ¼ l guter saurer Rahm und 100 g kleine Weinbeeren dazu, und es wird dann der Teig mit dem Kochlöffel untereinandergearbeitet und gut abgeschlagen. Sollte noch etwas Milch nötig sein, so wird solche nachgegossen. Nun nimmt man den Teig auf das Backbrett heraus, bearbeitet ihn noch etwas, doch nicht mehr viel, gibt ihn wieder in die Schüssel und läßt ihn bedeckt halb aufgehen. Alsdann stürzt man ihn neuerdings auf das Backbrett und formt 50 g schwere Laibchen daraus, welche man zu ungefähr handgroßen Vierecken auswargelt und hernach bei jedem die Ecken einbiegt, so daß die Form eines Briefkuverts entsteht. Nachdem man jetzt sämtliche Nudeln auf einem bemehlten Tuch schön hat aufgehen lassen und sie auf der überlegten Seite mit der Schere eingezwickt sind, wird in eine Pfanne Schmalz und ein Gläschen Wasser gegeben, hierein bei beginnendem Sieden ein Teil der Nudeln gelegt, und dieselben zugedeckt, unter einmaligem Umkehren, so lange gekocht, bis das Wasser gänzlich eingesotten und sie gelb, d. h. gebacken sind, wo man sie herausnimmt und die Pfanne einige Augenblicke beiseite stellt. Es werden dann weitere Nudeln hineingelegt, mit der Hand aufs neue Wasser in das Schmalz gespritzt, (was immer großes Geräusch verursacht) die Pfanne gut zugedeckt wieder aufs Feuer genommen und die Nudeln wie die andern gebacken. So fährt man fort, bis alle Nudeln gebacken sind, wo man sie dann warm mit Zucker bestreut und serviert. – Beim Backen ist zu beachten, daß man immer nur so viel Nudeln in die Pfanne einlege, als bequem Platz darin haben.

Kirschenbrot

Nachdem man 500 g Ammern oder saure Kirschen entsteint und den 8. Teil der Kerne feingestoßen hat, kocht man sie nebst den Kernen in ¼ l Portwein und 200 g Zucker. Die zu Brei gekochten Kirschen treibt man durch ein Sieb in eine weite irdene Schüssel. Unterdessen hat man in Milch geweichte Semmelscheiben, die man danach in Backklare getaucht hat, in feinem Schmalz schwimmend ausgebacken und auf einem Fließpapier ablaufen lassen. Diese Scheiben füllt man dicht nebeneinander auf den Kirschenbrei, gibt etwas verquirlte Sahne und reichlich Zucker darüber und backt die Speise kurz vor dem Anrichten 15 Minuten lang bei mäßiger Hitze.

Kirschklöße

500 g ausgesteinte saftige Kirschen werden ohne Wasser mit Zucker, Zitronenschale und 3 bis 4 Nelken langsam weichgekocht. Etwas abgekühlt, gibt man ein kleines Stück Butter, 4 Eier und so viel geriebenes Weißbrot hinzu, daß die Klöße im Kochen aneinanderhalten, welches man erst mit einem Klößchen versuchen muß. Man läßt sie 5 bis 10 Minuten kochen und gibt eine Schaumsauce dazu.

Kirschpfannkuchen

Wie Apfelpfannkuchen. Oder: 4 Brötchen, ¼ l Milch, 2–3 Eier, Salz, 2 EL Zucker, Zimt, Zitronenschale, 2 EL Mehl, 500 g Kirschen – Fett zum Backen

Die Brötchen in feine Würfel schneiden, mit der kochenden Milch übergießen, zudecken, durchziehen lassen, gut verrühren, alle Zutaten zugeben, zuletzt Kirschen und Eischnee. In heißem Fett kleine Pfannkuchen backen, beim Anrichten mit Zucker und Zimt bestreuen.

Kirschpfannkuchen, andere Art

Geeignet sind sowohl rote als schwarze Kirschen. Sie sollten nicht entsteint werden.
Wichtig ist, daß genügend Kirschen verwendet werden. Nach dem Entstielen kommen sie in den Teig. Dieser wird löffelweise in die Pfanne gelegt.
Der Pfannkuchen wird auf beiden Seiten gebacken und kommt anschließend so lange in den Ofen, bis die Kirschen weich sind. Die gebackenen Pfannkuchen werden auf eine Porzellanplatte gelegt, gezuckert und aufeinandergelegt, bis zu einer Höhe von 4 oder 5 Stück. Der kleine Stapel gleicht dann einer Torte. Der Kirschkuchen ist fertig. Dazu eine Kartoffelsuppe, und ein komplettes Mittagessen steht auf dem Tisch. Kalt schmeckt dieser Kirschkuchen zu Tee oder Kaffee.

Kirschenplotzer

5 Eier, 1/4 Pfund Zucker, 1/2 Pfund Kartoffeln, 1 TL Zimt, 1 1/2 Pfund Kirschen

Die am Abend zuvor gekochten, geschälten Kartoffeln werden gerieben und nebst den abgezupften Kirschen und Zimt unter die mit Zucker schaumig gerührten Eigelb gegeben. Nun zieht man den steifen Eischnee darunter, füllt die Masse in eine kleine Tortenform im Durchmesser von 24 cm und bäckt sie in guter Hitze 1 Std. Nach dem Backen bestreut man den Kuchen mit feinem Zucker. Nach Belieben kann man die Tortenform vor dem Einfüllen mit einem Butterteig auslegen.

Kirschenstrudel

560 g schwarze, ausgesteinte Kirschen werden mit 70 g Butter, sechs Eßlöffel Zucker und einem Stückchen Zimt weich und derart gekocht, daß fast keine Sauce mehr daran ist. Bis sie erkaltet sind, wird der Strudelteig ausgezogen und mit Butter bestrichen, die Kirschen dann daraufgeleert, gleichgestrichen und mit zwei Eßlöffel Semmelbröseln oder gestoßenem Zwieback bestreut. Ist der Strudel gebacken, wird er mit zwei Backschäufelchen auf die Platte gehoben, und mit Zucker bestreut zu Tisch gebracht. – Man kann hierbei statt des Strudelteiges *Butterteig* verwenden.

Klöben

750 Mehl, 80 g Butter, 30 g Zucker, 2 kleine Eier, 3/8 l Milch, 65 g Korinthen, 65 Rosinen, etwas Zitronat, je 1 Prise Kardamom und Salz, 60 g Hefe

Den wie üblich bereiteten Vorteig läßt man an einem warmen Ort zugedeckt gehen. Dann arbeitet man die übrigen Zutaten ein, formt den nicht zu weichen Teig zu einem Brot, legt ihn in eine Brotform oder auf ein Blech und läßt ihn nochmal aufgehen. Dann wird er mit einem Messer der Länge nach eingekerbt, mit lauwarmem Wasser bestrichen und bei gleichmäßiger Hitze etwa 90 Minuten gebacken.

Klöße, abgebrannte, mit Backobst

Reichlich 1/4 l Milch, eine Walnuß dick Butter, 125 g Mehl, 125 g nicht frische Semmel, 65 g dicker Speck (bei dünnem Speck ein Zusatz von Butter oder Schmalz), 4 Eier, und etwas Salz

Die Milch wird mit dem Mehl vermengt und nebst der Butter über Feuer gerührt, bis das Mehl gar ist und sich gehörig vom Topf löst, wo man es dann in einer Schale abdämpfen, doch nicht erkalten läßt. Unterdes wird die Rinde des Weißbrotes in kleine Würfel geschnitten, das Inwendige gerieben, der in feine Würfel geschnittene Speck langsam ausgebraten und, nachdem die Grieben herausgenommen sind, die Weißbrotrinde darin langsam hart und dunkelgelb gebraten, während diese oft durchgerührt werden muß. Danach rührt man allgemach die Eidotter zu dem abgebrannten Mehl, sowie auch abwechselnd die übrigen Teile, und mischt dann das zu Schaum geschlagene Eiweiß durch. Man sticht die Klöße, 1/2 Eßlöffel groß, davon ab, kocht sie 5 Minuten in gesalzenem Wasser und richtet sie auf einer heißen Schüssel an. Es wird beliebiges gekochtes Obst, dessen Brühe mit wenig Kartoffelmehl oder Stärke etwas sämig gemacht ist, dazu angerichtet.

Die Klöße sind von gutem Geschmack und fallen weniger leicht als die, wozu das Mehl roh angewandt wird.

Klöße, feine, zu gleichen Teilen

1/2 l Mehl, 1/2 l geriebenes Weißbrot, 1/2 l aufgeschlagene Eier, reichlich 1/2 l Milch

Die Krusten des Weißbrotes werden in kleine Würfel geschnitten und in Butter geröstet, mit den übrigen Teilen zusammengerührt und in einem Topf mit 100 bis 130 g Butter abgebrannt. Hat sich die Masse vom Topf gelöst und ist sie etwas abgekühlt, so werden mit der Hand Klöße davon gerollt, mit Mehl bestreut und in kochendem Wasser und Salz 10 Minuten, zugedeckt, gekocht.

Man gibt braune Butter und Obst dazu.

Klöße, gebackene, zu Obst

1000 g Mehl, etwa ⅜ l lauwarme Milch, 3 Eier, 1 Obertasse geschmolzene Butter, 2 Löffel dicke oder 30 g trockene Hefe und 2 Eßlöffel Zucker. Die Hälfte des Mehls rührt man mit der Milch, Salz, den Eiern und der Hefe an und läßt es aufgehen; dann rührt man das übrige Mehl, Butter und Zucker hinzu, macht es zu einem Teig, den man stark schlägt und nochmals langsam aufgehen läßt. Darauf formt man denselben zu kleinen Bällchen, welches am leichtesten auf folgende Weise geschieht: Man rollt den Teig dick aus und sticht mit einem engen Wasserglase Klöße davon ab, welche man alsdann zum drittenmal aufgehen läßt und in Schmelzbutter etwa 10 Minuten kocht.

Klöße, gebrühte

Für 6 Personen macht man einen Schoppen Milch in einer Pfanne siedend, rührt über dem Feuer feines Mehl hinein, bis es ein ganz fester Teig ist, und schafft solchen ganz glatt. Wenn sich keine Knollen mehr darin befinden, wird eine Walnuß groß Butter hineingegeben, dann schält sich der Teig von der Pfanne los, und wird nun in eine Schüssel genommen. Sobald er ein wenig abgekühlt ist, schlägt man 5 bis 6 Eier langsam hinein, und rührt den Teig bei jedem eingeschlagenen Ei so lang, bis er wieder glatt ist, gibt hierauf Salz und Muskat hinein, legt von dem Teig Klöße in Fleischbrühe ein, und deckt sie zu. In einer kleinen Viertelstunde sind sie fertig. Ehe man sie anrichtet, werden 2 Eigelb mit der Brühe abgezogen, über die Klöße gegossen, und schnell aufgetragen, weil sie sich gern setzen.

Klöße, gebrühte, in Milch

Es wird der nämliche Teig verfertigt, nur daß kein Gewürz und wenig Salz hineinkommt, dann macht man eine Maß Milch siedend, legt runde Klöße oder lange auf einem Brett mit dem Messer gemachte Würstlein hinein, bestreicht eine Kastrol oder Potageblech, worauf ein Deckel paßt, stark mit Butter, legt die Klöße mit dem Schaumlöffel aus der Milch hinein, und setzt den Deckel mit Feuer darauf. Die übrig gelassene Milch wird aufbehalten, und etwas Zucker hineingegeben. Sobald die Klöße gelb sind, gießt man die Milch daran, und gibt sie gleich zu Tisch.

Klöße von geröstetem Brot

Man schneidet 2 Kreuzerwecken zu kleinen Bröckelein, röstet sie im Schmalz oder Butter gelb, hackt eine Handvoll Petersilie nebst grünen oder andern Zwiebeln klein, dämpft dies ein wenig in einem Stücklein Butter, gibt es an das geröstete Brot, ein halbes Pfund Mehl, Salz und Muskat dazu, rührt sie mit 3 Eiern und etwas Milch an, und legt runde Klöße von mittlerer Größe in Wasser oder Fleischbrühe ein. Sind sie im Wasser gesotten, so werden sie mit geröstetem Brot geschmälzt.

Klöße von Weißbrot und Mehl für den täglichen Tisch

75 g Mehl, 875 g Weißbrot, 3 ganze Eier, 3 Dotter, 125 g geschmolzene Butter, 5/8 l Milch, mit etwas Wasser vermischt

Die Kruste des Brotes wird in kleine Würfel geschnitten und in Butter gebraten, das Brot in der Milch geweicht und mit Butter, Eiern und Salz eine Weile gerührt, dann das Mehl und zuletzt das geröstete Brot hinzugegeben und mit dem Löffel kleine Klöße in kochendes Wasser und Salz gegeben. Sie werden 1/4 Stunde, zugedeckt, gekocht, mit brauner Butter und Obst gegessen.

Knödel mit Schinken oder Rauchfleisch

Vier altgebackene Semmeln werden fein eingeschnitten, und mit ¼ l kochender Milch überschüttet, dann mit einem passenden Deckel bedeckt, und zugedeckt eine halbe Stunde stehen gelassen, unterdes in 140 g gutem Fett, auch Abschöpffett, ein Eßlöffel verschnittene Zwiebel weichgedämpft, und dies gleichfalls über das Brot gegossen. Ist letzteres gänzlich erkaltet, so wird 140 g Mehl, Salz, Pfeffer, fünf bis sechs Eier und 280 g feingewiegter Schinken oder Rauchfleisch dazugegeben, und das Ganze nun zu einem dicken Teig gearbeitet, von welchem man beliebig große Knödel formt, solche eine kleine halbe Stunde in siedendem Salzwasser langsam kocht, hernach auf einer tiefen Platte anrichtet, und mit in Butter gelbgerösteten Zwiebeln abschmälzt. – Gibt man als *eigenes* Gericht, dann zu *Sauerkraut, saurem Fleisch* u.dgl.

Knöpflein, grüne

Gleiche Mengen Spinat und Petersilie, zur Hälfte davon Schnittlauch, Kerbel und Sauerampfer, werden nach dem Putzen und Waschen ganz fein gewiegt und in flacher Kasserolle mit Butter 5 Minuten lang gedünstet. Ist die Masse erkaltet, gibt man zwei Eier, Pfeffer und Salz und soviel geriebene Semmel darunter, bis die Masse Halt bekommt, formt mit Hilfe zweier Löffel kleine Klöße daraus und läßt diese in der zur Suppe bestimmten Bouillon nur einmal aufwallen.

Klopfschinken, pommerscher

250 g roher Schinken in 5 mm dicken Scheiben, Milch. Für den Ausbackteig: 250 g Mehl, 1 TL Backpulver, 1 Ei, etwas Wasser, 1/8 l Milch, 2 TL Öl

Die Schinkenscheiben werden vorsichtig geklopft und für etwa 120 Minuten in Milch gelegt.
Aus den genannten Zutaten rührt man einen Ausbackteig, zieht die abgetropften Schinkenscheiben durch und bäckt sie in reichlich Fett von beiden Seiten goldgelb. Der pommersche Klopfschinken wird heiß mit grünem Salat zu Tisch gegeben.

Krautknödel

Es werden vier gestrige Semmeln in halb Wasser halb Milch eingeweicht, nach Erweichtsein fest ausgedrückt, und in einer Pfanne in wenigem heißem Schmalz abgetrocknet. Unterdes brüht man vier große oder mehrere kleine Mangoldblätter, drückt sie fest aus, verwiegt sie ganz fein mit etwas Schnittlauch, Petersilie und Zwiebelrohr, und mengt das Verwiegte nebst vier bis fünf Eiern, einem Salbeiblatt, Salz und Muskatnuß unter das abgetrocknete Brot. Von dieser Masse werden nun beliebig große Knödel in siedendes Salzwasser eingesetzt und eine Viertelstunde gekocht, dann mit dem Schaumlöffel herausgenommen und zum Erkalten gestellt. Hernach macht man ein gutes Stück Schmalz in einer Pfanne heiß, gibt die Knödel hinein, übergießt sie mit sechs bis acht mit etwas Salz verrührten Eiern, und bäckt sie langsam gelb. – Statt sie zu backen, kann man die Knödel auch, sofort nach dem Herausnehmen, mit in Butter geröstetem Brot abschmelzen.

Krebsstrudel

Zwei bis drei Kalbsmilchlein werden in Salzwasser abgekocht, abgehäutet, fein verwiegt, und mit einem Eßlöffel feinzerschnittener Zwiebel und Petersilie in einem Stückchen Butter gedämpft. Nun werden von fünfzehn bis zwanzig Stück Krebsen die Schweife ausgebrochen, von den Schalen und 150 g Butter eine Krebsbutter bereitet, mit einem Teil derselben ausgebreiteter Strudelteig überstrichen, der andere Teil aber nebst zwei Eßlöffeln Semmelmehl, drei ganzen Eiern, den in kleine Würfel geschnittenen Krebsschweifchen, Salz und Muskatnuß an die erkalteten Milchlein gerührt, der Kuchen mit dieser Masse gleichmäßig überstrichen, und der Strudel vollends fertig gemacht. Nach dem Anrichten wird in den zurückgebliebenen Saft, statt der gewöhnlichen Butter, zwei Eßlöffel Krebsbutter gerührt, welche man im Anfang zurückbehalten hat.

Kuchen von Mehl und übriggebliebenen Kartoffeln

Man macht Butter oder Schmalz und Butter in einer Pfanne recht heiß, reibt so viel gekochte kalte Kartoffeln auf einer Reibe gleichmäßig hinein, als nötig ist, den Boden der Pfanne zu bedecken, und streut etwas feingemachtes Salz darüber. Nach etwa 10 Minuten wird ein Pfannkuchenteig mit einem Ei mehr, das Weiße zu Schaum geschlagen und etwas dicker als gewöhnlich eingerührt, darübergefüllt, der Kuchen bis zum Umwenden zugedeckt, auf beiden Seiten kroß und dunkelgelb gebacken und sogleich zu Tisch gegeben.
Es paßt ein solcher Kuchen bei einem täglichen Tisch zu Salat, sowie auch zu gewöhnlichem Kompott.

Lotklöße

30 g Wasser, 30 g Mehl, 30 g Butter werden untereinandergemischt, über Feuer ganz steif gerührt, etwas abgekühlt, 2 Eidotter, 1 Eiweiß und Muskatblüte dazugegeben, mit dem Teelöffel kleine Bällchen abgestochen und solche in der Suppe 10 Minuten gekocht.

Mandelbrei

Man nimmt 2 Kochlöffel schönes Mehl, 8 Lot geschälte und zart gestoßene Mandeln in eine Messingpfanne, rührt es mit ein wenig Milch zuerst glatt, dann mit dem Gelben von 6 Eiern, einer Handvoll gestoßenem Zucker, und einer halben Maß Milch vollends recht, kocht es über dem Feuer unter beständigem Rühren, gibt ihn ein Kastrol oder sonst ein breites irdenes Geschirr, welches auf den Tisch gegeben werden kann, ein wenig Butter, gießt den Brei darauf, und läßt ihn langsam auf Feuer kochen, bis er auf den Tisch kommt. Man kann auch ein Stücklein Butter in eine Pfanne geben, 2 Kochlöffel Mehl gelb darin rösten, und ein Viertel gestoßene Mandeln dazu nehmen, dann 2 Eigelb und eine Handvoll Zucker mit einer halben Maß Milch anrühren, solche an das geröstete Mehl und die Mandeln geben, und unter beständigem Rühren kochen lassen, übrigens wird der Brei wie vorgemeldet gekocht und zu Tisch gegeben.

Mandelmaultaschen

Einen Butter- oder Weinbachesteig wellt man einen Messerrücken dick, schneidet viereckige Stücke eine Viertel Elle lang und ebenso breit daraus, rührt ein Viertel geschälte und gestoßene Mandeln, ebensoviel gestoßenen Zucker, mit 2 ganzen und 2 gelben Eiern zu einer Masse. Wenn sie dick ist, schneidet man ein Stücklein Zitronenschale und 2 Lot Zitronat klein, gibt dies auch nebst einem Zuckerlöffelein Zimt in diese Masse, füllt auf jedes Stücklein einen Eßlöffel voll von der Masse, bestreicht die 4 Ecken mit einem Ei, legt die Ecken gegeneinander zusammen, bestreicht die Stücklein, ehe sie in den Ofen kommen, mit einem verrührten Ei, streut grob gestoßenen Zuk-

ker darüber, und backt sie gelb. – Von dieser Fülle können auch Mandelkränze gemacht werden.
Von einem guten Butterteig werden auch zweifingerbreite und einfingerlange Stücklein geschnitten, auf ein Brett gelegt, mit einem Ei bestrichen, gebacken und Gemüse damit garniert. Sie sind zu allen grünen Gemüsen zu gebrauchen. Ferner werden mit dem kleinen Tortelettmodel Stücklein ausgestochen, unbestrichen gebacken und statt der Knöpflein auf die Suppe gelegt.
Auch kann man von einem solchen Teig kleine Stücke mit dem Backrädlein wie Fastnachtküchlein schneiden, solche unbestrichen auf ein Blech legen, und blaßgelb backen, nach diesem mit Zucker überstreuen. So sind sie wie die richtigen Fastnachtküchlein.

Mandelwaffeln

100 g Butter, 125 Zucker, 4 Eier, 50 g geschälte, geriebene Mandeln, 125 g Mehl, 1 EL Rum, 1/8 l Rahm oder Milch, 1 Prise Salz

Die Butter schaumig rühren, Eigelb, Zucker mit schaumig rühren, Mandeln, Mehl, Rum, Rahm, zuletzt den Eischnee zugeben. Fertigmachen wie Grundrezept.

Mandelwürste

Ein Viertel Mandeln wird geschält und zart gestoßen, ein Weißbrot oder Kreuzerwecken abgerieben, das Innere in süße Milch eingeweicht, wenn es weich ist, zu den gestoßenen Mandeln fest ausgedrückt, ein kleiner Kochlöffel Mehl, die geschnittene Schale von einer halben Zitrone, 1 Quint gestoßener Zimt, und eine Handvoll gestoßener Zucker dazugenommen, mit 2 ganzen Eiern und einem gelben eine Zeitlang gerührt, Schmalz heiß gemacht, etwas Eiweiß verrührt, ein wenig davon auf ein kleines hölzernes Brett gestrichen, von der Masse darauf, und oben wieder ein wenig Eiweiß hingegeben. Dann legt man mit einem Messer lange Würstlein ins Schmalz ein, backt sie gelb und macht eine Mandel-, Kirschen- oder Rosinensauce daran.

Markklöße

Ein Viertel frisches Mark wird verlesen und zu kleinen Bröckelein in eine Schüssel geschnitten, ein halbes Viertel frische Butter dazugegeben, dies zusammen ein wenig weich gemacht, und leicht gerührt, dann werden 6 Eier hineingeschlagen, 6 Löffel voll Semmelmehl dazu genommen, oder die Brosamen von 4 Kreuzerwecken abgerieben, und an die Butter gegeben. Wenn es leicht gerührt ist, gibt man Salz und Muskat nebst kleingeschnittenem Schnittlauch dazu, legt die Klöße in Fleischbrühe ein, und läßt sie eine Viertelstunde sieden.

Markklöße, gebackene

Zwei Weißbrote oder Kreuzerwecken werden abgerieben, verschnitten, und in süße Milch eingeweicht. Wenn das Weißbrot weich ist, drückt man es aus, gibt 4 Lot Mark dazu, hackt beide Stücke zusammen auf einem Brett, gibt sie in eine Schüssel, einen starken Kochlöffel voll Mehl nebst Muskat und Salz dazu, rührt es mit 2 großen oder 3 kleinen Eiern an, macht Schmalz heiß, legt kleine runde Klöße hinein, backt sie gelb, gibt sie nach dem Backen auf geschnittenes Brot, verfertigt eine dünne Buttersauce mit Petersilie darüber und läßt die Klöße noch ein wenig darin anziehen. Ehe sie auf den Tisch kommen, wird die Sauce mit 2 Eigelb abgezogen.

Maultaschen, Oberpfälzer, süße

300 g Mehl, 75 g Butter oder Margarine, heiße Milch, Salz, 750 g Äpfel oder Zwetschgen, 100 g Korinthen, 1/8 l Sahne, Zucker, 1 Ei

Man bereitet einen geschmeidigen Teig, rollt ihn aus und schneidet Platten von 15–20 cm Durchmesser aus. Diese werden mit zerlassener Butter bestrichen, darauf kommen die geschälten, gespaltenen Äpfel (oder entsteinten Zwetschgen), Korinthen und etwas Zucker. Die Teigplatten werden aufgerollt und nebeneinander in eine Bratpfanne, in der reichlich Butter heiß gemacht worden ist, geschichtet. Man bäckt die Maultaschen ca. 20 Minuten bei mittlerer Hitze. Inzwischen verquirlt man Sahne, Zucker und Ei, gießt das ganze über die Maultaschen und schiebt sie nochmals ins Rohr, bis die Flüssigkeit aufgesogen ist.

Mehlklöße

¼ l Milch, 2 Eier, 250 g Mehl, Salz, Rindertalg, Semmelwürfel

Man rührt einen flüssigen Teig, der Blasen schlagen muß. Dann mischt man geröstete Semmelwürfel und etwas geschmolzenen Rindertalg dazu, sticht mit nassem Löffel große Klöße ab, die 15 Minuten in wallendem Wasser kochen müssen. Vor dem Auftragen übergießt man sie mit brauner Butter. Dazu reicht man Backobst oder gedämpftes Frischobst, auch zu Braten. Will man die Klöße recht locker haben, fügt man dem Teig noch ein wenig Backpulver bei. Sie gehen dann sehr auf. Aus demselben Teig kann man auch einen Serviettenkloß kochen und in Scheiben geschnitten zu Braten reichen.

Mehlkloß, großer

Auf 4 Personen 500 g gutes Mehl, 2 bis 4 Eier, ¼ l recht warme Milch, 15 g Hefe, 1 Stich Butter oder Schmalz, 1 gehäufter Teelöffel voll Zucker und etwas Salz

In der Mitte des Mehls wird eine Vertiefung gemacht, die heiße Milch hineingerührt und das übrige mit dem Mehl zu einem Teig gemacht, den man mit den Händen stark verarbeitet, tüchtig schlägt und dann an einen warmen zugfreien Ort zum Aufgehen hinstellt. Nachdem der Teig gut aufgegangen, arbeitet man ihn nochmals leicht durch, bindet ihn in ein ausgeschmiertes und mit Mehl bestäubtes Kloßtuch, indem man ein wenig Raum zum Aufgehen läßt, legt den Kloß zum Aufgehen noch eine Weile in ein nicht zu weites Geschirr und kocht ihn dann mit kochendem Wasser und Salz 2 Stunden.
Braune Butter und Obst oder eine Milchsauce dazu.

Mehlknödel

Es werden drei gestrige Semmeln in eine tiefe Schüssel fein eingeschnitten, vier Eier, Salz, Pfeffer und 560 g Mehl dazugegeben und dieses mit Milch zu einem Teig angemacht, der in der Dicke wie ein leichter Spatzenteig ist und eine Stunde stehen bleibt, unter welcher Zeit das Brot anzieht und so den Teig dicker macht. Nun werden ziemlich große Knödel mittels eines Blechlöffels in viel kochendes Salzwasser eingelegt, eine Viertelstunde gekocht, dann angerichtet, und mit in Butter gelbgerösteten Zwiebeln abgeschmälzt. – Gibt man gewöhnlich zu gekochtem getrocknetem Obst oder zu saurem Fleisch. – *Besser* werden sie, wenn das Brot *in kleine Würfel* geschnitten und in heißem Schmalz etwas *geröstet* wird.

Mehlschmarren mit Kirschen

Unter den Teig werden 280 g schwarze Kirschen leicht gemengt, der Schmarren auf dem Herd oder im Bratrohr gebacken, inzwischen öfters umgekehrt, dann mit Zucker überstreut, noch einigemal umgeröstet, und nun mit Zucker und Zimt bestreut aufgetragen.

Mehlspeise für Kranke

Ein Eßlöffel Mehl wird mit 4 Eidottern und 2 Eßlöffeln feingemahlenem Zucker gut gemengt, dann gibt man 1 Kaffeelöffel Rum und 1 Kaffeelöffel Zitronensaft dazu, zieht den Schnee der 4 Eiweiß durch die Masse und backt diese in ausgebutterter Form ¼ Stunde bei mäßigem Feuer.

Mehlspeise, sächsische

Zu diesem Gericht aus der »guten alten Zeit« benötigt man:
200 g Mehl, 200 g Butter, 200 g Zucker, 12 Eier und 1 l Milch, abgeriebene Zitronenschale

Mehl und Milch werden glattgerührt und mit Butter auf dem Feuer abgebrannt, worauf man die Masse noch heiß mit 2 Eiern verrührt. Inzwischen rührt man 2 Eier mit der restlichen Butter sahnig, fügt den Zucker, abgeriebene Zitronenschale und 8 Eigelb nach und nach dazu, vermischt dieses mit der abgebrannten Masse und zieht zuletzt den steifgeschlagenen Schnee der 8 Eiweiße unter. In einer Auflaufform in ca. 90 Minuten langsam backen. Dazu reicht man eine Weinschaum- oder Fruchtsauce. Dieselbe Masse kann man auch mit 125 g zerbrökkelten Makronen und ebensoviel Sultaninen vermischen, ehe man den Eischnee unterzieht.

Milchklöße, gerührte

Zu einer Platte für 4 Personen rührt man ein Viertel Butter leicht, schlägt 3 bis 4 Eier daran, reibt von 2 Kreuzerwecken die Brosamen und nimmt sie dazu. Wenn dies alles leicht gerührt ist, gibt man ein wenig Salz hinein, macht 3 Schoppen Milch siedend, probiert etwas von dem Teig, ob er nicht zerfällt, wenn er nun hält, werden runde Klöße eingelegt. Soll die Milch süß sein, so wird etwas Zucker hineingegeben. Wenn die Klöße angerichtet sind, werden 2 Eigelb mit der Milch abgezogen und darübergegossen.

Milchspeise von Makronen oder Bitterbrot

Für 6 Personen stößt man 6 Lot Makronen, bestreicht nach dem ein Viertel Gugelhupfform mit Butter, streut den halben Teil von den gestoßenen Makronen hinein, nimmt die andere Hälfte mit 2 Löffeln voll gestoßenem Zucker in eine Schüssel, und rührt dies mit etwas von einem Schoppen süßem Rahm an, wozu noch 6 ganze und 6 gelbe Eier kommen. Wenn es wohl gerührt ist, wird das übrige vom Schoppen Rahm dazugegeben, die Masse in den gestreuten Model gefüllt, in siedendes Wasser gesetzt und ein Deckel mit Feuer darauf. Das Wasser muß aber beständig sieden, auch darf das Geschirr nicht zu voll sein, damit kein Wasser in die Form kommt. Sobald die Speise fest beisammen ist, wird sie auf eine Platte gestürzt, und eine Zitronen- oder Mandelsauce darüber gemacht. Wenn das Wasser beständig siedet, ist die Masse in einer starken halben Stunde fertig.

Milchspeise, gewöhnliche

1 l Milch, 2 gehäufte EL voll Stärke, eine Walnuß dick Butter,
4 Eier, 2 EL Zucker, eine kleine halbe Tasse Rosenwasser oder
4 Stück bittere, geriebene Mandeln oder Zimt

Dies alles wird unter stetem und starkem Rühren durchgekocht und in eine naßgemachte Schale geschüttet. Auch kann man, nachdem die kochende Milch vom Feuer genommen, die Eidotter vorsichtig hinzurühren und das zu Schaum geschlagene Eiweiß durchmischen.
Es kann eine Sauce von Hagebutten, frischen Zwetschgen sowie jede andere Obstsauce dazu gegeben werden.

Nocken, gebrühte

Man rührt sechs Eßlöffel Mehl mit ¼ l Milch glatt an, dann zerläßt man in einer Pfanne 70 g Butter, gibt das angerührte Mehl nebst einem Eßlöffel Zucker und einer Messerspitze Salz hinein und arbeitet das Ganze unter beständigem Rühren zu einem glatten Teig, welcher sich von der Pfanne ablöst, und in den man nach einigem Erkalten vier Eier rührt. In ein flaches Aufzugblech wird nun ½ l Milch mit drei Eßlöffel Zucker und ein paar Körnchen Salz gegeben, von dem Teig dann Knödel abgestochen und in die Milch eingesetzt, der Aufzugdeckel mit glühendem Feuer daraufgedeckt, die Knödel auf Feuer aufgezogen, zuletzt mit einer Handvoll Zucker bestreut, und so noch eine halbe Viertelstunde gebacken. Ihr schönes gelbes Aussehen zeigt, daß sie fertig sind; sie werden sodann herausgestochen, aufgehäuft angerichtet, mit feinem Zucker überstreut, und mit einer Milchsauce serviert. – Kann man ebensogut im heißen *Ofen* bereiten, in welchem Fall dann aber kein Aufzugdeckel daraufkommt. Vor dem Fertigsein bestreut man sie gleichfalls mit Zucker, und bringt sie hernach ebenso noch eine halbe Viertelstunde in den Ofen, damit der Zucker oben schmelze.

Nudeln, gebackene, mit Milchsauce

Von 140 g abgeschälten, mit Ei fein gestoßenen Mandeln, zwei Eiern, 70 g Zucker und dem nötigen Mehl wird ein fester Nudelteig angemacht, welchen man so fein wie möglich zu Kuchen auswargelt. Diese werden etwas abgetrocknet und dann zu ziemlich groben Nudeln geschnitten, welche man aus heißem Schmalz gelb bäckt, hernach auf einer Platte aufgehäuft anrichtet, mit Zucker bestreut, und mit einer Milchsauce zu Tisch gibt.

Nudeln, gestutzte

Drei Eier, vier Eßlöffel Milch oder Wasser und etwas Salz wird gut verrührt, und alsdann so viel Mehl hineingemengt, daß es einen leichten Nudelteig gibt, den man auf dem Backbrett gut abknetet, und zu drei Laibchen formt, welche man zu zweimesserrückendicken Kuchen auswargelt. Diese läßt man etwas abtrocknen, übersät sie dann leicht mit Mehl, verreibt dasselbe mit der Hand darauf, und schneidet sie nun zu dreifingerbreiten Streifen, von denen man immer einige aufeinanderlegt, und hernach zu zweimesserrückendicken Nudeln schneidet. Inzwischen wird 1–1½ l Milch siedend gemacht, hinein die Nudeln leicht eingesät, und zugedeckt gekocht, wobei man sie einigemal auflüftet und umrührt. Ist die Milch zur Hälfte daran eingekocht, so kommt 70 g Butter, ein Stückchen Zucker und etwas Salz dazu, und so läßt man die Nudeln, womöglich bedeckt, bei öfterem Umkehren mit dem Backschäufelchen kurz einkochen, bis sie von allen Seiten gelb sind, wo man sie sodann mit einer Milchsauce oder mit jedem beliebigen Obst serviert. – Können vorher in siedendem Salzwasser einigemal überkocht, hernach abgeseiht, und nun erst in die siedende Milch gelegt werden, wo man von letzterer dann etwas weniger braucht.

Nudelküchlein

Man bereitet von zwei Eiern nicht sehr fein geschnittene Nudeln, streut solche in 1 l gute siedende Milch, und kocht sie mit einer Zitronenschale oder einem Stengelchen Vanille recht dick ein, so daß sie nicht den geringsten Saft mehr haben. Nachdem dieselben noch einigemal mit 70 g Butter, vier Eßlöffel Zucker und ein wenig Salz aufgekocht, werden sie vom Feuer genommen und sofort mit vier Eigelb durchgerührt, dann in ein flaches, butterbestrichenes Kuchenblech oder auf eine mit Semmelbröseln bestreute Platte geleert, fingerdick glatt auseinandergestrichen und bedeckt kaltgestellt. Die erkaltete Nudelmasse sticht man hernach mit einem Glas oder runden Ausstechern zu Küchlein aus, und falls diese nicht gern aus dem Blech gehen, stellt man letzteres auf einen warmen Herd. Sie werden sodann in verrührtem Ei umgekehrt und mit Semmelbröseln bestreut, auch ganz so wie die Reisküchlein beendet, und mit gekochtem Obst oder einer Obst- auch Milchsauce, warm zu Tisch gegeben.

Nudeln in der Milch

Man kocht die geschnittenen Nudeln in 2 l Milch mit einem Stückchen Vanille oder Zitronenschale und 100 g Zucker eine Viertelstunde, gibt dann 70 g Butter nebst ein wenig Salz hinein, mengt drei mit zwei Eßlöffel kalter Milch verrührte Eigelb darunter und richtet die Nudeln in einer tiefen Schüssel an. Falls sie vor dem Auftragen sich verdicken sollten, wird mit siedender Milch nachgeholfen. – Sie sollen beim Anrichten nicht zu dick und nicht zu dünn sein; das Richtige ist, wenn sie dicklich über den Löffel laufen. – Können mit Biskuit belegt oder mit gestoßenen Makronen bestreut werden.

Nudelschmarren

Man bereitet von zwei Eiern einen Nudelteig und wargelt ihn zu möglichst feinen Kuchen aus. Nach Abtrocknen werden nun daraus Nudeln etwas gröber als zur Suppe geschnitten, solche in 1½ l kochende Milch, worin ein Stückchen Vanille oder Zitronenschale und 70 g Zucker gegeben wurde, leicht eingesät, und eine Viertelstunde darin dicklich eingekocht. Nachdem eigroß Butter nebst ein wenig Salz daruntergerührt, werden die Nudeln in einer breiten Schüssel auseinandergestrichen und bedeckt zum Erkalten gestellt, dann in einer flachen breiten Pfanne eigroß Schmalz heiß gemacht, die erkaltete Nudelmasse, in kleinere Stücke abgestochen, hineingelegt, und langsam unter öfterem Umdrehen und Auflockern gelb gebacken. Nun werden zwei bis drei mit etwas Milch verrührte Eier über den Schmarren gegossen, dieser noch einigemal damit umgekehrt, aufgehäuft angerichtet, mit Zucker und Zimt bestreut, und mit einer Vanille- oder Zitronensauce oder mit gekochtem Obst serviert.

Nudelschmarren, andere Art

Die in Salzwasser gekochten Nudeln werden in einen Durchschlag gegossen, dann in eine Schüssel gegeben, und, so lang sie noch warm sind, drei Eier, 20–40 g Butter und etwas Salz darangerührt. Nun wird ein Stück Schmalz in einer flachen Pfanne heiß gemacht, die Nudeln darin gelb gebraten, hernach mit dem Backschäufelchen zu Stückchen abgestochen, diese umgekehrt, auch von der andern Seite gelb gebraten, und zuletzt auf einer warmen Platte aufgehäuft angerichtet.

Oblaten, gebackene, gefüllte

Oblaten im Durchmesser von ca. 8 cm fülle man mit einer beliebigen Marmelade von Aprikosen oder Himbeeren, und decke ebensogroße Oblaten darauf, bestreiche den Rand der unteren Oblate dann mit verrührtem Ei, und drücke die obere darauf, wodurch das Ganze befestigt ist. Nun tauche man die Küchlein rund um den Rand, so, daß auf der obern Seite noch die Oblate sichtbar ist, in Backteig, backe sie aus schwimmendem heißem Schmalz zu goldgelber Farbe, bestreue sie dann mit Zucker und nach Belieben auch mit Zimt.

Obstkloß von Semmel

Auf jede Person 125 g Weißbrot, 1 Ei und 15 g Butter. Die Krusten des Brotes werden fein gewürfelt und mit anderer Butter oder in Speck gelb gebraten, das Weißbrot gerieben, durch ein Sieb gerührt und das Zurückgebliebene in Milch geweicht. Dann wird die Butter mit den Eidottern gut gerührt, Muskatblüte, Salz, das Weißbrot hinzugegeben und zuletzt der steife Schaum daruntergemischt. Man kann auch Rosinen hinzufügen. Die Masse wird als Kloß auf frische Birnen oder Backobst 1 Stunde vor dem Anrichten aufs Feuer gebracht und muß, fest zugedeckt, diese Zeit langsam aber fortwährend kochen. Das Obst muß mit ziemlich viel Wasser, etwas Butter und Zucker schon eine gute Weile gekocht haben, ehe der Kloß darauf gegeben wird; nur sehe man zu, daß die Brühe nicht über dem Obst steht, weil sonst der Kloß nicht so locker werden würde.

Ochsenfleisch, gebackenes, in Pfannkuchenteig

1 Pfund gekochtes Fleisch, 1 TL Salz. Zum Teig: ¼ Pfund Mehl, 1/10–⅛ l Milch, 1–2 Eier, 1 TL Salz. Zum Backen: Fett

Reste von gekochtem Ochsenfleisch werden in ½ cm dicke Scheiben geschnitten, mit Salz bestreut, in Pfannkuchenteig umgewendet und in heißem Fett auf beiden Seiten goldbraun gebacken. Kopfsalat schmeckt sehr gut dazu.

Omelettes, gefüllte, mit Haschee von Kalbfleisch (Kalbfleischbrei)

Man rührt drei Kochlöffel Mehl mit ⅜ l Milch oder Rahm glatt an, gibt 6 Eier und ein wenig Salz hinein, und verrührt dies gut. Nun wird nußgroß Schmalz in einer flachen Pfanne heiß gemacht, ein Teil des Teiges hineingegossen, und indem man mit dem Backschäufelchen öfters in den Kuchen sticht, damit das Flüssige hinunterzieht, wird derselbe schön gelb gebacken, dann behutsam umgewendet, und auch von der andern Seite gebacken; aus dem übrigen Teig macht man noch zwei bis drei Kuchen, und verfährt mit diesen ebenso. Sobald ein Kuchen fertig gebacken, wird er auf einen Bogen Papier gelegt, hier mit heißem Kalbfleischbrei überstrichen, das Papier an zwei Enden aufgenommen und der Kuchen über sich zusammengerollt. So werden die Omelettes auf einer Platte angerichtet, und von der Seite ein halber Schöpflöffel heiße Bratenbrühe, welche mit Fleischbrühe verdünnt und mit einigen Tropfen Zitronensaft abgeschärft wurde, darunter gegossen. – Können auch mit einem Haschee von Hühnern oder Lungen gefüllt werden.

Omelettes, gewöhnliche Art

Zwei Kochlöffel Mehl werden mit ¼ l (einem schwachen Schoppen) Milch und etwas Salz angerührt, dann drei Eier, eines nach dem andern daruntergerührt, und die Omelettes gelb gebacken. Es soll jede zweimesserrückendick sein. – Können auch mit den Zutaten von voriger und vorvoriger Art bereitet werden. – Beim Umkehren kann ein glatter Deckel auf den Kuchen gedeckt werden, auf welchen man diesen stürzt, und davon dann wieder in die Pfanne gleiten läßt.

Omelettes von verschiedenen Fleischresten

Reste von Round of Beef, Rauchfleisch, Pökelfleisch, gekochtem Schinken, Braten oder auch Suppenfleisch werden fein gehackt. Dann rührt man eine Omelette oder einen guten Pfannkuchenteig und mischt das Fleisch mit etwas Muskatnuß oder feingehacktem Schnittlauch durch. Es können hierzu die ganzen Eier mit dem eingerührten Teig stark gerührt, oder das zu Schaum geschlagene Weiße zuletzt durchgemischt werden. Man kann die Masse auch löffelweise in die Pfanne bringen und zu kleinen Kuchen backen.

Omelettes mit Hühnerleber

8 Eier, Salz, Butter, 40 Mehl, etwas heiße Fleischbrühe, Salz, Pfeffer, 6 EL Madeira, 500 g Hühnerleber, 1 große Zwiebel, Salz, Pfeffer

Aus 50 g Butter und dem Mehl bereitet man eine hellbraune Mehlschwitze, die mit heißer Fleischbrühe abgelöscht und gut durchgekocht wird. Mit Salz, Pfeffer und Madeira abschmecken, warm stellen. In etwas Butter brät man die gewürfelte Zwiebel glasig, gibt die in Würfel geschnittene Hühnerleber dazu und läßt sie ca. 3–4 Minuten braten. Abschmecken und mit der Sauce verrühren. Heiß werden lassen, aber nicht mehr kochen.

Die Omelettes bäckt man portionsweise. Je 2 Eier rührt man mit einer Prise Salz gut durch und läßt die Masse in heißer Butter stocken. Die

Pfanne muß öfter hin und her bewegt werden, damit die Omelettes nicht anbacken. Eine Hälfte mit Füllung belegen, die andere Hälfte darüberklappen und etwas Hühnerleber außen herumgeben. Mit Salat sofort servieren.

Omelettes nach Waidmannsart

8 Eier, Salz, Butter, 100 g Speck, 1 EL Butter, 1 Zwiebel, 250 g Steinpilze, 1 TL Mehl, 1/8 l Fleischbrühe, Pfeffer

In der Butter brät man die Speckwürfel aus, gibt die kleingewürfelte Zwiebel dazu und dünstet sie goldgelb an. Die Steinpilze hat man in Scheiben geschnitten und gibt sie nun, gut abgetropft, in das Fett, brät sie unter Rühren an und stäubt nach etwa 5 Minuten das Mehl darüber. Mit heißer Fleischbrühe wird aufgegossen und das Ganze unter häufigem Rühren durchgeschmort. Mit Salz und Pfeffer abschmecken. Die Omelettes werden portionsweise bereitet. Je 2 Eier rührt man mit einer Prise Salz gut durch und läßt die Masse in heißer Butter stocken. Die Pfanne öfter hin und her bewegen, damit das Omelett nicht anbäckt. Eine Hälfte wird mit Füllung belegt, die andere darüber geschlagen und sofort serviert.

Palatschinken

Diese besonders dünnen und kleinen Pfannkuchen sind ein besonders in Österreich beliebtes Gericht.
Die Palatschinken werden mit einer Konfitüre – vorzugsweise mit Aprikosen gefüllt. Natürlich sind auch Marmelade und Gelees dazu geeignet. Die kleinen Pfannkuchen werden mit Zucker eingestäubt, etwas abgeflämmt oder abgebrannt, ehe sie serviert werden.
Ebensogut können sie mit Haselnuß-, Schokoladen-, oder Vanillesauce übergossen werden.

Pfannkuchen I

250 g Mehl, etwa 1/8 l Milch, Salz, 2 Eier, Fett zum Backen

Mehl und Milch glatt anrühren, Salz, Eigelb, zuletzt den Eischnee unterziehen. Auf einer flachen Pfanne läßt man Fett gut heiß werden, gibt so viel Teig zu, daß die Pfanne dünn damit belegt ist und backt die Kuchen auf beiden Seiten hellbraun.

Pfannkuchen II

(Für 1 Person.) 1 Eßlöffel Mehl, 2 Eßlöffel Milch, Salz, anrühren, 2 Eigelb zugeben, zuletzt den Eischnee. In der flachen Pfanne läßt man Butter heiß werden, gibt den Teig zu, verteilt ihn gleichmäßig und backt den Kuchen auf beiden Seiten. *Oder:* Man stellt die Pfanne in den heißen Backofen, hier braucht der Kuchen nicht gedreht zu werden.

Pfannkuchen mit Briesle- oder Hirnfülle

Zubereitung wie Pfannkuchen mit Spargelfülle, anstatt Spargelfülle Hirn- oder Brieslefülle einfüllen.

Pfannkuchen von Buchweizenmehl

2 gestrichene große Obertassen feines Buchweizenmehl, 3 Tassen heißes Wasser, 1 Tasse dicke saure Sahne und Salz

Gut gerührt und, ohne den Teig hinzustellen, sogleich in recht heißgewordener Butter oder halb Butter, halb Schmalz gelbbraun gebacken.

Pfannkuchen, farcierte

Zum Pfannkuchenteig: 200 g Mehl, schwach ½ l Milch, 1 TL Salz, 2 Eier, Speckschwarte. Zur Fülle: ½ Pfund verwiegte Fleischreste, 50 g Schinken, 1 EL Käse, 2 EL Wein, 1 TL Salz, 40 g Butter, 60 g Mehl, ⅓ l Fleischbrühe. Zum Panieren: 3 Eiweiß, 100 g Weckmehl, Backfett

Mit Mehl, Salz, Milch und Eiern bereitet man einen glatten Pfannkuchenteig, von welchem man 8 große dünne Kuchen bäckt. Von Butter, Mehl und der Fleischbrühe kocht man einen dicken Butterbeiguß, dem man nach dem Durchkochen (½ Std.) das feinverwiegte Fleisch, Schinken, sowie das Gewürz zugibt. Die dadurch erhaltene Fülle läßt man erkalten. Die Pfannkuchen werden auf ein Brett gelegt, mit der Fülle messerrückendick bestrichen, fest zusammengerollt, und jeder Kuchen in 3 Teile geteilt, welche wie verschobene Rechtecke aussehen. 20 Min. vor Gebrauch wendet man die gefüllten Pfannkuchen in Eiweiß und Weckmehl um und bäckt sie in reichlich heißem Fett etwa 8 Min. Man legt sie zum Entfetten auf Brotscheiben und serviert sie mit grünem Salat, Gemüsen wie Erbsen, Gelbrüben und dgl. (24 Stücke)

Pfannkuchen, gefüllte

Die eine Hälfte der gebackenen Pfannkuchen wird mit einer dicken Marmelade bestrichen, die andere Hälfte darübergeschlagen, mit Zukker, nach Belieben etwas Zimt, bestreut.

Pfannkuchen, gewöhnliche

Zu einer mittelmäßig großen Pfanne: 100 g Mehl, 3 Eier, ¼ l Milch und etwas Salz. Wünscht man jedoch nur 2 Eier anzuwenden, so muß weniger Milch genommen werden.
Zu einer größeren Pfanne kann man 250 g Mehl, 3 Eier und ⅛ l Milch, mit Wasser vermischt, rechnen.
Den Teig rühren und backen.

Pfannkuchen, italienische

1 Pfund Kalbsbraten, 1 Sardelle, 1 TL Champignons oder Kapern, ½ Kalbshirn, 3–4 EL Bratenbeiguß oder Madeira. Zum Beiguß: 40 g Butter, 60 g Mehl, ½ l Fleischbrühe. Zum Pfannkuchenteig: 100 g Mehl, ⅕ l Milch, 1 TL Salz, 1 Ei, Speckschwarte. Zum Aufziehen: 80 g geriebenen Käse, ¼ l sauren Rahm

Mit Butter, Mehl und Fleischbrühe bereitet man einen dicken Butterbeiguß, der mindestens 1 Std. kochen soll. Während dieser Zeit schneidet man den Kalbsbraten in ½ cm dicke Würfel, ebenso ein blanchiertes Hirn und gibt es nebst den geputzten, fein verwiegten Sardellen, Kapern oder Champignons, Bratenbeiguß oder Madeira dem Beiguß bei. Von Mehl, Milch und Ei rührt man einen Pfannkuchenteig an und bäckt davon 3 Kuchen goldgelb. Eine feuerfeste Platte wird mit Butter bestrichen, die Pfannkuchen je zur Hälfte hineingelegt mit Eiweiß bestrichen, die Farce eingefüllt und die außenliegenden Hälften der Kuchen oben darübergeschlagen. Man streut geriebenen Käse darauf, gießt reichlich sauren Rahm darüber und bedeckt diesen wieder mit Käse. Nun stellt man die Platte auf einem mit Salz bestreuten Blech in den gut heißen Backofen und läßt die Speise ¾ Std. aufziehen.

Pfannkuchen von Makronen

125 g Makronen, worunter mehrere bittere sind, 2 Eßlöffel feinstes Mehl, 3/8 l mit etwas Wasser vermischte Milch, 4 Eier, Zitronenschale und eine Kleinigkeit Salz

Das Mehl wird mit Milch gerührt, mit Eidotter und Zitronenschale gut geschlagen, danach die gestoßenen Makronen mit dem festen Eiweißschaum durchgerührt. Ist dies geschehen, so wird der Teig sofort in einer mit Butter heißgemachten Pfanne auf beiden Seiten dunkelgelb gebacken und mit Zucker bestreut, oder nur auf einer Seite wie Ohrfeige langsam gebacken, stellenweise mit Gelee oder Eingemachtem belegt, zusammengeschlagen und gut mit Zucker bestreut.

Pfannkuchen von feinem Mehl, auch zu gutem Obstpfannkuchen passend

4 Eier, 3 EL feines Mehl, 3/16 l Milch, mit etwas Wasser vermischt, und etwas Salz

Dies wird beim Hinzutun der ganzen Eier gerührt und gebacken. Zu Obstpfannkuchen mische man etwas Zimt oder Muskatblüte durch den Teig.

Pfannkuchen von gekochten übriggebliebenen Nudeln

Zu 2 Pfannkuchen wird ein Suppenteller voll Nudeln, 1 gehäufter Eßlöffel Mehl, 3 Eidotter, 1 Obertasse Milch, etwas Muskatblüte oder -nuß und ein wenig Salz untereinander gemischt und das zu Schaum geschlagene Eiweiß durchgerührt.

Pfannkuchen mit Quark

(Für 1 Person.) 1 EL Mehl, 2 EL Milch, Salz, Pfeffer, 2 Eigelb, 2 EL Quark, 1 TL feingewiegte Zwiebel oder Schnittlauch, 2 Eischnee – Butter zum Backen

Alle Zutaten gut verrühren, zuletzt den Eischnee leicht unterziehen. In einer flachen Pfanne Butter heiß werden lassen, den Teig zugeben, gut verteilen, auf beiden Seiten langsam backen. Oder man stellt die Pfanne in den heißen Backofen; hier braucht der Kuchen nicht gedreht zu werden.

Pfannkuchen von dickgekochtem Reis

250 g abgebrühter, in Milch mit einem Stückchen Butter, einigen Stücken Zimt oder Zitronenschale, 125 g Rosinen (welche etwas später dazu kommen) und etwas Salz weich und dick gekochter Reis, 4 Eier, 2 bis 3 EL Zucker, etwas gestoßener Zwieback oder geriebenes Weißbrot

Der etwas abgekühlte Reis wird mit den Eidottern, dem Zucker und Zwieback durchgerührt, mit dem zu Schaum geschlagenen Eiweiß vermischt, in einer Kuchenpfanne mit Butter auf nicht starkem Feuer zu einem, oder löffelweise zu kleinen Kuchen gebacken. Etwas geröstete und feingestoßene Weißbrotrinde oder Zwieback in die Pfanne und beim Umwenden auf den Kuchen gestreut, macht ihn ansehnlicher und schmackhafter. Der Kuchen wird mit Zucker bestreut zur Tafel gegeben.

Bei einem Überrest von Reisbrei wird man nach vorstehender Vorschrift leicht das richtige Verhältnis treffen können; hierbei aber ist es besser, Korinthen zu nehmen, da Rosinen im Kochen nicht weich werden.

Pfannkuchen mit Schnittlauch

In den fertigen Pfannkuchenteig gibt man 2 Eßlöffel fein geschnittenen Schnittlauch und macht sie ebenso fertig.

Pfannkuchen, Schwarzwälder

Eingeweichtes und ausgedrücktes Weißbrot, möglichst viel gedämpfte Zwiebeln, feine Speckwürfel, gehackte Petersilie und einige zerschnittene Pfifferlinge werden mit etwa 4 Eiern zu einer schmackhaften Füllung verarbeitet (blinde Füllung).
Diese Füllung wird etwa ½ cm dick auf frisch gebackene dünne Pfannkuchen eingestrichen und aufgerollt. Diese werden anschließend in eine ausgebutterte Gratinpfanne eingesetzt und mit Rahm übergossen.
Über jeden Pfannkuchen wird eine Scheibe geräucherter Speck gelegt. Die so vorbereiteten Pfannkuchen werden 20 Min. im Backofen gegart.

Pfannkuchen mit Spargelfülle

Fülle: 750 g in Stückchen geschnittene, weichgekochte oder gedünstete Spargel. Zur Buttersauce: 40 g Butter, 50 g Mehl, nach Belieben 50 g Schinken, Spargelwasser, 1 Eigelb, 2 EL Rahm, Zitronensaft, 2 EL geriebenen Käse, 30 g Butterstückchen

Die fertiggekochte, dicke Buttersauce wird mit Ei, Rahm, Zitrone abgezogen, die Spargel leicht untergemischt. Man backt dünne Pfannkuchen, verteilt die Fülle darauf, rollt die Kuchen fest auf und legt sie, das Ende nach unten, in eine mit Butter bestrichene Kasserolle. Obenauf streut man Käse, Butterstückchen und läßt die Kuchen im Backofen 10–15 Minuten aufziehen. Hat man keinen Backofen, füllt man die Kuchen sofort nach dem Backen mit der heißen Fülle und stellt sie gut warm.

Pfannkuchen mit Spinat

500 g Spinat, 50 g Stärkemehl, 4 Eier, Salz, Muskat, 1/4 l Milch oder halb Milch, halb Rahm, Fett zum Backen

Den Spinat mit kochendem Wasser übergießen, ausdrücken, fein wiegen. Die übrigen Zutaten zugeben, dünne Pfannkuchen backen, nach Belieben mit geriebenem Käse bestreuen. *Oder:* Man macht einen Pfannkuchenteig, gibt 250 g gewiegten Spinat zu und backt dünne Pfannkuchen.

Pfannkuchen von Stärke

Zu einem Kuchen: 4 frische Eier, 65 g Stärke, 1/4 l warmgemachte Milch, wozu 1/3 Wasser genommen ist, und etwas Salz

Eidotter, Stärke, Milch und Salz werden tüchtig geschlagen, mit dem steifen Schaum der Eier vermischt, nach Nr. 1 in Butter, welche abgeklärt ist, gebacken.
Bestreut man die feineren Pfannkuchen in der Mitte, wo man sie umwenden will, mit gestoßenem Zwieback, so gewinnen sie an Ansehen und Geschmack.

Pfannküchlein mit Tartar gefüllt

Pfannküchlein: 250 g Weizenmehl, 1/2 l Milch, 1 Prise Salz mit kl. Schneebesen verrühren, 4 Eier hineinschlagen. Teig 10 Min. ruhen lassen, dann mit wenig Butter dünne Pfannküchlein backen. Pro Pfannküchlein etwa 50 g Tartar.
Tartar: 300 g, würzen mit Salz, Pfeffer, feinen Zwiebelwürfeln, Kapern, Petersilie, 3 Eigelb, Senf u. Tomatenketchup.
Füllung auf die heißen Pfannküchlein streichen, aufrollen u. mit gr. Salat u. Tomatenscheiben garniert servieren.

Pflaumen-Sellerie Mehlspeise

Pflaumen, Zucker, Zitronenschale, Zimtstückchen, Butter, Milch, Sellerie-Rum, Semmeln, Kaffee-Extrakt, 2–3 Eier

Man schmort große, schöne, ausgesteinte Pflaumen mit Zucker, Zitronenschale und Zimtstückchen weich, hebt sie aus dem Saft und kocht diesen noch etwas ein, gießt ihn durch, daß Zitronenschale und Zimt zurückbleiben. Nun buttert man eine runde Speiseform, am besten eine Blechform, legt eine Schicht in halb Milch und halb Sellerie-Rum – (Milch und Sellerie-Rum) werden vorher gemischt – geweichter Semmeln hinein, die in Scheiben geschnitten sind. Darauf schichtet man die Pflaumen, dann wieder Semmeln. Darüber gießt man den Pflaumensaft, den man vorher mit starkem, bestem Kaffee-Extrakt vermischt hat (zwei Drittel Pflaumensaft, ein Drittel Kaffee-Extrakt). Diese Mischung wird noch mit den Eiern abgequirlt und, wie schon erwähnt, über die Masse in der Form gegossen. Nun legt man in kleine Stücke zerpflückte, gute Butter darüber und bäckt die Mehlspeise etwa drei Viertelstunden bei mäßiger Hitze. – Sie wird heiß serviert.

Pfitzauf

250 g Mehl, 1/2 l Milch, 1 Prise Salz, 30 g Zucker, 4 Eier, 60 g Butter, nach Belieben Zitronenschale

Mehl, Milch, Salz anrühren. Die Eier mit dem Zucker leicht schlagen, zugeben, zuletzt die zerlassene Butter unterziehen. Die mit Butter bestrichenen Förmchen halbvoll füllen, in mittlerer Hitze backen. Nach dem Backen mit Zucker bestreuen.

Pilzknödel

500 g beliebige Pilze, 30 g Butter, 8 altbackene Semmeln, 1/4 l Milch, 2 Eier, 2 Eigelb, Mehl, Salz, Petersilie

Die Pilze werden gesäubert, geputzt, kleingeschnitten und in Butter gedünstet. Alle Flüssigkeit muß dabei verdampfen. Die Semmeln schneidet man in Scheiben oder Würfel, überbrüht sie mit der heißen Milch und läßt sie durchziehen. Dann mengt man die Eier, die Eigelb, reichlich gehackte Petersilie und die Pilze darunter, würzt mit Salz und gibt so viel Mehl hinein, daß ein geschmeidiger Knödelteig entsteht. Daraus formt man Knödel, legt sie in kochendes Salzwasser ein und läßt sie in etwa 20 Minuten garziehen.
Pilzknödel eignen sich hervorragend als Beilage zu Wildgerichten.

Pilzküchlein

750 g Pilze waschen, putzen, wiegen; weitere Zubereitung wie Spinatküchlein.

Pilzküchlein, andere Art

750 g Pilze, 6 Brötchen, 1/4 l Milch, Zwiebel, Petersilie, 30 g Butter, Salz, Muskat, 2 Eier, etwas Weckmehl, Fett zum Backen

Die geputzten Pilze fein wiegen, mit Zwiebel und Petersilie in Butter dämpfen. Die Brötchen in feine Scheiben schneiden, mit der kochenden Milch übergießen, zudecken, durchziehen lassen, fein verzupfen, Pilze, Eier, Gewürze zugeben, gut mischen. Dann formt man mit etwas Weckmehl runde Küchlein und backt sie in heißem Fett auf beiden Seiten.

Plinsen I

4 mäßig gehäufte EL feines Mehl, 100 g an Gewicht, 4 große oder 5 kleinere Eier, 1/4 l Mischung aus 2 Teilen süßer Sahne oder Milch und 1 Teil heißem Wasser, 65 g gut gewaschene Korinthen, 2 EL geschmolzene Butter, abgeriebene Zitronenschale oder Muskatblüte und etwas Salz

Der Teig wird beim Hinzutun der ganzen Eier gut geschlagen und 4 Plinsen – dünne Kuchen – daraus gebacken. Dann werden diese zweimal geteilt, mit Zucker und Zimt bestreut und aufgerollt.
Es werden die Plinsen zum Tee und Butterbrot gegeben.
Als Mittel- oder Nachgericht kann man sie mit einer roten oder weißen Weinsauce von Fruchtsaft servieren.
Als Beilage zum Spinat lasse man Zucker, Zitronenschale und Korinthen weg und rühre feingeschnittenen Schnittlauch durch den Teig.

Plinsen, schlesische

Milch, Mehl, Eier, Salz, Butter, Marmelade oder Zucker

Eine Art Eierkuchen aus Milch, Mehl, Eier und etwas Salz und zerlassener Butter, die in einer Pfanne sehr dünn gebacken werden, ähnlich den schwäbischen Flädle. Man ißt sie entweder mit Marmelade gefüllt und mit Zucker bestreut oder mit in Butter gedünstetem Schnittlauch belegt und dann mit gebräunter Butter übergossen. Auch bestrichen mit Fleischfülle, mit gehackten Zwiebeln und Sardellen, und mit gebräunter Butter übergossen, sind sie beliebt.

Polenta

In 1 l siedendes Wasser rühre man ½ l Polentamehl (wird am besten aus Italien bezogen, man kann es aber auch aus einheimischen Welschkorn bereiten), gebe ein Stückchen Butter und etwas Salz dazu, und koche dieses unter fortwährendem Rühren so lang, bis am Boden der Pfanne eine Kruste sich gebildet hat, die nahe am Anbrennen ist. Nun stürze man die Polenta in eine runde Schüssel um, und von dieser auf die zum Auftragen bestimmte Platte, oder schneide sie in Stücke, die im Schmalz gebraten werden. Serviert wird sie dann zu saurem Fleisch oder gekochtem Obst. – Man kann die Polenta nach einigem Erkalten auch in messerrückendicke Scheiben schneiden, und diese in ein dick mit Butter bestrichenes Kastrol in der Weise einlegen, daß jede Lage mit geriebenem Parmesankäse überstreut und zugleich mit einigen kleinen Stückchen Butter belegt wird. So fährt man fort, bis alle Scheiben eingeschichtet und die letzte Lage mit Parmesankäse bedeckt ist, und bäckt nun das Ganze bei mäßiger Hitze eine Stunde im Ofen. Beim Anrichten nimmt man das Fett rein ab, macht das Gebakkene mit einem Messer ringsherum los, stürzt es heraus, und gibt es zu gebratenem Rind- und Kalbfleisch, am besten zu pikant zugerichteten Vögeln.

Klöße, pommersche

500 g Mehl, 2 Eier, etwa ½ l Milch oder Wasser, 5 Milchbrötchen, Salz, Butter, Schmalz oder Palmin

Mehl, Eier, Salz und Milch werden zu einem lockeren Teig geschlagen. Die in Würfel geschnittenen Brötchen werden in Schmalz geröstet und unter den Teig gemischt, Klöße geformt, in kochendes Salzwasser gelegt und in 10 Minuten gar gekocht.

Preiselbeerschnitten

Ziemlich frisches Weißbrot wird abgeschält und in Scheiben geschnitten, die Rinde geröstet und gestoßen. Dann werden die Schnitten in warmer Miclh und einigen geschlagenen Eiern, in Ermanglung derselben bloß in Milch eingeweicht, in der Rinde umgedreht und in heißer Butter gelb gebacken, doch so, daß sie inwendig recht weich bleiben. Die Schnitten werden mit Preiselbeeren bestrichen, mit Zucker bestreut und zum Nachtisch oder zu einer Tasse Tee gegeben.

Puffert, gewöhnlicher

700 g Mehl, 3/4 l lauwarme Milch, 1/2 Tasse geschmolzene Butter oder Schmalz, 3 Eier, 50 g Hefe, etwas Salz

Der Teig werde wie der Teig zu kleinen Puffertkuchen behandelt und mit Butter zu 2 großen Kuchen gebacken.

Puffertkuchen von fein ausgesiebtem Buchweizenmehl

Man nehme zu jeder gestrichenen großen Obertasse Mehl eine gleiche Tasse heißes Wasser, einen reichlichen Eßlöffel dicke saure Sahne, in Ermanglung so viel geschmolzene Butter oder Schmalz, 8 g Hefe und etwas Salz. Auch kann man Korinthen hinzufügen.

Nachdem der Teig angerührt, wird solcher mit einem Löffel stark geschlagen, zum Aufgehen hingestellt und wie vorstehende Puffertkuchen zu großen oder kleinen Kuchen gebacken.

Puffertkuchen, kleine, von Weizenmehl

Reichlich ¾ l warme Milch, 65 g geschmolzene und abgeklärte Butter, 3 bis 4 Eier, 1 EL Zucker, 30 g Hefe, 500 g feines erwärmtes Mehl, 130 bis 200 g Korinthen, Zimt oder Muskatblüten und etwas Salz

Das Mehl wird mit der Milch feingerührt, mit dem übrigen vermischt, der Teig tüchtig geschlagen, mit den erwärmten Korinthen vermengt und zum langsamen Aufgehen, zugedeckt, an einen warmen Ort gestellt. Wenn nach Verlauf von 1½ bis 2 Stunden der Teig gut aufgegangen ist, backt man ihn in einer offenen Kuchenpfanne, mit Butter oder Butter und Schmalz zusammen heißgemacht, zu kleinen Kuchen von der Größe einer Untertasse, welche nur einmal umgelegt werden, und zwar dann erst, wenn sie oben ganz trocken geworden sind.
Man gibt diese Kuchen in Familie mit einer Tasse Tee. Schokolade ist unpassend dazu, weil wenige die Zusammenstellung vertragen.

Quarkkeulchen

500 g Mehl, 500 g Quark, 125 g Butter, 1 Löffel Zucker, 4 Eigelb, 35 g Hefe, 1 Prise Salz, ⅜ l Milch, 125 g Korinthen oder Rosinen, das Abgeriebene einer Zitrone

Die in lauwarmer Milch aufgelöste Hefe rührt man mit dem Mehl zu einem nicht zu lockeren Teig an, den man aufgehen läßt. Inzwischen rührt man die Butter mit den Eigelb sahnig und gibt nach und nach die übrigen Zutaten hinein, zuletzt den aufgegangenen Teig und die Rosinen. Nun formt man halbfingerdicke Keulchen, die auf bemehltem Brett noch etwas aufgehen müssen. Man bäckt sie in heißem Fett goldgelb.

Quarkklöße

100 g Butter, 4 Eier, Salz, 500 g Quark, 125 g Grieß, Zucker, Zimt, braune Butter

Die Butter wird schaumig gerührt, Eier und Salz dazugegeben. Dann rührt man den Quark dazu und nach und nach den Grieß. Zudecken und ca. 30 Minuten stehen lassen. Dann sticht man mit einem Eßlöffel Klöße ab, legt sie in kochendes Salzwasser ein und läßt sie ca. 10 bis 12 Minuten garziehen. Sie dürfen nicht kochen, sonst zerfallen sie. Die Quarkklöße werden mit Zucker und Zimt bestreut und mit brauner Butter übergossen.

Rahmnudeln, gerührt

125 g Butter, 4 Eier, Salz, 1/10 l dicke saure Sahne, etwas Mehl, 2 l Milch, etwas Zucker, 3 Eigelb

Zu der schaumig gerührten Butter kommen die Eier, Salz und dicke saure Sahne nebst so viel feinem Mehl, daß der Teig die Dicke wie Spatzenteig hat. In die kochende Milch legt man lange Würste von dem Teig ein, nimmt sie dann heraus, gibt sie in eine gebutterte Backform, streut Zucker darüber und bäckt die Nudeln goldgelb. Sind sie gar, zieht man die übrige Milch mit den Eigelb ab, zuckert sie und reicht sie zu den Nudeln.

Rahmstrudel

210 g gewärmtes Mehl wird mit zwei Eiweiß, nußgroß Butter, einigen Körnchen Salz und einem halben Gläschen lauem Wasser zu einem gelinden, feinen Teig verarbeitet, dieser durch den Ballen der rechten Hand einigemal durchgestrichen bis er sich vom Backbrett leicht loslöst, hernach mit einem warmen Tuch oder Deckel zugedeckt, und eine halbe Stunde ruhen gelassen. Nun wird 70 g Butter leicht gerührt, vier Eigelb, vier Eßlöffel geriebene Semmel- oder Milchbrotbröseln, vier bis sechs Eßlöffel Zucker, 70 g große und ebensoviel kleine gewaschene Weinbeeren, ¼ l guter saurer Rahm und etwas Zimt dazugegeben, alles miteinander gut durchgerührt, und damit dann der bereitete und sorgfältig ausgezogene Teig gleichmäßig überstrichen. Indem man jetzt mit beiden Händen das Tuch am Ende in die Höhe hebt, rollt der Strudel von selbst wurstähnlich übereinander, dann dreht man ihn schneckenartig zusammen, legt ihn in ein dick mit Butter bestrichenes flaches Kastrol oder anderes passendes Geschirr, gießt ½ l warme Milch daran, deckt ihn zu, und bringt ihn in den Ofen. Nach einer halben Stunde wird der Deckel abgenommen und der Strudel noch so lange gebacken, bis er eine schöne gelbe Farbe hat und die Milch so weit daran eingekocht ist, daß er von unten noch etwas weniges flüssig ist, was in einer Stunde der Fall sein wird; sollte die Milch eingekocht sein ehe der Strudel fertig ist, gießt man noch etwas Milch nach. Während des Backens muß er einigemal mit Butter bestrichen werden, was am leichtesten mit einem kleinen Pinsel geschieht. Er wird nun mit zwei Backschäufelchen auf die Platte gehoben, mit Zucker bestreut, der im Kastrol noch befindliche Saft mit zwei Eßlöffel Milch aufgelöst, unter den Strudel gegeben, und dieser dann mit einer beliebigen Milchsauce sofort serviert.

Rahmwaffeln

125 g Butter oder Margarine, 4 Eigelb, 80 g Zucker, Vanillezucker, Salz, 6 EL Mehl, saurer Rahm, 4 Eischnee

Butter oder Margarine, Eigelb, Zucker, Vanillezucker und Salz werden schaumig gerührt, Mehl und so viel saurer Rahm dazugegeben, daß ein dickflüssiger Teig entsteht. Dann hebt man den Eischnee unter, bäckt den Teig sofort aus und serviert die Waffeln sehr heiß.

Rahmwürstchen

1/4 l sauren Rahm, 125 g Mehl, 30 g Butter, Salz, 3–4 Eier, Backfett

Rahm, Butter zum Kochen bringen, das Mehl zugeben, zu einem Kloß abrühren, 1 Ei unterziehen, kalt stellen. Nach dem Erkalten die übrigen Eier zugeben. Auf ein nasses Spatzenbrett von dem Teig geben, mit dem Spatzenschaber fingerdicke und fingerlange Würstchen formen, in heißes Fett einlegen, schwimmend hellbraun backen. Zu Kompott 2 Eßlöffel Zucker zum Rahm geben, mit Zucker und Zimt bestreuen.

Rahmwürste, gebackene, saure

Man macht einen halben Schoppen sauren Rahm siedend, und rührt über dem Feuer Mehl hinein, bis es in der Dicke wie ein anderer gebrühter Teig wird. Wenn er ganz glatt ist, wird er mit einer Nuß groß Butter aufgetrocknet, der Teig in eine Schüssel genommen, und wohl geschafft, bis er abgekühlt ist. Dann gibt man ein wenig Salz hinein, rührt ihn mit 5 Eiern an, macht Schmalz heiß, nimmt von dem Teig auf ein hölzernes Brett, legt mit einem Messer lange Würstlein in das Schmalz, backt sie, und rüttelt die Pfanne während dem Backen ein wenig, daß sie schöner auflaufen. Hierauf wird eine Mandelsauce mit Milch daran gemacht, man nimmt nämlich 4 Lot geschälte und feingestoßene Mandeln in eine Messingpfanne, einen halben Kochlöffel Mehl dazu, rührt sie mit 4 Eigelb glatt, gießt eine halbe Maß Milch daran, gibt ein Stücklein Zucker hinein, und läßt sie unter beständigem Rühren auf Feuer aufkochen.

Reisäpfel

280 g Reis wird ohne Butter weichgekocht und Eigelb und Zucker hineingerührt. Unterdes sticht man von zwölf bis sechzehn abgeschälten Reinetten oder Borsdorfern behutsam das Kernhaus aus, und setzt sie, zugedeckt, mit 200 g Zucker, einer Zitronenschale und so viel Wasser zum Feuer, daß man sie leicht darin weichkochen kann. Die Äpfel dürfen jedoch nicht verkochen oder zerplatzen, daher immer nachzusehen ist, und wenn einer vor dem andern weich wäre, so muß er herausgehoben und auf ein Sieb, unter welches ein Geschirr gestellt ist, zum Ablaufen gelegt werden. Sind alle weichgekocht und abgelaufen, so wird das in die Schüssel gelaufene Zuckerwasser zu dem in der Pfanne gegeben, und mit diesem noch dicklich eingekocht. Nun legt man den Reis in eine etwas weite Kompottschüssel bergartig ein, und stellt die Äpfel im Kranz um denselben. Auf diesen ersten kommt dann ein zweiter und ein dritter Kranz, doch nimmt man zu jedem einen Apfel weniger, und es wird so eine Art Pyramide gebildet, ein halber Apfel macht oben den Schluß. Nachdem man jetzt das Ganze noch eine Viertelstunde in den Ofen gestellt, bedeckt man den Ausstich des obersten Apfels mit einer eingemachten Kirsche oder einer eingemachten Himbeere, dann wird das Gericht mit dem noch warmen, dick eingekochten, kaum noch laufenden Apfelsaft übergossen, nach Belieben mit feingeschnittenen Pistazien oder grünem Zitronat überstreut und sogleich zu Tisch gegeben.

Reisbrei, gewöhnliche Art

Man verliest ein halbes Pfund Reis, wasche ihn dreimal aus warmem Wasser, daß, wenn von ungefähr eine Säure oder Milbe darin stecken sollte, solches davon gereinigt wird, brüht es dann in einem Topf mit siedendem Wasser, läßt es eine halbe Stunde daran stehen, gießt das Wasser wieder sauber ab und eine halbe Maß siedende Milch darüber, kocht es langsam, schüttet immer nur ein wenig siedende Milch dazu, und rührt so wenig als möglich hinein. Je langsamer der Brei kocht, desto schöner läuft der Reis auf. Kurz vor dem Anrichten wird das Geschirr mit dem Reis auf die Seite gesetzt, daß die Scharre besser herausgenommen werden kann. Wenn der Brei angerichtet ist, wird die Scharre strichweise herausgenommen, wie ein Gitter über den Brei gelegt, und mit Zucker und Zimt überstreut.

Reisküchlein

280 g Reis wird mit kochendem Wasser angebrüht, und, nachdem dies abgeschüttet, in 1½ l kochender Milch, unter Beifügung einer Zitronenschale oder eines Stengelchens Vanille, eine Stunde langsam gedämpft, so daß die Milch bereits gänzlich eingedünstet und der Reis trocken ist. Nun gibt man 70 g Butter, vier Eßlöffel Zucker und eine Messerspitze Salz hinein, und läßt den Reis damit noch eine halbe Stunde dämpfen, bis er dick eingekocht und weich ist. Man nimmt ihn alsdann vom Feuer, rührt ihn sogleich mit vier Eiern durch, damit die Masse gebunden wird, stürzt ihn auf eine butterbestrichene und mit Semmelbröseln bestreute flache breite Platte, streicht ihn fingerdick auseinander, bedeckt ihn, damit er keine Kruste bekomme, mit butterbestrichenem Papier, und läßt ihn so gänzlich erkalten. Hernach sticht man mit einem Glas oder runden Ausstecher Küchlein aus, verrührt drei Eier mit einem Eßlöffel Milch, kehrt die Küchlein darin um, und bestreut sie mit feingesiebten Semmelbröseln. Nun werden sämtliche Küchlein nebeneinander auf eine Platte gelegt, vor dem Anrichten aus schwimmendem heißem Schmalz gelb gebacken, dann mit Zucker bestreut, auf eine mit einer Serviette bedeckte Platte bergartig hübsch angerichtet, und mit jedem beliebigen gekochten Obst, oder mit einer beliebigen Obst- oder Milchsauce zu Tisch gebracht.

Reiskuchen

280 g Karolinenreis wird gewaschen, sodann mit siedendem Wasser überschüttet und eine halbe Stunde zugedeckt stehen gelassen. Nun wird das Wasser abgegossen, der Reis in 1½ l kochender Milch drei Viertelstunden langsam gedämpft, hernach zwei Eßlöffel Semmelbröseln dazugegeben, und dies zusammen noch eine Viertelstunde gekocht, wo der Reis dann kernig weich und trocken sein muß und zum Erkalten gestellt wird. Während des Erkaltens muß man ihn einigemal umrühren, damit er keine Kruste bekomme. Nun wird 140 g Butter leicht gerührt, 100 g Zucker, sieben Eigelb, einige Körnchen Salz, die feingewiegte Schale einer halben Zitrone und 140 g kleine gewaschene Weinbeeren dazugegeben, dies miteinander schaumig abgerührt und dem erkalteten Reis beigefügt, alles noch gut zusammen durchgerührt, und zuletzt der feste Schnee der sieben Eiweiß darun-

tergemengt. Das Ganze wird jetzt in eine dick mit Butter bestrichene und mit Semmelbröseln bestreute Auflaufform gefüllt, im Ofen langsam gebacken, sodann auf eine Platte umgestürzt oder in der Form zu Tisch gegeben, und eine Weinsauce extra dazu serviert oder darübergegossen.

Reisschmarren

Man brüht 280 g Reis wie in voriger Art an, setzt ihn, nachdem das Wasser abgegossen, in 1½ l siedender Milch mit ein wenig Salz aufs Feuer, und kocht ihn langsam völlig weich und dick ein. Er wird sodann in eine Schüssel gegeben, und 40 g Butter und sechs Eier hineingerührt, hernach in einer breiten Omelettenpfanne zwei Eßlöffel Butter oder Schmalz heiß gemacht, von der gerührten Reismasse fingerdick hineingegeben und glattgestrichen, und dies zu einem Kuchen gelb gebacken; sollte letzterer zu trocken sein, gibt man ein Stückchen Butter darunter. Der Kuchen wird nun mit dem Backschäufelchen stückweise abgestochen, umgekehrt und auch von der andern Seite gelb gebacken. Nachdem er noch in kleinere Stückchen verstochen ist, wird er angerichtet, und mit der übrigen Masse auf gleiche Weise verfahren. Man serviert den Schmarren mit Zucker und Zimt bestreut, auch wird gekochtes Obst dazugegeben.

Rhabarberstrudel

Wie Apfelstrudel mit 1½ Kilo in kleine Würfel geschnittenem Rhabarber und 250 g Zucker; zum Aufziehen nur ¼ l Milch nehmen.

Risollen

300 g Mehl, 150 g Butter, 1 Ei, 1 EL Rahm, Salz, Bratenreste, Butter, Petersilie, etwas Zitronenschale, etwas Bratensauce, Pfeffer, Muskatnuß, etwas Zitronensaft, 2 Eigelb, Schmalz

Mehl, Butter, Ei und Rahm mit 1 Prise Salz verarbeitet man zu einem weichen Nudelteig und läßt ihn eine Stunde ruhen.
In der Zwischenzeit wiegt man die Bratenreste (z.B. Kalbfleisch) fein oder dreht sie durch den Fleischwolf und dünstet sie in Butter mit gehackter Petersilie und etwas abgeriebener Zitronenschale. Man gibt einige Eßlöffel Bratensauce dazu und würzt mit Salz, Pfeffer und Muskatnuß, nach Belieben ein paar Spritzer Zitronensaft. Man läßt alles etwas abkühlen und rührt dann zwei Eigelb darunter. Der Teig wird nun messerrückendick ausgerollt. Dann sticht man kleine Blättchen aus, auf die das Haschee verteilt wird. Die Ränder der Blättchen bestreicht man mit Eiweiß, darauf kommt ein zweites Blättchen, das fest angedrückt wird. Man bäckt die Risollen in heißem Schmalz und gibt sie heiß zu Tisch.

Rohrnudeln

Von 1 Pfund gewärmtem Mehl, ¼ l lauer Milch und zwei Eßlöffel Hefe (30 g Preßhefe) wird ein Hefeteig angemacht. Ist er aufgegangen, so gibt man 70 g zerlassene Butter, zwei Eier, einen Kaffeelöffel Salz und einen Eßlöffel Zucker dazu, und schlägt dies zu einem festen Teig ab, den man an einem warmen Ort so lang aufgehen läßt, bis er noch einmal so hoch geworden, dann auf ein mehlbestreutes Nudelbrett nimmt, und mit einem Blechlöffel eigroße Nudeln davon absticht. In einer Bratkachel wird nun ein Stück Butter oder Schmalz zerlassen, die Nudeln darin umgekehrt, und nebeneinander hineingelegt, worauf man sie an einem warmen Ort noch aufgehen läßt. Sodann werden sie in nicht zu heißem Ofen gelb gebacken, auseinandergebrochen, und aufgehäuft auf der Platte angerichtet. – Serviert man gewöhnlich mit gekochtem Obst, namentlich Kirschen, oder mit einer dünnen Milchsauce.

Rohrnudeln, bayerische

500 g Mehl, 20 g Hefe, 50 g Zucker, abgeriebene Schale einer Zitrone, 1/4 l Milch, 1 Ei, Prise Salz, 60 g Butter oder Margarine
Zur Füllung: 125 g Pflaumenmus, Butter zum Bestreichen

Einen Hefeteig bereiten und gut aufgehen lassen, das Volumen muß sich ungefähr verdoppeln. Dann rollt man den Teig daumendick aus und schneidet etwa 9 cm große viereckige Teigplatten. Auf jede kommt ein Teelöffel Pflaumenmus. Die Quadrate werden nun zusammengeklappt und rundherum mit zerlassener, abgekühlter Butter bestrichen. In einer tiefen Pfanne hat man weiche Butter reichlich verstrichen, dahinein setzt man nun die Nudeln, dicht nebeneinander, deckt mit einem Tuch ab und läßt nochmals ca. 30 Minuten gehen. Danach bei mittlerer Hitze ca. 30 Minuten backen.
Man ißt die Rohrnudeln heiß, mit Puderzucker bestäubt, zum Kaffee oder auch als Hauptmahlzeit mit Vanillesauce.

Salbeiküchlein

5 Eigelb, 5 Löffel Mehl, 1/4 l Milch, Salz, 5 Eiweiß, Salbeiblätter, Fett

Von Eigelb, Mehl und Milch rührt man einen Teig an, gibt eine Prise Salz zu und zieht den steifen Schnee darunter. In diesen Teig taucht man einzeln große Salbeiblätter und bäckt sie in heißem Fett.

Schaumpfannkuchen, feinerer

Hierzu nimmt man 4 bis 6 Eßlöffel steifen sauren Rahm, etwas feines Mehl, so daß die Masse zusammenhält, 6 bis 7 Eigelb, Salz und das Weiße der Eier, zu Schnee geschlagen, backt dies in heißer Butter in der Pfanne auf der einen Seite gelb, wendet es um und läßt es nochmals backen. Es sind hierzu Preiselbeeren zu empfehlen.

Schaumpfannkuchen, gewöhnlicher

Von 5 Eiern das Gelbe, 1 gehäufter Eßlöffel voll Mehl, 1 Obertasse gute frische Milch, Salz und das Weiße der Eier zu Schnee geschlagen und übrigens verfahren wie beim vorhergehenden Rezept.

Schmalzbrot

Es werden drei gestrige Semmeln fein eingeschnitten, ¼ l Milch darübergegossen, und dies stehen gelassen, bis das Brot etwas weich geworden. Dann wird Schmalz heiß gemacht, das Brot darin gelb geröstet, vier mit einem Eßlöffel Milch verrührte Eier darübergegeben, das Ganze noch einigemal umgekehrt, ein wenig gesalzen, sofort angerichtet, und mit gekochtem Obst oder grünem Salat serviert. – Ist das Brot schon älter, so wird die Milch *kochend* darübergeschüttet.

Schmarren

250 g Mehl, etwa 1/8 l Milch, Salz, 2 Eier, 100 g Fett zum Backen

Alle Zutaten anrühren. In einer eisernen Kasserolle das Fett heiß werden lassen, allen Teig zugeben, anbacken, dann zerstoßen und fertigbacken. Zu Kompott gibt man in den Teig 2 Eßlöffel Zucker und streut nach dem Anrichten Zucker und Zimt darüber.

Schneepfannkuchen

250 g Mehl, Salz, 1/4 l Milch, 3 Eier, nach Belieben Muskat, Backfett

Dickeren Pfannkuchenteig anrühren, kurz vor dem Backen den Schnee unterziehen. In reichlich heißes Fett mit einem kleinen Schöpflöffel kleine Küchle einlegen, backen, umdrehen, zudecken, fertigbacken. Gleich zu Tisch geben. Können auch zu Kompott gegeben werden; dann gibt man in den Teig 2 Eßlöffel Zucker und bestreut nach dem Backen mit Zucker und Zimt.

Schokoladestrudel

Ein Strudelteig wird so fein wie möglich ausgezogen, und entweder mit der Hälfte der unter Schokoladepudding angegebenen Masse, oder auch mit der Schokoladetortenmasse überstrichen. Die übrige Behandlung ist wie bei Rahmstrudel. Es wird dazu eine Vanillesauce besonders serviert.

Schwammklößchen

Man lasse ¼ l Milch mit 60 g Butter, Salz und geriebener Muskatnuß aufkochen, rühre 125 g feines Mehl darunter und läßt diesen Teig nun auf gelindem Feuer so lange, bis er sich von Kasserolle und Löffel löst. Ist er abgekühlt, so werden 2 Eier und 3 Eidotter eingerührt, mit einem Teelöffel kleine Klößchen in heiße Schmelzbutter eingelegt, lichtbraun gebacken und beim Anrichten in die Suppe gegeben, doch kann man sie auch, statt sie zu backen, 10 Minuten in der Suppe kochen.

Schwammklöße in Fleischsuppe, auch in frischem Erbsengemüse)

125 g feines Mehl, 125 g Butter, ¼ l Wasser, 4 Eier, etwas Muskatblüte

Die Hälfte der Butter wird kochend heiß gemacht, das Mehl mit der Milch angemengt und nebst einem Eiweiß zu der Butter gefügt und gerührt, bis die Masse nicht mehr am Topf klebt. Dann wird die übrige Butter weich gerieben, Muskatblüte, ein Eidotter nach dem andern, sowie auch alsdann die etwas ausgedampfte Masse hinzugefügt. Bei schwach gesalzener Butter würde auch etwas Salz nötig sein. Zuletzt rührt man das zu steifem Schaum geschlagene Eiweiß durch, sticht mit einem naßgemachten Löffel Klößchen davon ab und kocht sie, zugedeckt, 10 Minuten in Suppe oder in einem Erbsengemüse.
Die Erbsen müssen, bevor die Klöße hineinkommen, völlig gar sein und eine so reichliche Brühe haben, daß sie mit dem Löffel gegessen werden.

Schwammknödel

Man lasse 840 g gesiebtes Mehl in einer Schüssel an einem warmen Ort lau werden, mache dann in der Mitte eine Vertiefung, rühre darin mit ¼ l lauer Milch und zwei Eßlöffel Hefe (30 g Preßhefe) einen dicken Teig an, und lassen diesen Hefel (Vorteig) an einem warmen Ort gehen. Hat er sich gehörig gehoben, so gebe man 40 g zerlassene Butter, zwei Eier, ¼ l laue Milch, etwas Salz und das in der Schüssel vorhandene Mehl hinein, schlage dies mit einem Kochlöffel so lang, bis der Teig recht glatt ist und vom Kochlöffel abfällt, und lasse ihn dann an einem warmen Ort aufgehen. Nun steche man mit einem Löffel große Knödel davon aus, welche man auf ein mehlbesätes Brett legt, und zugedeckt an einem warmen Ort aufgehen läßt. Währenddem wird in einer weiten Pfanne oder einem Kastrol so viel Wasser siedend gemacht, daß es bis zur Hälfte heraufgeht, solches leicht gesalzen, und sodann die Knödel hineingelegt, jedoch nicht zu nahe aneinander, damit sie beim Aufgehen nicht gehindert sind. So läßt man sie fest zugedeckt (sie dürfen während dieser Zeit durchaus nicht aufgedeckt werden) eine halbe Stunde kochen, nimmt sie dann mit dem Schaumlöffel einzeln heraus, und legt sie auf ein Brett, wo man sie augenblicklich mit zwei Gabeln in der Mitte voneinanderreißt und auf die Platte legt. Nachdem alle auf diese Art gekocht und angerichtet sind, übergießt man sie sofort mit heißer Butter, und serviert sie mit Einmachfleisch, Fischen oder gekochtem Obst. – Eine Hauptsache ist, daß, während man sie nach und nach herausnimmt, die zurückgebliebenen in der Pfanne gleich wieder zugedeckt werden, und daß das Zerreißen mit den Gabeln recht rasch geschieht, da die Knödel gleich zusammenfallen und schnell erkalten. – *Feiner* werden sie, wenn man 4 Eier und 70 g Butter zu dem Teig verwendet.

Schwammknödel, kleine, aufgezogene

1 Pfund gesiebtes Mehl wird in einer irdenen Schüssel derart auseinandergestrichen, daß in der Mitte ein Grübchen bleibt, in diesem wird dann von ¼ l lauer Milch und zwei Eßlöffel guter Hefe (35 g Preßhefe) ein Vorteig angemacht, den man zum Aufgehen an einen warmen Ort stellt. Ist er aufgegangen, werden 35 g zerlassene Butter, ein halber Kaffeelöffel Salz, zwei Eßlöffel Zucker, zwei bis drei Eier, das zurückgebliebene Mehl, und, wenn nötig, noch etwas laue Milch daruntergerührt, und das Ganze zu einem glatten Teig gearbeitet, den man noch etwas aufgehen läßt, dann mit einem Eßlöffel Knödel davon absticht, diese auf ein mehlbesätes Brett setzt, und hier zugedeckt aufgehen läßt. Nun wird in einer weiten, etwas tiefen Pfanne fingerhoch Wasser mit einem Stückchen Butter, ein wenig Salz und zwei Eßlöffel Zucker siedend gemacht, die Knödel dicht nebeneinander hineingesetzt und beendet, nur sollen sie unten keine starke Kruste haben, es darf nur das Wasser daran eingekocht und die Knödel müssen noch saftig sein. Man serviert sie mit einer Milchsauce oder zu gekochten Kirschen. – Kann man auch in einem heißen *Bratrohr* aufziehen, wo sie aber dann mit einem genau passenden Deckel bedeckt sein müssen.

Schwammknödel, Pfälzer Art

Man bereitet von 1 Pfund Mehl, ¼ l lauer Milch und zwei Eßlöffel Hefe (30 g Preßhefe) einen Vorteig, und stellt ihn an einen warmen Ort zum Aufgehen. Unterdes werden zwei Semmeln in feine Würfel geschnitten, und letztere in Butter gelb geröstet, 100 g Butter leicht abgerührt und drei Eier dazu, etwas feingeschnittene Zitronenschale, 70 g gewaschene Rosinen, ein Kaffeelöffel Salz und zwei Kaffeelöffel Zucker gegeben, solches nebst den gerösteten Brotwürfeln unter den aufgegangenen Vorteig gemengt, und das Ganze so lange geklopft, bis der Teig glatt ist und vom Kochlöffel abfällt. Nun formt man Knödel in der Größe eines Apfels heraus, legt dieselben auf ein mehlbestreutes Brett, und läßt sie an einem warmen Ort aufgehen, worauf man sie in handhoch leicht gesalzenem siedendem Wasser eine halbe Stunde gut bedeckt kocht, während welcher Zeit das Wasser eingekocht sein wird. Nach dem Anrichten schmelzt man sie mit in Butter gelbgerösteten Brotbröseln ab, und serviert sie zu saurem Fleisch.

Schwammnudeln

Das Weiße von 3 Eiern wird zu Schaum geschlagen, das Gelbe mit einem Löffel langsam durchgerührt, 3 Teelöffel voll feines Mehl und etwas Salz hinzugegeben. Die ganze Masse wird sodann auf die kochende Suppe gegeben, kocht damit einige Minuten, wird mit dem Schäumer umgewandt, mit der Suppe in die Terrine gegeben und demnächst mit einem Messer in kleine Stückchen geteilt.

Schiffchen, gefüllte

Zum Teig: 200 g Mehl, 120 g Butter, Prise Salz, 3 EL dicken, sauren Rahm, Backbohnen. Zur Fülle: 1 Hirn, 50 g Butter, 70 g Mehl, ½ l Fleischbrühe, 4 EL Wein, 1 TL Salz, 1 EL Madeira, 1 Eigelb, 1 EL Rahm, nach Belieben einige Champignons. Zum Bestreuen: 10 g geriebenen Käse

Den Butterteig wellt man nach halbstündiger Ruhezeit stark messerrückendick aus, belegt damit bestrichene Schifförmchen, verziert den Rand mit kleinen Zäckchen, bestreut die Schiffchen mit Mehl und füllt sie mit Backbohnen. Nachdem werden sie in mittlerer Hitze ½ Std. gebacken, die Bohnen vorsichtig herausgeholt und die Schiffchen bis zum Gebrauch heiß gestellt. Das Hirn wird 1 Std, gewässert, gehäutet, blanchiert und in 2 cm große Stückchen geteilt. Mit Butter, Mehl, Fleischbrühe und den Gewürzen bereitet man einen weißen Butterbeiguß, kocht diesen 1 Std. durch, gibt die Hirnstückchen nebst Wein und Madeira zu und dämpft sie im Zeitraum von 10 Min. weich. 10 Min. vor dem Auftragen rührt man die dickflüssige Fülle mit Eigelb und Rahm ab, füllt damit die Schiffchen, bestreut sie mit Käse und stellt sie noch einige Minuten in den heißen Backofen. Statt Hirn kann man auch Brieschen nehmen.

Schinkenklößchen zur Suppe

6 Semmeln, Salz, 1/4 l Milch, 150 g Schinken, Butter, Petersilie, Zwiebel, 3–4 Eier, etwas Mehl

Die Semmeln schneidet man in dünne Scheiben, gibt eine Prise Salz dazu und übergießt mit Milch. Man hackt den Schinken sehr fein, röstet in Butter etwas feingehackte Petersilie und Zwiebel, verquirlt die Eier und gibt das alles zu der durchgeweichten Semmelmasse. Mit wenig Mehl daraus einen Teig mischen, aus dem man kleine Klößchen formt, die in kochender Fleischbrühe ca. ½ Stunde sieden müssen.

Schinkenkloß

Unter die Serviettenkloßmasse mischt man 125 g in kleine Würfel geschnittenen Schinken.

Schinkenklöße zu Sauerkraut

500 g gekochter magerer Schinken wird feingewiegt und mit 2 kleinwürflig geschnittenen, in Butter hell angerösteten Semmeln, einer in Butter verschwitzten gehackten Zwiebel und 2 in ½ l Milch vollständig aufgeweichten Brötchen tüchtig vermengt. Dann rührt man noch 1 l Mehl, 2 ganze Eier, ein Eigelb und ein wenig Salz darunter und sticht mit dem Kochlöffel Klöße von der Masse ab, die man in Salzwasser gar kocht und zu Sauerkraut reicht. Ebensogut kann man die Klöße aber auch mit brauner Butter übergießen oder Pflaumenmus dazu geben.

Schinkenknödel

150 g Speck, 6 Brötchen, 1 Zwiebel, 2 Eier, 1/4 l Milch, 150 g Mehl, 1 EL Salz, 80 g gehackten Schinken

Den Speck in kleine Würfel schneiden und weichdämpfen, die fein geschnittene Zwiebel mitdämpfen, die in kleine Würfel geschnittenen Brötchen noch etwas mitrösten, verkühlen lassen. Milch, Eier und Salz verrühren, mit dem Mehl an die Brötchen geben, gut mischen. Probekloß machen. Acht runde Klöße formen, in die Mitte den gewiegten Schinken geben, 1/4 Stunde kochen, beim Anrichten Weckmehlschmelze darübergeben.

Schinkenpudding

1/4 Pfund Butter, 80 g Mehl, 1/4 l Fleischbrühe, 1/2 Pfund Schinken, 1/2 Pfund Schweizerkäse, 6 Eier

Die Butter wird in einem gut glasierten Topf zum Kochen gebracht, das Mehl auf der Seite des Herdes lichtgelb gedämpft, mit der Fleischbrühe abgelöscht und nach dem Durchkochen der feinverwiegte Schinken zugegeben. Sobald die Masse erkaltet ist, mengt man die Eigelb, den geriebenen Käse und den steifen Eierschnee darunter, füllt die Masse in eine mit Butter bestrichene, mit Weckmehl bestreute Puddingform und kocht den Pudding 2 1/2 Std. im Wasserbad. Man serviert einen Madeirabeiguß dazu.

Schinkenreste, gebackene, mit Nudelteig

Man macht einen Nudelteig von einem Ei, schneidet ihn in Stücke, etwa von der Größe eines Kartenblattes, läßt diese in kochendem Wasser gar kochen und auf einem Durchschlag abkühlen. Unterdes werden die Reste eines weichgekochten Schinkens, fett und mager, so fein als möglich gehackt und mit Muskatnuß und etwas Pfeffer oder mit geriebenem grünen Schweizerkäse gewürzt, wobei zu bemerken ist, daß harte Schinkenreste vorher weichgekocht werden müssen. Danach bestreicht man die Auflaufform oder eine alte tiefe porzellanene Schüssel mit Butter und belegt den Boden und die Seiten derselben mit den Nudelblättchen, so daß keine Zwischenräume bleiben. Über diese Lage macht man eine Lage Schinken, bedeckt sie mit Nudeln und fährt so fort bis zu 2 bis 3 Lagen, jedoch muß die oberste Lage aus Nudelblättchen bestehen. Alsdann zerrührt man in einem Suppenteller 4 Eier, füllt denselben mit guter Milch, fügt auch, falls der Schinken nicht so salzig war, etwas Salz hinzu und gießt die Eiermilch über die Speise, welche in einem heißen Ofen 1 Stunde gebacken und umgestürzt zur Tafel gebracht wird.
Statt des aufgerollten Nudelteiges können zur Aushilfe auch gekochte Gemüsenudeln dienen.
Sollten die Schinkenreste härtlich sein, so koche man sie in wenig Wasser weich; jedenfalls aber muß das Magere zum Feinhacken kochend heiß gemacht werden.

Schinkenschnitten

3 Brötchen, ¼ l Milch, 2 Eier, 1 TL Salz. Zur Farce:
150 g Schinken, 3 Eier, 45 g Weckmehl, 1 TL Salz.
Zum Backen: Weckmehl, Fett

Die frischen Brötchen werden nach dem Entfernen der Endstücke in 18 Scheiben geteilt, welche man kurz vor dem Backen in den mit Milch und Salz verquirlten Eiern gut durchweicht. Aus der Milch herausgenommen bestreicht man sie auf beiden Seiten ½ cm dick mit Schinkenfarce, umhüllt sie mit Weckmehl und bäckt sie in einer Omelettepfanne in reichlich heißem Fett auf beiden Seiten etwa 5–8 Min. Zur Farce wird der Schinken, der aus kleinen Resten bestehen darf, feingewiegt mit den Eiern, Salz und Weckmehl gut vermengt. Die Schinkenschnittchen werden mit Salat, oder auch zu einem Gemüse, wie Blumenkohl u.dgl. aufgetragen.

Semmelbrot, gefülltes

Ein großes frisches Semmelbrot, gut gekochtes Apfelmus, einige bittere Makronen und eine beliebige Klare

Nachdem von dem Semmelbrot die Kruste abgeschnitten, wird es der Länge nach in der Mitte geteilt und ausgehöhlt.
Dann kocht man ein recht gutes Apfelmus mit Zitrone, Zucker und Wein, rührt auf dem Feuer einige Eidotter und Semmelkrumen hinzu, daß es recht dick wird, schüttet es in eine Schüssel, rührt die grobgestoßenen Makronen oder geschnittenen Mandeln durch und füllt damit die zuvor in Milch eingeweichten Semmelschalen. Diese legt man nun zusammen, bestreicht rings herum die Schnittseite mit Ei, taucht das Brot in die Klare und backt es nach der vorhergehenden Angabe in Schmelzbutter dunkelgelb.
Dies Gericht, mit Hagebutten garniert und in einer Schaumsauce serviert, macht eine schöne Schüssel.

Semmelgrießmus

In 1 l siedende Milch lasse man ¼ l schönen Semmelgrieß unter stetem Rühren einlaufen, und das Mus dann auf Feuer so lange kochen, bis sich am Boden der Pfanne eine gelbe Kruste angesetzt hat. Vor dem Anrichten gebe man eine kleine Prise Salz und ein paar Eßlöffel Zucker hinein. – Kann mit Zucker und Zimt bestreut gegeben werden.

Semmelkloß

Sechs gestrige Semmeln werden in feine Schnitten geschnitten, diese in eine Schüssel gelegt, mit 140 g warmgemachter Butter übergossen, und zugedeckt einige Zeit stehen gelassen. Nun verrührt man sechs Eier mit ¼ l Milch, gießt dies über das Brot, mengt alles gut untereinander, und stellt es noch eine Stunde beiseite. Alsdann wird das nötige Salz, vier Eßlöffel Mehl, etwas Muskatnuß und feingeschnittene Petersilie dazugegeben, das Ganze untereinandergemengt, und davon ein Kloß geformt, welchen man in leicht gesalzenem Wasser anderthalb Stunden siedet, wobei er in eine butterbestrichene Serviette gebunden sein muß. Er wird zu eingemachtem Wildbret, Bœuf à la mode oder gekochtem Obst serviert. – Man kann aus obiger Masse auch mehrere *kleinere* Klöße formen, die dann nur eine leichte halbe Stunde zum Fertigkochen brauchen.

Semmel- oder Brotknödel

Vier abgeriebene, neugebackene Semmeln werden in feine Würfel geschnitten, dann unter 150 g leichtgerührte Butter sieben Eier, Salz, Muskatnuß und ein Eßlöffel feingewiegte Petersilie gerührt, dies unter die Brotwürfel gemengt, und die Masse eine halbe Stunde stehen gelassen. Nun sticht man mit einem Löffel Knödel in der Größe eines kleinen Apfels aus, stellt nebenbei ein Gefäß mit kaltem Wasser, in das man fortwährend den Löffel taucht und die linke Hand damit benetzt, und formt in letzterer mit Beihilfe des Löffels die Knödel schön glatt, – oder man benetzt *beide* Hände mit Wasser, und gibt dann den Knödeln die gehörige Form. Hernach setzt man sie in kochendes Salzwasser oder Fleischbrühe ein, kocht sie langsam eine kleine halbe Stunde, nimmt sie sodann mit dem Schaumlöffel heraus, richtet sie auf eine tiefe Platte an, und schmelzt dieselben mit in Butter gelbgerösteten Zwiebeln.

Bei allen Knödeln muß, wie schön früher bemerkt, immer erst ein Stück zur Probe in das siedende Salzwasser oder die Fleischbrühe eingelegt und durchgekocht werden. Zeigt es sich zu weich, so wird mit Semmelbröseln, im andern Fall mit etwas Milch und einem Ei nachgeholfen.

Semmelknödel mit Obst- und Weinsauce

Kleine Semmeln oder Milchbrote werden am Reibeisen abgerieben; nachdem mit einem feinen Messer verschiedene kleine Einschnitte in dieselben gemacht, taucht man sie in gezuckerten Wein und kehrt sie einigemal darin um. Dann legt man sie in eine Schüssel nebeneinander bis sie den Wein eingesogen haben, und taucht nun jede in mit zwei Eßlöffel Wasser verrührte Eier. Hernach werden sie leicht mit Semmelbröseln oder Grieß bestreut und aus heißem Schmalz gebacken, alsdann in einer Obst- oder Weinsauce aufgekocht, angerichtet, und mit der Sauce zu Tisch gegeben.

Semmelnudeln

Acht gestrige Semmeln werden abgerieben, in der Mitte geteilt und mit 1 l Milch, welche mit vier Eiern und etwas Salz gut verrührt wurde, übergossen. Die geweichten Brote werden nun in eine gut mit Butter bestrichene flache Schüssel gelegt, obenüber mit zerlassener Butter bestrichen, im Backofen gebacken und vor dem Anrichten mit Zucker und Zimt bestreut.

Semmelscheiben, gebackene (Croutonen)

Reibe vier gestrige Semmeln am Reibeisen ab, schneide sie in fingerdicke Scheiben, und jede derselben wieder in zwei Teile, dann verrühre 5 bis 6 Eier mit ¼ l Milch, und übergieße damit die Scheiben. Sind sie gänzlich von der Sauce durchdrungen, so lege dieselben auf ein Sieb zum Abtropfen, und bestecke sie mit länglich grobgeschnittenen Mandeln. Kurz vor dem Anrichten backe sie dann aus heißem Schmalz heraus, bestreue sie mit Zucker, der mit etwas Zimt gemischt ist, und gebe sie mit einem Kompott zu Tisch.

Semmelscheiben mit Mandeln

Drei gestrige Semmeln werden entweder am Reibeisen abgerieben oder abgeschält und je in vier bis fünf Scheiben geschnitten, dann 140 g Mandeln mit einem Ei feingestoßen, und mit vier Eßlöffel feinem Zucker, einem ganzen Ei, zwei Eigelb, einem Teelöffel Zimt und zwei Eßlöffel Semmelbröseln angerührt. Nachdem die Scheiben auf einer Seite mit verrührtem Ei bestrichen, streicht man einen Eßlöffel von obiger Fülle auf die bestrichene Seite in der Art auf, daß sie in der Mitte erhöht und nebenhin glatt ist, alsdann überstreut man die Fülle mit Semmelbröseln und kerbt die Scheiben laubartig ein: es wird nämlich mit einem Messerrücken über die Mitte ein gerader Strich eingedrückt, und an den Seiten schieflaufende. In eine flache Pfanne oder ein anderes flaches Geschirr wird nun fingerbreit heißes Schmalz gegeben, die Croutonen hineingelegt, und solche im Ofen oder auf dem heißen Herd, auch im Bratrohr, hellgelb gebacken, worauf man sie heraushebt und zum Ablaufen auf Fließpapier legt. Sind sie gut abgelaufen, legt man sie in eine Schüssel läßt sie mit heißem Glühwein oder Rosinensauce übergossen eine halbe Viertelstunde zugedeckt stehen und trägt sie dann auf.

Bei den Croutonen darf, wenn man sie im *Bratrohr* bäckt, nur so viel Schmalz genommen werden, daß das Brot *darinliegt*; bäckt man sie auf dem *Herd*, so müssen sie in Schmalz *schwimmen*.

Semmelschmarren

5 Brötchen, 1/4 l Milch, Salz, 2 EL Zucker, Zimt, Zitronenschale, 3–4 Eier, 60 g Butter

Die Brötchen in feine Scheiben schneiden. Milch, Eier, Zucker, Salz, Zimt verrühren, über die Brötchen geben, durchziehen lassen. In einer Pfanne läßt man die Butter heiß werden, gibt die Brötchen zu, dreht, nachdem sie Farbe haben, um, zerstößt die Masse fein und bestreut sie beim Anrichten mit Zucker und Zimt. Kann auch ohne Zucker zu Gemüse gegeben werden.

Semmelschmarren mit Kirschen

Wird ganz wie Semmelschmarren bereitet, nur kommen unter die Masse 280 g (½ Pfund) schwarze Kirschen. Beim Auftragen streut man Zucker und Zimt darüber.

Semmelschmarren oder Bettelmann

Nachdem drei altgebackene Semmeln in feine Scheiben geschnitten, wird an letztere ½ l mit etwas Salz und fünf bis sechs Eiern gut verrührte Milch gegossen, und dies einige Zeit stehen gelassen, bis das Brot ganz durchweicht ist. Dann streicht man einen Bratentopf dick mit Butter aus, gibt die geweichten Scheiben in denselben, verschneidet ein Stückchen Butter darauf, bedeckt das Ganze mit einem Deckel, und bäckt den Schmarren im Rohr oder Backofen zu schöner Farbe.

Semmelschnitten, gebackene

Reibe fünf gestrige Semmeln am Reibeisen ab, schneide sie in fingerdicke Scheiben, und jede derselben wieder in zwei Teile, dann verrühre fünf bis sechs Eier und ein klein wenig Salz mit einem ½ l Milch, und übergieße damit die Schnitten. Sind letztere ganz von dieser Sauce durchdrungen, so lege solche auf ein Sieb zum Abtrocknen, und backe sie hernach kurz vor dem Anrichten aus heißem Schmalz schön gelb. – Werden gewöhnlich als Beilage zu feinem Gemüse gegeben.

Semmelschnitten, gebackene. Weinleiterle

Von vier gestrigen Semmeln wird die Rinde rundum abgerieben oder abgeschält, und dieselben dann in längliche, fingerdicke Schnitze geschnitten, solche in 3/8 l mit Zucker versüßten Wein eingetaucht, auf einer Platte übereinandergelegt, und so eine Stunde liegen gelassen. Nun verrührt man vier Eier mit einem Eßlöffel Wein, kehrt die Schnitten darin um, bäckt sie aus heißem Schmalz schön gelb, bestreut sie noch warm mit Zucker und Zimt, und serviert sie trocken oder mit heißem Glühwein.

Semmelwürstchen

Drei Hände voll Semmelmehl werden mit einem halben Schoppen siedender Milch abgebrüht. Sollte das Mehl nicht durchaus feucht werden, so wird noch ein wenig Milch darangegossen. Wenn es abgekühlt ist, rührt man es mit 3 bis 4 Eiern an, gibt ein wenig Zucker, Zitronenschalen und Zimt nebst 4 Lot gewaschenen kleinen Rosinen dazu, nimmt die Masse auf ein Brett, legt mit einem Messer lange Würstlein ins heiße Schmalz, und macht eine beliebige süße Sauce darüber.

Serviettenkloß

8 Brötchen, 3/8 l Milch, Zwiebel, Petersilie, 50 g Butter, Salz, Muskat, 4–5 Eier

Die Brötchen in feine Scheiben schneiden, mit der kochenden Milch übergießen, zudecken, durchziehen lassen, fein verzupfen, Zwiebel und Petersilie dämpfen. Die Butter schaumig rühren, alle Zutaten zugeben. Eine Serviette tellergroß mit Butter bestreichen, die Masse daraufgeben, das Tuch zusammennehmen, zubinden, fingerbreit Raum lassen zum Aufgehen. Den Kloß an einen Kochlöffel hängen, in kochendes Salzwasser geben, zudecken, 1 Stunde kochen. Beim Anrichten auf eine heiße Platte stürzen, oben über Kreuz leicht einschneiden, eine Weckmehlschmelze darübergeben. Nach Belieben kann man mit der Petersilie 50 g kleine Speckwürfel dämpfen.

Spanische Kügelchen

Sechs bis acht abgeraspelte Milchbrote werden in kleine fingerdicke Scheiben geschnitten, in eine Schüssel nebeneinander gelegt und mit starkem rotem Wein übergossen, der mit Zucker, einem Eßlöffel feingehackter Zitronen- oder Pomeranzenschale, einem Teelöffel voll feinem Zimt, der Hälfte soviel Gewürznelken und mit dem vierten Teil einer geriebenen Muskatnuß gut untereinander gerührt wurde. Darin läßt man die Schnitten einige Zeit eingeweicht stehen, dieselben dürfen jedoch nicht zerfallen. Vor dem Anrichten werden sie in Backpapier getaucht, in heißem Fett gebacken, dann mit Zucker bestreut und mit einer glühenden Schaufel glasiert.

Speckklöße

Man macht die gleiche Masse wie Weckklöße, dämpft mit der Zwiebel und Petersilie, zuletzt 50 g in kleine Würfel geschnittenen Speck. Klöße formen, 10 Minuten kochen.

Speckklöße zu Obst

Auf 4 Personen 4 Obertassen Mehl, 4 Obertassen Wasser, 4 Eier und 65 g Speck

Letzterer wird langsam gelblich ausgebraten, das Mehl mit dem Wasser angerührt und 2 Teelöffel Salz hinzugefügt, dann die Masse gerührt, bis sie sich vom Topf löst. Etwas abgekühlt, werden nach und nach die Eier und noch 1 Obertasse Mehl durchgerührt, Klöße davon abgestochen und in reichlichem Wasser und Salz 10 Minuten gekocht.

Speckknödel, gebackene

Zwei kleine Schöpflöffel ausgelassene gelbe Speckwürfel werden mit drei Eiern, ¼ l saurem Rahm, 70 g Schweineschmalz, Salz und so viel Mehl zu einem Teig angerührt, daß er in der Dicke wie ein Spätzchenteig ist, dieser nun löffelweise auf ein mit Fett abgeriebenes Blech gesetzt, die Knödel im Ofen gelb gebacken, und zu Sauerkraut gegeben.

Speckpfannkuchen

4 EL Mehl, 1 Tasse Milch, Salz, 4 Eier, gehackter Schnittlauch, 100 g Bauernspeck, Schmalz

Das Mehl wird mit der Milch gut verrührt, etwas gesalzen und die verquirlten Eier und der gehackte Schnittlauch dazugerührt. Den Speck schneidet man in Würfel oder Streifen, brät ihn in heißem Schmalz kurz an und füllt dann den Teig in die Pfanne, streicht ihn glatt und bäckt den Pfannkuchen von beiden Seiten goldgelb. Der Speckpfannkuchen wird in 4 Teile geschnitten und heiß mit Salat zu Tisch gegeben.

Reismehlspeise

1 l Milch, 125 g gemahlener Reis, 65 g Zucker, 4 Eier, 30 bis 65 g geriebene Mandeln, etwas ganzen Zimt und Zitronenschale oder einige Tropfen Orangenblütenwasser

Milch, Mandeln, Zucker und Gewürz werden aufs Feuer gestellt, dann wird der Reis mit einer Messerspitze Salz und etwas zurückgelassener Milch angerührt, in die kochende Milch gegossen, und, während man stets rührt, 15 Minuten gekocht; zu weich darf er nicht werden. Danach nimmt man den Topf vom Feuer, gibt die Eidotter mit etwas zurückbehaltener Milch unter stetem Rühren langsam hinzu, mischt den steifen Eiweißschaum durch und schüttet die Speise schnell in eine naßgemachte Schüssel.
Es kann eine Sauce, wie sie bei Blancmanger bemerkt worden, dazu gegeben werden.

Man kann auch 65 bis 80 g Korinthen mit der Milch aufs Feuer bringen, die Mandeln weglassen und anstatt der bemerkten Gewürze etwas Zimt oder 2 Pfirsichblätter mit der Milch kochen. Letztere geben einen Geschmack von bitteren Mandeln. Ist man sehr eilig, so kann man die ganzen Eier mit 1 Eßlöffel Wasser tüchtig schlagen, nachdem der Topf vom Feuer genommen, von der kochenden Reismasse allgemach hinzurühren und dann solches mit derselben vermischen.

Spinatküchlein

500 g Spinat, Zwiebel, Petersilie, 30 g Fett, 6 Brötchen, 2 Eier, Salz, Muskat, Fett zum Backen

Den Spinat verlesen, waschen, mit kochendem Wasser übergießen, abschütten, mit Zwiebel und Petersilie in Fett dämpfen, die eingeweichten, ausgedrückten Brötchen mitdämpfen, durch die Maschine geben, mit den andern Zutaten mischen, runde Küchle formen, in heißem Fett auf beiden Seiten backen. Beim Anrichten obenauf ein Spiegelei geben.

Spinatkuchen

Es werden dünne Flädlein so groß wie ein Teller gebacken. Auf 8 Personen rechnet man 6 Eier und 4 Kochlöffel voll Mehl. Das Mehl muß, wie begreiflich, zuvor mit Milch glattgerührt werden. Hat man übriggelassenen Spinat, so nimmt man denselben, wo aber nicht, so werden ein paar Hände voll gebrüht, und wie gewöhnlich gekocht, nur etwas dicker als man ihn gewöhnlich auf den Tisch gibt. Darauf wird ein Milchbrot oder eine Semmel in Milch eingeweicht, nicht ganz fest ausgedrückt, zu dem Spinat genommen, mit 5 Eiern angerührt, Muskat und Salz hinzugegeben, ein Blech oder eine Kastrol mit Butter bestrichen, mit ein wenig Semmelmehl bestreut, ein Flädlein hineingelegt, mit der Fülle überstrichen, wieder ein Flädlein darauf, und so fortgemacht, bis beide Teile zu Ende sind. Das letzte Flädlein, welches darauf kommt, darf nicht gelb gebacken sein, weil es im Ofen Farbe bekommt. Man stellt den Kuchen in einen nicht sehr heißen Ofen. Eine Buttersauce von Morcheln und Petersilie wird besonders dazu aufgestellt.

Spinatkuchen, andere Art

Man verfertigt die nämlichen Flädlein und Masse dazu, überstreicht die Flädlein, rollt sie wie eine Wurst zusammen, bestreicht einen Topf mit Butter, legt die Flädlein der Länge nach hinein, setzt sie aufs Feuer, läßt alsdann die Flädlein in Butter anziehen, und gibt gute Fleischbrühe und ein wenig Muskat daran. Wenn sie fertig sind, wird die Sauce mit 3 Eigelb abgezogen, es darf nicht viel Sauce daranbleiben. Hierauf wird kleingehackte Petersilie oder Schnittlauch darübergestreut.

Spinatkuchen, gefüllter

Man wäscht breite Spinatblätter, wie zu Laubfröschen, legt sie in eine tiefe Schüssel, streut eine Handvoll Salz darüber, brüht sie mit siedendem Wasser ab, und deckt sie zu. Nun wird die Fülle gemacht, und zu derselben 2 Wecken oder Weißbrot ins Wasser eingeweicht. Hat man übriggelassenen Braten, so wird derselbe mit etwas Petersilie und eine Zwiebel feingehackt, im Gegenteil muß man ein Pfund Kalbfleisch braten. Wenn dies nun geschehen ist, wird der Wecken ausgedrückt, in 4 Lot frischer Butter gedämpft, dann zu dem Gehackten nebst Salz und Muskatnuß gegeben, die Masse mit 4 bis 5 Eiern angerührt, und ein halbpfündiger Gugelhopfenmodel mit Butter bestrichen. Jetzt legt man von den gebrühten Spinatblättern den Model dick aus, schneidet aber die Stiele vorher davon, nimmt dann von der angerührten Fülle hinein, bedeckt sie wieder mit Blättern, und macht so fort, bis die Fülle zu Ende geht. Alsdann schlägt man die heraussehenden Spinatblätter darüber, gibt noch eine Lage andere darauf, und backt den Kuchen im Backofen. – Sind die oberen Blätter stark braun, so werden sie abgenommen. – Hierauf wird der Kuchen umgestürzt, das Gelbe von 2 hartgesottenen Eiern kleingehackt, der Kuchen oben damit bestreut, und eine Butter- oder Krebssauce dazu gemacht.

Spinatpudding

Zwei große Schöpflöffel abgebrühter, feingewiegter Spinat wird in 35 g Butter und drei Kochlöffel Mehl eine Viertelstunde gedünstet und dann kalt gestellt. Nun werden 100 g Butter leicht gerührt, sieben Eigelb, der erkaltete Spinat, Salz und Muskat dazugegeben, und dies zusammen nach einer Seite gerührt, dann das zu steifem Schnee geschlagene Eiweiß daruntergemengt, die Masse in eine dick mit Butter bestrichene Form eingefüllt, und eine Stunde langsam gesotten. Hernach nimmt man den Pudding heraus, stürzt ihn auf die Platte um und gießt von der Seite eine weiße Einmachsauce, worein ein halber Schöpflöffel abgekochte, fein würflig geschnittene Kalbsmilchlein gegeben wurden, daran. – Wird öfters auch mit *eingemachten Hühnern* belegt, wo dann die Kalbsmilchlein *wegbleiben.*

Strauben

½ l Milch, 60 g Butter, 250 g Mehl, 7 Eier, Schmalz

Die Milch bringt man mit der Butter in einem Topf zum Sieden, rührt das Mehl daran und schlägt den Teig, bis er glatt ist und sich vom Topf löst. In einer Schüssel läßt man ihn auskühlen. Solange er noch warm ist, rührt man 2 Eier, nach völligem Erkalten noch 5 Eier, eins nach dem anderen, dazu. Man läßt den Teig durch einen Straubentrichter in kochendes Schmalz laufen. Dieser Trichter hat 3 Röhren. Man formt zuerst einen Kranz, den man dann kreuz und quer innen ausfüllt. Mit Zucker bestreuen, wenn sie goldgelb gebacken sind. An Stelle von Milch kann man Wein nehmen, das macht die Strauben knuspriger.

Sterz, italienischer

Das Maismehl schüttet man in gesalzenes, siedendes Wasser in die Mitte des Topfes, ohne zu rühren, so daß sich ein schwimmender Haufen bildet, den man so lange kochen läßt, bis er niedergesunken ist und das darüberstehende Wasser mehreremal aufgewallt hat. Dann nimmt man das Gefäß vom Feuer, rührt das Ganze zu einem steifen Brei, den man gleich und glatt drückt und wieder aufs Feuer stellt, bis Dampf auszuströmen anfängt. Man kann den Sterz wie Polenta benutzen; gewöhnlich wird er in Scheiben geschnitten und entweder mit heißer brauner Butter übergossen oder in der Pfanne in Butter gebakken.

Strudel mit Pilzen

Für den Teig: 250 g Mehl, 1 Ei, 30 g Butter, 1/8 l Wasser, Salz, Semmelbrösel – Für die Füllung: 500 g beliebige Pilze, 2 EL Butter, 1 kleine Zwiebel, 1 EL Mehl, 3 EL Milch, Salz, Pfeffer, gehackte Petersilie, etwas Fleischbrühe

Die Pilze werden geputzt, gewaschen und feinblättrig aufgeschnitten. Die Zwiebel wird feingehackt. Aus Butter und Mehl bereitet man eine braune Mehlschwitze, in die man die Zwiebel und die Pilze gibt. Unter Rühren etwas Fleischbrühe angießen, mit Salz und Pfeffer würzen. Die Milch und gehackte Petersilie werden noch untergerührt. Die Pilze müssen saftig, aber gut gebunden sein.

Mehl, Ei, lauwarmes Wasser und Salz verknetet man zu einem glatten Teig, den man einige Zeit ruhen läßt. Dann wird der Strudelteig in 8 Teile geteilt, jedes sehr dünn ausgezogen, mit Semmelbröseln bestreut und mit dem Pilzgemüse belegt. Die Ränder müssen dabei freibleiben, sie werden mit kaltem Wasser bestrichen, die Strudel aufgerollt und fest zusammengedrückt. Man legt sie in kochendes Salzwasser ein und gart sie in etwa 15 bis 20 Minuten. Dann nimmt man sie heraus, übergießt sie mit in Butter gebräunten Semmelbröseln und gibt sie sofort zu Tisch.

Suppenklöße, gewöhnliche, von Mehl

Ein Hühnerei dick Butter wird zu Sahne gerieben, dann gibt man nach und nach hinzu: 1 ganzes Ei, 1 Eidotter, Muskat oder gehackte Petersilie, Salz und 2 gehäufte Eßlöffel feines Mehl, rührt die Masse 5 Minuten stark, sticht mit dem Teelöffel Klöße davon ab und kocht sie 10 Minuten in der Suppe.

Tapiokabrei für Kranke

Man läßt 80 g Tapioka unter beständigem Umrühren in 1 l kochende gute Milch einlaufen und ¼ Stunde lang kochen. Mit Zucker und Salz nach Geschmack gewürzt und mit dem Eiweißschnee von 2 Eidottern durchzogen, kommt der Brei gut heiß auf den Tisch.

Timbal mit Äpfeln

Eine Kuppelform, oder wenn keine solche vorhanden, eine nicht gar zu tiefe runde irdene Schüssel oder eine dergleichen Porzellanschüssel, welche die Ofenhitze verträgt, wird mit Butter ausgestrichen, und dann mit langen, fingerbreiten Streifen von Butterteig schneckenartig dicht an- und messerrückenbreit übereinander ausgelegt. Man beginnt nämlich mit dem Legen der Streifen in der Mitte des Bodens, und wendet sich mit denselben immer gegen sich, bis der Boden und die Seiten bedeckt sind, wobei man stets etwas andrücken muß, damit der Teig nicht übereinandergleitet. Ist die Form auf diese Art ausgefüttert, so werden dazu gute, geschälte, in feine Blättchen geschnittene, mit Zucker und Zimt vermischte Kochäpfel eingefüllt, und darüber dann sechs mit ⅜ l guter Milch und 50 g zerlassener Butter gutverrührte Eier gegossen. Nun schneidet man genau nach der Größe der Schüssel einen runden, messerrückendicken Deckel aus oben erwähntem Butterteig, bedeckt damit das Ganze, und bäckt so die Timbal in gutem Ofen eine Stunde, wo dann nachgesehen werden muß, ob sie gänzlich durchgebacken: man sticht nämlich mit einem Messer durch, und beim Herausziehen zeigt sich genau, ob die Äpfel durchgekocht oder noch hart sind; in letzterem Falle ist die Timbal noch fertig zu backen. Sie

wird alsdann auf eine Schüssel umgestürzt, und gleich heiß als *Mehlspeise*, oder kalt als *Kuchen* zu Tisch gegeben.
Obige Timbal kann, statt mit Äpfeln, mit jeder beliebigen *Auflaufmasse*, namentlich auch mit *Reis* oder *Sago* eingefüllt werden, und serviert man sie dann *warm* mit einer beliebigen süßen Sauce.

Tiroler Strudel

420 g Mehl wird in eine Schüssel genommen, und mit ¼ l lauer Milch, 140 g zerlassener Butter, zwei Eiern, einem Eßlöffel Zucker, einem Teelöffel Salz und drei Eßlöffel guter Hefe (50 g Preßhefe) ein Teig angemacht, den man so lange rührt, bis er recht fein ist, worauf man ihn zugedeckt an einem warmen Orte gehen läßt, und inzwischen 100 g feinen Zucker, ebensoviel feingestoßene Mandeln und sechs Eigelb schaumig miteinander abrührt. Nun wird der Teig auf ein mit Mehl bestreutes Nudelbrett gestürzt, so dünn als möglich ausgewargelt und mit Butter bestrichen, die Mandelmasse gleichmäßig daraufgestrichen, und der Strudel dann wurstähnlich übereinandergerollt und schneckenartig zusammengedreht. So legt man ihn in ein dick mit Butter bestrichenes flaches Kastrol oder sonstiges passendes Geschirr, und läßt ihn an einem warmen Orte aufgehen, gießt sodann ¾ l warme Milch daran, bestreicht ihn mit zerlassener Butter, und bäckt ihn eine Stunde im Ofen. Er kann trocken, besser aber mit einer Milchsauce serviert werden.

Topfennudeln

1 Pfund gut abgelaufener Topfen, etwas Salz, zwei bis drei Eier und so viel Mehl, als zu einem lockern Teig erforderlich ist, werden zusammen gut verarbeitet. Nun steche man mit dem Blechlöffel Stückchen davon ab, und formiere sie auf dem mit Mehl bestreuten Nudelbrett zu fingerlangen Nudeln, lasse in einer Bratpfanne dann 150 g Schmalz heiß werden, lege die Nudeln nebeneinander hinein, und backe sie auf beiden Seiten schön gelb. – Sie werden öfters auch in *Salzwasser* abgekocht und hernach gebraten, oder aus *schwimmendem* Schmalz gelb gebacken, in welchem Fall man sie zuvor *nicht* abkocht. – Sehr gut schmecken sie auch auf folgende Weise bereitet: 560 g Mehl wird mit ¼ l Milch, zwei Eßlöffel Hefe (35 g Preßhefe), 560 g Topfen, etwas Salz und zwei bis drei Eiern zu einem ziemlich starken Teig angemacht, den man zur Wärme stellt. Ist er halb aufgegangen, so werden wie oben Nudeln daraus formiert, solche auf ein mehlbestreutes Tuch gelegt, und, nachdem sie noch gehörig aufgegangen, aus heißem Schmalz gebacken.

Topfennudeln, bayerische

Topfenkäse, Salz, 1 Ei 6 EL Mehl, 125 g frisches Schmalz

Man gibt einen Teller voll süßen Topfenkäse auf ein Nudelbrett, gibt etwas Salz, ein ganzes Ei, sechs Eßlöffel voll Mehl dazu und macht hiervon einen nicht zu festen, sondern etwas leichten Teig an. Von diesem werden fingerdicke Nudeln gemacht; läßt man in einer Reine ein Viertelpfund sehr frisches Schmalz heiß werden, legt die Nudeln hinein und läßt sie von allen Seiten schön Farbe nehmen. Sie werden sogleich angerichtet und warm zu Tisch gegeben.

Überraschungspfannkuchen

Übriggebliebener Kalbsnierenbraten wird mitsamt der Niere, dem Fett und etwas gekochtem Schinken feingewiegt, mit einem Ei, 2 Löffeln süßem Rahm, gewiegter Petersilie und Zitronenschale, Muskatnuß, Salz und einem geweichten, gut ausgedrückten Milchbrötchen vermengt, dann dünstet man die Farce einige Minuten in Butter und stellt sie zum Gebrauch beiseite. Darauf werden kleine Champignons in Butter weichgedämpft und mit Zitronensaft gewürzt. In einem dritten Gefäß verrührt man hartgekochte, durch ein Sieb getriebene Eidotter mit geriebenem Parmesankäse, saurer Sahne, Pfeffer und Salz zu dickem Brei, und als viertes schneidet man geräucherten Lachs in kleine Würfel. Nun bereitet man aus 8 Eßlöffel Mehl, 8 Eiern, $^{4}/_{10}$ l Milch und $^{2}/_{3}$ l saurer Sahne einen Eierkuchenteig, backt 4 Eierkuchen daraus, bestreicht jeden extra mit einem der bereiteten Füllsel, rollt die Kuchen zusammen, schneidet sie in kleine Scheiben, verteilt diese auf einer Schüssel und übergießt sie mit einer aus braunem Buttermehl, Bouillon und gutem Rotwein bereiteten Sauce.

Waffeln I, einfache

60 g Butter, 2 Eier, 50 g Zucker, Zitronenschale, etwa $^{1}/_{4}$ l Milch, 1 Prise Salz, $^{1}/_{2}$ TL Backpulver, 250 g Mehl

Die Butter schaumig rühren, Zucker, Eigelb mit schaumig rühren, die Gewürze, Mehl, Milch, zuletzt Backpulver, den Eischnee zugeben. Fertigmachen wie Hefewaffeln.

Waffeln II

250 g Mehl, 4 Eier, Schale einer halben Zitrone, 1 Prise Salz, ¼ l sauren Rahm, nach Belieben 1–2 EL Rum, 50 g ZuckerMehl und Rahm anrühren, Eigelb, Gewürze, zuletzt den Eischnee zugeben. Das heiße Waffeleisen mit Öl bestreichen, einen Schöpflöffel Teig zugeben, schließen, auf guter Hitze hellbraun backen. Mit der Schere glattschneiden, mit Zucker bestreuen. Nach Belieben kann man eine Waffel mit Vanillecreme oder Schlagrahm bestreichen, eine zweite Waffel darauflegen.

Waffeln III

125 g Butter, 150 g Mehl, 4 Eier, 100 g Zucker, ⅛ l Rahm oder Milch, 1 Prise Salz, Zitronenschale

Die Butter schaumig rühren, Zucker, Eigelb mit schaumig rühren, Mehl, Rahm, Gewürz, zuletzt den Eischnee zugeben. Fertigmachen wie Grundrezept.

Waffeln, einfache

½ Pfund Mehl, ¼ l Milch, 1 EL Zucker, 1 TL Salz, 5 Eier, Speckschwarte oder 70 g Schweinefett. – Zum Bestreuen: Zucker

Unter das gesiebte Mehl rührt man langsam Zucker, Salz, Milch, Eigelb und zuletzt den steifen Schnee der Eiweiß. Eine Waffeleisenform wird erhitzt, mit Schweinefett oder einer Speckschwarte bestrichen, je nach der Größe der Form ⅛–⅙ l Teig hineingefüllt und unter öfterem Wenden des Waffeleisens auf beiden Seiten goldbraun gebacken. Aus dem Eisen genommen, werden die einzelnen Waffeln mit der Schere auseinander getrennt; dabei schneidet man auch die äußeren verbrannten Kanten ab, wendet die Waffeln in feinem Zucker um und serviert sie sofort. Durch längeres Liegen werden die Waffeln weich und zäh. Am schönsten wird das Backwerk, wenn man das Feuer langsam durch Buchenholz oder Holzkohlen unterhält. (Gibt 25 Herzwaffeln)

Waffeln ohne Ei aus Vollkornmehl

200 g Butter, 100 g Honig, Vanille (Brecht), 150 g Vollkornmehl, 100 g Buchweizenmehl, 1 TL Backpulver, 1/8 l lauwarmes Wasser, etwas Sahne, 1 EL Rum nach Geschmack, Rosinen und Sonnenblumenkerne oder Haselnüsse

Rühren Sie Butter und Honig schaumig und fügen Sie nach und nach alle anderen Zutaten hinzu. Der Teig muß 10 Minuten gerührt werden. Danach sofort in einem vorgeheizten Waffeleisen goldbraun ausbakken.

Waffeln, deutsche

375 g feines Mehl, 250 g gute, nicht salzige Butter, reichlich 1/2 l lauwarme Milch, 7 frische Eier, 50 g frische Hefe, mit etwas Milch aufgelöst, 1/2 Weinglas Arrak oder Rum, Muskatblüte oder Zitronenschale

Die Butter wird zu Sahne gerieben und, nachdem abwechselnd die ganzen Eier, Mehl, Milch, Hefe nebst Gewürz hinzugerührt worden, der Teig geschlagen, bis er Blasen wirft, der Branntwein durchgemischt und, zugedeckt, 3 bis 4 Stunden zum langsamen Aufgehen hingestellt. Sobald die Masse stark gärt, fängt man bei gleichmäßigem, nicht starkem Feuer zu backen an, wobei man zuweilen das Eisen mit einem Stückchen Butter, welches in ein Läppchen gebunden wird, oder mit einer Speckschwarte bestreicht. Dann gibt man einen kleinen Rührlöffel voll Teig hinein, hält das Eisen eine kleine Weile auf beiden Seiten ins Feuer, öffnet und klappt dasselbe zum Loslassen zusammen und bestreut die gelb gewordenen Waffeln beim Herausnehmen mit Zukker.

Beim Ankauf eines Waffeleisens sehe man darauf, ein solches zu nehmen, was keine zu flachen Vertiefungen hat, und worin man 6 Stück zugleich backen kann.

Waffeln, gefüllte

Man verrührt 4 Eier mit 4 Eßlöffel gesiebtem Zucker in einer Schüssel, schafft so viel feines Mehl hinein, bis es ein Teig zum Auswellen ist, nimmt denselben auf ein Brett, wellt ihn wie einen Butterteig aus, schneidet anderthalb Viertel Butter auf den halben Teig, schlägt die andere Hälfte desselben darüber, wellt ihn so zweimal, und zuletzt einen Messerrücken dick aus, schneidet ein Papier nach der Gestalt des Waffeleisens, aus dem Teig aber Stücklein nach dem Papier, und rührt ein Viertel geschälte und zart länglich geschnittene Mandeln, ein halbes Viertel gesiebten Zucker, die auf dem Reibeisen abgeriebene Schale von einer Zitrone nebst dem Saft derselben mit 2 Lot zartgeschnittenen Pomeranzenschalen und ebensoviel auf gleiche Art behandelten Zitronat untereinander. Hat die Masse nicht Saft genug, so wird noch mehr Zitronensaft dazugenommen, ein wenig gestoßenen Zimt hineingegeben, das Waffeleisen heiß gemacht, ein geschnittenes Teigstücklein von der gerührten Mandelmasse überstrichen, ein leergelassenes darauf gegeben, dann in das Waffeleisen gelegt, dasselbe ganz langsam zugedrückt und locker behalten, daß es nicht fest auf dem Teig liegt, bis die Waffel angezogen hat. Wenn sie alle auf beiden Seiten gelb gebacken, und neben herum geschnitten sind, werden sie mit Zucker und Zimt überstreut.

Waffeln, gefüllte, andere Art

Man rührt ein halbes Pfund Butter leicht, schlägt 6 Eier daran, nimmt ein halbes Pfund feines Mehl, ein wenig Salz oder eine Handvoll gestoßenen Zucker dazu, rührt dies recht zusammen, und zuletzt noch ein Trinkglas süßen warmen Rahm daran, macht das Waffeleisen heiß, überstreicht die eine Hälfte des Eisens von dem angerührten Teig, läßt es auf dem Feuer ein wenig anziehen, nimmt es wieder ab, füllt eingemachte Kirschen oder Himbeeren hinein, von der Waffelmasse darüber, läßt die Waffel wieder einen Augenblick auf der nämlichen Seite über dem Feuer, bis der obere Teil ein wenig angezogen hat, kehrt sie nun erst um, backt sie vollends aus, beschneidet sie nach diesem, und überstreut sie mit Zucker und Zimt.

Waffeln, gewöhnliche Art

Ein halbes Pfund Butter rühre man leicht, dann 6 Eier langsam daran, ein halbes Pfund feines Mehl und etwas Salz dazu, schaffe dies recht untereinander, gieße einen halben Schoppen sauren oder warm gemachten süßen Rahm daran, backe dann die Waffeln im Eisen, und bestreue sie mit Zucker und Zimt.

Waffeln, haltbare

500 g Kokosfett, 500 g Zucker, 6 Eier, 6 EL Rum, 2 Päckchen Vanillezucker, 750 g Kartoffelmehl, 1 Prise Salz

Das Kokosfett wird ausgelassen, abgekühlt, mit Zucker verrührt und nach und nach Eier, Rum, Vanillezucker, Kartoffelmehl und Salz dazugegeben. Man bäckt im Eisen Waffeln daraus und bewahrt sie in einer Blechdose auf, wo sie sich lange Zeit frisch halten.

Waffeln mit Hefe

In 420 g leicht gerührte Butter werden vier ganze Eier, vier Eigelb, ein Eßlöffel Zucker, ein Kaffeelöffel Salz, 250 g feingesiebtes Mehl und ⅛ l süßer Rahm gegeben und dies zusammen gut durchgerührt. Hernach werden drei Eßlöffel gute Hefe (45 g Preßhefe) und zuletzt der steife Schnee der vier Eiweiß daruntergemengt, und der Teig, mit einem Tuch bedeckt, an einen warmen Ort zum Aufgehen gestellt. Ist derselbe um die Hälfte höher geworden, so darf er nicht wieder fallen, sondern das Eisen wird sogleich ohne es mit Fett zu bestreichen, heiß gemacht, ein kleiner Schöpflöffel Teig hineingefüllt und mit dem Löffel auseinandergestrichen, alsdann das Eisen zugemacht, und die Waffel auf raschem Feuer, unter einmaligem Umdrehen des Eisens, von beiden Seiten schön gelb gebacken, worauf man sie herausnimmt, das Hervorstehende mit einem Messer rundum abschneidet, und sie warm mit Zucker bestreut. In gleicher Art bäckt man die übrigen Waffeln. Ob sie die rechte Farbe haben, darüber kann man sich durch Öffnen des Eisens und Lüften der Waffeln mit einem Messer Gewißheit verschaffen.

Die Waffeln sollte man nach dem Backen immer gleich essen, weil sie bei längerem Herumstehen weich werden und zusammenfallen; auf jeden Fall muß man sie an einem warmen Ort aufbewahren. Auch dürfen sie, so lange sie noch warm sind, nicht übereinandergelegt, sondern jede muß einzeln aufgestellt werden, so daß sie von beiden Seiten ausdünsten kann; dies geschieht am besten in einem Sieb oder Korb.

Waffeln, holländische

Man rührt 560 g Mehl mit ½ l Milch glatt an und mengt zwei Eßlöffel Hefe (35 g Preßhefe) und ein wenig Salz darunter. Unterdes wird 280 g Butter leicht gerührt, und nach und nach sechs Eier hineingeschlagen, dies dann unter den angerührten Teig gegeben, das Ganze gut durchgerührt, und der Teig an einen warmen Ort zum Aufgehen gestellt. Ist er noch einmal so hoch geworden, so werden daraus Waffeln gebacken.

Waffeln, holländische, andere Art

An 280 g zerlassene Butter wird ½ l Milch gegossen, dies mit vier Eiern, etwas Salz und zwei Eßlöffel Hefe (35 g Preßhefe) gut verrührt, und damit nun ungefähr 560 g Mehl in eine Schüssel zu einem Teig angerührt. Dieser muß in der Dicke wie ein Pfannkuchenteig sein; wenn man mit dem Kochlöffel durchfährt, muß die Linie sichtbar bleiben. Er wird an einen lauwarmen Ort zum Aufgehen gestellt, und nachdem er sich gehörig gehoben hat, werden die Waffeln daraus gebacken. – Zu dieser Art Waffeln gehört ein *flach* gestochenes Waffeleisen, weil solche so dünn wie Papier werden sollen.

Waffeln mit Rosinen

Man rührt ein halbes Pfund Butter leicht, schlägt 6 Eier hinein, rührt 8 Lot feines Mehl mit einem halben Glas süßem Rahm glatt an, gibt dies an die Butter, ein Viertel geschälte und länglich geschnittene Mandeln, ebensoviel gewaschene kleine Rosinen, 2 Lot kleingeschnittenes Zitronat, das von einer halben Zitrone Abgeriebene und eine starke Handvoll gesiebten Zucker dazu, rührt dies alles untereinander, bäckt die Waffeln gelb im Waffeleisen, und überstreut sie mit Zucker und Zimt.

Waffeln mit saurem Rahm

In ½ Pfund leicht gerührte Butter werden langsam acht Eier gerührt, ¾ Pfund feines Mehl, ⅛ l saurer Rahm und ein Eßlöffel Zitronenzukker dazugegeben, dies zusammen gut durchgerührt, und hieraus dann Waffeln gebacken, welche man warm mit Zucker bestreut.

Waffeln mit Vanille

280 g Butter wird leicht gerührt und nach und nach sechs Eigelb dazugegeben. Nun wird 180 g Mehl und etwas Salz mit so viel guter Milch glatt angerührt, daß der Teig etwas dicker als ein Mehlschmarrenteig ist, dieser dann zu der Butter und den Eiern gegeben, und nachdem das Ganze gut abgerührt, wird ein großer Eßlöffel Vanillezucker, sowie der festgeschlagene Schnee der sechs Eiweiß daruntergemengt. Aus dieser Masse bäckt man ganz nach vorhergehender Art Waffeln, und bestreut sie gleichfalls warm mit Zucker.

Wandeln mit Creme (Bechamelle)

100 g Butter und 70 g feingeschnittener Speck werden mit vier mittelgroßen, in Scheiben geschnittenen Zwiebeln, 560 g Fleischabfällen (die von jeder Gattung, aber nicht zu häutig sein dürfen) und etwas Salz aufs Feuer gesetzt, dies langsam leicht gelblich angebraten, mit zwei Kochlöffel Mehl eingestäubt und umgerührt, und alsdann mit drei Schöpflöffel kräftiger Fleischbrühe abgerührt und aufgefüllt. Nun gibt man eine kleine Messerspitze Safran, Muskatblüte und ein Lorbeerblatt hinein, läßt alles anderthalb Stunden langsam kochen und treibt es dann durchs Sieb. Hernach werden sechs ganze Eier und vier Eigelb gut verrührt, das Durchgetriebene, welches ungefähr 1 l sein muß, hineingerührt, die butterbestrichenen Förmchen oder Kaffeetassen damit nicht ganz vollgefüllt, die Wandeln, gedämpft, alsdann auf der Platte angerichtet, und nach Belieben eine Frikasseesauce oder verdünnte Jus daruntergegossen. – Eine Hauptsache bei diesen Wandeln ist, daß sie nur *ganz langsam* gedämpft werden, und nie zum Kochen kommen. Sie brauchen noch einmal soviel Zeit zum Garwerden als die übrigen.

Wandeln von Nudeln und Kalbsmilchlein

Hierzu wird dieselbe Masse wie beim Nudelpudding verwendet, die butterbestrichenen und mit Semmelbröseln bestreuten Förmchen nicht ganz voll damit eingefüllt, die Wandeln dann gedämpft, und mit einer weißen Einmachsauce zu Tisch gegeben. – *Sehr schön* sieht es aus, wenn die Förmchen mit Krebsbutter bestrichen, dann eine frikassierte Krebssauce darunter angerichtet, und allenfalls noch vorrätige Krebsbutter mit einem Löffel über die Wandeln gegeben wird.

Weckeierhaber

4 Brötchen, ¼ l Milch, Salz, Muskat, 2–3 Eier, Fett zum Backen

Die Brötchen in Würfel schneiden. Eier, Milch, Salz, Muskat verrühren, über die Brötchen geben, 1 Stunde ziehen lassen. In einer eisernen Pfanne backt man die Masse und zerstößt sie während des Backens. Zu Kompott gibt man zur Milch 2 Eßlöffel Zucker, anstatt Muskat Zimt.

Weckklöße

10 trockene Brötchen, 5 Eier, 20 g Butter, 1 EL verwiegte Zwiebel und Petersilie, 1 EL Salz, 1 Prise Muskat, 2 EL Weckmehl. Zum Abkochen: 4 l Wasser, 4 EL Salz. Zum Abschmälzen: 20 g Butter, 2 EL Weckmehl

Die Brötchen werden abgerieben, in kaltes Wasser eingeweicht, gut ausgedrückt und verzupft. In der heißen Butter dämpft man Zwiebel und Petersilie hellgelb, gibt die Brötchen zu, dämpft sie, bis sich die Masse zu einem Kloß zusammenballt und gibt sie zum Abkühlen in eine Schüssel. Hierauf mengt man die Gewürze, die Eier, sowie das Weckmehl darunter und kocht einen Probekloß. Sollte dieser nicht halten, so mengt man nach Bedarf Weckmehl unter die Masse. Man formt nun mit Eßlöffeln längliche Klöße, gibt diese in kochendes Salzwasser und läßt sie in geschlossenem Topf 8 Min. ziehen. Beim Anrichten überschmelzt man sie mit in Butter geröstetem Weckmehl. (Stückzahl: 30)

Oder: *30 g Butter, 10 trockene Brötchen, ¾ l Milch, 1 EL Salz, 1 Prise Muskat, 1 EL fein verwiegte, in 20 g Butter gedämpfte Zwiebel und Petersilie, 3 Eier. Zum Abkochen: 4 l Wasser, 4 EL Salz. Zum Abschmälzen: 20 g Butter, 2 EL Weckmehl*

Zu der schaumig gerührten Butter gibt man die abgeriebenen, in Milch eingeweichten, ausgedrückten und verzupften Brötchen, die Eier, sowie das Gewürz und beendet die Klöße wie oben.

Weckschnitten

200 g Mehl, 1/5–1/4 l Milch, 1 TL Salz, 3 Eier, 4 Brötchen, kochendes Wasser oder 1/3 l Wein, 60 g Zucker, 150 g Fett. – Zum Bestreuen: 60 g Zucker, 1/2 TL Zimt

Trockene Brötchen reibt man leicht ab, schneidet sie in 1 cm dicke Scheiben (18), taucht diese in kochendes Wasser oder in gezuckerten heißen Wein und legt sie zum Abtropfen auf ein Sieb. Von Mehl, Milch, Eigelb, Salz und dem Eischnee bereitet man einen dicken Pfannkuchenteig, wendet die Schnitten darin um und bäckt sie in reichlich heißem Fett 5–8 Min. schön goldgelb. Serviert man Obst dazu, werden sie beim Anrichten mit Zucker und Zimt bestreut.

Weinstrudeln

215 g feingeriebenes Schwarzbrot, 125 g ausgewaschene Butter, 125 g durchgesiebter Zucker, 5 Eier, 4 g Zimt, ferner 1/2 l weißer Wein, Zucker, Zimt und einige Nelken

Die Butter wird zu Sahne gerieben, mit dem Zucker, Zimt und den Eidottern 1/4 Stunde gerührt, dann das Schwarzbrot nach und nach durchgemischt, sowie auch alsdann das zu Schaum geschlagene Eiweiß. Diese Masse wird in kleinen, mit Butter bestrichenen und mit Zwieback bestreuten Blechformen schön gelbbraun gebacken. Nachdem die Strudeln erkaltet sind, setzt man sie in einen irdenen Topf, begießt sie mit dem bemerkten Wein, versüßt ihn gehörig mit Zucker, fügt einige Nelken und etwas Zimt hinzu und läßt sie so lange langsam kochen, bis sie aufgehen.
Man gibt die Weinstrudeln auf kleine Teller oder Untertassen anstatt Creme und kalten Puddings.

Weißbrotklöße

65 g Butter reibt man zu Sahne, rührt dazu 2 Eidotter, Muskatblüte, etwas feingehackte Petersilie, 250 g in Wasser eingeweichtes und stark ausgedrücktes Weißbrot und das von 2 Eiern zu steifem Schaum geschlagene Weiße. Hiervon werden kleine Klöße mit dem Löffel abgestochen und in der kochenden Suppe 5 Minuten langsam gekocht.

Weißbrotklöße, feine

Zu einem Ei dick geschmolzener Butter rühre man 4 Eidotter, Salz, Muskat, 2 kleine hölzerne Löffel Mehl, 375 g Weißbrot ohne Kruste, welches in Wasser eingeweicht und ausgedrückt worden ist, und mische zuletzt den Schaum der Eier durch.

Diese Masse gibt man löffelweise auf beinahe weichgekochtes Obst mit reichlicher Brühe und läßt die Klöße, fest zugedeckt, ½ Stunde, oder in kochendem Wasser mit Salz ¼ Stunde kochen.

Wickelklöße

500 g Mehl, 80 g Zucker, 80 g Butter, Milch, 25 g Hefe, 100 g heiße Butter, Zucker

Wickelklöße bereitet man aus Hefeteig von Mehl, Butter und Zucker. Der Teig wird ziemlich fest gehalten und muß gut durchgearbeitet werden. Nach dem Aufgehen wird er ausgerollt, mit 100 g heißer Butter bestrichen und mit Zucker bestreut, dann zu einer Rolle aufgewickelt. Man schneidet die Teigrolle in dreifingerbreite Stücke, legt diese auf der Schnittkante in eine gefettete Form, läßt sie nochmals aufgehen, bestreicht sie wieder mit Butter und bäckt sie etwa 60 Minuten bei mittlerer Hitze. Dazu schmeckt Kompott.

Wiener Speise

Von Grießmehl, einem Schoppen Milch und einem Viertel Butter macht man einen gebrühten Teig, rührt ihn in einer Schüssel ein wenig kalt ab, und zugleich das Gelbe von acht Eiern hinein, schlägt von dem Weißen einen Schnee, und nimmt ihn nebst einer Handvoll Zucker auch dazu, daß der Teig laufend oder wie ein Brett ist. Alsdann backt man acht oder neun dünne Flädlein, bestreicht ein Potageblech oder Kastrol mit Butter, legt ein Flädlein hinein, auf das Flädlein von der angerührten Masse, wieder ein Flädlein, welches mit Aprikosen stark überstrichen wird, die gestrichene Seite muß auf den Brei zu liegen kommen, dann gibt man wieder Brei darauf, fährt so fort, bis alles zu Ende ist, und setzt die Speise in einen nicht allzu heißen Backofen. Sie braucht eine Stunde zu backen und wird in diesem Geschirr auf den Tisch gegeben.

Windnudeln, Regensburger (nach Marie Schandri)

250 g Mehl, eine Tasse Milch, 30–40 g Butter, abgeriebene Zitronenschale, 6 ganze Eier, Zucker, Zimt, Fett zum Backen

In einem Tiegel läßt man eine große Tasse Milch und ein nußgroßes Stück Butter oder anderes Fett und etwas abgeriebene Zitronenschale kochen, rührt dann Mehl hinein. Wenn die Masse schön glatt ist und sich vom Tiegel löst, gibt man sie in eine Schüssel zum Erkalten, rührt dann nach und nach die Eier hinein und legt darauf in schwimmendes, heißes Schmalz oder sonstiges Fett mit einem Eßlöffel runde Krapfen und bäckt sie langsam, bestreut sie noch warm mit feingestoßenem Zucker und Zimt und gibt eine gute Weinsauce dazu.

Weinstrudel

250 g Kartoffeln, 250 g Mehl, 1 Ei, 60 g Schmalz, 30 g Hefe, 125 g beliebige Wurst oder Fleisch

Man bereitet einen Hefeteig. Wenn er aufgegangen ist, gibt man die geriebenen Kartoffeln, 1 Ei und das Fett dazu und läßt nochmals aufgehen. Dann rollt man den Teig fingerdick aus, bestreicht ihn mit Fett, gibt die feingehackte Wurst darauf, rollt ihn auf und bäckt ihn. Während des Backens bestreicht man ihn nochmals mit Fett. In Stücke teilen und sofort servieren.

Züricher Kuchli

Milch, feines Mehl, Zucker und Zimt. Man läßt Milch und etwas Salz in einem eisernen Topf kochen, rührt so viel Mehl hinein, daß der Teig sich vom Topf loslöst, legt ihn auf ein Backbrett, formt ein Ei dicke, runde Klöße, backt sie in Schmelzbutter schön gelb und bestreut sie mit Zucker und Zimt.
Man gibt sie sowohl zum Tee als zum Nachtisch, auch, je nachdem sie eine Schüssel ausmachen sollen, mit einer Schaumsauce oder Fruchtsaft, sowie auch mit Kompott.

Zwetschgenknödel

1 kg gekochte, geriebene Kartoffeln, 50 g Butter, 2–3 Eier, Salz, Mehl, Zwetschgen

In die schaumig gerührte Butter gibt man Kartoffeln, Eier, Salz und soviel Mehl, bis der Teig nicht mehr klebt. Dann wellt man den Teig aus, rädelt 10 cm große Stücke aus, gibt in die Mitte eine Zwetschge, legt den Teig darüber und formt einen runden Kloß. Die Klöße werden in Salzwasser 10 Minuten gekocht, abgeschmälzt mit Butter und Weckmehl, mit Zucker und Zimt bestreut.

Zwetschgenknödel, badische

½ Pfund Quark wird zusammen mit 2 Eigelb, 30 g flüssiger Butter, einem Kochlöffel Mehl und etwas Salz zu einem Teig verarbeitet, dem der Schnee von 2 Eiweiß zugegeben wird.
Der Teig wird dann auf einem bemehlten Brett ziemlich dick ausgerollt. Mit einem Wasserglas werden runde Flecken ausgestochen und mit entsteinten Zwetschgen belegt. Ehe die Früchte mit dem Teig zu Knödeln geformt werden, gibt man noch ein mit Kirschwasser »parfümiertes« Stückchen Zucker hinzu.
Die Knödel läßt man in Salzwasser auf kleiner Flamme so lange ziehen, bis sie schwimmen. Nach dem Abtropfen werden sie mit gebräunter Butter übergossen. Zuletzt wird Zimtzucker über die Knödel gestreut.

Zwetschgennudeln

Man macht einen Hefeteig. Wenn er fertig gegangen, wellt man ihn ½ cm dick aus, rädelt Quadrate aus, legt in die Mitte 4 ausgesteinte Zwetschgen, bestreut diese gut mit Zucker und Zimt, schlägt die vier Ecken über die Zwetschgen und setzt die Nudeln, die Enden nach unten, in eine bestrichene Kasserolle. Man läßt sie nochmal gehen, bestreicht mit Eigelb, bestreut mit Hagelzucker und backt sie in guter Hitze.

Zwetschgenpfannkuchen

Man nehme einen beliebigen Teig. Dann gebe man etwa ⅓ davon in eine mit Butter heißgemachte Pfanne, lege die abgeriebenen und entsteinten Zwetschgen, eine neben die andere, die offene Seite nach oben, hinein, verteile den übrigen Teig darüber und backe den Kuchen, nachdem die Flüssigkeit eingezogen, bis zum Umwenden zugedeckt, auf mäßigem Feuer so lange, bis die Zwetschgen weich geworden sind und der Kuchen eine gelbbraune Farbe erhalten hat.
Man bestreue ihn mit Zucker und Zimt und gebe ihn warm zur Tafel.

Zwetschgenstrudel

Wie Apfelstrudel mit 1½ Kilo entsteinten Zwetschgen.

Zwiebackklöße

Man reibe ½ Ei dick Butter zu Sahne und rühre sie ferner mit 2 ganzen Eiern und Muskatnuß eine geraume Weile, gebe dann nach und nach unter fortwährendem starken Rühren 4 gehäufte Eßlöffel feingestoßenen Zwieback hinzu, von denen man, da die Masse sehr weich sein muß, ½ Eßlöffel zum Aufkochen zurückläßt. Die Klöße gebe man alle zugleich in die kochende Bouillon, lasse sie einmal aufkochen, nehme dann rasch den Topf vom Feuer und stelle ihn, fest zugedeckt, 5 Minuten hin, wodurch diese Klöße gar werden, aber durch längeres Kochen fest würden.

Inhaltsverzeichnis

A

B

Z